TRIBUTO$ EM E$PÉCIE

TRIBUTO$ EM E$PÉCIE

5ª edição
revista, ampliada e atualizada

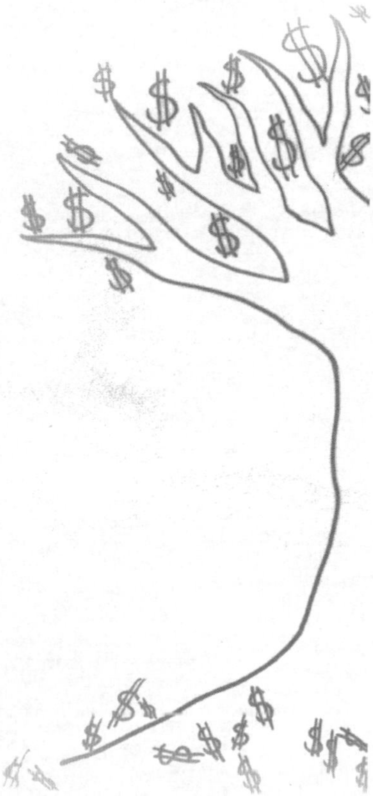

Eduardo M. L. Rodrigues de Castro
Helton Kramer Lustoza
Marcus de Freitas Gouvêa

2018

EDITORA *Jus*PODIVM
www.editorajuspodivm.com.br

EDITORA *Jus*PODIVM

www.editorajuspodivm.com.br

Rua Mato Grosso, 164, Ed. Marfina, 1º Andar – Pituba, CEP: 41830-151 – Salvador – Bahia
Tel: (71) 3045.9051
• Contato: https://www.editorajuspodivm.com.br/sac

Diagramação: Linotec Fotocomposição e Fotolito Ltda. (*www.linotec.com.br)*

Capa: Rene Bueno e Daniela Jardim *(www.buenojardim.com.br)*

ISBN: 978-85-442-2177-8

NOTA À 5ª EDIÇÃO

Amigos leitores,

Apresentamos, com grande alegria, a 5ª edição de nosso "Tributos em Espécie", obra já consolidada não só entre aqueles que estudam para concursos públicos, mas também nos meios acadêmico e profissional.

Como já é praxe, realizamos longa e minuciosa revisão de conteúdo, incluindo novos tópicos sobre assuntos de maior relevância e excluindo algumas passagens de menor importância para a compreensão da matéria. Além disso, esta edição contempla dezenas de questões inéditas de concursos públicos, assim como os principais julgados proferidos pelos Tribunais pátrios no ano de 2017 e no início do ano de 2018, com destaque para os acórdãos de lavra do Supremo Tribunal Federal e do Superior Tribunal de Justiça.

Na parte dedicada aos tributos municipais, destacamos as disposições da Lei complementar n. 157, de 2016, a qual, com vistas a ajustar a legislação referente ao ISSQN à atual realidade social e evitar a continuidade da guerra fiscal, trouxe substanciais alterações na regulamentação do referido tributo. Neste ponto, além de tratar da ADI n. 5835/DF, ajuizada com vistas à invalidação de algumas disposições da referida Lei Complementar, conferimos especial atenção ao tema da incidência de ISSQN sobre serviços compartilhados (*cost scharing*), entendidos como aqueles em que "*o objetivo da adoção de centros de custos ou serviços compartilhados é o de obter redução de gastos e economias de escala, através da padronização de procedimentos com a melhoria de controle de demais benefícios decorrentes da especialização de funçoes*".

No que diz respeito aos tributos estaduais, por sua vez, além da atualização jurisprudencial referente a cada um dos 3 impostos (ITCMD, IPVA e ICMS), conferimos destaque às disposições da Lei Complementar n. 160, de 2017, que tenta encerrar a guerra fiscal entre os Estados, mediante consolidação de benefícios fiscais anteriormente concedidos em desconformidade com a LC n. 24, de 1975.

Por fim, no tocante aos tributos federais, merecem atenção as novidades referentes ao Simples Nacional, a jurisprudência sobre impossibilidade de regulação da imunidade das contribuições sociais por lei ordinária e o debate acerca da elevação e redução de alíquotas do PIS e da COFINS por Decreto.

Bons estudos!

Curitiba, maio de 2018.

EDUARDO M. L. RODRIGUES DE CASTRO

HELTON KRAMER LUSTOZA

MARCUS DE FREITAS GOUVÊA

SUMÁRIO

PARTE I – NOÇÕES GERAIS DO DIREITO TRIBUTÁRIO

Eduardo Moreira Lima Rodrigues de Castro

CAPÍTULO 1

DIREITO TRIBUTÁRIO **25**

1. Estado e o poder de tributar 25
2. Conceito e objeto do direito tributário 26
3. Direito tributário x direito financeiro. O problema da autonomia dos ramos do direito 27
4. Relação do direito tributário com os demais ramos do direito 29
5. Quadro sinóptico 30

CAPÍTULO 2

TEORIA GERAL DO TRIBUTO **31**

1. Conceito e definição do tributo 31
   - 1.1. Prestação pecuniária, em moeda ou cujo valor nela se possa exprimir 32
   - 1.2. Prestação compulsória instituída em lei 34
   - 1.3. Prestação que não constitui sanção por ato ilícito 35
   - 1.4. Cobrado mediante atividade administrativa plenamente vinculada 37
2. A regra matriz de incidência dos tributos 37
   - 2.1. Aspectos da regra matriz de incidência: antecedente da norma (critérios material, temporal e espacial) 39
   - 2.2. Aspectos da regra matriz de incidência: consequente da norma (critérios pessoal e quantitativo) 40
   - 2.3. Esquema lógico de representação da regra matriz de incidência 42
3. Espécies tributárias 43
   - 3.1. Teorias acerca das espécies tributárias 43
   - 3.2. Determinação da natureza jurídica dos tributos 44
   - 3.3. Diversas espécies de tributos 45
     - 3.3.1. Impostos 45
     - 3.3.2. Taxas 47
     - 3.3.3. Contribuições de melhoria 48
     - 3.3.4. Empréstimos compulsórios 49
     - 3.3.5. Contribuições especiais 50
     - 3.3.6. Contribuição de iluminação pública 51

4. Classificação dos Tributos 51
4.1. Tributos federais, estaduais, distritais ou municipais 51
4.2. Tributos privativos, comuns e residuais 52
4.3. Tributos vinculados e não vinculados 53
4.4. Tributos de arrecadação vinculada e tributos de arrecadação não vinculada 53
4.5. Tributos pessoais e reais 53
4.6. Tributos diretos e indiretos 54
4.7. Tributos ordinários e extraordinários 54
4.8. Impostos sobre o comércio exterior, impostos sobre o patrimônio e a renda e impostos sobre a produção e circulação: a classificação proposta pelo CTN 54
5. Funções dos Tributos: Fiscal, Extrafiscal e Parafiscal 55
6. Quadro Sinóptico 56
7. Questões de Concursos 57

PARTE II – TRIBUTOS DA COMPETÊNCIA COMUM
Eduardo Moreira Lima Rodrigues de Castro

CAPÍTULO 3
TAXAS 69
1. Introdução 69
2. Aspecto material 71
2.1. Exercício do poder de polícia 73
2.1.1. Exercício regular do poder de polícia – existência de órgão e estrutura administrativa competente 76
2.2. Serviço público específico e divisível 77
2.2.1. Taxas Judiciárias 81
2.2.2. Taxas x preços públicos (ou tarifas) 83
2.2.2.1. Os pedágios cobrados pela utilização de vias conservadas pelo Poder Público 85
3. Aspecto temporal 86
4. Aspecto espacial 87
5. Aspecto subjetivo 87
5.1. Sujeito ativo 88
5.2. Sujeito passivo 90
6. Aspecto quantitativo 90
6.1. Base de cálculo 93
6.2. Alíquota 95
7. Imunidades e isenções 95

8. Informações complementares ... 98
9. Quadro sinóptico ... 99
10. Súmulas STF e STJ ... 101
11. Questões de concursos ... 101

CAPÍTULO 4
CONTRIBUIÇÕES DE MELHORIA ... 113
1. Introdução ... 113
2. Aspecto material ... 116
 2.1. Contribuições de melhoria e desapropriações indiretas ... 118
3. Aspecto temporal ... 120
4. Aspecto espacial ... 120
5. Aspecto subjetivo ... 121
 5.1. Sujeito ativo ... 121
 5.2. Sujeito passivo ... 122
6. Aspecto quantitativo ... 124
 6.1. Base de cálculo ... 125
  6.1.1. Limites das contribuições de melhoria ... 126
 6.2. Alíquota ... 128
7. Imunidades e isenções ... 129
8. Informações complementares ... 129
9. Quadro sinóptico ... 131
10. Questões de concursos públicos ... 132

PARTE III – TRIBUTOS FEDERAIS
Marcus de Freitas Gouvêa

CAPÍTULO 5
IMPOSTO TERRITORIAL RURAL – ITR ... 143
1. Aspecto material ... 143
2. Aspecto temporal ... 145
3. Aspecto espacial ... 146
4. Aspecto subjetivo ... 147
5. Aspecto quantitativo ... 150
6. Imunidade e isenção ... 153
7. Informações complementares: lançamento ... 154
8. Quadro sinóptico ... 157
9. Súmulas ... 158
10. Questões de concursos públicos ... 158

CAPÍTULO 6
IMPOSTOS SOBRE O COMÉRCIO EXTERIOR – II E IE ... 165

1. Introdução ... 165
   1.1. Impostos sobre o Comércio Exterior, o direito aduaneiro e o princípio da soberania ... 166
   1.2. O Imposto de importação e o imposto de exportação na Constituição e no Código Tributário Nacional ... 167
   1.3. Noções gerais de direito aduaneiro ... 172
   1.4. Procedimentos de importação e de importação ... 177
   1.5. Siscomex Carga ... 180
2. Imposto de importação ... 182
   2.1. Aspecto Material ... 183
   2.2. Aspecto Temporal ... 186
   2.3. Aspecto Espacial ... 188
   2.4. Aspecto subjetivo ... 189
   2.5. Aspecto quantitativo ... 191
      2.5.1. Base de cálculo ... 191
      2.5.2. Alíquota ... 195
      2.5.3. Tributação simplificada, especial e unificada ... 199
   2.6. Isenções e imunidades ... 201
   2.7. Regimes aduaneiros especiais ... 205
      2.7.1. Trânsito Aduaneiro ... 209
      2.7.2. Admissão Temporária ... 209
      2.7.3. *Drawback* ... 211
         2.7.3.1. Introdução ... 211
         2.7.3.2. Princípios ... 211
         2.7.3.3. Modalidades ... 213
         2.7.3.4. Comprovação de cumprimento do regime ... 215
      2.7.4. Entreposto Aduaneiro ... 216
      2.7.5. Outros regimes especiais ... 217
   2.8. Zona Franca de Manaus, Áreas de Livre Comércio e Zonas de Processamento de Exportação ... 222
      2.8.1. Zona Franca de Manaus ... 222
      2.8.2. Áreas de Livre Comércio ... 224
      2.8.3. Zonas de Processamento de Exportação – ZPE ... 224
   2.9. Administração, lançamento e controle do imposto ... 225
   2.10. Pena de perdimento de bens ... 228
3. Imposto de exportação ... 233
   3.1. Aspecto Material ... 233

3.2. Aspecto temporal ... 234
3.3. Aspecto espacial ... 235
3.4. Aspecto subjetivo ... 235
3.5. Aspecto quantitativo ... 235
3.5.1. Base de cálculo ... 235
3.5.2. Alíquota ... 236
3.6. Regimes especiais ... 236
3.7. Lançamento ... 236
4. Resumo ... 238
5. Súmulas ... 240
6. Questões de concursos públicos ... 240

CAPÍTULO 7
IMPOSTO SOBRE PRODUTOS INDUSTRIALIZADOS – IPI ... 253
1. Introdução ... 253
2. Aspecto material ... 255
2.1. Nacionalização de produtos estrangeiros ... 261
2.2. A jurisprudência sobre importação para consumidor final não contribuinte do IPI ... 262
3. Aspecto temporal ... 264
3.1. Suspensão do Imposto ... 265
4. Aspecto subjetivo ... 267
4.1. Sujeito ativo ... 267
4.2. Sujeito passivo ... 267
4.2.1. Responsabilidade e substituição tributária ... 272
5. Aspecto quantitativo ... 273
5.1. Base de cálculo ... 273
5.1.1. Descontos incondicionais c bonificaçocs ... 273
5.1.2. Frete ... 275
5.1.3. Perdas e quebras de estoque ... 276
5.1.4. Pautas fiscais no IPI ... 277
5.2. Alíquotas ... 279
5.2.1. A tributação do cigarro ... 281
5.3. Não Cumulatividade do IPI ... 283
5.3.1. Regras gerais ... 283
5.3.2. Diferentes espécies de crédito de IPI: Créditos básicos, créditos por devolução, créditos de incentivo, crédito prêmio, crédito presumido etc. ... 286
5.3.3. Crédito prêmio do IPI ... 290
5.3.4. Insumos não tributados ... 291

5.3.5. Energia elétrica 292
5.3.6. Bens para uso e consumo e para o ativo imobilizado 293
5.3.7. Simples 293
5.3.8. Correção monetária dos créditos de IPI indeferidos pela Fazenda e posteriormente concedidos pelo Judiciário 294
6. Restituição do imposto 295
7. Imunidades e isenções 299
7.1. Benefícios Fiscais 302
8. Lançamento e obrigações acessórias 302
9. Resumo 304
10. Súmulas 305
11. Questões de concursos públicos 305

CAPÍTULO 8
IMPOSTO SOBRE OPERAÇÕES FINANCEIRAS – IOF 315
1. Introdução 315
2. IOF/Crédito 325
2.1. Noções gerais 325
2.2. Aspecto material 326
2.3. Aspecto subjetivo 330
2.4. Aspecto quantitativo 331
3. IOF/Câmbio 336
3.1. Noções gerais 336
3.2. Aspecto material 337
3.3. Aspecto subjetivo 338
3.4. Aspecto quantitativo 339
4. IOF/Seguros 344
4.1. Noções gerais 344
4.2. Aspecto material 346
4.3. Aspecto subjetivo 347
4.4. Aspecto quantitativo 347
4.5. Hipóteses de isenção 347
5. IOF/TVM 347
5.1. Noções gerais 347
5.2. Aspecto material 348
5.3. Aspecto subjetivo 349
5.4. Aspecto quantitativo 350
5.5. Hipóteses de isenção 354
6. IOF/Ouro ativo financeiro 354
6.1. Noções gerais 354

7. Resumo 356
8. Súmulas 357
9. Questões de concursos públicos 357

CAPÍTULO 9
IMPOSTO DE RENDA – IR 363
1. Introdução 363
2. Aspecto material 364
2.1. Conceito de renda 364
2.2. Disponibilidade da renda 367
2.3. Generalidade, universalidade e progressividade 368
2.4. Fato gerador complexo, anualidade princípio da irretroatividade – aspecto temporal 369
3. Aspecto quantitativo 370
3.1. Base de cálculo 370
3.2. Alíquotas 372
4. Aspecto subjetivo 372
4.1. Contribuinte e responsável 372
4.2. Domicílio e residência 373
5. IRPF 374
5.1. Introdução 374
5.2. Sistema de apuração, declaração e pagamento do imposto 374
5.3. Aspecto subjetivo 375
5.3.1. Contribuinte 375
5.3.2. Responsável 376
5.3.3. Responsabilidade por retenção 376
5.3.4. Princípios da territorialidade e da renda universal 377
5.3.5. Equiparação à pessoa jurídica 379
5.4. Aspecto material 380
5.5. Aspecto quantitativo 381
5.5.1. Base de cálculo 381
5.5.1.1. Renda tributável 381
5.5.1.2. Rendimentos isentos e não tributados 386
5.5.1.3. Rendimentos pagos acumuladamente – rendimentos acumulados 401
5.5.1.4. Despesas dedutíveis 403
5.5.2. Alíquota 406
5.5.3. Deduções do imposto 407
5.6. Tributação do ganho de capital 411
5.6.1 Regras gerais 411
5.6.2. A lei de regularização de ativos 413

5.7. Tributação de aplicações financeiras – Introdução ... 415
5.8. Atividade rural ... 417
5.9. Tributação dos residentes no exterior ... 419
5.10. Tributação de rendimentos omitidos ... 421
5.10.1. Sinais exteriores de riqueza (art. 846, do RIR) ... 421
5.10.2. Acréscimo patrimonial a descoberto (art. 55, XIII, do RIR) ... 422
5.10.3. Depósitos não identificados (art. 848, do RIR) ... 422
5.11. Obrigações acessórias – as declarações do IRPF ... 423
6. IRPJ ... 425
6.1. Introdução ... 425
6.2. Primeira aproximação ... 426
6.3. Novas regras contábeis internacionais e regime tributário de transição ... 428
6.4. A apuração do imposto – visão geral ... 432
6.5. Aspecto subjetivo ... 434
6.6. Aspecto temporal ... 439
6.7. Aspecto Material ... 444
6.8. Aspecto quantitativo ... 444
6.8.1. Base de cálculo ... 444
6.8.1.1. Resultado operacional ... 446
6.8.1.1.1. Receitas operacionais ... 446
6.8.1.1.2. Despesas operacionais ... 455
6.8.1.2. Resultados não operacionais ... 474
6.8.1.3. Compensação de prejuízos ... 477
6.8.1.4. Omissão de receitas ... 479
6.8.2. Alíquotas ... 481
6.9. Retenção na fonte ... 481
6.10. Resultados não operacionais ... 482
6.11. Reavaliação de bens ... 490
6.11.1. Introdução ... 490
6.11.2 Avaliação a valor presente ... 491
6.11.3. Avaliação a valor justo ... 492
6.11.4. Redução do valor recuperável – *Impairment* ... 494
6.11.5. Comentários ao regime anterior ao da Lei 12.973/14 ... 495
6.12. Investimentos, participações societárias e reorganizações societárias ... 497
6.12.1. Introdução ... 497
6.12.2. Investimentos avaliados pelo custo e investimentos avaliados pela equivalência patrimonial ... 498
6.12.2.1. Os investimentos e o método aplicável ... 498
6.12.2.2. Aquisição do investimento e operações registradas pelo MEP ... 501

6.12.2.3. Alienação do investimento ... 506
6.12.3. Ações em tesouraria ... 509
6.12.4. Reorganização societária e combinação de negócios: fusão, cisão e incorporação ... 509
6.12.4.1. Visão geral ... 509
6.12.4.2. Efeitos tributários ... 511
6.13. Lucro distribuído e lucro capitalizado ... 517
6.14. Preços de transferência ... 519
6.14.1. Importações ... 521
6.14.2. Exportações ... 525
6.14.3. Estabilidade e praticidade nos métodos de preços de transferência ... 526
6.14.4. Flexibilização dos percentuais e margens ... 527
6.14.5. Juros ... 527
6.14.6. Paraísos fiscais ... 528
6.14.7. Acordos internacionais ... 528
6.15. Atividades no exterior ... 529
6.15.1. Rendimentos tributáveis auferidos de fonte no exterior ... 529
6.15.2. Filiais, sucursais, controladas e coligadas ... 529
6.15.3. Aspecto temporal ... 530
6.15.4. Equivalência patrimonial – MEP ... 537
6.15.5. Tratamento da renda paga por fonte no exterior a pessoa jurídica no Brasil ... 540
6.15.6. Operações de Cobertura em Bolsa no Exterior ... 541
6.15.7. Outras regras ... 541
6.16. Operações no mercado financeiro ... 542
6.16.1. Retenção na fonte ... 543
6.16.2. Tributação na apuração do imposto (dedução do IRRF e das perdas) .. 543
6.16.3. Aplicações de renda fixa ... 546
6.16.4. Aplicações de renda variável ... 547
6.17. Retenção na fonte ... 550
6.18. Apuração pelo lucro real e pagamento por estimativa ... 551
6.19. Lucro presumido, lucro arbitrado e simples ... 557
6.19.1. Lucro presumido ... 557
6.19.2. Lucro arbitrado ... 562
6.19.3. Simples ... 565
6.20. Imunidades e Isenções ... 571
6.21. Lançamento ... 573
7. Resumo ... 579
8. Súmulas ... 580
9. Questões de concursos públicos ... 581

CAPÍTULO 10

PIS E COFINS 597

1. Introdução 597
2. Panorama constitucional 598
3. Aspecto subjetivo 599
4. Aspecto material 603
5. Aspecto temporal 610
6. Aspecto quantitativo 611
   6.1. PIS Folha 611
   6.2. Regime cumulativo 611
   6.3. Regime não cumulativo 615
   6.4. PIS e COFINS-Importação 639
   6.5. "Regime Misto" – ou duplicidade de regimes 640
7. Tributação monofásica ou concentrada 643
8. Substituição tributária 645
9. Isenções e alíquota zero 646
10. Lançamento 648
11. Resumo 649
12. Súmulas 650
13. Questões de concursos públicos 650

PARTE IV – TRIBUTOS ESTADUAIS

Eduardo Moreira Lima Rodrigues de Castro

CAPÍTULO 11

IMPOSTO SOBRE TRANSMISSÃO CAUSA MORTIS E DOAÇÃO DE QUAISQUER BENS OU DIREITOS – ITCMD 657

1. Introdução 657
2. Aspecto material 658
   2.1. Renúncia da herança 660
   2.2. Partilha desproporcional de bens na separação ou divórcio ou nos processos de inventário 661
   2.3. Usufruto 661
   2.4. Fideicomisso 662
   2.5. Falecimento do cônjuge meeiro antes da partilha dos bens do pré-morto 663
3. Aspecto temporal 663
4. Aspecto espacial 664
5. Aspecto pessoal 665
   5.1. Sujeito ativo 665
   5.2. Sujeito passivo 667

6. Aspecto quantitativo ... 667
7. Imunidades e isenções ... 669
8. Informações complementares ... 670
8.1. Lançamento e decadência do ITCMD nos processos de inventário ... 672
9. Quadro sinóptico ... 673
10. Súmulas do STF e STJ ... 675
11. Questões de concursos públicos ... 675

CAPÍTULO 12
IMPOSTO SOBRE OPERAÇÕES RELATIVAS À CIRCULAÇÃO DE MERCADORIAS E SOBRE PRESTAÇÕES DE SERVIÇOS DE TRANSPORTE INTERESTADUAL E INTERMUNICIPAL E DE COMUNICAÇÃO – ICMS ... 685

1. Introdução ... 686
2. Aspecto material ... 689
2.1. ICMS sobre operações relativas à circulação de mercadorias ... 689
2.1.1. ICMS x ISS ... 691
2.1.2. Operações relativas à circulação de mercadorias: necessária circulação jurídica do bem ... 695
2.1.3. Mercadorias para fins de incidência ... 697
2.1.4. Operações de arrendamento mercantil (leasing) internas e internacionais ... 698
2.2. Prestações de serviços de transporte interestadual e intermunicipal ... 702
2.3. Prestação de serviço de comunicação ... 703
3. Aspecto espacial ... 706
4. Aspecto temporal ... 711
4.1. Operações com energia elétrica: momento do consumo ... 711
5. Aspecto subjetivo ... 712
5.1. Sujeito ativo ... 712
5.1.1. Sujeito ativo do ICMS nas operações interestaduais (Emenda Constitucional n. 87/2015) ... 713
5.1.2. Sujeito ativo do ICMS nos casos de importação de mercadorias, bens e serviços ... 715
5.1.3. Sujeito ativo do ICMS nas Prestações de Serviços de Comunicação Via Satélite ... 717
5.2. Sujeito passivo do ICMS ... 718
5.2.1. Contribuinte de Fato x Contribuinte de Direito: Direito à Restituição do Tributo ... 720
5.2.2. Substituição tributária ... 722
5.2.2.1. Substituição tributária progressiva e repetição do indébito ... 725
5.2.2.2. Substituição tributária nas operações com energia elétrica ... 728

6. Aspecto quantitativo 729
6.1. Base de cálculo 729
6.1.1. ICMS "por dentro" 730
6.1.2. Descontos condicionados e incondicionados e bonificações 732
6.1.3. Base de cálculo, substituição tributária e pauta fiscal 733
6.1.4. Vendas a prazo e operações com cartões de crédito 735
6.1.5. Operações com energia elétrica: demanda contratada x energia efetivamente utilizada 736
6.1.6. Tarifa de Uso do Sistema de Distribuição - TUSD e Tarifa de Uso do Sistema de Transmissão - TUST de Energia Elétrica 737
6.2. Alíquota 740
6.2.1. Alíquota Específica nas Operações Interestaduais com Bens e Mercadorias Importados do Exterior: A Guerra dos Portos 742
6.3. Não cumulatividade 743
6.3.1. Manutenção de créditos nos casos de isenção, imunidade e não incidência 747
6.3.2. Período de apuração do imposto e não cumulatividade: regime de conta gráfica e demais regimes especiais 749
6.3.3. Créditos escriturados e direito à correção monetária 752
6.3.4. Venda de mercadoria por preço inferior ao da aquisição: estorno de crédito 752
6.3.5. Produtos intermediários, bens de conveniência e bens destinados ao ativo fixo do estabelecimento 753
7. Imunidades e Isenções 756
7.1. Imunidades 757
7.1.1. Imunidades genéricas 757
7.1.2. Imunidades específicas 758
7.1.2.1. Imunidades para exportações 759
7.1.2.2. Imunidades nas operações interestaduais com petróleo e derivados e energia elétrica 761
7.1.2.3. Demais imunidades: ouro, serviços gratuitos de comunicação e operações com minerais 763
7.2. Isenções 763
7.2.1. Discussão Judicial sobre Benefícios Fiscais Unilaterais 764
7.2.2. Benefícios Unilaterais Válidos 766
7.2.3. Benefícios Fiscais Disfarçados 766
7.2.4. Benefícios Concedidos por Tratados 767
7.2.5. A Lei Complementar n. 160, de 2017, o Convênio ICMS n. 190, de 2017, e a Convalidação de Benefícios Fiscais Unilaterais 768
8. Informações complementares 769

9. Quadro sinóptico 771
10. Súmulas do STF e do STJ 774
11. Questões de concursos públicos 775

CAPÍTULO 13
IMPOSTO SOBRE A PROPRIEDADE DE VEÍCULO AUTOMOTOR – IPVA..... 791
1. Introdução 791
2. Aspecto material 792
3. Aspecto temporal 793
4. Aspecto espacial 793
5. Aspecto subjetivo 794
5.1. Sujeito ativo 794
5.2. Sujeito passivo 794
6. Aspecto quantitativo 796
7. Imunidades e isenções 797
8. Informações complementares 798
9. Quadro sinóptico 799
10. Questões de concursos públicos 800

PARTE V – TRIBUTOS MUNICIPAIS
Helton Kramer Lustoza

CAPÍTULO 14
IMPOSTO SOBRE SERVIÇOS DE QUALQUER NATUREZA – ISSQN 809
1. Aspecto material 809
1.1. Análise de alguns Serviços da Lista 818
1.1.1. Exportação de serviço 818
1.1.2 Conflitos entre ICMS e ISSQN: caso paradigma de Informática 821
1.1.3. Atividades bancárias 823
1.1.4. Arrendamento mercantil – *leasing* 824
1.1.5. Franquia (*franchising*) 827
1.1.6. Construção civil 831
1.1.7. Industrialização por encomenda 837
1.1.8. Aplicação da imunidade de jornais e periódicos 843
1.1.9. Locação de bens móveis 845
1.1.10. Serviços relativos a fonografia, fotografia, cinematografia e reprografia 847
1.1.11. Serviços de transporte de natureza municipal 847
1.1.12. Serviços compartilhados (*cost scharing*) 848
2. Aspecto temporal 850

3. Aspecto espacial 851
3.1 inovações promovidas pela Lei Complementar 157 859
4. Aspecto subjetivo 862
4.1. Cartórios, notariais e registros públicos 864
4.2. Cooperativa 867
4.3. Serviços de coleta de sangue e análise clínica 868
5. Aspecto quantitativo 870
5.1. Base de cálculo 870
5.1.1. Base de cálculo especial para sociedades profissionais (ISS-fixo) 874
5.2. Alíquota 876
6. Informações complementares 878
6.1. Lançamento 878
6.2. Restituição do tributo perante a previsão do art. 166 do CTN 880
6.3. Regime de retenção no Simples Nacional 883
6.4. Requisitos de Isenções individuais 884
6.5. Alterações promovidas pela Lei Complementar 157/2016 886
6.5.1 Improbidade administrativa 886
6.5.2 vigência da LC 157/2016 892
6.5.3 Definição da cota parte no repasse do ICMS 892
6.5.4 Acréscimo de serviços na lista anexa à LC 116/2003 894
7. Quadro sinóptico 900
8. Súmulas do STF e do STJ 900
9. Síntese dos principais entendimentos do STJ sobre ISSQN 901
10. Questões de Concursos Públicos 902

CAPÍTULO 15
IMPOSTO PREDIAL E TERRITORIAL URBANO – IPTU 913
1. Aspecto Material 913
2. Aspecto Temporal 916
3. Aspecto Espacial 917
4. Aspecto Subjetivo 919
4.1. Invasões de Terras 922
4.2. Terras da marinha 923
4.3. Exigência do IPTU no caso de loteamento irregular 924
4.4. Imunidades de terrenos baldios de Templos Religiosos e de Entidades Educacionais e Assistenciais 928
4.5. Imunidade e sucessão tributária – caso da RFFSA 930
4.6. Incidência do IPTU sobre imóvel com restrição ambiental 932
4.7. Imunidade e maçonaria 934
4.8. Imunidade e cessão de imóveis públicos 935

5. Aspecto quantitativo ... 940
5.1. Base de cálculo ... 940
5.2. Alíquota ... 943
6. Informações complementares ... 947
6.1. Lançamento ... 947
6.2. Exceção ao bem de família ... 948
6.3. Repetição de indébito ... 948
7. Quadro Sinóptico ... 949
8. Súmulas do STF e do STJ ... 949
9. Síntese dos principais entendimentos do STJ sobre IPTU ... 950
10. Questões de concursos públicos ... 952

CAPÍTULO 16
IMPOSTO DE TRANSMISSÃO DE BENS "INTER VIVOS" – ITBI ... 963
1. Aspecto material ... 963
1.1. Desapropriação e Usucapião ... 967
1.2. Separação consensual e excesso oneroso de partilha ... 967
1.3. Renúncia à Herança ... 969
1.4 Anulação do Negócio Jurídico de Transmissão imobiliária ... 969
1.5. Incidência do ITBI na integralização no capital de pessoa jurídica ... 972
1.6. Dissolução de condomínios sobre imóveis indivisíveis ... 975
2. Aspecto temporal ... 977
3. Aspecto espacial ... 980
4. Aspecto subjetivo ... 980
5. Aspecto quantitativo ... 981
5.1. Base de cálculo ... 981
5.2. Alíquota ... 984
6. Informações complementares ... 985
7. Quadro sinóptico ... 985
8. Súmulas do STF e STJ ... 986
9. Síntese dos principais entendimentos do STJ sobre ITBI ... 986
10. Questões de concurso público ... 986

CAPÍTULO 17
CONTRIBUIÇÃO DE ILUMINAÇÃO PÚBLICA – COSIP ... 1001
1. Aspecto material ... 1001
2. Aspecto temporal ... 1003
3. Aspecto espacial ... 1003
4. Aspecto subjetivo ... 1003
5. Aspecto quantitativo ... 1003
5.1. Base de cálculo ... 1003
5.2. Alíquota ... 1003

6. Informações complementares 1003
  6.1. Taxas municipais – Diferenciação com a Cosip 1003
7. Quadro sinóptico 1006
8. Questões de concurso público 1006

REFERÊNCIAS BIBLIOGRÁFICAS 1013

PARTE I

NOÇÕES GERAIS DO DIREITO TRIBUTÁRIO

EDUARDO MOREIRA LIMA RODRIGUES DE CASTRO

CAPÍTULO 1
DIREITO TRIBUTÁRIO

Sumário • 1. Estado e o poder de tributar – 2. Conceito e objeto do direito tributário – 3. Direito tributário x direito financeiro. O problema da autonomia dos ramos do direito – 4. Relação do direito tributário com os demais ramos do direito – 5. Quadro sinóptico.

1. ESTADO E O PODER DE TRIBUTAR

Desde suas organizações mais rudimentares, o Estado – independentemente da concepção que se venha a adotar a seu respeito – sempre necessitou de recursos financeiros para a consecução de seus objetivos fundamentais. Seja para fortalecer as fronteiras do Império contra as invasões bárbaras, seja para prestar serviços básicos indispensáveis à população, como saúde, educação, segurança ou moradia, o Estado vai precisar angariar recursos de alguma forma.

Chama-se **atividade financeira** o universo de medidas levadas a efeito pelo Estado para obtenção, gestão e aplicação dos recursos financeiros necessários à satisfação dos seus objetivos fundamentais. Poderá obter tais recursos por meio da exploração do próprio patrimônio, desenvolvendo o que se convencionou chamar de **atividade econômica**, ou, como é mais comum, poderá fazê-lo por meio da exploração do patrimônio privado.

No Brasil, por força do disposto no artigo 173, *caput*, da Constituição Federal, ressalvados os casos previstos na própria Constituição, *a exploração direta da atividade econômica pelo Estado só será permitida quando necessária aos imperativos da segurança nacional ou a relevante interesse coletivo*. Percebe-se, claramente, a prevalência dos valores capitalistas da livre iniciativa e da livre concorrência entre particulares.

É principalmente em virtude disso que a maior parte daquilo que o Estado arrecada vem do setor privado. Muito embora, no decorrer da história, tenham-se verificado outras formas de exploração do patrimônio privado, como os saques de guerra e a escravização dos vencidos em batalhas, por exemplo, o instrumento mais usual de que se tem valido a economia capitalista para sobreviver é **a tributação**. Nas palavras de Hugo de Brito Machado, *"sem ele não poderia o Estado realizar os seus fins sociais, a não ser que monopolizasse toda a atividade econômica. O tributo é inegavelmente a grande e talvez a única arma contra a estatização da economia"*[1].

1. MACHADO, Hugo de Brito. *Curso de Direito Tributário*. 27. ed. São Paulo: Malheiros, 2006, p. 52.

Já na Antiguidade se verificava a cobrança das mais diversas espécies de tributos, muito embora nem todas as pessoas sofressem sua incidência. Na Roma Antiga, por exemplo, os cidadãos livres não eram obrigados a pagar qualquer sorte de impostos, recaindo o encargo, salvo raras exceções, apenas sobre mulheres e escravos. Na Idade Média, os privilegiados eram, em regra, os grandes senhores de terras e os membros do clero e da nobreza. A verdade é que a cobrança de tributos, sobretudo em virtude dos abusos praticados pelos detentores do poder, ao longo dos tempos, sempre causou revolta e insatisfação.

Durante muito tempo viu-se a relação de tributação – ou simplesmente tributação – como uma **relação de poder**, em que os menos favorecidos eram compelidos a entregar parte de seu trabalho aos governantes pelo simples fato de serem mais fracos. Tal relação de poder, ao contrário das relações jurídicas (baseadas no Direito), caracteriza-se como uma relação de força, o que traz severos problemas à manutenção da ordem e da estabilidade social: além de privilegiar os setores já dominantes da sociedade, provoca revolta e insatisfação das camadas mais pobres, conforme exposto anteriormente.

Não é forçoso salientar que foi principalmente graças ao quadro de **opressão fiscal** analisado que os camponeses e os grandes senhores de terras compeliram o Rei "João Sem Terra", em 1215, a assinar a Magna Carta Inglesa, primeiro grande marco do Constitucionalismo. Ao lado de alguns outros esparsos eventos, esse foi também um dos momentos precursores da ideia de **tributação consentida**. A partir daqui, a Tributação, de relação de poder, começou, embora lentamente, a transformar-se numa **relação jurídica**, regida por um conjunto de regras e princípios limitadores dos abusos dos Soberanos.

Com o passar dos anos, sobretudo quando da transição do Estado Liberal para o Estado Social, as tarefas atribuídas ao Estado foram aumentando significativamente. A partir de então, não bastava apenas conferir estabilidade e segurança aos cidadãos, cabendo ao novo Estado de Bem-Estar Social a prestação de uma série de serviços, como educação, saúde, habitação, justiça e lazer.

Para tanto, o Estado passou a arrecadar ainda mais recursos junto ao setor privado, o que fez, predominantemente, por meio da cobrança de tributos. O incremento da carga tributária fez com que amadurecesse, de uma vez por todas, a ideia da criação de um conjunto de normas limitadoras do ímpeto arrecadatório estatal. Foi nesse momento que o Direito Tributário começou a ganhar relevância como ramo didaticamente autônomo do Direito.

2. CONCEITO E OBJETO DO DIREITO TRIBUTÁRIO

Diante do exposto no item anterior, podemos afirmar que o **objeto do Direito Tributário** é a relação de tributação, ou seja, a relação existente entre Estado e particulares em que estes últimos, em virtude da existência de mandamentos legais, são compelidos a contribuir para os gastos públicos mediante o pagamento de tributos. Como a relação de tributação decorre de um corpo próprio de normas jurídicas, não se pode mais falar em relação de poder, como acontecia na Antiguidade e na Idade Média, mas sim, em **relação jurídica**.

O objetivo das mencionadas normas, por sua vez, é reduzir os abusos praticados pelo Estado e eliminar qualquer sorte de privilégios infundados. Em outras palavras, o Direito Tributário tem por finalidade alcançar o **equilíbrio** entre partes que claramente não possuem a mesma grandeza. Nas palavras de Sacha Calmon Navarro Coelho, "*o direito tributário regula e restringe o Poder do Estado de exigir tributos e regula os direitos e deveres dos contribuintes, isonomicamente. Seu objeto é a relação jurídica travada entre o Estado e o contribuinte.*"[2]

Como em um dos polos da relação jurídica objeto do Direito Tributário tem-se a presença da entidade estatal, podemos afirmar que o Direito Tributário é ramo do **Direito Público**. Diferentemente do que ocorre com o Direito Civil, que regula por meio de normas dispositivas as relações entre os particulares, o Direito Tributário é composto por normas cogentes – ou seja, normas cujos mandamentos não podem ser alterados por vontade das partes – que regulam a relação entre Estado e particular. Prevalece aqui o interesse público em detrimento do particular.

Assim, podemos conceituar o **Direito Tributário** como o ramo didaticamente autônomo do Direito Público que regula a relação de tributação, existente entre o Estado e os contribuintes, limitando os poderes do primeiro de forma a evitar abusos e regulando os deveres e direitos dos segundos, isonomicamente.

3. DIREITO TRIBUTÁRIO X DIREITO FINANCEIRO. O PROBLEMA DA AUTONOMIA DOS RAMOS DO DIREITO

Viu-se que, para conseguir o dinheiro necessário ao alcance de seus objetivos, o Estado exerce uma série de medidas que convencionamos chamar de atividade financeira. Dentre as medidas para obtenção de receitas, sem dúvida, a mais relevante é aquela de cobrança de tributos junto aos particulares.

Diante disso, o estudante poderia se perguntar qual é a diferença existente entre o **Direito Tributário** e o **Direito Financeiro**, já que ambos se ocupam de regular a atividade financeira do Estado.

Diga-se, em primeiro lugar, que, diferentemente do que pode parecer, o enfoque principal do Direito Tributário não é a atividade estatal, mas sim a **relação jurídica** existente entre o Fisco e os contribuintes. Conforme visto no item anterior, busca-se com o Direito Tributário um equilíbrio na relação entre partes de forças claramente desproporcionais. Além disso, a tributação é apenas um dos aspectos – muito embora seja o mais importante deles – da atividade financeira do Estado. É justamente por ser a mais relevante que o texto da Constituição contém uma série de regras e princípios destinados prioritariamente à referida atividade, daí falar-se em autonomia do Direito Tributário.

2. COELHO, Sacha Calmon Navarro. *Curso de Direito Tributário Brasileiro*. 9. Ed. Rio de Janeiro: Forense, 2009, p. 34.

O **Direito Financeiro**, cujo enfoque é a atividade estatal, regula todos os demais aspectos da Atividade Financeira do Estado, sem qualquer realce ou predomínio. As normas de Direito Financeiro regem todas as formas de obtenção de receitas, inclusive a tributação, contudo, sem qualquer cuidado especial na relação entre Estado e particular. Além disso, regulam a gestão e a aplicação dos recursos obtidos; cuidam, portanto, de temas estranhos ao Direito Tributário, como orçamento, despesa pública, crédito público, limite de gastos e responsabilidade na gestão fiscal.

Nas palavras de Paulo de Barros Carvalho, o Direito Financeiro "*traz a nota de cobrir uma região maior do que a necessária. Quer descrever a regulamentação jurídica de toda a atividade financeira do Estado, na qual a tributação aparece como um simples tópico*[3]".

O quadro abaixo resume de forma didática as principais diferenças entre os campos de atuação do Direito Tributário e do Direito Financeiro:

Direito Tributário	Direito Financeiro
Conjunto de normas voltado à regulação da atividade financeira de tributação	Conjunto de normas voltado à regulação das demais atividades financeiras do Estado
Enfoque na relação jurídica de tributação	Enfoque na atividade estatal
Temas como: crédito, obrigação, lançamento e sujeição passiva tributária	Temas como: gestão e aplicação de recursos, orçamento, despesa pública, crédito público e responsabilidade fiscal

De qualquer forma, deve-se ter em mente que ambos, Direito Tributário e Direito Financeiro, estão intimamente ligados, não havendo que se falar de maneira alguma em autonomia científica dos ramos do Direito. O Sistema Jurídico não admite a existência de regras dele independentes, sob pena de afronta à própria noção de sistema. O que existe, e isso o estudante deve ter bem claro em mente, é uma **autonomia meramente didática** dos referidos campos do saber jurídico. O estudo em separado de determinado conjunto de normas que se aplicam mais a determinado segmento da vida social facilita a compreensão dos diversos ramos do Direito.

Ao conjunto de regras e princípios constantes da Constituição que permitem o estudo em separado e conferem autonomia ao Direito Tributário damos o nome de **Sistema Constitucional Tributário**. É a investigação dos efeitos jurídicos resultantes da incidência dos chamados princípios constitucionais tributários que nos permite *descobrir a concatenação lógica que os reúne num grupo orgânico e que une este grupo à totalidade do sistema jurídico*[4].

3. CARVALHO, Paulo de Barros. *Curso de Direito Tributário*. 14. ed. São Paulo: Saraiva, 2002, p. 18.
4. BECKER, Alfredo Augusto. *Teoria Geral do Direito Tributário*. 3. ed. São Paulo: Lejus, 1998, p. 31.

4. RELAÇÃO DO DIREITO TRIBUTÁRIO COM OS DEMAIS RAMOS DO DIREITO

Conforme exposto, o Direito Tributário, por não ser detentor de autonomia científica, mas meramente didática, revela íntima relação com os demais ramos do Sistema Jurídico Nacional. Além da vinculação ao Direito Financeiro, o Direito Tributário apresenta uma série de pontos de conexão com outras disciplinas jurídicas – tanto do Direito Público quanto do Direito Privado. Nesse sentido, confira-se.

Dentre as diversas relações existentes entre o **Direito Tributário e o Direito Constitucional,** podemos destacar as seguintes: a) toda e qualquer norma de Direito Tributário, assim como toda e qualquer norma dos demais ramos do Direito, deve obediência aos postulados da Constituição Federal, norma hierarquicamente superior do ordenamento jurídico; b) a Constituição Brasileira é extremamente detalhista no que diz respeito à matéria tributária, contendo um capítulo inteiro apenas de normas atinentes ao Sistema Tributário Nacional – sem falar nas demais disposições espalhadas pelo texto constitucional; c) encontram-se na Constituição Federal as normas alusivas à repartição da competência tributária entre os diversos entes da Federação, os princípios constitucionais tributários, as regras matrizes de incidência tributária e as demais limitações constitucionais ao Poder de Tributar.

Há grande proximidade também entre o **Direito Tributário e o Direito Administrativo**. Já para compreensão da definição legal de tributo, constante do art. 3º, do CTN, é preciso um conhecimento prévio daquilo que se entende por atividade administrativa plenamente vinculada. Da mesma forma, as noções de Poderes e Deveres Administrativos são indispensáveis ao cientista do Direito Tributário, não sendo possível, por exemplo, estudar as disposições legais atinentes às taxas sem um prévio conhecimento da definição e das principais características do Poder de Polícia do Estado.

Do **Direito Civil** vem uma série de conceitos extremamente relevantes ao Direito Tributário. O próprio Código Tributário Nacional chega a dispor que *os princípios gerais de direito privado utilizam-se para pesquisa da definição, do conteúdo e do alcance de seus institutos, conceitos e formas, mas não para definição dos respectivos efeitos tributários* (CTN, art. 109). A obrigação tributária, por exemplo, nada mais é do que uma obrigação, com todas as características discriminadas no Código Civil, cujo objeto é o pagamento de tributos ao Estado – ou, no caso da obrigação acessória, uma *prestação, positiva ou negativa, no interesse da arrecadação ou da fiscalização dos tributos* (CTN, art. 113, §§ 2º e 3º). Propriedade, domicílio e contratos são outros institutos de direito privado bastante utilizados no Direito Tributário.

Muito embora não seja nossa intenção esgotar o tema, não custa salientar que o Direito Tributário mantém fortes laços com diversos outros ramos jurídicos, como o **Direito Ambiental**, o **Direito Previdenciário**, o **Direito do Trabalho**, o **Direito Empresarial** e o **Direito Penal.**

5. QUADRO SINÓPTICO

1. Estado e o Poder de Tributar	Atividade Financeira do Estado é o conjunto de medidas levadas a efeito pelo Estado para obtenção, gestão e aplicação dos recursos necessários à satisfação dos interesses coletivos.
	Dentre as medidas que integram o conceito de Atividade Financeira, destaca-se a arrecadação e cobrança de tributos junto aos particulares (tributação). Trata-se da mais importante forma de obtenção de receitas.
	A relação de tributação existente entre o Estado e os particulares, quando não regulada por um corpo próprio de normas jurídicas, configura clara relação de poder. Referida relação de poder costuma levar ao abuso e, consequentemente, à insatisfação das camadas sociais prejudicadas.
	Com o advento do chamado Estado de Bem-Estar Social, junto com o crescimento das prestações oferecidas pelo Poder Público, veio o aumento gradativo da carga tributária. Ato contínuo, tornou-se ainda mais necessário um corpo sistemático de regras e princípios jurídicos aptos a reduzir eventuais abusos cometidos durante a arrecadação tributária.
	O Direito Tributário surge com o objetivo de frear o ímpeto arrecadatório do Estado e conferir maior segurança e estabilidade aos contribuintes, transformando a antiga relação de poder em uma relação jurídica.
2. Conceito e Objeto do Direito Tributário	O objeto do Direito Tributário é a relação jurídica de tributação, ou seja, aquela existente entre o Estado e os contribuintes quando da cobrança e arrecadação de tributos.
	O Direito Tributário é ramo do Direito Público, na medida em que: a) o Estado encontra-se em um dos polos da relação jurídica central (relação de tributação); b) é composto por normas cogentes (sobre as quais não podem as partes envolvidas dispor) e; c) prevalece o interesse público sobre o particular.
	O Direito Tributário tem por finalidade alcançar o equilíbrio entre partes que claramente não possuem a mesma grandeza.
	Pode-se definir o Direito Tributário como o ramo didaticamente autônomo do Direito Público que regula a relação de tributação – existente entre o Estado e os contribuintes –, limitando os poderes do primeiro, de forma a evitar abusos, e regulando os deveres e direitos dos segundos, isonomicamente.
3. Direito Tributário X Direito Financeiro: O Problema da Autonomia dos Ramos do Direito	O Direito Financeiro é o ramo didaticamente autônomo do Direito que regula a atividade financeira do Estado, menos no que se refere à tributação. Seu enfoque não é a relação jurídica existente entre o Estado e o particular, mas sim, a própria atividade estatal de obtenção, gestão e aplicação de recursos financeiros.
	Não é possível falar em autonomia científica dos ramos jurídicos, haja vista que o Sistema Jurídico não admite regras dele independentes, sob pena de afronta à própria noção de sistema.
	O mais correto é falar em autonomia didática dos diversos ramos do Direito. O estudo em separado de determinado conjunto de normas que se aplicam mais a determinado segmento da vida social facilita, e muito, a compreensão.
4. Direito Tributário e os Demais Ramos do Direito	O Direito Tributário apresenta íntima relação com os demais ramos didaticamente autônomos do Direito, com especial destaque para os Direitos Constitucional, Administrativo e Civil.

CAPÍTULO 2
TEORIA GERAL DO TRIBUTO

Sumário • 1. Conceito e definição do tributo: 1.1. Prestação pecuniária, em moeda ou cujo valor nela se possa exprimir; 1.2. Prestação compulsória instituída em lei; 1.3. Prestação que não constitui sanção por ato ilícito; 1.4. Cobrado mediante atividade administrativa plenamente vinculada – 2. A Regra matriz de incidência dos tributos: 2.1. Aspectos da regra matriz de incidência: antecedente da norma (critérios material, temporal e espacial); 2.2. Aspectos da regra matriz de incidência: consequente da norma (critérios pessoal e quantitativo); 2.3. Esquema lógico de representação da regra matriz de incidência – 3. Espécies tributárias: 3.1. Teorias acerca das espécies tributárias; 3.2. Determinação da natureza jurídica dos tributos; 3.3. Diversas espécies de tributos; 3.3.1. Impostos; 3.3.2. Taxas; 3.3.3. Contribuições de melhoria; 3.3.4. Empréstimos compulsórios; 3.3.5. Contribuições especiais; 3.3.6. Contribuição de iluminação pública – 4. Classificação dos tributos: 4.1. Tributos federais, estaduais, distritais ou municipais; 4.2. Tributos privativos, comuns e residuais; 4.3. Tributos vinculados e não vinculados; 4.4. Tributos de arrecadação vinculada e tributos de arrecadação não vinculada; 4.5. Tributos pessoais e reais; 4.6. Tributos diretos e indiretos; 4.7. Tributos ordinários e extraordinários; 4.8. Impostos sobre o comércio exterior, impostos sobre o patrimônio e a renda e impostos sobre a produção e circulação: a classificação proposta pelo CTN – 5. Funções dos tributos: fiscal, extrafiscal e parafiscal – 6. Quadro sinóptico – 7. Questões de concursos.

1. CONCEITO E DEFINIÇÃO DO TRIBUTO

Como o enfoque central da presente obra é o estudo pormenorizado das diversas espécies tributárias, podemos afirmar que, dos capítulos introdutórios, este, que cuida da teoria geral do tributo, é o mais relevante. O conhecimento prévio dos institutos, conceitos e definições apresentados adiante é indispensável à melhor compreensão dos impostos, taxas, empréstimos compulsórios e contribuições a serem estudados nas partes seguintes.

Muito embora a doutrina costume confundir as noções de "conceito" e "definição", o fato é que os vocábulos não são sinônimos. Os conceitos são mais amplos do que as definições e contêm ideias gerais a respeito de determinado assunto, além disso, não trazem consigo a pretensão de diferenciar precisamente o objeto conceituado de outros objetos.

A definição, por sua vez, nas palavras do mestre cearense Hugo de Brito Machado, "*é o enunciado dos elementos que delimitam a coisa de sorte a que se possa vê-la diferente de todas as demais.*"[1] É por isso que definir é algo tão difícil; é por isso também que a definição de tributo consta expressamente do texto do Código Tributário Nacional, muito embora não seja função da lei trazer definições. Em resumo, pode-se afirmar que a **definição é a delimitação do conceito.**

1. MACHADO, Hugo de Brito. *Curso de Direito Constitucional Tributário*. 1. ed. São Paulo: Malheiros, 2012, p. 25.

Para os fins a que nos propomos nesta obra, basta ao estudante ter em mente que sempre que estivermos nos referindo a tributo, faremos menção à definição legal constante do Código Tributário Nacional (CTN, art. 3º)[2]. Em alguns casos, não custa salientar, as bancas de concursos costumam falar, de maneira pouco técnica, no "conceito de tributo constante do art. 3º, do CTN". Aqui, o estudante deverá ignorar as lições diferenciadoras (entre conceito e definição) apresentadas acima e posicionar-se de acordo com o que diz a letra pura da lei.

Dito isso, confiramos a definição legal de tributo para, em seguida, podermos passar à análise detalhada de cada um dos seus elementos integrantes:

> *CTN: Art. 3º Tributo é toda prestação pecuniária compulsória, em moeda ou cujo valor nela se possa exprimir, que não constitua sanção de ato ilícito, instituída em lei e cobrada mediante atividade administrativa plenamente vinculada.*

1.1. Prestação pecuniária, em moeda ou cujo valor nela se possa exprimir

De antemão, podemos perceber a **redundância** da lei ao falar em **prestação pecuniária em moeda ou cujo valor nela se possa exprimir**. Obviamente, toda prestação pecuniária já traz ínsita a ideia de pagamento em moeda. O que pretende o CTN, e aqui não podem pairar dúvidas, é excluir a possibilidade de pagamento de tributos *in natura*. Isso significa não ser dado a uma pessoa com débito junto à Fazenda Pública Nacional, por exemplo, o direito de pagar o Imposto de Importação de determinada mercadoria mediante a entrega de algumas unidades dos ditos bens importados.

A expressão "*ou cujo valor nela se possa exprimir*", por sua vez, significa que o pagamento também poderá ser feito em *cheque, vale postal e, nos casos previstos em lei, em estampilha, em papel selado, ou processo mecânico* (CTN, art. 162, I e II)[3].

A grande polêmica envolvendo o assunto diz respeito à possibilidade, instituída no ordenamento jurídico pátrio pela Lei Complementar nº 104/2001, de extinção do crédito tributário por meio de **dação em pagamento de bens móveis ou imóveis**, na forma e condições estabelecidas em lei. Mais precisamente, a controvérsia na jurisprudência do

---

2. O conceito de tributo mais acatado por doutrina e jurisprudência pátria é aquele apresentado por Geraldo Ataliba (Hipótese de Incidência Tributária, 6. ed. São Paulo: Malheiros, 2004), segundo o qual seriam características gerais da referida exação (todas extraídas da Constituição Federal): a) o fato de serem compulsórias (derivadas da lei) e; b) não decorrerem de práticas ilícitas. Nisso diferenciam-se das demais situações previstas na Constituição em que alguém se encontra compelido a entregar dinheiro ao Estado, quais sejam: 1) indenizações por dano; 2) multas e; 3) convenções. O STF já se pronunciou expressamente sobre o assunto no julgamento da ADI nº 447, dispondo que a definição de tributo está prevista em lei e o conceito na Constituição. Assim mesmo, o tema nunca foi cobrado em provas de concursos públicos.

3. Atualmente, as formas alternativas de pagamento de tributos previstas no art. 162, incisos I e II, do Código Tributário Nacional (cheque, vale postal, estampilhas etc), não são mais utilizadas.

STF ao longo dos últimos anos sempre esteve ligada ao alcance da expressão "*na forma e condições estabelecidas em lei*", constante do art. 156, XI, do CTN[4].

Vacilou nossa Corte Suprema acerca, em primeiro lugar, da espécie normativa a que pretendeu se referir a LC nº 104/2001 – se lei ordinária ou lei complementar – e, em segundo lugar, acerca do ente federativo competente para edição da referida lei. Afinal, que "*lei*" pode dispor sobre as formas e condições da dação em pagamento apta a extinguir o crédito tributário? Além disso, existe permissão, no ordenamento, para instituição de hipótese de extinção do crédito tributário mediante a dação em pagamento de bens móveis?

Num primeiro momento, o STF decidiu que, em virtude do disposto no art. 146, III, b, da Constituição Federal[5], apenas a **lei complementar federal** poderia dispor sobre formas de extinção do crédito tributário, não sendo dado à lei ordinária local fazê-lo[6]. Poucos anos depois, **houve mudança no posicionamento** da Suprema Corte, passando-se a admitir que **lei ordinária local** regulasse a melhor forma de quitação do crédito tributário mediante dação em pagamento[7].

Por fim, veio à tona o **entendimento que predomina até os dias de hoje**, qual seja, o da **inadmissibilidade** da regulação da matéria por **lei ordinária local**. Desta feita, contudo, o fundamento utilizado para a proibição não foi o art. 146, III, b, da Constituição Federal, mas sim, o art. 37, XXI, do mesmo Estatuto Supremo, que enuncia o Princípio da Licitação. Em resumo, entendeu-se que a **dação em pagamento de bens móveis** instituída por lei local como forma de extinção do crédito tributário afrontaria as disposições atinentes às licitações.

Nesse sentido, confira-se a ementa da ADI nº 1.917, julgada em 26/04/2007:

> *"AÇÃO DIRETA DE INCONSTITUCIONALIDADE. OFENSA AO PRINCÍPIO DA LICITAÇÃO (CF, ART. 37, XXI). I – Lei ordinária distrital pagamento de débitos tributários por meio de dação em pagamento. II – Hipótese de criação de nova causa de extinção do crédito tributário. III – Ofensa ao princípio da licitação na aquisição de materiais pela administração pública. IV – Confirmação do julgamento cautelar em que se declarou a inconstitucionalidade da lei ordinária distrital 1.624/1997." (STF, ADI 1917, Relator(a): Min. RICARDO LEWANDOWSKI, Tribunal Pleno, julgado em 26/04/2007, DJ 24/08/2007).*

---

4. Art. 156. Extinguem o crédito tributário:

   XI – a dação em pagamento em bens imóveis, na forma e condições estabelecidas em lei. (Incluído pela Lcp nº 104, de 10.1.2001)

5. CF/88 Art. 146. Cabe à lei complementar: (...)

   III – estabelecer normas gerais em matéria de legislação tributária, especialmente sobre: (...)

   b) obrigação, lançamento, crédito, prescrição e decadência tributários.

6. STF, ADI 1917 MC, Relator(a): Min. Marco Aurélio, Plenário, julgado em 18/12/1998, DJ 19-09-2003.
7. STF, ADI 2405 MC, Relator Min. Carlos Brito, Plenário, julgado em 06/11/2002, DJ 17-02-2006.

1.2. Prestação compulsória instituída em lei

Como já vimos, a obrigação de pagar tributos independe da vontade das partes; configurada no mundo dos fatos a situação hipoteticamente prevista em lei, surgirá automaticamente a chamada obrigação tributária principal (CTN, art. 113, § 1º). Podemos dizer, portanto, que a compulsoriedade do pagamento de tributos decorre justamente do fato de terem sido instituídos por lei. Não custa lembrar que o tributo é receita cobrada pelo Estado no uso de seu poder de império.

A "lei" instituidora de tributos, como será melhor analisado ao longo desta obra, será, em regra, a **lei ordinária;** contudo, em alguns casos, há previsão expressa no texto da Constituição, a exemplo do que ocorre com os empréstimos compulsórios, de criação de tributos por meio de **lei complementar**. Com o advento da Emenda Constitucional nº 32/2001, cessaram as dúvidas acerca da admissibilidade da instituição de tributos por meio de **medida provisória**, hoje expressamente permitida. O que não se admite de maneira alguma é a criação de tributos por instrumento infralegal, como decretos e portarias. Tal regra não admite exceção.

Mais do que simplesmente criar o tributo, **a "lei" deverá dispor pormenorizadamente sobre cada um dos 5 aspectos da regra matriz de incidência tributária** – a serem estudados nos próximos tópicos. Assim, exemplificativamente, a lei que institui o Imposto sobre Serviços de Qualquer Natureza – ISSQN em determinado município deverá estabelecer não só a materialidade tributária, mas também o momento em que se considera devida a obrigação, o âmbito espacial de abrangência da lei, os sujeitos ativo e passivo da exação, bem como alíquota e base de cálculo do imposto.

Não se admite, por exemplo, que a lei limite-se a conferir ao Ente Público ampla liberdade para estabelecer o montante devido a título de tributo, como decidiu recentemente o Superior Tribunal de Justiça; confira-se:

> *"(...) Na espécie, os valores exigidos à guisa de ressarcimento originam-se do exercício de poderes fiscalizatórios por parte da Fazenda Nacional, para evitar que as empresas produtoras de bebidas incidam em evasão fiscal.* ***Tais atos fiscalizatórios*** *são ínsitos ao poder de polícia de que está investida a União Federal, cuja remuneração pode ser perpetrada por meio da taxa de polícia. Até aqui, mal algum há na conduta do Estado, pois lhe é amplamente permitido criar novas taxas por meio de lei.* ***No entanto, o vício surge na forma como se estabeleceu a alíquota e a base de cálculo da referida taxa. É que o art. 97, IV, do CTN estatui que somente lei pode fixar alíquota e base de cálculo dos tributos.*** *Todavia, a Lei 11.488/2007, em seu art. 28, § 4º, não previu o quantum que deveria ser repassado à Empresa Pública, apenas atribuiu à Secretaria da Receita Federal do Brasil a competência para fazê-lo. Em cumprimento, foi editado o Ato Declaratório do Executivo RFB 61/2008, que estabeleceu como devido o valor de R$ 0,03 (três centavos de real) por unidade de produto controlado pelo Sicobe. Desta forma, a cobrança do ressarcimento, com base no referido ato infralegal, viola o art. 97, IV, do CTN. (...)"*[8]

8. STJ, REsp 1.448.096-PR, Rel. Min. Napoleão Nunes Maia Filho, julgado em 1º/10/2015, DJe 14/10/2015 (Informativo 571).

Recentemente, contudo, o **Supremo Tribunal Federal** decidiu pela **validade da lei instituidora de Contribuição de Interesse das Categorias Profissionais e Econômicas** que, no ponto concernente à quantificação do tributo, limitara-se a fixar "**tetos aos critérios materiais das hipóteses de incidência**". Na oportunidade, nossa Corte Suprema deixou assentado que **não viola o princípio da legalidade estrita** conferir a atribuição da fixação do **valor exato das anuidades aos conselhos profissionais**, desde que **respeitadas as balizas quantitativas**[9].

Indo além, nos autos do **Recurso Extraordinário n. 838.284**, o STF chegou a deixar consignado que "o legislador tributário pode valer-se de **cláusulas gerais**", e que as "**taxas** cobradas em razão do exercício do poder de polícia podem ter algum **grau de indeterminação**, por força da ausência de minuciosa definição legal dos serviços compreendidos", concluindo, de maneira extremamente temerária – a nosso sentir –, que "**a ortodoxa legalidade tributária, absoluta e exauriente, deve ser afastada**, em razão da complexidade da vida moderna e da necessidade de adaptação da legislação tributária à realidade em constante transformação[10]."

Doutrina e jurisprudência majoritárias admitem também a atualização monetária do aspecto quantitativo do tributo por meio de simples ato do Poder Executivo (Decreto), desde que não seja utilizado índice superior ao índice oficial de correção monetária.[11]

Também a **data de recolhimento do tributo**, por não constar do rol do art. 97 do CTN, **pode ser fixada por meio de instrumento infralegal**, sem que isso implique desobediência ao princípio da legalidade.[12]

Nesse sentido, confira-se enunciado de Súmula Vinculante editado pelo Supremo Tribunal Federal:

Súmula Vinculante n. 50 do STF: *"Norma legal que altera o prazo de recolhimento de obrigação tributária não se sujeita ao princípio da anterioridade."*

1.3. Prestação que não constitui sanção por ato ilícito

O surgimento da obrigação de pagar tributos nunca poderá decorrer da prática de um ato ilícito. É nesse sentido que deve ser entendida a expressão "*que não constitui sanção por ato ilícito*", contida no art. 3º do CTN. O pagamento de tributos pelos membros da sociedade – pelo menos por parte daqueles que detêm a chamada capacidade contributiva – encontra inspiração nas ideias de solidariedade social e colaboração de todos para os gastos públicos, não podendo, portanto, ser encarado como verdadeira punição.

9. STF, ADI 4697/DF, rel. min. Edson Fachin, julgamento em 6-10-2016 (Informativo n. 842).
10. STF, RE 838284/SC, rel. min. Dias Toffoli, julgamento em 6-10-2016 (Informativo n. 842).
11. **Súmula n. 160 do STJ**: É defeso, ao Município, atualizar o IPTU, mediante decreto, em percentual superior ao índice oficial de correção monetária.
12. Nesse sentido, dentre outros, confira-se: STF, RE 203684, Relator(a): Min. ILMAR GALVÃO, Primeira Turma, julgado em 20/05/1997, DJ 12-09-1997;

Eventualmente, a situação hipoteticamente prevista em lei pode se concretizar, no plano fático, em decorrência de práticas ilícitas, a exemplo do que ocorre com a disponibilidade de renda oriunda do tráfico ilícito de entorpecentes. Aqui, o pagamento do Imposto de Renda será devido, haja vista que referido tributo, nos moldes do disposto em lei, incidirá sobre qualquer disponibilidade econômica ou jurídica de renda, não importando a origem dos recursos. Tem-se exemplo clássico do **princípio pecúnia *non olet*** (o dinheiro não tem cheiro).

O que o art. 3º do CTN veda é que a lei instituidora do tributo já preveja, como ensejadora de obrigação tributária, uma conduta contrária à lei. Em outras palavras, a hipótese de incidência deve conter uma conduta lícita (aspecto material da regra matriz de incidência, a ser estudado em breve) que, praticada em determinado local, faz surgir, num dado instante temporal, a obrigação de pagar o tributo. No plano dos fatos, contudo, a situação prevista em lei pode decorrer de uma atividade ilícita.

As multas, que inclusive poderão decorrer do não adimplemento das obrigações tributárias principal e acessória[13], é que possuem a natureza de sanção por ato ilícito. Por configurarem verdadeiras punições, a elas se aplica regime jurídico diverso daquele aplicável aos impostos, às taxas e às contribuições, podendo referidas exações, exemplificativamente, serem instituídas por instrumento infralegal.

Nesse sentido, a jurisprudência dos Tribunais Superiores encontra-se repleta de julgados em que se admite a fixação de multas tributárias em patamares bastante elevados (superiores, por exemplo, a 70% do valor do tributo) sem que isso configure afronta ao princípio da vedação ao efeito confiscatório dos tributos. Argumenta-se, em linhas gerais, que os limites para caracterização de confisco, no caso das multas, justamente em razão de sua natureza punitiva, devem ser mais elevados do que aqueles aplicáveis aos tributos.[14]

Sobre as principais diferenças existentes entre tributos e multas, confira-se o quadro abaixo:

Tributos	Multas
Prestação que não constitui sanção por ato ilícito	Sanção por ato ilícito
Obrigação de pagamento surge sempre em virtude da verificação, no mundo dos fatos (fato gerador) da situação hipoteticamente prevista em lei	Pode decorrer do inadimplemento da obrigação principal ou da obrigação acessória

13. CTN: Art. 113. A obrigação tributária é principal ou acessória.

    § 1º A obrigação principal surge com a ocorrência do fato gerador, tem por objeto o pagamento de tributo ou penalidade pecuniária e extingue-se juntamente com o crédito dela decorrente.

    § 2º A obrigação acessória decorre da legislação tributária e tem por objeto as prestações, positivas ou negativas, nela previstas no interesse da arrecadação ou da fiscalização dos tributos.

    § 3º A obrigação acessória, pelo simples fato da sua inobservância, converte-se em obrigação principal relativamente à penalidade pecuniária.

14. Dentre outros, confira-se: RE 733656 AgR, Relator(a): Min. RICARDO LEWANDOWSKI, Segunda Turma, julgado em 24/06/2014, PUBLIC 15-08-2014.

Tributos	Multas
Não podem apresentar qualquer indício de confisco	Possui limites de confisco bem mais elevados do que os fixados para os tributos
Têm por objetivo principal arrecadar recursos para o Estado	Visam a coibir e punir atos ilícitos

1.4. Cobrado mediante atividade administrativa plenamente vinculada

A cobrança e a fiscalização dos tributos são realizadas exclusivamente por agentes da Administração Pública, como auditores fiscais (cobrança administrativa) e procuradores públicos (cobrança judicial). **Referidos agentes**, e isso deve ficar bem claro, **não poderão decidir sobre a conveniência ou oportunidade de realizar seu mister**: configurada a situação prevista em lei para o surgimento da obrigação tributária, deverão ser tomadas as medidas cabíveis (notificação de lançamento, autuação, ajuizamento de execução fiscal etc.). É nesse sentido que se diz ser a cobrança tributária realizada mediante atividade administrativa vinculada. Verificada, por exemplo, a existência de uma operação mercantil de circulação de mercadorias, deve haver a notificação para o recolhimento do ICMS.

A *"cobrança mediante atividade administrativa plenamente vinculada"* decorre da compulsoriedade e da instituição de tributos por meio de lei.

No caso concreto, porém, as coisas não são tão simples. A constatação, pelo agente fiscal, dos critérios da regra matriz de incidência dos tributos, por vezes, pode ser tarefa bastante difícil, exigindo, não raro, alguma dose de discricionariedade. Exemplificativamente aquilo que, a uma primeira vista, configura disponibilidade jurídica de renda, pode na verdade, após uma análise mais detida, caracterizar se mera verba de natureza indenizatória.

O que o candidato – ou o estudioso do Direito Tributário – não pode esquecer, portanto, é que os agentes da administração, nos procedimentos de arrecadação tributária, não poderão deixar de realizar a cobrança em virtude apenas de critérios de conveniência e oportunidade.

2. A REGRA MATRIZ DE INCIDÊNCIA DOS TRIBUTOS

O conhecimento prévio dos critérios da regra matriz de incidência dos tributos é indispensável ao melhor estudo e aprofundamento das diversas espécies tributárias – objeto central da presente obra. Não há como realizar um trabalho detalhado sobre determinado imposto, taxa ou contribuição sem a abordagem cuidadosa dos critérios material, temporal, espacial, pessoal e quantitativo da regra matriz de incidência das referidas espécies tributárias.

Podemos afirmar, em princípio, que a **regra matriz de incidência** funciona como **arquétipo da norma jurídica tributária**. Trata-se de verdadeiro "esquema" que permite ao estudioso do Direito Tributário devassar a intimidade estrutural de cada um dos tributos. Aqui, "*o labor científico aparece como árduo esforço de procura, isolamento de dados, montagem e construção final do arquétipo da norma jurídica*[15]".

Todos os elementos da regra matriz de cada um dos tributos estão previstos, explícita ou implicitamente, no texto da Constituição.

Embora não seja algo corriqueiro, o tema já foi cobrado algumas vezes em concursos públicos, a exemplo do concurso para ingresso na carreira de Procurador do Estado do Paraná, realizado em 2011. Na ocasião, foi solicitado ao candidato que discorresse sobre os **critérios da regra matriz de incidência do ICMS**. Aqueles que não tinham prévio conhecimento da teoria geral da regra matriz certamente perderam pontos importantes.

Utilizaremos, ao longo deste manual, a estrutura da regra matriz de incidência mais aceita por doutrina, jurisprudência e pelas bancas de concurso público. Estamos falando da estrutura proposta pelo professor Paulo de Barros Carvalho. Este, valendo-se do arquétipo geral da norma jurídica proposta por Kelsen (juízo hipotético condicional formado por um antecedente e um consequente), divide a norma tributária em **5 (cinco) elementos (ou critérios ou aspectos).**

Existirá em toda norma tributária: **a) um antecedente normativo** (suposto ou hipótese de incidência ou fato gerador), composto pelos **aspectos** (ou **critérios**) **(a.1) material, (a.2) temporal e (a.3) espacial**, a que se vincula um; **b) consequente normativo** (mandamento ou estatuição ou relação jurídica tributária), composto pelos **critérios (b.1) pessoal e (b.2) quantitativo**. Verificando-se determinada situação prevista em lei (antecedente normativo), um sujeito passivo deverá pagar (dever ser) ao ente público determinado valor a título de tributo (consequente normativo).

Para melhor compreensão do candidato, utilizaremos a formulação jurídico-descritiva do IPTU – cuja regra matriz de incidência encontra assento constitucional no art. 156, I, da CF/88 – apresentada por Paulo de Barros Carvalho[16]:

<table>
<tr><td rowspan="5">NJT</td><td rowspan="3">Hipótese</td><td>1. Critério material</td><td>Ser proprietário de bem imóvel</td></tr>
<tr><td>2. Critério temporal</td><td>No dia 1º do ano civil</td></tr>
<tr><td>3. Critério espacial</td><td>No perímetro urbano do Município de São Paulo</td></tr>
<tr><td rowspan="2">Consequência</td><td>1. Critério subjetivo</td><td>a) Sujeito Ativo: Fazenda Municipal
b) Sujeito Passivo: Proprietário do imóvel.</td></tr>
<tr><td>2. Critério quantitativo</td><td>a) Base de cálculo: Valor venal do bem imóvel
b) Alíquota: 1%</td></tr>
</table>

15. CARVALHO, Paulo de Barros. *Curso de Direito Tributário.* 14. ed. São Paulo: Saraiva, 2002, p. 237.
16. *Idem*, p. 236.

Conforme exposto, temos no IPTU os seguintes critérios:

a) **Critérios do antecedente (hipótese de incidência):**

1) **Critério material**: ser proprietário de propriedade territorial;

2) **Critério espacial:** estar o imóvel localizado nos limites urbanos do Município instituidor do imposto;

3) **Critério temporal:** instante fixado na lei local em que alguém se encontra na situação de proprietário (dando ensejo à obrigação de pagar o tributo).

b) **Critérios do consequente (relação jurídica tributária):**

1) **Critério subjetivo**: b.1.1) **sujeito ativo**; Município; b.1.2) **sujeito passivo**; proprietário do imóvel;

2) **Critério quantitativo:** b.2.1) **base de cálculo**; valor do imóvel; b.2.2) **alíquota**; percentual fixado em lei e incidente sobre a base de cálculo.

2.1. Aspectos da regra matriz de incidência: antecedente da norma (critérios material, temporal e espacial)

O antecedente da norma há de significar, sempre, "*a descrição normativa de um evento que, concretizado no nível das realidades materiais, fará irromper o vínculo abstrato que o legislador estipulou na consequência*". Chamaremos referido evento, quando abstratamente previsto na lei, de ***hipótese tributária* ou *hipótese de incidência***. Verificada, no mundo dos fatos, a situação descrita no antecedente, que desencadeia a relação jurídica contida no consequente, falaremos em **fato jurídico tributário** ou **fato gerador**.

Em outras palavras, o **antecedente** da regra matriz de incidência nada mais é do que uma situação em que alguém, em dados momento (critério temporal) e lugar (critério espacial), pratica uma conduta (critério material) apta a gerar a obrigação de pagar um tributo.

O **aspecto material** diz respeito apenas a um comportamento; tal comportamento, salientemos desde já, será condicionado pelas circunstâncias de tempo e espaço. Além disso, a conduta em comento deve ser representada sempre por um verbo pessoal e de predicação incompleta, o que implica necessariamente a existência de um complemento.

Quando a lei prescreve que a obrigação do proprietário de veículo automotor pagar o IPVA surge no dia 1º de janeiro, podemos afirmar que o aspecto material da regra matriz de incidência do IPVA é apenas "ser proprietário de veículo automotor". A descrição objetiva completa do fato (ser proprietário de veículo automotor em determinado Estado da Federação, em determinada época do ano) é o que já chamamos de **hipótese tributária**, **hipótese de incidência** ou **antecedente da regra-matriz** de incidência. No plano fático, faremos alusão a fato jurídico tributário ou fato gerador.

É o **aspecto temporal** da regra matriz que determina a partir de que momento surgirá o dever jurídico de pagar o tributo; em outras palavras, o aspecto temporal determina o exato instante ao qual se reportam os efeitos da obrigação tributária. No exemplo citado anteriormente, o aspecto temporal da regra matriz do IPVA é a data de 1º de janeiro de cada ano.

Importante deixar claro que, em alguns casos, como será mais detidamente analisado adiante, o próprio legislador confunde as noções de aspecto material, aspecto temporal e fato gerador da obrigação tributária. Nos termos do art. 46, II, do CTN, por exemplo, afirma-se que *o imposto, de competência da União, sobre produtos industrializados tem como fato gerador a sua saída dos estabelecimentos a que se refere o parágrafo único do art. 51.* Ora, a saída do referido produto industrializado do estabelecimento representa apenas o momento a partir do qual será devido o IPI, cujo fato gerador é composto pelos critérios material (industrialização de produtos), espacial (qualquer ponto do território nacional) e temporal (momento da saída da mercadoria do estabelecimento).

Não se deve confundir o aspecto temporal do tributo com a data de pagamento da referida exação. Conforme visto anteriormente, esta última (data de pagamento) pode ser fixada até mesmo por instrumento infralegal, ao contrário do que ocorre com o aspecto temporal (necessariamente estabelecido por lei).

O aspecto espacial da regra matriz de incidência está relacionado ao "*local em que o fato deve ocorrer, a fim de que irradie os efeitos que lhe são característicos*[17]". Muito embora nem sempre venha expresso na lei, será possível, em qualquer caso, deduzir onde nasceu o laço obrigacional. Voltando à regra-matriz do IPVA, podemos afirmar que a obrigação surge no Estado em que registrado o veículo de propriedade do sujeito passivo da obrigação.

2.2. Aspectos da regra matriz de incidência: consequente da norma (critérios pessoal e quantitativo)

Enquanto o antecedente da norma tributária está relacionado à descrição objetiva do fato, o **consequente da norma** diz respeito à **relação jurídica** decorrente da conduta praticada em determinados tempo e local. Como consequência da hipótese tributária, alguém será obrigado a pagar a algum ente da Federação determinada quantia em dinheiro. Nas sempre precisas palavras de Paulo de Barros Carvalho, maior estudioso do assunto, "*ao preceituar a conduta, fazendo irromper direitos subjetivos e deveres jurídicos correlatos, o consequente normativo desenha a previsão de uma relação jurídica, que se instala, automática e infalivelmente, assim que se concretize o fato*[18]".

O **aspecto subjetivo** da regra matriz de incidência aponta os sujeitos da relação jurídica constante do consequente da norma. Quando se fala em aspecto subjetivo está-se falando tanto da pessoa obrigada ao pagamento do tributo quanto do ente público credor da referida obrigação. O **sujeito ativo** *da obrigação, nos termos do CTN, é a pessoa jurídica de direito público titular da competência para exigir o seu cumprimento* (CTN, art. 119), enquanto *o* **sujeito passivo** *da obrigação é a pessoa obrigada ao pagamento de tributo ou penalidade pecuniária* (CTN, art. 121).

17. CARVALHO, Paulo de Barros. *Curso de Direito Tributário.* 14. Ed. São Paulo: Saraiva, 2002, p. 253.

18. *Idem*, p. 278.

Muito embora a competência tributária seja indelegável, nos termos do art. 7º, *caput*, do CTN, admite-se a **delegação das funções de arrecadar ou fiscalizar tributos**, ou de executar leis, serviços, atos ou decisões administrativas em matéria tributária, conferida por uma **pessoa jurídica de direito público a outra**. Nesse caso, a atribuição compreende as garantias e os privilégios processuais que competem à pessoa jurídica de direito público que a conferir (CTN, art. 7º, §1º).

É com base nisso que costumam figurar no **polo ativo da relação jurídica tributária**, promovendo execuções de dívidas por elas constituídas e inscritas, também as **entidades públicas de natureza autárquica**, como os DETRAN e as autarquias ambientais de Estados e Municípios. Em geral, referidas autarquias são responsáveis pela arrecadação, fiscalização e cobrança de taxas.

Assim, em que pese a redação do art. 119 do CTN, **poderão ser sujeitos ativos de tributos também as autarquias e as fundações públicas.**

Voltando ao exemplo do IPVA, temos como sujeito ativo da relação tributária o Estado em que registrada a propriedade do veículo automotor e publicada a lei instituidora do tributo, e como sujeito passivo o proprietário do aludido veículo.

O **aspecto quantitativo** da regra-matriz relaciona-se ao cálculo do montante do tributo a ser pago pelo sujeito passivo e há de vir expresso pela conjugação de 2 (duas) entidades: alíquota e base de cálculo. Em resumo, o aspecto quantitativo define precisamente a dívida tributária.

A **base de cálculo** é grandeza integrante do aspecto quantitativo que, além da função de – conjugada à alíquota – definir o quantum a ser pago pelo sujeito passivo da obrigação tributária, possui outras 2 (duas) missões de grande relevância, quais sejam: a) medir as proporções reais do fato jurídico tributário[19] e; b) confirmar, infirmar ou afirmar o verdadeiro aspecto material da descrição contida no antecedente da norma[20].

A última das funções apresentadas (confirmar, infirmar ou afirmar o verdadeiro aspecto material) encontra respaldo no dispositivo do texto constitucional segundo o qual *as taxas não terão base de cálculo própria de impostos* (CF/88, art. 145, § 2º). Assim, ao contrário do que tenta fazer crer o Código Tributário Nacional (art. 4º, *caput)*, a natureza jurídica específica do tributo não é determinada pelo fato gerador da obrigação, mas pela conjugação do binômio base de cálculo-fato gerador.

E mais, havendo desencontro entre os termos do binômio supracitado, é a base de cálculo que deverá prevalecer. Foi o que entendeu o Supremo Tribunal Federal ao julgar inconstitucional Taxa de Conservação Rodoviária, cuja base de cálculo não tinha qual-

19. CARVALHO, Paulo de Barros. *Curso de Direito Tributário*. 14. Ed. São Paulo: Saraiva, 2002, p. 324.
20. *Idem*, p. 325.

quer relação com eventual serviço prestado pelo Estado (aspecto material das taxas)[21]. O fato gerador, na verdade, era a mera aquisição de combustível líquido pelo contribuinte.

De qualquer forma, em concursos públicos, mais precisamente nas provas objetivas, se for indagado ao candidato o que diz a letra da lei, ele deverá reputar correta a assertiva segundo a qual *a natureza jurídica específica do tributo é determinada pelo fato gerador da obrigação* (CTN, art. 4º).

A **alíquota**, por sua vez, é o componente aritmético que se conjuga à base de cálculo para determinar a quantia objeto da prestação tributária, podendo assumir 2 (duas) feições: a) um valor monetário, fixo ou variável e; b) uma fração, percentual ou não. A alíquota do IPVA, por exemplo, é um percentual incidente sobre o valor do veículo; tal valor é fixado por lei do Estado competente para sua instituição.

2.3. Esquema lógico de representação da regra matriz de incidência

A fim de facilitar a compreensão do leitor, colacionamos abaixo o esquema lógico de representação formal da regra matriz de incidência tributária apresentado pelo próprio professor Paulo de Barros Carvalho. Tal arquétipo permite ao estudante uma visão mais global do fenômeno da incidência tributária. Nesse sentido, confira-se:

$$\text{NJT} \begin{cases} \textbf{Ht} \equiv \text{Cm (v. c). Ce. Ct} \\ \qquad\qquad \downarrow \\ \textbf{CSt} \equiv \text{Cp (Sa. Sp). Cq (Bc. Al)} \end{cases}$$

Explicação dos símbolos:

NJT = norma jurídica tributária – regra matriz de incidência

Ht = Hipótese tributária – antecedente da norma – hipótese de incidência

Cm = CRITÉRIO MATERIAL da regra matriz de incidência

(v. c) = Verbo + Complemento

Ce = Critério espacial

Ct = Critério temporal

CSt = Consequente tributário – Mandamento – Relação Jurídica Tributária

Cp = Critério subjetivo

Sa = Sujeito Ativo

Sp = Sujeito Passivo

Cq = Critério quantitativo

Bc = Base de Cálculo

Al = Alíquota

---

21. STF, ADI 447, Relator(a): Min. OCTAVIO GALLOTTI, Tribunal Pleno, julgado em 05/06/1991, DJ 05-03-1993.

3. ESPÉCIES TRIBUTÁRIAS

A divisão dos tributos em diferentes espécies mostra-se relevante na medida em que referidas espécies *"recebem um tratamento jurídico diferenciado."*[22] Apenas a título de exemplo, temos que o princípio da anterioridade não se aplica à instituição das contribuições sociais, que são regidas apenas pelo princípio da noventena. Na mesma linha de argumentação, os empréstimos compulsórios são espécies tributárias criadas exclusivamente por meio de lei complementar, o que já denota um regime diverso dos impostos e das taxas, passíveis de instituição por lei ordinária.

3.1. Teorias acerca das espécies tributárias

A primeira polêmica envolvendo o assunto das espécies tributárias diz respeito à quantidade das referidas espécies no ordenamento jurídico pátrio. Em outras palavras, controverte-se a doutrina acerca de quantas e quais seriam as espécies de tributos. Cuidam da resposta 4 (quatro) teorias distintas. É sobre elas que iremos discorrer agora.

Os adeptos da **Teoria Binaria, Bipartida ou Dualista** admitem a existência de apenas 2 (duas) espécies de tributos: **impostos e taxas**. Levam em conta, importante que se diga, apenas o critério da vinculação entre a atividade prestada pelo Estado e a cobrança do tributo, ou seja, dividem as espécies tributárias entre tributos vinculados (taxas) e não vinculados (impostos). Defendem que as demais espécies, a depender do caso concreto, teriam a natureza jurídica de um imposto ou de uma taxa.

A **Teoria Trinária, Tripartida ou Tripartite** defende a existência de 3 (três) espécies tributárias: **impostos, taxas e contribuições de melhoria.** Trata-se da tese adotada pelo Código Tributário Nacional[23]. Não é, contudo, aquela admitida pelo Supremo Tribunal Federal ou mesmo por doutrina majoritária, contudo, em provas de concursos, caso seja cobrada a letra pura da lei, o candidato deve ficar atento. Assim, será correta a assertiva que dispuser que, nos moldes do art. 5º do Código Tributário Nacional, os tributos são impostos, taxas e contribuições de melhoria.

Para os defensores da **Teoria Quaternária, Quadripartida ou Quadripartite**, são 4 (quatro) as espécies tributárias: **impostos, taxas, empréstimos compulsórios e contribuições**. Dessa forma, unem sob uma só sigla – "contribuições" – todas as contribuições previstas no texto constitucional, o que, a nosso entender, configura claro equívoco, na medida em que contribuições de melhoria, contribuição de iluminação pública e as demais contribuições sociais possuem regime jurídico completamente distinto.

Por fim, temos a **Teoria Quinária, Pentapartida ou Pentapartite**, defendida pela jurisprudência do Supremo Tribunal Federal e pela doutrina majoritária, que admite a existência, no texto constitucional, de 5 (cinco) diferentes espécies tributárias; são elas:

---

22. SCHOUERI, Luís Eduardo. *Direito Tributário*. São Paulo; Saraiva, 2011, p. 151.
23. CTN: Art. 5º Os tributos são impostos, taxas e contribuições de melhoria.

a) **impostos** (CF/88, art. 145, I); **b) taxas** (CF/88, art. 145, II); **c) contribuições de melhoria** (CF/88, art. 145, III); **d) empréstimos compulsórios** (CF/88, art. 148, I e II) e; **e) demais contribuições** (CF/88, art. 149, *caput* e art. 149-A, *caput*). Em uma prova dissertativa de concurso público, é prudente que o candidato faça menção a todas as correntes apresentadas acima. Nas provas objetivas, recomenda-se que o postulante à vaga assinale a assertiva que fizer menção à teoria pentapartida.

3.2. Determinação da natureza jurídica dos tributos

Outro tópico alusivo ao assunto das espécies tributárias passível de controvérsia em doutrina e jurisprudência diz respeito à **determinação da natureza jurídica do tributo**. Nos moldes do art. 4º do Código Tributário Nacional, *a natureza jurídica específica do tributo é determinada pelo fato gerador da respectiva obrigação, sendo irrelevantes para qualificá-la* tanto *a denominação e demais características formais adotadas pela lei* quanto *a destinação legal do produto da sua arrecadação.*

Ocorre que, conforme visto durante o estudo dos critérios da regra matriz de incidência tributária, não são apenas os critérios do antecedente da norma (fato jurídico tributário ou fato gerador) os responsáveis pela determinação da espécie tributária. Na verdade, repita-se, só por meio da **conjugação do fato gerador com a base de cálculo** será possível a verificação da natureza jurídica específica do tributo. A grandeza (base de cálculo) deverá medir adequadamente a materialidade do evento. Mais do que isso, "*havendo desencontro entre os termos do binômio (hipótese de incidência e base de cálculo), a base é que deve prevalecer*[24]".

É em virtude do exposto que podemos afirmar que a extinta Taxa Rodoviária Única – TRU possuía, em verdade, natureza jurídica de imposto. Nos termos do Decreto regulador, a base de cálculo da referida exação tinha relação estreita com o valor dos veículos fiscalizados. Fosse efetivamente uma taxa, a base de cálculo deveria representar o valor do serviço de fiscalização prestado pelo Estado.

Tal conclusão é decorrência lógica do disposto no art. 145, § 2º, da Constituição Federal, segundo o qual *as taxas não poderão ter base de cálculo própria de impostos.* Os artigos 154, I[25]; e 195, § 4º[26], da Constituição parecem confirmar referido entendimento.

---

24. CARVALHO, Paulo de Barros. *Curso de Direito Tributário.* 14. Ed. São Paulo: Saraiva, 2002, p. 328.
25. CF/88: Art. 154. A União poderá instituir:

    I – mediante lei complementar, impostos não previstos no artigo anterior, desde que sejam não cumulativos e não tenham fato gerador ou base de cálculo próprios dos discriminados nesta Constituição;
26. CF/88: Art. 195. (...)

    § 4º – A lei poderá instituir outras fontes destinadas a garantir a manutenção ou expansão da seguridade social, obedecido o disposto no art. 154, I.

Repare que o Estatuto Supremo não fala que impostos e taxas não poderão ter o mesmo fato gerador, mas sim que não pode existir identidade de base de cálculo. Ainda, quando a Constituição outorga à União competência para instituição de impostos e contribuições residuais, deixa claro que a nova exação não poderá ter fato gerador e base de cálculo idênticos aos de impostos e contribuições já existentes, sob pena de criação de um tributo (imposto ou contribuição social) que não é novo.

Diante do exposto, podemos afirmar que o art. 4º, *caput,* do Código Tributário Nacional não foi recepcionado pela ordem jurídica vigente. Em provas de concurso público, contudo, o candidato deve atentar para os termos em que formulada a pergunta; caso se faça menção ao que diz a letra pura da lei, a assertiva deve ser reputada correta.

Também não foi recepcionado pela Constituição Federal de 1988 o disposto no inciso I, do mencionado art. 4º, do CTN, que afirma ser irrelevante, para fins de determinação da natureza jurídica específica do tributo, *a destinação legal do produto da sua arrecadação.*

Entendia-se, à época, que o destino da arrecadação era um problema a ser estudado pelo Direito Financeiro. Acontece que algumas das espécies tributárias constante do texto da Constituição só se diferenciam das demais em virtude do destino do produto arrecadado, a exemplo do que ocorre com: a) os empréstimos compulsórios (CF/88, art. 148, I e II); b) as contribuições sociais, de intervenção no domínio econômico e de interesse das categorias profissionais (CF/88, art. 149) e; c) a nova contribuição de iluminação pública (CF/88, art. 149-A).

3.3. Diversas espécies de tributos

Neste tópico, discorreremos sobre as características mais genéricas de cada uma das espécies tributárias, sem qualquer pretensão de esgotar o assunto. Nesse sentido, abordaremos apenas a definição legal – e constitucional, se for o caso – de cada espécie, os entes federativos competentes para instituí-las, o veículo legal apto à sua criação, o enquadramento dentro das classificações doutrinárias e os princípios constitucionais aplicáveis.

As próximas 4 (quatro) partes deste manual serão dedicadas ao estudo mais profundo e detalhado das ditas espécies tributárias.

3.3.1. Impostos

Nos termos do art. 16 do Código Tributário Nacional, *o **imposto** é o tributo cuja obrigação tem por fato gerador uma situação independente de qualquer atividade estatal específica, relativa ao contribuinte.* Sua característica marcante, portanto, é a ausência de vinculação; em outras palavras, trata-se de **tributo não vinculado**. Não custa lembrar que também a análise da correlação entre a base de cálculo e a situação descrita na lei é indispensável, em muitos casos, à caracterização de determinada espécie tributária como imposto.

Analisando a estrutura do Imposto de Renda, a título exemplificativo, podemos perceber que, entre a situação hipoteticamente prevista em lei como desencadeadora da relação jurídica de tributação, qual seja, a disponibilidade econômica ou jurídica de renda, e as atividades prestadas pela União, **não existe qualquer vinculação**. O sujeito passivo não paga o tributo como forma de retribuir algum serviço prestado pelo Poder Público, mas sim em virtude da simples aquisição de disponibilidade, econômica ou jurídica, de renda (CTN, art. 43, I).

Além de serem não vinculados, os impostos são também tributos de **arrecadação não vinculada**, ou seja, em regra[27], o valor arrecadado não tem uma destinação legal ou constitucional específica, podendo os governantes livremente dispor sobre referido valor quando da elaboração das leis orçamentárias. É com base nisso que os moradores de uma cidade não podem se insurgir, por exemplo, contra o pagamento do IPTU sob o fundamento da ausência de prestação, pelo Município, de serviços básicos, ou mesmo em virtude da má qualidade do asfalto das ruas.

A Constituição atribui **competência para instituição de impostos a todos os entes da Federação**, contudo, de acordo com o art. 154, II, da CF/88, apenas a União, em caso de guerra externa ou sua iminência, poderá instituir os chamados impostos extraordinários, compreendidos em sua competência ou mesmo na competência de outros entes, como Estado e Municípios.

A **instituição** dos impostos se dará, em regra, por meio de **lei ordinária**, salvo exceção do inciso I, do art. 154, da CF/88, que confere à União poder para *instituir, mediante* ***lei complementar****, impostos não previstos* no art. 153, *desde que sejam não cumulativos e não tenham fato gerador ou base de cálculo próprios dos discriminados nesta Constituição.*

Em que pese alguma controvérsia jurisprudencial inicial – mitigada com o advento da Emenda Constitucional nº 32/2001 – admite-se a instituição de alguns impostos por meio de medida provisória. Referidos impostos, contudo, só produzirão efeitos no exercício financeiro seguinte se referida MP houver sido convertida em lei até o último dia daquele exercício em que editada (CF/88, art. 62, § 2º). A regra não se aplica apenas para os Impostos de Importação, Exportação, sobre Produtos Industrializados e Operações de Crédito, Câmbio e Seguro, que produzirão efeitos de imediato.

Julgamos importante salientar ainda que, antes mesmo da publicação da EC 32/2001, o Supremo Tribunal Federal já entendia possível a instituição de tributos por meio de MP, desde que convertida em lei até o último dia do exercício financeiro anterior àquele em que deveria produzir efeito[28].

---

27. Diz-se que os impostos, **em regra**, não são tributos de arrecadação vinculada porque há casos, discriminados na Constituição Federal, em que se admite a referida vinculação. Dentre outras disposições autorizadoras dessa vinculação, destacam-se os artigos 167, IV e § 4º, e 218, § 5º.

28. STF, ADI 1417 MC, Tribunal Pleno, julgado em 07/03/1996.

Por fim, os impostos sofrem a incidência, dentre outros, dos seguintes princípios constitucionais tributários: a) legalidade (CF/88, art. 150, I); b) isonomia (CF/88, art. 150, II); c) capacidade contributiva (CF/88, art. 145, § 1º); d) irretroatividade (CF/88, art. 150, III, "a"); e) anterioridade (CF/88, art. 150, III, "b"); f) anterioridade nonagesimal ou mitigada (CF/88, art. 150, III, "c"); g) vedação à utilização de tributo com efeito de confisco (CF/88, art. 150, IV); h) limitação ao tráfego de pessoas ou bens (CF/88, art. 150, V); i) vedação à instituição de isenções heterônomas (CF/88, art. 151, III).

3.3.2. Taxas

Na definição do Código Tributário Nacional, ***as taxas*** *cobradas pela União, pelos Estados, pelo Distrito Federal ou pelos Municípios, no âmbito de suas respectivas atribuições, têm como fato gerador o exercício regular do poder de polícia ou a utilização efetiva ou potencial, de serviço público específico e divisível, prestado ao contribuinte ou posto à sua disposição* (CTN, art. 77, *caput*). Conforme já explicado, tanto a Constituição Federal (art. 145, § 2º) quanto o CTN (art. 77, parágrafo único) estabelecem que *a taxa não pode ter base de cálculo ou fato gerador idênticos aos que correspondam a imposto nem ser calculada em função do capital das empresas.*

Vê-se, portanto, que diferentemente do que acontece com os impostos, as taxas têm por fato gerador uma prestação estatal, seja uma atividade de polícia administrativa, seja um serviço específico e divisível. São, portanto, **tributos vinculados**. O pagamento da taxa possui natureza claramente remuneratória. Quando uma empresa postula a obtenção de uma licença ambiental estadual, terá de pagar um valor a título de taxa, já que a licença decorre do exercício efetivo do Poder de Polícia Administrativo do Estado concedente/fiscalizador.

Conforme exposto anteriormente, todos os entes federativos têm competência para instituição tanto das taxas de serviço quanto das chamadas taxas de polícia administrativa. Fala-se, assim, em **competência comum para instituição**. Em virtude disso, o município poderá instituir taxa decorrente de atividade de fiscalização (atividade de polícia administrativa) por ele realizada, desde que tenha competência constitucional para prestar referido serviço. Nos termos da Constituição (art. 30, V), compete aos Municípios organizar e prestar diretamente os serviços públicos de interesse local. Da mesma forma, Estados e DF poderão instituir taxas, por exemplo, em virtude da prestação do serviço local de gás canalizado por eles diretamente prestado (CF/88, art. 25, § 2º). Em suma, a competência para instituição de taxa está intimamente ligada à competência constitucional do ente para realização de determinado serviço.

As taxas serão instituídas, em regra, por meio de **lei ordinária**. Uma taxa criada por lei complementar poderá ser revogada ou mesmo alterada por simples lei ordinária; aqui, referida lei complementar possui força de lei ordinária.

Lembremos, por fim, que as taxas submetem-se, dentre outros, aos princípios constitucionais tributários da: a) legalidade (CF/88, art. 150, I); b) isonomia (CF/88, art. 150, II); c) capacidade contributiva (CF/88, art. 145, § 1º); d) irretroatividade (CF/88, art. 150, III, "a"); e) anterioridade (CF/88, art. 150, III, "b"); f) anterioridade nonagesimal ou mitigada (CF/88, art. 150, III, "c"); g) vedação à utilização de tributo com efeito de confisco (CF/88, art. 150, IV); h) limitação ao tráfego de pessoas ou bens (CF/88, art. 150, V); i) vedação à instituição de isenções heterônomas (CF/88, art. 151, III).

3.3.3. Contribuições de melhoria

O Código Tributário Nacional estabelece que *a **contribuição de melhoria** cobrada pela União, pelos Estados, pelo Distrito Federal ou pelos Municípios, no âmbito de suas respectivas atribuições, é instituída para fazer face ao custo de obras públicas de que decorra valorização imobiliária, tendo como limite total a despesa realizada e como limite individual o acréscimo de valor que da obra resultar para cada imóvel beneficiado* (CTN, art. 81, *caput*). A Constituição trata da matéria no inciso III do artigo 145.

O que difere a contribuição de melhoria dos impostos e das taxas é o fato de o **antecedente da norma** (fato tributária, fato gerador, hipótese de incidência, suposto da norma) ser sempre a **realização de obra pública** de que decorra valorização imobiliária em benefício do sujeito passivo da exação. O Estado poderá instituir contribuição de melhoria a ser paga por moradores (na verdade, proprietários) de um *resort* de luxo localizado à margem de uma estrada recentemente duplicada, desde que referida duplicação cause a valorização dos imóveis.

Dito isso, podemos concluir que as contribuições de melhoria são **tributos vinculados**, contudo, diferentemente do que ocorre com as taxas, a vinculação não tem relação com um serviço público prestado pelo Estado, mas sim com a realização de uma obra pública que cause valorização de imóveis.

As contribuições de melhoria são também tributos de arrecadação vinculada, haja vista que *instituídas para fazer face aos custos de obra pública.*

Conforme explicado anteriormente, são competentes para instituição das contribuições de melhoria todos os entes da Federação, desde que as obras sejam realizadas *no âmbito de suas respectivas atribuições.* Existe, portanto, **competência comum** para instituição.

Assim como as taxas, também as contribuições de melhoria serão instituídas, em regra, por meio de lei ordinária, nada obstando a criação por lei complementar; esta, no entanto, terá *status* de lei ordinária.

Estão sujeitas, assim como as espécies anteriormente estudadas, aos princípios constitucionais tributários da: a) legalidade (CF/88, art. 150, I); b) isonomia (CF/88, art. 150, II); c) capacidade contributiva (CF/88, art. 145, § 1º); d) irretroatividade

(CF/88, art. 150, III, "a"); e) anterioridade (CF/88, art. 150, III, "b"); f) anterioridade nonagesimal ou mitigada (CF/88, art. 150, III, "c"); g) vedação à utilização de tributo com efeito de confisco (CF/88, art. 150, IV); h) limitação ao tráfego de pessoas ou bens (CF/88, art. 150, V); i) vedação à instituição de isenções heterônomas (CF/88, art. 151, III).

3.3.4. Empréstimos compulsórios

Prevê o artigo 148 da Constituição que *a União, mediante lei complementar, poderá instituir **empréstimos compulsórios** para atender a despesas extraordinárias, decorrentes de calamidade pública, de guerra externa ou sua iminência* ou *no caso de investimento público de caráter urgente e de relevante interesse nacional, observado o disposto no art. 150, III, "b"*. O parágrafo único do artigo em comento dispõe que *a aplicação dos recursos provenientes de empréstimo compulsório será vinculada à despesa que fundamentou sua instituição.*

Percebe-se que, diferentemente das taxas e das contribuições de melhoria, não estamos aqui diante de uma espécie tributária necessariamente vinculada. Em outras palavras, o fato gerador dos empréstimos compulsórios não é, por determinação constitucional, uma prestação estatal (serviço específico e divisível, atividade de polícia administrativa ou obra pública), muito embora nada obste que a lei de instituição assim o preveja.

Seu traço diferencial, porém, é a existência de previsão constitucional de um **destino específico para o produto da arrecadação**, que deverá ser, obrigatoriamente, cobrir despesas decorrentes de guerra externa ou sua iminência ou custear investimento público de caráter urgente e de relevante interesse nacional. Nisso diferem dos impostos, tributos de arrecadação não vinculada. Caracterizam a espécie tributária em estudo também o fato de **ser compulsória a devolução**, pela União, após determinado lapso temporal, **do valor arrecadado** a título de empréstimo.

Na dicção do artigo 148 supracitado, **apenas a União tem competência** para instituição dos empréstimos compulsórios; tal instituição, ressalte-se, só será possível por meio de **lei complementar**, não se admitindo, portanto, criação de empréstimos compulsórios por lei ordinária ou medida provisória.

Submetem-se os empréstimos compulsórios aos princípios da: a) legalidade (CF/88, art. 150, I); b) isonomia (CF/88, art. 150, II); c) capacidade contributiva (CF/88, art. 145, § 1º); d) irretroatividade (CF/88, art. 150, III, "a"); e) vedação à utilização de tributo com efeito de confisco (CF/88, art. 150, IV); f) limitação ao tráfego de pessoas ou bens (CF/88, art. 150, V); g) vedação à instituição de isenções heterônomas (CF/88, art. 151, III). Apenas os empréstimos compulsórios instituídos para custear investimento público de caráter urgente e de relevante interesse nacional submeter-se-ão ao princípio da anterioridade nonagesimal ou mitigada (art. 150, III, "c").

3.3.5. Contribuições especiais

As chamadas **contribuições especiais** podem ser divididas em 3 (três) subespécies; são elas: **a) contribuições sociais; b) contribuições de intervenção no domínio econômico** e; **c) contribuições de interesse das categorias profissionais ou econômicas.**

Sobre o tema, entendemos indispensável a análise do artigo 149, *caput,* da Constituição Federal:

> *Art. 149. Compete exclusivamente à União instituir contribuições sociais, de intervenção no domínio econômico e de interesse das categorias profissionais ou econômicas, como instrumento de sua atuação nas respectivas áreas, observado o disposto nos arts. 146, III, e 150, I e III, e sem prejuízo do previsto no art. 195, § 6º, relativamente às contribuições a que alude o dispositivo.*

Assim como nos empréstimos compulsórios, o que distingue cada uma das contribuições especiais das demais espécies tributárias é o **destino do produto da arrecadação**. O fato gerador da obrigação, por sua vez, poderá ser vinculado ou não a uma atividade estatal específica, logo, as contribuições especiais, a depender do disposto nas leis instituidoras, poderão ter "natureza" de taxa ou de imposto.

Nas **contribuições sociais**, o destino será o financiamento da seguridade social (CF/88, art. 195, *caput).* Nas **contribuições de intervenção no domínio econômico**, por sua vez, o produto arrecadado será utilizado pela União em prol do melhor funcionamento de determinado setor da economia, a exemplo da CIDE-Combustível, prevista expressamente no art. 177, § 4º, da CF/88, como forma de regulação e desenvolvimento do setor de combustíveis. Por fim, as **contribuições de interesse das categorias profissionais ou econômicas** servirão ao custeio dos sindicatos de trabalhadores e empregadores.

A **competência** para criação das contribuições sociais, de interesse das categorias profissionais ou econômicas e de intervenção no domínio econômico será **exclusiva da União** (CF/88, art. 149, *caput),* **ressalvada a hipótese do artigo 149, § 1º, CF/88**, segundo o qual *os Estados, o Distrito Federal e os Municípios instituirão contribuição, cobrada de seus servidores, para o custeio, em benefício destes, do regime previdenciário de que trata o art. 40, cuja alíquota não será inferior à da contribuição dos servidores titulares de cargos efetivos da União.*

A **criação das contribuições**, em regra, se dará por meio de **lei ordinária**. Serão instituídas por **lei complementar** as contribuições sociais residuais, conforme regra prevista no artigo 195, § 4º, da CF/88.

As contribuições especiais são regidas pelos seguintes princípios constitucionais: a) legalidade (CF/88, art. 150, I); b) isonomia (CF/88, art. 150, II); c) capacidade contributiva (CF/88, art. 145, § 1º); d) irretroatividade (CF/88, art. 150, III, "a"); e) anterioridade nonagesimal ou mitigada (CF/88, arts. 150, III, "c" e 195, § 6º); f) vedação à utilização de tributo com efeito de confisco (CF/88, art. 150, IV); g) limitação ao tráfego de pessoas ou bens (CF/88, art. 150, V); h) vedação à instituição de isenções heterônomas (CF/88, art. 151, III). As contribuições de intervenção no domínio econômico e as de interesse das categorias profissionais ou econômicas são as únicas que se submeterão também ao princípio da anterioridade (CF/88, art. 150, III, "b").

3.3.6. Contribuição de iluminação pública

Nos termos do artigo 149-A da Constituição, acrescido pela EC 39/2002, os Municípios e o Distrito Federal poderão instituir contribuição, na forma das respectivas leis, para o custeio do serviço de iluminação pública, observado o disposto no art. 150, I e III. O parágrafo único do dispositivo em comento estabelece que *é facultada a cobrança da contribuição a que se refere o caput, na fatura de consumo de energia elétrica.* Trata-se, em verdade, de subespécie de contribuição especial, de forma que à **Contribuição de Iluminação Pública** aplicar-se-ão praticamente todos os ensinamentos acima listados.

A característica principal da Contribuição de Iluminação Pública é o **destino do produto da arrecadação**, qual seja, o custeio do serviço municipal de iluminação pública. Além disso, só poderão ser criadas por leis ordinárias, municipais ou distritais (CF/88, art. 149-A, *caput).*

Aplicam-se à Contribuição de Iluminação Pública os princípios da: a) legalidade (CF/88, art. 150, I); b) isonomia ((CF/88, art. 150, II); c) capacidade contributiva (CF/88, art. 145, § 1º); d) irretroatividade (CF/88, art. 150, III, "a"); e) anterioridade (CF/88, art. 150, III, "b"); f) anterioridade nonagesimal ou mitigada (CF/88, arts. 150, III); g) vedação à utilização de tributo com efeito de confisco (CF/88, art. 150, IV); h) limitação ao tráfego de pessoas ou bens (CF/88, art. 150, V); i) vedação à instituição de isenções heterônomas (CF/88, art. 151, III).

4. CLASSIFICAÇÃO DOS TRIBUTOS

Ensina a melhor doutrina que as classificações de determinados institutos jurídicos não são melhores nem piores, mas sim, **mais ou menos úteis**. A classificação dos tributos em função de diferentes aspectos facilita o estudo e a compreensão do estudante, além disso, é tema bastante cobrado nos concursos públicos realizados em todo país.

4.1. Tributos federais, estaduais, distritais ou municipais

Os **tributos federais** são aqueles cuja competência para instituição, nos moldes da Constituição Federal, pertence à União. Exemplos de tributos federais são os impostos previstos no artigo 153 da CF/88, algumas taxas (CF/88, art. 145, II) – como a taxa de fiscalização dos mercados de títulos e valores mobiliários –, os empréstimos compulsórios (CF/88, art. 148, I e II) e as contribuições especiais (CF/88, art. 149, *caput*), à exceção, neste último caso, das contribuições de iluminação pública e das contribuições cobradas por *Estados, Distrito Federal e Municípios para o custeio, em benefícios destes, do regime previdenciário de que trata o art. 40* da Constituição (CF/88, art. 149, § 1º).

Fala-se em **tributos estaduais** quando a competência para instituição for atribuída aos Estados. São tributos estaduais, dentre outros, os impostos discriminados no artigo 155 da Constituição, algumas taxas (CF/88, art. 145, II) – como a taxa decorrente do serviço local de gás canalizado (CF/88, art. 25, § 2º) – e as contribuições de melhoria (CF/88, art. 145, III) decorrentes de obras realizadas pelo Estado.

Compete aos Municípios a criação dos **tributos municipais**, dentre eles, os impostos constantes do art. 156 da Constituição, as taxas (CF/88, art. 145, II) decorrentes do exercício efetivo do poder de polícia administrativa municipal – como as taxas cobradas para concessão de licenças ambientais municipais, por exemplo –, as contribuições de melhoria (CF/88, art. 145, II) decorrentes de obras públicas municipais e as contribuições de iluminação pública – COSIP (CF/ 88, art. 149-A).

Competem à União, em Território Federal, os impostos estaduais e, se o Território não for dividido em Municípios, cumulativamente, os impostos municipais (CF/88, art. 147, primeira parte). Ao Distrito Federal cabem tanto os tributos estaduais quanto os municipais (CF/88, art. 147, segunda parte).

4.2. Tributos privativos, comuns e residuais

São **tributos privativos** aqueles cuja competência para instituição é atribuída a um único ente da Federação, a exemplo do que acontece com os empréstimos compulsórios (CF/88, art. 148, I e II) e as contribuições sociais (à exceção das contribuições previdenciárias estaduais, distritais e municipais previstas no art. 149, § 1º, da CF/88), todos tributos privativos da União. São tributos estaduais privativos os impostos discriminados no art. 155 da Constituição (ITCMD, ICMS e IPVA). A contribuição de iluminação pública e os impostos municipais são tributos privativos dos municípios, ressalvada a competência municipal atribuída ao Distrito Federal (CF/88, art. 147, segunda parte).

São **tributos comuns** aqueles cuja competência para instituição é atribuída pela Constituição a todos os entes federativos, na medida das atribuições de cada um. São tributos comuns as taxas e as contribuições de melhoria, passíveis de criação tanto por meio de lei federal quanto por leis estaduais, distritais e municipais. Apenas a título de exemplo, pensemos na situação de moradores de determinada localidade cujos imóveis tenham sido valorizados em virtude da realização de obras municipais, estaduais e federais; aqui, os 3 (três) entes da Federação poderão instituir contribuição de melhoria.

São **tributos residuais** os impostos residuais e as contribuições para a Seguridade Social previstos, respectivamente, nos artigos 154, I, e 195, § 4º, da CF/88, instituídos pela União, mediante lei complementar. Aqui, a lei poderá dispor livremente sobre os critérios da regra matriz do novo imposto, desde que não tenham fato gerador ou base de cálculo próprios dos discriminados na Constituição.

As próximas 3 (três) partes desta obra serão divididas com base na classificação em epígrafe.

4.3. Tributos vinculados e não vinculados

A classificação em comento, como já deve ter percebido o leitor, é extremamente útil à diferenciação das diversas espécies tributárias. Basta lembrar que o principal aspecto distintivo de impostos e taxas é o fato de serem os primeiros não vinculados e os segundos vinculados.

Fala-se que o tributo é **vinculado** nos casos em que o fato gerador da obrigação corresponde a uma prestação estatal. São tributos vinculados as taxas e as contribuições de melhoria.

Os impostos são tributos **não vinculados** porque os fatos geradores dizem respeito a uma *situação independente de qualquer atividade estatal específica, relativa ao contribuinte* (CTN, art. 16). É por causa disso que determinado sujeito passivo não pode se recusar ao pagamento do IPTU pelo simples fato de não ser agraciado com o serviço municipal de esgotamento sanitário; sendo proprietário de imóvel urbano, deverá pagar o IPTU.

A depender do disposto na lei instituidora, alguns tributos, como empréstimos compulsórios e contribuições de intervenção no domínio econômico, poderão ser vinculados ou não vinculados, quando, então, terão natureza de taxas ou de impostos, segundo lecionam os defensores da já mencionada Teoria Bipartida. O que distingue tais espécies tributárias das demais, repita-se, é o destino do produto da arrecadação.

4.4. Tributos de arrecadação vinculada e tributos de arrecadação não vinculada

Determinada espécie será classificada como **tributo de arrecadação vinculada** quando houver previsão no texto da Constituição de um destino específico para o montante arrecadado. São exemplos clássicos de tributos de arrecadação vinculada os empréstimos compulsórios (CF/88, art. 148, I e II), as contribuições especiais (CF/88, art. 149) e as contribuições de iluminação pública (CF/88, art. 149-A).

São **tributos de arrecadação não vinculada** aqueles cujo produto arrecadado poderá ser gasto da maneira escolhida pelos parlamentares e governantes quando da elaboração das leis orçamentárias. Diferente dos anteriores, não existe prévia disposição constitucional determinando o destino do produto da arrecadação. Os impostos, em regra, são tributos de arrecadação não vinculada.

4.5. Tributos pessoais e reais

Tributos reais são aqueles cuja regra matriz de incidência não leva em consideração aspectos ou qualidades pessoais do sujeito passivo. Cobra-se o tributo não em virtude da pessoa do sujeito passivo, mas sim pela relação que esta possui com os objetos ou operações tributadas. São exemplos de tributos reais o Imposto sobre a Propriedade Territorial Urbana – IPTU e o Imposto Sobre a Circulação de Mercadorias ou Prestação de Serviços de Transporte Interestadual, Intermunicipal ou de Comunicação – ICMS e as taxas.

Tributos pessoais são aqueles em que os aspectos e qualidades pessoais do sujeito passivo adquirem maior relevância para dosagem do *quantum* a ser pago. Incidem subjetivamente. O exemplo mais conhecido de tributo pessoal é o Imposto de Renda – IR, cobrado de maneira distinta conforme o contribuinte tenha ou não gastos com dependentes, saúde, educação etc.

A polêmica envolvendo a **progressividade dos impostos reais em função da capacidade contributiva** será tratada quanto estivermos estudando o ITCMD e o IPTU.

4.6. Tributos diretos e indiretos

Os **tributos indiretos** são aqueles que permitem a transferência de seu encargo econômico-financeiro para pessoa diversa daquela fixada em lei como contribuinte. Adquire relevância, aqui, o conhecimento das noções de contribuinte de direito – aquele que deverá fazer o recolhimento do tributo – e de contribuinte de fato – aquele que suportará os encargos econômicos e financeiros do tributo. Tais noções serão estudadas de maneira mais detalhada nos capítulos atinentes ao IPI, ao ICMS e ao ISSQN, tributos indiretos por excelência.

Numa operação de compra e venda de mercadoria realizada numa livraria, por exemplo, o recolhimento do ICMS ficará a cargo da pessoa jurídica vendedora – contribuinte de direito –, contudo, os encargos serão suportados pelo consumidor – contribuinte de fato –, já que o montante do tributo encontra-se embutido no preço da referida mercadoria.

Nos **tributos diretos** não há, institucionalizada, a possibilidade de transferência dos encargos econômico-financeiros dos tributos. A lei que institui e regula o tributo não se preocupa com tal situação, embora seja possível que referida transferência ocorra. No IPTU, por exemplo, o sujeito passivo do imposto será, ao mesmo tempo, contribuinte de fato e de direito.

4.7. Tributos ordinários e extraordinários

São **tributos extraordinários** apenas os impostos criados pela União na iminência ou no caso de guerra externa, obedecidas as condições previstas no art. 154, II, da CF/88. Nos termos de nossa Lei Suprema, tais impostos são *compreendidos ou não* na competência da União, e *serão suprimidos, gradativamente, cessadas as causas de sua criação.* Assim, será possível, por exemplo, em caso de guerra externa ou sua iminência, a criação de um ICMS Federal.

Todos os demais tributos são chamados de **ordinários.**

4.8. Impostos sobre o comércio exterior, impostos sobre o patrimônio e a renda e impostos sobre a produção e circulação: a classificação proposta pelo CTN

Muito embora, em primeiro lugar, estejamos aqui tratando de uma única espécie tributária (a dos impostos) e, em segundo lugar, a classificação em estudo leve em conta apenas as disposições constantes do Código Tributário Nacional, algumas, ressalte-se, não recepcionadas pelo texto da Constituição, o conhecimento da divisão dos impostos quanto às **bases econômicas de incidência** é imprescindível àqueles que vão prestar concursos públicos. Muitas vezes a banca limita-se a cobrar a letra pura da lei; é aqui que o candidato pode ganhar alguns pontos importantes.

Os **impostos sobre o comércio exterior** são: a) o Imposto sobre Importação – II (CTN, arts. 19 e seguintes) e; b) o Imposto sobre Exportação – IE (CTN, arts. 23 e seguintes).

São **impostos sobre o patrimônio e a renda**: a) Imposto sobre a Propriedade Territorial Rural – ITR (CTN, arts. 29 a 31); b) Imposto sobre a Propriedade Predial e Territorial Urbana – IPTU (CTN, arts. 32 a 34); c) Imposto sobre a Transmissão de Bens Imóveis e de Direitos a ele relativos – ITBI (CTN, arts. 35 a 42) e; d) Imposto sobre a Renda e Proventos de Qualquer Natureza – IR (CTN, arts. 43 a 45).

Três são os **impostos sobre a produção e a circulação**: a) Imposto sobre Produtos Industrializados – IPI (CTN, arts. 46 a 51); b) Imposto sobre Operações de Crédito, Câmbio, Seguro e sobre Operações Relativas a Títulos e Valores Mobiliários – IOF (CTN, arts. 63 a 67); c) Imposto sobre Serviços de Transportes e Comunicações[29] (CTN, arts. 68 a 70).

Por fim, são **impostos especiais**: a) Imposto Sobre Operações Relativas a Combustíveis, Lubrificantes, Energia Elétrica e Minerais no País[30] (CTN, arts. 74 e 75) e; b) Impostos Extraordinários (CTN, art. 76).

5. FUNÇÕES DOS TRIBUTOS: FISCAL, EXTRAFISCAL E PARAFISCAL

Tema bastante cobrado em provas de concursos públicos diz respeito às diversas funções dos tributos. Em que pese alguma controvérsia em doutrina e jurisprudência, entendemos tratar-se de tema pertinente tanto ao Direito Tributário quanto ao Direito Financeiro.

Nos sempre válidos ensinamentos de Paulo de Barros Carvalho, *"os signos de fiscalidade, extrafiscalidade e parafiscalidade são termos usualmente empregados no discurso da Ciência do Direito, para representar valores finalísticos que o legislador imprime na lei tributária, manipulando as categorias jurídicas postas à sua disposição."*[31] Nesse sentido é que se encara a *"extrafiscalidade como princípio, decorrente da supremacia do interesse público, que fundamenta, juridicamente, a tributação com fins diversos do puramente arrecadatório."*[32]

Dito isso, a **extrafiscalidade** – ou função extrafiscal do tributo – será estudada, em consonância com doutrina majoritária, como **técnica de tributação voltada a objetivos diversos dos meramente arrecadatórios**; em outros termos, como tributação voltada

29. Atualmente, as materialidades em comento são regidas pela Lei Complementar nº 84/96 – Lei Kandir, que dispõe sobre o ICMS.
30. As normas que regem referida espécie tributária não foram recepcionadas pela Constituição.
31. CARVALHO, Paulo de Barros. *Curso de Direito Tributário.* 14. ed. São Paulo: Saraiva, 2002, p. 227.
32. GOUVÊA, Marcus de Freitas. *A extrafiscalidade no Direito Tributário.* Belo Horizonte: Del Rey, 2006, p. 43.

primordialmente à promoção ou ao desestímulo de atividades econômicas, sociais ou culturais protegidas pelo texto constitucional[33]. A própria Carta Magna prevê expressamente, em diversas passagens, a cobrança de tributos com vistas à consecução de fins diversos dos simplesmente arrecadatórios, a exemplo do que acontece com o Imposto sobre a Propriedade Territorial Urbana – IPTU progressivo no tempo (Art. 182, § 4º, II, CF/88) e com a possibilidade de a União conceder *incentivos fiscais destinados a promover o equilíbrio do desenvolvimento sócio econômico entre as diferentes regiões do País* (Art. 151, I, CF/88).

A **função fiscal dos tributos** – ou fiscalidade – ocorrerá sempre que a instituição do tributo tiver por objetivo fundamental o abastecimento dos cofres públicos com vistas à posterior satisfação dos interesses da sociedade.

Algo que se deve ter em mente, no entanto, é que **todo tributo guarda consigo um pouco de extrafiscalidade e um pouco de fiscalidade.** Absolutamente nenhuma exação tem por fim exclusivo o abastecimento dos cofres públicos.

São **tributos parafiscais aqueles cujo produto da arrecadação é destinado a pessoa diversa do ente federativo competente para sua instituição**, tudo com vistas à satisfação dos objetivos institucionais fundamentais da pessoa destinatária. Bons exemplos disso são as contribuições instituídas legalmente pela União e destinadas à consecução da finalidade de entidades diversas, como autarquias de classe, organizações sociais e até mesmo sindicatos.

6. QUADRO SINÓPTICO

<table>
<tr><td rowspan="4">1. Conceito e definição de tributo</td><td colspan="2">Prestação pecuniária em moeda ou valor que nela possa se exprimir</td></tr>
<tr><td colspan="2">Prestação compulsória instituída em lei</td></tr>
<tr><td colspan="2">Prestação que não constitui sanção por ato ilícito</td></tr>
<tr><td colspan="2">Cobrado mediante atividade administrativa plenamente vinculada</td></tr>
<tr><td rowspan="5">2. A regra matriz de incidência dos tributos</td><td rowspan="3">Critérios do antecedente (Hipótese tributária ou fato gerador)</td><td>Material: Conduta que dá ensejo ao surgimento da obrigação tributária. Formado por verbo mais um complemento.</td></tr>
<tr><td>Temporal: Momento do surgimento da obrigação tributária. Com base neste critério, costuma-se dividir os fatos geradores em instantâneos, periódicos e continuados.</td></tr>
<tr><td>Espacial: Local do surgimento da obrigação tributária.</td></tr>
<tr><td rowspan="2">Critérios do consequente (Relação jurídica)</td><td>Pessoal: Diz respeito aos sujeitos ativo – titular da competência para instituição do tributo – e passivo – pessoa obrigada ao pagamento do tributo.</td></tr>
<tr><td>Quantitativo: Serve para calcular o montante do tributo a ser pago pelo sujeito passivo da obrigação. Composto por alíquota e base de cálculo.</td></tr>
</table>

33. Nesse sentido: CATÃO, Marcos André Vinhas. *Regime Jurídico dos Incentivos Fiscais.* Rio de Janeiro: Renovar, 2004, p. 04; HORVATH, Estevão. *O princípio do não confisco no Direito Tributário.* São Paulo: Dialética, 2002, p. 88; BORGES, José Souto Maior. *Sobre as isenções, incentivos e benefícios fiscais relativos ao ICMS.* In *Revista Dialética de Direito Tributário.* nº 06, 1996, p. 69.

<table>
<tr><td rowspan="5">3. Espécies tributárias</td><td>Imposto: Tributo cuja obrigação tem por fato gerador uma situação independente de qualquer atividade estatal específica, relativa ao contribuinte.</td></tr>
<tr><td>Taxa: Tributo que tem como fato gerador o exercício regular do poder de polícia ou a utilização efetiva ou potencial, de serviço público específico e divisível, prestado ao contribuinte ou posto à sua disposição.</td></tr>
<tr><td>Contribuição de Melhoria: Tributo instituído para fazer face ao custo de obras públicas de que decorra valorização imobiliária, tendo como limite total a despesa realizada e como limite individual o acréscimo de valor que da obra resultar para cada imóvel beneficiado.</td></tr>
<tr><td>Empréstimos Compulsórios: Tributos criados para atender a despesas extraordinárias, decorrentes de calamidade pública, de guerra externa ou sua iminência ou no caso de investimento público de caráter urgente e de relevante interesse nacional.</td></tr>
<tr><td>Contribuições Especiais: Tributos previstos nos arts. 149 e 149-A da Constituição e que se diferenciam dos demais pelo destino do produto da arrecadação. Podem ser: a) sociais; b) de intervenção no domínio econômico; c) de interesse das categorias profissionais, ou econômicas; d) de iluminação pública.</td></tr>
<tr><td rowspan="8">4. Classificação dos tributos</td><td>Quanto à distribuição: Federais, Estaduais ou Municipais.</td></tr>
<tr><td>Quanto ao exercício da competência: Privativos, Comuns e residuais.</td></tr>
<tr><td>Quanto à vinculação: Vinculados e não vinculados.</td></tr>
<tr><td>Quanto ao destino da arrecadação: De arrecadação vinculada e de arrecadação não vinculada.</td></tr>
<tr><td>Quanto aos aspectos objetivos da hipótese de incidência: Pessoais e reais.</td></tr>
<tr><td>Quanto à repercussão do encargo econômico: Diretos e indiretos.</td></tr>
<tr><td>Quanto ao enquadramento no art. 154, II, da CF/88: Ordinários e extraordinários.</td></tr>
<tr><td>Classificação proposta pelo CTN: Sobre o comércio exterior, sobre o patrimônio e a renda e sobre produção e circulação.</td></tr>
<tr><td rowspan="3">5. Função dos Tributos</td><td>Função Fiscal: Tributo tem por objetivo principal arrecadar recursos para o desempenho das atribuições do Estado.</td></tr>
<tr><td>Função Extrafiscal: Tributação voltada primordialmente à promoção ou ao desestímulo de atividades econômicas, sociais ou culturais protegidas pelo texto constitucional.</td></tr>
<tr><td>Função Parafiscal: Produto da arrecadação é destinado a pessoa diversa do ente federativo competente para sua instituição.</td></tr>
</table>

7. QUESTÕES DE CONCURSOS

1. **(UEL/COPS – Procurador do Estado/PR – 2011)** Dentre as alternativas abaixo, aponte aquela que estiver correta:

a) Unicamente o pagamento extingue o crédito tributário, até porque o tributo é denominado pela legislação tributária vigente como uma prestação pecuniária.

b) A compensação tributária, quando objeto de contestação judicial, e desde que autorizada em lei, independe do trânsito em julgado da respectiva demanda.

c) Sujeitos ativo e passivo da relação jurídica tributária podem, a qualquer tempo e condição, celebrar transação que, mediante concessões mútuas, importe em terminação do litígio e consequente extinção do crédito tributário.

d) a remição, total ou parcial, poderá extinguir o crédito tributário, desde que observada a condição da existência de despacho fundamentado por parte da autoridade administrativa;

e) A dação em pagamento em bens imóveis, excluídos os móveis, na forma e condições estabelecidas em lei, extingue o crédito tributário.

---

2. **(UEL/COPS – Procurador do Estado/PR – 2011)** Dentre as alternativas abaixo, aponte aquela que estiver correta:

a) Somente os impostos são classificados como tributos vinculados;

b) As taxas são tributos que podem ser instituídos tanto em razão do exercício do poder de polícia quanto somente pela efetiva utilização de serviços públicos específicos e divisíveis;

c) As contribuições de melhoria são classificadas como tributos não vinculados porque não decorrem da utilização de serviços públicos, específicos e divisíveis, e sim de obras públicas;

d) Compete à União, Estados, Distrito Federal e Municípios, instituir contribuições sociais, de intervenção no domínio econômico e de interesse das categorias profissionais ou econômicas, como instrumento de sua atuação nas respectivas áreas;

e) N.d.a

---

3. **(ESAF/AGENTE DA FAZENDA/RJ/2010)** O conceito de tributo, nos termos do Código Tributário Nacional, traz as seguintes conclusões, exceto:

a) O poder de tributar é prerrogativa do Poder Público, que o faz para custear suas ações no interesse da sociedade.

b) Não constituindo sanção por ato ilícito, pouco importa para a legislação do imposto sobre a circulação de mercadorias e serviços, por exemplo, a origem lícita ou ilícita de determinadas mercadorias, desde que reste configurada a hipótese de incidência do referido tributo, qual seja, a circulação dessas mercadorias, para que possa ele ser exigido.

c) Nem toda prestação pecuniária prevista em lei constitui tributo, mas somente aquelas que reúnam o conjunto dos requisitos previstos na definição de tributo, consoante o Código Tributário Nacional.

d) O Estado exige os tributos compulsoriamente das pessoas, portanto, a obrigação de pagar tributos não decorre da vontade do contribuinte, sendo esta, aliás, irrelevante nessa matéria.

e) Embora sendo uma obrigação de direito público, absolutamente indisponível por parte da administração, admite-se, desde que haja a respectiva previsão legal, a delegação dessa obrigação a outras pessoas jurídicas, como empresas públicas e sociedades de economia mista.

---

4. **(CESPE/PROMOTOR DE JUSTIÇA/MPE/AM – 2007)** Se um indivíduo é notificado a pagar um tributo, por natureza, não vinculado, é correto afirmar que essa exação é um(a)

a) imposto.

b) taxa.

c) contribuição de melhoria.

d) empréstimo compulsório.

e) contribuição parafiscal.

---

5. **(FGV/FISCAL DE RENDAS DA SEFAZ/RJ – 2007)** O art. 5º do Código Tributário Nacional determina que os tributos se dividem em:

a) impostos, taxas e contribuições de melhoria.

b) impostos, taxas, contribuições sociais e contribuições de melhoria.

c) impostos, taxas, contribuições sociais, contribuições de melhoria e empréstimos compulsórios.

d) impostos, taxas, contribuições sociais e empréstimos compulsórios.

e) impostos, contribuições sociais, contribuições de melhoria e empréstimos compulsórios.

6. **(ESAF/ASSISTENTE TÉCNICO-ADMINISTRATIVO DO MF – 2009)** A determinação da natureza jurídica específica do tributo, de acordo com o Código Tributário Nacional, decorre, especificamente:

a) da denominação.

b) da destinação legal do produto da arrecadação.

c) do fato gerador da respectiva obrigação.

d) da fixação do agente arrecadador.

e) das peculiaridades dos sujeitos ativo e passivo da obrigação.

7. **(FCC – TÉCNICO DA FAZENDA ESTADUAL/SEFAZ/SP – 2010)** Quanto ao sistema tributário nacional previsto na Constituição Federal, analise:

I. Competem à União, em Território Federal, os impostos estaduais e, se o Território não for dividido em Municípios, cumulativamente, os impostos municipais; ao Distrito Federal cabem os impostos municipais.

II. As taxas poderão ter base de cálculo própria de impostos.

III. A aplicação dos recursos provenientes de empréstimo compulsório não está vinculada à despesa que fundamentou sua instituição.

IV. As contribuições sociais e de intervenção no domínio econômico incidirão, além de outras, sobre as receitas decorrentes de exportação.

Está correto o que consta APENAS em

a) I e IV.

b) I.

c) II e III.

d) II.

e) III.

8. **(FEPESE/PROCURADOR MUNICIPAL DE FLORIANÓPOLIS/SC – 2011)** De acordo com a definição legal, tributo é toda prestação pecuniária compulsória, em moeda ou cujo valor nela se possa exprimir, que não constitua sanção de ato ilícito, instituída em lei e cobrada mediante atividade administrativa plenamente vinculada, sendo irrelevante para qualificar sua natureza jurídica a denominação e demais características formais adotadas pela lei e a destinação legal do produto da sua arrecadação. Na atual ordem constitucional, é correto afirmar acerca da natureza jurídica do tributo e de suas espécies:

a) O serviço de iluminação pública pode ser remunerado mediante taxa.

b) Os empréstimos compulsórios não constituem modalidade tributária.

c) A contribuição de melhoria é instituída para fazer face ao custo de obras públicas de que decorra algum benefício ao contribuinte, tal como a segurança pública.

d) É constitucional a cobrança de taxa exclusivamente em razão dos serviços públicos de coleta, remoção e tratamento ou destinação de lixo ou resíduos provenientes de imóveis.

e) Os valores arrecadados pelos Municípios a título de Imposto sobre a Propriedade Territorial Urbana (IPTU) devem ser necessariamente destinados ao custeamento de atividades estatais específicas, relativas ao contribuinte.

9. **(FCC/AUDITOR FISCAL DA RECEITA ESTADUAL/SEFAZ RJ/2014)** Na iminência ou no caso de guerra

a) externa, a União, mediante lei complementar, poderá instituir empréstimos compulsórios, para atender a despesas extraordinárias, dela decorrentes.

b) civil ou externa, a União, mediante lei complementar, poderá instituir empréstimos compulsórios, para atender a despesas extraordinárias, dela decorrentes.

c) civil ou externa, a União, os Estados e o Distrito Federal poderão instituir, por meio de lei complementar, tributos extraordinários, compreendidos ou não em sua competência tributária, para atender a despesas extraordinárias, os quais serão suprimidos, gradativamente, cessadas as causas de sua criação.

d) externa, a União, os Estados e o Distrito Federal, mediante lei ordinária, poderão instituir empréstimos compulsórios, para atender a despesas extraordinárias, dela decorrentes.

e) externa ou convulsão social de natureza grave, a União poderá instituir, por meio de lei complementar, tributos extraordinários, compreendidos ou não em sua competência tributária, os quais serão suprimidos, gradativamente, cessadas as causas de sua criação

---

10. (FCC/AUDITOR/TCE/AL/2008) Sobre o conceito legal de tributo, descrito no art. 3º do Código Tributário Nacional, é correto afirmar:

a) Pode ser considerado sanção por ato ilícito, como na hipótese de exigência de imposto de importação em razão de crime de contrabando.

b) Na hipótese de lançamento por homologação, como é o caso do imposto sobre propriedade territorial urbana, não é a autoridade administrativa plenamente vinculada quem realiza o lançamento tributário.

c) Admite como forma de pagamento a entrega de coisa, como, por exemplo, parte da produção de uma indústria para pagamento de imposto sobre produto industrializado.

d) Via de regra é instituído mediante lei, mas a Constituição Federal prevê exceções.

e) É prestação pecuniária voluntária prestada pelo contribuinte, nas hipóteses de tributos com lançamento por homologação.

---

11. (CESPE/ANALISTA JUDICIÁRIO DO TRE/MT – 2009) O tributo que tem por fato gerador uma situação independente de qualquer atividade estatal específica relativa ao contribuinte é denominado:

a) taxa de publicidade.

b) taxa de iluminação pública.

c) contribuição de melhoria.

d) imposto.

e) preço público.

---

12. (Cespe /TRF 5ª/Juiz Federal Substituto/2015) Assinale a opção correta acerca das contribuições parafiscais.

a) Quando não enquadradas no conceito de contribuições sociais, as contribuições parafiscais destinam-se à intervenção no domínio econômico ou ao interesse de categorias profissionais ou econômicas, vedada outra destinação.

b) As contribuições parafiscais sociais são as únicas que podem incidir sobre as receitas de exportação.

c) É constitucionalmente proibida a incidência de contribuições de intervenção no domínio econômico sobre as importações de serviços.

d) No caso de incidência de contribuição de intervenção no domínio econômico sobre certo faturamento, não será admissível a aplicação de alíquota ad valorem.

e) Apesar de as contribuições parafiscais serem tributos, nem todas são destinadas a órgãos e entidades públicas.

13. **(VUNESP/ESP PORTUÁRIO II – ADVOGADO DA CODESP/SP – 2011)** Assinale a alternativa correta a respeito da contribuição de melhoria.

a) Deve ser instituída pela Constituição Federal, quando a melhoria for feita pela União, e pela Constituição Estadual, quando a melhoria decorrer de recursos dos Estados.

b) A limitação do valor total a ser cobrado de todos os proprietários da região beneficiados é determinada pelo ganho no valor de mercado de todos os respectivos imóveis somados.

c) O valor a ser cobrado do contribuinte beneficiado, individualmente, é limitado ao respectivo valor venal do seu imóvel.

d) O poder público pode exigir esse tributo antes da realização da obra.

e) Pode ser cobrada pela União, pelos Estados, pelo Distrito Federal ou pelos Municípios no âmbito de suas respectivas atribuições.

14. **(FCC/AUDITOR FISCAL DA RECEITA ESTADUAL/SEFAZ RJ/2014)** Com o objetivo de instituir o imposto sobre grandes fortunas, o governo edita medida provisória em 12/04/2013, a qual, aprovada pelo Congresso Nacional, é convertida em lei no dia 10/06/2013. Nesta situação hipotética, o referido imposto sobre grandes fortunas

a) pode ser cobrado a partir de 12/04/2013, pois medida provisória gera efeitos desde sua edição, os quais, posteriormente, poderão ser mantidos ou não, conforme apreciação do Congresso Nacional.

b) pode ser cobrado apenas a partir de 01/01/2014, em decorrência do princípio da anterioridade tributária.

c) pode ser cobrado apenas a partir de 09/09/2013, em decorrência do princípio da anterioridade tributária nonagesimal.

d) não pode ser cobrado por ser inconstitucional, na medida em que a Constituição da República expressamente veda a edição de medida provisória sobre matéria reservada à lei complementar.

e) não pode ser cobrado por ser inconstitucional, na medida em que a Constituição da República proíbe a criação do imposto sobre grandes fortunas em respeito ao princípio da igualdade tributária.

15. **(FCC/AUDITOR/TCE/AL/2008)** O Governo Federal, pretendendo criar nova fonte de receita tributária, dentro do mesmo exercício financeiro, para cobrir despesa extraordinária decorrente de calamidade pública de âmbito nacional, devidamente reconhecida por decreto presidencial, deverá se valer da seguinte espécie tributária:

a) contribuição social residual, mediante medida provisória.

b) imposto extraordinário, mediante medida provisória.

c) imposto residual, mediante medida provisória.

d) contribuição de intervenção no domínio econômico, mediante decreto.

e) empréstimo compulsório, mediante lei complementar.

16. **(Consulplan – Cartórios – Provimento - TJ – MG/2017)** Sobre os empréstimos compulsórios, à luz da disciplina constante da Constituição Federal, é INCORRETO afirmar:

A) A sua instituição deve ocorrer mediante lei complementar.

B) Podem ser instituídos no caso de investimento público de caráter urgente e de relevante interesse nacional, vedada a cobrança no mesmo exercício financeiro em que haja sido publicada a lei que os instituiu.

C) A sua instituição pelos Estados deve ser previamente autorizada pelo Senado Federal.

D) A aplicação dos recursos provenientes de empréstimo compulsório será vinculada à despesa que fundamentou sua instituição.

---

17. **(FCC/DEFENSORIA PÚBLICA/PARÁ/2009)** Município institui contribuição de melhoria no valor de trezentos reais, para todos os contribuintes, em razão de obra pública de calçamento de vias públicas municipais realizada no exercício de 2008. Esta contribuição de melhoria é

a) devida, por ter por fato gerador obra pública.

b) devida, porque o Município tem direito a se reembolsar das obras públicas que beneficiam os moradores, sob pena de enriquecimento sem causa destes.

c) indevida, porque deveria ter sido cobrada antes da realização da obra.

d) indevida, porque obra de calçamento público não pode ser cobrada dos moradores.

e) indevida, porque não está sendo cobrada de maneira individualizada em razão da valorização imobiliária, deixando de considerar o quantum que cada imóvel teve de valorização em razão da obra pública.

---

18. **(FCC/AUDITOR/TCE/AM/2007)** A União institui contribuição social cujos fato gerador e base de cálculo são os mesmos de um imposto de sua competência. Considera-se essa contribuição

a) constitucional, por não haver vedações constitucionais quanto à utilização de mesmos fato gerador e base de cálculo, em se tratando de contribuições sociais e impostos.

b) inconstitucional, por incidir sobre o mesmo fato gerador de um imposto.

c) inconstitucional, por ser calculada sobre a mesma base imponível de um imposto.

d) inconstitucional, por representar bitributação.

e) constitucional, em razão de a União Federal ser competente para a instituição de contribuições com fato gerador e base de cálculos idênticos aos dos impostos federais, estaduais e municipais.

---

19. **(FGV/ALERJ/Procurador/2017)** São tributos classificados como indiretos, de competência da União, Estados e Municípios, respectivamente:

a) Imposto sobre produtos industrializados - IPI, Imposto sobre a transmissão causa mortis e doação – ITD e Imposto sobre a transmissão de bens imóveis – ITBI;

b) Imposto sobre operações relativas à circulação de mercadorias e sobre prestações de serviços de transporte interesta-dual e intermunicipal e de comunicação – ICMS, Imposto sobre serviços de qualquer natureza – ISS e Imposto sobre Propri-edade Territorial Rural – ITR, quando cobrado pelos Municípios;

c) Contribuições de intervenção no domínio econômico - CIDE, Imposto sobre operações relativas à circulação de mercado-rias e sobre prestações de serviços de transporte interestadual e intermunicipal e de comunicação – ICMS e Imposto sobre serviços de qualquer natureza – ISS;

d) Imposto sobre produtos industrializados – IPI, Imposto sobre a propriedade de veículos automotores – IPVA e Contribui-ção para o custeio da iluminação pública – COSIP, quando cobrada na conta de energia elétrica;

e) Imposto sobre produtos industrializados – IPI, Imposto sobre operações relativas à circulação de mercadorias e sobre prestações de serviços de transporte interestadual e intermunicipal e de comunicação – ICMS e Imposto sobre serviços de qualquer natureza – ISS.

---

20. **(UEL-COPS/Auditor Fiscal-PR/2012)** Sobre as espécies tributárias existentes na legislação brasileira, considere as afirmativas a seguir.

I. O imposto é o tributo cuja obrigação tem por fato gerador uma situação independente de qualquer atividade estatal específica, relativa ao contribuinte, sendo a competência e a limitação previstas na Constituição Federal de 1988.

II. A contribuição de melhoria será determinada pelo rateio da parcela do custo da obra a cada imóvel, pelos imóveis situados na zona beneficiada em função dos respectivos fatores individuais de valorização.

III. As contribuições de melhoria cobradas pelos Estados têm como fato gerador o exercício regular do poder de polícia, ou a utilização, efetiva ou potencial, de serviço público específico e divisível, prestado ao contribuinte ou posto à sua disposição.

IV. A União e os Estados podem instituir empréstimos compulsórios em caso de calamidade pública que exija auxílio federal impossível de atender com os recursos orçamentários disponíveis.

Assinale a alternativa correta.

a) Somente as afirmativas I e II são corretas.

b) Somente as afirmativas I e IV são corretas.

c) Somente as afirmativas III e IV são corretas.

d) Somente as afirmativas I, II e III são corretas.

e) Somente as afirmativas II, III e IV são corretas.

---

21. (CESPE/TJ-DF/Juiz/2014) Em decreto expedido pelo governador do DF, em 8/8/2012, a data do pagamento do ICMS, inicialmente estipulada para o dia cinco, foi antecipada para o dia primeiro do mês seguinte ao fato gerador do imposto.

Pelo mesmo instrumento normativo, também foram alteradas a guia do recolhimento do imposto, que passou a ter novos códigos, conforme o tipo de mercadoria, e a multa de mora, que deixou de ser mensal, no percentual de 30% sobre o valor do tributo em atraso, e passou a ser diária — 1%, limitada a 30%.

Sem atentar para tal alteração, um contribuinte recolheu, em 4/3/2013, por meio da guia antiga, o tributo relativo a fato gerador ocorrido em fevereiro de 2013.

Em relação a essa situação hipotética, assinale a opção correta.

A) A mudança da data de recolhimento por decreto é válida, visto que não implica majoração de tributo com alteração de alíquota e de base de cálculo.

B) A antecipação do recolhimento do tributo significa um gravame para o contribuinte, visto que altera o seu fluxo financeiro, e, por ter direta relação com o aspecto temporal do fato gerador da obrigação tributária, deveria ter sido proposta por meio de lei, e não de decreto.

C) A mudança da data de recolhimento por decreto é válida, assim como a alteração na multa, por resultar, no caso apresentado, a aplicação da penalidade mais recente em redução de 30% para 1%, aplicando-se o art. 112 do CTN, que, em termos de punição, determina a aplicação da norma mais favorável.

D) O recolhimento por meio da guia antiga implica o não pagamento do tributo, de modo que o contribuinte em questão estará inadimplente até novo pagamento do tributo, nos termos do referido decreto.

E) Por força do princípio da legalidade, são inválidas tanto a antecipação da data do pagamento quanto a alteração de guia e da multa.

---

22. (Consulplan – Cartórios – Remoção - TJ – MG/2017) Acerca dos princípios gerais do Sistema Tributário Nacional, previstos na Constituição Federal, é correto afirmar que:

a) Competem à União, em Território Federal, os impostos estaduais e, se o Território não for dividido em Municípios, cumulativamente, os impostos municipais; ao Distrito Federal cabem os impostos municipais.

b) A instituição da contribuição de melhoria, decorrente de obras públicas, é privativa dos Municípios.

c) As taxas instituídas pelos Estados e pelo Distrito Federal, relacionadas ao exercício do poder de polícia, poderão ter a mesma base de cálculo própria de impostos, caso haja a autorização do Senado Federal.

d) Cabe à lei ordinária estabelecer, em normas gerais, o adequado tratamento tributário ao ato cooperativo praticado pelas sociedades cooperativas.

---

23. (ESAF/Auditor Fiscal da Receita Federal/2012) Sobre os diversos aspectos da norma tributária impositiva, julgue os itens a seguir, classificando-os como corretos ou incorretos, para, a seguir, assinalar a assertiva que corresponda à sua opção.

I. Ainda que se trate de um ato jurídico, no sentido dessa expressão no Código Civil, o fato gerador da obrigação tributária há de ser sempre considerado como um fato.

II. O aspecto temporal é a indicação das circunstâncias de tempo importantes para a configuração dos fatos imponíveis, que necessariamente será explícita.

III. Aspecto espacial da hipótese de incidência corresponde ao território no qual, ocorrida a situação descrita no aspecto material, surge a obrigação tributária.

IV. Aspecto pessoal é aquele que diz respeito à definição dos sujeitos ativo e passivo da relação tributária.

V. O montante da obrigação tributária é o aspecto quantitativo da norma tributária impositiva, que pode ser um valor fixo, um percentual incidente sobre determinada grandeza ou até mesmo a lei pode utilizar – se do enquadramento em tabelas.

Estão corretos apenas os itens:

a) I, IV e V.

b) I, III, IV e V.

c) II, III e V.

d) II, IV e V.

e) Todos os itens estão corretos.

---

24. (FCC/TCE/BA/Procurador/2011) As operações relativas à circulação de mercadorias e a saída de mercadoria de estabelecimento de contribuinte correspondem, respectivamente, aos seguintes aspectos da hipótese de incidência do ICMS – Imposto sobre a Circulação de Mercadorias e Serviços

a) espacial e temporal.

b) material e temporal.

c) material e espacial.

d) espacial e quantitativo.

e) temporal e espacial.

---

25. (FCC/TCE/SE/Analista/2011) São tributos estaduais:

a) Imposto sobre transmissão causa mortis e doação, de quaisquer bens ou direitos; imposto sobre prestação de serviço de transporte intramunicipal e imposto sobre produtos industrializados.

b) Imposto sobre a propriedade de veículos automotores; imposto sobre transmissão "inter vivos", a qualquer título, por ato oneroso, de bens imóveis, por natureza ou acessão física e imposto sobre operações relativas à circulação de mercadorias.

c) Imposto sobre a importação de produtos estrangeiros; imposto sobre prestação de serviço de transporte intramunicipal e imposto sobre operações relativas à circulação de mercadorias.

d) Imposto sobre transmissão causa mortis e doação, de quaisquer bens ou direitos; imposto sobre operações relativas à circulação de mercadorias e imposto sobre a propriedade de veículos automotores.

e) Imposto sobre prestação de serviço de comunicação; imposto sobre prestação de serviço de transporte intramunicipal e imposto sobre a propriedade de veículos automotores.

26. (CESPE/UNB/JUIZ/TJ/RN/2012) Considerando o conceito e as espécies de tributo, assinale a opção correta.

a) Em que pese o CTN indicar que existem apenas três espécies de tributo, o STF consagrou o entendimento de que o sistema tributário nacional abrange os impostos, taxas, contribuições de melhorias, empréstimos compulsórios e contribuições parafiscais e especiais.

b) A União, mediante lei complementar, poderá instituir empréstimos compulsórios para atender a despesas extraordinárias decorrentes de calamidade pública, de guerra externa ou sua iminência e, neste último caso, a devolução do valor arrecadado poderá ser feita em títulos da dívida pública.

c) Imposto consiste em tributo cujo fato gerador representa situação que depende de uma atividade estatal específica em relação ao contribuinte.

d) A contribuição de melhoria, cujo fato gerador é o gasto público com obra realizada nas proximidades do imóvel, pode ser instituída pela União, pelos estados, pelo DF e pelos municípios.

e) O serviço de iluminação pública, dada a sua natureza jurídica, deve ser remunerado mediante taxa instituída pelo município ou pelo DF, observados os princípios da anterioridade anual e nonagesimal.

---

27. (FGV/OAB/XIII EXAME DE ORDEM UNIFICADO) José recebeu auto de infração pelo inadimplemento de determinado tributo instituído por lei ordinária. José contesta a exigência fiscal sob o argumento, correto, de que o tributo em questão deveria ter sido instituído por lei complementar.

A partir da hipótese apresentada, assinale a opção que indica o tributo exigido no referido auto de infração.

a) Contribuição de Interesse de Categoria Profissional.

b) Contribuição de Melhoria.

c) Contribuição de Intervenção no Domínio Econômico.

d) Empréstimo Compulsório.

---

28. (CESPE/UNB/AUDITOR/SEFAZ/ES/2008) Julgue os itens subsequentes acerca da competência tributária.

a) Os estados e os municípios têm competência para instituir contribuições de intervenção no domínio econômico.

b) A instituição de taxas de serviços públicos é de competência tributária comum entre os entes da Federação.

c) É legalmente facultado à pessoa jurídica de direito público o exercício de sua competência tributária.

---

29. (FCC/JUIZ SUBSTITUTO/TJ/CE/2014) Atendidas as condições e os limites estabelecidos em lei, o IPI, o ICMS, as taxas municipais pelo poder de polícia, as contribuições de melhoria e o Imposto de Exportação podem ter suas alíquotas aumentadas, respectivamente, por:

a) lei ordinária, decreto, lei ordinária, decreto e lei ordinária.

b) lei complementar, lei ordinária, decreto, decreto e lei complementar.

c) decreto, lei ordinária, lei ordinária, lei ordinária e decreto.

d) lei ordinária, decreto, lei ordinária, lei ordinária e lei complementar.

e) decreto, lei ordinária, decreto, decreto e lei ordinária.

---

30. (CESPE/TJ-MA/Juiz Substituto/2013) Considera-se norma tributária em sentido amplo aquela que apresenta os elementos do fato gerador integral ou regra matriz de incidência fiscal; as demais normas que tratam de matéria tributária são consideradas normas tributárias em sentido estrito

Gabarito		
Questão	**Resposta**	**Referência**
1	E	Tópico 1.1
2	E	Tópico 3
3	E	Tópico 1.4
4	A	Tópico 3
5	A	Tópico 3
6	C	Tópico 3.2
7	B	Tópico 4.1
8	D	Tópico 3.3.2
9	A	Tópico 3.3.4
10	D	Tópico 1
11	D	Tópico 3
12	E	Tópico 3.3.5
13	E	Tópico 3.3.3
14	D	Tópico 1.2
15	E	Tópico 3.3.4
16	C	Tópicos 3.3.4
17	E	Tópico 3.3.3
18	A	Tópico 3.3.5
19	E	Tópico 4.6
20	A	Tópico 3
21	A	Tópico 1.2
22	A	Tópico 4.1
23	B	Tópico 2
24	B	Tópico 2
25	D	Tópico 4
26	A	Tópico 3.1.
27	D	Tópico 3.3.4
28	FVF	Tópico 3.3
29	C	Tópico 3.3
30	F	Tópico 2

PARTE II

TRIBUTOS DA COMPETÊNCIA COMUM

Eduardo Moreira Lima Rodrigues de Castro

CAPÍTULO 3
TAXAS

Sumário • 1. Introdução – 2. Aspecto material: 2.1. Exercício do poder de polícia; 2.1.1. Exercício regular do poder de polícia – existência de órgão e estrutura administrativa competente; 2.2. Serviço público específico e divisível; 2.2.1. Taxas Judiciárias; 2.2.2. Taxas x preços públicos (ou tarifas); 2.2.2.1. Os pedágios cobrados pela utilização de vias conservadas pelo Poder Público – 3. Aspecto temporal – 4. Aspecto espacial – 5. Aspecto subjetivo: 5.1. Sujeito ativo; 5.2. Sujeito passivo – 6. Aspecto quantitativo: 6.1. Base de cálculo; 6.2. Alíquota – 7. Imunidades e isenções – 8. Informações complementares – 9. Quadro sinóptico – 10. Súmulas STF e STJ – 11. Questões de concursos.

1. INTRODUÇÃO

Conforme o exposto no capítulo anterior, desta obra, **a taxa é o tributo vinculado por excelência.** Em outras palavras, aqui, a hipótese de incidência prevista em lei – necessária ao surgimento da obrigação tributária – deve obrigatoriamente consubstanciar uma prestação estatal específica. Nas palavras de Roque Antonio Carrazza, *"tem-se entendido que a taxa é uma obrigação ex lege que nasce da realização de uma atividade estatal relacionada, de modo específico, ao contribuinte, embora muitas vezes por ele não requerida ou, até mesmo, sendo para ele desvantajosa*[1]".

As taxas são tributos cujo **lançamento,** em regra, é realizado **de ofício**, muito embora nada obste que a lei instituidora da exação preveja lançamento por declaração ou homologação.

A diferença fundamental entre taxas[2] e contribuições de melhoria, outra espécie tributária vinculada, reside no aspecto material da hipótese de incidência tributária. Enquanto nas taxas há vinculação a um serviço específico e divisível ou a uma atividade de polícia administrativa, nas contribuições de melhoria o fato gerador da obrigação é a realização de uma obra pública que cause valorização imobiliária.

---

1. CARRAZZA, Roque Antonio. *Curso de Direito Constitucional Tributário.* 28. ed. São Paulo: Malheiros, 2012, p. 600.

2. Não custa lembrar que, de acordo com os ensinamentos dos defensores da Teoria Binária, Bipartida ou Bipartite – que classificam os tributos apenas em função da existência ou não de vinculação do fato gerador da obrigação a uma prestação estatal específica e divisível – as espécies tributárias reduzem-se às taxas e aos impostos. Fazem menção, com base nisso, a contribuições sociais com natureza jurídica de taxa, empréstimos compulsórios com natureza jurídica de taxa e até mesmo contribuições de intervenção no domínio econômico com natureza de taxa. Isso dependerá da vinculação do fato gerador eleito pelo legislador ordinário a uma prestação estatal específica. Não havendo vinculação, terão as referidas exações natureza de impostos.

Temos aqui exemplo de **exação bilateral, contraprestacional ou sinalagmática,** em que a cobrança do tributo serve à remuneração do serviço específico e divisível prestado a determinada pessoa pelo ente público.

São **competentes** para instituição das taxas **União, Estados, Distrito Federal e Municípios**, cada um dentro de suas esferas de atribuições constitucionais, como será mais detidamente analisado adiante – ainda neste capítulo. As taxas serão criadas por meio de **lei ordinária**, muito embora nada obste sua instituição por lei complementar; esta última, contudo, terá *status* de lei ordinária. O que não se pode perder da memória é que, assim como ocorre com as demais espécies tributárias, as **taxas não podem ser – em hipótese alguma – criadas por instrumento infralegal**.

Com base no posicionamento acima, a Corte Especial do Superior Tribunal de Justiça reconheceu a inconstitucionalidade do art. 1º da Portaria nº 6.431/2003 do Tribunal de Justiça de São Paulo, que criara a taxa de desarquivamento de autos findos. Entendeu-se que, como era cobrada pela utilização efetiva de serviços públicos específicos e divisíveis, enquadrava-se referida exação, como todas as demais espécies de custas e emolumentos judiciais e extrajudiciais, no conceito de taxa, constante do art. 145, II, da CF, logo, só poderia ter sido instituída por meio de lei – em obediência ao princípio constitucional da legalidade estrita (art. 150, I, da CF)[3].

Conforme exposto no Capítulo 2 desta obra, porém, nos autos do **Recurso Extraordinário n. 838.284**, o STF aduziu que "o legislador tributário pode valer-se de **cláusulas gerais**", e que as "**taxas** cobradas em razão do exercício do poder de polícia podem ter algum **grau de indeterminação**, por força da ausência de minuciosa definição legal dos serviços compreendidos", concluindo, de maneira extremamente temerária – a nosso sentir –, que "**a ortodoxa legalidade tributária, absoluta e exauriente, deve ser afastada**, em razão da complexidade da vida moderna e da necessidade de adaptação da legislação tributária à realidade em constante transformação[4]."

Felizmente, mais recentemente, a Primeira Turma do mesmo STF, ao dar provimento a agravo regimental com vistas a determinar o seguimento de recurso extraordinário em que discutida a possibilidade de majoração, por portaria do Ministério da Fazenda, da alíquota da Taxa de Utilização do Sistema Integrado de Comércio Exterior (Siscomex), deixou consignado que "é **inconstitucional a majoração de alíquotas da Taxa de Utilização do SISCOMEX** por **ato normativo infralegal**".

Confira-se:

> *"(...) 1. **É inconstitucional a majoração de alíquotas da Taxa de Utilização do SISCOMEX por ato normativo infralegal**. Não obstante a lei que instituiu o tributo tenha permitido o reajuste dos valores pelo Poder Executivo, **o Legislativo não fixou balizas mínimas e máximas***

3. STJ, AI no RMS 31.170-SP, Rel. Ministro TEORI ALBINO ZAVASCKI, CORTE ESPECIAL, julgado em 18/04/2012, DJe 23/05/2012.

4. STF, RE 838.284/SC, rel. min. Dias Toffoli, julgamento em 6-10-2016 (Informativo n. 842).

> ***para uma eventual delegação tributária.*** *2. Conforme previsto no art. 150, I, da Constituição,* ***somente lei em sentido estrito é instrumento hábil para a criação e majoração de tributos. A Legalidade Tributária*** *é, portanto, verdadeiro direito fundamental dos contribuintes, que* ***não admite flexibilização em hipóteses que não estejam constitucionalmente previstas.*** *3. Agravo regimental a que se dá provimento tão somente para permitir o processamento do recurso extraordinário".*[5]
> (G.N)

Lembremos que as taxas submetem-se, dentre outros, aos princípios constitucionais tributários da: a) legalidade (CF/88, art. 150, I); b) isonomia (CF/88, art. 150, II); c) capacidade contributiva (CF/88, art. 145, § 1º); d) irretroatividade (CF/88, art. 150, III, "a"); e) anterioridade (CF/88, art. 150, III, "b"); f) anterioridade nonagesimal ou mitigada (CF/88, art. 150, III, "c"); g) vedação à utilização de tributo com efeito de confisco (CF/88, art. 150, IV); h) limitação ao tráfego de pessoas ou bens (CF/88, art. 150, V); i) vedação à instituição de isenções heterônomas (CF/88, art. 151, III).

A taxa classifica-se como tributo da competência comum, vinculado, direto e ordinário.

Expostas as noções gerais do instituto, passemos agora à análise detalhada de cada um dos critérios da regra matriz de incidência das taxas.

2. ASPECTO MATERIAL

O **aspecto material** da regra matriz de incidência das taxas é a **utilização, efetiva ou potencial,** de **serviço público específico e divisível, prestado** ao contribuinte **ou posto a sua disposição,** bem como **o exercício regular do poder de polícia administrativa** por ente da administração pública direta ou indireta (CF/88, art. 145, II e; CTN, art. 77). Vê-se, portanto, que o fato gerador (composto por aspecto material + critérios temporal e espacial) das taxas será sempre a prestação ou a disponibilização de serviço público, haja vista que também o exercício regular de poder de polícia se enquadra na mencionada categoria.

Nas palavras da professora Maria Sylvia Di Pietro, **serviço público** é *"toda atividade material que a lei atribui ao Estado para que exerça diretamente ou por meio de seus delegados, com o objetivo de satisfazer concretamente às necessidades coletivas, sob regime jurídico total ou parcialmente de direito público*[6]*".* Seus traços marcantes, portanto, são: a) regime jurídico de direito público e; b) objetivo de satisfazer os interesses coletivos. De agora em diante, sempre que estivermos falando de serviço público vamos estar nos referindo às características apresentadas.

Enquanto a **prestação do serviço público** pelo ente da Administração será necessariamente compulsória, por derivar de determinação legal, a **utilização do referido serviço** pelos administrados poderá ser compulsória ou facultativa, também a depender da vontade do legislador. Só será obrigatória, contudo, quando estiverem em jogo valores

5. STF, RE 959274 AgR/SC, rel. orig. Min. Rosa Weber, red. p/ o ac. Min. Roberto Barroso, julgamento em 29.8.2017.
6. DI PIETRO, Maria Sylvia Zanella. *Direito administrativo.* São Paulo: Atlas, 1993, p. 80.

ou princípios bastante prestigiados pelo texto da Constituição, daí porque, em regra, a utilização dos serviços públicos será facultativa.

Com base no exposto, a lei não deve se furtar a obrigar os administrados a gozarem, dentre outros, do serviço público de coleta domiciliar de lixo[7], tudo isso pelo simples fato de se estar prestigiando alguns dos mais relevantes valores constitucionais, quais sejam saúde e segurança públicas. Não poderá a lei, por outro lado, obrigar ninguém a fruir de serviços como o de emissão de passaporte. No mesmo sentido, não seria razoável, por exemplo, obrigar alguém que não tenha o menor interesse no mercado de ações a pagar a taxa de controle e fiscalização de valores mobiliários – cobrada em razão dos serviços de fiscalização prestados pela Comissão de Valores mobiliários CVM.

Apenas no primeiro caso – serviços de utilização compulsória – é que o ente federativo poderá cobrar taxa também em virtude da mera disponibilidade do serviço. Em outros termos, a prestação potencial de serviço público pelo Estado só dará ensejo à obrigação tributária em caso de serviço de utilização obrigatória.

O art. 79, I, alíneas 'a" e 'b', do CTN, resume bem as lições acima apresentadas, senão vejamos:

> *Art. 79. Os serviços públicos a que se refere o artigo 77 consideram-se:*
>
> *I – utilizados pelo contribuinte:*
>
> *a) efetivamente, quando por ele usufruídos a qualquer título;*
>
> *b) potencialmente, quando, sendo de utilização compulsória, sejam postos à sua disposição mediante atividade administrativa em efetivo funcionamento;*

Os quadros abaixo podem facilitar ainda mais a compreensão do assunto:

Prestação de Serviço Público pela Administração Pública
• Será sempre obrigatória (Deriva de determinação legal)

Utilização do Serviço Público pelo Administrado	
Obrigatória	**Facultativa**
• Prestigia valores constitucionais de maior relevância	• Prestigia valores de menor relevância
• Pode ensejar a cobrança de taxas pela prestação efetiva do serviço	• Pode ensejar a cobrança de taxas pela prestação efetiva do serviço
• Pode ensejar a cobrança de taxas fruíveis (em virtude da mera disponibilidade)	• Não pode ensejar a cobrança de taxas fruíveis (decorrentes da mera disponibilidade)
• Ex.: Coleta domiciliar de lixo;	• Ex.: Pedágio tributo, Taxa de Emissão de Passaportes

7. CARRRAZZA, Roque Antonio. *Curso de Direito Constitucional Tributário.* 28. ed. São Paulo: Malheiros, 2012, p. 608.

Não se verificando, no mundo dos fatos, a situação descrita no antecedente da norma instituidora das taxas, não será permitida a cobrança da exação. Em virtude disso, o Supremo Tribunal Federal vem entendendo que a simples ocupação do solo e espaço aéreo por concessionárias de energia elétrica para fins de extensão de rede de transmissão e de distribuição de energia elétrica não pode dar ensejo à cobrança de qualquer taxa municipal. Não existe, na situação em comento, prestação de serviço algum, ainda que potencial, pela municipalidade.

No mesmo julgado, asseverou o STF que:

> *(...) às empresas prestadoras de serviços de geração, transmissão, distribuição e comercialização de energia elétrica incumbe o dever-poder de prestar o serviço público de que se trata e que, para tal mister, é-lhes atribuído, pelo poder concedente, o também dever-poder de usar o domínio público necessário à execução desse serviço, assim como promover desapropriações e constituir servidões de áreas por ele, poder concedente, declaradas de utilidade pública*[8].

No mesmo sentido, o Superior Tribunal de Justiça defende a tese de que

> *"é ilegal cobrar da concessionária de serviço público o uso do solo, subsolo ou espaço aéreo (instalação de postes, dutos, linhas de transmissão etc.), visto que a utilização, nesses casos, reverte em favor da sociedade (daí não se poder falar em preço público) e que não há serviço público prestado ou poder de polícia, (o que afasta a natureza de taxa)"*[9].

2.1. Exercício do poder de polícia

O poder de polícia administrativa é tema caro ao Direito Administrativo, daí porque, para delimitação das características mais relevantes, iremos nos valer, adiante, das lições de respeitados estudiosos da matéria.

Nas palavras de José dos Santos Carvalho Filho, **poder de polícia** é a "*prerrogativa de direito público que, calcada na lei, autoriza a Administração Pública a restringir o uso e o gozo da liberdade e da propriedade em favor do interesse da coletividade.*"[10] Tal prerrogativa fundamenta-se "*no que a clássica doutrina italiana já denominava* ***poder extroverso do Estado****, que o legitima ir além dos seus limites e atingir esferas jurídicas alheias, condicionando o uso de bens, o exercício de atividades e liberdades individuais*".[11] Em última instância,

8. STF, RE 581947/RO, Relator(a): Min. EROS GRAU, Tribunal Pleno, julgado em 27/05/2010, REPERCUSSÃO GERAL – MÉRITO DJe-159 DIVULG 26-08-2010 PUBLIC 27-08-2010.

9. STJ, REsp 863.577-RS, Rel. Ministro MAURO CAMPBELL MARQUES, SEGUNDA TURMA, julgado em 10/08/2010, DJe 10/09/2010. No mesmo sentido: STJ, AgRg no REsp 1.193.583-MG, Rel. Ministro HUMBERTO MARTINS, SEGUNDA TURMA, julgado em 18/10/2012, DJe 25/10/2012.

10. CARVALHO FILHO, José dos Santos. *Manual de Direito Administrativo.* 24. ed. Rio de Janeiro: Lúmen Júris, 2011, p. 70.

11. CARVALHO, Raquel Melo Urbano de. *Curso de Direito Administrativo.* 2. ed. Salvador: JusPodivm, 2009, p. 354.

falaremos em poder de polícia nos casos em que, por determinação legal, existir restrição de direitos e liberdades em prol do interesse público.

Não devemos confundir o **poder de polícia administrativa** com a chamada **polícia judiciária**. Esta última é regida por normas de Direito Processual Penal e incide sobre pessoas, diferentemente do poder de polícia, regido por normas de Direito Administrativo e incidente sobre bens, direitos e atividades. A polícia judiciária, importante também salientar, é privativa dos órgãos auxiliares da Justiça, como Ministério Público e Polícias Civil e Militar, ou seja, é executada por órgãos de segurança, enquanto o poder de polícia se difunde por todos os órgãos administrativos, de todos os poderes e entidades públicas, que tenham atribuições de fiscalização. A polícia administrativa é conhecida por polícia preventiva; a judiciária por polícia repressiva[12].

A ilustração abaixo certamente ajudará no processo de memorização:

Poder de Polícia Administrativa	Polícia Judiciária
Regido por normas de Direito Administrativo	Regido por normas de Direito Processual Penal
Incide sobre bens, direitos e atividades	Incide apenas sobre pessoas
Exercido por toda a Administração Pública	Privativa dos órgãos auxiliares da Justiça
Conhecida como polícia preventiva	Conhecida como polícia repressiva

A definição legal de poder de polícia, embasada nas lições supracitadas, é encontrada no Código Tributário Nacional, mais precisamente no art. 78 do referido diploma normativo. Confira-se:

> *Art. 78. Considera-se poder de polícia atividade da administração pública que, limitando ou disciplinando direito, interesse ou liberdade, regula a prática de ato ou abstenção de fato, em razão de interesse público concernente à segurança, à higiene, à ordem, aos costumes, à disciplina da produção e do mercado, ao exercício de atividades econômicas dependentes de concessão ou autorização do Poder Público, à tranqüilidade pública ou ao respeito à propriedade e aos direitos individuais ou coletivos.*

Explique-se, de antemão, que o rol de interesses públicos constantes do dispositivo supracitado é meramente exemplificativo; em outras palavras, as restrições impostas quando do exercício do poder de polícia têm em mira a consecução de qualquer interesse público, independentemente do segmento social fiscalizado e beneficiado.

Importante também salientar que, muito embora o poder de polícia possa se manifestar sob as formas **executória** e **fiscalizatória,** apenas neste último caso haverá remuneração mediante o pagamento de taxa.

12. CARVALHO, Raquel Melo Urbano de. *Curso de Direito Administrativo.* 2. ed. Salvador: JusPodivm, 2009. pp. 356-357.

São exemplos de taxas de polícia administrativa (ou taxas de fiscalização): **a) Taxa de Alvará de Funcionamento**[13], exigida de construtores de imóveis para remunerar o município pela atividade fiscalizatória relativa às características arquitetônicas da obra realizada; **b) Taxa de Fiscalização de Anúncios**[14], cobrada pelos municípios para remunerar a exploração e a utilização de publicidade na paisagem urbana; **c) Taxa de Fiscalização dos Mercados de Títulos e Valores Mobiliários**, cobrada para remunerar o serviço prestado pela Comissão de Valores Mobiliários – CVM; **d) Taxa de Controle e Fiscalização Ambiental – TCFA**, cobrada por qualquer dos entes da federação que realize fiscalização de natureza ambiental[15].

A jurisprudência está repleta de casos em que se discute a constitucionalidade das taxas mencionadas no parágrafo anterior. A título de exemplo, o Supremo Tribunal Federal já decidiu que "*é constitucional a taxa de fiscalização dos mercados de títulos e valores mobiliários instituída pela Lei 7.940/1989*" (Enunciado de **Súmula nº 665** do STF), bem como "*a Taxa de Classificação de Produtos Vegetais, instituída pelo Decreto-lei 1.899/1981*"[16]. Além disso, "*o Plenário do STF decidiu pela constitucionalidade da instituição da taxa de fiscalização, de localização e de funcionamento*"[17].

O Poder Judiciário realiza atos de polícia administrativa quando exerce o controle e a fiscalização da atividade notarial e de registro público "desempenhada pelos cartórios extrajudiciais, *notadamente no plano da vigilância, orientação e correição da atividade em causa, a teor do § 1º do art. 236 da Carta-cidadã*"[18].

Aqui, o estudante deve ficar bastante atento, tendo em vista que 2 (duas) exações diferentes estão relacionadas às atividades de registros públicos: a) em primeiro lugar, existem as chamadas **Custas Extrajudiciais**, também denominadas **Emolumentos**, cobradas pelos cartórios junto aos usuários em virtude da prestação dos serviços – específicos e divisíveis – notariais e de registro e; b) em segundo lugar, **a taxa de polícia**, cobrada pelo Judiciário e paga pelos referidos cartorários em virtude da atividade fiscalizatória exercida pelo primeiro.

---

13. Ver: STF, RE 222.251, Relator(a): Min. CARLOS MADEIRA, Segunda Turma, julgado em 10/05/1988, DJ 10-06-1988.
14. Ver: STF, RE 216.207, Relator(a): Min. ILMAR GALVÃO, Primeira Turma, julgado em 02/03/1999, DJ 25-06-1999.
15. SABBAG, Eduardo. *Manual de Direito Tributário*. 4. ed. São Paulo: Saraiva, 2012. pp. 418-419.
16. STF, RE 511.584-AgR, Relator(a): Min. CÁRMEN LÚCIA, Primeira Turma, julgado em 08/02/2011, PUBLIC 02-03-2011.
17. STF, AI 707.357-ED, Relator(a): Min. ELLEN GRACIE, Segunda Turma, julgado em 02/02/2010, PUBLIC 26-02-2010.
18. STF, ADI 3.151, Relator(a): Min. CARLOS BRITTO, Tribunal Pleno, julgado em 08/06/2005, DJ 28-04-2006.

Taxas referentes à prestação de serviços notariais e de registros públicos	
Custas Extrajudiciais ou Emolumentos	**Taxa de Polícia**
• Cobrada pelos Cartórios Extrajudiciais	• Cobrada pelo Poder Judiciário
• Decorre do serviço específico e divisível prestado pelos cartórios	• Decorre do exercício efetivo do poder de polícia pelo Poder Judiciário
• Paga pelos usuários dos serviços descritos acima	• Paga pelos referidos cartórios extrajudiciais

2.1.1. Exercício regular do poder de polícia – existência de órgão e estrutura administrativa competente

O **poder de polícia administrativa só dará ensejo à cobrança de taxa quando for prestado de maneira efetiva** – ou regular –, ao contrário do que ocorre com as chamadas taxas de serviço. Temos, assim, serviço de utilização necessariamente compulsória, justamente por envolver valores e interesses da maior relevância social.

Nos termos do Código Tributário Nacional "*considera-se regular o exercício do poder de polícia quando desempenhado pelo órgão competente nos limites da lei aplicável, com observância do processo legal e, tratando-se de atividade que a lei tenha como discricionária, sem abuso ou desvio de poder*" (CTN, art. 78, parágrafo único).

Em que pese alguma controvérsia inicial, o Supremo Tribunal Federal, acompanhado pelo Superior Tribunal de Justiça, vem entendendo que a efetividade da prestação dos serviços de polícia administrativa pode ser demonstrada pela **existência de órgãos e estruturas aptas ao desempenho da referida função** de fiscalização, muito embora tais órgãos e estruturas não sejam requisito para se falar em poder de polícia.

Nesse sentido, confira-se o julgado abaixo colacionado:

> *" 'É constitucional taxa de renovação de funcionamento e localização municipal, desde que efetivo o exercício do poder de polícia, demonstrado pela existência de órgão e estrutura competente para o respectivo exercício'. Com esse entendimento, o Tribunal, por maioria, desproveu recurso extraordinário no qual se alegava a inconstitucionalidade da cobrança da taxa de renovação de localização e funcionamento cobrada pelo Município de Porto Velho, por ausência de comprovação do efetivo exercício do poder de polícia. Afirmou-se que, à luz da jurisprudência do STF, a existência do órgão administrativo não seria condição para o reconhecimento da constitucionalidade da cobrança da taxa de localização e fiscalização, mas constituiria um dos elementos admitidos para se inferir o efetivo exercício do poder de polícia, exigido constitucionalmente. Verificou-se que, na espécie, o Município de Porto Velho seria dotado de aparato fiscal necessário ao exercício do poder de polícia."*[19].

19. RE 588322/RO, Relator(a): Min. GILMAR MENDES, Tribunal Pleno, julgado em 16/06/2010, REPERCUSSÃO GERAL – MÉRITO PUBLIC 03-09-2010.

Assim, não falaremos em poder de polícia administrativa apenas nos casos em que presentes órgãos e estruturas competentes para o respectivo exercício, porém, sempre que verificada a existência de tais órgãos, haverá indícios suficientes da prestação efetiva do serviço de polícia, admitindo-se, por via de consequência, a cobrança de taxa para remunerá-los.

Foi esse o entendimento do Supremo Tribunal Federal também no julgamento do Recurso Extraordinário nº 416.601, de relatoria do Ministro Carlos Velloso. Confira-se:

> *"A hipótese de incidência da taxa é a fiscalização de atividades poluidoras e utilizadoras de recursos ambientais, exercida pelo IBAMA (Lei 6.938/1981, art. 17-B, com a redação da Lei 10.165/2000). Tem-se, pois, taxa que remunera o exercício do poder de polícia do Estado. Não há invocar o argumento no sentido de que a taxa decorrente do poder de polícia fica 'restrita aos contribuintes cujos estabelecimentos tivessem sido efetivamente visitados pela fiscalização', por isso que, registra Sacha Calmon parecer, fl. 377 essa questão já foi resolvida, pela negativa, pelo STF, que deixou assentada em diversos julgados a suficiência da manutenção, pelo sujeito ativo, de órgão de controle em funcionamento (cf., inter plures, RE 116.518 e RE 230.973). Andou bem a Suprema Corte brasileira em não aferrar-se ao método antiquado da vistoria porta a porta, abrindo as portas do Direito às inovações tecnológicas que caracterizam a nossa era'. Destarte, os que exercem atividades de impacto ambiental tipificadas na lei sujeitam-se à fiscalização do IBAMA, pelo que são contribuintes da taxa decorrente dessa fiscalização, fiscalização que consubstancia, vale repetir, o poder de polícia estatal."*[20]

Conforme exposto, **o *método antiquado de vistoria porta a porta* não é mais a única forma de exercício do poder de polícia**. O fato é que mesmo o contribuinte não visitado pelo ente fiscalizador poderá ser compelido ao pagamento de Taxa de Polícia ou Fiscalização.

2.2. Serviço público específico e divisível

As definições de serviço público específico e serviço público divisível, para fins de incidência de taxa, são fornecidas pelo Código Tributário Nacional. Confira-se:

> *Art. 79. Os serviços públicos a que se refere o artigo 77 consideram-se: (...)*
>
> *II – específicos, quando possam ser destacados em unidades autônomas de intervenção, de unidade, ou de necessidades públicas;*
>
> *III – divisíveis, quando suscetíveis de utilização, separadamente, por parte de cada um dos seus usuários.*

20. STF, RE 416.601, Relator(a): Min. CARLOS VELLOSO, Tribunal Pleno, julgado em 10/08/2005, DJ 30-09-2005. No mesmo sentido: STF, RE 603.513-AgR, AgR, Relator(a): Min. DIAS TOFFOLI, Primeira Turma, julgado em 28/08/2012, PROCESSO ELETRÔNICO DJe-179 DIVULG 11-09-2012 PUBLIC 12-09-2012.

Diz-se que um **serviço público é específico** quando for possível ao administrado verificar o que está sendo fornecido pelo ente estatal, daí se falar em *unidades autônomas de intervenção, de unidade, ou de necessidade públicas.* A cobrança da chamada Taxa de Controle e Fiscalização Ambiental (TCFA), por exemplo, é válida porque perfeitamente possível ao administrado visualizar o serviço individualizado que está sendo prestado pelos entes da Federação.

Um serviço público será divisível, por sua vez, quando for possível identificar perfeitamente os beneficiários da intervenção estatal, ou seja, *quando suscetíveis de utilização, separadamente, por parte de cada um dos seus usuários.* Para ficarmos no exemplo da TCFA, podemos dizer que o tributo é cobrado em razão da prestação de serviço divisível haja vista a fácil identificação dos beneficiários da fiscalização estatal.

Chamamos de ***uti singuli*** os serviços específicos e divisíveis e ***uti universi*** os serviços gerais e indivisíveis. Estes últimos, frise-se, serão custeados, em regra, por recursos oriundos da arrecadação de impostos, jamais de taxas. Importante lembrar que apenas serviços cumulativamente específicos e divisíveis poderão dar ensejo à cobrança do tributo ora estudado.

As considerações acerca dos serviços potencial e efetivamente utilizados pelos contribuintes das taxas foram tecidas em momento anterior deste capítulo, para onde remetemos o leitor. Na oportunidade, inclusive, fizemos alguns importantes comentários atinentes à obrigatoriedade e à facultatividade dos serviços públicos. As lições são válidas tanto para as taxas de serviços quanto para as taxas de polícia.

Assunto bastante cobrado em provas de concursos públicos diz respeito à admissibilidade de cobrança de taxa em virtude da prestação de **serviços públicos de coleta, remoção e tratamento de lixo**, bem como em decorrência de serviços de limpeza urbana. Nos termos da jurisprudência pacífica do Supremo Tribunal, *"apenas poderão ser remunerados mediante taxas os serviços de coleta, remoção e tratamento ou destinação de lixo ou resíduos provenientes de imóveis, desde que essas atividades sejam completamente dissociadas de outros serviços públicos de limpeza realizados em benefício da população em geral (uti universi) e de forma indivisível"*[21]. Trata-se, portanto, de serviço específico e divisível.

Os **serviços públicos gerais de limpeza urbana**, como varrição de praças, parques e ruas, assim como coleta de lixo depositado em recipientes localizados em locais públicos não poderão ser remunerados por taxa, mas apenas pelo montante arrecadado a título de imposto. Caso contrário, não poderíamos falar em retributividade no pagamento.

O entendimento hoje se encontra inclusive sumulado pela jurisprudência do STF, senão vejamos:

> ***SÚMULA VINCULANTE nº 19 DO STF:*** *"A taxa cobrada exclusivamente em razão dos serviços públicos de coleta, remoção e tratamento ou*

21. RE 576.321-QO-RG, Relator(a): Min. RICARDO LEWANDOWSKI, julgado em 04/12/2008, publicado em 13/02/2009

> *destinação de lixo ou resíduos provenientes de imóveis, não viola o art. 145, II, da CF".*

A fim de que não reste qualquer dúvida, colacionamos abaixo quadro ilustrativo da matéria:

Serviços de Limpeza de Logradouros Públicos	Serviços de Remoção e Coleta de Lixo de Imóveis Individualizados
• Serviços gerais (uti universi)	• Serviços específicos e divisíveis (uti singuli)
• Não podem ser remunerados por taxas	• Podem ser remunerados por taxa

Recentemente, o Superior Tribunal de Justiça reconheceu aos Municípios o direito de cobrarem a aludida taxa de coleta domiciliar de lixo até mesmo de Estado estrangeiro, ainda que as Convenções de Viena de 1961 (art. 23) e de 1963 (art. 32) tenham instituído isenção tributária e imunidade de jurisdição. De acordo com o entendimento do STJ, as referidas convenções, que concedem isenção sobre impostos e taxas, ressalvam aquelas decorrentes da prestação de serviços individualizados e específicos por entes nacionais[22].

Com base no mesmo raciocínio, posiciona-se o STF pela **impossibilidade de cobrança de taxa** para remuneração do serviço de **segurança pública** prestado pelo Estado. Aqui, mais uma vez, estamos diante de serviço de natureza geral (*uti unviersi)* – não específico e indivisível – passível de ser sustentado exclusivamente por meio de impostos. Confira-se:

> *"Em face do art. 144, caput, V e parágrafo 5º, da Constituição, sendo a segurança pública, dever do Estado e direito de todos, exercida para a preservação da ordem pública e da incolumidade das pessoas e do patrimônio, através, entre outras, da polícia militar, essa atividade do Estado só pode ser sustentada pelos impostos, e não por taxa, se for solicitada por particular para a sua segurança ou para a de terceiros, a título preventivo, ainda quando essa necessidade decorra de evento aberto ao público. Ademais, o fato gerador da taxa em questão não caracteriza sequer taxa em razão do exercício do poder de polícia, mas taxa pela utilização, efetiva ou potencial, de serviços públicos específicos e divisíveis, o que, em exame compatível com pedido de liminar, não é admissível em se tratando de segurança pública[23]. "*

Em que pese alguma controvérsia inicial, foram reconhecidas **inconstitucionais** também todas as leis instituidoras de taxas cobradas em razão dos serviços de **iluminação pública**, "*posto terem por fato gerador serviço inespecífico, não mensurável, indivisível e*

22. STJ, RO 138-RJ, Rel. Min. Herman Benjamin, julgado em 25/2/2014.
23. ADI 1.942, Relator(a): Min. MOREIRA ALVES, Tribunal Pleno, julgado em 05/05/1999, DJ 22-10-1999. No mesmo sentido: STF, RE 536.639-AgR, Relator(a): Min. CEZAR PELUSO, Segunda Turma, julgado em 07/08/2012, ACÓRDÃO ELETRÔNICO DJe-170 DIVULG 28-08-2012 PUBLIC 29-08-2012.

insuscetível de ser referido a determinado contribuinte, a ser custeado por meio do produto da arrecadação dos impostos gerais"[24].

O entendimento hoje se encontra sumulado pelo STF:

> ***Súmula Vinculante n. 41 do STF:*** *"O serviço de iluminação pública não pode ser remunerado mediante taxa".*

Em virtude da perda de arrecadação municipal decorrente do reconhecimento da inconstitucionalidade das supracitadas taxas de iluminação pública é que o Congresso Nacional editou a Emenda Constitucional nº 39/2002, instituidora da Contribuição Municipal de Iluminação Pública – COSIP (CF/88, art. 149-A), a ser estudada no momento oportuno.

Mencione-se que também não haverá serviço público específico e divisível, passível de remuneração por taxa, nos casos de **pavimentação, calçamento e asfaltamento de ruas e logradouros públicos.** Aqui, o que existe é serviço de natureza geral, insuscetíveis de utilização, separadamente, por cada um de seus usuários[25]. Em algumas situações, podemos estar diante de obra pública, remunerável – em caso exclusivo de valorização imobiliária – mediante contribuição de melhoria. Não à toa o STF cancelou o enunciado de súmula nº 129, que dispunha ser legítima a cobrança de Taxa de Calçamento.

Das chamadas taxas de serviço, a que provavelmente causa maior polêmica, no entanto, é aquela cobrada em razão do serviço de **prevenção de incêndios**, sobretudo quando decorrente da prestação potencial do serviço. Durante bastante tempo, o posicionamento das 2 (duas) turmas do STF foi no sentido da constitucionalidade da cobrança, senão vejamos:

> *"Taxa de incêndio. Constitucionalidade. (...) É legítima a cobrança da Taxa cobrada em razão da prevenção de incêndios, porquanto instituída como contraprestação a serviço essencial, específico e divisível."*[26].
>
> *"É legítima a taxa de segurança pública instituída pela Lei mineira nº 6.763/75, com a redação que lhe foi conferida pela Lei nº 14.938/03, devida pela utilização potencial do serviço de extinção de incêndio.*[27]*"*

Ocorre que, em meados de 2017, revisando o entendimento descrito acima, em julgamento sobre a constitucionalidade de taxa de combate a sinistros instituída pelo Município de São Paulo, o plenário do **Supremo Tribunal Federal**, nos autos do **RE**

---

24. STF, RE 233.332, Relator(a): Min. ILMAR GALVÃO, Tribunal Pleno, julgado em 10/03/1999, DJ 14-05-1999. No mesmo sentido: STF, AI 479.587 – AgR, Relator(a): Min. JOAQUIM BARBOSA, Segunda Turma, julgado em 03/03/2009, DJe-053 DIVULG 19-03-2009.
25. STJ, REsp 104.959/SP, Rel. Ministro ARI PARGENDLER, SEGUNDA TURMA, julgado em 17/02/1998, DJ 14/12/1998.
26. STF, *AI 677.891-AgR*, Primeira Turma, julgamento em 17-3-2009.
27. STF, RE 473.611 AgR, Relator(a): Min. EROS GRAU, Segunda Turma, julgado em 19/06/2007.

643.247[28], deixou assentada a tese de que "**descabe introduzir** no cenário tributário, como obrigação do contribuinte, **taxa visando a prevenção e o combate a incêndios**, sendo imprópria a atuação do Município em tal campo".

No voto vencedor, o Min. Marco Aurélio Melo afirmou que nem mesmo o Estado poderia instituir taxa para remunerar serviço de segurança pública, por se tratar de atividade precípua do Estado; confira-se:

> *"(A)* ***atividade precípua do Estado é viabilizada mediante arrecadação decorrente de impostos****, pressupondo a taxa o exercício do poder de polícia ou a utilização efetiva ou potencial de serviços públicos específicos e divisíveis, prestados ao contribuinte ou postos à disposição.* ***Nem mesmo o Estado poderia****, no âmbito da segurança pública revelada pela prevenção e combate a incêndios,* ***instituir validamente a taxa****, como proclamou o Supremo, embora no campo da tutela de urgência".*

Também foi reconhecida a repercussão geral da matéria referente à cobrança, pelo Poder Público, de **taxa para emissão de guia de recolhimento de tributo**. No âmbito doo STF, importante dizer, prevalece a posição que não reconhece, na referida emissão, a existência de um serviço público específico e divisível, ou seja, vem entendendo nossa Corte Suprema que **referida taxa é inconstitucional**.[29]

2.2.1. Taxas Judiciárias

Dada a relevância do tema, para facilitar a compreensão do estudante, preferimos tratar das chamadas taxas judiciárias em tópico próprio, separado daquele dedicado ao estudo das demais taxas de serviço.

Nos termos do art. 19 do Código de Processo Civil, é incumbência das partes realizar o pagamento das despesas dos atos que realizarem ou postularem no processo, *antecipando-lhes o pagamento desde o início até a sentença final.* A supracitada expressão "despesa" constitui gênero, do qual, segundo doutrina dominante, decorrem 3 (três) espécies:

> *"***Custas,** *que se destinam a remunerar a prestação da atividade jurisdicional, desenvolvida pelo Estado-juiz por meio de suas serventias e cartórios;*
>
> **Emolumentos,** *que se destinam a remunerar os serviços prestados pelos serventuários de cartórios ou serventias não oficializados, remunerados pelo valor dos serviços desenvolvidos, e não pelos cofres públicos;*
>
> **Despesas em sentido estrito***, que se destinam a remunerar terceiras pessoas acionadas pelo aparelho judicial, no desenvolvimento da*

28. STF, RE 643247, Relator(a): Min. MARCO AURÉLIO, Tribunal Pleno, julgado em 01/08/2017, PUBLIC 19-12-2017.
29. STF, RE 789.218 RG, Relator(a): Min. DIAS TOFFOLI, julgado em 17/04/2014, PUBLIC 01-08-2014.

> *atividade do Estado-juiz. Nesse sentido, os honorários do perito e o transporte do oficial de justiça constituem, por exemplo, despesas em sentido estrito[30]".*

No mesmo sentido, assim tem-se posicionado o Superior Tribunal de Justiça:

> *"(...) 1. Custas são o preço decorrente da prestação da atividade jurisdicional, desenvolvida pelo Estado-juiz através de suas serventias e cartórios. 2. Emolumentos são o preço dos serviços praticados pelos serventuários de cartório ou serventias não oficializados, remunerados pelo valor dos serviços desenvolvidos e não pelos cofres públicos. 3. Despesas, em sentido restrito, são a remuneração de terceiras pessoas acionadas pelo aparelho jurisprudencial, no desenvolvimento da atividade do Estado-juiz. (...)"[31].*

Recentemente, o Supremo Tribunal Federal consolidou o entendimento segundo o qual o chamado **"porte de remessa e retorno"** configura ***"típica despesa de um serviço postal prestado por empresa pública monopolística*** e, assim, ***remunerado mediante tarifas ou preço público"***. Em razão disso, asseverou ser aplicável a norma contida no art. 511, § 1º, do antigo CPC (NCPC, art. 1.007, § 1º)[32], com vistas a liberar o INSS do pagamento da referida despesa (porte de remessa e retorno) – sem que isso possa ser caracterizado como isenção heterônoma.[33]

O que o estudante precisa saber, por hora, é que as **Custas Judiciais** e os **Emolumentos**, ambos cobrados para remunerar serviços específicos e divisíveis prestados pelo Estado, possuem natureza jurídica de **taxa.** Em virtude disso, referida cobrança está condicionada à existência de lei instituidora da exação. Tal lei, lembre-se, será da competência do ente responsável pela prestação do serviço judiciário (União, Estados ou Distrito Federal) ou, no caso dos emolumentos, do ente responsável pela fiscalização dos serviços delegados aos chamados cartórios extrajudiciais. No mesmo sentido, o Supremo Tribunal Federal vem afirmando que "as custas, a taxa judiciária e os emolumentos constituem espécie tributária, são taxas, segundo a jurisprudência iterativa do Supremo Tribunal Federal. Precedentes do STF (...)"[34].

Ao longo deste capítulo, estudaremos todas as controvérsias envolvendo as taxas judiciais, como, por exemplo: a) a destinação do produto arrecadado; b) a previsão de instituição de isenções heterônomas de custas processuais por meio de leis processuais civis; c) efeito confiscatório de taxas judiciais cobradas sobre o valor da causa e; d) imunidades de taxas judiciárias (justiça gratuita).

---

30. CUNHA, Leonardo Carneiro da. *A Fazenda Pública em Juízo*. São Paulo: Dialética, 2011, p. 125.
31. STJ, REsp 366005/RS, Rel. Ministra ELIANA CALMON, SEGUNDA TURMA, julgado em 17/12/2002, DJ 10/03/2003.
32. NCPC. Art. 1.007.(...) § 1º São dispensados de preparo, inclusive porte de remessa e de retorno, os recursos interpostos pelo Ministério Público, pela União, pelo Distrito Federal, pelos Estados, pelos Municípios, e respectivas autarquias, e pelos que gozam de isenção legal.
33. STF, RE 594116/SP, rel. Min. Edson Fachin, 3.12.2015. Informativo n. 810.
34. STF, ADI 1145, Relator(a): Min. CARLOS VELLOSO, Tribunal Pleno, julgado em 03/10/2002, DJ 08-11-2002.

As diferenças fundamentais entre Taxa de Controle e Fiscalização das Atividades Notariais e de Registro e Emolumentos, outro assunto polêmico, já foram listadas em momento anterior (*Vide* item 2.1 supra).

2.2.2. Taxas x preços públicos (ou tarifas)

Um dos temas mais cobrados em provas de concursos públicos, as diferenças entre tarifas – ou preço público – e taxas vem sendo objeto de debates doutrinários e jurisprudenciais há muitos anos. Em razão disso, sem a pretensão de esgotar a matéria, traremos adiante as características de cada uma das referidas exações, bem como o entendimento dominante dos tribunais superiores a respeito do tema.

Tarifa ou preço público é o montante cobrado por concessionárias de serviços públicos para fins de remuneração dos serviços delegados por elas prestados à coletividade. São exemplos de tarifas públicas aquelas cobradas em razão dos serviços de água[35], luz, energia elétrica e transporte urbano.

Como o vínculo existente entre concessionária e o poder público concedente é de natureza contratual (contrato administrativo), podemos dizer que as tarifas ou preços públicos têm por fundamento a manutenção do equilíbrio econômico financeiro nos mencionados contratos administrativos. Não seria justo tampouco razoável que empresa vencedora de licitação fosse obrigada a prestar, gratuitamente, serviços públicos relevantes à população.

Os serviços remunerados mediante tarifas ou preços públicos serão sempre de utilização facultativa, haja vista ser também contratual o vínculo existente entre o prestador do serviço e os usuários. Dessa forma, o pagamento só será devido em caso de efetiva utilização do dito serviço. Nas palavras de José dos Santos Carvalho Filho, "*sendo tais serviços de livre utilização pelos usuários, já que inexiste qualquer cunho de obrigatoriedade, tem-se entendido, a nosso ver com toda coerência, que podem ser suspensos pelo prestador se o usuário não cumprir seu dever de remunerar a prestação.*"[36] Obviamente, o "corte" de certos serviços em caso de inadimplência encontra alguns obstáculos legais e jurisprudenciais, a exemplo do que ocorre com o não pagamento reiterado das tarifas de água e energia elétrica por parte de hospitais e escolas públicas.

Outro ponto importante atinente às tarifas ou preços públicos diz respeito ao prazo de prescrição da pretensão à repetição do indébito – valor indevidamente pago pelo usuário. Como não se está, aqui, diante de cobrança tributária, será inaplicável o prazo decadencial de 5 (cinco) anos previsto no CTN, ademais disso, embora o usuário seja consumidor, pelo fato de não existir *defeito na prestação do serviço*, não será aplicável também o prazo previsto no Código de Defesa do Consumidor. Em virtude do exposto, sedimentou-se o entendimento segundo o qual o prazo aplicável é aquele constante do Código Civil. Nesse sentido, confira-se:

---

35. STJ, AgRg no REsp 856.378-MG, Rel. Ministro MAURO CAMPBELL MARQUES, SEGUNDA TURMA, julgado em 17/03/2009, DJe 16/04/2009.

36. CARVALHO FILHO, José dos Santos. *Manual de Direito Administrativo*. 24. ed. Rio de Janeiro: Lúmen Júris, 2011, p. 313.

> *"Este Superior Tribunal, encampando entendimento sedimentado no Pretório Excelso, firmou posição no sentido de que a contraprestação cobrada por concessionárias de serviço público de água e esgoto detém natureza jurídica de tarifa ou preço público. Definida a natureza jurídica da contraprestação, também se definiu pela aplicação das normas do Código Civil. A prescrição é vintenária, porque regida pelas normas do Direito Civil."*[37].

Diferentemente das tarifas, como visto, as taxas são cobradas, em regra, em virtude da prestação de serviço público específico e divisível por pessoas jurídicas de direito público, integrantes da administração direta e indireta. Além disso, não se fundamentam na necessidade de manutenção do equilíbrio econômico financeiro de qualquer contrato – até mesmo porque o vínculo entre sujeito ativo e contribuintes decorre de lei –, mas sim, no Poder de Império do Estado e no princípio da retributividade.

Outra diferença reside no fato de que, em caso de inadimplemento do valor devido a título de taxa pelo contribuinte, não será, em hipótese alguma, possível a cessação da prestação ou disponibilização dos serviços por parte da Administração. Segundo entendimento jurisprudencial dominante, ao sujeito ativo da exação tributária, em caso de inadimplemento reiterado, só será admissível a cobrança dos valores devidos por meio do instrumento da Execução Fiscal (Lei Federal nº 6.830/80).

Ainda, o prazo de prescrição da pretensão de repetição de valor indevidamente pago a título de taxa é de 5 (cinco) anos e está expresso no art. 174, *caput,* do CTN, não havendo regulação da matéria no Código Civil.

A dessemelhança mais marcante, no entanto, entre preço público e taxa está na compulsoriedade do pagamento destas últimas. Fala-se em compulsoriedade na medida em que a obrigação de pagamento de todo e qualquer tributo, como a taxa, deriva da lei (fonte legal). O pagamento das tarifas, por sua vez, decorre da utilização de um serviço livremente contratado (fonte contratual) pelo usuário, daí se falar em facultatividade.

Numa questão de prova discursiva, esse é o primeiro aspecto a ser abordado pelo candidato.

O entendimento já se encontra inclusive sumulado pelo Supremo Tribunal Federal, senão vejamos:

> ***SÚMULA nº 545 DO STF:*** *"Preços de serviços públicos e taxas não se confundem, porque estas, diferentemente daqueles, são compulsórias e têm sua cobrança condicionada à prévia autorização orçamentária*[38]*, em relação à lei que as instituiu."*

O esquema abaixo pode facilitar a compreensão de tudo quanto exposto:

---

37. STJ, EREsp 690.609-RS, Rel. Ministra ELIANA CALMON, PRIMEIRA SEÇÃO, julgado em 26/03/2008, DJe 07/04/2008. No mesmo sentido: REsp 1.117.903-RS, Rel. Ministro LUIZ FUX, PRIMEIRA SEÇÃO, julgado em 09/12/2009, DJe 01/02/2010.

38. O princípio da anualidade (prévia autorização orçamentária para cobrança de tributos) não foi recepcionado pela nova Ordem Jurídica inaugurada pela Constituição de 1988.

Taxas	Tarifas ou preços públicos
• Pagamento compulsório (obrigação deriva de lei)	• Pagamento Facultativo (obrigação decorre de contrato)
• Utilização dos serviços pode ser compulsória ou facultativa	• Utilização dos serviços será sempre facultativa
• Serviços são prestados apenas por pessoas jurídicas de direito público	• Serviços são prestados por particulares (concessionárias de serviço público)
• Fundamento no princípio da retributividade	• Fundamento na manutenção do equilíbrio econômico financeiro dos contratos
• Inadimplemento não dá ensejo à interrupção da prestação dos serviços	• Inadimplemento, em regra, dá ensejo à interrupção da prestação dos serviços
• A prescrição da pretensão de repetição de indébito está prevista no CTN	• A prescrição da pretensão de repetição de indébito está prevista no Código Civil
• Ex.: Taxas de Controle e Fiscalização Ambiental, Taxa de Lixo Domiciliar.	• Ex.: Tarifas de Água, Luz, Energia Elétrica.

Por fim, não julgamos válidos os ensinamentos daqueles que diferenciam taxas e tarifas pela natureza da atividade desenvolvida: enquanto as taxas serviriam a remunerar atividades específicas de Estado, as tarifas serviriam ao pagamento de outros serviços públicos. Serviços de fornecimento de água e esgotamento sanitário, a nosso entender, são atividades imprescindíveis à população, logo, serviços próprios de Estado. Assim mesmo, são prestados por particulares e remunerados por meio de preço público.

2.2.2.1. Os pedágios cobrados pela utilização de vias conservadas pelo Poder Público

É de grande relevância a discussão acerca da natureza jurídica (taxa ou preço público) dos pedágios, exação cuja cobrança está prevista no art. 150, V, de nossa Lei Suprema:

> **CF/88. Art. 150.** *Sem prejuízo de outras garantias asseguradas ao contribuinte, é vedado à União, aos Estados, ao Distrito Federal e aos Municípios: V – estabelecer limitações ao tráfego de pessoas ou bens, por meio de tributos interestaduais ou intermunicipais, ressalvada a cobrança de pedágio pela utilização de vias conservadas pelo Poder Público;*

Desde o advento da atual Constituição Federal, o Supremo Tribunal Federal tinha pacificado o entendimento de que o pedágio teria natureza jurídica de tarifa ou taxa a depender do ente responsável pela conservação da estrada. Desse modo, entendia-se que sempre que a cobrança do pedágio se desse pelos particulares – administradores das rodovias – em decorrência de contratos de concessão de serviço público, estaríamos diante do chamado pedágio-tarifa. Por outro lado, nos casos em que a cobrança ocorresse em virtude de utilização de via conservada diretamente pelo próprio Poder Público, teríamos, desde que previamente instituído por lei, Pedágio-Tributo (ou Pedágio-Taxa)[39].

39. STF, RE 181.475, Rel. Min, Carlos Veloso, julgado em 04/05/1999, 2 TURMA, DJ 25/06/1999.

Pois bem. **O posicionamento** em epígrafe **foi alterado**[40].

Nos autos da ADI 800/RS, restou consignado que **o pedágio** cobrado pela efetiva utilização de rodovias **não teria natureza tributária**, mas de preço público, consequentemente, **não seria sujeito ao princípio da legalidade estrita**, e que o enquadramento do pedágio como taxa ou preço público **independe de sua localização topológica no texto constitucional**, estando relacionado exclusivamente ao preenchimento, ou não, dos requisitos previstos no art. 3º do CTN[41]. Em outros termos, concluiu-se que o fato de a própria Constituição autorizar, ainda que indiretamente, a restrição do direito de ir e vir por meio de pedágio não implicaria dizer estar-se diante de um tributo.

Registrou o STF também que a contrapartida de oferecimento de via alternativa gratuita como condição para a cobrança de pedágio não seria uma exigência constitucional, tampouco estaria prevista em lei ordinária. O elemento nuclear para identificar e distinguir taxa e preço público seria o da compulsoriedade, presente na primeira e ausente na segunda espécie.

Em resumo, afastou-se a natureza jurídica tributária do pedágio com base nos seguintes argumentos: a) a inclusão no texto constitucional apenas esclareceria que, apesar de não incidir tributo sobre o tráfego de pessoas ou bens, poderia, excepcionalmente, ser cobrado o pedágio, espécie jurídica diferenciada; b) a ausência de compulsoriedade na utilização de rodovias; e c) a cobrança se daria em virtude da utilização efetiva do serviço, e não seria devida com base no seu oferecimento potencial.

3. ASPECTO TEMPORAL

Sempre que estivermos falando em **aspecto temporal** da regra matriz de incidência de algum tributo, vamos estar nos referindo ao **momento a partir do qual surge para o sujeito passivo da exação a obrigação de pagá-la**. No caso das taxas, a obrigação surge, em regra, concomitantemente: a) à prestação do serviço público específico e divisível; b) à disponibilização aos usuários de serviços públicos específicos e divisíveis ou; c) ao exercício efetivo do poder de polícia.

Não é forçoso lembrar que também as taxas estão submetidas aos princípios constitucionais tributários de não surpresa, quais sejam, princípio da irretroatividade (CF/88, art. 150, III, a), princípio da anterioridade (CF/88, art. 150, III, b) e princípio da noventena (CF/88, art. 150, III, c).

Havendo dúvida acerca do momento de incidência da exação em estudo, o mais correto é recorrer ao texto da lei instituidora da taxa. No caso da Taxa de Saúde Suplementar por Registro de Produto – taxa de polícia cobrada pela ANS em virtude de poder de

40. Na primeira edição desta obra, ainda apresentávamos ao leitor a posição original do STF.

41. CTN: "Art. 3º. Tributo é toda prestação pecuniária compulsória, em moeda ou cujo valor nela se possa exprimir, que não constitua sanção de ato ilícito, instituída em lei e cobrada mediante atividade administrativa plenamente vinculada."

polícia por ela desempenhado –, por exemplo, o STJ já decidiu que, com base no art. 20, II e § 3º, da Lei Federal nº 9.961/2000, considera-se praticado o fato gerador no momento do protocolo do requerimento (de registro de produto), e não do julgamento do pedido[42].

Na maioria das situações de cobrança de taxas em razão da mera disponibilidade de serviço específico e divisível, o pagamento do tributo costuma ser anual. Também costuma ser sazonal (mensal ou anual) o pagamento de taxas derivadas do exercício regular do poder de polícia sempre que houver órgão ou estrutura competentes para o desempenho da mencionada atividade (e.g. taxa de localização).

No caso de efetivo exercício de serviço específico e divisível, o pagamento da taxa costuma ocorrer a cada vez que o serviço é prestado, como ocorre com as custas judiciais, muito embora seja possível a cobrança sazonal, a exemplo da taxa de lixo residencial.

Periodicidade da Cobrança das Taxas – Momento do Surgimento da Obrigação (Aspecto temporal)		
Taxa de Polícia	**Taxa decorrente da efetiva prestação de serviço**	**Taxa decorrente da prestação potencial de serviço**
Em regra, cobrada sazonalmente (mensalmente ou anualmente)	Em regra, cobrada a cada prestação do serviço	Em regra, cobrada sazonalmente (mensalmente ou anualmente)
Ex.: Taxa de Controle e Fiscalização Ambiental	Ex.: Custas Judiciais	Ex: Taxa de coleta domiciliar de lixo

4. ASPECTO ESPACIAL

O aspecto espacial das taxas diz respeito ao local em que praticado, disponibilizado e utilizado o serviço específico e divisível ou a atividade de polícia administrativa ensejadora da obrigação tributária. Em regra, será o limite territorial do Ente competente para instituição da exação: no caso da União, todo o território nacional; no caso dos Estados e Municípios, seus respectivos limites.

5. ASPECTO SUBJETIVO

O aspecto subjetivo das taxas, assim como de qualquer tributo, é composto pelos **sujeitos ativo e passivo** da exação, sendo o primeiro o ente competente para sua instituição e o segundo a pessoa, física ou jurídica, obrigada ao pagamento. Ao contrário do que ocorre com os impostos, a imunidade tributária recíproca (CF/88, art. 150, VI, a) não incide sobre as taxas, de forma que é possível a cobrança do referido tributo entre Entes federativos.

42. STJ, REsp 1.162.283-RJ, Rel. Ministro HUMBERTO MARTINS, SEGUNDA TURMA, julgado em 15/03/2011, DJe 25/05/2011.

5.1. Sujeito ativo

Sendo as taxas espécie tributária de competência comum dos entes federativos, poderão ser instituídas por **qualquer das pessoas jurídicas de direito público** integrantes da Administração Direta, desde que obedecidas suas atribuições constitucionais. Nesse sentido, assim dispõem Constituição Federal e Código Tributário Nacional:

> ***CF/88: Art. 145.*** *A União, os Estados, o Distrito Federal e os Municípios poderão instituir os seguintes tributos: II – taxas, em razão do exercício do poder de polícia ou pela utilização, efetiva ou potencial, de serviços públicos específicos e divisíveis, prestados ao contribuinte ou postos a sua disposição;*
>
> ***CTN. Art. 80.*** *Para efeito de instituição e cobrança de taxas, consideram-se compreendidas no âmbito das atribuições da União, dos Estados, do Distrito Federal ou dos Municípios, aquelas que, segundo a Constituição Federal, as Constituições dos Estados, as Leis Orgânicas do Distrito Federal e dos Municípios e a legislação com elas compatível, competem a cada uma dessas pessoas de direito público.*

Dos artigos citados não decorre hipótese de bitributação[43], constitucionalmente vedada. Nos termos de respaldada doutrina, "*não haverá uma múltipla incidência sobre um único fato jurídico tributário, já que este será, sempre, uma atuação estatal. Assim é que se encontra a competência para instituição estatal sempre que se investiga quem é competente para o exercício do poder de polícia ou para o serviço público*[44] *(...)*". Os assuntos de interesse nacional ficarão submetidos à legislação da União; as matérias de interesse regional, a cargo de normas de polícia estaduais; por fim, os temas de interesse local subordinar-se-ão à legislação municipal.

É correto afirmar também que **a competência dos Estados** para instituição das taxas **é residual** em relação à competência da União e dos Municípios. Ocorre que, nos moldes do que dispõe nossa *Lex Suprema, "são reservadas aos Estados as competências que não lhes sejam vedadas por esta Constituição* (CF/88, art. 25, § 1º)."

No caso específico de taxa em razão do exercício regular do poder de polícia, haverá sempre a edição de 2 (duas) leis distintas pelo ente competente: a) a primeira, regulando a atividade de polícia administrativa, limitadora de direitos, interesses e liberdades e; b) a segunda, instituindo a taxa remuneradora da atividade supracitada.

Dito isso, podemos afirmar que, por exemplo, somente poderão instituir taxas pela prestação do serviço específico e divisível de fornecimento de gás canalizado – desde que exercido diretamente – os Estados, tendo em vista que apenas a eles cabe a exploração

43. Ocorrerá bitributação sempre que uma mesma conduta sofrer mais de uma incidência tributária oriunda de distintos entes da federação. Em regra, ressalvado o caso do Imposto Federal Extraordinário de Guerra, a bitributação será inconstitucional.

44. Schoueri, Luís Eduardo. *Direito Tributário.* São Paulo: Saraiva, 2011, p. 175.

do referido serviço[45]. No mesmo sentido, as atividades da Justiça Federal só poderão ser remuneradas pelo pagamento de taxas instituídas pela União, ao passo que apenas os municípios poderão cobrar a chamada taxa de coleta e remoção de lixo residencial (serviço de interesse local).

É possível que determinado contribuinte seja tributado por mais de um ente federativo em virtude do exercício de uma única atividade, a exemplo do que ocorre com as **Taxas de Controle e Fiscalização Ambiental (TCFA)**, cobradas, muitas vezes, por União e Estado para remunerar a fiscalização de um mesmo estabelecimento ou obra. Para tanto, basta que a fiscalização exercida por cada esfera apresente peculiaridades em relação à das demais, bem como que os atos de polícia estejam enquadrados dentro da esfera constitucional de atribuições dos respectivos entes.

Sobre o tema, manifestou-se recentemente o Supremo Tribunal Federal:

> *"É condição constitucional para a cobrança de taxa pelo exercício de poder de polícia a competência do ente tributante para exercer a fiscalização da atividade específica do contribuinte (art. 145, II da Constituição). Por não serem mutuamente exclusivas, as atividades de fiscalização ambiental exercidas pela União e pelo estado não se sobrepõem e, portanto, não ocorre bitributação (...).[46]"*

Interessante notar, por fim, que nos Territórios Federais, as taxas serão instituídas pela União e, naqueles Territórios divididos em Municípios, também pelos Municípios.

Lembre-se ainda que **também as autarquias e as fundações públicas de direito público**, por força da norma contida no art. 7º do CTN[47], **poderão figurar no polo ativo da relação jurídica tributária alusiva à taxa**, a exemplo do que acontece com a Comissão de Valores Mobiliários, os DETRAN e as diversas autarquias ambientais federais, estaduais e municipais.

---

45. Art. 25. (...)

    § 2º – Cabe aos Estados explorar diretamente, ou mediante concessão, os serviços locais de gás canalizado, na forma da lei, vedada a edição de medida provisória para a sua regulamentação.

46. RE 602089 AgR, Relator(a): Min. JOAQUIM BARBOSA, Segunda Turma, julgado em 24/04/2012, ACÓRDÃO ELETRÔNICO DJe-099 DIVULG 21-05-2012.

47. Art. 7º A competência tributária é indelegável, salvo atribuição das funções de arrecadar ou fiscalizar tributos, ou de executar leis, serviços, atos ou decisões administrativas em matéria tributária, conferida por uma pessoa jurídica de direito público a outra, nos termos do § 3º do artigo 18 da Constituição. § 1º A atribuição compreende as garantias e os privilégios processuais que competem à pessoa jurídica de direito público que a conferir. § 2º A atribuição pode ser revogada, a qualquer tempo, por ato unilateral da pessoa jurídica de direito público que a tenha conferido. § 3º Não constitui delegação de competência o cometimento, a pessoas de direito privado, do encargo ou da função de arrecadar tributos.

5.2. Sujeito passivo

É **sujeito passivo** da taxa a pessoa, física ou jurídica, que utiliza ou tem a sua disposição serviço específico e divisível prestado efetiva ou potencialmente pelo Poder Público, ou que sofre a fiscalização estatal quando do exercício regular do poder de polícia administrativa.

Por se tratar a taxa de tributo direto, não teremos aqui qualquer problema na identificação de contribuinte de fato e de direito, haja vista não existir a transferência do encargo econômico do tributo a pessoa diversa da beneficiária da prestação estatal. Em outras palavras, os contribuintes de fato e de direito da taxa serão a mesma pessoa.

Serão contribuintes das taxas de coleta e remoção de lixo os proprietários dos imóveis beneficiários; das taxas judiciais, a parte sucumbente; das taxas de controle e fiscalização ambiental, as pessoas, físicas ou jurídicas, fiscalizadas; dos emolumentos, os usuários dos serviços notariais e de registros.

Dentre as diversas controvérsias jurisprudenciais envolvendo o assunto, destacamos aquela atinente à constitucionalidade da Lei nº 7.940/89, que considerou os auditores independentes como contribuintes da taxa de fiscalização dos mercados de títulos e valores mobiliários, cobrada em razão do poder de polícia fiscalizatório exercido pela CVM. Entendeu-se que o simples fato de o exercício da atividade fiscalizada ser efetivado por pessoas físicas não "*seria suficiente para afastar a incidência da exação, cuja lei instituidora estabelecera valores específicos para cada faixa de contribuintes segundo a capacidade contributiva de cada profissional*"[48].

6. ASPECTO QUANTITATIVO

O aspecto quantitativo do tributo está relacionado ao cálculo do montante a ser pago pelo sujeito passivo; é formado por alíquota e base de cálculo e, no caso específico das taxas, tem por fundamento o princípio da retributividade.

O **limite máximo** a ser pago a título de taxa é o valor do serviço específico e divisível ou mesmo da intervenção de polícia a cargo do sujeito ativo da exação. Em outras palavras, não se pode admitir que o sujeito passivo, ou o conjunto de sujeitos passivos beneficiários, pague mais do que o serviço vale, isoladamente, no primeiro caso, ou de maneira compartilhada, no segundo. Não custa repetir: o objetivo das taxas não é carrear dinheiro para os cofres públicos, como acontece com os impostos.

Em regra, o que existe é uma **correlação aproximada** entre o custo da atividade estatal e o montante exigido a título de taxa. De acordo com os ensinamentos do professor Roque Antonio Carrazza, "*neste campo, não precisa haver uma precisão matemática; deve, no entanto, existir uma razoabilidade entre a quantia cobrada e o gasto que o Poder Público teve para prestar*

48. STF, ADI 453, Relator(a): Min. GILMAR MENDES, Tribunal Pleno, julgado em 30/08/2006, DJ 16-03-2007.

aquele serviço público ou praticar aquele ato de polícia. Esta razoabilidade é aferível, em última análise pelo Poder Judiciário, mediante provocação do contribuinte interessado[49]*"*.

Justamente pelo fato de que o valor das taxas deve guardar uma correlação aproximada com os custos do serviço prestado é que **não se pode admitir que determinados Cartórios Extrajudiciais distribuam a seus cartorários, a título de remuneração mensal, quantias vultosas** – muitas vezes superiores a R$ 300.000,00 (trezentos mil reais). **As taxas não podem servir ao enriquecimento de quem quer que seja**, mas à mera remuneração do serviço público. O mais recomendado, no caso dos cartórios extrajudiciais, seria a repartição dos valores arrecadados nos grandes cartórios – em geral, das grandes cidades – para a melhoria dos serviços prestados pelos cartórios situados nos pequenos municípios, geralmente deficitários.

Conforme visto anteriormente, as taxas estão submetidas aos princípios constitucionais tributários da isonomia (CF/88, art. 150, II), capacidade contributiva (CF/88, art. 145, § 1º) e vedação ao efeito de confisco (CF/88, art. 150, IV). Em virtude disso, fala-se que sempre que o Poder Público "*cobre do beneficiário de sua atuação valor que, compartilhadamente entre o universo de sujeitos obrigados, ultrapasse o custo do serviço*[50]", estar-se-á diante de taxa confiscatória, logo, exação inconstitucional.

A aplicação da isonomia tributária foi verificada no julgado abaixo, da lavra do Supremo Tribunal Federal, quando da análise da já citada Taxa de Fiscalização dos Mercados de Títulos e Valores Mobiliários. Confira-se:

> *"Ação Direta de Inconstitucionalidade. Art. 3º, da Lei 7.940, de 20-12-1989, que considerou os auditores independentes como contribuintes da taxa de fiscalização dos mercados de títulos e valores mobiliários. Ausência de violação ao princípio da isonomia, haja vista o diploma legal em tela ter estabelecido valores específicos para cada faixa de contribuintes, sendo estes fixados segundo a capacidade contributiva de cada profissional. Taxa que corresponde ao poder de polícia exercido pela Comissão de Valores Mobiliários, nos termos da Lei 5.172, de 1966 – Código Tributário Nacional. Ação direta de inconstitucionalidade que se julga improcedente.*[51]*"*

Fere a isonomia tributária também a cobrança diferenciada de custas e emolumentos de membros e servidores do Poder Judiciário pelos serviços judiciais e extrajudiciais. Não existe, aqui, qualquer justificativa para o tratamento discriminatório em comento[52].

---

49. CARRAZZA, Roque Antonio. *Curso de Direito Constitucional Tributário*. 28. ed. São Paulo: Malheiros, 2012, p. 621.
50. HORVATH, Estevão. *O Princípio do Não Confisco no Direito Tributário*. São Paulo: Dialética, 2002, p. 132.
51. STF, *ADI 453*, Relator(a): Min. GILMAR MENDES, Tribunal Pleno, julgado em 30/08/2006, DJ 16-03-2007.
52. STF, ADI 3334/RN, Plenário, julgado em 17.3.2011.

Sobre **capacidade contributiva e taxas**, assim já se manifestou o STF:

> *"A taxa de fiscalização da CVM, instituída pela Lei 7.940/1989, qualifica-se como espécie tributária cujo fato gerador reside no exercício do poder de polícia legalmente atribuído à Comissão de Valores Mobiliários. A base de cálculo dessa típica taxa de polícia não se identifica com o patrimônio líquido das empresas, inocorrendo, em conseqüência, qualquer situação de ofensa à cláusula vedatória inscrita no art. 145, § 2º, da CF. O critério adotado pelo legislador para a cobrança dessa taxa de polícia busca realizar o princípio constitucional da capacidade contributiva, também aplicável a essa modalidade de tributo, notadamente quando a taxa tem, como fato gerador, o exercício do poder de polícia.[53]"*

A forma por meio da qual se aplica às taxas o **princípio da vedação ao efeito de confisco**, por sua vez, está detalhada de maneira bastante didática no aresto abaixo colacionado, da relatoria do Ministro Celso de Mello:

> *"A taxa, enquanto contraprestação a uma atividade do Poder Público, não pode superar a relação de razoável equivalência que deve existir entre o custo real da atuação estatal referida ao contribuinte e o valor que o Estado pode exigir de cada contribuinte, considerados, para esse efeito, os elementos pertinentes às alíquotas e à base de cálculo fixadas em lei. Se o valor da taxa, no entanto, ultrapassar o custo do serviço prestado ou posto à disposição do contribuinte, dando causa, assim, a uma situação de onerosidade excessiva, que descaracterize essa relação de equivalência entre os fatores referidos (o custo real do serviço, de um lado, e o valor exigido do contribuinte, de outro), configurar-se-á, então, quanto a essa modalidade de tributo, hipótese de ofensa à cláusula vedatória inscrita no art. 150, IV, da CF. Jurisprudência. Doutrina.[54]"*

Será inconstitucional também, com base nos mesmos fundamentos expostos acima, a taxa judiciária (custas processuais) calculada sem limite sobre o valor da causa; aqui, haverá outra violação ao Texto Supremo, qual seja, à garantia constitucional do livre acesso à Justiça[55] (Enunciado de Súmula nº 667 do STF[56]).

Explique-se, por fim, antes de adentrarmos no tema específico da base de cálculo das taxas, que nem todo serviço público específico e divisível prestado pelo Estado será necessariamente remunerado por meio de taxa. Em muitos casos, justamente para dar con-

---

53. STF, *RE 216.259-AgR*, AgR, Relator(a): Min. CELSO DE MELLO, Segunda Turma, julgado em 09/05/2000, DJ 19-05-2000.

54. *ADI 2.551-MC-QO*, Relator(a): Min. CELSO DE MELLO, Tribunal Pleno, julgado em 02/04/2003, DJ 20-04-2006.

55. CF/88 – Art. 5º. (...)
XXXV – a lei não excluirá da apreciação do Poder Judiciário lesão ou ameaça a direito;

56. Súmula nº 667 do STF: "Viola a garantia constitucional de acesso à jurisdição a taxa judiciária calculada sem limite sobre o valor da causa".

cretude aos princípios constitucionais supracitados, a prestação dos serviços e a atividade regular de polícia são fornecidas gratuitamente à população – ou, pelo menos, a parte dela. Na verdade, salvo raras exceções, como o serviço público de educação – que quando praticado diretamente pelo Estado será necessariamente gratuito (CF/88, art. 206, IV) –, a maior parte dos serviços públicos divisíveis e específicos pode ser remunerada ou não, a depender da vontade política do ente competente. Não é difícil perceber também a existência de diversos atos de polícia realizados a título gratuito.

Sobre o tema, indispensável o conhecimento da posição sumulada do STF:

> **SÚMULA VINCULANTE nº 12** *DO STF: "A cobrança de taxa de matrícula nas universidades públicas viola o disposto no art. 206, IV, da Constituição Federal".*

6.1. Base de cálculo

Conforme analisado no Capítulo 2 desta obra, quando falarmos em **base de cálculo** estaremos nos referindo a uma grandeza integrante do aspecto quantitativo da regra matriz de incidência que, além da função de – conjugada à alíquota – definir o *quantum* a ser pago pelo sujeito passivo da obrigação tributária, possui outras 2 (duas) missões de grande relevância, quais sejam: a) *medir as proporções reais do fato*[57] jurídico tributário e; b) *confirmar, infirmar ou afirmar o verdadeiro aspecto material da descrição contida no antecedente da norma*[58]. A última das funções da base de cálculo dos tributos é decorrência lógica do disposto no art. 145, § 2º, da Constituição Federal.

Diante do exposto, repita-se: ao contrário do que tenta fazer crer o Código Tributário Nacional (art. 4º, *caput)*, **a natureza jurídica específica do tributo não é determinada pelo fato gerador da obrigação**, mas sim pela **conjugação do binômio base de cálculo-fato gerador**. E mais, havendo desencontro entre os termos do binômio supracitado, é a base de cálculo que deverá prevalecer.

Nesse sentido, o Supremo Tribunal Federal recentemente julgou **inconstitucional Taxa de Fiscalização e Funcionamento** cuja base de cálculo – número de empregados do estabelecimento industrial e comercial fiscalizado – não se coadunava nem mesmo aproximadamente com a natureza do tributo instituído. De fato, a quantidade de empregados que trabalham em determinado estabelecimento de maneira nenhuma é parâmetro para medir a intensidade da atividade de polícia fiscalizatória (aspectos ligados à localização e ao funcionamento do estabelecimento) realizada pelo Poder Público[59].

Com base nos mesmos fundamentos, **foram declaradas inconstitucionais as antigas Taxas Municipais de Conservação de Estradas de Rodagem**, haja vista serem as

---

57. CARVALHO, Paulo de Barros. *Curso de Direito Tributário.* 14. ed. São Paulo: Saraiva, 2002, p. 324.
58. CARVALHO, Paulo de Barros. *Curso de Direito Tributário.* 14. ed. São Paulo: Saraiva, 2002, p. 325.
59. STF, ARE 990914/SP, rel. Min. Dias Toffoli, julgamento em 20.6.2017. No mesmo sentido: STF, RE 202.393, Relator(a): Min. MARCO AURÉLIO, Segunda Turma, julgado em 02/09/1997, DJ 24-10-1997. STF, RE 614.246-AgR, Relator(a): Min. DIAS TOFFOLI, Primeira Turma, julgado em 07/02/2012, ACÓR-DÃO ELETRÔNICO DJe-054 DIVULG 14-03-2012 PUBLIC 15-03-2012.

bases de cálculos legalmente previstas idênticas às do Imposto Territorial Rural. Em outras palavras, a base de cálculo do tributo instituído de maneira nenhuma servia para medir o preço do serviço de conservação de estradas prestado pelo Município. O entendimento encontra-se há bastante tempo sumulado na jurisprudência do STF. Confira-se:

> **SÚMULA nº 595** *DO STF: "É inconstitucional a taxa municipal de conservação de estradas de rodagem cuja base de cálculo seja idêntica à do Imposto Territorial Rural".*

O que se admite tanto em doutrina quanto em jurisprudência, e esse é um dos assuntos mais abordados em provas de concursos públicos, é que a **base de cálculo das taxas contenha algum – ou alguns – dos elementos próprios da base de cálculo dos impostos**, desde que, em primeiro lugar, não exista identidade total entre as bases de cálculo (de taxas e impostos) e, em segundo lugar, isso ajude a alcançar o valor do serviço prestado pelo Estado. Em virtude do exposto, o Supremo Tribunal Federal vem julgando constitucionais as taxas em razão dos serviços notariais e de registros (Emolumentos) cujas bases de cálculo utilizem-se, dentre outros parâmetros, do valor tributário do imóvel, senão vejamos:

> *"Entendeu-se que os dispositivos impugnados indicam referências que não se confundem com identidade capaz de atrair a vedação do art. 145, § 2º, da CF. Asseverou-se que a variação do valor da taxa (emolumento), em função dos padrões levados em conta nesses preceitos, não significa que o valor do imóvel seja sua base de cálculo. Afirmou-se que o preço do imóvel é utilizado apenas como parâmetro para determinação do valor daquela espécie de tributo. Concluiu-se, portanto, tratar-se de taxa, não se confundindo com imposto porque não estabelece base de cálculo especifica."*[60].

A fim de pôr uma pá de cal na controvérsia, o Supremo Tribunal Federal editou o Enunciado de Súmula Vinculante nº 29:

> **SÚMULA VINCULANTE nº 29** *DO STF: "É constitucional a adoção, no cálculo do valor de taxa, de um ou mais elementos da base de cálculo própria de determinado imposto, desde que não haja integral identidade entre uma base e outra".*

O importante é que a **base de cálculo sirva sempre de parâmetro idôneo à identificação do valor do serviço específico** e divisível ou da atividade de polícia administrativa prestados pelo ente estatal, sob pena de afronta aos princípios constitucionais tributários supracitados (isonomia, capacidade contributiva e vedação ao confisco).

Nesse sentido, **o Superior Tribunal de Justiça julgou ilegal taxa judiciária cobrada em processo de inventário** cuja base de cálculo levava em conta a totalidade de bens do casal. Argumentou-se, dentre outras coisas, que "*no processo de inventário, a meação do cônjuge supérstite não é abarcada pelo serviço público prestado, destinado essencialmente a*

60. STF, ADI 3887/SP, Relator(a): Min. MENEZES DIREITO, Tribunal Pleno, julgado em 15/10/2008, DJe-241 DIVULG 18-12-2008.

partilhar a herança deixada pelo de cujus; tampouco pode ser considerada proveito econômico, porquanto pertencente por direito próprio e não sucessório ao cônjuge viúvo". Logo, "no processo de inventário, a taxa judiciária deve ser calculada sobre o valor dos bens deixados pelo de cujus, excluindo-se a meação do cônjuge supérstite"[61].

Sobre o tema, destaque-se, por fim, o reconhecimento, pelo Supremo Tribunal Federal, da **repercussão geral** da matéria relativa à **fixação**, na lei instituidora de Taxa de Anotação de Responsabilidade Técnica (Lei n. 6.994/82), de **mero limite máximo à cobrança da exação**. O que o STF vai decidir é se os entes federativos podem dispor, por atos infralegais, sobre o montante devido a título de taxa nos casos em que a lei instituidora se limitar a estabelecer patamares máximos.[62]

6.2. Alíquota

Lembrando as lições do Capítulo 2 desta obra, a **alíquota** é o componente aritmético que se conjuga à base de cálculo para determinar a quantia objeto da prestação tributária. A alíquota pode assumir 2 (duas) feições: a) um valor monetário, fixo ou variável e; b) uma fração, percentual ou não.

A alíquota das taxas, em regra, é representada por uma fração percentual, podendo tal fração inclusive variar progressivamente em função da capacidade contributiva, a exemplo do que ocorre, na grande maioria das vezes, com as Taxas Judiciárias e com os Emolumentos.

Sobre o tema, já se pronunciou o Supremo Tribunal Federal, quando da apreciação da constitucionalidade de dispositivos de lei que versavam sobre o regimento de custas e dispunham sobre as receitas constitutivas do Fundo Especial do Poder Judiciário do Estado da Paraíba. Entendeu-se não haver efeito confiscatório nos valores fixados, nem ofensa aos princípios do livre acesso ao Poder Judiciário, da vedação ao confisco, da proibição do bis in idem, da proporcionalidade e da razoabilidade. Assinalou-se também que as leis estaduais estipulariam margens mínima e máxima das **custas** dos **emolumentos** e da taxa judiciária e realizariam uma ***disciplina progressiva das alíquotas***. Nesse sentido, considerou-se "*devido o pagamento de valores elevados para causas que envolvessem um expressivo vulto*"[63].

7. IMUNIDADES E ISENÇÕES

A maior parte das imunidades específicas das taxas está discriminada no art. 5º da Constituição, que cuida dos direitos e garantias individuais. Nesse sentido, vejamos o que dizem os dispositivos em comento:

61. STJ, REsp 898.294-RS, Rel. Ministro LUIS FELIPE SALOMÃO, QUARTA TURMA, julgado em 02/06/2011, DJe 20/06/2011.
62. STF, RE 838284 RG, Relator(a): Min. DIAS TOFFOLI, julgado em 01/08/2015, PUBLIC 08-10-2015.
63. STF, ADI 2078, Plenário, julgada em 17.3.2011.

> *Art. 5º. (...)*
>
> *XXXIV – são a todos assegurados, independentemente do pagamento de taxas:*
>
> *a) o direito de petição aos Poderes Públicos em defesa de direitos ou contra ilegalidade ou abuso de poder;*
>
> *b) a obtenção de certidões em repartições públicas, para defesa de direitos e esclarecimento de situações de interesse pessoal; (...)*
>
> *LXXIII – qualquer cidadão é parte legítima para propor ação popular que vise a anular ato lesivo ao patrimônio público ou de entidade de que o Estado participe, à moralidade administrativa, ao meio ambiente e ao patrimônio histórico e cultural, ficando o autor, salvo comprovada má-fé, isento de custas judiciais e do ônus da sucumbência; (...)*
>
> *LXXIV – o Estado prestará assistência jurídica integral e gratuita aos que comprovarem insuficiência de recursos; (...)*
>
> *LXXVI – são gratuitos para os reconhecidamente pobres, na forma da lei:*
>
> *a) o registro civil de nascimento;*
>
> *b) a certidão de óbito; (...)*
>
> *LXXVII – são gratuitas as ações de "habeas-corpus" e "habeas-data", e, na forma da lei, os atos necessários ao exercício da cidadania.*

O art. 206, IV, da Constituição contém outra hipótese pouco comentada de imunidade tributária específica de taxa, qual seja, a da ***gratuidade do ensino público em estabelecimentos oficiais.***

Trata-se de serviço específico e divisível prestado pelo Poder Público que, por expressa previsão constitucional, não pode ser remunerado por meio de taxa, razão pela qual foi julgada inconstitucional, pelo STF, a **"taxa de alimentação" cobrada por instituição federal de ensino profissionalizante.** Além de violar a imunidade em epígrafe, referida exação foi instituída por meio de portaria administrativa[64] [65].

O quadro abaixo ajuda a memorizar as imunidades de taxas previstas no texto constitucional:

Imunidades tributárias das taxas	
Dispositivo	**Espécie**
CF/88, art. 5º, XXXIV, a e b	Gratuidade dos direitos de petição e certidão
CF/88, art. 5º, LXXIII	Gratuidade para ajuizamento da Ação Popular
CF/88, art. 5º, LXXIV	Gratuidade da justiça para os mais necessitados

64. STF, RE 357148/MT, rel. Min. Marco Aurélio, 25.2.2014.

65. No mesmo sentido, confira-se: SÚMULA VINCULANTE nº 12 DO STF: "A cobrança de taxa de matrícula nas universidades públicas viola o disposto no art. 206, IV, da Constituição Federal".

Imunidades tributárias das taxas	
Dispositivo	**Espécie**
CF/88, art. 5º, LXXVI, a e b	Gratuidade do registro civil de nascimento e da certidão de óbito
CF/88, art. 5º, LXXVII	Gratuidade das ações de habeas corpus e habeas data
CF/88, 206, IV	Gratuidade do ensino público em estabelecimentos oficiais

No que diz respeito às **isenções**, podemos afirmar, em primeiro lugar, que assim como acontece com qualquer tributo, será competente para instituí-las o ente competente para criação das taxas. A título de exemplo, apenas poderá isentar taxa de coleta e remoção de lixo domiciliar o Município competente para instituição da referida exação, assim como só por meio de Lei Federal poderá haver desoneração da Taxa de Fiscalização dos Mercados de Títulos e Valores Mobiliários

Surge aqui a primeira controvérsia jurisprudencial atinente à matéria, qual seja, aquela atinente à admissibilidade de isenção de taxa judiciária (custas processuais) estadual por meio de Lei Federal. Nos termos da Constituição de 1988, *é vedado à União instituir isenções de tributos da competência dos Estados, do Distrito Federal ou dos Municípios* (CF/88, art. 151, III). Trata-se do Princípio da Vedação às Isenções Heterônomas, corolário do pacto federativo.

Com base nisso, o **Superior Tribunal de Justiça** editou o Enunciado nº 178 da Súmula de sua Jurisprudência dominante. Confira-se:

> **SÚMULA Nº 178**: *"O INSS não goza de isenção do pagamento de custas e emolumentos, nas ações acidentárias e de benefícios, propostas na Justiça Estadual".*

A regra não vem sendo aplicada da mesma maneira quando se está diante das chamadas ações civis coletivas. Aqui, a jurisprudência vem admitindo a isenção de taxas judiciárias estaduais mesmo por meio de diplomas legais editados pela União, a exemplo do que ocorre com a **Lei de Ação Civil Pública** (Lei nº 7.347/85) e o **Código de Defesa do Consumidor** (Lei nº 8.078/90). Nesse sentido, confira-se:

> *"A inexistência de previsão, no Código Tributário do Estado do Rio de Janeiro, de isenção de Taxa Judiciária para a propositura de ação civil pública ou de ação coletiva, não retira a eficácia dos arts. 18 da LACP e 87 do CPC, que estabelecem a impossibilidade de 'adiantamento de custas, emolumentos, honorários periciais e quaisquer outras despesas'. (...) A Taxa Judiciária cobrada, com natureza tributária, pela prestação do serviço jurisdicional, enquadra-se no conceito de Custas Judiciais, em sentido amplo.[66]"*

66. STJ, REsp 1288997/RJ, Rel. Ministra NANCY ANDRIGHI, TERCEIRA TURMA, julgado em 16/10/2012, DJe 25/10/2012.

> *"As ações civis públicas, em sintonia com o disposto no artigo 6º, VIII, do Código de Defesa do Consumidor, ao tutelarem direitos individuais homogêneos dos consumidores, viabilizam a otimização da prestação jurisdicional, abrangendo toda uma coletividade atingida em seus direitos, dada a eficácia vinculante de suas sentenças. (...) O artigo da Lei 18 da Lei 7.347/85 é norma processual especial, que expressamente afastou a necessidade, por parte do legitimado extraordinário, de efetuar o adiantamento de custas, emolumentos, honorários periciais e quaisquer outras despesas, para o ajuizamento de ação coletiva, que, de todo modo, conforme o comando normativo, só terá de ser recolhida a final pelo requerido, se for sucumbente, ou pela autora, acaso constatada manifesta má-fé. (...) Ademais, o artigo 87 do Código de Defesa do Consumidor expressamente salienta que, nas ações coletivas de defesa do consumidor, não haverá adiantamento de quaisquer despesas, portanto é descabido a imposição à autora do prévio recolhimento da 'taxa judiciária'.[67]"*

Nos julgados colacionados acima, ambos da lavra do Superior Tribunal de Justiça, não conseguimos vislumbrar uma linha sequer falando a respeito da vedação à concessão de isenções heterônomas. De qualquer forma, em provas de concursos públicos, aconselhamos que o candidato defenda o posicionamento da referida corte.

Lembre-se, por fim, que o chamado **porte de remessa e retorno não configura taxa**, mas **mera despesa** (em sentido estrito) de um serviço postal prestado por empresa pública monopolística e, assim, remunerado mediante tarifas ou preço público. A **dispensa do pagamento de porte de remessa e retorno pelo INSS**, nas causas em trâmite na Justiça Estadual, por força do disposto no art. 1.007, § 1º, do Novo Código de Processo Civil, portanto, **não configura isenção heterônoma.**

8. INFORMAÇÕES COMPLEMENTARES

Destina-se a presente passagem a assuntos que, embora constantemente cobrados em provas de concursos públicos, não se enquadrariam da melhor maneira em qualquer dos tópicos anteriores, atinentes aos critérios da regra matriz de incidência das taxas.

Em primeiro lugar, falemos da polêmica envolvendo a destinação do produto da arrecadação das taxas a **fundos de natureza pública e privada**, com especial destaque aos fundos estaduais de reaparelhamento e modernização do Poder Judiciário.

Sobre o tema, vem entendendo o Supremo Tribunal Federal que preceito de lei estadual que destina percentual dos emolumentos cobrados pelas serventias extrajudiciais e não oficializadas a Fundo Estadual de Reaparelhamento e Modernização do Poder Judiciário não ofende o disposto no art. 167, IV, da CF. Tal posicionamento é fundamentado no fato de a Constituição Federal vedar apenas a vinculação da receita dos impostos, não existindo, na Constituição, preceito análogo pertinente às taxas[68].

---

67. REsp 978706/RJ, Rel. Ministro LUIS FELIPE SALOMÃO, QUARTA TURMA, julgado em 20/09/2012, DJe 05/10/2012.

68. STF, RE 570.513-AgR, Relator(a): Min. EROS GRAU, Segunda Turma, julgado em 16/12/2008, DJe-038 DIVULG 26-02-2009.

No mesmo sentido, confira-se trecho de julgado também do STF, desta feita, da relatoria do Ministro Ayres Britto:

> *"Taxa em razão do poder de polícia: a Lei mato-grossense 8.033/2003 instituiu taxa em razão do exercício do poder de polícia. Poder que assiste aos órgãos diretivos do Judiciário, notadamente no plano da vigilância, orientação e correição da atividade em causa, a teor do § 1º do art. 236 da Carta-cidadã. É constitucional a destinação do produto da arrecadação da taxa de fiscalização da atividade notarial e de registro a órgão público e ao próprio Poder Judiciário.[69]"*

Admite nossa Corte Suprema até mesmo a destinação do produto da arrecadação das taxas judiciárias a órgãos com personalidade jurídica distinta da do ente competente para instituição do tributo em comento. É imprescindível, no entanto, que referida entidade contribua de alguma forma para a administração da justiça, a exemplo do que ocorre com a Ordem dos Advogados do Brasil[70]. Não é permitido, contudo, que o produto da arrecadação seja destinado à Caixa de Assistência dos advogados[71].

Afirme-se, por fim, que por ausência de previsão legal, não se admite a inclusão de qualquer taxa no regime tributário diferenciado do **Simples.** De fato, referido Sistema Integrado de Recolhimento de Tributos engloba apenas os impostos e contribuições expressamente elencados na Lei nº 9.317/96 e na Lei Complementar nº 123/2006[72].

9. QUADRO SINÓPTICO

1. Introdução	Conceito: Tributos cujo fato gerador consiste no exercício regular do poder de polícia, ou na utilização, efetiva ou potencial, de serviço público específico e divisível, prestado ao contribuinte ou posto à sua disposição. Trata-se de exação bilateral, contraprestacional ou sinalagmática, em que a cobrança do tributo serve à remuneração do serviço específico e divisível prestado a determinada pessoa pelo ente público.
	Lançamento: Em regra, realizado de ofício.
	Competência: Comum de todos os entes da Federação. O ente competente para realização do serviço será competente também para instituição da respectiva taxa remuneratória.
	Princípios aplicáveis: a) legalidade; b) isonomia; c) capacidade contributiva; d) irretroatividade, e) anterioridade; f) anterioridade nonagesimal; g) vedação à utilização de tributo com efeito de confisco; h) limitação ao tráfego de pessoas ou bens; i) vedação à instituição de isenções heterônomas.

69. STF, *ADI 3.151*, Relator(a): Min. CARLOS BRITTO, Tribunal Pleno, julgado em 08/06/2005, DJ 28-04-2006
70. STF, ADI 1.707-MC, Relator(a): Min. MOREIRA ALVES, Tribunal Pleno, julgado em 01/07/1998, DJ 16-10-1998.
71. STF, ADI 1.145, Relator(a): Min. CARLOS VELLOSO, Tribunal Pleno, julgado em 03/10/2002, DJ 08-11-2002. No mesmo sentido: STF, MS 28.141, Relator(a): Min. RICARDO LEWANDOWSKI, Tribunal Pleno, julgado em 10/02/2011, DJe-125 DIVULG 30-06-2011.
72. STJ, REsp 1.242.940-PR, Rel. Ministro BENEDITO GONÇALVES, PRIMEIRA TURMA, julgado em 23/10/2012, DJe 26/10/2012.

<table>
<tr><td rowspan="2">2. Aspecto material</td><td rowspan="2">Exercício efetivo do poder de polícia</td><td>Conceito: Atividade da administração pública que, limitando ou disciplinando direito, interesse ou liberdade, regula a prática de ato ou abstenção de fato, em razão de interesse público concernente à segurança, à higiene, à ordem, aos costumes, à disciplina da produção e do mercado, ao exercício de atividades econômicas dependentes de concessão ou autorização do Poder Público, à tranquilidade pública ou ao respeito à propriedade e aos direitos individuais ou coletivos.</td></tr>
<tr><td>Exemplos: Taxa de Controle e Fiscalização Ambiental – TCFA; Taxa de Fiscalização dos Mercados de Títulos e Valores Mobiliários.</td></tr>
<tr><td rowspan="3">2. Aspecto material</td><td rowspan="3">Serviço público específico e divisível</td><td>Serviço específico: Aqueles que podem ser destacados em unidades autônomas de intervenção, de unidade, ou de necessidades públicas.</td></tr>
<tr><td>Serviço divisível: Aqueles suscetíveis de utilização, separadamente, por parte de cada um dos seus usuários.</td></tr>
<tr><td>Exemplos: Atividades dos cartórios judiciais e extrajudiciais; serviços de coleta domiciliar de lixo.</td></tr>
<tr><td>3. Aspecto Temporal</td><td colspan="2">Momento em que prestado ou posto à disposição o serviço específico e divisível ou efetivamente exercido o poder de polícia administrativa.</td></tr>
<tr><td>4. Aspecto espacial</td><td colspan="2">Local em que realizados quaisquer dos serviços discriminados acima. Em regra, trata-se do limite territorial do ente competente para instituição da taxa.</td></tr>
<tr><td rowspan="2">5. Aspecto subjetivo</td><td colspan="2">Sujeito ativo: Ente da Federação competente para prestação do serviço público ou para o exercício do poder de polícia administrativa.</td></tr>
<tr><td colspan="2">Sujeito passivo: Usuário do serviço.</td></tr>
<tr><td rowspan="3">6. Aspecto quantitativo</td><td rowspan="2">Base de Cálculo</td><td>Grandeza que, associada à alíquota, serve à quantificação do tributo. Deve estar relacionada ao preço do serviço.</td></tr>
<tr><td>Pode conter um ou mais elemento da Base de Cálculo de imposto. Não pode haver identidade.</td></tr>
<tr><td colspan="2">Alíquota: Percentual incidente sobre a base de cálculo que serve à quantificação do tributo.</td></tr>
<tr><td rowspan="3">7. Imunidade e isenções</td><td colspan="2">As imunidades genéricas constantes do art. 150, VI, alíneas “a” a “d” aplicam-se apenas aos impostos.</td></tr>
<tr><td colspan="2">Exemplos de imunidades específicas:</td></tr>
<tr><td colspan="2">As isenções só poderão ser concedidas, por meio de lei, pelo ente competente para instituição das taxas, logo, pelo ente competente para prestação do serviço público específico e divisível ou para o exercício do poder de polícia administrativa.</td></tr>
<tr><td>8. Informações complementares</td><td colspan="2">Preceito de lei estadual que destina percentual dos emolumentos cobrados pelas serventias extrajudiciais e não oficializadas a Fundo Estadual de Reaparelhamento e Modernização do Poder Judiciário não ofende a Constituição.</td></tr>
</table>

10. SÚMULAS STF E STJ

SÚMULAS DO STF

SÚMULA VINCULANTE nº 41: O serviço de iluminação pública não pode ser remunerado mediante taxa.

SÚMULA VINCULANTE nº 29: É constitucional a adoção, no cálculo do valor de taxa, de um ou mais elementos da base de cálculo própria de determinado imposto, desde que não haja integral identidade entre uma base e outra.

SÚMULA VINCULANTE nº 19: A taxa cobrada exclusivamente em razão dos serviços públicos de coleta, remoção e tratamento ou destinação de lixo ou resíduos provenientes de imóveis, não viola o artigo 145, II, da Constituição Federal.

SÚMULA VINCULANTE nº 12: A cobrança de taxa de matrícula nas universidades públicas viola o disposto no art. 206, IV, da Constituição Federal.

SÚMULA nº 670: O serviço de iluminação pública não pode ser remunerado mediante taxa.

SÚMULA nº 667: Viola a garantia constitucional de acesso à jurisdição a taxa judiciária calculada sem limite sobre o valor da causa.

SÚMULA nº 665: É constitucional a taxa de fiscalização dos mercados de títulos e valores mobiliários instituída pela lei 7940/1989.

SÚMULA nº 595: É inconstitucional a taxa municipal de conservação de estradas de rodagem cuja base de cálculo seja idêntica à do imposto territorial rural.

SÚMULA nº 545: Preços de serviços públicos e taxas não se confundem, porque estas, diferentemente daqueles, são compulsórias e têm sua cobrança condicionada à prévia autorização orçamentária, em relação à lei que as instituiu.

SÚMULAS DO STJ

SÚMULA nº 178: O INSS não goza de isenção de pagamento de custas e emolumentos nas ações acidentárias e de benefícios, propostas na Justiça Estadual.

11. QUESTÕES DE CONCURSOS

1. **(Cespe /TRF 1/Juiz Federal Substituto/2015)** A União instituiu taxa com a finalidade de remunerar a efetiva atividade desenvolvida pela Força Nacional de Segurança Pública. Os cidadãos residentes nas localidades de atuação da Força Nacional deverão pagar a taxa referente apenas ao período em que essa atuação persistir. Nessa situação hipotética, a taxa a ser cobrada

a) é constitucional, por fundamentar-se na utilização efetiva ou potencial, pelos contribuintes, de serviço público de segurança.

b) é inconstitucional, visto que serviços de segurança pública devem ser remunerados por tarifa.

c) é inconstitucional, uma vez que os serviços de segurança pública não podem ser usufruídos individualmente, mas atendem a um número indeterminado de pessoas.

d) é constitucional, por ser fundamentada no efetivo exercício do poder de polícia pelo Estado.

e) é inconstitucional, por não atender aos critérios da generalidade e da universalidade.

2. **(ESAF/ANALISTA CONTÁBIL E FINANCEIRO/SEFAZ-CE/2006)** De acordo com o disposto no art. 145, inciso II, da CF, as taxas constituem a modalidade de tributo que se pode cobrar em razão do exercício do poder de polícia ou pela utilização, efetiva ou potencial, de serviços públicos específicos e divisíveis, prestados ao contribuinte ou postos à sua disposição. Sobre elas, podemos tecer as seguintes afirmativas, com exceção de:

a) É um tributo que não pode ter base de cálculo ou fato gerador idênticos aos que correspondam a imposto, nem ser calculada em função do capital das empresas.

b) Os serviços públicos que ensejam a sua cobrança consideram-se utilizados pelo contribuinte efetivamente, quando, sendo de utilização compulsória, sejam postos à sua disposição mediante atividade administrativa em efetivo funcionamento.

c) Competente para instituir e cobrar a taxa é a pessoa política – União, Estado, Distrito Federal ou município – legitimada para a realização da atividade que caracterize o fato gerador do tributo.

d) Serviços públicos específicos são aqueles que podem ser destacados em unidades autônomas de intervenção, de utilidade ou de necessidade públicas.

e) Serviços públicos divisíveis são aqueles suscetíveis de utilização, separadamente.

3. **(FCC/ANALISTA/AGÊNCIA REGULADORA/CE/2006)** Taxa e preço público são institutos distintos. A taxa:

a) É um tributo decorrente de atividade prestada de forma direta pelo Poder Público; enquanto o preço público ou tarifa remunera o concessionário de serviço público.

b) É classificada como receita originária; enquanto o preço público como receita derivada.

c) E o preço público podem ser cobrados por pessoas jurídicas de direito privado mesmo quando estas não sejam delegadas de serviço público.

d) Remunera exercício de serviço outorgado a particular; enquanto o preço público decorre de exercício de atividade prestada exclusivamente pelo Poder Público.

e) Não depende de lei para ser instituída ou majorada, ao contrário do preço público, que se submete ao princípio da legalidade.

4. **(AOCP/Prefeitura de Juiz de Fora-MG/Auditor Fiscal/2016)** Em relação às taxas, assinale a alternativa INCORRETA.

a) Somente podem subsistir as chamadas taxas pela prestação de serviços públicos e pelo exercício do poder de polícia.

b) A especificidade e a divisibilidade são princípios informadores das taxas de serviço.

c) As taxas devem ser criadas por lei em sentido estrito.

d) A taxa é uma espécie de tributo vinculado a uma atuação estatal.

e) Podem subsistir taxas pelo uso de bem público.

5. **(ESAF/SMF-RJ/AGENTE DA FAZENDA/2010)** As taxas, no direito tributário, são espécies tributárias que decorrem, entre outros fatos geradores, do exercício regular do poder de polícia. Sobre estes, julgue os itens a seguir:

I. entende-se por regular o poder de polícia quando desempenhado por órgão competente, nos limites da lei, observando devido processo legal, e exercida sem desvio ou excesso de poder;

II. a exigência da taxa em decorrência do exercício do poder de polícia não mais exige a concreta fiscalização por parte dos órgãos competentes, ou seja, a simples regulação de certas atividades por meio de atos normativos também caracteriza o exercício desse poder;

III. a atuação fiscalizadora do Estado, em rigor, visa ao interesse da coletividade e não ao do contribuinte da taxa, isoladamente. É este, porém, que provoca a atuação do Estado, sendo isso que justifica a imposição da taxa;

IV. exercendo o poder de polícia, o Estado impõe restrições aos interesses individuais em favor do interesse público, conciliando esses interesses.

Estão corretos:

a) apenas os itens I e III.
b) apenas os itens I, III e IV.
c) todos os itens estão corretos.
d) apenas os itens III e IV.
e) apenas os itens II, III e IV.

---

6. **(FCC/PREFEITURA DE SP/AUDITOR FISCAL DO MUNICÍPIO/2012)** Admitindo-se que caiba apenas aos Estados federados colocar à disposição da população um determinado serviço público específico e divisível, e, admitindo-se, também, que, em decorrência de omissão de alguns Estados, os municípios neles localizados resolvam, fora do âmbito de suas respectivas atribuições, tornar esse serviço disponível às suas respectivas populações, cobrando, em razão disso, taxas pelos serviços que estão sendo colocados à sua disposição, conclui-se que a instituição dessa taxa está em:

a) desconformidade com a legislação, pois uma pessoa jurídica de direito público não pode cobrar taxa por atividade que não esteja no âmbito de suas respectivas atribuições.
b) conformidade com a legislação, desde que o Estado delegue sua competência tributária para o município.
c) desconformidade com a legislação, pois a atividade desenvolvida pelo município deve ser prestada gratuitamente, custeada pela receita geral de impostos, já que os municípios não estão constitucionalmente autorizados a cobrar taxa de espécie alguma.
d) conformidade com a legislação, pois, se o Estado não exerceu sua competência constitucional, o município deve fazê-lo, cobrando, consequentemente, as taxas cabíveis.
e) desconformidade com a legislação, pois as taxas só podem ser cobradas em razão de serviços efetivamente prestados e não meramente colocados à disposição do munícipe.

---

7. **(CESPE/STJ/ANALISTA JUDICIÁRIO/2012)** Com relação ao poder de polícia administrativa, julgue o item abaixo:

– O exercício do poder de polícia administrativa é um dos fatos geradores da cobrança de taxas, impostos e contribuições de melhoria –

---

8. **(FMP-RS/PGE-AC/PROCURADOR/2012)** Dadas as assertivas abaixo, assinale a alternativa correta.

I. A destinação da receita do tributo não é relevante para caracterizar qualquer espécie tributária prevista no Sistema Tributário Nacional.
II. A taxa e o preço público podem ser instituídos, fiscalizados e cobrados por empresas privadas que tenham recebido concessão de serviço público.
III. Segundo o entendimento do Supremo Tribunal Federal existem três espécies tributárias em nosso Sistema Tributário Nacional: impostos, taxas e contribuição de melhoria.
IV. É vedada ao Distrito Federal a instituição do Imposto sobre a Propriedade Predial e Territorial Urbana.

a) Estão corretas apenas as assertivas I e II.
b) Estão corretas apenas as assertivas II e III.
c) Estão corretas apenas as assertivas III e IV.
d) Todas as assertivas estão incorretas.

---

9. **(PUC-PR/TJ-RO/JUIZ/2011)** Dadas as assertivas abaixo, assinale a única CORRETA:

a) A base de cálculo tem como uma de suas funções confirmar a hipótese de incidência dos tributos, daí porque as taxas não podem ter base de cálculo idêntica dos impostos.

b) É constitucional a adoção, no cálculo do valor da taxa, de um ou mais elementos da base de cálculo própria de determinado imposto, desde que não haja integral identidade entre uma base e outra.

c) As taxas de polícia só podem ser cobradas se resultarem em benefício ao contribuinte.

d) As taxas devem observar apenas o princípio da remuneração ou retributividade.

e) O valor da taxa será exatamente o valor gasto pela movimentação do ente estatal em favor do contribuinte, devendo recompor esses gastos.

---

10. (CESPE/CORREIOS/ANALISTA/ADVOGADO/2011) Julgue o item a seguir, acerca do Sistema Tributário Nacional, da competência tributária e dos tributos.

– Reputa-se inconstitucional a adoção, no cálculo do valor de determinada taxa, de um ou mais elementos da base de cálculo própria de determinado imposto, mesmo que não haja integral identidade entre uma base de cálculo e outra.

---

11. (FCC/FISCAL DE RENDAS/SP/2006): Em relação às taxas, o nosso ordenamento jurídico, expressamente, dispõe:

a) As taxas têm como fato gerador a utilização efetiva ou potencial do poder de polícia ou o exercício regular do serviço público específico e indivisível.

b) Ao se referir à imunidade recíproca, a Constituição Federal veda à União, aos Estados, ao Distrito Federal e aos Municípios instituir taxas e impostos uns dos outros.

c) As taxas poderão ter base de cálculo própria de impostos.

d) A União, os Municípios e o Distrito Federal poderão instituir taxa para o custeio do serviço de iluminação pública.

e) Os créditos tributários relativos a impostos incidentes sobre a propriedade e a taxas pela prestação de serviços referentes a tal propriedade sub-rogam-se na pessoa dos respectivos adquirentes.

---

12. (FUNDATEC/AUDITOR FISCAL DA RECEITA ESTADUAL/SEFAZ/RS/2014) À luz da ordem jurídica vigente, é correto afirmar que:

a) O Art. 150, da Constituição Federal, contempla de maneira exaustiva as garantias dos contribuintes.

b) As contribuições instituídas pelo Conselho Regional de Medicina e pelo Conselho Regional de Economia podem ser instituídas por atos privativos desses conselhos.

c) Somente na hipótese de haver lei contendo a descrição minudente do fato gerador da obrigação tributária principal, é possível a fixação de sua base de cálculo através de decreto.

d) As custas judiciais não podem ser estabelecidas por decreto.

e) Emolumentos cobrados pelas serventias extrajudiciais são impostos.

---

13. (FCC/Juiz Substituto/TJ-SC/2017) Município X cobra taxa por coleta de lixo urbano, feita por empresa contratada pela Administração municipal. O tributo é calculado sobre o valor, atribuído por lei municipal, da frente para a via pública do imóvel em que se dará a coleta, medida em metros lineares. O tributo é julgado inconstitucional. A taxa não pode ser cobrada porque

a) a base de cálculo é semelhante ao valor venal do imóvel, base de cálculo do IPTU.

b) a base de cálculo não é apropriada para prestação de serviços, prestando-se, somente, para o caso de taxa por exercício de poder de polícia.

c) o serviço público é prestado por particular contratado, sendo, portanto, caso de cobrança de preço público diretamente pelo contratado.

d) o serviço é, por natureza, indivisível, tendo em vista a impossibilidade de pesar o lixo no momento da coleta.

e) a base de cálculo não tem pertinência com o serviço prestado ou posto à disposição.

14. (FCC/PREFEITURA DE SP/AUDITOR FISCAL DO MUNICÍPIO/2012) Projeto de lei estadual, no intuito de fiscalizar a pesca esportiva no rio Piracicaba, foi enviado à Assembleia Legislativa, propondo a criação da Taxa de Fiscalização de Pesca do Rio Piracicaba, como meio de custear aparato fiscalizador estadual das atividades de pesca do referido rio. Tendo em vista que os benefícios trazidos por tal fiscalização atingiriam toda a população das cidades ribeirinhas, o projeto de lei em questão propunha que a base de cálculo da taxa pelo exercício do poder de polícia sobre a pesca esportiva fosse o valor venal dos imóveis localizados no perímetro urbano das cidades, desde que esses imóveis se encontrassem na zona limítrofe do rio Piracicaba, até a distância máxima de 10 km. O projeto de lei não foi aprovado pela Assembleia Legislativa, tendo sido arquivado, sob o fundamento de inconstitucionalidade.

Com base na situação descrita acima, é correto afirmar:

a) Como a competência para instituir taxas pelo exercício do poder de polícia é exclusiva dos municípios, o projeto de lei deveria ser municipal.

b) A taxa não pode ter base de cálculo idêntica à que corresponda a imposto.

c) A espécie tributária a ser criada deveria ser uma contribuição de melhoria, e não uma taxa pelo exercício do poder de polícia, tendo em vista os benefícios trazidos pela fiscalização da pesca às cidades ribeirinhas.

15. (PUC-PR/COPEL/ADVOGADO JR/2010) De acordo com o modelo constitucional brasileiro, as taxas:

a) Terão caráter pessoal e serão graduadas de acordo com a capacidade econômica do contribuinte.

b) Terão alíquotas máximas estabelecidas por resolução.

c) Serão seletivas e não cumulativas.

d) Não poderão ter base de cálculo própria de imposto.

e) Serão informadas pelos critérios de generalidade, universalidade e progressividade.

16. (PUC-PR/COPEL/ADVOGADO JR/2010) Nos termos da Constituição Federal e do Código Tributário Nacional, quando se referem às taxas, assinale a alternativa INCORRETA:

a) A taxa não pode ter base de cálculo e fato gerador idênticos aos que correspondam a imposto nem ser calculada em função do capital das empresas.

b) Os serviços específicos e divisíveis são utilizados pelo contribuinte de modo efetivo e potencial.

c) Os serviços públicos serão específicos, quando possam ser destacados em unidades autônomas de intervenção, de unidade, ou de necessidades públicas; e divisíveis, quando suscetíveis de utilização, separadamente, por parte de cada um dos seus usuários.

d) Somente a União poderá instituir taxas, em razão do exercício do poder de polícia ou pela utilização, efetiva ou potencial, de serviços públicos específicos e divisíveis, prestados ao contribuinte ou postos a sua disposição.

e) Considera-se poder de polícia atividade da administração pública que, limitando ou disciplinando direito, interesse ou liberdade, regula a prática de ato ou abstenção de fato, em razão de interesse público concernente à segurança, à higiene, à ordem, aos costumes, à disciplina da produção e do mercado, ao exercício de atividades econômicas dependentes de concessão ou autorização do Poder Público, à tranquilidade pública ou ao respeito à propriedade e aos direitos individuais ou coletivos.

17. (FCC/Agente de Rendas – Gestão Tributária – SP/2013) Com respeito à disciplina legal das taxas, é

a) inconstitucional a adoção, no cálculo do valor de taxa, de um ou mais elementos da base de cálculo própria de determinado imposto, desde que não haja integral identidade entre uma base e outra.

b) inconstitucional a taxa cobrada exclusivamente em razão dos serviços públicos de coleta, remoção e tratamento ou destinação de lixo ou resíduos provenientes de imóveis.

c) constitucional a cobrança da taxa decorrente do poder de polícia em que haja a manutenção, pelo sujeito ativo, de órgão de controle em funcionamento, ficando restrita a cobrança aos contribuintes cujos estabelecimentos foram efetivamente visitados pela fiscalização.

d) constitucional a cobrança de taxa de fiscalização ambiental sobre o mesmo fato gerador pela União e por Estado, pois ambos têm competência para exercer a fiscalização desta atividade, haja vista se tratar de competência comum, exercida concomitantemente por todos entes políticos.

e) inconstitucional a taxa cobrada em razão da prevenção de incêndios, porquanto instituída como contraprestação a serviço não divisível. (entendimento alterado em 2017)

---

18. (Fepese/Auditor Fiscal – SC/2010) Assinale a alternativa incorreta.

a) A taxa, conforme determinação do Código Tributário Nacional, não pode ter base de cálculo ou fato gerador idênticos aos que correspondam a impostos, mas pode ser calculada em função do capital das empresas.

b) É imune aos impostos a instituição de educação sem fins lucrativos, que não distribua qualquer parcela de seu patrimônio ou de suas rendas, a qualquer título, aplique integralmente, no País, os seus recursos na manutenção dos seus objetivos institucionais e mantenha escrituração de suas receitas e despesas em livros revestidos de formalidades capazes de assegurar sua exatidão.

c) Contribuinte do imposto sobre a importação de produtos estrangeiros é o importador ou quem a lei a ele equiparar, bem como o arrematante de produtos apreendidos ou abandonados.

d) O imposto, de competência dos Municípios, sobre a propriedade predial e territorial urbana tem como fato gerador a propriedade, o domínio útil ou a posse de bem imóvel por natureza ou por acessão física, como definido na lei civil, localizado na zona urbana do Município.

e) Para fins de IPTU, a lei municipal pode considerar urbanas as áreas urbanizáveis, ou de expansão urbana, constantes de loteamentos aprovados pelos órgãos competentes, destinados à habitação, à indústria ou ao comércio, mesmo que localizados fora da zona definida como urbana pela lei municipal.

---

19. (SEGEP/PGE-MA/PROCURADOR DO ESTADO DE SEGUNDA CLASSE/2016) Sobre o lançamento tributário, é correto afirmar que

– as taxas somente podem ter, em razão sua natureza de tributo vinculado, lançamento de ofício, não se admitindo outra modalidade.

---

20. (UEL-COPS/Auditor Fiscal-PR/2012) A respeito do Sistema Tributário Nacional, previsto na Constituição Federal de 1988, assinale a alternativa correta.

a) A União, os Estados, o Distrito Federal e os Municípios poderão instituir contribuição de melhoria decorrente de obras públicas, bem como tributos, impostos e taxas, em razão do exercício do poder de polícia ou pela utilização de serviços públicos prestados ao contribuinte ou postos à sua disposição.

b) Compete aos Estados, ao Distrito Federal e aos Municípios instituir contribuições sociais, de intervenção no domínio econômico e de interesse das categorias profissionais ou econômicas, como instrumento de sua atuação nas respectivas áreas.

c) O imposto de transmissão causa mortis e doação, de quaisquer bens ou direitos, quando for relativo a bens imóveis e respectivos direitos, compete ao Distrito Federal ou ao Estado onde se processar o inventário ou arrolamento, ou tiver domicílio o doador.

d) Os Estados e o Distrito Federal poderão instituir, mediante lei complementar, impostos não previstos na Constituição Federal, desde que sejam não cumulativos e não tenham fato gerador ou base de cálculo próprios dos discriminados na Constituição.

e) Para promover o desenvolvimento socioeconômico entre as diferentes regiões do País, é permitido à União instituir tributo que não seja uniforme em todo o território nacional ou que implique distinção ou preferência em relação ao Estado, ao Distrito Federal ou ao Município.

---

21. **(FCC/AUDITOR FISCAL DA RECEITA ESTADUAL/SEFAZ RJ/2014)** Com a aproximação das datas em que serão realizados os Jogos Olímpicos e os Jogos da Copa do Mundo, na cidade do Rio de Janeiro, o governo fluminense tomou a decisão de incrementar a fiscalização dos estabelecimentos hoteleiros e congêneres do Estado, a fim de lhes imprimir uma qualidade de nível internacional, mesmo quando se tratar de pequenos estabelecimentos.

Para realizar esse intento, seriam necessários aportes de recursos novos, com o fito de custear essas atividades estatais. Em razão disso, um deputado estadual propôs que se alterassem os valores das taxas de segurança cobradas pelo Estado.

O referido deputado, depois de constatar que o valor das diárias de um hotel, ou de um estabelecimento congênere, não mantinha relação direta com o porte desse hotel, nem com a quantidade de quartos/apartamentos que ele possui, nem com o capital social dessa empresa hoteleira, considerou possível e viável promover uma alteração drástica no correspondente item da tabela de valores das taxas estaduais.

Desse modo, com a finalidade de adequar a cobrança da taxa à capacidade contributiva do contribuinte, o referido deputado decidiu apresentar projeto de lei para alterar a maneira como essa taxa seria cobrada. De acordo com seu projeto, o valor anual dessa taxa, em relação aos hotéis e congêneres, passaria a ser calculado mediante a aplicação da alíquota de 0,1% sobre o capital social da empresa hoteleira ou da empresa congênere.

No tocante especificamente aos motéis, visando, ainda, alcançar o objetivo de adequar a cobrança da taxa à capacidade contributiva do contribuinte, essa taxa passaria a ser calculada mediante a aplicação de uma alíquota de 10% sobre a mesma base de cálculo utilizada para cálculo do ISSQN devido ao município de localização do estabelecimento contribuinte.

Com base nas informações apresentadas e no que dispõe o CTN a esse respeito, considere:

I. O projeto de lei em questão não merece prosperar, em relação aos hotéis e congêneres, pois as taxas não podem ser calculadas em função do capital das empresas.

II. O projeto de lei em questão merece prosperar, em relação aos hotéis e congêneres, pois os tributos devem ser graduados com base na capacidade econômica do contribuinte (capacidade contributiva).

III. A capacidade econômica do contribuinte (capacidade contributiva) é relevante para a graduação do valor dos tributos a serem cobrados do sujeito passivo.

IV. O projeto de lei em questão não merece prosperar, em relação aos motéis, pois as taxas não podem ter base de cálculo própria de impostos, nem idênticas às que correspondam à base de cálculo de impostos.

V. O projeto de lei em questão merece prosperar, em relação aos motéis, pois, quando as taxas vierem a ter base de cálculo própria de impostos, os impostos deverão deixar de ser cobrados, para que as taxas possam sê-lo.

Está correto o que se afirma APENAS em

a) I e IV.

b) IV e V.

c) I e II.

d) II e III.

e) III e V.

22. **(FGV/OAB/XIII EXAME DE ORDEM UNIFICADO)** Segundo o entendimento do STF, a taxa cobrada exclusivamente em razão dos serviços públicos de coleta, remoção e tratamento ou destinação de lixo ou resíduos provenientes de imóveis, é

a) constitucional, por não violar o conceito constitucional de taxa.

b) inconstitucional, por violar o conceito constitucional de taxa.

c) constitucional, por não violar o conceito constitucional de taxa, mas ilegal por violar a definição de taxa contida no Código Tributário Nacional.

d) inconstitucional, por violar o conceito constitucional de taxa, além de ilegal, por violar a definição de taxa contida no Código Tributário Nacional.

23. (TJ-RS/TJ-RS/JUIZ SUBSTITUTO/2012) Sobre taxas cobradas pela União, pelos Estados, pelo Distrito Federal ou pelos Municípios, assinale a assertiva correta.

(a) sendo a segurança pública dever do estado e direito de todos, exercida para a preservação da ordem pública e da incolumidade das pessoas, pode o estado-membro instituir taxa pela utilização desse serviço.

(b) a taxa de lixo instituída como contraprestação do serviço público de remoção de detritos domiciliares pode ter a base de cálculo própria do imposto sobre a propriedade predial e territorial urbana.

(c) a taxa de iluminação pública, tendo como fato gerador serviço inespecífico e não mensurável, pode ser instituída pela união.

(d) os serviços telefônicos, telegráficos e de distribuição de gás são remunerados mediante taxa porque, não utilizados, disso não resulta dano ou prejuízo à comunidade.

(e) o serviço público que dá ensejo ao nascimento da taxa há de ser específico, isto é, quando possa ser separado em unidades autônomas de intervenção da autoridade, ou de sua utilidade, ou de necessidade pública, que o justificou.

24. (FGV/OAB-XVII Exame de Ordem/2015) Provimento da Corregedoria Geral da Justiça, as custas judiciais e os emolumentos cartorários vigentes a partir da data da publicação.
Sobre a hipótese, assinale a afirmativa correta.

A) As custas judiciais e os emolumentos cartorários têm natureza jurídica de preço público e, portanto, não estão sujeitos às limitações constitucionais ao poder de tributar.

B) As custas judiciais e os emolumentos cartorários têm natureza jurídica de taxa de serviço. Sendo assim, o provimento da Corregedoria Geral viola os princípios da legalidade, da anterioridade de exercício e nonagesimal.

C) As custas judiciais e os emolumentos cartorários têm natureza jurídica de contribuição social. Sendo assim, o provimento da Corregedoria Geral viola os princípios da legalidade, da anterioridade de exercício e nonagesimal.

D) As custas judiciais e os emolumentos cartorários têm natureza jurídica de taxa de poder de polícia. Sendo assim, o provimento da Corregedoria Geral viola os princípios da legalidade e da anterioridade de exercício.

25. (CESPE/Procurador do Estado/PGE-SE/2017) Considerando-se as limitações ao poder de tributar previstas no texto constitucional, é juridicamente admissível que um ente público estadual institua a cobrança de:

a) ICMS incidente sobre a comercialização de jornais impressos.

b) ICMS com alíquotas diferenciadas em razão da ocupação profissional do contribuinte.

c) taxa referente a um serviço prestado à União.

d) taxa a ser cobrada no mesmo exercício financeiro em que for publicada a lei que a instituir.

e) IPVA incidente sobre veículos terrestres pertencentes ao poder público municipal e utilizados para transportar autoridades.

26. **(MPE-PR/MPE-PR/Promotor Substituto/2017)** Quanto às taxas, assinale a alternativa incorreta:

a) As taxas não poderão ter base de cálculo própria de impostos.

b) É constitucional a adoção, no cálculo do valor da taxa, de um ou mais elementos da base de cálculo própria de determinado imposto, desde que não haja integral identidade entre uma e outra.

c) Segundo entendimento do Supremo Tribunal Federal, o texto constitucional diferencia taxas decorrentes do exercício do poder de polícia daquelas de utilização de serviços específicos e divisíveis, facultando, em ambos os casos, a prestação potencial do serviço público.

d) Segundo entendimento do Supremo Tribunal Federal, a regularidade do exercício do poder de polícia é imprescindível para a cobrança da taxa de localização e fiscalização.

e) O fato gerador da taxa de serviço é a utilização, efetiva ou potencial, de serviço público específico e divisível, prestado ao contribuinte ou posto a sua disposição.

27. **(Cespe – Delegado de Polícia – GO/2017)** O estado de Goiás instituiu, por lei ordinária, um departamento de fiscalização de postos de gasolina com objetivo de aferir permanentemente as condições de segurança e vigilância de tais locais, estabelecendo um licenciamento especial e anual para o funcionamento de tais estabelecimentos e instituindo uma taxa anual de R$ 1.000 a ser paga pelos empresários, relacionada a tal atividade estatal. A respeito dessa situação hipotética, assinale a opção correta.

A) A instituição do departamento de fiscalização de postos de gasolina como órgão competente com funcionamento regular é suficiente para caracterizar o exercício efetivo do poder de polícia.

B) É desnecessária, para justificar a cobrança de taxa, a criação de órgão específico para o desempenho das atividades de fiscalização de postos de gasolina, por se tratar de competências inerentes às autoridades de segurança pública.

C) Para observar o princípio da capacidade contributiva, a taxa deveria ter correspondência com o valor venal do imóvel a ser fiscalizado, sendo inconstitucional a cobrança de valor fixo por estabelecimento.

D) A taxa em questão é inconstitucional, já que a segurança pública é um dever do Estado, constituindo um serviço indivisível, a ser mantido apenas por impostos, o que torna incabível a cobrança de taxa.

E) Por ter caráter contraprestacional, a taxa só será devida caso o departamento de fiscalização de postos de gasolina faça visitas periódicas aos estabelecimentos, certificando-se do cumprimento das normas de segurança e vigilância de tais locais, de acordo com a legislação.

28. **(FGV/OAB-XVII Exame de Ordem Unificado/2015)** O Estado X instituiu, em 2010, por meio de lei, taxa pelo serviço de prevenção e extinção de incêndio prestado ou colocado à disposição do contribuinte. A referida lei definiu o contribuinte como o proprietário de unidade imobiliária, residencial ou não residencial, à qual o serviço estaria dirigido, bem como determinou que o valor da taxa seria calculado com base no tamanho da unidade imobiliária. Nada se dispôs na lei sobre eventuais responsáveis tributários pelo pagamento da taxa.

João, na qualidade de proprietário, aluga, desde 2011, seu imóvel, situado no referido Estado X, para Pedro. No contrato de locação celebrado entre as partes, o qual foi devidamente registrado no Registro de Imóveis, estabeleceu-se, em uma das cláusulas, que a responsabilidade pelo pagamento da taxa de prevenção e extinção de incêndio seria exclusivamente de Pedro, isentando João de qualquer obrigação sobre ela.

Tendo em vista o exposto, responda aos itens a seguir.

A) É constitucional o cálculo do valor da taxa de prevenção e extinção de incêndio tendo como parâmetro um dos elementos que compõem a base de cálculo do Imposto sobre a Propriedade Predial e Territorial Urbana – IPTU?

B) Considerando que nem João nem Pedro recolheram a taxa de prevenção e extinção de incêndio relativas aos exercícios de 2012 e 2013, bem como o que consta no contrato de locação celebrado entre eles e registrado no Registro de Imóveis, em face de quem o Estado X deve efetuar a cobrança dos exercícios não pagos?

Obs.: O entendimento do STF foi alterado em 2017. Atualmente, tem-se como inconstitucional a cobrança de taxa para remunerar o serviço de combate e prevenção de incêndio.

---

29. (FGV/OAB/XVIII EXAME DE ORDEM UNIFICADO/2016) A União ajuizou execução fiscal em face de pessoa jurídica ABC, prestadora de serviços de telecomunicações, para cobrança de taxa devida em razão da fiscalização de instalação e manutenção de orelhões, tendo como base de cálculo o valor correspondente a 0,01% da renda da pessoa jurídica. Inconformado com a cobrança, a contribuinte, certa de que seu pleito será bem sucedido, pretende apresentar embargos à execução, sem o oferecimento de garantia, com base no Art. 739-A do CPC. Tendo em vista o caso em questão, responda aos itens a seguir.

a) É possível a instituição da base de cálculo no valor correspondente a 0,01% da renda da pessoa jurídica para a taxa em questão? (Valor: 0,65)

b) É possível, segundo a legislação específica, a apresentação de embargos à execução fiscal sem o oferecimento de garantia, conforme pretendido pelo contribuinte? (Valor: 0,60)

---

30. **(FGV/OAB/XXIII Exame de Ordem Unificado/2017)** O Município Beta instituiu, por meio de lei municipal, uma taxa de limpeza cujo fato gerador é, exclusivamente, o serviço público de coleta, remoção e tratamento de lixo domiciliar de imóveis no município. A lei também determinou a utilização da área do imóvel como base de cálculo da taxa. Diante desse quadro fático, responda aos itens a seguir.

A) O fato gerador da taxa determinado pela lei municipal violou a Constituição da República? (Valor: 0,65)

B) A base de cálculo adotada pelo Município Beta violou a regra constitucional de que taxas não podem ter base de cálculo própria de impostos? (Valor: 0,60)

Gabarito		
Questão	**Resposta**	**Referência**
1	C	Tópico 2
2	B	Tópico 2
3	A	Tópico 2.2.2
4	E	Tópico 2.1
5	C	Tópico 2
6	A	Tópico 5.1
7	ERRADO	Tópico 2.1
8	D	Tópico 2
9	B	Tópico 6.1
10	ERRADO	Tópico 6.1
11	E	Tópico 1
12	D	Tópico 2.1
13	E	Tópico 6.1
14	B	Tópico 6.1

Gabarito		
Questão	**Resposta**	**Referência**
15	D	Tópico 6.1
16	D	Tópico 5
17	D	Tópico 5
18	A	Tópico 6.1
19	E	Tópico 1
20	A	Tópico 2
21	D	Tópico 6
22	A	Tópico 2
23	E	Tópico 2
24	B	Tópico 2.2.1
25	C	Tópico 2
26	C	Tópico 2
27	A	Tópico 2.1.1
28	____	Tópico 2.2
29	____	Tópico 6.1
30	____	**Tópico 6.1**

CAPÍTULO 4
CONTRIBUIÇÕES DE MELHORIA

Sumário • 1. Introdução – 2. Aspecto material: 2.1. Contribuições de melhoria e desapropriações indiretas – 3. Aspecto Temporal – 4. Aspecto espacial – 5. Aspecto subjetivo: 5.1. Sujeito ativo; 5.2. Sujeito passivo – 6. Aspecto quantitativo: 6.1. Base de cálculo; 6.1.1. Limites das contribuições de melhoria; 6.2. Alíquota – 7. Imunidades e isenções – 8. Informações complementares – 9. Quadro sinóptico – 10. Questões de concursos públicos.

1. INTRODUÇÃO

A Contribuição de Melhoria é, ao lado das taxas, espécie tributária necessariamente **vinculada a uma atividade do Poder Público**. Aqui, no entanto, não existe *referibilidade* a qualquer serviço público específico e divisível ou mesmo à prestação estatal de serviço de polícia administrativa, mas sim, à realização de uma **obra pública** causadora de valorização imobiliária. Além da realização da obra, para a cobrança do tributo, faz-se imprescindível a **valorização imobiliária**, daí porque parte da doutrina prefere falar – a nosso sentir, de modo adequado – em tributo indiretamente vinculado. O proprietário do imóvel beneficiado pela ação da entidade pública pagará, a título de contribuição de melhoria, no máximo, aquilo que lucrou em virtude da obra.

Pagarão a exação em comento, por exemplo, os proprietários de um *resort* de luxo cujo valor venal tenha aumentado em decorrência da duplicação de rodovia estadual ou mesmo da realização de obras de saneamento urbano pela prefeitura municipal. Também obras federais poderão dar ensejo à instituição do referido tributo, desde que existente valorização imobiliária.

Pode-se falar, assim como no caso das taxas, em tributo contraprestacional, bilateral ou sinalagmático. Aqui, no entanto, por ser a vinculação apenas indireta, estará sempre presente o chamado ***fato intermediário***, qual seja, repita-se, a *valorização imobiliária.*

O **lançamento** das contribuições de melhoria dar-se-á **de ofício**, mediante complexo procedimento administrativo regido pelo código Tributário Nacional e pelo Decreto-lei nº 195/67. As diversas exigências constantes dos referidos estatutos legais, como publicação prévia de editais, delimitação da zona de influência da obra e detalhamento do orçamento do custo da obra estão entre as principais causas da reduzida utilização do instituto. O tema será objeto de aprofundamento no item 8 deste capítulo.

O **objetivo** maior da contribuição de melhoria é fazer com que o proprietário do imóvel valorizado "devolva" à sociedade aquilo que recebeu do Poder Público sem nada ter feito. Nas palavras do professor Geraldo Ataliba, "*se o proprietário em nada concorre* *para a obra – que gera valorização – não é justo que se aproprie deste específico benefício. Pelo contrário, a comunidade que custeou a obra é que deve ficar com a expressão financeira desse proveito.*[1]" No mesmo sentido, Hugo de Brito Machado assevera que "*não é justo, então, que o proprietário do imóvel valorizado em decorrência de obra pública aufira sozinho essa vantagem para a qual contribuiu toda a sociedade*", concluindo que "*a contribuição de melhoria é o tributo destinado a evitar uma injusta repartição dos benefícios decorrentes de obras públicas*[2]". Daí falar-se em **tributo eminentemente social.**

As contribuições de melhoria são regidas pelas disposições da Constituição (art. 145, III), do Código Tributário Nacional (arts. 81 e 82) do Decreto-Lei nº 195/67, editado ainda sob a égide da Constituição de 1946 e recepcionado pelas Constituições de 1967 e 1988 com o *status* de lei complementar (norma geral em matéria tributária). Sobre o assunto, o **enunciado de súmula do STF nº 496** afirma que "*são válidos, porque salvaguardados pelas disposições constitucionais transitórias da Constituição Federal de 1967, os Decretos-leis expedidos entre 24 de janeiro e 15 de março de 1967*".

Em que pese alguma controvérsia doutrinária e jurisprudencial inicial, o Superior Tribunal de Justiça pacificou o entendimento de que o Código Tributário Nacional e o mencionado DL 195/67 convivem harmonicamente, mesmo tendo este último disposto, em momento posterior, sobre toda a matéria das contribuições de melhoria, inclusive sobre aquela versada no CTN[3].

Nesse sentido, confira-se:

> *"1. Cuidam os autos de cobrança de contribuição de melhoria com base no custo da obra e não na valorização do imóvel, onde o agravante, ao argumento de que os arts. 81 e 82 do CTN e os arts. 1º e 2º do DL 195/67 teriam sido revogados por legislações supervenientes, sustenta que o legislador optara por substituir o critério valorização pelo critério custo.*
>
> *2. A jurisprudência do STJ é pacífica no sentido de que: i) os artigos 81 e 82 do CTN estão em pleno vigor; ii) a contribuição de melhoria é tributo cujo fato imponível decorre da valorização imobiliária causada pela realização de uma obra pública, cabendo ao ente público o ônus da sua comprovação a fim de justificar o tributo estipulado. Precedentes.*
>
> *3. Agravo regimental não provido.*[4]"

---

1. ATALIBA, Geraldo. *Hipótese de Incidência Tributária.* 6. ed. 5ª tiragem. São Paulo: Malheiros, 2004, p. 176.

2. MACHADO, Hugo de Brito. *Curso de Direito Tributário.* 27. ed. São Paulo: Malheiros, 2006, p. 444.

3. A Lei de Introdução às Normas de Direito Brasileiro (DL 4.657/42) dispõe que *a lei posterior revoga a anterior quando expressamente o declare, quando seja com ela incompatível ou quando regule inteiramente a matéria de que tratava a lei anterior* (art. 2º, § 1º).

4. AgRg no Ag 1159433/RS, Rel. Ministro BENEDITO GONÇALVES, PRIMEIRA TURMA, julgado em 26/10/2010, DJe 05/11/2010.

A **competência** para instituição das contribuições de melhoria, a exemplo do que ocorre com as taxas, é comum de União, Estados, Distrito Federal e Municípios, cada um dentro de suas esferas de atribuições constitucionais. Tal competência será exercida por meio de **lei ordinária** (princípio da legalidade) do ente realizador da obra pública causadora de valorização imobiliária, embora nada impeça a instituição por lei complementar que, no caso, teria *status* de lei ordinária.

Aqui, uma observação faz-se indispensável: deve haver a edição de uma **lei específica para cada obra** que o Poder Público pretenda ver remunerada por meio de contribuição de melhoria. Em outras palavras, não se admite a edição, pelo ente competente, de uma lei genérica, que preveja a possibilidade de instituição do tributo em comento para obras ainda inexistentes ou não programadas ao tempo da publicação da lei. Sobre o tema, no mesmo sentido do exposto acima, tem-se manifestado o Superior Tribunal de Justiça que "*a contribuição de melhoria é tributo cujo fato imponível decorre da valorização imobiliária que se segue a uma obra pública, ressoando inequívoca a necessidade de sua instituição por lei específica, emanada do Poder Público construtor, obra por obra, nos termos do art. 150, I, da CF/88 c/c art. 82 do CTN, uma vez que a legalidade estrita é incompatível com qualquer cláusula genérica de tributação*" (STJ, REsp 927.846/RS, Primeira Turma, julgado em 03/08/2010)[5].

A lei instituidora da contribuição de melhoria deve ser anterior ou concomitante à realização da obra; o lançamento do tributo, por sua vez, conforme será mais detidamente analisado adiante, só poderá ser realizado após a conclusão da aludida obra e da verificação, pela pessoa jurídica de direito público competente, da valorização imobiliária.

O quadro abaixo pode ajudar o estudante a compreender o quanto exposto anteriormente:

Edição da Lei → Conclusão da Obra (e verificação da valorização) → Lançamento

As contribuições de melhoria sofrem a incidência dos princípios constitucionais tributários da: a) legalidade (CF/88, art. 150, I); b) isonomia (CF/88, art. 150, II); c) capacidade contributiva (CF/88, art. 145, § 1º); d) irretroatividade (CF/88, art. 150, III, "a"); e) anterioridade (CF/88, art. 150, III, "b"); f) anterioridade nonagesimal ou mitigada (CF/88, art. 150, III, "c"); g) vedação à utilização de tributo com efeito de confisco (CF/88, art. 150, IV); h) limitação ao tráfego de pessoas ou bens (CF/88, art. 150, V); i) vedação à instituição de isenções heterônomas (CF/88, art. 151, III).

A contribuição de melhoria classifica-se como tributo da competência comum, vinculado, real, direito e ordinário.

5. No mesmo sentido: STJ, REsp 739.342/RS, Primeira Turma, julgado em 04/04/2006; STJ, REsp 444.873/RS, Segunda Turma, julgado em 23/08/2005.

2. ASPECTO MATERIAL

Nos termos da legislação aplicável, o aspecto material das contribuições de melhoria é *o **acréscimo de valor do imóvel** localizado nas áreas beneficiadas direta ou indiretamente por obras públicas* (DL 195/67, art. 1º)[6]. Em outras palavras, o aspecto material diz respeito ao incremento valorativo propiciado por uma obra pública ao imóvel do sujeito passivo da exação[7].

A obra a que se refere o dispositivo em comento, por sua vez, segundo a doutrina do professor Marçal Justen Filho, "*consiste numa atuação voluntária do ser humano destinada a promover modificação significativa, autônoma e permanente no ambiente natural, tendo por objeto específico a edificação de benfeitorias e acessões relativamente a bens imóveis*[8]". Nos moldes da Lei nº 8.666/93 (Lei de Licitações e Contratos Administrativos), por sua vez, considerar-se-á obra pública *toda construção, reforma, fabricação, recuperação ou ampliação, realizada por execução direta ou indireta* (Lei nº 8.666/93, art. 6º, I) do Poder Público.

Além da realização de uma obra pública pelo ente competente, a exigência de contribuição de melhoria demanda valorização imobiliária, chegando Leandro Paulsen a falar em ***"fato gerador misto"***. Nas palavras do respeitado doutrinador e Juiz Federal, "*a atividade do Poder Público, por si só, embora necessária, não é suficiente para o surgimento da obrigação tributária*[9]". No mesmo sentido, Roque Antonio Carrazza fala em tributo "*indiretamente vinculado a uma atuação estatal, que, no caso, é a obra pública*".[10]

A valorização imobiliária, repita-se, é o *fator intermediário* entre a cobrança da exação e a realização da obra pública.

Em virtude do exposto, o Supremo Tribunal Federal vem entendendo que o mero **recapeamento de via pública já asfaltada** não pode dar ensejo à cobrança de contribuição de melhoria, diferente do que ocorre com as **obras de asfaltamento de vias anteriormente não pavimentadas**. Neste último caso, será inequívoca a valorização dos imóveis situados na chamada zona de influência da obra pública, ao contrário do que acontece na primeira situação. O recapeamento asfáltico, em raríssimas hipóteses, caso demonstrada a divisibilidade e indisponibilidade do serviço de manutenção e conservação prestado pelo Estado, poderá dar ensejo à cobrança de taxa[11].

---

6. No mesmo sentido: CF/88, art. 145, III e; CTN, art. 81.
7. Nesse sentido, dentre outros, confira-se: STJ, AgRg no Ag 1068310/SP, Segunda Turma, julgado em 05/02/2009; STJ, AgRg nos EDcl no Ag 1107172/PR, Segunda Turma, julgado em 03/09/2009.
8. JUSTEN FILHO, Marçal. *Comentários à Lei de Licitações e Contratos Administrativos.* 12. ed. São Paulo: Dialética, 2010, p. 121.
9. PAULSEN, Leandro. *Direito Tributário: Constituição e Código Tributário Nacional à luz da doutrina e da jurisprudência*. 14. ed. Porto Alegre: Livraria do Advogado, 2012, p. 1287.
10. CARRAZZA, Roque Antonio. *Curso de Direito Constitucional Tributário.* 28. ed. Malheiros: São Paulo: 2012, p. 627.
11. Nesse sentido, confira-se: STF, RE 89.749, Pleno, julgado em 29/03/1979; STF, RE 115.863, Segunda Turma, julgado em 29/10/1991; STF, RE 95348, Primeira Turma, julgado em 01/10/1982; STF, RE nº 116.148, Primeira Turma, julgado em 16/02/1993.

Por se tratar de tema bastante cobrado em provas de concursos públicos, colacionamos abaixo quadro ilustrativo. Confira-se:

Cobrança de Contribuição de Melhoria em Virtude de Asfaltamento e Recapeamento	
Asfaltamento	**Recapeamento**
• Trata-se de obra pública apta a gerar valorização imobiliária	• Trata-se de mero serviço público de manutenção, não causador de valorização imobiliária.
• Passível de remuneração por contribuição de melhoria	• A depender do caso, pode ensejar cobrança de taxa; nunca de contribuição de melhoria.

Importante salientarmos que não é a realização de qualquer obra pública que dá ensejo à cobrança de contribuição de melhoria, mas apenas aquelas construções ensejadoras de valorização imobiliária. Casos há em que a prestação estatal (obra) é responsável pela depreciação dos imóveis situados em sua zona de influência; exemplo clássico disso é a perda de valor de edifícios situados próximos a viadutos e outras construções similares de grande porte. Aqui, não só o Estado não poderá ser remunerado por meio de contribuição de melhoria como também, verificado o efetivo prejuízo do particular, deverá indenizar tais perdas[12].

Devemos ter sempre em mente também que, para que o ente público possa vir a exigir a contribuição de melhoria, faz-se imprescindível a existência de **relação de causalidade** entre a obra pública e a valorização imobiliária. O simples aumento do valor venal dos bens sem qualquer relação com a atividade estatal, a exemplo dos acréscimos decorrentes de especulação imobiliária, inflação e aumento do poder de compra da população, não pode servir de fundamento à instituição do tributo.

Outro ponto polêmico envolvendo o assunto está relacionado ao ***quantum* devido a título de Imposto de Renda** quando da celebração de operações de venda de imóveis valorizados em decorrência da realização de obras públicas. O entendimento dominante é o de que, do valor devido a título de IR pelo vendedor do imóvel, caso tenha havido pagamento de contribuição de melhoria ao tempo da realização da obra pública, tal importância será deduzida para fins de cálculo do imposto. Em outras palavras, quando da aquisição da disponibilidade (econômica ou jurídica) da renda proveniente da operação de venda de imóvel valorizado – aspecto material do IR –, deduzir-se-á o montante já pago para cumprimento da obrigação tributária referente à contribuição de melhoria. Essa é a melhor interpretação do disposto no art. 17 do Decreto-lei nº 195/67, cuja redação fazemos questão de transcrever:

> *DL 195/67. Art. 17. Para efeito do impôsto sôbre a renda, devido, sôbre a valorização imobiliária resultante de obra pública, deduzir-se-á a importância que o contribuinte houver pago, o título de Contribuição de Melhorias.*

12. Nesse sentido, confira-se: STF, RE 113587 SP, Segunda Turma, julgado em 17/02/1992.

Observe-se, por fim, que, em que pese o art. 2º do Decreto-lei nº 195/67[13] conter um rol de obras públicas passíveis de remuneração por contribuição de melhoria, entendemos que a exação em epígrafe pode ser cobrada para remuneração de qualquer obra pública, desde que, obviamente, verifique-se a valorização imobiliária. Em outras palavras, entendemos que o rol supracitado é meramente **exemplificativo.**

2.1. Contribuições de melhoria e desapropriações indiretas

Tema bastante corriqueiro na jurisprudência de nossos Tribunais diz respeito à valorização de áreas remanescentes de imóveis expropriados pelo Poder Público. Como durante algum tempo houve controvérsia jurisprudencial acerca da forma apropriada de compensação ou remuneração da referida mais-valia, entendemos válido o estudo do assunto em tópico separado.

Em primeiro lugar, podemos afirmar que a valorização imobiliária decorrente de desapropriação indireta, nos moldes da jurisprudência dominante do Superior Tribunal de Justiça, só será remunerada pela cobrança de contribuição de melhoria nos casos em que: a) referida valorização beneficie indistintamente grupo considerável de administrados (valorização de ordem geral) e; b) todos os imóveis lindeiros à obra valorizem-se na mesma proporção (mais valia ordinária)[14].

Em virtude do exposto, é possível concluir que a mais valia propiciada, por exemplo, a diversas propriedades rurais parcial e indiretamente desapropriadas para fins de construção de uma rodovia estadual só poderá ser remunerada pela instituição legal do tributo em estudo. Ao ente competente pela realização da obra – e da desapropriação indireta, consequentemente – não será dada a faculdade de deduzir o montante da mais valia da indenização a ser paga.

---

13. DL 195/67: Art. 2º Será devida a Contribuição de Melhoria, no caso de valorização de imóveis de propriedade privada, em virtude de qualquer das seguintes obras públicas:

    I – abertura, alargamento, pavimentação, iluminação, arborização, esgotos pluviais e outros melhoramentos de praças e vias públicas;

    II – construção e ampliação de parques, campos de desportos, pontes, túneis e viadutos;

    III – construção ou ampliação de sistemas de trânsito rápido inclusive tôdas as obras e edificações necessárias ao funcionamento do sistema;

    IV – serviços e obras de abastecimento de água potável, esgotos, instalações de redes elétricas, telefônicas, transportes e comunicações em geral ou de suprimento de gás, funiculares, ascensores e instalações de comodidade pública;

    V – proteção contra sêcas, inundações, erosão, ressacas, e de saneamento de drenagem em geral, diques, cais, desobstrução de barras, portos e canais, retificação e regularização de cursos d'água e irrigação;

    VI – construção de estradas de ferro e construção, pavimentação e melhoramento de estradas de rodagem;

    VII – construção de aeródromos e aeroportos e seus acessos;

    VIII – aterros e realizações de embelezamento em geral, inclusive desapropriações em desenvolvimento de plano de aspecto paisagístico.

14. Nesse sentido: STJ, REsp 1.230.687-SC, Segunda Turma, julgado em 18/10/2012; STJ, REsp 1.092.010-SC, Segunda Turma, julgado em 12/4/2011.

A supracitada dedução do valor da indenização paga pelo Estado, ainda nos moldes da jurisprudência do STJ, será admissível apenas quando a valorização imobiliária for **específica**, ou seja, quando a obra pública beneficiar apenas um ou alguns proprietários identificados ou identificáveis situados na zona de influência da atuação estatal. Trata-se da melhor interpretação do disposto no art. 27 do Decreto-Lei nº 3365/41, cuja redação fazemos questão de transcrever:

> *DL 3.665/41. Art. 27. O juiz indicará na sentença os fatos que motivaram o seu convencimento e deverá atender, especialmente, à estimação dos bens para efeitos fiscais; ao preço de aquisição e interesse que deles aufere o proprietário; à sua situação, estado de conservação e segurança; ao valor venal dos da mesma espécie, nos últimos cinco anos, e à valorização ou depreciação de área remanescente, pertencente ao réu.*

Nos termos legais, na sentença da desapropriação – ou da ação indenizatória de desapropriação indireta – o juiz deverá, além de indicar os fatos que motivaram seu convencimento, atender, dentre outros pressupostos, especialmente à valorização ou depreciação da área remanescente, pertencente ao proprietário do imóvel desapropriado.

Anote-se, por fim, que diante de **valorização geral extraordinária de imóvel parcialmente desapropriado**, lindeiro à obra pública, deve o ente público utilizar o instrumento da desapropriação por zona ou extensiva (DL nº 3.365/1941, art. 4º)[15]. Em outras palavras, quando se verificar que, em decorrência da atuação estatal, um ou alguns imóveis podem vir a se valorizar mais que outros – sujeitos à mais-valia ordinária –, deve o Poder Público competente proceder à expropriação de toda a área remanescente.

O diagrama abaixo resume, de maneira didática, as lições apresentadas:

Remuneração de Valorização Imobiliária decorrente de Desapropriação Indireta		
Valorização Geral Ordinária	**Valorização Específica**	**Valorização Geral Extraordinária**
• Beneficia sem diferenças grupo de administrados. Imóveis lindeiros são valorizados na mesma proporção	• Apenas um ou alguns identificados ou identificáveis são beneficiados	• Beneficia sem diferenças grupo de administrados. Imóveis lindeiros não são valorizados na mesma proporção
• Instrumento: Contribuição de Melhoria	• Instrumento: Dedução do valor a ser pago	• Instrumento: Desapropriação por Zona ou Extensiva
• CTN, art. 81.	• DL 3.665/41, art. 27	• DL 3.665/41, art. 4º

15. DL 3.665/41: Art. 4º A desapropriação poderá abranger a área contígua necessária ao desenvolvimento da obra a que se destina, e as zonas que se valorizarem extraordinariamente, em consequência da realização do serviço. Em qualquer caso, a declaração de utilidade pública deverá compreendê-las, mencionando-se quais as indispensáveis à continuação da obra e as que se destinam à revenda.

3. ASPECTO TEMPORAL

O aspecto temporal da regra matriz de incidência das contribuições de melhoria é o momento, fixado na lei instituidora da referida exação, a partir do qual se torna possível a exigência do tributo.

Conforme exposto anteriormente, o lançamento do tributo (a cobrança da exação) só poderá ocorrer após, sucessivamente: 1) a edição da lei (princípio da irretroatividade); 2) a conclusão da obra e; 3) a valorização imobiliária

No mesmo sentido, o Superior Tribunal de Justiça vem entendendo que *"o fato gerador de contribuição de melhoria se perfaz somente* ***após a conclusão da obra*** *que lhe deu origem e quando for possível aferir a valorização do bem imóvel beneficiado pelo empreendimento estatal"*[16].

Além de estarem submetidas ao **princípio da irretroatividade** (publicação de lei anteriormente à cobrança do tributo), as contribuições de melhorias submetem-se aos outros princípios constitucionais tributários de não surpresa; são eles: a) **princípio da anterioridade** (CF/88, art. 150, III, b) e; b) **princípio da anterioridade nonagesimal** (CF/88, art. 150, III, c).

Importante salientar, por fim, que **a cobrança da contribuição de melhoria não pode ocorrer de maneira periódica**. Temos aqui caso clássico de fato gerador instantâneo, sendo o tributo exigido uma única vez, após a conclusão de cada obra e a verificação da valorização imobiliária. Nada obsta, no entanto, que o Poder Público faculte ao contribuinte o pagamento parcelado da exação.

4. ASPECTO ESPACIAL

Conforme visto, o aspecto espacial de qualquer regra matriz de incidência tributária diz respeito ao *"local em que o fato deve ocorrer, a fim de que irradie os efeitos que lhe são característicos*[17]*"*. No caso específico das contribuições de melhoria, temos seu aspecto espacial positivado tanto no Código Tributário Nacional quanto no Decreto-lei nº 195/67. Confira-se:

> ***CTN: Art. 82.*** *(...) § 1º A contribuição relativa a cada imóvel será determinada pelo rateio da parcela do custo da obra a que se refere a alínea c, do inciso I, pelos imóveis situados na zona beneficiada em função dos respectivos fatores individuais de valorização.*
>
> ***DL 195/67: Art. 3º*** *A Contribuição de Melhoria a ser exigida pela União, Estado, Distrito Federal e Municípios para fazer face ao custo das obras públicas, será cobrada pela Unidade Administrativa que*

16. STJ, REsp nº 647.134, Primeira Turma, julgado em 10/10/2006. No mesmo sentido: STJ, REsp 615.495/RS, Primeira Turma, julgado em 20/04/2004; STJ, REsp 143.996, Segunda Turma, julgado em 06/12/1999.

17. CARVALHO, Paulo de Barros. *Curso de Direito Tributário.* 14. ed. São Paulo: Saraiva, 2002, p. 253.

> *as realizar, adotando-se como critério o benefício resultante da obra, calculado através de índices cadastrais das respectivas zonas de influência, a serem fixados em regulamentação dêste Decreto-lei.(...) § 3º A Contribuição de Melhoria será cobrada dos proprietário de imóveis do domínio privado, situados nas áreas direta e indiretamente beneficiadas pela obra.*

Diante do exposto, podemos afirmar que a obrigação tributária surgirá apenas para proprietários de bens situados na chamada **"zona de influência"** da obra causadora da mais valia imobiliária. Aqui, não devemos levar em consideração apenas o território da entidade tributante, mas também – e principalmente – a área beneficiada pela obra pública.

Importante salientar que um ente não poderá cobrar contribuições de melhoria em virtude da valorização de imóveis situados fora de seus limites territoriais. Exemplificando, um município não poderá exigir o pagamento do tributo de proprietários de imóveis situados em município contíguo, ainda que tenham se beneficiado em virtude de obra realizada pelo primeiro. Nos termos do Código Tributário Nacional a legislação dos Estados, do Distrito Federal e dos Municípios só *vigora, no País, fora dos respectivos territórios, nos limites em que lhe reconheçam extraterritorialidade os convênios de que participem, ou do que disponham esta ou outras leis de normas gerais expedidas pela União* (CTN, art. 102). Logo, a menos que alguma lei complementar em matéria tributária ou mesmo um convênio interestadual ou intermunicipal disponham sobre o tema, fica vedada a cobrança fora dos limites do território do ente instituidor da exação.

5. ASPECTO SUBJETIVO

Assim como acontece em qualquer tributo, temos como sujeito ativo das contribuições de melhoria o ente competente para sua instituição, e como sujeito passivo a pessoa, física ou jurídica, obrigada ao pagamento. À semelhança do que ocorre com as taxas, a imunidade tributária recíproca (CF/88, art. 150, VI, a) não incide sobre as contribuições de melhoria, sendo admissível a cobrança da exação em comento de um ente federativo por outro.

5.1. Sujeito ativo

Assim como as taxas, as contribuições de melhoria são tributos da **competência comum** de União, Estados, Distrito Federal e Municípios, no âmbito de suas respectivas atribuições. Em outras palavras, competirá ao ente realizador da obra pública causadora de valorização imobiliária a instituição, exclusivamente por lei, repise-se, do tributo. Não custa destacar também que se *reputam feitas pela União as obras executadas pelos Territórios* (DL 195/67, art. 3º, § 4º).

Valem aqui as lições atinentes à inexistência de bitributação, apresentadas quando do estudo das taxas. Nunca haverá, e isso deve ficar bem claro, múltipla incidência decorrente de um único fato gerador. O proprietário não pagará 2 (duas) contribuições de melhoria diversas em virtude de valorização imobiliária decorrente de uma só obra.

5.2. Sujeito passivo

Sobre o tema da sujeição passiva das contribuições de melhoria, assim prescreve o Decreto-Lei nº 195/67:

> *DL 195/67: Art. 3º (...) § 3º A Contribuição de Melhoria será cobrada dos proprietários de imóveis do domínio privado, situados nas áreas direta e indiretamente beneficiadas pela obra.*
>
> *Art. 8º Responde pelo pagamento da Contribuição de Melhoria o proprietário do imóvel ao tempo do seu lançamento, e esta responsabilidade se transmite aos adquirentes e sucessores, a qualquer título, do domínio do imóvel. § 1º No caso de enfiteuse, responde pela Contribuição de Melhoria o enfiteuta.*

Temos, com isso, que o sujeito passivo do referido tributo poderá ser tanto o **proprietário de imóvel** – ao tempo do lançamento – beneficiado pela realização de obra pública quanto o **enfiteuta**. Por se tratar de tributo direto, não haverá dúvidas na identificação dos chamados contribuintes de fato e de direito, haja vista que ambos serão a mesma pessoa.

A maior controvérsia envolvendo o assunto diz respeito à possibilidade de inclusão, no polo passivo da relação tributária, de figuras como o **titular do domínio útil** sobre o bem e os **possuidores** dos imóveis valorizados em decorrência da atividade estatal. O CTN, quanto ao Imposto Sobre Propriedade Territorial Rural – ITR[18] e ao Imposto Sobre Propriedade Predial e Territorial Urbana – IPTU[19] é claro ao admitir a incidência tributária sobre as pessoas mencionadas.

Analisando a sujeição passiva do IPTU, o STJ pacificou o entendimento de que somente contribui para o IPTU o possuidor por direito real que exerce a posse com *animus* definitivo, jamais podendo ser chamado contribuinte possuidores por relação de direito pessoal. Para ilustrar melhor a explicação, colacionemos abaixo trecho do voto da Ministra Relatora Eliana Calmon no Recurso Especial nº 325.489, julgado em 19/11/2002:

> *"Examinando-se o art. 34 do CTN, pode-se ter uma errônea ideia, por apontar o artigo como contribuinte o possuidor a qualquer título. Doutrinariamente, distingue-se a* **posse oriunda de direito real**, *situação em que assume o possuidor o ônus do proprietário, da oriunda de direito pessoal, quando detém esse título pela só existência de um contrato, tal como a locação, o comodato etc. O certo é que* **somente contribui para o IPTU o possuidor que tenha animus domini**, *como ensina o professor Odmir Fernandes (Código Tributário Nacional, São Paulo: RT, p. 97). Assim, jamais poderá ser chamado como contribuinte do IPTU o locatário ou o comodatário.[20]"*

18. CTN: Art. 31. Contribuinte do imposto é o proprietário do imóvel, o titular de seu domínio útil, ou o seu possuidor a qualquer título.
19. CTN: Art. 34. Contribuinte do imposto é o proprietário do imóvel, o titular do seu domínio útil, ou o seu possuidor a qualquer título.
20. STJ, REsp nº 325.489, Segunda Turma, julgado em 19/11/2002.

Entendemos perfeitamente aplicável às contribuições de melhoria o posicionamento supracitado, sobretudo se levarmos em consideração, em primeiro lugar, a finalidade constitucional do tributo, bem como, em segundo lugar, os dispositivos legais que enquadram como contribuintes da exação não só proprietários dos imóveis valorizados em decorrência da obra pública, como também os enfiteutas.

O objetivo maior das contribuições de melhoria, conforme visto, é evitar o enriquecimento indevido de determinadas pessoas à custa da sociedade como um todo, sendo natural e razoável que a comunidade que custeou a obra venha a ficar com a expressão financeira do referido proveito[21]. Em outras palavras, como a obra pública pode vir a beneficiar apenas determinado grupo, *"não é legítimo que toda a coletividade suporte o custo da obra[22]"*. Ora, nem sempre a mais valia imobiliária decorrente de obra pública beneficiará apenas a figura do proprietário. Em muitos casos, é possível visualizar como principal favorecido um usufrutuário ou mesmo o titular do domínio útil sobre o bem.

Exemplificando, podemos afirmar que, num caso de usufruto vitalício concedido por pai em favor de filho, no qual este último utiliza o imóvel para fins locativos, a valorização do referido bem em virtude de obra pública, dará ao usufrutuário (filho) a oportunidade de majorar os valores cobrados junto aos locatários. Como a extinção do usufruto só se dará com a morte do proprietário, é fácil concluir que este jamais obterá qualquer benefício em virtude da valorização do imóvel. Nada mais natural que, no exemplo apresentado, o filho venha a pagar o tributo.

Reforça a tese exposta acima o fato de o Decreto-Lei nº 195/67 prever como sujeito passivo da contribuição de melhoria, ao lado do proprietário do bem valorizado, o enfiteuta, ou seja, o titular de outra espécie de direito real sobre imóvel[23].

Diante do exposto, concluímos que a contribuição de melhoria poderá ter como sujeito passivo qualquer titular de posse oriunda de direito real sobre o imóvel valorizado.

Em **provas objetivas de concursos públicos**, no entanto, em virtude da ausência de um posicionamento jurisprudencial pacífico a respeito do tema, recomendamos ao estudante que se atenha à letra pura da lei, assinalando como correta a assertiva que indicar o proprietário e o enfiteuta como possíveis sujeitos passivos das contribuições de melhoria.

21. ATALIBA, Geraldo. *Hipótese de Incidência Tributária.* 6. ed. 5ª tiragem. São Paulo: Malheiros, 2004, p. 176.
22. SCHOUERI, Luís Eduardo. *Direito Tributário.* São Paulo: Saraiva, 2011, p. 182.
23. Referido instituto – Enfiteuse –, não custa repisar, não foi mantido pelo Código Civil de 2002.

6. ASPECTO QUANTITATIVO

O aspecto quantitativo da contribuição de melhoria é formado pela combinação de alíquota e base de cálculo e diz respeito ao ***quantum* de valorização imobiliária verificada** em virtude da realização de obra pública. Falar em aspecto quantitativo da contribuição de melhoria, portanto, é se referir ao montante a ser cobrado pelo ente estatal a título da referida exação. Em consonância com o exposto, o Supremo Tribunal Federal possui consolidado o mesmo entendimento, "*no sentido de que a contribuição de melhoria incide sobre o quantum da valorização imobiliária*"[24].

Sobre o tema, assim dispõe a legislação pátria:

> ***CTN: Art. 81.*** *A contribuição de melhoria cobrada pela União, pelos Estados, pelo Distrito Federal ou pelos Municípios, no âmbito de suas respectivas atribuições, é instituída para fazer face ao custo de obras públicas de que decorra valorização imobiliária, tendo como limite total a despesa realizada e como limite individual o acréscimo de valor que da obra resultar para cada imóvel beneficiado.*
>
> ***DL 195/67: Art. 3º*** *A Contribuição de Melhoria a ser exigida pela União, Estado, Distrito Federal e Municípios para fazer face ao custo das obras públicas, será cobrada pela Unidade Administrativa que as realizar, adotando-se como critério o benefício resultante da obra, calculado através de índices cadastrais das respectivas zonas de influência, a serem fixados em regulamentação deste Decreto-lei. § 1º A apuração, dependendo da natureza das obras, far-se-á levando em conta a situação do imóvel na zona de influência, sua testada, área, finalidade de exploração econômica e outros elementos a serem considerados, isolada ou conjuntamente. § 2º A determinação da Contribuição de Melhoria far-se-á rateando, proporcionalmente, o custo parcial ou total das obras, entre todos os imóveis incluídos nas respectivas zonas de influência.*
>
> *Art. 4º A cobrança da Contribuição de Melhoria terá como limite o custo das obras, computadas as despesas de estudos, projetos, fiscalização, desapropriações, administração, execução e financiamento, inclusive prêmios de reembolso e outras de praxe em financiamento ou empréstimos e terá a sua expressão monetária atualizada na época do lançamento mediante aplicação de coeficientes de correção monetária. § 1º Serão incluídos nos orçamentos de custo das obras, todos investimentos necessários para que os benefícios delas decorrentes sejam integralmente alcançados pelos imóveis situados nas respectivas zonas de influência.*

Não devemos confundir os critérios material e quantitativo das contribuições de melhoria. Enquanto o primeiro diz respeito à mera existência de valorização imobiliária, decorrente da realização de obra pública, o segundo está relacionado ao *quantum* da referida mais valia, e é composto pela combinação dos fatores base de cálculo e alíquota. Nesse sentido, confira-se:

---

24. STF, *AI 694.836-AgR*, Segunda Turma, julgamento em 24-11-2009.

Contribuição de Melhoria: Aspecto material X Aspecto quantitativo	
Aspecto material	**Aspecto quantitativo**
• Existência de Valorização Imobiliária decorrente de obra pública.	• Quantum de valorização imobiliária. Composto pela combinação de alíquota e base de cálculo.

Nos moldes da jurisprudência do Supremo Tribunal Federal, "*todos os tributos submetem-se ao princípio da capacidade contributiva (precedentes), ao menos em relação a um de seus três aspectos (objetivo, subjetivo e proporcional), independentemente de classificação extraída de critérios puramente econômicos*[25]". Com as contribuições de melhoria não acontece de outra forma. Aqui, verificaremos se a cobrança obedece ou não à **capacidade contributiva** na medida em que for constatada a **proporcionalidade do rateio dos custos da obra** entre todos os proprietários dos imóveis situados na sua zona de influência. Contribuirão mais os sujeitos passivos que obtiverem uma maior valorização imobiliária, ao passo que deverão ser menos onerados aqueles que se beneficiarem menos em virtude da atuação estatal.

A depender do caso, o Ente competente, ainda em obediência ao princípio da capacidade contributiva, poderá até mesmo **estabelecer isenção tributária** em prol de proprietários de imóveis valorizados por obra pública que, em virtude de más condições econômicas e financeiras, não tenham recursos para arcar com a obrigação, sem prejuízo do próprio sustento. Estamos falando de bens situados em favelas e comunidades de baixa renda,

Qualquer cobrança que não obedeça à referida proporcionalidade será claramente confiscatória, logo, inconstitucional (CF/88, art. 150, IV). Será confiscatória também a exação que supere os limites individual e global fixados em lei – a serem mais detalhadamente estudados nos itens seguintes. Conforme ensinamento de Estevão Horvath, "*não há que se falar em confisco com referência à contribuição de melhoria, desde que o importe cobrado não ultrapasse aquele correspondente ao da valorização imobiliária, ainda que seja de cem por cento desta*[26]". O entendimento do STJ não é distinto.[27]

Dito isso, analisemos a base de cálculo e a alíquota do tributo.

6.1. Base de cálculo

Em poucas palavras, a **base de cálculo** da contribuição de melhoria é o montante total da valorização imobiliária alcançada em virtude da realização de obra pública. Trata-se da diferença do valor do imóvel antes e depois da atuação do ente público, desde que, obviamente, tenha havido valorização.

---

25. STF, RE 406.955-AgR, Segunda Turma, julgamento em 4-10-2011

26. HORVATH, Estevão. *O Princípio do Não-Confisco no Direito Tributário*. São Paulo: Dialética, 2002, p. 135.

27. STJ, AgRg no Ag 1190553/RS, Rel. Ministra ELIANA CALMON, SEGUNDA TURMA, julgado em 17/08/2010, DJe 26/04/2011.

Exemplificando, se determinado imóvel valia R$ 200.000,00 (duzentos mil reais) antes da realização de obra de duplicação e asfaltamento da via que lhe dá acesso, e passou a valer R$ 250.000.000 (duzentos e cinquenta mil reais) após a intervenção estatal, teremos como base de cálculo da contribuição de melhoria o total de R$ 50.000,00 (cinquenta mil reais). É sobre tal valor que deverá incidir a alíquota do tributo, que poderá ir de 1% até 100% do benefício. Apenas após a realização de tal operação é que encontraremos o valor efetivo a ser pago pelo contribuinte.

Sobre o tema, o Superior Tribunal de Justiça possui pacificado o entendimento de que "*a base de cálculo da contribuição de melhoria é a efetiva valorização imobiliária, a qual é aferida mediante a* ***diferença entre o valor do imóvel antes da obra ser iniciada e após a sua conclusão****, inadmitindo-se a sua cobrança com base tão-somente no custo da obra realizada*"[28].

Ainda nos termos da jurisprudência do STJ, "a entidade tributante, ao exigir o pagamento de contribuição de melhoria, tem de demonstrar o amparo das seguintes circunstâncias: a) a exigência fiscal decorre de despesas decorrentes de obra pública realizada; b) a obra pública provocou a valorização do imóvel; c) a base de cálculo é a diferença entre dois momentos: o primeiro, o valor do imóvel antes da obra ser iniciada; o segundo, o valor do imóvel após a conclusão da obra.[29]"

6.1.1. Limites das contribuições de melhoria

Chamamos **limite individual** da contribuição de melhoria o acréscimo de valor que da obra resultar para cada imóvel beneficiado (CTN, art. 81, segunda parte). Como se pode perceber, o limite individual do tributo em estudo coincide com sua base de cálculo. Dessa forma, ninguém poderá pagar mais do que aquilo que efetivamente "recebeu", sob pena de verdadeira repartição injusta de encargos ou mesmo enriquecimento desmotivado do ente público. Haveria aqui clara afronta à proporcionalidade mencionada anteriormente e, consequentemente, à capacidade contributiva, podendo-se falar até mesmo em tributo confiscatório.

Além de obedecer a um limite individual, a contribuição de melhoria tem também um **limite total**, qual seja, a despesa realizada pelo Estado para conclusão da obra (CTN, art. 81, segunda parte; DL 195/67, art. 4º, *caput*). É imprescindível, pois, que o somatório dos valores pagos por todos os beneficiários da obra pública não supere o montante despendido pelo Estado para realizá-la.

Exemplifique-se.

---

28. STJ, REsp 1076948/RS, Primeira Turma, julgado em 04/11/2010. No mesmo sentido, confira-se: STJ, REsp 1075101/RS, Segunda Turma, julgado em 03/03/2009; STJ, REsp 1137794/RS, Segunda Turma, julgado em 06/10/2009; STJ, REsp 671.560/RS, Rel. Ministra Primeira Turma, julgado em 15/05/2007.

29. STJ, REsp 615.495/RS, Primeira Turma, julgado em 20/04/2004.

Se determinado Ente da federação gastar R$ 50.000.000,00 (cinquenta milhões de reais) na construção de uma ponte que facilite o acesso a 500 (quinhentos) imóveis idênticos situados à outra margem do rio, estes bens inequivocamente sofrerão acréscimo de valor, contudo, cada um dos proprietários não poderá pagar, a título de contribuição de melhoria, em caso de idêntica valorização, mais do que R$ 100.000,00 (cem mil reais), ainda que a valorização tenha sido superior a tal montante.

O que o estudante deve fixar na memória é que, necessariamente, sob pena de invalidade da exação, ambos os limites mencionados deverão ser obedecidos, não se podendo falar em cobrança com base exclusivamente no custo da obra, tampouco se levar em consideração apenas o proveito individual de cada um dos proprietários favorecidos.

O diagrama abaixo pode facilitar a compreensão:

Limites da Contribuição de Melhoria	
Limite Individual	**Limite Total**
• Acréscimo de valor que da obra resultar para cada imóvel beneficiado	• Despesa realizada pelo poder público.
• Fundamento legal: CF/88, art. 150, III; CTN, art. 81 (última parte), DL 195/67, art. 3º, *caput*.	• Fundamento legal: CTN, art. 81 (segunda parte); DL 195/67, art. 4º, *caput*.
• Obrigatório, sob pena de invalidade da exação.	• Obrigatório, sob pena de invalidade da exação.

Graça alguma controvérsia em doutrina e jurisprudência pátria acerca da obrigatoriedade da obediência, quando da instituição da contribuição de melhoria, do limite total fixado no Código Tributário Nacional e no Decreto-Lei nº 195/67.

Para os defensores da corrente que entende desnecessária a obediência ao limite total supracitado[30], isso ocorre, em primeiro lugar, em virtude da ausência de previsão do referido limite no texto da Constituição de 1988, que faz menção apenas à *melhoria decorrente de obra pública* (CF/88, art. 145, III) e, em segundo lugar, em razão de o fato gerador do tributo estar relacionado apenas à valorização imobiliária. Argumenta-se que a limitação da cobrança ao total das despesas da obra poderia levar os particulares a pagar menos do que aquilo que efetivamente lucraram, convalidando-se verdadeiro enriquecimento dos contribuintes.

Não se trata, no entanto do entendimento prevalecente.

Doutrinadores do escol de Hugo de Brito Machado[31] e Eduardo Sabbag[32] defendem que **o limite total** fixado no CTN e no DL 195/67 **permanece válido**, do contrário, verificar-se-ia o enriquecimento ilícito do Estado em detrimento dos proprietários dos imóveis.

30. Dentre outros: CARRAZZA, Roque Antonio. *Curso de Direito Constitucional Tributário.* 28. ed. São Paulo: Malheiros, 2012; ATALIBA, Geraldo. *Hipótese de Incidência Tributária.* 6. Ed. 5ª tiragem. São Paulo: Malheiros, 2004. pp. 170 e ss.
31. MACHADO, Hugo de Brito. *Curso de Direito Tributário.* 27. ed. São Paulo: Malheiros, 2006, p. 448.
32. SABBAG, Eduardo. *Manual de Direito Tributário.* 4. ed. São Paulo: Saraiva, 2012, p. 467.

Em outras palavras, havendo pagamento além do montante despendido para realização da obra, estaríamos diante de cobrança de verdadeiro imposto – tributo não vinculado –, não admissível por ausência de previsão constitucional. Nas palavras do professor Luís Eduardo Schoueri, com a qual concordamos integralmente, *"a justificativa para a cobrança da contribuição de melhoria está no fato de que aqueles proprietários foram, afinal, mais beneficiados pela obra. Assim, é justo que eles financiem seu custo. Não se justifica, entretanto, que eles ultrapassem aquele custo*[33]". Continuando, assevera o eminente doutrinador que *"além do argumento acima, soma-se o que já se falou acerca do papel da lei complementar: se o próprio Código Tributário Nacional previu o limite total da contribuição como custo da obra, não há de se tolerar lei ordinária municipal, estadual ou federal que contrarie tal limite*[34]*"*.

A jurisprudência do Supremo Tribunal Federal acompanha a segunda corrente apresentada, entendendo nossa Corte Suprema serem indispensáveis ambos os limites fixados no Código Tributário Nacional[35]. No mesmo sentido, o STJ entende que para o cálculo das contribuições de melhoria deverão ser levados em consideração tanto o montante do proveito individual de cada beneficiado quanto o custo total da obra[36].

Mencionemos, por fim, um terceiro limite legal à cobrança das contribuições de melhoria. Estamos falando da norma contida no art. 12, *caput*, do Decreto-Lei nº 195/67, segundo a qual *a contribuição de Melhoria será paga pelo contribuinte da forma que a sua parcela anual não exceda a 3% (três por cento) do maior valor fiscal do seu imóvel, atualizado à época da cobrança.*

Até que nossos tribunais se pronunciem sobre a validade do dispositivo, prevalecerá a presunção de constitucionalidade da norma. A nosso juízo, nada de anormal existe na previsão supracitada.

6.2. Alíquota

A **alíquota** das contribuições de melhoria é um percentual fixado em lei que, incidente sobre a base de cálculo do tributo – valorização do imóvel em decorrência da obra pública – permite a identificação do *quantum* a ser pago pelo sujeito passivo da exação. Conforme exposto anteriormente, a alíquota da contribuição de melhoria pode variar entre 1% e 100% do total da mais valia, a depender da vontade do ente tributante. Além disso, repita-se, não pode ser ultrapassado o já mencionado limite total (despesa com a obra pública)

Nos moldes do Decreto-Lei nº 195/67, *a percentagem do custo real a ser cobrada mediante Contribuição de Melhoria será fixada tendo em vista a natureza da obra, os benefícios para os usuários, as atividades econômicas predominantes e o nível de desenvolvimento da região* (DL 195/67, art. 4º, § 2º).

33. SCHOUERI, Luís Eduardo. *Direito Tributário.* São Paulo: Saraiva, 2011, p. 185.
34. *Idem.*
35. STF, AI 633395, Decisão Monocrática, Relator(a): Min. CÁRMEN LÚCIA, julgado em 01/08/2008.
36. STJ, REsp 200.283/SP, Primeira Turma, julgado em 04/05/1999.

Vê-se, com isso, que **a lei fornece critérios seguros e razoáveis ao legislador ordinário**, nada impedindo que outros fatores sejam levados em consideração quando da fixação da alíquota das contribuições de melhoria, tudo em tributo aos princípios da isonomia, capacidade contributiva e vedação ao confisco.

7. IMUNIDADES E ISENÇÕES

Conforme exposto anteriormente, só haverá imunidade tributária na medida em que expressamente prevista no texto da Constituição. No que diz respeito às contribuições de melhoria, nossa ***Lex Mater* não discriminou nenhum caso de não incidência constitucionalmente qualificada**. Não são aplicáveis aqui nem mesmo as chamadas imunidades tributárias genéricas, estatuídas no art. 150, VI, alíneas "a" a "d", da Constituição Federal[37].

Já no que diz respeito às isenções, nada obsta, na verdade, até se recomenda, que o ente competente para criação do tributo as institua como meio hábil à concretização de importantes princípios constitucionais tributários.

Tais princípios, não custa repisar, serão verificados na medida em que for constatada a proporcionalidade do rateio dos custos da obra entre os proprietários dos imóveis situados na sua zona de influência que possuam condições de arcar com a exação. Pagarão mais os sujeitos passivos que obtiverem uma maior valorização imobiliária, ao passo que deverão ser menos onerados aqueles que sofrerem menos as consequências – positivas – da atuação estatal.

Poderá, por exemplo, o município, estabelecer isenção tributária em prol de proprietários de imóveis valorizados por obra pública que, em virtude de más condições econômicas e financeiras, não tenham condições de arcar com a obrigação sem prejuízo do próprio sustento. Referimo-nos mais uma vez aos imóveis situados em favelas e comunidades de baixa renda, sobretudo aquelas localizadas nas proximidades de imóveis de luxo. Aqui, o mais recomendado é que a lei estabeleça a obrigação tributária apenas dos proprietários dos imóveis já valorizados antes mesmo da realização da obra, visto que reveladores de inequívoca capacidade contributiva.

8. INFORMAÇÕES COMPLEMENTARES

No presente tópico, nos dedicaremos, principalmente, a detalhar o procedimento fixado em lei para instituição e cobrança das contribuições de melhoria. Veremos de que forma o complexo rito de lançamento contribui para que o tributo em epígrafe seja tão pouco difundido em qualquer das 3 (três) esferas governamentais.

37. As principais imunidades tributárias genéricas são: a) imunidade tributária recíproca (CF/88, art. 150, VI, a); b) imunidade religiosa (CF/88, art. 150, VI, b); c) imunidade dos partidos políticos, entidades sindicais de trabalhadores, instituições de assistência social e de educação, sem fins lucrativos (CF/88, art. 150, VI, c)e; d) imunidade cultural (CF/88, art. 150, VI, d).

Em primeiro lugar, nos termos do CTN, a lei instituidora da contribuição de melhoria – que, como visto, poderá ser federal, estadual ou municipal – deverá conter previsão expressa acerca da obrigatoriedade de publicação prévia de edital contendo: a) memorial descritivo do projeto; b) orçamento do custo da obra (total ou parcial); c) determinação da parcela do custo da obra a ser financiada pela contribuição; d) delimitação da zona beneficiada e; e) determinação do fator de absorção do benefício da valorização para toda a zona ou para cada uma das áreas diferenciadas, nela contidas (CTN, art. 82, I, "a" a "e"; DL 195/67, art. 5º).

Nos moldes legais, *serão incluídos nos orçamentos de custo das obras, todos investimentos necessários para que os benefícios delas decorrentes sejam integralmente alcançados pelos imóveis situados nas respectivas zonas de influência* (DL 195/67, art. 4º, § 1º).

Além disso, **são requisitos da lei criadora da contribuição de melhoria**: a) *fixação de prazo não inferior a 30 (trinta) dias, para impugnação pelos interessados, de qualquer dos elementos referidos* nos parágrafos anteriores, alusivos ao edital (CTN, art. 82, II; DL 195/67, art. 6º); b) regulamentação do processo administrativo de instrução e julgamento da referida impugnação, sem prejuízo da sua apreciação judicial (CTN, art. 82, III) e; c) previsão de que *a impugnação deverá ser dirigida à Administração competente, através de petição, que servirá para o início do processo administrativo* (DL 195/67, art. 7º).

Por ocasião do respectivo lançamento, **cada contribuinte deverá ser notificado do montante da contribuição**, da forma de cobrança, dos prazos para impugnação, do local do pagamento e dos elementos que integram o respectivo cálculo (CTN, art. 82, § 2º; DL 195/67, art. 10, I a IV). Dentro do prazo que lhe for concedido – que nunca será inferior a 30 (trinta) dias – o contribuinte poderá reclamar, ao órgão lançador, contra: a) erro na localização e dimensões do imóvel; b) o cálculo dos índices atribuídos; c) o valor da contribuição e; d) o número de prestações (DL 195/67, art. 10, § único, I a IV).

Tem-se, com isso, que **o ônus da prova da valorização imobiliária será sempre da entidade tributante**, encarregada de apresentar os cálculos que irão embasar a cobrança da contribuição de melhoria. Será concedido, entretanto, prazo para que o contribuinte possa impugná-los administrativamente, podendo-se falar, portanto, em valor presumido, cujo cálculo está a cargo da própria pessoa política[38].

Sobre o tema, importante deixarmos consignado também que, nos moldes da jurisprudência do STJ, comprovada a ausência de notificação do devedor do lançamento da contribuição de melhoria, haverá contaminação da constituição do crédito tributário, afastando-se as presunções de liquidez e certeza da CDA. Ocorre que "*o vício alegado é antecedente à inscrição, isto é, refere-se à não ocorrência do procedimento de notificação ao contribuinte do lançamento, fato esse que contamina a constituição do crédito tributário*"[39].

---

38. Nesse sentido: STJ, AgRg no REsp 1304925/RS, Primeira Turma, julgado em 17/04/2012; STJ, REsp 671.560/RS, Primeira Turma, julgado em 15/05/2007.
39. STJ, AgRg no Ag 1265138, Primeira Turma, julgado em 01/11/2010.

Ainda nos moldes do Decreto-Lei nº 195/67, *os requerimentos de impugnação de reclamação, como também quaisquer recursos administrativos não suspendem o início ou prosseguimento das obras e nem terão efeito de obstar a administração a pratica dos atos necessários ao lançamento e cobrança da contribuição de melhoria* (DL 195/67, art. 11).

O quadro abaixo resume, de maneira mais didática, o complexo procedimento de lançamento das contribuições de melhoria:

Procedimento de Instituição e Cobrança das Contribuições de Melhoria	
1. Publicação de Edital prévio	• Memorial descritivo do projeto; • Orçamento do custo da obra; • Determinação da parcela do custo da obra a ser financiada; • Delimitação da zona beneficiada; • Determinação do fator de absorção do benefício da valorização
2. Impugnação ao Edital	• Prazo de 30 dias para impugnação do edital pelos interessados; • Previsão legal de regulamentação do processo administrativo de instrução da impugnação; • Impugnação deverá ser dirigida à autoridade competente.
3. Notificação de Lançamento	• Montante a ser pago pelo contribuinte; • Forma de Pagamento da Contribuição; • Prazo para impugnação do lançamento; • Local do pagamento; • Elementos que integram o cálculo do valor da contribuição
4. Impugnação ao Lançamento	• Erro na localização e dimensão do imóvel; • Erros nos cálculos dos índices; • Erro no valor final da contribuição; • Erro no número de prestações;

9. QUADRO SINÓPTICO

1. Introdução	Lançamento: Em regra, realizado de ofício.
	Competência: Comum de todos os entes da Federação. O ente competente para realização da obra será competente também para instituição da respectiva contribuição de melhoria.
	Princípios aplicáveis: a) legalidade; b) isonomia; c) capacidade contributiva; d) irretroatividade; e) anterioridade; f) anterioridade nonagesimal; g) vedação à utilização de tributo com efeito de confisco; h) limitação ao tráfego de pessoas ou bens; i) vedação à instituição de isenções heterônomas.
	Características: Tributo da competência comum, direto, privativo, vinculado, de arrecadação vinculada e ordinário.

<table>
<tr><td>2. Aspecto material</td><td colspan="2">O aspecto material diz respeito ao incremento valorativo propiciado por uma obra pública ao imóvel do sujeito passivo da exação. Fala-se em fato gerador misto na medida em que, para incidência da exação, além da realização de obra pelo Poder Público, faz-se indispensável a valorização imobiliária.</td></tr>
<tr><td>3. Aspecto temporal</td><td colspan="2">A obrigação tributária surge apenas após a conclusão da obra que lhe deu origem e quando for possível aferir a valorização do bem imóvel beneficiado pelo empreendimento estatal.</td></tr>
<tr><td>4. Aspecto espacial</td><td colspan="2">Tributo pode ser exigido de proprietário de imóveis situados na chamada "zona de influência", ou seja, limite territorial em que ainda é possível se aferir a valorização imobiliária.</td></tr>
<tr><td rowspan="2">5. Aspecto subjetivo</td><td colspan="2">Sujeito ativo: Ente da Federação competente para realização da obra pública.</td></tr>
<tr><td colspan="2">Sujeito passivo: Proprietário e enfiteutas de imóveis valorizados localizados na chamada zona de influência da obra.</td></tr>
<tr><td rowspan="3">6. Aspecto quantitativo</td><td rowspan="2">Base de Cálculo</td><td>O limite individual da contribuição de melhoria é o acréscimo de valor que da obra resultar para cada imóvel beneficiado.</td></tr>
<tr><td>O limite total diz respeito à despesa realizada pelo Estado para conclusão da obra.</td></tr>
<tr><td colspan="2">Alíquota: Percentual incidente sobre a base de cálculo que serve à quantificação do tributo.</td></tr>
<tr><td rowspan="3">7. Imunidade e isenções</td><td colspan="2">As imunidades genéricas constantes do art. 150, VI, alíneas "a" a "d" aplicam-se apenas aos impostos.</td></tr>
<tr><td colspan="2">A Constituição não contempla qualquer imunidade específica para as contribuições de melhoria.</td></tr>
<tr><td colspan="2">As isenções só poderão ser concedidas, por meio de lei, pelo ente competente para instituição das contribuições de melhoria, logo, pelo ente competente para realização da obra pública.</td></tr>
</table>

10. QUESTÕES DE CONCURSOS PÚBLICOS

01. **(FCC/DEFENSORIA PÚBLICA/PARÁ/2009)** Município institui contribuição de melhoria no valor de trezentos reais, para todos os contribuintes, em razão de obra pública de calçamento de vias públicas municipais realizada no exercício de 2008. Esta contribuição de melhoria é

a) devida, por ter por fato gerador obra pública.

b) devida, porque o Município tem direito a se reembolsar das obras públicas que beneficiam os moradores, sob pena de enriquecimento sem causa destes.

c) indevida, porque deveria ter sido cobrada antes da realização da obra.

d) indevida, porque obra de calçamento público não pode ser cobrada dos moradores.

e) indevida, porque não está sendo cobrada de maneira individualizada em razão da valorização imobiliária, deixando de considerar o quantum que cada imóvel teve de valorização em razão da obra pública.

2. **(FCC/AUDITOR/TCE/AM/2007)** Um dos atributos que diferenciam as taxas das contribuições de melhoria é o fato de que as taxas:

a) são facultativas, enquanto que as contribuições de melhoria remuneram serviços públicos específicos e indivisíveis, ainda que somente postos à disposição do usuário.

b) não dizem respeito a nenhuma atividade estatal específica, ao passo que as contribuições de melhoria apresentam o atributo da referibilidade.

c) remuneram serviços públicos específicos e indivisíveis, ao passo que as contribuições de melhoria remuneram serviços públicos específicos e divisíveis.

d) são cobradas pela prestação de serviços públicos, ainda que somente postos à disposição do usuário, ao passo que o pagamento das contribuições de melhoria é facultativo.

e) remuneram serviços públicos, ao passo que as contribuições de melhoria têm como contrapartida a valorização imobiliária em decorrência da realização de obras públicas.

---

3. **(FCC/PREFEITURA DE SÃO PAULO/AUDITOR DO MUNICÍPIO/2012)** A realização de obras públicas, que transformaram uma região anteriormente pantanosa em um belo e aprazível parque, ocasionou a valorização da maior parte dos imóveis localizados em suas proximidades, da seguinte maneira:

– o imóvel "A", que valia R$ 4.000.000,00 antes das obras, teve fator de absorção do benefício de valorização de 200%, passando a valer R$ 12.000.000,00.

– o imóvel "B", que valia R$ 3.000.000,00 antes das obras, teve fator de absorção do benefício da valorização de 100%, passando a valer R$ 6.000.000,00.

– o imóvel "C", que valia R$ 2.000.000,00 antes das obras, teve fator de absorção do benefício da valorização de 50%, passando a valer R$ 3.000.000,00.

– o imóvel "D" não teve valorização alguma em decorrência das obras realizadas.

Obs.: Todos os quatro imóveis têm a mesma área de terreno e o que determinou a diferença nos fatores de absorção do benefício da valorização foram elementos alheios à dimensão do terreno.

O custo total da obra foi orçado em R$ 6.000.000,00 e a referida contribuição deverá custeá-la integralmente.

Com base nessas informações e considerando que o município em questão editou lei ordinária estabelecendo a cobrança de contribuição de melhoria para fazer face ao custo dessa obra, é correto afirmar que:

a) os proprietários dos imóveis "A", "B", "C" e "D" deverão pagar contribuição de melhoria, pois estão na zona beneficiada.

b) os proprietários dos imóveis "A", "B" e "C" deverão pagar contribuição de melhoria, desde que a fixação das bases de cálculo e dos fatos geradores respectivos sejam estabelecidos por lei complementar.

c) os proprietários dos imóveis "A", "B" e "C", que tiveram seus imóveis efetivamente valorizados com a obra, deverão ratear integralmente o valor de custo da obra, com base na área do terreno de cada um deles, cabendo a cada um o valor de R$ 2.000.000,00.

d) a municipalidade poderá exigir, cumulativamente, de todos os quatro proprietários, contribuição de melhoria em valor igual ao da valorização de seus respectivos imóveis, cabendo ao imóvel "A" pagar R$ 8.000.000,00, ao imóvel "B" pagar R$ 3.000.000,00, ao imóvel "C" pagar R$ 1.000.000,00 e não cabendo nada a "D", perfazendo um total de R$ 12.000.000,00.

e) a municipalidade poderá exigir do proprietário do imóvel "C" contribuição de melhoria no valor de R$ 500.000,00, mesmo que seu imóvel tenha sido valorizado em R$ 1.000.000,00, desde que o limite total da exigência referente ao custo da obra não ultrapasse R$ 6.000.000,00.

---

4. **(CESPE/2008/OAB-SP)** Suponha que determinado ente da Federação pretenda instituir contribuição de melhoria para fazer face ao custo da construção de uma linha de metrô que beneficiará certa região metropolitana com valorização imobiliária. Considerando essa situação hipotética e a disciplina da espécie tributária mencionada, assinale a opção correta.

a) O referido ente da Federação somente pode ser um município ou o DF.

b) O valor da contribuição de melhoria deverá corresponder ao custo total da obra dividido pelo número de imóveis beneficiados.

c) O orçamento do custo da obra deverá ser previamente publicado, e o prazo para a sua impugnação administrativa pelos interessados não poderá ser inferior a 30 dias.

d) O valor da contribuição de melhoria deverá englobar, necessariamente, o valor total da obra pública a ser custeada pela exação.

---

5. **(CESPE/2008/PGE-ES/PROCURADOR)** Caso certa entidade municipal leve a efeito a construção de uma ponte, no valor de R$ 7.200.000,00, que beneficie a população de duas cidades, uma vez que a distância percorrida pelas pessoas diminuirá de 30 km para 7 km, para efeitos de cobrança da contribuição de melhoria, a valorização dos imóveis beneficiados será presumida, cabendo aos contribuintes interessados fazer prova da inexistência da valorização imobiliária. – errado.

---

6. **(EJEF/2005/TJ-MG/JUIZ)** Marque a alternativa CORRETA:

a) Taxa é tributo que pode ser instituído em razão de serviços públicos específicos e indivisíveis prestados ou colocados à disposição do contribuinte.

b) As taxas podem ter base de cálculo própria de impostos, desde que se refiram ao exercício do poder de polícia ou a serviços públicos específicos e divisíveis.

c) Contribuição de melhoria, decorrente de obras públicas, é tributo que pode ser instituído pela União, Estados e Municípios.

d) Os Estados podem instituir impostos cumulativos sobre operações relativas à circulação de mercadorias.

---

7. **(FUNIVERSA/2009/ADASA/ADVOGADO)** Um estado brasileiro construiu uma ponte com recursos públicos, o que contribuiu para a valorização da região que foi beneficiada com a obra. A respeito dessa hipótese, assinale a alternativa correta.

a) Dentro dos limites do exercício da competência tributária do referido estado, pode ele deixar de instituir a cobrança da contribuição de melhoria.

b) A hipótese apresentada não gera nenhum tributo a ser recolhido com previsão constitucional.

c) O fato gera a cobrança obrigatória de contribuição de melhoria dos beneficiados, mesmo sem lei a instituindo.

d) A instituição da contribuição de melhoria independe do fato gerar vantagem ou benefício.

e) A contribuição de melhoria tem como finalidade precípua financiar futura obra pública.

---

8. **(ESAF/2002/FTE PA)** Identifique, nas opções abaixo, o tributo cujo fundamento ético-jurídico é o não enriquecimento injusto.

a) imposto

b) taxa

c) empréstimo compulsório

d) contribuição social

e) contribuição de melhoria

---

9. **(FCC/2005/MP-SE)** A respeito dos tributos previstos na Constituição, é correto afirmar que:

a) a contribuição de melhoria não pode ser exigida antes do início da obra pública.

b) os empréstimos compulsórios poderão ser instituídos pela União, pelos Estados, pelos Municípios e pelo Distrito Federal para atender despesas extraordinárias, decorrentes de calamidade pública.

c) as taxas podem ter a mesma base de cálculo de imposto.

d) na ausência do exercício do poder de tributar pelos Estados e pelos Municípios, a União poderá dispor, por intermédio de lei ordinária federal, sobre os tributos de competência dessas pessoas políticas.

e) após a Emenda Constitucional nº 29, de 13.09.2000, o Imposto sobre Propriedade Territorial Urbano pode ser exigido através de alíquotas progressivas desde que o Município possua plano diretor.

---

10. (COPS/UEL – PGE/PR – 2011) Dentre as alternativas abaixo, aponte aquela que estiver correta:

a) somente os impostos são classificados como tributos vinculados;

b) as taxas são tributos que podem ser instituídos tanto em razão do exercício do poder de polícia quanto somente pela efetiva utilização de serviços públicos específicos e divisíveis;

c) as contribuições de melhoria são classificadas como tributos não vinculados porque não decorrem da utilização de serviços públicos, específicos e divisíveis, e sim de obras públicas;

d) compete à União, Estados, Distrito Federal e Municípios, instituir contribuições sociais, de intervenção no domínio econômico e de interesse das categorias profissionais ou econômicas, como instrumento de sua atuação nas respectivas áreas;

e) N.d.a

---

11. (FUMARC/2011/PREFEITURA DE NOVA LIMA-MG/PROCURADOR DO MUNICÍPIO) Um determinado, contribuinte do IPTU, reside em imóvel de sua propriedade, defronte a uma praça municipal. A Prefeitura local canalizou ali um córrego, asfaltou as ruas adjacentes à praça, arborizando-a e ajardinando-a. Por consequência, a casa deste contribuinte sofreu uma valorização imobiliária, aumentando o valor de mercado. Em face do exposto, ele, em razão da valorização de sua propriedade, está potencialmente sujeito ao pagamento do (de):

a) taxa pelo serviço de asfaltamento.

b) contribuição de melhoria.

c) taxa pela utilização de serviços públicos de urbanização.

d) taxas pelo exercício do poder de polícia.

---

12. (CESPE/2009/DETRAN DF/ANALISTA/ADVOCACIA) Em cumprimento a programa de obras do governo do DF, foi feito o recapeamento de vias públicas já asfaltadas, em várias cidades satélites do DF. Nessa situação, os cidadãos beneficiados com a obra pública estarão sujeitos ao pagamento de contribuição de melhoria. –

---

13. (FEPESE/2010/SEFAZ-SC/AUDITOR FISCAL DA RECEITA ESTADUAL) Assinale a alternativa correta.

a) Os Municípios recebem 80% (oitenta por cento) da receita do Imposto sobre a Propriedade Territorial Rural arrecadada em seu território.

b) Na iminência ou no caso de guerra externa, a União pode instituir, temporariamente, impostos extraordinários compreendidos entre aqueles previstos no sistema constitucional tributário, os quais deverão ser suprimidos, gradativamente, no prazo máximo de dez anos, contados da celebração da paz.

c) A base de cálculo do IPI, no caso de saída de mercadoria de estabelecimento industrial, é o valor da operação de que decorrer a saída da mercadoria, mas na falta desse valor, o preço corrente da mercadoria, ou sua similar, no mercado varejista da praça do comprador.

d) Para fins de recolhimento do IPI, aplica-se o chamado princípio da proporcionalidade, segundo o qual deve a lei dispor de forma que o montante devido resulte da diferença a maior, em determinado período, entre o imposto referente aos produtos saídos do estabelecimento e o pago relativamente aos produtos nele entrados.

e) Na instituição de Contribuição de Melhoria, a lei deverá fixar prazo, não inferior a 30 (trinta) dias, para impugnação, pelos interessados, de qualquer dos elementos referidos no artigo 82, I, do CTN.

---

14. (VUNESP/2008/TJ-SP/JUIZ) A contribuição de melhoria

a) tem por fato gerador a valorização de imóvel, em razão de obra pública, e será calculada pela parcela de seu custo, rateada entre os contribuintes beneficiados.

b) tem como fato gerador a prestação de serviço público específico e divisível, listado em caráter exemplificativo na Lei Federal.

c) pode ser instituída somente por Estados, Municípios e Distrito Federal.

d) não permite questionamento administrativo pelo contribuinte, antes de seu lançamento.

---

15. (FCC/2005/PGE-SE/PROCURADOR DO ESTADO) Um dos elementos que diferenciam as taxas das contribuições de melhoria é o fato de que as taxas

a) remuneram serviços públicos específicos e indivisíveis, ao passo que as contribuições de melhoria remuneram serviços públicos específicos e divisíveis.

b) não dizem respeito a nenhuma atividade estatal específica, ao passo que as contribuições de melhoria apresentam o atributo da referibilidade.

c) remuneram serviços públicos, ao passo que as contribuições de melhoria têm como contrapartida a realização de obras públicas e a consequente valorização imobiliária.

d) são cobradas pela prestação de serviços públicos, ainda que apenas postos à disposição do usuário, ao passo que o pagamento das contribuições de melhoria é facultativo.

e) remuneram serviços públicos, ao passo que as contribuições de melhoria têm como contrapartida apenas a valorização imobiliária.

---

16. (CESPE/2009/PREFEITURA DE IPOJUCA-PE/PROCURADOR MUNICIPAL) Caso o Poder Executivo do município de Ipojuca promova o recapeamento asfáltico de várias vias públicas já asfaltadas, por força de solicitações formais levadas a efeito pela comunidade local, não caberá a cobrança de contribuição de melhoria. –

---

17. (CESPE/2012/ANALISTA JUDICIÁRIO) Com relação ao poder de polícia administrativa, julgue o item abaixo:

O exercício do poder de polícia administrativa é um dos fatos geradores da cobrança de taxas, impostos e contribuições de melhoria.

---

18. (ESAF/1994/AFTN) Sobre o valor de "verdade" dos enunciados que seguem, podemos afirmar:

I. os fatos geradores são figuras típicas dos tributos não vinculados, não compondo a estrutura impositiva das taxas que decorrem de um fato revelador de uma atividade estatal, direta e especificamente dirigida ao contribuinte.

II. Taxa é um tributo não vinculado que tem como base de calculo uma grandeza dimensível de fato estranho a qualquer atividade estatal referida ao obrigado.

III. O traço característico que diferencia a taxa da contribuição de melhoria, é que esta ultima tem como pressuposto o fato de o produto de sua arrecadação ter destinação legal voltada à realização de obra publica que valorize o imóvel do contribuinte.

a) os três enunciados são falsos.

b) os três enunciados são verdadeiros.

c) I – verdadeiro II – verdadeiro III – falso

d) I – falso II – falso III – verdadeiro

e) I – falso II – verdadeiro III – falso

19. (COPS/UEL – PGE/PR – 2011) Em relação à disciplina constitucional das contribuições, enquanto subespécies tributárias é correto afirmar:

a) a veiculação de notícia que anuncie a realização de obra pública e que com isso gere a valorização dos imóveis próximos a ela autoriza a cobrança de contribuição de melhoria, nos termos do art. 145, III da Constituição Federal;

b) a instituição das contribuições de intervenção no domínio econômico é de competência exclusiva da União e dos Estados;

c) estados, Municípios e Distrito Federal podem cobrar contribuição de iluminação pública, para custear o respectivo serviço, sendo facultada a cobrança na fatura de consumo de energia elétrica;

d) as receitas decorrentes de exportações e bem assim as importações de produtos e serviços são imunes à incidência de contribuições sociais e de intervenção no domínio econômico;

e) n. d. a.

20. (FCC/Auditor Fiscal Estadual de Tributos – RO/2010) Sobre as características das espécies de tributos, é correto afirmar que

a) imposto é o tributo cuja obrigação tributária tem por fato gerador uma atividade estatal.

b) taxa é o tributo cuja obrigação tributária tem por fato gerador uma obra pública.

c) contribuição de melhoria é uma espécie de tributo vinculado a uma prévia atividade estatal, qual seja, obra pública.

d) o empréstimo compulsório é um tributo de competência comum e pode ser instituído por medida pro – visória em caso de investimento urgente.

e) a contribuição para o custeio do serviço de iluminação pública é de competência exclusiva dos Estados e Distrito Federal.

21. (FCC/AUDITOR FISCAL DA RECEITA ESTADUAL/SEFAZ RJ/2014) O Estado do Rio de Janeiro decidiu realizar obras públicas para conter as enchentes que assolavam um determinado município hipotético de seu território. Essas obras consistiam em elevar as margens do rio que banhava esse município e incluíam, em decorrência disso, a abertura de vias públicas largas e modernas, recuperação da região degradada e, inclusive, a realização de obras de paisagismo.

– As obras públicas a serem realizadas foram orçadas em R$ 250.000,00, valor esse a ser integralmente financiado por contribuição de melhoria. Estudos efetuados demonstraram que a zona a ser beneficiada pelas obras abrangeria cinco imóveis da região, sendo que a valorização média esperada desses imóveis seria de 20%.

– Com base nisso, o Estado promoveu o lançamento da contribuição de melhoria, cobrando, de cada um dos cinco imóveis localizados na região beneficiada, contribuição de melhoria equivalente a 20% do valor do imóvel, resultando na seguinte situação:

Imóvel	Valia (R$)	Contribuição de Melhoria Cobrada (R$)	Valorização efetiva, constatada em razão da obra
I	100.000,00	20.000,00	não teve valorização alguma
II	200.000,00	40.000,00	passou a valer 220.000,00
III	300.000,00	60.000,00	passou a valer 345.000,00
IV	400.000,00	80.000,00	passou a valer 480.000,00
V	500.000,00	100.000,00	passou a valer 625.000,00

Considerando as informações acima, é correto afirmar:

a) Considerando que a valorização do imóvel V (R$ 125.000,00) é equivalente a 46,29% da soma total das valorizações individuais de cada imóvel (R$ 270.000,00), o Estado poderá aplicar esse índice de 46,29%, sobre o valor do imóvel antes da sua valorização, para fins de cálculo do valor da contribuição de melhoria por ele devida.

b) Todos os cinco imóveis deveriam pagar contribuição de melhoria, pois as obras realizadas trouxeram vários tipos de benefícios à região, como, por exemplo, o fim das enchentes e o embelezamento da área.

c) O Estado poderá cobrar contribuição de melhoria de todos os imóveis que se valorizaram em decorrência da obra em questão, tendo como único valor máximo limite, para essa cobrança, o montante equivalente à valorização que cada imóvel sofreu em decorrência das obras realizadas.

d) Embora os imóveis valorizados em decorrência da obra em questão tenham tido uma valorização média de 20%, o Estado poderá cobrar, de todos eles, linearmente, contribuição de melhoria calculada com base na aplicação do percentual de 18% sobre o valor do imóvel antes da realização da obra.

e) Se o fator individual de valorização do imóvel II, apurado com base na legislação própria, fosse igual a 0,074 (ou 7,4%), a contribuição de melhoria relativa a esse imóvel poderia ser determinada e, posteriormente, lançada e cobrada, mediante o rateio do custo total da obra por esse fator individual de valorização.

---

22. (CESPE/UNB/PROCURADOR/PGE/PI/2014) A respeito das competências tributárias, assinale a opção correta.

a) Por ser tributo vinculado, a contribuição de melhoria somente pode ser exigida quando realizada obra pública que proporcione a valorização de imóvel de propriedade do contribuinte, estando sua cobrança limitada pelo valor global da obra pública e, concomitantemente, pelo valor do benefício econômico auferido pelo contribuinte.

b) As contribuições sociais gerais são fundadas na CF e, diferentemente das contribuições sociais de financiamento da seguridade social, devem ser instituídas por meio de leis complementares.

c) As taxas de serviço podem ser exigidas em virtude da mera disponibilidade do serviço público específico e divisível e, no caso de serviços de natureza compulsória, a sua cobrança independe da efetiva prestação da atividade pelo Estado ao contribuinte.

d) A denominação do tributo, assim como a destinação do produto da sua arrecadação, é irrelevante para a identificação da espécie tributária e do regime jurídico a ela aplicável.

e) São pressupostos dos empréstimos compulsórios a ocorrência de calamidade pública, guerra, investimento público urgente e de relevante interesse nacional, e uma conjuntura econômica que exija a absorção temporária de poder aquisitivo, exigindo – se, em todos os casos, aprovação por lei complementar.

---

23. (UFPR/PGM-Curitiba/Procurador/2015) Nos termos da Constituição de 1988, a contribuição de melhoria é tributo da competência comum de União, Estados, Distrito Federal e Municípios "decorrente de obras públicas". Sobre a espécie tributária em comento, assinale a alternativa correta.

a) Na desapropriação indireta, quando há valorização geral e ordinária da área remanescente ao bem esbulhado em decorrência de obra ou serviço público, não é possível o abatimento no valor da indenização devida ao antigo proprietário, cabendo ao Poder Público, em tese, a utilização da contribuição de melhoria.

b) Dão ensejo à cobrança de contribuição de melhoria o asfaltamento e o recapeamento asfáltico de vias públicas, desde que verificada a posterior valorização imobiliária.

c) A instituição de contribuição de melhoria depende de lei específica para cada obra, bem como da ocorrência de efetiva valorização imobiliária em razão da obra pública, cabendo ao sujeito passivo da exação o ônus de realizar a prova da inexistência de valorização.

d) A base de cálculo da contribuição de melhoria é o custo total da obra pública.

e) De acordo com jurisprudência pacífica do Superior Tribunal de Justiça, o Município de Curitiba está autorizado a instituir contribuição de melhoria sobre obra pública estadual realizada nos limites territoriais do Município, desde que verificada a valorização imobiliária.

---

24. (FGV/OAB-XVI Exame de Ordem Unificado/2015) O Município XYZ resolveu instituir, por meio de lei específica, um tributo que tem como fato gerador a valorização imobiliária decorrente de obra realizada pelo Estado Alfa em seu território, sendo o contribuinte o proprietário do imóvel valorizado e a base de cálculo, independentemente da valorização experimentada por cada imóvel, o custo da obra estatal.

Sobre a hipótese descrita, responda aos itens a seguir.

A) Qual seria a espécie tributária que o Município XYZ pretendeu instituir? Aponte o dispositivo constitucional aplicável.

B) Na hipótese descrita, o Município XYZ é competente para instituir tal tributo?

C) A base de cálculo do tributo está correta?

Gabarito		
Questão	**Resposta**	**Referência**
1	E	Tópico 2
2	E	Tópico 1
3	E	Tópico 6.1.1
4	C	Tópico 8
5	ERRADO	Tópico 8
6	C	Tópico 5.1
7	A	Tópico 5.1
8	E	Tópico 1
9	A	Tópico 3
10	E	Tópico 1
11	B	Tópico 2
12	ERRADO	Tópico 2
13	E	Tópico 8
14	A	Tópico 6
15	C	Tópico 1
16	CERTO	Tópico 1
17	ERRADO	Tópico 1
18	A	Tópico 2
19	E	Tópico 2
20	C	Tópicos 1 e 2
21	E	Tópico 6
22	A	Tópico 2
23	A	Tópico 2.1
24	______	

PARTE III

TRIBUTOS FEDERAIS

Marcus de Freitas Gouvêa

CAPÍTULO 5
IMPOSTO TERRITORIAL RURAL – ITR

Sumário • 1. Aspecto material – 2. Aspecto temporal – 3. Aspecto espacial – 4. Aspecto subjetivo – 5. Aspecto quantitativo – 6. Imunidade e isenção – 7. Informações complementares: lançamento – 8. Quadro sinóptico – 9. Súmulas; 10. Questões de concursos públicos.

1. ASPECTO MATERIAL

O Imposto Territorial Rural é o mais conciso dentre os impostos e contribuições administrados pela Secretaria da Receita Federal do Brasil e a legislação específica sobre a matéria também é bastante reduzida.

O art. 153, VI, da Constituição estabelece o critério material do imposto e seu parágrafo quarto, determina que o imposto será progressivo, fixado de forma a desestimular a manutenção de propriedades improdutivas. A norma também prevê imunidade para as pequenas glebas rurais, mas somente para aquelas exploradas por proprietário e família que não possuam outro imóvel.

Trata-se de um imposto sobre o patrimônio.

O *patrimônio*, conceitualmente, é fácil de ser identificado, tanto pela economia quanto pelo direito. Confunde-se com o *capital*, os "bens dos quais o possuidor, sem desfalcá-los, tira utilidades, quer se sirva deles, quer ceda o uso a terceiro".

O ITR se aproxima do IPTU em alguns pontos, especialmente pelo fato de incidirem sobre a propriedade imóvel. Os dois impostos também se sujeitam ao princípio da legalidade estrita (art. 150, I, da CF/88), bem como aos princípios da anterioridade do exercício (art. 150, III, b, da CF/88) e da anterioridade nonagesimal (art. 150, III, c, da CF/88).

Como veremos, o imposto municipal e o imposto federal possuem certa complementaridade no que toca ao aspecto espacial. Aquele incide sobre a propriedade urbana e este sobre a propriedade rural, sendo área urbana definida pelos municípios, nos termos das normas complementares aplicáveis ao IPTU (art. 32, § 1º, do CTN), enquanto a área rural é definida por exceção, vale dizer, o que não for área urbana será área rural.

Havia uma teoria que considerava tanto o ITR quanto o IPTU como impostos reais, que incidiriam sobre a coisa, em contraposição aos impostos pessoais, que incidiriam sobre as pessoas. Esta classificação, contudo, não mais subsiste, pois hoje se considera que todos os tributos representam obrigações pessoais, entre contribuinte ou responsável e o fisco. Para lembrar, o direito real, como a propriedade, caracteriza-se por haver um titular do direito, o proprietário, oponível *erga omnis*, vale dizer, contra qualquer pessoa, enquanto o direito pessoal se caracteriza pela existência de um ou mais credores, que podem exigir a obrigação de um ou mais devedores, devidamente identificados.

Direito Real	Direito Pessoal
Caracteriza-se pela existência de um titular de direito oponível *erga ominis*.	Caracteriza-se pela definição prévia de um número limitado de credores e devedores.
Adere à coisa.	Vincula somente pessoas
Ex. Propriedade, posse, hipoteca, penhor.	Ex. Compra e venda, tributos, relação de emprego.

Assim, tanto o ITR quanto o IPTU são classificados, como todos os demais tributos, na categoria de direitos pessoais.

Como diferença entre os tributos, podemos citar o aspecto espacial, a área urbana para o imposto municipal e a área rural, para o ITR e o lançamento, realizado tipicamente de ofício no IPTU e por declaração, no ITR.

Também há diferença entre os impostos no aspecto material, no fato gerador, ou ainda, na norma de competência constitucional de criação das exações. A Constituição permite ao **legislador municipal** que estabeleça imposto sobre a **propriedade predial e territorial** urbana, enquanto a permissão conferida ao legislador federal limita-se à criação de imposto sobre a **propriedade territorial** rural, vedando-lhe fazer incidir o imposto sobre outros bens que agregam valor à terra, como prédios, plantações, benfeitorias etc.

As normas gerais sobre o ITR no CTN também são sucintas. Dispõe o art. 29, do Código:

> *Art. 29. O imposto, de competência da União, sobre a propriedade territorial rural tem como fato gerador a propriedade, o domínio útil ou a posse de imóvel por natureza, como definido na lei civil, localizado fora da zona urbana do Município.*

Assim, pode o legislador ordinário estabelecer como fato gerador do imposto a propriedade plena ou quaisquer das modalidades de domínio útil, tais como o usufruto, ou mesmo a posse do imóvel situado na zona rural, como dissemos, definida por exceção, como toda área que não estiver incluída na área urbana dos municípios.

Interessante de ser analisado é o caso da invasão de propriedades rurais e sua repercussão na obrigação tributária. Em tese, a Fazenda Pública poderá cobrar o tributo do proprietário do imóvel invadido, uma vez que o nome deste consta no registro de imóveis. Contudo, o Código Civil define que proprietário é aquele que tem a faculdade de usar, gozar e dispor da coisa, e o direito de reavê-la faltando assim um dos elementos da propriedade invadida. A discussão, portanto, se concentra no fato de que diante de uma invasão de propriedade, o proprietário deixará de usá-la e fruí-la, e muitas vezes de dela dispor, ou seja, a propriedade deixa de ser plena em razão do empecilho criado pelos invasores. Diante deste fato, a jurisprudência se manifestou no sentido de que aquele que estiver desprovido ilegalmente dos direitos sobre a sua propriedade e sem possibilidade de reavê-la, não pode se enquadrar como sujeito passivo dos tributos sobre propriedade:

> *TRIBUTÁRIO. ITR. INCIDÊNCIA SOBRE IMÓVEL. INVASÃO DO MOVIMENTO "SEM TERRA". PERDA DO DOMÍNIO E DOS DIREITOS INERENTES À PROPRIEDADE. IMPOSSIBILIDADE DA SUBSISTÊNCIA DA EXAÇÃO TRIBUTÁRIA. PRINCÍPIO DA PROPORCIONALIDADE. RECURSO ESPECIAL NÃO PROVIDO. (...) A propriedade plena pressupõe o domínio, que se subdivide nos poderes de usar, gozar, dispor e reivindicar a coisa. Em que pese ser a propriedade um dos fatos geradores do ITR, essa propriedade não é plena quando o imóvel encontra-se invadido, pois o proprietário é tolhido das faculdades inerentes ao domínio sobre o imóvel. Com a invasão do movimento "sem terra", o direito da recorrida ficou tolhido de praticamente todos seus elementos: não há mais posse, possibilidade de uso ou fruição do bem; consequentemente, não havendo a exploração do imóvel, não há, a partir dele, qualquer tipo de geração de renda ou de benefícios para a proprietária.*
>
> *(STJ, T2, REsp 1.144.982/PR, Min. MAURO CAMPBELL MARQUES, DJe de 15/10/2009)*

O STJ, portanto, entendeu que o esvaziamento dos direitos inerentes à propriedade causados pela invasão impede a cobrança do ITR do proprietário.

Entretanto, o § 1º, do art. 1º, da Lei 9.393/96 determina a incidência do ITR em imóveis declarados de interesse social, enquanto o proprietário permanecer na posse do bem. Dispõe a norma que "o ITR incide inclusive sobre o imóvel declarado de interesse social para fins de reforma agrária, enquanto não transferida a propriedade, exceto se houver imissão prévia na posse". Neste caso, enquanto não ocorrer a desapropriação, o proprietário exerce plenamente seu direito, justificando-se, pois, a incidência do tributo.

2. ASPECTO TEMPORAL

O *caput* art. 1º, da Lei 9.393/96 segue exatamente o art. 29, do CTN quanto a hipótese de incidência e define também a data de ocorrência do fato gerador. Vejamos:

> *Art. 1º O Imposto sobre a Propriedade Territorial Rural – ITR, de apuração anual, tem como fato gerador a propriedade, o domínio útil ou a posse de imóvel por natureza, localizado fora da zona urbana do município, em 1º de janeiro de cada ano.*

A norma que estabelece o fato gerador do imposto, também define seu aspecto temporal. Em seus termos, ocorre o fato gerador em 1º de janeiro de cada ano, de modo que não há proporcionalidade nem restituição do imposto pago, no caso de o imóvel ser alienado ou passar a gozar de isenção ou imunidade no decorrer do exercício.

3. ASPECTO ESPACIAL

O elemento básico do aspecto espacial do ITR é a definição da área rural. Tratando-se de imóvel localizado na área rural, pode incidir o ITR.

O § 2º, do artigo 1º, da Lei 9.393/96, dispõe que ocorre o fato gerador, mesmo se parcela contínua do imóvel se localize na área urbana do município. O relevante, pois, é que o imóvel se localize, ao menos em parte, na área rural, definida, como vimos, pelo direito municipal.

Em virtude da repartição constitucional das receitas do imposto e da possibilidade de administração do tributo pelo município, hipótese em que toda a arrecadação pertencerá à municipalidade, o § 3º, do art. 1º, da Lei 9.393/96, disciplina a qual ente o imóvel deve ser enquadrado, quando a área rural se estende por mais de um município. Vejamos:

> *Art. 1º [...]*
>
> *§ 3º O imóvel que pertencer a mais de um município deverá ser enquadrado no município onde fique a sede do imóvel e, se esta não existir, será enquadrado no município onde se localize a maior parte do imóvel.*

Nos termos desta regra, considera-se que o imóvel esteja localizado no município onde se encontrar a sede da propriedade para fins do ITR. Se não houver sede, deve-se verificar onde se encontra a maior parte do imóvel. Não há mais a possibilidade de rateio do imposto, pela proporção da área localizada em cada município.

O STJ, apreciando a cobrança do IPTU, tem proferido decisões que vislumbram a possibilidade de incidência do ITR também em áreas urbanas. Entende o Tribunal que a norma de competência do IPTU não abrange imóveis urbanos utilizados em exploração extrativa vegetal, agrícola, pecuária ou agroindustrial, conforme o art. 15, do DL 57/66, recepcionado como lei complementar, pela Constituição de 1988[1]. Dessa forma, imóvel urbano com destinação tipicamente rural compõe, também, a previsão de competência do ITR. Vejamos:

> *1. Não incide IPTU, mas ITR, sobre imóvel localizado na área urbana do Município, desde que comprovadamente utilizado em exploração extrativa, vegetal, agrícola, pecuária ou agroindustrial (art. 15 do DL 57/1966).*
>
> *2. Recurso Especial provido. Acórdão sujeito ao regime do art. 543-C do CPC e da Resolução 8/2008 do STJ.*
>
> *(STJ; S1; REsp 1.112.646/SP; Min. HERMAN BENJAMIN; DJe de 28/08/2009)*

---

1. O STF reconheceu que a norma fora recepcionada pela Constituição no julgamento do RE 140.773/SP, Min. Sydney Sanches, DJ de 04/06/1999.

Nos termos do referido art. 15, do DL 57/66, afasta-se a incidência do IPTU (art. 32, do CTN), para dar lugar à incidência do ITR, sobre imóveis localizados na área urbana do município, mas que seja utilizado em exploração extrativa vegetal, agrícola, pecuária ou agroindustrial. Leia-se:

> *Art. 15. O disposto no art. 32 da Lei nº 5.172, de 25 de outubro de 1966, não abrange o imóvel de que, comprovadamente, seja utilizado em exploração extrativa vegetal, agrícola, pecuária ou agro-industrial, incidindo assim, sôbre o mesmo, o ITR e demais tributos com o mesmo cobrados.*

A recíproca não é verdadeira. Vale dizer, o ITR apenas deixa de incidir quando se fizerem presentes os requisitos formais e materiais para a incidência do IPTU (art. 32, do CTN), isto é, quando a área onde se localiza passa a ser urbana.

4. ASPECTO SUBJETIVO

O **sujeito ativo do imposto é a União**, assim como dela é a competência para legislar sobre o ITR e administrá-lo, cabendo ao município onde se encontra imóvel 50% da arrecadação (art. 158, II, da CF/88).

Nesta linha, dispõe o art. 15, da Lei 9.393/96:

> *Art. 15. Compete à Secretaria da Receita Federal a administração do ITR, incluídas as atividades de arrecadação, tributação e fiscalização.*
>
> *Parágrafo único. No processo administrativo fiscal, compreendendo os procedimentos destinados à determinação e exigência do imposto, imposição de penalidades, repetição de indébito e solução de consultas, bem como a compensação do imposto, observar-se-á a legislação prevista para os demais tributos federais.*

Contudo, a Constituição de 1988 (art. 153, § 4º, III) prevê a possibilidade de **transferência da administração do imposto para o município** onde se localizar o imóvel.

Lembrem-se, a competência tributária (legislativa) é indelegável e a União continua legislando sobre o ITR.

Para regular a norma constitucional, fora editada a Lei 11.250/05, que dispõe:

> *Art.1º A União, por intermédio da Secretaria da Receita Federal, para fins do disposto no inciso III do § 4º do art. 153 da Constituição Federal, poderá celebrar convênios com o Distrito Federal e os Municípios que assim optarem, visando a delegar as atribuições de fiscalização, inclusive a de lançamento dos créditos tributários, e de cobrança do Imposto sobre a Propriedade Territorial Rural, de que trata o inciso VI do art. 153 da Constituição Federal, sem prejuízo da competência supletiva da Secretaria da Receita Federal.*
>
> *§ 1º Para fins do disposto no caput deste artigo, deverá ser observada a legislação federal de regência do Imposto sobre a Propriedade Territorial Rural.*
>
> *§ 2º A opção de que trata o caput deste artigo não poderá implicar redução do imposto ou qualquer outra forma de renúncia fiscal.*

> *Art. 2º A Secretaria da Receita Federal baixará ato estabelecendo os requisitos e as condições necessárias à celebração dos convênios de que trata o art. 1º desta Lei.*

Assim, a administração do imposto (vale dizer, a fiscalização e a cobrança, não a competência legislativa nem a sujeição ativa) pode ser transferida aos municípios, que passam a receber toda a arrecadação do ITR paga pelos proprietários de imóveis rurais em sua área geográfica.

São requisitos da transferência da atribuição:

- Opção do município;
- Formalização da opção por convênio firmado pelo município e a Secretaria da Receita Federal;
- Manutenção da carga tributária prevista pela legislação federal.

Há outros requisitos regulamentares para a transferência da administração do imposto relativos à capacidade material do município em desempenhar as atribuições.

É bom lembrar, que a lei menciona delegação de competência em sentido amplo, pois esta não abrange, nem poderia abranger, a função legislativa. O art. 153, § 4º, III, da CF/88, no caso, permite a atribuição das funções de arrecadação e fiscalização.

O art. 7º, do CTN, a seu turno, prevê que "a competência tributária [a legislativa] é indelegável, salvo atribuição das funções de arrecadar ou fiscalizar tributos, ou de executar leis, serviços, atos ou decisões administrativas em matéria tributária, conferida por uma pessoa jurídica de direito público a outra [...]"

Dessa forma, as disposições da Lei 11.250/05 respeitam tanto a Constituição quanto a norma complementar.

Do outro lado da relação jurídica do ITR, da sujeição passiva, encontram-se o contribuinte e o responsável, disciplinados pelos art. 4º e 5º, da Lei 9.393/96. De maneira consentânea com a previsão do fato gerador, dispõe o art. 4º, da Lei 9.696/93 que "**contribuinte** do ITR é o proprietário de imóvel rural, o titular de seu domínio útil ou o seu possuidor a qualquer título".

Para os **imóveis em condomínio**, a responsabilidade é solidária, independente da cota parte ou do percentual da participação de cada condômino no bem. O STJ já enfrentou a questão. Vejamos:

> *TRIBUTÁRIO. ITR. PROPRIEDADE EM CONDOMÍNIO. RESPONSABILIDADE SOLIDÁRIA. LEGITIMIDADE DA EXIGÊNCIA DO DÉBITO TRIBUTÁRIO DE QUALQUER DOS CONDÔMINOS.*
>
> *1. Pertencendo o imóvel a vários proprietários, em condomínio, é legítima a exigência do Imposto Territorial Rural – ITR, em sua totalidade, de todos ou de qualquer deles, reservando-se ao que pagou a faculdade de ressarcir-se dos demais devedores na forma do art. 283 do Código Civil.*

> *2. Recurso especial improvido.*
>
> *(STJ, T1, REsp 1.232.344/PA; Min. TEORI ALBINO ZAVASCKI, DJe de 16/2/2012)*

A regra do art. 124, I, do CTN não permitiria, mesmo, outra interpretação. Leia-se o dispositivo:

> *Art. 124. São solidariamente obrigadas:*
>
> *I – as pessoas que tenham interesse comum na situação que constitua o fato gerador da obrigação principal;*
>
> *[...]*

Todos os condôminos têm interesse no fato gerador, no caso, a propriedade. Logo a responsabilidade de todos os proprietários é solidária.

O art. 5º da Lei 9.393/96 disciplina os **responsáveis** do imposto:

> *Art. 5º É responsável pelo crédito tributário o sucessor, a qualquer título, nos termos dos arts. 128 a 133 da Lei nº 5.172, de 25 de outubro de 1966 (Sistema Tributário Nacional).*

A norma dispõe que o sucessor é responsável, mas não afasta a responsabilidade de terceiros, como a do art. 134, I, do CTN, que obriga os pais ao pagamento do imposto devido pelos filhos menores.

Vejamos o art. 134, do Código:

> *Responsabilidade de Terceiros*
>
> *Art. 134. Nos casos de impossibilidade de exigência do cumprimento da obrigação principal pelo contribuinte, respondem solidariamente com este nos atos em que intervierem ou pelas omissões de que forem responsáveis:*
>
> *I – os pais, pelos tributos devidos por seus filhos menores;*
>
> *II – os tutores e curadores, pelos tributos devidos por seus tutelados ou curatelados;*
>
> *III – os administradores de bens de terceiros, pelos tributos devidos por estes;*
>
> *IV – o inventariante, pelos tributos devidos pelo espólio;*
>
> *V – o síndico e o comissário, pelos tributos devidos pela massa falida ou pelo concordatário;*
>
> *VI – os tabeliães, escrivães e demais serventuários de ofício, pelos tributos devidos sobre os atos praticados por eles, ou perante eles, em razão do seu ofício;*
>
> *VII – os sócios, no caso de liquidação de sociedade de pessoas.*
>
> *Parágrafo único. O disposto neste artigo só se aplica, em matéria de penalidades, às de caráter moratório.*

O **domicílio tributário** do contribuinte do ITR será o município de localização do imóvel, vedando a eleição de qualquer outro, conforme dispõe o art. 4º, da Lei 9.696/93.

Descabe no ITR, pois, a eleição de domicílio prevista pelo CTN. Sem prejuízo para a norma, pois o art. 127, do Código não cria direito subjetivo para que o contribuinte eleja seu domicílio em qualquer situação. Ao contrário, estabelece os critérios de definição do domicílio na hipótese de o contribuinte, sendo-lhe facultado elegê-lo, não o fizer. Ademais, se até a autoridade administrativa, de acordo com o § 2º, do art. 127, do CTN, pode rejeitar o foro eleito, com mais razão pode a lei excluir a possibilidade de eleição.

O contribuinte pode, contudo, nos termos do § 3º, do art. 6º, da Lei 9.393/96, informar o endereço onde deseja receber suas intimações.

5. ASPECTO QUANTITATIVO

A lei define o aspecto quantitativo do ITR, nos limites da norma de competência constitucional. Estabelece, também, a progressividade determinada pela Constituição e acrescenta elementos extrafiscais de estímulo ao exercício da função social da propriedade, bem como de proteção do meio ambiente.

A **base do cálculo** do imposto é o **valor fundiário**, conforme dispõe o art. 30, do CTN. Significa dizer que a base de cálculo deve se limitar ao valor da terra, excluídas todas as construções, prédios, benfeitorias, plantações etc., que agregam valor ao imóvel.

Para tanto, exclui do valor do imóvel as construções e as benfeitorias bem como diversas áreas inúteis para a cultura rural ou que apresentem interesse ecológico, com o fim de determinar o valor da terra nua.

O valor da terra nua é definido por ato normativo emitido pela Secretaria da Receita Federal do Brasil.

A determinação da **base de cálculo** e da **alíquota** do imposto encontra-se nos art. 10 e 11, da Lei 9.393/96 e segue o seguinte roteiro:

> *1º – define-se o valor da terra nua – VTN, com a exclusão de construções, instalações, benfeitorias, culturas, pastagens e florestas plantadas;*
>
> *2º – define-se a área tributável, retirando do valor da terra nua as áreas de preservação permanente, de reserva legal, de interesse ecológico, imprestáveis para exploração rural, sujeitas a regime de servidão florestal ou ambiental, cobertas por floresta nativa em estágio de regeneração e alagadas para fins de constituição de reservatório de usinas hidrelétricas autorizada pelo poder público.*
>
> *3º – define-se o valor da terra nua tributável – VTNt, que é igual ao VTN vezes o resultado da divisão da Área Tributável pela Área Total:*

$$\mathbf{VTN\ t = VTN\ X} \ \frac{\text{Área Tributável}}{\text{Área Total}}$$

Imaginemos, então, um imóvel de 10.000 hectares (ha) no valor de R$ 5.000.000,00, com R$ 1.000.000,00 de benfeitorias e com 2.500 ha de área de preservação ambiental.

1) o valor da terra nua será de R$ 4.000.000,00 (R$ 5.000.000,00 – R$ 1.000.000,00)

2) a área tributável será de 7.500 ha (10.000 ha – 2.500 ha da área de preservação ambiental)

3) o valor da terra nua tributável será R$ 3.000.000 (R$ 4.000.000 x 0,75, este obtido da divisão de 750 [área tributável] por 1.000 [área total])

Para chegar ao **valor do imposto** devido, é necessário apurar a alíquota progressiva em razão da área do imóvel e regressiva em razão do seu grau de utilização.

Vale ressaltar que o ITR é **progressivo** em razão da área do imóvel, de modo que as alíquotas dos imóveis maiores são superiores às alíquotas dos imóveis menores. Contudo, as alíquotas são **regressivas** em razão do grau de utilização, o que permite o desestímulo da manutenção de propriedades improdutivas.

A base de cálculo do imposto será, pois, de R$ 3.000.000.

Para chegar ao **valor do imposto** devido, é necessário apurar a alíquota progressiva e outros passos são necessários:

> *1º – define-se a área aproveitável, aquela passível de exploração agrícola, pecuária, granjeira, aqüícola ou florestal, excluídas as áreas com benfeitorias úteis e necessárias, as áreas de preservação permanente, de reserva legal, de interesse ecológico, imprestáveis para exploração rural, sujeitas a servidão florestal ou ambiental, cobertas por florestas em regeneração e alegados para formar reservatório de usinas hidrelétricas autorizadas.*
>
> *2º – define-se a área efetivamente utilizada, que vem a ser a área do imóvel que no ano anterior tenha sido plantada com produtos vegetais; servido de pastagem, nativa ou plantada; sido objeto de exploração extrativa; servido para exploração de atividades granjeira e aqüícola; sido o objeto de implantação de projeto técnico, nos termos do art. 7º da Lei nº 8.629, de 25 de fevereiro de 1993[2].*
>
> *3º – e finalmente, define-se o Grau de Utilização – GU, a relação percentual entre a área efetivamente utilizada e a área aproveitável.*

---

2. Lei nº 8.629/93; Art. 7º Não será passível de desapropriação, para fins de reforma agrária, o imóvel que comprove estar sendo objeto de implantação de projeto técnico que atenda aos seguintes requisitos:

I – seja elaborado por profissional legalmente habilitado e identificado;

II – esteja cumprindo o cronograma físico-financeiro originalmente previsto, não admitidas prorrogações dos prazos;

III – preveja que, no mínimo, 80% (oitenta por cento) da área total aproveitável do imóvel seja efetivamente utilizada em, no máximo, 3 (três) anos para as culturas anuais e 5 (cinco) anos para as culturas permanentes;

IV – haja sido aprovado pelo órgão federal competente, na forma estabelecida em regulamento, no mínimo seis meses antes da comunicação de que tratam os §§ 2º e 3º do art. 2º.

De volta ao nosso exemplo, se a área aproveitável é de 7.500 ha e a área efetivamente aproveitada é de 6.000 ha, o Grau de Utilização terá sido de 80%.

Para encontrar a alíquota, basta enquadrar na área total do imóvel o grau de utilização na tabela abaixo:

Área total do imóvel (em hectares)	GRAU DE UTILIZAÇÃO – GU (EM %)				
	Maior que 80	Maior que 65 até 80	Maior que 50 até 65	Maior que 30 até 50	Até 30
Até 50	0,03	0,20	0,40	0,70	1,00
Maior que 50 até 200	0,07	0,40	0,80	1,40	2,00
Maior que 200 até 500	0,10	0,60	1,30	2,30	3,30
Maior que 500 até 1.000	0,15	0,85	1,90	3,30	4,70
Maior que 1.000 até 5.000	0,30	1,60	3,40	6,00	8,60
Acima de 5.000	0,45	3,00	6,40	12,00	20,00

No nosso exemplo, a área total é de 10.000 e está na última linha da tabela. O grau de utilização é de 80%, na segunda coluna, o que nos dá a alíquota de 3%.

Para apurar o valor do imposto devido, basta multiplicar o valor da terra nua tributável – VTNt, de R$ 3.000.000 por 3%, que resultará no valor devido de R$ 90.000.

Apenas uma discussão efetivamente jurídica relevante surgiu da aplicação dessas regras, acerca da necessidade de **registro prévio** da **área de preservação permanente e da área de reserva legal** na **matrícula do imóvel**, bem como da apresentação do **Ato Declaratório Ambiental** – ADA emitido pelo IBAMA, para fins de aplicação do art. 10, § 1º, II, a, da Lei 9.393/96.

A jurisprudência do STJ caminhava para *dispensar tanto o registro* da área de preservação permanente e da reserva legal na matrícula do imóvel, quanto a apresentação do Ato Declaratório do IBAMA.

As decisões da Corte baseavam-se no princípio da legalidade, ao fundamento de que a lei não era expressa e a formalidade se encontrava prevista apenas em ato infralegal e na submissão do imposto ao lançamento por homologação, cabendo, assim, ao contribuinte calcular e declarar o imposto devido e à Fazenda provar a falsidade das informações do contribuinte.

A jurisprudência se alterou sensivelmente, a partir do julgamento do REsp 1.027.051/SC.

Neste julgado, publicado em 17/5/2011, assentou o Tribunal que a interpretação do benefício que consiste na exclusão da reserva legal do cálculo da área tributável deve ser aplicada não em favor do Fisco ou do contribuinte, mas do meio ambiente, valor protegido pela norma. Assim, para que possa haver efetiva fiscalização e se impeça a falsificações de reserva legal, o STJ entendeu essencial o registro da reserva na matrícula do imóvel. Dispensou, contudo, a prova antecipada do registro, incompatível com o sistema do lançamento por homologação e manteve o entendimento de que a isenção não pode restar condicionada à emissão de ato declaratório por instituição pública, como é o caso do ADA/IBAMA[3].

No mais, a base de cálculo e a alíquota não foram objeto de maiores debates no âmbito do Poder Judiciário.

6. IMUNIDADE E ISENÇÃO

A lei do ITR também reproduz as hipóteses de imunidade previstas pela Constituição e prevê hipóteses de isenção.

São imunes as pequenas glebas rurais, quando as explore, só ou com sua família, o proprietário que não possua outro imóvel. Reproduzindo a Constituição, eis o texto do art. 2º, da Lei 9.393/96:

> *Art. 2º Nos termos do art. 153, § 4º, in fine, da Constituição, o imposto não incide sobre pequenas glebas rurais, quando as explore, só ou com sua família, o proprietário que não possua outro imóvel.*
>
> *Parágrafo único. Para os efeitos deste artigo, pequenas glebas rurais são os imóveis com área igual ou inferior a:*
>
> *I 100 ha, se localizado em município compreendido na Amazônia Ocidental ou no Pantanal mato-grossense e sul-mato-grossense;*
>
> *II – 50 ha, se localizado em município compreendido no Polígono das Secas ou na Amazônia Oriental;*
>
> *III – 30 ha, se localizado em qualquer outro município.*

---

3. 1. A jurisprudência do STJ firmou-se no sentido de que "é desnecessário apresentar o Ato Declaratório Ambiental – ADA para que se reconheça o direito à isenção do ITR, mormente quando essa exigência estava prevista apenas em instrução normativa da Receita Federal (IN SRF 67/97)" (AgRg no REsp 1310972/RS, Rel. Min. Herman Benjamin, Segunda Turma, julgado em 5.6.2012, DJe 15.6.2012).

2. Todavia, quando se trata da "área de reserva legal", as Turmas da Primeira Seção assentaram também que é imprescindível a averbação da referida área na matrícula do imóvel para o gozo do benefício isencional vinculado ao ITR. Precedentes: REsp 1027051/SC, Rel. p/ Acórdão Min. Mauro Campbell Marques, Segunda Turma, DJe 17.5.2011; REsp 1125632/PR, Rel. Min. Benedito Gonçalves, Primeira Turma, julgado em 20.8.2009, DJe 31.8.2009. (STJ; T2; AgRg no REsp 1.310.871/PR; Min. HUMBERTO MARTINS; DJe de 14/09/2012)

Imaginemos, porém, que o agricultor não seja proprietário, mas possuidor de imóvel nos mesmos termos previstos para a imunidade. Ou, ainda, que o proprietário possua dois imóveis, que, somados, tenham área inferior à da pequena gleba rural da região.

Nestes casos, não haverá imunidade, pois a Constituição prevê o benefício para *proprietários*, não para possuidores, que detenham *apenas um imóvel*, gerando situação injusta.

A Lei 9.393/96 previu, contudo, hipóteses de isenção. Vejamos:

> *Art. 3º São isentos do imposto:*
>
> *I – o imóvel rural compreendido em programa oficial de reforma agrária, caracterizado pelas autoridades competentes como assentamento, que, cumulativamente, atenda aos seguintes requisitos:*
>
> *a) seja explorado por associação ou cooperativa de produção;*
>
> *b) a fração ideal por família assentada não ultrapasse os limites estabelecidos no artigo anterior;*
>
> *c) o assentado não possua outro imóvel.*
>
> *II – o conjunto de imóveis rurais de um mesmo proprietário, cuja área total observe os limites fixados no parágrafo único do artigo anterior, desde que, cumulativamente, o proprietário:*
>
> *a) o explore só ou com sua família, admitida ajuda eventual de terceiros;*
>
> *b) não possua imóvel urbano.*

A lei criou, assim, duas hipóteses de isenção, uma para os agricultores que possuam terras compreendidas em programa oficial de reforma agrária, atendidos os requisitos constitucionais da imunidade, ainda que a exploração do imóvel se dê na forma associativa ou cooperativista; e outra para os proprietários de mais de um imóvel rural, também atendidas as demais regras constitucionais da imunidade, desde que a área somada dos imóveis rurais não ultrapasse a área da pequena gleba da região.

As isenções resolveram a injustiça e equacionaram a situação.

O art. 3º-A, da Lei 9.393/96, incluído pela Lei 13.043/14, acrescentou nova hipótese de isenção, para imóveis rurais oficialmente reconhecidos como áreas ocupadas por remanescentes de comunidades de quilombos que estejam sob a ocupação direta e sejam explorados individual ou coletivamente pelos membros destas comunidades.

7. INFORMAÇÕES COMPLEMENTARES: LANÇAMENTO

Nos termos do art. 10, da Lei 9.393/96, o ITR segue a sistemática do **lançamento por homologação** prevista pelo art. 150, do CTN.

Dispõe o art. 10, da lei, que "apuração e o pagamento do ITR serão efetuados pelo contribuinte, independentemente de prévio procedimento da administração tributária". A lei revogou, assim, o sistema de lançamento de ofício previsto pela Lei 8.847/94.

Com o lançamento por homologação, no entendimento do STJ, fixado no julgamento do REsp 1.120.295/SP, o marco temporal do **início do prazo de prescrição** não é mais a data de notificação do contribuinte, mas a data do vencimento do tributo ou a data da entrega da declaração, o que ocorrer por último.

> **Atenção:** O art. 149 do CTN autoriza somente a revisão de ofício do lançamento tributário no caso de erro de fato, que não depende de interpretação normativa para sua verificação.
> No caso de erro de direito, por equívoco na valoração jurídica dos fatos, não será possível a revisão, como por exemplo, modificação dos critérios de cálculo (art. 146 CTN).

Outro tema que permeia os tributos sujeitos a lançamento por homologação refere-se aos deveres instrumentais do contribuinte, mais especificamente a **declaração dos tributos**. As declarações constituem, a um tempo, auxílio na apuração do imposto devido, meio de administração, fiscalização e controle dos órgãos fazendários e forma de se constituir a obrigação principal.

A lei do ITR prevê duas declarações, o Documento de Informação e Atualização Cadastral do ITR – DIAC e o Documento de Informação e Apuração do ITR – DIAT.

O DIAC é documento instrumental e informativo, utilizado para auxiliar a elaboração do DIAT e para a formação do cadastro fazendário do ITR. Por este documento, deve o contribuinte informar à Receita os dados do imóvel, bem como qualquer alteração significativa por ele sofrida. Vamos ler o art. 6º, da Lei 9.393/96:

> *Art. 6º O contribuinte ou o seu sucessor comunicará ao órgão local da Secretaria da Receita Federal (SRF), por meio do Documento de Informação e Atualização Cadastral do ITR – DIAC, as informações cadastrais correspondentes a cada imóvel, bem como qualquer alteração ocorrida, na forma estabelecida pela Secretaria da Receita Federal.*
>
> *§ 1º É obrigatória, no prazo de sessenta dias, contado de sua ocorrência, a comunicação das seguintes alterações:*
>
> *I – desmembramento;*
>
> *II – anexação;*
>
> *III – transmissão, por alienação da propriedade ou dos direitos a ela inerentes, a qualquer título;*
>
> *IV – sucessão causa mortis;*
>
> *V – cessão de direitos;*
>
> *VI – constituição de reservas ou usufruto.*
>
> *§ 2º As informações cadastrais integrarão o Cadastro de Imóveis Rurais – CAFIR, administrado pela Secretaria da Receita Federal, que poderá, a qualquer tempo, solicitar informações visando à sua atualização.*
>
> *§ 3º Sem prejuízo do disposto no parágrafo único do art. 4º, o contribuinte poderá indicar no DIAC, somente para fins de intimação, endereço diferente daquele constante do domicílio tributário, que valerá para esse efeito até ulterior alteração.*

A entrega do documento fora do prazo enseja a aplicação de multa, nos termos do art. 7º, da Lei 9.393/96. Vejamos:

> *Art. 7º No caso de apresentação espontânea do DIAC fora do prazo estabelecido pela Secretaria da Receita Federal, será cobrada multa de 1% (um por cento) ao mês ou fração sobre o imposto devido não inferior a R$ 50,00 (cinqüenta reais), sem prejuízo da multa e dos juros de mora pela falta ou insuficiência de recolhimento do imposto ou quota.*

O DIAC não é documento a ser apresentado rotineiramente, mas somente na aquisição do imóvel e no caso das alterações previstas pela lei. O DIAT, contudo, dado seu caráter constitutivo da obrigação principal, deve ser entregue anualmente, salvo nos casos de imóveis isentos ou imunes.

Prevê o art. 8º, da Lei 9.393/96:

> *Art. 8º O contribuinte do ITR entregará, obrigatoriamente, em cada ano, o Documento de Informação e Apuração do ITR – DIAT, correspondente a cada imóvel, observadas data e condições fixadas pela Secretaria da Receita Federal.*
>
> *§ 1º O contribuinte declarará, no DIAT, o Valor da Terra Nua – VTN correspondente ao imóvel.*
>
> *§ 2º O VTN refletirá o preço de mercado de terras, apurado em 1º de janeiro do ano a que se referir o DIAT, e será considerado auto-avaliação da terra nua a preço de mercado.*
>
> *§ 3º O contribuinte cujo imóvel se enquadre nas hipóteses estabelecidas nos arts. 2º, 3º e 3º-A fica dispensado da apresentação do DIAT.*

A entrega do DIAT fora do prazo também enseja a aplicação de multa. Leia-se:

> *Art. 9º A entrega do DIAT fora do prazo estabelecido sujeitará o contribuinte à multa de que trata o art. 7º, sem prejuízo da multa e dos juros de mora pela falta ou insuficiência de recolhimento do imposto ou quota.*

A Lei 12.651/2012 criou também o Cadastro Ambiental Rural – CAR, que pretende servir como cadastro único de imóveis rurais. Leia-se o art. 29, da Lei 12.651/2012:

> *Art. 29. É criado o Cadastro Ambiental Rural – CAR, no âmbito do Sistema Nacional de Informação sobre Meio Ambiente – SINIMA, registro público eletrônico de âmbito nacional, obrigatório para todos os imóveis rurais, com a finalidade de integrar as informações ambientais das propriedades e posses rurais, compondo base de dados para controle, monitoramento, planejamento ambiental e econômico e combate ao desmatamento.*
>
> *[..]*
>
> *§ 3º A inscrição no CAR será obrigatória para todas as propriedades e posses rurais, devendo ser requerida até 31 de dezembro de 2017, prorrogável por mais 1 (um) ano por ato do Chefe do Poder Executivo. (Redação dada pela Lei nº 13.295, de 2016)*

Como em todo tributo sujeito ao lançamento por homologação, também pode haver **lançamento de ofício**, vale dizer, a lavratura de auto de infração, que equivale ao lançamento do imposto com a aplicação de multas, no caso de infração do contribuinte.

No ITR, haverá o lançamento de ofício nos termos do art. 14, da Lei 9.393/96, no caso de falta de entrega do DIAC ou do DIAT. Vejamos

> *Art. 14. No caso de falta de entrega do DIAC ou do DIAT, bem como de subavaliação ou prestação de informações inexatas, incorretas ou fraudulentas, a Secretaria da Receita Federal procederá à determinação e ao lançamento de ofício do imposto, considerando informações sobre preços de terras, constantes de sistema a ser por ela instituído, e os dados de área total, área tributável e grau de utilização do imóvel, apurados em procedimentos de fiscalização.*
>
> *§ 1º As informações sobre preços de terra observarão os critérios estabelecidos no art. 12, § 1º, inciso II da Lei nº 8.629, de 25 de fevereiro de 1993, e considerarão levantamentos realizados pelas Secretarias de Agricultura das Unidades Federadas ou dos Municípios.*
>
> *§ 2º As multas cobradas em virtude do disposto neste artigo serão aquelas aplicáveis aos demais tributos federais.*

Se o contribuinte deixar de entregar somente o DIAC, mas apresentar o DIAT e pagar corretamente o imposto, o lançamento de ofício constituirá apenas multa pelo descumprimento da obrigação acessória. Deixando de entregar o DIAT, haverá lançamento de multa pelo descumprimento da obrigação acessória e a multa proporcional ao valor do imposto. Se o imposto não for pago ou for pago a menor, também haverá a cobrança do imposto devido.

8. QUADRO SINÓPTICO

Princípio da Legalidade	Deve obedecer
Princípio da anterioridade	Deve obedecer
Princípio da anterioridade nonagesimal	Deve obedecer
Princípios Constitucionais específicos	Função social da propriedade Progressividade de forma a desestimular a manutenção de propriedades improdutivas
Hipótese de incidência	A propriedade, domínio útil ou a posse de bem imóvel por natureza ou acessão física, como definido na lei civil, localizado na zona urbana do município
Critério espacial	Zona rural do Município
Critério temporal	1º de janeiro de cada ano
Critério quantitativo (Base de cálculo e alíquota)	• Base de Cálculo: valor da terra nua • Alíquota: ver tabela

Critério pessoal	• Contribuinte = proprietário, possuidor e detentor do domínio • Responsável = sucessor
Observações	• 50% da arrecadação é repartida com o município onde se encontra a propriedade rural. • Fiscalização, administração e cobrança do imposto pode ser repassada ao município, mediante convênio. Neste caso, 100% da arrecadação pertence ao município. • Lançamento por homologação.

9. SÚMULAS

Súmula 139 do STJ

Cabe à Procuradoria da Fazenda Nacional propor execução fiscal para cobrança de credito relativo ao ITR.

10. QUESTÕES DE CONCURSOS PÚBLICOS

1. **(ESAF/AFRF 2002 Prova 1)** Relativamente ao Imposto Territorial Rural (ITR), avalie o acerto das afirmações adiante e marque com V as verdadeiras e com F as falsas; em seguida, marque a opção correta.

( ) Como regra, o ITR incide inclusive sobre o imóvel declarado de interesse social para fins de reforma agrária.

( ) Segundo a interpretação legal, imóvel rural de área inferior a 30 hectares, independentemente do local onde se encontre, é considerada pequena propriedade, imune ao imposto.

( ) O "posseiro" do imóvel é estranho à relação jurídica relativa ao ITR, pois o contribuinte do imposto é o titular do domínio útil ou o proprietário.

a) V, V, V

e) V, V, F

c) V, F, F

d) F, F, F

e) F, V, F

2. **(CESPE /Procurador Federal/2002)** Takano é proprietário da chácara Nihon, onde reside com sua família e tem uma produção média de hortaliças. Seu imóvel situa-se na área rural do município de Utopia.

Acerca dessa situação hipotética, julgue os itens abaixo.

a) A obrigação tributária relativa ao imposto territorial rural (ITR) incidente sobre a propriedade da chácara Nihon pode ser caracterizada como uma obrigação real, porque o ITR é um imposto real, dado que seu fato gerador é a propriedade de um terreno, que é um direito real.

b) Apesar de o ITR ser um tributo federal, cabe a Utopia metade do produto da arrecadação do ITR relativo a imóveis situados no município.

c) A legislação tributária estabelece hipoteca legal dos bens imóveis como forma de garantir o pagamento dos créditos tributários que tenham como fato gerador a propriedade desses bens e, portanto, a chácara de Takano pode ser penhorada em processo judicial no qual seja excutido crédito tributário referente a ITR incidente sobre a propriedade desse imóvel.

d) Se, devido a mudanças na legislação tributária municipal e estadual, a propriedade da chácara Nihon viesse a se subsumir às hipóteses de incidência tanto do ITR quanto do imposto predial e territorial urbano (IPTU), o Estado não poderia exigir de Takano o pagamento de ambos os tributos, pois, nesse caso, apesar de o ITR e o IPTU terem diferentes bases de cálculo e serem devidos a entes federados diversos, o ordenamento jurídico brasileiro vedaria a bitributação.

---

3. (CESPE/Procurador Federal/2002) Carlos é proprietário da chácara Bragança, onde reside com sua família e tem uma produção média de hortaliças, e seu imóvel situa-se na área rural de determinado município.

Acerca desse quadro hipotético e considerando que o ITR é um imposto cujo lançamento dá-se por homologação e que a lei não fixa prazo definido para a homologação da declaração dos contribuintes desse imposto, em cada um dos itens seguintes é apresentada uma situação hipotética adicional, seguida de uma assertiva, que deverá ser julgada.

a) Carlos propôs a um amigo a venda da chácara Bragança, afirmando que não havia débitos fiscais relativos ao imóvel e mostrando, como prova da inexistência de dívidas tributárias. O comprovante do pagamento da última parcela do ITR, cujo pagamento havia sido dividido em quatro parcelas. Nesse caso, como no direito tributário, diversamente do que ocorre no direito civil, o pagamento de uma parcela não gera presunção de pagamento das parcelas anteriores. O comprovante de pagamento apresentado por Carlos não é instrumento hábil para provar que ele estava em dia com suas obrigações fiscais.

b) Em fevereiro de 2002, foi editada lei ordinária estabelecendo a impenhorabilidade de imóveis rurais com determinadas qualidades, nas quais a chácara Bragança se enquadrava. Nessa situação, nos termos do referido diploma normativo, tal impenhorabilidade não poderia ser arguida em caso de execução judicial de débito tributário, pois regras gerais em matéria tributária somente podem ser estabelecidas mediante lei complementar.

c) Carlos era sujeito passivo de processo de execução fiscal, por meio do qual se cobrava dívida tributária derivada do não pagamento do ITR incidente sobre a propriedade da chácara Bragança. Nesse caso, ele não podia participar de concorrência pública realizada pela União, mesmo que houvessem sido penhorados bens suficientes para garantir o pagamento da dívida.

d) Carlos efetuou a declaração do ITR incidente sobre sua chácara, referente ao exercício de 1995, mas, por erro, digitou de forma equívoca o valor do imóvel, o que o fez calcular o imposto em valor 20% inferior ao devido e, conseqüentemente, o pagamento que fez do imposto foi 1 da declaração e do pagamento, não editou ato homologando a declaração. Nesse caso, ocorrerá homologação tácita da referida declaração de Carlos, o que gerará decadência do direito da União de constituir o crédito tributário relativo ao valor que Carlos deixou de recolher em virtude do erro de cálculo e, conseqüentemente, causará a extinção da obrigação tributária referente a essa quantia.

e) A declaração do ITR apresentada por Carlos continha dados falsos, e o poder público efetuou lançamento de ofício, cobrando a diferença entre o valor devido e a quantia efetivamente paga. Inconformado, Carlos impugnou o lançamento, de ofício, mediante mandado de segurança, que foi julgado improcedente por não haver prova pré-constituída suficiente para a demonstração do direito alegado por Carlos. Nesse caso, a sentença do mandado de segurança faz coisa julgada material e, portanto, ocorre preclusão do direito de Carlos de ingressar com ação declaratória de inexistência de débito tributário.

---

4. (FCC/Sefaz/SP/AgenteFiscal/2009) Em relação à competência tributária, cabe

a) à União instituir impostos sobre: I) importação de produtos estrangeiros; II) propriedade territorial rural; III) doação de quaisquer bens e direitos.

b) aos Estados e ao Distrito Federal instituir impostos sobre: I) transmissão causa mortis; II) operações relativas à circulação de mercadorias e sobre prestações de serviços de transporte interestadual e intermunicipal e de comunicação; III) propriedade de veículos de qualquer natureza.

c) aos Municípios instituir impostos sobre: I) propriedade territorial urbana e rural; II) serviços de qualquer natureza não compreendidos na competência tributária dos Estados, definidos em lei complementar; III) doação de quaisquer bens e direitos.

d) aos Estados instituir impostos sobre: I) propriedade predial territorial e urbana; II) transmissão "inter vivos" a qualquer título, por ato oneroso ou gratuito de quaisquer bens e direitos; III) serviços de qualquer natureza.

e) à União instituir impostos sobre: I) importação de produtos estrangeiros; II) propriedade territorial rural; III) os impostos estaduais em território Federal e, se o Território não for dividido em Municípios, cumulativamente, os impostos municipais.

---

5. **(FCC/TJ/AP/Cartórios/2011)** Sobre o Imposto sobre a Propriedade Territorial Rural (ITR), é correto afirmar que

a) é de competência municipal, sendo admitida a delegação da capacidade tributária à União.

b) para obtenção de incentivos fiscais e de crédito rural é dispensada a comprovação do recolhimento do ITR, salvo no caso de concessão de financiamento ao amparo do PRONAF.

c) para atos de registro e averbação no Registro de Imóveis, salvo exceções legais, é necessária a comprovação do recolhimento do ITR referente aos últimos cinco exercícios.

d) os serventuários do registro de imóveis são responsáveis por sucessão no caso de registro de imóvel rural sem comprovação de recolhimento do ITR no último exercício, somente.

e) o domicílio tributário do contribuinte do ITR é por ele eleito quando do ato do envio do Documento de Informação e Apuração do ITR – DIAT.

---

6. **(FCC/PGE/MT/Procurador/2011)** A Constituição Federal fixa regras que limitam o exercício da competência tributária. Dentre elas podem ser citadas as regras da anterioridade anual e da anterioridade nonagesimal. Estas regras não são absolutas, comportando exceções. NÃO se submete às regras da anterioridade anual e nonagesimal, ao mesmo tempo, a majoração de alíquota do imposto sobre

a) produtos industrializados (IPI).

b) a renda e proventos de qualquer natureza (IR).

c) operações de crédito, câmbio e seguro, ou relativas a títulos ou valores mobiliários (IOF).

d) a propriedade territorial rural (ITR).

e) circulação de mercadorias e sobre prestação de serviços de transporte interestadual e intermunicipal e de comunicação (ICMS).

---

7. **(FCC/TJ/PE/Juiz/2011)** A regra da anterioridade, que veda cobrar tributos no mesmo exercício financeiro em que haja sido publicada a lei que os instituiu ou aumentou, não se aplica

a) aos impostos de importação e exportação.

b) ao IR.

c) ao ITR.

d) às contribuições sociais.

e) aos impostos estaduais.

---

8. **(FCC/TJ/PE/Cartórios/Ingresso/2013)** A competência tributária:

a) é delegável por lei, como no caso do Imposto Territorial Rural – ITR, em que a União pode delegar a competência para os Municípios que assim optarem.

b) não pode deixar de ser exercida, razão pela qual, a União tem obrigação constitucional de instituir todos os impostos de sua competência.

c) é renunciável nos casos expressamente autorizados pela Constituição Federal, como no caso do Imposto sobre Grandes Fortunas, que era de competência da União.

d) é exclusiva em relação a todos os tributos, devendo cada ente se limitar a instituir os tributos expressamente previstos na Constituição Federal ou em lei.

e) é indelegável em qualquer situação, não podendo o ente renunciá-la ou transferi-la a outro ainda que por lei.

---

9. (FCC/Sefaz/SP/AgenteFiscal-TI/2013) Em relação à sujeição ativa dos tributos, o:

a) ICMS, nas operações com lubrificantes e combustíveis derivados de petróleo, competirá a dois estados, sendo repartido entre os Estados de origem e de destino.

b) ICMS, nas operações que destinem mercadorias para exterior, caberá ao Estado de origem da mercadoria, não importando a Unidade da Federação em que se localiza o porto em que foram despachadas.

c) Imposto sobre Doações e Transmissão de bens causa mortis, relativamente aos direitos sobre imóveis, competirá ao Estado de localização do bem, e, relativamente a créditos, competirá ao Estado onde se processar o inventário ou arrolamento.

d) Imposto Territorial Rural competirá ao Município de localização da propriedade e será repartido proporcionalmente quando a propriedade ultrapassar os limites de um único território municipal.

e) Imposto sobre Transmissão "inter vivos" competirá ao Estado de localização do bem imóvel, por natureza ou acessão física e de direitos reais sobre imóveis.

---

10. (FCC/TJ/PE/Cartórios/Remoção/2013) Pelo exercício da atividade notarial e de registro cabe a incidência de Imposto sobre:

a) a Renda – Pessoa Jurídica.

b) a Circulação de Mercadorias e Serviços.

c) Serviços de Qualquer Natureza.

d) a Transmissão de Bens Imóveis.

e) a Propriedade Predial e Territorial Urbana e sobre a Propriedade Territorial Rural.

---

11. (FCC/Sefaz/SP/AgenteFiscal-TI/2013) Possuem competência para instituir o Imposto Sobre Doações e Transmissão causa mortis, Imposto Territorial Rural, Impostos sobre Importações e Impostos sobre Serviços de Qualquer Natureza, respectivamente:

a) Estados; Municípios; União; Estados e Distrito Federal.

b) Municípios; Estados e Distrito Federal; União; Municípios.

c) Estados e Distrito Federal; União; União; Distrito Federal.

d) Estados; União; Estados e Distrito Federal; Municípios.

e) Estados; Municípios; União; Municípios e Distrito Federal.

---

12. (TRF4/Juiz Federal 4ª Região/2014) Assinale a alternativa correta.

a) O imposto sobre produtos industrializados, segundo a Constituição Federal, será seletivo, em função da essencialidade do produto, não cumulativo, compensando-se o que for devido em cada operação com o montante cobrado nas anteriores, salvo em relação às empresas optantes pelo lucro presumido, e não incidirá sobre produtos industrializados destinados ao exterior.

b) O imposto sobre a propriedade territorial rural será progressivo, terá suas alíquotas fixadas de forma a desestimular a manutenção de propriedades improdutivas, não incidirá sobre pequenas glebas rurais, definidas em lei, quando as explore o proprietário que não possua outro imóvel e será fiscalizado e cobrado pelos Municípios que assim optarem, na forma da lei, desde que não implique redução do imposto ou qualquer outra forma de renúncia fiscal.

c) A instituição de imposto inominado, de competência residual da União, poderá ocorrer mediante lei complementar ou ordinária, desde que seja não cumulativo e não tenha fato gerador ou base de cálculo próprios dos discriminados na Constituição Federal.

d) A União, na iminência ou nos casos de guerra externa ou de grave comoção intestina, poderá instituir impostos extraordinários, compreendidos ou não em sua competência tributária, os quais serão suprimidos, gradativamente, cessadas as causas de sua criação.

e) Todas as alternativas anteriores estão incorretas.

---

13. (MPF/Procurador da República/2015) Aponte a opção verdadeira:

A) A obrigação tributária acessória é instituída mediante lei ou ato normativo de igual hierarquia à vista do princípio constitucional de que ninguém será obrigado a fazer ou deixar de fazer alguma coisa senão em virtude de lei (CF, art. 5º, II);

B) O fato gerador de um tributo deve recair necessariamente sobre uma das tradicionais bases econômicas de tributação, tais como renda, patrimônio e consumo;

C) São tributos lançados por declaração: no âmbito federal, Imposto de Importação sobre Bagagem Acompanhada e, no plano municipal, Imposto sobre Transmissão de Bens Imóveis – ITBI;

D) Tributo cujo lançamento se dá por homologação, com o seu pagamento, a extinção definitiva do crédito tributário fica submetida à condição suspensiva.

---

14. (CESPE/Juiz Federal TRF1/2013) (adaptada) No que se refere às espécies tributárias, aos impostos federais e às receitas públicas, assinale certo ou errado.

Dado seu caráter regressivo, o imposto sobre propriedade territorial não desestimula a manutenção de propriedades improdutivas.

---

15. (CESPE/Juiz Federal TRF2/2011) (adaptada) Assinale certo ou errado com base nas normas constitucionais relativas aos princípios gerais do sistema tributário, às limitações do poder de tributar e à repartição das receitas tributárias.

Pertencem aos municípios 50% do produto da arrecadação do imposto da União sobre a propriedade territorial rural, relativamente aos imóveis neles situados, mas apenas na hipótese de os próprios municípios realizarem a cobrança e a fiscalização do imposto.

---

16. (TRF2/Juiz Federal TRF2/2014) A questão da tributação ligada à proteção ambiental é cada vez mais presente. Entre os tributos abaixo listados, assinale aquele cujo caráter extrafiscal é manifesto (já na Constituição Federal) e, como reconhecido pelo Superior Tribunal de Justiça e deduzido de texto de lei, tem esse caráter hoje ligado à proteção ambiental:

A) Imposto de renda.

B) Imposto sobre serviços.

C) Imposto sindical único.

D) Imposto territorial rural.

E) Imposto sobre a transmissão causa mortis.

---

17. (TRF3/Juiz Federal TRF3/2010) (adaptada) Assinale certo ou errado:

– a União poderá efetuar a cobrança do Imposto Territorial Rural (ITR) sobre pequenas glebas, ainda que o proprietário que as explore não possua outro imóvel rural;

---

18. (TRF4/Juiz Federal TRF4/2014) (adaptada) Assinale certo ou errado, considerando o disposto no Código Tributário Nacional:

O Superior Tribunal de Justiça firmou entendimento no sentido de que, em se tratando da "área de reserva legal", é imprescindível a averbação da referida área na matrícula do imóvel para o gozo do benefício da isenção vinculado ao ITR, sendo que as áreas de preservação permanente não sofrem a obrigatoriedade do mencionado registro.

Gabarito		
Questão	**Resposta**	**Referência**
1	B	Tópicos 2, 6 e 4
2A	ERRADO	Tópico 1
2B	CERTO	Tópico 4
2C	ERRADO	Tópico 1
2D	CERTO	Tópico 3
3A	CERTO	Parte geral
3B	ERRADO	Parte geral
3C	ERRADO	Parte geral
3D	ERRADO	Parte geral
3E	ERRADO	Tópico 7
4	E	Tópicos 1 e 4
5	C	Tópicos 1, 4 e 7
6	C	Tópicos 1 e 2
7	A	Tópicos 1 e 2
8	E	Tópico 4
9	C	Tópico 3
10	C	Tópico 1
11	C	Tópico 4
12	B	Tópicos 1 e 6 (IPI 1 e 5.3)
13	C	Tópicos 1 e 5
14	ERRADO	Tópicos 1, 5 e 6
15	ERRADO	Tópico 4
16	D	Tópico 5
17	ERRADO	Tópico 6
18	CERTO	Tópico 5

CAPÍTULO 6

IMPOSTOS SOBRE O COMÉRCIO EXTERIOR – II E IE

Sumário • 1. Introdução – 1.1. Impostos sobre o Comércio Exterior, o direito aduaneiro e o princípio da soberania; 1.2. O Imposto de importação e o imposto de exportação na Constituição e no Código Tributário Nacional; 1.3. Noções gerais de direito aduaneiro; 1.4. Procedimentos de importação e de importação; 1.5. Siscomex Carga – 2. Imposto de importação; 2.1. Aspecto Material; 2.2. Aspecto Temporal; 2.3. Aspecto Espacial; 2.4. Aspecto subjetivo; 2.5. Aspecto quantitativo; 2.5.1. Base de cálculo; 2.5.2. Alíquota; 2.5.3. Tributação simplificada, especial e unificada; 2.6. Isenções e imunidades; 2.7. Regimes aduaneiros especiais; 2.7.1. Trânsito Aduaneiro; 2.7.2. Admissão Temporária; 2.7.3. *Drawback;* 2.7.3.1. Introdução; 2.7.3.2. Princípios; 2.7.3.3. Modalidades; 2.7.3.4. Comprovação de cumprimento do regime; 2.7.4. Entreposto Aduaneiro; 2.7.5. Outros regimes especiais; 2.8. Zona Franca de Manaus, Áreas de Livre Comércio e Zonas de Processamento de Exportação; 2.8.1. Zona Franca de Manaus; 2.8.2. Áreas de Livre Comércio; 2.8.3. Zonas de Processamento de Exportação – ZPE; 2.9. Administração, lançamento e controle do imposto; 2.10. Pena de perdimento de bens; 3. Imposto de exportação: 3.1. Aspecto Material; 3.2. Aspecto temporal; 3.3. Aspecto espacial; 3.4. Aspecto subjetivo; 3.5. Aspecto quantitativo; 3.5.1. Base de cálculo; 3.5.2. Alíquota; 3.6. Regimes especiais; 3.7. Lançamento – 4. Resumo – 5. Súmulas – 6. Questões de concursos públicos.

1. INTRODUÇÃO

O imposto de importação – II e o imposto de exportação – IE fazem parte do direito tributário, mas se inserem, também, no direito aduaneiro.

Para tratar dos **impostos sobre o comércio exterior**, estudaremos, ainda que de passagem, diversos institutos de direito aduaneiro, ainda que nosso objetivo seja apresentar a dogmática tributária e não aprofundar em áreas conexas.

A íntima conexão do imposto de importação e do imposto de exportação com *organismos* como o Mercosul e outros blocos econômicos, com *conceitos* de direito aduaneiro, como a admissão temporária, o *drawback* e o recinto alfandegário, com *órgãos* como o SISCOMEX, e com *procedimentos* de importação e exportação, contudo, nos obriga a tratar destes institutos, para permitir a compreensão dos impostos sobre o comércio exterior.

Neste capítulo, vamos estudar, portanto, do Imposto de Importação e do Imposto de Exportação, classificados no CTN como imposto sobre o comércio exterior, sob o enfoque conjunto do direito tributário e do direito aduaneiro.

Cabe lembrar que outros tributos incidem sobre o comércio exterior, notadamente na importação. O presente capítulo não trata de todos estes tributos. Entretanto, ao estudarmos dos **regimes aduaneiros especiais**, abordaremos, também, seus **efeitos** de suspensão ou isenção tributária incidentes **em outros tributos federais**, como o PIS, a COFINS e o IPI, matéria que não será trabalhada nos capítulos referentes a estas exações, para evitar repetições desnecessárias.

1.1. Impostos sobre o Comércio Exterior, o direito aduaneiro e o princípio da soberania

Os impostos sobre o comércio internacional apresentam uma particularidade em relação a tributos incidentes no mercado interno, qual seja: estão vinculados de uma maneira muito específica ao princípio da soberania, no que diz respeito à entrada e saída de bens e capitais do território nacional, matéria regida pelo direito aduaneiro.

O direito aduaneiro positiva o princípio da soberania, também, no trânsito de pessoas, quando trata de questões como imigração e vistos para não residentes e no trânsito de bens e capitais sobre os quais não incidem tributos, em situações em que, por exemplo, veda a importação de bens nocivos à saúde ou ao meio ambiente ou limita o volume de importação autorizada de determinada mercadoria, sendo, portanto, mais amplo que o aspecto fiscal do comércio internacional.

> Por **direito aduaneiro,** podemos entender o ramo do direito que regula toda movimentação de entrada e saída de pessoas, bens e capital no território nacional, bem como a internação definitiva ou provisória de bens estrangeiros no país e o procedimento inverso de bens nacionais.

O princípio da soberania, contudo, tem sido esquecido no julgamento de diversas causas que envolvem a tributação no comércio internacional.

O princípio do livre comércio, as medidas mundiais de incentivo ao comércio exterior, a globalização da economia, a criação de blocos econômicos, entre outros fatores, tem colocado o comércio internacional como um valor isolado, destinado a promover o desenvolvimento das nações, fazendo crer que a tributação incidente neste âmbito tem finalidade meramente fiscal arrecadatória.

Não obstante, **as normas que disciplinam a tributação do comércio exterior são expressões da soberania**, na mesma medida que as normas que vedam determinadas importações.

Assim, a norma determina a incidência de tributos nas importações ou nas remessas de recursos para o exterior, revela mais que o interesse público arrecadatório, que orienta os tributos incidentes no mercado interno. **O interesse público no** âmbito **do direito aduaneiro**, do qual faz parte o regramento do comércio internacional, é, **sempre, a proteção da soberania**, que pode ser expressa pela incidência tributária, por cotas na importação ou na exportação, pela vedação de ingresso de bens no território nacional, na aplicação de penas de perdimento etc.

Isso não significa dizer que as decisões judiciais estão erradas. Tornam-se, porém, mais completas e podem, sim, chegar a resultados diferentes, se o princípio da soberania for levado em consideração, como uma constante, como o principal fundamento das normas de tributação do comércio internacional.

Nosso objetivo neste capítulo, além de apresentar a estrutura **dogmática do imposto de importação e do imposto de exportação**, com menções a outros tributos incidentes no comércio exterior, é tratar da matéria como expressão do princípio da soberania e que, por esta razão, merece cuidados adicionais, em relação aos tributos fiscais incidentes no mercado interno, cuja função essencial, de resto também muito importante, é apenas o custeio do Estado.

Para tanto, é preciso lembrar, que a incidência tributária nas operações de comércio exterior, bem como a aplicação de penalidades aduaneiras, como a pena de perdimento, são exercício da soberania, da mesma forma que o são a adesão do Brasil a organismos internacionais, a adesão do país a blocos econômicos, a concessão de incentivos a exportações, a concessão de isenção nas importações e o estabelecimento de cotas ou proibições de importações.

Ademais, esta soberania é exercida pelo Estado, por intermédio de órgãos e autoridades constitucionalmente estabelecidas, que aprovam leis, celebram acordos internacionais e definem regra sobre comércio exterior.

Assim, necessário compreender que a aplicação das regras pertinente aos impostos sobre o comércio exterior, em demandas que versam sobre a "liberação" de bem importado na alfândega, a concessão e o cumprimento de um regime aduaneiro especial etc., não discutem apenas o imposto eventualmente devido, mas a expressão do princípio da soberania no caso concreto.

O direito aduaneiro também se rege por outros princípios, a exemplo da universalidade do controle aduaneiro, essencial para que as normas aplicáveis tenham eficácia.

1.2. O Imposto de importação e o imposto de exportação na Constituição e no Código Tributário Nacional

Em termos normativos, os **impostos aduaneiros** são regidos pela Constituição, pelo Código Tributário Nacional, por leis e por atos infralegais, como qualquer outro tributo, com destaque, apenas, para a maior incidência de acordos e tratados internacionais sobre a matéria, não raros tomados em empréstimos pela regulamentação de outros tributos incidentes sobre a importação, como o ICMS, o IPI, o PIS e a COFINS.

A norma de competência do II e do IE está no art. 153, da CF/88:

> *Art. 153. Compete à União instituir impostos sobre:*
>
> *I – importação de produtos estrangeiros;*
>
> *II – exportação, para o exterior, de produtos nacionais ou nacionalizados;*

Assim como no IOF e no IPI, a Constituição permite que as alíquotas do II e do IE sejam alteradas por ato do Poder Executivo (mitigação do **princípio da legalidade**). Dispõe a Constituição:

Art. 153.

[...]

§ 1º – É facultado ao Poder Executivo, atendidas as condições e os limites estabelecidos em lei, alterar as alíquotas dos impostos enumerados nos incisos I, II, IV e V.

Os impostos aduaneiros também apresentam flexibilização quanto ao **princípio da anterioridade**, de forma que a majoração de suas alíquotas tem efeito imediato, sem a necessidade de aguardar o primeiro dia do exercício seguinte ao que a norma for publicada, nem o prazo de noventa dias, conforme o art. 150, III, e § 1º, da CF/88.

Prevalece, contudo, o **princípio da irretroatividade**, de modo que a majoração das alíquotas somente pode ser aplicada a fatos posteriores.

O STF, apreciando estes temas, 1. definiu que os limites de alteração das alíquotas pode ser veiculado por lei ordinária, desnecessária a edição de lei complementar; 2. asseverou que a alteração de alíquotas neste caso não é privativa do Presidente da República, de modo que a competência pode ser delegada a outros órgãos do Poder Executivo; 3. dispensou que o ato de majoração das alíquotas contenha, em seu texto, os motivos de edição na norma e 4. repisou a exigência de respeito ao princípio da irretroatividade. Leia-se:

I – Imposto de importação: alteração das alíquotas, por ato do Executivo, atendidas as condições e os limites estabelecidos em lei: C.F., art. 153, § 1º. A lei de condições e de limites é lei ordinária, dado que a lei complementar somente será exigida se a Constituição, expressamente, assim determinar. No ponto, a Constituição excepcionou a regra inscrita no art. 146, II.

II – A motivação do decreto que alterou as alíquotas encontra-se no procedimento administrativo de sua formação, mesmo porque os motivos do decreto não vêm nele próprio.

III – Fato gerador do imposto de importação: a entrada do produto estrangeiro no território nacional (CTN, art. 19). Compatibilidade do art. 23 do D.L. 37/66 com o art. 19 do CTN. Súmula 4 do antigo T.F.R..

IV – O que a Constituição exige, no art. 150, III, a, é que a lei que institua ou que majore tributos seja anterior ao fato gerador. No caso, o decreto que alterou as alíquotas é anterior ao fato gerador do imposto de importação.

(STF, Tribunal Pleno, RE 225.602/CE, Min. CARLOS VELLOS, DJ de 6/4/2001)

No que toca ao imposto de importação basta, pois, que o ato do Poder Executivo de majoração de alíquotas, dentro dos limites estabelecidos por lei ordinária, seja anterior ao fato gerador, vale dizer, do registro da declaração de importação. Vejamos:

I – Fato gerador do imposto de importação de mercadoria despachada para consumo considera-se ocorrido na data do registro na repartição aduaneira competente, da declaração apresentada pelo importador (art. 23 do Decreto-lei 37/66).

> *II – O que a Constituição exige, no art. 150, III, a, é que a lei que institua ou majore tributos seja anterior ao fato gerador. No caso, o decreto que alterou as alíquotas é anterior ao fato gerador do imposto de importação.*
>
> *III – Agravo não provido.*
>
> *(STF, T2, AI 420.993 AgR/PR, Min. CARLOS VELLOSO, DJ de 1/7/2005)*

Hoje, a competência para alterar as alíquotas do imposto de importação é atribuída à Câmara de Comércio Exterior – **CAMEX**, sem prejuízo de legalidade ou de constitucionalidade, conforme interpretação do STF:

> *I – É compatível com a Carta Magna a norma infraconstitucional que atribui a órgão integrante do Poder Executivo da União a faculdade de estabelecer as alíquotas do Imposto de Exportação.*
>
> *II – Competência que não é privativa do Presidente da República.*
>
> *III – Inocorrência de ofensa aos arts. 84, caput, IV e parágrafo único, e 153, § 1º, da Constituição Federal ou ao princípio de reserva legal. Precedentes.*
>
> *IV – Faculdade discricionária atribuída à Câmara de Comércio Exterior – CAMEX, que se circunscreve ao disposto no Decreto-Lei 1.578/1977 e às demais normas regulamentares.*
>
> *V – Recurso extraordinário conhecido e desprovido.*
>
> *(STF, Tribunal Pleno, RE 570.680/R, Min. RICARDO LEWANDOWSKI, DJe de 03/12/2009)*

Se a Resolução da CAMEX houver de ser republicada para a correção de erro, a vigência da norma conta-se da nova publicação, em homenagem ao princípio da irretroatividade, conforme entendeu o STJ. Leia-se:

> *LEI DE INTRODUÇÃO AO CÓDIGO CIVIL. TRIBUTÁRIO. RECURSO ESPECIAL. IMPOSTO DE IMPORTAÇÃO. RESOLUÇÃO CAMEX Nº 42/2001. Correção de erro no texto normativo. Majoração de alíquota que fora equivocadamente fixada. Impossibilidade de retroação. Art. 1º, § 4º, DO DECRETO-LEI4.657/42 (LICC), 105 E 106 do Código Tributário Nacional. Recurso especial desprovido.*
>
> *(STJ, T1, REsp 1.040.507/ES, Min. DENISE ARRUDA, DJe de 24/11/2009)*

As normas gerais do CTN sobre os impostos aduaneiros são relativamente simples, ganhando complexidade na legislação ordinária e nos regulamentos.

Conforme o art. 19, do Código, "o imposto, de competência da União, sobre a importação de produtos estrangeiros tem como fato gerador a entrada destes no território nacional".

Fato gerador do imposto é, pois, a entrada de produtos, bens materiais, estrangeiros no Brasil, excluindo-se da incidência do imposto os serviços.

O art. 20, do CTN fornece as normas gerais sobre a **base de cálculo** do imposto de importação, diferenciando, nos incisos I e II, a base de cálculo conforme a lei preveja alíquota específica ou *ad valorem*. No inciso III, encontra-se a previsão geral da base do imposto, no caso de produtos apreendidos ou abandonados e posteriormente levados a leilão, quando a alíquota será *ad valorem*. Leia-se:

> *Art. 20. A base de cálculo do imposto é:*
>
> *I – quando a alíquota seja específica, a unidade de medida adotada pela lei tributária;*
>
> *II – quando a alíquota seja ad valorem, o preço normal que o produto, ou seu similar, alcançaria, ao tempo da importação, em uma venda em condições de livre concorrência, para entrega no porto ou lugar de entrada do produto no País;*
>
> *III – quando se trate de produto apreendido ou abandonado, levado a leilão, o preço da arrematação.*

Relembrando, a alíquota *ad valorem* é um percentual sobre o valor do fato gerador. A alíquota específica, ou *ad rem*, é um valor definido por unidade de medida adotada, como R$ 100,00 por tonelada, R$ 50,00 por metro cúbico, R$ 10,00 por barril.

No caso de arrematação de produto apreendido ou abandonado, a base de cálculo será o valor da arrematação apenas nos casos de leilão administrativo, realizado pela autoridade Fiscal. A base de cálculo de bem penhorado e posteriormente levado a leilão no âmbito do Poder Judiciário será apurada conforme os incisos I e II, do art. 20, do CTN, conforme entendimento do STJ. Leia-se:

> *1. Recurso especial pelo qual a contribuinte busca recolher o imposto de importação com base no preço de arrematação (R$ 750.000,00) e não no valor aduaneiro (R$ 1.679.448,40). No caso concreto o leilão foi promovido pelo Poder Judiciário para alienar bens penhorados em ação de execução, até então não nacionalizados, porquanto armazenados em regime de entreposto aduaneiro.*
>
> *2. Regra geral, nos casos em que a alíquota for ad valorem (art. 20, II, do CTN, art. 2º, II, do DL 37/66, alterado pelo Decreto 2.472/88, e 89, II, do Regulamento Aduaneiro) a base de cálculo do imposto de importação corresponde ao preço real da mercadoria, que deve ser apurado pela autoridade aduaneira em conformidade com o art. VII do Acordo Geral sobre Tarifas Aduaneiras e Comércio (GATT).*
>
> *3. A utilização do preço da arrematação como base de cálculo do imposto de importação restringe-se aos leilões promovidos pela autoridade aduaneira nos quais são alienados os bens abandonados e aqueles que sofrem apreensão liminar para posterior imposição de pena de perdimento (art. 20, III, do CTN e art. 63 do Decreto-Lei 37/66).*
>
> *4. A situação apresentada pela recorrente em nada se assemelha, para fins de analogia, com a hipótese contemplada na lei tributária a que se busca equiparação, pois: a) não se trata de leilão realizado pela autoridade aduaneira, mas pelo Poder Judiciário; e b) não se*

> *cuida de mercadoria abandonada ou objeto de pena de perdimento, mas de mercadoria penhorada em ação de execução.*
>
> *[...]*
>
> *(STJ, T1, REsp 1.089.289/ES, Min. BENEDITO GONÇALVES, DJe de 2/2/2010)*

A **exceção ao princípio da legalidade** constitucionalmente prevista pela Constituição ganha a seguinte redação no art. 21, do CTN:

> *Art. 21. O Poder Executivo pode, nas condições e nos limites estabelecidos em lei, alterar as alíquotas ou as bases de cálculo do imposto, a fim de ajustá-lo aos objetivos da política cambial e do comércio exterior.*

O art. 21, do Código fora recepcionado em parte, pois a Constituição de 1988 permite a flexibilização apenas para a alíquota, de modo que *a base de cálculo deve ser estabelecida por lei* ou norma equivalente, como medida provisória ou tratado internacional devidamente internalizado.

De outro turno, sem prejuízo de sua constitucionalidade, a norma acrescenta o objetivo extrafiscal dessa flexibilização, vale dizer, ajustar o imposto aos objetivos da política cambial e do comércio exterior.

Também de maneira simples, o CTN elege os possíveis **contribuintes** do imposto de importação. Leia-se:

> *Art. 22. Contribuinte do imposto é:*
>
> *I – o importador ou quem a lei a ele equiparar;*
>
> *II – o arrematante de produtos apreendidos ou abandonados.*

O Código não especifica responsáveis pelo imposto. Estes são, contudo, definidos pela lei, com fundamento nas previsões gerais do CTN sobre responsabilidade.

O imposto de exportação, hoje em franco desuso em função dos estímulos às exportações e do princípio de não exportação de tributos, também ganha regramento sintético no Código.

O art. 23, do CTN estabelece como **fato gerador** do imposto a saída do território nacional de produtos nacionais ou nacionalizados destinados à exportação para o exterior.

Por produto nacional, entende-se aquele originário do Brasil. Por produto nacionalizado, entende-se aquele que, embora originário do exterior, tenha ingressado em território nacional após o cumprimento de todas as obrigações aduaneiras, especialmente o pagamento dos tributos incidentes no mercado interno.

No art. 24, do CTN, encontra-se a previsão da **base de cálculo**, de maneira similar à apresentada no art. 20, do Código, relativo ao imposto de importação, excetuando a hipótese de apreensão de mercadoria, à toda evidência, inaplicável. O art. 25, do CTN, contudo, amplia a margem do legislador para estabelecer a base de cálculo da exação.

O art. 26, do CTN disciplina a exceção ao **princípio da legalidade** estrita, norma para a qual se fazem as mesmas observações aplicáveis ao art. 21, do Código. O **contribuinte** poderá ser o exportador ou pessoa a ele equiparada pela lei, nos termos do art. 27, do CTN.

O art. 28, do CTN dispunha sobre a **destinação do produto arrecadado** pelo imposto. Leia-se:

> *Art. 28. A receita líquida do imposto destina-se à formação de reservas monetárias, na forma da lei.*

A norma, contudo, não fora recepcionada pela Constituição, que vedou, em seu art. 167, IV, a vinculação da receita de impostos a órgão, fundo ou despesa, enquadrando-se o artigo na vedação constitucional, a eventual receita do imposto de exportação será destinada ao Orçamento Geral da União.

Os tratados internacionais, incorporados pelo direito nacional, como aqueles relativos ao Mercosul e ao GATT também colaboram na modelação dos impostos sobre o comércio exterior.

Os tratados do Mercosul definem, por exemplo, a alíquota do imposto de importação e as regras do GATT definem a forma de apurar o valor aduaneiro, base de cálculo do imposto.

Votaremos aos temas adiante.

1.3. Noções gerais de direito aduaneiro

Algumas noções de direito aduaneiro são essenciais para a compreensão dos impostos sobre o comércio exterior.

José Lence Carluci define direito aduaneiro como "o conjunto de normas e princípios que disciplinam juridicamente a política aduaneira, entendida esta como a intervenção pública no intercâmbio internacional de mercadorias e que constitui um sistema de controle e de limitações com fins públicos"[1].

Na execução da atividade aduaneira, em geral com repercussões nos impostos sobre o comércio exterior, estão diversos órgãos e serviços nacionais, como a Câmara de Comércio Exterior – CAMEX, a Secretaria da Receita Federal do Brasil – SRF, a Secretaria de Comércio Exterior – SECEX, o Sistema Integrado de Comércio Exterior – SISCOMEX e o Banco Central do Brasil – BC.

Órgãos

O **órgão diretivo da política aduaneira nacional é a CAMEX**, presidida pelo Ministro de Estado do Desenvolvimento, Indústria e Comércio Exterior. Visitando sua página da internet, podemos conhecer um pouco da Câmara, de sua composição e sua finalidade.

1. CARLUCI, José Lence. Uma introdução ao direito aduaneiro. São Paulo: Aduaneiras, 1997, p. 22.

> *A CAMEX é um órgão integrante do Conselho de Governo da Presidência da República e tem por objetivo a formulação, adoção, implementação e coordenação de políticas e atividades relativas ao comércio exterior de bens e serviços, incluindo o turismo.*
>
> *É composta pelo Ministro de Estado do Desenvolvimento, Indústria e Comércio Exterior, a quem cabe a presidência da CAMEX, e pelos Ministros de Estado Chefe da Casa Civil; das Relações Exteriores; da Fazenda; da Agricultura, Pecuária e Abastecimento; do Planejamento, Orçamento e Gestão; e do Desenvolvimento Agrário. Tendo em vista a abrangência do tema comércio exterior, diversos órgãos da administração pública possuem competências relacionadas ao assunto, bem como executam ações e desenvolvem políticas sobre esta matéria.*
>
> *Dessa forma, a fim de permitir uma ação integrada por parte do governo, é função da CAMEX definir diretrizes, bem como coordenar e orientar ações dos órgãos do governo que possuam competências na área de comércio exterior. Ademais, a Câmara deve ser previamente consultada sobre matérias relevantes relacionadas ao tema, ainda que consistam em atos de outros órgãos federais[2].*

A CAMEX é órgão eminentemente diretivo, mas tem como **função de destaque na seara do imposto de importação fixar suas alíquotas**, por delegação do Presidente da República, autorizada pelo art. 1º, da Lei 8.085/90 e realizada pelo art. 92, do RA. Vejamos o que diz o Regulamento:

> *Art. 92. Compete à Câmara de Comércio Exterior alterar as alíquotas do imposto de importação, observadas as condições e os limites estabelecidos em lei.*

O órgão responsável pela **administração do imposto de importação e de exportação é a Secretaria da Receita Federal do Brasil**, do Ministério da Fazenda.

Assim, como em qualquer tributo federal, cabe a SRF e a seus auditores fiscalizar e cobrar os impostos sobre o comércio exterior, fixar o entendimento administrativo acerca da incidência dos impostos, autuar e aplicar multas pelo descumprimento das obrigações referentes aos impostos, julgar os recursos contra as autuações tributário-aduaneiras em primeira instância, etc.

Sua função é eminentemente executiva (aplicação da lei) e julgadora (no âmbito do processo administrativo fiscal).

No Ministério do Desenvolvimento, Indústria e Comércio Exterior, o órgão aduaneiro mais importante é a **Secretaria de Comércio Exterior – SECEX.**

À SECEX compete formular propostas de políticas e programas de comércio exterior, propor medidas de política fiscal e cambial, e importantes funções relacionadas ao

2. Disponível em: http://www.camex.gov.br/conteudo/exibe/area/1/menu/67/A%20CAMEX, acesso em 28.2.2013.

estímulo à exportação, ao aperfeiçoamento da legislação aduaneira, à proteção da economia nacional (*antidumping* e salvaguardas) e a elaboração de tratados internacionais sobre comércio.

Cabe também à SECEX administrar, controlar, desenvolver e normatizar o Sistema Integrado de Comércio Exterior – SISCOMEX. Vejamos:

> *O Sistema Integrado de Comércio Exterior – SISCOMEX, instituído pelo Decreto nº 660, de 25 de setembro de 1992, é um sistema informatizado responsável por integrar as atividades de registro, acompanhamento e controle das operações de comércio exterior, através de um fluxo único e automatizado de informações. O SISCOMEX permite acompanhar tempestivamente a saída e o ingresso de mercadorias no país, uma vez que os órgãos de governo intervenientes no comércio exterior podem, em diversos níveis de acesso, controlar e interferir no processamento de operações para uma melhor gestão de processos. Por intermédio do próprio Sistema, o exportador (ou o importador) troca informações com os órgãos responsáveis pela autorização e fiscalização.*
>
> *Resumidamente, destacam-se as seguintes vantagens do Sistema: harmonização de conceitos e uniformização de códigos e nomenclaturas; ampliação dos pontos do atendimento; eliminação de coexistências de controles e sistemas paralelos de coleta de dados; simplificação e padronização de documentos; diminuição significativa do volume de documentos; agilidade na coleta e processamento de informações por meio eletrônico; redução de custos administrativos para todos os envolvidos no Sistema; crítica de dados utilizados na elaboração das estatísticas de comércio exterior*[3].

Uma função do **SISCOMEX** que merece destaque em sede de imposto de importação está presente no art. 550, do Regulamento Aduaneiro e se refere ao **licenciamento de importação** de mercadoria.

> *Art. 550. A importação de mercadoria está sujeita, na forma da legislação específica, a licenciamento, por meio do SISCOMEX.*
>
> *§ 1º A manifestação de outros órgãos, a cujo controle a mercadoria importada estiver sujeita, também ocorrerá por meio do SISCOMEX.*

Embora grande parte das mercadorias possa ser livremente importada, algumas delas dependem de autorização governamental, seja por questões sanitárias, ambientais ou de segurança pública. A autorização, ou a licença para importar tais mercadorias, deve ser obtida pelo SISCOMEX.

O SISCOMEX tem outras funções relevantes. É por meio dele que se processa o benefício do *drawback* na modalidade suspensão (art. 386, do RA) e que se registra e, portanto, se inicia o despacho de importação (art. 545, do RA).

---

3. Disponível em: http://www.desenvolvimento.gov.br/siscomex/siscomex.html, acesso em 28.2.2013.

O **Banco Central – BC**, por sua vez, guarda as funções relativas à política econômica cambial e na regulação do valor da moeda, com reflexos na base de cálculo dos impostos de importação e exportação.

O BC também é responsável pela execução do câmbio, por intermédio dos bancos comerciais e outras instituições financeiras, por meio do qual se realizam os pagamentos internacionais relativos ao fato gerador dos impostos sobre o comércio exterior.

Intervenientes nas operações de comércio exterior

O direito aduaneiro não é executado apenas por órgãos públicos. Seus personagens principais, na verdade, são as pessoas que importam e exportam mercadorias, seus intervenientes e auxiliares.

De fato, não haveria sequer direito aduaneiro não fossem as figuras dos importadores e dos exportadores. Estes podem ser quaisquer pessoas, físicas ou jurídicas, de direito público ou privado, salvo as vedações legais.

Interessa-nos, neste momento, apresentar figuras menos conhecidas, as *trade companies*, os despachantes aduaneiros, os depósitos alfandegados, os entrepostos aduaneiros e os transportadores.

Embora qualquer pessoa possa exportar, vender para o exterior nem sempre é fácil.

Assim, desenvolveram-se empresas especializadas em exportar bens de terceiros, denominadas empresas comerciais exportadoras ou *trade companies*.

A estas empresas foram estendidos, no Brasil, os mesmos benefícios fiscais concedidos às exportações, desde que preenchidos os requisitos legais e regulamentares, como o devido registro das empresas que atuarem neste ramo.

As empresas comerciais exportadoras têm responsabilidades não só quanto ao imposto de exportação, mas também face a diversos institutos importantes, como a reimportação ou o pagamento de impostos internos devidos caso a exportação não ocorra.

Há a figura do despachante aduaneiro, que auxilia as operações de importação e exportação.

A profissão é regulamentada e depende de registro na SRF.

As importações e as exportações de mercadorias são realizadas por transporte terrestre, marítimo ou aéreo. Dessa forma, a figura do transportador é indispensável e extremamente relevante. Assim, a legislação prevê uma série de obrigações ao transportador, impondo-lhe, inclusive, a responsabilidade pelo pagamento dos impostos em certas condições.

Mas a logística do comércio exterior não se encerra com o transportador. Com frequência, as mercadorias devem ser armazenadas antes ou depois de cruzar as fronteiras. Por esta razão, a autoridade aduaneira pode definir recintos onde pode ocorrer movimentação, armazenagem e outros processos relativos a importação ou a exportação. Dispõe o art. 9º, do RA:

> *Art. 9º Os recintos alfandegados serão assim declarados pela autoridade aduaneira competente, na zona primária ou na zona secundária, a fim de que neles possam ocorrer, sob controle aduaneiro, movimentação, armazenagem e despacho aduaneiro de:*
>
> *I – mercadorias procedentes do exterior, ou a ele destinadas, inclusive sob regime aduaneiro especial;*
>
> *II – bagagem de viajantes procedentes do exterior, ou a ele destinados; e*
>
> *III – remessas postais internacionais.*

Instituto próximo é o regime especial de entreposto aduaneiro, que se utiliza de recinto alfandegado. Vejamos o art. 404, do RA:

> *Art. 404. O regime especial de entreposto aduaneiro na importação é o que permite a armazenagem de mercadoria estrangeira em recinto alfandegado de uso público, com suspensão do pagamento dos impostos federais, da contribuição para o PIS/PASEP-Importação e da COFINS-Importação incidentes na importação.*

Por certo, há outras figuras que poderíamos estudar, mas para tanto deveríamos adentrar mais do que o desejado no direito aduaneiro, para abordar temas de menor importância para os impostos sobre o comércio exterior.

Organismos internacionais, conceitos e reflexos nos impostos sobre o comércio exterior

No âmbito internacional, o *General Agreement on Tariffs and Trade* – GATT (ou Acordo Internacional de Tarifas e Comércio), do qual o Brasil é signatário, é organismo que produz normas e decisões impactantes no comércio internacional e nos impostos sobre o comércio exterior.

Algumas disciplinas do GATT merecem destaque: as regras denominadas de "nação mais favorecida" (art. I), a cláusula de habilitação (Decisão GATT de 28.11.79), as regras sobre blocos econômicos (art. XXIV), e as definições sobre valoração aduaneira (art. VII).

A Cláusula I**, do GATT, da nação mais favorecida**, impõe que o tratamento mais vantajoso conferido às importações de um país deve ser estendido a todos os demais membros do acordo.

A norma, porém, comporta **exceções**, aprovadas pelo próprio GATT.

Pela cláusula de habilitação, os membros do acordo concordam com a celebração de acordos regionais, chamados blocos econômicos e acordos em benefício de países em desenvolvimento.

Os acordos regionais, em nosso caso o Mercosul, deu nova moldagem aos impostos aduaneiros nacionais, em especial ao imposto de importação.

Estes acordos, inclusive o Mercosul e a União Europeia passam por fases ou etapas gradativas, que cumulam as regras da fase anterior com novos benefícios, com reflexos na tributação sobre o comércio exterior.

Na primeira das etapas, de criação de **Áreas Preferenciais,** as partes definem tratamentos favorecidos entre países parceiros. Em seguida, **Áreas de Livre Comércio** significam a eliminação de barreiras alfandegárias, como o imposto de importação e as limitações quantitativas de importação.

O Mercosul pretende ser uma **União Aduaneira**, que se caracteriza pela adoção de uma tarifa externa comum – TEC. Nesta etapa, os países do bloco não tributam a importação entre os membros e praticam uma mesma alíquota para as importações de outros países. No caso do Mercosul, a vasta e sempre alterada lista de exceções à TEC torna o bloco uma união aduaneira imperfeita.

Seguem-se, ainda, as fases de **Mercado Comum**, com o estabelecimento de livre circulação dos meios de produção (trabalho, capital, tecnologia) e a harmonização dos tributos sobre consumo e a **União Monetária**, com a adoção de moeda comum. União Europeia é uma união monetária imperfeita, pois vários países do bloco não adotaram o Euro.

Outras regras do GATT, como a valoração aduaneira (art. VII), tributos como forma de proteção da economia nacional (art. III), trataremos no decorrer das explanações sobre os impostos.

1.4. Procedimentos de importação e de importação

Uma das dificuldades do direito tributário, notadamente dos tributos em espécie, é a abstração do fato sobre o qual as normas incidem.

Enquanto o direito civil cuida de questões da vida das pessoas e seus bens, regulando fatos experimentados por todos, o direito tributário elege fatos nem sempre conhecidos ou vivenciados pelos cidadãos.

Importação e exportação são fatos como estes. Todos têm uma noção do que vem a ser importar e exportar, mas poucos são os que realmente importam ou exportam produtos.

Assim, para entendermos melhor os impostos sobre o comércio exterior, vamos tentar descrever os procedimentos da importação e da exportação.

Com isso, veremos as fases e os momentos relevantes para a incidência dos impostos, especialmente o momento de ocorrência do fato gerador, e para o lançamento, a administração, a fiscalização e o controle destes tributos.

É possível importar de maneira bem simples, como ocorre na importação pelo correio de compras pela *internet*, em que o vendedor toma as providências necessárias e o importador somente escolhe a mercadoria e a forma de envio e paga o preço da mercadoria e do frete acrescido das tarifas.

Este caso é bastante específico e, em geral, o procedimento importação é mais complexo e começa com as negociações entre os interessados.

O importador recebe a proposta de vender determinado produto no Brasil ou procura o bem que lhe interessa no exterior, faz as tratativas com o exportador e acerta o preço e as condições de pagamento e de envio.

Ao importador no Brasil cabem as providências burocráticas junto aos órgãos competentes, todas consolidadas no SISCOMEX. São elas o registro do próprio importador no sistema e a obtenção do licenciamento (autorização) para importar, se necessário, entre outras formalidades. Grande parte das mercadorias está sujeita a licenciamento automático. Outras, contudo, como drogas (medicinais), plantas, animais, armas e munições etc., precisam ser autorizadas, pois seu ingresso em território nacional sofre restrições e controles.

O importador, para instruir a declaração de importação, deve solicitar ao exportador que envie a fatura pró-forma, contendo:

- dados do importador e do exportador;
- descrição da mercadoria, peso líquido e bruto, quantidade e preço unitário e total;
- meio de transporte;
- forma de pagamento;
- seguro;
- data e local de entrega;
- locais de embarque e de desembarque; etc.

O pagamento da importação pode ocorrer de diversas formas: pagamento antecipado, pagamento posterior, pagamento a vista, pagamento a prazo. Pode, inclusive, não haver pagamento, no caso de doações, o que não afasta a incidência do imposto de importação.

Mais comum, contudo, que o pagamento se dê por carta de crédito intermediada por instituições financeiras no Brasil e no exterior.

Para realizar o pagamento por carta de crédito o importador envia ao exportador uma ordem de compra. O exportador, que já remeteu a fatura pró-forma, envia a mercadoria segundo os procedimentos de seu país e leva os documentos de embarque e a ordem de compra ao banco de sua escolha.

O banco no exterior realiza o fechamento do câmbio, emite a carta de crédito e a envia devidamente instruída ao banco no Brasil. O importador registra seu "aceite" à carta, como nos títulos de crédito e o banco no Brasil lhe entrega os documentos de embarque da mercadoria.

Com tais documentos, o importador dará sequência ao processo.

O banco no Brasil, por sua vez, envia a liberação da carta de crédito ao banco no exterior, que, a seu turno, realiza o pagamento ao exportador.

Os procedimentos junto à autoridade monetária, no Brasil o Banco Central, são realizadas pelos bancos, sem a necessidade do importador tomar qualquer providência.

O importador, de posse dos documentos enviados pelo exportador e repassados pelo banco no Brasil, notadamente **o conhecimento de embarque** (prova de que as mercadorias foram enviadas para o Brasil, contendo a especificação do produto, como peso, quantidade e qualidade, bem como local de embarque e local de destino), **a fatura comercial** – ***invoice*** assinada pelo exportador (contendo os dados da operação), **e o comprovante do pagamento dos tributos**, se exigíveis, inicia a fase de **declaração de importação, que marca a ocorrência do fato gerador do imposto e dá início ao procedimento denominado despacho aduaneiro de importação.**

O importador tem prazos para realizar a declaração de importação ou, nos termos do art. 642, do RA, para dar início ao despacho de importação, sob pena de a mercadoria ser considerada abandonada.

Cabe ao contribuinte classificar a mercadoria importada de acordo com a lista da Tarifa Externa Comum – TEC, definir a base de cálculo e recolher o imposto, se a operação não estiver albergada por isenção, imunidade ou hipótese de alíquota zero.

Chegada a mercadoria e com a declaração de importação, **a autoridade inicia a conferência aduaneira**, que pode ser realizada por amostragem. Em alguns casos (o que ocorre também nas viagens internacionais em que o viajante declara trazer bens dentro da cota de isenção), a importação passa no chamado canal verde[4], quando a conferência não é realizada. Neste caso, presume-se correta a declaração de isenção (viajante) ou a decla-

---

4. Parametrização (canais verde, amarelo, vermelho e cinza) Uma vez registrada a declaração de importação e iniciado o procedimento de despacho aduaneiro, a DI é submetida a análise fiscal e selecionada para um dos canais de conferência. Tal procedimento de seleção recebe o nome de parametrização.

Os canais de conferência são quatro: verde, amarelo, vermelho e cinza.

A importação selecionada para o canal verde é desembaraçada automaticamente sem qualquer verificação. O canal amarelo significa conferência dos documentos de instrução da DI e das informações constantes na declaração. No caso de seleçao para o canal vermelho, há, além da conferência documental, a conferência física da mercadoria. Finalmente, quando a DI é selecionada para o canal cinza, é realizado o exame documental, a verificação física da mercadoria e a aplicação de procedimento especial de controle aduaneiro, para verificação de elementos indiciários de fraude, inclusive no que se refere ao preço declarado da mercadoria.

A importação selecionada para o canal verde é desembaraçada automaticamente sem qualquer verificação. O canal amarelo significa conferência dos documentos de instrução da DI e das informações constantes na declaração. No caso de seleção para o canal vermelho, há, além da conferência documental, a conferência física da mercadoria. Finalmente, quando a DI é selecionada para o canal cinza, é realizado o exame documental, a verificação física da mercadoria e a aplicação de procedimento especial de controle aduaneiro, para verificação de elementos indiciários de fraude, inclusive no que se refere ao preço declarado da mercadoria.

Disponível em: http://www.receita.fazenda.gov.br/aduana/procaduexpimp/despaduimport.htm, acesso em 28.2.2013.

ração de importação (procedimento comum) com os cálculos e o pagamento do imposto realizado pelo importador.

Havendo a conferência, o que ocorre obrigatoriamente para certas mercadorias controladas, a autoridade irá verificar a correção do procedimento realizado pelo importador, inclusive a descrição da mercadoria, sua classificação na TEC, a alíquota aplicável, a base de cálculo do imposto etc.

Aprovado o procedimento do importador ou, havendo o pagamento de imposto complementar e eventuais multas, **a mercadoria é desembaraçada, e o importador fica autorizado a retirá-la do recinto aduaneiro.**

O procedimento de exportação é, basicamente, o inverso quanto ao pagamento e, quanto aos procedimentos administrativos, a substituição da declaração de importação pela de exportação e, após o pagamento do imposto eventualmente devido e da conferência aduaneira, há o embarque do produto exportado.

Recomendo, antes de avançar nos estudos sobre os impostos aduaneiros, o uma leitura dos fluxogramas de importação e exportação, que podem ser encontrados na *internet*, inclusive na página da Receita Federal (www.receita.fazenda.gov.br).

1.5. Siscomex Carga

O Siscomex Carga é o módulo de controle de carga aquaviária do Sistema Integrado de Comércio Exterior (Siscomex) no qual é realizado o "controle de entrada e saída de embarcações e de movimentação de cargas e unidades de carga em portos alfandegados", nos termos do art. 1º, da IN RFB 800/2007

Como explica a própria Receita Federal, o SISCOMEX-CARGA

> *É o novo sistema da Receita Federal de controle da movimentação de embarcações, cargas e contêineres vazios transportados na via aquaviária, em portos brasileiros, cujo acesso não demandará nenhuma instalação de software específico, pois será acessado através da internet (WEB);*
>
> *Esse sistema viabilizará a substituição de documentos impressos por documentos eletrônicos para fins de cumprimento de obrigações previstas na legislação aduaneira, principalmente no Regulamento Aduaneiro.*[5]

Este sistema veio atender os anseios dos operadores do comércio internacional, que buscavam mais agilidade na relação com os órgãos de controle aduaneiro, no sentido de superar a burocracia dos procedimentos envolvendo papel e impressão de documentos.

O SISCOMEX-CARGA, juntamente com o SISCOMEX, do MDIC e o SISBACEN, do Banco Central, realmente tornou mais eficientes e operacionais as relações dos operadores do comércio exterior com as autoridades administrativas.

5. Disponível em: http://www.receita.fazenda.gov.br/publico/Aduana/Siscomex/Carga/PerguntafrequentesSiscomexCarga.doc. Acesso em 28/11/2016.

De outro lado, aumentou a responsabilidade das pessoas envolvidas com a movimentação de cargas estrangeiras, que passaram a ter que alimentar o sistema com as informações acerca das mercadorias estrangeiras de seu interesse.

No Siscomex Carga são lançadas informações sobre o veículo transportador, sua origem, destino e escalas e sobre as mercadorias transportadas, como sua consolidação, desconsolidação[6] e sua vinculação documental a manifesto de carga e conhecimento de embarque, que constituem obrigações acessórias, com fundamento no art. 113, § 2º e 115, do CTN e no art. 37, do DL 37/66. Dispõe este último:

> *Art. 37. O transportador deve prestar à Secretaria da Receita Federal, na forma e no prazo por ela estabelecidos, as informações sobre as cargas transportadas, bem como sobre a chegada de veículo procedente do exterior ou a ele destinado. (Redação dada pela Lei nº 10.833, de 29.12.2003)*
>
> *§ 1º O agente de carga, assim considerada qualquer pessoa que, em nome do importador ou do exportador, contrate o transporte de mercadoria, consolide ou desconsolide cargas e preste serviços conexos, e o operador portuário, também devem prestar as informações sobre*

---

6. Consolidar carga significa agrupas várias cargas de um ou vários usuários diferentes, mas que tenham um só destino. A carga agrupada segue amparada por um conhecimento "master" (MAWB) ou conhecimento "mãe", de responsabilidade da empresa consolidadora, dirigido à empresa desconsolidadora. O "master" engloba outros conhecimentos denominados "house" ou "filhotes" (HAWB), cada um deles com seu respectivo destinatário. Em suma, na origem, as cargas de vários exportadores e até um único exportador, destinadas a um mesmo local de descarga, são agrupadas e embarcadas sob amparo do conhecimento "MAWB", acompanhado de tantos "HAWB" quantos forem os embarques objeto de consolidação.

Desconsolidar carga significa operação realizada no destino no sentido de separar as cargas de acôrdo com os conhecimentos HOUSE, para serem encaminhados aos consignatários respectivos providenciarem o despacho aduaneiro.

Disponível em: http://www.comexblog.com.br/importacao/carga-simples-e-carga- consolidada-um-roteiro-bem-explicado#14032857965781&14840::-resize_ frame|0-0. Acesso em 28/11/2016.

O processo de desconsolidação consiste em subdividir um conhecimento de embarque (CE), vale dizer, subdividir a documentação da mercadoria importada em documentos individualizados, em função de seu destinatário ou da região onde será entregue.

Desconsolidação: Ato de separar em lotes menores e distribuir uma parcela ou a totalidade de uma carga previamente consolidada. Geralmente, este processo é antecedido por uma consolidação em um ponto de origem, com o objetivo de otimizar custos de transportes de uma rota ou região.

Disponível em: http://portogente.com.br/portopedia/desconsolidacao-de-carga-76037. Acesso em 28/11/2016.

A desconsolidação ocorre para embarques de importação caracterizando-se pela retirada de um único ou vários lotes de carga em determinado container.

Disponível em: http://www.dla.com.br/curso/159-consolidacao-e-desconsolidacao-de-cargas. Acesso em 28/11/2016.

as operações que executem e respectivas cargas. (Redação dada pela Lei nº 10.833, de 29.12.2003)

§ 2º Não poderá ser efetuada qualquer operação de carga ou descarga, em embarcações, enquanto não forem prestadas as informações referidas neste artigo. (Redação dada pela Lei nº 10.833, de 29.12.2003)

§ 3º A Secretaria da Receita Federal fica dispensada de participar da visita a embarcações prevista no art. 32 da Lei no 5.025, de 10 de junho de 1966. (Redação dada pela Lei nº 10.833, de 29.12.2003)

§ 4º A autoridade aduaneira poderá proceder às buscas em veículos necessárias para prevenir e reprimir a ocorrência de infração à legislação, inclusive em momento anterior à prestação das informações referidas no caput. (Renumerado do Parágrafo único com nova pela Lei nº 10.833, de 29.12.2003)

A norma que institui e regulamenta o Siscomex Carga, a IN RFB 800/2007 prevê diversas obrigações acessórias ao transportador, ao depositário, ao importador e a outros agentes do comércio internacional. A norma e o sistema também são aplicados na exportação de mercadorias.

E o descumprimento das obrigações estabelecidas sujeita o infrator ao pagamento de multa, especialmente a prevista pelo art. 107, IV, 'e' do DL 37/66. Leia-se:

Art. 107. Aplicam-se ainda as seguintes multas:

[...]

IV – de R$ 5.000,00 (cinco mil reais):

[...]

e) por deixar de prestar informação sobre veículo ou carga nele transportada, ou sobre as operações que execute, na forma e no prazo estabelecidos pela Secretaria da Receita Federal, aplicada à empresa de transporte internacional, inclusive a prestadora de serviços de transporte internacional expresso porta-a-porta, ou ao agente de carga;

[...]

O Siscomex Carga não está isento de críticas ou problemas, mas é instrumento que se destina a facilitar os registros e declarações de atividades de comércio internacional.

2. IMPOSTO DE IMPORTAÇÃO

Passaremos, agora, a estudar o imposto de importação.

Com a finalidade própria que abordamos linhas acima, o imposto é o primeiro a incidir na importação de mercadorias do exterior (o imposto não incide sobre serviços). Não é, porém, o único. Incidem na importação de mercadorias o PIS, a COFINS, o AFRMM, o ICMS, isso sem falar dos tributos que incidem na contratação de serviços prestados por pessoas domiciliadas no exterior e na tributação da remessa de recurso para o exterior, para o pagamento destes serviços.

Podemos dizer que o imposto apresenta dupla importância. Atua como exação que onera as importações, mas também serve de guia para o estabelecimento de regimes aduaneiros especiais, cujos efeitos se fazem sentir em outros tributos, regidos por normas próprias.

Assim, a norma que institui o imposto também apresenta aspecto dual. Disciplina a incidência comum do imposto, por normas aplicáveis exclusivamente a ele, e disciplina também os regimes aduaneiros especiais, com normas de suspensão e isenção tributárias, aplicáveis tanto ao imposto de importação quanto a outros tributos incidentes na importação de mercadorias.

Dessa forma, cuidaremos inicialmente do regime aduaneiro comum, no qual o imposto de importação, onera mercadorias destinadas ao mercado interno em geral com ânimo de definitividade e, em seguida, dos regimes aduaneiros especiais, que cuidam da tributação ou da ausência de tributação em determinadas operações, seja pela ausência do ânimo de definitividade do ingresso da mercadoria em território nacional (como o trânsito aduaneiro, a admissão temporária e o *drawback*), seja pela sua destinação a locais específicos do território (como as zonas francas), ou por qualquer outra **razão específica**, eleita pelo legislador.

Encerraremos o tópico com os temas do lançamento do imposto e das penalidades aduaneiras, com especial destaque para a pena de perdimento de bens.

Cabe observar que regime aduaneiro comum não significa uniformidade na tributação. Ao contrário, dentro desta rubrica há variações de alíquotas em função das mercadorias importadas, da origem das mercadorias, do meio de transporte e do tipo de contribuinte, bem como formas simplificadas, especiais e unificadas de incidência do imposto, sem falar em hipóteses de isenção, por diversos fundamentos.

De outro turno, os regimes aduaneiros especiais não estão presentes apenas na importação, mas também são muito aplicados nas exportaçoes, o que veremos a seguir.

2.1. Aspecto Material

O núcleo do aspecto material do imposto de importação é importar produto estrangeiro, nos termos do art. 19, do CTN.

Para a ocorrência do fato gerador do imposto, faz-se necessário haver produto estrangeiro que cruze as fronteiras nacionais para permanecer no Brasil.

O art. 1º, do DL 37/66, que instituiu o imposto dispõe:

> *Art.1º – O Imposto sobre a Importação incide sobre mercadoria estrangeira e tem como fato gerador sua entrada no Território Nacional.*
>
> *§ 1º – Para fins de incidência do imposto, considerar-se-á também estrangeira a mercadoria nacional ou nacionalizada exportada, que retornar ao País, salvo se:*
>
> *a) enviada em consignação e não vendida no prazo autorizado;*
>
> *b) devolvida por motivo de defeito técnico, para reparo ou substituição;*

c) por motivo de modificações na sistemática de importação por parte do país importador;

d) por motivo de guerra ou calamidade pública;

e) por outros fatores alheios à vontade do exportador.

§ 2º – Para efeito de ocorrência do fato gerador, considerar-se-á entrada no Território Nacional a mercadoria que constar como tendo sido importada e cuja falta venha a ser apurada pela autoridade aduaneira.

§ 3º – Para fins de aplicação do disposto no § 2º deste artigo, o regulamento poderá estabelecer percentuais de tolerância para a falta apurada na importação de granéis que, por sua natureza ou condições de manuseio na descarga, estejam sujeitos à quebra ou decréscimo de quantidade ou peso.

§ 4º O imposto não incide sobre mercadoria estrangeira:

I – destruída sob controle aduaneiro, sem ônus para a Fazenda Nacional, antes de desembaraçada;

II – em trânsito aduaneiro de passagem, acidentalmente destruída; ou

III – que tenha sido objeto de pena de perdimento, exceto na hipótese em que não seja localizada, tenha sido consumida ou revendida.

A norma utiliza o termo mercadoria e não produto, conforme dispõe o CTN. A palavra produto traz conceito mais amplo, a significar "resultado da produção; coisa produzida: produto da terra"[7], enquanto mercadoria, com conceito mais restrito, será todo produto objeto de comércio[8].

O DL 37/66, portanto, elegeu como fato gerador do imposto apenas as mercadorias, vale dizer, os produtos com valor de mercado, postos no comércio. Nada impede, porém, que outras normas prevejam a incidência do imposto para outros produtos ou que a lei proíba ou regule a importação de produtos diversos.

O que não pode nem a lei ordinária, nem a lei complementar é estabelecer a exigência do imposto de importação sobre serviços, pois a Constituição também utiliza o termo produto, na norma de competência da exação.

Nos termos do art. 155, § 3º, da Constituição, o imposto de importação também pode incidir sobre operações relativas a **energia elétrica e serviços de telecomunicações**. A energia elétrica é mesmo considerada para outros fins, inclusive penais, mas a previsão de incidência sobre serviços de telecomunicações é peculiar.

Inclui-se no âmbito de incidência do imposto a mercadoria importada mediante contrato de **arrendamento mercantil**. O STF apreciou o tema da seguinte maneira:

7. Disponível em: http://www.dicionariodoaurelio.com/Produto.html, acesso em 28.2.2013.

8. "Mercadoria – Aquilo que está à venda, que constitui objeto de comércio", Disponível em: http://www.dicionariodoaurelio.com/Mercadoria.html; acesso em 28.2.2013.

> *1. Recurso extraordinário em que se argumenta a não incidência do II e do IPI sobre operação de importação de sistema de tomografia computadorizada, amparada por contrato de arrendamento mercantil.*
>
> *2. Alegada insubmissão do arrendamento mercantil, que seria um serviço, ao fato gerador do imposto de importação (art. 153, I da Constituição). Inconsistência. Por se tratar de tributos diferentes, com hipóteses de incidência específicas (prestação de serviços e importação, entendida como a entrada de bem em território nacional – art. 19 do CTN), a incidência concomitante do II e do ISS não implica bitributação ou de violação de pretensa exclusividade e preferência de cobrança do ISS.*
>
> *3. Violação do princípio da isonomia (art. 150, II da Constituição), na medida em que o art. 17 da Lei 6.099/1974 proíbe a adoção do regime de admissão temporária para as operações amparadas por arrendamento mercantil. Improcedência. A exclusão do arrendamento mercantil do campo de aplicação do regime de admissão temporária atende aos valores e objetivos já antevistos no projeto de lei do arrendamento mercantil, para evitar que o leasing se torne opção por excelência devido às virtudes tributárias e não em razão da função social e do escopo empresarial que a avença tem.*
>
> *[...]*
>
> *(STF, T2, RE 429.306/PR, Min. JOAQUIM BARBOSA, DJe de 15/3/2011)*

Incide o imposto também sobre mercadoria nacional ou nacionalizada exportada que retornar ao país. Mercadoria nacional é aquela produzida no Brasil e mercadoria nacionalizada aquela que, produzida no exterior, ingressou no país com o cumprimento de todas as exigências aduaneiras, inclusive o pagamento dos impostos devidos.

Não incidirá o imposto, contudo, no regresso de mercadoria enviada em consignação e não vendida no prazo autorizado, devolvida por motivo de defeito ou para reparo, ou por motivos pertinentes ao importador estrangeiro ou qualquer fator alheio à vontade do exportador brasileiro.

O STJ já afastou a incidência do imposto no caso de importação de bem equivocadamente enviado ao exterior e posteriormente devolvido, por considerar que o fato ocorreu por fatores alheios à vontade do importador. Leia-se:

> *1. O fato gerador do imposto de importação é, consoante o art. 19 do CTN e o art. 1º do DL 37/66, a entrada de produto estrangeiro em território nacional. O § 1º do art. 1º do DL 37/66 também considera estrangeira, para fins de incidência do imposto de importação, a mercadoria nacional ou estrangeira exportada que retornar ao Brasil, salvo se tal retorno, dentre outras hipóteses, ocorrer por fatores alheios à vontade do exportador, consoante exceção prevista na alínea "e" do referido dispositivo, com reprodução no art. 70, V, do Decreto nº 4.345/2002 (Regulamento Aduaneiro de 2002).*
>
> *2. A devolução das mercadorias na hipótese ocorreu por fator alheio à vontade do exportador, eis que não é razoável cogitar que este tenha dirigido sua vontade livre e consciente no envio equivocado de merca-*

> *dorias para o exterior, sobretudo em razão dos incômodos suportados por ambos, importador e exportador, e as despesas que este terá de arcar no reenvio de mercadorias ao estrangeiro. Assim, o caso está albergado pela exceção prevista na alínea "e" do § 1º do art. 1º do Decreto-Lei nº 37/66, não havendo que se falar em incidência de imposto de importação.*
>
> *3. Recurso especial não provido.*
>
> *(STJ, T2, REsp 1.213.245/RS, Min. MAURO CAMPBELL MARQUES, DJe de 25/11/2010)*

A mesma Corte, porém, fixou o entendimento de que o roubo de mercadorias desembaraçadas não ilide o pagamento do imposto. Vejamos:

> *TRIBUTÁRIO – IMPOSTO DE IMPORTAÇÃO – AÇÃO ANULATÓRIA DE AUTO DE INFRAÇÃO – ROUBO DE MERCADORIA DURANTE TRANSPORTE TERRESTRE – CASO FORTUITO INTERNO – RESPONSABILIDADE DO TRANSPORTADOR.*
>
> *1. O roubo de veículo e de carga sujeita a imposto de importação ocorrido no transporte de mercadoria já desembaraçada não elide a responsabilidade de transportadora pelo pagamento do valor apurado em auto de infração, nos termos dos arts. 136 do CTN, 32 e 60 do Decreto-lei 37/66.*
>
> *2. Recurso especial não provido.*
>
> *(STJ, T2, REsp 1.172.027/RJ, Min. ELIANA CALMON, DJe de 30/9/2010)*

Antes do desembaraço, contudo, não incidirá o imposto se destruída a mercadoria sob controle aduaneiro; se a mercadoria, em trânsito aduaneiro (ex. o veículo do turista estrangeiro que viaja com carro próprio em território nacional) for acidentalmente destruída; bem aquela que tenha sido objeto de pena de perdimento, exceto na hipótese em que não seja localizada, tenha sido consumida ou revendida.

Incide, por outro lado, o imposto, quando a mercadoria, em sua quantidade declarada, não é localizada pela autoridade aduaneira. A regra é mitigada quando se trata de bens como grãos, que se perdem naturalmente no transporte.

2.2. Aspecto Temporal

O art. 23, do DL 37/99, define o momento de ocorrência do fato gerador. Dispõe:

> *Art. 23 – Quando se tratar de mercadoria despachada para consumo, considera-se ocorrido o fato gerador na data do registro, na repartição aduaneira, da declaração a que se refere o artigo 44.*
>
> *Parágrafo único. A mercadoria ficará sujeita aos tributos vigorantes na data em que a autoridade aduaneira efetuar o correspondente lançamento de ofício no caso de:*
>
> *I – falta, na hipótese a que se refere o § 2º do art. 1º; e*
>
> *II – introdução no País sem o registro de declaração de importação, a que se refere o inciso III do § 4º do art. 1º.*

O **fato gerador** do imposto de importação ocorre, portanto, **na data em que for apresentada a declaração de importação** (art. 44, do DL 37/66).

O fato gerador será considerado como ocorrido na data da lavratura do auto de infração (lançamento de ofício), nas hipóteses: 1. de perdimento da mercadoria, desde que a declaração de importação não tenha sido apresentada e a mercadoria tenha sido consumida ou revendida; e, 2. de mercadoria declarada, mas não localizada pela autoridade aduaneira.

Não há dúvidas na jurisprudência de que o fato gerador do imposto de importação ocorre na data do registro da declaração de importação. Veja-se:

> *1. Não há incompatibilidade entre o art. 19 do Código Tributário Nacional e o art. 23 do Decreto-Lei nº 37/66, porquanto o desembaraço aduaneiro completa a importação e, consequentemente, representa, para efeitos fiscais, a entrada de mercadoria no território nacional.*
>
> *2. A jurisprudência desta Corte é no sentido de que, no caso de importação de mercadoria despachada para consumo, o fato gerador do imposto de importação ocorre na data do registro da declaração de importação. Desse modo, deve ser aplicada para o cálculo do imposto a alíquota vigente nessa data.*
>
> *[...]*
>
> *(STJ, T2, REsp 1.220.979/RJ, Min. HUMBERTO MARTINS, DJe de 15/4/2011)*

Para as diversas modalidades de importação, o importador deverá apresentar uma declaração, que irá marcar o momento da ocorrência do fato gerador: a declaração de importação – DI, regra geral da importação; a declaração de bagagem acompanhada – DBA, no caso da importação especial; a declaração de regime unificado de tributação – DRTU, para as importações de pequena monta de mercadorias originárias do Paraguai; a declaração simplificada de importação – DSI, para o regime simplificado de importação.

Em apenas um caso a declaração não será apresentada pelo importador, o que ocorre no procedimento simplificado de importação via remessa postal internacional.

Neste caso, será apresentada a declaração de remessa expressa – DRE pela empresa prestadora do serviço de transporte expresso internacional, porta a porta, no caso de encomenda por ela transportada.

Entretanto, para efeito de cálculo do imposto, considera-se ocorrido o fato gerador, de acordo com o art. 73, do RA e com fundamento no art. 23, do DL 37/66:

- I – na data do registro da declaração de importação de mercadoria submetida a despacho para consumo;
- II – no dia do lançamento do correspondente crédito tributário, quando se tratar de:
- bens contidos em remessa postal internacional não sujeitos ao regime de importação comum;

- bens compreendidos no conceito de bagagem, acompanhada ou desacompanhada;
- mercadoria constante de manifesto ou de outras declarações de efeito equivalente, cujo extravio tenha sido verificado pela autoridade aduaneira; ou
- mercadoria estrangeira que não haja sido objeto de declaração de importação, na hipótese em que tenha sido consumida ou revendida, ou não seja localizada;
- III – na data do vencimento do prazo de permanência da mercadoria em recinto alfandegado, se iniciado o respectivo despacho aduaneiro antes de aplicada a pena de perdimento da mercadoria, na hipótese a que se refere o inciso XXI do art. 689
- IV – na data do registro da declaração de admissão temporária para utilização econômica.

Como se vê, os incisos II a IV apresentam exceções à regra do inciso I, segundo o qual o fato gerador ocorre na data do registro da declaração de importação de mercadoria submetida a despacho para consumo.

2.3. Aspecto Espacial

O aspecto espacial do imposto de importação corresponde ao território sobre o qual a autoridade aduaneira exerça sua jurisdição, vale dizer, **todo o território nacional**. Dispõem os art. 2º e 3º, do RA:

> *Art. 2º O território aduaneiro compreende todo o território nacional.*
>
> *Art. 3º A jurisdição dos serviços aduaneiros estende-se por todo o território aduaneiro e abrange:*
>
> *I – a zona primária, constituída pelas seguintes áreas demarcadas pela autoridade aduaneira local:*
>
> *a) a área terrestre ou aquática, contínua ou descontínua, nos portos alfandegados;*
>
> *b) a área terrestre, nos aeroportos alfandegados; e*
>
> *c) a área terrestre, que compreende os pontos de fronteira alfandegados; e*
>
> *II – a zona secundária, que compreende a parte restante do território aduaneiro, nela incluídas as águas territoriais e o espaço aéreo.*

Território aduaneiro é, portanto, dividido em **zona primária**, onde a autoridade aduaneira exercerá os principais atos relativos à importação e onde os importadores e exportadores deverão processar suas negociações, e em **zona secundária**, o restante do território nacional.

Significa dizer que as importações irregulares que vençam a zona aduaneira primária não se encontram livres da fiscalização, que poderá impor os rigores da lei, em qualquer lugar do território nacional em que as mercadorias forem encontradas.

Dentro da zona primária, portos, aeroportos e pontos de fronteira serão alfandegados, vale dizer, declarados como áreas de interesse aduaneiro, para que neles possam, sob o devido controle, estacionar ou transitar veículos procedentes do exterior ou a ele destinados; ser efetuadas operações de carga, descarga, armazenagem ou passagem de mercadorias procedentes do exterior ou a ele destinadas; e embarcar, desembarcar ou transitar viajantes procedentes do exterior ou a ele destinados (art. 5º, do RA).

Distingue-se o porto do "porto seco". Estes são recintos alfandegados de uso público nos quais são executadas operações de movimentação, armazenagem e despacho aduaneiro de mercadorias e de bagagem, sob controle aduaneiro. Os portos secos não podem ser instalados na zona primária de portos e aeroportos alfandegados (art. 11, do RA).

2.4. Aspecto subjetivo

O **contribuinte** por excelência do imposto de importação é o **importador**. Também podem ser contribuintes o destinatário de remessa postal, nas hipóteses em que a mercadoria é enviada pelo correio no exterior, para ser recebida pelo destinatário no Brasil.

Na hipótese de mercadoria abandonada ou apreendida, esta será mantida em recinto aduaneiro próprio e, posteriormente, levada a leilão. Neste caso, o contribuinte será o adquirente ou arrematante. Vejamos o art. 31, do DL 37/66:

> *Art.31 – É contribuinte do imposto:*
>
> *I – o importador, assim considerada qualquer pessoa que promova a entrada de mercadoria estrangeira no Território Nacional;*
>
> *II – o destinatário de remessa postal internacional indicado pelo respectivo remetente;*
>
> *III o adquirente de mercadoria entrepostada.*

O DL 37/66 prevê hipóteses de **responsabilidade** do imposto. Vejamos o art. 32, da norma:

> *Art. 32. É responsável pelo imposto:*
>
> *I – o transportador, quando transportar mercadoria procedente do exterior ou sob controle aduaneiro, inclusive em percurso interno;*
>
> *II – o depositário, assim considerada qualquer pessoa incumbida da custódia de mercadoria sob controle aduaneiro.*
>
> *Parágrafo único. É responsável solidário:*
>
> *I – o adquirente ou cessionário de mercadoria beneficiada com isenção ou redução do imposto;*
>
> *II – o representante, no País, do transportador estrangeiro;*
>
> *III – o adquirente de mercadoria de procedência estrangeira, no caso de importação realizada por sua conta e ordem, por intermédio de pessoa jurídica importadora.*

> *c) o adquirente de mercadoria de procedência estrangeira, no caso de importação realizada por sua conta e ordem, por intermédio de pessoa jurídica importadora;*
>
> *d) o encomendante predeterminado que adquire mercadoria de procedência estrangeira de pessoa jurídica importadora.*

No parágrafo único do art. 32, o DL 37/66 estabelece hipóteses de responsabilidade solidária.

A constitucionalidade da responsabilidade do agente marítimo, na qualidade de transportador, foi apreciada pelo STF. Veja-se:

> *EMBARGOS DECLARATÓRIOS EM ARGUIÇÃO DE DESCUMPRIMENTO DE PRECEITO FUNDAMENTAL. DIREITO TRIBUTÁRIO. IMPOSTO DE IMPORTAÇÃO. RESPONSABILIDADE TRIBUTÁRIA SOLIDÁRIA. AGENTE MARÍTIMO. DECRETO-LEI 37/66. DECRETO-LEI 2.472/98. DIREITO CONSTITUCIONAL. ALTERAÇÃO DA NORMA PRÉ-CONSTITUCIONAL POR MEDIDA PROVISÓRIA. COMPATIBILIDADE DE NORMA PRÉ-CONSTITUCIONAL COM A CONSTITUIÇÃO EM VIGOR NA ÉPOCA DE SUA PROMULGAÇÃO. PRINCÍPIO DA SUBSIDIARIEDADE.*
>
> *1. O Tribunal Pleno desta Corte assentou a impossibilidade, em sede de arguição de descumprimento de preceito fundamental, de se verificar a compatibilidade de norma pré-constitucional com a Constituição em vigor na época de sua promulgação. Precedente: ADPF 33, de relatoria do Ministro Gilmar Mendes, Tribunal Pleno, DJ 27.10.2006.*
>
> *2. O objeto desta ação é o art. 32, parágrafo único, b, do Decreto-lei 37, de 18 de novembro de 1966, com redação conferida pelo Decreto-lei 2.472, de 1º de setembro de 1988. O dispositivo, entretanto, passou por nova alteração e sua redação atual é fruto do art. 77 da Medida Provisória 2.158, de 24 de agosto de 2001.*
>
> *3. Possibilidade de indeferimento liminar pelo Relatório, nos termos do art. 4º, §1º, da Lei 9.882/99, ante a ausência de pressupostos para o processamento da ADPF.*
>
> *4. Embargos declaratórios a que se nega provimento.*
>
> *(STF, Tribunal Pleno, ADPF 371 ED/DF, Min. EDSON FACHIN, DJe de 18/12/2015)*

O adquirente ou cessionário de mercadoria beneficiada com isenção ou redução do imposto será responsável solidário, se o benefício cessar, por qualquer razão. Também é responsável solidário o representante, no país, do transportador estrangeiro, mas apenas pelos fatos que possam ser atribuídos a este.

Quando a importação é realizada por intermediário, por encomenda ou por conta e ordem de terceiro que a adquirir, este intermediário ou encomendante será responsável solidário pelo imposto de importação.

Na página da *internet* da Receita Federal, encontram-se esclarecimentos sobre a encomenda ou importação por conta e ordem de terceiro[9].

2.5. Aspecto quantitativo

2.5.1. Base de cálculo

Nos termos do art. 2º, do DL 37/66, a base de cálculo do imposto é:

> *I – quando a alíquota for específica, a quantidade de mercadoria, expressa na unidade de medida indicada na tarifa;*
>
> *II – quando a alíquota for "ad valorem", o valor aduaneiro apurado segundo as normas do art. 7º do Acordo Geral sobre Tarifas Aduaneiras e Comércio – GATT.*

No caso de aplicação de alíquotas específicas, o valor da mercadoria importada não será relevante. Contudo, a definição do valor aduaneiro, vale dizer, da base de cálculo para alíquotas *ad valorem*, pode se mostrar bastante complexa.

O art. VII, do GATT, incorporado ao direito brasileiro, disciplina o valor para fins aduaneiros. Dispõe seu parágrafo 2º:

a) O valor para fins alfandegários das mercadorias importadas deverá ser estabelecido sobre o valor real da mercadoria importada à qual se aplica o direito ou de uma mercadoria similar, e não sobre o valor do produto de origem nacional ou sobre valores arbitrários ou fictícios.

---

9. A importação por conta e ordem de terceiro é um serviço prestado por uma empresa – a importadora –, a qual promove, em seu nome, o despacho aduaneiro de importação de mercadorias adquiridas por outra empresa – a adquirente –, em razão de contrato previamente firmado, que pode compreender ainda a prestação de outros serviços relacionados com a transação comercial, como a realização de cotação de preços e a intermediação comercial (art. 1º da IN SRF nº 225/02 e art. 12, § 1º, I, da IN SRF nº 247/02).

Assim, na importação por conta e ordem, embora a atuação da empresa importadora possa abranger desde a simples execução do despacho de importação até a intermediação da negociação no exterior, contratação do transporte, seguro, entre outros, o importador de fato é a adquirente, a mandante da importação, aquela que efetivamente faz vir a mercadoria de outro país, em razão da compra internacional; embora, nesse caso, o faça por via de interposta pessoa – a importadora por conta e ordem –, que é uma mera mandatária da adquirente.

Em última análise, é a adquirente que pactua a compra internacional e dispõe de capacidade econômica para o pagamento, pela via cambial, da importação. Entretanto, diferentemente do que ocorre na importação por encomenda, a operação cambial para pagamento de uma importação por conta e ordem pode ser realizada em nome da importadora ou da adquirente, conforme estabelece o Regulamento do Mercado de Câmbio e Capitais Internacionais (RMCCI – Título 1, Capítulo 12, Seção 2) do Banco Central do Brasil (Bacen).

Dessa forma, mesmo que a importadora por conta e ordem efetue os pagamentos ao fornecedor estrangeiro, antecipados ou não, não se caracteriza uma operação por sua conta própria, mas, sim, entre o exportador estrangeiro e a empresa adquirente, pois dela se originam os recursos financeiros.

Disponível em: http://www.receita.fazenda.gov.br/TextConcat/Default.asp?Pos=2&Div=Aduana/ContaOrdemEncomenda/ContaOrdem/, acesso em 28.2.2013.

b) O "valor real" deverá ser o preço ao qual, em tempo e lugar determinados pela legislação do país importador, as mercadorias importadas ou as mercadorias similares são vendidas ou oferecidas à venda por ocasião das operações comerciais normais efetuadas nas condições de plena concorrência. Essas mercadorias ou mercadorias similares são vendidas ou oferecidas à venda em condições de plena concorrência e através de operações comerciais normais, na medida em que o preço dessas mercadorias ou de mercadorias similares dependa da quantidade sobre a qual recai uma transação determinada, o preço considerado deverá guardar relação na conformidade da escolha efetuada em definitivo pelo país importador, quer com quantidades comparáveis, quer com quantidades fixadas de forma não menos favorável ao importador do que se fosse tomado o maior volume dessas mercadorias que efetivamente tenha dado ensejo a transações comerciais entre o país exportador e o país importador.

c) No caso em que for impossível determinar o valor real em conformidade com os termos da alínea (b), do presente parágrafo, o valor para fins alfandegários deverá ser baseado na equivalência comprovável, mais próxima desse valor.

O valor real da mercadoria ganha prestígio, segundo as práticas comerciais, para figurar como base de cálculo dos tributos aduaneiros. Embora o valor real seja a base mais frequente do imposto, o próprio art. VII, do GATT, reconhece nem sempre ser possível apurar o valor real da negociação.

Dessa forma, no âmbito do GATT, realizou-se um acordo, positivado no direito nacional pelo Decreto 92.930/86, com vistas a estabelecer critérios para definição do valor aduaneiro.

O **valor aduaneiro**, base de cálculo do imposto de importação será, pois, definido por **métodos**, utilizados subsidiariamente – vale dizer, o segundo método somente é utilizado na impossibilidade de utilização do primeiro, o terceiro método somente é utilizado na impossibilidade de utilização do primeiro e do segundo métodos, e assim por diante, com a ressalva de que o quinto e o sexto métodos podem ser invertidos a requerimento do importador.

Vejamos:

> *1º – valor da transação. Este método será utilizado sempre que a importação ocorra em condições de livre mercado, sem que haja fatores que possam interferir no preço, como a vinculação entre importador e exportador, ou direitos e obrigações embutidas na negociação.*
>
> *2º – valor de transações com mercadoria idêntica. Quando as relações entre importador e exportador puderem afetar o preço pago pela mercadoria, o valor aduaneiro será obtido pela realização de outras transações com a mesma mercadoria, que atendam aos requisitos de livre mercado exigidas pelo primeiro método.*
>
> *3º – valor de transações com mercadorias similares. Se não houver transações com a mesma mercadoria, em condições de tempo, de lo-*

cal da importação e da exportação e de mercado que permitam sua utilização, o valor aduaneiro será apurado por transações com mercadorias similares.

4º – valor de revenda da mercadoria importada. Na impossibilidade de utilização dos métodos anteriores, o valor aduaneiro será o valor da revenda da mercadoria importada, deduzidos os custos de revenda, como comissões, transporte e seguro no país da importação e tarifas alfandegárias, bem como o lucro da operação.

5º – valor computado da mercadoria. O valor computado parte do processo inverso do valor de venda da mercadoria importada, vale dizer, busca apurar os custos de produção, transporte e seguros internacionais e o lucro do exportador.

6º – valor determinado por critérios razoáveis, condizentes com os princípios gerais do GATT, com dados do país da importação. O método se aproxima do valor computado, mas utiliza, ao revés dos custos do país onde a mercadoria fora produzida, os dados do país da importação. Não se pode presumir, porém, que o processo produtivo do bem importado seja igual ao processo produtivo nacional, de modo que se veda a utilização do preço do bem no país da importação.

Por certo que a aplicação dos métodos é complexa e demanda conhecimentos de economia, contabilidade etc., matérias que não iremos abordar.

Necessário registrar, porém, que o primeiro método, do valor real da mercadoria importada, está sujeito a acréscimos e deduções, conforme o art. 8º, do anexo ao Decreto 92.930/86.

Devem ser acrescidos ao valor da mercadoria os custos de comissão e corretagem, exceto comissões de compra; custos de embalagem e de recipientes, inclusive de mão de obra e serviços de embalagem; componentes, peças, ferramentas e bens consumidos fornecidos pelo comprador, que reduzam o valor da operação; e os *royalties* e outros serviços que o importador deva pagar à parte para a utilização da mercadoria importada.

De outro turno, **são deduzidos** os custos de transporte e seguros no país importador, bem como despesas de serviços de montagem, manutenção, assistência técnica etc, no país importador, se tais serviços forem contratados pelo exportador e estiverem embutidos no preço da operação.

Em termos mais simples, o valor real da mercadoria importada é o valor total do bem, embalado e transportado e segurado até a entrada do produto no país de destino (porto ou aeroporto), pago pelo importador, seja em moeda, em bens ou serviços.

Eventuais custos incorridos em território nacional não fazem parte deste valor real, ainda que embutidos no preço pago pelo importador.

Neste sentido, o STJ repudiou a inclusão das despesas de capatazia na base de cálculo do imposto. Vejamos:

TRIBUTÁRIO. RECURSO ESPECIAL. IMPOSTO DE IMPORTAÇÃO. BASE DE CÁLCULO. VALOR ADUANEIRO. DESPESAS DE CAPATAZIA. INCLUSÃO. IMPOSSIBILIDADE. ART. 4º, § 3º, DA IN SRF 327/2003. ILEGALIDADE.

> *1. Cinge-se a controvérsia em saber se o valor pago pela recorrida ao Porto de Itajaí, referente às despesas incorridas após a chegada do navio, tais como descarregamento e manuseio da mercadoria (capatazia), deve ou não integrar o conceito de "Valor Aduaneiro", para fins de composição da base de cálculo do Imposto de Importação.*
>
> *2. Nos termos do artigo 40, § 1º, inciso I, da atual Lei dos Portos (Lei 12.815/2013), o trabalho portuário de capatazia é definido como "atividade de movimentação de mercadorias nas instalações dentro do porto, compreendendo o recebimento, conferência, transporte interno, abertura de volumes para a conferência aduaneira, manipulação, arrumação e entrega, bem como o carregamento e descarga de embarcações, quando efetuados por aparelhamento portuário".*
>
> *3. O Acordo de Valoração Aduaneiro e o Decreto 6.759/09, ao mencionar os gastos a serem computados no valor aduaneiro, referem-se à despesas com carga, descarga e manuseio das mercadorias importadas até o porto alfandegado. A Instrução Normativa 327/2003, por seu turno, refere-se a valores relativos à descarga das mercadorias importadas, já no território nacional.*
>
> *4. A Instrução Normativa 327/03 da SRF, ao permitir, em seu artigo 4º, § 3º, que se computem os gastos com descarga da mercadoria no território nacional, no valor aduaneiro, desrespeita os limites impostos pelo Acordo de Valoração Aduaneira e pelo Decreto 6.759/09, tendo em vista que a realização de tais procedimentos de movimentação de mercadorias ocorre apenas após a chegada da embarcação, ou seja, após a sua chegada ao porto alfandegado.*
>
> *5. Recurso especial não provido.*
>
> *(STJ, T1, Resp 1.239.625/SC, Min. BENEDITO GONÇALVES, DJe de 04/11/2014)*

De outro turno, o mesmo tribunal entende cabível a inclusão das despesas com movimentação de carga até o pátio de armazenagem, chamada serviço de capatazia, na base de cálculo do imposto.

> *TRIBUTÁRIO. IMPOSTO DE IMPORTAÇÃO. BASE DE CÁLCULO. VALOR ADUANEIRO. DESPESAS COM MOVIMENTAÇÃO DE CARGA ATÉ O PÁTIO DE ARMAZENAGEM (CAPATAZIA). INCLUSÃO. IMPOSSIBILIDADE. ART. 4º, § 3º, DA IN SRF 327/2003. ILEGALIDADE.*
>
> *1. O STJ já decidiu que "a Instrução Normativa 327/03 da SRF, ao permitir, em seu artigo 4º, § 3º, que se computem os gastos com descarga da mercadoria no território nacional, no valor aduaneiro, desrespeita os limites impostos pelo Acordo de Valoração Aduaneira e pelo Decreto 6.759/09, tendo em vista que a realização de tais procedimentos de movimentação de mercadorias ocorre apenas após a chegada da embarcação, ou seja, após a sua chegada ao porto alfandegado" (REsp 1.239.625/SC, Rel. Ministro Benedito Gonçalves, Primeira Turma, DJe 4.11.2014).*
>
> *2. Agravo Regimental não provido.*
>
> *(STJ, T2, AgRg no REsp 1.434.650/CE, Min. HERMAN BENJAMIN, DJe de 30/6/2015)*

As formulações desses preços, incluindo ou excluindo frete e seguro até o porto (ou aeroporto) do país importador ou o frete e o seguro entre o porto (ou aeroporto) do país do importador até seu estabelecimento, possui nomes e são classificados segundo os termos do comércio exterior, ou *Incoterms*.

Os termos mais comuns são:

> *Para o transporte marítimo:*
>
> *FOB – FREE ON BOARD (LIVRE A BORDO)*
>
> *O exportador deve, sob sua conta e risco, colocar a mercadoria a bordo do navio indicado pelo importador, no porto de embarque designado, e a partir deste momento o importador assume todos os custos e responsabilidades.*
>
> *CIF – COST, INSURANCE AND FREIGHT (CUSTO, SEGURO E FRETE)*
>
> *Todas as despesas, inclusive seguro marítimo e frete, até a chegada da mercadoria no porto de destino designado correm por conta do vendedor, todos os riscos, desde o momento que transpõe a amurada do navio, no porto de embarque, são de responsabilidade do comprador.*
>
> *Para o transporte aéreo:*
>
> *CPT – CARRIAGE PAID TO... (TRANSPORTE PAGO ATÉ...)*
>
> *O frete até o aeroporto de destino e as formalidades de exportação correm por conta do exportador, o importador assume o ônus dos riscos por perdas e danos, a partir do momento em que a transportadora assume a custódia das mercadorias.*

Existem vários outros termos do comércio, embora com menor utilização.

2.5.2. Alíquota

A alíquota aplicável no imposto de importação será:

a) alíquota específica (ou *ad rem*): a unidade de medida adotada pela lei tributária (ex.: R$20,00 por metro quadrado), ou

b) alíquota *ad valorem*: percentual sobre o preço normal (valor comercial) que o produto, ou seu similar, alcançaria ao tempo da importação, em uma venda em condições de livre concorrência, para entrega no porto ou lugar de entrado do produto no país (art. VII do Acordo Geral sobre Tarifas e Comércio – GATT)

No Brasil, as alíquotas de importação, salvo as exceções, são definidas pelo Mercosul, no texto que se denomina tarifa externa comum – TEC e podem variar enormemente. Enquanto algumas mercadorias são tributadas à alíquota zero, automóveis, por exemplo, podem se sujeitar à alíquota de 35%.

Na TEC estão descritas as mercadorias e, para cada descrição, se define a alíquota a ser aplicada.

A grande dificuldade de definição das alíquotas, contudo, está em classificar os infindáveis tipos de mercadorias reais importadas, com suas peculiaridades e especificações, ao texto abstrato e limitado da TEC.

Este procedimento, verdadeira ciência particular, se denomina classificação aduaneira.

Para se ter a dimensão da dificuldade, a TEC vigente, conforme o texto disponível na página do MDIC, contém 412 páginas, 97 capítulos e um número gigantesco de descrições.

Eis um pequeno trecho do documento:

> *Capítulo 4*
>
> *Leite e lacticínios; ovos de aves; [...]*
>
> *Notas.*
>
> *1. Considera-se "leite" o leite integral (completo) e o leite total ou parcialmente desnatado.*
>
> *2. Na acepção da posição 04.05:*
>
> *a) Considera-se "manteiga" a manteiga natural, a manteiga de soro de leite e a manteiga "recombinada" (fresca, salgada ou rançosa, mesmo em recipientes hermeticamente fechados) proveniente exclusivamente do leite, cujo teor de matérias gordas do leite seja igual ou superior a 80%, mas não superior a 95%, em peso, um teor máximo de matérias sólidas não gordas do leite de 2%, em peso, e um teor máximo de água de 16%, em peso. A manteiga não contém emulsificantes, mas pode conter cloreto de sódio, corantes alimentícios, sais de neutralização e culturas de bactérias lácticas inofensivas;*
>
> *b) [...]*
>
> *3. Os produtos obtidos por concentração do soro de leite, com adição de leite ou de matérias gordas provenientes do leite, classificam-se na posição 04.06, como queijos, desde que apresentem as três características seguintes:*
>
> *[...]*
>
> *4. O presente Capítulo não compreende:*
>
> *a) Os produtos obtidos a partir do soro de leite que contenham, em peso, mais de 95% de lactose, expressos em lactose anidra calculada sobre matéria seca (posição 17.02);*
>
> *b) As albuminas (incluindo os concentrados de várias proteínas do soro de leite, que contenham, em peso, calculado sobre matéria seca, mais de 80% de proteínas do soro de leite) (posição 35.02), bem como as globulinas (posição 35.04).*
>
> *Notas de subposições.*
>
> *1. Na acepção da subposição 0404.10, entende-se por "soro de leite modificado" os produtos que consistam em constituintes do soro de leite, isto é, [...].*

2. Na acepção da subposição 0405.10, o termo "manteiga" não abrange a manteiga desidratada e o ghee subposição 0405.90).

NCM	DESCRIÇÃO	TEC (%)
04.01	Leite e creme de leite, não concentrados nem adicionados de açúcar ou de outros edulcorantes.	
0401.10	– Com um teor, em peso, de matérias gordas, não superior a 1%	
0401.10.10	Leite UHT (Ultra High Temperature)	14
0401.10.90	Outros	12
0401.20	– Com um teor, em peso, de matérias gordas, superior a 1%, mas não superior a 6%	
0401.20.10	Leite UHT (Ultra High Temperature)	14
0401.20.90	Outros	12
[...]		
04.02	Leite e creme de leite, concentrados ou adicionados de açúcar ou de outros edulcorantes.	
0402.10	– Em pó, grânulos ou outras formas sólidas, com um teor, em peso, de matérias gordas, não superior a 1,5%	
0402.10.10	Com um teor de arsênio, chumbo ou cobre, considerados isoladamente, inferior a 5 ppm	28
0402.10.90	Outros	28
0402.2	– Em pó, grânulos ou outras formas sólidas, com um teor, em peso, de matérias gordas, superior a 1,5%:	
0402.21	– Sem adição de açúcar ou de outros edulcorantes	
0402.21.10	Leite integral	28
0402.21.20	Leite parcialmente desnatado	28
0402.21.30	Creme de leite	16
[...]		

A TEC possui, como se vê, um título do capítulo, notas explicativas, notas de subposições, um código NCM (nomenclatura comum do Mercosul), posições e subposições, a descrição de cada posição e subposição e a alíquota correspondente, que tem como referência o Sistema Harmonizado de Designação e Codificação de Mercadorias – (SH) (sistema internacional padronizado de codificação e classificação de produtos).

Apresentamos o exemplo do leite, com transcrição parcial do capítulo 4, da TEC. Contudo, há capítulos para todos os bens imaginados pelo legislador, de produtos naturais a produtos químicos, de flores a armas, de animais a máquinas.

A tarefa de classificar mercadorias pode ser, pois, bastante complicada, sendo necessário, não raro, um especialista na TEC e um especialista na mercadoria que se pretende classificar, para completar a tarefa.

Numa visão bastante superficial, são as regras internacionais de classificação das mercadorias:

> *1 – Os títulos dos capítulos são indicativos, e a classificação se dá pelo texto;*
>
> *2 – A referência a um artigo importado se aplica ao bem no estado em que se encontra, desde que apresente suas características essenciais. Ex. Equipamento em peças – equivale ao produto pronto;*
>
> *3 – Quando há mais de uma classificação possível, a mais específica prevalece sobre a mais genérica; nas misturas, prevalece a classificação do item que confere a característica essencial, quando não há previsão específica para a mistura;*
>
> *4 – As mercadorias que não possam ser classificadas pelas regras anteriores, se classificam da mesma forma que produtos semelhantes;*
>
> *5 – Embalagens seguem a classificação do principal, salvo se elas forem o principal;*
>
> *6 – "A classificação de mercadorias nas subposições de uma mesma posição determinada, para efeitos legais, pelos textos dessas subposições e das notas de suposição respectivas, assim como, mutatis mutandis, pelas regras precedentes, entendendo-se que apenas sã o comparáveis subposicões do mesmo nível. Para os fins da presente regra, as notas de seção e de capítulo sã o também aplicáveis, salvo disposições em contrário".*

Feita a classificação segundo as regras, basta identificar a alíquota e aplicá-la à base de cálculo do imposto.

Merece ainda menção o conceito de ex-tarifário. Definido pelo MDIC:

> *O regime de Ex-Tarifário consiste na redução temporária da alíquota do imposto de importação de bens de capital (BK) e de informática e telecomunicação (BIT), assim grafados na Tarifa Externa Comum do Mercosul (TEC), quando não houver a produção nacional equivalente. Ou seja, representa uma redução no custo do investimento.*
>
> *[...]*
>
> *A concessão do regime é dada por meio de Resolução CAMEX nº 66/2014 da Câmara de Comércio Exterior (Camex), após análise, pelo Comitê de Análise de Ex-Tarifários (CAEx), dos pareceres elaborados pela SDP[10].*

O chamado ex-tarifário, portanto, é regime jurídico que permite a redução da alíquota do imposto de importação de determinados bens.

---

10. Disponível em: http://www.mdic.gov.br/sitio/interna/interna.php?area=2&menu=1174.

2.5.3. Tributação simplificada, especial e unificada

Outras formas de incidência do imposto seguem regras particulares: a tributação simplificada, a tributação especial e a tributação unificada.

Tributação simplificada (DL 1.804/80 e Lei 10.865/04)

Dispõe o art. 99, do RA:

> *Art. 99. O regime de tributação simplificada é o que permite a classificação genérica, para fins de despacho de importação, de bens integrantes de remessa postal internacional, mediante a aplicação de alíquotas diferenciadas do imposto de importação, e isenção do imposto sobre produtos industrializados, da contribuição para o PIS/PASEP-Importação e da COFINS-Importação.*

Na página da Receita Federal, encontram-se os seguintes esclarecimentos:

> *O RTS – Regime de Tributação Simplificada poderá ser utilizado no despacho aduaneiro de importação de bens integrantes de remessa postal ou de encomenda aérea internacional no valor de até US$ 3.000,00 ou o equivalente em outra moeda, destinada a pessoa física ou jurídica, mediante o pagamento do Imposto de Importação calculado com a aplicação da alíquota de 60% (sessenta por cento), independentemente da classificação tarifária dos bens que compõem a remessa ou encomenda.*
>
> *As importações as quais são aplicadas o RTS não estão sujeitas à cobrança (são isentas) dos demais tributos incidentes das operações de importação, quais sejam, Imposto sobre Produtos Industrializados – IPI, PIS/PASEP e a COFINS incidentes na importação.*
>
> *[...]*
>
> *Os bens integrantes de remessa postal ou de encomenda aerea internacional submetidos a despacho aduaneiro com a aplicação do RTS são isentos do Imposto sobre Produtos Industrializados.*
>
> *O RTS não se aplica a bebidas alcoólicas e a fumo e produtos de tabacaria*[11].

O regime é aplicado também na importação de bens pelos Correios, companhias aéreas ou empresas de *courier*, inclusive compras realizadas pela Internet[12].

Discute-se se há isenção nas importações pelo correio, no valor de até US$ 100,00, a partir do teor do art. 2º, do DL 1.804/80. Leia-se:

> *Art. 2º O Ministério da Fazenda, relativamente ao regime de que trata o art. 1º deste Decreto-Lei, estabelecerá a classificação genérica e*

---

11. Disponível em: http://www.receita.fazenda.gov.br/manuaisweb/importacao/topicos/remessa_postal/RPI/imposto/regime_RTS.htm, acesso em 28.2.2013.
12. Disponível em: http://www.receita.fazenda.gov.br/aduana/rts.htm, acesso em 28.2.2013.

> *fixará as alíquotas especiais a que se refere o § 2º do artigo 1º, bem como poderá:*
>
> *I – dispor sobre normas, métodos e padrões específicos de valoração aduaneira dos bens contidos em remessas postais internacionais;*
>
> *II – dispor sobre a isenção do imposto de importação dos bens contidos em remessas de valor até cem dólares norte-americanos, ou o equivalente em outras moedas, quando destinados a pessoas físicas. (Redação dada pela Lei nº 8.383, de 1991)*
>
> *Parágrafo Único. O Ministério da Fazenda poderá, também, estender a aplicação do regime às encomendas aéreas internacionais transportadas com a emissão de conhecimento aéreo.*

A interpretação dada pelos contribuintes é de que a norma concedeu a isenção, e que o Ministro da Fazenda poderia, somente, regulamentar a norma, sem afastar o benefício.

Na interpretação contida na Portaria MF 156/99, ao contrário, o art. 2º, do DL 1.804/80 não teria concedido isenção, mas simplesmente autorizado o Ministro da Fazenda a concedê-la, nas remessas postais de até US$ 100,00. Dessa forma, o art. 2º, da Portaria MF 156/99, prevê a incidência do imposto de importação sobre remessas postais.

Não há precedentes do STJ, mas encontram-se decisões favoráveis aos contribuintes nos Tribunais Regionais Federais. Leia-se um exemplo:

> *TRIBUTÁRIO. IMPOSTO DE IMPORTAÇÃO. REMESSA POSTAL INTERNACIONAL. DECRETO-LEI Nº. 1.804/1980. ISENÇÃO. DELEGAÇÃO LEGISLATIVA. PORTARIA MF 156/99. RESTRIÇÃO IMPOSTA POR NORMA SECUNDÁRIA. EXORBITÂNCIA DO PODER REGULAMENTAR. ILEGALIDADE. RECURSO INOMINADO DO AUTOR PROVIDO EM PARTE.*
>
> *(TRF3, T3, Recurso 05134914520154058300, Desembargador Joaquim Lustosa Filho, DJe de 15/3/2016)*

A questão é, mesmo, interpretativa e, se não for alterado o texto do DL 1.804/80, a decisão acerca da incidência ou isenção na espécie cabe ao Judiciário.

Tributação especial (DL 2.120/84; Lei 10.685/2007, e Regime Aduaneiro de Bagagem no Mercosul, internalizado pelo Decreto 6.870/2009)

Dispõe o art. 101, do RA:

> *Art. 101. O regime de tributação especial é o que permite o despacho de bens integrantes de bagagem mediante a exigência tão somente do imposto de importação, calculado pela aplicação da alíquota de cinquenta por cento sobre o valor do bem, apurado em conformidade com o disposto no art. 87*
>
> *I – compreendidos no conceito de bagagem, no montante que exceder o limite de valor global a que se refere o inciso III do art. 157*
>
> *II – adquiridos em lojas francas de chegada, no montante que exceder o limite de isenção a que se refere o art. 169.*

A cota isenta, com as limitações quantitativas aplicáveis, é de:

> *a) US$ 500,00 (quinhentos dólares dos Estados Unidos) ou o equivalente em outra moeda, quando o viajante ingressar no País por via aérea ou marítima; e*
>
> *b) US$ 300,00 (trezentos dólares dos Estados Unidos) ou o equivalente em outra moeda, quando o viajante ingressar no País por via terrestre, fluvial ou lacustre[13].*

O regime da bagagem acompanhada está prevista no art. 13, do DL 37/66 e regulada pelo RA e as normas mencionadas no regulamento.

Tributação unificada – Lei 11.898/09

Dispõe o art. 102-A, do RA:

> *Art. 102-A. O regime de tributação unificada é o que permite a importação, por via terrestre, de mercadorias procedentes do Paraguai, mediante o pagamento unificado do imposto de importação, do imposto sobre produtos industrializados, da contribuição para o PIS/PASEP-Importação e da COFINS-Importação, observado o limite máximo de valor por habilitado, conforme estabelecido em ato normativo específico.*

O regime somente é aplicável para as mercadorias especificadas em ato do Poder Executivo (Decreto 6.956/2009).

A alíquota unificada é de 25% (7,88% de II; 7,87% de IPI; 7,6% de COFINS; 1,65% de PIS).

As alíquotas podem ser reduzidas a até zero. A alíquota dos II pode ser elevada a até 18% e a do IPI a 15%.

2.6. Isenções e imunidades

A legislação do imposto de importação contempla isenções objetivas (relacionadas à mercadoria importada) e subjetivas (relacionadas à pessoa do importador); condicionadas (à destinação das mercadorias, conforme o art. 12, do DL 37/66) e incondicionadas; totais e parciais (redução do imposto). Em regra, as isenções se aplicam a mercadoria sem similar nacional, nos termos do art. 17, do DL 37/66, requisito que pode ser dispensado por lei ordinária ou norma equivalente.

O art. 11, do DL 37/66, disciplina a isenção subjetiva do imposto, prevendo a perda do benefício no caso de transferência da mercadoria importada, salvo se a pessoa que a adquirir goze do mesmo tratamento fiscal ou que a transferência ocorra após cinco anos da outorga da isenção, total ou parcial. Leia-se:

> *Art. 11 – Quando a isenção ou redução for vinculada à qualidade do importador, a transferência de propriedade ou uso, a qualquer título,*

---

13. Disponível em: http://www.receita.fazenda.gov.br/aduana/viajantes/IsenTribBagagem.htm, acesso em: 28.2.2013.

dos bens obriga, na forma do regulamento, ao prévio recolhimento dos tributos e gravames cambiais, inclusive quando tenham sido dispensados apenas estes gravames.

Parágrafo único. O disposto neste artigo não se aplica aos bens transferidos a qualquer título:

I – a pessoa ou entidades que gozem de igual tratamento fiscal, mediante prévia decisão da autoridade aduaneira;

II – após o decurso do prazo de 5 (cinco) anos da data da outorga da isenção ou redução.

Exemplo de isenção subjetiva na interpretação dos tribunais pode ser encontrado nos art. 12 e 13, da Lei 2.613/55, que dispõe:

Art. 12. Os serviços e bens do S. S. R. gozam de ampla isenção fiscal como se fôssem da própria União.

Art. 13. O disposto nos arts. 11 e 12 desta lei se aplica ao Serviço Social da Indústria (SESI), ao Serviço Social do Comércio (SESC), ao Serviço Nacional de Aprendizagem Industrial (SENAI) e ao Serviço Nacional de Aprendizagem Comercial (SENAC).

Apreciando a matéria, assim decidiu o STJ:

PROCESSUAL CIVIL. TRIBUTÁRIO. AUSÊNCIA DE VIOLAÇÃO AO ART. 535, CPC. IMPOSTO DE IMPORTAÇÃO. PIS – IMPORTAÇÃO. COFINS – IMPORTAÇÃO. ISENÇÃO DAS IMPORTAÇÕES FEITAS PELO SENAI. VIGÊNCIA DOS ARTS. 12 E 13 DA LEI nº 2.613/55.

1. Não viola o art. 535, do CPC, o acórdão que decide de forma suficientemente fundamentada, não estando obrigada a Corte de Origem a emitir juízo de valor expresso a respeito de todas as teses e dispositivos legais invocados pelas partes.

2. As importações feitas pelo SENAI gozam da isenção prevista nos arts. 12 e 13 da Lei nº 2.613/55.

3. Irrelevante a classificação do SENAI como entidade beneficente de assistência social ou não, pois sua isenção decorre diretamente da lei (arts. 12 e 13 da Lei nº 2.613/55) e não daquela condição que se refere à imunidade constitucional (art. 195, § 7º, da CF/88). O raciocínio também exclui a relevância de se verificar o cumprimento dos requisitos do art. 55, da Lei nº 8.212/91 (agora dos arts. 1º, 2º, 18, 19, 29 Lei nº 12.101/2009), notadamente, a existência de remuneração ou não de seus dirigentes.

4. Recurso especial não provido.

(STJ, T2, REsp 1.430.257/CE, Min. MAURO CAMPBELL MARQUES, DJe de 25/2/2014)

Há, portanto, isenção subjetiva nas importações das entidades do Sistema S, mas somente em favor daquelas mencionadas na Lei 2.613/55.

O STF, apreciando o tema das isenções do imposto de importação, reforçou a regra da interpretação literal dos benefícios fiscais, vedando ao Judiciário estender vantagens a situações similares, com fundamento na isonomia. Leia-se:

> *CONSTITUCIONAL. TRIBUTÁRIO. IMPOSTO DE IMPORTAÇÃO. PNEUS. BENEFÍCIO FISCAL. REDUÇÃO DE 40% DO VALOR DEVIDO NAS OPERAÇÕES REALIZADAS POR MONTADORAS. PEDIDO DE EXTENSÃO A EMPRESA DA ÁREA DE REPOSIÇÃO DE PNEUMÁTICOS POR QUEBRA DA ISONOMIA. IMPOSSIBILIDADE. LEI FEDERAL 10.182/2001. CONSTITUIÇÃO FEDERAL (ARTS. 37 E 150, II). CÓDIGO TRIBUTÁRIO NACIONAL (ART. 111).*
>
> *Sob o pretexto de tornar efetivo o princípio da isonomia tributária, não pode o Poder Judiciário estender benefício fiscal sem que haja previsão legal específica. No caso em exame, a eventual conclusão pela inconstitucionalidade do critério que se entende indevidamente restritivo conduziria à inaplicabilidade integral do benefício fiscal. A extensão do benefício àqueles que não foram expressamente contemplados não poderia ser utilizada para restaurar a igualdade de condições tida por desequilibrada. [...]*
>
> *(STF, Tribunal Pleno, RE 405.579/PR, Min. JOAQUIM BARBOSA, DJe de 3/8/2011)*

É concedida isenção do imposto de importação nos termos, limites e condições estabelecidos no regulamento (art. 15, do DL 37/66):

> *I – à União, Estados, Distrito Federal e Municípios;*
>
> *II – às autarquias e demais entidades de direito público interno;*
>
> *III – às instituições científicas, educacionais e de assistência social;*
>
> *IV – às missões diplomáticas e repartições consulares de caráter permanente, e a seus integrantes;*
>
> *V – às representações de órgãos internacionais e regionais de caráter permanente, de que o Brasil seja membro, e a seus funcionários, peritos, técnicos e consultores estrangeiros, que gozarão do tratamento aduaneiro outorgado ao corpo diplomático quanto às suas bagagens, automóveis, móveis e bens de consumo, enquanto exercerem suas funções de caráter permanente;*
>
> *VI – às amostras comerciais e às remessas postais internacionais, sem valor comercial;*
>
> *VII – aos materiais de reposição e conserto para uso de embarcações ou aeronaves, estrangeiras;*
>
> *VIII – às sementes, espécies vegetais para plantio e animais reprodutores;*
>
> *IX – aos aparelhos, motores, reatores, peças e acessórios de aeronaves importados por estabelecimento com oficina especializada, comprovadamente destinados à manutenção, revisão e reparo de aeronaves ou de seus componentes, bem como aos equipamentos, aparelhos, instrumentos, máquinas, ferramentas e materiais específicos indispensáveis à execução dos respectivos serviços;*

XI – às aeronaves, suas partes, peças e demais materiais de manutenção e reparo, aparelhos e materiais de radiocomunicação, equipamentos de terra e equipamentos para treinamento de pessoal e segurança de vôo, materiais destinados às oficinas de manutenção e de reparo de aeronave nos aeroportos, bases e hangares, importados por empresas nacionais concessionárias de linhas regulares de transporte aéreo, por aeroclubes, considerados de utilidade pública, com funcionamento regular, e por empresas que explorem serviços de táxis-aéreos;

XII – às aeronaves, equipamentos e material técnico, destinados a operações de aerolevantamento e importados por empresas de capital exclusivamente nacional que explorem atividades pertinentes, conforme previstas na legislação específica sobre aerolevantamento.

Os itens I a III do art. 15, do DL 37/66 reproduzem as previsões constitucionais da imunidade recíproca e das entidades educacionais e sociais (art. 150, VI, a e c, da CF/88). Assim, malgrado o texto do decreto-lei, anterior à Constituição de 1988, as previsões devem ser consideradas como imunidades.

Vejamos como o STF enfrentou o tema:

A imunidade tributária prevista no art. 150, VI, a da Constituição aplica-se às operações de importação de bens realizadas por municípios, quando o ente público for o importador do bem (identidade entre o "contribuinte de direito" e o "contribuinte de fato"). Compete ao ente tributante provar que as operações de importação desoneradas estão influindo negativamente no mercado, a ponto de violar o art. 170 da Constituição. Impossibilidade de presumir risco à livre-iniciativa e à concorrência. Agravo regimental ao qual se nega provimento.

(STF, T2, AI 518.405 AgR/RS, Min. Joaquim Barbosa, DJe de 29/4/2010)

O art. 16, do DL 37/66 também insere como isenção a imunidade do papel para impressão de livros, jornais e periódicos. Leia-se:

Art.16 – Somente podem importar papel com isenção de tributos as pessoas naturais ou jurídicas responsáveis pela exploração da indústria de livro ou de jornal, ou de outra publicação periódica que não contenha, exclusivamente, matéria de propaganda comercial, na forma e mediante o preenchimento dos requisitos indicados no regulamento.

Trata-se, de fato, de imunidade, diante da previsão constitucional, do art. 150, VI, d, da CF/88.

Frise-se, porém, que a imunidade se limita ao papel, não abrangendo outros insumos. Asseverou o STF:

Esta Corte já firmou o entendimento (a título de exemplo, nos RREE 190.761, 174.476, 203.859, 204.234 e 178.863) de que apenas os materiais relacionados com o papel – assim, papel fotográfico, inclusive para fotocomposição por laser, filmes fotográficos, sensibilizados, não impressionados, para imagens monocromáticas e papel para telefoto – estão abrangidos pela imunidade tributária prevista no artigo 150, VI, "d", da Constituição.

> *No caso, trata-se de tinta para jornal, razão por que o acórdão recorrido, por ter esse insumo como abrangido pela referida imunidade, e, portanto, imune ao imposto de importação, divergiu da jurisprudência desta Corte.*
>
> *Recurso extraordinário conhecido e provido.*
>
> *(STF, T2, RE 273.308 / SP, Min. MOREIRA ALVES, DJ de 15/09/2000)*

A lei ordinária pode prever outras hipóteses de isenção. Ao Poder Executivo é facultado, face à flexibilização do princípio da legalidade aplicável ao imposto de importação, reduzir a zero a alíquota do tributo, em medida que equivale, ao menos quanto ao dever tributário, à isenção.

2.7. Regimes aduaneiros especiais

As mercadorias que ingressam no país, ainda que sujeitas, a princípio, ao imposto de importação, nem sempre sofrem a incidência do tributo. Em certos casos, as mercadorias podem ingressar temporariamente no território nacional, seja para fins turísticos ou esportivos, seja de passagem, em direção a outro país, seja com a finalidade de ser reexportada.

Nestes casos, não há a incidência do imposto em razão de regimes especiais, dentre os quais se destacam o trânsito aduaneiro, a admissão temporária e o *drawback*.

Conforme leciona Luiz Henrique Tavares Machado, não é a simples redução da carga tributária que caracteriza os regimes especiais, pois esta redução pode ocorrer também no regime comum. A diferença, para o autor, estaria, além do tratamento tributário diferenciado, na aplicação de um controle aduaneiro específico[14], que veremos a seguir.

Assim dispõe o art. 71, do DL 37/66:

> *Art. 71 – Poderá ser concedida suspensão do imposto incidente na importação de mercadoria despachada sob regime aduaneiro especial, na forma e nas condições previstas em regulamento, por prazo não superior a 1 (um) ano, ressalvado o disposto no § 3º, deste artigo.*
>
> *§ 1º – O prazo estabelecido neste artigo poderá ser prorrogado, a juízo da autoridade aduaneira, por período não superior, no total, a 5 (cinco) anos.*
>
> *§ 2º – A título excepcional, em casos devidamente justificados, a critério do Ministro da Fazenda, o prazo de que trata este artigo poderá ser prorrogado por período superior a 5 (cinco) anos.*

Assim, a mercadoria pode ingressar em território nacional com a suspensão do imposto por prazo determinado, sob as condições lavradas em termo de responsabilidade e, eventualmente, com garantia (art. 72, do DL 37/66), para posterior regresso ao país de

14. MACHADO, Luiz Henrique Tavares. Curso de drawback. São Paulo: Aduaneiras, 2015, p. 84.

origem ou a outro país. Somente haverá a incidência do imposto se o prazo ou as condições estabelecidas não forem respeitados.

Luiz Henrique Tavares Machado propõe quatro **classificações** dos regimes aduaneiros especiais, baseados em características comuns: "segundo a amplitude dos benefícios fiscais, segundo o momento de sua incidência, segundo o fluxo comercial dos bens e segundo a pretensão de definitividade"[15].

De acordo com a **amplitude** da exoneração fiscal, os regimes seriam divididos em duas categorias, de exoneração **total**, abrangendo todos os tributos sobre o comércio exterior e de exoneração **parcial**, abrangendo apenas parte dos tributos[16].

No **primeiro subgrupo**, de acordo com o autor, estariam todos os regimes tratados no Regulamento Aduaneiro (ou regimes aduaneiros *stricto sensu*), à exceção do RECOM[17]. Poderíamos acrescentar mais uma exceção, o *drawback* suspensão, pois este regime não afasta a incidência do imposto de exportação, como veremos mais adiante. Nesta categoria estariam incluídos ainda os regimes aplicáveis a áreas especiais, como a Zona Franca de Manaus, as Áreas de Livre Comércio e as Zonas de Processamento de Exportação (que o autor considera como regimes aduaneiros especiais)[18].

No **segundo subgrupo**, com exoneração parcial, estariam regimes não previstos pelo Regulamento Aduaneiro, que concedem benefícios em relação ao PIS e a COFINS – importação e ao PIS. São exemplos o PADIS, o PATVD, o REPES e o RECAP[19].

---

15. MACHADO, Luiz Henrique Tavares. Curso de drawback. São Paulo: Aduaneiras, 2015, p. 84.
16. MACHADO, Luiz Henrique Tavares. Curso de drawback. São Paulo: Aduaneiras, 2015, p. 91.
17. MACHADO, Luiz Henrique Tavares. Curso de drawback. São Paulo: Aduaneiras, 2015, p. 92.
18. MACHADO, Luiz Henrique Tavares. Curso de drawback. São Paulo: Aduaneiras, 2015, p. 93.
19. **PADIS, Lei 11.484/07, art. 1º e seg.**

    O Programa de Apoio ao Desenvolvimento Tecnológico da *Indústria de Semicondutores* – PADIS confere alíquota zero na incidência do PIS e da COFINS – Importação e do IPI para o contribuinte habilitado no programa na SRFB, com projeto aprovado em ato conjunto do Ministério da Fazenda, do Ministério da Ciência e Tecnologia e do Ministério do Desenvolvimento, Indústria e Comércio Exterior.

    O benefício se aplica a aquisição de bens para o ativo imobilizado (importação ou aquisição no mercado interno) da pessoa jurídica beneficiada.

    PATVD, Lei 11.484/07, art. 12 e seg.

    Também ficam reduzidas a zero as alíquotas das aquisições realizadas por empresa habilitada no Programa de Apoio ao Desenvolvimento Tecnológico da Indústria de Equipamentos para TV Digital – PATVD.

    O projeto da empresa deve ser aprovado em ato conjunto do Ministério da Fazenda, do Ministério da Ciência e Tecnologia e do Ministério do Desenvolvimento, Indústria e Comércio Exterior.

    REPES, Lei 11.196/05, art. 1º e seg.

    Incentivo com mecânica similar é o Regime Especial de Tributação para a Plataforma de Exportação de Serviços de Tecnologia da Informação – REPES.

De acordo com o **momento da exoneração**, o autor classifica os regimes de exoneração **na importação** (admissão temporária, admissão temporária para aperfeiçoamento ativo, *drawback*, entreposto aduaneiro, Regime Aduaneiro de Entreposto Industrial sob Controle Informatizado – RECOF, Regime Aduaneiro Especial de Importação de Insumos Destinados a Industrialização por Encomenda de Veículos – RECOM, Regime Aduaneiro Especial de Exportação e de Importação de Bens destinados às atividades de Pesquisa e de Lavra das Jazidas de Petróleo e de Gás Natural – REPETRO, Regime Tributário para Incentivo à Modernização e à Ampliação da Estrutura Portuária – REPORTO, Loja Franca, Depósito Especial e Depósito Afiançado), **na exportação** (Exportação Temporária e Exportação Temporária para Aperfeiçoamento Passivo), além do **regime misto**, que incide tanto na importação quanto na exportação (Trânsito Aduaneiro) e dos **regimes neutros**, em que não há exoneração (Depósito Alfandegado Afiançado e Depósito Franco)[20].

De acordo como **fluxo comercial**, o autor apresenta classificação de **regimes bidirecionais**, se há obrigatoriedade de reexportação do bem que ingressou no território nacional ou reimportação do bem que saiu do território aduaneiro (Admissão Temporária, Admissão Temporária para Aperfeiçoamento Ativo, *Drawback* suspensão, RECOF, Exportação Temporária, Exportação Temporária para Aperfeiçoamento Passivo, Depósito Especial e Regime Aduaneiro Especial de Importação de Petróleo Bruto e seus Derivados – REPEX), **unidimensionais**, se o bem pode ser agregado ao patrimônio do interessado, despachado para consumo ou sujeito a exportação ficta (Entreposto Aduaneiro, REPORTO, REPTRO e *Drawback* suspensão e restituição), **multinacionais**, se o legislador não

---

A suspensão do imposto aplica-se aos bens novos, relacionados em ato do Poder Executivo, destinados ao desenvolvimento, no País, de software e de serviços de tecnologia da informação; e se converte em alíquota zero (PIS e COFINS – Importação, art. 6º) ou isenção (IPI, art. 11) depois de cumprido o compromisso de exportação firmado pelo beneficiário.

O beneficiário do REPES é a empresa, previamente habilitada pela SRFB que exerça preponderantemente as atividades de desenvolvimento de software ou de prestação de serviços de tecnologia da informação; e assuma compromisso de exportação igual ou superior a 50% de sua receita bruta anual decorrente da venda dos bens e serviços relacionada com o benefício.

RECAP, Lei 11.196/05, art. 12 e seg.

Regime Especial de Aquisição de Bens de Capital para Empresas Exportadoras – Recap.

É beneficiária do Recap a pessoa jurídica preponderantemente exportadora, assim considerada aquela cuja receita bruta decorrente de exportação para o exterior, no ano-calendário imediatamente anterior à adesão ao Recap, houver sido igual ou superior a 50% ou 60%, conforme a área de atuação, de sua receita bruta total de venda de bens e serviços no período e que assuma compromisso de manter esse percentual de exportação durante o período de 2 anos-calendário.

Na importação de máquinas, aparelhos, instrumentos e equipamentos, novos, fica suspensa a exigência do PIS e da COFINS – importação, por até 3 anos a partir da adesão ao programa e, cumpridas a exigências legais, as alíquotas são convertidas a zero (mais uma vez a expressão) no prazo de 2 ou 3 anos, conforme o fundamento do regime.

20. MACHADO, Luiz Henrique Tavares. Curso de drawback. São Paulo: Aduaneiras, 2015, p. 96-98.

optou por um fluxo comercial específico (Loja Franca, Depósito Afiançado, Depósito Alfandegado Certificado e RECOM), **regime interno**, se o regime é aplicado apenas no interior do território aduaneiro (transito aduaneiro), e **regime de passagem**, se seu objetivo é apenas a passagem de mercadoria pelo território nacional (Depósito Franco) [21]

O autor apresenta ainda classificação de acordo com a **pretensão de definitividade**, da importação ou da exportação. Seus subgrupos seriam os dos **regimes sem pretensão direta**, nos quais não há pretensão de definitividade da importação ou da exportação, mas, ao contrário, previsão de que o bem retorne à origem (Admissão Temporária, *Drawback* suspensão, RECOF, REPETRO, PREPEX, Depósito Franco e Depósito Especial), dos **regimes de pretensão presumida**, nos quais "há uma presunção de que a atitude a ser tomada pelo interessado seja por uma providencia que viabilize uma importação ou uma exportação" (*Drawback* isenção e restituição), e os **regimes de pretensão indiferente**, nos quais cabe ao interessado decidir se torna ou não definitiva a operação (Trânsito Aduaneiro, Loja Franca, Depósito Afiançado, Depósito Alfandegado Certificado e RECOM)[22].

Outra classificação que encontramos acerca dos regimes especiais, mais voltada a critérios econômicos, separa os institutos em regimes aduaneiros especiais com aplicação na atividade de logística, regimes aduaneiros especiais de admissão ou exportação temporária e suas variações e regimes aduaneiros especiais aplicados à indústria e serviços[23].

No primeiro grupo estariam o Trânsito Aduaneiro, a Loja Franca, o Depósito Especial, o Depósito Afiançado, o Depósito Alfandegado Certificado, o Depósito Franco, e o REPORTO[24]. Na segunda categoria estariam a Admissão Temporária, a Admissão Temporária para Aperfeiçoamento Ativo, o REPEX, o REPETRO, a Exportação Temporária, e a Exportação Temporária para aperfeiçoamento passivo[25]. Por fim, o último grupo seria composto pelo Entreposto Aduaneiro, o *Drawback*, o RECOF, o RECOM e outros destinados a áreas especiais, como a Zona Franca de Manaus[26].

Vale notar que as classificações não podem ser consideradas como certas ou erradas, mas adequadas ou inadequadas para os fins a que se destinam. Em nosso estudo, as classificações ajudam a compreender e a assimilar os institutos.

---

21. MACHADO, Luiz Henrique Tavares. Curso de drawback. São Paulo: Aduaneiras, 2015, p. 98-99.
22. MACHADO, Luiz Henrique Tavares. Curso de drawback. São Paulo: Aduaneiras, 2015, p. 99-100.
23. SILVA, Tom Pierre Fernandes da. Et. Ali. Tributação no comércio exterior brasileiro. Rio de Janeiro: Editora FGV, 2014.
24. SILVA, Tom Pierre Fernandes da. Et. ali. Tributação no comércio exterior brasileiro. Rio de Janeiro: Editora FGV, 2014, p. 49 e seg.
25. SILVA, Tom Pierre Fernandes da. Et. ali. Tributação no comércio exterior brasileiro. Rio de Janeiro: Editora FGV, 2014, p. 73 e seg.
26. SILVA, Tom Pierre Fernandes da. Et. ali. Tributação no comércio exterior brasileiro. Rio de Janeiro: Editora FGV, 2014, p. 109 e seg.

2.7.1. Trânsito Aduaneiro

O trânsito aduaneiro é o regime que permite, por exemplo, que um veículo procedente do Uruguai, carregado de mercadorias destinadas à exportação para a Europa, possa trafegar em território nacional, sem o pagamento de impostos, na hipótese das mercadorias serem destinadas a embarque em porto no Brasil. Dispõe os art. 73 e 74, do DL 37/66:

> *Art.73 – O regime de trânsito é o que permite o transporte de mercadoria sob controle aduaneiro, de um ponto a outro do território aduaneiro, com suspensão de tributos.*
>
> *Parágrafo único. Aplica-se, igualmente, o regime de trânsito ao transporte de mercadoria destinada ao exterior.*
>
> *Art.74 – O termo de responsabilidade para garantia de transporte de mercadoria conterá os registros necessários a assegurar a eventual liquidação e cobrança de tributos e gravames cambiais.*

Cumprido o termo do regime, não haverá incidência dos tributos nacionais. Caso as mercadorias permaneçam em território nacional, haverá a incidência do imposto.

2.7.2. Admissão Temporária

A admissão temporária é o regime "que permite a importação de bens que devam permanecer no País durante prazo fixado, com suspensão total do pagamento de tributos, ou com suspensão parcial, no caso de utilização econômica" (art. 353, do RA). Conforme os art. 75 e seg., do DL 37/66:

> *Art. 75 – Poderá ser concedida, na forma e condições do regulamento, suspensão dos tributos que incidem sobre a importação de bens que devam permanecer no país durante prazo fixado.*
>
> *§ 1º – A aplicação do regime de admissão temporária ficará sujeita ao cumprimento das seguintes condições básicas:*
>
> *I – garantia de tributos e gravames devidos, mediante depósito ou termo de responsabilidade;*
>
> *II – utilização dos bens dentro do prazo da concessão e exclusivamente nos fins previstos;*
>
> *III – identificação dos bens.*
>
> *§ 2º – A admissão temporária de automóveis, motocicletas e outros veículos será concedida na forma deste artigo ou de atos internacionais subscritos pelo Governo brasileiro e, no caso de aeronave, na conformidade, ainda, de normas fixadas pelo Ministério da Aeronáutica.*
>
> *§ 3º – A disposição do parágrafo anterior somente se aplica aos bens de pessoa que entrar no país em caráter temporário.*
>
> *Art.77 – Os bens importados sob o regime de admissão temporária poderão ser despachados, posteriormente, para consumo, mediante cumprimento prévio das exigências legais e regulamentares.*

Aplica-se o regime, pois, a veículos de turistas que transitem em território nacional, a artigos de desportistas em competição no Brasil, a mercadorias que serão exibidas em feiras etc.

Há alguns regimes de admissão temporária: a comum, a destinada à utilização econômica e a destinada a aperfeiçoamento ativo.

A admissão temporária **comum** (art. 353 e seg., do RA), com suspensão total dos tributos aduaneiros, tem como requisitos a importação em caráter temporário; ausência de cobertura cambial; adequação dos bens à finalidade para a qual foram importados; garantia; e o termo de responsabilidade.

O prazo será de 1 ano, prorrogável até 5 anos, limitada ao tempo de permanência do proprietário no Brasil. O regime será extinto se decorrido o prazo, sem a renovação do regime ou se descumprido o termo de responsabilidade.

Admissão temporária para **utilização econômica** (art. 373 e seg., do RA) é voltada para a utilização do bem na prestação de serviço ou na produção industrial.

O fundamento legal específico para esta modalidade de admissão temporária é o art. 79, da Lei 9.430/95, incluído pela MP 2.189/01:

> *Art. 79. Os bens admitidos temporariamente no País, para utilização econômica, ficam sujeitos ao pagamento dos impostos incidentes na importação proporcionalmente ao tempo de sua permanência em território nacional, nos termos e condições estabelecidos em regulamento.*
>
> *Parágrafo único. O Poder Executivo poderá excepcionar, em caráter temporário, a aplicação do disposto neste artigo em relação a determinados bens.*

Neste caso, há importação e incidência do imposto. Contudo, se um bem cuja vida útil seja de 5 anos permanecer no Brasil por 1 ano, haverá incidência dos tributos aduaneiros na proporção deste ano de permanência do bem. O regime se aplica aos casos de arrendamento operacional, de aluguel ou de empréstimo.

O regime de admissão temporária para utilização econômica será concedido pelo prazo previsto no contrato de arrendamento operacional, de aluguel ou de empréstimo, celebrado entre o importador e a pessoa estrangeira, prorrogável na medida da extensão do prazo estabelecido no contrato, não podendo ultrapassar 100 meses (art. 374, do RA).

O regime de admissão temporária para **aperfeiçoamento ativo** (art. 380 e seg. do RA) aplica-se à importação de bem destinado ao beneficiamento, à montagem, à renovação, ao recondicionamento, ao acondicionamento ou ao reacondicionamento aplicadas ao próprio bem, que ingressa no território nacional para esta finalidade; e aos bens importados com a finalidade de conserto, reparo, ou restauração de bens estrangeiros em território nacional.

Com a reexportação, não há incidência dos tributos nacionais.

2.7.3. *Drawback*

2.7.3.1. *Introdução*

O *drawback* é regime aduaneiro especial, que afasta os tributos incidentes na importação de insumos para posterior exportação com fins industriais e comerciais.

Sua previsão legal está no art. 78, do DL 37/66:

> *Art.78 – Poderá ser concedida, nos termos e condições estabelecidas no regulamento:*
>
> *I – restituição, total ou parcial, dos tributos que hajam incidido sobre a importação de mercadoria exportada após beneficiamento, ou utilizada na fabricação, complementação ou acondicionamento de outra exportada;*
>
> *II – suspensão do pagamento dos tributos sobre a importação de mercadoria a ser exportada após beneficiamento, ou destinada à fabricação, complementação ou acondicionamento de outra a ser exportada;*
>
> *III – isenção dos tributos que incidirem sobre importação de mercadoria, em quantidade e qualidade equivalentes à utilizada no beneficiamento, fabricação, complementação ou acondicionamento de produto exportado.*
>
> *§ 1º – A restituição de que trata este artigo poderá ser feita mediante crédito da importância correspondente, a ser ressarcida em importação posterior.*

O regime é aplicado ao industrial ou comerciante que importa mercadorias, utiliza-as em seu processo produtivo e, após, exporta a mesma mercadoria ou o resultado do processo industrial que a utilizou como insumo.

Nos termos do art. 383, do RA, "o regime de *drawback* é considerado incentivo à exportação".

2.7.3.2. *Princípios*

O *drawback* obedece a princípios de direito tributário e de direito aduaneiro, mas também se rege por princípios específicos.

Talvez o mais importante dos princípios que instruem o *drawback* seja a universalidade do controle aduaneiro.

O controle aduaneiro decorre da própria noção de soberania estatal, do direito do Estado de controlar o fluxo de pessoas e bens em seu território, em proteção a valores como o meio ambiente, a economia, o desenvolvimento a concorrência etc.

Estende-se o controle aduaneiro a "toda mercadoria que tenha atravessado, ou que pretende atravessar, em direção ao exterior, os limites do território aduaneiro"[27].

---

27. MACHADO, Luiz Henrique Tavares. Curso de drawback. São Paulo: Aduaneiras, 2015, p. 257.

Suas principais características são a independência face à norma de tributação, pois o controle aduaneiro deve ocorrer mesmo que não haja obrigação tributária, independência da destinação da mercadoria e materialização pelo despacho aduaneiro[28].

No caso específico do *drawback*, o controle aduaneiro deve ser realizado com rigor, pois se, de um lado, o instituto atende o art. 3º, II, da CF/88 (garanta do desenvolvimento nacional), de outro apresenta grande potencial de violação da concorrência, protegida pelo art. 170, IV, também da Carta. Leia-se:

> *Art. 170. A ordem econômica, fundada na valorização do trabalho humano e na livre iniciativa, tem por fim assegurar a todos existência digna, conforme os ditames da justiça social, observados os seguintes princípios:*
>
> *[...]*
>
> *IV – livre concorrência;*
>
> *[...]*

A propósito, leciona Luiz Henrique Travassos Machado:

> *Deve, assim, o Estado assumir uma postura que respeite as diferenças entre os agentes econômicos, tratando igualmente aqueles que se encontrem em situação equivalente, circunstância que muito se aproxima do princípio da isonomia.*
>
> *O estabelecimento de privilégios para tais e quais agentes, em prejuízo de seus concorrentes diretos, seja pela interpretação, seja pela aplicação da lei, ofende diretamente o princípio da livre concorrência. [...]*[29]

Deveras, o *drawback* tem efetivo potencial de violação da concorrência, pois permite aos seus beneficiários acesso à matéria prima a preço reduzido, de forma que se exige pleno controle do instituto, para garantir a exportação (esta tipicamente exonerada) e impedir que o importador se utilize do benefício para concorrer vantajosamente no mercado interno.

Outros princípios que regem o instituto são a livre escolha do regime, pelo importador, a supremacia das declarações, que somente podem ser rejeitadas se não merecerem fé ou forem comprovadamente falsas, a livre origem das mercadorias importadas, a descrição detalhada da mercadoria, a tempestividade dos atos do interessado, a anterioridade das declarações do importador, face aos atos por ele praticados, a fragmentariedade do título concessivo do regime e a vinculação física da mercadoria, que não é fungível para o *drawback*, embora haja exceções (art. 17, da Lei 11.774/08)[30].

---

28. MACHADO, Luiz Henrique Tavares. Curso de drawback. São Paulo: Aduaneiras, 2015, p. 258.
29. MACHADO, Luiz Henrique Tavares. Curso de drawback. São Paulo: Aduaneiras, 2015, p. 257.
30. MACHADO, Luiz Henrique Tavares. Curso de drawback. São Paulo: Aduaneiras, 2015, p. 258 e seg.

2.7.3.3. Modalidades

Há três modalidades básicas do *drawback*: suspensão, isenção e restituição dos tributos pagos.

Drawback **suspensão** (art. 386, e seg. do RA)

Competência da Secretaria de Comércio Exterior, que deve receber o requerimento do interessado e emitir o ato concessivo em favor do importador.

Pode ser concedida apenas com base em fluxos financeiros das importações e exportações do interessado.

Regime válido por 1 ano; prazo para exportação 5 anos.

As mercadorias importadas ingressam em território nacional com suspensão dos tributos incidentes sobre a importação e a suspensão se converte em isenção quando a mercadoria ou o produto decorrente de sua aplicação como insumo na industrialização é exportado.

O material não utilizado ou não exportado deverá ser devolvido ao exportador ou sofrer a incidência dos impostos suspensos.

Drawback **isenção** (art. 393 e seg., do RA)

Competência da Secretaria de Comércio Exterior, que também deve receber o requerimento do interessado e emitir o ato concessivo em favor do importador.

A mercadoria ingressa em território nacional com isenção dos tributos incidentes sobre a importação.

Deve o interessado comprovar que já realizou exportações para as quais utilizou mercadorias importadas equivalentes, em qualidade e quantidade, àquelas para as quais esteja sendo pleiteada a isenção.

Conforme o art. 394, do RA, o regime será concedido mediante ato concessório do qual constarão:

I – valor e especificação da mercadoria exportada;

II – especificação e classificação fiscal das mercadorias a serem importadas; e

III – valor unitário da mercadoria importada, utilizada na mercadoria exportada.

Drawback **restituição** (art. 397 e seg., do RA)

Competência da Secretaria da Receita Federal.

O contribuinte que importou mercadorias e as reexportou, ou exportou produtos industrializados que as aplicou como matéria prima, insumos, embalagem utilizados no processo produtivo, pode postular a restituição dos tributos pagos.

A modalidade demanda prova da importação, do pagamento do tributo e da exportação.

Se o importador não reexporta a mercadoria no regime do *drawback* suspensão, há a incidência do imposto, mas não de multa moratória, conforme entendimento do STJ[31].

O regime não afasta o imposto de exportação, se incidente da remessa do produto para o exterior.

Exceto o *drawback* restituição, as demais modalidades comportam variações, denominadas ***drawback* verde-amarelo**, em que podem ser adquiridas mercadorias no mercado interno com suspensão ou isenção de tributos e o ***drawback* intermediário**, no qual o importador ou adquirente de mercadorias no mercado interno para produção, que deve ser vendida para empresa industrial exportadora. Em outros termos, nesta variante o importador é intermediário, e quem reexporta a mercadoria é terceira pessoa.

Dispõe o art. 59, da Lei 10.833/03:

> *Art. 59. O beneficiário de regime aduaneiro suspensivo, destinado à industrialização para exportação, responde solidariamente pelas obrigações tributárias decorrentes da admissão de mercadoria no regime por outro beneficiário, mediante sua anuência, com vistas na execução de etapa da cadeia industrial do produto a ser exportado.*
>
> *§ 1º Na hipótese do caput, a aquisição de mercadoria nacional por qualquer dos beneficiários do regime, para ser incorporada ao produto a ser exportado, será realizada com suspensão dos tributos incidentes.*
>
> *[...]*

Regula a matéria a Portaria SECEX/MDIC 23/2011.

Os atos concessórios de *drawback*, a propósito, não são rígidos, e os regimes podem ser alterados a pedido do interessado, havendo ampla **flexibilidade** entre as modalidades e suas variações, regra aplicável aos regimes aduaneiros em geral, desde que compatíveis. Dispõe o art. 31º, do RA:

> *Art. 310. Poderá ser autorizada a transferência de mercadoria admitida em um regime aduaneiro especial ou aplicado em área especial para outro, observadas as condições e os requisitos próprios do novo regime e as restrições estabelecidas em ato normativo da Secretaria da Receita Federal do Brasil.*

O interessado pode requerer alteração de regime, por exemplo, do *drawback* comum para *drawback* verde amarelo ou intermediário. Para fazê-lo, contudo, deve respeitar os requisitos da Portaria SECEX/MDIC 23/2011, especialmente os art. 94 e 95, que dispõem:

> *Art. 94. Qualquer alteração das condições concedidas no Ato Concessório de Drawback deverá ser solicitada, por meio do módulo específico drawback do SISCOMEX, na forma dos incisos I ou II do art. 82 desta Portaria, até o último dia de sua validade ou no primeiro dia útil subsequente, caso o vencimento tenha ocorrido em dia não útil.*

---

31. STJ, T1, REsp 1.218.319/RS, Min. BENEDITO GONÇALVES, DJe de 2/9/2014.

> *§ 1º O exame do pedido de alteração de ato concessório de drawback se dará com observância do disposto no art. 92.*
>
> *§ 2º Quando ocorrer modificação nas condições aprovadas no ato concessório e a empresa não solicitar alteração dos itens necessários do A C no prazo regulamentar, e nem obter a aprovação das aludidas mudanças, o ato concessório não será objeto de comprovação automática como previsto no art. 146, e será baixado na forma até então apresentada, o que acarretará atraso no exame da comprovação do AC e eventual inadimplemento.*
>
> *Art. 95. O não cumprimento, no prazo máximo de 30 (trinta) dias, de exigência formulada pelo DECEX poderá acarretar o indeferimento do pedido de alteração.*

Com mais detalhes, dispõe o Comunicado DECEX 21/97:

> *26.2 Poderá ser autorizada a transferência de mercadoria importada para outro Ato Concessório de Drawback, modalidade suspensão, mediante pedido da beneficiária.*
>
> *26.2.1 A transferência deverá ser solicitada antes do vencimento do prazo para exportação do Ato Concessório de Drawback original.*
>
> *26.2.2 A transferência será abatida das importações autorizadas para o Ato Concessório de Drawback receptor.*
>
> *26.2.3 O prazo de validade do Ato Concessório de Drawback, modalidade suspensão, para o qual foi transferida a mercadoria importada, observará o limite máximo de 2 (dois) anos para a permanência no País, a contar da data da Declaração de Importação (DI) mais antiga vinculada ao Regime, principalmente quanto à mercadoria transferida de outro Ato Concessório de Drawback.*

Não há razões, portanto, pelo menos de ordem normativa, para o descumprimento das obrigações assumidas no regime.

2.7.3.4. Comprovação de cumprimento do regime

Nos termos do art. 142, da Portaria SECEX/MDIC 23/2011, é o **registro de exportação**, acompanhado da declaração de importação, ou a Nota Fiscal de venda no mercado interno, que comprovam o atendimento das condições do regime. Leia-se:

> *Art. 142. Os documentos que comprovam as operações vinculadas ao Regime de Drawback são os seguintes:*
>
> *I – Declaração de Importação;*
>
> *II – Registro de Exportação averbado, com indicação dos dados do AC nos campos 2 -A e 24;*
>
> *III – Nota Fiscal de venda no mercado interno, contendo o correspondente Código Fiscal de Operações e Prestações (CFOP):*
>
> *[...]*

Dispõem os art. 111 e 179, VI, 'a', da Portaria SECEX/MDIC 23/2011:

> *Art. 111. É obrigatória a menção expressa da participação do fabricante -intermediário no registro de exportação (RE).*

> *Art. 179. Para efeito de alteração e baixa do compromisso dos AC previstos no art. 178 são aplicáveis, ainda, os seguintes dispositivos específicos:*
>
> *[...]*
>
> *VI – as empresas deverão solicitar a comprovação das importações e exportações vinculadas ao regime, na opção "enviar para baixa", no prazo de até 60 (sessenta) dias contados a partir da data limite para exportação;*
>
> *a) em se tratando de comprovação envolvendo nota fiscal, a em presa deverá incluir a NF no campo apropriado do novo módulo do SISCO-MEX, e somente nos casos de venda para empresa de fins comerciais e de drawback intermediário, acessar a opção correspondente para associar o registro de exportação à NF;*
>
> *[...]*

No caso do regime intermediário, não é a empresa importadora que comprova a exportação, mas a empresa industrial exportadora, parceira da importadora, valendo ressaltar que a parte não alega – e não seria mesmo o caso, de venda no mercado interno para comercial exportadora, regida pelo DL 1.248/72.

2.7.4. Entreposto Aduaneiro

O entreposto aduaneiro permite a armazenagem de mercadorias em recinto alfandegado na importação e na exportação. Na importação, o entreposto ocorre com a suspensão do pagamento de tributos:

> *Art. 404. O regime especial de entreposto aduaneiro na importação é o que permite a armazenagem de mercadoria estrangeira em recinto alfandegado de uso público, com suspensão do pagamento dos impostos federais, da contribuição para o PIS/PASEP-Importação e da COFINS-Importação incidentes na importação (Decreto-Lei no 1.455, de 1976, art. 9º, com a redação dada pela Medida Provisória no 2.158-35, de 2001, art. 69; e Lei nº o 10.865, de 2004, art. 14).*
>
> *[...]*
>
> *Art. 410. O regime especial de entreposto aduaneiro na exportação é o que permite a armazenagem de mercadoria destinada a exportação (Decreto-Lei no 1.455, de 1976, art. 10, caput, com a redação dada pela Medida Provisória no 2.158-35, de 2001, art. 69).*

A legislação não especifica prazo para o entreposto aduaneiro na exportação. Na importação, o regime pode ser concedido por um ano, prazo prorrogável, mas que não pode exceder dois anos.

O regime permite, ainda, a permanência de mercadorias estrangeiras em: feira, congresso, mostra ou evento semelhante, realizado em recinto de uso privativo, previamente alfandegado para esse fim; instalações portuárias de uso privativo misto; plataformas destinadas à pesquisa e lavra de jazidas de petróleo e gás natural em construção ou conversão no País, contratadas por empresas sediadas no exterior e estaleiros navais ou em outras instalações industriais localizadas à beira-mar, destinadas à construção de estruturas marítimas, plataformas de petróleo e módulos para plataformas.

2.7.5. Outros regimes especiais

Os regimes aduaneiros especiais mais frequentes, mais comuns e mais importantes são a admissão temporária, o trânsito aduaneiro, o *drawback* e o entreposto aduaneiro. Outros, porém, merecem ser mencionados.

> *Art. 476. O regime aduaneiro especial de loja franca é o que permite a estabelecimento instalado em zona primária de porto ou de aeroporto alfandegado vender mercadoria nacional ou estrangeira a passageiro em viagem internacional, contra pagamento em moeda nacional ou estrangeira (DL 1.455/76, art. 15, caput).*

Outra hipótese de loja franca está prevista no art. 15-A, do DL 1.455/76:

> *Art. 15-A. Poderá ser autorizada a instalação de lojas francas para a venda de mercadoria nacional ou estrangeira contra pagamento em moeda nacional ou estrangeira. (Incluído pela Lei nº 12.723, de 2012)*
>
> *§ 1º A autorização mencionada no caput deste artigo poderá ser concedida às sedes de Municípios caracterizados como cidades gêmeas de cidades estrangeiras na linha de fronteira do Brasil, a critério da autoridade competente. (Incluído pela Lei nº 12.723, de 2012)*
>
> *§ 2º A venda de mercadoria nas lojas francas previstas neste artigo somente será autorizada à pessoa física, obedecidos, no que couberem, as regras previstas no art. 15 e demais requisitos e condições estabelecidos pela autoridade competente. (Incluído pela Lei nº 12.723, de 2012)*

Regime aduaneiro especial **RECOF** – Regime Aduaneiro de Entreposto Industrial sob Controle Informatizado (importação de bens voltados a grandes empresas, especialmente da área de telecomunicação e informática) (art. 420, do RA):

> *Art. 420. O regime de entreposto industrial sob controle aduaneiro informatizado – RECOF é o que permite a empresa importar, com ou sem cobertura cambial, e com suspensão do pagamento de tributos, sob controle aduaneiro informatizado, mercadorias que, depois de submetidas a operação de industrialização, sejam destinadas a exportação.*
>
> *§ 1º Parte da mercadoria admitida no regime, no estado em que foi importada ou depois de submetida a processo de industrialização, poderá ser despachada para consumo.*
>
> *§ 2º A mercadoria, no estado em que foi importada, poderá ter ainda uma das seguintes destinações:*
>
> *I – exportação;*
>
> *II – reexportação; ou*
>
> *III – destruição.*

Regime aduaneiro especial **RECOM** – Regime Aduaneiro Especial de Importação de Insumos Destinados a Industrialização por Encomenda de Veículos (art. 427, do RA):

> *Art. 427. O regime aduaneiro especial de importação de insumos destinados a industrialização por encomenda de produtos classificados nas posições 8701 a 8705 da Nomenclatura Comum do Mercosul – RECOM é o que permite a importação, sem cobertura cambial, de chassis, carroçarias, peças, partes, componentes e acessórios, com suspensão do pagamento do imposto sobre produtos industrializados, da contribuição para o PIS/PASEP-Importação e da COFINS-Importação (Medida Provisória nº 2.189-49, de 2001, art. 17, caput e §§ 1º e 2º; e Lei nº 10.865, de 2004, art. 14).*
>
> *Parágrafo único. O regime será aplicado exclusivamente a importações realizadas por conta e ordem de pessoa jurídica encomendante domiciliada no exterior (Medida Provisória nº 2.189-49, de 2001, art. 17, caput).*

Regime aduaneiro especial **REPETRO** – Regime Aduaneiro Especial de Exportação e de Importação de Bens destinados às atividades de Pesquisa e de Lavra das Jazidas de Petróleo e de Gás Natural (importação e exportação de bens destinados à pesquisa e lavra de petróleo e gás), e **entreposto para construção de bens destinados ao REPETRO** (art. 458, do RA):

> *Art. 458. O regime aduaneiro especial de exportação e de importação de bens destinados às atividades de pesquisa e de lavra das jazidas de petróleo e de gás natural – REPETRO, previstas na Lei nº 9.478, de 6 de agosto de 1997, é o que permite, conforme o caso, a aplicação dos seguintes tratamentos aduaneiros (Decreto-Lei nº 37, de 1966, art. 93, com a redação dada pelo Decreto-Lei nº 2.472, de 1988, art. 3º):*
>
> *I – exportação, sem que tenha ocorrido sua saída do território aduaneiro e posterior aplicação do regime de admissão temporária, no caso de bens a que se referem os §§ 1º e 2º, de fabricação nacional, vendido a pessoa sediada no exterior;*
>
> *II – exportação, sem que tenha ocorrido sua saída do território aduaneiro, de partes e peças de reposição destinadas aos bens referidos nos § 1º e § 2º, já admitidos no regime aduaneiro especial de admissão temporária; (Redação dada pelo Decreto nº 9.128, de 2017)*
>
> *III – importação, sob o regime de drawback, na modalidade de suspensão, de matérias-primas, produtos semielaborados ou acabados e de partes ou peças, utilizados na fabricação dos bens referidos nos § 1º e § 2º, e posterior comprovação do adimplemento das obrigações decorrentes da aplicação desse regime mediante a exportação referida nos incisos I ou II; e (Redação dada pelo Decreto nº 9.128, de 2017)*
>
> *IV – importação de bens para permanência definitiva no País com suspensão do pagamento dos tributos federais incidentes na importação. (Incluído pelo Decreto nº 9.128, de 2017)*
>
> *§ 1º Os bens aos quais se pode aplicar o regime de admissão temporária previsto no inciso I do caput são aqueles constantes de relação elaborada pela Secretaria da Receita Federal do Brasil. (Redação dada pelo Decreto nº 9.128, de 2017)*

> *§ 2º O tratamento aduaneiro poderá ser aplicado, ainda, aos aparelhos e a outras partes e peças a serem incorporadas aos bens referidos no § 1º para garantir sua operacionalidade, e às ferramentas utilizadas na manutenção desses bens, nos termos estabelecidos pela Secretaria da Receita Federal do Brasil. (Redação dada pelo Decreto nº 9.128, de 2017)*
>
> *§ 3º Quando se tratar de bem referido nos §§ 1º e 2º, procedente do exterior, será aplicado, também, o regime de admissão temporária.*
>
> *§ 4º As partes e peças de reposição referidas no inciso II e os bens referidos no § 2º serão admitidos no regime de admissão temporária, pelo mesmo prazo concedido aos bens a que se destinem.*
>
> *§ 5º Os bens referidos no § 2º, quando forem utilizados para garantir a operacionalidade de mais de um dos bens a que se refere o § 1º, terão o prazo de permanência fixado nos termos estabelecidos em ato normativo da Secretaria da Receita Federal do Brasil.*
>
> *§ 6º O regime também se aplica às atividades de pesquisa e lavra de que trata a Lei nº 12.276, de 2010, e às atividades de exploração, avaliação, desenvolvimento e produção de que trata a Lei nº 12.351, de 2010 (Lei nº 12.276, de 2010, art. 6º; e Lei nº 12.351, de 2010, art. 61). (Incluído pelo Decreto nº 8.010, de 2013)*
>
> *§ 7º O regime de admissão temporária poderá ser aplicado aos bens referidos no § 1º ainda que o local de destino não esteja definido, desde que: (Incluído pelo Decreto nº 8.010, de 2013)*
>
> *I – permaneçam sem uso até seu efetivo emprego nas atividades de pesquisa e de lavra das jazidas de petróleo e de gás natural; e (Incluído pelo Decreto nº 8.010, de 2013)*
>
> *II – sejam importados pelas pessoas jurídicas a que se referem os incisos I, I-A e I-B do § 1º do art. 461-A." (NR) (Incluído pelo Decreto nº 8.010, de 2013)*

Regime aduaneiro especial **REPEX** – Regime Aduaneiro Especial de Importação de Petróleo Bruto e seus Derivados (importação de combustíveis para regular o mercado interno, com o compromisso de reexportação da mesma quantidade do mesmo produto) (art. 463, do RA):

> *Art. 463. O regime aduaneiro especial de importação de petróleo bruto e seus derivados – REPEX é o que permite a importação desses produtos, com suspensão do pagamento dos impostos federais, da contribuição para o PIS/PASEP-Importação e da COFINS-Importação, para posterior exportação, no mesmo estado em que foram importados (Decreto-Lei nº 37, de 1966, art. 93, com a redação dada pelo Decreto-Lei nº 2.472, de 1988, art. 3º; e Lei nº 10.865, de 2004, art. 14).*

Regime aduaneiro especial **REPORTO** – Regime Tributário para Incentivo à Modernização e à Ampliação da Estrutura Portuária (bens importados ou adquiridos no mercado interno, com vistas à modernização dos portos nacionais) (art. 471, do RA):

Art. 471. O regime tributário para incentivo à modernização e à ampliação da estrutura portuária – REPORTO é o que permite, na importação de máquinas, equipamentos, peças de reposição e outros bens, a suspensão do pagamento do imposto de importação, do imposto sobre produtos industrializados, da contribuição para o PIS/PASEP--Importação e da COFINS-Importação, quando importados diretamente pelos beneficiários do regime e destinados ao seu ativo imobilizado para utilização exclusiva em portos na execução de serviços de carga, descarga, movimentação de mercadorias e dragagem, e na execução de treinamento e formação de trabalhadores em Centros de Treinamento Profissional (Lei nº 11.033, de 2004, arts. 13 e 14, caput, este com a redação dada pela Lei nº 11.726, de 23 de junho de 2008, art. 1º).

§ 1º O disposto no caput aplica-se também aos bens utilizados na execução de serviços de transporte de mercadorias em ferrovias, classificados nas posições 86.01, 86.02 e 86.06 da Nomenclatura Comum do Mercosul, e aos trilhos e demais elementos de vias férreas, classificados na posição 73.02 da Nomenclatura Comum do Mercosul (Lei nº 11.033, de 2004, art. 14, § 8º, com a redação dada pela Lei nº 11.774, de 2008, art. 5º).

§ 2º O disposto no caput e no § 1º aplica-se somente às importações realizadas até 31 de dezembro de 2011 (Lei nº 11.033, de 2004, art. 16, com a redação dada pela Lei nº 11.726, de 2008, art. 1º).

§ 3º A suspensão do pagamento do imposto de importação somente beneficiará bens sem similar nacional (Lei nº 11.033, de 2004, art. 14, § 4º).

§ 4º Os bens beneficiados pela suspensão referida no caput e no § 1º serão relacionados em ato normativo específico (Lei nº 11.033, de 2004, art. 14, §§ 7º e 8º, este com a com a redação dada pela Lei nº 11.774, de 2008, art. 5º).

§ 5º As peças de reposição referidas no caput deverão ter seu valor aduaneiro igual ou superior a vinte por cento do valor aduaneiro da máquina ou equipamento ao qual se destinam (Lei nº 11.033, de 2004, art. 14, § 9º, com a redação dada pela Lei nº 11.726, de 2008, art. 3º).

§ 6º Os veículos adquiridos ao amparo do regime deverão receber identificação visual externa a ser definida pela Secretaria Especial de Portos da Presidência da República (Lei nº 11.033, de 2004, art. 14, § 10º, com a redação dada pela Lei nº 11.726, de 2008, art. 3º).

Regime aduaneiro especial de **loja franca** (art. 476, do RA):

Art. 476. O regime aduaneiro especial de loja franca é o que permite a estabelecimento instalado em zona primária de porto ou de aeroporto alfandegado vender mercadoria nacional ou estrangeira a passageiro em viagem internacional, contra pagamento em moeda nacional ou estrangeira (DL 1.455/76, art. 15, caput).

Regime aduaneiro de **depósito especial** (depósito específico de peças e componentes de equipamentos agrícolas e aviões) (art. 480, do RA):

> *Art. 480. O regime aduaneiro de depósito especial é o que permite a estocagem de partes, peças, componentes e materiais de reposição ou manutenção, com suspensão do pagamento dos impostos federais, da contribuição para o PIS/PASEP-Importação e da COFINS-Importação, para veículos, máquinas, equipamentos, aparelhos e instrumentos, estrangeiros, nacionalizados ou não, e nacionais em que tenham sido empregados partes, peças e componentes estrangeiros, nos casos definidos pelo Ministro de Estado da Fazenda (DL 37/66, art. 93, e Lei 10.865/04, art. 14).*

Regime aduaneiro especial de **depósito afiançado** (depósito de equipamentos de manutenção e reparo de aeronaves destinadas ao transporte internacional) (art. 488, do RA):

> *Art. 488. O regime aduaneiro especial de depósito afiançado é o que permite a estocagem, com suspensão do pagamento dos impostos federais, da contribuição para o PIS/PASEP-Importação e da COFINS-Importação, de materiais importados sem cobertura cambial, destinados à manutenção e ao reparo de embarcação ou de aeronave pertencentes a empresa autorizada a operar no transporte comercial internacional, e utilizadas nessa atividade (DL 37/66, art. 93, e Lei 10.865/04, art. 14).*

Regime de **depósito alfandegado certificado** (depósito de mercadorias nacionais exportadas, cuja entrega ocorre em território nacional) (art. 493, do RA):

> *Art. 493. O regime de depósito alfandegado certificado é o que permite considerar exportada, para todos os efeitos fiscais, creditícios e cambiais, a mercadoria nacional depositada em recinto alfandegado, vendida a pessoa sediada no exterior, mediante contrato de entrega no território nacional e à ordem do adquirente (DL 2.472/88, art. 6º).*

Regime de **depósito franco** (depósitos de bens destinados a países que não possuem porto, como o Paraguai) (art. 499 e seguintes, do RA):

> *Art. 499. O regime aduaneiro especial de depósito franco é o que permite, em recinto alfandegado, a armazenagem de mercadoria estrangeira para atender ao fluxo comercial de países limítrofes com terceiros países.*
>
> *Art. 500. O regime de depósito franco será concedido somente quando autorizado em acordo ou convênio internacional firmado pelo Brasil.*
>
> *Art. 501. Será obrigatória a verificação da mercadoria admitida no regime:*
>
> *I – cuja permanência no recinto ultrapasse o prazo estabelecido pela Secretaria da Receita Federal do Brasil; ou*
>
> *II – quando houver fundada suspeita de falsa declaração de conteúdo.*

Para maiores detalhes acerca desses regimes especiais, recomendamos a leitura do Regulamento Aduaneiro.

2.8. Zona Franca de Manaus, Áreas de Livre Comércio e Zonas de Processamento de Exportação

2.8.1. Zona Franca de Manaus

A Zona Franca de Manaus – ZFM é uma área de livre comercio administrada por uma autarquia (a Superintendência da Zona Franca de Manaus – SUFRAMA), vinculada ao Ministério do Planejamento.

A SUFRAMA define a ZFM como

> *um modelo de desenvolvimento econômico implantado pelo governo brasileiro objetivando viabilizar uma base econômica na Amazônia Ocidental, promover a melhor integração produtiva e social dessa região ao país, garantindo a soberania nacional sobre suas fronteiras*[32].

A ZFM fora criada pela Lei 3.173/57, ainda sem as características atuais, presentes a partir do DL 288/67 e do DL 291/67, com a previsão de um regime fiscal próprio, com isenções de tributos.

A ZFM goza de status constitucional, ao menos no que toca ao prazo de duração, até 2023, nos termos dos art. 40, c/c art. 92, do ADCT. Leiam-se:

> *Art. 40. É mantida a Zona Franca de Manaus, com suas características de área livre de comércio, de exportação e importação, e de incentivos fiscais, pelo prazo de vinte e cinco anos, a partir da promulgação da Constituição.*
>
> *Parágrafo único. Somente por lei federal podem ser modificados os critérios que disciplinaram ou venham a disciplinar a aprovação dos projetos na Zona Franca de Manaus.*
>
> *Art. 92. São acrescidos dez anos ao prazo fixado no art. 40 deste Ato das Disposições Constitucionais Transitórias (acrescido pela EC 42/2003)*

Entre as leis que regulam a ZFM, citam-se a Lei 10.176/01 e a Lei 11.077/04. Contudo, diversas outras leis, especialmente sobre tributos federais como o IR, o IPI, o PIS e a COFINS tratam da matéria.

No Regulamento Aduaneiro, a ZFM é disciplinada nos art. 504 e seg. Vejamos, para fins conceituais, o que diz o art. 504, do RA:

> *Art. 504. A Zona Franca de Manaus é uma área de livre comércio de importação e de exportação e de incentivos fiscais especiais, estabelecida com a finalidade de criar no interior da Amazônia um centro industrial, comercial e agropecuário, dotado de condições econômicas que permitam seu desenvolvimento, em face dos fatores locais e da grande distância a que se encontram os centros consumidores de seus produtos.*

32. Disponível em: http://www.suframa.gov.br/zfm_o_que_e_o_projeto_zfm.cfm, acesso em 28.2.2013.

São benefícios fiscais vigentes na área da ZFM, os seguintes incentivos baseados em tributos federais, além de outros baseados em tributos estaduais e municipais:

- Redução de até 88% do Imposto de Importação (II) sobre os insumos destinados à industrialização;
- Isenção do Imposto sobre Produtos Industrializados (IPI);
- Redução de 75% do Imposto de Renda de Pessoa Jurídica, inclusive adicionais de empreendimentos classificados como prioritários para o desenvolvimento regional, calculados com base no Lucro da Exploração até 2013; e
- Isenção da contribuição para o PIS/PASEP e da Cofins nas operações internas na Zona Franca de Manaus[33].

A entrada de mercadorias importadas do exterior ou do Brasil na ZFM (internação) é isenta do imposto de importação e do IPI quando destinadas a consumo interno, industrialização em qualquer grau, inclusive beneficiamento, agropecuária, pesca, instalação e operação de indústrias e serviços de qualquer natureza, bem como a estocagem para reexportação, exceto armas, munições, fumos, bebidas alcoólicas e automóveis. Perfumes, cosméticos e outros são isentos apenas se destinados a consumo interno ou se produzidos com matérias primas da região (art. 505, do RA).

Tais produtos sofrem, em regra, a incidência do *imposto de importação* quando são remetidas para o território aduaneiro nacional. A incidência é proporcional quando a mercadoria estrangeira é utilizada como matéria prima de produto que também utilize insumos locais (art. 512, do RA).

Há *isenção do IPI* para as mercadorias produzidas na ZFM que se destinarem ao consumo interno ou ao território aduaneiro, exceto para armas, munições, fumos, bebidas alcoólicas, automóveis, perfumes etc. (art. 513, do RA).

Também há isenção do imposto de exportação para as mercadorias produzidas na ZFM e exportadas para o exterior (art. 515, do RA).

São bastante explícitos os art. 4º a 6º, do DL 288/67:

> *Art 4º A exportação de mercadorias de origem nacional para consumo ou industrialização na Zona Franca de Manaus, ou reexportação para o estrangeiro, será para todos os efeitos fiscais, constantes da legislação em vigor, equivalente a uma exportação brasileira para o estrangeiro.*
>
> *Art 5º A exportação de mercadorias da Zona Franca para o estrangeiro, qualquer que seja sua origem, está isenta do impôsto de exportação.*
>
> *Art 6º As mercadorias de origem estrangeira estocadas na Zona Franca, quando saírem desta para comercialização em qualquer ponto do*

33. Disponível em: http://www.suframa.gov.br/zfm_incentivos.cfm, acesso em 28.2.2013.

> *território nacional, ficam sujeitas ao pagamento de todos os impostos de uma importação do exterior, a não ser nos casos de isenção prevista em legislação específica.*

Os benefícios fiscais da ZFM se estendem a pontos da Amazônia Ocidental (Amazonas, Acre, Rondônia e Roraima) especificados na legislação, para produtos de origem estrangeira, segundo pauta fixada pelos Ministros de Estado da Fazenda e do Desenvolvimento, Indústria e Comércio Exterior, especialmente para motores marítimos, máquinas e implementos para agropecuária, máquinas para instalações industriais e construção rodoviária, materiais de construção, alimentos e medicamentos.

Dois outros institutos merecem ser citados: as áreas de livre comércio e as zonas de processamento de exportação.

2.8.2. Áreas de Livre Comércio

São áreas de livre comércio de importação e de exportação aquelas estabelecidas sob regime fiscal especial, com a finalidade de promover o desenvolvimento de áreas fronteiriças específicas da Região Norte do País e de incrementar as relações bilaterais com os países vizinhos, segundo a política de integração latino-americana.

Os produtos estrangeiros ingressam nas áreas de livre comércio com suspensão do imposto de importação e do imposto sobre produtos industrializados. A suspensão se converte em isenção quando os produtos são utilizados para consumo interno, para exportação ou para a atividade de turismo. Também há a conversão quando os produtos são aplicados em setores da agropecuária e piscicultura, construção e reparo naval, ou industrialização, dependendo da área de livre comércio.

2.8.3. Zonas de Processamento de Exportação – ZPE

As zonas de processamento de exportação são áreas de livre comércio de importação e de exportação, em benefício de empresas voltadas para a venda de produtos para o exterior, vale dizer, empresas exportadoras.

A finalidade destas áreas é promover a redução das desigualdades econômicas regionais, o desenvolvimento tecnológico nacional e o desenvolvimento sócio econômico do país.

Os incentivos das ZPEs são mais amplos que os das áreas de livre comércio, pois abrange também mercadorias destinadas a incorporar ao ativo imobilizado das empresas e se estende ao imposto de importação, ao imposto sobre produtos industrializados, à COFINS-Importação, ao PIS/PASEP-Importação e ao adicional ao frete para renovação da marinha mercante – AFRMM.

O mecanismo dos incentivos das ZPEs, contudo é similar. A mercadoria ingressa nas ZPEs com suspensão dos tributos e a suspensão se converte em alíquota zero, que nulifica o dever tributário, desde que atendidos os requisitos do benefício.

2.9. Administração, lançamento e controle do imposto

O imposto de importação está sujeito a **lançamento por homologação**, conforme se manifestam a literatura e a jurisprudência, a exemplo da decisão proferida pela Segunda Turma do STJ, no REsp 1.291.018/MG. Ademais, em regra, o importador tem o dever de antecipar o pagamento, sem o prévio exame da autoridade administrativa, o que corresponde à previsão do art. 150, do CTN.

Na sistemática do imposto, o contribuinte declara a importação, paga o imposto na data do registro da declaração à taxa de câmbio deste mesmo dia.

Quando a mercadoria chega ao Brasil, está sujeita aos controles da Receita Federal, notadamente à conferência aduaneira, que é a verificação de adequação e pertinência da declaração do importador ao bem importado.

Ao concordar com o conteúdo da declaração do importador, a autoridade aduaneira desembaraça, libera a mercadoria para o importador. Se não concordar com a declaração e com o pagamento, efetua lançamento complementar.

Exceção, objeto de questão recente, é o imposto sobre bagagem acompanhada. Neste caso, o viajante (importador) é obrigado a apresentar uma declaração, com base na qual a autoridade realiza o lançamento por declaração, nos termos do art. 147, do CTN. O contribuinte pode antecipar o pagamento, o que agiliza o despacho aduaneiro, mas não é obrigado a realizar tal antecipação, o que afasta a regra do art. 150, do CTN, de lançamento por homologação.

Outra exceção é a tributação simplificada das remessas postais, ao menos nos casos em que o exportador não antecipa o pagamento. Nesta situação, o importador, destinatário da encomenda, recebe um aviso dos correios acerca da chegada do bem importado e, para recebê-lo, deve pagar o tributo devido de acordo com o documento de arrecadação previamente emitido pela autoridade administrativa. O lançamento será classificado no art. 147, do CTN (por declaração), se baseado na declaração do exportador (terceiro) ou no art. 149, do Código, se não for baseado nesta declaração. Não haverá lançamento por homologação, pois não há a obrigação de se antecipar o pagamento ao exame da autoridade fiscal.

O art. 44, do DL 37/66 impõe a necessidade do despacho aduaneiro, que vem a ser, nos termos do art. 542, do RA, "o procedimento mediante o qual é verificada a exatidão dos dados declarados pelo importador em relação à mercadoria importada, aos documentos apresentados e à legislação específica" e impõe o início do procedimento por declaração do importador. Leia-se:

> *Art. 44 – Toda mercadoria procedente do exterior por qualquer via, destinada a consumo ou a outro regime, sujeita ou não ao pagamento do imposto, deverá ser submetida a despacho aduaneiro, que será processado com base em declaração apresentada à repartição aduaneira no prazo e na forma prescritos em regulamento.*

O art. 46, do DL 37/66, disciplina os documentos que devem instruir o despacho de importação, elencando a prova de posse ou propriedade da mercadoria e a fatura comercial, que pode ser substituída pelo conhecimento aéreo.

Despacho de importação, documentos principais:

- Licença de importação (se necessária); art. 550, do RA;
- Declaração de importação (identificação do importador; identificação, classificação, valor aduaneiro e origem da mercadoria – art. 551, do RA), acompanhada (art. 553, do RA):
- da via original do conhecimento de carga ou documento de efeito equivalente;
- da via original da fatura comercial, assinada pelo exportador; (*invoice*);
- do comprovante de pagamento dos tributos, quando exigíveis.

Algumas mercadorias não podem ser importadas. Outras estão sujeitas a regramento específico e a restrições quantitativas e regulamentares. Nestes casos, a importação fica condicionada aos limites e procedimentos legais, devendo o importador providenciar as autorizações necessárias.

Parte essencial do despacho aduaneiro é a conferência das mercadorias importadas e seu cotejo com a documentação providenciada pelo importador. Sobre a conferência aduaneira, dispõe o art. 50, do DL 37/66:

> *Art. 50. A verificação de mercadoria, na conferência aduaneira ou em outra ocasião, será realizada por Auditor-Fiscal da Receita Federal do Brasil ou, sob a sua supervisão, por Analista-Tributário, na presença do viajante, do importador, do exportador ou de seus representantes, podendo ser adotados critérios de seleção e amostragem, de conformidade com o estabelecido pela Secretaria da Receita Federal do Brasil.*

Por sua vez, define o art. 564, do RA:

> *Art. 564. A conferência aduaneira na importação tem por finalidade identificar o importador, verificar a mercadoria e a correção das informações relativas a sua natureza, classificação fiscal, quantificação e valor, e confirmar o cumprimento de todas as obrigações, fiscais e outras, exigíveis em razão da importação.*

O art. 54 da Lei 13.043/14 criou novas regras para o despacho aduaneiro, com antecipação da entrega da mercadoria, nas hipóteses de calamidade pública.

O ato definitivo do despacho aduaneiro é o desembaraço aduaneiro, ato pelo qual é registrada a conclusão da conferência aduaneira e que precede a liberação da mercadoria importada. O desembaraço pressupõe a correção da declaração do importador bem como a inexistência de exigências fiscais. Havendo infrações sanáveis e imposto a pagar, o desembaraço fica condicionado à regularização da pendência, conforme o art. 51, do DL 37/66.

O DL 37/66 reporta-se ao regulamento para estabelecer procedimentos para simplificação do despacho aduaneiro (art. 52, do DL 37/66; RTS, RTU; RTE), bem como para dispor sobre os casos em que a mercadoria poderá ser posta à disposição do importador antecipadamente ao desembaraço (art. 51, § 2º, do DL 37/66)

O art. 54, do DL 37/66, disciplina a revisão do lançamento. Leia-se:

> *Art. 54 – A apuração da regularidade do pagamento do imposto e demais gravames devidos à Fazenda Nacional ou do benefício fiscal aplicado, e da exatidão das informações prestadas pelo importador será realizada na forma que estabelecer o regulamento e processada no prazo de 5 (cinco) anos, contado do registro da declaração de que trata o art.44 deste Decreto-Lei.*

Definiu o STJ, porém, que somente pode haver revisão do despacho aduaneiro por erro na especificação da mercadoria, não por erro na indicação da lei aplicável:

> *1. Hipótese em que se discute se a indicação, pelo contribuinte, de legislação errônea na Declaração de Importação devidamente recebida pela autoridade alfandegária consiste em erro de fato e, portanto, pode dar ensejo à posterior revisão, pela Fazenda, do tributo devido; ou se trata-se de mudança de critério jurídico, cuja revisão é vedada pelo CTN.*
>
> *2. A jurisprudência desta Corte é pacífica no sentido de que o erro de direito (o qual não admite revisão) é aquele que decorre da aplicação incorreta da norma. Precedentes. Por outro lado, o erro de fato é aquele consubstanciado "na inexatidão de dados fáticos, atos ou negócios que dão origem à obrigação tributária" (EDcl no Resp 1174900/RS, Rel. Ministro Mauro Campbell Marques, Segunda Turma, Dje 09/05/2011).*
>
> *3. Da análise dos autos, verifica-se que ocorreu a indicação de legislação equivocada no momento da internalização da mercadoria, o que culminou com o pagamento da alíquota em valor reduzido, de sorte que não houve engano a respeito da ocorrência ou não de determinada situação de fato, mas sim em relação à norma incidente na situação, como, aliás, registrou o acórdão recorrido. Assim, não há falar em possibilidade de revisão do lançamento no caso dos autos, mormente porque, ao desembaraçar o bem importado, o fisco tem, ao menos em tese, a oportunidade de conferir as informações prestadas pelo contribuinte em sua declaração.*
>
> *(STJ, T1, AgRg no Ag 1.422.444/AL, Min. BENEDITO GONÇALVES, DJe de 11/10/2012)*

De outro giro, a legislação prevê o cancelamento da declaração de importação, seja por iniciativa do contribuinte, seja por iniciativa do Fisco.

Em conformidade com a Norma Relativa ao Despacho Aduaneiro de Mercadorias, Artigo 32, item 1, aprovada pela Decisão CMC nº 50, de 2004, aprovada pelo Decreto 6.870/09, a autoridade aduaneira poderá cancelar declaração de importação já registrada. A iniciativa do cancelamento será da autoridade aduaneira quando verificar divergência entre a declaração e os documentos apresentados pelo importador e a mercadoria importada, se o fato não constituir ilícito aduaneiro e se a divergência não puder ser sanada, hipótese para a qual se exigirá garantia (art. 73, do anexo ao Decreto 6.870/09).

2.10. Pena de perdimento de bens

As leis aduaneiras, em especial o DL 37/66, preveem diversas penalidades. Abordar todas elas é tarefa para obras específicas, dada a amplitude da matéria. Contudo, vale destacar a pena de perdimento de bens, tanto pela gravidade da infração quanto pelo debate jurisprudencial em torno do tema.

Prevê o art. 96, do DL 37/66:

> *Art. 96 – As infrações estão sujeitas às seguintes penas, aplicáveis separada ou cumulativamente:*
>
> *I – perda do veículo transportador;*
>
> *II – perda da mercadoria;*
>
> *III – multa;*
>
> *IV – proibição de transacionar com repartição pública ou autárquica federal, empresa pública e sociedade de economia mista.*

A penalidade mais comum no direito tributário é, sem dúvidas, a multa.

No âmbito do direito aduaneiro, contudo, a pena de multa pode se mostrar insuficiente, pois o bem jurídico tutelado pelas normas alfandegárias não é apenas o patrimônio público, mas a própria economia nacional.

Deveras, a importação pode prejudicar a produção nacional e, por este motivo, a legislação aduaneira pode criar mecanismos de proteção aos agentes econômicos internos, finalidade que se sobrepõe à arrecadação tributária.

Nas infrações às regras dos tributos em geral, a penalidade de multa é suficiente, pois apresenta como funções desestimular a prática infracional, punir as infrações cometidas e compensar os cofres públicos pela infração, que afeta o patrimônio público. Não sendo este o único bem jurídico protegido pelo imposto de importação, o legislador estabeleceu a pena de perdimento de bens, no sentido de impedir que o produto importado irregularmente ofereça concorrência ao mercado nacional.

De outro turno, não faria sentido a tipificação do contrabando ou do descaminho, se o desrespeito à legislação aduaneira fosse considerado mera irregularidade sanável pelo pagamento da multa no âmbito administrativo.

A lei, portanto, prevê a pena de perdimento de bens, para as diversas infrações previstas pelo art. 105, do DL 37/66. O artigo é extenso, mas vale a transcrição:

> *Art. 105 – Aplica-se a pena de perda da mercadoria:*
>
> *I – em operação de carga já carregada, em qualquer veículo ou dele descarregada ou em descarga, sem ordem, despacho ou licença, por*

escrito da autoridade aduaneira ou não cumprimento de outra formalidade especial estabelecida em texto normativo;

II – incluída em listas de sobressalentes e previsões de bordo quando em desacordo, quantitativo ou qualificativo, com as necessidades do serviço e do custeio do veículo e da manutenção de sua tripulação e passageiros;

III – oculta, a bordo do veículo ou na zona primária, qualquer que seja o processo utilizado;

IV – existente a bordo do veículo, sem registro um manifesto, em documento de efeito equivalente ou em outras declarações;

V – nacional ou nacionalizada em grande quantidade ou de vultoso valor, encontrada na zona de vigilância aduaneira, em circunstâncias que tornem evidente destinar-se a exportação clandestina;

VI – estrangeira ou nacional, na importação ou na exportação, se qualquer documento necessário ao seu embarque ou desembaraço tiver sido falsificado ou adulterado;

VII – nas condições do inciso anterior possuída a qualquer título ou para qualquer fim;

VIII – estrangeira que apresente característica essencial falsificada ou adulterada, que impeça ou dificulte sua identificação, ainda que a falsificação ou a adulteração não influa no seu tratamento tributário ou cambial;

IX – estrangeira, encontrada ao abandono, desacompanhada de prova de pagamento dos tributos aduaneiros, salvo as do art. 58;

X – estrangeira, exposta à venda, depositada ou em circulação comercial no país, se não for feita prova de sua importação regular;

XI – estrangeira, já desembaraçada e cujos tributos aduaneiros tenham sido pagos apenas em parte, mediante artifício doloso;

XII – estrangeira, chegada ao país com falsa declaração de conteúdo;

XIII – transferida a terceiro, sem o pagamento dos tributos aduaneiros e outros gravames, quando desembaraçada nos termos do inciso III do art. 13;

XIV – encontrada em poder de pessoa natural ou jurídica não habilitada, tratando-se de papel com linha ou marca d'água, inclusive aparas;

XV – constante de remessa postal internacional com falsa declaração de conteúdo;

XVI – fracionada em duas ou mais remessas postais ou encomendas aéreas internacionais visando a elidir, no todo ou em parte, o pagamento dos tributos aduaneiros ou quaisquer normas estabelecidas para o controle das importações ou, ainda, a beneficiar-se de regime de tributação simplificada; (Inciso com redação dada pelo Decreto-Lei nº 1.804, de 03/09/1980)

XVII – estrangeira, em trânsito no território aduaneiro, quando o veículo terrestre que a conduzir, desviar-se de sua rota legal, sem motivo justificado; (Vide Medida Provisória nº 38, de 13.5.2002)

XVIII – estrangeira, acondicionada sob fundo falso, ou de qualquer modo oculta;

XIX – estrangeira, atentatória à moral, aos bons costumes, à saúde ou ordem públicas.

A diversidade das hipóteses de perdimento de bens previstas pela lei demonstra que o bem jurídico tutelado supera a mera formação do patrimônio público. Nelas, a lei procura cercar os procedimentos de importação para garantir tanto a lisura do procedimento, como a arrecadação dos tributos devidos, a proteção da economia nacional e também inclui outros valores, como a saúde pública entre os bens sob sua proteção.

Ademais da proteção do interesse coletivo (proteção do mercado nacional, da saúde pública, do meio ambiente etc.) justifica a pena de perdimento de bens o princípio da soberania, face à aquisição da propriedade. O direito de propriedade no território nacional decorre das leis internas, de modo que o Código Civil reconhece a transferência e aquisição da propriedade de bens móveis pela tradição. Quando o objeto da propriedade é proveniente de território estrangeiro, a soberania nacional se impõe à aquisição da propriedade, acrescentando um novo requisito aplicação das leis internas que regem a propriedade, que vem a ser o fiel cumprimento da legislação aduaneira.

Em outros termos, em se tratando de mercadoria importada, o direito somente reconhece a propriedade àquele que cumpriu a legislação aduaneira.

Naturalmente que não se poderia aceitar a aplicação da pena de perdimento sob o argumento de inexistência da aquisição da propriedade, sem o respeito ao princípio do devido processo legal. Dessa forma, diante da constatação de ilícito aduaneiro pelas autoridades competentes, instaura-se o devido procedimento, para que o interessado prove a regularidade de sua conduta.

A pena de perdimento está adstrita, contudo, à irregularidades na importação (ainda que apurada na zona secundária), não nas operações internas. Sob o tema, se manifestou o STJ:

AGRAVO REGIMENTAL NO AGRAVO REGIMENTAL NO RECURSO ESPECIAL PROCESSUAL CIVIL E TRIBUTÁRIO. IMPORTAÇÃO DE APARELHOS CELULARES. DESEMBARAÇO ALFANDEGÁRIO COM O RECOLHIMENTO DOS TRIBUTOS DEVIDOS NA OPERAÇÃO (II E IPI). NOTA FISCAL COM INDICAÇÃO INCORRETA DA ORIGEM DAS MERCADORIAS, INSERINDO A ZONA FRANCA DE MANAUS, QUANDO DE FATO FABRICADAS NA CHINA E IMPORTADAS PARA O BRASIL. IRREGULARIDADE OCORRIDA EM OPERAÇÃO INTERNA SUBSEQUENTE À IMPORTAÇÃO. AUSÊNCIA DE VIOLAÇÃO ÀS NORMAS ESPECÍFICAS QUE DISCIPLINAM O COMÉRCIO EXTERIOR. PENA DE PERDIMENTO DE BENS NÃO PREVISTA NO REGULAMENTO DO IPI E SOMENTE APLICÁVEL QUANDO A INFRAÇÃO OCORRE NA FASE DE IMPORTAÇÃO. AGRAVO REGIMENTAL DA FAZENDA NACIONAL DESPROVIDO.

> *1. O desembaraço da mercadoria importada não impede a aplicação do regulamento aduaneiro nos casos em que se verificar alguma ilegalidade na sua importação.*
>
> *2. A pena de perdimento de mercadoria, prevista no art. 105 do Decreto-Lei 37/66, aplica-se apenas a infração às normas que disciplinam o comércio exterior e o recolhimento do Imposto de Importação.*
>
> *3. Eventual irregularidade em operação interna de circulação de mercadoria importada regularmente não pode ser punida com a pena de perdimento.*
>
> *4. Agravo Regimental da FAZENDA NACIONAL desprovido.*
>
> *(STJ, T1, AgRg no AgRg no REsp 976.365/PE, Min. NAPOLEÃO NUNES MAIA FILHO, Dje de 16/12/2013)*

Fora do âmbito do direito aduaneiro, parece-nos, somente poderá haver pena de perdimento na esfera do processo penal, não na esfera administrativa, não se devendo confundir a pena de perdimento com o abandono de mercadoria, que não constitui penalidade e é instituto de direito civil.

De outro lado, parece-nos importante apartar a pena de perdimento de bens do direito aduaneiro das chamadas sanções políticas, tratadas pela Súmula 323, do STF, que veda a apreensão de mercadoria como forma de coagir o contribuinte ao pagamento de tributo.

A Súmula 323 do STF fora editada a partir de precedente julgado em 1961, em que determinado município procurava, com base no Código Tributário revogado, apreender arbitrariamente mercadoria como forma de coagir o contribuinte ao pagamento de tributo. A hipótese vedava a apreensão de mercadoria (qualquer mercadoria) do contribuinte que não pagasse impostos (qualquer imposto), quando não havia qualquer ilicitude na aquisição da mercadoria apreendida. Este o abuso: a autoridade fiscal não precisava demonstrar a ilicitude na aquisição da mercadoria pelo contribuinte para apreendê-la, bastando a mora no pagamento de tributo, mesmo não relacionado com a mercadoria apreendida.

Não é o que se passa com a pena de perdimento no direito aduaneiro, precedida da apreensão da mercadoria ou do bem. Nestes casos, a autoridade fiscal detecta ilicitude ocorrida no processo de importação da própria mercadoria e a apreensão, com eventual aplicação da pena de perdimento, não visa o pagamento do tributo, mas a punição por irregularidade que afeta a economia nacional e as demais regras aduaneiras.

Assim, há que se distinguir a sanção política verdadeira e abusiva, na apreensão de mercadorias sem que haja ilícito envolvendo a própria mercadoria, das apreensões de mercadoria em função de ilícito a ela relacionada, seja o ilícito sanável ou insanável, hipótese que caminha para a aplicação da pena de perdimento.

Também não há sanção política na exigência do pagamento do próprio tributo para desembaraço aduaneiro. Leia-se:

PROCESSUAL CIVIL. TRIBUTÁRIO. INEXISTÊNCIA DE VIOLAÇÃO DOS ARTS. 458 E 535 DO CPC. IMPORTAÇÃO. COBRANÇA DO TRIBUTO DEVIDO. DESEMBARAÇO ADUANEIRO. AUSÊNCIA DE ATO COERCITIVO. MODIFICAÇÃO. SÚMULA 7/STJ.

1. Não há a alegada violação do art. 458 e 535 do CPC, uma vez que, fundamentadamente, o Tribunal de origem abordou a questão central levada a conhecimento, qual seja, a suposta ilegalidade do ato de retenção da mercadoria importada, concluindo, nesse contexto, que não havia nenhuma ilegalidade, uma vez que a autoridade aduaneira limitou-se a exigir o Imposto de Importação devido no ato do desembaraço aduaneiro.

[...]

(STJ, T2, AgRg no REsp 1.543.474/CE, Min. HUMBERTO MARTINS, DJe de 16/10/2015)

Vale ressaltar que a jurisprudência reconhece a possibilidade de pena de perdimento em diversas situações, a exemplo do subfaturamento doloso do preço da mercadoria, mas, nos termos da lei, não admite a conjugação da pena de perdimento com o pagamento do imposto. Vejamos:

PROCESSUAL CIVIL. TRIBUTÁRIO. VIOLAÇÃO DO ART. 535 DO CPC. ALEGAÇÃO GENÉRICA. SÚMULA 284/STF. IMPOSTO DE IMPORTAÇÃO. APLICAÇÃO DA PENA DE PERDIMENTO. COBRANÇA DA EXAÇÃO. INVIABILIDADE. HIPÓTESE DE INCIDÊNCIA INEXISTENTE.

[...]

2. O art. 1º, § 4º, III, do Decreto-Lei n. 37/1966 dispõe que o imposto de importação não incidirá na hipótese de pena de perdimento.

3. Embora a regra de tributação possa atingir o produto patrimonial de uma atividade ilícita, ela não pode tomar como hipótese para a incidência do tributo uma atividade ilícita. Ou seja, se o ato ou negócio ilícito for subjacente à norma de tributação – estiver na periferia da regra de incidência -, surgirá a obrigação tributária com todas as consequências que lhe são inerentes. Por outro lado, não se admite que o ato ou negócio ilícito figure como elemento essencial da norma de tributação.

4. "Assim, por exemplo, a renda obtida com o tráfico de drogas deve ser tributada, já que o que se tributa é o aumento patrimonial e não o próprio tráfico. Nesse caso, a ilicitude é circunstância acidental à norma de tributação. No caso de importação ilícita, reconhecida a ilicitude e aplicada a pena de perdimento, não poderá ser cobrado o imposto de importação, já que 'importar mercadorias' é elemento essencial do tipo tributário. Assim, a ilicitude da importação afeta a própria incidência da regra tributária no caso concerto"

(Resp 984.607/PR, Rel. Ministro CASTRO MEIRA, SEGUNDA TURMA, DJe 5/11/2008).

TRIBUTÁRIO. IMPORTAÇÃO DE MERCADORIAS. SUBFATURAMENTO. MÁ-FÉ. INTUITO DOLOSO DE FRAUDAR. MODIFICAÇÃO DO JULGADO.

SÚMULA 7/STJ.

1. Da análise do acervo fático dos autos, concluiu o Tribunal de origem que a pena de perdimento era legítima, visto que "restou suficientemente demonstrado que a falsidade da fatura comercial e packing list veio acompanhada de falsa declaração de conteúdo, descrição e peso da mercadoria, atos praticados com ânimo fraudulento, não havendo falar em boa-fé do importador. Logo, encontrando-se o subfaturamento acompanhado de indícios de fraude na operação, revelando intuito manifestamente doloso com o objetivo de burlar o fisco, inexiste ilegalidade no ato administrativo que aplicou a pena de perdimento".

2. A modificação do julgado para reconhecer a inexistência de ilicitude ou aferir a boa-fé da importadora demandaria reexame do acervo fático-probatório dos autos, inviável pela via estreita do recurso especial, ante o óbice da Súmula 7/STJ. Recurso especial da FAZENDA NACIONAL conhecido em parte e improvido. Recurso especial de TÊXTIL BRASIL IMPORTAÇÃO E EXPORTAÇÃO DE ARTIGOS DO VESTUÁRIO LTDA. não conhecido.

(STJ, T2, REsp 1.467.306/PR Min. HUMBERTO MARTINS, DJe de 24/3/2015)

De fato, se o ato (a importação) é por qualquer razão ilícita, não cabe a incidência tributária, de acordo com a própria definição de tributo, constante do art. 3º, do CTN.

3. IMPOSTO DE EXPORTAÇÃO

O imposto de exportação, praticamente em desuso no Brasil, é regido pelo DL 1.578/77 e regulamentado pelo RA.

As exportações, ao revés de serem tributadas, recebem múltiplos benefícios, notadamente de desoneração tributária, como dão conta os diversos incentivos fiscais na exportação.

Ainda há, porém, hipóteses vigentes de incidência do imposto.

3.1. Aspecto Material

O fato gerador do imposto é a saída de produto nacional ou nacionalizado, não apenas de mercadoria, do território nacional (art. 1º, do DL 1.578/77).

Entre os poucos exemplos de incidência atual do imposto, podemos citar aquela relativa à exportação de armas e munições do Brasil para a América do Sul e América Central, à alíquota de 150% e a exportação de couros e peles de bovinos, à alíquota de 9%.

Resolução CAMEX 17/2001

Art. 1º Os produtos classificados no capítulo 93 da Nomenclatura Comum do MERCOSUL (Armas e munições; suas partes e acessórios), quando exportados para a América do Sul e América Central, inclusive Caribe, ficam sujeitos à incidência do Imposto de Exportação à alíquota de cento e cinquenta por cento.

Resolução CAMEX 42/2006

Art. 1º Os couros e peles curtidos de bovinos (incluí dos os búfalos), depilados, mesmo divididos, mas não preparados de outra forma, classificados nas posições 4104.11 e 4104.19 da Nomenclatura Comum do Mercosul – NCM, ficam sujeitos à incidência do Imposto de Exportação à alíquota de 9% (nove por cento).

As alíquotas são fixadas pela CAMEX, da mesma forma que no imposto de importação, por delegação de competência julgada constitucional pelo Pleno do STF, no julgamento do RE 570.680/RS, com repercussão geral, em decisão publicada em 28/10/2009.

Um tema que tem sido discutido no âmbito do **imposto de exportação** é a extensão do benefício do *drawback* (originariamente voltado para o **imposto de importa**ção).

Como vimos, o *drawback* é incentivo a importação que impede a incidência do imposto de importação sobre o produto que será posteriormente exportado.

Não obstante, advogou-se que o benefício também deveria abranger o imposto de exportação, caso existente, tendo em vista a natureza do *drawback*.

O STJ, contudo, sem desqualificar o *drawback*, entendeu que seus **efeitos atingem apenas o imposto de importação**, sendo legítima a incidência do imposto de exportação, mesmo que os insumos tenham sido importados com suspensão ou isenção do imposto. Tanto para a Primeira quanto para a Segunda Turma do Tribunal, não há norma expressa que isente o pagamento do imposto de exportação neste caso[34].

3.2. Aspecto temporal

Conforme o § 1º, do art. 1º, do DL 1578/77, "considera-se ocorrido o fato gerador no momento da expedição da Guia de Exportação ou documento equivalente".

Não mais existe uma guia de exportação. Vale, hoje, o registro da exportação no SISCOMEX, nos termos do art. 6º, § 1º, do Decreto 660/92. Leia-se:

Art. 6º As informações relativas às operações de comércio exterior, necessárias ao exercício das atividades referidas no art. 2º, serão processadas exclusivamente por intermédio do SISCOMEX, a partir da data de sua implantação.

§ 1º Para todos os fins e efeitos legais, os registros informatizados das operações de exportação ou de importação no SISCOMEX, equivalem à Guia de Exportação, à Declaração de Exportação, ao Documento Especial de Exportação, à Guia de Importação e à Declaração de Importação.

Conforme o entendimento do STF, é mesmo no registro da exportação no SISCOMEX, assim como disciplinado no art. 6º, § 1º, do Decreto 660/92, que ocorre o fato gerador do imposto. Leia-se:

34. STJ, T1, REsp 1.313.705/PR, Relator Min. NAPOLEÃO NUNES MAIA FILHO, Relatora p/ Acórdão Min. REGINA HELENA COSTA, DJe de 8/3/2016; STJ, T2, REsp 1.255.823/PB, Min. HERMAN BENJAMIN, DJe de 27/4/2012.

> *A Medida Provisória nº 655 de 14 de outubro de 1994, convertida, após sucessivas reedições, na Lei nº 9.019/95, teve o efeito de revogar, a partir de sua edição – na conformidade da jurisprudência pacífica do STF –, o § 3º do art. 1º do DL nº 1.578/77, que autorizava o Poder Executivo a relacionar os produtos sujeitos ao imposto em apreço, generalizando, por esse modo, a incidência do tributo, salvo hipótese prevista na Constituição (inciso II do § 3º do art. 153).*
>
> *Regulamentando a norma do § 1º do art. 1º do referido DL nº 1.578/77, estabeleceu o Decreto nº 660/92 equiparação entre a guia de exportação e o registro informatizado da exportação no SISCOMEX (§ 1º do art. 6º), para efeito de identificação do fato gerador.*
>
> *[...]*
>
> *(STF, T1, RE 235.858/PE, Min. ILMAR GALVÃO, DJ de 13/12/2002)*

Será, pois, o contribuinte que definirá a data da ocorrência do fato gerador, ao registrar a exportação no SISCOMEX.

3.3. Aspecto espacial

O aspecto espacial é o território nacional. Melhor dizer as fronteiras do território nacional.

3.4. Aspecto subjetivo

A lei elege como contribuinte do imposto o exportador, assim considerado qualquer pessoa que promova a saída do produto do território nacional (art. 5º, do DL 1.578/77).

Não há disciplina legal sobre responsáveis.

3.5. Aspecto quantitativo

3.5.1. Base de cálculo

A base de cálculo do imposto não será, necessariamente, o valor da operação, mas, em regra, o preço normal do produto, ou seu valor de mercado, para pagamento à vista, excluídos frete e seguros. Nos termos do art. 24, II, do CTN, define o art. 2º, do DL 1.578/77.

> *Art. 2º A base de cálculo do imposto é o preço normal que o produto, ou seu similar, alcançaria, ao tempo da exportação, em uma venda em condições de livre concorrência no mercado internacional, observadas as normas expedidas pelo Poder Executivo, mediante ato da CAMEX – Câmara de Comércio Exterior.*
>
> *§ 1º – O preço à vista do produto, FOB ou posto na fronteira, é indicativo do preço normal.*

O § 3º, do art. 2º, do DL 1.578/77, determina, para fins de apuração da base de cálculo do imposto, que o preço de venda das mercadorias exportadas não pode ser inferior ao seu custo de aquisição ou produção, acrescido dos impostos e da margem de lucro.

3.5.2. *Alíquota*

A alíquota básica do imposto é de 30%, podendo ser reduzida a zero ou aumentada até 150%, por ato do Poder Executivo, competência hoje delegada à CAMEX (art. 3º, do DL 1578/77).

3.6. *Regimes especiais*

É bom lembrar que o imposto de exportação também apresenta institutos especiais, similares aos do imposto de importação, como a exportação temporária (*versus* admissão temporária), bem como regramento próprio para bagagem.

Em virtude de tais regimes, produtos nacionais podem ser levados ao exterior para lá permanecer por tempo determinado sem que sofra a incidência do imposto de exportação ou, ainda, sem que sofram a incidência do imposto de importação, quando do retorno do bem ao Brasil.

3.7. *Lançamento*

É comum a afirmativa de que o imposto de exportação está sujeito ao lançamento por declaração.

Para sabermos se o tributo é lançado por declaração ou por homologação, é preciso verificar se o contribuinte deve prestar informações e aguardar a notificação para pagamento, ou se deve se antecipar ao Fisco e pagar o tributo.

O DL 1.578/77 não é determinante, e delega a definição ao Ministro da Fazenda:

> *Art. 4º – O pagamento do imposto será realizado na forma e no momento fixados pelo Ministro da Fazenda, que poderá determinar sua exigibilidade antes da efetiva saída do produto a ser exportado.*

Não é a antecipação do pagamento face à saída definitiva do produto que define a modalidade de lançamento, mas sua antecipação face a atividade fiscal.

Contudo, nos termos do artigo citado, pode o Ministro da Fazenda definir a forma e o momento do pagamento, podendo determinar, assim, que o pagamento seja posterior à declaração no SISCOMEX, mas anterior a qualquer atividade fiscal (lançamento por homologação) ou posterior à declaração do próprio contribuinte e também posterior à notificação da autoridade, que acolha ou recuse as informações prestadas na declaração (lançamento por declaração).

O art. 588, do RA, mantém a dúvida. Ao disciplinar os documentos que instruem a declaração de exportação, não mencionou o pagamento do imposto (que seria antecipado e levaria à conclusão de se tratar de lançamento por homologação), mas mencionou outros documentos previstos pela legislação específica (mantendo em aberto a possibilidade do lançamento por declaração). Leia-se:

> *Art. 588. A declaração de exportação será instruída com:*
>
> *I – a primeira via da nota fiscal;*
>
> *II – a via original do conhecimento e do manifesto internacional de carga, nas exportações por via terrestre, fluvial ou lacustre; e*
>
> *III – outros documentos exigidos na legislação específica.*
>
> *Parágrafo único. Os documentos instrutivos da declaração de exportação serão entregues à autoridade aduaneira, na forma, no prazo e nas condições estabelecidos pela Secretaria da Receita Federal do Brasil.*

Nem mesmo o art. 8º, do Decreto 660/92 resolve a questão. Dispõe:

> *Art. 8º A notificação de lançamento de tributos federais incidentes sobre comércio exterior, bem como outras exigências fiscais e administrativas a serem cumpridas pelos usuários do SISCOMEX, em razão do disposto na legislação vigente, serão efetuadas por intermédio do Sistema.*

A notificação de lançamento a que menciona pode se referir a lançamento de ofício, ao lançamento por declaração e ao lançamento complementar de ofício, no sistema do lançamento por homologação.

A definição da modalidade de lançamento, portanto, é realizada mesmo por ato do Ministro da Fazenda, mais especificamente, a Portaria MF 674/94. Leia-se:

> *Art. 1º O prazo para pagamento do Imposto de Exportação será de até quinze dias, contados da data do registro da declaração para despacho aduaneiro.*
>
> *[...]*
>
> *Art. 3º O Documento de Arrecadação de Receitas Federais – DARF, comprobatório do pagamento do Imposto, deverá ser entregue à unidade da Secretaria da Receita Federal – SRF responsável pelo despacho, juntamente com os documentos que o instruem.*

A portaria, exercendo a atribuição conferida pelo art. 4º, do DL 1.578/77, determina que o pagamento do imposto seja realizado antecipadamente e que o DARF respectivo seja entregue à autoridade aduaneira junto com os demais documentos que instruem o processo denominado despacho de exportação.

Assim, o pagamento deve ocorrer antes da apreciação fiscal e o imposto é devido antes de qualquer notificação. O lançamento do imposto segue, portanto, a sistemática da homologação, não da declaração.

Pagamento do imposto

O pagamento do imposto pode ser exigido antes da efetiva saída do produto a ser exportado (art. 4º, do DL 1.578/77). Pago antecipadamente o imposto ou, ainda, pago o imposto após a saída do produto do Brasil, mas desfeito o negócio da exportação, o interessado fará jus à restituição do imposto pago (art. 6º, do DL 1.578/77).

4. RESUMO

Princípio da Legalidade	Mitigado, apenas para alteração de alíquotas, por ato do Poder Executivo, dentro dos limites estabelecidos pela lei. A lei pode definir a autoridade do Executivo competente para definir as alíquotas. Na falta de disposição legal, o ato será o Decreto do Presidente da República.
Princípio da anterioridade do exercício	Dispensado
Princípio da anterioridade nonagesimal	Dispensado
Aspecto material na Constituição e no CTN	II Importação de produtos estrangeiros IE Exportação de produtos nacionais
Aspecto espacial	Entrada ou saída de bens, mercadorias produtos do território nacional. Território aduaneiro = todo o território nacional Zona primária = áreas administradas pela alfândega, como portos e aeroportos Zona secundária = restante do território nacional
Aspecto temporal	II Momento em que é apresentada a declaração de importação IE Momento da expedição da Guia de Exportação
Aspecto quantitativo (Base de cálculo e alíquota)	II Base de cálculo = valor aduaneiro Métodos de apuração do valor aduaneiro: 1. valor da transação, 2. valor de transações com mercadorias idênticas, 3. valor de transações com mercadorias similares, 4. valor de revenda da mercadoria importada, 5. valor computado (custos de produção) da mercadoria, e 6. valor arbitrado. Incoterms FOB = **não** inclui seguro e frete até o país importador CIF = **inclui** seguro e frete até o país importador CPT – para transporte aéreo. Alíquota *Ad valorem* = percentual sobre o valor aduaneiro TEC/Mercosul Específica = valor predeterminado por unidade de medida IE Base de cálculo = preço FOB da mercadoria no mercado internacional Alíquota básica = 30%; pode ser reduzida a zero ou elevada a 150%

Aspecto pessoal	II Contribuinte = importador; destinatário da remessa postal; adquirente da mercadoria entrepostada Responsável = transportador; depositário IE Contribuinte = exportador
Regimes aduaneiros especiais	Transito aduaneiro Mercadorias em trânsito em território nacional com destino ao exterior; Admissão temporária Mercadorias destinadas a permanecer no país por prazo determinado, em feiras, eventos e competições ou para utilização temporária na indústria. Drawback Importação para reexportação ou para produção de bens destinados a exportação. Entreposto aduaneiro Depósito em recinto alfandegado na importação ou na exportação. Na importação, o entreposto aduaneiro ocorre com suspensão dos tributos incidentes. Outros = RECOF, RECOM, REPETRO, REPEX, REPORTO, exportação temporária, depósito alfandegado, loja franca, depósito especial, depósito afiançado
Regimes especiais de incidência de tributos federais na importação	Tributação simplificada Até US$ 3.000; alíquota de 60%; substitui II, IPI, PIS e COFINS Tributação especial Bagagem Alíquota 50%; substitui II, IPI, PIS e COFINS Tributação unificada Importação de certos produtos do Paraguai Alíquota unificada de 25% (II, IPI, PIS e COFINS)
Áreas beneficiadas	Zona Franca de Manaus – ZFM Áreas de livre comércio – ALC Zonas de processamento de exportação – ZPE
Observações	1. Arrecadação destinada ao orçamento geral da União. Art. 28, do CTN não recepcionado pelo art. 167, IV da CF/88. 2. Lançamento: II – por homologação IE – por homologação, embora seja comum a afirmativa de que o tributo é lançado por declaração

5. SÚMULAS

Súmula 580 do STF

A isenção prevista no art. 13, parágrafo único do Decreto-Lei 43/1966 restringe-se aos filmes cinematográficos.

Súmula 547 do STF

Não é lícito à autoridade proibir que o contribuinte em débito adquira estampilhas, despache mercadorias nas alfândegas e exerça suas atividades profissionais.

Súmula 534 do STF

O imposto de importação sobre o extrato alcoólico de malta como matéria-prima para fabricação de "whisky" incide à base de 60%, desde que desembaraçado antes do Decreto-Lei 398, de 30/12/1968.

Súmula 323 do STF

É inadmissível a apreensão de mercadorias como meio coercitivo para pagamento de tributos.

Súmula 70 do STF

É inadmissível a interdição de estabelecimento como meio coercitivo para cobrança de tributo.

Súmula 124 do STJ

A taxa de melhoramento dos portos tem base de cálculo diversa do imposto de importação, sendo legítima a sua cobrança sobre a importação de mercadorias de países signatários do GATT, da ALALC ou ALADI.

6. QUESTÕES DE CONCURSOS PÚBLICOS

1. **(ESAF/AFRF/2009)** Com relação ao imposto sobre importação de produtos estrangeiros, assinale a opção incorreta.

a) Somente se deve considerar entrada e importada aquela mercadoria estrangeira que ingressa no território nacional para uso comercial ou industrial e consumo, não aquela em trânsito, destinada a outro país.

b) A Constituição Federal outorga à União a competência para instituí-lo, vale dizer, concede a este ente político a possibilidade de instituir imposto sobre a entrada no território nacional, para incorporação à economia interna, de bem destinado ou não ao comércio, produzido pela natureza ou pela ação humana, fora do território nacional.

c) A simples entrada em território nacional de um quadro para exposição temporária num museu ou de uma máquina para exposição em feira, destinados a retornar ao país de origem, não configuram importação, e, por conseguinte não constituem fato gerador.

d) Terá suas alíquotas graduadas de acordo com o grau de essencialidade do produto, de modo a se tributar com alíquotas mais elevadas os produtos considerados supérfluos, e com alíquotas inferiores os produtos tidos como essenciais.

e) Possui caráter nitidamente extrafiscal, tanto que a Constituição Federal faculta ao Poder Executivo, atendidas as condições e os limites estabelecidos em lei, alterar suas alíquotas, já que sua arrecadação não possui objetivo exclusivo de abastecer os cofres públicos, mas também a conjugação de outros interesses que interferem no direcionamento da atividade impositiva – políticos, sociais e econômicos, por exemplo.

---

2. **(ESAF/AFRF/2009)** No contexto do comércio exterior brasileiro, são atribuições da Receita Federal do Brasil:

a) exercer a fiscalização aduaneira das mercadorias, produtos e bens que ingressam no território aduaneiro do país e esclarecer dúvidas sobre a classificação aduaneira de mercadorias.

b) gerir e executar os serviços de administração, fiscalização e controle aduaneiro e reprimir os diferentes tipos de ilícitos comerciais.

c) subsidiar a formulação da política de comércio exterior em matérias tributária e aduaneira e atuar, em nome do Ministério da Fazenda, nas instâncias do Mercosul em questões relativas à aplicação da Tarifa Externa Comum.

d) negociar e implementar acordos internacionais em matéria aduaneira; supervisionar a aplicação da receita aduaneira em programas de incentivo ao comércio exterior.

e) cobrar direitos aduaneiros que incidem nas operações de comércio exterior e orientar os operadores do comércio exterior quanto ao emprego dos Termos Internacionais de Comércio.

---

3. **(ESAF/AFRF/2009)** A classificação aduaneira das mercadorias é recurso essencial para a aplicação, pela autoridade aduaneira, dos direitos que incidem sobre a exportação e importação de mercadoria e é objeto de convenções e instrumentos internacionais. A respeito, assinale a opção correta.

a) O Sistema Harmonizado de Designação e de Codificação de Mercadorias (SH) é uma convenção internacional que padroniza os sistemas de classificação nacionais dos países do Mercosul, não podendo, por conseguinte, sofrer alterações ou adaptações por parte dos países que o implementam.

b) A adoção da Tarifa Externa Comum do Mercosul tornou necessária a harmonização dos respectivos sistemas nacionais de classificação de mercadorias dos países membro.

c) Por possuir o Brasil a pauta comercial mais diversificada no âmbito do Mercosul, a Nomenclatura Brasileira de Mercadorias é a referência para o instrumento de designação e codificação de mercadorias que é aplicado no Mercosul.

d) A Nomenclatura Comum do Mercosul está baseada no Sistema Harmonizado, contendo dois dígitos adicionais introduzidos pelos próprios países do bloco, tendo substituído, no Brasil, a Nomenclatura Brasileira de Mercadorias.

e) Com o advento da Tarifa Externa Comum, os países do Mercosul substituíram seus sistemas nacionais de classificação de mercadorias pelo Sistema Harmonizado de Designação e Codificação de Mercadorias (SH).

---

4. **(ESAF/AFRF/2009)** O regime aduaneiro especial que contempla a estocagem de partes, peças e materiais de reposição ou manutenção, com suspensão do pagamento dos impostos federais, da contribuição para o PIS/PASEP – Importação e da COFINS importação, para veículos, máquinas, equipamentos, aparelhos e instrumentos estrangeiros, nacionalizados ou não, e nacionais em que tenham sido empregados partes, peças e componentes estrangeiros, nos casos definidos pelo Ministro da Fazenda, é conhecido como:

a) depósito alfandegado.

b) trânsito aduaneiro.

c) depósito especial.

d) loja franca.

e) depósito alfandegado certificado.

5. **(ESAF/AFRF/2009) Sobre o Regime de Tributação Simplificada, o Regime de Tributação Especial e o Regime de Tributação Unificada, analise os itens a seguir, classificando-os como corretos (C) ou errados (E).**

Em seguida, escolha a opção adequada às suas respostas.

I. O Regime de Tributação Especial permite a classificação genérica, para fins de despacho de importação, dos bens por ele abarcados, mediante a aplicação de alíquotas diferenciadas do Imposto de Importação, e isenção do Imposto sobre Produtos Industrializados, da Contribuição para o PIS/PASEP-Importação e da COFINS-Importação.

II. O Regime de Tributação Simplificada permite o despacho de bens integrantes de bagagem mediante a exigência tão somente do Imposto de Importação, calculado pela aplicação da alíquota de cinquenta por cento sobre o valor do bem.

III. O Regime de Tributação Unificada é o que permite a importação, por via terrestre, de mercadorias procedentes do Paraguai, mediante o pagamento unificado dos seguintes impostos e contribuições federais incidentes na importação: Imposto de Importação; Imposto sobre Produtos Industrializados; Contribuição para o PIS/PASEP-Importação e COFINS-Importação.

IV. Apesar de ser tributo de competência dos Estados e do Distrito Federal, o Regime de Tributação Unificada poderá incluir o Imposto sobre Operações Relativas à Circulação de Mercadorias e sobre Prestações de Serviços de Transporte Interestadual e Intermunicipal e de Comunicação devido pelo optante.

a) Estão corretos somente os itens II e III.
b) Estão corretos somente os itens I, II e IIII.
c) Estão corretos somente os itens I e II.
d) Estão corretos somente os itens III e IV.
e) Todos os itens estão corretos.

6. **(ESAF/AFRF/2009)** Sobre o Imposto de Importação, e sobre valoração aduaneira, é correto afirmar que:

a) considera-se estrangeira, para fins de incidência do Imposto de Importação, toda mercadoria nacional ou nacionalizada exportada, que retorne ao País.

b) o Imposto de Importação incide sobre mercadoria estrangeira que tenha sido objeto de pena de perdimento, exceto na hipótese em que não seja localizada, tenha sido consumida ou revendida.

c) o fato gerador do Imposto de Importação é a entrada de mercadoria estrangeira no território nacional. Este é o conceito que a doutrina chama de elemento geográfico ou espacial do fato gerador. Para efeito de cálculo, entre outras situações, considera-se ocorrido o fato gerador do Imposto de Importação no dia do lançamento do correspondente crédito tributário, quando se tratar de bens compreendidos no conceito de bagagem, acompanhada ou desacompanhada.

d) a base de cálculo do Imposto de Importação, quando a alíquota for específica, é o valor aduaneiro apurado segundo as normas do artigo VII do Acordo Geral sobre Tarifas Aduaneiras e Comércio (GATT 1994).

e) o Acordo de Valoração Aduaneira estabelece seis métodos para o procedimento de valoração aduaneira, cuja utilização deve ser sequencial, de modo que, na impossibilidade de se pautar pelos anteriores, deve ser adotado o método subsequente. São eles: 1 – método do valor de transação ajustado; 2 – método do valor de transação de produtos similares ao importado; 3 – método do valor de transação de produtos idênticos; 4 – método dedutivo; 5 – método computado; 6 – método dos critérios razoáveis ou método residual.

7. **(ESAF/AFRF/2012)** Sobre território aduaneiro, portos, aeroportos e pontos de fronteira alfandegados, recintos alfandegados, e administração aduaneira, é incorreto afirmar que:

a) o território aduaneiro compreende todo o território nacional.

b) compreende-se na Zona de Vigilância Aduaneira a totalidade do Estado atravessado pela linha de demarcação, ainda que parte dele fique fora da área demarcada.

c) com exceção da importação e exportação de mercadorias conduzidas por linhas de transmissão ou por dutos, ligados ao exterior, observadas as regras de controle estabelecidas pela Secretaria da Receita Federal do Brasil, somente nos portos, aeroportos e pontos de fronteira alfandegados poderá efetuar-se a entrada ou a saída de mercadorias procedentes do exterior ou a ele destinadas.

d) portos secos são recintos alfandegados de uso público nos quais são executadas operações de movimentação, armazenagem e despacho aduaneiro de mercadorias e de bagagem, sob controle aduaneiro.

e) a fiscalização aduaneira poderá ser ininterrupta, em horários determinados, ou eventual, nos portos, aeroportos, pontos de fronteira e recintos alfandegados.

8. **(ESAF/Analista da Receita Federal/2012) Acerca do Imposto de Exportação, analise os itens a seguir, classificando-os como verdadeiros (V)** ou falsos (F). Em seguida, escolha a opção adequada às suas respostas.

I. A Câmara de Comércio Exterior, observada a legislação específica, relacionará as mercadorias sujeitas ao Imposto de Exportação, mas de acordo com o art. 153, § 1º da Constituição Federal, a alteração das alíquotas do imposto é de competência privativa do Chefe do Poder Executivo.

II. Mesmo considerando a função regulatória do Imposto de Exportação, suas alíquotas não poderão ser manejadas sem a observância de condições e limites estabelecidos em lei em sentido estrito.

III. Segundo entendimento do Supremo Tribunal Federal, é incompatível com a Constituição Federal a norma infraconstitucional que atribui a órgão integrante do Poder Executivo da União a faculdade de estabelecer as alíquotas do Imposto de Exportação.

IV. O Imposto de Exportação incide sobre mercadoria nacional ou nacionalizada destinada ao exterior. Considera-se nacionalizada a mercadoria estrangeira importada a título definitivo.

a) Estão corretos somente os itens II e III.

b) Estão corretos somente os itens I e III.

c) Estão corretos somente os itens I e II.

d) Estão corretos somente os itens II e IV.

e) Todos os itens estão corretos.

9. **(ESAF/Analista da Receita Federal/2012) Sobre os procedimentos gerais de importação e de exportação, analise os itens a seguir, classificando-os como verdadeiros (V)** ou falsos (F). Em seguida, escolha a opção adequada às suas respostas.

I. O despacho aduaneiro de importação poderá ser efetuado apenas em zona primária.

II. A declaração de importação é o documento base do despacho de importação e será instruída com a via original do conhecimento de carga ou documento de efeito equivalente; a via original da fatura comercial, assinada pelo exportador; o comprovante de pagamento dos tributos, se exigível; e outros documentos exigidos em decorrência de acordos internacionais ou por força de lei, de regulamento ou de outro ato normativo.

III. A conferência aduaneira na importação poderá ser realizada na zona primária ou na zona secundária.

IV. A verificação de mercadoria, na conferência aduaneira ou em outra ocasião, será realizada por Auditor-Fiscal da Receita Federal do Brasil ou, sob a sua supervisão, por Analista-Tributário, na presença do viajante, do importador, do exportador ou de seus representantes, podendo ser adotados critérios de seleção e amostragem, de conformidade com o estabelecido pela Secretaria da Receita Federal do Brasil. Na hipótese de mercadoria depositada em recinto alfandegado, a verificação deverá ser realizada na presença do importador ou do exportador.

a) Estão corretos somente os itens I e III.

b) Estão corretos somente os itens I, II e III.

c) Estão corretos somente os itens II e III.

d) Estão corretos somente os itens II e IV.

e) Todos os itens estão corretos.

---

10. (ESAF/Analista da Receita Federal/2012) Quanto ao imposto de exportação, avalie o acerto das afirmações adiante e marque com V as verdadeiras e com F as falsas; em seguida, marque a opção correta.

( ) O imposto incide sobre mercadoria nacional ou nacionalizada destinada ao exterior.

( ) Pelas regras vigentes, o imposto é excepcional, pois somente os produtos relacionados estão a ele sujeitos.

( ) O preço, a vista, da mercadoria, FOB ou colocada na fronteira, é indicativo do preço normal, que é a base de cálculo do imposto.

a) V, V, V

b) V, V, F

c) V, F, F

d) F, F, F

e) F, V, F

---

11. (FCC/TRF-4/Técnico/2010) À União NÃO é vedada competência para

a) cobrar imposto, além de outros, sobre o patrimônio, a renda ou os serviços dos Estados e Municípios.

b) cobrar imposto sobre o papel destinado exclusivamente à impressão de jornais, periódicos e livros.

c) instituir imposto sobre a importação de produtos estrangeiros, tendo como fato gerador a entrada destes no território nacional.

d) cobrar imposto sobre o patrimônio e a renda com base em lei posterior à data inicial do exercício financeiro a que corresponda.

e) estabelecer limitações ao tráfego, no território nacional, de mercadorias, por meio de tributos interestaduais ou intermunicipais.

---

12. (FCC/Sefaz/SP/AgenteFiscal/2009) Em relação à competência tributária, cabe

a) à União instituir impostos sobre: I) importação de produtos estrangeiros; II) propriedade territorial rural; III) doação de quaisquer bens e direitos.

b) aos Estados e ao Distrito Federal instituir impostos sobre: I) transmissão causa mortis; II) operações relativas à circulação de mercadorias e sobre prestações de serviços de transporte interestadual e intermunicipal e de comunicação; III) propriedade de veículos de qualquer natureza.

c) aos Municípios instituir impostos sobre: I) propriedade territorial urbana e rural; II) serviços de qualquer natureza não compreendidos na competência tributária dos Estados, definidos em lei complementar; III) doação de quaisquer bens e direitos.

d) aos Estados instituir impostos sobre: I) propriedade predial territorial e urbana; II) transmissão "inter vivos" a qualquer título, por ato oneroso ou gratuito de quaisquer bens e direitos; III) serviços de qualquer natureza.

e) à União instituir impostos sobre: I) importação de produtos estrangeiros; II) propriedade territorial rural; III) os impostos estaduais em território Federal e, se o Território não for dividido em Municípios, cumulativamente, os impostos municipais.

---

13. (FCC/Sefaz/SP/Analista/2010) Na hipótese de majoração, por medida provisória editada em 15 de março de 2010, dos limites legais das alíquotas do Imposto de Importação, é correto afirmar que

a) haverá eficácia imediata da medida provisória, aplicando-se os novos limites a partir da publicação da mesma.

b) é inconstitucional, por violar a legalidade tributária.

c) a medida provisória deverá ser convertida em lei até o último dia do exercício em que houver sido publicada, para que a lei entre em vigor e tenha eficácia no exercício seguinte.

d) a medida provisória terá eficácia suspensa por 90 dias a contar da sua publicação, em atenção à anterioridade nonagesimal.

e) a lei resultante da conversão ainda se submete à anterioridade nonagesimal, caso a medida provisória seja convertida em lei antes do final do exercício financeiro em que foi publicada.

---

14. (FCC/TJ/PE/Juiz/2011) A regra da anterioridade, que veda cobrar tributos no mesmo exercício financeiro em que haja sido publicada a lei que os instituiu ou aumentou, não se aplica

a) aos impostos de importação e exportação.

b) ao IR.

c) ao ITR.

d) às contribuições sociais.

e) aos impostos estaduais.

---

15. (FCC/Sefaz/SP/AgenteFiscal/2009) Sobre as prescrições constitucionais insertas na seção 'Das limitações do poder de tributar', é correto afirmar:

a) O princípio da anterioridade não admite qualquer tipo de exceção, uma vez que se trata de garantia dos contribuintes.

b) As operações interestaduais devem ser imunes a qualquer tributação em obediência ao princípio da vedação de se estabelecer limitações ao tráfego de pessoas ou bens por meio de tributos interestaduais ou intermunicipais, ressalvada a cobrança de pedágio.

c) Em razão da vedação da utilização do tributo com o efeito de confisco, a União não pode instituir o Imposto sobre grandes fortunas.

d) As imunidades ali previstas aplicam-se somente aos impostos.

e) É defeso cobrar tributos no mesmo exercício financeiro em que haja sido publicada a lei que os houver instituído ou aumentado, devendo essa lei ser publicada sempre com um prazo de 90 dias antes do término do exercício financeiro anterior àquele em que o tributo será cobrado ou aumentado.

---

16. (FCC/MPE/CE/Promotor/2011) Sobre os princípios constitucionais tributários é correto afirmar que

a) a lei que modifica tributos só pode ser aplicada no exercício seguinte ao da sua publicação por força da regra da irretroatividade da lei tributária.

b) os tributos sempre deverão ser pessoais e atender às condições econômicas dos contribuintes, por força do princípio da capacidade contributiva.

c) salvo exceções a lei que cria ou majora tributo terá eficácia no exercício financeiro seguinte ao da sua publicação, como expressão da anterioridade tributária.

d) como exceção à legalidade tributária, pode o Presidente da República instituir, por decreto, impostos de importação, de exportação, sobre produtos industrializados e sobre operações financeiras.

e) a instituição de empréstimo compulsório, imposto extraordinário, imposto residual e impostos de natureza extrafiscal são exceções à anterioridade nonagesimal.

---

17. (FCC/TCE/RO/Procurador/2010) Em relação às limitações ao poder de tributar, é correto afirmar que

a) a majoração de uma alíquota tributária deve estar expressamente prevista em lei, todavia a própria Constituição prevê casos em que este princípio pode ser excepcionado.

b) é vedado às unidades federadas instituir tratamento desigual entre contribuintes que estejam em situação equivalente, salvo em razão de ocupação profissional.

c) um tributo não pode ser cobrado no mesmo exercício financeiro no qual tenha sido publicada a lei que o instituiu ou majorou, exceto no caso de medida provisória editada pelo Presidente da República.

d) as unidades federadas estão impedidas de instituir impostos sobre patrimônio, renda ou serviços, uns dos outros, com exceção daqueles relacionados à propriedade de imóveis cedidos.

e) um tributo não pode ser utilizado com efeito de confisco, exceto em situações de calamidade pública e de guerra declarada.

---

18. (FCC/ALE/PB/Procurador/2013) Assinale a alternativa que apresenta somente um tributo federal, um estadual e um municipal:

a) Imposto sobre transmissão "inter vivos", a qualquer título, por ato oneroso de direitos reais sobre imóveis; imposto sobre prestação de serviços de comunicação; e imposto sobre produtos industrializados.

b) Imposto sobre a propriedade predial e territorial urbana; imposto sobre transmissão "inter vivos", a qualquer título, por ato oneroso, de bens imóveis, por natureza ou acessão física; e imposto sobre a renda e proventos de qualquer natureza.

c) Imposto sobre a importação de produtos estrangeiros; imposto sobre prestação de serviço de transporte intramunicipal; e imposto sobre a propriedade territorial rural.

d) Imposto sobre transmissão causa mortis e doação, de quaisquer bens ou direitos; imposto sobre operações relativas à circulação de mercadorias; e imposto sobre exportação, para o exterior, de produtos nacionais ou nacionalizados.

e) Imposto sobre prestação de serviço de comunicação; imposto sobre prestação de serviço de transporte interestadual ou intermunicipal; e imposto sobre serviços de qualquer natureza.

---

19. (FCC/Sefaz/SP/AgenteFiscal-GT/2013) Possuem competência para instituir o Imposto Sobre Doações e Transmissão causa mortis, Imposto Territorial Rural, Impostos sobre Importações e Impostos sobre Serviços de Qualquer Natureza, respectivamente:

a) Estados; Municípios; União; Estados e Distrito Federal.

b) Municípios; Estados e Distrito Federal; União; Municípios.

c) Estados e Distrito Federal; União; União; Distrito Federal.

d) Estados; União; Estados e Distrito Federal; Municípios.

e) Estados; Municípios; União; Municípios e Distrito Federal.

20. (ESAF/AFRF/2014) Sobre a Tarifa Externa Comum (TEC), é incorreto afirmar que:

a) pelo regime de ex-tarifário, pode haver redução da TEC para bens de capital, inicialmente por cinco anos, para projetos de investimento aprovados pelas Autoridades Nacionais do Mercosul.

b) faculta-se à Comissão de Comércio do MERCOSUL (CCM) a adoção de medidas específicas de redução de alíquota da TEC tendentes a garantir um abastecimento normal e fluido de produtos nos Estados Partes.

c) pode haver redução da TEC em razão de desabastecimento de produção regional de uma matéria-prima para determinado insumo, ainda que exista produção regional de outra matéria-prima para insumo similar mediante uma linha de produção alternativa.

d) o regime de ex-tarifário permite a redução temporária da alíquota do Imposto de Importação, para 2%, por dois anos, de Bens de Capital (BK) e Bens de Informática e de Telecomunicações (BIT), assim como de suas partes, peças e componentes, quando não houver produção nacional.

e) o Brasil pode incluir até 100 códigos NCM em sua Lista de Exceção até 31 de dezembro de 2015, mas deve valorizar a oferta exportável existente no MERCOSUL.

21. (ESAF/AFRF/2014) Sobre os regimes aduaneiros no Brasil, é incorreto afirmar que:

a) na Admissão Temporária de máquinas e equipa – mentos para utilização econômica, sob a forma de arrendamento operacional, aluguel ou empréstimo, ocorre suspensão parcial de tributos e pagamento proporcional ao tempo de permanência no País.

b) a extinção do regime de admissão temporária pode ocorrer com a destruição do bem, às expensas do interessado.

c) nos portos secos, a execução das operações e a prestação dos serviços conexos serão efetivadas mediante o regime de permissão, salvo quando os serviços devam ser prestados em porto seco instalado em imóvel pertencente à União, caso em que será adotado o regime de concessão precedido da execução de obra pública.

d) o regime especial de entreposto aduaneiro na importação é o que permite a armazenagem de mercadoria estrangeira em recinto alfandegado de uso público, com suspensão do pagamento dos impostos federais, mas com incidência da contribuição para o PIS/PASEP-Importação e da COFINS-Importação.

e) o regime de exportação temporária para aperfeiçoamento passivo é o que permite a saída, do País, por tempo determinado, de mercadoria nacional ou nacionalizada, para ser submetida a operação de transformação, elaboração, beneficiamento ou montagem, no exterior, e a posterior reimportação, sob a forma do produto resultante, com pagamento dos tributos sobre o valor agregado.

22. (ESAF/AFRF/2014) Ao considerar o controle administrativo da Receita Federal do Brasil sobre importações, assinale a opção incorreta.

a) Toda mercadoria submetida a despacho de importação está sujeita ao controle do correspondente valor aduaneiro, que deve considerar inclusive o Acordo de Valoração Aduaneira da OMC.

b) No valor aduaneiro não serão incluídos os custos de transporte e seguro, desde que estejam destacados do preço efetivamente pago ou a pagar pelas mercadorias importadas, na respectiva documentação comprobatória.

c) A utilização do método do valor de transação nas operações comerciais entre pessoas vinculadas somente será permitida quando a vinculação não tiver influenciado o preço efetivamente pago ou a pagar pelas mercadorias importadas.

d) A determinação do valor aduaneiro, mediante a aplicação do método previsto no artigo 7 do Acordo de Valoração Aduaneira, poderá ser realizada com base em avaliação pericial, desde que fundamentada em dados objetivos e quantificáveis e observado o princípio da razoabilidade.

e) Os encargos relativos a assistência técnica da mercadoria importada, executadas após a importação, ainda que destacados, serão incluídos no valor aduaneiro.

---

23. (ESAF/AFRF/2014) Sobre os Regimes Aduaneiros Especiais, analise os itens a seguir e, em seguida, assinale a opção correta.

I. O regime aduaneiro especial de admissão temporária com suspensão total do pagamento de tributos permite a importação de bens que devam permanecer no País durante prazo fixado. A legislação prevê, como uma das condições para a concessão do mencionado regime, que os bens sejam importados com cobertura cambial.

II Os bens admitidos temporariamente no País para utilização econômica ficam sujeitos ao pagamento dos impostos federais, da contribuição para o PIS/ PASEP-Importação e da COFINS-Importação, proporcionalmente ao seu tempo de permanência no território aduaneiro. A referida proporcionalidade será obtida pela aplicação do percentual de um por cento, relativamente a cada mês compreendido no prazo de concessão do regime, sobre o montante dos tributos originalmente devidos.

III. No Regime de Trânsito Aduaneiro, objetivando garantir o pagamento dos créditos tributários correspondentes, quando a constatação de extravio ou avaria ocorrer no local de origem, a autoridade aduaneira não poderá permitir o trânsito aduaneiro da mercadoria avariada ou da partida com extravio.

IV. Poderá ser concedida autorização às sedes de Municípios caracterizados como cidades gêmeas de cidades estrangeiras na linha de fronteira do Brasil, a critério da autoridade competente, para a instalação de lojas francas para a venda de mercadoria nacional ou estrangeira contra pagamento em moeda nacional ou estrangeira. A venda de mercadoria nas referidas lojas francas somente será autorizada à pessoa física.

a) Estão corretos somente os itens I e II.

b) Estão corretos somente os itens I e III.

c) Estão corretos somente os itens II e IV.

d) Estão corretos somente os itens III e IV.

e) Todos os itens estão corretos.

---

24. (ESAF/AFRF/2014) Acerca da base de cálculo do Imposto de Importação, Valoração Aduaneira e Regime de Tributação Unificada, analise os itens a seguir e, em seguida, assinale a opção correta.

I. Toda mercadoria submetida a despacho de importação está sujeita ao controle do correspondente valor aduaneiro. Esse controle consiste na verificação da conformidade do valor aduaneiro declarado pelo importador com as regras estabelecidas no Acordo de Valoração Aduaneira. Integram o valor aduaneiro, independentemente do método de valoração utilizado, o custo de transporte da mercadoria importada até o porto ou o aeroporto alfandegado de descarga ou o ponto de fronteira alfandegado onde devam ser cumpridas as formalidades de entrada no território aduaneiro. Também integram o aludido valor aduaneiro os gastos relativos à carga, à descarga e ao manuseio, associados ao transporte da mercadoria importada, até a chegada aos locais acima referidos.

II. O Acordo de Valoração Aduaneira indica seis métodos para o procedimento de valoração aduaneira, cuja utilização deve ser sequencial e por exclusão. Assim, não sendo possível a determinação do valor aduaneiro pelo método do valor de transação ajustado, deve – se passar para o método do valor de transação de produtos similares.

III. Segundo o Artigo IV do Acordo de Valoração Aduaneira, poderá ser invertida a ordem dos métodos previstos nos Artigos 5 (método dedutivo) e 6 (método computado) do aludido Acordo, a pedido do importador. No entanto, países em desenvolvimento podem condicionar essa inversão à aquiescência das autoridades aduaneiras, sendo que o Brasil não teve interesse em fazer a mencionada reserva.

IV. No Regime de Tributação Unificada, é vedada a inclusão de quaisquer mercadorias que não sejam destinadas ao consumidor final.

a) Estão corretos somente os itens I, II e III.

b) Estão corretos somente os itens I, II e IV.

c) Estão corretos somente os itens I e IV.

d) Estão corretos somente os itens II e IV.

e) Todos os itens estão corretos.

---

25. (ESAF/AFRF/2014) Sobre Jurisdição Aduaneira e Controle Aduaneiro de Veículos, é correto afirmar:

a) o território aduaneiro compreende todo o território nacional, exceto as Áreas de Livre Comércio, sujeitas à legislação específica.

b) somente nos portos, aeroportos e pontos de fronteira alfandegados poderá efetuar-se a entrada ou a saída de mercadorias procedentes do exterior ou a ele destinadas, mas isso não se aplica à importação e à exportação de mercadorias conduzidas por linhas de transmissão ou por dutos, ligados ao exterior, observadas as regras de controle estabelecidas pela Secretaria da Receita Federal do Brasil, e a outros casos estabelecidos em ato normativo da Secretaria da Receita Federal do Brasil.

c) compete ao Ministro de Estado da Fazenda definir os requisitos técnicos e operacionais para o alfandegamento dos locais e recintos onde ocorram, sob controle aduaneiro, movimentação, armazenagem e despacho aduaneiro de mercadorias procedentes do exterior, ou a ele destinadas, inclusive sob regime aduaneiro especial, bagagem de viajantes procedentes do exterior, ou a ele destinados, e remessas postais internacionais.

d) relativamente à mercadoria descarregada de veículo procedente do exterior, o volume que, ao ser descarregado, apresentar-se quebrado, com diferença de peso, com indícios de violação ou de qualquer modo avariado, deverá ser objeto de conserto e pesagem, fazendo-se, ato contínuo, a devida anotação no registro de descarga, pelo depositário. A autoridade aduaneira poderá determinar a aplicação de cautelas fiscais e o isolamento dos volumes em local próprio do recinto alfandegado, exceto nos casos de extravio ou avaria, dado o estado já verificado dos volumes, os quais não poderão permanecer no recinto alfandegado.

e) o transportador deve prestar à Secretaria da Receita Federal do Brasil, na forma e no prazo por ela estabelecidos, as informações sobre as cargas transportadas, bem como sobre a chegada de veículo procedente do exterior ou a ele destinado. A autoridade aduaneira poderá proceder às buscas em veículos necessárias para prevenir e reprimir a ocorrência de infração à legislação, mas, em respeito à ampla defesa e ao contraditório, as buscas poderão ocorrer apenas em momento ulterior à apresentação das referidas informações pelo transportador.

---

26. (ESAF/AFRF/2014) Sobre o Imposto de Importação, é incorreto afirmar:

a) não se considera estrangeira, para fins de incidência do imposto, a mercadoria nacional ou nacionalizada exportada, que retorne ao País por motivo de modificações na sistemática de importação por parte do país importador.

b) o imposto não incide sobre mercadoria estrangeira destruída, sob controle aduaneiro, sem ônus para a Fazenda Nacional, antes de desembaraçada.

c) para efeito de cálculo do imposto, considera-se ocorrido o fato gerador no dia do lançamento do correspondente crédito tributário, quando se tratar de bens compreendidos no conceito de bagagem, acompanhada ou desacompanhada.

d) para efeito de cálculo do imposto, considera-se ocorrido o fato gerador na data do registro da declaração de importação de mercadoria constante de manifesto ou de outras declarações de efeito equivalente, cujo extravio ou avaria tenha sido apurado pela autoridade aduaneira.

e) caberá restituição total ou parcial do imposto pago indevidamente, a qual poderá ser processada de ofício, nos casos de verificação de extravio ou de avaria.

---

27. (ESAF/AFRF/2014) Sobre Bagagem e Regime Aduaneiro de Bagagem no MERCOSUL, é correto afirmar:

a) os veículos automotores em geral, as motocicletas, as motonetas, as bicicletas com motor, os motores para embarcação, as motos aquáticas e similares, as casas rodantes, as aeronaves e as embarcações de todo tipo estão excluídos do conceito de bagagem, mas esses bens poderão ingressar no País sob o regime de admissão temporária, sempre que o viajante comprove sua residência permanente em outro país.

b) o viajante não poderá declarar como própria bagagem de terceiro, ou utilizar o tratamento de bagagem para o ingresso de bens que não lhe pertençam, exceto os cônjuges casados sob o regime de comunhão universal de bens.

c) muito embora não seja razoável, mas em função da legalidade estrita que norteia a temática da bagagem de viajantes, a Secretaria da Receita Federal do Brasil não está autorizada a editar atos normativos específicos relativos ao tratamento tributário aplicável à bagagem dos viajantes que ingressarem no País para participar da Copa do Mundo Fifa 2014.

d) por intermédio de requerimento, a bagagem desacompanhada poderá ser desembaraçada antes da chegada do viajante.

e) o brasileiro ou o estrangeiro residente no País, que tiver permanecido no exterior por período superior a um ano, ou o estrangeiro que ingressar no País para nele residir, de forma permanente, terá direito à isenção relativa aos seguintes bens, desde que usados: a) móveis e outros bens de uso doméstico; e b) ferramentas, máquinas, aparelhos e instrumentos, necessários ao exercício de sua profissão, arte ou ofício, individualmente considerado.

---

28. (ESAF/AFRF/2014) De acordo com a legislação aduaneira, é correto afirmar:

a) segundo o Regulamento Aduaneiro, são dois os documentos que devem obrigatoriamente instruir a declaração de importação: a via original do conhecimento de carga ou documento de efeito equivalente e a via original da fatura comercial, assinada pelo exportador. Não poderão ser exigidos outros documentos instrutivos em razão de que tal exigência ofenderia o princípio da legalidade estrita.

b) a fim de determinar o tipo e a amplitude do controle a ser efetuado na conferência aduaneira, a legislação determina que serão adotados canais de seleção. Pelo canal de conferência cinza, será realizado o exame documental, a verificação da mercadoria e a aplicação de procedimento especial de controle aduaneiro, para verificar elementos indiciários de fraude.

c) o cancelamento da declaração de importação exime o importador da responsabilidade por eventuais infrações.

d) aplica-se a pena de perdimento da mercadoria saída da Zona Franca de Manaus sem autorização da autoridade aduaneira, quando necessária, por configurar crime de descaminho.

e) a denúncia espontânea exclui a aplicação de multas de natureza tributária ou administrativa, inclusive das aplicáveis na hipótese de mercadoria sujeita à pena de perdimento.

---

29. (MPF – Procurador da República/2015) Aponte a opção verdadeira:

A) A obrigação tributária acessória é instituída mediante lei ou ato normativo de igual hierarquia à vista do princípio constitucional de que ninguém será obrigado a fazer ou deixar de fazer alguma coisa senão em virtude de lei (CF, art. 5º, II);

B) O fato gerador de um tributo deve recair necessariamente sobre uma das tradicionais bases econômicas de tributação, tais como renda, patrimônio e consumo;

C) São tributos lançados por declaração: no âmbito federal, Imposto de Importação sobre Bagagem Acompanhada e, no plano municipal, Imposto sobre Transmissão de Bens Imóveis – ITBI;

D) Tributo cujo lançamento se dá por homologação, com o seu pagamento, a extinção definitiva do crédito tributário fica submetida à condição suspensiva.

---

30. (TRF4/Juiz Federal TRF4/2014) (adaptada) Assinale certo ou errado. Segundo o que dispõe a Constituição Federal:

É facultado ao Poder Executivo, atendidas as condições e os limites estabelecidos em lei, alterar as alíquotas dos impostos de importação de produtos estrangeiros, de exportação para o exterior, de produtos nacionais ou nacionalizados, de produtos industrializados e de operações de crédito, câmbio e seguro, ou relativas a títulos ou valores mobiliários.

---

31. (TRF4/Juiz Federal TRF4/2014) (adaptada) Assinale certo ou errado, considerando o disposto no Código Tributário Nacional:

A base de cálculo do imposto sobre a importação, quando a alíquota seja ad valorem, é o preço normal que o produto, ou seu similar, alcançaria, ao tempo da importação, em uma venda em condições de livre concorrência, para entrega no porto ou no lugar de entrada do produto no país.

Gabarito		
Questão	**Resposta**	**Referência**
1	D	Tópicos 1 e 2.7
2	A	Tópico 1
3	D	Tópicos 2.5.2
4	C	Tópico 2.7
5	D	Tópico 2.5.3
6	C	Tópicos 1, 2.1, 2.5.1 e 2.5.2
7	B	Tópico 2.3
8	D	Tópicos 1 e 3
9	C	Tópicos 1, 2.9 e 3
10	A	Tópico 3.5
11	C	Tópico 1
12	E	Tópico 1
13	A	Tópico 1
14	A	Tópico 1
15	D	Tópico 1
16	C	Tópico 1
17	A	Tópico 1
18	A	Tópico 1
19	C	Tópico 1
21	A	Tópico 2.5.2

Gabarito		
Questão	**Resposta**	**Referência**
20	D	Tópico 2.7
22	E	Tópico 2.5
23	C	Tópico 2.7
24	C	Tópico 2.5
25	B	Tópicos 1, 1 e 2.3
26	D	Tópicos 2.1 e 2.2
27	A	Tópico 2.5.3
28	B	Tópico 1
29	C	Tópico 2.9
30	CERTO	Tópico 1
31	CERTO	Tópico 1

CAPÍTULO 7

IMPOSTO SOBRE PRODUTOS INDUSTRIALIZADOS – IPI

Sumário • 1. Introdução – 2. Aspecto material: 2.1. Nacionalização de produtos estrangeiros; 2.2. A jurisprudência sobre importação para consumidor final não contribuinte do IPI – 3. Aspecto temporal: 3.1. Suspensão do Imposto – 4. Aspecto subjetivo: 4.1. Sujeito ativo; 4.2. Sujeito passivo; 4.2.1. Responsabilidade e substituição tributária – 5. Aspecto quantitativo: 5.1. Base de cálculo; 5.1.1. Descontos incondicionais e bonificações; 5.1.2. Frete; 5.1.3. Perdas e quebras de estoque; 5.1.4. Pautas fiscais no IPI; 5.2. Alíquotas; 5.2.1. A tributação do cigarro; 5.3. Não Cumulatividade do IPI; 5.3.1. Regras gerais; 5.3.2. Diferentes espécies de crédito de IPI: Créditos básicos, créditos por devolução, créditos de incentivo, crédito prêmio, crédito presumido etc.; 5.3.3. Crédito prêmio do IPI; 5.3.4. Insumos não tributados; 5.3.5. Energia elétrica; 5.3.6. Bens para uso e consumo e para o ativo imobilizado; 5.3.7. SIMPLES; 5.3.8. Correção monetária dos créditos de IPI indeferidos pela Fazenda e posteriormente concedidos pelo Judiciário – 6. Restituição do imposto – 7. Imunidades e isenções: 7.1. Benefícios Fiscais – 8. Lançamento e obrigações acessórias – 9. Resumo – 10. Súmulas – 11. Questões de concursos públicos;

1. INTRODUÇÃO

O IPI é o grande imposto federal sobre o consumo. Na classificação do CTN, é imposto que incide sobre a produção e a circulação.

Conforme determina o art. 153, § 3º, da Constituição, o IPI será **seletivo**, em função da essencialidade do produto (CF/88, art. 153, § 3º, I) e **não cumulativo**, compensando-se o que for devido em cada operação com o montante cobrado nas anteriores (CF/88, art. 153, § 3º, II), **não incidirá sobre produtos industrializados destinados ao exterior** (CF/88, art. 153, § 3º, III) e **terá reduzido seu impacto sobre a aquisição de bens de capital** pelo contribuinte (CF/88, art. 153, § 3º, IV).

Além das disposições constitucionais supracitadas, regem o IPI uma série de outros diplomas normativos de hierarquia infraconstitucional. São eles: a) Código Tributário Nacional; b) leis ordinárias; c) decretos-leis e; d) decretos.

A tabela abaixo resume, de forma didática, a principal legislação aplicável à matéria. Confira-se:

LEGISLAÇÃO APLICÁVEL AO IPI		
Espécie normativa	**Principais dispositivos ou leis**	**Função exercida**
• Constituição Federal	Art. 153, inciso IV e § 3º.	Delineamento geral do tributo. Critérios da Regra matriz de Incidência.

LEGISLAÇÃO APLICÁVEL AO IPI		
Espécie normativa	**Principais dispositivos ou leis**	**Função exercida**
• Lei Complementar	Código Tributário Nacional.	Dispõe sobre algumas importantes normas gerais do tributo (fato gerador, base de cálculo, contribuintes etc).
• Leis ordinárias e decretos-leis	Lei nº 4.502/64, Lei nº 9.493/97, Lei nº 9.532/97, D.L. nº 1133/70, D.L. n 400/68, D.L. nº 7.798/89 etc.	Instituir o tributo e instituir ou revogar isenções, incentivos e benefícios fiscais.
• Decretos	Decreto nº 7.212/2010 (Regulamento do IPI – RIPI)	Regulamentar as disposições legais do tributo

A exemplo do que acontece com alguns impostos federais, como o Imposto de Renda, adquire grande relevância aqui, sobretudo para os postulantes a cargos na Administração Fazendária federal, o estudo das normas do chamado Regulamento do IPI – RIPI (Decreto nº 7.212/2010), por apresentar uma síntese da legislação vigente, razão pela qual em vários momentos deste capítulo a ele faremos menção.

Cumpre, ainda, nesta introdução, abordar algumas das características do imposto.

O **lançamento** do IPI, em regra, dá-se por **homologação**, cabendo ao contribuinte antecipar-se ao fisco, apurar o valor devido e recolher o tributo. Em muitos casos, porém, faz-se indispensável o lançamento de ofício por parte das autoridades fazendárias.

O imposto está sujeito aos **princípios constitucionais** da: a) **isonomia** (CF/88, art. 150, II); b) **capacidade contributiva** (CF/88, art. 145, § 1º); c) **irretroatividade** (CF/88, art. 150, III, "a"); d) **anterioridade nonagesimal** ou mitigada (CF/88, art. 150, III, "c"); e) **vedação** à utilização de tributo com efeito de **confisco** (CF/88, art. 150, IV); f) **vedação** a **limitação ao tráfego de pessoas ou bens** (CF/88, art. 150, V).

O **princípio da legalidade** no IPI segue o mesmo regime do II, do IE e do IOF. Vale dizer, suas alíquotas podem ser alteradas por ato do Poder Executivo, dentro dos limites da lei (art. 153, § 1º, da CF/88). Já o **princípio da anterioridade** se concretiza de forma peculiar no IPI. Antes da EC 42/2003, o IPI recebia o mesmo tratamento dos "impostos extrafiscais", com vigência imediata de suas normas. A partir da EC 42/2003, as normas que majoram o IPI devem aguardar a **anterioridade nonagesimal**, assim como as contribuições (art. 150, III, da CF/88). Em síntese:

a) irretroatividade – aplicável ao IPI;

b) anterioridade do exercício – não aplicável;

c) anterioridade nonagesimal – aplicável.

O **produto da arrecadação** do imposto não pertence integralmente à União. Nos termos do art. 159, da Constituição, a União deve entregar 21,5% da arrecadação para ser repartido entre os Estados (Fundo de Participação dos Estados – FPE), 22,5% para ser repartido entre os municípios (Fundo de Participação dos Municípios – FPM), além de 1% no primeiro decêndio de julho e 1% no primeiro decêndio de dezembro de cada ano (também ao FPM), 3% para os programas de financiamento ao setor produtivo das Regiões Norte, Nordeste e Centro-Oeste e 10% aos Estados e ao Distrito Federal, proporcionalmente ao valor das respectivas exportações de produtos industrializados.

O IPI é imposto de **extrafiscalidade** largamente reconhecida. Dentre os clássicos exemplos da extrafiscalidade do IPI, encontra-se a tributação intensa sobre o cigarro como forma de concretização do princípio da seletividade e como meio de desestimular o uso da substância.

O **IPI** classifica-se como **tributo: federal, privativo, não vinculado, de arrecadação não vinculada, indireto e ordinário e de função marcadamente extrafiscal.**

2. ASPECTO MATERIAL

Como imposto sobre o consumo, o aspecto material do IPI se insere no grupo de tributos denominados IVA, imposto sobre o valor agregado.

De fato, o IPI é tributo sobre o consumo geral (limitado aos produtos industrializados), de incidência plurifásica, apurado pelo método subtrativo indireto (débito contra crédito) o que lhe confere não comutatividade.

Nos termos da Constituição de 1988, compete à União instituir imposto sobre produtos industrializados (CF/88, art. 153, IV). O núcleo da hipótese de incidência do IPI é a comercialização de produtos industrializados, não o verbo *industrializar*, como pode parecer.

De acordo com o Código Tributário Nacional, *o imposto, de competência da União, sobre produtos industrializados tem como **fato gerador**: I) seu desembaraço aduaneiro, quando de procedência estrangeira; II) a sua saída dos estabelecimentos (...) e; III) a sua arrematação, quando apreendido ou abandonado e levado a leilão.*

O nem o texto constitucional nem o do CTN preveem a incidência do imposto pela industrialização, nem poderiam, pois o verbo "industrializar" não revela capacidade contributiva, presente apenas quando o produto resultado da industrialização é comercializado.

Em outros termos, **a obrigação tributária surge em razão da realização de operações negociais com produtos industrializados.**

A noção do que venha a ser **industrialização** é intuitiva, mas guarda complexidades, pois qualquer transformação de bens, como no artesanato, poderia ser considerada autorização para a incidência do imposto.

Nos termos do parágrafo único do art. 46 do CTN, *considera-se industrializado o produto que tenha sido submetido a qualquer operação que lhe modifique a natureza ou a finalidade, ou o aperfeiçoe para o consumo.*

Disposição quase idêntica consta também do art. 3º da Lei nº 4.502/64 (Lei de Instituição do IPI); esta, contudo, exclui da abrangência da industrialização: I) o conserto de máquinas, aparelhos e objetos pertencentes a terceiros; II) o acondicionamento destinado apenas ao transporte do produto; III) o preparo de medicamentos oficinais ou magistrais, manipulados em farmácias, para venda no varejo, diretamente e consumidor, assim como a montagem de óculos, mediante receita médica; IV) a mistura de tintas entre si, ou com concentrados de pigmentos, sob encomenda do consumidor ou usuário, realizada em estabelecimento varejista, efetuada por máquina automática ou manual, desde que fabricante e varejista não sejam empresas interdependentes, controladora, controlada ou coligadas. Os artigos 4º e 5º do Regulamento do IPI (Decreto nº 7.212/2010) contém disposições semelhantes. Vejamos:

> *Art. 4º Caracteriza industrialização qualquer operação que modifique a natureza, o funcionamento, o acabamento, a apresentação ou a finalidade do produto, ou o aperfeiçoe para consumo, tal como:*
>
> *I – a que, exercida sobre matérias-primas ou produtos intermediários, importe na obtenção de espécie nova (transformação);*
>
> *II – a que importe em modificar, aperfeiçoar ou, de qualquer forma, alterar o funcionamento, a utilização, o acabamento ou a aparência do produto (beneficiamento);*
>
> *III – a que consista na reunião de produtos, peças ou partes e de que resulte um novo produto ou unidade autônoma, ainda que sob a mesma classificação fiscal (montagem);*
>
> *IV – a que importe em alterar a apresentação do produto, pela colocação da embalagem, ainda que em substituição da original, salvo quando a embalagem colocada se destine apenas ao transporte da mercadoria (acondicionamento ou reacondicionamento); ou*
>
> *V – a que, exercida sobre produto usado ou parte remanescente de produto deteriorado ou inutilizado, renove ou restaure o produto para utilização (renovação ou recondicionamento).*
>
> *Art. 5º Não se considera industrialização:*
>
> *I – o preparo de produtos alimentares, não acondicionados em embalagem de apresentação: a) na residência do preparador ou em restaurantes, bares, sorveterias, confeitarias, padarias, quitandas e semelhantes, desde que os produtos se destinem a venda direta a consumidor; ou b) em cozinhas industriais, quando destinados a venda direta a pessoas jurídicas e a outras entidades, para consumo de seus funcionários, empregados ou dirigentes;*
>
> *II – o preparo de refrigerantes, à base de extrato concentrado, por meio de máquinas, automáticas ou não, em restaurantes, bares e estabelecimentos similares, para venda direta a consumidor (Decreto-Lei no 1.686, de 26 de junho de 1979, art. 5º, § 2º);*
>
> *III – a confecção ou preparo de produto de artesanato, definido no art. 7º;*
>
> *IV – a confecção de vestuário, por encomenda direta do consumidor ou usuário, em oficina ou na residência do confeccionador;*

> *V – o preparo de produto, por encomenda direta do consumidor ou usuário, na residência do preparador ou em oficina, desde que, em qualquer caso, seja preponderante o trabalho profissional;*
>
> *VI – a manipulação em farmácia, para venda direta a consumidor, de medicamentos oficinais e magistrais, mediante receita médica (Lei nº 4.502, de 1964, art. 3º, parágrafo único, inciso III, e Decreto-Lei nº 1.199, de 27 de dezembro de 1971, art. 5º, alteração 2a);*
>
> *VII – a moagem de café torrado, realizada por estabelecimento comercial varejista como atividade acessória (Decreto-Lei no 400, de 30 de dezembro de 1968, art. 8º);*
>
> *VIII – a operação efetuada fora do estabelecimento industrial, consistente na reunião de produtos, peças ou partes e de que resulte: a) edificação (casas, edifícios, pontes, hangares, galpões e semelhantes, e suas coberturas); b) instalação de oleodutos, usinas hidrelétricas, torres de refrigeração, estações e centrais telefônicas ou outros sistemas de telecomunicação e telefonia, estações, usinas e redes de distribuição de energia elétrica e semelhantes; ou c) fixação de unidades ou complexos industriais ao solo;*
>
> *[...]*

Para Eduardo Domingos Botallo,

> *pode-se assentar que **um produto é industrializado**, para fins do IPI, sempre que, mercê de uma operação física, química, mecânica ou técnica, adquire utilidade nova ou, de algum modo, se mostre mais bem ajustado para o consumo". Para o eminente professor, "Há de destacar-se, ainda, que, para os fins do IPI, produto é o resultado de uma elaboração industrial, o que exclui as realizações de cunho artístico, as obras artesanais, assim como os bens resultantes de processos extrativistas.*[1]

José Eduardo Soares de Melo, por sua vez, leciona que: "*a) é produto industrializado a coisa material, corpórea, representando um bem que fora produzido, que é resultado de elaboração industrial; b) não é produto industrializado a produção artística, artesanal, extrativa*".[2]

A jurisprudência, sem maiores divergências, também tem tratado do aspecto material do IPI.

No REsp 1.050.521/SC, consignou o STJ que "a operação de edificação de imóveis refoge ao conceito de industrialização"[3] e o mesmo Tribunal, no REsp 984.880/TO, afastou a atividade de empresas de telecomunicação como atividade industrial, qualificando-a como serviço. Leia-se:

1. BOTTALLO, Eduardo Domingos. Fundamentos do IPI. São Paulo: RT, 2002, p. 39-41.
2. MELO, José Eduardo Soares de. IPI: teoria e prática. São Paulo: Malheiros, 2009, p. 73.
3. STJ, T1, REsp 1.050.521/SC, Min. FRANCISCO FALCÃO, DJe de 05/06/2008.

> *(...)*
>
> *11. Em matéria tributária, a definição de atividade industrial é dada pelo Código Tributário Nacional, lei posterior ao citado Decreto 640/1962. "Considera-se industrializado o produto que tenha sido submetido a qualquer operação que lhe modifique a natureza ou a finalidade, ou o aperfeiçoe para o consumo" (art. 46, parágrafo único, do CTN). O art. 4º do Regulamento do IPI detalha a atividade industrial, nos limites fixados pelo CTN.*
>
> *12. Prestação de serviço não se confunde com atividade industrial.*
>
> *13. As empresas de telecomunicações prestam serviços (art. 1º da Lei Geral de Telecomunicações). Essa acepção é adotada pela Constituição Federal ao definir a competência tributária relativa ao ICMS (art. 155, II).*
>
> *(STJ, T2, REsp 984.880/TO, Min. HERMAN BENJAMIN, DJe 13/03/2009)*

O STJ, apreciando caso acerca do aproveitamento de créditos no ICMS, também afastou a ocorrência de industrialização nas atividades de panificação e de congelamento de produtos perecíveis por supermercado, no REsp 1.117.139/RJ[4], sob o rito do art. 543-C, do CPC (NCPC art. 1036) e vem reiterando o entendimento de que o serviço de composição gráfica, personalizada e sob encomenda, não se sujeitam ao IPI, pois nestes casos o fazer personalizado é preponderante[5].

A jurisprudência do STF, contudo, retirou o foco na formalidade civilista na análise da **industrialização nos casos de encomenda**, e utilizou como critério de identificação do fato gerador dos tributos envolvidos "o papel da atividade no ciclo produtivo". Segundo o Ministro Joaquim Barbosa "o fato gerador deve ser interpretado de acordo com a expressão econômica da base de cálculo e com o contexto da cadeia produtiva" (ADI 4.389 MC/DF). Dessa maneira, "não há como equiparar a produção gráfica personalizada e encomendada para uso pontual, pessoal ou empresarial, e a produção personalizada e encomendada para fazer parte de complexo processo produtivo destinado a por bens em comércio" (ADI 4.389 MC/DF).

Desde então, vem decidindo o STF, baseando-se primeiramente no papel da "industrialização por encomenda" no processo produtivo e apenas num segundo momento, da característica civilista do dar e do fazer. Vejamos:

> *Agravo regimental no recurso extraordinário. Serviço de composição gráfica com fornecimento de mercadoria. Conflito de incidências entre o ICMS e o ISSQN. Serviços de composição gráfica e customização de embalagens meramente acessórias à mercadoria. Obrigação de dar manifestamente preponderante sobre a obrigação de fazer, o que leva à conclusão de que o ICMS deve incidir na espécie.*
>
> *1. Em precedente da Corte consubstanciado na ADI nº 4.389/DF-MC, restou definida a incidência de ICMS "sobre operações de industria-*

4. STJ, S1, REsp 1.117.139/RJ, Min. LUIZ FUX, Dje de 25/11/2009.
5. STJ, T2, AgRg no REsp 1.369.577/RJ, Min. HERMAN BENJAMIN, DJe de 06/03/2014.

> *lização por encomenda de embalagens, destinadas à integração ou utilização direta em processo subsequente de industrialização ou de circulação de mercadoria".*
>
> *2. A verificação da incidência nas hipóteses de industrialização por encomenda deve obedecer dois critérios básicos: (i) verificar se a venda opera-se a quem promoverá nova circulação do bem e (ii) caso o adquirente seja consumidor final, avaliar a preponderância entre o dar e o fazer mediante a averiguação de elementos de industrialização.*
>
> *4. À luz dos critérios propostos, só haverá incidência do ISS nas situações em que a resposta ao primeiro item for negativa e se no segundo item o fazer preponderar sobre o dar.*
>
> *5. A hipótese dos autos não revela a preponderância da obrigação de fazer em detrimento da obrigação de dar. Pelo contrário. A fabricação de embalagens é a atividade econômica específica explorada pela agravante. Prepondera o fornecimento dos bens em face da composição gráfica, que afigura-se meramente acessória. Não há como conceber a prevalência da customização sobre a entrega do próprio bem.*
>
> *6. Agravo regimental não provido.*
>
> *(STF, T1, AI 803296 AgR/SP, Min. Dias Toffoli, DJe de 7/6/2013)*
>
> *Agravo regimental no agravo regimental no recurso extraordinário. Tributário. Conflito de incidência entre o ISSQN e o IPI e ICMS. Industrialização por encomenda. Prequestionamento. Existência. Efetivo debate dos temas constitucionais no acórdão recorrido. Súmula nº 279/STF. Não aplicação.*
>
> *[...]*
>
> *3. Na industrialização por encomenda, se o bem retorna à circulação, tal processo industrial representa apenas uma fase do ciclo produtivo da encomendante, não estando essa atividade, portanto, sujeita ao ISSQN, como é o caso dos presentes autos. Nesse sentido: AI nº 803.296/SP-AgR, Primeira Turma, de minha relatoria, DJe de 7/6/13; ADI nº 4.389/DF-MC, Relator o Ministro Joaquim Barbosa, DJe de 25/5/11.*
>
> *4. Nego provimento ao agravo regimental.*
>
> *(STF, T1, RE 606.960 AgR-AgR/ES, Min. Dias Toffoli, DJe de 13/5/2014)*

O conceito de industrialização, contudo, deverá ser apreciado, em breve e com maior profundidade pelo STF, no RE 627.280 RG/RJ em que o tema é discutido com repercussão geral, face à alegação de não haver industrialização no processo de limpeza, secagem e salgagem do bacalhau, malgrado a incidência do IPI sobre o produto[6].

Persistem, também, dúvidas acerca da **classificação do imposto como geral ou especial**, fato que apresenta repercussões nos benefícios fiscais da exação.

6. STF, RE 627280 RG/RJ, Min. JOAQUIM BARBOSA, DJe de 23/2/2012.

O tributo geral é aquele que incide sobre todos os fatos conceitualmente definidos pelo legislador, como o ICMS, no que tange a mercadorias. A seu turno, tributo especial é aquele que incide apenas sobre os fatos especificamente elencados, como o ISS e a CIDE-Combustíveis, ou o próprio ICMS, na incidência sobre serviços.

A distinção não está apenas na amplitude do fato gerador. Um tributo pode ser geral e ter base relativamente restrita, ou ter base bastante ampla, e, ainda assim, ser classificado como especial, se o legislador especificar os fatos sobre os quais incide.

Pela norma constitucional de competência, o IPI pode incidir sobre todos os fatos que envolvam produto industrializado. Contudo, embora muito ampla, a Tabela do IPI – TIPI, prevê especificamente os produtos sobre os quais incide o imposto.

A questão pode ser assim colocada, para o IPI: se determinado produto, que tenha passado por algum processo de industrialização, não estiver previsto na TIPI, incide ou não o imposto? A ausência de previsão na TIPI (ou sua previsão como NT – não tributado) caracteriza não incidência ou isenção?

Se o imposto for geral, falar-se-á em incidência conjugada com isenção. Se o imposto for especial, falar-se-á em não incidência. No primeiro caso haverá contribuinte, embora seu dever de pagar o imposto seja anulado e no segundo caso sequer haverá contribuinte.

Como a previsão constitucional permite a criação de um imposto geral, o art. 11 da Lei Complementar 101/00 (Lei de Responsabilidade Fiscal – LRF) recomenda o exercício pleno da competência ao prever que "constituem requisitos essenciais da responsabilidade na gestão fiscal a instituição, previsão e efetiva arrecadação de todos os tributos da competência constitucional do ente da Federação". Neste caso, um imposto especial reduziria a "previsão" do imposto em sua plenitude, em sua totalidade.

De outro lado, o art. 6º, da Lei 10.451/02, reduz a incidência do imposto aos produtos especificamente previstos na TIPI. Dispõe:

> *Art. 6º O campo de incidência do Imposto sobre Produtos Industrializados (IPI) abrange todos os produtos com alíquota, ainda que zero, relacionados na Tabela de Incidência do Imposto sobre Produtos Industrializados (TIPI), aprovada pelo Decreto nº 4.070, de 28 de dezembro de 2001, observadas as disposições contidas nas respectivas notas complementares, excluídos aqueles a que corresponde a notação "NT" (não tributado).*

O dever de pagar o imposto, em qualquer dos casos (isenção ou não incidência) será igualmente anulado.

Não obstante, haverá diferença para os benefícios fiscais que gerem crédito presumido ou restituição do tributo pago pelos insumos. Imaginemos um produto que passe por algum processo de industrialização e não esteja previsto pela TIPI ou esteja previsto como NT. Se o imposto for considerado geral, haverá incidência e, portanto, o contribuinte terá direito ao benefício. Se, ao contrário, o imposto for considerado especial, o industrial não será contribuinte e não fará jus ao benefício.

A questão, contudo, tem sido resolvida pelo Judiciário com fundamento no princípio da não cumulatividade e não pela base de incidência do imposto, como se vê da seguinte decisão:

> *AGRAVO REGIMENTAL NO RECURSO EXTRAORDINÁRIO COM AGRAVO. TRIBUTÁRIO. IMPOSTO SOBRE PRODUTOS INDUSTRIALIZADOS – IPI. PRODUTO FINAL. ALÍQUOTA ZERO. INEXISTÊNCIA DE CONTRARIEDADE AO PRINCÍPIO DA NÃO CUMULATIVIDADE. NÃO CREDITAMENTO: AUSÊNCIA DE DEMONSTRAÇÃO DE ENQUADRAMENTO COMO CONTRIBUINTE. NECESSIDADE DE ANÁLISE DA LEGISLAÇÃO INFRACONSTITUCIONAL. AUSÊNCIA DE OFENSA CONSTITUCIONAL DIRETA. AGRAVO REGIMENTAL AO QUAL SE NEGA PROVIMENTO.*
>
> *(STF, T2, ARE 809.727 AgR/PE, Min. CÁRMEN LÚCIA, DJe de 17/6/2015)*

O tema, parece-nos, precisa ser mais bem enfrentado pelos Tribunais.

2.1. Nacionalização de produtos estrangeiros

A incidência do IPI (e de todos os tributos internos) na importação decorre do princípio universal da nacionalização de bens estrangeiros[7].[8]

Nacionalizar significa exatamente fazer incidir os tributos do país sobre os bens e serviços importados, da mesma forma que incidem sobre bens e serviços nacionais. Com a nacionalização, iguala-se o tratamento tributário e bens e serviços nacionais e importados concorrem em igualdade de condições.

Caso o país entenda necessário proteger sua economia ou algum setor produtivo nacional, lança mão do imposto de importação, sem a dispensa da incidência dos impostos internos, como ocorre em todo o mundo.

Contudo, se a carga tributária interna não incidir sobre o bem importado, o imposto de importação terá seu efeito anulado ou reduzido. De fato, o imposto de importação não é substituto dos tributos internos, mas um acréscimo, com vistas à proteção do mercado nacional.

Pelo princípio da nacionalização, portanto, incide o IPI nas importações de produtos industrializados.

---

7. A questão não é propriamente de concurso, mas vale ressaltar que a incidência dos impostos sobre o consumo na importação, rejeitada por alguns autores nacionais, é aceita universalmente.

8. Noticiam a incidência do imposto na importação na França: TIXIER, Gilber. GEST, Guy. Droit fiscal. Paris: LGDJ, 1976, p. 429-430; na Itália: FANTOZI, Augusto. Diritto tributario. Torino: Ed. UTET, 2003, p. 949; na Alemanhã: BIRKE, Dieter. Steuerrecht. Heidelberg: C.F. Müller Verlag, 2007, p. 417-418, 431-433 (confira também: http://de.wikipedia.org/wiki/Umsatzsteuer); nos países de língua inglesa: TAIT, Alan A. Value added tax. New York: IMF, 1988, p. 222-226, SCHENK, Alan, OLDMAN, Oliver. Value added tax: a comparative approach. Cambridge: Cambridge University Press, 2007, p. 180-187 (confira também: http://en.wikipedia.org/wiki/Value_added_tax).

O STJ entendeu, inclusive, que incide o IPI na importação na modalidade de admissão temporária para utilização econômica, mesmo se a importação se dá por arrendamento mercantil, sem operação de compra e venda pura.

> *TRIBUTÁRIO. PROCESSUAL CIVIL. AGRAVO REGIMENTAL NO RECURSO ESPECIAL. IMPORTAÇÃO DE AERONAVE. IPI. ARRENDAMENTO MERCANTIL (LEASING FINANCEIRO). REGIME DE ADMISSÃO TEMPORÁRIA. ADOÇÃO PROIBIDA PELA LEI 6.099/74. OFENSA AO PRINCÍPIO DA ISONOMIA. INEXISTÊNCIA. PRECEDENTE DO STF. AGRAVO NÃO PROVIDO.*
>
> *1. A incidência do Imposto sobre Produtos Industrializados – IPI sobre o bem importado objeto de contrato de leasing financeiro, devido em seu desembaraço aduaneiro, encontra amparo nos arts. 46, I, do CTN, 2º, § 2º, da Lei 4.502/64 e 32, I, do Decreto 2.637/98.*
>
> *2. O art. 17 da Lei 6.099/74 proíbe a adoção do regime de admissão temporária, mais benéfico ao contribuinte, para as operações de importação amparadas por arrendamento mercantil. O Supremo Tribunal Federal já decidiu pela adequação dessa regra ao princípio da isonomia, ao fundamento de que o arrendamento mercantil foi adotado no Brasil para que os interessados possam usufruir de suas virtudes intrínsecas, sob o ponto de vista operacional e financeiro, e não para que obtenham tratamento fiscal mais benéfico, se comparado ao previsto em relação às operações de compra e venda financiada (RE 429.306/PR, Rel. Min. JOAQUIM BARBOSA, Segunda Turma, DJe 16/3/11).*
>
> *3. Agravo regimental não provido.*
>
> *(STJ, T1, AgRg no REsp 1.136.713/SP, Min. ARNALDO ESTEVES LIMA, DJe de 23/9/2011)*

O STF, a seu turno, entende que a matéria é infraconstitucional[9].

2.2. A jurisprudência sobre importação para consumidor final não contribuinte do IPI

Contudo, a questão da incidência do IPI sobre operações de **importação de bens destinados a consumidor final** (não contribuinte do imposto) é bastante polêmica, a exemplo do que ocorre com o ICMS (*vide* capítulo específico).

As disposições legais e constitucionais acerca do IPI permitiam, *no entendimento da jurisprudência*, que operações de importação realizadas por pessoas físicas e pessoas jurídicas não contribuintes do IPI no mercado interno (consumidores finais), fossem realizadas livres da incidência do imposto, dada a ausência de previsão expressa de incidência do tributo para o importador de produtos industrializados.

---

9. STF, T1, ARE 939.122 AgR/MG, Min. ROSA WEBER, DJe de 12/4/2016; STF, T2, RE 785193 AgR/RJ, Min. GILMAR MENDES, DJe de 21/11/2016.

O principal fundamento das decisões do Supremo acerca da matéria assentava-se na impossibilidade de aplicação, nos casos de importação de bens industrializados por consumidor final, do princípio constitucional da não cumulatividade.

Nesse sentido, confiram-se os julgados abaixo, do Supremo Tribunal Federal:

> *CONSTITUCIONAL. TRIBUTÁRIO. IPI. IMPORTAÇÃO DE BEM PARA USO PRÓPRIO POR NÃO CONTRIBUINTE. IMPOSSIBILIDADE DE INCIDÊNCIA. PRINCÍPIO DA NÃO CUMULATIVIDADE. AGRAVO IMPROVIDO. I – A exigência de IPI na importação de bem para uso próprio por pessoa não contribuinte do tributo implica violação ao princípio da não cumulatividade. II – Agravo regimental improvido.*
>
> *(STF, T1, RE 615.595 AgR, Min. RICARDO LEWANDOWSKI, DJe de 03/05/2011)*
>
> *EMENTA: AGRAVO REGIMENTAL NO RECURSO EXTRAORDINÁRIO. IPI. IMPORTAÇÃO DE VEÍCULO AUTOMOTOR. PESSOA FÍSICA. USO PRÓPRIO. 1. Não incide o IPI em importação de veículo automotor, para uso próprio, por pessoa física. Aplicabilidade do princípio da não cumulatividade. Precedente. Agravo regimental a que se nega provimento.*
>
> *(RE 501.773, T2, AgR, Min. EROS GRAU, DJe de 14/08/2008)*

O quadro abaixo pode facilitar a compreensão do tema:

IMPORTAÇÃO POR CONSUMIDOR FINAL: INCIDÊNCIA DE IPI E ICMS	
• ICMS	• IPI
• Incide o imposto.	• Não incide o imposto.
• CF/88, art. 155, § 2º, IX, a.	• Não há previsão constitucional.

A interpretação parecia-nos inadequada.

Enquanto a importação, por pessoas físicas não contribuintes do tributo, de produtos luxuosos – como veículos e embarcações – ocorre livre da incidência do IPI, a entrada de produtos de máxima necessidade continua sendo tributada, se realizada por empresas contribuintes, em clara afronta ao princípio da capacidade contributiva. Além disso, a não incidência em casos tais impede que a carga tributária recaia sobre aquele – consumidor final – que deveria suportá-la.

A matéria passou apreciação do STF, agora no RE 723.651 RG/PR, assim ementado:

> *IMPOSTO SOBRE PRODUTOS INDUSTRIALIZADOS – IMPORTAÇÃO DE BENS PARA USO PRÓPRIO – CONSUMIDOR FINAL. Incide, na importação de bens para uso próprio, o Imposto sobre Produtos Industrializados, sendo neutro o fato de tratar-se de consumidor final.*
>
> *(STF, Tribunal Pleno, RE 723.651 RG/PR, Min. MARCO AURÉLIO, DJe de 05/08/2016)*

A nosso ver, com acerto, a jurisprudência foi alterada.

3. ASPECTO TEMPORAL

O aspecto temporal do IPI é tratado no CTN e na legislação ordinária de forma sintética, enquanto o regulamento trata da matéria de forma analítica, vale dizer, o regulamento aponta o momento da ocorrência do fato gerador conforme as peculiaridades dos negócios jurídicos que lhe derem causa.

Em regra, a obrigação tributária referente ao IPI pode surgir em três momentos distintos, quais sejam: a) no **momento do desembaraço aduaneiro**, no caso de importação; b) **na saída do estabelecimento produtor ou equiparado**, no caso de produção nacional e; c) **no momento da arrematação**, no caso de leilão (art. 46, do CTN e art. 2º, da Lei 4.502/64). Contudo, a lei também considera ocorrido o fato gerador na apuração pela autoridade aduaneira de **extravio ou avaria do produto importado** (Lei 4.502/64, art. 2º, § 3º) ou ao final da produção, quando a **industrialização** ocorrer **fora do estabelecimento do contribuinte**, mas no próprio local de consumo ou utilização do produto (Lei 4.502/64, art. 2º, § 1º).

No mais, a lei possui normas que regem a equiparação ao estabelecimento industrial, que veremos adiante ao tratarmos do aspecto subjetivo do imposto, e normas específicas, contendo, inclusive, presunções, a exemplo do art. 36 do RIPI e do art. 5º, da Lei 4.502/64, cuja redação fazemos questão de transcrever:

> *Lei nº 4.502/64*
>
> *Art. 5º Para os feitos do artigo 2º:*
>
> *I – considera-se saído do estabelecimento industrial ou equiparado a industrial o produto:*
>
> *a) que fôr vendido por intermédio de ambulantes, armazéns gerais ou outros depositários;*
>
> *b) que, antes de entrar em estabelecimento do importador ou do arrematante de produtos de procedências estrangeira, seja, por êstes, remetido a terceiros,*
>
> *c) que fôr remetido a estabelecimento diferente daquele que o tenha mandado industrializar pôr encomenda sem que o mesmo produto haja entrado no estabelecimento encomendante;*
>
> *d) que permanecer no estabelecimento decorridos 3 (três) dias da data da emissão da respectiva "nota fiscal.*
>
> *e) objeto de operação de venda, que for consumido ou utilizado dentro do estabelecimento industrial.*
>
> *II – não se considera saída do estabelecimento produtor:*
>
> *a) a remessa de matérias-primas ou produtos intermediários para serem industrializados em estabelecimentos do mesmo contribuinte ou de terceiros, desde que o produto resultante tenha que retornar ao estabelecimento de origem;*
>
> *b) o retôrno do produto industrializado ao estabelecimento de origem, na forma da alínea anterior, se o remetente não tiver utilizado, na*

> *respectiva industrialização, outras matérias-primas ou produtos intermediários por êle adquiridos ou produzidos, e desde que o produto industrializado se destine a comércio, a nova industrialização ou a emprêgo no acondicionamento de outros.*

O art. 36, do RIPI, de outro turno, prevê analiticamente o momento de ocorrência do fato gerador. Essencial, para a validade das previsões, que estas se coadunem com as disposições legais gerais e abstratas. Como exercício, vale a leitura do artigo do regulamento, a partir dos parâmetros legais.

3.1. Suspensão do Imposto

O instituto da suspensão tributária permite a **saída de mercadoria do estabelecimento industrial ou equiparado sem o pagamento do imposto**. *Ocorre o fato gerador* com todos os seus elementos, *mas a lei suspende a obrigação*: a) por praticidade da atuação do Fisco ou do contribuinte, por prever retorno da mercadoria; b) para aguardar fato gerador superveniente, quando haverá o pagamento do imposto, ou; c) para aguardar o aperfeiçoamento de norma exonerativa.

A suspensão poderá ser **subjetiva** (em função da pessoa do contribuinte) ou **objetiva** (em função da natureza do produto ou de sua destinação)

A suspensão, **facultativa** (opção do contribuinte) ou **obrigatória** (imposta pela lei), é instituto intermediário e preparatório, que antecipa os efeitos da isenção ou imunidade ou que posterga o pagamento do imposto.

Quando facultativa, pode o contribuinte optar entre o pagamento do imposto nos prazos normais, em virtude da ocorrência do fato gerador ou utilizar a suspensão, aguardando a ocorrência do fato futuro a que a suspensão se relaciona, sem a imposição de qualquer penalidade. Sendo obrigatória a suspensão, seu descumprimento está sujeito a aplicação de penalidades.

São exemplos de suspensão, todos previstos no RIPI: a) suspensão nos casos de venda de produto industrializado por produtor rural para estabelecimento industrial (RIPI, art. 43, I); b) suspensão em virtude de remessa de produto para estocagem em depósitos fechados ou armazéns gerais (RIPI, art. 43, III); c) suspensão em caso de mera movimentação física de produtos sem a transferência da propriedade (RIPI, art. 43, VIII, X e XI); d) suspensão decorrente de saída de produtos para feiras de eventos (RIPI art. 43, II).

Dentre as hipóteses de suspensão, costuma-se conferir maior destaque ao chamado ***drawback*** e às **operações de exportação**.

Diversas operações relacionadas à exportação podem ter o imposto suspenso, antecipando os efeitos da imunidade do IPI para produtos exportados (art. 43, VI, V, XIV e XV, do RIPI).

No ***drawback***, os insumos são importados para serem empregados em processo produtivo de bens destinados à exportação. O pagamento de IPI no desembaraço aduaneiro fica suspenso e se converte na imunidade quando o produto final industrializado é exportado. Na hipótese de o insumo não ser utilizado no fim a que se destinava ou de não ser reexportado, cessa a suspensão e o imposto se torna devido.

A suspensão, neste caso, também tem finalidade prática, pois dispensa que o contribuinte pague o imposto e posteriormente tenha que reaver o valor pago em face da imunidade.

A suspensão não se aplica somente a insumos importados. Também os produtos nacionais podem ser adquiridos com suspensão do imposto, com vistas a simplificar e incentivar a exportação, antecipando-se os efeitos da imunidade. Se o produto final não é exportado por qualquer razão, inclusive furto, ou se o insumo se perde, o imposto passa a ser devido, podendo ser cobrado tanto do contribuinte, que vendeu o insumo com suspensão, quanto do adquirente, que se torna responsável pelo imposto devido na operação anterior (art. 25, VII, do RIPI).

Por fim, dentre as hipóteses de suspensão obrigatória do IPI, destacam-se:

- bebidas alcoólicas e demais produtos de produção nacional, classificados nas Posições 22.04, 22.05, 2206.00 e 22.08 da TIPI (**vinhos, vermutes, bebidas fermentadas, gim, rum, vodca e alguns uísques**), acondicionados em recipientes de capacidade superior ao limite máximo permitido para venda a varejo, quando **destinados a estabelecimentos industriais, como insumos; a atacadistas e cooperativa de produtores; e a engarrafadores** (art. 44, do RIPI);

- algumas operações relativas a produtos sujeitos ao regime geral de tributação de que trata o art. 222, do regulamento, como **cerveja, refrigerante e água mineral** (art. 45, do RIPI);

- matérias-primas, produtos intermediários e materiais de embalagem, destinados a estabelecimento que se dedique, preponderantemente, à elaboração de **produtos alimentícios, químicos, farmacêuticos e fertilizantes** como carnes, peixes, produtos hortícolas, frutas, chá, café, mate, cereais, malte, amido, glúten, sementes, plantas industriais ou medicinais, gorduras animais e vegetais, açúcar, cacau e suas preparações, leite, alimento para animais, produtos químicos, produtos farmacêuticos, adubos e fertilizantes, calçados, leveduras, molhos, condimentos e temperos, caldos e sopas preparados, vinagres de ácido acético para uso alimentar e sorvetes (art. 46, I, do RIPI)

- matérias-primas, produtos intermediários e materiais de embalagem, adquiridos por estabelecimentos industriais fabricantes, preponderantemente, de partes e peças destinadas a estabelecimento industrial **fabricante de aeronaves e aparelhos espaciais** (art. 46, II, do RIPI).

- matérias-primas, produtos intermediários e materiais de embalagem, adquiridos por **pessoas jurídicas preponderantemente exportadoras** (assim entendidas aquelas cuja receita com exportações seja superior a 70% à receita total, percentual este reduzido para 60% para algumas atividades) (art. 46, III, do RIPI).

- materiais e equipamentos destinados ao emprego na construção, conservação, modernização, conversão ou reparo de **embarcações** pré-registradas ou registradas no **Registro Especial Brasileiro** – REB (art. 46, IV, do RIPI).

Na importação, são desembaraçados com suspensão do imposto os produtos destinados a lojas francas (art. 48, I, do RIPI); e as máquinas, os equipamentos, os veículos, os aparelhos e os instrumentos, sem similar nacional, bem como suas partes e outros componentes, importados por empresas nacionais de engenharia, e destinados à execução de obras no exterior (art. 48, II, do RIPI).

4. ASPECTO SUBJETIVO

A exemplo do que acontece com o ICMS (*vide* capítulo específico), o tema alusivo ao critério pessoal do IPI desperta importantes debates, sobretudo quanto à validade do regime de substituição tributária – progressiva e regressiva – previsto na Constituição Federal (art. 150, 7º), na Lei nº 4.502/64 (Lei de Instituição do IPI) e no Regulamento do IPI (DIPI).

4.1. Sujeito ativo

O IPI é imposto da competência da União, cobrado e fiscalizado pela Secretaria da Receita Federal do Brasil – SRFB.

Importante lembrarmos que, nos termos do que dispõem os incisos I e II do art. 159 da Constituição, **a União entregará**: I – do produto da arrecadação dos impostos sobre renda e proventos de qualquer natureza e sobre **produtos industrializados** quarenta e oito por cento na seguinte forma: a) vinte e um inteiros e cinco décimos por cento ao Fundo de Participação dos Estados e do Distrito Federal; b) vinte e dois inteiros e cinco décimos por cento ao Fundo de Participação dos Municípios; c) três por cento, para aplicação em programas de financiamento ao setor produtivo das Regiões Norte, Nordeste e Centro-Oeste, através de suas instituições financeiras de caráter regional, de acordo com os planos regionais de desenvolvimento, ficando assegurada ao semiárido do Nordeste a metade dos recursos destinados à Região, na forma que a lei estabelecer; d) um por cento ao Fundo de Participação dos Municípios, que será entregue no primeiro decêndio do mês de dezembro de cada ano; II – do produto da arrecadação do **imposto sobre produtos industrializados**, dez por cento aos Estados e ao Distrito Federal, proporcionalmente ao valor das respectivas exportações de produtos industrializados.

4.2. Sujeito passivo

No polo passivo da obrigação, encontra-se, como **contribuinte**, essencialmente o industrial, o arrematante e o importador de produtos industrializados (CTN, art. 51). Cabe frisar que cada estabelecimento – industrial ou importador – é considerado um contribuinte perante o Fisco.

A legislação amplia a lista dos contribuintes, pois prevê hipóteses específicas: a) do **estabelecimento equiparado a industrial** e; b) das pessoas que consumirem ou utilizarem em outra finalidade, ou remeterem a pessoas que não sejam empresas jornalísticas ou editoras, o papel destinado à impressão de livros, jornais e periódicos, quando alcançado pela imunidade.

O **estabelecimento industrial**, nos termos do art. 8º, do RIPI, é o que executa qualquer das operações de industrialização, ainda que isenta ou sujeito a alíquota zero.

A legislação tributária relativa ao IPI utiliza **conceito restrito de estabelecimento**, a coincidir com o prédio onde ocorre a industrialização. Esta concepção se distingue do conceito amplo do direito empresarial, onde estabelecimento é considerado o complexo de bens organizado para o exercício da empresa (art. 1.142, do CC).

Os **estabelecimentos equiparados a industrial** (art. 9º, do RIPI), a seu turno, são aqueles que, embora não realizem a industrialização, estão ligados à ocorrência do fato gerador do tributo, seja na importação seja na industrialização nacional, e recebem o mesmo tratamento para fins de controle e incidência do tributo por estabelecimento, sem que ocorra a dupla incidência do imposto sobre o mesmo contribuinte, em virtude da aplicação do princípio da não cumulatividade.

São **equiparados a industriais** os estabelecimentos **importadores** que deem saída às mercadorias importadas e os estabelecimentos **atacadistas ou varejistas** que recebam diretamente da alfândega produtos importados por outros estabelecimentos do mesmo proprietário.

A **filial** ou **outro estabelecimento comercial** também será equiparado a industrial quando realizar vendas de produtos importados ou industrializados no país por outro estabelecimento da mesma empresa. Não haverá a equiparação se a filial realizar somente venda a varejo e não receber diretamente produtos importados por outro estabelecimento.

O estabelecimento comercial será igualmente equiparado se enviar insumos (matérias-primas, produtos intermediários, embalagens, recipientes, moldes etc) a outro estabelecimento, seja qual for o proprietário deste estabelecimento, para industrialização. Recebido o produto industrializado para venda, o estabelecimento será equiparado a industrial.

Há diversas hipóteses de equiparação de estabelecimentos comerciais e de cooperativa de produtores a estabelecimento industrial para bebidas alcoólicas em geral, para cervejas e para refrigerantes, todos de produção nacional, nos casos de produção por encomenda, engarrafamento, recebimento do produto diretamente do produtor etc.

Também são equiparados a industriais os estabelecimentos *atacadistas de veículos de passeio*, bem como aqueles estabelecimentos, *atacadistas ou varejistas*, que adquirirem *produtos de procedência estrangeira, importados por encomenda ou por sua conta e ordem*, por intermédio de pessoa jurídica importadora.

Há outras hipóteses de equiparação, razão pela qual recomendamos a leitura do art. 9º, do RIPI.

Com a equiparação, a autoridade administrativa pode fiscalizar o estabelecimento e encontrar correspondência entre os documentos do contribuinte e os produtos estocados ou vendidos. Não havendo a correspondência, a Receita pode autuar o estabelecimento equiparado. Por outro lado, a equiparação permite – veremos o sistema de débito e crédito da não cumulatividade – que o estabelecimento equiparado aproveite o crédito do imposto devido pelo estabelecimento industrial, de modo que o contribuinte não tenha que pagar o mesmo imposto duas vezes.

A modalidade de equiparação que tem merecido cuidado especial da **jurisprudência** está presente no art. 4º, I da Lei 4.502/1964 e regulamentada no art. 9º, I, do RIPI. Vejamos:

> *Lei 4.502/1964*
>
> *Art. 4º Equiparam-se a estabelecimento produtor, para todos os efeitos desta Lei:*
>
> *I – os importadores e os arrematantes de produtos de procedência estrangeira;*
>
> *[...]*
>
> *RIPI*
>
> *Art. 9º Equiparam-se a estabelecimento industrial:*
>
> *I – os estabelecimentos importadores de produtos de procedência estrangeira, que derem saída a esses produtos;*
>
> *[...]*

Os importadores alegam que a incidência do imposto na importação e nova incidência do tributo na comercialização daquele produto importado que não sofrera qualquer processo de industrialização em território brasileiro seria inconstitucional, por acarretar bitributação e têm encontrado respaldo na jurisprudência.

A Segunda Turma do STJ havia alterado seu entendimento, passando a decidir, a partir do julgamento do REsp 1.385.952/SC[10], pela legalidade da incidência do IPI na revenda do produto industrializado importado, por entender que a revenda constitui fato gerador previsto pela lei e autorizado pelo CTN e que a incidência respeitava o princípio da não cumulatividade, pois o comerciante poderia abater do tributo pago na importação daquele devido pela revenda.

Em face da divergência instaurada, a Primeira Seção uniformizou o entendimento a favor dos contribuintes, como exemplifica o seguinte julgado:

> *PROCESSUAL CIVIL. TRIBUTÁRIO. IPI. IMPORTADOR COMERCIANTE. FATOS GERADORES. DESEMBARAÇO ADUANEIRO. BITRIBUTAÇÃO. OCORRÊNCIA. ERESP 1.411.749/PR.*

10. STF, T2, REsp 1.385.952/SC, Min. MAURO CAMPBELL MARQUES, DJe de 11/09/2013.

A Primeira Seção, no julgamento do EREsp 1.411.749/PR (acórdão pendente de publicação), de relatoria do Ministro Sérgio Kukina, Relator para acórdão Ministro Ari Pargendler, deu provimento ao embargos de divergência para fazer prevalecer o entendimento adotado no REsp 841.269/BA, segundo o qual, tratando-se de empresa importadora, o fato gerador ocorre no desembaraço aduaneiro, não sendo viável nova cobrança de IPI na saída do produto quando de sua comercialização, ante a vedação do fenômeno da bitributação.

Embargos de declaração acolhidos, com efeitos infringentes.

(STJ, T2, EDcl no AgRg no REsp 1.455.759/PR, Min. HUMBERTO MARTINS, DJe 6/10/2014)

Em nova virada de posicionamento, o STJ passou a entender legítima a incidência na revenda do produto importado no mercado interno. Vale a transcrição da ementa:

EMBARGOS DE DIVERGÊNCIA EM RECURSO ESPECIAL. DIREITO TRIBUTÁRIO. RECURSO REPRESENTATIVO DA CONTROVÉRSIA. ART. 543-C, DO CPC. IMPOSTO SOBRE PRODUTOS INDUSTRIALIZADOS – IPI. FATO GERADOR. INCIDÊNCIA SOBRE OS IMPORTADORES NA REVENDA DE PRODUTOS DE PROCEDÊNCIA ESTRANGEIRA. FATO GERADOR AUTORIZADO PELO ART. 46, II, C/C 51, PARÁGRAFO ÚNICO DO CTN. SUJEIÇÃO PASSIVA AUTORIZADA PELO ART. 51, II, DO CTN, C/C ART. 4º, I, DA LEI N. 4.502/64. PREVISÃO NOS ARTS. 9, I E 35, II, DO RIPI/2010 (DECRETO N. 7.212/2010).

1. Seja pela combinação dos artigos 46, II e 51, parágrafo único do CTN – que compõem o fato gerador, seja pela combinação do art. 51, II, do CTN, art. 4º, I, da Lei n. 4.502/64, art. 79, da Medida Provisória n. 2.158-35/2001 e art. 13, da Lei n. 11.281/2006 – que definem a sujeição passiva, nenhum deles até então afastados por inconstitucionalidade, os produtos importados estão sujeitos a uma nova incidência do IPI quando de sua saída do estabelecimento importador na operação de revenda, mesmo que não tenham sofrido industrialização no Brasil.

2. Não há qualquer ilegalidade na incidência do IPI na saída dos produtos de procedência estrangeira do estabelecimento do importador, já que equiparado a industrial pelo art. 4º, I, da Lei n. 4.502/64, com a permissão dada pelo art. 51, II, do CTN.

3. Interpretação que não ocasiona a ocorrência de bis in idem, dupla tributação ou bitributação, porque a lei elenca dois fatos geradores distintos, o desembaraço aduaneiro proveniente da operação de compra de produto industrializado do exterior e a saída do produto industrializado do estabelecimento importador equiparado a estabelecimento produtor, isto é, a primeira tributação recai sobre o preço de compra onde embutida a margem de lucro da empresa estrangeira e a segunda tributação recai sobre o preço da venda, onde já embutida a margem de lucro da empresa brasileira importadora. Além disso, não onera a cadeia além do razoável, pois o importador na primeira operação apenas acumula a condição de contribuinte de fato e de direito em razão da territorialidade, já que o estabelecimento industrial produtor estrangeiro não pode ser eleito pela lei nacional brasileira

> *como contribuinte de direito do IPI (os limites da soberania tributária o impedem), sendo que a empresa importadora nacional brasileira acumula o crédito do imposto pago no desembaraço aduaneiro para ser utilizado como abatimento do imposto a ser pago na saída do produto como contribuinte de direito (não cumulatividade), mantendo-se a tributação apenas sobre o valor agregado.*
>
> *[...]*
>
> *(STF, S1, EREsp 1.403.532/SC, Relator Min. Napoleão Nunes Maia Filho, Relator p/ Acórdão Min. MAURO CAMPBELL MARQUES, DJe de 18/12/2015)*

O tema ainda não havia sido apreciado pelo STF, que vinha entendendo tratar-se de questão adstrita exclusivamente ao instituto infraconstitucional da equiparação a estabelecimento industrial.

A matéria, porém, comporta a discussão de diversos institutos constitucionais, como o do próprio núcleo da incidência do tributo (a comercialização de produtos industrializados ou a industrialização) e da aplicação do princípio da não cumulatividade, não se mostrando possível solução para o problema com a análise exclusiva dos aspectos legais. Recentemente fora recebido para discussão no STF:

> *IMPOSTO SOBRE PRODUTO INDUSTRIALIZADO – IPI – DESEMBARAÇO ADUANEIRO – SAÍDA DO ESTABELECIMENTO IMPORTADOR – INCIDÊNCIA – ARTIGO 150, INCISO II, DA CONSTITUIÇÃO FEDERAL – ISONOMIA – ALCANCE – RECURSO EXTRAORDINÁRIO – REPERCUSSÃO GERAL CONFIGURADA.*
>
> *Possui repercussão geral a controvérsia relativa à incidência do Imposto sobre Produtos Industrializados – IPI na saída do estabelecimento importador de mercadoria para a revenda, no mercado interno, considerada a ausência de novo beneficiamento no campo industrial.*
>
> *(STF, Tribunal Pleno, RE 946.648 RG/SC, Min. MARCO AURÉLIO DJe de 5/10/2016)*

O art. 11, do RIPI, a seu turno, traz **a possibilidade de o estabelecimento optar pela equiparação**. Vale dizer, a lei não impõe a equiparação, mas esta pode ser requerida pelo interessado.

São equiparados por opção, os estabelecimentos comerciais atacadistas que derem saída a bens de produção, para estabelecimentos industriais ou revendedores e as cooperativas que se dedicarem à venda em comum de bens de produção, recebidos de seus associados para comercialização.

Importante mencionar, por fim, que, por ser o IPI, a exemplo do ICMS, um imposto indireto, ou seja, um tributo que admite a transferência de seu encargo econômico financeiro para pessoa diversa daquela fixada em lei como contribuinte, teremos, em muitos casos, lado a lado, as figuras dos **contribuintes de fato e de direito**. O contribuinte de direito, lembre-se, é a pessoa responsável pelo recolhimento do tributo; o contribuinte de fato, por sua vez, é aquele que suporta os encargos econômicos e financeiros do tributo.

4.2.1. Responsabilidade e substituição tributária

Além dos supracitados *contribuintes,* são sujeitos passivos do IPI também os chamados **substitutos tributários**. Estes, embora não revelem relação pessoal e direta com o fato gerador da obrigação, respondem pelo débito em virtude de expressa disposição de lei; são, portanto, responsáveis tributários.

Nos moldes de nosso Texto Supremo, *a lei poderá atribuir a sujeito passivo de obrigação tributária a condição de responsável pelo pagamento de imposto ou contribuição, cujo fato gerador deva ocorrer posteriormente, assegurada a imediata e preferencial restituição da quantia paga, caso não se realize o fato gerador presumido* (CF/88, art. 150, § 7º). A legislação do IPI prevê também diversas hipóteses de responsabilidade, subsidiária e solidária, especiais e gerais.

Assim como no ICMS, o regime de substituição tributária aplicável ao IPI justifica-se por uma série de fatores, a maioria deles ligados à fiscalização e à arrecadação do imposto. Na maior parte dos casos, em virtude da enorme quantidade de participantes do ciclo produtivo de mercadorias industrializadas, revela-se praticamente impossível o alcance direto de todos os contribuintes pela Administração Fazendária. Nos termos da já citada jurisprudência do Supremo Tribunal Federal, o regime de substituição tem por objetivo permitir a diminuição da "*máquina-fiscal e da evasão fiscal a dimensões mínimas, propiciando, portanto, maior comodidade, economia, eficiência e celeridade às atividades de tributação e arrecadação*"[11].

Imagine-se, por exemplo, as dificuldades administrativas para fiscalização na cobrança do IPI incidente sobre cada uma das etapas do ciclo produtivo de um refrigerante. Em vez de cobrar o tributo de cada um dos fornecedores de xarope e outros insumos, bem como das indústrias produtoras da mercadoria, ao se utilizar do instituto da substituição tributária, o Poder Público racionaliza a fiscalização e a cobrança, atuando junto apenas do chamado **substituto tributário**.

As hipóteses de responsabilidade e substituição tributária do IPI estão previstas em diversos diplomas normativos, com destaque para a Lei nº 4.502/64 (Lei de Instituição do IPI) e para o Decreto nº 7.212/2010 (RIPI), cuja leitura – sobretudo dos art. 25, 26, 27, 222 e 223 – recomendamos a todos aqueles que estão postulando vagas na Administração Tributária Federal.

A legislação também estabelece outras hipóteses específicas de responsabilidade tributária do IPI: a) a do transportador, pelos produtos transportados; b) a do detentor, pelos produtos em situação irregular ou de origem não comprovada; c) a do proprietário de produtos que receberam benefícios fiscais, notadamente relacionados à exportação, quando a exportação ou a causa do benefício não se concretize.

---

11. STF, Tribunal Pleno, ADI 1.851, Min. ILMAR GALVÃO, DJ de 23/10/1998.

5. ASPECTO QUANTITATIVO

O aspecto quantitativo do IPI, ao contrário do que ocorre com a imensa maioria dos impostos, não engloba o estudo apenas da alíquota e da base de cálculo do tributo, sendo indispensável a realização de outros cálculos e elementos complicadores. Além da alíquota e da base de cálculo, é indispensável que o estudioso conheça as noções gerais do chamado princípio da não cumulatividade, positivado no art. 153, § 3º, II, da CF/88.

5.1. Base de cálculo

A base de cálculo do IPI varia em razão do fato gerador. Na **importação**, é o valor aduaneiro; no **leilão**, o valor da arrematação; **na produção nacional**, a base de cálculo é "*o valor total da operação de que decorrer a saída do estabelecimento industrial ou equiparado a industrial*" (art. 14, da Lei 4.502/64), considerando-se valor da operação "*o preço do produto, acrescido do valor do frete e das demais despesas acessórias, cobradas ou debitadas pelo contribuinte ao comprador ou destinatário*" (§ 1º, do art. 14, da Lei 4.502/64).

Também é importante observar a forma de cálculo do IPI a ser destacado na nota fiscal: ao contrário do que ocorre com o ICMS, aqui, verifica-se o chamado **cálculo por fora do tributo**. Em outros termos, o imposto não integra a própria base de cálculo.

Exemplifique-se:

Para o valor da venda de R$ 100,00, aplica-se a alíquota, por exemplo, de 20%. O valor do imposto será R$ 20,00 e o valor total da nota será de R$ 120,00.

5.1.1. Descontos incondicionais e bonificações

O art. 15, da Lei 7.798/89, que alterou a redação do art. 14, da Lei 4.502/64, trouxe redação controversa para o § 2º, da norma, ao determinar que "*não podem ser deduzidos do valor da operação os descontos, diferenças ou abatimentos, concedidos a qualquer título, ainda que incondicionalmente*".

Tradicionalmente, os descontos incondicionais são excluídos da base de cálculo dos tributos nacionais.

São **descontos incondicionais** aqueles concedidos pelo vendedor, no momento da compra, independente de qualquer ação do comprador. São as barganhas, as pechinchas, ou simplesmente descontos pelo volume da compra, mas constam na nota fiscal de venda, mais ou menos assim:

Nota Fiscal

Quantidade	Descrição	$
1	Rádio a pilha marca x modelo z	35,00
	desconto	5,00
Total		30,00

Os **descontos condicionais**, a seu turno, são aqueles conferidos pelo vendedor em virtude de alguma ação do comprador, como o pagamento antecipado da fatura, nas vendas a prazo.

A exemplo do que acontece com o ICMS, a **jurisprudência** do STJ afastou a aplicação do dispositivo, determinando que os **descontos incondicionais** devem ser excluídos da base de cálculo do IPI. Leia-se:

> *IPI – DESCONTOS INCONDICIONAIS – BASE DE CÁLCULO.*
>
> *1 – Consoante explicita o art. 47 do CTN, a base de cálculo do IPI é o valor da operação consubstanciado no preço final da operação de saída da mercadoria do estabelecimento.*
>
> *2 – O Direito Tributário vale-se dos conceitos privatísticos sem, contudo, afastá-los, por isso que o valor da operação é o preço e, este, é o quantum final ajustado consensualmente entre comprador e vendedor, que pode ser o resultado da tabela com seus descontos incondicionais.*
>
> *3 – Revela contraditio in terminis ostentar a Lei Complementar que a base de cálculo do imposto é o valor da operação da qual decorre a saída da mercadoria e a um só tempo fazer integrar ao preço os descontos incondicionais. Ratio essendi dos precedentes quer quanto ao IPI, quer quanto ao ICMS.*
>
> *(STJ; S1; REsp 477.525/GO, Rel. Min. LUIZ FUX, DJ de 23/6/2003)*

O tema foi apreciado pelo STF, no RE 567.935 RG / SC, da seguinte maneira:

> *IMPOSTO SOBRE PRODUTOS INDUSTRIALIZADOS – VALORES DE DESCONTOS INCONDICIONAIS – BASE DE CÁLCULO – INCLUSÃO – ARTIGO 15 DA LEI Nº 7.798/89 – INCONSTITUCIONALIDADE FORMAL – LEI COMPLEMENTAR – EXIGIBILIDADE.*
>
> *Viola o artigo 146, inciso III, alínea "a", da Carta Federal norma ordinária segundo a qual hão de ser incluídos, na base de cálculo do Imposto sobre Produtos Industrializados – IPI, os valores relativos a descontos incondicionais concedidos quando das operações de saída de produtos, prevalecendo o disposto na alínea "a" do inciso II do artigo 47 do Código Tributário Nacional.*
>
> *(STF; RE 567.935 RG/SC; Min. MARCO AURÉLIO; DJe de 3/11/2014)*

A Corte, portanto, afastou a incidência do imposto nos descontos incondicionais, por falta de previsão desta incidência em lei complementar.

As **bonificações** são acréscimos na quantidade de produtos entregue pelo vendedor, sem a correspondente elevação do preço pactuado.

Também podem ser condicionadas ou incondicionadas.

Se as bonificações forem incondicionadas e apresentarem a mesma natureza dos descontos incondicionais, vale dizer, reduzirem o preço unitário do produto vendido, sobre elas também não incidirá o IPI. Para tanto, é necessário que as bonificações sejam 1) vinculadas à operação de venda, e 2) concedidas na própria nota fiscal que ampara a venda, e 3) não sejam vinculadas à operação futura.

5.1.2. Frete

Com raciocínio similar, o STF também julgou inconstitucional a incidência do IPI sobre o frete, previsto no art. 14, § 1º, da Lei 4.502/64. Dispõe a norma:

> *Art. 14. Salvo disposição em contrário, constitui valor tributável:*
>
> *[...]*
>
> *§ 1º. O valor da operação compreende o preço do produto, acrescido do valor do frete e das demais despesas acessórias, cobradas ou debitadas pelo contribuinte ao comprador ou destinatário.*

Vem decidindo o STF:

> *AGRAVO REGIMENTAL NO RECURSO EXTRAORDINÁRIO. DIREITO CONSTITUCIONAL E TRIBUTÁRIO. IMPOSTO SOBRE PRODUTOS INDUSTRIALIZADOS – IPI. BASE DE CÁLCULO. INCLUSÃO DO VALOR DO FRETE: IMPOSSIBILIDADE. NECESSIDADE DE LEI COMPLEMENTAR. JULGADO RECORRIDO CONSOANTE À JURISPRUDÊNCIA DESTE SUPREMO TRIBUNAL FEDERAL ASSENTADA NO PROCEDIMENTO DA REPERCUSSÃO GERAL: RE 567.935. AGRAVO REGIMENTAL AO QUAL SE NEGA PROVIMENTO.*
>
> *(STF, T2, RE 636.714 AgR/SC, Min. CÁRMEN LÚCIA, DJe de 7/8/2015)*
>
> *Agravo regimental no recurso extraordinário. Tributário. IPI. Base de cálculo. Valor da operação. Inclusão do valor do frete. Impossibilidade por lei ordinária. Artigo 146, III, a, da CF.*
>
> *1. No julgamento do RE nº 567.935-RG, de relatoria do Ministro Marco Aurélio, a Corte firmou a orientação de que, sendo o valor da operação de que decorrer a saída da mercadoria a base de cálculo do imposto sobre produtos industrializados (IPI), tal como definida na alínea a do inciso II do art. 47 do Código Tributário Nacional, padece de inconstitucionalidade formal lei ordinária que, a pretexto de disciplinar a base de cálculo do tributo, extrapola as balizas quantitativas constantes do Código Tributário Nacional, por afronta ao art. 146, III, a, da CF. 2. Agravo regimental não provido.*
>
> *(STF, T2, RE 567.276 AgR/SC, Min. DIAS TOFFOLI, DJe de 9/11/2015)*

Não obstante, as questões do frete e dos descontos incondicionais não são idênticas.

O desconto incondicional, como dissemos, apresenta o efeito econômico de reduzir o preço de venda, o valor da operação e, portanto, a base de cálculo do tributo. A incidência sobre o valor integral, desconsiderado o desconto, constituiria presunção, apenas admissível em termos de fato gerador de tributo, se previsto por lei complementar.

O frete, porém, comporta outras discussões.

O comprador pode ir ao estabelecimento industrial ou comercial equiparado e efetuar a compra, sem que haja qualquer contratação de fretamento. O frete pode ser pago à parte, tanto pelo vendedor quanto pelo comprador e o frete pode estar embutido no preço de venda, independente da necessidade de transporte do produto.

Em qualquer destes casos, há algum custo no transporte do produto adquirido, seja o custo do adquirente que transportou ele mesmo a mercadoria, seja do comprador ou do vendedor que contratou o frete, seja o custo do frete previamente embutido no preço final do produto.

Assim, de uma forma ou de outra, o frete ou o transporte compõe o valor da operação, incluindo-se na previsão expressa do art. 47, II, 'a', do CTN. Em outros termos, há, sim, previsão em lei complementar para a incidência do imposto sobre o frete e sobre qualquer fator que influencie no "valor da operação".

Sob o ponto de vista prático, a aplicação da jurisprudência depende do pagamento do frete de forma separada do produto. Se não houve frete ou se o preço do transporte está incluído no preço de venda, não há como se afastar a incidência.

5.1.3. Perdas e quebras de estoque

As perdas ou quebras de estoque também constituem tema problemático, mas não judicializado, que repercute na base de cálculo do imposto.

Há quebra de estoque quando parte dos insumos se perde ou se torna imprestável durante o processo produtivo. É o líquido que evapora, o retalho de tecido que não serve para a produção, o grão que fica espalhado, o resto do produto que adere à embalagem.

Se o processo produtivo apresenta perdas significativas, a base de cálculo do imposto deve ser redimensionada. Num processo cujas perdas cheguem a 5%, uma tonelada de grãos, por exemplo, irá gerar 950 kg de produto final.

Imaginemos, então, que o contribuinte tenha vendido 400 kg de seu produto final. Em seu estoque, haverá 550 kg. Contudo, numa auditoria, a fiscalização apuraria 1000 kg de insumos e um estoque de 550 kg, levando a uma diferença de 450 kg. Verificando notas fiscais de venda de apenas 400 kg, os 50 kg restantes seriam considerados vendas sem emissão de nota fiscal e infração à lei tributária. Para equacionar o problema, é necessário levar em conta a quebra de estoque.

Por outro lado, o contribuinte não pode alegar qualquer perda, pois seria fácil se eximir da tributação.

No IPI, a solução para o problema não advém de uma regra geral para o tratamento das quebras de estoque, nem de regras setoriais ou específicas para cada produto, mas deve ser apurada casuisticamente, para cada estabelecimento.

Os limites para as perdas do processo produtivo devem ser mensurados de forma razoável pelo contribuinte, informados à Receita Federal, para que esta estabeleça a margem de tolerância. Definido o limite, por exemplo, de 5%, as perdas contabilizadas até este percentual não serão tributadas como vendas. As perdas superiores ao limite, ao revés, são tributadas como vendas do produto final.

5.1.4. Pautas fiscais no IPI

Tema recorrente no direito tributário é a presunção do valor da base de cálculo. Isso ocorre no IPTU, pela planta de valores da prefeitura, no ICMS, com as diversas pautas de valores das mercadorias, especialmente no caso de substituição tributária, e ocorre também no IPI.

O art. 1º, da Lei 7.789/89 definiu valores do imposto para bebidas, notadamente bebidas alcoólicas "quentes", em uma tabela de valores, subdivididas em classe (art. 209, do RIPI).

O art. 3º, da Lei 7.789/89, a seu turno permitiu que a base de cálculo do IPI para alimentos e outras bebidas também fosse definida por uma tabela de valores subdivididas em classes.

A aguardente, por exemplo, pode ser classificada entre as classes A a Q, para a classe A, o imposto devido é de 0,0597 BTN unidade (pode ser 1 litro ou 600 ml); para a classe Q, o imposto é de 1,4364 BTN (valores que são convertidos em reais).

Para classificar a aguardente, o contribuinte informa para a autoridade o preço de venda da bebida e a autoridade realiza a operação idêntica à incidência em condições normais: base de cálculo x alíquota. O valor apurado, contudo, não será o imposto a pagar, mas a referência para o enquadramento do produto na tabela.

Se o resultado da aplicação da alíquota sobre o preço de venda da garrafa for 0,1320 BTN, o produto será enquadrado na classe E, e o contribuinte deverá pagar de imposto 0,1319 BTN (valor da classe E em BTNs) por garrafa vendida.

Este valor do imposto por garrafa persistirá até novo enquadramento e duas coisas podem acontecer. Se antes do novo enquadramento o preço de venda cair, o contribuinte terá que pagar mais imposto que em condições normais; se o preço de venda subir, o contribuinte pagará menos imposto.

Colocada a mecânica do instituto, vamos à questão jurídica do momento: a pauta fiscal do IPI tem sido julgada inconstitucional por alguns tribunais regionais federais, ao fundamento de que adota valor pré-fixado e não considera o valor efetivo da operação, exigido pelo CTN.

O tema foi levado ao STF e aguarda julgamento do RE 602.917 RG/RS, com reconhecimento de repercussão geral. Veja-se:

> *TRIBUTÁRIO. IMPOSTO SOBRE PRODUTOS INDUSTRIALIZADOS – IPI. BASE DE CÁLCULO: VALOR DA OPERAÇÃO. DISCUSSÃO SOBRE A CONSTITUCIONALIDADE DO ART. 3º DA LEI 7.798/89, QUE ESTABELECE VALORES PRÉ-FIXADOS PARA O IPI. ART. 146, III, A, DA CONSTITUIÇÃO FEDERAL. EXISTÊNCIA DE REPERCUSSÃO GERAL.*
>
> *(STF, RE 602.917 RG / RS, Min. ELLEN GRACIE, DJe de 23/11/2010)*

De fato, a lei procura se aproximar do valor real da operação. De outro giro, pode haver divergência entre o valor real da operação e o valor contido na pauta tanto no momento da classificação do produto, quanto nas oscilações do preço de mercado nos períodos que separarem as reclassificações.

Caberá ao STF definir se a pauta fiscal do IPI, conforme estabelecida pela Lei 7.789/98, vale dizer, presunção parametrizada no valor real da operação, se coaduna com o ordenamento jurídico brasileiro.

Cabe observar que a Lei 13.241/15 derrogou a Lei 7.798/89 e mudou o tratamento tributário do IPI para diversas bebidas quentes. Também a Lei 13.097/15 alterou a incidência do IPI sobre bebidas frias, adotando, neste caso, o modelo misto de pauta fiscal mínima.

A **Lei 7.798/89** (e a pauta fiscal nela prevista) continua aplicável ao álcool etílico não desnaturado, com um teor alcoólico, em volume, igual ou superior a 80% vol., álcool etílico e aguardentes, desnaturados, com qualquer teor alcoólico (item 22.07, da TIPI) e ao álcool etílico com volume alcoólico inferior a 80%.

Mantida a pauta fiscal, portanto, para estes produtos.

A **Lei 13.241/15** passou a regular a incidência do imposto para as demais bebidas quentes e álcool etílico com volume alcoólico superior a 80%, classificados nos itens 22.04, 22.05, 22.06 e 22.08 (exceto o álcool etílico com volume alcoólico inferior a 80%).

Não aplica mais pauta fiscal para estes produtos, calculando-se o imposto pela alíquota *ad valorem* prevista na TIPI sobre a base de cálculo, vale dizer, o valor da operação (art. 1º e 2º, da Lei 13.241/15, que dispõe, também, sobre a industrialização sobre encomenda, a equiparação a industrial e a responsabilidade tributária acerca destes produtos).

A **Lei 13.097/15** passou a regular a incidência sobre cerveja, chope, refrigerantes, chás, refrescos, isotônicos, energéticos, água mineral, tanto no mercado interno quanto na importação, calculando-se o imposto (e também as contribuições PIS e COFINS) pela aplicação da alíquota percentual incidente sobre base de cálculo *ad valorem* (art. 14 e 15, da Lei 13.097/15, que também disciplina outras questões como industrialização sobre encomenda, equiparação a industrial e responsabilidade tributária).

Ademais, lei prevê alíquota reduzida, com base da produção total do contribuinte, para cervejas e chopes especiais (art. 16 e 26, da Lei 13.097/15), definidos em regulamento (Decreto 8.442/15).

Contudo, a lei prevê uma **pauta fiscal mínima** (para o IPI e para as contribuições), baseada no tipo de bebida e no tipo de recipiente em que a bebida é vendida (art. 33, da Lei 13.097/15).

A pauta fiscal mínima significa que o tributo é calculado, em princípio, pela alíquota *ad valorem*, desde que o imposto a pagar seja igual ou superior ao que seria devido com a aplicação da pauta. Se o método *ad valorem* gerar resultado inferior, aplica-se a pauta prevista em lei.

A pauta apresenta apenas o valor mínimo de imposto devido, não disciplinando o valor máximo, que depende da aplicação da alíquota sobre a base de cálculo. Em outros termos, quanto mais elevada a base, maior será o valor do imposto.

As inovações legislativas esvaziam, em parte, a matéria discutida no RE 602.917 RG/RS. De outro turno, simplifica a apuração do imposto para bebidas, em relação à complexa metodologia da Lei 7.798/89, mas podem criar novas polêmicas jurídicas, especialmente a respeito da pauta fiscal mínima, prevista pela Lei 13.097/15.

5.2. Alíquotas

O tema das alíquotas é de extrema relevância à compreensão do IPI, sobretudo se levarmos em conta o fato de que o imposto, nos moldes de nossa Constituição: a) *será seletivo, em função da essencialidade do produto* (CF/88, art. 153, § 3º, I) e; b) *terá reduzido seu impacto sobre a aquisição de bens de capital pelo contribuinte do imposto, na forma da lei* (CF/88, art. 153, § 3º, IV).

Selecionar significa realizar escolha criteriosa. No caso do IPI, a seleção é obrigatória e se dá pela essencialidade dos produtos para a vida humana. Na prática, a seletividade implica alíquotas de 320% sobre cigarros (prejudiciais à saúde), 42% para perfumes (luxo não essencial) e 0% para produtos alimentícios derivados de carne, peixe, leite etc. Entre os automóveis, aqueles com motor de menos de 1.000 cm3 são tributados a 7%, os de 1.000 cm3 a 1.500 cm3 a 13%, os de 1.500 cm3 a 2.000 cm3, a 25% e assim por diante.

A **redução do impacto na aquisição de bens de capital** se faz por benefícios fiscais ou por alíquotas mais leves. Um exemplo é o dos veículos de transporte. Sua alíquota é, em geral, mais baixa do que a de veículos de uso misto com a mesma capacidade, como as caminhonetes. Vejamos um trecho da tabela do IPI – TIPI, adaptada:

- Veículos de transporte de mercadoria para utilização fora de rodovias 0%;
- Veículos de transporte de mercadorias de peso em carga máxima não superior a 5 toneladas com chassis motor e cabina 5%;
- Na forma de pick-ups e semelhantes 8%;
- Com caixa basculante 5%;
- Na forma de pick-ups 10%.

Contudo, encontra-se no STF, tramitando sob o rito da repercussão geral, tema sobremodo interessante, que diz respeito ao controle jurisdicional da seletividade do IPI.

No RE 606.314/PE discute-se a alteração da Tabela de Incidência do Imposto sobre Produtos Industrializados – TIPI de embalagens para acondicionamento de água mineral. Na redação do Decreto 2.092/96, o produto era classificado como embalagem para alimentos e tributado à alíquota zero, da mesma forma que a água mineral. A TIPI do Decreto 3.777/01, a seu turno, previu rubrica específica "garrafões, garrafas, frascos e artigos semelhantes", com a alíquota de 15%, afastando a classificação do produto como "embalagem para alimentos".

Ao apreciar a matéria, o STF entendeu pela existência dos requisitos da repercussão geral e assim decidiu:

> *TRIBUTÁRIO. IMPOSTO SOBRE PRODUTOS INDUSTRIALIZADOS. SELETIVIDADE. APLICAÇÃO DE ALÍQUOTA MAIS FAVORÁVEL À OPERAÇÃO DE INDUSTRIALIZAÇÃO DE EMBALAGENS. ALEGADA VIOLAÇÃO DO PRINCÍPIO DA SELETIVIDADE. SUSTENTADA APLICAÇÃO APENAS ÀS INDÚSTRIAS ALIMENTÍCIAS. PROPOSTA PELO RECONHECIMENTO DA REPERCUSSÃO GERAL.*
>
> *Proposta pelo reconhecimento da repercussão geral da possibilidade de o Judiciário estabelecer alíquota inferior àquela correspondente à classificação do produto que a autoridade fiscal entende como correta. Ademais, discute-se se tais critérios teriam ou não sido respeitados pelo Tribunal de origem neste caso, que envolve a produção de embalagens para acondicionamento de água mineral.*
>
> *(STF, RE 606.314 RG/PE, Min. JOAQUIM BARBOSA, DJe de 10/2/2012)*

Destacou o Relator que "o princípio da seletividade obriga a União a calibrar a carga do IPI conforme a essencialidade, a utilidade, a nocividade e a ociosidade do produto". No caso, afirmou, "discute a possibilidade de o Poder Judiciário controlar as alíquotas e as bases de cálculo do tributo a partir do exame da motivação dos atos legais emitidos pelos Poderes Legislativo e Executivo". E que, "em posição antípoda, argumenta-se que a motivação que revela o conceito de seletividade adotado é imune ao controle judicial, pois se trataria de ato pertencente à esfera decisória do executivo, segundo os critérios da conveniência e da oportunidade".

O STF está a discutir, pois, os limites do controle jurisdicional sobre a fixação de alíquotas do imposto bem como a gradação das alíquotas em função da seletividade do IPI.

A questão acerca da possibilidade de o Judiciário apreciar o mérito administrativo e alterar a alíquota do IPI fixada pelo Executivo, por enquanto, há de ser respondida **negativamente**.

Ainda que o Supremo aprecie a motivação do ato e afaste a nova alíquota em função do princípio da seletividade, não parece estar em questão a possibilidade de o Judiciário legislar, de modo que, no caso ou em situações análogas, se o Judiciário julgar inconstitucional a norma que previu a nova alíquota, será aplicada a alíquota anterior ou não haverá tributação, por falta do elemento quantitativo, até que outra norma seja editada.

Vale observar que o STF também discute a seletividade do IPI no RE 567.948 RG/RS.

No mérito, a seletividade merece duas observações, para além do simples argumento de que se aplica ao produto (água) e não aos insumos (garrafas, garrafões e tampas), questão também relevante para definir os limites do (possível) controle judicial das alíquotas do imposto.

A primeira é a relação entre o produto cuja tributação se discute e o produto final, cuja essencialidade se pretende estender. Para bens com relação direta e indissociável, como grampeador e grampo, sem que se conceba outro uso para o grampeador sem os grampos, nem nos grampos sem o grampeador, a seletividade comanda resultado igual para os dois produtos. Para bens com relação indireta, ocasional, fraca, como o pão e a manteiga, a seletividade não leva necessariamente ao mesmo resultado, pois a manteiga possui outros usos e o pão pode ser servido com outros acompanhamentos.

O problema pode ocorrer com frequência, pois são incontáveis as alíquotas do IPI, listadas na Tabela do IPI – TIPI.

O exercício de identificação da alíquota do IPI é similar ao do imposto de importação. Dispõe o RIPI:

> *Art. 15. Os produtos estão distribuídos na TIPI por Seções, Capítulos, Subcapítulos, Posições, Subposições, Itens e Subitens.*
>
> *Art. 16. Far-se-á a classificação de conformidade com as Regras Gerais para Interpretação – RGI, Regras Gerais Complementares – RGC e Notas Complementares – NC, todas da Nomenclatura Comum do MERCOSUL – NCM, integrantes do seu texto.*
>
> *Art. 17. As Notas Explicativas do Sistema Harmonizado de Designação e de Codificação de Mercadorias – NESH, do Conselho de Cooperação Aduaneira na versão luso-brasileira, efetuada pelo Grupo Binacional Brasil/Portugal, e suas alterações aprovadas pela Secretaria da Receita Federal do Brasil, constituem elementos subsidiários de caráter fundamental para a correta interpretação do conteúdo das Posições e Subposições, bem como das Notas de Seção, Capítulo, Posições e de Subposições da Nomenclatura do Sistema Harmonizado*

A TIPI e a TEC são bastante similares. Devemos observar, contudo, que a TEC segue as disposições do Mercosul, padronizada por seus membros, enquanto a TIPI obedece apenas a legislação nacional, embora ambas procurem seguir padrões internacionais.

A seletividade não se confunde com a progressividade. Esta constitui na elevação da alíquota à medida que aumenta a base de cálculo, ou outro fator.

Não é demais repetir: o valor do débito do imposto será apurado pela aplicação da alíquota encontrada sobre a base de cálculo.

5.2.1. A tributação do cigarro

Um dos exemplos mais citados do IPI, especialmente para demonstrar a seletividade e a extrafiscalidade do imposto, é sua incidência sobre os cigarros, assunto que resolvemos trabalhar neste tópico, dada sua característica mais marcante, a alíquota de 300%.

A matéria é regida pelo DL 1.593/77 e pelos art. 14 e seg, da Lei 12.546/11.

O DL 1.593/77 regula a constituição de empresas que atuam no ramo e a concessão do registro necessário para a atividade, características da embalagem, importação e exportação, obrigações acessórias e vedações, entre outros fatores relacionados com o produto.

Em especial, o art. 4º, do DL 1.593/77 dispõe sobre a base de cálculo do imposto:

> *Art 4º – Serão observadas as seguintes normas quanto à base de cálculo do Imposto sobre Produtos Industrializados, relativamente aos produtos do código 24.02.02.99 da TIPI:*
>
> *I – O valor tributável, na saída do estabelecimento industrial ou equiparado a industrial, será obtido mediante aplicação de uma percentagem, fixada pelo Poder Executivo, sobre o preço de venda no varejo;*
>
> *II – O preço de venda no varejo será marcado, nos produtos, pelo fabricante ou importador, na forma estabelecida em regulamento;*
>
> *III – No preço de venda do fabricante ou importador serão computadas as despesas acessórias, inclusive as de transporte, bem como o custo do selo de controle de que trata o artigo 40, da Lei nº 4.502, de 30 de novembro de 1964.*
>
> *[...]*

O preço de venda a consumidor final dos cigarros é definido pelos próprios fabricantes, e divulgado nos pontos de venda[12]. Este preço final é a referência para se apurar a base de cálculo na saída do estabelecimento industrial ou equiparado.

Sobre o valor de venda final, o Poder Executivo aplica um percentual (redutor) do valor e sobre ele faz incidir o IPI.

As demais questões da incidência são previstas pela Lei 12.546/11.

O art. 14, da norma, prevê a alíquota do imposto:

> *Art. 14. Os cigarros classificados no código 2402.20.00 da Tipi, aprovada pelo Decreto nº 6.006, de 2006, de fabricação nacional ou importados, excetuados os classificados no Ex 01, são sujeitos ao IPI à alíquota de 300% (trezentos por cento).*
>
> *§ 1º É facultado ao Poder Executivo alterar a alíquota de que trata o caput, observado o disposto nos incisos I e II do art. 4º do Decreto-Lei no 1.199, de 1971.*
>
> *§ 2º O IPI será calculado mediante aplicação da alíquota sobre o valor tributável disposto no inciso I do art. 4º do Decreto-Lei nº 1.593, de 21 de dezembro de 1977.*

Os cigarros feitos a mão são tributados à 30% (ver TIPI código 2402.20.00, Ex. 01).

Por sua vez, o art. 15 estabelece que o percentual de redução do preço de venda no varejo, para apurar a base de cálculo do imposto na saída do estabelecimento industrial ou equiparado, não poderá ser inferior a 15%.

12. Embora o Poder Executivo possa estabelecer o preço mínimo de venda no varejo de cigarros classificados no código 2402.20.00 da Tipi, válido em todo o território nacional, abaixo do qual fica proibida a sua comercialização, nos termos do art. 20, da Lei 12.546/11, o preço dos cigarros é, ao menos para as marcas mais famosas, superior ao mínio estabelecido oficialmente.

Nos termos do art. 16, da Lei 12.546/11, o imposto "será apurado e recolhido uma única vez, pelo estabelecimento industrial, em relação às saídas dos cigarros destinados ao mercado interno; ou pelo importador, no desembaraço aduaneiro dos cigarros de procedência estrangeira".

O industrial ou importador dos cigarros optar por **regime especial de apuração** e recolhimento do IPI, no qual o valor do imposto será obtido de maneira composta. Uma parte definida pela aplicação de alíquota reduzida (até 1/3 da alíquota máxima) sobre a base de cálculo e outra parte definida pela aplicação de alíquota específica, fixada em reais por vintena, tendo por base as características físicas do produto, em valor não inferior a R$ 0,80 (art. 17, da Lei 12.546/11). O imposto devido será apurado pelo somatório destes dois valores.

O industrial ou importador dos cigarros pode optar por **regime especial de apuração** e recolhimento do IPI, no qual o valor do imposto será obtido de **maneira composta. Uma parte** será definida pela aplicação de alíquota reduzida (até 1/3 da alíquota máxima) sobre a base de cálculo e **outra parte** pela aplicação de alíquota específica, fixada em reais por vintena, tendo por base as características físicas do produto, em valor não inferior a R$ 0,80 (art. 17, da Lei 12.546/11). O imposto devido será apurado pelo somatório destes dois valores.

5.3. Não Cumulatividade do IPI

5.3.1. Regras gerais

O princípio da não cumulatividade está na essência do IPI.

Mais uma vez verificamos semelhanças com o ICMS.

Contudo, ser não cumulativo não exaure a forma como o imposto incide, pois a não cumulatividade possui meios distintos de concretização[13]. O que a expressão "não

13. A literatura menciona quatro métodos de apuração do imposto não cumulativo: método aditivo direto, método aditivo indireto, método subtrativo direto, e método subtrativo indireto, este o método adotado pela Constituição de 1988, para o IPI e o ICMS. Leia-se:

"If we wish to levy a tax rate (t) on this value added, there are four basic forms that can produce an identical result:

(1) t (wages + profits): the additive-direct or accounts method;

(2) t (wages) + t (profits): the additive-indirect method, so called because value added itself is not calculated but only the tax liability on the components of value added;

(3) t (output – input): the subtractive-direct (also an accounts) method, sometimes called the business transfer tax; and

(4) t (output) – t (input): the subtractive-indirect (the invoice or credit) method and the original EC model".

TAIT, Alan A.. Vallue added tax: International practice and problems. Washington, DC: IMF, 1988, p. 4

cumulatividade" traz, em qualquer caso, é o objetivo de impedir que o mesmo imposto incida em cascata.

Na incidência em cascata, o imposto incide sobre o valor total de cada operação de um processo produtivo. Se a cadeia possuir dez etapas, o imposto incidirá dez vezes, sobre o valor de cada etapa. Na incidência não cumulativa, o imposto incide gradualmente.

Vejamos um exemplo básico com 3 etapas:

I – Incidência cumulativa

Etapa 1

Venda de R$ 1.000,00 em produtos

Alíquota 10%, imposto devido R$ 100,00.

Etapa 2

Revenda dos produtos por R$ 2.000,00

Alíquota 10%, imposto devido R$ 200,00.

Etapa 3

Nova venda dos produtos por R$ 3.000,00

Alíquota 10%, imposto devido R$ 300,00.

Imposto pago nas 3 etapas = R$ 600,00.

II – Incidência não cumulativa

Etapa 1

Venda de R$ 1.000,00 em produtos

Alíquota 10%, imposto devido R$ 100,00.

Etapa 2

Revenda dos produtos por R$ 2.000,00

Alíquota 10%, imposto devido R$ 100,00, pois já houve a incidência na etapa anterior.

Etapa 3

Nova venda dos produtos por R$ 3.000,00

Alíquota 10%, imposto devido, pela mesma razão acima, R$ 100,00.

Imposto pago nas 3 etapas = R$ 300,00

No IPI, a não cumulatividade é expressa no art. 153, § 2º, II, da Constituição. Segundo a norma, o IPI será "não cumulativo, compensando-se o que for devido em cada operação com o montante cobrado nas anteriores".

Assim, a não cumulatividade opera pelo sistema de débito e crédito. A venda gera débito, as compras geram crédito e o saldo será o imposto a pagar. No exemplo acima, o imposto a pagar é apurado da seguinte forma:

Etapa 1	
Débito do imposto	R$ 100,00
Crédito da etapa anterior	R$ 0
Imposto a pagar	R$ 100,00
Etapa 2	
Débito do imposto	R$ 200,00
Crédito da etapa anterior	R$ 100,00
Imposto a pagar	R$ 100,00
Etapa 3	
Débito do imposto	R$ 300,00
Crédito da etapa anterior	R$ 200,00
Imposto a pagar	R$ 100,00

Confira-se:

Dados	Etapa 1	Etapa 2	Etapa 3	
Preço	R$ 1000,00	R$ 2000,00	R$ 3000,00	Consumidor
Alíquotas	10%	10%	10%	
Débito	R$ 100,00	R$ 200,00	R$ 300,00	
Crédito	R$ 0,00	R$ 100,00	R$ 200,00	
IPI recolhido	R$ 100,00	R$ 100,00	R$ 100,00	
Total: R$ 300,00				

Esta é a ideia geral da não cumulatividade positivada no direito brasileiro, tanto para o IPI quanto para o ICMS.

Em termos teóricos, ensina Ricardo Lobo Torres que a não cumulatividade do imposto atua:

> *[...] através da compensação financeira do débito gerado na saída com os créditos correspondentes às operações anteriores, que são físicos, reais e condicionados. O crédito é físico porque decorre do imposto incidente na operação anterior sobre a mercadoria efetivamente empregada no processo de industrialização. É real porque apenas o montante cobrado (=incidente) nas operações anteriores dá direito ao abatimento, não nascendo o direito ao crédito nas isenções ou não incidências. É condicionado à ulterior saída tributada, estornando-se o crédito da entrada se houver desgravação na saída. Essas mesmas características aparecem no ICMS [...]*[14]

14. Curso de direito financeiro e direito tributário. 2002, p. 377. Para maiores detalhamentos do crédito do IPI, leia-se na mesma obra, pp. 384 e seg, e, do mesmo autor, Tratado de direito Constitucional Financeiro e tributário, Vol, IV, 2007, pp. 188 e seg., e pp. 298 e seg..)

Assim, o crédito do IPI é:

- Físico – decorre do imposto incidente na operação anterior sobre mercadoria que foi empregada FISICAMENTE no processo produtivo; se a mercadoria foi utilizada como material de escritório, não foi fisicamente empregada na industrialização, não gerando, assim, crédito. Opõe-se a crédito financeiro, relativo a operações anteriores com bens ou serviços não aplicados no processo produtivo.
- Real – o crédito decorre da incidência REAL do imposto na operação anterior. Se não houve incidência, não haverá crédito, se a alíquota for zero, o crédito será zero. Opõe-se ao crédito presumido, que independe da incidência da etapa anterior.
- Condicionado – o crédito somente persiste se houver a revenda tributada do produto (ou a venda do produto industrializado resultante dos insumos adquiridos). Não persiste o crédito caso a revenda (ou venda) seja isenta ou não tributada. Opõe-se ao crédito incondicionado, que pode ser mantido independente da saída tributada do produto.

5.3.2. Diferentes espécies de crédito de IPI: Créditos básicos, créditos por devolução, créditos de incentivo, crédito prêmio, crédito presumido etc.

Os créditos do IPI são disciplinados pelos art. 225 e seguintes, do RIPI, cuja leitura, mais uma vez recomendamos àqueles que irão prestar concurso para ingresso nos quadros da Receita Federal do Brasil.

A. Crédito básico

O *credito básico* é aquele decorrente da aquisição de insumo tributado. Veja-se:

> *PROCESSO CIVIL E TRIBUTÁRIO. VIOLAÇÃO DO ART. 535 DO CPC. NÃO OCORRÊNCIA. VIOLAÇÃO DOS ARTS. 74, §§ 1º E 12, DA LEI N. 9.430/96, 151, III, DO CTN E 33 DO DECRETO 70.235/72. SÚMULA 7/STJ. CRÉDITO PRESUMIDO DE IPI. SÚMULA 284/STF. CONCEITO DE INSUMO. ATIVIDADES ESSENCIAIS. INCLUSÃO DE ICMS NA BASE DE CÁLCULO DE PIS E COFINS. POSSIBILIDADE.*
>
> *[...]*
>
> *5. "Para fins de creditamento de PIS e COFINS (art. 3º, II, da Leis 10.637/02 e 10.833/03), a idéia de insumos, ainda que na sua acepção mais ampla, está relacionada com os elementos essenciais à realização da atividade fim da empresa". Nesse sentido: AgRg no REsp 1.230.441/SC, Rel. Ministro Napoleão Nunes Maia Filho, Primeira Turma, DJe 18/09/2013"; AgRg no REsp 1.244.507/SC, Rel. Ministro BENEDITO GONÇALVES, PRIMEIRA TURMA, julgado em 21/11/2013, DJe 29/11/2013; AgRg no REsp 1395442/PE, Rel. Ministro HUMBERTO MARTINS, SEGUNDA TURMA, julgado em 10/03/2015, DJe 13/03/2015.*
>
> *[...]*
>
> *(STJ, T2, AgRg no REsp 1.484.729/RS, Min. HUMBERTO MARTINS, DJe de 6/5/2015)*

É a regra geral do crédito no IPI, ao qual se aplicam as regras do crédito físico, real e condicionado.

B. Crédito por devolução

Nos termos dos art. 225, § 1º e 229, do RIPI, o crédito por devolução é aquele decorrente da devolução de vendas de produtos saídos do estabelecimento. Dispõe o art. 229, do RIPI:

> *Art. 229. É permitido ao estabelecimento industrial, ou equiparado a industrial, creditar-se do imposto relativo a produtos tributados recebidos em devolução ou retorno, total ou parcial*

O regulamento prevê que "no caso de locação ou arrendamento, a reentrada do produto no estabelecimento remetente não dará direito ao crédito do imposto, salvo se o produto tiver sido submetido a nova industrialização e ocorrer nova saída tributada" (art. 230). Dispõe, ainda, sobre os procedimentos para o aproveitamento do crédito.

C. Crédito como incentivo

O crédito como incentivo, normalmente desvia-se da regra do crédito físico, real e condicionado, sendo criado pelo legislador para incentivar determinada atividade.

O RIPI disciplina créditos como incentivo nas áreas da SUDAM, SUDENE e Amazônica Ocidental e prevê incentivos à exportação (art. 236 a 239).

No *incentivo à exportação*, o exportador pode aproveitar o crédito pela aquisição de insumos, produtos intermediários e material de embalagem, ainda que a exportação esteja acobertada pela imunidade. Não há a incidência do imposto na venda, de modo que o crédito de incentivo opera de forma incondicionada.

Nos termos do art. 2º, da Lei 9.716/98, o crédito do IPI, na hipótese em que a saída do produto industrializado for beneficiada com isenção em virtude de incentivo fiscal, poderá ser utilizado para compensação com o incidente na saída de outros produtos industrializados pela mesma pessoa jurídica ou objeto de pedido de restituição, em espécie, ou para compensação com outros tributos e contribuições administrados pela Secretaria da Receita Federal

D. Crédito presumido

A legislação prevê, ainda, hipótese especial de *crédito presumido do IPI* para empresa produtora e exportadora (Lei 9.363/96 e art. 241, do RIPI). Nos termos da lei, trata-se de crédito para ressarcimento do valor do PIS/PASEP e COFINS.

Leia-se os art. 1º e 2º, da Lei 9.363/96:

> *Art. 1º A empresa produtora e exportadora de mercadorias nacionais fará jus a crédito presumido do Imposto sobre Produtos Industrializados, como ressarcimento das contribuições de que tratam as Leis Complementares nos 7, de 7 de setembro de 1970, 8, de 3 de dezembro de 1970, e 70, de 30 de dezembro de 1991, incidentes sobre as respectivas aquisições, no mercado interno, de matérias-primas,*

produtos intermediários e material de embalagem, para utilização no processo produtivo.

Parágrafo único. O disposto neste artigo aplica-se, inclusive, nos casos de venda a empresa comercial exportadora com o fim específico de exportação para o exterior.

Art. 2º A base de cálculo do crédito presumido será determinada mediante a aplicação, sobre o valor total das aquisições de matérias-primas, produtos intermediários e material de embalagem referidos no artigo anterior, do percentual correspondente à relação entre a receita de exportação e a receita operacional bruta do produtor exportador.

§ 1º O crédito fiscal será o resultado da aplicação do percentual de 5,37% sobre a base de cálculo definida neste artigo.

[...]

A empresa exportadora não paga impostos pela venda de produtos para o exterior. Contudo, o preço pago pelos insumos é onerado pela incidência dos tributos no mercado interno, inclusive o PIS e a COFINS.

Confira-se o entendimento sumulado do STJ sobre a matéria:

SÚMULA nº 494 DO STJ:

O benefício fiscal do ressarcimento do crédito presumido do IPI relativo às exportações incide mesmo quando as matérias-primas ou os insumos sejam adquiridos de pessoa física ou jurídica não contribuinte do PIS/PASEP.

A lei permite, pois, que o contribuinte apure o crédito de IPI pela aquisição de insumos no mercado nacional utilizados na produção de bens destinados à exportação e compense com débitos do IPI decorrentes de vendas no mercado interno e, assim, reduzir o ônus da incidência das contribuições.

Caso o contribuinte também não tenha débitos de IPI para compensar com o crédito presumido apurado, o valor será ressarcido em moeda corrente em favor do exportador (art. 4º, da Lei 9.363/96).

São requisitos do crédito presumido do IPI para ressarcimento do PIS e da COFINS:

- A incidência do IPI sobre os produtos destinados à exportação (não há crédito se o produto for classificado como não tributado);
- A incidência do PIS e da COFINS sobre o contribuinte pelo método cumulativo (não há crédito se o contribuinte for tributado pelas contribuições não cumulativas).

O Judiciário não vê óbice no aproveitamento do crédito, quando a industrialização é realizada por encomenda. Leia-se:

PROCESSUAL CIVIL. TRIBUTÁRIO. AUSÊNCIA DE VIOLAÇÃO AO ART. 535, CPC. IPI. CRÉDITO PRESUMIDO. ART. 1º, DA LEI N. 9.363/96. BASE DE CÁLCULO. INDUSTRIALIZAÇÃO POR ENCOMENDA. SÚMULA N. 83/

> *STJ. CREDITAMENTO. RESISTÊNCIA ILEGÍTIMA. CORREÇÃO MONETÁRIA. SÚMULA 411/STJ. TERMO INICIAL.*
>
> *[...]*
>
> *3. Ao analisar o artigo 1º da Lei 9.363/96, ambas as Turmas de Direito Tributário deste STJ consideraram que o benefício fiscal consistente no crédito presumido do IPI é calculado com base nos custos decorrentes da aquisição dos insumos utilizados no processo de produção da mercadoria final destinada à exportação, não havendo restrição à concessão do crédito pelo fato de o beneficiamento do insumo ter sido efetuado por terceira empresa, por meio de encomenda. Precedentes: AgRg no REsp 1314891 / RS, Primeira Turma, Rel. Min .Benedito Gonçalves, julgado em 08.05.2014; REsp 752.888 / RS, Primeira Turma, Rel. Min. Teori Albino Zavascki, julgado em 15.09.2009; AgRg no REsp 1082770/RS, Segunda Turma, Rel. Min. Humberto Martins, julgado em 3.11.2009.*
>
> *[...]*
>
> *(STJ, T2, REsp 1.474.353/RS, Min. MAURO CAMPBELL MARQUES, DJe de 1/7/2015)*

Contudo, reconhece legítima a exigência de que "aquisições efetuadas de pessoas jurídicas sujeitas às contribuições para o PIS/PASEP e COFINS":

> *PROCESSUAL CIVIL E TRIBUTÁRIO. AGRAVO REGIMENTAL NOS EMBARGOS DE DECLARAÇÃO NO RECURSO ESPECIAL. CRÉDITO PRESUMIDO DE IPI. RESSARCIMENTO. LEGALIDADE DO ART. 17, §1º, DA INSTRUÇÃO NORMATIVA SRF N. 313/2003. CORREÇÃO MONETÁRIA. SÚMULA N. 411/STJ. TERMO INICIAL DA MORA E CONSEQUENTE CORREÇÃO MONETÁRIA. ART. 24 DA LEI N. 11.457/2007. PRESCRIÇÃO QUINQUENAL. TERMO INICIAL. DECISÃO ADMINISTRATIVA QUE NÃO HOMOLOGA A COMPENSAÇÃO. HONORÁRIOS ADVOCATÍCIOS. SUCUMBÊNCIA MÍNIMA OU MAJORAÇÃO. REVISÃO. IMPOSSIBILIDADE NA HIPÓTESE. ALTERAÇÃO DOS CRITÉRIOS ADOTADOS NA ORIGEM. INCIDÊNCIA DA SÚMULA Nº 7 DO STJ.*
>
> *1. O art. 2º, § 2º, da Instrução Normativa n. 23/97, impôs limitação ilegal ao art. 1º da Lei n. 9.363/96, quando condicionou gozo do benefício do crédito presumido do IPI, para ressarcimento de PIS/PASEP e COFINS, somente as aquisições efetuadas de pessoas jurídicas sujeitas às contribuições para o PIS/PASEP e COFINS. Tema já julgado pelo recurso representativo da controvérsia REsp. n. 993.164/MG, Primeira Seção, Rel. Min. Luiz Fux, julgado em 13.12.2010.*
>
> *2. O art. 17, §1º, da IN SRF n. 313/2003, não viola o art. 2º, da Lei n. 9.363/96, pois encontra guarida no art. 6º, da mesma lei, que admitiu que o conceito de "receita de exportação" (componente da base de cálculo do benefício fiscal) ficaria submetido a normatização inferior, podendo, inclusive, ser restringido ou ampliado, conforme a teleologia do benefício e razões de política fiscal.*
>
> *[...]*
>
> *(STJ, T2, AgRg nos EDcl no REsp 1.473.410/PR, Min. MAURO CAMPBELL MARQUES, DJe de 16/10/2015)*

Questiona-se, porém, se o produto que passe por algum processo de industrialização, mas não esteja previsto na TIPI ou esteja previsto como não tributado (NT), possa gerar o benefício. Trata-se da discussão que apresentamos acerca do imposto geral ou especial sobre o consumo.

Mencione-se ainda a **hipótese de crédito presumido** do **INOVAR-AUTO**, "com objetivo de apoiar o desenvolvimento tecnológico, a inovação, a segurança, a proteção ao meio ambiente, a eficiência energética e a qualidade dos automóveis, caminhões, ônibus e autopeças", da Lei 12.715/12.

De acordo com o art. 41, da Lei 12.715/12, as empresas habilitadas ao Inovar-Auto poderão apurar crédito presumido de IPI, com base nos dispêndios realizados no País em cada mês-calendário com pesquisa, desenvolvimento tecnológico, inovação tecnológica, insumos estratégicos, ferramentaria, recolhimentos ao Fundo Nacional de Desenvolvimento Científico e Tecnológico – FNDCT na forma do regulamento, capacitação de fornecedores e engenharia e tecnologia industrial básica.

Cabe ao Poder Executivo estabelecer termos, limites e condições para a utilização do crédito presumido de IPI decorrentes do programa.

A lei expressa, ainda, que os créditos presumidos de IPI referentes ao programa não estão sujeitos a incidência da Contribuição para o PIS/Pasep e da Cofins e não devem ser computados para fins de apuração do Imposto de Renda da Pessoa Jurídica e da Contribuição Social sobre o Lucro Líquido, evitando, assim, conflito que se repete no âmbito destes tributos.

5.3.3. Crédito prêmio do IPI

Outra demanda reiterada e bastante longa que findou com a rejeição das expectativas dos contribuintes diz respeito ao crédito prêmio do IPI. O crédito prêmio do IPI decorria de normas que previam incentivo à exportação, verdadeiros benefícios fiscais. Os contribuintes exportadores entendiam que as normas que previam o crédito prêmio haviam sido recepcionadas pela Constituição de 1988 e que não haviam sido revogadas.

O STF decidiu, inicialmente, pela inconstitucionalidade dos benefícios, em função do princípio da legalidade estrita, tendo em vista que as leis delegavam competência a autoridade administrativa para dispor sobre os incentivos.

Após algum amadurecimento, a Corte passou a entender que as normas que previam o crédito prêmio do IPI criavam incentivos fiscais de natureza setorial e, nos termos do art. 41, do ADCT, deveriam ser confirmadas por lei superveniente. Na ausência destas leis novas, os benefícios estariam extintos. Vejamos:

> *I – O crédito-prêmio de IPI constitui um incentivo fiscal de natureza setorial de que trata o do art. 41, caput, do Ato das Disposições Transitórias da Constituição.*
>
> *II – Como o crédito-prêmio de IPI não foi confirmado por lei superveniente no prazo de dois anos, após a publicação da Constituição*

> *Federal de 1988, segundo dispõe o § 1º do art. 41 do ADCT, deixou ele de existir.*
>
> *III – O incentivo fiscal instituído pelo art. 1º do Decreto-Lei 491, de 5 de março de 1969, deixou de vigorar em 5 de outubro de 1990, por força do disposto no § 1º do art. 41 do Ato de Disposições Constitucionais Transitórias da Constituição Federal de 1988, tendo em vista sua natureza setorial.*
>
> *IV – Recurso conhecido e desprovido.*
>
> *(STF, Tribunal Pleno, RE 577.348/RS, Min. RICARDO LEWANDOWSKI, DJe de 26/2/2010)*

Desta forma, entende-se, hoje, que o crédito prêmio do IPI vigorou, no máximo, até 5.10.1990, dois anos após a promulgação da Carta de 1988.

5.3.4. Insumos não tributados

Como dissemos, o crédito do IPI é, em regra, real, significando que decorre do tributo incidente na operação anterior.

De todo modo, os contribuintes procuraram obter crédito pelas aquisições de insumos não tributados.

Após alguma discussão, definiu o STF que insumo isento não gera crédito. Vejamos:

> *1. Recurso extraordinário. Tributário.*
>
> *2. IPI. Crédito Presumido. Insumos sujeitos à alíquota zero ou não tributados. Inexistência.*
>
> *3. Os princípios da não cumulatividade e da seletividade não ensejam direito de crédito presumido de IPI para o contribuinte adquirente de insumos não tributados ou sujeitos à alíquota zero.*
>
> *(STF; Tribunal Pleno; RE 370.682/SC Min. ILMAR GALVÃO; DJe de 19/12/2007)*
>
> *1. Direito ao creditamento do montante de Imposto sobre Produtos Industrializados pago na aquisição de insumos ou matérias primas tributados e utilizados na industrialização de produtos cuja saída do estabelecimento industrial é isenta ou sujeita à alíquota zero.*
>
> *2. A compensação prevista na Constituição da República, para fins da não cumulatividade, depende do cotejo de valores apurados entre o que foi cobrado na entrada e o que foi devido na saída: o crédito do adquirente se dará em função do montante cobrado do vendedor do insumo e o débito do adquirente existirá quando o produto industrializado é vendido a terceiro, dentro da cadeia produtiva.*
>
> *3. Embora a isenção e a alíquota zero tenham naturezas jurídicas diferentes, a consequência é a mesma, em razão da desoneração do tributo.*
>
> *4. O regime constitucional do Imposto sobre Produtos Industrializados determina a compensação do que for devido em cada operação*

com o montante cobrado nas operações anteriores, esta a substância jurídica do princípio da não cumulatividade, não aperfeiçoada quando não houver produto onerado na saída, pois o ciclo não se completa.

(STF, Tribunal Pleno RE 475.551/PR, Min. CÁRMEN LÚCIA, DJe de 13/11/2009)

Como se vê das decisões transcritas, o insumo isento não gera crédito, ainda que a saída seja tributada.

Merece cuidado, neste tema, o art. 11 da Lei 9.779/99, frequentemente citado em precedentes jurisprudenciais:

> *Art. 11. O saldo credor do Imposto sobre Produtos Industrializados – IPI, acumulado em cada trimestre-calendário, decorrente de aquisição de matéria-prima, produto intermediário e material de embalagem, aplicados na industrialização, inclusive de produto isento ou tributado à alíquota zero, que o contribuinte não puder compensar com o IPI devido na saída de outros produtos, poderá ser utilizado de conformidade com o disposto nos arts. 73 e 74 da Lei no 9.430, de 27 de dezembro de 1996, observadas normas expedidas pela Secretaria da Receita Federal do Ministério da Fazenda.*

A norma não reconhece crédito para todas as aquisições de matéria-prima, de produtos intermediários e materiais de embalagem para produtos finais isentos ou sujeitos à alíquota zero.

O comando normativo volta-se ao aproveitamento do crédito – se concedido por outra norma. Havendo, então, o crédito básico, de benefício ou incentivo fiscal e não houver débito do IPI decorrente de outras vendas tributadas, a norma permite ao contribuinte haver o crédito mediante ressarcimento ou compensação com outros tributos federais, matéria regida pelos art. 73 e 74, da Lei 9.430/96.

5.3.5. Energia elétrica

Também se defendeu a tese de que a *energia elétrica* deveria ser considerada insumo na produção industrial e, portanto, gerar crédito de IPI.

A seguinte decisão sintetiza o entendimento do STF:

> *AGRAVO REGIMENTAL NO RECURSO EXTRAORDINÁRIO. CONSTITUCIONAL E TRIBUTÁRIO. IPI. NÃO CUMULATIVIDADE. APROVEITAMENTO DE CRÉDITOS GERADOS COM AQUISIÇÃO DE ENERGIA ELÉTRICA. IMPOSSIBILIDADE.*
>
> *1. A energia elétrica não pode ser considerada como insumo e não gera direito à crédito a ser compensado com o montante devido a título de IPI na operação de saída do produto industrializado.*
>
> *[...]*
>
> *(STF, T1, RE 573.217 AgR/SC, Min. LUIZ FUX, DJe de 20/3/2013)*

A jurisprudência tem se repetido:

> *Agravo regimental em recurso extraordinário. 2. Direito Tributário. 3. Imposto sobre Produtos Industrializados (IPI). Energia elétrica. Princípio da não cumulatividade. Inexistência de direito a creditamento. 4. Ausência de argumentos capazes de infirmar a decisão agravada. 5. Agravo regimental a que se nega provimento.*
>
> *(STF, T2, RE 488.492 AgR, Min. GILMAR MENDES, DJe de 16/11/2015)*

Como se vê, o STF entende que a energia elétrica não é insumo no processo produtivo e não pode gerar crédito.

5.3.6. Bens para uso e consumo e para o ativo imobilizado

De forma similar, a Corte manteve a exigência do crédito de natureza física, contra a tese do crédito financeiro, segundo o qual poderiam gerar créditos aquisições não utilizadas diretamente no produto a ser vendido, como as aquisições de bens para o ativo imobilizado e para uso e consumo. Vejamos:

> *AGRAVO REGIMENTAL NO AGRAVO DE INSTRUMENTO. TRIBUTÁRIO. IMPOSTO SOBRE PRODUTOS INDUSTRIALIZADOS – IPI. IMPOSSIBILIDADE DE CREDITAMENTO RELATIVO À AQUISIÇÃO DE BENS DESTINADOS AO USO OU CONSUMO E À INTEGRAÇÃO AO ATIVO FIXO. PRECEDENTES. AGRAVO REGIMENTAL AO QUAL SE NEGA PROVIMENTO.*
>
> *(STF, T1, AI 737.346 AgR/SP, Min. CÁRMEN LÚCIA, DJe de 12/4/2011)*

A matéria encontra-se pacificada também no âmbito do Superior Tribunal de Justiça:

> ***SÚMULA nº 195 DO STJ:***
>
> *A aquisição de bens integrantes do ativo permanente da empresa não gera direito a creditamento de IPI.*

Em resumo, não geram crédito do IPI as aquisições de bens para o ativo fixo nem as aquisições de bens para uso e consumo do estabelecimento industrial, que não sejam utilizadas diretamente no processo produtivo.

5.3.7. Simples

Vamos imaginar, agora, que o industrial adquira insumos de uma pequena indústria optante pelo SIMPLES. Ou o contrário, a pequena indústria optante pelo SIMPLES adquire insumos tributados pelo IPI de empresa não enquadrada no regime simplificado. De se perguntar, nestes casos, se a grande empresa pode aproveitar crédito pelas compras de produtos intermediários junto fornecedor optante do SIMPLES e se a pequena empresa pode deduzir a obrigação do SIMPLES, tendo em vista os créditos de IPI decorrentes das aquisições tributadas.

A jurisprudência respondeu negativamente a estas questões. Vejamos:

> *I – O acréscimo de 0,5% sobre o faturamento recolhido pelas empresas optantes do SIMPLES que são contribuintes do IPI não equivale*

necessariamente ao pagamento do imposto com a mesma alíquota por uma empresa não optante daquele sistema de arrecadação, uma vez que a receita bruta da pessoa jurídica nem sempre é idêntica ao valor das operações com produtos industrializados.

II – Assim, inviável ao Judiciário reconhecer a existência de crédito ou a possibilidade de compensação de débito de IPI derivado do acréscimo de 0,5% pago pelas empresas inscritas no SIMPLES.

III – O princípio da não cumulatividade só garante o crédito do IPI pago na operação anterior se, na operação subsequente, também for devido o imposto, ressalvada a previsão em lei que confira esse direito.

IV – Agravo regimental improvido.

(STF, T2, RE 491.287 AgR/RS, Min. RICARDO LEWANDOWSKI, DJe de 20/04/2012)

São os fundamentos que sustentam as decisões do STF:

- a adesão ao Simples (e também ao Simples Nacional) é optativa, devendo o pequeno contribuinte sopesar as vantagens e desvantagens da tributação simplificada antes de efetuar sua adesão;
- ao Judiciário não é dado atuar como legislador positivo e, se a lei não permitiu que o contribuinte optante do SIMPLES aproveitasse créditos das compras de industrial não optante, nem permitiu que o industrial aproveitasse créditos das aquisições de optantes pelo SIMPLES, não cabe ao Judiciário fazê-lo; e
- não é possível apurar o valor do crédito pretendido, tendo em vista que a incidência do IPI nos moldes normais não coincide com o acréscimo da alíquota do SIMPLES para os contribuintes do IPI optantes pela tributação simplificada.

5.3.9. Correção monetária dos créditos de IPI indeferidos pela Fazenda e posteriormente concedidos pelo Judiciário

De outro turno, os contribuintes obtiveram vitória no STF quanto à possibilidade de correção monetária de créditos do IPI.

Em geral, os créditos do IPI são aproveitados pelo valor pelos quais são escriturados, não se admitindo correção. O STF, contudo, reconheceu o direito à correção monetária dos créditos, nos seguintes termos:

1. Esta Suprema Corte consolidou o entendimento de que é aplicável a correção monetária dos créditos escriturais de IPI quando caracterizada a oposição injustificada do Fisco (RE nº 572.395/PR-AgR-EDv, Relator o Ministro Celso de Mello, DJe de 3/4/12).

2. Agravo regimental não provido.

(STF, T1, RE 460.618 AgR/RS, Min. DIAS TOFFOLI, DJe de 11/10/2012)

O tema encontra-se inclusive sumulado pelo Superior Tribunal de Justiça; vejamos:

> **SÚMULA nº 411** *DO STJ:*
>
> *"É devida a correção monetária ao creditamento do IPI quando há oposição ao seu aproveitamento decorrente de resistência ilegítima do Fisco."*

No mesmo sentido, o REsp 1.035.847/RS, julgado pelo rito do art. 543-C do CPC.

De se observar, contudo, que a correção monetária não se aplica a todos os créditos básicos do imposto, mas somente àqueles cujo aproveitamento fora negado pelo Fisco e posteriormente reconhecido pelo Poder Judiciário.

6. RESTITUIÇÃO DO IMPOSTO

O CTN, em seu art. 165, prevê o direito de restituição do imposto pago indevidamente pelo sujeito passivo. Leia-se:

> *Art. 165. O sujeito passivo tem direito, independentemente de prévio protesto, à restituição total ou parcial do tributo, seja qual for a modalidade do seu pagamento, ressalvado o disposto no § 4º do artigo 162, nos seguintes casos:*
>
> *I – cobrança ou pagamento espontâneo de tributo indevido ou maior que o devido em face da legislação tributária aplicável, ou da natureza ou circunstâncias materiais do fato gerador efetivamente ocorrido;*
>
> *II – erro na edificação do sujeito passivo, na determinação da alíquota aplicável, no cálculo do montante do débito ou na elaboração ou conferência de qualquer documento relativo ao pagamento;*
>
> *III – reforma, anulação, revogação ou rescisão de decisão condenatória.*

Nas hipóteses previstas, portanto, o sujeito passivo, vale dizer, o contribuinte ou o responsável, podem postular a restituição.

O contribuinte pode postular a restituição do indébito que pagou ou que foi recolhido pelo responsável por substituição ou por retenção, em nome daquele. O responsável por sucessão (art. 129 a 133, do CTN) ou terceiro (art. 134 e 135, do CTN) pode ser restituído como contribuinte.

O responsável por substituição ou por retenção somente pode pedir a restituição do valor recolhido, mas que não seja devido ao Fisco nem passível de restituição ao próprio contribuinte. Seria o caso de uma retenção a fonte em valor maior que o devido, sem dedução do valor pago ao contribuinte.

Por exemplo, numa operação total de R$ 10.000,00, com o dever de retenção na fonte R$ 600,00 (6%), o responsável paga corretamente R$ 9.400,00 ao contribuinte e recolhe R$ 1.000,00 de imposto na fonte (10%), R$ 400,00 a mais que o devido.

Nesta hipótese, o contribuinte somente poderia pedir restituição de R$ 600,00, se indevido o tributo. Os R$ 400,00 a mais recolhidos na fonte não podem ser restituídos ao contribuinte, pois este já recebeu corretamente seu preço, surgindo a hipótese de restituição pelo responsável por retenção.

Nos tributos indiretos, como o IPI, que permitem o repasse do encargo financeiro, o Código legitima ao pedido de restituição aquele que prove haver assumido o encargo ou a autorização de terceiro, nos termos do art. 166, do CTN:

> *Art. 166. A restituição de tributos que comportem, por sua natureza, transferência do respectivo encargo financeiro somente será feita a quem prove haver assumido o referido encargo, ou, no caso de tê-lo transferido a terceiro, estar por este expressamente autorizado a recebê-la.*

A norma apresenta dificuldades de compreensão, pois pode ser interpretada pelo prisma jurídico ou econômico.

Os impostos indiretos, que incidem sobre o preço de determinadas operações, ao contrário dos tributos diretos, que incidem sobre a renda ou o patrimônio, permitem, **juridicamente**, o repasse do encargo financeiro ao adquirente, contribuinte de fato, pois este encargo está incluído no preço.

Sob o **ponto de vista econômico**, tanto impostos direitos quanto indiretos podem ser repassados no preço. Podemos imaginar, por exemplo, que o legislador estabeleça majoração do IRPJ, do IPTU e do IPVA. É possível que o contribuinte, por sua estrutura de custos e pelo mercado em que atua, consiga transferir todo o aumento da carta tributária, sem afetar suas vendas ou reduzir os lucros.

Ao revés, pelas mesmas razões, é possível que o contribuinte não consiga, de fato, repassar os custos do aumento de um imposto indireto, como o IPI, e seja forçado a manter seus preços, reduzindo sua margem de lucro.

Pelo critério jurídico, a prova do ônus do imposto se dá pelo seu recolhimento puro e simples realizado pelo contribuinte de direito. Pelo critério econômico, a prova do ônus é realizada pela demonstração de pagamento de preço, pelo consumidor (contribuinte de fato), maior do que teria pagado se não houvesse imposto, ou, ao revés, pela demonstração de que o preço não foi majorado pelo contribuinte de direito (vendedor), mesmo com a incidência do tributo.

Contudo, o art. 165, do CTN, não permite a restituição ao contribuinte de fato, de modo que a interpretação do termo "a quem prove haver assumido o referido encargo", excluindo, assim, a possibilidade de prova econômica do ônus do imposto indireto.

Em outros termos, a prova do ônus no imposto indireto se dá pela demonstração do recolhimento do tributo, por determinação jurídica, independente da efetiva repercussão econômica do imposto.

Algumas destas questões foram enfrentadas pelo STJ, que considerou ilegítimas as distribuidoras de bebidas, para pedir restituição de imposto recolhido pelos fabricantes, com base no valor total da operação, em que foram concedidos descontos incondicionais. Esta jurisprudência se pacificou no julgamento do REsp 903.394/AL, cuja ementa é parcialmente transcrita:

PROCESSO CIVIL. RECURSO ESPECIAL REPRESENTATIVO DE CONTROVÉRSIA. ARTIGO 543-C, DO CPC. TRIBUTÁRIO. IPI. RESTITUIÇÃO DE INDÉBITO. DISTRIBUIDORAS DE BEBIDAS. CONTRIBUINTES DE FATO. ILEGITIMIDADE ATIVA AD CAUSAM. SUJEIÇÃO PASSIVA APENAS DOS FABRICANTES (CONTRIBUINTES DE DIREITO). RELEVÂNCIA DA REPERCUSSÃO ECONÔMICA DO TRIBUTO APENAS PARA FINS DE CONDICIONAMENTO DO EXERCÍCIO DO DIREITO SUBJETIVO DO CONTRIBUINTE DE JURE À RESTITUIÇÃO (ARTIGO 166, DO CTN). LITISPENDÊNCIA. PREQUESTIONAMENTO. AUSÊNCIA. SÚMULAS 282 E 356/STF. REEXAME DE MATÉRIA FÁTICO-PROBATÓRIA. SÚMULA 7/STJ. APLICAÇÃO.

1. O "contribuinte de fato" (in casu, distribuidora de bebida) não detém legitimidade ativa ad causam para pleitear a restituição do indébito relativo ao IPI incidente sobre os descontos incondicionais, recolhido pelo "contribuinte de direito" (fabricante de bebida), por não integrar a relação jurídica tributária pertinente.

[...]

4. Em se tratando dos denominados "tributos indiretos" (aqueles que comportam, por sua natureza, transferência do respectivo encargo financeiro), a norma tributária (artigo 166, do CTN) impõe que a restituição do indébito somente se faça ao contribuinte que comprovar haver arcado com o referido encargo ou, caso contrário, que tenha sido autorizado expressamente pelo terceiro a quem o ônus foi transferido.

6. Deveras, o condicionamento do exercício do direito subjetivo do contribuinte que pagou tributo indevido (contribuinte de direito) à comprovação de que não procedera à repercussão econômica do tributo ou à apresentação de autorização do "contribuinte de fato" (pessoa que sofreu a incidência econômica do tributo), à luz do disposto no artigo 166, do CTN, não possui o condão de transformar sujeito alheio à relação jurídica tributária em parte legítima na ação de restituição de indébito.

7. À luz da própria interpretação histórica do artigo 166, do CTN, dessume-se que somente o contribuinte de direito tem legitimidade para integrar o pólo ativo da ação judicial que objetiva a restituição do "tributo indireto" indevidamente recolhido (Gilberto Ulhôa Canto, "Repetição de Indébito", in Caderno de Pesquisas Tributárias, nº 8, p. 2-5, São Paulo, Resenha Tributária, 1983; e Marcelo Fortes de Cerqueira, in "Curso de Especialização em Direito Tributário – Estudos Analíticos em Homenagem a Paulo de Barros Carvalho", Coordenação de Eurico Marcos Diniz de Santi, Ed. Forense, Rio de Janeiro, 2007, págs. 390/393).

8. É que, na hipótese em que a repercussão econômica decorre da natureza da exação, "o terceiro que suporta com o ônus econômico do tributo não participa da relação jurídica tributária, razão suficiente para que se verifique a impossibilidade desse terceiro vir a integrar a relação consubstanciada na prerrogativa da repetição do indébito, não tendo, portanto, legitimidade processual" (Paulo de Barros Carvalho, in "Direito Tributário – Linguagem e Método", 2ª ed., São Paulo, 2008, Ed. Noeses, pág. 583).

[...]

12. Malgrado as Turmas de Direito Público venham assentando a incompatibilidade entre o disposto no artigo 14, § 2º, da Lei 4.502/65, e o artigo 47, II, "a", do CTN (indevida ampliação do conceito de valor da operação, base de cálculo do IPI, o que gera o direito à restituição do indébito), o estabelecimento industrial (in casu, o fabricante de bebidas) continua sendo o único sujeito passivo da relação jurídica tributária instaurada com a ocorrência do fato imponível consistente na operação de industrialização de produtos (artigos 46, II, e 51, II, do CTN), sendo certo que a presunção da repercussão econômica do IPI pode ser ilidida por prova em contrário ou, caso constatado o repasse, por autorização expressa do contribuinte de fato (distribuidora de bebidas), à luz do artigo 166, do CTN, o que, todavia, não importa na legitimação processual deste terceiro.

13. Mutatis mutandis, é certo que: "1. Os consumidores de energia elétrica, de serviços de telecomunicação não possuem legitimidade ativa para pleitear a repetição de eventual indébito tributário do ICMS incidente sobre essas operações. 2. A caracterização do chamado contribuinte de fato presta-se unicamente para impor uma condição à repetição de indébito pleiteada pelo contribuinte de direito, que repassa o ônus financeiro do tributo cujo fato gerador tenha realizado (art. 166 do CTN), mas não concede legitimidade ad causam para os consumidores ingressarem em juízo com vistas a discutir determinada relação jurídica da qual não façam parte. 3. Os contribuintes da exação são aqueles que colocam o produto em circulação ou prestam o serviço, concretizando, assim, a hipótese de incidência legalmente prevista. 4. Nos termos da Constituição e da LC 86/97, o consumo não é fato gerador do ICMS. 5. Declarada a ilegitimidade ativa dos consumidores para pleitear a repetição do ICMS." (RMS 24.532/AM, Rel. Ministro Castro Meira, Segunda Turma, julgado em 26.08.2008, DJe 25.09.2008).

14. Consequentemente, revela-se escorreito o entendimento exarado pelo acórdão regional no sentido de que "as empresas distribuidoras de bebidas, que se apresentam como contribuintes de fato do IPI, não detém legitimidade ativa para postular em juízo o creditamento relativo ao IPI pago pelos fabricantes, haja vista que somente os produtores industriais, como contribuintes de direito do imposto, possuem legitimidade ativa".

15. Recurso especial desprovido. Acórdão submetido ao regime do artigo 543-C, do CPC, e da Resolução STJ 08/2008.

(STJ, S1, REsp 903.394/AL, Min. LUIZ FUX, DJe de 26/4/2010)

Se a prova do ônus se dá pelo recolhimento do imposto pelo contribuinte, de que serviria a parte final do art. 166, do CTN, que legitima a restituição à parte "expressamente autorizada" a recebê-la? A nosso ver, este dispositivo somente se aplicaria aos casos de retenção na fonte ou de substituição tributária, em que o contribuinte, em favor do qual foi realizado o recolhimento, expressamente autoriza o responsável a pedir restituição.

Não é **este, porém, o entendimento do STF**, sumulado no verbete 546, segundo o qual "cabe a restituição do tributo pago indevidamente, quando reconhecido por decisão, que o contribuinte "de jure" não recuperou do contribuinte "de facto" o "quantum" respectivo".

7. IMUNIDADES E ISENÇÕES

O IPI, como os demais tributos, reconhece hipóteses de imunidade e isenção.

Aplicam-se ao IPI as imunidades gerais, do art. 150, VI, da Constituição além de outras imunidades específicas.

Dentre as imunidades gerais, a mais significativa é a imunidade dos livros, jornais e periódicos, pois, como é óbvio, partidos políticos, templos, instituições de educação e as pessoas de direito público interno não realizam industrialização.

Duas hipóteses de imunidade aplicam-se ao IPI, por exclusão. Referem-se à energia elétrica, aos derivados de petróleo e aos combustíveis, produtos sobre os quais incidem somente o ICMS, o imposto de importação, o imposto de exportação e as contribuições (CF/88, art. 155, § 3º) e ao ouro como ativo financeiro ou instrumento cambial, sujeito apenas ao IOF (CF/88, art. 153, § 5º).

A mais específica das imunidades do IPI é aquela prevista pelo art. 153, § 3º, III, da Carta. São imunes ao imposto os produtos industrializados destinados à exportação.

O art. 18, do RIPI sintetiza as hipóteses de imunidade:

> *Art. 18. São imunes da incidência do imposto:*
>
> *I – os livros, jornais, periódicos e o papel destinado à sua impressão;*
>
> *II – os produtos industrializados destinados ao exterior;*
>
> *III – o ouro, quando definido em lei como ativo financeiro ou instrumento cambial; e*
>
> *IV – a energia elétrica, derivados de petróleo, combustíveis e minerais do País.*

A imunidade dos minerais, com fundamento no art. 155, § 3º, da Constituição Federal, não pode ser interpretada extensivamente, conforme a jurisprudência do STF. Leia-se:

> *AGRAVO REGIMENTAL EM RECURSO EXTRAORDINÁRIO. DIREITO TRIBUTÁRIO. IMPOSTO SOBRE PRODUTOS INDUSTRIALIZADOS. MINERAIS. PRINCÍPIO DA NÃO CUMULATIVIDADE. SAL DE COZINHA.*
>
> *1. Estender a regra imunizadora do IPI ao sal de cozinha, com base no enquadramento deste na categoria "mineral", demandaria o revolvimento do conjunto fático-probatório e da legislação infraconstitucional, inclusive de índole local. Súmulas 279 e 280 do STF. 2. A jurisprudência do STF se consolidou no sentido de que imunidade prevista no art. 153, §3º, do Texto Constitucional, é restrita às hipóteses ali previstas, não sendo cabível interpretação extensiva. Precedente: RE-AgR 631.225, de relatoria do Ministro Ricardo Lewandowski. 3. Agravo regimental a que se nega provimento.*
>
> *(STF, T1, RE 911.785 AgR/RN, Min. EDSON FACHIN, DJe de 10/12/2015)*

A nosso ver, a imunidade alcança apenas o mineral em estado puro. Se passar por processo de industrialização, não pode estar imune ao IPI.

Além das imunidades, existem diversas hipóteses de isenção do imposto, seja como medida de ajustamento da obrigação à capacidade contributiva, seja como instrumento de extrafiscalidade.

Segundo o art. 54, do RIPI, são isentos do imposto

- os produtos industrializados por instituições de educação ou de assistência social para uso próprio distribuição gratuita a seus educandos ou assistidos, no cumprimento de suas finalidades;
- os produtos industrializados por pessoas jurídicas de direito público que não se destinarem a comércio;
- as amostras de produtos para distribuição gratuita, de diminuto ou nenhum valor comercial, com a indicação de "Amostra Grátis", em quantidade não excedente de 20% da menor quantidade levada ao comércio; e distribuídas exclusivamente a médicos, veterinários, dentistas e hospitais, quando se tratar de produtos da indústria farmacêutica;
- as amostras de tecidos, nos termos da lei;
- as amostras de calçado para viajante devidamente identificadas;
- as aeronaves de uso militar e suas partes e peças, vendidas à União;
- o papel destinado à impressão de músicas;
- as panelas e artefatos semelhantes, de uso doméstico, de fabricação rústica, de pedra ou barro bruto;
- os chapéus, roupas e proteção, de couro, próprios para tropeiros;
- o material bélico, de uso privativo das Forças Armadas, vendido à União;
- o automóvel adquirido diretamente de fabricante nacional, pelas missões diplomáticas outras representações de órgãos internacionais e seus funcionários, quando a aquisição se fizer em substituição da faculdade de importar o produto com idêntico favor;
- a bagagem de passageiros com isenção do imposto de importação, ou, se tributada por este imposto, com o seu pagamento;
- os bens contidos em remessas postais internacionais com tributação simplificada do imposto de importação;
- produtos destinados à pesquisa científica e tecnológica, importados pelo CNPq ou por pessoas envolvidas em pesquisa com o CNPq;
- troféus, medalhas, equipamentos desportivos e outros objetos relacionados a evento cultural, científico ou esportivo oficial realizado no exterior ou para serem distribuídos em evento no Brasil;

- veículos, máquinas, equipamentos e peças separadas, destinadas à utilização nas atividades dos Corpos de Bombeiros;
- bens de informática destinados à coleta eletrônica de votos, fornecidos diretamente ao Tribunal Superior Eleitoral, bem como outros produtos relacionados;
- partes, peças e componentes importados destinados ao emprego na conservação, modernização e conversão de embarcações registradas no REB;
- aparelhos transmissores e receptores de radiotelefonia e radiotelegrafia, veículos para patrulhamento policial, as armas e munições adquiridos pelos órgãos de segurança pública da União, dos Estados e do Distrito Federal.

As mais notórias são as isenções de veículos para táxi e para deficientes físicos e de equipamentos desportivos preparatórios para os jogos olímpicos.

A isenção dos veículos se aplica a automóveis de passageiros de fabricação nacional, equipados com motor de até 2.000 cilindradas e com quatro portas, no mínimo, que se destinem a titulares da concessão de serviço de táxi, motoristas que utilizem comprovadamente o veículo como táxi, cooperativas de táxi e pessoas com deficiência física, visual ou mental (art. 55, do RIPI).

A legislação previa que a isenção pode ser utilizada uma vez, salvo se o veículo tiver sido adquirido há mais de dois anos. Em outros termos, permite que o interessado adquira o veículo com isenção a cada dois anos.

Este prazo, contudo, tem sido flexibilizado pela jurisprudência:

> *TRIBUTÁRIO. IPI. ISENÇÃO NA AQUISIÇÃO DE VEÍCULO AUTOMOTOR. PESSOA COM NECESSIDADES ESPECIAIS. LAPSO TEMPORAL DE DOIS ANOS PREVISTO NO ART. 2º. DA LEI 8.989/1995 PARA AQUISIÇÃO DE NOVO VEÍCULO. EXCEÇÃO QUE DEVE SER AFASTADA DIANTE DO CASO CONCRETO. VEÍCULO ROUBADO. SUPERAÇÃO DO ÓBICE EM PROL DAS AÇÕES AFIRMATIVAS. RECURSO ESPECIAL DESPROVIDO.*
>
> *1. O art. 2º. da Lei 8.989/1995 restringe a isenção do IPI ao limite temporal de dois anos para a aquisição de novo veículo automotor.*
>
> *2. O Tribunal local afastou a limitação temporal do art. 2º. da Lei 8.989/1995, com base no princípio da dignidade da pessoa humana e em razão de motivo de força maior, tendo em vista que o veículo do recorrido havia sido roubado, tratando-se, ademais, de pessoa portadora de atenções especializadas.*
>
> *3. A orientação dessa Corte é que a Lei 8.989/1995 não pode ser interpretada em óbice à implementação de ação afirmativa para inclusão de pessoas com necessidades especiais (REsp. 567.873/MG, Rel. Min. LUIZ FUX, DJ 25.02.2004, p. 120).*
>
> *4. Recurso Especial desprovido.*
>
> *(STJ, T1, REsp 1.390.345/RS, Min. NAPOLEÃO NUNES MAIA FILHO, DJe de 7/4/2015)*

Desta forma, no caso de roubo o veículo, a isenção pode ser renovada em prazo inferior.

Vale lembrar que a jurisprudência do STF entende possível a revogação de isenções incondicionadas sem a necessidade de aplicação do princípio da anterioridade.

Ainda de acordo com o STF, "A imunidade ou a isenção tributária do comprador não se estende ao produtor, contribuinte do imposto sobre produtos industrializados" (Súmula 591, do STF).

7.1. Benefícios Fiscais

Podemos classificar como benefícios fiscais os conjuntos de medidas voltadas a excluir ou reduzir a tributação do IPI para determinadas regiões (benefícios regionais) e para determinados produtos (benefícios setoriais), ou, nos termos do RIPI, regimes fiscais regionais e regimes fiscais setoriais.

São beneficiados com incentivos regionais: a Zona Franca de Manaus, a área da Amazônia Ocidental, as áreas de livre comércio e as zonas de processamento de exportação.

Boa parte destes incentivos se relaciona com o estímulo à exportação de modo que os produtos nacionais e importados que ingressam nestas áreas não sofrem a tributação do IPI, como não sofrerá a tributação quando os bens industrializados forem consumidos internamente ou exportados para o exterior.

Na hipótese de exportação dos produtos finais para o território nacional, pode haver redução ou isenção do IPI, ou a incidência normal do imposto.

Sobre os benefícios fiscais que repercutem no IPI, ver tópico específico dos regimes aduaneiros especiais, no capítulo do Imposto de Importação e do Imposto de Exportação.

8. LANÇAMENTO E OBRIGAÇÕES ACESSÓRIAS

O IPI é imposto sujeito ao lançamento por homologação. Cabe ao contribuinte antecipar-se ao fisco, apurar o valor devido (a cada 10 ou 15 dias) e recolher o tributo.

Para auxiliar o contribuinte e, principalmente, para permitir o controle fiscal de suas atividades, o legislador impõe uma série de obrigações acessórias ligadas ao IPI, que vão de selo, rotulagem e marcação dos produtos à escrituração de livros; da emissão de notas fiscais à declaração de tributos, incluindo também a obrigatoriedade de instalação de equipamentos contadores de produção nos estabelecimentos industriais.

A exigência de **rotulagem e marcação** é universal. Todos os produtos que vemos hoje têm a marca de seu produtor e a origem do produto, entre outros elementos.

No caso brasileiro, o IPI mantém em parte a tradição do selo. Estão sujeitos ao selo produtos como bebidas quentes e relógios, entre outros relacionados por ato da SRF

O selo é medida complementar, que não dispensa a marcação e rotulagem dos produtos. Ademais, o uso do selo demanda o registro em livro próprio.

A ausência do selo, quando obrigatória, impede a comprovação da origem do produto e permite a aplicação de pena de perdimento. É o que entende o STJ:

> *TRIBUTÁRIO. AGRAVO REGIMENTAL. RECURSO ESPECIAL. APREENSÃO DE MERCADORIA. RELÓGIOS DE PULSO EXPOSTOS À VENDA SEM O SELO DE CONTROLE DO IPI. ORIGEM NÃO COMPROVADA DA MERCADORIA APREENDIDA. PENA DE PERDIMENTO. INCIDÊNCIA DA SÚMULA 7/STJ.*
>
> *1. Hipótese em que caracterizada a responsabilidade do comerciante pela falta de selo de controle do IPI em relógios de pulso expostos à venda, sem nenhuma ilegalidade no auto de infração, com a consequente aplicação da pena de perdimento da mercadoria apreendida.*
>
> *2. O uso do selo de controle do IPI é obrigatório para expor o produto à venda. Sua falta ou uso impróprio autorizam considerar o produto respectivo como não identificado e de origem desconhecida.*
>
> *3. O art. 514, III, do Decreto nº 4.544/2002, prevê a possibilidade de aplicação da pena de perdimento da mercadoria aos estabelecimentos que possuírem os produtos relacionados, incluídos os das posições 91.01 e 91.02 da Tabela de Incidência do Imposto sobre Produtos Industrializados (hipótese dos autos), cuja origem não for comprovada.*
>
> *[...]*
>
> *(STJ, T1, AgRg no REsp 1.448.938/RS, Min. OLINDO MENEZES, DJe de 30/6/2015)*

Nos termos do art. 392, do RIPI, **os contribuintes do imposto deverão emitir**:

- Nota Fiscal;
- Documento de Arrecadação;
- Declaração do Imposto; e
- Documento de Prestação de Informações Adicionais.

A **Declaração do IPI – DIPI** é integrada à Declaração de Informações Econômico-Fiscais da Pessoa Jurídica – DIPJ e deve ser entregue anualmente.

Os **livros obrigatórios** do IPI, a seu turno, são (art. 444, do RIPI):

- Registro de Entradas;
- Registro de Saídas;
- Registro de Controle da Produção e do Estoque;
- Registro de Entrada e Saída do Selo de Controle;
- Registro de Impressão de Documentos Fiscais;
- Registro de Utilização de Documentos Fiscais e Termos de Ocorrências;
- Registro de Inventário; e
- Registro de Apuração do IPI.

Os livros auxiliam a apuração do imposto, mas, independente desta característica, são obrigatórios e a falta de sua escrituração sujeita o contribuinte à penalidades.

9. RESUMO

Princípio da Legalidade	Mitigado, apenas para alteração de alíquotas, por ato do Poder Executivo, dentro dos limites estabelecidos pela lei.
Princípio da anterioridade do exercício	Dispensado
Princípio da anterioridade nonagesimal	Deve obedecer
Princípios constitucionais específicos	Seletividade obrigatória em função da essencialidade do produto Não cumulatividade – compensa-se o que for devido em cada operação com o montante cobrado nas anteriores Imunidade para produtos industrializados destinados ao exterior Impacto reduzido sobre a aquisição de bens de capital pelo contribuinte do imposto
Aspecto material na Constituição e no CTN	Venda de produto industrializado Industrialização = 1. transformação; 2. beneficiamento; 3. montagem; 4. acondicionamento ou reacondicionamento; 5. renovação ou recondicionamento Importação de produto industrializado Arrematação em leilão de produto industrializado
Aspecto espacial	Território nacional.
Aspecto temporal	Venda = saída do estabelecimento industrial ou equiparado Importação = desembaraço aduaneiro (o fato gerador do II ocorre antes, na declaração de importação) Leilão = data da arrematação
Aspecto quantitativo (Base de cálculo e alíquota)	Venda valor da operação de saída da mercadoria; se inexistente, o valor de mercado pauta fiscal = base de cálculo predefinida pela lei. Importação valor aduaneiro, acrescido do valor próprio imposto de importação, das taxas e dos encargos incidentes na importação Leilão valor da arrematação Alíquota = TIPI
Aspecto pessoal	Contribuinte = produtor, importador, arrematante Estabelecimento equiparado a industrial Responsável = transportador, substituto tributário
Observações	1. suspensão do imposto em diversas operações, especialmente entre estabelecimentos do mesmo proprietário 2. lançamento por homologação

10. SÚMULAS

Súmula STF

Súmula 546: Cabe a restituição do tributo pago indevidamente, quando reconhecido por decisão, que o contribuinte "de jure" não recuperou do contribuinte "de facto" o "quantum" respectivo.

Súmula 591: A imunidade ou a isenção tributária do comprador não se estende ao produtor, contribuinte do imposto sobre produtos industrializados.

Súmula STJ

Súmula 495: A aquisição de bens integrantes do ativo permanente da empresa não gera direito a creditamento de IPI.

Súmula 494: O benefício fiscal do ressarcimento do crédito presumido do IPI relativo às exportações incide mesmo quando as matérias-primas ou os insumos sejam adquiridos de pessoa física ou jurídica não contribuinte do PIS/PASEP.

Súmula 411: É devida a correção monetária ao creditamento do IPI quando há oposição ao seu aproveitamento decorrente de resistência ilegítima do Fisco.

11. QUESTÕES DE CONCURSOS PÚBLICOS

1. **(ESAF/AFRF/2012)** De acordo com a legislação tributária sobre o Imposto sobre Produtos Industrializados (IPI), assinale a opção correta.

a) As bebidas alcoólicas, os produtos de perfumaria ou toucador e as preparações cosméticas industrializadas na Zona Franca de Manaus, com utilização de matérias-primas da fauna e flora regionais, em conformidade com processo produtivo básico, por estabelecimentos com projetos aprovados pelo Conselho de Administração da Superintendência da Zona Franca de Manaus – SUFRAMA, são isentos de IPI, quando destinados à comercialização em qualquer outro ponto do território nacional.

b) Os produtos industrializados na Zona Franca de Manaus, destinados ao seu consumo interno, não são isentos de IPI.

c) Os automóveis de passageiros de fabricação nacional que obedeçam às especificações previstas em Lei são isentos de IPI, quando adquiridos por pessoas portadoras de deficiência mental severa ou profunda, ou autistas, desde que atendidos os requisitos previstos na legislação tributária.

d) Os bens de informática destinados à coleta eletrônica de votos, fornecidos diretamente ao Tribunal Superior Eleitoral, assim como os caixões funerários, são objeto de suspensão de IPI.

e) Há isenção de IPI sobre hidrocarbonetos, assim entendidos os derivados do petróleo, resultantes da sua transformação, mediante processos genericamente denominados refino ou refinação.

2. **(ESAF/AFRF/2012) Sobre o Imposto sobre Produtos Industrializados (IPI), julgue os itens abaixo, classificando-os como corretos (C)** ou errados (E). Em seguida, escolha a opção adequada às suas respostas.

I. A Secretaria da Receita Federal do Brasil (RFB) é autorizada a adequar a Tabela de Incidência do Imposto sobre Produtos Industrializados (TIPI), em decorrência de alterações promovidas na Nomenclatura Comum do Mercosul (NCM) pela Câmara de Comércio Exterior (CAMEX), caso as alterações promovidas pela CAMEX impliquem necessidade de adequação de alíquotas na TIPI pela RFB.

II. A empresa comercial exportadora, que adquirir produtos industrializados com fim específico de exportação, é obrigada ao pagamento do IPI suspenso na saída dos produtos do estabelecimento industrial, caso referidos produtos venham a ser destruídos, furtados ou roubados.

III. De acordo com as regras gerais para interpretação de classificação de produtos na Tabela de Incidência do Imposto sobre Produtos Industrializados (TIPI), a classificação de um produto, quando misturado ou composto de mais de uma matéria, efetuar-se-á, alternadamente, por uma das seguintes regras: a) na posição em que tiver descrição mais específica; b) na posição da matéria ou artigo que lhe conferir caráter essencial; c) na posição que der lugar a aplicação da alíquota mais elevada; d) na posição situada em último lugar na ordem numérica, entre as suscetíveis de validamente se tomarem em consideração.

IV. As Notas Complementares (NC) da Tabela de Incidência do Imposto sobre Produtos Industrializados (TIPI), nesta incluídas por Decreto do Executivo, constituem elementos subsidiários de caráter fundamental para a correta interpretação do conteúdo das Posições e Subposições da classificação dos produtos, mas não constituem instrumento hábil para interferir na tributação prevista na TIPI.

a) Os itens I, II e IV estão corretos.
b) Os itens I, III e IV estão errados.
c) Somente os itens II e IV estão corretos.
d) Os itens I, III e IV estão corretos.
e) Todos os itens estão errados.

---

3. **(ESAF/AFRF/2012) De acordo com a legislação tributária do Imposto sobre Produtos Industrializados (IPI), julgue os itens abaixo, classificando-os como corretos (C)** ou errados (E). Em seguida, escolha a opção adequada às suas respostas.

I. O saldo credor do Imposto sobre Produtos Industrializados – IPI, acumulado em cada trimestre-calendário, decorrente de aquisição de matéria-prima, produto intermediário e material de embalagem, aplicados na industrialização, inclusive de produto isento ou tributado à alíquota zero, que o contribuinte não puder compensar com o IPI devido na saída de outros produtos, poderá ser utilizado na forma prevista em Lei.

II. A incidência do IPI na importação de produtos industrializados depende do título jurídico a que se der a importação. Por isso, a Lei exclui da sujeição passiva do IPI a pessoa física na condição de importadora de produtos industrializados para uso próprio.

III. Segundo entendimento atual do Superior Tribunal de Justiça, é devida a correção monetária ao creditamento do IPI quando há oposição ao seu aproveitamento decorrente de resistência ilegítima do Fisco.

IV. A legislação tributária determina, em observância à não cumulatividade do tributo, que a entrada de insumos não onerados – seja por força de alíquota zero, de não incidência, de isenção ou de imunidade – gera direito ao crédito de IPI na saída dos produtos industrializados.

a) Apenas os itens I e III estão corretos.
b) Apenas os itens I e IV estão corretos.
c) Apenas o item IV está correto.
d) Apenas os itens II e IV estão corretos.
e) Apenas o item III está errado.

---

4. **(ESAF/Analista da Receita Federal/2012)** Avalie os itens a seguir e assinale a opção correta.

I. O desembaraço aduaneiro de produto de procedência estrangeira é fato gerador do Imposto sobre Produtos Industrializados, considerando-se ocorrido o referido desembaraço quando a mercadoria consta como tendo sido importada e o extravio ou avaria venham a ser apurados pela autoridade fiscal, inclusive na hipótese de mercadoria sob regime suspensivo de tributação.

II. Considera-se ocorrido o fato gerador do Imposto sobre Produtos Industrializados na saída de armazém geral ou outro depositário do estabelecimento industrial ou equiparado a industrial depositante, quanto aos produtos entregues diretamente a outro estabelecimento.

III. Considera-se ocorrido o fato gerador do Imposto sobre Produtos Industrializados na saída do estabelecimento industrial diretamente para estabelecimento da mesma firma ou de terceiro, por ordem do encomendante, quanto aos produtos mandados industrializar por encomenda.

a) Somente o item I está correto.
b) O item I e o item II estão corretos.
c) Os itens I, II e III estão corretos.
d) Os itens II e III estão corretos.
e) Os itens I e III estão corretos.

---

5. (ESAF/Analista da Receita Federal/2012) Avalie os itens a seguir e assinale a opção correta.

I. Para fins da incidência do Imposto sobre Produtos Industrializados, a industrialização é caracterizada como qualquer operação que modifique a natureza, o funcionamento, o acabamento, a apresentação ou a finalidade do produto.

II. O aperfeiçoamento para consumo é considerado como industrialização, para fins da incidência do Imposto sobre Produtos Industrializados, dependendo do processo utilizado para obtenção do produto e da localização e condições das instalações ou equipamentos empregados.

III. A alteração da apresentação do produto pela colocação de embalagem, ainda que em substituição da original, salvo quando a embalagem colocada se destine apenas ao transporte da mercadoria, é caracterizado como industrialização para fins da incidência do Imposto sobre Produtos Industrializados.

a) Somente o item I está correto.
b) O item I e o item II estão corretos.
c) Os itens I, II e III estão corretos.
d) Os itens II e III estão corretos.
e) Os itens I e III estão corretos.

---

6. (ESAF/Analista da Receita Federal/2012) Avalie os itens a seguir e assinale a opção correta. São equiparados aos estabelecimentos industriais para fins de incidência do Imposto sobre Produtos Industrializados:

I. Os estabelecimentos que comercializam produtos cuja industrialização tenha sido realizada por outro estabelecimento da mesma firma ou de terceiro, mediante a remessa, por eles efetuada, de matérias primas, produtos intermediários, embalagens, recipientes, moldes, matrizes ou modelos.

II. Os estabelecimentos, ainda que varejistas, que receberem, para comercialização, diretamente da repartição que os liberou, produtos importados por outro estabelecimento da mesma firma.

III. Os estabelecimentos atacadistas e cooperativas de produtores que derem saída a bebidas alcoólicas.

a) Somente o item I está correto.
b) O item I e o item II estão corretos.
c) Os itens I, II e III estão corretos.
d) Os itens II e III estão corretos.
e) Os itens I e III estão corretos.

---

7. (ESAF/Procurador da Fazenda Nacional-PGFN/2012) Alguns tributos possuem, além da função meramente arrecadatória ou fiscal, finalidade outra que se destina a regular a economia, criando mecanismos que induzem, ou incentivam, a conduta do potencial contribuinte numa ou noutra direção. É o que se viu recentemente com a majoração das alíquotas do IPI – Imposto sobre Produtos Industrializados, incidente sobre a importação de automóveis, já que, no período de janeiro a agosto de 2011, a balança comercial do setor automotivo atingiu um déficit de R$ 3 bilhões. Contudo, o STF entendeu que o decreto que majorar as alíquotas aplicáveis às operações de importação de veículos automotores

a) sujeita-se ao princípio da anterioridade, segundo o qual não se poderá exigir, no mesmo exercício financeiro em que o decreto é publicado, alíquotas maiores do que aquelas até então vigentes.

b) tem aplicabilidade imediata, por ser o IPI um tributo regulatório e pelo fato de que o Decreto-Lei que o criou (DL nº 1.191/1971) ter autorizado o Poder Executivo a reduzir suas alíquotas a zero; majorá-las, acrescentando até 30 unidades ao percentual de incidência fixado na lei, e, ainda, alterar a base de cálculo em relação a determinados produtos, podendo, para esse fim, fixar-lhes valor tributável mínimo.

c) submete-se, dentre outros, ao princípio constitucional da anterioridade nonagesimal, ou seja, fica suspenso até que tenha transcorrido o prazo de noventa dias da sua publicação.

d) fica suspenso, por força da anterioridade nonagesimal, até que tenha transcorrido o prazo de noventa dias da sua publicação. Contudo, a suspensão somente opera efeitos *ex tunc* caso haja pedido liminar formulado no sentido de reparar dano, e não para prevenir risco ao contribuinte.

e) não se submete ao princípio constitucional da anterioridade nonagesimal, eis que a Constituição Federal foi clara ao prever tal comando para a lei (antes de decorridos 90 dias da data em que haja sido publicada a lei que os instituiu ou aumentou). Assim, como o texto constitucional fala em "lei", o aumento das alíquotas por decreto não está sujeito à espera nonagesimal.

---

8. **(FCC/Sefin/RO/AuditorFiscal/2010)** A porcentagem do produto da arrecadação do imposto sobre produtos industrializados que a União entregará aos Estados e ao Distrito Federal, proporcionalmente ao valor das respectivas exportações de produtos industrializados, é de

a) dez por cento.

b) quinze por cento.

c) vinte por cento.

d) vinte e cinco por cento.

e) trinta por cento.

---

9. **(FCC/TJ/AP/Analista/2009)** O IPI é um tributo

a) direto com base no patrimônio de empresários do setor industrial.

b) direto com base no volume de produção das indústrias.

c) indireto com base na compra e venda de produtos industrializados.

d) indireto cobrado em todos os estágios do processo de produção com base no valor adicionado em cada etapa do ciclo.

e) indireto com base no volume de produtos industrializados de origem estrangeira.

---

10. **(FCC/PGE/MT/Procurador/2011)** A Constituição Federal fixa regras que limitam o exercício da competência tributária. Dentre elas podem ser citadas as regras da anterioridade anual e da anterioridade nonagesimal. Estas regras não são absolutas, comportando exceções. NÃO se submete às regras da anterioridade anual e nonagesimal, ao mesmo tempo, a majoração de alíquota do imposto sobre

a) produtos industrializados (IPI).

b) a renda e proventos de qualquer natureza (IR).

c) operações de crédito, câmbio e seguro, ou relativas a títulos ou valores mobiliários (IOF).

d) a propriedade territorial rural (ITR).

e) circulação de mercadorias e sobre prestação de serviços de transporte interestadual e intermunicipal e de comunicação (ICMS).

---

11. (FCC/TJ/PE/Juiz/2011) Em nosso sistema tributário, a não cumulatividade e a essencialidade são atributos exclusivos

a) do ICMS.

b) do IR.

c) dos impostos residuais.

d) do ITR.

e) do IPI.

---

12. (FCC/MPE/CE/Promotor/2011) Sobre os princípios constitucionais tributários é correto afirmar que

a) a lei que modifica tributos só pode ser aplicada no exercício seguinte ao da sua publicação por força da regra da irretroatividade da lei tributária.

b) os tributos sempre deverão ser pessoais e atender às condições econômicas dos contribuintes, por força do princípio da capacidade contributiva.

c) salvo exceções a lei que cria ou majora tributo terá eficácia no exercício financeiro seguinte ao da sua publicação, como expressão da anterioridade tributária.

d) como exceção à legalidade tributária, pode o Presidente da República instituir, por decreto, impostos de importação, de exportação, sobre produtos industrializados e sobre operações financeiras.

e) a instituição de empréstimo compulsório, imposto extraordinário, imposto residual e impostos de natureza extrafiscal são exceções à anterioridade nonagesimal.

---

13. (FCC/ALE/SP/Técnico/2010) Submete-se integralmente aos princípios da legalidade, anterioridade anual e anterioridade nonagesimal o imposto sobre

a) os produtos industrializados

b) a renda e proventos de qualquer natureza.

c) a transmissão de bens causa mortis e doação.

d) a propriedade de veículos automotores.

e) a propriedade territorial urbana.

---

14. (FCC/MPE/AP/Promotor/2012) Sobre as limitações constitucionais ao poder de tributar, é correto afirmar:

a) A regra da legalidade impede que o Chefe do Poder Executivo majore, por decreto, as alíquotas do Imposto sobre Produtos Industrializados.

b) A regra da legalidade impede que o Chefe do Poder Executivo atualize monetariamente a base de cálculo dos tributos da competência do ente.

c) Dispõe expressamente a Constituição Federal que o princípio da vedação ao confisco proíbe expressamente a utilização de tributos e multas com efeito confiscatório.

d) O princípio da capacidade contributiva é direcionado apenas aos impostos, conforme expressa disposição constitucional.

e) A regra da anterioridade nonagesimal impede que alíquotas e base de cálculo de todos os impostos municipais sejam majoradas depois de noventa dias para o término exercício financeiro.

15. (ESAF/AFRF/2014) Sobre a suspensão do IPI – Imposto sobre Produtos Industrializados, incidente sobre matérias-primas, produtos intermediários e material de embalagem, adquiridos por pessoas jurídicas preponderantemente exportadoras, é incorreto afirmar que:

a) considera-se pessoa jurídica preponderantemente exportadora aquela cuja receita bruta decorrente de exportação para o exterior, no ano-calendário imediatamente anterior ao da aquisição, houver sido superior a 70% (setenta por cento) de sua receita bruta total de venda de bens e serviços no mesmo período, excluídos os impostos e contribuições incidentes sobre a venda.

b) o direito à aquisição com suspensão do IPI fica condicionado ao registro prévio perante a Superintendência Regional da Receita Federal (SRRF) do domicílio da matriz da pessoa jurídica, formalizado por meio de solicitação do interessado.

c) tal benefício tanto pode beneficiar as saídas de estabelecimento industrial localizado no país, como as importações diretamente efetuadas pelas pessoas jurídicas preponderantemente exportadoras das matérias-primas, produtos intermediários e materiais de embalagem.

d) a competência para o deferimento do registro prévio é do Superintendente Regional da Receita Federal que jurisdicione o estabelecimento matriz da pessoa jurídica.

e) o registro prévio como pessoa jurídica preponderantemente exportadora produzirão efeitos a partir da assinatura do ato de concessão, e será definitivo para todo o período em que prevista a produção dos seus efeitos.

16. (ESAF/AFRF/2014) São imunes da incidência do Imposto sobre Produtos Industrializados, exceto:

a) o ouro, quando definido em lei como ativo financeiro ou instrumento cambial.

b) os livros, jornais e periódicos e o papel destinado à sua impressão.

c) os produtos industrializados destinados ao exterior.

d) as aeronaves de uso militar vendidas à União.

e) a energia elétrica, derivados do petróleo, combustíveis e minerais do País.

17. (ESAF/AFRF/2014) Julgue os itens abaixo e, em seguida, assinale a opção correta.

I. Segundo entendimento recente do Supremo Tribunal Federal, o valor cobrado a título de ressarcimento de custos para utilização do selo especial de emissão oficial para controle do Imposto sobre Produtos Industrializados detém natureza jurídica tributária de contribuição de intervenção no domínio econômico, motivo pelo qual está reservado a lei em sentido estrito.

II. A legislação tributária impõe obrigação assessoria consistente na aplicação de selo especial de emissão oficial para controle de determinados produtos sujeitos ao Imposto sobre Produtos Industrializados.

III. A exigência legal de utilização de selos para o controle da produção de algumas mercadorias sujeitas ao Imposto sobre Produtos Industrializados foi recentemente revogada por lei que instituiu, em substituição ao selo, a obrigatoriedade de utilização da nuvem digital para controle de mercadorias, que capta imagens da produção e transporte das mercadorias em tempo real.

IV. A legislação tributária impõe obrigação acessória consistente na instalação de equipamentos contadores de produção, que possibilitem a identificação do tipo de produto, de embalagem e de sua marca comercial, ficando os contribuintes obrigados ao ressarcimento pelo custo necessário à instalação desses equipamentos na linha de produção.

a) Apenas o item II está correto.

b) Apenas os itens II e III estão corretos.

c) Apenas o item III está correto.

d) Apenas o item IV está errado.

e) Apenas os itens I e III estão errados.

---

18. (ESAF – Procurador da Fazenda Nacional/2015) 8- Não é fato gerador do Imposto sobre Produtos Industrializados – IPI:

a) o conserto, a restauração e o recondicionamento de produtos usados para comércio.

b) a confecção de vestuário, por encomenda direta do consumidor ou usuário, em oficina do confeccionador.

c) a operação efetuada fora do estabelecimento industrial.

d) o reparo de produtos com defeito de fabricação, mediante substituição de partes e peças, mesmo quando a operação for remunerada.

e) o preparo de produto, por encomenda direta do consumidor ou usuário, desde que na residência do preparador.

---

19. (TRF4 – Juiz Federal Substituto 4ª Região/2014) Assinale a alternativa correta.

a) O imposto sobre produtos industrializados, segundo a Constituição Federal, será seletivo, em função da essencialidade do produto, não cumulativo, compensando-se o que for devido em cada operação com o montante cobrado nas anteriores, salvo em relação às empresas optantes pelo lucro presumido, e não incidirá sobre produtos industrializados destinados ao exterior.

b) O imposto sobre a propriedade territorial rural será progressivo, terá suas alíquotas fixadas de forma a desestimular a manutenção de propriedades improdutivas, não incidirá sobre pequenas glebas rurais, definidas em lei, quando as explore o proprietário que não possua outro imóvel e será fiscalizado e cobrado pelos Municípios que assim optarem, na forma da lei, desde que não implique redução do imposto ou qualquer outra forma de renúncia fiscal.

c) A instituição de imposto inominado, de competência residual da União, poderá ocorrer mediante lei complementar ou ordinária, desde que seja não cumulativo e não tenha fato gerador ou base de cálculo próprios dos discriminados na Constituição Federal.

d) A União, na iminência ou nos casos de guerra externa ou de grave comoção intestina, poderá instituir impostos extraordinários, compreendidos ou não em sua competência tributária, os quais serão suprimidos, gradativamente, cessadas as causas de sua criação.

e) Todas as alternativas anteriores estão incorretas.

---

20. (TRF4 – Juiz Federal Substituto 4ª Região/2014) Das alternativas abaixo, assinale a que NÃO está de acordo com a jurisprudência do Superior Tribunal de Justiça.

a) Não incide contribuição social previdenciária sobre o adicional de férias, tanto na hipótese de férias gozadas quanto na hipótese de férias não gozadas.

b) A decadência, em sede tributária, é forma de extinção do crédito tributário. Sendo assim, uma vez extinto o direito, não pode ser reavivado por qualquer sistemática de lançamento ou autolançamento, seja ela via documento de confissão de dívida, declaração de débitos, parcelamento, ou de outra espécie qualquer (DCTF, GIA, DCOMP, GFIP, etc.).

c) Não incide o Imposto sobre Produtos Industrializados (IPI) na revenda pelo estabelecimento importador quando esse produto importado não sofrer qualquer processo de industrialização.

d) A isenção do Imposto de Renda decorrente de doença grave pode ser deferida independentemente de laudo pericial oficial, bastando a existência de provas suficientes nos autos.

e) O termo inicial do prazo prescricional para o Fisco exercer a pretensão de cobrança judicial do crédito tributário declarado, mas não pago, é a data do vencimento da obrigação tributária expressamente reconhecida.

21. **(CESPE/Juiz Federal TRF5/2013) (adaptada)** Assinale certo ou errado de acordo com a CF, as normas gerais de direito tributário e a jurisprudência do STJ e do STF.

Segundo a CF, o IR deve submeter-se à exigência da noventena, mas não necessita obedecer a anterioridade tributária. O IPI, por sua vez, tem o tratamento inverso, visto que está liberado da noventena, mas é obrigado a respeitar a anterioridade tributária.

22. **(CESPE/Juiz Federal TRF5/2013) (adaptada)** Assinale certo ou errado de acordo com a CF, as normas gerais de direito tributário e a jurisprudência do STJ e do STF.

A seletividade implica tributação diferenciada conforme a qualidade do que é objeto da tributação, não se confundindo com a progressividade, que se refere ao simples agravamento do ônus tributário conforme a base de cálculo aumenta.

23. **(CESPE/Juiz Federal TRF1/2013) (adaptada)** No que se refere às espécies tributárias, aos impostos federais e às receitas públicas, assinale certo ou errado.

O imposto sobre produtos industrializados, apesar de constituir importante instrumento de política econômica, desestimula o setor exportador, pois incide sobre a produção industrial destinada a outros países.

24. **(TRF3/Juiz Federal TRF3/2010) (adaptada)** Assinale certo ou errado:

o IPI poderá incidir sobre produtos destinados ao exterior desde que não sejam caracterizados como essenciais.

25. **(TRF3/Juiz Federal TRF3/2010)** Assinale certo ou errado:

O imposto sobre produtos industrializados terá reduzido seu impacto sobre a aquisição de bens de capital pelo contribuinte do imposto, na forma da lei;

26. **(TRF3/Juiz Federal TRF3/2010)** Assinale a alternativa incorreta com relação ao IPI:

A) este imposto será seletivo em função da essencialidade do produto;

B) não incidirá sobre produtos industrializados destinados ao exterior;

C) terá reduzido seu impacto sobre a aquisição de bens de capital pelo contribuinte do imposto, na forma da lei;

D) terá suas alíquotas mínimas e máximas fixadas pelo Senado Federal;

27. **(TRF3/Juiz Federal TRF3/2011)** Em setembro de 2011, a União editou decreto determinando a elevação das alíquotas de IPI sobre a importação de automóveis e instrução normativa determinando a prorrogação do direito de dedução, sobre o imposto de renda anual da pessoa física, da contribuição previdenciária paga a empregado doméstico. Em ambas as normas, há cláusula de vigência para o dia da publicação desses atos normativos. Acerca desse aspecto, é correto afirmar, em conformidade com a CF e com o CTN, que

A) os efeitos do decreto produzem-se a partir de 1.º/1/2012, e os da instrução normativa, a partir da publicação.

B) os efeitos do decreto produzem-se após 90 dias contados da publicação, e os da instrução normativa, a partir da publicação.

C) os efeitos do decreto e da instrução normativa produzem-se após 90 dias contados da publicação.

D) os efeitos do decreto e da instrução normativa produzem-se a partir de 1.º de janeiro de 2012.

E) os efeitos do decreto e da instrução normativa produzem-se a partir da publicação dessas normas.

Gabarito		
Questão	**Resposta**	**Referência**
1	C	Tópicos 1, 2 e 6
2	B	Tópicos 1, 4 e 5
3	A	Tópicos 2 e 5
4	C	Tópicos 1, 2 e 3
5	E	Tópicos 1 e 2
6	C	Tópico 4
7	C	Tópico 1
8	A	Tópico 4
9	C	Tópico 1
10	C	Tópico 1
11	E	Tópico 5
13	C	Tópico 1
13	C	Tópico 1
14	D	Tópico 1
15	E	Tópico 3.1
16	D	Tópico 6
17	E	Tópico 7
18	B	Tópico 2
19	B	Tópicos 1 e 5.3
20	C	Tópico 4.2
21	ERRADO	Tópico 1
22	CERTO	Tópico 5.2
23	ERRADO	Tópicos 1 e 6
24	ERRADO	Tópicos 1 e 6
25	CERTO	Tópico 5.2
26	D	Tópicos 1 e 5.2
27	B	Tópico 1

CAPÍTULO 8

IMPOSTO SOBRE OPERAÇÕES FINANCEIRAS – IOF

Sumário • 1. Introdução – 2. IOF/crédito: 2.1. Noções gerais; 2.2. Aspecto material; 2.3. Aspecto subjetivo; 2.4. Aspecto quantitativo – 3. IOF/câmbio: 3.1. Noções gerais; 3.2. Aspecto material; 3.3. Aspecto subjetivo; 3.4. Aspecto quantitativo – 4. IOF/seguros: 4.1. Noções gerais; 4.2. Aspecto material; 4.3. Aspecto subjetivo; 4.4. Aspecto quantitativo; 4.5. Hipóteses de isenção – 5. IOF/ TVM: 5.1. Noções gerais; 5.2. Aspecto material; 5.3. Aspecto subjetivo; 5.4. Aspecto quantitativo; 5.5. Hipóteses de isenção – 6. IOF/ouro ativo financeiro: 6.1. Noções gerais – 7. Resumo – 8. Súmulas do STF e do STJ – 9. Questões de concursos públicos

1. INTRODUÇÃO

O IOF é um dos impostos da União com regulamentação mais sintética, o que o torna mais fácil de estudar, embora possa haver, na prática, dificuldades de apuração do valor devido ou questões jurídicas complexas.

É importante destacar, desde o início, que o IOF é considerado pela doutrina clássica como um dos impostos extrafiscais ou regulatórios, cuja função não é apenas arrecadatória. O imposto constitui instrumento que pode ser utilizado intensamente na condução da política monetária e cambial e, por tal motivo, recebe tratamento jurídico específico quanto ao princípio da anterioridade (eficácia imediata das normas que aumentam a tributação) e quanto ao princípio da legalidade (possibilidade de alteração de alíquotas por ato do Poder Executivo, dentro dos limites estabelecidos pela lei). Voltaremos ao tema logo adiante.

A doutrina costuma identificar como quatro impostos distintos, condensados em uma única norma de competência: IOF/crédito; IOF/câmbio; IOF/seguro; IOF/títulos e valores mobiliários = TVM. Embora o ouro como ativo financeiro possa ser considerado um valor mobiliário, não seria desarrazoado defender a existência de cinco exações, pois o IOF/ouro é bastante diferente do IOF/TVM.

A Constituição apresenta a norma de competência do imposto (art. 153, V) e disciplina, de maneira própria, a forma de concretização do princípio da legalidade.

Deveras, nos termos do art.153, § 1º, da CF/88, o IOF se inclui na pequena lista de tributos para os quais o Executivo possui, atendidas as condições e os limites estabelecidos em lei, competência para alteração de alíquotas.

A alteração de alíquotas não é ato privativo do Presidente da República, podendo ser praticado por Ministro de Estado ou autoridade devidamente autorizada, conforme entende o STF (RE 872.319 AgR/SP).

A exceção ao princípio da anterioridade também ganha tratamento peculiar na Constituição. As normas que majoram o imposto têm eficácia imediata, estando dispensadas do cumprimento da anterioridade do exercício e da anterioridade nonagesimal, conforme o art. 150, § 1º, da Carta.

No art. 153, § 5º, a Constituição prevê a incidência do IOF sobre o ouro como ativo financeiro (sobre o ouro mercadoria incide o ICMS) e repartição da receita arrecadada pelo IOF ouro (o restante da arrecadação do IOF não é repartido). Dispõe:

> *Art. 153. [...]*
>
> *§ 5º O ouro, quando definido em lei como ativo financeiro ou instrumento cambial, sujeita-se exclusivamente à incidência do imposto de que trata o inciso V do "caput" deste artigo, devido na operação de origem; a alíquota mínima será de um por cento, assegurada a transferência do montante da arrecadação nos seguintes termos:*
>
> *I – trinta por cento para o Estado, o Distrito Federal ou o Território, conforme a origem;*
>
> *II – setenta por cento para o Município de origem.*

A Constituição, portanto, 1. autoriza à União criar, por lei, o IOF; 2. permite ao Poder Executivo, normalmente por decreto, aumentar e reduzir as alíquotas do imposto dentro dos limites previstos pela lei; 3. dispensa a espera do exercício seguinte e do transcurso do prazo de 90 dias da publicação da lei ou do decreto para que a norma que majora o imposto possa surtir seus efeitos; e 4. regula a incidência única do IOF sobre o ouro como ativo financeiro.

O IOF, porém, continua sujeito às regras constitucionais sobre tributos e, mais especificamente, sobre impostos, entre elas, a exigência de lei complementar que disponha sobre normas gerais de legislação tributária (art. 146, III, da CF/88).

As normas gerais do IOF estão presentes no CTN (Livro Primeiro, Título III, Capítulo IV, Seção V). Interessante observar que o Capítulo IV cuida dos impostos sobre a produção e a circulação de bens e serviços, de modo que o IOF é tratado pelo legislador complementar juntamente com impostos como o IPI, o ICMS e o ISS. Em outros termos, para o CTN, o IOF incide sobre a produção e a circulação, não sobre o mercado financeiro ou sobre o consumo.

As normas do CTN foram quase todas recepcionadas. Vejamos uma a uma.

O art. 63, do CTN define as normas gerais dos múltiplos fatos geradores do tributo, criando um quadro dentro do qual a lei poderá instituir a exação sobre crédito, câmbio, seguro e operações como títulos e valores mobiliários.

> *Art. 63. O imposto, de competência da União, sobre operações de crédito, câmbio e seguro, e sobre operações relativas a títulos e valores mobiliários tem como fato gerador:*
>
> *I – quanto às operações de crédito, a sua efetivação pela entrega total ou parcial do montante ou do valor que constitua o objeto da obrigação, ou sua colocação à disposição do interessado;*
>
> *II – quanto às operações de câmbio, a sua efetivação pela entrega de moeda nacional ou estrangeira, ou de documento que a represente, ou*

> *sua colocação à disposição do interessado em montante equivalente à moeda estrangeira ou nacional entregue ou posta à disposição por este;*
>
> *III – quanto às operações de seguro, a sua efetivação pela emissão da apólice ou do documento equivalente, ou recebimento do prêmio, na forma da lei aplicável;*
>
> *IV – quanto às operações relativas a títulos e valores mobiliários, a emissão, transmissão, pagamento ou resgate destes, na forma da lei aplicável.*
>
> *Parágrafo único. A incidência definida no inciso I exclui a definida no inciso IV, e reciprocamente, quanto à emissão, ao pagamento ou resgate do título representativo de uma mesma operação de crédito.*

É hora de antecipar alguns conceitos importantes, exatamente acerca do que vem a ser operação de crédito, operação de câmbio, operação de seguro e operação com títulos e valores mobiliários.

De fato, muitos autores dizem que o direito tributário é um direito de superposição, pois suas normas incidem sobre fatos regidos por outras áreas do direito. No caso do IOF, é o direito privado (civil e empresarial) que dará os conceitos importantes para a incidência do imposto.

Operações de crédito

Embora o Código Civil não defina crédito, sabemos que este é um dos elementos das obrigações. Nestas há um sujeito ativo, credor, um sujeito passivo, devedor e um vínculo de débito e crédito que os une.

Nas obrigações em geral, pode haver crédito de qualquer natureza, relacionado a bens fungíveis ou infungíveis, sempre economicamente mensuráveis. Nas operações de crédito propriamente ditas, não basta que o objeto da obrigação seja economicamente mensurável. É necessário que este objeto seja o dinheiro.

Para Roberto Mosquera, operação de crédito:

> *é operação por intermédio da qual alguém efetua uma prestação presente, para ressarcimento dessa prestação em data futura, havendo, portanto, um interregno de tempo entre o termo inicial e o termo final da operação.*[1]

Na operação de crédito, há, também o elemento temporal, vale dizer, o empréstimo em dinheiro para pagamento no futuro.

Operação de câmbio

Em nossa língua, câmbio pode significar qualquer espécie de troca de bens. Para o IOF, porém, câmbio somente pode significar a troca de moeda nacional por moeda estrangeira e vice-versa.

---

1. MOSQUERA, Roberto Quiroga. *Tributação no mercado financeiro e de capitais*. São Paulo: Dialética, 1999, p. 119.

Segundo Roberto Mosquera,

> *podemos definir as operações de câmbio como os negócios de compra e venda de moeda estrangeira ou nacional ou, ainda, os negócios jurídicos consistentes na entrega de uma determinada moeda a alguém em contrapartida de outra moeda recebida. Em síntese, o câmbio traduz um comércio de dinheiro, no qual este se torna mercadoria e, como tal, tem custo e preço*[2].

As operações de câmbio não podem ser realizadas por qualquer pessoa. Segundo as regras do Banco Central, podem operar neste segmento da economia algumas poucas instituições.

Podem ser autorizados pelo Banco Central a operar no mercado de câmbio: bancos múltiplos; bancos comerciais; caixas econômicas; bancos de investimento; bancos de desenvolvimento; bancos de câmbio; agências de fomento; sociedades de crédito, financiamento e investimento; sociedades corretoras de títulos e valores mobiliários; sociedades distribuidoras de títulos e valores mobiliários e sociedades corretoras de câmbio[3].

Operações de seguro

As operações de seguro, a seu turno, são tratadas expressamente pela lei. Dispõe o art. 757, do Código Civil:

> *Art. 757. Pelo contrato de seguro, o segurador se obriga, mediante o pagamento do prêmio, a garantir interesse legítimo do segurado, relativo a pessoa ou a coisa, contra riscos predeterminados.*
>
> *Parágrafo único. Somente pode ser parte, no contrato de seguro, como segurador, entidade para tal fim legalmente autorizada.*

Nestes termos, operação de seguro será aquela realizada, por instituição autorizada, em que o segurador se obriga a suportar riscos do segurado.

O fato de a lei determinar que somente entidades autorizadas possam atuar como seguradora ou realizar operações de câmbio nos adianta um tema interessante com relação às operações de crédito, para fins do IOF. Qualquer pessoa pode realizar operações de crédito, vale dizer, emprestar dinheiro. A questão que coloco – e que abordarei adiante – é se todas as operações de crédito, ainda que realizadas entre pessoas físicas, podem sofrer a incidência do IOF ou se o imposto incide somente sobre as operações realizadas por instituições autorizadas. A resposta, veremos adiante!

Bem mais difícil é a compreensão do que vem a ser *títulos e valores mobiliários*.

Roberto Mosquera, após estudar a matéria, sustenta que poderá haver a incidência do imposto de títulos e valores mobiliários sobre

> *documentos indispensáveis que representam e mencionam direitos e/ou obrigações pecuniárias (títulos mobiliários/títulos de crédito) e ne-*

2. MOSQUERA, Roberto Quiroga. *Tributação no mercado financeiro e de capitais*. São Paulo: Dialética, 1999, p. 121.
3. Banco Central do Brasil. Mercado de câmbio: definições. Disponível em http://www.bcb.gov.br/?MERCCAMFAQ#4, acesso em 14.12.2012.

gócios jurídicos relativos a investimentos oferecidos ao público, sobre os quais o investidor não tem controle direto, cuja aplicação é feita em dinheiro, bens ou serviço, na expectativa de lucro, não sendo necessária a emissão do título para a materialização da relação obrigacional (valores mobiliários)[4].

Não existe, porém, um conceito absoluto para títulos e valores mobiliários, sendo necessário estabelecer classificações e categorias para que possamos compreender o fato gerador do imposto.

Em direito, as categorias podem ser definidas, por um conceito geral e a partir deste conceito, pode-se identificar os fenômenos jurídicos que se enquadram na categoria ou elencar, sob determinada denominação, um rol de fenômenos jurídicos com características comuns.

Um pouco confuso! Mas alguns exemplos podem deixar a ideia bem clara!

Pensemos no caso dos tributos.

O CTN define tributo por um conceito geral, bem conhecido, que se encontra no art. 3º, do Código. A partir deste conceito, pode-se verificar quais exações são tributárias e quais não são. Ainda que o CTN e a CF/88 afirmem ser tributos os impostos, as taxas e as contribuições de melhoria, os intérpretes do direito, notadamente o STF, entendem que são tributos, também, as contribuições sociais, as contribuições interventivas e os empréstimos compulsórios. A partir de um conceito geral e abstrato, os intérpretes chegam à conclusão de que as contribuições também são tributos.

Em outros termos, tributo é toda prestação pecuniária compulsória em moeda, instituída por lei, que não constitua sanção por ato ilícito e seja cobrada por atividade administrativa vinculada. Toda figura jurídica que se enquadrar em tal conceito será tributo.

Com os valores mobiliários, passa-se o inverso.

A Lei 6.385/76, que dispõe sobre o mercado de valores mobiliários e cria a Comissão de Valores Mobiliários, não conceitua títulos e valores mobiliários, mas apresenta um rol de figuras jurídicas que são consideradas como tais.

Para esta lei, conforme sua redação original, são valores mobiliários as ações, partes beneficiárias e debêntures, os cupões desses títulos e os bônus de subscrição; os certificados de depósito de valores mobiliários; outros títulos criados ou emitidos pelas sociedades anônimas, a critério do Conselho Monetário Nacional, excluídos os títulos públicos, pois a finalidade da lei é a regulação do mercado, não a incidência tributária.

A Lei 10.303/01 incluiu entre os títulos e valores mobiliários os derivativos e os contratos de investimento coletivo, de modo que o art. 2º, da Lei 6.385/76, passou a ter a seguinte redação:

Art. 2º São valores mobiliários sujeitos ao regime desta Lei:

I – as ações, debêntures e bônus de subscrição;

---

4. MOSQUERA, Roberto Quiroga. *Tributação no mercado financeiro e de capitais*. São Paulo: Dialética, 1999, p. 131.

> *II – os cupons, direitos, recibos de subscrição e certificados de desdobramento relativos aos valores mobiliários referidos no inciso I;*
>
> *III – os certificados de depósito de valores mobiliários;*
>
> *IV – as cédulas de debêntures;*
>
> *V – as cotas de fundos de investimento em valores mobiliários ou de clubes de investimento em quaisquer ativos;*
>
> *VI – as notas comerciais;*
>
> *VII – os contratos futuros, de opções e outros derivativos, cujos ativos subjacentes sejam valores mobiliários;*
>
> *VIII – outros contratos derivativos, independentemente dos ativos subjacentes; e*
>
> *IX – quando ofertados publicamente, quaisquer outros títulos ou contratos de investimento coletivo, que gerem direito de participação, de parceria ou de remuneração, inclusive resultante de prestação de serviços, cujos rendimentos advêm do esforço do empreendedor ou de terceiros.*

De outro lado, a Lei 6.385/76 exclui do conceito de valores mobiliários os títulos públicos, não obstante o imposto federal incida nas operações com tais títulos. Também não são considerados valores mobiliários alguns papéis característicos de instituições bancárias, sem qualquer impedimento para a incidência do imposto.

Ocorre que a definição de valores mobiliários dada pela Lei 6.385/76 tem caráter funcional. A lei estabelece o que são valores mobiliários, para sujeitá-los à regulamentação e à fiscalização da Comissão de Valores Mobiliários – CVM. Papéis e títulos que não demandam o controle desta autarquia, não são considerados valores mobiliários. Não perdem, porém, o valor econômico que permite negociação e que justifica a incidência tributária.

Numa síntese mais didática, incluindo os títulos públicos, são títulos e valores mobiliários para fins de incidência do IOF:

- Títulos públicos (Letra do Tesouro Nacional)
- Títulos privados emitidos por sociedades anônimas (letras de câmbio, debêntures, *commercial papers* e os certificados de depósitos destes ativos);
- Títulos privados negociados por instituições bancárias;
- Cotas de fundos e clubes de investimento;
- Derivativos;
- Contratos de investimento coletivo.

Não há, porém, identidade na definição de valores mobiliários para fins de controle da CVM e para fins de incidência tributária, ao revés, a definição tributária é mais ampla que a da Lei 6.385/76.

A base de cálculo do imposto é prevista pelo art. 64, do CTN, que considera, em regra, o valor econômico das operações.

> *Art. 64. A base de cálculo do imposto é:*
>
> *I – quanto às operações de crédito, o montante da obrigação, compreendendo o principal e os juros;*
>
> *II – quanto às operações de câmbio, o respectivo montante em moeda nacional, recebido, entregue ou posto à disposição;*
>
> *III – quanto às operações de seguro, o montante do prêmio;*
>
> *IV – quanto às operações relativas a títulos e valores mobiliários:*
>
> *a) na emissão, o valor nominal mais o ágio, se houver;*
>
> *b) na transmissão, o preço ou o valor nominal, ou o valor da cotação em Bolsa, como determinar a lei;*
>
> *c) no pagamento ou resgate, o preço.*

Não há maiores dificuldades.

Para o IOF/Crédito, a base de cálculo é o valor do principal acrescido dos juros (art. 64, I). Estão excluídas as taxas bancárias, sujeitas ao ISS. Contudo, como veremos adiante, há operações de crédito sem valor principal definido em contrato, como no caso do cartão de crédito ou do cheque especial. O correntista pode sequer utilizar o crédito, hipótese em que não ocorrerá o fato gerador.

Nas situações em que o valor do contrato não esteja definido, a base de cálculo será o saldo devedor diário do tomador do crédito.

Vejamos o art. 7º, I, a, do RIOF:

> *Art. 7º A base de cálculo e respectiva alíquota reduzida do IOF são (Lei 8.894/94, art. 1º, parágrafo único, e Lei nº 5.172/66, art. 64, I):*
>
> *I – na operação de empréstimo, sob qualquer modalidade, inclusive abertura de crédito:*
>
> *a) quando não ficar definido o valor do principal a ser utilizado pelo mutuário, inclusive por estar contratualmente prevista a reutilização do crédito, até o termo final da operação, a base de cálculo é o somatório dos saldos devedores diários apurado no último dia de cada mês, inclusive na prorrogação ou renovação:*
>
> *1. mutuário pessoa jurídica: 0,0041%;*
>
> *[...]*

Nas operações de câmbio, a base de cálculo será o valor da operação em reais, ainda que não ocorra a troca física de moedas (CTN, art. 64, II).

Na hipótese do seguro, a base de cálculo do IOF será o valor do prêmio, vale dizer, o preço que o segurado paga à seguradora (CTN, art. 64, III).

Para operações com títulos e valores mobiliários, há mais de uma previsão de base de cálculo. Na emissão de títulos como debêntures, partes beneficiárias e contratos de derivativos com valor nominal, vale dizer, em sua oferta ao mercado, a base de cálculo será este valor nominal mais o eventual ágio (CTN, art. 64, IV, a).

Quando o titular do valor mobiliário o vende ou o transfere para terceiros, a base de cálculo poderá ser tanto o preço pago, quanto o valor nominal do ativo ou a cotação deste ativo na bolsa, conforme dispuser a lei (CTN, art. 64, IV, b). Notem que o CTN fala em cotação na bolsa, não o preço pago na operação. Isso nos faz lembrar do art. 148, do CTN, sobre arbitramento. Assim, a alínea "b", do art. 64, IV, do CTN pode tanto ser utilizada pela lei como base de cálculo presumida da operação ou como critério de arbitramento da base de cálculo do IOF se o título não possuir valor nominal e o preço pago não merecer credibilidade.

Nos termos do art. 64, IV, c, do CTN, a base de cálculo também será o preço no ato do pagamento ou resgate.

Aliomar Baleeiro entendia que as modalidades "a", "b"e "c" seriam alternativas, de forma que o legislador teria liberdade para escolher uma ou outra, sem cumulá-las[5]. Correto o autor, no sentido de que não pode haver dupla tributação sobre o mesmo fato.

Contudo, o CTN prevê hipóteses que não se confundem, de modo que o legislador pode estabelecer todas as bases de cálculo, simultaneamente, para fatos distintos. A emissão do título é sua criação. Uma ação, por exemplo, pode ser emitida com ou sem aumento de capital, para oferta livre ao mercado ou para compensar o acionista pela diluição do valor do título.

A transmissão se refere à transferência da propriedade do valor mobiliário a qualquer título, o que pode ocorrer por compra e venda, por cessão, por dação em pagamento etc.; com pagamento integral à vista, com o acerto entre operações de compra e venda, ou com a liquidação, mediante pagamento futuro.

O art. 2º, II, da Lei 8.894/94, procura abarcar o valor da operação para base de cálculo do imposto, sem estabelecer a incidência pela pura emissão de títulos, dispõe:

> *Art. 2º Considera-se valor da operação:*
>
> *[...]*
>
> *II – nas operações relativas a títulos e valores mobiliários:*
>
> *a) valor de aquisição, resgate, cessão ou repactuação;*
>
> *b) o valor do pagamento para a liquidação das operações referidas na alínea anterior, quando inferior a noventa e cinco por cento do valor inicial da operação, expressos, respectivamente, em quantidade de Unidade Fiscal de Referência (Ufir) diária.*
>
> *c) o valor nocional ajustado dos contratos, no caso de contratos derivativos.*

5. BALEEIRO, Aliomar. *Direito Tributário*. Rio de Janeiro: Forense, 1999, p. 473.

O CTN não prevê as alíquotas do imposto, matéria que, de fato, não se enquadra como norma geral de direito tributário. Ao revés, prevê a possibilidade de alteração de alíquotas do imposto pelo Poder Executivo. O Código previa, também, a possibilidade de alteração da base de cálculo do imposto, o que não se afigura mais possível, diante do novo quadro constitucional.

Note que o art. 65 do CTN dispõe expressamente sobre a finalidade extrafiscal do imposto, qual seja, colaborar na condução da política monetária. Leia-se:

> *Art. 65. O Poder Executivo pode, nas condições e nos limites estabelecidos em lei, alterar as alíquotas ou as bases de cálculo do imposto, a fim de ajustá-lo aos objetivos da política monetária.*

O art. 66, do CTN expressa o contribuinte do imposto.

> *Art. 66. Contribuinte do imposto é qualquer das partes na operação tributada, como dispuser a lei.*

Assim, o **contribuinte** é, normalmente, o mutuário ou tomador do crédito, o comprador ou vendedor da moeda estrangeira, o contratante do seguro, e aquele que realizar a operação com títulos ou valores mobiliários. A seu turno, será **responsável** a instituição que conceder crédito, a instituição autorizada a operar câmbio, a seguradora e a bolsa de mercadorias e futuros.

No que toca ao contribuinte da exação, discute-se se as imunidades subjetivas a impostos, previstas pelo art. 150, VI, da Constituição, se estenderia também ao IOF. O Supremo Tribunal Federal decidiu no RE 601.392/PR[6], com repercussão geral, que a imunidade recíproca alcança as operações financeiras, beneficiando, assim, a Empresa Brasileira de Correios e Telégrafos. A Corte também tem decidido em favor da imunidade de entidades de educação e de assistência social sem fins lucrativos (AI 724793 AgR/SP[7] e RE 454753 AgR/CE[8]) e naturalmente dos entes federados (ACO 502 ArG/SP), fazendo crer que o RE 611510 RG / SP[9], com repercussão geral, que versa sobre a matéria deve ser julgado no mesmo sentido.

Em outra ordem de preocupações, o art. 67 do CTN não foi recepcionado pela ordem constitucional inaugurada em 1988. O artigo previa a destinação da receita do imposto, que seria utilizado para a formação de reservas monetárias.

> *Art. 67. A receita líquida do imposto destina-se a formação de reservas monetárias, na forma da lei.*

O dispositivo mostra-se em descompasso com o art. 167, IV, da CF/88, que veda a vinculação de receita de impostos a órgão, fundo ou despesa. Leia-se:

---

6. STF, Tribunal Pleno, RE 601392 / PR, Min. GILMAR MENDES, DJE de 05/06/2013.
7. STF, T1, AI 724793 AgR / SP, Min. MARCO AURÉLIO, DJe de 10/05/2011.
8. STF, T2, RE 454753 AgR/CE, Min. JOAQUIM BARBOSA, DJe de 28/05/2010.
9. STF, RE 611510 RG / SP, Min. ELLEN GRACIE, DJe de 22/11/2010.

Art. 167. São vedados:

[...]

IV – a vinculação de receita de impostos a órgão, fundo ou despesa, ressalvadas a repartição do produto da arrecadação dos impostos a que se referem os arts. 158 e 159, a destinação de recursos para as ações e serviços públicos de saúde, para manutenção e desenvolvimento do ensino e para realização de atividades da administração tributária, como determinado, respectivamente, pelos arts. 198, § 2º, 212 e 37, XXII, e a prestação de garantias às operações de crédito por antecipação de receita, previstas no art. 165, § 8º, bem como o disposto no § 4º deste artigo.

A receita do IOF hoje, portanto, é destinada ao Orçamento Geral da União (OGU).

A semelhança do fato gerador do IOF com o fato gerador da CPMF não permite a confusão entre os tributos. Deveras, caracteriza as contribuições a vinculação do produto arrecadado da exação a finalidade específica: vale dizer, o contrário do que se passa com os impostos.

Na história desta contribuição específica, a CPMF, sua duração foi efêmera, havendo momentos em que o tributo perdeu eficácia. E quando isso ocorreu, o Executivo elevou a alíquota do IOF, levando alguns a defender que o imposto que estamos estudando teria se transformado na contribuição sobre movimentação financeira.

O STF, porém, não concordou com a tese. Vejamos:

AGRAVO REGIMENTAL RECURSO EXTRAORDINÁRIO. CPMF. MAJORAÇÃO DA ALÍQUOTA DO IMPOSTO SOBRE OPERAÇÕES FINANCEIRAS – IOF. DESCARACTERIZAÇÃO DA NATUREZA DO TRIBUTO. NÃO COMPROVAÇÃO.

A receita de impostos compõe a reserva necessária para fazer frente a toda e qualquer despesa uti universi, não havendo que se presumir que a majoração do IOF tenha ocorrido necessariamente para repor a perda dos valores anteriormente arrecadados por meio da CPMF. Não há qualquer evidência de que a majoração do IOF, perpetrada pela Portaria MF 348/1998, teve o condão de modificar a natureza jurídica do imposto, desviando sua finalidade e transformando-o em tributo com arrecadação vinculada. A tese da agravante está embasada em meras suposições, carecendo de efetivo fundamento jurídico. Agravo regimental a que se nega provimento.

(STF, T1, RE 800.282 AgR/SP, Min. ROBERTO BARROSO, DJe de 6/3/2015)

A nosso ver, mesmo que a elevação da alíquota do IOF tenha visado recuperação da receita da CPMF ou mesmo atingir seus efeitos extrafiscais, a mudança da natureza da exação não seria possível, por faltar no imposto a vinculação à finalidade específica. No regime constitucional vigente a descaracterização do imposto é impossível.

A partir destas palavras iniciais, iremos abordar o IOF, em suas diversas modalidades (IOF/crédito; IOF/câmbio; IOF/seguro; IOF/TVM; e IOF/Ouro), tendo como referência a Lei 5.143/66, instituidora do tributo, com alterações posteriores e o Decreto 6.306/07, que institui o Regulamento do IOF, aprofundando no tema, sempre que possível, com o auxílio da jurisprudência judicial e administrativa.

Nosso guia, será mesmo o RIOF, tendo em vista tratar-se de documento consolidado, completo, prático e sistemático. Sempre que necessário ou conveniente, vamos mencionar as leis, seja para esclarecimento do alcance do decreto, seja para permitir o melhor entendimento da jurisprudência sobre o imposto.

A propósito, o IOF não está entre os tributos com mais vasta jurisprudência, tanto nos tribunais quanto na esfera administrativa, e, em sua maior parte, as decisões se referem ao IOF/crédito.

2. IOF/CRÉDITO

2.1. Noções gerais

A noção de crédito é bastante intuitiva.

Imagine uma pessoa que pretende comprar a casa própria, não tem dinheiro para pagar à vista, mas possui renda para pagar o imóvel, vamos supor, em 10 anos. Essa pessoa procura um banco, faz um cadastro e pede um empréstimo. O banco faz uma análise da capacidade de pagamento da pessoa e do grau de risco do negócio, exige garantias e informa ao interessado se pode lhe conceder o empréstimo (que pode ser menor que o valor solicitado, dependendo da capacidade de pagamento do tomador) a uma taxa de juros (determinada pelo mercado, pelo governo e pelo grau de risco que a operação envolver).

Se a pessoa aceita o negócio, ela se torna tomadora do empréstimo (mutuária) e o banco se torna o concedente do empréstimo (mutuante). O valor do empréstimo é o crédito que a pessoa recebe.

A mesma coisa pode ocorrer quando a pessoa pretende comprar um veículo, quando a empresa precisa de capital de giro ou capital para investimento etc.

Algumas operações de crédito são mais automáticas. Nelas o valor máximo da operação é predeterminado pelo banco, assim como a taxa de juros. O tomador recebe o crédito sempre que faz uma operação a descoberto (sem que tenha o dinheiro disponível para pagar a obrigação assumida), como é o caso do cheque especial.

Essencial, segundo a jurisprudência, que a operação de crédito ocorra entre uma pessoa credora e outra devedora, não sendo legítimo considerar como operação de crédito movimentações de recursos de uma mesma pessoa. Decidiu o STF:

> *O saque em conta de poupança, por não conter promessa de prestação futura e, ainda, porque não se reveste de propriedade circulatória, tampouco configurando título destinado a assegurar a disponibilidade de valores mobiliários, não pode ser tido por compreendido no conceito de operação de crédito ou de operação relativa a títulos ou valores mobiliários, não se prestando, por isso, para ser definido como hipótese de incidência do IOF, previsto no art. 153, V, da Carta Magna. Recur-*

so conhecido e improvido; com declaração de inconstitucionalidade do dispositivo legal sob enfoque.

(STF; Tribunal Pleno; RE 232.467/SP; Min. ILMAR GALVÃO; DJ de 12/5/2000)

Decisões reiteradas no mesmo sentido levaram à edição da Súmula 664 do STF:

É inconstitucional o inciso V do art. 1º da Lei 8.033/90, que instituiu a incidência do imposto nas operações de crédito, câmbio e seguros – IOF sobre saques efetuados em caderneta de poupança.

(STF; Tribunal Pleno, DJ de 9/10/2003)

De fato, ao realizar um saque de dinheiro que lhe pertence, o poupador não realiza operação de crédito, mas simples movimentação financeira, que veio a ser tributada pelo IPMF e, posteriormente, pela CPMF. Hoje, não há incidência tributária sobre o resgate da poupança nem sobre o levantamento de qualquer depósito, no sentido que o Código Civil empresta ao termo.

2.2. Aspecto material

O art. 3º, do RIOF define o fato gerador do IOF/Crédito como a entrega do montante ou do valor que constitua o objeto da obrigação, ou sua colocação à disposição do interessado e estabelece o momento de sua ocorrência, no § 1º, vale dizer, "na data da efetiva entrega, total ou parcial, do valor que constitua o objeto da obrigação ou sua colocação à disposição do interessado; no momento da liberação de cada uma das parcelas, nas hipóteses de crédito sujeito, contratualmente, a liberação parcelada; data do adiantamento a depositante, assim considerado o saldo a descoberto em conta de depósito; na data do registro efetuado em conta devedora por crédito liquidado no exterior; na data em que se verificar excesso de limite, assim entendido o saldo a descoberto ocorrido em operação de empréstimo ou financiamento, inclusive sob a forma de abertura de crédito; na data da novação, composição, consolidação, confissão de dívida e dos negócios assemelhados, observado o disposto nos §§ 7º e 10 do art. 7º; na data do lançamento contábil, em relação às operações e às transferências internas que não tenham classificação específica, mas que, pela sua natureza, se enquadrem como operações de crédito".

O fato gerador, pois, é a entrega do valor, independente da existência de contrato escrito, como já se expressou por diversas vezes o Conselho Administrativo de Recursos Fiscais – CARF, a exemplo do Acórdão 310201.177[10].

A existência de contrato, porém, traz significativos efeitos na tributação do IOF/Crédito.

Com o contrato que preveja liberação parcelada do crédito, nos termos do §, 1º, inciso II, do art. 3º, do RIOF, o fato gerador ocorrerá na liberação de cada parcela, en-

10. CARF; 1ª Câmara; 2ª Turma Ordinária; Acórdão 310201.177; Relator Álvaro Arthur Lopes de Almeida Filho; Seção de 31/8/2011.

quanto que sem o contrato, o fato gerador ocorrerá diariamente, tomando-se como base de cálculo o saldo devedor.

O contrato, ainda, exclui da base de cálculo do imposto os encargos cobrados na operação, vale dizer, as taxas bancárias e o serviço para a realização do empréstimo. Ao revés, sem o contrato, incide o imposto sobre o todo saldo devedor, de forma que não se pode separar os encargos, nos termos do § 2º, do art. 3º, do RIOF, e é neste sentido que o CARF tem se posicionado[11].

Veja que os encargos são retirados da base de cálculo do imposto, quando previsto o principal ou o valor das parcelas previstas – em contrato. Quando o principal não é definido, a base de cálculo é o somatório dos saldos devedores diários, sem que se possa excluir os encargos.

O art. 3º, do RIOF, com base na legislação ordinária, estabelece que há incidência do imposto, ainda que nenhuma das partes seja instituição financeira.

Uma das incidências refere-se às operações de desconto de título, prevista pelo art. 58, da Lei 9.532/97. Vejamos:

> *Art. 58. A pessoa física ou jurídica que alienar, à empresa que exercer as atividades relacionadas na alínea "d" do inciso III do § 1º do art. 15 da Lei nº 9.249, de 1995 (factoring), direitos creditórios resultantes de vendas a prazo, sujeita-se à incidência do imposto sobre operações de crédito, câmbio e seguro ou relativas a títulos e valores mobiliários – IOF às mesmas alíquotas aplicáveis às operações de financiamento e empréstimo praticadas pelas instituições financeiras.*
>
> *§ 1º O responsável pela cobrança e recolhimento do IOF de que trata este artigo é a empresa de factoring adquirente do direito creditório.*
>
> *§ 2º O imposto cobrado na hipótese deste artigo deverá ser recolhido até o terceiro dia útil da semana subseqüente à da ocorrência do fato gerador.*

A Lei 9.779/99 previu que operações de mútuo entre pessoas jurídicas ou o mútuo concedido por pessoa jurídica a pessoa física constitui fato gerador do IOF/Crédito. Leia-se:

> *Art. 13. As operações de crédito correspondentes a mútuo de recursos financeiros entre pessoas jurídicas ou entre pessoa jurídica e pessoa física sujeitam-se à incidência do IOF segundo as mesmas normas aplicáveis às operações de financiamento e empréstimos praticadas pelas instituições financeiras.*
>
> *§ 1º Considera-se ocorrido o fato gerador do IOF, na hipótese deste artigo, na data da concessão do crédito.*
>
> *§ 2º Responsável pela cobrança e recolhimento do IOF de que trata este artigo é a pessoa jurídica que conceder o crédito.*

11. CARF; 4ª Câmara; 2ª Turma Ordinária; Acórdão 3402-00.576; Relatora Silvia de Brito Oliveira; Seção de 29/4/2010.

§ 3º O imposto cobrado na hipótese deste artigo deverá ser recolhido até o terceiro dia útil da semana subseqüente à da ocorrência do fato gerador.

Surgiram demandas judiciais, alegando – conforme a tradição do imposto – que apenas poderia haver fato gerador quando a operação de crédito fosse realizada por instituição financeira.

Sob o ponto de vista da extrafiscalidade a alegação também faria sentido, pois o objetivo do imposto seria o controle da política monetária e somente as instituições financeiras conseguem realizar o efeito multiplicador da moeda, vale dizer, os bancos recebem, por exemplo, R$ 1.000,00 em depósitos, mas conseguem emprestar, vamos supor, R$ 1.500, pois sabem que os mutuários não irão sacar todo o valor do empréstimo ao mesmo tempo.

Diz-se, assim, que os bancos podem gerar moeda, pois têm a capacidade de emprestar mais dinheiro do que têm em depósitos, de modo que constituem fator preponderante na liquidez da economia, mas também podem produzir efeitos indesejáveis, como a inflação.

E é por isso que o IOF/Crédito é instrumento poderoso de auxílio da política monetária (art. 65, do CTN). O IOF baixo significa estímulo ao crédito e maior liquidez na economia; um IOF elevado significa desestímulo ao crédito, redução da moeda circulante e, portanto, medida anti-inflacionária.

Em sede de medida cautelar na ADI 1.763, o STF entendeu juridicamente possível a incidência do imposto. Leia-se:

IOF: incidência sobre operações de factoring (L. 9.532/97, art.58): aparente constitucionalidade que desautoriza a medida cautelar.

O âmbito constitucional de incidência possível do IOF sobre operações de crédito não se restringe às praticadas por instituições financeiras, de tal modo que, à primeira vista, a lei questionada poderia estendê-la às operações de factoring, quando impliquem financiamento (factoring com direito de regresso ou com adiantamento do valor do crédito vincendo – conventional factoring); quando, ao contrário, não contenha operação de crédito, o factoring, de qualquer modo, parece substantivar negócio relativo a títulos e valores mobiliários, igualmente susceptível de ser submetido por lei à incidência tributária questionada.

(STF; Tribunal Pleno; ADI 1.763 MC/DF; Min. SEPÚLVEDA PERTENCE; DJ de 26/9/2003)

O mérito da ADI ainda não foi julgado, mas o tema encontra-se no RE 590.186 RG/RS, com repercussão geral.

De fato, não há exigência na Constituição ou no CTN de que o imposto somente possa incidir em operações praticadas por instituições financeiras e, embora o efeito extrafiscal da incidência seja mais intenso nestas instituições, também pode haver extrafiscalidade nas demais incidências do imposto. Além disso, o efeito do IOF não é apenas extrafiscal, mas também arrecadatório.

O STJ, seguindo a mesma linha, não verificou nenhum vício na incidência do imposto em operações de crédito realizadas por pessoas jurídicas que não atuam no mercado financeiro, e tem decidido conforme o seguinte precedente:

> *TRIBUTÁRIO – IOF – INCIDÊNCIA SOBRE MÚTUO NÃO MERCANTIL – LEGALIDADE DA LEI 9.779/99.*
>
> *1. A lei 9.779/99, dentro do absoluto contexto do art. 66 CTN, estabeleceu, como hipótese de incidência do IOF, o resultado de mútuo.*
>
> *2. Inovação chancelada pelo STF na ADIN 1.763/DF (rel Min. Pertence).*
>
> *[...]*
>
> *(STJ; T2; REsp 522.294/RS; Min. ELIANA CALMON; DJ de 8/3/2004)*

Para o STJ, o imposto incide, inclusive, em operações realizadas entre empresas do mesmo grupo econômico[12]:

> *PROCESSUAL CIVIL E TRIBUTÁRIO. OMISSÃO. OFENSA AO ART. 535 DO CPC NÃO CONFIGURADA. AUSÊNCIA DE PREQUESTIONAMENTO. SÚMULA 211/STJ. IOF. LEI 9.779/1999. INCIDÊNCIA SOBRE OPERAÇÕES DE MÚTUO, INCLUSIVE ENTRE EMPRESAS INTEGRANTES DE UM MESMO GRUPO ECONÔMICO.*
>
> *[...]*
>
> *3. De acordo com o art. 13 da Lei 9.779/1999, incide IOF sobre operações de mútuo entre pessoas jurídicas e físicas, ou somente entre pessoas jurídicas, ainda que integrantes de um mesmo grupo econômico. Precedentes do STJ.*
>
> *4. Agravo Regimental não provido.*
>
> *(STJ, T2, AgRg no REsp 1.501.870/PE, Min. HERMAN BENJAMIN, DJe de 31/3/2015)*
>
> *TRIBUTÁRIO. IOF. TRIBUTAÇÃO DAS OPERAÇÕES DE CRÉDITO CORRESPONDENTES A MÚTUO DE RECURSOS FINANCEIROS ENTRE PESSOAS JURÍDICAS. ART. 13, DA LEI nº 9.779/99.*
>
> *1. O art. 13, da Lei nº 9.779/99 caracteriza como fato gerador do IOF a ocorrência de "operações de crédito correspondentes a mútuo de recursos financeiros entre pessoas jurídicas" e não a específica operação de mútuo. Sendo assim, no contexto do fato gerador do tributo devem ser compreendidas também as operações realizadas ao abrigo de contrato de conta corrente entre empresas coligadas com a previsão de concessão de crédito.*

12. No mesmo sentido, encontram-se decisões do CARF. Veja-se: CARF; 3ª Câmara; 2ª Turma Ordinária; Acórdão 330201.046; Relator Walber José da Silva; Seção de 6.7.2011.

[...]

(STJ; T2; REsp 1.239.101/RJ; Min. MAURO CAMPBELL MARQUES; DJe de 19/9/2011)

E, neste caso, o STJ entende que se trata de operação de crédito interno, de forma que a eventual realização de câmbio, para a pagamentos em moeda estrangeira, é operação autônoma, incidindo também o IOF/Câmbio, nos termos do AgRg no REsp 1.506.113/PR[13].

Situação diversa, contudo, é aquela em que uma empresa coligada remete recursos para outra empresa do mesmo grupo, para aumento do capital social. A empresa que remete os recursos não realiza empréstimo ou operação de crédito. Ela capitaliza a empresa da qual é sócia, aumentando ou não sua participação na sociedade que recebe os recursos[14].

Por outro lado, não incide o IOF nos depósitos judiciais, de acordo com a Súmula 185, do STJ.

Estas são as principais discussões acerca do IOF/Crédito. Ainda nesta parte, iremos apontar outros temas, mas não tão significativos. Minha recomendação é uma leitura atenta do art. 3º, do RIOF, imaginando, hipótese por hipótese, uma operação de crédito. Assim ficará mais fácil assimilar o aspecto material do imposto.

2.3. Aspecto subjetivo

A sujeição passiva do IOF não oferece dificuldades.

Contribuinte será o tomador do empréstimo. No caso de desconto de título, o alienante será o contribuinte, nos termos do art. 4º, do RIOF.

Art. 4º Contribuintes do IOF são as pessoas físicas ou jurídicas tomadoras de crédito (Lei 8.894/94, art. 3º, I, e Lei 9.532/97, art. 58).

Parágrafo único. No caso de alienação de direitos creditórios resultantes de vendas a prazo a empresas de factoring, contribuinte é o alienante pessoa física ou jurídica.

Como os tomadores de créditos são muito numerosos, o legislador nomeou os concedentes do crédito e as empresas de *factoring* como responsáveis, como se verifica do art. 5º, do RIOF:

13. STJ, T2, AgInt no REsp 1.597.405/SC, Min. HERMAN BENJAMIN, DJe de 25/10/2016.

14. CARF; 3ª Câmara; 2ª Turma Ordinária; Acórdão 3302-00.616; Relator Gileno Gurjão Barreto; Seção de 30/9/2010.

A questão se coloca sobre a forma do negócio com vistas à capitalização da empresa. No caso apreciado pelo CARF, a capitalização já havia ocorrido quando se operou a autuação fiscal, de modo que o Conselho julgou o recurso procedente nesta parte.

A própria decisão, porém, ressalva a necessidade de se provar a finalidade da transferência do recurso. Se não restar provado que a finalidade da operação era capitalizar empresa da qual se é sócio ou, de outro lado, se restar provado que a empresa recebera recursos para devolução posterior, haverá operação de crédito e a incidência do imposto.

Art. 5º São responsáveis pela cobrança do IOF e pelo seu recolhimento ao Tesouro Nacional:

I – as instituições financeiras que efetuarem operações de crédito (DL 1.783/80, art. 3º, I);

II – as empresas de factoring adquirentes do direito creditório, nas hipóteses da alínea "b" do inciso I do art. 2º (Lei 9.532/97, art. 58, § 1º);

III – a pessoa jurídica que conceder o crédito, nas operações de crédito correspondentes a mútuo de recursos financeiros (Lei 9.779/99, art. 13, § 2º).

O RIOF cita a legislação ordinária que baseia a definição dos contribuintes e dos responsáveis, sem complicações.

2.4. Aspecto quantitativo

O aspecto quantitativo do imposto, porém, é mais complicado, embora não suscite discussões jurídicas.

Em regra, a base de cálculo é o valor do crédito e a alíquota máxima corresponde a 1,5% ao dia, conforme dispõe o art. 6º, do RIOF:

Art. 6º O IOF será cobrado à alíquota máxima de um vírgula cinco por cento ao dia sobre o valor das operações de crédito (Lei 8.894/94, art. 1º).

No art. 7º, do RIOF, começam as exceções, que abrangem, na verdade, quase todas, se não todas, as operações de crédito, tributadas a uma alíquota padrão – que pode ser alterada a qualquer momento – de 0,0041% ao dia.

Para se ter uma ideia, a hipótese do art. 7º, I, a, tinha alíquota de 0,0082% definida pelo Decreto 6.339/08. A alíquota foi reduzida pela metade, no mesmo ano, pelo Decreto 6.691/08. Tempos depois, a alíquota subiu novamente para 0,0082%, pelo Decreto 7458/11, e reduzida para 0,0068% pelo Decreto 7.632/11, para retornar aos 0,0041% enquanto prevalecer o Decreto 7.726/12.

As alíquotas realmente variam muito e, para conhece-la, é sempre necessário consultar a legislação vigente na ocorrência do fato gerador.

De toda sorte, o art. 7º, do RIOF prevê a base de cálculo das diversas modalidades de operações de crédito:

- Abertura de crédito sem valor do principal definido: base de cálculo = somatório dos saldos devedores diários apurado no último dia de cada mês;
- Abertura de crédito com valor do principal definido: base de cálculo = principal entregue ou colocado à sua disposição, ou quando previsto mais de um pagamento, o valor do principal de cada uma das parcelas;
- Operações de desconto: base de cálculo = valor líquido obtido, vale dizer, o valor pago pelo comprador do título (nos termos do § 4º, do art. 7º, o valor

nominal do título ou do direito creditório, deduzidos os juros cobrados antecipadamente);

- Adiantamento a depositante, como o cheque especial: base de cálculo = somatório dos saldos devedores diários, apurado no último dia de cada mês;
- Empréstimos, inclusive na forma de financiamento, sem valor do principal definido: base de cálculo = valor dos excessos computados no somatório dos saldos devedores diários apurados no último dia de cada mês;
- Empréstimos, inclusive na forma de financiamento, sem valor do principal definido: base de cálculo = valor de cada excesso, apurado diariamente, resultante de novos valores entregues ao interessado, não se considerando como tais os débitos de encargos.

A legislação prevê alíquotas favorecidas, de 0,00137% ao dia, para mutuário optante do SIMPLES, que tome créditos de até R$ 30.000,00. Adiante veremos as hipóteses de alíquota zero e de isenção. Antes, porém, recomendo a leitura do art. 7º, do RIOF.

Para auxiliar na leitura, seguem alguns esclarecimentos.

O § 1º estabelece limite do imposto devido, quando a base de cálculo seja o valor do principal definido em contrato. Dispõe a norma que o imposto não poderá exceder a base de cálculo vezes a alíquota vezes 365.

Como vimos anteriormente, o IOF/Crédito tem alíquota diária. No caso do § 1º, do art. 7º, a alíquota máxima de toda a operação será a alíquota diária vezes 365. Vigendo a alíquota de 0,0041%, a alíquota máxima será de 1,4965%.

Neste caso, considerando um empréstimo de R$ 1.000.000,00, o imposto devido será no máximo R$ 14.965,00, que é o resultado da multiplicação de R$ 1.000.000,00, pela alíquota de 1,4965%.

De forma similar, o § 14 também estabelece limite para o valor do imposto, quando a operação de crédito é realizada por prazo indeterminado, desde que o valor principal seja definido. Neste caso, a base de cálculo máxima será o valor do principal, multiplicado por 365. Seria como se o imposto pudesse incidir apenas sobre a base de cálculo por 365 vezes, gerando resultado equivalente ao limite do § 1º.

Considerando o mesmo empréstimo de R$ 1.000.000,00 por prazo indeterminado, e a alíquota de R$ 0,0041, ainda que o tomador liquide sua dívida após 3 anos, o imposto devido será de R$ 14.965,00, obtido pela seguinte conta:

R$ 1.000.000,00
X 365
= R$ 365.000.000,00
X 0,0041
= R$ 14.965,00

Os §§ 2º e 3º tratam da hipótese em que o devedor não liquida a operação no vencimento. Neste caso, se o limite do imposto ainda não tenha sido atingido, havendo IOF a pagar, a obrigação fica suspensa até a liquidação, prorrogação, renovação, novação do contrato.

Os §§ 18 e 19 também tratam de devedor em mora, em operações cuja base de cálculo seja apurada por somatório dos saldos devedores diários. A cobrança também fica suspensa até a liquidação, prorrogação, renovação etc.

Isso ocorre porque o contribuinte é o tomador e não faz sentido que o concedente do crédito, o responsável, recolha imposto de operação que, até o momento, esteja lhe causando prejuízo.

Os §§ 5º e 6º cuidam de hipóteses de adiantamento de crédito ou figuras assemelhadas. O § 5º, na verdade, qualifica o adiantamento de crédito mediante depósito de cheque como desconto de título, para fins da incidência do IOF. O parágrafo seguinte prevê a base de cálculo quando o cheque recebido em depósito é devolvido por falta de fundos. Incide o imposto sobre o valor a descoberto na conta do cliente, em outros termos sobre o saldo negativo.

Os §§ 7º a 11 tratam das figuras de prorrogação, renovação, novação, composição, consolidação, confissão de dívida e negócios assemelhados, de operação de crédito, enfim, renegociação da dívida.

Estabelecem que a base de cálculo será o valor não pago da operação anterior, com principal definido, ou o valor renegociado, para contratos sem o principal definido, com a mesma alíquota do negócio originário.

Serão consideradas operações novas, incidência do imposto pela alíquota do dia, as renegociações de dívida sem principal definido em contrato, com a inclusão de novos valores, ou com substituição do devedor.

Já dissemos que a incidência do imposto não depende de contrato escrito. Também não depende do lançamento contábil da operação. Havendo operação de crédito, nos termos da lei, haverá a incidência do imposto, cabendo ao responsável recolher o tributo. Não o fazendo, pode a fiscalização efetuar a cobrança.

Os §§ 15 a 17, tratam do imposto adicional, estabelecido logo após a extinção da CPFM.

Agora, vejamos um exemplo para fixar melhor a mecânica do IOF/Crédito:

Exemplo: empréstimo

Interessado vai ao banco e pede financiamento. Negocia valor, e taxa de juros e forma de pagamento. Fecha o acordo e o banco disponibiliza o crédito.

Ocorre o fato gerador do tributo com a abertura do crédito.

Base de cálculo (saldo devedor diário apurado no último dia do mês) x alíquota (0,0041%)

– 1º mês
– Somatório do saldo devedor diário = 100.000x30=3.000.000
– Alíquota = 0,000041
– Imposto = R$ 123,00
– 2º mês
– Pagamento de R$ 50.000 mais encargos
– Saldo devedor = 50.000x30=1.500.000
– Alíquota = 0,000041
– Imposto = R$ 61,50

Ainda no aspecto quantitativo do imposto, temos as hipóteses de alíquota zero, previstas pelo art. 8º, do RIOF, cuja leitura também é recomendável.

O inciso XXIII previa alíquota zero para repasses de recursos ao exterior por instituições financeiras. Com a revogação do inciso, o tributo passou a incidir nesta hipótese.

O § 5º mantém o imposto adicional para certas operações, mesmo que tributadas a alíquota zero.

A alíquota zero depende de comprovação e do cumprimento dos requisitos de cada inciso, não se aplicando nos casos de desvio de finalidade. Descaracterizada a hipótese IOF será devido a partir da ocorrência do fato gerador calculado à alíquota correspondente à operação original, acrescidos de juros e multa.

O objetivo das operações com alíquota zero é não onerar empréstimos tomados por pessoas ou instituições que o governo quer prestigiar (cooperativas), seja por sua função social seja pela sua capacidade contributiva reduzida (estudantes), ou empréstimos relacionados a finalidades desejadas pelo interesse nacional (exportação).

Em linguagem mais acessível, listamos algumas operações de crédito sujeitas a alíquota zero:

- Tomador cooperativa;
- Operações entre cooperativa e seus associados;
- Crédito para exportação;
- Crédito rural, inclusive desconto de nota promissória rural ou duplicata rural, quando o título decorre de venda de produção própria;
- Operação realizada com garantia de penhor de caixa econômica;
- Repasses da instituição financeira para o Tesouro Nacional, destinados a financiamento de abastecimento e formação de estoques reguladores
- Operações entre instituições financeiras;

- Crédito estudantil;
- Operações realizadas com recursos da Agência Especial de Financiamento Industrial
- Operações relativas a certos programas públicos, como preço mínimo, desestatização, abastecimento de álcool combustível, geração de emprego e renda, aquisição de motocicleta por pessoa física, aquisição de tecnologia assistiva para pessoas de baixa renda com deficiência e projetos do BNDES.
- Empréstimos de títulos públicos para garantia de serviços e obras públicas;
- Relativas a adiantamento de salário com desconto em folha;
- Relativas a transferências de bem adquirido em alienação fiduciária;
- Adiantamento de seguro de vida e de título de capitalização;
- Adiantamento de câmbio decorrente de exportação;
- Entre outros

Nos tributos em geral, a alíquota zero apresenta implicações praticamente idênticas a qualquer isenção objetiva (relacionado ao fato gerador) ou subjetiva (relacionada ao contribuinte).

Para o IOF, contudo, devido à maleabilidade constitucional de alteração das alíquotas, a **alíquota zero** pode ser afastada a qualquer momento, por ato do Poder Executivo, enquanto as **isenções**, estabelecidas por lei ordinária, apenas por igual ato pode ser revogada.

Algumas isenções decorrem de tratado internacional, que, nos termos do art. 98, do CTN, "revogam ou modificam a legislação tributária interna" e são inseridos no ordenamento jurídico por decreto. Assim, a isenção estabelecida por tratado internacional poderá ser revogada, com a denúncia do tratado, e excluída do ordenamento jurídico, também por decreto, como ocorreu com a isenção para as operações realizadas pelo "Gasoduto Brasil Bolívia", revogada pelo Decreto 7.563/11.

Eis o teor do art. 9º, do RIOF, com a lista das operações de crédito isentas do imposto:

> *Art. 9º É isenta do IOF a operação de crédito:*
>
> *I – para fins habitacionais, inclusive a destinada à infra-estrutura e saneamento básico relativos a programas ou projetos que tenham a mesma finalidade (DL 2.407/88)*
>
> *II – realizada mediante conhecimento de depósito e warrant, representativos de mercadorias depositadas para exportação, em entreposto aduaneiro (Decreto-Lei no 1.269, de 18 de abril de 1973, art. 1º, e Lei no 8.402, de 8 de janeiro de 1992, art. 1º, inciso XI); (Lei 11.076/04, art. 18)*

III – com recursos dos Fundos Constitucionais de Financiamento do Norte (FNO), do Nordeste (FNE) e do Centro-Oeste (FCO) (Lei 7.827/89, art. 8º)

IV – efetuada por meio de cédula e nota de crédito à exportação (Lei 6.313/75, art. 2º, e Lei 8.402/92, art. 1º, XII);

V – em que o tomador de crédito seja a entidade binacional Itaipu (art. XII do Tratado promulgado pelo Decreto 72.707/73);

VI – para a aquisição de automóvel de passageiros, de fabricação nacional, com até 127 HP de potência bruta (SAE), na forma do art. 72 da Lei no 8.383, de 30 de dezembro de 1991 (Lei 8.383/91, art. 72)

VII – contratada pelos executores do Gasoduto Brasil-Bolívia, diretamente ou por intermédio de empresas especialmente por eles selecionadas para esse fim, obedecidas as condições previstas no Acordo entre os Governos da República Federativa do Brasil e da República da Bolívia (Acordo promulgado pelo Decreto no 2.142, de 5 de fevereiro de 1997, art. 1º); (Revogado pelo Decreto nº 7.563, de 2011)

VIII – em que os tomadores sejam missões diplomáticas e repartições consulares de carreira (Convenção de Viena sobre Relações Consulares promulgada pelo Decreto 61.078/67, art. 32, e Decreto 95.711/88, art. 1º);

IX – contratada por funcionário estrangeiro de missão diplomática ou representação consular (Convenção de Viena sobre Relações Diplomáticas promulgada pelo Decreto 56.435/65, art. 34).

Ao final de cada inciso, acrescentei o fundamento legal da isenção quando o texto do RIOF já não o fazia e, quando o regulamento trazia a fundamentação legal da isenção, acrescentei apenas a referência legal.

3. IOF/CÂMBIO

3.1. Noções gerais

O câmbio é a troca de moedas internacionais e pode ocorrer em diversas hipóteses, desde a compra de moeda para viagens até as operações de exportação.

Quando uma pessoa residente no Brasil vai viajar para lugar em que o Real não é aceito, é necessário comprar moeda aceita no lugar de destino. Se a moeda não estiver disponível no Brasil, a pessoa que vai viajar tem que comprar moeda que pode ser novamente trocada no local de destino, normalmente o dólar ou o euro.

Na hipótese de haver sobra da moeda, faz-se novo câmbio para converter o valor em reais.

São várias outras, porém, as operações de câmbio, seja manual, em moeda corrente, ou escritural.

O viajante pode fazer pagamentos com cartão de crédito no exterior, quando haverá câmbio no Brasil; e pode também adquirir os chamados cheques de viagem, que também implicam realização de câmbio.

Além do viajante, o importador e o exportador também fazem câmbio. Quando o exportador vende sua mercadoria, ele vai receber em moeda estrangeira, mas irá sacar o valor em reais, em operação, a propósito, controlada pelo Banco Central. O importador, a seu turno, possui reais, porém deve pagar pela importação na moeda do exportador. Assim, também realiza câmbio. Nas duas hipóteses, as partes não trocam diretamente moeda e, bem possível, as operações se façam somente via moeda escritural.

Ainda que o câmbio seja realizado em diversas hipóteses, implica sempre na troca de moeda, o que torna as regras do IOF/câmbio bem mais simples que o imposto sobre o crédito.

A base de cálculo do imposto é o montante da operação de câmbio, em moeda nacional, recebido, entregue ou posto à disposição.

A alíquota máxima é de 25%.

Contribuinte do imposto é a pessoa interessada em realizar o câmbio (viajante, importador, exportador) e o responsável é a instituição autorizada a realizar o câmbio (banco, casa de câmbio etc.).

E o objetivo extrafiscal da exação é regular a oferta e o preço da moeda estrangeira.

Exemplo:

- Interessado vai à casa de câmbio e compra US$ 1.000,00
- Câmbio US$ 1 = R$ 1,83
- Base de Cálculo= R$ 1.830,00
- Alíquota – 0,38%
- Tributo devido = R$ 6,95

Exemplo: Compra internacional com cartão de crédito

- Interessado faz a compra de US$ 1.000,00
- Câmbio US$ 1 = R$ 1,83
- Base de Cálculo= R$ 1.830,00
- Alíquota = 6,38%
- Tributo devido = R$ 116,75

Vejamos as regras do imposto no RIOF.

3.2. Aspecto material

O fato gerador do imposto é entregar ou colocar à disposição do interessado a moeda ou o documento que a represente.

Especialmente nos casos de exportação e importação, o câmbio é realizado por carta de crédito, sem que haja a entrega da moeda propriamente dita. Por isso, a incidência do imposto mediante a entrega de documentos representativos. O mesmo ocorre com os *traveller checks* que não são a moeda estrangeira, mas uma espécie de documento, no caso, ordem de pagamento.

Ao contrário do IOF/crédito, onde o fator tempo é essencial, o câmbio é imediato, embora sua liquidação possa ser realizada em data futura.

Nesses casos, ocorre o fato gerador e o imposto é devido na data da liquidação do câmbio.

> *Art. 11. O fato gerador do IOF é a entrega de moeda nacional ou estrangeira, ou de documento que a represente, ou sua colocação à disposição do interessado, em montante equivalente à moeda estrangeira ou nacional entregue ou posta à disposição por este (Lei 5.172/66, art. 63, II).*
>
> *Parágrafo único. Ocorre o fato gerador e torna-se devido o IOF no ato da liquidação da operação de câmbio.*

Mais adiante, ao analisarmos as alíquotas e as isenções do imposto, veremos as variações da incidência do IOF/câmbio.

3.3. Aspecto subjetivo

Também não há dificuldades em compreender a sujeição passiva do imposto. Nas operações com câmbio sempre haverá uma instituição autorizada a operar com a troca de moedas – de forma que esta sempre será o responsável pelo pagamento do tributo – e alguém interessado na operação – que será o contribuinte.

O contribuinte do IOF/câmbio é a pessoa interessada em realizar o câmbio: o viajante, o importador, o exportador.

Vejamos como o RIOF trata a matéria:

> *Art. 12. São contribuintes do IOF os compradores ou vendedores de moeda estrangeira nas operações referentes às transferências financeiras para o ou do exterior, respectivamente (Lei 8.894/94, art. 6º).*
>
> *Parágrafo único. As transferências financeiras compreendem os pagamentos e recebimentos em moeda estrangeira, independentemente da forma de entrega e da natureza das operações.*
>
> *Art. 13. São responsáveis pela cobrança do IOF e pelo seu recolhimento ao Tesouro Nacional as instituições autorizadas a operar em câmbio (Lei 8.894/94, art. 6º, parágrafo único).*

O art. 12 do RIOF menciona transferência financeira para o exterior ou do exterior. Contudo, há a incidência do imposto também na troca de moedas que permanecem no Brasil, o que pode ser entendido naquelas hipóteses em que uma pessoa compra moeda estrangeira para custear viagem, mas cancela a viagem e faz novo câmbio para vender a moeda anteriormente adquirida.

O parágrafo único traz regra que determina a incidência do imposto sobre qualquer forma de entrega da moeda, independente da natureza da operação.

De fato, há uma separação total entre a operação, ou as operações que necessitem da troca de moedas e o câmbio. Na importação, separam-se a operação de compra da mercadoria estrangeira e a operação de câmbio necessária para realizar o pagamento da importação; também na exportação há duas operações: a operação de venda da mercadoria nacional e a operação de câmbio, quando o pagamento realizado pelo importador não é efetivado em reais.

O art. 13 nomeia as instituições autorizadas a operar com câmbio como responsáveis pelo recolhimento do imposto.

3.4. Aspecto quantitativo

A base de cálculo do IOF/câmbio é o valor da operação em reais, seja na compra seja na venda da moeda estrangeira e a alíquota máxima é de 25%. Nos termos do art. 14 e 15 do RIOF, temos:

> *Art. 14. A base de cálculo do IOF é o montante em moeda nacional, recebido, entregue ou posto à disposição, correspondente ao valor, em moeda estrangeira, da operação de câmbio (Lei 5.172/66, art. 64, II).*
>
> *Da Alíquota*
>
> *Art. 15. A alíquota máxima do IOF é de vinte e cinco por cento (Lei 8.894/94, art. 5º).*

As variações do imposto surgem quando analisamos as hipóteses de redução de alíquota, de alíquota zero e de isenção.

De fato, na redação original do RIOF, as alíquotas reduzidas eram previstas pelos 4 incisos do parágrafo primeiro, do art. 15. As reduções de alíquota chegaram a 30, quando o parágrafo primeiro, assim como dos demais parágrafos do artigo, foram finalmente revogados, para que a matéria fosse regulada pelo art. 15-A, do decreto, e agora pelo art. 15-B.

A leitura do artigo é essencial, mas valem alguns comentários sobre alguns conceitos normalmente presentes na incidência do IOF/Crédito.

É bastante frequente a aplicação de alíquota zero para o câmbio de receitas de exportação, tanto em homenagem ao princípio de não se exportar tributos, quanto para fornecer incentivo às exportações.

Também se aplica alíquota zero para as operações cambiais entre as instituições que operam câmbio no Brasil e entre estas e instituições financeiras estrangeiras.

Em geral, não se tributa o câmbio para a entrada de recursos estrangeiros no país. A regra, por óbvio, procura incentivar o ingresso de investimento estrangeiro.

A legislação também oscila na tributação de operações com *depositary receipts*[15], com *brazilian depositary receipts*[16], e na constituição de margem de garantia[17], relacionada a investimentos estrangeiros.

O ingresso de divisas estrangeiras mediante empréstimo também sofre oscilações de alíquota. Ao menos a título de tendência, as alíquotas são mais baixas quando incidem sobre operações de longo prazo e mais elevadas para empréstimos de curto prazo.

Muito comum a legislação do IOF mencionar operações simultâneas.

Trata-se de operações casadas, de compra e venda da moeda nacional, para evitar oscilações cambiais. Com a compra e a venda da moeda, ainda que a conversão não se materialize, a oferta e a demanda pelo dinheiro permanecem contabilmente inalteradas, sem impactos no câmbio.

---

15. *Depositary receipt* é um instrumento de negócios financeiros emitidos por um banco que representa títulos estrangeiros negociáveis ao público. Os depositary receipt é negociado na bolsa de valores do país em que foi emitido. Constitui, pois, meio de negociar, no país, títulos de companhias estrangeiras.

16. A Bovespa assim define os Brazilian Depositary Receipts:

    Brazilian Depositary Receipts (BDRs) são certificados de depósito de valores mobiliários emitidos no Brasil que representam valores mobiliários de emissão de companhias abertas com sede no exterior.

    Sua emissão deve ser realizada por instituições brasileiras, as chamadas instituições depositárias ou emissoras, que são empresas autorizadas a funcionar pelo Banco Central e habilitadas pela Comissão de Valores Mobiliários (CVM) a emitir BDRs. A emissão é lastreada em valores mobiliários custodiados em seu País de origem por instituições custodiantes. Estas são responsáveis por manter os valores mobiliários a que os BDRs se referem em custódia.

    Disponível em: http://www.bmfbovespa.com.br/pt-br/mercados/outros-titulos/ bdrs-brazilian-bepository-receipts/bdrs-brazilian-bepository-receipts.aspx?idioma=pt-br#, acesso em 15.1.2013.

17. A margem de garantia é uma exigência da câmara de compensação para cobrir os compromissos assumidos pelos participantes no mercado futuro. Outros valores mobiliários atrelados à conta dos participantes em suas respectivas corretoras de valores mobiliários podem ser aceitos como garantia para execução da operação (exemplo: CDBs, ações, títulos públicos entre outros). O valor da margem representa apenas um percentual do valor total do contrato futuro. Este valor deve permanecer depositado na conta da corretora enquanto compradores e vendedores mantiverem suas posições em aberto, ou seja, continuarem atrelados aos contratos futuros. Quando as posições forem encerradas, a margem de garantia é devolvida.

    MANUAL DE PROCEDIMENTOS OPERACIONAIS DA CÂMARA DE DERIVATIVOS: SEGMENTO BM&F, disponível em: http://www.bmfbovespa.com.br/pt-br/regulacao/download/BMFBOVESPA--MPO-Camara – Derivativos.pdf, p. 11; acesso em 15.1.2013.

Também se fala em operações simultâneas ou simbólicas de câmbio quando não há entrada ou saída de moeda estrangeira no país, como no caso dos dividendos de sócio estrangeiro, devidos em moeda estrangeira, que são convertidos em reais para ser reinvestidos na companhia ou do pagamento de empréstimos obtidos de empresa estrangeira pela emissão de ações da empresa nacional.

Questiona-se se há incidência do imposto nestas operações.

No âmbito da CPMF, o STJ entendeu pela incidência da contribuição, ainda que a operação de câmbio seja simbólica, meramente escritural, julgamento do REsp 1.129.335/SP, cuja ementa sintetiza a discussão:

> *PROCESSUAL CIVIL. RECURSO ESPECIAL REPRESENTATIVO DE CONTROVÉRSIA. ARTIGO 543-C, DO CPC. TRIBUTÁRIO. CPMF. CONVERSÃO DE CRÉDITOS ESTRANGEIROS EM INVESTIMENTO. OPERAÇÃO SIMBÓLICA DE CÂMBIO. INCIDÊNCIA.*
>
> *1. A Contribuição Provisória sobre Movimentação ou Transmissão de Valores de Créditos e Direitos de Natureza Financeira – CPMF, enquanto vigente, incidia sobre a conversão de crédito decorrente de empréstimo em investimento externo direto (contrato de câmbio simbólico), uma vez que a tributação aperfeiçoava-se mesmo diante de operação unicamente escritural (Precedentes das Turmas de Direito Público: [...])*
>
> *2. O fato jurídico ensejador da tributação pela CPMF (instituída pela Lei 9.311/96) abarcava qualquer operação liquidada ou lançamento realizado por instituições financeiras, que representasse circulação escritural ou física de moeda, quer resultasse ou não em transferência da titularidade dos valores, créditos ou direitos (artigo 1º, parágrafo único).*
>
> *[...]*
>
> *4. Deveras, a conversão do passivo (decorrente de empréstimo) da empresa domiciliada no Brasil em investimento externo direto no seu capital social reclama a realização de procedimentos cambiais, traçados pelo Banco Central do Brasil (Circular BACEN 2.997/2000), com o intuito de garantir a fiscalização e controle da origem e natureza dos capitais que ingressam no País.*
>
> *5. Assim, a conversão dos créditos (oriundos de empréstimo) em investimento externo direto concretiza-se mediante a realização de operações simultâneas de compra e venda de moeda estrangeira (sem expedição de ordem de pagamento do ou para o exterior), consubstanciadas em lançamentos fictícios de entrada e saída de recursos, a saber: (i) a transferência, pela empresa brasileira receptora do investimento (devedora do empréstimo), ao investidor não residente ou investidor externo (credor do empréstimo), do valor correspondente ao pagamento da dívida principal e juros, para quitação e baixa na pendência; e (ii) o recebimento, pela empresa receptora (devedora na primeira transação), da quantia, disponibilizada pelo investidor externo (credor naquela), para integrar o capital societário.*

6. Destarte, sobressai a transferência (eminentemente jurídica) de valores entre os sujeitos envolvidos no negócio jurídico discriminado, uma vez que, quando a empresa devedora, ao invés de quitar a sua dívida, converte seu passivo em capital social para a empresa credora, ocorre efetiva circulação escritural de valores.

7. Consequentemente, conquanto se considere inexistente a movimentação física dos valores pertinentes, a ocorrência de circulação escritural da moeda constituía fato imponível ensejador da tributação pela CPMF.

8. Outrossim, a teor do disposto nos artigos 3º (hipóteses de isenção) e 8º (hipóteses de alíquota zero), da Lei 9.311/96, a conversão de crédito (decorrente de empréstimo) em investimento externo direto (operação simbólica de câmbio) não se encontra albergada por qualquer norma exonerativa, sendo de rigor a interpretação literal da legislação tributária que disponha sobre outorga de isenção ou exclusão do crédito tributário (artigo 111, incisos I e II, do CTN).

9. Recurso especial desprovido. Acórdão submetido ao regime do artigo 543-C, do CPC, e da Resolução STJ 08/2008.

(STJ; S1; REsp 1.129.335/SP; Min. LUIZ FUX; DJe de 24/6/2010)

Quanto ao IOF especificamente, o TRF3 entendeu, em pelo menos duas oportunidades, que o tributo incide sobre operações simultâneas de câmbio (câmbio simbólico)[18].

Por certo que a jurisprudência do STJ poderá definir a interpretação da lei federal. Não pode, porém, definir os contornos constitucionais na norma de competência impositiva. Vale dizer, afirmar que a Constituição permite ou rejeita a incidência de imposto ou contribuição sobre operações simbólicas de câmbio.

O STF, a seu turno, não enfrentou a questão, rejeitando todos os recursos sobre tema ao fundamento de ofensa reflexa e indireta à Constituição, não cabendo à Corte apreciar legislação infraconstitucional. Por via indireta, aceita qualquer interpretação da lei a ser conferida pelo STJ, reconhecendo, portanto, a constitucionalidade da incidência.

De outro lado, por recente Solução de Consulta da 8ª Região Fiscal, a Receita Federal sinalizou pela não incidência do IOF em operações cambiais simbólicas[19].

Importa observar que as soluções de consulta de uma Superintendência da Receita Federal não vinculam as demais regiões fiscais, o que ocorre com as soluções de divergência, proferidas pela Secretaria da Receita Federal. Ademais, não constituem interpretação definitiva da lei no âmbito do Poder Executivo, podendo ser alterada a qualquer momento.

---

18. TRF3, T4, AMS 00071400820104036114, JUIZ CONVOCADO PAULO SARNO, e-DJF3 de 10/11/2011 e TRF3, T4, AC 00588044819954036100, DESEMBARGADOR FEDERAL FABIO PRIETO, e-DJF3 de 26/02/2009.

19. Solução de Consulta nº 15, de 31 de janeiro de 2012, da 8ª Região.

Recente alteração nas normas do IOF diz respeito às compras de brasileiros no exterior com cartão de crédito.

A alíquota aplicada para despesas no exterior pagas com cartão de crédito emitidos no Brasil tanto para os viajantes quanto para os importadores nacionais, muito comum em sites como amazon.com e ebay.com, foi elevada para 6,38%, visando desestimular os gastos de residentes no exterior e assim controlar a balança comercial, vale dizer, a relação entre importações e exportações brasileiras.

O objetivo do governo foi controlar as despesas de brasileiros com viagens internacionais e reduzir as compras "on-line", num momento em que a balança comercial começou a ficar afetada por tais despesas.

Com a mesma finalidade, a legislação prevê expressamente a alíquota de 6,38% para as operações de saque realizadas no exterior e nas liquidações de despesas no exterior com cartão pré-pago.

Vejamos, agora, as hipóteses de isenção do imposto.

> *Art. 16. É isenta do IOF a operação de câmbio:*
>
> *I – realizada para pagamento de bens importados;*
>
> *II – em que o comprador ou o vendedor da moeda estrangeira seja a entidade binacional Itaipu (art. XII do Tratado promulgado pelo Decreto no 72.707, de 1973);*
>
> *III – Revogado;*
>
> *IV – Revogado;*
>
> *V – em que os compradores ou vendedores da moeda estrangeira sejam missões diplomáticas e repartições consulares de carreira (Convenção de Viena sobre Relações Consulares)*
>
> *VI – contratada por funcionário estrangeiro de missão diplomática ou representação consular (Convenção de Viena sobre Relações Diplomáticas)*

O DL 2.434/88 estabeleceu isenção para as operações de câmbio destinadas ao pagamento de bens importados.

> *Art. 6º Ficam isentas do Imposto sobre Operações de Crédito, Câmbio e Seguro e sobre Operações relativas a Títulos e Valores Mobiliários as operações de câmbio realizadas para o pagamento de bens importados, ao amparo de Guia de Importação ou documento as semelhado, emitida a partir de 1º de julho de 1988.*
>
> *Parágrafo único. Quando se tratar de bens importados sem Guia de Importação ou documento assemelhado, ou dela dispensados, a isenção a que se refere este artigo abrangerá os bens com Declaração de Importação registrada a partir de 1º de julho de 1988.*

A determinação da data da isenção foi objeto de grande debate e aqueles que iniciaram o processo de importação, mas ainda não haviam obtido guia de importação ou realizado declaração de importação aduziram que princípio da igualdade havia sido violado.

As discussões finalizaram com a decisão do STF nos embargos de divergência no RE 175.230, com a seguinte ementa.

> *2. Direito Constitucional e Tributário. Imposto de Operações Financeiras. Isenção do IOF nas operações de câmbio.*
>
> *3. A fixação do termo inicial de vigência da isenção não vulnera a regra constitucional da isonomia, porque contribuinte autorizado a importar não guarda qualquer identidade com aquele que não iniciou o processo de importação. O Poder Judiciário não pode estender os efeitos da lei antes do termo a quo.*
>
> *4. Precedentes de ambas as Turmas da Corte.*
>
> *(STF; Tribunal Pleno; RE 175.230 EDv/SP; Min. NÉRI DA SILVEIRA; DJ de 26/04/2002)*

Ao contrário do que se passa com o imposto de importação, que incide somente na importação de bens, o IOF incide no pagamento pelas importações de bens e de serviços.

As operações de câmbio realizadas pela Itaipu também são isentas, assim como suas operações de crédito. De outro lado, a isenção para o Gasoduto Brasil-Bolívia foi revogada.

As missões diplomáticas e seus funcionários e dependentes também são beneficiadas pela isenção do IOF/câmbio, por força da Convenção de Viena sobre Relações Consulares. O benefício, contudo, não se aplica aos consulados e cônsules honorários nem aos funcionários estrangeiros que tenham residência permanente no Brasil, tudo nos termos dos parágrafos do art. 16, do RIOF.

4. IOF/SEGUROS

4.1. Noções gerais

A modalidade de incidência do IOF sobre seguros talvez seja a mais sintética e a mais simples de todo o imposto.

O mercado de seguros, no Brasil, é fiscalizado pela Superintendência de Seguros Privados – SUSEP[20].

20. A SUSEP é o órgão responsável pelo controle e fiscalização dos mercados de seguro, previdência privada aberta, capitalização e resseguro.

    São atribuições da SUSEP:

    Fiscalizar a constituição, organização, funcionamento e operação das Sociedades Seguradoras, de Capitalização, Entidades de Previdência Privada Aberta e Resseguradores, na qualidade de executora da política traçada pelo CNSP;

    Atuar no sentido de proteger a captação de poupança popular que se efetua através das operações de seguro, previdência privada aberta, de capitalização e resseguro;

    Zelar pela defesa dos interesses dos consumidores dos mercados supervisionados;

As operações de seguro ou os contratos de seguro, são "negócios jurídicos, nos quais alguém se obriga para com outrem, mediante remuneração de um prêmio, a indenizar prejuízos resultantes de riscos futuros, estes devidamente especificados quando da realização dos respectivos negócios"[21].

A essência dos seguros é a existência de um risco, de qualquer natureza, a ser coberto.

Não há limitação do que pode ser segurado. A principal regra para os contratos de seguro é a existência de objeto lícito. É óbvio e também engraçado, mas não poderão ser segurados objetos impossíveis, como um terreno na lua, ou produtos de crime. Do mesmo âmbito da licitude, também são vedados seguros de objetos inexistentes ou a simulação de seguros. Seria a hipótese de um seguro simulado aquele que vise garantir o risco do conteúdo de um container que vem a ser despachado vazio, ou segurar o transporte de eletrônicos, quando o conteúdo efetivamente transportado é sucata.

Sob o ponto de vista tributário, porém, a operação de seguro será tributada salvo se a simulação restar caracterizada.

De outro plano, há seguros obrigatórios, como aquele dos automóveis.

As modalidades de seguro são, pois, incontáveis.

São exemplos o seguro de vida, o seguro de saúde, o seguro obrigatório e o seguro facultativo de veículos, o seguro de imóveis, o seguro de pessoas (há quem faça seguro das mãos, como dentistas, ou até de outras partes do corpo), o seguro de transportes, o seguro de crédito, o seguro garantia (para garantia de futuro pagamento de crédito de terceiros) o seguro rural, etc.

Os seguros de vida e de veículos talvez sejam os mais populares.

Os que envolvem maior soma de recursos, porém, são aqueles relacionados ao transporte de bens, principalmente em operações internacionais.

É interessante notar que as modalidades de incidência do IOF por várias vezes se entrelaçam. Por exemplo, numa operação de importação pode haver, cumulada ou isoladamente, a incidência do IOF/crédito sobre o empréstimo realizado ao importador; do

---

Promover o aperfeiçoamento das instituições e dos instrumentos operacionais a eles vinculados, com vistas à maior eficiência do Sistema Nacional de Seguros Privados e do Sistema Nacional de Capitalização;

Promover a estabilidade dos mercados sob sua jurisdição, assegurando sua expansão e o funcionamento das entidades que neles operem;

Zelar pela liquidez e solvência das sociedades que integram o mercado;

Disciplinar e acompanhar os investimentos daquelas entidades, em especial os efetuados em bens garantidores de provisões técnicas;

Disponível em http://www.susep.gov.br/menu/a-susep/apresentacao, acesso em 15/1/2013.

21. MOSQUERA, Roberto Quiroga. *Tributação no mercado financeiro e de capitais*. São Paulo: Dialética, 1999, p. 131.

IOF/câmbio pela troca de moedas necessárias à operação; e o IOF/seguros, sobre o seguro do bem importado.

Merece destaque a operação de resseguro. O resseguro nada mais é que a realização de um seguro pela própria seguradora em outra seguradora, quando o risco imposto à primeira empresa é maior do que ela poderia suportar.

Em operações grandes, normalmente relacionadas ao comércio exterior, a seguradora pode ter sua saúde financeira seriamente afetada se ocorrer o sinistro do bem garantido. Nessa situação, a seguradora procura uma empresa do ramo, normalmente de porte econômico grande, e, por assim dizer, divide o risco (e também o prêmio) do seguro realizado.

4.2. Aspecto material

O fato gerador do imposto é a contratação do seguro, que se aperfeiçoa pela emissão da apólice ou do documento equivalente, ou recebimento do prêmio, nos termos do CTN.

A legislação ordinária e regulamentar optou pela ocorrência do fato gerador com o recebimento do prêmio, conforme dispõe o art. 18, do RIOF:

> *Art. 18. O fato gerador do IOF é o recebimento do prêmio (Lei 5.143/66, art. 1º, II).*
>
> *§ 1º A expressão "operações de seguro" compreende seguros de vida e congêneres, seguro de acidentes pessoais e do trabalho, seguros de bens, valores, coisas e outros não especificados (DL 1.783/80, art. 1º, incisos II e III).*
>
> *§ 2º Ocorre o fato gerador e torna-se devido o IOF no ato do recebimento total ou parcial do prêmio.*

É obvio, porém, que a questão diz respeito muito mais ao aspecto temporal do fato gerador que à sua essência. A prova do seguro se dá com o contrato ou com a apólice. Mais ainda, sem o contrato e sem a apólice não haverá, na verdade, o seguro, e, por consequência, não ocorrerá o fato gerador do imposto.

De outro turno, ninguém pagará o prêmio, que é o preço do seguro (não confundir com o valor do bem segurado) se não houver celebrado o contrato de seguros.

Pode-se especular se operações de previdência privada e capitalização podem ser tributadas pelo imposto, dada as suas semelhanças com os seguros.

Nos termos do art. 110 do CTN, os conceitos de direito privado utilizados pela Constituição não podem ser alterados pela legislação ordinária. Dessa forma, apenas operações que cubram efetivos riscos, vale dizer, que prevejam pagamento pela ocorrência de um fato determinado podem ser consideradas como seguro e, assim, sujeitas à incidência do IOF.

Dessa maneira, as operações previdência privada e capitalização que podem ser desfeitas pela escolha unilateral do interessado, estão fora da incidência do imposto. De fato, os recursos aplicados em previdência privada e em títulos de capitalização podem ser resgatados independentemente da ocorrência de qualquer sinistro, com eventuais perdas de rendimento. Nelas, o risco não é elemento essencial e, em princípio, não sofrem a incidência do IOF.

Situação distinta são os planos de saúde constituídos na forma de seguro, em que o titular é indenizado por gastos médicos, no caso de ocorrência das hipóteses previstas pelo plano. Neste caso, o legislador ordinário pode prever a incidência do imposto.

Mas cuidado: os títulos de capitalização podem ser considerados como valores mobiliários, sujeitos, pois, ao IOF/TVM.

4.3. Aspecto subjetivo

A definição do fato gerador com o pagamento do prêmio é compatível com a escolha do segurado como contribuinte e da seguradora como responsável.

Nos termos do art. 19, do RIOF, "contribuintes do IOF são as pessoas físicas ou jurídicas seguradas" e, conforme o art. 20, da norma, são responsáveis pelo recolhimento do imposto as seguradoras ou as instituições financeiras autorizadas que cobram o prêmio.

4.4. Aspecto quantitativo

A base de cálculo do IOF é o valor do prêmio pago (art. 21, do RIOF).

A alíquota máxima do tributo é de 25% (art. 22, do RIOF), mas comporta muitas hipóteses de redução, como no caso de resseguro, de seguro obrigatório, vinculado a financiamento de imóvel habitacional, realizado por agente do Sistema Financeiro de Habitação, de seguro de crédito à exportação e de transporte internacional de mercadorias e de seguro de vida. A alíquota máxima aplicada é de 7,38% (art. 22, § 1º, IV, do RIOF).

4.5. Hipóteses de isenção

Nos termos do art. 23, do IOF são isentos do imposto as operações de seguro de Itaipu, de missões diplomáticas e repartições consulares e seus funcionários estrangeiros e o seguro rural.

5. IOF/TVM

5.1. Noções gerais

Como vimos, não há um conceito absoluto para títulos e valores mobiliários.

A Lei 6.385/76, que define os valores mobiliários sujeitos à fiscalização da CVM, não abrange todos os títulos sujeitos ao IOF. De fato, o imposto incide sobre operações com valores mobiliários, assim definidos na legislação específica e com outros títulos, como os títulos públicos.

É frequente, contudo, que a operação com títulos ou valores mobiliários represente, também, operação de crédito.

Por esta razão, a lei veda a tributação cumulativa das duas modalidades de incidência do imposto. As operações no mercado futuro, por exemplo, são tributadas pelo IOF/TVM. Ainda que haja, também, operação de crédito envolvida, não incidirá o IOF/crédito. De outro lado, as operações de *factoring* sujeitam-se ao IOF/crédito. Mesmo que os títulos descontados sejam considerados como valores mobiliários para fins de fiscalização da CVM, fica afastada a incidência do IOF/TVM.

As outras modalidades de IOF, porém, podem ser cumuladas, de modo que um investimento estrangeiro no Brasil pode sofrer a incidência do IOF/câmbio, na conversão de moedas e do IOF/TVM, na operação relativa aos títulos adquiridos ou alienados.

5.2. Aspecto material

Com simplicidade, o art. 25, do RIOF define o fato gerador do imposto:

> *Art. 25. O fato gerador do IOF é a aquisição, cessão, resgate, repactuação ou pagamento para liquidação de títulos e valores mobiliários.*
>
> *§ 1º Ocorre o fato gerador e torna-se devido o IOF no ato da realização das operações de que trata este artigo.*
>
> *§ 2º Aplica-se o disposto neste artigo a qualquer operação, independentemente da qualidade ou da forma jurídica de constituição do beneficiário da operação ou do seu titular, estando abrangidos, entre outros, fundos de investimentos e carteiras de títulos e valores mobiliários, fundos ou programas, ainda que sem personalidade jurídica, e entidades de previdência privada.*

O fato gerador do IOF/TVM ocorre no ato de compra, venda, cessão, repactuação ou liquidação das operações com títulos e valores mobiliários.

Nos termos do art. 1º, IV, da Lei 8.033/90, o imposto incide sobre transmissão de ações de companhias abertas e das consequentes bonificações emitidas. Leia-se:

> *Art. 1º São instituídas as seguintes incidências do imposto sobre operações de crédito, câmbio e seguro, ou relativas a títulos ou valores mobiliários:*
>
> *[...]*
>
> *IV – transmissão de ações de companhias abertas e das conseqüentes bonificações emitidas;*

A constitucionalidade da norma foi referendada no RE 583.712 RG/SP, com repercussão geral. Eis a ementa do julgado:

> *RECURSO EXTRAORDINÁRIO. REPERCUSSÃO GERAL. DIREITO TRIBUTÁRIO. IMPOSTO SOBRE OPERAÇÕES DE CRÉDITO, CÂMBIO E SEGURO,*

OU RELATIVAS A TÍTULOS OU VALORES MOBILIÁRIOS. IOF. INCIDÊNCIA SOBRE A TRANSMISSÃO DE AÇÕES DE COMPANHIAS ABERTAS E RESPECTIVAS BONIFICAÇÕES. ART. 1º, IV, DA LEI 8.033/90.

1. Tese do Tema 109 da sistemática da repercussão geral: "É constitucional o art. 1º, IV, da Lei 8.033/90, uma vez que a incidência de IOF sobre o negócio jurídico de transmissão de títulos e valores mobiliários, tais como ações de companhias abertas e respectivas bonificações, encontra respaldo no art. 153, V, da Constituição Federal, sem ofender os princípios tributários da anterioridade e da irretroatividade, nem demandar a reserva de lei complementar".

2. Não há incompatibilidade material entre os arts. 1º, IV, da Lei 8.033/90, e 153, V, da Constituição Federal, pois a tributação de um negócio jurídico que tenha por objeto ações e respectivas bonificações insere-se na competência tributária atribuída à União no âmbito do Sistema Tributário Nacional, para fins de instituir imposto sobre operações relativas a títulos ou valores mobiliários.

3. A instituição do IOF-Títulos e Valores Mobiliários não ofende o princípio da anterioridade, dada expressa previsão no art. 150, III, "b" e §1º, do Texto Constitucional, ao passo que também não viola o princípio da irretroatividade, porquanto tem por fato gerador futura operação de transmissão de títulos ou valores mobiliários.

4. A reserva de lei complementar para a instituição de imposto de competência da União somente se aplica no caso de tributos não previstos em nível constitucional. Precedentes.

5. Recurso extraordinário conhecido a que se dá provimento, para reformar o acórdão recorrido, assentando a constitucionalidade do art. 1º, IV, da Lei 8.033/90 e, com efeito, a exigibilidade do IOF sobre a transmissão de ações de companhias abertas e respectivas bonificações.

(STF, Tribunal Pleno, RE 583.712 RG/SP, Min. EDSON FACHIN, DJe de 02/03/2016)

Adiante, veremos mais complexidades do imposto na definição da base de cálculo e das alíquotas das múltiplas operações financeiras.

5.3. Aspecto subjetivo

Em regra, são contribuintes do imposto os adquirentes, no caso de aquisição de títulos ou valores mobiliários, e os titulares de aplicações financeiras, nos casos de resgate, cessão ou repactuação (art. 26, I, do RIOF); e responsáveis as instituições intermediadoras das negociações (art. 27, do RIOF).

Contudo, as instituições financeiras também podem ser contribuintes do imposto, no caso de pagamento para a liquidação das operações de aquisição, resgate, cessão ou repactuação de títulos e valores mobiliários, quando o pagamento for inferior a noventa e cinco por cento do valor inicial da operação (art. 26, II, c/c art. 28, IV c/c art. 28, I, todos do RIOF).

Explicando: o título é vendido a R$ 100,00 e resgatado a R$ 90,00. A base de cálculo desta operação, vamos adiantar, é o ganho limitado a 95% da operação inicial, quer dizer, (95% de R$ 100,00 = R$ 95,00) – R$ 90,00 = R$ 5,00.

Os responsáveis eleitos pelo art. 27, do RIOF, são:

- as instituições autorizadas a operar com títulos e valores mobiliários;
- as bolsas de valores, pelas operações que realiza em nome de terceiros, com recursos destes;
- a instituição que liquidar a operação realizada por meio do Sistema Especial de Liquidação e Custódia – SELIC, do Banco Central ou da Central de Custódia e de Liquidação Financeira de Títulos – CETIP, criada pela CVM
- o administrador do fundo de investimento;
- a instituição que intermediar recursos, junto a clientes, para aplicações em fundos de investimentos;
- a instituição que receber as importâncias referentes à subscrição das cotas do Fundo de Investimento Imobiliário e do Fundo Mútuo de Investimento em Empresas Emergentes.

No caso de ações emitidas para lastrear *depositary receipts* negociados no exterior em oferta pública, o responsável será o coordenador líder da oferta (art. 27, § 4º c/c art. 32-A, § 2º, do RIOF), vale dizer, o principal ofertante do investimento. Se a oferta não for pública, o responsável será o custodiante (depositário) das ações (art. 27, § 3º c/c art. 32-A, § 1º, do RIOF).

5.4. Aspecto quantitativo

A base de cálculo do IOF/TVM, nos termos do art. 28, do RIOF, é o valor dos negócios realizados e a alíquota máxima, conforme o art. 29 do regulamento, é de 1,5% ao dia.

Certas operações são realizadas imediatamente, sofrendo apenas uma incidência do imposto, como pode ser o caso da compra de ações à vista. Outras operações são continuadas, havendo a incidência diária.

Mas não se enganem. O IOF/TVM, ainda que incida diariamente, não será muito elevado. Sempre haverá limitações seja da alíquota ou da base de cálculo. Não seria mesmo razoável que uma operação com títulos que durasse 60 dias fosse tributada à alíquota total de 90% (1,5% x 60). Ao contrário, assim como no IOF/câmbio, a tendência é que a tributação do IOF/TVM seja regressiva no tempo, para estimular investimentos de prazos mais longos.

Como vimos, na hipótese do art. 28, IV, do RIOF, vale dizer, na liquidação futura de operações com títulos, como sua aquisição, seu resgate etc., a base de cálculo do imposto é limitada à diferença entre 95% do preço original e o valor da liquidação, nos termos do decreto, inferior à 95% do valor original. Leia-se:

Art. 28. A base de cálculo do IOF é o valor:

I – de aquisição, resgate, cessão ou repactuação de títulos e valores mobiliários;

[...]

IV – do pagamento para a liquidação das operações referidas no inciso I, quando inferior a noventa e cinco por cento do valor inicial da operação.

§ 1º Na hipótese do inciso IV, o valor do IOF está limitado à diferença positiva entre noventa e cinco por cento do valor inicial da operação e o correspondente valor de resgate ou cessão.

A base de cálculo do imposto, no caso de cessão ou resgate dos títulos, é acrescida dos rendimentos recebidos pelo investidor.

Ainda quanto aos limites da incidência, o art. 32, do RIOF determina limitação de incidência da alíquota de 1% ao dia, a um percentual do rendimento obtido na operação, conforme o tempo do investimento, até 30 dias. Assim, a alíquota é limitada a 30% (30 x 1%) e base de cálculo tem regressividade diária, iniciando a 96% do rendimento de operações de um dia, até chegar a zero nas operações de pelo menos 30 dias. Veja a tabela de limitação do rendimento da operação utilizada como base de cálculo do imposto:

Nº de dias	% LIMITE DO RENDIMENTO
01	96
02	93
[...]	[...]
15	50
[...]	[...]
29	03
30	00

O art. 32, do RIOF aplica-se às operações realizadas no mercado de renda fixa e ao resgate de cotas de fundos de investimento e de clubes de investimento em geral. Vejamos um exemplo da incidência do IOF com títulos públicos:

Compra de R$ 1.000,00 e venda dos títulos após 15 dias a R$ 1.100,00.

Alíquota de 1% ao dia, sobre base limitada a 50% do rendimento = 15% sobre R$ R$ 50,00

Tributo devido = R$ 7,50

Compra de R$ 1.000,00 e venda dos títulos após 25 dias a R$ 1.200,00.

Alíquota de 1% ao dia, sobre base limitada a 16% do rendimento = 25% sobre R$ R$ 32,00

Tributo devido = R$ 8,00

Compra de R$ 1.000,00 e venda dos títulos após 30 dias: Base limitada a 0% do rendimento.

Nos termos do § 2º do art. 32, do regulamento, as operações de titularidade das instituições financeiras, das carteiras dos fundos de investimento e dos clubes de investimento, do mercado de renda variável, de resgate de cotas dos fundos e clubes de investimento *em ações*, com Certificado de Direitos Creditórios do Agronegócio – CDCA, com Letra de Crédito do Agronegócio – LCA, e com Certificado de Recebíveis do Agronegócio – CRA e com debêntures e com Certificados de Recebíveis Imobiliários, estão sujeitas à alíquota zero.

A expressão "renda variável" refere-se a investimentos em ações ou qualquer outro valor cuja remuneração não pode ser prevista de maneira nenhuma, senão sujeitas aos riscos do mercado. O exemplo clássico é o investimento em ações. Os investimentos em "renda fixa", por sua vez, ou têm rendimento determinado (Ex. 1% ao mês) ou calculado por critérios pré-estabelecidos, ainda que possam apresentar resultados negativos. O investimento em títulos públicos é um exemplo. Há uma definição de que o rendimento da aplicação se dará com base num determinado índice e, assim, a renda é fixada pelo índice. Por outro lado, o índice pode flutuar, e inclusive, apresentar resultados negativos.

Nesse ponto, vale mencionar a existência do RE 611.510/SP, que tramita no STF com repercussão geral. O objeto do recurso é a imunidade de instituições de educação e de assistência social sem fins lucrativos. As entidades defendem que a imunidade do art. 150, VI, c, da Constituição abrange seus investimentos em renda fixa de curto prazo, enquanto a União defende o contrário, pois as aplicações não estariam vinculadas ao objetivo essencial das entidades.

Na legislação vigente, pois, em geral, as operações em renda fixa sujeitam-se à alíquota limitada e base de cálculo regressiva, enquanto as operações com ações (renda variável), ainda que na forma de fundos ou clubes de investimento, estão sujeitas a alíquota zero.

Contudo, ações emitidas no Brasil para lastrear a emissão de *depositary receipts* negociados no exterior são tributadas à alíquota de 1,05%, nos termos do art. 32-A, do decreto.

O art. 30, do RIOF traz regra específica para operações realizadas por investidores estrangeiros em fundos de investimento imobiliário ou de empresas emergentes. Leia-se:

> *Art. 30. Aplica-se a alíquota de que trata o art. 29 [1,5% ao dia] nas operações com títulos e valores mobiliários de renda fixa e de renda variável, efetuadas com recursos provenientes de aplicações feitas por investidores estrangeiros em cotas de Fundo de Investimento Imobiliário e de Fundo Mútuo de Investimento em Empresas Emergentes, observados os seguintes limites:*
>
> *I – quando referido fundo não for constituído ou não entrar em funcionamento regular: dez por cento;*
>
> *II – no caso de fundo já constituído e em funcionamento regular, até um ano da data do registro das cotas na Comissão de Valores Mobiliários: cinco por cento.*

Empresa emergente é aquela com grande potencial de crescimento, definida de maneira formal pela CVM como "a companhia que apresente faturamento líquido anual, ou faturamento líquido anual consolidado, inferiores a R$ 100.000.000,00 (cem milhões de Reais), apurados no balanço de encerramento do exercício anterior à aquisição dos valores mobiliários de sua emissão", nos termos da Instrução Normativa CVM Nº 209, de 25 de março de 1994.

O art. 31, do RIOF, a seu turno, veicula regra de incidência do imposto a 0,25% ao dia sobre o valor do resgate de quotas de fundos de investimento antes de completado o prazo de carência do investimento. Conforme o parágrafo único, o imposto "fica limitado à diferença entre o valor da cota, no dia do resgate, multiplicado pelo número de cotas resgatadas, deduzido o valor do imposto de renda, se houver, e o valor pago ou creditado ao cotista". Trata-se de norma cujo objetivo é estimular investimento de prazos mais longos, onerando os resgates antecipados.

O art. 32-B, do RIOF, tratava da tributação dos derivativos. A norma fora revogada, regulando a matéria hoje o art. 32-C, do regulamento. Dispõe seu *caput*[22]:

> *Art. 32-C. O IOF será cobrado à alíquota de um por cento, sobre o valor nocional ajustado, na aquisição, venda ou vencimento de contrato de derivativo financeiro celebrado no País que, individualmente, resulte em aumento da exposição cambial vendida ou redução da exposição cambial comprada.*

A norma trata especificamente de operações que afetem a exposição cambial[23], em que haja ganho em virtude de valorização da moeda nacional. Mais detalhamentos per-

---

22. Art. 32-C, do RIOF

[...]

§ 4º Para os fins do disposto neste artigo, entende-se por:

I – **valor nocional ajustado** – o valor de referência do contrato – valor nocional – multiplicado pela variação do preço do derivativo em relação à variação do preço da moeda estrangeira, sendo que, no caso de aquisição, venda ou vencimento parcial, o valor nocional ajustado será apurado proporcionalmente;

[...]

VII – **contrato de derivativo financeiro** – contrato que tem como objeto taxa de câmbio de moeda estrangeira em relação à moeda nacional ou taxa de juros associada a moeda estrangeira em relação à moeda nacional;

23. Art. 32-C, do RIOF

§ 4º Para os fins do disposto neste artigo, entende-se por:

[..]

II – **exposição cambial vendida** – o somatório do valor nocional ajustado dos contratos de derivativos financeiros do titular que resultem em ganhos quando houver apreciação da moeda nacional relativamente à moeda estrangeira, ou perdas quando houver depreciação da moeda nacional relativamente à moeda estrangeira;

III – **exposição cambial comprada** – o somatório do valor nocional ajustado dos contratos de derivativos financeiros do titular que resultem em perdas quando houver apreciação da moeda nacional relativamente à moeda estrangeira, ou ganhos quando houver depreciação da moeda nacional relativamente à moeda estrangeira;

[..]

tencem ao direito cambial, sendo incompatível com os limites deste trabalho. Vale dizer, contudo, que o objetivo da norma é a regulação da oferta e demanda de moeda (câmbio) no Brasil.

A base de cálculo da obrigação é apurada em dólares dos Estados Unidos da América e convertida em moeda nacional para fins de incidência do imposto, conforme taxa de câmbio de fechamento do dia de sua apuração. Se a operação não evolver a moeda norte americana, haverá a conversão nesta moeda para posterior conversão em reais (art. 32-C, §§ 2º e 3º, do RIOF).

A alíquota básica de 1% fica reduzida a zero nas operações com contratos de derivativos para cobertura de riscos, inerentes à oscilação de preço da moeda estrangeira, decorrentes de contratos de exportação firmados por pessoa física ou jurídica residente ou domiciliada no País; e com contratos de derivativos financeiros não incluídos no *caput* (art. 32-C, § 5º, do RIOF).

O Decreto 8.027/2013 reduziu a zero da alíquota prevista pelo caput do art. 32-C, do RIOF, a partir de 13.6.13.

Para fechar o capítulo da base de cálculo e da alíquota do IOF/TVM, o art. 33, do RIOF prevê redução a zero para as demais operações, não expressas nos art. 28 a 32-C, inclusive no resgate de cotas do Fundo de Aposentadoria Programada Individual – FAPI.

5.5. Hipóteses de isenção

Assim como nas demais modalidades do imposto, o IOF/TVM também conta com hipóteses de isenção.

São isentas as operações em que o adquirente do título seja a entidade binacional Itaipu, aquelas realizadas com recursos dos Fundos Constitucionais de Financiamento do Norte (FNO) do Nordeste (FNE) e do Centro-Oeste (FCO), as negociações com Cédula de Produto Rural realizadas nos mercados de bolsas e de balcão e com Certificado de Depósito Agropecuário – CDA e com Warrant Agropecuário – WA, além das operações com títulos adquiridos por missões diplomáticas e repartições consulares de carreira, ou seus funcionários estrangeiros, não residentes no país.

6. IOF/OURO ATIVO FINANCEIRO

6.1. Noções gerais

A Constituição prevê para o ouro ativo financeiro incidência única do IOF, na primeira aquisição, e a destinação do produto arrecadado para o estado (30%) e para o município (70%) em que o mineral fora extraído.

A regra de repartição também vale para o ouro importado, quando os recursos arrecadados são destinados ao estado e ao município brasileiro onde o ouro ingressar.

A negociação do ouro como ativo financeiro são privativas de instituições autorizadas pelo Banco Central, sujeitas aos registros próprios.

Destinando-se a outras finalidades, o ouro está sujeito ao ICMS.

O art. 36, do RIOF assim disciplina o fato gerador do imposto sobre o ouro ativo financeiro:

> *Art. 36. O ouro, ativo financeiro, ou instrumento cambial sujeita-se, exclusivamente, à incidência do IOF (Lei 7.766/89, art. 4º).*
>
> *§ 1º Entende-se por ouro, ativo financeiro, ou instrumento cambial, desde sua extração, inclusive, o ouro que, em qualquer estado de pureza, em bruto ou refinado, for destinado ao mercado financeiro ou à execução da política cambial do País, em operação realizada com a interveniência de instituição integrante do Sistema Financeiro Nacional, na forma e condições autorizadas pelo Banco Central do Brasil.*
>
> *§ 2º Enquadra-se na definição do § 1º deste artigo o ouro:*
>
> *I – envolvido em operações de tratamento, refino, transporte, depósito ou custódia, desde que formalizado compromisso de destiná-lo ao Banco Central do Brasil ou à instituição por ele autorizada;*
>
> *II – adquirido na região de garimpo, onde o ouro é extraído, desde que, na saída do Município, tenha o mesmo destino a que se refere o inciso I;*
>
> *III – importado, com interveniência das instituições mencionadas no inciso I.*
>
> *§ 3º O fato gerador do IOF é a primeira aquisição do ouro, ativo financeiro, ou instrumento cambial, efetuada por instituição autorizada integrante do Sistema Financeiro Nacional (Lei 7.766/89, art. 8º).*
>
> *§ 4º Ocorre o fato gerador e torna-se devido o IOF:*
>
> *I – na data da aquisição;*
>
> *II – no desembaraço aduaneiro, quando se tratar de ouro físico oriundo do exterior.*

Em síntese, ocorre o fato gerador na data da primeira aquisição do ouro, ainda que importado, destinado a servir como ativo financeiro, inclusive para fins cambiais, mesmo que deva passar por processos de refinamento, desde que a finalidade não seja desviada.

O ouro a que nos referimos somente pode ser adquirido por instituições autorizadas pelo Banco Central e tais instituições serão os contribuintes do imposto, que o recolherão aos cofres públicos tomando como base o preço de aquisição, à alíquota de 1%.

A lei não aceita, porém, que a base de cálculo seja inferior à cotação mínima do ouro na bolsa de valores no dia em que for realizado o negócio jurídico.

7. RESUMO

Princípio da Legalidade	Mitigado, apenas para alteração de alíquotas, por ato do Poder Executivo, dentro dos limites estabelecidos pela lei
Princípio da anterioridade do exercício	Dispensado
Princípio da anterioridade nonagesimal	Dispensado
Aspecto material na Constituição e no CTN	IOF/Crédito = operações de crédito, inclusive *factoring* e mútuo entre pessoas jurídicas ou pessoa jurídica mutuante e pessoa física mutuária IOF/Câmbio = operações de câmbio, inclusive escritural IOF/Seguros = operações de seguro de toda natureza e de resseguro IOF/TVM = operações com títulos e valores mobiliários (ações, debêntures, derivativos e papéis de oferta pública)
Aspecto material na Constituição e no CTN	IOF/Ouro = aprimeira operação de venda de ouro, para servir como ativo financeiro
Aspecto espacial	Território nacional
Aspecto temporal	IOF/Crédito Momento da concessão ou da renovação do crédito IOF/Câmbio Momento de realização do câmbio IOF/Seguros Momento da contratação do seguro IOF/TVM Momento da compra ou do resgate do papel IOF/Ouro Momento da primeira venda do ouro para servir como ativo financeiro, tendo como comprador instituição autorizada pelo Banco Central
Aspecto quantitativo (Base de cálculo e alíquota)	IOF/Crédito Base de cálculo = valor do crédito Alíquota máxima =1,5% ao dia, limitada a 365 dias. IOF/Câmbio Base de cálculo = valor da operação Alíquota máxima = 25% IOF/Seguros Base de cálculo = valor do prêmio Alíquota máxima = 25% IOF/TVM Base de cálculo = valor do negócio jurídico Alíquota máxima = 1,5% ao dia, podendo ser regressiva no tempo

Aspecto quantitativo (Base de cálculo e alíquota)	IOF/Ouro Base de cálculo = valor do ouro Alíquota = 1%
Aspecto pessoal	IOF/Crédito Contribuinte = tomador do empréstimo Responsável = instituição financeira e empresa de *factoring* IOF/Câmbio Contribuinte = pessoa interessada na troca de moeda Responsável = instituição autorizada IOF/Seguros Contribuinte = tomador do seguro Responsável = instituição autorizada IOF/TVM Contribuinte = adquirente, alienante etc do papel Responsável = instituição que opera no mercado, bolsa de valores etc IOF/Ouro Contribuinte = vendedor do ouro Responsável = instituição adquirente
Observações	1. Pode haver incidência cumulativa das modalidades de IOF numa mesma operação, se caracterizada mais de hipótese (ex: câmbio e crédito), exceto para as modalidades IOF/Crédito e IOF/TVM, que se excluem. 2. Arrecadação destinada ao orçamento geral da União. Art. X, do CTN não recepcionado pelo art. 167, X da CF/88; IOF/Ouro: 30% para o estado e 70% para o município de origem.

8. SÚMULAS

Súmula do STF

Súmula 664: É inconstitucional o inciso V do art. 1º da Lei 8,033/1990, que instituiu a incidência do imposto nas operações de crédito, câmbio e seguros – IOF sobre saques efetuados em caderneta de poupança.

Súmula do STF

Súmula 185: Nos depósitos judiciais, não incide o imposto sobre operações financeiras.

9. QUESTÕES DE CONCURSOS PÚBLICOS

1. (ESAF/AFRF/2009) Analise os itens a seguir, classificando-os como verdadeiros (V) ou falsos (F). Em seguida, escolha a opção adequada às suas respostas:

I. as operações de câmbio constituem fato gerador do IOF – imposto sobre operações de crédito, câmbio e seguro, ou relativas a títulos ou valores mobiliários;

II. o câmbio traz um comércio de dinheiro, no qual este se torne mercadoria e, como tal, tem custo e preço;

III. operações de câmbio são negócios jurídicos de compra e venda de moeda estrangeira ou nacional, ou, ainda, os negócios jurídicos consistentes na entrega de uma determinada moeda a alguém em contrapartida de outra moeda recebida.

a) Somente o item I está correto.

b) Estão corretos somente os itens I e II.

c) Estão corretos somente os itens I e III.

d) Todos os itens estão corretos.

e) Todos os itens estão errados.

---

2. (ESAF/Analista da Receita Federal/2012) O ouro, quando não for considerado como simples metal, mas definido em lei como ativo financeiro ou instrumento cambial, sujeita-se exclusivamente à incidência do ______________________________.

Esse imposto é devido na operação ____________.

Está sujeito à alíquota _____________, já estabelecida na Constituição. O produto da arrecadação pertence __________.

a) ICMS / de origem / máxima / ao Estado.

b) ICMS / de destino / máxima / ao Estado de destino.

c) IOF / de origem / mínima / ao Estado e ao Município de origem.

d) IOF / de origem / máxima / À União e, compartilhadamente, ao Estado e Município de origem.

e) IOF / de destino / mínima / ao Estado e ao Município de destino.

---

3. (ESAF/AFRF/2002) É correto o seguinte asserto:

a) No que se refere ao imposto de importação, a legislação brasileira, devido ao princípio da nação mais favorecida, determina que todo tratamento aduaneiro decorrente de ato internacional aplica-se a mercadorias originárias de qualquer exportador e não apenas a do país beneficiário.

b) Compete à autoridade monetária, em especial ao Banco Central do Brasil, a administração do IOF, incluídas as atividades de arrecadação, tributação e fiscalização.

c) O imposto sobre operações financeiras (IOF) incide sobre operações de crédito realizadas por comerciantes (crédito direto ao consumidor) quando os direitos creditórios não tenham sido alienados.

d) Quando se tratar de mercadoria despachada para consumo, a norma legal considera como ocorrido o fato gerador do imposto de importação não na data do ingresso nas águas territoriais brasileiras, mas na do registro, na repartição aduaneira, da declaração de importação.

e) O fato gerador do Imposto sobre a Propriedade Territorial Rural (ITR) ocorre em cada exercício ao completar-se um ano civil em que o contribuinte esteja vinculado ao imóvel.

---

4. (FMP/Procurador do Estado do Acre/2012) Assinale a alternativa incorreta.

a) O IPI (Imposto sobre Produtos Industrializados) não está sujeito ao princípio da anterioridade tributária anual, mas se submete ao princípio da anterioridade tributária nonagesimal.

b) O IOF (Imposto sobre operações de Crédito, Câmbio, Seguro, Títulos e Valores Mobiliários) pode, nos limites da lei, ter suas alíquotas alteradas por ato do Poder Executivo.

c) O IR (Imposto sobre a Renda e Proventos de qualquer natureza) está sujeito ao princípio da anterioridade tributária anual, mas não se submete ao princípio da anterioridade tributária nonagesimal.

d) O II (Imposto sobre a Importação) é de competência da União Federal, mas poderá, nas hipóteses previstas na Constituição Federal, ser cobrado e fiscalizado pelos Estados-membros que se situam nas fronteiras do território nacional.

5. **(FCC/Procurador do Estado de São Paulo/2009)** Os impostos que possuem as características de seletividade, em função da essencialidade, e de não cumulatividade são:

a) IPI e ICMS.

b) IOF e IPI.

c) ICMS e ISS.

d) IPI e ISS.

e) IPI, ICMS e ISS.

6. **(Procurador do Município de Niteroi 2011)** O princípio constitucional da anterioridade nonagesimal admite exceções. O tributo que NÃO constitui exceção ao princípio aludido é:

a) Imposto de Renda – IR; (art. 153, III da CF);

b) Empréstimo Compulsório para atender a despesas extraordinárias decorrentes de calamidade pública, de guerra externa ou sua iminência; (art. 148, I da CF);

c) Imposto Extraordinário de Guerra; (art. 154, II da CF);

d) Imposto sobre Operações relativas à Circulação de Mercadorias e sobre Prestações de Serviços de Transporte Interestadual e Intermunicipal e de Comunicação, ainda que as operações e as prestações se iniciem no exterior – ICMS (art. 155, II da CF);

e) Imposto sobre Operações de Crédito, Câmbio e Seguro, ou relativas a Títulos ou Valores Mobiliários – IOF; (art. 153, V da CF).

7. **(ESAF/Procurador da Fazenda Nacional-PGFN/2003)** Nos termos do Código Tributário Nacional, constitui base de cálculo de imposto, de competência da União, sobre operações de crédito, câmbio e seguro, e sobre operações relativas a títulos e valores imobiliários, entre outras hipóteses:

a) Quanto às operações de seguro, o montante do valor contratado que a seguradora deverá pagar ao segurado na hipótese de ocorrência de sinistro.

b) às operações relativas a títulos e valores mobiliários, na emissão, o valor nominal do título menos o deságio, se houver.

c) Quanto às operações relativas a títulos e valores mobiliários, na transmissão, o preço ou valor nominal, ou o valor da cotação em Bolsa, conforme determinar decreto do Poder Executivo.

d) Quanto às operações de câmbio, o respectivo montante em moeda nacional, recebido, entregue ou posto à disposição.

e) Quanto às operações de crédito, o montante da obrigação, exclusive os juros.

8. **(FCC/TCE/AP/Analista/2012)** Medida provisória que majore alíquota de Imposto sobre a Renda e Imposto sobre Operações de Câmbio, Crédito, Seguro e Valores Mobiliários – IOF produz efeitos,

a) imediato no caso do IOF e noventa dias depois de sua edição, no caso do Imposto sobre a Renda.

b) no exercício financeiro seguinte, se convertida em lei até o último dia do exercício em que foi editada, em ambos os casos.

c) no exercício financeiro seguinte, se convertida em lei até o último dia do exercício em que foi editada, no caso do IOF.

d) no exercício financeiro seguinte, se convertida em lei até o último dia do exercício em que foi editada, no caso do Imposto sobre a Renda.

e) em ambos os casos, imediatamente.

9. **(FCC/NossaCaixaDesenvolvimento/Contador/2011)** O IOF

a) incide apenas sobre operações de crédito, de seguro e de câmbio.

b) tem a alíquota máxima de 1,5% ao dia sobre o valor das operações de crédito.

c) tem a instituição financeira no contribuinte do imposto incidente sobre operações de crédito.

d) tem a alíquota máxima de 13%, incidente sobre as operações de câmbio.

e) não incide sobre operações com ouro-ativo financeiro.

10. **(FCC/Sefaz/SP/AgenteFiscal-GT/2013)** O art. 150, I, da Constituição Federal, estipula que, sem prejuízo de outras garantias asseguradas ao contribuinte, é vedado à União, aos Estados, ao Distrito Federal e aos Municípios exigir ou aumentar tributo sem lei que o estabeleça. Este dispositivo enuncia o Princípio da:

a) Uniformidade Tributária, e admite exceções. Dentre estas, a redução e o restabelecimento por ato do Poder Executivo da alíquota da Contribuição de Intervenção no Domínio Econômico – CIDE relativa às atividades de importação de petróleo.

b) Legalidade Tributária, e admite exceções. Dentre estas, a fixação das alíquotas máximas e mínimas do ISS por meio de Resolução do Senado Federal, aprovada por 1/3 dos Senadores.

c) Inafastabilidade Tributária, e admite exceções. Dentre estas, o aumento da base de cálculo do IOF por meio de decreto do Poder Executivo Federal.

d) Uniformidade Tributária, e não admite exceções.

e) Legalidade Tributária, e admite exceções. Dentre estas, a redução e o restabelecimento por ato do Poder Executivo da alíquota da Contribuição de Intervenção no Domínio Econômico – CIDE relativa às atividades de comercialização de álcool combustível.

11. **(ESAF – Procurador da Fazenda Nacional/2015)** São contribuintes do Imposto sobre Operações de Crédito, Câmbio e Seguro, ou relativas a Títulos e Valores Mobiliários (IOF):

a) o mutuante, nas operações de crédito.

b) os alienantes de títulos e valores mobiliários.

c) os titulares dos contratos, nas operações relativas a contratos derivativos.

d) os titulares de conta corrente, nas hipóteses de lançamento e transmissão de valores.

e) as instituições financeiras e demais instituições autorizadas a funcionar pelo Banco Central do Brasil, nas operações relativas a aquisição, resgate, cessão ou repactuação de títulos e valores mobiliários em que o valor do pagamento para a liquidação seja superior a 95% (noventa e cinco por cento) do valor inicial da operação.

12. **(TRF4 – Juiz Federal Substituto 4ª Região/2016)** Dadas as assertivas abaixo, assinale a alternativa correta.

I. Segundo entendimento sumulado do Supremo Tribunal Federal, norma legal que altera o prazo de recolhimento da obrigação tributária não se sujeita ao princípio da anterioridade.

II. Segundo entendimento sumulado do Superior Tribunal de Justiça, na repetição do indébito tributário, a correção monetária incide a partir do pagamento indevido, e os juros moratórios, somente após o trânsito em julgado da sentença.

III. Segundo entendimento do Superior Tribunal de Justiça, o Imposto de Renda Pessoa Jurídica e a Contribuição Social sobre o Lucro Líquido não incidem sobre o lucro inflacionário.

IV. Segundo entendimento sumulado do Superior Tribunal de Justiça, não incide o imposto sobre operações financeiras nos depósitos judiciais.

a) Está correta apenas a assertiva III.

b) Estão corretas apenas as assertivas I e IV.

c) Estão corretas apenas as assertivas II e IV.

d) Estão corretas apenas as assertivas I, II e III.

e) Estão corretas todas as assertivas.

---

13. (TRF4/Juiz Federal TRF4/2014) (adaptada) Assinale certo ou errado, considerando o disposto no Código Tributário Nacional:

A base de cálculo do imposto incidente sobre as operações de crédito, câmbio e seguro, ou relativas a títulos ou valores mobiliários, é, quanto às operações relativas a títulos e valores mobiliários, na emissão, o valor nominal mais o ágio, se houver.

---

14. (CESPE/Juiz Federal TRF5/2013) (adaptada) Assinale certo ou errado de acordo com a CF, as normas gerais de direito tributário e a jurisprudência do STJ e do STF.

O imposto sobre operações financeiras submete-se ao princípio da anterioridade anual.

---

15. (TRF3/Juiz Federal TRF3/2010) (adaptada) Assinale certo ou errado:

O ouro, quando definido em lei como ativo financeiro ou instrumento cambial, sujeita-se exclusivamente, à incidência do imposto sobre operações de crédito, câmbio e seguro, ou relativas a títulos e valores mobiliários;

Gabarito		
Questão	**Resposta**	**Referência**
1	D	Tópicos 1, 2 e 3
2	D	Tópico 6
3	D	Tópicos 1 e 2
4	D	Tópicos 1 e 5
5	A	Tópico 1
6	D	Tópico 1
7	D	Tópicos 2, 3, 4 e 5
8	D	Tópico 1
9	B	Tópicos 2, 3, 4 e 5
10	E	Tópico 1
11	C	Tópicos 2.3 e 5.3
12	E	Tópico 2.2 (IR 6.8.1)
13	CERTO	Tópicos 1 e 5.4
14	ERRADO	Tópico 1
15	CERTO	Tópico 6

CAPÍTULO 9
IMPOSTO DE RENDA – IR

Sumário • 1. Introdução – 2. Aspecto material; 2.1. Conceito de renda; 2.2. Disponibilidade da renda; 2.3. Generalidade, universalidade e progressividade; 2.4. Fato gerador complexo, anualidade princípio da irretroatividade – aspecto temporal – 3. Aspecto quantitativo; 3.1. Base de cálculo; 3.2. Alíquotas – 4. Aspecto subjetivo; 4.1. Contribuinte e responsável; 4.2. Domicílio e residência – 5. IRPF; 5.1. Introdução; 5.2. Sistema de apuração, declaração e pagamento do imposto; 5.3. Aspecto subjetivo; 5.3.1. Contribuinte; 5.3.2. Responsável; 5.3.3. Responsabilidade por retenção; 5.3.4. Princípios da territorialidade e da renda universal; 5.3.5. Equiparação à pessoa jurídica; 5.4. Aspecto material; 5.5. Aspecto quantitativo; 5.5.1. Base de cálculo; 5.5.1.1. Renda tributável; 5.5.1.2. Rendimentos isentos e não tributados; 5.5.1.3. Rendimentos pagos acumuladamente – rendimentos acumulados; 5.5.1.4. Despesas dedutíveis; 5.5.2. Alíquota; 5.5.3. Deduções do imposto; 5.6. Tributação do ganho de capital; 5.6.1 Regras gerais; 5.6.2 A lei de regularização de ativos; 5.7. Tributação de aplicações financeiras – Introdução; 5.8. Atividade rural; 5.9. Tributação dos residentes no exterior; 5.10. Tributação de rendimentos omitidos; 5.10.1. Sinais exteriores de riqueza (art. 846, do RIR); 5.10.2. Acréscimo patrimonial a descoberto (art. 55, XIII, do RIR); 5.10.3. Depósitos não identificados (art. 848, do RIR); 5.11. Obrigações acessórias – as declarações do IRPF – 6. IRPJ; 6.1. Introdução; 6.2. Primeira aproximação; 6.3. Novas regras contábeis internacionais e regime tributário de transição; 6.4. A apuração do imposto – visão geral; 6.5. Aspecto subjetivo; 6.6. Aspecto temporal; 6.7. Aspecto Material; 6.8. Aspecto quantitativo; 6.8.1. Base de cálculo; 6.8.1.1. Resultado operacional; 6.8.1.1.1. Receitas operacionais; 6.8.1.1.2. Despesas operacionais; 6.8.1.2. Resultados não operacionais; 6.8.1.3. Compensação de prejuízos; 6.8.1.4. Omissão de receitas; 6.8.2. Alíquotas; 6.9. Retenção na fonte; 6.10. Resultados não operacionais; 6.11. Reavaliação de bens; 6.11.1. Introdução; 6.11.2 Avaliação a valor presente; 6.11.3. Avaliação a valor justo; 6.11.4. Redução do valor recuperável – *Impairment;* 6.11.5. Comentários ao regime anterior ao da Lei 12.973/14; 6.12. Investimentos, participações societárias e reorganizações societárias; 6.12.1. Introdução; 6.12.2. Investimentos avaliados pelo custo e investimentos avaliados pela equivalência patrimonial; 6.12.2.1. Os investimentos e o método aplicável; 6.12.2.2. Aquisição do investimento e operações registradas pelo MEP; 6.12.2.3. Alienação do investimento; 6.12.3. Ações em tesouraria; 6.12.4. Reorganização societária e combinação de negócios: fusão, cisão e incorporação; 6.12.4.1. Visão geral; 6.12.4.2. Efeitos tributários; 6.13. Lucro distribuído e lucro capitalizado; 6.14. Preços de transferência; 6.14.1. Importações; 6.14.2. Exportações; 6.14.3. Estabilidade e praticidade nos métodos de preços de transferência; 6.14.4. Flexibilização dos percentuais e margens; 6.14.5. Juros; 6.14.6. Paraísos fiscais; 6.14.7. Acordos internacionais; 6.15. Atividades no exterior; 6.15.1. Rendimentos tributáveis auferidos de fonte no exterior; 6.15.2. Filiais, sucursais, controladas e coligadas; 6.15.3. Aspecto temporal; 6.15.4. Equivalência patrimonial – MEP; 6.15.5. Tratamento da renda paga por fonte no exterior a pessoa jurídica no Brasil; 6.15.6. Operações de Cobertura em Bolsa no Exterior; 6.15.7. Outras regras; 6.16. Operações no mercado financeiro; 6.16.1. Retenção na fonte; 6.16.2. Tributação na apuração do imposto (dedução do IRRF e das perdas); 6.16.3. Aplicações de renda fixa; 6.16.4. Aplicações de renda variável; 6.17. Retenção na fonte; 6.18. Apuração pelo lucro real e pagamento por estimativa; 6.19. Lucro presumido, lucro arbitrado e SIMPLES; 6.19.1. Lucro presumido; 6.19.2. Lucro arbitrado; 6.19.3. SIMPLES; 6.20. Imunidades e Isenções; 6.21. Lançamento – 7. Resumo; 8. Súmulas – 9. Questões de concursos públicos.

1. INTRODUÇÃO

O IR é um dos mais antigos e mais sofisticados tributos e conta com a melhor adequação ao princípio da capacidade contributiva, dado seu caráter pessoal, conforme preconiza o art. 145, § 1º, da Constituição:

Art. 145. [...]

§ 1º – Sempre que possível, os impostos terão caráter pessoal e serão graduados segundo a capacidade econômica do contribuinte, facultado à administração tributária, especialmente para conferir efetividade a esses objetivos, identificar, respeitados os direitos individuais e nos termos da lei, o patrimônio, os rendimentos e as atividades econômicas do contribuinte.

São poucos os dispositivos constitucionais expressos aplicáveis ao IR.

Na **Carta** encontramos a norma de **competência** do imposto (art. 153, III) e os **princípios** da generalidade, universalidade e progressividade (art. 153, § 2º, I), da legalidade estrita (art. 150, I), da irretroatividade (art. 150, III, a) e da anterioridade do exercício (art. 15, III, b), não se lhe aplicando a anterioridade nonagesimal (art. 150, § 1º, segunda parte).

A propósito, embora o imposto seja da competência da União, pertencem aos Estados, ao Distrito Federal e aos Municípios, "o produto da arrecadação do imposto da União sobre renda e proventos de qualquer natureza, incidente na fonte, sobre rendimentos pagos, a qualquer título, por eles, suas autarquias e pelas fundações que instituírem e mantiverem" (art. 157, I e 158, I, da CF/88). A arrecadação do Imposto de Renda também compõe o FPM e o FPE (art. 159, I, da Cf/88).

Abaixo da Constituição, no **CTN**, encontramos as **normas gerais** do imposto. **A legislação** esparsa é responsável por sua criação e pela definição de suas regras, e o **Regulamento** do Imposto de Renda, por sua consolidação (art. 212, do CTN) e seu detalhamento. Há, ainda, diversas Portarias do Ministério da Fazenda e principalmente diversas Instruções Normativas da Secretaria da Receita Federal sobre o tema.

A título de introdução, antes de adentrarmos no estudo específico do Imposto de Renda da Pessoa Física e do Imposto de Renda da Pessoa Jurídica, vamos abordar as normas constitucionais e complementares do imposto, válidas para todos os sujeitos passivos.

Cabe, também, uma observação inicial importante, quanto a duas expressões que vamos utilizar muito: **exercício e ano calendário. Ano calendário** é o ano ou período de apuração em que ocorreram os fatos (é o período base) e **exercício** é o ano da entrega da declaração.

2. ASPECTO MATERIAL

2.1. Conceito de renda

A Constituição não define expressamente o conceito de renda tributável, limitando--se a apresentar a norma de competência do imposto. Assim, surgiram muitas discussões – de resto existente em outros países – acerca de um conceito constitucional implícito de renda. Em termos práticos, o debate gira em torno dos limites impostos ao legislador para estabelecer a incidência do tributo.

A menção da Carta à renda afasta, segundo a literatura proveniente desses debates, a incidência sobre o capital, sobre o faturamento ou receita bruta, sobre heranças etc. Leciona Misabel Derzi, que:

> *Será inconstitucional, então, a lei federal que tribute a receita representativa de mera reposição de bens patrimoniais (por terem sido objeto de aplicação de capital da pessoa), como pagamento de capital ou reembolso das despesas feitas para produção da receita, inclusive Royalties. Nem se pode tributar o preço de alienação do bem, que é mera reposição do capital investido, se não há ganho real. Muito menos é tributável a verdadeira e própria indenização, que é simples recomposição de perdas patrimoniais*[1].

De fato, pode-se dizer que há um conceito constitucional de renda, útil para eximir incidências sobre fatos efetivamente distintos. Contudo, há fenômenos que se confundem e outros que, dependendo da teoria adotada, podem coadunar com o conceito de renda ou dele se distanciar.

Para a economia, renda é a soma de consumo e poupança (y = c + s, onde y = renda, c = consumo e s = poupança), conceito que identifica a renda pelo enfoque da *demanda*, segundo o qual se perquire pela *destinação* da renda. Pelo lado da *oferta*, ao revés, a mesma renda (y) é obtida pela soma de salários, lucros, juros e aluguéis (identificados em economia pelas letras w+p+ i + r), perquirindo-se pela *origem* da renda.

A partir do conceito econômico, o direito tributário se debruçou na identificação da renda como fato gerador, bem como na fundamentação desta incidência tributária. Segundo Baleeiro, a incidência do imposto de renda sobre o resultado do trabalho não gerava dificuldades, mas surgiram 'percalços em relação à incidência sobre os rendimentos do capital. De acordo com o autor, duas teorias, frequentemente incorporadas pelas legislações, resumem os debates sobre o tema. Expõe Baleeiro:

> *a) renda é atributo quase sempre periódico, da fonte permanente da qual promana, como elemento novo criado e que com ela não se confunde (Struz, Fuisting, Cohn);*
>
> *b) renda é o acréscimo de valor pecuniário do patrimônio entre dois momentos (Schanz, Haig, Fisher).*[2]

O autor expõe, de forma sintética, a teoria da fonte e a teoria do acréscimo patrimonial, que disputam a hegemonia na definição de renda para efeitos tributários, incluindo como variação da teoria do acréscimo patrimonial a identificação da renda como "a soma algébrica do valor, a preço de mercado, dos direitos exercidos sob forma de consumo e da modificação do valor do acervo patrimonial entre o começo e o fim período determinado"[3].

---

1. DERZI, Misabel, in. BALEEIRO, Aliomar. *Direito tributário brasileiro*. Rio de Janeiro: Forense, 2003, p. 287.
2. BALEEIRO, Aliomar. *Direito tributário brasileiro*. Rio de Janeiro: Forense, 2003, p. 282.
3. BALEEIRO, Aliomar. *Direito tributário brasileiro*. Rio de Janeiro: Forense, 2003, p. 283.

Analisando o enunciado temos: "a soma algébrica do valor, a preço de mercado, dos direitos exercidos sob forma de consumo" = consumo e "da modificação do valor do acervo patrimonial entre o começo e o fim período determinado" = poupança, daí renda ser igual a consumo mais poupança, conforme a fórmula econômica antes enunciada.

Em linhas gerais, estas teorias apresentam a limitação constitucional imposta ao legislador, para definir a renda tributável.

No Brasil, o art. 43, do CTN, define renda de maneira ampla, mas consentânea com a Constituição, e é este o conceito de renda válido no país:

> *Art. 43. O imposto, de competência da União, sobre a renda e proventos de qualquer natureza tem como fato gerador a aquisição da disponibilidade econômica ou jurídica:*
>
> *I – de renda, assim entendido o produto do capital, do trabalho ou da combinação de ambos;*
>
> *II – de proventos de qualquer natureza, assim entendidos os acréscimos patrimoniais não compreendidos no inciso anterior.*

Conforme o Código, será renda a remuneração do trabalho (como o salário), do capital (como os juros e os aluguéis), ou da combinação de ambos (como o lucro).

Misabel Derzi apresenta uma síntese das correntes que investigam o conceito de renda, separando-as conforme se ajustem a tributação da pessoa jurídica ou da pessoa física. Vejamos:

> *Do ponto de vista econômico-fiscal, classicamente, também são duas as principais correntes que buscam apreender o conceito de renda:*
>
> *1. como excedente, ou acréscimo de riqueza, considerando o fluxo de satisfações e serviços consumidos (Irving Fisher) ou meramente disponíveis (Hewett), representados por seu valor monetário, fluxo que engloba as entradas e saídas em um período determinado de tempo. É conceito que melhor se ajusta àquele empregado pelo legislador na apuração da renda da pessoa física*[4].
>
> *2. como acréscimo de valor ou de poder econômico, apurada a renda pela comparação dos balanços de abertura e encerramento de determinado período. É conceito utilizado na apuração da renda da pessoa jurídica, especialmente sociedades comerciais*[5]

Assim, para as **pessoas físicas**, renda será o acréscimo de riqueza no período, decorrente da aplicação do capital ou do trabalho, seja este acréscimo consumido ou poupado, sem possibilidade de compensações entre os períodos de apuração.

4. DERZI, Misabel, in. BALEEIRO, Aliomar. Direito tributário brasileiro. Rio de Janeiro: Forense, 2003, p. 288.
5. DERZI, Misabel, in. BALEEIRO, Aliomar. Direito tributário brasileiro. Rio de Janeiro: Forense, 2003, p. 289.

Os proventos – também eleitos como fato gerador do imposto – serão os frutos futuros da aplicação do capital e do trabalho ou o fruto de atividades ilícitas. Explica a autora:

> *Provento é a forma específica de rendimento tributário, tecnicamente compreendida como o que é "fruto não da realização imediata e simultânea de um patrimônio, mas sim, do acréscimo patrimonial resultante de uma atividade que já cessou, mas que ainda produz rendimentos", como os benefícios de origem previdenciária, pensões e aposentadoria. Já proventos em acepção ampla como acréscimos patrimoniais não resultantes do capital ou do trabalho, são todos aqueles de "origem ilícita e bem aqueles cuja origem não seja identificável ou comprovável"[6].*

Para a **pessoa jurídica**, renda será o resultado líquido da atividade no período, apurado mediante o somatório das receitas e a subtração das despesas. Como a atividade é contínua, a apuração do imposto também deverá ser, permitindo-se a compensação de prejuízos nos anos posteriores.

Frise-se, ainda, que STF, acolhendo as teorias econômicas, tem se manifestado sistematicamente pela existência de um conceito constitucional de renda, limitando o legislador na configuração do imposto .

2.2. Disponibilidade da renda

Não basta, porém, a existência da renda. Apenas ocorre o fato gerador com sua disponibilidade. Dispõe o art. 43, do CTN, que o fato gerador do imposto é a aquisição da disponibilidade econômica ou jurídica da renda.

Com a disponibilidade econômica ou jurídica, está o legislador brasileiro livre para tributar a renda a partir do momento em que seu titular possa utilizá-la, ainda que não tenha recebido o numerário.

O imposto incidirá desde que o contribuinte receba dinheiro ou qualquer outro meio circulante, título de crédito, bem móvel ou imóvel ou, ainda, que sua atividade possa, de qualquer forma, se materializar em instrumento jurídico de cobrança, passível de circulação ou cessão.

O tema ganhou maior destaque quando o imposto de renda brasileiro deixou a incidência com base exclusiva no princípio da territorialidade (apenas a renda produzida no país) para incluir em sua incidência toda a renda dos residentes, com base no princípio da renda mundial (incidência sobre toda a renda produzida no país e sobre a renda de residente, ainda que produzida no exterior).

Visando implementar o princípio da renda mundial, o legislador complementar incluiu o § 2º, no art. 43, do CTN. Leia-se:

6. DERZI, Misabel, in. BALEEIRO, Aliomar. Direito tributário brasileiro. Rio de Janeiro: Forense, 2003, p. 291.

> *Art. 43. [...]*
>
> *§ 2º Na hipótese de receita ou de rendimento oriundos do exterior, a lei estabelecerá as condições e o momento em que se dará sua disponibilidade, para fins de incidência do imposto referido neste artigo. (Incluído pela Lcp nº 104, de 10.1.2001)*

A lei, a seu turno, definiu que os lucros de empresas pertencentes a pessoas nacionais ou a elas relacionadas estaria disponível no momento do fechamento do balanço da empresa estrangeira, independente de a pessoa jurídica haver distribuído seus lucros.

A questão que se coloca é a possibilidade de a lei definir o momento da disponibilidade por presunção, pois, o lucro das empresas estrangeiras, em princípio, apenas está disponível para o sócio, nacional ou estrangeiro, quando a própria empresa distribui formalmente os lucros. Antes disso, haverá presunção ou, ao menos, antecipação do legislador.

No julgamento do RE 611.586, no STF afastou a possibilidade de se tributar a renda simplesmente apurada no balanço de empresa estrangeira **coligada** situada em **país de tributação normal** (que não seja considerado paraíso fiscal ou país de tributação favorecida). De outro lado, entendeu constitucional a presunção, se presente dois fatores: a empresa estrangeira seja **controlada** direta ou indiretamente por empresa brasileira e esteja **situada em país que não tribute a renda ou que tribute a alíquota inferior a 20%.**

Seguindo as linhas definidas no julgamento do STF, a matéria é regida pela Lei 12.973/14, como veremos mais adiante.

2.3. Generalidade, universalidade e progressividade

Uma vez definido o conceito de renda, a Constituição determina que o imposto atenda os critérios de generalidade, universalidade e progressividade (art. 153, § 2º, I).

A **generalidade** impõe que o tributo incida sobre todas as pessoas que aufiram renda, não mais se aceitando que certas categorias privilegiadas sejam isentas do imposto.

A **universalidade** diz respeito à base de cálculo do imposto, que não é limitada por modalidades de renda. O imposto incide sobre todas as rendas, "independe da denominação da receita ou do rendimento, da localização, condição jurídica ou nacionalidade da fonte, da origem e da forma de percepção" (§ 1º, do art. 43, do CTN, incluído pela LC 104/2001).

Interessante lembrar que, em outros tempos, o imposto de renda era cedular e incidia de maneira isolada por categorias de receita especificadas em lei. O IR universal distingue-se do IR cedular, pois neste a lei prevê as categorias de renda sujeitas ao imposto, enquanto no IR universal toda renda – de acordo com os conceitos constitucionais e complementares – está sujeita ao imposto.

Ainda há *resquícios do imposto cedular*, no IR brasileiro. Algumas espécies de renda estão sujeitas a tributação exclusiva na fonte, como o 13º salário ou o rendimento de aplicações em fundos de renda fixa, ou a tributação definitiva (sem retenção, como o pagamento realizado pelo próprio contribuinte), como no caso do ganho de capital. Mencione-se, ainda, que algumas formas de incidência sobre aplicações financeiras de renda variável permitem a compensação de perdas apenas com ganhos da mesma natureza.

As exceções não invalidam, contudo, a regra geral da universalidade do imposto de renda no Brasil.

O art. 153, § 2º, I, da CF/88 determina, também, que o imposto de renda seja instruído pelo princípio da **progressividade**.

Tal comando é seguido mais intensamente pelo Imposto de Renda da Pessoa Física – IRPF, que conta com cinco faixas, uma de isenção, seguida de quatro faixas de alíquotas crescentes na medida em que se eleva a base de cálculo.

No Imposto de Renda da Pessoa Jurídica, não há faixa de isenção e há apenas duas alíquotas, a alíquota básica de 15% e a alíquota adicional de 10%.

2.4. Fato gerador complexo, anualidade princípio da irretroatividade – aspecto temporal

Fato gerador do IR é apurado por um conjunto de operações realizadas no ano. A renda é considerada como **fato gerador complexo**, e se diferencia do fato gerador simples, sem desdobramentos, como a propriedade.

Importante não confundir o fato gerador complexo com o continuado ou o fato gerador simples com o instantâneo. Instantaneidade e continuidade se referem ao momento de ocorrência do fato gerador. O fato gerador **contínuo** é aquele que se prolonga no tempo (e não tem sido eleito pelo legislador). O fato gerador **instantâneo**, por sua vez, aquele que ocorre em apenas um momento especificado pelo legislador. Hoje, o ITR por exemplo, tem fato gerador simples e instantâneo, que corresponde à propriedade rural em 1º de janeiro. A propriedade é continuada, mas o fato gerador do imposto não. Se o fato gerador fosse contínuo, o contribuinte que pagasse o imposto integral e vendesse a propriedade no meio do ano, teria direito à restituição do imposto, o que não ocorre.

Segundo esta classificação, o *IR tem, como **regra geral**, fato gerador complexo*, que corresponde a um conjunto de operações, e *instantâneo*, que ocorre no dia 31 de dezembro de cada ano. Apura-se, pois, o conjunto de fatos ocorridos em um ano e, ao final deste exercício, ocorre o fato gerador do imposto. Os pagamentos realizados no decorrer do exercício são, portanto, antecipações face ao fato gerador que ainda irá ocorrer.

Há, porém, exceções do próprio imposto de renda, que apresenta *fatos geradores simples e instantâneos*, como no caso da *tributação definitiva do ganho de capital* e no caso da *retenção exclusiva na fonte*, sobre os quais falaremos adiante.

Para fins aplicação da lei no tempo, a lei que institui ou majora o imposto deve seguir a regra geral e, para ser aplicada num exercício, deve ser publicada até o último dia do ano anterior, em respeito ao **princípio da anterioridade,** embora o STF acolha a tese de que a lei que majore o imposto sobre a renda possa ser publicada até o dia 31 de dezembro do ano em que ocorre o fato gerador[7].

Bem de se ver que o IR preserva **o princípio da anualidade**, segundo o qual o conjunto de fatos relevantes para o imposto deve ser apurado no período de tempo de 12 meses (no Brasil, entre 1º de janeiro e 31 de dezembro de cada ano).

Nada impede, porém, que a lei entre em vigor durante o ano calendário ou o exercício, se vier a reduzir a obrigação, como é comum no reajuste das tabelas do imposto da pessoa física.

A propósito, neste aspecto, quando o art. 150, III, "b" da CF/88 impede a cobrança de impostos "no mesmo exercício financeiro em que haja sido publicada a lei que os instituiu ou aumentou", a Carta não se refere a "exercício" como ano da entrega da declaração, mas ao "ano" em que a lei foi publicada.

Não se aplica ao imposto a regra da anterioridade nonagesimal.

Cabe ainda observar que o IR preserva **o princípio da anualidade**, segundo o qual o conjunto de fatos relevantes para o imposto deve ser apurado no período de tempo de 12 meses (no Brasil, entre 1º de janeiro e 31 de dezembro de cada ano).

Não se exige mais a autorização orçamentária para a cobrança do imposto, o que deu origem ao princípio. Este, porém, permanece vigente por força da tradição do bem, como dos efeitos sazonais da economia e suas consequências sobre o fato gerador do imposto, a renda.

3. ASPECTO QUANTITATIVO

3.1. Base de cálculo

A base de cálculo do imposto de renda é, em princípio, a **renda real**. Vale dizer, corresponde à renda efetivamente auferida pela pessoa física ou jurídica.

Contudo, por razões de praticidade ou de impossibilidade de apurar a renda real, a renda pode ser **presumida ou arbitrada**, nos termos do art. 44, do CTN. Leia-se:

Art. 44. A base de cálculo do imposto é o montante, real, arbitrado ou presumido, da renda ou dos proventos tributáveis.

Para a pessoa física, a **renda real** é o somatório dos rendimentos tributáveis auferidos no ano, deduzidas das despesas necessárias para obter o rendimento. Para a pessoa jurídica, a renda é o somatório das receitas, deduzidas as despesas, que equivale ao lucro apurado no encerramento do exercício, do qual se pode, ainda, deduzir os prejuízos dos exercícios anteriores apurados no balanço.

7. STF; T1; RE 232.084/SP; Min. ILMAR GALVÃO; DJ de 16/06/2000.

A renda também pode ser **presumida**, por opção, para a pessoa jurídica ou em certas circunstâncias, para a pessoa física.

As **empresas** em geral podem optar pela tributação da renda presumida, direito que não se estende a pessoas que exploram certas atividades e aquelas que auferem receitas brutas elevadas. Feita a opção, o lucro é apurado segundo um percentual da receita, não sendo relevantes as despesas.

A opção é realizada segundo o interesse do contribuinte. Imagine que a lei estabeleça que o lucro presumido seja 32% das receitas. Por sua contabilidade, o contribuinte verifica que sua margem de lucro real é de 40% da receita. Assim, o contribuinte tende a optar pela tributação pelo lucro presumido.

Para a **pessoa física**, a renda poderá ser presumida em algumas circunstâncias. Uma delas também é opcional e se refere ao **desconto simplificado**. O contribuinte declara suas receitas tributáveis e suas despesas dedutíveis reais, que devem ser documentalmente comprovadas. Contudo, pode optar pelo desconto simplificado, que corresponde a 20% de suas receitas, limitados a um valor especificado pela lei, sem a necessidade de comprovação.

A renda tributada, neste caso, será presumida em 80% das receitas, independente das despesas dedutíveis efetivamente ocorridas.

Também há tributação presumida sem opção da pessoa física, nos casos de **sinais exteriores de riqueza, de aumento patrimonial a descoberto e de depósitos bancários não identificados**. Os sinais exteriores de riqueza impõem a tributação da renda presumidamente necessária para a manutenção dos bens do contribuinte (IPTU, IPVA, Taxas, condomínio, seguro obrigatório etc.). O aumento patrimonial a descoberto ocorre quando a variação patrimonial positiva é superior à renda declarada. Presume-se, portanto, que o contribuinte auferiu a renda necessária para adquirir o patrimônio e omitiu a renda. Esta renda é mensurada indiretamente, por presunção, que pode ser afastada por prova em contrário, de que a variação patrimonial decorreu de doações, herança, distribuição isenta de lucros etc.

Também se presumem renda os depósitos bancários de origem não identificada. Ao contribuinte cabe demonstrar a origem dos depósitos e oferecê-los a tributação, se constituírem renda. Não o fazendo, a fiscalização considera, por presunção, que os depósitos são renda tributável, podendo o contribuinte, assim como no caso de variação patrimonial a descoberto, provar que os depósitos não se referem a renda tributável.

A **renda** também pode ser **arbitrada**, nos termos do art. 148, do CTN:

> *Art. 148. Quando o cálculo do tributo tenha por base, ou tome em consideração, o valor ou o preço de bens, direitos, serviços ou atos jurídicos, a autoridade lançadora, mediante processo regular, arbitrará aquele valor ou preço, sempre que sejam omissos ou não mereçam fé as declarações ou os esclarecimentos prestados, ou os documentos expedidos pelo sujeito passivo ou pelo terceiro legalmente obrigado, ressalvada, em caso de contestação, avaliação contraditória, administrativa ou judicial.*

O arbitramento, pois, é forma de apuração da renda (ou da base de cálculo de qualquer outro fato gerador) quando seu valor real não pode ser apurado e quando não se mostra presente hipótese de presunção.

3.2. Alíquotas

São muitas as alíquotas aplicáveis ao IR pessoa física, pessoa jurídica e fonte.

Neste momento, vamos estudar as alíquotas básicas do imposto, definidas em função da progressividade.

Para a **pessoa física**, as alíquotas são apresentadas pela lei em uma tabela mensal, para as antecipações e uma tabela anual, esta utilizada para a declaração de ajuste.

Tabela Progressiva para o **cálculo mensal** do Imposto sobre a Renda da Pessoa Física para o exercício de 2016, ano-calendário de 2015.

Base de cálculo mensal em R$	Alíquota %
Até 1.903,98	-
De 1.903,99 até 2.826,65	7,5
De 2.826,66 até 3.751,05	15
De 3.751,06 até 4.664,68	22,5
Acima de 4.664,68	27,5

Tabela Progressiva para o **cálculo anual** do Imposto sobre a Renda da Pessoa Física para o exercício de 2016, ano-calendário de 2015.

Base de cálculo anual em R$	Alíquota %
Até 22.499,13	-
De 22.499,14 até 33.477,72	7,5
De 33.477,73 até 44.476,74	15
De 44.476,75 até 55.373,55	22,5
Acima de 55.373,55	27,5

Para a **pessoa jurídica**, a lei prevê uma alíquota de 15% sobre o lucro e uma alíquota adicional de 10%, para parcela do lucro que exceder mensalmente a R$20.000,00.

São, porém, muitas as alíquotas aplicáveis às hipóteses de retenção na fonte, entre outras obrigações e podem variar de 0,005% a 35%.

4. ASPECTO SUBJETIVO

4.1. Contribuinte e responsável

Contribuinte do imposto de renda é a pessoa que aufere a renda e **responsável** é a terceira pessoa a quem a lei atribui a obrigação de realizar o pagamento do imposto.

O art. 45, do CTN, define o contribuinte:

> *Art. 45. Contribuinte do imposto é o titular da disponibilidade a que se refere o artigo 43, sem prejuízo de atribuir a lei essa condição ao possuidor, a qualquer título, dos bens produtores de renda ou dos proventos tributáveis.*
>
> *[...]*

A **responsabilidade**, nos termos do art. 128, do CTN, pode ser atribuída pela lei "a terceira pessoa, vinculada ao fato gerador da respectiva obrigação, excluindo a responsabilidade do contribuinte ou atribuindo-a a este em caráter supletivo" pelo cumprimento total ou parcial da obrigação.

Destaca-se como requisito da responsabilidade a vinculação do terceiro com o fato gerador, expressão utilizada pelo Código em sentido amplo, pois abrange todos os aspectos da hipótese de incidência, seja o aspecto material ou o subjetivo.

Assim, nos termos do art. 129 e seguintes do CTN, podem ser responsáveis os *sucessores*, em decorrência de relação de sucessão subjetiva (ex. o espólio, os herdeiros, os adquirentes do fundo de comércio), os *terceiros*, por relação subjetiva com o contribuinte (ex. avós pais, pelos tributos devidos por seus filhos menores), por relação subjetiva decorrente de atribuição legal (ex. o síndico, pelos tributos devidos pela massa falida), ou por relação objetiva com o fato gerador (ex. os tabeliães, pelos tributos devidos sobre os atos praticados por eles, ou perante eles, em razão do seu ofício). Também há a responsabilidade por infração, em que há relação objetiva entre o infrator e a ocorrência do fato gerador.

Há, porém, outra hipótese de responsabilidade aplicável ao IR, de retenção na fonte, prevista pelo parágrafo único do art. 45, do CTN.

> *Art. 45. [...]*
>
> *Parágrafo único. A lei pode atribuir à fonte pagadora da renda ou dos proventos tributáveis a condição de responsável pelo imposto cuja retenção e recolhimento lhe caibam.*

Na retenção na fonte há relação subjetiva, pois é a fonte que pagará valores ao contribuinte. A lei pode, portanto, nos termos do art. 128, do CTN, atribuir à fonte pagadora o dever, supletivo ou exclusivo de recolhimento do imposto.

Neste caso, se a fonte dever ao contribuinte o valor de R$ 10.000,00, mas estiver obrigada à retenção e recolhimento de imposto pela alíquota de 15%, deverá pagar ao contribuinte a quantia líquida de R$ 8.500,00 e recolher aos cofres públicos R$ 1.500,00 a título de imposto devido pelo contribuinte.

4.2. Domicílio e residência

Outro conceito extremamente importante no IR é o de domicílio. Não nos referimos, aqui, às regras de determinação do domicílio fiscal, do art. 127, do CTN, pois o imposto é nacional e incide igualmente sobre todas as pessoas no território nacional, de modo que a eleição de domicílio tem implicações apenas formais. Nos referimos, contudo, à ideia de **pessoas domiciliadas (residentes) no país ou no exterior.**

O tema tem repercussão tanto no IRPF quanto no IRPJ e voltaremos a ele adiante. Por hora, em virtude da adoção brasileira à tributação da renda mundial, devemos frisar que o residente no país está sujeito ao imposto sobre as rendas que auferir no país e no exterior. Por outro lado, o residente no exterior está sujeito ao imposto de renda brasileiro sobre todas as rendas que auferir de fonte situada no Brasil.

Em síntese: ao residente no Brasil aplica-se o princípio da renda mundial; ao residente no exterior aplica-se o princípio da territorialidade ou da fonte.

Vamos, agora, passar ao estudo do IRPF e, em seguida, do IRPJ.

5. IRPF

5.1. Introdução

O imposto de renda da pessoa física é regulado por uma série de leis e atos normativos com status de lei ordinária, dentre os quais se destacam o DL 5.884/43, a Lei 4.506/64, a Lei 7.713/88, a Lei 8.134/90 e a Lei 9.250/95.

Tendo em vista que a legislação ordinária é esparsa, mostra-se difícil segui-la como roteiro de exposição. O Decreto 3.000/99, que veicula o Regulamento do Imposto de Renda – RIR, a seu turno, traz uma compilação das normas aplicáveis ao imposto de forma bastante sistemática e com menção constante à lei ordinária, embora não esteja totalmente atualizado.

Assim, a partir de agora, seguiremos o Regulamento para fins didáticos, reservando a citação da lei ordinária atualizada para as questões mais importantes e controversas, especialmente aquelas que foram enfrentadas pela jurisprudência.

5.2. Sistema de apuração, declaração e pagamento do imposto

O imposto de renda da pessoa física consiste no *pagamento mensal* do imposto ou na retenção na fonte, ambos a título de antecipação (salvo as hipóteses de tributação definitiva ou exclusiva na fonte) baseada nas receitas decorrentes de trabalho assalariado, de trabalho não assalariado, de trabalho rural não assalariado e de rendimentos do capital e no *pagamento ou restituição* do imposto a partir da *declaração de ajuste anual*.

A lei permite a *dedução mensal* de certas despesas, como previdência oficial, pagamentos de pensão alimentícia e despesas registradas no livro caixa. *Outras* são deduzidas apenas na *declaração de ajuste*, como as despesas médicas e as despesas com educação.

As despesas do livro caixa são deduzidas apenas das receitas auferidas pelas atividades do contribuinte que não forem remuneradas por salário. Assim, a pessoa física que tem um emprego assalariado e uma atividade não assalariada, apenas poderá deduzir as despesas incorridas nesta atividade, até o limite da receita com ela auferida. Se as despesas do livro caixa superarem as receitas da atividade, não poderão ser utilizadas para deduzir a receita de salário.

As receitas e despesas do trabalho rural deverão ser apuradas separadamente, pois possuem regras próprias e excepcionais de tributação, destacando-se a possibilidade de compensação de prejuízos anteriores com os resultados positivos que se sucederem (típico do IRPJ), bem como a utilização do método do resultado presumido (à 20% das receitas com a atividade rural, sem a necessidade de comprovação das despesas rurais, hipótese comum no IRPJ).

Apurada a base de cálculo mensal, aplica-se a tabela também mensal do imposto, que contém as faixas de renda e suas respectivas alíquotas.

Na declaração de ajuste, deverá o contribuinte informar toda a renda auferida e todas as despesas dedutíveis incorridas.

Aplica-se, neste momento, a tabela anual do imposto, que consiste, basicamente, na tabela mensal, com o mesmo número de faixas de renda e as mesmas alíquotas. Contudo, os valores das faixas correspondem ao valor da tabela mensal multiplicado por 12, os meses do ano.

Não vamos esquecer: **ano calendário** é o ano em que ocorreram os fatos e **exercício** é o ano da entrega da declaração.

A aplicação da alíquota encontrada na tabela sobre a base de cálculo, fornece o imposto devido. Os pagamentos mensais (carnê leão) e o imposto retido na fonte são deduzidos do imposto devido. O saldo positivo será o imposto complementar a pagar. O resultado negativo será o valor do imposto a restituir.

O contribuinte deve declarar, também, as rendas e o imposto pago por operações sujeitas a tributação definitiva (como a do ganho de capital) ou exclusiva na fonte (como o 13º salário), bem como os rendimentos isentos e não tributáveis. Estas rendas e este imposto, porém, não irão afetar o saldo do imposto anual, mas podem justificar o acréscimo patrimonial do contribuinte.

A declaração anual do imposto de renda da pessoa física também é uma declaração de bens. Assim, o contribuinte deve declarar todos os seus bens. A variação patrimonial positiva presente em uma declaração do imposto face a declaração anterior deve ser justificada por renda compatível, por herança ou doações.

Não havendo justificativa, considera-se que houve variação patrimonial a descoberto e omissão de receita, que revela renda tributável. Neste caso, o contribuinte está sujeito a autuação fiscal bem como ao pagamento de multa por descumprimento da obrigação tributária.

5.3. Aspecto subjetivo

5.3.1. Contribuinte

O contribuinte do imposto é a pessoa física, que em regra corresponde à pessoa natural, no direito civil (art. 2º, do RIR).

A pessoa natural é obrigada a se registrar no cadastro das pessoas físicas – CPF (art. 33, do RIR), e a prova do cadastro é realizada pelo cartão de identificação do contribuinte – CIC (art. 35, do RIR).

Também é contribuinte o espólio (art. 11, do RIR) pelo imposto devido até a partilha. O espólio será responsável pelo tributo devido pelo *de cujos*, assim como serão responsáveis os sucessores, pelo imposto devido pelo *de cujos* e pelo espólio (art. 23, do RIR).

O espólio será contribuinte, por exemplo, em virtude de aluguéis de imóveis ou mesmo por salários recebidos em atraso. Será responsável pelos rendimentos auferidos pelo de cujos e não oferecidos à tributação.

A responsabilidade é, sempre, limitada ao valor da herança.

Os menores de idade são contribuintes do imposto e possuem número próprio de CPF (art. 4º, do RIR). Se seus rendimentos forem inferiores ao limite de isenção, o imposto pode ser apurado em conjunto com aquele devido por seu responsável.

A sociedade conjugal, bem como a união estável, não cria contribuinte novo, mas abre espaço para a tributação conjunta do rendimento de ambos os cônjuges ou companheiros na declaração de apenas um destes (art. 8º, do RIR).

O regulamento traz, também, regras de divisão do rendimento de cada cônjuge ou companheiro gerado por bens comuns.

5.3.2. Responsável

Também são responsáveis pelo imposto as pessoas definidas nos art. 134 e 135, do CTN, especialmente os pais pelo imposto devido pelos filhos menores, os tutores e curadores pelos tutelados e curatelados, os administradores de bens de terceiros pelo imposto devido por estes, e o inventariante pelo imposto devido pelo espólio.

5.3.3. Responsabilidade por retenção

No âmbito do IRPF, estão obrigados à retenção na fonte todas as pessoas físicas e jurídicas que pagarem rendimentos de trabalho assalariado. As pessoas jurídicas estão obrigadas à retenção na fonte de qualquer pagamento ou creditamento a pessoa física, aplicando-se a alíquota mensal do imposto para o somatório dos pagamentos ou creditamentos no mês (art. 7º, da Lei 7.713/88), de modo que somente há a retenção por pessoa física de pagamentos que superem o valor da isenção mensal, da primeira faixa do imposto.

Também há responsabilidade por retenção nas hipóteses de tributação exclusiva, como no caso do pagamento do 13º salário e nos rendimentos de aplicação em renda fixa.

Nos pagamentos decorrentes de decisão judicial na Justiça Federal, normalmente decorrentes de precatório, a responsabilidade pela retenção recai sobre a instituição financeira (art. 27, da Lei 10.833/03). Em geral, a responsabilidade pela retenção é da fonte pagadora (art. 45, da Lei 8.541/92).

Os art. 96 a 98 do DL 5.884/43, bem como o art. 7º, da Lei 7.713/88, definem o dever de retenção na fonte, sem mencionar a responsabilidade do contribuinte.

Os art. 103, do DL 5.884/43, a seu turno, preveem que, se a fonte ou o procurador não tiver efetuado a retenção do imposto, responderá pelo recolhimento deste, como se o houvesse retido.

Cabe ao contribuinte, contudo, declarar o valor recebido, para ter direito a compensar o valor que deveria ter sido retido pela fonte, conforme o art. 55, da Lei 7.450/85 e art. 87, IV e § 2º, do RIR. Neste caso, a fonte será responsável pelo pagamento do imposto, recalculado nos termos do art. 725, do RIR.

Caso o contribuinte não informe o valor recebido em sua declaração de ajuste, não poderá deduzir o imposto que deveria ter sido retido e arcará com o ônus de seu pagamento.

Haverá responsabilidade solidária do beneficiário, caso este seja sócio ou diretor da empresa que deixou de efetuar a retenção (art. 8º, do DL 1.736/79).

Esta hipótese é bastante comum nos grandes contratos, em que a pessoa contratada, que pode ser um(a) atleta, um ator, uma atriz ou um(a) executivo (a) renomado(a), exige receber o valor combinado livre de imposto. A fonte pagadora deverá pagar o imposto devido pela pessoa contratada. Se não houver o pagamento, abrem-se as seguintes possibilidades:

- se a pessoa contratada declarar o recebimento, a Receita somente poderá cobrar da fonte pagadora;
- se a pessoa contratada não declarar o recebimento, a Receita poderá cobrar de ambos;
- se a pessoa contratada for sócia ou diretora da contratante, a Receita também poderá cobrar o imposto de ambos, independente da declaração.

O residente no exterior pode ser contribuinte do imposto, desde que aufira renda de fonte localizada no Brasil. Para algumas fontes, deve o contribuinte constituir procurador, que será responsável pelo pagamento do imposto devido, por exemplo, em decorrência do recebimento de aluguéis.

5.3.4. Princípios da territorialidade e da renda universal

A **residência** no país, não a nacionalidade do contribuinte, define a aplicação do princípio da **renda universal**. Em virtude do princípio, a pessoa física **residente no país** deverá oferecer à tributação a renda que auferir de fonte no Brasil, bem como de fonte no exterior.

Assim, se o contribuinte recebe salários no Brasil, mas também aufere aluguéis e juros de fonte situada no exterior, deverá pagar o imposto brasileiro pelo somatório de todas as fontes.

O imposto pago no exterior poderá ser deduzido do imposto devido no Brasil. A regra se aplica somente às fontes estrangeiras, nos termos e nos limites da lei, desde que haja acordo internacional e reciprocidade, vale dizer, se o país estrangeiro também aceitar a dedução do imposto retido no Brasil e devido por seus residentes.

O **residente no exterior** somente será contribuinte do imposto devido por rendimentos pagos por fontes no Brasil. Será o caso da pessoa, ainda que brasileira, mas residente no exterior, que tenha aplicações de renda fixa no Brasil. Os rendimentos da aplicação estão sujeitos à tributação brasileira, pela aplicação do princípio da territorialidade.

A legislação do IRPF permite o domicílio de eleição e os art. 28 a 32, do RIR disciplinam a matéria.

Como o imposto é federal, as regras de domicílio não têm reflexos na sujeição ativa do tributo, ao contrário do que ocorre com as regras da residência.

A residência é definida pelo ânimo da pessoa de permanecer no país ou dele sair.

Fácil perceber que o brasileiro que viva no Brasil é residente no país, ainda que possua negócios no exterior. Ao revés, não será residente no Brasil o estrangeiro que venha ao país eventualmente, ainda que para tratar de negócios.

As regras, porém, se fazem necessárias para outros casos.

Deixa de ser residente a pessoa que sair do país em caráter definitivo (art. 16, do RIR).

Contudo, *considera-se residente* no país aquela pessoa que tenha se retirado do Brasil *em caráter temporário*. A residência, neste caso, persiste por até 12 meses, mas cessa se o residente permanecer fora do território nacional por período maior (art. 16, § 3º, do RIR).

A residência no país cessa antes dos 12 meses, caso o visto de residência em outro país seja obtido neste período.

Permanecerá *residente no Brasil* a pessoa ausente *no exterior à serviço do país* (art. 17, do RIR).

O *estrangeiro* com *visto permanente* será considerado *residente* a partir de sua chegada no Brasil (art. 18, do RIR).

O **estrangeiro** com **visto temporário** será considerado **residente** a partir do momento que ingressar no país, para trabalhar com **vínculo empregatício** (art. 19, I, do RIR) ou se permanecer no país por *183 dias* num período de 12 meses a contar de qualquer de suas chegadas ao território nacional (art. 19, II, do RIR).

Se o não residente chegar ao país, por exemplo, num dia 1º de março, ainda que se retire do Brasil por várias vezes, será considerado residente para fins do imposto de renda se a soma dos dias de permanência no país for igual a 183 dias, até 1º de março do ano seguinte.

Se a soma for 182 dias, a pessoa não será considerada residente e nova contagem se fará a partir da próxima chegada. Se a soma chegar a 183 dias em qualquer data, a pessoa estará sujeita ao imposto brasileiro a partir do dia seguinte.

Não será considerado residente a pessoa que ingressar no país a serviço de país estrangeiro.

Deixa de ser residente	Passa a ser residente	Permanece residente	Não será residente
Saída definitiva do país 12 meses após saída temporária Obtenção de visto permanente após saída temporária	Chegada no país com visto permanente Chegada no país com visto temporário e com vínculo empregatício Permanência no país por 183 dias no período de 12 meses.	Por 12 meses no caso de saída temporária No exterior a serviço no país	Permanência no país menos de 183 dias a cada 12 meses No Brasil a serviço de país estrangeiro

Em síntese, a pessoa natural residente no Brasil é contribuinte do imposto de renda da pessoa física, sujeita ao regime da renda universal e a pessoa natural não residente é contribuinte do imposto pelo regime da territorialidade, isto é, pelos rendimentos gerados por fonte no Brasil.

5.3.5. Equiparação à pessoa jurídica

A pessoa física pode se sujeitar às regras do imposto de renda da pessoa jurídica. Isso pode ocorrer por **opção do contribuinte** que explora atividade econômica (o assalariado não tem esta opção) e registra sua firma individual no cadastro nacional das pessoas jurídicas – CNPJ (art. 150, § 1º, I, do RIR).

Também é equiparada à pessoa jurídica, a pessoa física que em nome individual explore, habitual e profissionalmente, qualquer atividade econômica de natureza civil ou comercial, com o fim especulativo de lucro, mediante venda de bens ou prestação de serviços a terceiros (art. 150, § 1º, II, do RIR). Não há a equiparação para profissionais liberais, como médicos e engenheiros; profissionais que atuem em áreas não comerciais; representantes de terceiros, que não pratiquem atos em nome próprio; serventuários da justiça; corretores, leiloeiros e despachantes; pessoas que explorem individualmente contratos de empreitada exclusivamente de trabalho; e artistas, cientistas e outras pessoas que explorem obras próprias de caráter criativo (art. 150, § 2º, do RIR).

São **obrigatoriamente equiparadas** às pessoas jurídicas as pessoas físicas que promovam incorporação de prédios em condomínio ou loteamento de terrenos (art. 150, § 1º, II, do RIR). Neste caso, porém, as regras de tributação sofrem peculiaridades àquelas do IRPJ, nos termos dos art. 151 e seg., do RIR.

A equiparação tem início na data do arquivamento da incorporação ou loteamento no registro imobiliário, na data da primeira alienação de unidade imobiliária antes de 60 meses do registro ou na data do desmembramento de imóvel rural em mais de 10 lotes ou da alienação do 11º quinhão ou fração ideal do mesmo imóvel.

As pessoas físicas responsáveis pela incorporação ou loteamento devem inscrever-se no CNPJ, manter escrituração contábil e guarda de documentos próprios de pessoas jurídicas e efetuar retenções na fonte da mesma forma que as pessoas jurídicas.

A pessoa física deverá apurar como lucro o resultado obtido ao término de cada período nas operações realizadas com todos os loteamentos e incorporações de que for titular, fazendo incluir, inclusive, as atualizações monetárias do preço de alienação das unidades incidentes sobre as prestações e parcelas e sobre dívidas corporificadas em notas promissórias ou outros títulos utilizados como pagamento pelas unidades, bem como juros (art. 161, do RIR).

São excluídos da apuração os rendimentos de locação recebidos pelo titular da empresa individual decorrente da incorporação ou loteamento, bem como outros rendimentos recebidos pelo titular da empresa individual, que estarão sujeitos à tributação segundo as regras da pessoa física (art. 162, do RIR).

O lucro apurado pela pessoa equiparada à empresa individual em razão de operações imobiliárias será considerado, após a dedução da provisão para o imposto de renda, como automaticamente distribuído no período de apuração (art. 165, do RIR).

A equiparação não subsiste se o interessado averbar, a tempo e modo, a desistência da incorporação ou o cancelamento da inscrição do loteamento (art. 159, do RIR).

Termina a equiparação se a pessoa física não efetuar nenhuma venda durante o prazo de 36 meses (art. 166, do RIR) ou, por óbvio, após vendidas todas às unidades do empreendimento e pagos todos os impostos.

5.4. Aspecto material

O IRPF incide sobre a renda. Constituem renda tributável pelo IRPF todos os rendimentos auferidos pela pessoa física que se enquadrem no conceito do art. 43, do CTN. A legislação ordinária, consolidada no RIR, apresenta lista dos rendimentos tributáveis e dos rendimentos não tributáveis.

Como regra geral, o rendimento que se reconheça no conceito do CTN será tributado, independente de sua denominação, ainda que não esteja elencado no regulamento. De outro lado, bens e valores que não se identifiquem com o conceito do Código estarão excluídos da tributação, mesmo que o regulamento deixe de listá-los como rendimento isento ou não tributáveis.

A tributação do IRPF obedece ao regime de caixa, vale dizer, incide o imposto no momento em que o rendimento é recebido, ao contrário da regra aplicável para as pessoas jurídicas, do regime de competência, segundo o qual os rendimentos são tributados no período em que são contabilmente registrados, ainda que o valor seja recebido posteriormente.

Veremos, na análise da base de cálculo do imposto, a disciplina legal dos rendimentos da pessoa física.

5.5. Aspecto quantitativo

O aspecto quantitativo do IRPF envolve a base de cálculo e a alíquota.

A apuração da **base de cálculo** demanda verificação dos rendimentos tributáveis, a exclusão dos rendimentos isentos e não tributáveis e a dedução de despesas permitidas pela legislação.

A **alíquota** aplicável é obtida de duas tabelas progressivas por faixa de valor, uma tabela mensal e outra anual.

Alguns rendimentos com tributação exclusiva na fonte obedecem a tabela mensal de retenção, para outros, há previsão de alíquotas próprias. Em geral, aos rendimentos sujeitos a tributação definitiva aplicam-se alíquotas específicas para cada tipo de ganho.

A tabela anual é utilizada na declaração de ajuste.

Obtido o resultado final do imposto devido, este pode ser deduzido das antecipações, do imposto pago no exterior e dos benefícios fiscais de dedução.

Veremos com detalhes cada um desses elementos pertinentes ao aspecto quantitativo do imposto.

5.5.1. Base de cálculo

5.5.1.1. Renda tributável

O RIR sistematiza o tema em seis grupos principais: 1. rendimentos provenientes do trabalho assalariado; 2. rendimentos do trabalho não assalariado; 3. rendimentos de aluguéis, arrendamentos e *royalties*, decorrentes de uso, fruição ou exploração de direitos; 4. rendimentos de pensão alimentícia; 5. rendimentos da atividade rural; e 6. outros rendimentos.

A regra é a tributação de todos os rendimentos. Assim, o que passaremos a ver são detalhamentos e peculiaridades aplicáveis a cada rendimento, bem como questões relativas à tributação na fonte, sujeita a ajuste (regra) ou exclusiva (exceção), às antecipações de pagamento (regra) e à tributação definitiva (exceção).

Dadas as suas peculiaridades, trataremos do rendimento da atividade rural em separado.

Trabalho assalariado

O art. 43, do RIR, trata dos rendimentos do trabalho assalariado e assemelhados, elencando como renda tributável salários, ordenados, soldos, subsídios, honorários, bolsas de ensino e pesquisa, férias, ainda que transformadas em pecúnia ou indenizadas, licenças, inclusive quando convertidas em pecúnia, gratificações, participações, prêmios, comissões, corretagens. Também é rendimento tributado o valor do aluguel de bens do empregador cedidos ao empregado, o valor dos tributos devidos pelo empregado e pagos pelo empregador, o prêmio do seguro de vida pago pelo empregador.

A propósito, o STJ entende que incide o imposto sobre o adicional de férias, que gera acréscimo patrimonial. Vejamos:

> *TRIBUTÁRIO. RECURSO ESPECIAL. IMPOSTO DE RENDA. ADICIONAL DE 1/3 (UM TERÇO) DE FÉRIAS GOZADAS. INCIDÊNCIA DA EXAÇÃO.*
>
> *1. A jurisprudência tradicional do STJ é pacífica quanto à incidência do imposto de renda sobre o adicional (1/3) de férias gozadas. Precedentes: Pet 6.243/SP, Rel. Ministra Eliana Calmon, Primeira Seção, DJe 13/10/2008; AgRg no AREsp 450.899/MS, Rel. Ministro Mauro Campbell Marques, Segunda Turma, DJe 11/03/2014; AgRg no AREsp 367.144/MG, Rel. Ministro Herman Benjamin, Segunda Turma, DJe 28/02/2014; AgRg no REsp 1.112.877/SP, Rel. Ministro Luiz Fux, Primeira Turma, DJe 03/12/2010; REsp 891.794/SP, Rel. Ministro Teori Albino Zavascki, Primeira Turma, DJe 30/03/2009; entre outros.*
>
> *2. A conclusão acerca da natureza do terço constitucional de férias gozadas nos julgamentos da Pet 7.296/PE e do REsp 1.230.957/RS, por si só, não infirma a hipótese de incidência do imposto de renda, cujo fato gerador não está relacionado com a composição do salário de contribuição para fins previdenciários ou com a habitualidade de percepção dessa verba, mas, sim, com a existência, ou não, de acréscimo patrimonial, que, como visto, é patente quando do recebimento do adicional de férias gozadas. 3. Recurso especial provido, divergindo do voto do Sr. Ministro Relator.*
>
> *(STJ, S1, REsp 1.459.779/MA, Relator Min. MAURO CAMPBELL MARQUES, Relator p/ Acórdão Min. BENEDITO GONÇALVES, DJe de 18/11/2015)*

Como o STF tem julgado que esta discussão cinge-se ao âmbito infraconstitucional, a matéria encontra-se definitivamente julgada[8].

Igualmente, constitui renda tributável a remuneração por serviços de representante comercial, conselheiro fiscal e de administração da empresa, diretor ou administrador das empresas, bem como os benefícios e vantagens concedidos a administradores, diretores, gerentes das empresas.

Todos estes valores estão sujeitos a retenção na fonte, se superiores à faixa de isenção e são levados ao ajuste anual.

---

8. STF, T1, ARE 818.684 AgR/DF Min. EDSON FACHIN, DJe de 1/10/2015.

São também tributáveis as pensões, civis ou militares, e os valores pagos por entidades de previdência privada. Neste último caso, pode o contribuinte optar pela tributação exclusiva na fonte, nos termos dos art. 1º e 2º, da Lei 11.053/2004.

O 13º salário está sujeito à tributação definitiva na fonte.

Trabalho não assalariado

No art. 45, do RIR, encontram-se exemplos de rendimentos do trabalho não assalariado, como *honorários* de profissionais liberais, remuneração de serviços profissionais não comerciais, *emolumentos e custas* dos serventuários da Justiça, como tabeliães, notários, oficiais públicos quando não forem remunerados exclusivamente pelos cofres públicos, *corretagens e comissões* dos corretores, leiloeiros e despachantes, *lucro* na empreitada de trabalho, *direitos autorais* de obras artísticas, didáticas, científicas, urbanísticas, projetos técnicos pagos ao titular do direito.

Nestes casos, o pagamento realizado por pessoa jurídica deve sofrer a retenção na fonte e tanto o valor recebido quanto o imposto retido devem constar da declaração de ajuste.

Se o pagamento for realizado por pessoa física, não há a retenção na fonte, mas o contribuinte deve antecipar o pagamento (carnê leão) e declarar os rendimentos e o valor pago no ajuste.

As despesas do livro caixa (art. 75 e 76, do RIR) podem ser deduzidas mensalmente, mas somente aquelas despesas necessárias à atividade da qual decorre a renda e até o limite das receitas mensais da mesma atividade. Se o contribuinte explora duas atividades distintas, não pode utilizar as despesas de uma atividade para reduzir a base de cálculo da outra atividade. Com mais razão ainda, não se pode utilizar as despesas do livro caixa para deduzir a base de cálculo dos rendimentos auferidos pelo trabalho assalariado.

Recebem tratamento especial:

- o rendimento do trabalho assalariado recebidos, em moeda estrangeira, por ausentes no exterior a serviço do País – considera-se tributável 25% da remuneração (art. 44, do RIR);
- o rendimento de prestação de serviços de transporte e de serviços com máquinas de construção e agricultura – considera-se tributável 10% do rendimento (o percentual era de 40%), decorrente do transporte de carga e de prestação de serviços com trator, máquina de terraplenagem, colheitadeira e assemelhados e 60% do rendimento decorrente do transporte de passageiros (art. 47, do RIR);
- o rendimento percebido por garimpeiros na venda, a empresas legalmente habilitadas, de metais preciosos, pedras preciosas e semipreciosas por eles extraídos – considera-se tributável 10% do rendimento bruto (art. 48, do RIR).

Aluguéis

Os aluguéis estão previstos no art. 49, do RIR, e, conforme esta regra, os rendimentos decorrentes de ocupação, uso ou exploração de bens corpóreos são tributáveis.

No caso de imóvel cedido gratuitamente, há incidência do imposto nos termos do art. 23, VI, da Lei 4.506/64. O valor anual do rendimento é presumido em 10% do valor venal do imóvel constante no IPTU (art. 49, § 1º, do RIR). A presunção pode ser afastada pela prova do valor de mercado do aluguel anual.

São tributáveis os rendimentos de aluguéis de imóveis. Destes, podem ser deduzidos: 1. o valor dos impostos incidentes sobre o bem e pagos pelo locador, 2. o aluguel de imóvel sublocado, 3. as despesas de cobrança e 4. as despesas de condomínio (art. 50, do RIR).

De outro lado, os pagamentos realizados pelo locatário, em favor de terceiro e em nome do locador, que reflitam no valor do aluguel; as luvas e prêmios recebidos pelo locador; as benfeitorias realizadas no bem locado, se, de acordo com o contrato, fizerem parte da compensação pelo uso do bem ou direito; e a indenização por rescisão do contrato, todos estes constituem rendimento tributável (art. 53, do RIR).

Os rendimentos de aluguel estão sujeitos a retenção do imposto na fonte, se pagos por pessoa jurídica e ao carnê leão, se pagos por pessoa física e, em qualquer caso, deve constar do ajuste anual do imposto.

Estão sujeitas a tributação apenas na declaração de ajuste os rendimentos decorrentes de uso, fruição ou exploração de direitos, tais como de colher ou extrair recursos vegetais, inclusive florestais; de pesquisar e extrair recursos minerais; de uso ou exploração de invenções, processos e fórmulas de fabricação e de marcas de indústria e comércio (art. 52, do RIR).

Alimentos

Dispõe o art. 54, do RIR:

> *Art. 54. São tributáveis os valores percebidos, em dinheiro, a título de alimentos ou pensões, em cumprimento de decisão judicial ou acordo homologado judicialmente, inclusive a prestação de alimentos provisionais.*

Os rendimentos pagos por pessoa jurídica sofrem retenção na fonte. Se pagos por pessoa física, o beneficiário deve antecipar o pagamento. Em qualquer caso, as pensões entram no cômputo do imposto no ajuste anual.

Outros rendimentos

Também se consideram rendimentos tributáveis, conforme o art. 55, do RIR, o perdão de dívidas, os juros, algumas indenizações, os lucros cessantes, os rendimentos recebidos em bens ou direitos, as multas ou vantagens recebidas de pessoa física no caso de rescisão de contratos, o resultado de atividades ilícitas (sem prejuízo das sanções legais), o acréscimo patrimonial não justificado, o salário-educação e auxílio-creche recebidos em dinheiro, e os lucros e dividendos pagos a sócios ou titular de empresa individual, que ultrapassarem o valor do lucro presumido nos termos das regras aplicáveis.

Estes rendimentos seguem a regra geral de retenção, se pagos por pessoa jurídica e antecipação pelo próprio contribuinte, se pagos por pessoa física.

Adiante trataremos das questões dos juros decorrentes de pagamentos em atraso, especialmente em sede de ações reclamatórias na Justiça do Trabalho e das indenizações, por dano material e moral e do denominado lucro cessante.

São ainda tributáveis os rendimentos de aplicações em renda variável (trataremos do tema adiante), os rendimentos de aplicações em renda fixa, os prêmios de concursos e sorteios, como as loterias e os juros sobre capital próprio (todos sujeitos a tributação exclusiva na fonte), os prêmios em competições meritórias (sujeitos a retenção na fonte e ao ajuste anual), e os rendimentos obtidos no exterior (sujeitos a antecipação pelo carnê leão e ao ajuste anual).

Os rendimentos de aplicação em fundos de previdência também são tributados. Conforme a Lei 11.053/04, a tributação pode ser regressiva no tempo. Leia-se o art. 1º, da lei:

> *Art. 1º É facultada aos participantes que ingressarem a partir de 1º de janeiro de 2005 em planos de benefícios de caráter previdenciário, estruturados nas modalidades de contribuição definida ou contribuição variável, das entidades de previdência complementar e das sociedades seguradoras, a opção por regime de tributação no qual os valores pagos aos próprios participantes ou aos assistidos, a título de benefícios ou resgates de valores acumulados, sujeitam-se à incidência de imposto de renda na fonte às seguintes alíquotas:*
>
> *I – 35% (trinta e cinco por cento), para recursos com prazo de acumulação inferior ou igual a 2 (dois) anos;*
>
> *II – 30% (trinta por cento), para recursos com prazo de acumulação superior a 2 (dois) anos e inferior ou igual a 4 (quatro) anos;*
>
> *III – 25% (vinte e cinco por cento), para recursos com prazo de acumulação superior a 4 (quatro) anos e inferior ou igual a 6 (seis) anos;*
>
> *IV – 20% (vinte por cento), para recursos com prazo de acumulação superior a 6 (seis) anos e inferior ou igual a 8 (oito) anos;*
>
> *V – 15% (quinze por cento), para recursos com prazo de acumulação superior a 8 (oito) anos e inferior ou igual a 10 (dez) anos; e*
>
> *VI – 10% (dez por cento), para recursos com prazo de acumulação superior a 10 (dez) anos.*

Trata-se de estímulo fiscal à poupança de longo prazo, na forma de plano de previdência complementar, pois ao interessado é facultado optar por plano sob o regime que lhe permite deduzir as contribuições pagas da base de cálculo do IRPF, cuja alíquota máxima é de 27,5% e sofrer a incidência do imposto reduzida a 10%, no resgate ou recebimento de benefícios lastreados em recursos que permanecerem aplicados por 10 anos.

5.5.1.2. Rendimentos isentos e não tributados

O art. 39, do RIR, contempla hipóteses de isenção e hipóteses de não incidência, conforme a interpretação do Poder Executivo. Na longa lista do artigo, constam valores como:

- ajuda de custo; alimentação, transporte e uniformes;
- auxílio-alimentação e auxílio-transporte em pecúnia a servidor público federal civil;
- benefícios percebidos por deficientes mentais; bolsas de estudo, caracterizadas como doação;
- cessão gratuita de imóvel para uso do cônjuge ou parentes de primeiro grau;
- contribuições empresariais para o PAIT;
- resgate do PAIT;
- contribuições patronais para programa de previdência privada;
- contribuições patronais para o plano de incentivo à aposentadoria programada individual;
- diárias;
- dividendos do FND;
- doações e heranças; resgate do fundo de aposentadoria programada individual;
- FAPI;
- salário-família;
- seguro-desemprego e auxílios diversos; seguro e pecúlio;
- seguros de previdência privada decorrentes de morte ou invalidez permanente;
- serviços médicos pagos, ressarcidos ou mantidos pelo empregador;
- pecúlio do INSS;
- PIS e PASEP;
- proventos de aposentadoria e pensão recebida por pessoa portadora de doença grave;
- proventos e pensões de maiores de 65 anos, até o limite de valor definido em lei;
- proventos e pensões da FEB.

Selecionamos alguns rendimentos isentos ou não tributáveis mencionados pela norma, para maiores esclarecimentos.

Juros, rendimentos de cadernetas de poupança e de letras hipotecárias

Os juros são definidos como a remuneração do capital e estão sujeitos à incidência do imposto de renda. Assim, define o Dicionário Houaiss da Língua Portuguesa:

> ***Juros***
>
> *1 quantia que remunera um credor pelo uso de seu dinheiro por parte de um devedor durante um período determinado, ger. uma percentagem sobre o que foi emprestado*
>
> *2 renda ou rendimento de capital investido*[9]

Não paira dúvidas, pois, que os juros se enquadram no conceito do art. 43, do CTN.

Contudo, o legislador, visando estimular a poupança, previu isenção do imposto de renda para os juros produzidos em determinadas condições. É o caso das cadernetas de poupança e das letras hipotecárias. Leiam-se os incisos VIII e XXV, do art. 39, do RIR:

> *Art. 39. Não entrarão no cômputo do rendimento bruto:*
>
> *[...]*
>
> *Cadernetas de Poupança*
>
> *VIII – os rendimentos auferidos em contas de depósitos de poupança;*
>
> *Letras Hipotecárias*
>
> *XXV – os juros produzidos pelas letras hipotecárias (Lei nº 8.981, de 1995, art. 68, inciso III)*

Com a isenção, os rendimentos da caderneta de poupança e das letras hipotecárias ganham uma vantagem tributária sobre o resultado de outros investimentos.

Em outra ordem de análise, o Poder Judiciário tem entendido que os juros, percebidos na situação especial de pagamentos de verbas trabalhistas em atraso, em ações reclamatórias, não devem sofrer a incidência do IRPF.

O STJ tem firmado o entendimento de que os juros sobre as verbas trabalhistas possuem natureza acessória e seguem a classificação jurídica do valor principal pago em atraso. Dessa forma, os juros sobre parcelas indenizatórias ou, de uma forma geral, isentas do imposto, também são isentos. Leia-se:

> *1. O fato gerador do imposto de renda é a aquisição de disponibilidade econômica ou jurídica decorrente de acréscimo patrimonial (art. 43 do CTN).*
>
> *2. A jurisprudência desta Corte, a partir da análise do art. 43 do CTN, firmou entendimento de que estão sujeitos à tributação do imposto de renda, por não possuírem natureza indenizatória, as seguintes verbas:*

9. HOUAISS, A; VILLAR, M.S; FRANCO, F. M. M. Dicionário Houaiss da língua portuguesa. Rio de Janeiro: Objetiva, 2001-2004, verbete "juros".

> *[...]*
>
> *3. Diferentemente, o imposto de renda não incide sobre:*
>
> *[...]*
>
> *f) juros moratórios oriundos de pagamento de verbas indenizatórias decorrentes de condenação em reclamatória trabalhista;*
>
> *[...]*
>
> *(STJ, T2, REsp 910.262/SP, Min. ELIANA CALMON, DJe de 8/10/2008)*

A matéria se consolidou no STJ, no julgamento do REsp 1.089.720/RS, realizado na sistemática do art. 543-C do CPC. Assim decidiu a Corte:

> *PROCESSUAL CIVIL. TRIBUTÁRIO. VIOLAÇÃO AO ART. 535, DO CPC. ALEGAÇÕES GENÉRICAS. SÚMULA N. 284/STF. IMPOSTO DE RENDA DA PESSOA FÍSICA – IRPF. REGRA GERAL DE INCIDÊNCIA SOBRE JUROS DE MORA. PRESERVAÇÃO DA TESE JULGADA NO RECURSO REPRESENTATIVO DA CONTROVÉRSIA RESP. N. 1.227.133 – RS NO SENTIDO DA ISENÇÃO DO IR SOBRE OS JUROS DE MORA PAGOS NO CONTEXTO DE PERDA DO EMPREGO. ADOÇÃO DE FORMA CUMULATIVA DA TESE DO ACCESSORIUM SEQUITUR SUUM PRINCIPALE PARA ISENTAR DO IR OS JUROS DE MORA INCIDENTES SOBRE VERBA ISENTA OU FORA DO CAMPO DE INCIDÊNCIA DO IR.*
>
> *[...]*
>
> *2. Regra geral: incide o IRPF sobre os juros de mora, a teor do art. 16, caput e parágrafo único, da Lei n. 4.506/64, inclusive quando reconhecidos em reclamatórias trabalhistas, apesar de sua natureza indenizatória reconhecida pelo mesmo dispositivo legal (matéria ainda não pacificada em recurso representativo da controvérsia).*
>
> *3. Primeira exceção: são isentos de IRPF os juros de mora quando pagos no contexto de despedida ou rescisão do contrato de trabalho, em reclamatórias trabalhistas ou não. Isto é, quando o trabalhador perde o emprego, os juros de mora incidentes sobre as verbas remuneratórias ou indenizatórias que lhe são pagas são isentos de imposto de renda. A isenção é circunstancial para proteger o trabalhador em uma situação sócio-econômica desfavorável (perda do emprego), daí a incidência do art. 6º, V, da Lei n. 7.713/88. Nesse sentido, quando reconhecidos em reclamatória trabalhista, não basta haver a ação trabalhista, é preciso que a reclamatória se refira também às verbas decorrentes da perda do emprego, sejam indenizatórias, sejam remuneratórias (matéria já pacificada no recurso representativo da controvérsia REsp. n.º 1.227.133 – RS, Primeira Seção, Rel. Min. Teori Albino Zavascki, Rel .p/acórdão Min. Cesar Asfor Rocha, julgado em 28.9.2011).*
>
> *3.1. Nem todas as reclamatórias trabalhistas discutem verbas de despedida ou rescisão de contrato de trabalho, ali podem ser discutidas outras verbas ou haver o contexto de continuidade do vínculo empregatício. A discussão exclusiva de verbas dissociadas do fim do vínculo empregatício exclui a incidência do art. 6º, inciso V, da Lei n. 7.713/88.*

> *3.2. . O fator determinante para ocorrer a isenção do art. 6º, inciso V, da Lei n. 7.713/88 é haver a perda do emprego e a fixação das verbas respectivas, em juízo ou fora dele. Ocorrendo isso, a isenção abarca tanto os juros incidentes sobre as verbas indenizatórias e remuneratórias quanto os juros incidentes sobre as verbas não isentas.*
>
> *4. Segunda exceção: são isentos do imposto de renda os juros de mora incidentes sobre verba principal isenta ou fora do campo de incidência do IR, mesmo quando pagos fora do contexto de despedida ou rescisão do contrato de trabalho (circunstância em que não há perda do emprego), consoante a regra do "accessorium sequitur suum principale".*
>
> *5. Em que pese haver nos autos verbas reconhecidas em reclamatória trabalhista, não restou demonstrado que o foram no contexto de despedida ou rescisão do contrato de trabalho (circunstância de perda do emprego). Sendo assim, é inaplicável a isenção apontada no item "3", subsistindo a isenção decorrente do item "4" exclusivamente quanto às verbas do FGTS e respectiva correção monetária FADT que, consoante o art. 28 e parágrafo único, da Lei n. 8.036/90, são isentas.*
>
> *6. Quadro para o caso concreto onde não houve rescisão do contrato de trabalho:*
>
> *Principal: Horas-extras (verba remuneratória não isenta) = Incide imposto de renda;*
>
> *Acessório: Juros de mora sobre horas-extras (lucros cessantes não isentos) = Incide imposto de renda;*
>
> *Principal: Décimo-terceiro salário (verba remuneratória não isenta) = Incide imposto de renda;*
>
> *Acessório: Juros de mora sobre décimo-terceiro salário (lucros cessantes não isentos) = Incide imposto de renda;*
>
> *Principal: FGTS (verba remuneratória isenta) = Isento do imposto de renda (art. 28, parágrafo único, da Lei n. 8.036/90);*
>
> *Acessório: Juros de mora sobre o FGTS (lucros cessantes) = Isento do imposto de renda (acessório segue o principal).*
>
> *7. Recurso especial parcialmente conhecido e, nessa parte, parcialmente provido.*
>
> *(STJ, S1, REsp 1.089.720/RS Min. MAURO CAMPBELL MARQUES, DJe de 28/11/2012)*

Se as parcelas pagas em atraso decorrem de ação de servidor público estatutário, na Justiça Estadual ou na Justiça Federal, incide o imposto sobre os juros de mora, de acordo com a jurisprudência do STJ, por ausência de norma isentiva específica. Leia-se:

> *PROCESSUAL CIVIL E TRIBUTÁRIO. IMPOSTO DE RENDA. INCIDÊNCIA SOBRE JUROS DE MORA. VERBA SALARIAL DE SERVIDOR PÚBLICO PAGA COM ATRASO. ENTENDIMENTO PACIFICADO NA PRIMEIRA SEÇÃO DO STJ.*
>
> *1. A Primeira Seção do STJ, ao julgar, como recurso repetitivo, o REsp 1.227.133/RS (DJe de 19.10.2011), proclamou que não incide Imposto*

> *de Renda sobre os juros moratórios vinculados a verbas trabalhistas reconhecidas em decisão judicial, quando pagos tais juros em contexto de rescisão do contrato de trabalho. No julgamento do REsp 1.089.720/RS (DJe de 28.11.2012), a Primeira Seção do STJ reafirmou a orientação do recurso repetitivo acima, ocasião em que deixou consignado que é legítima a tributação dos juros de mora pelo Imposto de Renda, salvo a existência de norma isentiva específica (art. 6º, V, da Lei 7.713/1988, que desobriga do imposto de renda inclusive os juros de mora devidos no contexto de rescisão do contrato de trabalho) ou a constatação de que a verba principal, a que se referem os juros, é isenta ou fora do campo de incidência do imposto de renda (tese em que o acessório segue o principal).*
>
> *2. No caso, em que se trata de juros de mora devidos pelo pagamento extemporâneo de verbas remuneratórias de servidores públicos, incide imposto de renda sobre tais juros.*
>
> *3. Agravo Interno não provido.*
>
> *(STJ, T2, AgInt no AREsp 897.171/SP, Min. HERMAN BENJAMIN, DJe de 6/9/2016)*

O formalismo não justifica a distinção e a quebra da isonomia é patente.

Na legislação, os juros permanecem previstos como renda, sujeitos à incidência do imposto. De fato, os juros são considerados acessórios no direito privado, onde comporta classificações como moratórios, compensatórios etc. No direito tributário, os juros são tratados como renda independente, sem o caráter acessório ao capital remunerado, de forma que são tributados, mesmo em virtude do pagamento em atraso de verbas indenizatórias.

Como a legislação que prevê a incidência do IRPF sobre os juros no caso em análise não foi revogada nem excluída do ordenamento jurídico, há dois entendimentos sobre a matéria: o da lei, para a qual os juros decorrentes de pagamentos de verbas trabalhistas indenizatórias em atraso é renda tributável, e o entendimento do Judiciário, capitaneado pelo STJ, segundo o qual tais juros têm a mesma natureza de indenização do valor principal e não sofre a incidência do tributo.

Recentemente, contudo, foi recebido recurso extraordinário com repercussão geral, para discutir a matéria:

> *TRIBUTÁRIO. REPERCUSSÃO GERAL. RECURSO EXTRAORDINÁRIO. INCIDÊNCIA DO IMPOSTO DE RENDA PESSOA FÍSICA. JUROS DE MORA. ART. 3º, § 1º, DA LEI Nº 7.713/1988 E ART. 43, INCISO II, § 1º, DO CTN. ANTERIOR NEGATIVA DE REPERCUSSÃO. MODIFICAÇÃO DA POSIÇÃO EM FACE DA SUPERVENIENTE DECLARAÇÃO DE INCONSTITUCIONALIDADE DE LEI FEDERAL POR TRIBUNAL REGIONAL FEDERAL.*
>
> *(STF, RE 855.091 RG/RS Min. DIAS TOFFOLI, DJe 1/7/2015)*

Como o recurso aborda a própria constitucionalidade da incidência, a interpretação da matéria será uniformizada pelo STF.

Juros de mora em ações previdenciárias

Em tese similar, mas com resultado diverso, o STJ apreciou a incidência do imposto de renda não em reclamatória trabalhista, mas em ação previdenciária. Vejamos:

> *PROCESSUAL CIVIL E TRIBUTÁRIO. IMPOSTO DE RENDA SOBRE OS JUROS DE MORA ORIUNDOS DE INDENIZAÇÃO PREVIDENCIÁRIA E NÃO DE RECLAMATÓRIA TRABALHISTA. INCIDÊNCIA. AUSÊNCIA DE EXCEÇÃO À REGRA GERAL FIRMADA PELA PRIMEIRA SEÇÃO NO JULGAMENTO DO RESP 1.089.720/RS. REGIME DE COMPETÊNCIA. EMBARGOS DE DECLARAÇÃO. AUSÊNCIA DE INDICAÇÃO DE VÍCIOS NO JULGADO. INSATISFAÇÃO COM O DESLINDE DA CAUSA. VIOLAÇÃO DO ART. 535 DO CPC. NÃO OCORRÊNCIA.*
>
> *[...]*
>
> *3. Em 10.10.2012, DJe 28.1.2012, a Primeira Seção desta Corte, no julgamento do REsp 1.089.720/RS, por maioria, vencido o Sr. Ministro Napoleão Nunes Maia Filho, firmou orientação, nos termos do voto do Sr. Ministro Relator, de que, segundo a regra geral, incide o IRPF sobre os juros de mora, a teor do art. 16, caput e parágrafo único, da Lei n. 4.506/64, também quando reconhecidos em reclamatórias trabalhistas, apesar de sua natureza indenizatória reconhecida pelo mesmo dispositivo legal, salvo: (I) quando pagos no contexto de despedida ou rescisão do contrato de trabalho, em reclamatórias trabalhistas ou não; e (II) nos casos em que a verba principal é isenta ou fora do campo de incidência do imposto de renda, estendendo-se a isenção aos juros de mora mesmo quando na circunstância em que não há perda do emprego, consoante a regra do "accessorium sequitur suum principale".*
>
> *4. Extrai-se dos autos que as verbas principais são benefícios previdenciários pagos de forma acumulada em decorrência de demanda judicial, fora do contexto de despedida ou rescisão do contrato de trabalho em reclamatória trabalhista, tampouco mostram-se isentas ou fora do campo de incidência do imposto de renda. Logo, não se aplica ao caso dos autos nenhuma das duas exceções apontadas à regra geral de incidência do imposto de renda sobre os juros de mora.*
>
> *5. O benefício previdenciário pago acumuladamente e a destempo constitui rendimento tributável – como reconhece a jurisprudência desta Corte -, devendo ser observado o regime de competência, a revelar que as alíquotas aplicáveis são aquelas vigentes à época em que tal verba deveria ter sido recebida.*
>
> *[...]*
>
> *(STF, T2, EDcl no AgRg no REsp 1.494.279/RS. Min. HUMBERTO MARTINS, DJe de 13/5/2015)*

Entendeu o STJ que sobre os juros devidos pelo pagamento em atraso de direitos previdenciários incide o IRPF, mesmo que se trate de juros incidentes sobre indenizações, isentas do imposto.

Indenizações, juros e o conceito de renda

O tema nos remete ao conceito de renda e à natureza dos vários direitos ou pagamentos que se denominam indenizatórios.

Na teoria geral do direito, a indenização, digamos, pura, é a recomposição patrimonial por um dano sofrido. Dessa forma, distingue-se completamente da renda, que é o acréscimo patrimonial decorrente da aplicação do capital e do trabalho.

Nos casos de efetiva indenização, as regras do imposto de renda reconhecem a não incidência do tributo. No art. 39, do RIR, consta previsão de diversas indenizações que, realmente, não se coadunam com o conceito de renda do art. 43, do CTN, por constituírem recomposição patrimonial:

- indenização decorrente de acidente;
- indenização por acidente de trabalho;
- indenização por danos patrimoniais;
- indenização por desligamento voluntário de servidores públicos civis;
- indenização por rescisão de contrato de trabalho e FGTS;
- indenização paga na desapropriação para fins de reforma agrária;
- indenização relativa a objeto segurado;
- indenização reparatória a desaparecidos políticos;
- indenização de transporte a servidor público da União.

Contudo, alguns valores tidos como indenização no direito civil, ou simplesmente denominados indenização, geram dúvidas quanto a sua natureza para os fins do direito tributário.

A legislação disciplina algumas dessas hipóteses.

O inciso XVI, do art. 39, do RIR, *limita a não incidência* da indenização por acidente ao *valor do prejuízo material* até o limite fixado em sentença. O inciso XX, do mesmo artigo, por sua vez, limita a indenização e o aviso prévio pagos por despedida ou rescisão de contrato de trabalho, ao *valor garantido pela legislação trabalhista*; e o art. 55, VI, do RIR estabelece a *tributação dos lucros cessantes*.

A incidência do imposto sobre verbas trabalhistas foi objeto de súmulas do STJ:

> **Súmula 125.** *O pagamento de férias não gozadas por necessidade do serviço não está sujeito a incidência do imposto de renda. (STJ, DJ de 15/12/1994)*
>
> **Súmula 136.** *O pagamento de licença – prêmio não gozada por necessidade do serviço não está sujeito ao imposto de renda. (STJ, DJ de 16/05/1995)*
>
> **Súmula 215.** *A indenização recebida pela adesão a programa de incentivo à demissão voluntária não está sujeita à incidência do imposto de renda. (STJ, DJ de 04/12/1998)*

> **Súmula 386.** *São isentas de imposto de renda as indenizações de férias proporcionais e o respectivo adicional. (STJ, DJe de 01/09/2009)*
>
> **Súmula 463.** *Incide imposto de renda sobre os valores percebidos a título de indenização por horas extraordinárias trabalhadas, ainda que decorrentes de acordo coletivo. (STJ, DJe de 08/09/2010)*

A decisão no REsp 910.262/SP sintetiza o tema, segundo o entendimento do Judiciário:

> *TRIBUTÁRIO – IMPOSTO DE RENDA – ART. 43 DO CTN – VERBAS: NATUREZA INDENIZATÓRIA X NATUREZA REMUNERATÓRIA.*
>
> *1. O fato gerador do imposto de renda é a aquisição de disponibilidade econômica ou jurídica decorrente de acréscimo patrimonial (art. 43 do CTN).*
>
> *2. A jurisprudência desta Corte, a partir da análise do art. 43 do CTN, firmou entendimento de que **estão sujeitos à tributação do imposto de renda**, por não possuírem natureza indenizatória, as seguintes verbas: a) "indenização especial" ou "gratificação" recebida pelo empregado quando da rescisão do contrato de trabalho por liberalidade do empregador; b) verbas pagas a título de indenização por horas extras trabalhadas; c) horas extras; d) férias gozadas e respectivos terços constitucionais; e) adicional noturno; f) complementação temporária de proventos; g) décimo-terceiro salário; h) gratificação de produtividade; i) verba recebida a título de renúncia à estabilidade provisória decorrente de gravidez; e j) verba decorrente da renúncia da estabilidade sindical.*
>
> *3. Diferentemente, o imposto de renda **não incide sobre**: a) APIP's (ausências permitidas por interesse particular) ou abono-assiduidade não gozados, convertidos em pecúnia; b) licença-prêmio não gozada, convertida em pecúnia; c) férias não gozadas, indenizadas na vigência do contrato de trabalho e respectivos terços constitucionais; d) férias não gozadas, férias proporcionais e respectivos terços constitucionais, indenizadas por ocasião da rescisão do contrato de trabalho; e) abono pecuniário de férias; f) juros moratórios oriundos de pagamento de verbas indenizatórias decorrentes de condenação em reclamatória trabalhista; g) pagamento de indenização por rompimento do contrato de trabalho no período de estabilidade provisória (decorrente de imposição legal e não de liberalidade do empregador).*
>
> *[...]*
>
> *(STJ, T2, REsp 910.262/SP, Min. ELIANA CALMON, DJe de 8/10/2008)*

Ausente lei isentiva específica, o STJ entendeu que incide o imposto sobre valores pagos a título de licença para tratamento de saúde[10].

Quanto ao **dano moral**, o STJ sumulou o entendimento de que não há incidência do imposto de renda.

> **Súmula 498.** *Não incide imposto de renda sobre a indenização por danos morais. (STJ; DJe de 13/08/2012)*

10. STJ, T2, AgInt no REsp 1.591.648/MG, Min. ASSUSETE MAGALHÃES, DJe de 23/8/2016.

Nas decisões que levaram à edição da súmula, verificam-se fundamentos vários, como: a indenização não decorre de aplicação do capital ou do trabalho; a indenização por dano moral não corresponde a proventos, pois estes devem guardar correlação com o capital e o trabalho; a indenização não gera aumento patrimonial, pois recompõe o patrimônio moral; a indenização por dano moral deve seguir a mesma regra da indenização por danos patrimoniais; a incidência do imposto reduziria a indenização por dano moral.

De outro turno, incide imposto de renda sobre indenização e juros pagos a título de *lucros cessantes*, como se verifica dos seguintes julgados do STJ: REsp 142.402/SP, no EREsp 695.499/RJ e no REsp 1.089.720/RS[11].

Esta é a regra básica sobre a incidência do imposto de renda sobre "indenizações": se a indenização visar recompor efetivo dano, não haverá renda (até o limite do valor reconhecido do dano moral ou material); de outro turno, se a indenização remunerar o trabalho ou o capital empregado, independente do nome jurídico que lhe for dado, haverá rendimento tributado.

Isenções a ganhos de capital

A legislação prevê a incidência do IRPF no ganho de capital, vale dizer, sobre a diferença entre o valor da venda e do valor da aquisição. Prevê, contudo, hipóteses de isenção.

Está isento o ganho auferido na alienação do único imóvel que o titular possua, cujo valor de alienação seja de até R$ 440.000,00, desde que não tenha sido realizada qualquer outra alienação nos últimos cinco anos (art. 39, III, do RIR).

Bom lembrar que o art. 39, da Lei 11.196/2005 previu outra hipótese de isenção do ganho de capital relativa a imóveis residenciais, que não se confunde com a previsão do art. 39, III, do RIR. Vejamos o art. 39, da Lei 11.196/2005:

> *Art. 39. Fica isento do imposto de renda o ganho auferido por pessoa física residente no País na venda de imóveis residenciais, desde que o alienante, no prazo de 180 (cento e oitenta) dias contado da celebração do contrato, aplique o produto da venda na aquisição de imóveis residenciais localizados no País.*
>
> *§ 1º No caso de venda de mais de 1 (um) imóvel, o prazo referido neste artigo será contado a partir da data de celebração do contrato relativo à 1ª (primeira) operação.*
>
> *§ 2º A aplicação parcial do produto da venda implicará tributação do ganho proporcionalmente ao valor da parcela não aplicada.*
>
> *§ 3º No caso de aquisição de mais de um imóvel, a isenção de que trata este artigo aplicar-se-á ao ganho de capital correspondente apenas à parcela empregada na aquisição de imóveis residenciais.*

11. STJ, S1, REsp 1.089.720/RS, Min. MAURO CAMPBELL MARQUES, DJe de 28/11/2012; STJ; S1, Min. HERMAN BENJAMIN, DJ de 24/09/2007 e STJ, T1, REsp 142.402/SP, Min. DEMÓCRITO REINALDO, DJ de 30/11/1998.

> *[...]*
>
> *§ 5º O contribuinte somente poderá usufruir do benefício de que trata este artigo 1 (uma) vez a cada 5 (cinco) anos.*

A isenção se aplica apenas a imóveis residenciais. A compra do novo ou dos novos imóveis deve ocorrer após a venda do imóvel ou dos imóveis antigos (até 180 dias após) e o valor do imóvel ou dos imóveis alienados pode ser superior a R$ 440.000,00, observando-se que incide o imposto sobre o valor não utilizado para a finalidade prevista dentro do prazo ou sobre a diferença do valor, caso o valor do patrimônio imobiliário adquirido seja inferior ao do patrimônio alienado.

Também há isenção para os *ganhos líquidos* auferidos por pessoa física em operações no mercado à vista de *ações* nas bolsas de valores e em operações com *ouro*, ativo financeiro, cujo valor das alienações realizadas em cada mês seja igual ou inferior 5.000 UFIR (art. 39, inciso XLVII, do RIR). Esta isenção foi praticamente absorvida pela isenção de ganhos de capital de pequena monta, relativo à venda de ações no valor mensal de até R$ 20.000,00 (art. 22, I, da Lei 9.250/95).

O ganho de capital decorrente da alienação de outros bens de pequeno valor também é isento e o limite mensal das alienações é de R$ 35.000,00 (art. 22, II, da Lei 9.250/95).

Isenção para lucros e dividendos

A legislação do IRPF prevê isenção para a distribuição de lucros das pessoas jurídicas a seus sócios e titulares. Leia-se o art. 10, da Lei 9.249/95:

> *Art. 10. Os lucros ou dividendos calculados com base nos resultados apurados a partir do mês de janeiro de 1996, pagos ou creditados pelas pessoas jurídicas tributadas com base no lucro real, presumido ou arbitrado, não ficarão sujeitos à incidência do imposto de renda na fonte, nem integrarão a base de cálculo do imposto de renda do beneficiário, **pessoa física ou jurídica**, domiciliado no País ou no exterior.*
>
> *§ 1º No caso de quotas ou ações distribuídas em decorrência de aumento de capital por incorporação de lucros apurados, a partir do mês de janeiro de 1996, ou de reservas constituídas com esses lucros, o custo de aquisição será igual à parcela do lucro ou reserva capitalizado, que corresponder ao sócio ou acionista. (Incluído pela Lei nº 12.973, de 2014)*
>
> *§ 2º A não incidência prevista no caput inclui os lucros ou dividendos pagos ou creditados a beneficiários de todas as espécies de ações previstas no art. 15 da Lei nº 6.404, de 15 de dezembro de 1976, ainda que a ação seja classificada em conta de passivo ou que a remuneração seja classificada como despesa financeira na escrituração comercial. (Incluído pela Lei nº 12.973, de 2014)*
>
> *§ 3º Não são dedutíveis na apuração do lucro real e da base de cálculo da CSLL os lucros ou dividendos pagos ou creditados a beneficiários de qualquer espécie de ação prevista no art. 15 da Lei nº 6.404, de 15 de dezembro de 1976, ainda que classificados como despesa financeira na escrituração comercial. (Incluído pela Lei nº 12.973, de 2014)*

A matéria encontra-se regulada pelos incisos XXVI a XXIX e XXXVII, do art. 39, do RIR.

O requisito da isenção é a existência de lucro passível de ser distribuído aos sócios. Assim, são isentos os lucros distribuídos pelas:

- empresas no *SIMPLES*, até o limite do lucro apurado no livro caixa;
- empresas do *lucro presumido*, até o valor do lucro presumido, podendo se estender até o lucro real, se maior e devidamente apurado;
- empresas do *lucro real*, até o valor do lucro apurado no balanço; também é isento a distribuição do lucro que estava contabilizado na conta de reserva de lucros;
- empresas do *lucro arbitrado*, até o valor do lucro arbitrado, deduzidos IRPJ, CSLL, PIS e COFINS.

A Lei 12.973/14 incluiu os §§ 2º e 3º, no art. 10, da Lei 9.249/95, dispondo que a isenção alcança pagamentos de lucros e dividendos de quaisquer modalidades de ações, mesmo que realizados a título de despesa financeira na escrituração contábil, mas que não são dedutíveis da base de cálculo do IRPJ e da CSLL.

Na parte reservada ao IRPJ, voltaremos ao tema da distribuição de lucros e dividendos, porque esta isenção alcança tanto os sócios pessoas físicas quanto os sócios pessoas jurídicas.

Restituição de bens e direitos ao sócio

O inciso XLVI, do art. 39, do RIR, trata da isenção aplicada na hipótese em que a empresa devolve ao sócio os bens aportados na sociedade.

A matéria é muito importante, pois as empresas, que geram empregos e movimentam a economia, necessitam dos bens de seus sócios para serem abertas. Há, pois, interesse público no tratamento dado à integralização do capital das sociedades e na devolução deste capital.

O *patrimônio do sócio utilizado para integralizar o capital* da empresa pode ser avaliado pelo valor constante na declaração de bens do sócio ou pelo valor de mercado. Haverá ganho de capital apenas se o contribuinte optar pela avaliação pelo valor de mercado e este for superior ao constante na declaração.

Nos termos do art. 22, da Lei 9.249/95, o *bem ou direito devolvido* ao sócio pode também ser avaliado pelo valor contábil ou pelo valor de mercado. Caso seja escolhido o valor de mercado e este seja superior ao valor contábil, haverá ganho de capital. Este resultado, porém, será contabilizado na apuração do imposto da empresa, normalmente mais favorável que o da pessoa física, e esta não sofrerá tributação pelo ganho.

Isenção no resgate de contribuições de previdência privada

Dispõe o inciso XXXVIII, do art. 39, do RIR:

> *Art. 39. Não entrarão no cômputo do rendimento bruto:*

> *[...]*
>
> *XXXVIII – o valor de resgate de contribuições de previdência privada, cujo ônus tenha sido da pessoa física, recebido por ocasião de seu desligamento do plano de benefício da entidade, que corresponder às parcelas de contribuições efetuadas no período de 1º de janeiro de 1989 a 31 de dezembro de 1995;*

A tributação dos planos de previdência privada sofreu idas e vindas no Brasil.

Inicialmente, as contribuições pagas eram dedutíveis da base de cálculo do IR e o resgate e os benefícios recebidos eram considerados rendimentos tributáveis.

A Lei 7.713/88 alterou o sistema. As contribuições deixaram de ser dedutíveis e os benefícios passaram a ser isentos.

A partir de 1996, por força da Lei 9.250/95, o sistema retornou às origens, vale dizer, contribuições dedutíveis e benefícios tributáveis.

As pessoas que contribuíram entre 1989 e 1995, mas se aposentaram e passaram a receber benefícios a partir de 1996 *não puderam deduzir as contribuições pagas de seu IR* naquele período *nem fruíram da isenção* vigente até 1995.

Com isso, muitas pessoas entraram com ações judiciais, alegando dupla tributação e postulando isenção para os benefícios custeados com as contribuições realizadas entre 1989 e 1995.

A situação inusitada continha uma norma que determinava a incidência do imposto de renda sobre proventos recebidos em sua vigência e um tratamento desigual, criado pelo legislador, em que os contribuintes poderiam se encontrar na pior parte de dois regimes.

A isenção total seria *contra legem*, mas a aplicação estrita da lei seria injusta.

O STJ, por sua Primeira Seção, pacificou a matéria no julgamento do REsp 1.012.903/RJ, relatado pelo Ministro Teori Albino Zavascki, decisão que resultou na restituição do imposto pago entre 1989 e 1995, limitado à data de aposentadoria dos contribuintes, se anterior a dezembro de 1995.

A interpretação vigente sobre o tema encontra-se registrada nos julgados do STJ, da seguinte forma:

> *2. O art. 8º, I, da Lei nº 9.250/95 estabelece que a base de cálculo do imposto de renda compreende a soma de todos os rendimentos, exceto os isentos, os não tributáveis, os tributáveis exclusivamente na fonte e os sujeitos à tributação definitiva.*
>
> *3. Quando a decisão judicial reconhece, na esteira do recurso representativo da controvérsia REsp. Nº 1.012.903 – RJ (Primeira Seção, Rel. Min. Teori Albino Zavascki, julgado em 8.10.2008) que "é indevida a cobrança de imposto de renda sobre o valor da complementação de aposentadoria", está a considerar somente o valor do benefício previdenciário como rendimento não tributável.*

> *4. Sendo assim, o valor correspondente às contribuições vertidas pela parte autora, no período entre 1989 e 1995 (ou até a data da sua aposentadoria se ocorrida em momento anterior), devidamente atualizado, constitui-se no crédito a ser deduzido exclusivamente do montante correspondente às parcelas de benefício de aposentadoria complementar, apurando-se a base de cálculo do imposto de renda. O limite a ser respeitado na utilização dos créditos para a dedução deve ser o do valor do benefício recebido da entidade de previdência e não o da faixa de isenção. Método de cálculo já aceito por esta Casa no REsp. nº 1.086.148-SC, Segunda Turma, Rel. Min. Mauro Campbell Marques, julgado em 15.04.2010.*
>
> *[...]*
>
> *(STJ, T2, REsp 1.278.598/SC, Min. MAURO CAMPBELL MARQUES, DJe de 14/02/2013)*

A matéria, a propósito, foi sumulada:

> *Súmula 556*
>
> *É indevida a incidência de imposto de renda sobre o valor da complementação de aposentadoria pago por entidade de previdência privada e em relação ao resgate de contribuições recolhidas para referidas entidades patrocinadoras no período de 1º/1/1989 a 31/12/1995, em razão da isenção concedida pelo art. 6º, VII, b, da Lei n. 7.713/1988, na redação anterior à que lhe foi dada pela Lei n. 9.250/1995.*
>
> *(STJ, S1, DJe de 15/12/2015)*

Hoje, portanto, os benefícios pagos por planos de previdência complementar são tributados.

Isenção de aposentadoria por moléstia grave

Dispõe o inciso, XIV, do art. 6º, da Lei 7.713/88:

> *Art. 6º Ficam isentos do imposto de renda os seguintes rendimentos percebidos por pessoas físicas:*
>
> *[...]*
>
> *XIV – os proventos de aposentadoria ou reforma motivada por acidente em serviço e os percebidos pelos portadores de moléstia profissional, tuberculose ativa, alienação mental, esclerose múltipla, neoplasia maligna, cegueira, hanseníase, paralisia irreversível e incapacitante, cardiopatia grave, doença de Parkinson, espondiloartrose anquilosante, nefropatia grave, hepatopatia grave, estados avançados da doença de Paget (osteíte deformante), contaminação por radiação, síndrome da imunodeficiência adquirida, com base em conclusão da medicina especializada, mesmo que a doença tenha sido contraída depois da aposentadoria ou reforma;*

Trata-se de isenção que abrange apenas proventos de aposentadoria e pensão, quando a aposentadoria é causada por acidente do trabalho ou moléstia grave.

Outros rendimentos, como de aluguéis ou ganhos de capital não são alcançados por esta isenção.

No caso da moléstia grave, esta pode ser superveniente à aposentadoria. Em outros termos, o empregado se aposenta por idade e sobre seus proventos continua a incidir o imposto. Posteriormente, o aposentado contrai moléstia dentre as previstas em lei, passa a fazer jus à isenção.

O benefício não é transferido, no caso de morte do aposentado, mas o pensionista que também seja portador de moléstia tem direito à isenção.

Em regra, cabe ao interessado submeter-se a exames médicos e, diagnosticada a doença, apresentar sua documentação junto à fonte pagadora, para que suspenda a retenção na fonte. No momento da declaração, o contribuinte deve declarar seus rendimentos como isentos.

Não há necessidade de requerimento à Receita Federal, *salvo* no caso de restituição de indébito, se o contribuinte isento não tomar as providencias cabíveis e continuar sendo tributado após o diagnóstico da doença.

Também não há necessidade de recurso ao Judiciário, *salvo* se a fonte pagadora ou a Receita Federal, no caso de restituição, se opuserem ao interesse do contribuinte.

A principal questão relativa a esta isenção é a prova da doença. A este respeito, já decidiu o STJ:

> *PROCESSUAL CIVIL E TRIBUTÁRIO. AGRAVO REGIMENTAL NO AGRAVO EM RECURSO ESPECIAL. ISENÇÃO DE IMPOSTO DE RENDA. MOLÉSTIA GRAVE. DESNECESSIDADE DE COMPROVAÇÃO PERANTE JUNTA MÉDICA OFICIAL. MOLÉSTIA GRAVE COMPROVA DE OUTRAS FORMAS. POSSIBILIDADE. PRECEDENTES. INCIDÊNCIA DA SÚMULA Nº 83 DO STJ.*
>
> *1. A questão a ser revisitada em agravo regimental consiste no reconhecimento da isenção de imposto de renda à contribuinte acometido de cardiopatia grave.*
>
> *2. O Tribunal de origem manifestou-se no mesmo sentido da jurisprudência do STJ, quanto à desnecessidade de laudo oficial para a comprovação de moléstia grave para fins de isenção de imposto de renda, desde que o magistrado entenda suficientemente provada a doença.*
>
> *3. É de se reconhecer a incidência, na hipótese, do óbice da Súmula nº 83 do STJ, também aplicável quando o recurso especial é interposto com fundamento na alínea "a" do permissivo constitucional.*
>
> *4. Agravo regimental não provido.*
>
> *(STJ, T2, AgRg no AREsp 691.189/MG, Min MAURO CAMPBELL MARQUES, DJe de 27/5/2015)*

A lista das doenças que conferem a isenção é exaustiva e sua interpretação deve se pautar por critérios médicos, como entendeu o STJ no REsp 1.483.971/AL (STJ, T2, Min. HERMAN BENJAMIN, DJe de 11/2/2015).

Aposentadoria maior de 65 anos

Nos termos do inciso XV, do art. 6º, da Lei 7.713/88:

> *Art. 6º Ficam isentos do imposto de renda os seguintes rendimentos percebidos por pessoas físicas:*
>
> *[...]*
>
> *XV – os rendimentos provenientes de aposentadoria e pensão, de transferência para a reserva remunerada ou de reforma pagos pela Previdência Social da União, dos Estados, do Distrito Federal e dos Municípios, por qualquer pessoa jurídica de direito público interno ou por entidade de previdência privada, a partir do mês em que o contribuinte completar 65 (sessenta e cinco) anos de idade, sem prejuízo da parcela isenta prevista na tabela de incidência mensal do imposto, até o valor de:*
>
> *[...]*
>
> *i) R$ 1.903,98 (mil, novecentos e três reais e noventa e oito centavos), por mês, a partir do mês de abril do ano-calendário de 2015;*

Se o aposentado recebe menos que este valor previsto em lei, seu rendimento é isento. Caso receba mais, somente é tributado o valor que exceder o valor legal.

Discute-se como o benefício deve ser aplicado, nos casos em que o aposentado recebe seus proventos de mais de uma fonte e nenhuma delas, individualmente, supera o valor da isenção.

Por exemplo, o aposentado tem duas fontes de R$ 1.500,00. Aplicar-se-ia o benefício apenas a R$ 1.500,00, incidindo o imposto sobre os demais R$ 1.500,00, ou se aplicaria o benefício ao conjunto da renda, incidindo o imposto sobre R$ 1.096,02 (=R$ 3.000,00 – 1.903,98)?

O STJ tem decidido pela segunda alternativa:

> *TRIBUTÁRIO. IMPOSTO DE RENDA DA PESSOA FÍSICA – IRPF. ISENÇÃO DE PARCELA DOS RENDIMENTOS PROVENIENTES DE APOSENTADORIA E PENSÃO PAGOS A CONTRIBUINTE COM MAIS DE 65 ANOS DE IDADE, PREVISTA NO INCISO XXXIV DO ART. 39 DO DECRETO 3.000/1999 (RIR-99). APLICABILIDADE DO § 7º DO MESMO ARTIGO. MAIS DE UMA FONTE DE RENDA.*
>
> *1. Em virtude do nítido caráter infringente, com fundamento no princípio da fungibilidade recursal, recebo os presentes Embargos como Agravo Regimental.*
>
> *2. A isenção de parcela dos rendimentos provenientes de aposentadoria e pensão pagos a contribuinte com mais de 65 anos de idade prevista pelo art. 4º, VI, da Lei 9.250, de 1995, é incidente sobre a soma dos benefícios de previdência auferidos pelo contribuinte, nos termos do art. 8º, § 1º, da referida Lei, sendo perfeitamente lícito o art. 39, § 7º, do Decreto 3.000/1999 (RIR-99). Precedentes.*
>
> *3. Embargos de Declaração recebidos como Agravo Regimental, ao qual se nega provimento.*
>
> *(STJ, T2, EDcl no REsp 1.462.065/RS, Min. HERMAN BENJAMIN, DJe de 30/6/2015)*

Também nos parece a melhor decisão.

5.5.1.3. Rendimentos pagos acumuladamente – rendimentos acumulados

Outro tema repleto de debates é o dos rendimentos pagos acumuladamente.

O IRPF obedece ao regime de caixa e incide sobre a renda no momento em que é auferida. Assim, se a pessoa recebeu R$ 50.000,00 em 2012, aplica-se a tributação daquele ano, não importando se o valor de R$ 50.000,00 seja composto de R$ 25.000,00 devidos em 2011 e outros R$ 25.000,00 devidos em 2012.

Dispõe o art. 12, da Lei 7.713/88:

> *Art. 12. No caso de rendimentos recebidos acumuladamente, o imposto incidirá, no mês do recebimento ou crédito, sobre o total dos rendimentos, diminuídos do valor das despesas com ação judicial necessárias ao seu recebimento, inclusive de advogados, se tiverem sido pagas pelo contribuinte, sem indenização.*

Tendo em vista o grande número de ações judiciais que postulavam a incidência separada do imposto para valores recebidos em ações trabalhistas (vale dizer, no nosso exemplo, aplicar a alíquota de 2011 para os valores que eram devidos em 2011 e a alíquota de 2012 para os rendimentos desse ano), a Lei 12.350/10 incluiu o art. 12-A, na Lei 7.713/88. Vejamos:

> *Art. 12-A. Os rendimentos do trabalho e os provenientes de aposentadoria, pensão, transferência para a reserva remunerada ou reforma, pagos pela Previdência Social da União, dos Estados, do Distrito Federal e dos Municípios, quando correspondentes a anos-calendários anteriores ao do recebimento, serão tributados exclusivamente na fonte, no mês do recebimento ou crédito, em separado dos demais rendimentos recebidos no mês.*
>
> *§ 1º O imposto será retido pela pessoa física ou jurídica obrigada ao pagamento ou pela instituição financeira depositária do crédito e calculado sobre o montante dos rendimentos pagos, mediante a utilização de tabela progressiva resultante da multiplicação da quantidade de meses a que se refiram os rendimentos pelos valores constantes da tabela progressiva mensal correspondente ao mês do recebimento ou crédito.*
>
> *[...]*
>
> *§ 7º Os rendimentos de que trata o caput, recebidos entre 1º de janeiro de 2010 e o dia anterior ao de publicação da Lei resultante da conversão da Medida Provisória no 497, de 27 de julho de 2010, poderão ser tributados na forma deste artigo, devendo ser informados na Declaração de Ajuste Anual referente ao ano-calendário de 2010.*

Assim, a legislação previu hipótese excepcional de aplicação do regime de competência ao IRPF, para rendimentos do trabalho recebidos em atraso. Cabe ainda notar que a tributação é exclusiva na fonte, vale dizer, não é afetada por outros ganhos eventuais do contribuinte em cada período de competência.

Não obstante, o **STF determinou a aplicação do regime de competência** para o caso específico dos rendimentos acumulados, com a definição da alíquota a partir dos valores que deveriam ter sido recebidos em cada exercício:

> *IMPOSTO DE RENDA – PERCEPÇÃO CUMULATIVA DE VALORES – ALÍQUOTA.*
>
> *A percepção cumulativa de valores há de ser considerada, para efeito de fixação de alíquotas, presentes, individualmente, os exercícios envolvidos.*
>
> *(STF, Tribunal Pleno, RE 614.406 RG/RS, Min. Marco Aurélio, DJe de 27/11/2014)*

Do teor dos votos, depreende-se que a Corte julgou inconstitucional o art. 12, da Lei 7.713/98, por violar os princípios da isonomia e da capacidade contributiva.

Questão interessante acerca dos rendimentos pagos acumuladamente é o prazo da prescrição para restituição.

A jurisprudência do STJ aponta para três contagens distintas.

Para as ações de repetição anteriores a 9/6/2005, data da entrada em vigor da LC 118/05, deve ser aplicado o prazo decenal (5+5). Para as ações posteriores, deve ser aplicado o prazo de 5 anos, contados da retenção exclusiva na fonte[12].

Para os casos em que não haja retenção exclusiva na fonte, nos quais se admite compensações e abatimentos com outros valores, o prazo começa a correr da data prevista para a entrega da declaração. Leia-se:

> *TRIBUTÁRIO. IMPOSTO DE RENDA DA PESSOA FÍSICA – IRPF. RESTITUIÇÃO. TERMO INICIAL DE JUROS E CORREÇÃO MONETÁRIA (SELIC). DATA DA RETENÇÃO (ANTECIPAÇÃO) VS. DATA DA ENTREGA DA DECLARAÇÃO. RENDIMENTOS NÃO SUJEITOS A TRIBUTAÇÃO EXCLUSIVA / DEFINITIVA. ART. 16, DA LEI N. 9.250/95.*
>
> *1. Ressalvados os casos em que o recolhimento do tributo é feito exclusivamente pela retenção na fonte (rendimentos sujeitos a tributação exclusiva/definitiva), que não admite compensação ou abatimento com os valores apurados ao final do período, os juros e correção monetária (SELIC) incidentes na ação de repetição do indébito tributário fluem a partir da data prevista para a entrega da declaração de rendimentos e não a partir da retenção na fonte (antecipação), consoante o art. 16, da Lei n. 9.250/95. 2. Precedentes em casos onde se analisou a exigibilidade para efeito de se fixar o termo inicial do prazo prescricional da ação de repetição de indébito: EDcl nos EDcl nos EDcl no REsp. n. 1.233.176/PR, Primeira Turma, Rel. Min. Ari Pargendler, julgado em 21/11/2013, DJe 27/11/2013; REsp. n. 1.472.182-PR, Segunda Turma, Rel. Min. Mauro Campbell Marques, julgado em 19.05.2015. 3. Recurso especial parcialmente conhecido e, nessa parte, parcialmente provido.*
>
> *(STJ, T2, REsp 1.434.703/RS, Min. MAURO CAMPBELL MARQUES, DJe de 17/9/2015)*

12. STJ, T2, REsp 1.472.182/PR, Min. MAURO CAMPBELL MARQUES, DJe de 1/7/2015

Esta interpretação não nos parece correta, pois, nos termos do art. 168, I, do CTN, o prazo para restituição começa a correr da data da extinção da obrigação, que se dá com a retenção do imposto na fonte. Ademais, nos casos em que se admite compensações e abatimentos com outros valores na declaração, esta somente beneficia o contribuinte, que já recebeu parte da restituição com a entrega da declaração ou que sequer entregou a declaração devida.

5.5.1.4. Despesas dedutíveis

Até o momento, vimos quais são os rendimentos tributáveis e os rendimentos não tributáveis. A apuração da base de cálculo do imposto, contudo, depende de mais um fator: as despesas dedutíveis.

A base de cálculo do imposto será o resultado dos rendimentos tributáveis menos as despesas dedutíveis.

No sistema do IPRF, há **despesas** que podem ser **deduzidas tanto da base de cálculo mensal quanto da base de cálculo anual** e **despesas** que **somente podem ser deduzidas na declaração de ajuste anual.**

São **deduzidas no mês e na declaração de ajuste** a contribuição previdenciária oficial e complementar (art. 74, do RIR), as despesas do livro caixa (art. 75 e 76, do RIR), a dedução de dependentes (art. 77, do RIR), a pensão alimentícia (art. 78, do RIR) e o valor estipulado para isenção de aposentadoria e pensão pago a pessoa maior de 65 anos (art. 79, do RIR).

As deduções relativas a **contribuição previdenciária** do regime geral e dos servidores públicos são realizadas pelo empregador, no cálculo da retenção na fonte.

Também podem ser deduzidas as contribuições para **planos de previdência complementar fechada** para custear benefícios similares ao do regime geral. Neste caso, a dedução mensal somente se aplica a rendimentos do trabalho com vínculo empregatício ou de administradores.

São exemplos de instituições de previdência complementar a FUNCEF, dos funcionários da Caixa Econômica Federal, a PREVI, dos funcionários do Banco do Brasil e a PETROS, dos funcionários da Petrobrás.

A dedução das contribuições de caráter previdenciário, em todas as suas modalidades, inclusive a regida pelo art. 82, do RIR (a dos planos de previdência complementar aberta como o PGBL, cuja dedução é anual), encontra-se limitada a 12% do rendimento do contribuinte.

As despesas do **livro caixa** são deduzidas mensalmente dos rendimentos do trabalho não assalariado.

São despesas dedutíveis escrituradas no livro caixa os salários e remunerações, incluídos os encargos, pagos a empregados; os emolumentos pagos a terceiros; e as despesas necessárias à atividade geradora da renda. A legislação não permite deduções de depreciação e de arrendamento; de despesas com locomoção e transporte, salvo no caso de representante comercial autônomo; e as despesas com atividades para as quais há base de cálculo presumida, como a do transportador.

O contribuinte somente pode deduzir as despesas com as receitas da própria atividade. Assim, somente pode deduzir despesas até o valor da receita do mês (regime de caixa), mas o excesso de despesa de um mês pode ser deduzido nos períodos subsequentes; o contribuinte não pode deduzir as despesas do livro caixa com receitas decorrentes de outras atividades nem das receitas decorrentes de vínculo empregatício.

A legislação estabelece um valor mensal que pode ser deduzido da base de cálculo mensal do imposto, por cada *dependente* do contribuinte, independente das despesas efetivamente realizadas. Podem ser considerados dependentes o cônjuge, o companheiro ou a companheira, os filhos e os enteados de até 21 anos de idade ou incapazes, o menor de quem o contribuinte tenha guarda judicial, pais, avós e bisavós que não aufiram renda superior ao limite de isenção, irmãos, netos e bisnetos de até 21 anos ou incapazes, de quem o contribuinte tenha guarda judicial, o tutelado e o curatelado.

Para fins de imposto de renda, o mesmo dependente somente gera a dedução para um contribuinte. Assim, o filho será dependente do pai ou da mãe, e apenas um destes poderá efetuar a dedução.

A **pensão alimentícia** segue as regras do direito civil.

De acordo com a jurisprudência do STJ, somente é dedutível a pensão paga após a sentença concessiva da pensão ou a homologação do acordo no juízo de família[13].

A dedução de **proventos e pensões de maiores de 65 anos** decorrente de isenção tem valor mensal fixado por lei. Conforme o art. 4º, VI, da Lei 9.250/95 e suas alterações, o valor é de R$ 1.787,77, a partir de 2.014.

São **deduzidas apenas na apuração da base de cálculo anual do imposto** as despesas médicas (art. 80, do RIR), as despesas com educação (art. 81, do RIR) e as contribuições para o Fundo de Aposentadoria Programada Individual – FAPI cujo ônus seja da pessoa física (art. 82, do RIR).

São **despesas médicas** as efetuadas com diversos profissionais de saúde, como médicos, dentistas, fisioterapeutas, fonoaudiólogos etc, com o próprio contribuinte ou seus dependentes. Também são despesas médicas as realizadas com hospitais, clínicas e planos de saúde estabelecidos no país como pessoa jurídica. Não são dedutíveis as despesas ressarcidas nem as cobertas por contrato de seguro. Se o plano de saúde funciona como seguro e restitui o valor pago como despesa médica, apenas as prestações pagas ao plano serão dedutíveis, não as despesas médicas reembolsadas.

---

13. STJ, T2, REsp 1.616.424/AC, Min. HERMAN BENJAMIN, DJe de 6/10/2016

As despesas com **educação** do contribuinte e seus dependentes se restringem ao ensino oficial da idade pré-escolar até o terceiro grau, incluindo a pós-graduação, o mestrado e o doutorado. Não são dedutíveis despesas com cursos de língua, esportes e outros.

A dedução tem limite. R$ 3.561,50 para o contribuinte e R$ 2.275,08 para cada dependente a partir do ano calendário de 2015, ainda que a despesa tenha sido maior (art. 8º, b, da Lei 9.250/95).

Questão interessante diz respeito à **dedução cumulativa da pensão com as despesas médicas e educacionais com dependentes**.

As deduções têm pressupostos distintos. A pensão, tipicamente alimentícia, depende da sentença judicial, bem como de seus próprios requisitos de necessidade do alimentando e a possibilidade do alimentante. Em outros termos, a dependência econômica é, *juris tantum*, comprovada pelo juízo cível.

As demais despesas tem como pressuposto a dependência econômica, presumida pela lei para o cônjuge e para os filhos, que não se afasta pela separação dos pais ou pelo pagamento da pensão. Vejamos o que dispõe o art. 35, da Lei 9.250/95:

> *Art. 35. Para efeito do disposto nos arts. 4º, inciso III, e 8º, inciso II, alínea c, poderão ser considerados como dependentes:*
>
> *I – o cônjuge;*
>
> *II – o companheiro ou a companheira, desde que haja vida em comum por mais de cinco anos, ou por período menor se da união resultou filho;*
>
> *III – a filha, o filho, a enteada ou o enteado, até 21 anos, ou de qualquer idade quando incapacitado física ou mentalmente para o trabalho;*
>
> *IV – o menor pobre, até 21 anos, que o contribuinte crie e eduque e do qual detenha a guarda judicial;*
>
> *V – o irmão, o neto ou o bisneto, sem arrimo dos pais, até 21 anos, desde que o contribuinte detenha a guarda judicial, ou de qualquer idade quando incapacitado física ou mentalmente para o trabalho;*
>
> *VI – os pais, os avós ou os bisavós, desde que não aufiram rendimentos, tributáveis ou não, superiores ao limite de isenção mensal;*
>
> *VII – o absolutamente incapaz, do qual o contribuinte seja tutor ou curador.*
>
> *[...]*
>
> *§ 2º Os dependentes comuns poderão, opcionalmente, ser considerados por qualquer um dos cônjuges.*
>
> *§ 3º No caso de filhos de pais separados, poderão ser considerados dependentes os que ficarem sob a guarda do contribuinte, em cumprimento de decisão judicial ou acordo homologado judicialmente.*

> *§ 4º É vedada a dedução concomitante do montante referente a um mesmo dependente, na determinação da base de cálculo do imposto, por mais de um contribuinte.*

Assim, **não** é **possível** cumular a dedução de pensão alimentícia ao **ex-conjuge**, ao ex-companheiro ou à ex-companheira, que não mais são considerados dependentes. Contudo, **parece-nos possível** a conjugação das deduções para os **filhos** e outros dependentes (pensão alimentícia com despesas médicas e educacionais) independente da previsão em sentença judicial, pois estas deduções decorrem diretamente do direito tributário, sem a necessidade de aplicação do direito civil. Para tanto, basta que o contribuinte declare o filho (ou outra pessoa prevista na lei) como seu dependente.

Há, porém, uma limitação. Não é permitida a dupla dedução da mesma despesa. Dessa forma, se o alimentando é dependente de um contribuinte, o ex-cônjuge, por exemplo, não poderá ser também dependente de qualquer outra pessoa.

A **contribuição aos fundos de aposentadoria programada**, comumente administradas por bancos, como o Banco do Brasil, e oferecidas ao público em geral, segue regras similares à dos regimes previdenciários oficial e complementar, inclusive quanto ao limite de 12% da base de cálculo. A diferença é que a contribuição para estes fundos somente é dedutível na declaração de ajuste, não mensalmente.

Na declaração de ajuste, pode o contribuinte optar por declarar todas as suas despesas ou pelo **desconto simplificado** (art. 84, do RIR).

O desconto simplificado, de 20% sobre o total dos rendimentos, limitados a R$ 15.197,02, para o ano calendário de 2013, não depende de comprovação, substitui todas as despesas dedutíveis, mas presume-se efetivamente gasto e não pode ser utilizado para justificar acréscimo patrimonial.

5.5.2. Alíquota

A alíquota do imposto, salvo para os casos de tributação exclusiva e definitiva, é apurada mediante uma tabela mensal e uma tabela anual, utilizada por conta da declaração de ajuste.

Vigem hoje as tabelas previstas pela Lei 12.469/11.

Tabela mensal, a partir de abril do ano calendário de 2015:

Base de cálculo mensal em R$	Alíquota %	Parcela a deduzir
Até 1.903,98	-	-
De 1.903,99 até 2.826,65	7,5	142,80
De 2.826,66 até 3.751,05	15,0	354,80
De 3.751,06 até 4.664,68	22,5	636,13
Acima de 4.664,68	27,5	869,36

Tabela anual, para o exercício 2016, ano-calendário de 2015:

Base de cálculo anual em R$	Alíquota %	Parcela a deduzir
Até 22.499,13	-	-
De 22.499,14 até 33.477,72	7,5	1.687,43
De 33.477,73 até 44.476,74	15,0	4.198,26
De 44.476,75 até 55.373,55	22,5	7.534,02
Acima de 55.373,55	27,5	10.302,70

A tabela mensal do ano base de 2015, foi utilizada para obter a alíquota do imposto em cada mês de 2015. O imposto pago conforme esta tabela deve ser informado na declaração de renda apresentada no exercício de 2016, para a qual será aplicada a tabela anual correspondente, para o ano calendário de 2015, exercício de 2016.

A tabela anual corresponde, em regra, aos valores da tabela mensal multiplicados por 12. No caso da tabela atual, como o reajuste ocorreu em abril, não em janeiro, haverá pequena diferença neste cálculo.

Cada tabela contém a faixa de valores de rendimentos anuais ou mensais, a alíquota aplicável e a parcela a deduzir.

A parcela a deduzir tem a função de corrigir o imposto devido, considerando todas as alíquotas da tabela e não somente a alíquota maior, da faixa que define a última alíquota aplicável ao contribuinte.

O cálculo da parcela a deduzir não é difícil, mas é moroso. Assim, a lei (e também o programa da Receita Federal) fornece o valor já calculado.

5.5.3. Deduções do imposto

A apuração do imposto devido no ano decorre da multiplicação da base de cálculo pela alíquota.

O imposto assim apurado na declaração de ajuste, porém, não é necessariamente o imposto que o contribuinte terá a pagar. Na verdade, em regra, não será.

O contribuinte poderá deduzir do imposto devido (não confundir com dedução da base de cálculo) o imposto pago ou retido antecipadamente, alguns incentivos fiscais e o imposto pago no exterior, por residente no Brasil que aufira renda de fonte situada em outro país.

Imposto pago no exterior

O contribuinte residente no Brasil, que auferiu renda proveniente de fonte no exterior, deve oferecer estes rendimentos à tributação brasileira, em obediência ao princípio da universalidade do imposto.

Contudo, é bem provável que este rendimento também tenha sido tributado no país da fonte.

Neste caso, o contribuinte pode deduzir o valor do imposto pago no exterior do imposto devido pelo mesmo rendimento no Brasil, atendidas algumas condições e limites. São eles:

- deve haver acordo internacional entre o Brasil e o país da fonte, permitindo a dedução; ou o país deve permitir a dedução, independente de acordo, na situação inversa (reciprocidade de tratamento), vale dizer, residente no exterior que aufere renda decorrente de fonte situada no Brasil deve poder deduzir o imposto aqui pago;
- o imposto não pode ter sido restituído ou compensado no exterior;
- a dedução encontra-se limitada ao valor do imposto devido no Brasil em virtude daquela fonte.

Quanto ao limite do valor da dedução, dispõe o § 1º, do art. 103, do RIR:

> *Art. 103. As pessoas físicas que declararem rendimentos provenientes de fontes situadas no exterior poderão deduzir, do imposto apurado na forma do art. 86, o cobrado pela nação de origem daqueles rendimentos, desde que:*
>
> *[...]*
>
> *§ 1º A dedução não poderá exceder a diferença entre o imposto calculado com a inclusão daqueles rendimentos e o imposto devido sem a inclusão dos mesmos rendimentos.*

Na prática, a norma *impede* a dedução do imposto devido em virtude de rendimentos pagos por outras fontes no Brasil ou no exterior; *impede* o duplo benefício, pois se as regras brasileiras beneficiarem o contribuinte de outra forma, a dedução não será aplicada; e *impede* a dedução do imposto incidentes no exterior com alíquota real superior à alíquota brasileira aplicada ao contribuinte.

Incentivos

O imposto devido também pode ser deduzido por incentivos fiscais em favor de terceiros.

É o caso do incentivo às atividades culturais ou artísticas (art. 90 a 96, do RIR), do incentivo às atividades audiovisuais e cinematográficas (art. 97 a 101, do RIR) e das doações a fundos controlados pelos Conselhos dos Direitos da Criança e do Adolescente (art. 102, do RIR).

O incentivo da cultura e do audiovisual depende da existência de projeto nessas áreas aprovadas pelas autoridades competentes. O contribuinte pode, diante do projeto aprovado, realizar doações ou patrocinar o projeto.

Com isso, poderá, dentro dos limites legais, deduzir do imposto que deverá ser recolhido aos cofres públicos o valor pago ao projeto.

A diferença essencial da dedução das doações aos fundos da criança e do adolescente é que estes são fundos institucionais, pertencentes ao Poder Público, razão pela qual não dependem de aprovação ou habilitação para justificar o benefício.

As deduções não têm limites específicos, mas o somatório das deduções não pode ultrapassar 6% do imposto devido pelo contribuinte.

Todas estas deduções guardam peculiaridades e regras específicas.

Para os anos calendário de 2007 a 2015 a Lei 11.438/06 previu dedução similar para projetos aprovados no Ministério do Esporte. Leia-se o art. 1º, da lei:

> *Art. 1º A partir do ano-calendário de 2007 e até o ano-calendário de 2015, inclusive, poderão ser deduzidos do imposto de renda devido, apurado na Declaração de Ajuste Anual pelas pessoas físicas ou em cada período de apuração, trimestral ou anual, pela pessoa jurídica tributada com base no lucro real os valores despendidos a título de patrocínio ou doação, no apoio direto a projetos desportivos e paradesportivos previamente aprovados pelo Ministério do Esporte.*

A medida faz parte dos esforços voltados para o desempenho do país em jogos olímpicos, bem como para o estímulo ao desporto em geral, em nível recreativo e profissional.

A dedução deve se amoldar ao limite de 6% do imposto devido pela pessoa física, aplicável aos demais benefícios.

Antecipações de pagamento, tributação exclusiva e tributação definitiva

O contribuinte pode deduzir do imposto devido os valores pagos ou retidos na fonte antecipadamente.

Como vimos, vários rendimentos estão sujeitos à retenção pela fonte pagadora no momento em que são auferidos e, para outros rendimentos, o contribuinte deve se antecipar e recolher o imposto, como no caso dos aluguéis recebidos ou no resultado mensal da atividade não assalariada. É o que se chama de carnê leão.

Estas retenções e pagamentos são antecipações do imposto devido, pois a base de cálculo do IR é anual. Os valores assim recolhidos devem ser levados à declaração de ajuste, para deduzir o imposto a ser pago nesta ocasião. Se as antecipações forem inferiores ao imposto devido, haverá imposto a pagar. Se as antecipações superarem o imposto devido apurado na declaração, haverá imposto a restituir. Dispõem os art. 106 e 107, do RIR:

> *Art. 106. Está sujeita ao pagamento mensal do imposto a pessoa física que receber de outra pessoa física, ou de fontes situadas no exterior, rendimentos que não tenham sido tributados na fonte, no País, tais como:*
>
> *I – os emolumentos e custas dos serventuários da Justiça, como tabeliães, notários, oficiais públicos e outros, quando não forem remunerados exclusivamente pelos cofres públicos;*
>
> *II – os rendimentos recebidos em dinheiro, a título de alimentos ou pensões, em cumprimento de decisão judicial, ou acordo homologado judicialmente, inclusive alimentos provisionais;*

> *III – os rendimentos recebidos por residentes ou domiciliados no Brasil que prestem serviços a embaixadas, repartições consulares, missões diplomáticas ou técnicas ou a organismos internacionais de que o Brasil faça parte;*
>
> *IV – os rendimentos de aluguéis recebidos de pessoas físicas.*
>
> *Art. 107. Sujeitam-se igualmente à incidência mensal do imposto:*
>
> *I – os rendimentos de prestação, a pessoas físicas, de serviços de transporte de carga ou de passageiros, observado o disposto no art. 47;*
>
> *II – os rendimentos de prestação, a pessoas físicas, de serviços com trator, máquina de terraplenagem, colheitadeira e assemelhados, observado o disposto no § 1º do art. 47.*

Alguns rendimentos, porém, sofrem incidência definitiva do imposto, quer dizer, não podem ser levados a ajuste. A incidência do imposto é cedular e isolada, não interagindo com restante dos resultados sujeitos ao imposto devido pelo contribuinte. Estes rendimentos e o imposto pago são informados na declaração, mas não interferem no cálculo final do imposto.

Esta incidência isolada é estabelecida pelo legislador, que seleciona espécies de rendimento sujeitos à tributação exclusiva na fonte pagadora ou a tributação definitiva paga pelo contribuinte.

São exemplos de tributação exclusiva na fonte o 13º salário, os rendimentos de aplicação financeira de renda fixa, os prêmios de loteria e valores pagos a pessoa não identificada.

No caso do 13º, o empregador aplica a tabela mensal do imposto para retenção (art. 638, do RIR). Os prêmios de loteria estão sujeitos à alíquota de 30% (art. 676, do RIR). Os pagamentos a pessoa não identificadas devem sofrer retenção de 35% do valor (art. 674, do RIR).

Nas aplicações de renda fixa a instituição financeira efetua a retenção segundo as alíquotas próprias de cada aplicação, no momento da incidência (art. 739, do RIR).

Na renda fixa em geral, as alíquotas são regressivas em relação ao tempo do investimento: 22,5% para aplicações com prazo de até 180 dias; 20,0% para aplicações com prazo de 181 até 360 dias; 17,5% para aplicações com prazo de 361 até 720 dias; e 15,0% para aplicações com prazo acima de 720 dias.

Nas aplicações de curto prazo, as alíquotas são de 22,5% para aplicações de até 180 dias e de 20% para aplicações entre 181 e 360 dias.

É exemplo de tributação definitiva a do ganho de capital (art. 117 e seg. do RIR).

5.6. Tributação do ganho de capital

5.6.1 Regras gerais

Incide o IRPF sobre os ganhos de capital auferidos pelas pessoas físicas. Constitui ganho de capital a diferença entre o valor de venda e o custo de aquisição de quaisquer bens e direitos, em operação realizada por qualquer forma jurídica, inclusive adjudicação, desapropriação, dação em pagamento, doação etc, independente da localização do bem e o contribuinte será o transmitente, alienante, doador, vale dizer, o proprietário do bem.

Importante lembrar que a doação a título de *adiantamento de legítima* e a sucessão por *herança e legado* são isentas, mas podem apresentar reflexos na tributação do ganho de capital.

A transmissão pode ocorrer pelo valor do bem constante na declaração do imposto do proprietário e será declarada pelo novo proprietário por este mesmo valor, hipótese em que não haverá ganho de capital na operação. Eventual ganho de capital somente ocorrerá na transmissão do bem ou direito pelo novo proprietário a terceiro (art. 119, do RIR).

O contribuinte pode optar, contudo, pela transmissão do bem pelo valor de mercado. Se este valor for superior ao custo de aquisição, o transmitente (doador ou o espólio) deverá pagar o imposto devido pelo ganho de capital (art. 119, do RIR).

Estas regras também se aplicam à partilha de bens na dissolução da sociedade conjugal.

O bem ou direito doado, fora dos casos de adiantamento de legítima, não constitui renda tributável para o donatário. Contudo, o valor da doação deve ser considerado, para fins do IRPF, pelo valor de mercado do bem ou direito doado e, se superior ao custo de aquisição, gera ganho de capital e a incidência do imposto sobre o doador.

O imposto é devido à alíquota de 15% sobre o ganho, aplicado o fator de redução previsto pelo art. 40, da Lei 11.196/05 e seu recolhimento pode ser diferido, no caso de alienações parceladas.

Pelo que se verifica, as questões mais importantes no ganho de capital são a apuração do custo de aquisição e do valor de alienação.

O art. 123, do RIR, disciplina o valor da alienação:

> *Art. 123. Considera-se valor de alienação:*
>
> *I – o preço efetivo da operação, nos termos do § 4º do art. 117;*
>
> *II – o valor de mercado nas operações não expressas em dinheiro;*
>
> *III – no caso de alienações efetuadas a pessoa física ou jurídica residente ou domiciliada em países com tributação favorecida (art. 245), o valor de alienação será apurado em conformidade com o art. 240.*

Em regra, o valor da alienação será o preço pago. Se a operação não for expressa em dinheiro, será considerado o valor de mercado. Por fim, o regulamento se reporta a regras específicas de apuração do valor aplicável aos "preços de transferência", no caso de alienações efetuadas a pessoa física ou jurídica residente ou domiciliada em países com tributação favorecida.

O custo de aquisição comporta uma apreciação temporal, em virtude do processo inflacionário vivido pelo Brasil.

Para os bens adquiridos até 31 de dezembro de 1991 o custo de aquisição será o *valor de mercado* do bem na data de aquisição, corrigido pela Tabela de Atualização do Custo de Bens e Direitos elaborada pela Secretaria da Receita Federal.

Para os bens adquiridos entre 1992 e 1995, o custo será o *valor da aquisição*, constante do documento do negócio jurídico, aplicando-se, também, a tabela de atualização.

Para os bens adquiridos a partir de 1996, o custo será o valor de aquisição, mas não se admite qualquer correção.

Há **regras específicas** para alguns bens.

Na alienação de *imóvel* adquirido até 31 de dezembro de 1988, há *redução do ganho de capital*, que varia entre 100%, para bens adquiridos até 1969 e 5%, para bens adquiridos no ano de 1988, nos termos do art. 18, da Lei 7.713/88.

Para *imóveis*, podem ser computadas no custo de aquisição o custo da construção, bem como o custo das benfeitorias.

No caso de *permuta*, apenas a "torna", o valor em dinheiro recebido por um dos contribuintes, será tributada como ganho de capital.

A *integralização de capital* da empresa pelo sócio pessoa física gera tributação pelo ganho de capital apenas se realizada pelo valor de mercado, superior ao valor constante na declaração do imposto do sócio (art. 132, do RIR).

Na *devolução do bem ou direito,* realizada pelo valor de mercado e este seja superior ao valor contábil, o ganho de capital será tributado pela empresa (art. 133, do RIR).

Os bens adquiridos em *arrendamento mercantil* terão como *custo de aquisição* o valor residual acrescido das parcelas devidas a título do arrendamento (art. 134, *do RIR).*

No caso de quotas ou ações distribuídas em decorrência de aumento de capital ou incorporação de lucros apurados a partir do mês de janeiro de 1996, ou de reservas constituídas com esses lucros, o custo de aquisição será igual à parcela do lucro ou reserva capitalizada, que corresponder ao sócio ou acionista (art. 135, do RIR).

Considera-se custo de aquisição e valor da venda do imóvel rural o valor informado no Documento de Informação e Apuração do ITR – DIAT (art. 136, do RIR).

Estão isentos do ganho de capital a alienação de único *imóvel* no valor de até R$ 440.000,00, dentro de um período de 5 anos (art. 39, III, do RIR), bem como o valor da venda de quaisquer *imóveis residenciais* aplicados na aquisição de novos imóveis residenciais, no prazo de 180 dias a contar da primeira alienação (art. 39, da Lei 11.196/2005).

O valor das vendas não utilizado no prazo e na finalidade prevista é tributado proporcionalmente.

Também são isentos os ganhos de capital de pequeno valor, para alienações mensais de ações no valor de até R$ 20.000,00 e de outros bens, no valor mensal de até R$ 35.000 (art. 22, da Lei 9.250/95).

5.6.2 A lei de regularização de ativos

A Lei 13.254/16, também chamada Lei de Repatriação de Capitais ou ainda Lei de Repatriação de Ativos, que, mais formalmente, "dispõe sobre o Regime Especial de Regularização Cambial e Tributária (RERCT) de recursos, bens ou direitos de origem lícita, não declarados ou declarados incorretamente, remetidos, mantidos no exterior ou repatriados por residentes ou domiciliados no País", cria uma **hipótese peculiar de tributação sobre ganhos de capital**.

Vale notar que não se trata propriamente de uma lei de repatriação, pois não é necessário que os capitais ou os ativos pertencentes às pessoas que se valem da norma retornem ao país. Trata-se, de fato, de uma **lei de regularização**, como passamos a ver.

O objetivo da lei é criar uma forma de regularizar o capital remetido para o exterior, mediante a prática de atos que podem ser considerados crime de sonegação fiscal, lavagem de dinheiro e evasão de divisas, num contexto mundial de trocas de informações visando o combate à sonegação fiscal internacional e ao terrorismo.

O Brasil não foi o único país a tomar esta medida. Diversas outras nações editaram leis semelhantes, para promover a extinção da punibilidade de crimes cometidos no passado, com o pagamento do imposto que seria devido se os ilícitos não tivessem sido cometidos.

Para tanto, a lei brasileira, na linha de experiências internacionais, exige do residente no país a adesão ao programa de regularização voluntária, a entrega de uma declaração, e o **pagamento do imposto** de renda, a título de ganhos de capital, no percentual de 15% sobre os valores existentes no exterior em 31/12/2014, calculados pela taxa de câmbio da mesma data, **acrescido de multa** de 100% sobre o valor do imposto devido.

A opção pela incidência do imposto de renda, a título de ganhos de capital, foi criticada quanto a existência de efetivo ganho de capital, pois a regularização depende do pagamento do imposto, mesmo que o interessado tenha sofrido prejuízos com a remessa irregular, quanto natureza de imposto de renda, pois não necessariamente há correspondência entre o patrimônio regularizado e o conceito do art. 43, do CTN, bem como quanto a própria natureza tributária da cobrança, pois não há previsão constitucional de tributo ou contribuição com as características eleitas pela Lei 13.254/16.

O problema de nomenclatura ou de enquadramento acadêmico do valor devido para a regularização, contudo, não condena a medida, pois o nome não define a natureza jurídica do instituto, como assevera o art. 4º, I, do CTN. Assim, ainda que a cobrança tenha natureza meramente administrativa ou financeira, não nos parece haver nela qualquer inconstitucionalidade.

Sem a pretensão de esgotar o assunto, como a lei lhe atribuiu natureza de imposto de renda e como a lei atribuiu à Secretaria da Receita Federal do Brasil a tarefa de administrar a cobrança, tratamos do tema neste tópico.

Há algumas questões que merecem ser exploradas.

Nos termos do art. 1º, § 1º, da Lei 13.254/16, o "RERCT aplica-se aos **residentes ou domiciliados no País em 31 de dezembro de 2014** que tenham sido ou ainda sejam proprietários ou titulares de ativos, bens ou direitos em períodos anteriores a 31 de dezembro de 2014, ainda que, nessa data, não possuam saldo de recursos ou título de propriedade de bens e direitos".

Não podem aderir os não residentes na mesma data, mas os efeitos da lei, vale dizer, da extinção da punibilidade dos crimes, não são aplicados aos detentores de cargos, empregos e funções públicas de direção ou eletivas, nem ao respectivo cônjuge e aos parentes consanguíneos ou afins, até o segundo grau ou por adoção, na data de publicação do diploma legal, 13 de janeiro de 2016.

Não foram poucas as críticas a esta limitação, pois a título de evitar o beneficiamento de pessoas que poderiam influenciar na edição da lei, foram excluídas do benefício penal pessoas que se encontram na mesma situação de outras, que poderão ser beneficiadas.

O interessado deve apresentar declaração única de regularização, contendo:

- a identificação do declarante;
- as informações fornecidas pelo contribuinte necessárias à identificação dos recursos, bens ou direitos a serem regularizados, bem como de sua titularidade e origem;
- o valor, em real, dos recursos, bens ou direitos de qualquer natureza declarados;
- declaração do contribuinte de que os bens ou direitos de qualquer natureza declarados têm origem em atividade econômica lícita; e
- na hipótese de inexistência de saldo dos recursos, ou de titularidade de propriedade de bens ou direitos referidos no caput, em 31 de dezembro de 2014, a descrição das condutas praticadas pelo declarante que se enquadrem nos crimes previstos no § 1º do art. 5º desta Lei e dos respectivos recursos, bens ou direitos de qualquer natureza não declarados, remetidos ou mantidos no exterior ou repatriados, ainda que posteriormente repassados à titularidade ou responsabilidade, direta ou indireta, de trust de quaisquer espécies, fundações, sociedades despersonalizadas, fideicomissos, ou dispostos mediante a entrega a pessoa física ou jurídica, personalizada ou não, para guarda, depósito, investimento, posse ou propriedade de que sejam beneficiários efetivos o interessado, seu representante ou pessoa por ele designada.

Ademais, deve apresentar:

- declaração retificadora de ajuste anual do imposto de renda relativa ao ano-calendário de 2014 e posteriores, no caso de pessoa física;
- declaração retificadora da declaração de bens e capitais no exterior relativa ao ano-calendário de 2014 e posteriores, no caso de pessoa física e jurídica, se a ela estiver obrigada; e
- escrituração contábil societária relativa ao ano-calendário da adesão e posteriores, no caso de pessoa jurídica.

São objeto de regularização bens de origem lícita, das mais diversas naturezas, como depósitos bancários, certificados de depósitos, cotas de fundos de investimento, instrumentos financeiros, apólices de seguro, operação de empréstimo, ativos intangíveis, bens imóveis e veículos.

A base de cálculo da obrigação, vale dizer, do imposto de renda a título de ganho de capital e da multa, o valor dos bens em 31/12/2014, avaliados pela cotação do dólar nesta data.

Este tema também gerou dificuldades, pois o valor dos bens remetidos ao exterior poderia ser maior do que o saldo em 31/12/2014 ou mesmo nem existir nesta data. Neste caso, a Receita Federal aceita "o valor presumido em 31 de dezembro de 2014, apontado por documento idôneo que retrate o bem ou a operação a ele referente"[14].

Não é necessário que o beneficiário retorne seu patrimônio para o Brasil.

O prazo para a entrega da declaração se encerrou em 31 de outubro de 2016, mas foi reaberto pela Lei 13.428/2017, por mais 120 dias, a partir de 30 de março de 2017. A lei também promoveu alguns ajustes no instituto.

5.7. Tributação de aplicações financeiras – Introdução

A tributação das aplicações financeiras é tratada no Livro III, do RIR.

Nosso objetivo é apresentar um resumo da tributação dos rendimentos financeiros, sem qualquer pretensão de esgotar o tema.

As operações financeiras, para fins do imposto de renda, se dividem em três grupos principais: a caderneta de poupança, isenta; as operações de renda fixa e em fundos de investimento, sujeitas a tributação exclusiva na fonte; e as operações de renda variável, sujeitas a tributação definitiva, não sujeita a ajuste, mas para a qual se permite compensação de prejuízos dentro do mesmo grupo de operações.

As operações de **renda fixa** são aquelas cujo rendimento é calculado a partir de um critério de apuração do resultado, que pode ser pré ou pós-fixado.

14. Disponível em: http://idg.receita.fazenda.gov.br/orientacao/tributaria/declaracoes-e-demonstrativos/dercat-declaracao-de-regularizacao-cambial-e-tributaria/perguntas-e-respostas-dercat. Acesso em 28/11/2016.

São considerados como renda fixa não só os investimentos cujo resultado é realmente fixo (ex. 1% ao mês), mas também aqueles vinculados a índices, como o CDB, o DI, os fundos de inflação e mesmo fundos compostos parcialmente por ações. Estas aplicações apresentam resultado variável, que podem até ser negativos. O que importa é a existência de um critério prévio para determinação do resultado do investimento. Se o rendimento for determinado sobre um percentual da taxa de inflação, por exemplo, e esta taxa for negativa num determinado mês, não haverá rendimento, mas perda, o que não descaracteriza a aplicação como renda fixa.

Os fundos, a propósito, são condomínios organizados e administrados por instituição financeira, cujas cotas são compradas e resgatadas pelo investidor.

A base de cálculo será o rendimento da aplicação. Se o resultado é nulo ou negativo, não há a incidência do imposto. Se o resultado é positivo, sobre ele se aplicará a alíquota.

As alíquotas da renda fixa são regressivas no tempo e se dividem em dois grupos, dos fundos de longo prazo e das aplicações de renda fixa em geral e a dos fundos de curto prazo.

Para o primeiro grupo, as alíquotas são as seguintes:

- 22,5% para aplicações com prazo de até 180 dias;
- 20,0% para aplicações com prazo de 181 até 360 dias;
- 17,5% para aplicações com prazo de 361 até 720 dias; e
- 15,0% para aplicações com prazo acima de 720 dias.

Para os fundos de curto prazo, aplicam-se as alíquotas de:

- 22,5% para aplicações com prazo de até 180 dias; e
- 20,0% para aplicações com prazo acima de 180 dias;

Para os fundos de ações, compostos por pelo menos 67% de ações cotadas na Bovespa, a alíquota é de 15%.

As operações de **renda variável** são aquelas em que o contribuinte opera, sem o intermédio de fundos, com debêntures, ações, moedas, ouro, opções etc. Nelas, ao contrário do que ocorre com a renda fixa, não há qualquer critério que defina o rendimento da aplicação.

A tributação destas operações é isolada das demais rendas e deve ser realizada pelo contribuinte mediante apuração própria. Uma vez pago, o imposto se torna definitivo.

A base de cálculo é o ganho líquido no investimento. Vale dizer, preço de venda, do qual é deduzido o preço da compra e os custos de aquisição.

Entre os custos de aquisição estão as despesas cobradas pela pessoa autorizada a operar na bolsa.

A bolsa de valores é obrigada a realizar a retenção na fonte dos ganhos à alíquota de 0,005%, o que serve mais de controle para a fiscalização que como instrumento arrecadatório.

O resultado positivo dos investimentos em renda variável deve ser apurado mensalmente em dois grupos: operações comuns e operações de *day trade*.

O resultado mensal das operações comuns é a base de cálculo sobre a qual incidirá a alíquota de 15%. Da mesma forma, o resultado mensal das operações de *day trade*, cuja alíquota é de 20%. As operações comuns e de *day trade* também não se misturam entre si, de forma que o valor da compra, os custos de aquisição, o valor das vendas, o resultado e o imposto devido são apurados separadamente.

Separadas as operações, o contribuinte poderá deduzir do resultado mensal o prejuízo dos meses anteriores.

5.8. Atividade rural

Os rendimentos da atividade rural recebem tratamento próprio no IRPF, que prevê regras específicas para a apuração do resultado, com a possibilidade de dedução de investimentos e de compensação de prejuízos, vedados na tributação dos demais rendimentos da pessoa física.

Nos termos do art. 58, do RIR,

> *Considera-se atividade rural:*
>
> *I – a agricultura;*
>
> *II – a pecuária;*
>
> *III – a extração e a exploração vegetal e animal;*
>
> *IV – a exploração da apicultura, avicultura, cunicultura, suinocultura, sericicultura, piscicultura e outras culturas animais;*
>
> *V – a transformação de produtos decorrentes da atividade rural, sem que sejam alteradas a composição e as características do produto in natura, feita pelo próprio agricultor ou criador, com equipamentos e utensílios usualmente empregados nas atividades rurais, utilizando exclusivamente matéria-prima produzida na área rural explorada, tais como a pasteurização e o acondicionamento do leite, assim como o mel e o suco de laranja, acondicionados em embalagem de apresentação;*
>
> *VI – o cultivo de florestas que se destinem ao corte para comercialização, consumo ou industrialização.*

O imposto de renda das pessoas que explorem as atividades mencionadas é apurado individualmente, ainda que a exploração seja conjunta.

Dispõe o art. 59, do RIR, que "os arrendatários, os condôminos e os parceiros na exploração da atividade rural, comprovada a situação documentalmente, pagarão o imposto, separadamente, na proporção dos rendimentos que couberem a cada um".

De forma similar, prevê o art. 64, do RIR, que "o resultado auferido em unidade rural comum ao casal deverá ser apurado e tributado pelos cônjuges proporcionalmente à sua parte", neste caso, facultada a opção de tributação conjunta.

O imposto é apurado pela escrituração do livro caixa, "que deverá abranger as receitas, as despesas de custeio, os investimentos e demais valores que integram a atividade" (art. 60, do RIR).

A falta do livro caixa implica arbitramento do resultado, salvo para os contribuintes que aufiram receitas anuais de até R$ 56.000,00, que poderão comprovar a apuração do imposto apenas por documentos, independentemente da escrituração do livro (§§ 2º e 3º, do art. 60, do RIR).

A receita bruta da atividade rural decorre das atividades definidas no art. 58, do regulamento e exploradas pelo próprio contribuinte, bem como de valores recebidos de órgãos públicos a título de auxílios, subvenções e subsídios, o valor da alienação de bens utilizados na atividade rural e o valor de produtos objeto de permuta, entre outros (art. 61, do RIR).

São dedutíveis as despesas de custeio e de investimento necessários à percepção dos rendimentos e à manutenção da fonte produtora, relacionados com a natureza da atividade rural (art. 62, do RIR).

Incluem-se nas despesas de investimento dedutíveis: as benfeitorias, as culturas permanentes, os implementos agrícolas, a aquisição de animais de trabalho, de produção e de engorda, a contratação de serviços técnicos especializados, o pagamento de bolsas para formação de técnicos em atividades rurais a construção de que facilitem o acesso ou a circulação na propriedade; a instalação de aparelhagem de comunicação e de energia elétrica, entre outros.

O imposto da atividade rural obedece ao regime de caixa, regra geral do IRPF. Por tal razão, as vendas parceladas são computadas na data de seu recebimento e as despesas a prazo também são deduzidas no mês do pagamento. A despesa de bem adquirido por meio de financiamento rural será considerado despesa no mês do pagamento do próprio bem e não no do pagamento do empréstimo.

O contribuinte residente no Brasil pode optar pelo resultado presumido, correspondente a 20% da receita bruta, hipótese em que não precisará comprovar documentalmente suas despesas (art. 71, do RIR).

Para a apuração do resultado, caso o contribuinte não opte pelo resultado presumido, serão consideradas as receitas e as despesas de todas as propriedades rurais do contribuinte (art. 63, do RIR) e o contribuinte pode compensar o resultado positivo com prejuízos dos períodos anteriores (art. 65, do RIR).

Está vedada a compensação do prejuízo da atividade rural explorada no Brasil com o resultado positivo obtido na atividade rural no exterior, bem como a compensação de prejuízos para residentes no exterior, que explorem a atividade rural no Brasil.

O resultado positivo, após as deduções e compensações, integrará a base de cálculo do imposto na declaração de rendimentos (art. 68, do RIR).

Caso a pessoa física seja domiciliada no exterior, o resultado da atividade rural, tributado à alíquota de 15%, será apurado pelo próprio interessado ou por procurador e pago na data da ocorrência do fato gerador, vale dizer, no último dia do período de apuração, salvo se houver remessa de lucros antes de encerrado o exercício, e o pagamento do imposto deverá ocorrer juntamente com a remessa (art. 70, do RIR).

5.9. Tributação dos residentes no exterior

O que dissemos até aqui diz respeito, essencialmente, a tributação dos residentes no Brasil.

Os **não residentes** se sujeitam a regras próprias, salvo em casos como o rendimento de aplicações financeiras, que é idêntica à dos residentes.

Em síntese, os não residentes estão sujeitos a tributação exclusiva na fonte à alíquota de 25% para os rendimentos do trabalho e 15% para os demais rendimentos, caso o contribuinte resida em país que tribute a renda. Se residir em país com tributação favorecida, a alíquota será de 25%.

As normas que disciplinam o rendimento de residentes ou domiciliados no exterior são basicamente o art. 97, do DL 5.844/43 e o art. 60, da Lei 12.294/10.

O primeiro desses dispositivos prevê o fundamento da incidência do tributo. Leia-se:

> *Art. 97. Sofrerão o desconto do impôsto à razão de 15% os rendimentos percebidos.*
>
> *a) pelas pessoas físicas ou jurídicas residentes ou domiciliadas no estrangeiro,*
>
> *b) pelos residentes no país que estiverem ausentes no exterior por mais de doze meses, salvo os referidos no art. 73;*
>
> *c) pelos residentes no estrangeiro que permaneceram no território nacional por menos de doze meses.*
>
> *[...]*
>
> *§ 3º A taxa de que trata êste artigo incidirá sôbre os rendimentos brutos, salvo se provierem de capitais imobiliárias, hipótese em que será permitido deduzir, mediante comprovação, as despesas previstas no art. 16.*

São exemplos o pagamento de serviços médicos e hospitalares, serviços de hotéis e agências de viagens, serviços educacionais, entre outros, e, nesses casos, o pagamento brasileiro é remetido para o exterior, com a retenção na fonte do ganho do prestador de serviço estrangeiro.

O art. 60, da Lei 12.249/10, a seu turno, previu hipóteses de isenção para remessas de valores para o exterior, sob certas condições.

Em sua redação original, o dispositivo, que sofreu várias alterações, isentava os valores pagos, creditados, entregues, empregados ou remetidos para pessoa física ou jurídica residente ou domiciliada no exterior, destinados à cobertura de gastos pessoais, no exterior, de pessoas físicas residentes no País, em viagens de turismo, negócios, serviço, treinamento ou missões oficiais, até 31 de dezembro de 2015, desde que respeitado o limite máximo de R$ 20.000,00, salvo em relação às agências de viagem, para as quais o limite era de R$ 10.000,00, por passageiro. A lei facultou ao Poder Executivo dispor sobre os limites, a quantidade de passageiros e as condições para utilização da isenção, conforme o tipo de gasto custeado.

Em 31 de dezembro de 2015, a isenção não foi prorrogada, passando a incidir o imposto. Em 1º de março de 2016 a MP 713/16, convertida na Lei 13.315/16, veio a dar nova redação ao dispositivo.

> *Art. 60. Até 31 de dezembro de 2019, fica reduzida a 6% (seis por cento) a alíquota do imposto de renda retido na fonte incidente sobre os valores pagos, creditados, entregues, empregados ou remetidos para pessoa física ou jurídica residente ou domiciliada no exterior, destinados à cobertura de gastos pessoais, no exterior, de pessoas físicas residentes no País, em viagens de turismo, negócios, serviço, treinamento ou missões oficiais, até o limite global de R$ 20.000,00 (vinte mil reais) ao mês, nos termos, limites e condições estabelecidos pelo Poder Executivo.*
>
> *§ 1º O limite global previsto no caput não se aplica em relação às operadoras e agências de viagem.*
>
> *§ 2º Salvo se atendidas as condições previstas no art. 26, a redução da alíquota prevista no caput não se aplica ao caso de beneficiário residente ou domiciliado em país ou dependência com tributação favorecida ou de pessoa física ou jurídica submetida a regime fiscal privilegiado, de que tratam os arts. 24 e 24-A da Lei n. 9.430, de 27 de dezembro de 1996.*
>
> *§ 3º As operadoras e agências de viagem, na hipótese de cumprimento da ressalva constante do § 2º, sujeitam-se ao limite de R$ 10.000,00 (dez mil reais) ao mês por passageiro, obedecida a regulamentação do Poder Executivo quanto a limites, quantidade de passageiros e condições para utilização da redução, conforme o tipo de gasto custeado.*
>
> *§ 4º Para fins de cumprimento das condições para utilização da alíquota reduzida de que trata este artigo, as operadoras e agências de viagem deverão ser cadastradas no Ministério do Turismo, e suas operações deverão ser realizadas por intermédio de instituição financeira domiciliada no País.*

Não mais vigora, portanto, isenção, mas a incidência do imposto à alíquota reduzida de 6%.

O **ganho de capital** do residente no exterior está sujeito à alíquota de 15%, devendo o procurador recolher o imposto de forma definitiva. Não há isenção para os ganhos de capital de pequeno valor para os não residentes.

Há algumas hipóteses de alíquota zero. São aplicáveis, contudo, apenas aos residentes em países que tributam a renda.

O ganho de capital do residente no exterior está sujeito à alíquota de 15%, devendo o procurador recolher o imposto de forma definitiva. Não há isenção para os ganhos de capital de pequeno valor para os não residentes.

Há algumas hipóteses de alíquota zero. São aplicáveis, contudo, apenas aos residentes em países que tributam a renda.

5.10. Tributação de rendimentos omitidos

O imposto de renda da pessoa física está sujeito ao lançamento por homologação, cabendo ao contribuinte oferecer à incidência do tributo seus rendimentos, antecipando-se à autoridade fiscal.

Contudo, a autoridade pode constituir de ofício a obrigação nos casos previstos em lei, dentre os quais se encontra a hipótese em que o contribuinte omite rendimentos (art. 841, VI, do RIR).

As receitas omitidas podem ser apuradas pela fiscalização mediante procedimentos variados, com a utilização de todos meios disponíveis à autoridade fazendária, como cruzamento de dados, informações decorrentes de outros tributos (inclusive estaduais e municipais mediante convênio) e das declarações do próprio IR, entre elas a declaração do imposto retido na fonte.

A legislação cuida, porém, de algumas hipóteses de rendimentos omitidos que se apuram por presunção. São elas: os **sinais exteriores de riqueza**, o **acréscimo patrimonial a descoberto** e os **depósitos não identificados**.

Em geral, é a fiscalização que deve instruir o processo de autuação com a prova de ocorrência do fato gerador. Nas hipóteses que passaremos a estudar, contudo, há presunção em favor do fisco. Presunção relativa, diga-se, pois pode ser afastada por prova do contribuinte.

5.10.1. Sinais exteriores de riqueza (art. 846, do RIR)

Os sinais exteriores de riqueza são **gastos do contribuinte incompatíveis com sua renda** e fazem presumir renda tributável quando não sejam devidamente justificados.

Imaginemos o contribuinte que declare possuir 3 veículos esportivos importados, morar em apartamento luxuoso em bairro nobre de alguma cidade grande, possuir casa de campo e casa na praia e que transite pela alfândega em voos internacionais.

Este contribuinte deve possuir rendimentos bastantes para o pagamento de IPVA, de eventual seguro, de IPTU, de compras com cartão de crédito, de passagens aéreas etc.

Se o mesmo contribuinte declare rendimentos incompatíveis com estes gastos, dos quais a Receita Federal pode ter conhecimento via convênio (IPVA e IPTU) ou mediante informações do IOF, da alfândega ou de declarações de aluguéis recebidos, está sujeito à tributação por sinais exteriores de riqueza.

Por certo que o contribuinte pode justificar as despesas. Os impostos são pagos pelo pai, os aluguéis pela mãe e as passagens aéreas pelos amigos estrangeiros. Caso não justifique as despesas de forma inequívoca, haverá presunção de que o contribuinte omitiu receita e o valor destas despesas será considerado renda tributável na autuação fiscal.

5.10.2. Acréscimo patrimonial a descoberto (art. 55, XIII, do RIR)

Outra presunção de renda omitida ocorre **quando o patrimônio do contribuinte cresce, no mês, mais do que seria compatível com sua renda declarada.**

Imagine que o contribuinte pague o IR em montante que revele renda de R$ 100.000,00. Seu patrimônio somente pode crescer, no máximo, os R$ 100.000,00.

Se a variação patrimonial positiva superar este valor, presume-se que o contribuinte auferiu mais renda do que declarou, e esta diferença está sujeita ao pagamento de imposto e a autuação fiscal.

Pode o contribuinte afastar a presunção e a incidência do imposto, bem como minimizar as penalidades aplicáveis, se justificar rendas isentas, doações etc. Do contrário, persiste a autuação.

5.10.3. Depósitos não identificados (art. 848, do RIR)

Também se presume omissão de receita e renda tributável os depósitos não identificados.

O contribuinte pode receber recursos em sua conta bancária que não constituam renda tributável.

Em geral, os depósitos são identificados e, em vários casos, devem ser declarados pelo próprio contribuinte, como ocorre no caso de doações.

No caso de depósitos não identificados nem declarados, deve o contribuinte provar que não se trata de renda ou oferecer o valor à tributação. Do contrário, haverá, presumidamente, renda tributável omitida, sujeita a autuação fiscal.

Não é difícil provar a **origem dos depósitos**. O contribuinte pode, por exemplo, demonstrar que emprestou dinheiro a um amigo, que lhe devolveu o empréstimo, sem juros, via depósito bancário, hipótese em que não haverá incidência do imposto. Pode, também, comprovar tratar-se de recurso de terceiro que simplesmente transitou em sua conta.

No caso de creditamento ocorrido por engano, pode o contribuinte solicitar ao banco que estorne o valor ou devolva o valor depositado a seu real proprietário.

O que não se aceita é a pura alegação de desconhecimento do contribuinte.

Esta matéria, embora simples, se relaciona com o complexo tema do sigilo bancário.

A Receita Federal possui diversos instrumentos para apurar os depósitos não identificados, inclusive as informações da CPMF.

Contudo, acirra-se o debate acerca do **sigilo bancário** e da possibilidade de a autoridade administrativa requerer a quebra do sigilo diretamente à instituição financeira, conforme previsto pela LC 105/01.

Na jurisprudência encontram-se decisões a favor da quebra do sigilo por ato administrativo e outras que exigem a autorização judicial.

Hoje, a matéria se encontra sob análise do STF, com repercussão geral. Vejamos:

> *CONSTITUCIONAL. SIGILO BANCÁRIO. FORNECIMENTO DE INFORMAÇÕES SOBRE MOVIMENTAÇÃO BANCÁRIA DE CONTRIBUINTES, PELAS INSTITUIÇÕES FINANCEIRAS, DIRETAMENTE AO FISCO, SEM PRÉVIA AUTORIZAÇÃO JUDICIAL (LEI COMPLEMENTAR 105/2001).*
>
> *Possibilidade de aplicação da Lei 10.174/2001 para apuração de créditos tributários referentes a exercícios anteriores ao de sua vigência. relevância jurídica da questão constitucional. Existência de repercussão geral.*
>
> *(STF, Tribunal Pleno, RE 601.314 RG/SP, Min. RICARDO LEWANDOWSKI, DJe de 20/11/2009)*

Resta aguardar o julgamento.

5.11. Obrigações acessórias – as declarações do IRPF

A história das declarações de impostos é longa. Originariamente, as declarações eram meramente instrumentais e informativas e auxiliavam a Fazenda na fiscalização.

Deste DL 2.124/84, a lei autoriza o Ministro da Fazenda que estabeleça declarações de tributo com efeito constitutivo da obrigação tributária no âmbito federal. A lei, pois, não determinou que as declarações tenham efeito constitutivo, mas que podem apresentar este efeito, se assim determinado pela autoridade administrativa competente para estabelecer as declarações.

As primeiras normas estabelecendo esta característica nas declarações foram editadas somente em 1998. Hoje, contudo, todas as declarações de tributos federais são consideradas confissão de dívida e constituem a obrigação tributária nela informada, independente de qualquer ato específico da administração, com respaldo na lei e na jurisprudência.

A principal declaração do IRPF é a declaração de ajuste anual, a Declaração do Imposto de Renda da Pessoa Física – DIRPF. Todas as pessoas que fazem retenção na fonte do imposto, especialmente as pessoas jurídicas, devem apresentar a Declaração do Imposto de Renda Retido na Fonte – DIRF, largamente utilizada pela Receita Federal para cruzamento de dados.

A DIRPF não é apenas uma declaração de rendimentos ou do imposto de renda, como a Declaração de Contribuições e Tributos Federais – DCTF, mas é também uma declaração de bens e de recebíveis não tributáveis da pessoa física.

Na DIRPF, *deve* o contribuinte obrigatoriamente informar todos os valores que recebeu, inclusive os rendimentos isentos, como o ganho de capital de pequena monta, os não tributados, como heranças e doações, os sujeitos a tributação exclusiva na fonte, como o 13º salário, os sujeitos a tributação definitiva, como o ganho de capital, e os rendimentos tributáveis comuns, sujeitos a ajuste na declaração.

A declaração de todos os valores recebidos, inclusive os não tributados, é *importante* para justificar o aumento de capital do contribuinte, ainda que não afete o resultado final do imposto a pagar ou a restituir.

O contribuinte *pode* declarar todas as suas despesas, especialmente as despesas dedutíveis do imposto, como despesas médicas, inclusive com planos de saúde, educação, previdência complementar, que reduzem a base de cálculo do tributo.

Deve, ainda, obrigatoriamente, declarar todos os seus bens.

A omissão de qualquer das informações obrigatórias é infração à lei tributária e pode ser punida com multa aplicada pela autoridade Fiscal.

A multa pode ser aplicada, inclusive, se o contribuinte optou por não declarar alguma despesa dedutível e, com isso, justificar a variação patrimonial. Ainda que o resultado final de apuração do imposto não altere, a declaração estará incorreta e a multa será aplicada se a omissão (a despesa não declarada) for descoberta. Neste caso, o contribuinte perderá o direito à dedução não realizada oportunamente, será autuado pela omissão de receita e ainda pagará a multa agravada.

Há, ainda, multa pela falta ou atraso na entrega da declaração.

As multas podem variar de um valor fixo a um percentual do imposto devido (cuidado, do imposto devido no ano inteiro, não do saldo de imposto a pagar) à multa agravada no caso de lançamento de ofício (auto de infração), quando o contribuinte utiliza de artifício para cometer, intencionalmente, a infração.

Em qualquer situação, pode o contribuinte, percebendo erro na declaração original, apresentar declaração retificadora, que substitui integralmente o documento anterior.

A possibilidade de apresentar a declaração retificadora para corrigir erros (denúncia espontânea, art. 138, do CTN), contudo, se extingue com a notificação enviada pela Receita ao contribuinte informando que ele está sob processo de fiscalização, que ele deve pagar imposto complementar ou, simplesmente, que ele fica intimado a apresentar documentos acerca da obrigação equivocadamente declarada.

A notificação do Fisco afasta a espontaneidade da denúncia face a qualquer infração, culposa ou dolosa, de obrigação principal ou acessória, de mora ou de descumprimento total da obrigação. De outro lado, se realizada antes da notificação, a denúncia afasta a responsabilidade por qualquer infração.

Outras duas declarações merecem comentários: a declaração final de espólio e a declaração de saída definitiva do país.

A declaração final de espólio é aquela apresentada após a homologação judicial da partilha.

Existem outras declarações de espólio. Há a declaração inicial, apresentada pelo inventariante para prestar as informações do *de cujus* relativas ao ano calendário do falecimento; as declarações intermediárias, apresentadas anualmente enquanto não encerrada a sucessão; além da declaração final.

Não é declaração de espólio aquela apresentada pelo inventariante, quando o contribuinte falece antes de entregar a declaração devida no exercício. As informações do ano calendário (ano em que ocorreu o fato gerador) deveriam ser prestadas pelo contribuinte. Como este faleceu antes de entregar a declaração, deve o inventariante apresentar, em nome do de *cujus*, a declaração de ajuste comum.

A declaração de saída definitiva do Brasil deve ser entregue pela pessoa que deixa de ser residente no país. Notadamente aquelas que se retiram do território nacional para deixar de residir, desde logo, no país, e aquelas que saíram temporariamente no território nacional, mas que terminam ausentes por tempo bastante para deixar de ser residentes.

A declaração deve ser entregue por ocasião da saída definitiva ou, no caso da saída temporária, quando ocorre a condição de mudança na residência, seja por tempo, seja pela aquisição do visto definitivo e da residência em outro país.

Seu efeito é determinar a forma de tributação do contribuinte, caso mantenha rendimentos no país: a tributação aplicável aos residentes ou a aplicável aos não residentes.

A exigência da declaração de isentos não está mais em vigor.

A IN RFB 1571/15 previu nova declaração para as instituições financeiras, a chamada e-financeira, que é, em linhas gerais, uma ampliação, da Declaração de Informações sobre Movimentações Financeiras – DIMOF, que já era apresentada por instituições bancárias.

Esta declaração, a e-financeira, foi instituída como adequação a tratados internacionais de trocas de informações sobre patrimônios e operações financeiras que extrapolam fronteiras dos países, com vistas a combater a evasão fiscal internacional e também fechara as portas de financiamento ao terrorismo, como o Convênio entre Brasil e Estados Unidos (Decreto 8.506/15), chamado de *Foreing Account Tax Compliance Act – FACTA* e, em português, Lei de Conformidade Tributária de Contas Estrangeiras, bem como outros tratados bilaterais e multilaterais, que seguem o *Common Reporting Standard – CRS*, da OCDE.

Esta declaração é apresentada pelas instituições financeiras, mas pode servir como instrumento de fiscalização do IRPF.

6. IRPJ

PARTE I – NOÇÕES GERAIS

6.1. Introdução

Todo tributo, se estudado em detalhes, pode ser muito complexo e demandar longo trabalho. O IRPJ, porém, é longo e complexo mesmo sem que se aprofunde em seus detalhes.

Além disso, o direito tributário especial, que estuda os tributos em espécie, é um "sobre direito", que se complica no IRPJ. Por "sobre direito", queremos dizer que é ramo do direito que incide sobre outros fenômenos jurídicos, estudados, a seu turno, por outros ramos do direito. O IPI, por exemplo, incide sobre a venda de produtos industrializados e a compra e venda é objeto do direito empresarial; o ITR incide sobre a propriedade, que, por sua vez, é objeto do direito civil.

O IRPJ, contudo, incide sobre a renda das pessoas jurídicas e o fato "renda" não é simples como a propriedade ou a compra e venda, mas complexo, por constituir no resultado de inúmeras ações da pessoa jurídica, regidas pelo direito empresarial e registradas pela contabilidade.

O direito empresarial e a contabilidade têm importância capital no IRPJ e, sem eles, não é possível ter uma visão completa do imposto.

E o IRPJ ainda pode ser abordado por diversos enfoques. Pode-se estudar os grandes princípios retores do direito tributário aplicáveis ao imposto; pode-se estudar as linhas gerais do imposto definidas pela lei complementar; pode-se estudar os detalhes do imposto, a partir da lei ordinária, complementada pelas normas regulamentares; pode-se estudar a jurisprudência aplicada ao imposto; pode-se estudar o fato renda conforme descrito na regras da Lei das S/A, sob o enfoque do direito empresarial; pode-se estudar os lançamentos, os registros, os demonstrativos e os livros contábeis do imposto.

De se mencionar, ainda, que a economia, a administração, a ciência das finanças, dentre outras, também cuidam do IRPJ como objeto de estudo.

Por certo, não podemos estudar tudo isso! Este livro não é um trabalho de contabilidade nem de economia, mas uma obra jurídica, de direito tributário, voltada para concursos.

Então, nossa proposta aqui é, como nos demais impostos que abordamos, apresentar uma visão geral (a partir da lei ordinária e do regulamento, sem o que não é possível compreender nenhum imposto) estudar os institutos e os conceitos que fazem parte da exação e discutir as principais questões jurídicas que envolvem o IRPJ, especialmente aquelas debatidas no STJ e no STF.

Mencionaremos algumas peculiaridades da contribuição social sobre o lucro líquido – CSLL que, sob o ponto de vista do fato gerador e da cobrança é praticamente idêntica ao IRPJ.

6.2. Primeira aproximação

O IRPJ, assim como a CSLL, incide basicamente sobre o lucro da empresa. Como vimos, lucro (renda) é, para nós, um conceito jurídico, relacionado a um conceito econômico. Mas o lucro, nos termos da lei, também é um conceito contábil e cabe à contabilidade a apuração do seu valor, sobre o qual incidirá o imposto.

Nos termos da lei! Porque é a lei que define o que a contabilidade deve fazer – e como deve fazer – para a apuração do imposto.

A lei define que o lucro pode ser apurado de três maneiras: a forma *real*, que retrata todas as operações da empresa que geram receitas menos todas as operações que geram despesas; o método *presumido*, em que apenas as receitas são apuradas e se presume como lucro um percentual destas receitas; e a maneira *arbitrada*, quando faltam elementos para a apuração do lucro de outra forma.

O lucro real é a essência do IRPJ. É a base para entender todo o imposto, inclusive os outros métodos de apuração.

Vamos, agora, imaginar o que uma empresa faz – ou pode fazer – que seja relevante para o imposto, para termos uma ideia completa do IRPJ. Em outros termos, como o lucro é o resultado das receitas menos as despesas, vamos procurar as operações que geram receitas e despesas para as sociedades empresariais.

A empresa compra (despesa) e vende (receita) mercadorias. Quando a empresa produz, ela adquire insumos (despesa) para vender seus produtos (receita).

A empresa paga aluguel, eventualmente condomínio, luz, impostos, conta de telefone etc (despesas). A empresa também paga salários, *pro labore*, bônus, comissões, prêmios e outras remunerações aos sócios e empregados (despesas).

A empresa também pode vender um bem do seu ativo fixo, como uma máquina já depreciada ou um imóvel por valor superior ao da aquisição (receita).

Em alguns casos as empresas adquirem outras empresas ou outros estabelecimentos, se fundem, para formar um novo negócio ou se cindem. Nestes casos, os bens societários podem ser reavaliados e vendidos, revelando ganhos de capital (receita).

Por vezes, as empresas necessitam de recursos e fazem empréstimos bancários, pelos quais devem pagar juros (despesas). Outras empresas, a seu turno, emprestam dinheiro e recebem juros (receita). Quando as empresas têm saldo, podem aplicar seus recursos no mercado financeiro e, com isso, obter ganhos (receita) ou perdas (despesas).

A empresa pode obter ganho em ação judicial (receita), mas também pode sair vencida da demanda, e ser obrigada a pagar o direito discutido, além das despesas processuais e honorários advocatícios (despesas).

Os exemplos são infindáveis!

De fato, são muitas as atividades da pessoa jurídica que podem gerar receitas e despesas e, portanto, serem relevantes para o imposto de renda.

Durante todo o ano, cabe à empresa (à sua contabilidade) registrar todas as atividades que realizou, anotando o seu resultado positivo (receita) ou negativo (despesa). Ao final do exercício ou no período que a lei determinar, deve a empresa "fechar o balanço", vale dizer, cotejar as receitas e as despesas, e apurar o lucro, base de cálculo para o pagamento do imposto de renda.

Recordando
Ano calendário é o ano ou período de apuração em que ocorreram os fatos (é o período base)
Exercício é o ano da entrega da declaração.

Como dissemos, a apuração de receitas e despesas é regido pela contabilidade e pelas leis comerciais. Acrescente-se, contudo, que a lei tributária possui regras próprias que obrigam ou permitem deduções ou acréscimos nesta atividade, gerando lucro tributário distinto do lucro comercial.

Esta atividade é muito complexa, trabalhosa e cara. Por isso, a lei permite que o lucro seja apurado de formas mais simplificadas, especialmente para empresas de menor porte.

Mais simples que a apuração do lucro real é a do lucro presumido. O contribuinte que optar por esta forma de tributação deve computar apenas as receitas e o lucro será um percentual sobre as receitas. Em outros termos, a lei presume o lucro como um percentual das receitas.

No lucro arbitrado também ocorre fenômeno semelhante. Adiante vamos retornar ao tema, tanto para expor melhor o mecanismo do lucro presumido, quanto do lucro arbitrado e, neste caso, distingui-lo do arbitramento no lançamento tributário, previsto pelo art. 148, do CTN.

A lei simplifica ainda mais a apuração do imposto para pequenas e micro empresas. No SIMPLES nacional, o IPPJ da empresa também é apurado com base num percentual sobre a receita. Neste caso, porém, diversos tributos, não só IRPJ, são apurados desta forma, unificadamente, de maneira que a distinção do que o contribuinte paga de cada imposto ou contribuição é irrelevante. O contribuinte paga, no SIMPLES, um percentual sobre a receita a título de todos os tributos abrangidos pelo sistema e assim quita sua obrigação. No mais, a lei define, deste valor pago, qual o percentual relativo a cada tributo, para fins de distribuição entre os sujeitos ativos e para fins de repartição constitucional de receitas.

Em síntese, a título de primeira aproximação, o IRPJ incide sobre o lucro, assim entendido o resultado contábil de todas as operações que geram receitas menos todas as operações que geram despesas para as empresas, com os acréscimos e deduções estabelecidos pela lei tributária (lucro real). Como esta atividade de apuração do lucro real é complexa, a lei permite a apuração do lucro de formas mais simples, conhecidas como lucro presumido, notadamente para as médias empresas, como lucro arbitrado, em determinadas condições e como SIMPLES, para micro e pequenas empresas.

6.3. Novas regras contábeis internacionais e regime tributário de transição

Desde 2008, estamos passando por um momento de transição de regras tributárias, especialmente no que diz respeito ao IRPJ, à CSLL, ao PIS e à COFINS.

Isto ocorre porque as regras societárias e contábeis, pelas quais se apuram as receitas, as despesas e o lucro das empresas, foram alteradas e ainda não havia uma lei tributária que acompanhasse estas inovações.

Isso também ocorreu no passado. Com o advento da Lei 6.404/76 (Lei das S/A), a legislação do imposto de renda precisou se adequar às regras que passaram a viger e, para tanto, foi publicado o DL 1.598/77.

As regras contábeis da Lei das S/A, contudo, foram severamente alteradas pela Lei 11.638/08, antes de editada lei que ajustasse a legislação do imposto de renda às novas regras contábeis.

A opção do legislador, num primeiro momento, foi de que as alterações da Lei 11.638/08 não surtissem efeitos fiscais, o que restou expresso no § 7º, incluído no art. 177, da Lei 6.404/76. Verificando que a neutralidade não havia sido alcançada, a norma fora revogada pela MP 449/08, convertida na Lei 11.941/09, que instituiu, também, o regime tributário de transição – RTT.

O RTT, em linguagem bastante popular, diz o seguinte: enquanto a nova lei tributária não for publicada, as novas regras contábeis, trazidas pela Lei 11.638/08, não são aplicáveis para fins de apuração dos tributos federais.

A pergunta óbvia é como fazer isso. A resposta é fácil, embora a prática possa ser complicada. As empresas tiveram que fazer os lançamentos cabíveis para ajustar as receitas e despesas apuradas pelas regras novas, de modo que retratem os resultados que seriam obtidos pela aplicação dos métodos e critérios antigos. Para tanto, tiveram que utilizar um instrumento fornecido pela Receita Federal denominado Controle Fiscal Contábil de Transição – FCont.

O esquema de apuração do IRPJ (e também da CSLL, do PIS e da COFINS) ficou assim:

- A empresa escritura a contabilidade nos termos da Lei das S/A, alterada Lei 11.638/08;
- Após, segue o FCont para encontrar o resultado também contábil que seria obtido sem as regras da Lei 11.638/08;
- Com este controle, a empresa adequa o valor das receitas e despesas (lucro) para fins de apuração do imposto de renda;
- A partir de então, realiza os ajustes (inclusões e exclusões) a partir do valor adequado, conforme determinado pela lei tributária.

Antes, era assim:

A empresa escriturava a contabilidade nos termos da Lei das S/A;

Sobre o resultado assim apurado realizava os ajustes determinados pela lei tributária.

A esperada lei que adaptaria o IRPJ às novas regras contábeis foi publicada em 2014, fruto da conversão da MP 627, esta do final de 2013.

A Lei 12.973/14 revogou o RTT e trouxe diversas alterações na legislação do imposto de renda das empresas, especialmente no DL 1598/77, na Lei 9.249/95 e na Lei 9.430/96. Disciplinou conceitos novos como o de ajuste a valor presente dos investimentos em participação no capital de outras sociedades, o de avaliação a valor justo, para fins de apuração de ganho ou prejuízo na avaliação do ativo ou do passivo da empresa, de mais valia, menos valia e de *goodwill* em incorporação, fusão e cisão de companhias.

A lei disciplinou, também, as alterações pertinentes à CSLL, ao PIS e a COFINS, em decorrência das novidades contábeis, além de estabelecer novo regime de tributação em bases universais.

Em linhas gerais, dizem os contabilistas que o RTT separou a contabilidade do direito tributário e a nova lei teria refeito o casamento.

Esta união, contudo, não é absoluta e tem limites.

Dispõe a norma, que futuras modificações ou a adoções de métodos e critérios contábeis, por meio de atos administrativos emitidos com base em competência atribuída em lei comercial, que sejam posteriores à publicação desta Lei, não terão implicação na apuração dos tributos federais até que lei tributária regule a matéria.

Veja-se o art. 58, da Lei 12.973/14:

> *Art. 58. A modificação ou a adoção de métodos e critérios contábeis, por meio de atos administrativos emitidos com base em competência atribuída em lei comercial, que sejam posteriores à publicação desta Lei, não terá implicação na apuração dos tributos federais até que lei tributária regule a matéria.*
>
> *Parágrafo único. Para fins do disposto no caput, compete à Secretaria da Receita Federal do Brasil, no âmbito de suas atribuições, identificar os atos administrativos e dispor sobre os procedimentos para anular os efeitos desses atos sobre a apuração dos tributos federais.*

Os atos administrativos mencionados pela norma e que regulam a contabilidade são pronunciamentos, interpretações e orientações emitidas pelo Comitê de Pronunciamentos Contábeis – CPC, as normas emitidas pela Comissão de Valores Mobiliários – CVM ou por agências reguladoras, no âmbito de sua atuação, como a ANEEL, a ANS a ANATEL etc.

Como a contabilidade surte efeitos na apuração dos tributos, determinou a lei disciplinou estes efeitos.

Os atos proferidos até a publicação da Lei 12.973/14 terão *efeitos fiscais* decorrentes da própria *contabilidade*, se a legislação fiscal não dispuser de forma contrária, ou terão *efeitos determinados pela legislação fiscal*, se esta dispuser especificamente sobre o tema. Contudo, a contabilização baseada em os atos proferidos após a publicação da lei não terão efeitos fiscais, vale dizer, os *efeitos fiscais* causados pelos novos atos baseados na legislação comercial deverão ser *anulados*, nos termos de regulamentação da Receita Federal.

Assim, eventuais novos métodos contábeis devem ser mantidos na escrituração, mas revertidos para fins fiscais, de modo que há: 1) resultados contábeis que surtem efeitos diretos na apuração dos tributos, 2) resultados contábeis que surtei efeitos fiscais, conforme disciplinados pela lei (ajuste do lucro líquido para o lucro real) e 3) resultados contábeis que devem ser anulados, para que não surtam efeitos fiscais.

De outro lado, a aplicação da lei não é imediata nem uniforme. Ao revés, apresenta regras de transição e permite opção do contribuinte em determinados aspectos.

O art. 119, da Lei 12.973/14 determinou a vigência da lei a partir de 1 de janeiro de 2015, exceto para os art. 3º (isenção do IRPJ para rendimentos de condomínios), art. 72 a 75 (as regras de transição do RTT, que por lógica deveriam ter mesmo vigência imediata), o art. 93 (sobre parcelamento) e 94 a 119 (disposições finais), vigentes desde a publicação do normativo.

Nos termos do art. 75, da Lei 12.973/14, porém, pôde o contribuinte optar pela aplicação dos art. 1º e 2º e 4º a 70, que versam efetivamente sobre as adaptações tributárias à nova realidade contábil e às novas leis comerciais, no ano calendário de 2014. Leia-se:

> *Art. 75. A pessoa jurídica poderá optar pela aplicação das disposições contidas nos arts. 1º e 2º e 4º a 70 desta Lei para o ano-calendário de 2014.*

Assim, o RTT vigorou até 31 de dezembro de 2014 para as empresas não optantes e vigorou até 31 de dezembro de 2013 para as empresas optantes pelo novo regime já em 2014. Iniciado o regime, aplicam-se as regras do art. 64 e seguintes, da Lei 12.973/14, relativas a adoção inicial. Leia-se:

> *Art. 64. Para as operações ocorridas até 31 de dezembro de 2013, para os optantes conforme o art. 75, ou até 31 de dezembro de 2014, para os não optantes, permanece a neutralidade tributária estabelecida nos arts. 15 e 16 da Lei no 11.941, de 27 de maio de 2009, e a pessoa jurídica deverá proceder, nos períodos de apuração a partir de janeiro de 2014, para os optantes conforme o art. 75, ou a partir de janeiro de 2015, para os não optantes, aos respectivos ajustes nas bases de cálculo do IRPJ, da CSLL, da Contribuição para o PIS/Pasep e da Cofins, observado o disposto nos arts. 66 e 67.*
>
> *Parágrafo único. As participações societárias de caráter permanente serão avaliadas de acordo com a Lei nº 6.404, de 15 de dezembro de 1976.*
>
> *Art. 65. As disposições contidas nos arts. 7º e 8º da Lei no 9.532, de 10 de dezembro de 1997, e nos arts. 35 e 37 do Decreto-Lei no 1.598, de 26 de dezembro de 1977, continuam a ser aplicadas somente às operações de incorporação, fusão e cisão, ocorridas até 31 de dezembro de 2017, cuja participação societária tenha sido adquirida até 31 de dezembro de 2014.*
>
> *Parágrafo único. No caso de aquisições de participações societárias que dependam da aprovação de órgãos reguladores e fiscalizadores para a sua efetivação, o prazo para incorporação de que trata o caput poderá ser até 12 (doze) meses da data da aprovação da operação.*
>
> *Art. 66. Para fins do disposto no art. 64, a diferença positiva, verificada em 31 de dezembro de 2013, para os optantes conforme o art. 75, ou em 31 de dezembro de 2014, para os não optantes, entre o valor de ativo mensurado de acordo com as disposições da Lei no 6.404, de 15 de dezembro de 1976, e o valor mensurado pelos métodos e critérios vigentes em 31 de dezembro de 2007, deve ser adicionada na determinação do lucro real e da base de cálculo da CSLL em janeiro de 2014, para os optantes conforme o art. 75, ou em janeiro de 2015, para os não optantes, salvo se o contribuinte evidenciar contabilmente essa*

> *diferença em subconta vinculada ao ativo, para ser adicionada à medida de sua realização, inclusive mediante depreciação, amortização, exaustão, alienação ou baixa.*
>
> *Parágrafo único. O disposto no caput aplica-se à diferença negativa do valor de passivo e deve ser adicionada na determinação do lucro real e da base de cálculo da CSLL em janeiro de 2014, para os optantes conforme o art. 75, ou em janeiro de 2015, para os não optantes, salvo se o contribuinte evidenciar contabilmente essa diferença em subconta vinculada ao passivo para ser adicionada à medida da baixa ou liquidação.*
>
> *Art. 67. Para fins do disposto no art. 64, a diferença negativa, verificada em 31 de dezembro de 2013, para os optantes conforme o art. 75, ou em 31 de dezembro de 2014, para os não optantes, entre o valor de ativo mensurado de acordo com as disposições da Lei no 6.404, de 15 de dezembro de 1976, e o valor mensurado pelos métodos e critérios vigentes em 31 de dezembro de 2007 não poderá ser excluída na determinação do lucro real e da base de cálculo da CSLL, salvo se o contribuinte evidenciar contabilmente essa diferença em subconta vinculada ao ativo para ser excluída à medida de sua realização, inclusive mediante depreciação, amortização, exaustão, alienação ou baixa.*
>
> *Parágrafo único. O disposto no caput aplica-se à diferença positiva no valor do passivo e não pode ser excluída na determinação do lucro real e da base de cálculo da CSLL, salvo se o contribuinte evidenciar contabilmente essa diferença em subconta vinculada ao passivo para ser excluída à medida da baixa ou liquidação.*

Ademais, o art. 96, da Lei 12.973/14 também permitiu que os contribuintes optassem pelas novas regras de tributação universal, previstas nos art. 76 a 92, da norma, a partir de 1 de janeiro de 2014.

Enfim, a partir de janeiro de 2015 a apuração do lucro real volta ao sistema de apuração do lucro contábil e posterior ajuste do lucro tributável, vigendo, porém, as novas regras do IRPJ.

6.4. A apuração do imposto – visão geral

Tudo o que falarmos a partir de agora é válido para o lucro real, forma completa de apuração do imposto. As regras específicas do lucro presumido e do lucro arbitrado serão destacadas expressamente.

Lucro real não significa o resultado obtido pela empresa, mensurado em um valor financeiro de que os sócios podem se apropriar.

A lei tributária estabelece regras de apuração, que acabam por gerar um valor diferente daquele que a contabilidade apurara livremente, vale dizer, apenas pelas regras contábeis, sem os acréscimos impostos e as deduções permitidas pelo direito tributário.

São exemplos as perdas e a depreciação de máquinas e equipamentos. A lei limita a dedução de perdas e se as perdas reais forem maiores que as aceitas pela lei tributária, o lucro contábil será menor que o lucro real do imposto de renda.

No caso da depreciação, as determinações legais podem gerar lucro real maior ou menor que o lucro contábil. O contribuinte não pode deduzir em apenas um ano todo o valor de um bem de seu ativo, mas pode deduzir da base de cálculo do imposto, como despesa, a depreciação – o desgaste – deste bem. Assim, se o bem (uma máquina, por exemplo) se desgasta totalmente em 10 anos, 1/10 de seu valor será despesa a cada ano. Se a lei, contudo, definir que a depreciação somente pode ser contabilizada em 20 anos, o lucro apurado para fins do imposto de renda será maior e ao final dos 10 anos o contribuinte terá que adquirir novo maquinário, antes de lançar como despesa o valor total do equipamento substituído.

Ao contrário, se a lei previr depreciação acelerada no prazo de 5 anos, o lucro apurado neste período será menor que o lucro contábil e, após lançada toda a despesa de depreciação, o contribuinte ainda terá seu equipamento funcionando por mais 5 anos.

Assim, o lucro real é o método (ou o resultado da aplicação deste método) de apuração da base de cálculo do imposto de renda que: 1. leva em consideração todas as operações do contribuinte que geram receitas e despesas; 2. é construído sobre os métodos contábeis; 3. com os acréscimos e deduções da legislação tributária.

O lucro real distingue-se do lucro presumido. Neste são apuradas apenas as receitas e o lucro será um percentual destas. Distingue-se do lucro arbitrado, pois neste algum elemento essencial não é conhecido. O lucro presumido e o lucro arbitrado também se distinguem, pois naquele todos os elementos relevantes são (ou podem ser) conhecidos, mas a lei dispensa sua apuração, enquanto no lucro arbitrado os elementos importantes não são conhecidos[15].

No capítulo destinado ao aspecto quantitativo do imposto e nos capítulos seguintes, veremos com mais detalhes a apuração do imposto de renda pelo lucro real e, em capítulo próprio, veremos o imposto de renda pelo lucro arbitrado e presumido.

No capítulo destinado ao lançamento, trataremos dos livros e documentos de apuração e constituição do imposto. Por hora, vale mencionar que, entre os livros comerciais e tributários relevantes para o IRPJ estão: o livro *Diário*, onde são registradas as operações da empresa em ordem cronológica; o livro *Razão*, que contém todos os lançamentos do livro diário, mas organizado por contas (caixa, bancos, estoque de mercadorias, ativo diferido, ações em tesouraria, ativo permanente, patrimônio líquido, receitas, despesas, etc); o livro *Caixa*, que controla a entrada e saída de recursos financeiros da empresa; a *demonstração do resultado do exercício,* que mostra o lucro contábil da empresa (contas de

15. O percentual que define o lucro arbitrado quando a receita bruta é conhecida é 20% mais elevado que a do lucro presumido (art. 16, da Lei 9.249/95). Quando a receita bruta não é conhecida o imposto é arbitrado por outros critérios, que veremos adiante.

resultado são as contas de receita e despesa); o *balanço patrimonial*, que mostra as contas de ativo (direitos da empresa), passivo (direito de credores) e patrimônio líquido (direitos dos sócios); os *balancetes de verificação*, cuja finalidade é verificar a correção dos lançamentos contábeis, e o Livro de Apuração do lucro Real – *LALUR*, que é a demonstração do resultado do exercício com os ajustes determinados pela lei tributária e o Livro de Apuração das Contribuições Sociais – LACS.

6.5. Aspecto subjetivo

No aspecto subjetivo do IRPJ, devemos nos perguntar quem está sujeito ao imposto.

De um modo geral, são as empresas (art. 148, do RIR, DL 5.844/43, art. 27, Lei 4.131/62, art. 42, e Lei nº 6.264/75, art. 1º). Entretanto, as pessoas naturais também podem ser equiparadas às pessoas jurídicas e recolher IRPJ, ao invés de IRPF. Isso ocorre por opção do contribuinte, quando a pessoa física "abre firma individual" (art. 150, do RIR), ou por imposição da lei, como nos casos de incorporação de imóveis (art. 151 e seg. do RIR).

Também estão sujeitas ao IRPJ as sociedades em conta de participação (art. 148, do RIR, DL 2.303/86, art. 7º, e DL 2.308/86, art. 3º).

Dado o princípio da generalidade, todas as pessoas (salvo isentas ou imunes) são contribuintes do imposto de renda. A pessoa que não for contribuinte do IRPF será contribuinte do IRPJ.

A pessoa jurídica residente no exterior também será contribuinte eventual do imposto brasileiro se obtiver renda no Brasil (princípio da territorialidade ou do país da fonte).

São contribuintes regulares do imposto no Brasil, contudo, as filiais, sucursais, agências ou representações no País das pessoas jurídicas com sede no exterior (art. 147, II, do RIR, Lei 3.470/58, art. 76, Lei 4.131/62, art. 42, e Lei 6.264/75, art. 1º) e os comitentes domiciliados no exterior, quanto aos resultados das operações realizadas por seus mandatários ou comissários no País (art. 147, III, do RIR e Lei 3.470/58, art. 76). Nos termos do art. 146, do RIR, também são contribuintes do IRPJ:

- As entidades submetidas aos regimes de liquidação extrajudicial e de falência, enquanto perdurarem os procedimentos para a realização de seu ativo e o pagamento do passivo (Lei 9.430/96, art. 60);
- As sociedades civis de prestação de serviços profissionais relativos ao exercício de profissão legalmente regulamentada (Lei 9.430/96, art. 55);
- As empresas públicas e as sociedades de economia mista, bem como suas subsidiárias (Lei nº 6.264/75, art. 1º a 3º);
- As sociedades cooperativas de consumo, que tenham por objeto a compra e fornecimento de bens aos consumidores (Lei 9.532/97, art. 69);
- O Fundo de Investimento Imobiliário, nas condições previstas no regulamento (Lei 9.779/99, art. 2º).

Ao IRPJ aplicam-se as regras de responsabilidade do CTN.

A par das noras gerais, a responsabilidade por sucessão é expressamente disciplinada pela lei ordinária. Dispõe o art. 5º, do DL 1.598/77:

> *Art. 5º – Respondem pelos tributos das pessoas jurídicas transformadas, extintas ou cindidas:*
>
> *I – a pessoa jurídica resultante da transformação de outra;*
>
> *II – a pessoa jurídica constituída pela fusão de outras, ou em decorrência de cisão de sociedade;*
>
> *III – a pessoa jurídica que incorporar outra ou parcela do patrimônio de sociedade cindida;*
>
> *IV – a pessoa física sócia da pessoa jurídica extinta mediante liquidação que continuar a exploração da atividade social, sob a mesma ou outra razão social, ou sob firma individual;*
>
> *V – os sócios com poderes de administração da pessoa jurídica que deixar de funcionar sem proceder à liquidação, ou sem apresentar a declaração de rendimentos no encerramento da liquidação.*
>
> *§ 1º – Respondem solidariamente pelos tributos da pessoa jurídica:*
>
> *a) as sociedades que receberem parcelas do patrimônio da pessoa jurídica extinta por cisão;*
>
> *b) a sociedade cindida e a sociedade que absorver parcela do seu patrimônio, no caso de cisão parcial;*
>
> *c) os sócios com poderes de administração da pessoa extinta, no caso do item V.*
>
> *Sobre a responsabilidade por retenção na fonte, trataremos adiante.*

Devemos afastar, desde logo, uma confusão sobre os regimes de tributação (lucro real, presumido ou arbitrado) e os regimes de apuração e recolhimento do imposto. A matéria não pertence exatamente ao aspecto subjetivo do IRPJ, mas é conexa, pois se relaciona com dados particulares do contribuinte, de modo que podemos tratar dela neste momento.

Regimes de tributação

Os *regimes de tributação* são estabelecidos em lei com certa margem de escolha para o contribuinte, em função de sua receita bruta ou de sua atividade.

De fato, qualquer contribuinte pode apurar o lucro segundo os métodos do **lucro real**. Contudo, estão **obrigadas** a este método (art. 246, do RIR e Lei 9.718/98, art. 14) as empresas que:

- obtiveram receita total, no ano-calendário anterior, maior que setenta e oito milhões de reais, ou proporcional ao número de meses do período, quando inferior a doze meses (o valor até a vigência da Lei 12.814/13 era de quarenta e oito milhões de reais);
- exerçam atividades de bancos comerciais, bancos de investimentos, bancos de desenvolvimento, caixas econômicas, sociedades de crédito, financiamen-

to e investimento, sociedades de crédito imobiliário, sociedades corretoras de títulos, valores mobiliários e câmbio, distribuidoras de títulos e valores mobiliários, empresas de arrendamento mercantil, cooperativas de crédito, empresas de seguros privados e de capitalização e entidades de previdência privada aberta;

- tiverem lucros, rendimentos ou ganhos de capital oriundos do exterior;
- autorizadas pela legislação tributária, usufruam de benefícios fiscais relativos à isenção ou redução do imposto;
- no decorrer do ano-calendário, tenham efetuado pagamento mensal pelo regime de estimativa (veremos o pagamento por estimativa adiante);
- explorem as atividades *factoring*.

Qualquer empresa que obtiver receita inferior a R$ 78.000.000,00 (ou R$ 6.500.000,00 multiplicados pelo número de meses que funcionou) no ano-calendário anterior e que não exerça as atividades para as quais a lei exige a apuração do imposto pelo lucro real pode **optar** pela tributação **pelo lucro presumido** (art. 516, do RIR e Lei 9.718/98, art. 13).

A opção é realizada no pagamento da primeira parcela do imposto do ano e é irretratável para todo o ano calendário (Lei 9.718/98, art. 13, § 1º).

O imposto será determinado pelos critérios do **lucro arbitrado** (art. 530, do RIR, Lei 8.981/95, art. 47, e Lei 9.430/96, art. 1º), quando:

- o contribuinte, obrigado à tributação com base no lucro real, não mantiver escrituração na forma das leis comerciais e fiscais, ou deixar de elaborar as demonstrações financeiras exigidas pela legislação fiscal;
- a escrituração a que estiver obrigado o contribuinte revelar evidentes indícios de fraudes ou contiver vícios, erros ou deficiências que a tornem imprestável para identificar a efetiva movimentação financeira, inclusive bancária ou para determinar o lucro real;
- o contribuinte, sujeito ao lucro real ou presumido, deixar de apresentar à autoridade tributária os livros e documentos da escrituração comercial e fiscal, ou o Livro Caixa;
- o contribuinte optar indevidamente pela tributação com base no lucro presumido;
- o comissário ou representante da pessoa jurídica estrangeira deixar de escriturar e apurar o lucro da sua atividade separadamente do lucro do comitente residente ou domiciliado no exterior;
- o contribuinte não mantiver, em boa ordem e segundo as normas contábeis recomendadas, Livro Razão ou fichas utilizadas para resumir e totalizar, por conta ou subconta, os lançamentos efetuados no Diário.

Em conclusão[16]:

- todos os contribuintes podem apurar o imposto segundo o lucro real, desde que mantenha sua contabilidade em ordem. Do contrário, a lei impõe a apuração arbitrada do lucro.
- alguns contribuintes são obrigados à apuração do imposto pelo lucro real, em função da receita obtida ou da atividade exercida.
- os demais contribuintes podem optar pelo lucro presumido. A opção incorreta também leva à apuração do imposto pelo lucro arbitrado.

Regime de apuração e pagamento

Independente do regime de tributação, *o imposto é apurado trimestralmente* (períodos de apuração trimestrais, encerrados nos dias 31 de março, 30 de junho, 30 de setembro e 31 de dezembro de cada ano-calendário, conforme o art. 220, do RIR e o art. 1º, da Lei 9.430/96)[17].

O imposto apurado deve ser pago até o último dia útil do mês subsequente em cota única ou em três cotas iguais, a serem pagas até o último dia útil dos três meses subsequentes, sendo que a segunda e a terceira cotas são corrigidas pela SELIC. As cotas não podem

16. Lembremos, ainda, que as empresas que as empresas que obtiverem receita bruta de até R$ 3.600.000,00 podem optar pelo SIMPLES, hipótese em que o IRPJ, assim como os demais impostos, será apurado de forma especial, não se aplicando a matéria que estamos estudando neste momento (LC 123/2006, art. 3º).

    Não pode optar pelo SIMPLES a empresa obrigada a apuração do imposto de renda pelo lucro real, que tenha sócio domiciliado no exterior; de cujo capital participe entidade da administração pública, direta ou indireta, federal, estadual ou municipal; que possua débito com o Instituto Nacional do Seguro Social – INSS, ou com as Fazendas Públicas Federal, Estadual ou Municipal, cuja exigibilidade não esteja suspensa; com ausência de inscrição ou com irregularidade em cadastro fiscal federal, municipal ou estadual, quando exigível (LC 123/2006, art. 17).

    Também fica vedada a opção em função da atividade, para as empresas que preste serviço de transporte intermunicipal e interestadual de passageiros; que seja geradora, transmissora, distribuidora ou comercializadora de energia elétrica; que exerça atividade de importação ou fabricação de automóveis e motocicletas; que exerça atividade de importação de combustíveis; que exerça atividade de produção ou venda no atacado de: cigarros, cigarrilhas, charutos, filtros para cigarros, armas de fogo, munições e pólvoras, explosivos e detonantes; e certas bebidas (alcoólicas; refrigerantes, inclusive águas saborizadas gaseificadas; preparações compostas, não alcoólicas; e cervejas sem álcool; que tenha por finalidade a prestação de serviços decorrentes do exercício de atividade intelectual, de natureza técnica, científica, desportiva, artística ou cultural, que constitua profissão regulamentada ou não, bem como a que preste serviços de instrutor, de corretor, de despachante ou de qualquer tipo de intermediação de negócios; que realize cessão ou locação de mão-de-obra; que realize atividade de consultoria; que se dedique ao loteamento e à incorporação de imóveis; que realize atividade de locação de imóveis próprios, exceto quando se referir a prestação de serviços tributados pelo ISS (LC 123/2006, art. 17).

17. Nos casos de incorporação, cisão, fusão ou extinção da pessoa jurídica o imposto devido também deve ser apurado.

ser inferiores a R$ 1.000,00 e o imposto apurado de até R$ 2.000,00 deve ser pago em cota única (art. 1º e 5º, da Lei 9.430/96).

O contribuinte sujeito à incidência do imposto pelo *lucro real* possui ainda uma opção: a *apuração mensal por estimativa*. O contribuinte pode apurar o imposto devido aplicando as alíquotas do regime do lucro presumido às suas receitas mensais[18] e, ao final do exercício, apurar o lucro real para realizar o acerto (art. 2º, da Lei 9.430/96).

O eventual saldo a pagar referente a cada mês e apurado no acerto será quitado em cota única até o último dia útil de março do ano subsequente (corrigido pela SELIC) e o eventual saldo a restituir será compensado com o imposto a partir do vencimento da primeira cota do imposto ou restituído, após a entrega da declaração de rendimentos (art. 6º, da Lei 9.430/96).

O saldo a pagar do mês de dezembro deve ser quitado até o último dia útil de janeiro do ano seguinte (§ 3º, do art. 6º, da Lei 9.430/96).

O contribuinte pode, contudo, suspender ou reduzir o pagamento por estimativa, quando demonstrar pelo seu balanço ou balancete mensal que o valor do imposto supera o valor devido pelo lucro real (art. 35, da Lei 8.981/95).

Em resumo, são *regimes de tributação* do IRPJ: o lucro *real*, o lucro *presumido* e o lucro *arbitrado*. O *regime de apuração* é *trimestral*, mantido o regime de tributação do contribuinte. Para o optante do lucro real, o regime de apuração pode ser *mensal por estimativa*, hipótese em que o contribuinte estima mensalmente o lucro, sujeitando-se ao ajuste anual[19].

Estas regras e classificações se aplicam à CSLL, com pequenas variações. Uma delas, a título de curiosidade neste ponto do pagamento por estimativa, base do IRPJ permite a

18. Na base de cálculo do pagamento por estimativa são incluídas as receitas de vendas e de prestações de serviços, **acrescidas** dos aluguéis, dos juros recebidos, dos descontos financeiros obtidos, dos ganhos de capital auferidos, entre outros e **deduzidas** das vendas canceladas, dos descontos incondicionados, das devoluções de mercadoria, do IPI, dos rendimentos de renda fixa e de renda variável com retenção do imposto na fonte e dos juros sobre o capital próprio.

    Atividades específicas recebem tratamento também específico, como as instituições financeiras, que podem deduzir da base de cálculo da estimativa as despesas de captação de recurso, de cessão de crédito, de câmbio etc.

    Os percentuais são aplicáveis por atividade, de modo que a empresa que possui receitas de atividades sujeitas a alíquotas distintas deve apurar as receitas separadamente por atividades.

19. O ajuste anual a que está sujeito o contribuinte do lucro real que apura o imposto mensalmente por estimativa não se confunde com a declaração de tributos (DCTF). Todos os contribuintes do IRPJ devem apresentar a DCTF. A opção do contribuinte do lucro real é apurar o lucro pelo método do lucro real trimestralmente e com base no lucro real efetuar os pagamentos, hipótese em que não haverá ajuste, pois o lucro real será o somatório do lucro dos quatro trimestres; ou apurar o lucro por estimativa mensal, hipótese em que o lucro real deve ser apurado no final do exercício. Neste caso, haverá ajuste, pois o lucro estimado dificilmente será igual ao lucro real.

dedução dos ganhos em operações de renda fixa e de renda variável, que sofrem retenção na fonte do imposto. Como não há retenção na CSLL, a base da contribuição não pode ser deduzida dos ganhos nas operações.

6.6. Aspecto temporal

Princípio da anualidade

Diz-se que o imposto de renda possui fato gerador complexo apurado anualmente. Em outros termos, significa dizer que o fato gerador do IRPJ constitui um conjunto de fatos: 1. que representam receitas e despesas, 2. realizados no período entre 1º de janeiro e 31 de dezembro de cada ano.

O fato gerador do imposto é mesmo complexo, pois o lucro, apurado no último dia do trimestre ou do ano, é, na verdade, o resultado de inúmeras ações da empresa.

A *anualidade, opera como período de apuração do imposto*, mas a assertiva merece ponderações.

No que toca ao regime do lucro presumido, o princípio perde força, pois a apuração trimestral se torna definitiva. No que toca ao regime do lucro real, a anualidade é mais forte. Contudo, a possibilidade de compensação de prejuízos nos exercícios seguinte, embora limitada a 30% dos lucros, dá ao imposto caráter de continuidade que ultrapassa o ano civil.

A propósito, os contribuintes procuram afastar o limite de compensação do prejuízo, para permitir a dedução do prejuízo, até o valor do lucro obtido nos períodos anteriores.

Se vencedora a tese, o IRPJ seria imposto contínuo e fluido, fazendo pouco sentido se falar em anualidade. Entretanto, a tese não tem logrado êxito, desde a decisão no RE 344.994/PR. Vejamos:

> *RECURSO EXTRAORDINÁRIO. TRIBUTÁRIO. IMPOSTO DE RENDA. DEDUÇÃO DE PREJUÍZOS FISCAIS. LIMITAÇÕES. ARTIGOS 42 E 58 DA LEI nº 8.981/95. CONSTITUCIONALIDADE. AUSÊNCIA DE VIOLAÇÃO DO DISPOSTO NOS ARTIGOS 150, INCISO III, ALÍNEAS "A" E "B", E 5º, XXXVI, DA CONSTITUIÇÃO DO BRASIL.*
>
> *1. O direito ao abatimento dos prejuízos fiscais acumulados em exercícios anteriores é expressivo de benefício fiscal em favor do contribuinte. Instrumento de política tributária que pode ser revista pelo Estado. Ausência de direito adquirido*
>
> *2. A Lei nº 8.981/95 não incide sobre fatos geradores ocorridos antes do início de sua vigência. Prejuízos ocorridos em exercícios anteriores não afetam fato gerador nenhum. Recurso extraordinário a que se nega provimento.*
>
> *(STF, Tribunal Pleno, RE 344.994/PR, Relator Min. MARCO AURÉLIO Relator p/ Acórdão Min. EROS GRAU, DJe de 28/08/2009)*

A matéria será novamente apreciada pelo STF no RE 591.340 RG/SP, que aguarda julgamento com repercussão geral reconhecida. Vejamos:

> *IMPOSTO DE RENDA DE PESSOA JURÍDICA E CONTRIBUIÇÃO SOCIAL SOBRE O LUCRO LÍQUIDO – PREJUÍZO – COMPENSAÇÃO – LIMITE ANUAL. Possui repercussão geral controvérsia sobre a constitucionalidade da limitação em 30%, para cada ano-base, do direito de o contribuinte compensar os prejuízos fiscais do Imposto de Renda sobre a Pessoa Jurídica e a base de cálculo negativa da Contribuição Social sobre o Lucro Líquido – artigos 42 e 58 da Lei nº 8.981/95 e 15 e 16 da Lei nº 9.065/95.*
>
> *(STF; Tribunal Pleno, RE 591.340 RG/SP, Min. MARCO AURÉLIO, DJe de 7/11/2008)*

Os pagamentos mensais ou trimestrais do imposto, ainda que a título de antecipação do dever, também mitigam a força do princípio também para a apuração pelo lucro real[20].

Assim, pode-se dizer que o imposto de renda da pessoa jurídica é regido pela anualidade, mitigada pelas antecipações do imposto e o princípio pode ser afastado por opção do contribuinte, especialmente na adesão ao regime de tributação do lucro presumido.

A seu turno, *a anualidade como garantia do contribuinte*, contra os efeitos sazonais da atividade econômica, mantém-se em vigor, pois não há, no Brasil, exercício financeiro que se inicie em data diversa de 1º de janeiro ou se finde em outro momento que não 31 de dezembro, salvo nos casos de empresas que iniciem ou encerram suas atividades no curso do ano.

Princípios da anterioridade e da irretroatividade

O aspecto temporal do fato gerador do IRPJ também é relevante para a aplicação dos princípios da irretroatividade e da anterioridade da lei tributária.

A par do princípio da anualidade, duas teorias disputam o momento em que o fato gerador complexo se aperfeiçoa, para fins da aplicação da lei: o primeiro dia (1º de janeiro) ou o último dia (31 de dezembro) do ano base.

Na posição, já superada, do STF, consignada na Súmula 584, a lei tributária aplicável seria aquela vigente no exercício financeiro em que deveria ser apresentada a declaração.

Leia-se:

> ***Súmula 584.*** *Ao imposto de renda calculado sobre os rendimentos do ano-base, aplica-se a lei vigente no exercício financeiro em que deve ser apresentada a declaração. (STF, Tribunal Pleno, DJ de 15/12/1976)*

---

20. STF, matéria é infraconstitucional: STF, T2, RE 218.346 ED/RS, Min. CARLOS VELLOSO, DJ de 22/11/2002; STF, T1, RE 225.015/MG, Min. DIAS TOFFOLI, DJe de 04/08/2011; STF, T2, RE 255.379 AgR/RS, Min. JOAQUIM BARBOSA, DJe 30/03/2011. O STJ, a seu turno, entende que o pagamento mensal do imposto encontra-se em consonância com o ordenamento jurídico: STJ, T1, REsp 76.935/PR, Min. DEMÓCRITO REINALDO, DJ de 18/03/1996; STJ, T2, REsp 105.938/RS, Min. JOÃO OTÁVIO DE NORONHA, DJ 17/12/2004 e STJ, T1, AgRg no Ag 258.897/MG, Min. JOSÉ DELGADO, DJ de 08/03/2000.

O entendimento, de fato, não é compatível com a Constituição de 1988 e o próprio Supremo vem afastando a aplicação da súmula:

> *1. O alcance da Súmula da Jurisprudência Dominante do Supremo Tribunal Federal é definido de acordo com os precedentes que lhe deram origem.*
>
> *2. A Súmula 584/STF tomou por base precedentes relativos (i) ao imposto de renda devido por pessoas físicas (magistrados) e (ii) à subscrição compulsória de letras imobiliárias do Banco Nacional de Habitação, em valor calculado com base na renda auferida da cobrança de aluguéis, tudo com base nas regras de tributação e apuração vigentes nas respectivas quadras temporais.*
>
> *3. Não há nas razões de agravo regimental indicação de que os modelos de tributação e de apuração permaneceram inalterados, de modo a justificar a aplicação do enunciado sumular. Em sentido semelhante, não há indicação sequer da proximidade dos regimes de tributação e de apuração relativos às pessoas físicas e às pessoas jurídicas que justificasse o mesmo tratamento.*
>
> *[...]*
>
> *(STF, T2, RE 244.003 AgR/SC, Min. JOAQUIM BARBOSA, DJe de 28/5/2010)*

O posicionamento antigo do STF extrapolava as teorias do momento do fato gerador, e fora superada, acolhendo-se a proposta de ocorrência em 31 de dezembro.

A posição atual começou a ser construída no RE 232.084/SP. Vejamos:

> *TRIBUTÁRIO. IMPOSTO DE RENDA E CONTRIBUIÇÃO SOCIAL. MEDIDA PROVISÓRIA Nº 812, DE 31.12.94, CONVERTIDA NA LEI Nº 8.981/95. ARTIGOS 42 E 58, QUE REDUZIRAM A 30% A PARCELA DOS PREJUÍZOS SOCIAIS, DE EXERCÍCIOS ANTERIORES, SUSCETÍVEL DE SER DEDUZIDA NO LUCRO REAL, PARA APURAÇÃO DOS TRIBUTOS EM REFERÊNCIA. ALEGAÇÃO DE OFENSA AOS PRINCÍPIOS DA ANTERIORIDADE E DA IRRETROATIVIDADE.*
>
> *Diploma normativo que foi editado em 31.12.94, a tempo, portanto, de incidir sobre o resultado do exercício financeiro encerrado. Descabimento da alegação de ofensa aos princípios da anterioridade e da irretroatividade, relativamente ao Imposto de Renda, o mesmo não se dando no tocante à contribuição social, sujeita que está à anterioridade nonagesimal prevista no art. 195, § 6º da CF, que não foi observado. Recurso conhecido, em parte, e nela provido.*
>
> *(STF, T1, RE 232.084 / SP, Min. ILMAR GALVÃO, DJ de 16/6/2000)*

No mesmo sentido, sobreveio o RE 250.521/SP[21].

21. STF, T1, RE 250.521/SP, Min. MOREIRA ALVES, DJ de 30/6/2000.

Com base nestes precedentes, "o Supremo Tribunal Federal possui o entendimento consolidado no sentido de que o fato gerador do imposto sobre a renda se materializa no último dia do ano-base, isto é, em 31 de dezembro. Assim, a lei que entra em vigor antes do último dia do período de apuração poderá ser aplicada a todo o ano-base, sem ofensa ao princípio da anterioridade da lei tributária"[22].

Contudo, em geral, as leis que alteram o imposto sobre a renda têm sido publicadas até o dia 31 de dezembro do ano anterior ao da ocorrência do fato gerador, venha este a ocorrer no dia 1º de janeiro ou 31 de dezembro, prática que nos parece a mais adequada.

Regras diversas são aplicadas para as leis que revogam benefícios fiscais e que disciplinam a correção monetária do imposto.

Com precedente na Súmula 615, do STF, segundo a qual a revogação de norma isentiva não equivale à majoração de tributo, o Judiciário entende que a lei que revoga isenção pode vigorar e surtir efeitos no mesmo ano em que publicada[23].

Também vigora no mesmo exercício financeiro a lei que estabelece correção monetária do imposto, pois, conforme o entendimento do STF, a correção não constitui majoração do tributo[24].

Regime de apropriação de receitas e despesas (regime de caixa e regime de competência)

Outra questão temporal de grande relevância diz respeito ao momento de apropriação das receitas e despesas da pessoa jurídica, para a apuração do imposto. Há, como vimos no IRPF, duas formas de se apropriar as receitas e despesas, o momento em que ocorre o ingresso ou a saída do numerário (regime de caixa) ou o momento em que as operações ocorrem, ainda que posterior seja o recebimento do numerário pela receita ou o pagamento da despesa (**regime de competência**).

O IRPJ segue a legislação comercial, que determina a apuração do lucro líquido pelo regime de competência, no art. 7º, do DL 1.598/77.

A legislação comercial define a aplicação do regime de competência nos art. 177 e 187, da Lei 6.404/76 (Lei das S/A). Leiam-se:

> *Art. 177. A escrituração da companhia será mantida em registros permanentes, com obediência aos preceitos da legislação comercial e desta Lei e aos princípios de contabilidade geralmente aceitos, devendo observar métodos ou critérios contábeis uniformes no tempo e registrar as mutações patrimoniais segundo o regime de competência.*

22. STF, T2, RE 553.508 AgR/PR, Min. ELLEN GRACIE, DJe de 17/5/2011.
23. STF, T1, RE 562.669 AgR/MG, Min. RICARDO LEWANDOWSKI, DJe de 19/5/2011.
24. STF, T2, RE 200.844 AgR/PR, Min. CELSO DE MELLO, DJ de 16/08/2002; STF, T2, RE 227.047 AgR-ED/RS, Min. MAURÍCIO CORRÊA, DJ de 21/03/2003 e STF, T2, RE 140.671/CE, Min. ELLEN GRACIE, DJ de 13/08/2004.

Art. 187. A demonstração do resultado do exercício discriminará:

[...]

§ 1º Na determinação do resultado do exercício serão computados:

a) as receitas e os rendimentos ganhos no período, independentemente da sua realização em moeda; e

b) os custos, despesas, encargos e perdas, pagos ou incorridos, correspondentes a essas receitas e rendimentos.

O regime de competência impõe, por exemplo, que as compras de mercadorias em 2013 e também as vendas das mercadorias ocorridas igualmente em 2013 sejam computadas como despesas e receitas do ano de 2013, ainda que o pagamento tanto da compra quanto da venda ocorra em 2014.

É o caso das vendas de Natal em cartão de crédito, em que o comerciante vende a mercadoria em dezembro, mas recebe os valores da administradora do cartão apenas no ano seguinte. As receitas pertencem ao exercício de 2013, independente do prazo que a administradora do cartão levar para transferir os valores para a conta do comerciante.

Como toda boa regra, *o regime de competência do IRPJ tem exceções.*

Um exemplo é a possibilidade de contabilizar os *ganhos e as perdas com variações cambiais* pelo regime de caixa. A empresa que possui contratos em moeda estrangeira, tanto na posição de credor quanto de devedor, está sujeita a variações cambiais, que podem ser considerados como receita ou despesa do IRPJ pelo regime de caixa (momento da liquidação) ou pelo regime de competência (período a que se refere a prestação), à escolha do contribuinte (art. 30, da MP 2.135-35/01).

Se o contribuinte brasileiro é credor, ele ganha em reais com a desvalorização da moeda brasileira, pois recebe mais reais pela moeda estrangeira valorizada. Ao contrário, com a valorização da moeda brasileira, o contribuinte brasileiro recebe menos reais na conversão da moeda estrangeira desvalorizada. Se o contribuinte brasileiro é devedor, ocorre a situação inversa.

Nestes casos, a legislação permite ao contribuinte contabilizar os ganhos ou as perdas pelo regime de caixa, quando deverá lançar os valores no momento em que a obrigação for liquidada, ou pelo regime de competência, em que a contabilização do resultado respeitará o período a que se refere a receita ou a despesa, ainda que liquidada posteriormente.

Também na *venda a prazos longos*, notadamente de bens do ativo imobilizado, a receita somente é apropriada quando recebida cada parcela (regime de caixa) e não no momento da operação de venda, para fins de tributação do ganho de capital.

A exceção, porém, pode virar a regra, pois o contribuinte pode optar pelo regime de caixa ou pelo regime de competência quando adere à tributação pelo lucro presumido. Explicando melhor: 1. no lucro presumido, o contribuinte pode optar pelo regime de apropriação (caixa ou competência); 2. a grande maioria das empresas que apuram o IRPJ são optantes pelo lucro presumido. Assim, na prática, 3. A maioria dos contribuintes do imposto pode optar pelo regime de caixa.

6.7. Aspecto Material

O núcleo do fato gerador do IRPJ está previsto no art. 43, do CTN, que autoriza a incidência do imposto sobre a aquisição da disponibilidade econômica ou jurídica de renda, assim entendido o produto do capital, do trabalho ou da combinação de ambos e de proventos de qualquer natureza.

A definição do CTN decorre de teorias sobre a renda da pessoa jurídica, desenvolvidas inicialmente pela economia, com base na ideia de acréscimo patrimonial e na ideia de lucro.

Como vimos, a lei tributária brasileira adotou a apuração do lucro a partir da contabilidade, regida pelas leis comerciais, com as alterações (acréscimos e exclusões) definidas pela própria lei tributária.

A seguir, veremos como tal lucro é apurado.

6.8. Aspecto quantitativo

6.8.1. Base de cálculo

Nos termos do art. 44, do CTN, "a base de cálculo do imposto é o montante, real, arbitrado ou presumido, da renda ou dos proventos tributáveis".

Veremos, a partir de agora, as receitas e despesas que formam o lucro real da pessoa jurídica. Do lucro arbitrado e do lucro presumido trataremos adiante.

Nos termos do art. 6º, do DL 1.598/77, o "*lucro real* é o lucro líquido do exercício ajustado pelas adições, exclusões ou compensações prescritas ou autorizadas pela legislação tributária".

O ***lucro líquido do exercício***, conforme o § 1º, do art. 6º, do mesmo decreto-lei, "é a soma algébrica de lucro operacional, dos resultados não operacionais, do saldo da conta de correção monetária e das participações, e deverá ser determinado com observância dos preceitos da lei comercial".

Desta norma, verificamos que a base de cálculo do IRPJ (e também da CSLL), o lucro líquido do exercício, demanda a apuração 1. do lucro ou resultado operacional; 2. do saldo da conta de correção monetária; 3. do resultado das participações e das atividades não operacionais da empresa, como os ganhos e as perdas de capital.

A partir da Lei 11.941/09, também são necessários os ajustes relativos ao RTT, até sua vigência, que se encerra no exercício de 2014, com reflexos para a apuração do imposto no ano de 2015.

Dispõe e art. 11, do DL 1.598/77, que "será classificado como lucro operacional o resultado das atividades, principais ou acessórias, que constituam objeto da pessoa jurídica".

O *resultado operacional* é constituído por todas as receitas e despesas relacionadas com a manutenção da empresa bem como à realização das compras e das vendas ou prestações de serviço, de modo que abrangem os custos administrativos, os custos de aquisição de mercadorias e insumos, o pagamento de salários, aluguéis, tributos, juros pela realização de empréstimos de capital de investimento ou capital de giro etc.

Mais detalhada, a Lei 4.506/64 define o resultado operacional, descreve a composição da receita operacional e estabelece os requisitos das despesas operacionais que compõem a base de cálculo do imposto. Vejamos seus artigos 43, 44 e 47:

> *Art. 43. O lucro operacional será formado pela diferença entre a receita bruta operacional e os custos, as despesas operativas, os encargos, as provisões e as perdas autorizadas por esta lei.*
>
> *Art. 44. Integram a receita bruta operacional:*
>
> *I – O produto da venda dos bens e serviços nas transações ou operações de conta própria;*
>
> *II – O resultado auferido nas operações de conta alheia;*
>
> *III – As recuperações ou devoluções de custos, deduções ou provisões;*
>
> *IV – As subvenções correntes, para custeio ou operação, recebidas de pessoas jurídicas de direito público ou privado, ou de pessoas naturais.*
>
> *Art. 47. São operacionais as despesas não computadas nos custos, necessárias à atividade da emprêsa e a manutenção da respectiva fonte produtora.*
>
> *§ 1º São necessárias as despesas pagas ou incorridas para a realização das transações ou operações exigidas pela atividade da emprêsa.*
>
> *§ 2º As despesas operacionals admitidas são us usuais ou normais no tipo de transações, operações ou atividades da emprêsa.*

O saldo da conta *correção monetária* a que menciona o art. 6º, § 1º, do DL 1.598/77 está regulado pelos art. 51 e seg. do decreto-lei. Vejamos

> *Art. 51 – O saldo credor da conta de correção monetária de que trata o item II do artigo 39 será computado na determinação do lucro real, mas o contribuinte terá opção para diferir, com observância do disposto nesta Subseção, a tributação do lucro inflacionário não realizado.*
>
> *Art. 52 Considera-se lucro inflacionário, em cada exercício social, o saldo credor da conta de correção monetária ajustado pela diminuição das variações monetárias e das correções monetárias prefixadas computadas no lucro líquido do exercício.*

A correção monetária das demonstrações financeiras foi revogada da legislação do imposto de renda e não é feita desde 1996. Não se tributa mais o lucro inflacionário.

Há, como veremos, outras receitas e despesas financeiras, que compõem o resultado operacional.

De outro turno, o *resultado não operacional*, disciplinado pelos art. 31 e seg., do DL 1.598/77, são aqueles não vinculados à atividade da empresa, e se constituem, notadamente, nos ganhos e perdas de capital, relacionados com a venda de bens do antigo ativo permanente (hoje ativo não circulante), tais quais imóveis, máquinas e direitos que não são adquiridos pela empresa para serem colocados ordinariamente à venda.

6.8.1.1. Resultado operacional

6.8.1.1.1. Receitas operacionais

As ***receitas operacionais*** são as receitas de venda de mercadorias, de prestação de serviços, os resultados de investimentos no Brasil e no exterior e as receitas financeiras, como variações monetárias ativas (ex. ganhos cambiais), os juros recebidos (por empréstimos a terceiros, por remuneração do capital próprio, por aplicações financeiras) e os descontos financeiros obtidos.

As ***receitas financeiras*** podem ser receitas operacionais de qualquer empresa, independente da sua área de atuação. Um exemplo clássico de receita financeira é o *desconto financeiro* ou desconto condicionado obtido.

Desconto incondicionado é aquele concedido pelo vendedor e obtido pelo comprador no momento da compra, e não depende de qualquer outro fator.

Desconto condicionado (que gera receita financeira pelo comprador e despesa financeira para o vendedor) é aquele concedido pelo vendedor e obtido pelo comprador, pelo pagamento antecipado da obrigação.

Outro caso de receita financeira são os ***juros contratuais*** por atraso no cumprimento da obrigação pelo fornecedor. Comum que os contratos prevejam o pagamento de juros por atraso na entrega, o contribuinte que adquire as mercadorias tem o direito de receber juros e este valor é considerado como receita operacional pela legislação do IRPJ.

Estes valores, contudo, tem sido objeto de **discussão judicial**. Pretendem os contribuintes que os juros recebidos em função do atraso no cumprimento da obrigação de seus fornecedores, bem como aqueles obtidos em decisões judiciais favoráveis (especialmente em matéria tributária), sejam considerados como indenizações e, portanto, excluídos da base de cálculo do imposto de renda.

A tese parece-nos incorreta. Nela, procura-se sobrepor a classificação cível dos juros à classificação tributária, bem como resgatar a noção de causa no direito tributário, não acolhida pelo direito brasileiro, pelo fato de não se poder deixar a critério dos cidadãos o dever de pagar tributo. Não por outra razão vigora o princípio da tributação da renda, ainda que decorrente de atos ilícitos.

Ademais, tese apresenta dois problemas estruturais. Mesmo que os juros sejam decorrentes de descumprimento de contrato (ato ilícito que suscita o pagamento de indenização), a indenização busca exatamente compensar o lucro que a pessoa jurídica deixou de ter, em função do atraso. Assim, neste caso, a indenização (no direito civil ou empresarial) equivale à renda (no direito tributário).

Outro problema de elevada gravidade é a contrapartida da não incidência do imposto sobre os juros. No sistema da lei, os *juros recebidos* compõem a renda tributável como *receita*, enquanto os *juros pagos* reduzem a renda tributável, pois são considerados como *despesas*. Para equacionar a tese proposta, se os juros recebidos não forem considerados como receita tributável, os juros pagos não poderiam ser considerados como despesa dedutível.

Apreciando a matéria, assim entendeu o STJ:

> *2. Os juros incidentes na devolução dos depósitos judiciais possuem natureza remuneratória e não escapam à tributação pelo IRPJ e pela CSLL, na forma prevista no art. 17, do Decreto-lei nº 1.598/77, em cuja redação se espelhou o art. 373, do Decreto nº 3.000/99 – RIR/99, e na forma do art. 8º, da Lei nº 8.541/92, como receitas financeiras por excelência. Precedentes [...]*
>
> *3. Quanto aos juros incidentes na repetição do indébito tributário, inobstante a constatação de se tratarem de juros moratórios, se encontram dentro da base de cálculo do IRPJ e da CSLL, dada a sua natureza de lucros cessantes, compondo o lucro operacional da empresa a teor do art. 17, do Decreto-lei nº 1.598/77, em cuja redação se espelhou o art. 373, do Decreto nº 3.000/99 – RIR/99, assim como o art. 9º, § 2º, do Decreto-Lei nº 1.381/74 e art. 161, IV do RIR/99, estes últimos explícitos quanto à tributação dos juros de mora em relação às empresas individuais.*
>
> *4. Por ocasião do julgamento do REsp. nº 1.089.720 – RS (Primeira Seção, Rel. Min. Mauro Campbell Marques, julgado em 10.10.2012) este Superior Tribunal de Justiça definiu, especificamente quanto aos juros de mora pagos em decorrência de sentenças judiciais, que, muito embora se tratem de verbas indenizatórias, possuem a natureza jurídica de lucros cessantes, consubstanciando-se em evidente acréscimo patrimonial previsto no art. 43, II, do CTN (acréscimo patrimonial a título de proventos de qualquer natureza), razão pela qual é legítima sua tributação pelo Imposto de Renda, salvo a existência de norma isentiva específica ou a constatação de que a verba principal a que se referem os juros é verba isenta ou fora do campo de incidência do IR (tese em que o acessório segue o principal). Precedente: EDcl no REsp. nº 1.089.720 – RS, Primeira Seção, Rel. Min. Mauro Campbell Marques, julgado em 27.02.2013.*
>
> *[...]*
>
> *(STJ, S1, REsp 1.138.695/SC, Min. MAURO CAMPBELL MARQUES, DJe de 31/05/2013)*

Incide, pois, o imposto, sobre os juros decorrentes de mora.

As ***variações monetárias ativas*** são o resultado positivo da conversão em reais de créditos em moedas estrangeiras e as vendas de moedas estrangeiras. Podem incidir tanto na venda direta da moeda estrangeira pertencente à empresa, quando nas vendas para o exterior, quando o valor recebido em reais é superior ao valor do negócio jurídico, por força de valorização da moeda estrangeira.

Os ***juros do capital próprio*** ou os juros pagos a título de remuneração do capital próprio constituem forma de remunerar os sócios. A empresa pode remunerar seus sócios distribuindo lucros e pagando dividendos ou pagando juros sobre o capital do sócio utilizado pela empresa. Veremos, adiante, os reflexos dos juros sobre capital próprio, como despesa, pagos pela empresa a seus sócios.

Nos interessa agora dizer que a empresa, contribuinte do IRPJ, também pode ser sócia de outra empresa e receber desta o pagamento de juros pelo capital próprio. Neste caso, a empresa que recebe os juros deve contabilizá-los como receita operacional e, assim, inseri-lo na base de cálculo do imposto de renda e da contribuição social sobre o lucro.

Os *lucros e dividendos* recebidos de outra pessoa jurídica também integram o lucro operacional. Contudo, nos termos e nos limites da legislação brasileira, estes valores não compõem a base de cálculo do IRPJ, quando tributados pela pessoa jurídica que paga os lucros.

O pagamento de juros sobre o capital próprio é, na verdade, exceção. A forma tradicional de remuneração dos sócios, pessoa física ou pessoa jurídica, é a distribuição dos lucros. E tanto a empresa que aufere lucro, quanto o sócio (empresa ou pessoa física), em tese, podem ser chamados a pagar imposto de renda. Quer dizer, a empresa aufere lucros e este lucro é renda, de sorte que pode ser tributado; a pessoa que recebe a distribuição dos lucros também recebe renda e também pode ser tributada.

No caso brasileiro, o que a lei faz é excluir a dupla tributação, determinando que a empresa que distribui os lucros paga imposto e o sócio é isento. Vamos repetir, nos termos e nos limites que a própria lei impõe, como vimos ao tratar do IRPF.

Dispõe o art. 9º, da Lei 9.249/95, sobre o pagamento de juros sobre o capital próprio:

> *Art. 9º A pessoa jurídica poderá deduzir, para efeitos da apuração do lucro real, os juros pagos ou creditados individualizadamente a titular, sócios ou acionistas, a título de remuneração do capital próprio, calculados sobre as contas do patrimônio líquido e limitados à variação, pro rata dia, da Taxa de Juros de Longo Prazo – TJLP.*
>
> *§ 1º O efetivo pagamento ou crédito dos juros fica condicionado à existência de lucros, computados antes da dedução dos juros, ou de lucros acumulados e reservas de lucros, em montante igual ou superior ao valor de duas vezes os juros a serem pagos ou creditados.*
>
> *§ 2º Os juros ficarão sujeitos à incidência do imposto de renda na fonte à alíquota de quinze por cento, na data do pagamento ou crédito ao beneficiário.*
>
> *§ 3º O imposto retido na fonte será considerado:*
>
> *I – antecipação do devido na declaração de rendimentos, no caso de beneficiário pessoa jurídica tributada com base no lucro real;*
>
> *II – tributação definitiva, no caso de beneficiário pessoa física ou pessoa jurídica não tributada com base no lucro real, inclusive isenta, ressalvado o disposto no § 4º;*

§ 5º No caso de beneficiário sociedade civil de prestação de serviços, submetida ao regime de tributação de que trata o art. 1º do Decreto--Lei nº 2.397, de 21 de dezembro de 1987, o imposto poderá ser compensado com o retido por ocasião do pagamento dos rendimentos aos sócios beneficiários.

§ 6º No caso de beneficiário pessoa jurídica tributada com base no lucro real, o imposto de que trata o § 2º poderá ainda ser compensado com o retido por ocasião do pagamento ou crédito de juros, a título de remuneração de capital próprio, a seu titular, sócios ou acionistas.

§ 7º O valor dos juros pagos ou creditados pela pessoa jurídica, a título de remuneração do capital próprio, poderá ser imputado ao valor dos dividendos de que trata o art. 202 da Lei nº 6.404, de 15 de dezembro de 1976, sem prejuízo do disposto no § 2º.

§ 8º Para fins de cálculo da remuneração prevista neste artigo, serão consideradas exclusivamente as seguintes contas do patrimônio líquido:

I – capital social;

II – reservas de capital;

III – reservas de lucros;

IV – ações em tesouraria; e

V – prejuízos acumulados.

§ 9º Revogado

§ 10 Revogado

§ 11. O disposto neste artigo aplica-se à Contribuição Social sobre o Lucro Líquido.

§ 12. Para fins de cálculo da remuneração prevista neste artigo, a conta capital social, prevista no inciso I do § 8º deste artigo, inclui todas as espécies de ações previstas no art. 15 da Lei no 6.404, de 15 de dezembro de 1976, ainda que classificadas em contas de passivo na escrituração comercial.

Embora não se trate de distribuição de lucros, cabe mencionar a disciplina do **pagamento** de serviços prestados por empregados **baseado em ações**. Dispõe o art. 33, da Lei 12.973/14:

Art. 33. O valor da remuneração dos serviços prestados por empregados ou similares, efetuada por meio de acordo com pagamento baseado em ações, deve ser adicionado ao lucro líquido para fins de apuração do lucro real no período de apuração em que o custo ou a despesa forem apropriados.

§ 1º A remuneração de que trata o caput será dedutível somente depois do pagamento, quando liquidados em caixa ou outro ativo, ou depois da transferência da propriedade definitiva das ações ou opções, quando liquidados com instrumentos patrimoniais.

§ 2º Para efeito do disposto no § 1º, o valor a ser excluído será:

I – o efetivamente pago, quando a liquidação baseada em ação for efetuada em caixa ou outro ativo financeiro; ou

II – o reconhecido no patrimônio líquido nos termos da legislação comercial, quando a liquidação for efetuada em instrumentos patrimoniais.

Art. 34. As aquisições de serviços, na forma do art. 33 e liquidadas com instrumentos patrimoniais, terão efeitos no cálculo dos juros sobre o capital próprio de que trata o art. 9º da Lei no 9.249, de 26 de dezembro de 1995, somente depois da transferência definitiva da propriedade dos referidos instrumentos patrimoniais.

A lei não veda o pagamento em ações, mas determina a adição de seu valor no cálculo do imposto da pessoa jurídica.

Os ***lucros distribuídos por pessoa jurídica estrangeira***, da qual a empresa brasileira é sócia, são tributados. Trata-se de aplicação do princípio da renda universal. O tratamento não é idêntico, pois a pessoa jurídica no exterior não paga imposto para o Brasil. Assim, a renda recebida pela empresa nacional não vem tributada, como ocorre nos lucros distribuídos por empresa nacional.

Trataremos do tema adiante, mas não é demais adiantar que o lucro distribuído pela pessoa jurídica estrangeira à empresa nacional é, em regra, tributado pelo país de origem. Neste caso, também nos termos e nos limites da lei brasileira e de eventual tratado internacional, o imposto pago no exterior pode ser deduzido da obrigação no Brasil.

O principal objetivo é tributar os lucros distribuídos por empresas sediadas em países que não tributam a renda: os paraísos fiscais. Como lá não se paga imposto, a distribuição de lucros para nacionais é tributada e não há imposto a compensar.

Os **juros recebidos em aplicações financeiras** têm tratamento específico. Como toda aplicação financeira de renda fixa e de renda variável, o imposto é retido na fonte e eventuais perdas podem ser compensadas com ganhos da mesma natureza (aplicações em geral e investimentos em *day trade*). Trataremos mais do tema, em outra parte deste livro.

As **subvenções** também influenciam o resultado operacional. Subvenções são ajudas financeiras recebidas de pessoas jurídicas de direito público ou privado, ou de pessoas naturais, as importâncias levantadas das contas vinculadas do FGTS e as recuperações ou devoluções de custos, deduções ou provisões dedutíveis.

A Lei 12.973/14 alterou o tratamento das subvenções para investimento, incluindo o inciso V, no art. 19, do DL 1.598/77. Leia-se:

Art. 19. Considera-se lucro da exploração o lucro líquido do período-base, ajustado pela exclusão dos seguintes valores:

[...]

V – as subvenções para investimento, inclusive mediante isenção e redução de impostos, concedidas como estímulo à implantação ou expansão de empreendimentos econômicos, e as doações, feitas pelo poder público

Tais subvenções, portanto, são excluídas do cômputo do resultado.

Como veremos a seguir, as despesas reduzem a base de cálculo do IRPJ. Algumas despesas, contudo, são "revertidas" e esta reversão é lançada como receita. Quando a empresa paga ao empregado todo o valor do FGTS a que o trabalhador tem direito, ela levanta o valor depositado na conta vinculada. O pagamento realizado ao trabalhador é despesa da pessoa jurídica, mas o levantamento do FGTS depositado na conta reduz a despesa e é lançado como receita.

De forma similar, a legislação permite que sejam deduzidas despesas como *provisões* – de férias, por exemplo. Se o empregado perde o direito às férias, a despesa não ocorrerá e a reversão da despesa é feita por um lançamento contábil de receita. Outro exemplo são os créditos não recebidos. Com a venda, o contribuinte lança a receita. Se o comprador não paga, atendidas as exigências legais, o contribuinte pode lançar o prejuízo como despesa. Se, mais tarde, o comprador efetuar o pagamento, o contribuinte deve lançar novamente a receita.

Como **regra geral, todas as receitas são tributadas**. Não serão tributadas as receitas nomeadamente afastadas pela Constituição (imunidades) ou pela lei (isenções) ou que não coincidam com o conceito de renda, como a indenização.

A propósito da aplicação da regra geral, procurou-se afastar da tributação do imposto de renda lançamentos de receita decorrentes de crédito do ICMS não compensados na sistemática do art. 155, II, § 2º, I e II, da Constituição. Entendeu, porém, o STJ, pela incidência do imposto. Vejamos:

> *TRIBUTÁRIO. EXCLUSÃO DE CRÉDITOS DE ICMS DA BASE DE CÁLCULO DO IRPJ E DA CSLL. IMPOSSIBILIDADE.*
>
> *1. Hipótese em que a recorrente pretende a exclusão de créditos de ICMS da base de cálculo do IRPJ e da CSLL, sob o argumento de que não representam renda ou acréscimo patrimonial.*
>
> *2. O fato gerador da CSLL é o auferimento de lucro, e, nos termos do art. 2º da Lei 7.689/88, sua base de cálculo é o valor do resultado do exercício, antes da provisão para o imposto de renda.*
>
> *3. Conforme dispõe o art. 43 do CTN, o fato gerador do imposto de renda é a aquisição da disponibilidade econômica ou jurídica de renda, proventos de qualquer natureza ou acréscimos patrimoniais.*
>
> *4. "Não se deve confundir disponibilidade econômica com disponibilidade financeira da renda ou dos proventos de qualquer natureza. Enquanto esta última se refere à imediata 'utilidade' da renda, a segunda está atrelada ao simples acréscimo patrimonial, independentemente da existência de recursos financeiros. Não é necessário que a renda se torne efetivamente disponível (disponibilidade financeira) para que se considere ocorrido o fato gerador do imposto de renda, limitando-se a lei a exigir a verificação do acréscimo patrimonial (disponibilidade econômica)." [...].*

> *5. A impossibilidade de aproveitamento integral dos créditos de ICMS em virtude de aspectos negociais e de óbices à transferência a terceiros não autoriza a dedução da base de cálculo do IRPJ e da CSLL. [...]*
>
> *(STJ, T2, AgRg no REsp 1.266.868 / PR, Min. HERMAN BENJAMIN, DJe de 10/05/2013)*

As receitas das empresas decorrem de suas atividades empresariais, de venda de bens e prestação de serviços, do recebimento de juros relativos a estas transações ou de aplicações financeiras ou ainda de atividades eventuais, não operacionais.

Em alguns casos, porém, a empresa faz lançamentos de receita em sua contabilidade que não decorrem diretamente de suas operações, mas que esteja relacionada com atividade ou objeto principal da pessoa jurídica (art. 12, IV, do DL 1.598/77, com redação dada pela Lei 12.973/14. É o caso das subvenções, expressamente excluídas da apuração do resultado, nos termos do inciso V, no art. 19, do DL 1.598/77.

Também há lançamentos de receita nos **benefícios fiscais**, baseados na concessão de créditos tributários.

Ocorre que, neste caso, não há norma geral que determine a exclusão destas receitas da apuração do lucro, podendo ser, em tese, tributadas. E por constituir "receita", nos termos da lei, estão igualmente sujeitas a incidência de tributos como o PIS, a COFINS e a Contribuição Substitutiva, cujas bases é a receita bruta.

De outro turno, há um argumento bastante robusto para afastar a inclusão destas receitas da base de cálculo dos tributos: a incidência dos tributos sobre os benefícios fiscais reduz o próprio benefício que o legislador quis conceder ao contribuinte.

Não há, porém, nenhuma solução uniforme que abranja todos os benefícios fiscais e a questão é tratada em normas específicas ou pela jurisprudência que examina cada situação.

Vejamos alguns casos.

A legislação apresenta diversas hipóteses de crédito presumido do IPI. Créditos nas exportações, conferidos pela Lei 9.363/96, e pela Lei 12.546/11 (Reintegra), crédito do programa Inovar-Auto (Lei 12.715/12) etc.

A jurisprudência tem oscilado quanto a tributação destes créditos, havendo julgados do STJ que entendem pela incidência dos tributos, outros que entendem pela não incidência.

A Lei 12.715/2012, que institui o Inovar-Auto, prevê expressamente que os créditos do programa não sofrem a incidência do PIS e da COFINS e não compõem a base de cálculo do IRPJ e da CSLL. Leia-se:

> *Art. 41. [...]*
>
> *§ 7º Os créditos presumidos de IPI de que trata este artigo:*
>
> *I – não estão sujeitos a incidência da Contribuição para o PIS/Pasep e da Cofins; e*
>
> *II – não devem ser computados para fins de apuração do Imposto de Renda da Pessoa Jurídica e da Contribuição Social sobre o Lucro Líquido.*

Como se trata de dispositivo de lei, a norma pode ser considerada verdadeira exoneração do imposto de renda e das demais contribuições.

A Lei 12.546/11, que estabelece o Reintegra, não possui igual dispositivo, o que alimentou muitas demandas judiciais. Em 2015, porém, foi editado o Decreto 8.425/15, que em seu art. 2º, § 5º, afasta a tributação dos créditos do programa. Leia-se:

> *Art. 2º [...]*
>
> *§ 5º O valor do crédito apurado conforme o disposto neste artigo não será computado na base de cálculo da Contribuição para o PIS/Pasep, da Cofins, do Imposto sobre a Renda da Pessoa Jurídica – IRPJ e da Contribuição Social sobre o Lucro Líquido – CSLL.*

Esta norma, ao contrário daquela que rege o Inovar-Auto, deve ser entendida como regra interpretativa, tendo em vista que não é legítimo ao Poder Executivo exonerar a tributação prevista em lei. Diga-se de passagem, em nenhum tributo, pois a Constituição autoriza, apenas, a redução e a elevação de alíquotas para alguns tributos, como o IPI e o IOF, não havendo autorização, mesmo para estes tributos, a possibilidade de redução da base de cálculo ou de isenção por ato infralegal.

Surge, assim, a questão de como equacionar a norma interpretativa expressamente dirigida ao Reintegra, com outros casos de benefícios fiscais, especialmente aqueles concedidos por Estados e Municípios, que não têm competência para dispor sobre IRPF, CSLL, PIS e COFINS, nem podem interpretar as normas destes tributos.

Se aplicada interpretação analógica, estes tributos não poderiam incidir em nenhum benefício fiscal. Por outro lado, se prestigiada a autonomia dos entes federados, a União não estaria vinculada a benefícios concedidos por outras esferas.

Sem apreciar esta questão, o STJ tem decidido pela não incidência de qualquer destes tributos, sobre o crédito presumido de ICMS.

> *INCENTIVO VOLTADO À REDUÇÃO DE CUSTOS, COM VISTAS A PROPORCIONAR MAIOR COMPETITIVIDADE NO MERCADO PARA AS EMPRESAS DE UM DETERMINADO ESTADO-MEMBRO, NÃO ASSUMINDO NATUREZA DE RECEITA OU FATURAMENTO, PELO QUE NÃO COMPÕE A BASE DE CÁLCULO DO PIS/COFINS. ENTENDIMENTO APLICÁVEL AO IRPJ E À CSLL. PRECEDENTE: AGRG NO RESP. 1.227.519/RS, REL. MIN. BENEDITO GONÇALVES, DJE 7.4.2015. AGRAVO REGIMENTAL DA FAZENDA NACIONAL DESPROVIDO.*
>
> *1. O Superior Tribunal de Justiça assentou o entendimento de que o crédito presumido de ICMS configura incentivo voltado à redução de custos, com vistas a proporcionar maior competitividade no mercado para as empresas de um determinado estado-membro, não assumindo natureza de receita ou faturamento, motivo por que não compõe a base de cálculo da contribuição ao PIS e da COFINS.*
>
> *2. A Primeira Turma desta Corte assentou o entendimento de que o crédito presumido de ICMS não se inclui na base de cálculo do IRPJ e da CSLL. Não há dúvida alguma que a aplicação desse sistema de*

incentivo aos exportadores amplia os lucros das empresas exportadoras. Se não ampliasse, não haveria interesse nem em conceder, nem em utilizar. O interesse é que move ambas as partes, o Fisco e o contribuinte; neste caso, o Fisco tem o interesse de dinamizar as exportações, por isso concede o benefício, e os exportadores têm o interesse de auferir maiores lucros na atividade exportadora, por isso correm reivindicam o benefício. Isso é absolutamente básico e dispensável de qualquer demonstração.

3. Nesse sentido, deve o legislador haver ponderado que, no propósito de menor tributação, a satisfação do interesse público primário – representado pelo desenvolvimento econômico, pela geração de emprego e de renda, pelo aumento de capacidade produtiva, etc. – preponderaria sobre a pretensão fiscal irrestrita, exemplo clássico de interesse público secundário.

4. Agravo Regimental da Fazenda Nacional desprovido.

(STJ, T1, AgRg no REsp 1.461.415/SC Min. NAPOLEÃO NUNES MAIA FILHO, (DJe 26/10/2015)

No mesmo sentido, o REsp 1.227.519/RS e o REsp 1.247.255/RS[25].

A Segunda Turma do STJ apresenta pequena divergência, ao afirmar que os benefícios do ICMS devem compor o cálculo do lucro tributável, para empresas do lucro presumido:

TRIBUTÁRIO. ICMS. INCLUSÃO NA BASE DE CÁLCULO DO IRPJ E DA CSLL. EMPRESA SUJEITA À TRIBUTAÇÃO PELO LUCRO PRESUMIDO. LEGALIDADE. ORIENTAÇÃO CONSOLIDADA NO ÂMBITO DA SEGUNDA TURMA DO STJ. AGRAVO REGIMENTAL IMPROVIDO.

I. Na forma da jurisprudência, "a Segunda Turma desta Corte possui o entendimento firmado de que o ICMS deve compor as bases de cálculo do IRPJ e da CSLL apurados pelo lucro presumido. Para afastar tal incidência, a opção do contribuinte deve ser pelo regime de tributação com base no lucro real, situação permitida nos termos do art. 41 da Lei n. 8.981/95 e art. 344 do RIR/99" (STJ, AgRg no REsp 1.495.699/CE, Rel. Ministro OG FERNANDES, SEGUNDA TURMA, DJe de 26/06/2015).

II. Agravo Regimental improvido.

(STJ, T2, AgRg no REsp 1.522.729/RN, Min. ASSUSETE MAGALHÃES, DJe 16/9/2015)

A matéria é objeto de recurso extraordinário no STF, com repercussão geral reconhecida:

COFINS – PIS – BASE DE CÁLCULO – CRÉDITO PRESUMIDO DE IMPOSTO SOBRE CIRCULAÇÃO DE MERCADORIAS E SERVIÇOS – ARTIGOS 150, § 6º, E 195, INCISO I, ALÍNEA "B", DA CARTA DA REPÚBLICA – RECURSO EXTRAORDINÁRIO – REPERCUSSÃO GERAL CONFIGURADA.

Possui repercussão geral a controvérsia acerca da constitucionalidade da inclusão de créditos presumidos do Imposto sobre Circulação de

25. STJ, T1, AgRg no REsp 1.227.519/RS, Min. BENEDITO GONÇALVES, DJe de 7/4/2015; e STJ, T1, AgRg no REsp 1.247.255/RS Min. BENEDITO GONÇALVES, DJe de 26/11/2015.

> *Mercadorias e Serviços – ICMS nas bases de cálculo da Cofins e da contribuição ao PIS.*
>
> *(STF, RE 835.818 RG/PR, Min. MARCO AURÉLIO, DJe de 22/9/2015)*

Tema correlato é inclusão dos créditos de PIS e COFINS não-cumulativos na apuração da base de cálculo do IPFJ e da CSLL. As turmas do STJ entendem que tais créditos são computados para fins de incidência dos tributos. Leia-se:

> *TRIBUTÁRIO. AGRAVO REGIMENTAL NO RECURSO ESPECIAL. IRPJ E CSLL. BASE DE CÁLCULO. CRÉDITOS DE PIS E COFINS DECORRENTES DA NÃO CUMULATIVIDADE. EXCLUSÃO DA BASE DE CÁLCULO. IMPOSSIBILIDADE. PRECEDENTES.*
>
> *1. Ambas as Turmas da Primeira Seção possuem precedentes com entendimento de que os créditos escriturais de PIS e Cofins decorrentes do sistema não cumulativo adotado pela Lei 10.833/03 não podem ser excluídos da base de cálculo do IRPJ e da CSLL.*
>
> *2. Agravo regimental não provido.*
>
> *(STJ, T1, AgRg no REsp 1.213.374/RS Min. BENEDITO GONÇALVES, DJe 25/10/2013)*
>
> *TRIBUTÁRIO. PIS. COFINS. REGIME NÃO CUMULATIVO. INCLUSÃO NA BASE DE CÁLCULO DO IRPJ E DA CSLL. LEGALIDADE. ORIENTAÇÃO CONSOLIDADA NO ÂMBITO DA PRIMEIRA SEÇÃO DO STJ. AGRAVO REGIMENTAL IMPROVIDO.*
>
> *I. Na forma da jurisprudência, "a Primeira Seção do STJ possui orientação consolidada no sentido de que os créditos escriturais apurados pelos contribuintes no regime não cumulativo do PIS e da Cofins integram a base de cálculo do IRPJ e da CSLL (AgRg no REsp 1.307.519/SC, Rel. Ministro Castro Meira, Segunda Turma, DJe 19.8.2013; REsp 1.267.705/SC, Rel. Ministro Mauro Campbell Marques, Segunda Turma, DJe 8.9.2011; AgRg no REsp 1.206.195/PR, Rel. Ministro Humberto Martins, Segunda Turma, DJe 25.8.2011; AgRg no REsp 1.213.374/RS, Rel. Ministro Benedito Gonçalves, Primeira Turma, DJe 25.10.2013)" (STJ, AgRg no AREsp 618120/CE, Rel. Ministro HERMAN BENJAMIN, Segunda Turma, DJe de 31/03/2015).*
>
> *II. Agravo Regimental improvido.*
>
> *(STJ, T2, AgRg no AREsp 374.470/AL, Min. ASSUSETE MAGALHÃES, DJe de 19/8/2015)*

Neste caso, a nosso ver, os créditos de PIS e COFINS não são benefícios fiscais, de modo que não há incompatibilidade com as decisões acerca dos créditos presumidos de IPI e ICMS, nem possibilidade de aplicação analógica, embora possa haver divergência quanto a natureza dos créditos das contribuições e discordância quanto ao próprio mérito das decisões.

6.8.1.1.2. Despesas operacionais

Aspectos gerais

As despesas operacionais são muito mais variadas que as receitas. As pessoas jurídicas possuem despesas de toda natureza, o que torna a matéria mais detalhada.

Ademais, a lei estabelece *requisitos* para que a despesa possa ser aceita na apuração da base de cálculo do IRPJ.

Nos termos do art. 47, da Lei 4.506/64 e do art. 299 do RIR, a despesa, para ser computada na apuração do lucro, deve ser ***necessária* e *usual***. Ademais, deve ser devidamente *contabilizada*.

Necessária é a despesa utilizada para a consecução da renda. Assim, por exemplo, os custos do veículo para entrega de mercadorias, do veículo do representante comercial, do veículo utilizado pela equipe de manutenção de máquinas e equipamentos vendidos etc., são necessários à aquisição da renda, de modo que são considerados como despesas dedutíveis. Nada impede que a pessoa jurídica adquira veículo de luxo para o lazer dos sócios no final de semana ou veículo que venha a ser usado pelos filhos dos sócios, que não trabalham na empresa. Os custos com tais veículos, contudo, são despesas desnecessárias e, portanto, não podem ser considerados na apuração do lucro.

As despesas também devem ser ***usuais***, no sentido de que os gastos efetuados se refiram a bens e serviços normalmente utilizados pela empresa em sua atividade produtiva e a preços de mercado.

Nada impede a dedução de despesas com materiais novos, utilizados em novos processos produtivos da empresa, nem de insumos adquiridos em valor muito superior ao usualmente praticado, em casos de elevação do preço por escassez do produto no mercado.

Não se aceitam, por outro lado, as despesas com mercadorias, insumos ou serviços irrelevantes à atividade empresarial ou aquelas realizadas em valor desproporcional aos preços de mercado.

Ricardo Lobo Torres menciona, ainda, como condição para as despesas, o respeito ao princípio da causalidade:

> *O princípio aponta no sentido de que as despesas podem ser deduzidas se puderem se caracterizar como causa do aumento de receita ou se tiverem por finalidade promover o desenvolvimento da atividade empresarial. Se a despesa operacional gera o incremento de ingressos e, conseguintemente, do próprio montante futuro do imposto, deverá ser deduzida*[26].

Assim, podem ser consideradas como despesas operacionais, se necessárias e usuais, diversos gastos da empresa, dentre eles:

- **Despesas administrativas**
    - Pessoal – salários e encargos
    - Tributos
    - Energia elétrica

26. TORRES, Ricardo Lobo. Tratado de direito constitucional financeiro e tributário. Vol, IV. Rio de Janeiro: Renovar, 2007, p. 131.

- Telefone
- Água
- Telefone
- Diárias e passagens
- Provisões
- Encargos de depreciação, amortização e exaustão
- Conservação de bens e instalações
- Assistência médica, odontológica e farmacêutica de empregados
- Despesas de pesquisa científica e tecnológica

– **Despesas com vendas**

- Aquisição de mercadorias e insumos
- Propaganda e publicidade
- Provisão para créditos de liquidação duvidosa
- Perdas em operações de crédito
- Royalties e assistência técnica
- Encargos de depreciação, amortização e exaustão
- Despesas com pessoal – salários e encargos
- Seguros de mercadorias
- Comissões e corretagens sobre venda
- Fretes, transporte, combustíveis, manutenção de veículos
- Devoluções de mercadorias

– **Despesas financeiras**

- Juros passivos
- Descontos financeiros concedidos
- Deságio na colocação de debêntures ou títulos de crédito
- Variações monetárias passivas
- Juros pagos para remunerar capital próprio (dos sócios)

Algumas destas despesas atendem ao senso comum e não demandam maiores esclarecimentos. Outras, contudo, são menos conhecidas ou sofrem regramentos e restrições próprias da legislação do imposto de renda e merecem alguns comentários.

Tipos de despesas operacionais

Custo das mercadorias vendidas

Vamos imaginar que o contribuinte tenha iniciado suas atividades com um estoque de 10 camisas, adquiridas a R$ 10,00 cada. No decorrer do período de apuração do imposto, comprou mais 5 camisas a R$ 15,00 e 10 camisas a R$ 20,00. No final do período de apuração, verificou que vendeu 15 camisas, ao preço fixo de R$ 50,00.

A receita é fácil de se apurar: 15 x R$ 50,00 = R$ 750,00[27].

A despesa, vale dizer, o custo das mercadorias vendidas, não é tão fácil assim, pois o custo de aquisição não foi uniforme. *Se considerarmos camisas vendidas foram as adquiridas em primeiro lugar, o custo seria de R$ 175,00 (10 x R$ 10,00 + 5 x 15,00)*; se considerarmos que as camisas vendidas foram as últimas adquiridas, o custo seria de R$ 275,00; *se considerarmos o custo médio de cada camisa adquirida até a data da venda, de R$ 15,00 = (R$ 100,00 + R$ 75,00 + R$ 200,00)/25 camisas, teríamos o custo de R$ 225,00 (15 x R$ 15,00)*. Por fim, se pensarmos em combinações aleatórias, o custo de aquisição das mercadorias vendidas pode ser muito variado.

O custo aleatório não é conveniente nem para o Fisco nem para o contribuinte, pois é impossível de ser controlado. O custo das últimas mercadorias adquiridas é melhor para o contribuinte e pior para o Fisco, especialmente em períodos de inflação, pois a despesa sobe sensivelmente. De outro lado, o custo das primeiras mercadorias é melhor para o Fisco e pior para o contribuinte, pois a despesa diminui e o imposto a pagar tende a ser maior. O custo médio, como o próprio nome diz, fica no meio do caminho entre o Fisco e o contribuinte.

Para solucionar o problema, a lei rejeita o custo aleatório e o custo das últimas mercadorias e permite ao contribuinte adotar o *custo médio* ou o *custo dos bens adquiridos em primeiro lugar* (art. 14, do DL 1.598/77).

O contribuinte pode, também, rejeitar os métodos de apuração do custo das mercadorias vendidas com base valor efetivamente pago e optar pela definição do custo pelo preço de venda, subtraída a margem de lucro da empresa (art. 14, § 2º, do DL 1.598/77).

Estes métodos valem tanto para a aquisição de mercadorias para revenda quanto para a aquisição de matérias primas e insumos para industrialização.

Depreciação, amortização e exaustão

As mercadorias, os insumos e as matérias primas, classificadas no ativo circulante da empresa, são compradas para posterior revenda. Os bens do ativo não circulante, ao contrário, são adquiridos para permanecer na empresa, não sendo vendidos. A venda pode ocorrer, mas esta não é, normalmente, a intenção do contribuinte e a eventual venda não ocorre na mesma frequência que as mercadorias destinadas ao comércio.

27. Se o preço de venda fosse variável, bastaria fazer a soma do valor de cada operação.

Estes bens do ativo são prédios, máquinas, equipamentos, veículos sujeitos a desgaste, são bens intangíveis ou investimentos prévios, a serem recuperados a médio ou longo prazo pela empresa, ou são minas, jazidas e fontes não renováveis sujeitas a exploração limitada.

De outro turno, estes bens também representam despesas para a pessoa jurídica e refletem na apuração do imposto de forma gradual e constante. Os prédios, máquinas, equipamentos e veículos geram despesa na medida da depreciação que sofrem ao serem utilizados no processo produtivo; os investimentos pré-operacionais geram despesa denominada amortização, durante a fase operacional; e os recursos não renováveis promovem despesa à taxa de exaustão, conforme são explorados.

É preciso abordar, neste momento, a avaliação do ativo pelo seu valor justo e os efeitos na depreciação, na amortização e na exaustão.

A mudança ocorrida na lei comercial, a contabilidade passou a aceitar a avaliação do ativo imobilizado e do ativo intangível pelo valor justo e, portanto, hipótese de redução do valor do ativo, quando o valor do bem no mercado sofreu alteração.

Dessa forma, o bem que perdeu valor de mercado pode ser reavaliado, lançando-se a perda de valor, que não é computada para fins de apuração do lucro real (art. 19, VI, do DL 1.598/77, com redação dada pela Lei 12.973/14).

O que importa, contudo, para o tópico é o fato de que a depreciação passa a correr pelo novo valor do bem, após a redução.

Depreciação

O art. 57, da Lei 4.506/64 permitiu que a pessoa jurídica lance a depreciação como custo, pela "importância correspondente à diminuição do valor dos bens do ativo resultante do desgaste pelo uso, ação da natureza e obsolescência normal". O art. 13, § 1º, do DL 1.598/77 também incluiu como despesas dedutíveis do imposto de renda os encargos de depreciação, amortização e exaustão.

Assim, todos os bens do ativo sujeitos a desgaste pelo uso e pelo tempo podem ser depreciados, inclusive imóveis. Não se admite a depreciação de terrenos não construídos; de prédios que pertençam ao contribuinte, mas que não sejam utilizados no processo produtivo nem sejam alugados; e bens que aumentam o valor com o tempo, como obras de arte e antiguidades.

A depreciação é lançada como despesa a uma taxa fixa, conforme a natureza do bem. Esta taxa de depreciação nada mais é que a proporção calculada a partir da expectativa de vida útil do bem. Os imóveis se depreciam em 25 anos, de forma que a taxa de depreciação anual é de 4% sobre o valor do bem; os equipamentos se depreciam em 10 anos, com a taxa anual de 10% e os semoventes e os veículos em 5 anos, à taxa de 20%.

A taxa é anual. Caso o contribuinte lance a depreciação em períodos menores, trimestralmente, por exemplo, deverá contabilizá-la proporcionalmente. Para um imóvel, a depreciação será de 4% no ano ou de 1% no trimestre.

Há bens que depreciam mais rapidamente. O contribuinte pode demonstrar que a depreciação no seu caso concreto é mais intensa; pode haver a depreciação acelerada por turnos; bem como a depreciação incentivada.

A *depreciação incentivada* é um benefício fiscal. Quando o legislador pretende incentivar a renovação do parque industrial, ele estimula o contribuinte a adquirir novas máquinas e equipamentos, reduzindo seu custo fiscal pela depreciação em tempo mais reduzido.

A *depreciação acelerada* não é benefício e é aplicada regularmente, para bens utilizados no processo produtivo em turnos (Lei 3.470/58, art. 69). Para a utilização em um turno de oito horas a depreciação é normal; para a utilização em dois turnos de oito horas, a taxa de depreciação é multiplicada por 1,5; e para três turnos de oito horas, a taxa é dobrada, isto é, multiplicada por 2.

A depreciação, seja qual for a modalidade, fica limitada ao valor do ativo.

A legislação não reconhecia a possibilidade de lançamento de depreciação de bem objeto de arrendamento mercantil. Apenas o encargo do contrato era considerado despesa, da mesma forma que os aluguéis.

A contabilidade e a legislação comercial passaram a distinguir duas modalidades de arrendamento mercantil: o *leasing* operacional, regido pela Lei 6.099/74 e o *leasing* financeiro, que se aproxima da compra financiada de um bem.

Assim, para a legislação comercial, o *leasing* operacional gera despesas dedutíveis do lucro contábil e o *leasing* financeiro, por ser registrado no ativo permanente, gera despesas de depreciação, também para fins do lucro contábil.

A Lei 12.973/14, contudo, não acompanhou a legislação comercial e vedou a dedução de despesas de depreciação do *leasing*, seja financeiro ou operacional, ao incluir novos dispositivos no DL 1.598/77 e na Lei 9.249/95. Vejamos:

> *Art. 13 – O custo de aquisição de mercadorias destinadas à revenda compreenderá os de transporte e seguro até o estabelecimento do contribuinte e os tributos devidos na aquisição ou importação.*
>
> *§ 1º – O custo de produção dos bens ou serviços vendidos compreenderá, obrigatoriamente:*
>
> *[...]*
>
> *c) os custos de locação, manutenção e reparo e os encargos de depreciação dos bens aplicados na produção;*
>
> *d) os encargos de amortização diretamente relacionados com a produção;*
>
> *e) os encargos de exaustão dos recursos naturais utilizados na produção.*

> *[...]*
>
> *§ 3º O disposto nas alíneas "c", "d" e "e" do § 1º não alcança os encargos de depreciação, amortização e exaustão gerados por bem objeto de arrendamento mercantil, na pessoa jurídica arrendatária (incluído pela Lei 12.973/2014)*
>
> *§ 4º No caso de que trata o § 3º, a pessoa jurídica deverá proceder ao ajuste no lucro líquido para fins de apuração do lucro real, no período de apuração em que o encargo de depreciação, amortização ou exaustão for apropriado como custo de produção (incluído pela Lei 12.973/2014)*

Dessa forma, a lei veda a dedução dos encargos de depreciação de quaisquer bens arrendados, independentemente do tipo de contrato de *leasing* e de sua forma de contabilização, devendo os lançamentos contábeis de despesas de depreciação de bem objeto de *leasing* financeiro ser ajustados na apuração do lucro líquido.

O art. 13, da Lei 9.249/95 reforça:

> *Art. 13. Para efeito de apuração do lucro real e da base de cálculo da contribuição social sobre o lucro líquido, são vedadas as seguintes deduções, independentemente do disposto no art. 47 da Lei nº 4.506, de 30 de novembro de 1964:*
>
> *[...]*
>
> *VIII – de despesas de depreciação, amortização e exaustão geradas por bem objeto de arrendamento mercantil pela arrendatária, na hipótese em que esta reconheça contabilmente o encargo.*

As operações de *leasing*, portanto, continuam a surtir os mesmos efeitos tributários do regime anterior, vale dizer, a dedução apenas da contraprestação, que veremos adiante.

Amortização

A amortização é o lançamento de despesa pela aquisição de bem ou direito ou pelo investimento que contribuam para a formação do resultado de mais de um período de apuração ou que tenham duração limitada (Lei 4.506/64, art. 58, e DL 1598/77, art. 15, § 1º).

Vamos imaginar que a empresa faça um investimento de R$ 500.000.000,00 para iniciar suas atividades, mas espere obter faturamento anual de R$ 100.000.000,00. O investimento inicial será superior à receita do primeiro ano e, mesmo que o contribuinte quisesse, não poderia lançá-lo como despesa de uma só vez. Por outro lado, o investimento vai durar muitos exercícios fiscais. Assim, a legislação permite que o investimento seja lançado como despesa (amortizado) em diversos exercícios e, de outro lado, impede que seja lançado muito rapidamente.

Outro caso de amortização se aplica aos bens intangíveis. Uma patente, por exemplo, não se desgasta com o tempo e não pode ser depreciada. Mas representa despesa, quando a pessoa jurídica a adquire. Vamos supor que a empresa adquiriu a patente por 5 anos. A lei permite que o custo da patente seja amortizado neste período. Poderão ser amortizados:

- o capital aplicado na aquisição de direitos cuja existência ou exercício tenha duração limitada, ou de bens cuja utilização pelo contribuinte tenha o prazo legal ou contratualmente limitado, tais como:
- patentes de invenção, fórmulas e processos de fabricação, direitos autorais
- investimento em bens que devem reverter ao poder concedente, ao fim do prazo da concessão, sem indenização
- custos das construções ou benfeitorias em bens locados ou arrendados, ou em bens de terceiros, quando não houver direito ao recebimento de seu valor;
- valor dos direitos contratuais de exploração de florestas.
- os custos, encargos ou despesas, registrados no ativo diferido, que contribuirão para a formação do resultado de mais de um período de apuração, tais como:
- as despesas de organização pré-operacionais ou pré-industriais;
- as despesas com pesquisas científicas ou tecnológicas;
- as despesas com prospecção e cubagem de jazidas ou depósitos, realizadas por concessionárias de pesquisa ou lavra de minérios;
- os juros durante o período de construção e pré-operação;
- os juros pagos ou creditados aos acionistas durante o período que anteceder o início das operações sociais ou de implantação do empreendimento inicial;
- os custos, despesas e outros encargos com a reestruturação, reorganização ou modernização da empresa.

A Lei 12.973/14 acrescentou as seguintes disposições acerca da amortização do intangível:

> *Art. 41. A amortização de direitos classificados no ativo não circulante intangível é considerada dedutível na determinação do lucro real, observado o disposto no inciso III do caput do art. 13 da Lei no 9.249, de 26 de dezembro de 1995.*
>
> *Art. 42. Poderão ser excluídos, para fins de apuração do lucro real, os gastos com desenvolvimento de inovação tecnológica referidos no inciso I do caput e no § 2º do art. 17 da Lei no 11.196, de 21 de novembro de 2005, quando registrados no ativo não circulante intangível, no período de apuração em que forem incorridos e observado o disposto nos arts. 22 a 24 da referida Lei.*
>
> *Parágrafo único. O contribuinte que utilizar o benefício referido no caput deverá adicionar ao lucro líquido, para fins de apuração do lucro real, o valor da realização do ativo intangível, inclusive por amortização, alienação ou baixa*

A taxa anual de amortização será fixada em função do número de anos restantes de existência do direito (para bens intangíveis) ou do prazo estabelecido em lei, normalmente de 5 a 10 anos, para os investimentos de longo prazo.

A despesa com amortização fica limitada ao valor do investimento ou do direito.

Exaustão

A exaustão, prevista pelo art. 59, da Lei 4.506/64, é a despesa decorrente da diminuição do valor de recursos minerais, pela sua exploração. Uma mina de ouro a ser explorada em 5 anos, permitirá o lançamento de 20% do seu custo ao ano. Se o ritmo de exploração diminuir, para 10 anos, por exemplo, a despesa lançada será de 10% do custo da mina.

Não geram despesa de exaustão os recursos inesgotáveis.

Para os bens sujeitos a depreciação ou a exaustão, cabe ao contribuinte escolher uma das duas formas de lançamento, sendo vedado lançar despesa de exaustão e depreciação cumuladamente, em razão de um mesmo bem.

Despesas de Conservação de Bens e Instalações

Também são custos dedutíveis as *despesas com reparo, manutenção e conservação de bens* (Lei 4.506/64, art. 48).

Quando estes custos simplesmente mantêm o bem em funcionamento, será tratada como despesa comum. Quando a ação aumentar a vida útil do bem em mais de 1 ano, as despesas são capitalizadas, lançadas na conta de ativo não circulante, e este valor capitalizado irá gerar despesas de depreciação.

Despesas financeiras

A empresa pode deduzir, como despesa, o pagamento de juros de empréstimos, utilizados pela pessoa jurídica como capital de giro ou para investimentos, de descontos de títulos e outros DL 1.598/77, art. 17).

Os empréstimos junto a terceiros não suscitam dúvidas. Os juros pagos aos bancos ou outros mutuantes são efetivas despesas da pessoa jurídica.

Também são despesa os juros pagos antecipadamente, os descontos de títulos de crédito, e o deságio concedido na colocação de debêntures ou títulos de crédito.

O problema surge quando a empresa, em certas condições, toma recursos emprestados dos sócios.

Nos termos da legislação tributária, *não serão dedutíveis* os juros, pagos ou creditados a empresas controladas ou coligadas, domiciliadas no exterior, relativos a empréstimos contraídos, quando, no balanço da coligada ou controlada, constar a existência de lucros não disponibilizados para a controladora ou coligada no Brasil (art. 1º, § 3º, da Lei 9.532/97).

Os encargos das dívidas com sócios ou acionistas, de outro turno, são dedutíveis quando pagos durante o período que anteceder o início das operações sociais ou de implantação do empreendimento inicial.

Também são dedutíveis os juros pagos pelas cooperativas a seus associados, de até doze por cento ao ano sobre o capital integralizado.

O art. 17, do DL 1.598/77 sofreu alterações relativas à dedutibilidade dos juros e a norma agora tem a seguinte redação:

> *Art. 17 – Os juros, o desconto, a correção monetária prefixada, o lucro na operação de reporte e o prêmio de resgate de títulos ou debêntures, ganhos pelo contribuinte, serão incluídos no lucro operacional e, quando derivados de operações ou títulos com vencimento posterior ao encerramento do exercício social, poderão ser rateados pelos períodos a que competirem.*
>
> *§ 1º Sem prejuízo do disposto no art. 13 da Lei nº 9.249, de 26 de dezembro de 1995, os juros pagos ou incorridos pelo contribuinte são dedutíveis como custo ou despesa operacional, observadas as seguintes normas:*
>
> *a) os juros pagos antecipadamente, os descontos de títulos de crédito, a correção monetária prefixada e o deságio concedido na colocação de debêntures ou títulos de crédito deverão ser apropriados, pro rata tempore, nos exercícios sociais a que competirem; e*
>
> *b) os juros e outros encargos, associados a empréstimos contraídos, especificamente ou não, para financiar a aquisição, construção ou produção de bens classificados como estoques de longa maturação, propriedade para investimentos, ativo imobilizado ou ativo intangível, podem ser registrados como custo do ativo, desde que incorridos até o momento em que os referidos bens estejam prontos para seu uso ou venda.*
>
> *§ 2º Considera-se como encargo associado a empréstimo aquele em que o tomador deve necessariamente incorrer para fins de obtenção dos recursos.*
>
> *§ 3º Alternativamente, nas hipóteses a que se refere a alínea "b" do § 1º, os juros e outros encargos poderão ser excluídos na apuração do lucro real quando incorridos, devendo ser adicionados quando o respectivo ativo for realizado, inclusive mediante depreciação, amortização, exaustão, alienação ou baixa.*

Outra situação é a dos **juros sobre o capital próprio**. Vimos o tratamento destes juros como receita da pessoa jurídica que os recebe, a sócia de outra empresa. Para a empresa que paga os juros, estes são despesa, mas devem observar regras específicas (Lei 9.249/95, art. 9º).

Dispõe o art. 9º, da Lei 9.249/95, sobre o pagamento de juros sobre o capital próprio:

> *Art. 9º A pessoa jurídica poderá deduzir, para efeitos da apuração do lucro real, os juros pagos ou creditados individualizadamente a titular,*

*sócios ou acionistas, a título de remuneração do capital próprio, calculados sobre as contas do patrimônio líquido e limitados à **variação**, pro rata dia, da Taxa de Juros de Longo Prazo – TJLP.*

§ 1º O efetivo pagamento ou crédito dos juros fica condicionado à existência de lucros, computados antes da dedução dos juros, ou de lucros acumulados e reservas de lucros, em montante igual ou superior ao valor de duas vezes os juros a serem pagos ou creditados.

§ 2º Os juros ficarão sujeitos à incidência do imposto de renda na fonte à alíquota de quinze por cento, na data do pagamento ou crédito ao beneficiário.

§ 3º O imposto retido na fonte será considerado:

I – antecipação do devido na declaração de rendimentos, no caso de beneficiário pessoa jurídica tributada com base no lucro real;

II – tributação definitiva, no caso de beneficiário pessoa física ou pessoa jurídica não tributada com base no lucro real, inclusive isenta, ressalvado o disposto no § 4º;

§ 4º No caso de beneficiário pessoa jurídica tributada com base no lucro presumido ou arbitrado, os juros de que trata este artigo serão adicionados à base de cálculo de incidência do adicional previsto no § 1º do art. 3º. (Revogado pela Lei nº 9.430, de 1996)

§ 5º No caso de beneficiário sociedade civil de prestação de serviços, submetida ao regime de tributação de que trata o art. 1º do Decreto-Lei nº 2.397, de 21 de dezembro de 1987, o imposto poderá ser compensado com o retido por ocasião do pagamento dos rendimentos aos sócios beneficiários.

§ 6º No caso de beneficiário pessoa jurídica tributada com base no lucro real, o imposto de que trata o § 2º poderá ainda ser compensado com o retido por ocasião do pagamento ou crédito de juros, a título de remuneração de capital próprio, a seu titular, sócios ou acionistas.

§ 7º O valor dos juros pagos ou creditados pela pessoa jurídica, a título de remuneração do capital próprio, poderá ser imputado ao valor dos dividendos de que trata o art. 202 da Lei nº 6.404, de 15 de dezembro de 1976, sem prejuízo do disposto no § 2º.

§ 8º Para fins de cálculo da remuneração prevista neste artigo, serão consideradas exclusivamente as seguintes contas do patrimônio líquido:

I – capital social;

II – reservas de capital;

III – reservas de lucros;

IV – ações em tesouraria; e

V – prejuízos acumulados.

[...]

§ 11. O disposto neste artigo aplica-se à Contribuição Social sobre o Lucro Líquido.

> *§ 12. Para fins de cálculo da remuneração prevista neste artigo, a conta capital social, prevista no inciso I do § 8º deste artigo, inclui todas as espécies de ações previstas no art. 15 da Lei no 6.404, de 15 de dezembro de 1976, ainda que classificadas em contas de passivo na escrituração comercial.*

Os juros pagos somente serão dedutíveis: 1. se creditados individualizadamente aos sócios, a título de juros sobre o capital próprio; 2. se a empresa que paga os juros possuir lucro presente ou acumulado em valor maior ou igual ao dobro dos juros pagos; 3. se os juros estiverem dentro do limite calculado pela variação da Taxa de Juros de Longo Prazo sobre as contas do patrimônio líquido, limitado a variação da TJLP.

Estes requisitos são cumulativos e, se não atendidos, os juros não serão dedutíveis da base de cálculo do IRPJ.

Discute-se se os juros sobre o capital próprio são dedutíveis se pagos ao usufrutuário das ações ou quotas, ou apenas se pagos ao nu-proprietário, em virtude do texto do caput do art. 9º, da Lei 9.249/95.

Vale lembrar, também, que os juros sobre o capital próprio não decorrem de empréstimos, mas da integralização do capital pelo sócio. Não obstante, seu tratamento é o mesmo das despesas, não o da distribuição de lucros.

Este, porém, é um ponto sensível. Por entenderem que os juros sobre capital próprio são forma alternativa, mas equivalente, de distribuição de lucros, os contribuintes defendem que é possível a dedução dos juros pagos em exercícios posteriores.

As empresas, por razões comerciais, podem deixar de pagar os juros sobre capital próprio em determinado ano e, no ano seguinte, pretenderem pagar a remuneração de dois períodos e deduzir o valor acumulado como despesa do exercício.

Haveria, assim, uma "duplicação" do limite de dedução dos juros sobre capital próprio pagos em um exercício, como "compensação" pelo não pagamento no ano anterior.

A jurisprudência administrativa do CARF, contudo, entende que os juros sobre capital próprio são despesas e, como tais, estão sujeitas ao regime de competência, não podendo ser deduzidas em períodos posteriores.

A interpretação administrativa parece estar de acordo com a jurisprudência da Segunda Seção do STJ que, em dissídios entre empresas e acionistas, julga possível o pagamento acumulado de juros sobre o capital próprio e de dividendos, justamente em virtude da diferença de natureza dos institutos, aquele uma despesa e este distribuição dos lucros (veja-se, por exemplo, o julgamento do AgRg no REsp 1.202.693/RS e do REsp 1.373.438/RS, este último sob o rito do art. 543-C, do CPC)[28].

---

28. STJ, T4, AgRg no REsp 1.202.693/RS, Min. LUIS FELIPE SALOMÃO, DJe 29/9/2010 e STJ, S2, REsp 1.373.438/RS, Min. PAULO DE TARSO SANSEVERINO, DJe de 17/6/2014.

Noticia-se, contudo, pelo menos uma decisão a favor dos contribuintes, nos Tribunais Regionais Federais. Leia-se:

> *TRIBUTÁRIO. JUROS SOBRE CAPITAL PRÓPRIO DISTRIBUÍDOS AOS SÓCIOS/ACIONISTAS. BASE DE CÁLCULO DO IRPJ E DA CSLL. EXERCÍCIOS ANTERIORES. POSSIBILIDADE. I. Pretende a recorrente pagar aos sócios juros sobre o capital próprio, calculados sobre as contas do patrimônio líquido da sociedade, nos termos da Lei nº 9.249/95. Por ter acumulado os valores relativos aos juros sobre o capital apurados, sem tê-los repassados aos sócios, relativamente aos exercícios de 2008, 2009, 2010, 2011 e 2012, defende a possibilidade do pagamento dos valores respectivos aos sócios, no exercício de 2013. II. Os juros sobre capital próprio, de acordo com a Lei nº 9.249/95, apresentam-se como uma faculdade à pessoa jurídica, que pode fazer valer de seu creditamento sem que ocorra o efetivo pagamento de maneira imediata, aproveitando-se da capitalização durante esse tempo. Diferente dos dividendos, os juros sobre capital próprio dizem respeito ao patrimônio líquido da empresa, o que permite que sejam creditados de acordo com os lucros e reservas acumulados. III. A lei não estabelece que a dedução dos juros sobre capital próprio deva ser feita no mesmo exercício-financeiro em que realizado o lucro da empresa. Tal conduta IV. O art. 29 da Instrução Normativa nº 11/96 que determina que a dedutibilidade dos juros sobre o capital seja feita de acordo com o regime de competência, extrapola V. Apelação provida.*
>
> *(TRF5, T4, AC 08011273620134058300, Desembargador Federal Ivan Lira de Carvalho, DJe de 23/9/2014)*

Lembremos, ainda, que o pagamento de juros sobre o capital próprio somente aproveita a empresas do lucro real, pois estas podem deduzir o pagamento como despesa. As demais empresas não levam em conta a despesa para apurar o imposto devido. Assim, o pagamento destes juros em nada altera o resultado do imposto das empresas optantes pelo lucro presumido, arbitrado ou pelo SIMPLES.

Variações monetárias e cambiais

Refletem no resultado operacional as variações monetárias e cambiais (DL 1.598/77, art. 18 e Lei 9.249/95, art. 8º).

Os contratos podem estar sujeitos, pela vontade das partes ou por força de lei, à indexação.

Assim, o pagamento da obrigação assumida ou o recebimento do crédito da obrigação podem representar, em reais, valor diferente do assumido na assinatura do contrato.

Os contratos podem ser corrigidos por índices inflacionários, pela variação cambial, pela cotação da bolsa de valores etc. Os exemplos mais comuns são os contratos de comércio exterior: importações, exportações, *leasings* internacionais e outros.

Quando o índice é positivo, o valor a pagar será maior do que o valor ajustado inicialmente em reais, de modo que o credor obterá receita e o devedor terá despesa. De outro lado, se o índice for negativo, o valor a pagar será menor, de modo que o credor terá perda e o devedor terá ganho.

Estas variações devem compor o lucro operacional também para fins tributários. Os ganhos (variações monetárias ativas) serão considerados receita e as perdas (variações monetárias passivas) despesa.

Desde o julgamento do REsp 1.274.038/SC, tanto a Primeira quanto a Segunda Turma do STJ têm decidido pela incidência da variação cambial positiva inclusive no regime do lucro presumido, sistema em que, por não se apurar as despesas reais, não se permite a dedução das variações cambiais negativas. Leia-se:

> *PROCESSUAL CIVIL. TRIBUTÁRIO. VIOLAÇÃO AO ART. 535, DO CPC. ALEGAÇÕES GENÉRICAS. SÚMULA N. 284/STF. IMPOSTO DE RENDA DA PESSOA JURÍDICA – IRPJ E CONTRIBUIÇÃO SOCIAL SOBRE O LUCRO LÍQUIDO – CSLL. LUCRO PRESUMIDO. FORMA DE TRIBUTAÇÃO DAS VARIAÇÕES CAMBIAIS. CLASSIFICAÇÃO COMO RECEITAS FINANCEIRAS. APLICAÇÃO DO ART. 25, II, DA LEI N. 9.430/96.*
>
> *1. Não merece conhecimento o recurso especial que aponta violação ao art. 535, do CPC, sem, na própria peça, individualizar o erro, a obscuridade, a contradição ou a omissão ocorridas no acórdão proferido pela Corte de Origem, bem como sua relevância para a solução da controvérsia apresentada nos autos. Incidência da Súmula n. 284/STF: "É inadmissível o recurso extraordinário, quando a deficiência na sua fundamentação não permitir a exata compreensão da controvérsia". 2. A "receita bruta" considerada pelo art. 25, I, da Lei n. 9430/96, para efeito da determinação do lucro presumido como base de cálculo do IRPJ e da CSLL é somente aquela definida pelo art. 31, da Lei n. 8.981/95, que, por sua vez, não compreende as variações monetárias dos direitos de crédito e das obrigações do contribuinte, em função da taxa de câmbio (variações cambiais), posto que definidas como receitas ou despesas financeiras pelo art. 9º, da Lei n. 9.718/98. 3. Consoante o art. 25, II, da Lei n. 9430/96, os resultados positivos decorrentes de receitas não abrangidas pelo art. 25, I, dentre elas a variação cambial positiva como receita financeira, devem ser somados ao valor apurado na forma do art. 25, I, para compor o lucro presumido.*
>
> *4. Nos precedentes do STJ referentes às contribuições ao PIS e COFINS, o conceito de "receita da exportação", por uma interpretação teleológica que visou dar máxima efetividade ao preceito constitucional do art. 149, §2º, I, da CF/88, acabou por ser ampliado de forma a excepcionar o disposto art. 9º, da Lei n. 9.718/98 para admiti-lo inaplicável quando se trata de variação cambial positiva atrelada à operação de venda na exportação. Tal raciocínio não é aplicável no que diz respeito ao IRPJ e à CSLL apurados pelo lucro presumido, pois não se trata mais de definir o conceito de "receita da exportação", mas de definir o conceito de "receita bruta" do art. 31, da Lei n. 8.981/95. 5. "Não é possível para a empresa alegar em juízo que é optante pelo lucro presumido para em seguida exigir as benesses a que teria direito no regime de lucro real, mesclando os regimes de apuração" (AgRg nos EDcl*

> *no AgRg no AG nº 1.105.816 – PR, Segunda Turma, Rel. Min. Mauro Campbell Marques, julgado em 02.12.2010). 6. Recurso especial parcialmente conhecido e, nessa parte, provido.*

Como dissemos anteriormente, as variações cambiais podem ser apropriadas pelo regime de caixa ou pelo regime de competência, à opção do contribuinte. A opção irá valer para todo o ano base.

Provisões

Provisões são os lançamentos de despesas prováveis que deverão se realizar no próprio exercício.

Ocorre com as férias, com o décimo terceiro salário, com o próprio imposto de renda, que podem ou devem ser pagos de uma só vez, mas que decorrem das atividades da empresa durante o ano. Assim, enquanto a empresa não paga as férias ou o décimo terceiro salário, lança como despesa mensal uma provisão de 1/12 do valor que deverá ser pago ao empregado.

Também é dedutível a provisão técnica das companhias de seguro e de capitalização e das entidades de previdência privada. Nestes casos, a provisão será uma reserva de recursos, uma margem, exigida pela legislação específica, para que a companhia possa honrar compromissos.

A empresa pode contabilizar outras provisões indedutíveis do imposto de renda. Neste caso, deverá reverter o lançamento na apuração do lucro real, mediante lançamento no LALUR. Também deverá ser revertido o lançamento da provisão se a despesa não ocorrer.

A lei tributária não permite mais a dedução de provisões para devedores duvidosos. A Lei 9.430/96 estabeleceu novas regras para a dedução de créditos não recebidos, como veremos.

Perdas no recebimento de créditos

É comum que as compras não sejam honradas. O comprador pode se colocar em situação financeira difícil, pode falir ou pode perder o controle de seus débitos.

Contudo, o IRPJ segue o regime de competência, de tal forma que a venda é lançada como receita no momento em que é realizada, independente do pagamento da operação.

Assim, quando o comprador não paga o débito, o contribuinte se coloca na situação de pagar o imposto por receita que não recebeu.

Pensando nesta situação, o legislador estabeleceu regras para dedução da receita, de modo que a obrigação com do IRPJ seja compatibilizada com as perdas no recebimento dos créditos. Dispõe o art. 9º, da Lei 9.430/96:

> *Art. 9º As perdas no recebimento de créditos decorrentes das atividades da pessoa jurídica poderão ser deduzidas como despesas, para determinação do lucro real, observado o disposto neste artigo.*
>
> *§ 1º Poderão ser registrados como perda os créditos:*

> *I – em relação aos quais tenha havido a declaração de insolvência do devedor, em sentença emanada do Poder Judiciário;*
>
> *II – sem garantia, de valor:*
>
> *a) até R$ 5.000,00 (cinco mil reais), por operação, vencidos há mais de seis meses, independentemente de iniciados os procedimentos judiciais para o seu recebimento;*
>
> *b) acima de R$ 5.000,00 (cinco mil reais) até R$ 30.000,00 (trinta mil reais), por operação, vencidos há mais de um ano, independentemente de iniciados os procedimentos judiciais para o seu recebimento, porém, mantida a cobrança administrativa;*
>
> *c) superior a R$ 30.000,00 (trinta mil reais), vencidos há mais de um ano, desde que iniciados e mantidos os procedimentos judiciais para o seu recebimento;*
>
> *III – com garantia, vencidos há mais de dois anos, desde que iniciados e mantidos os procedimentos judiciais para o seu recebimento ou o arresto das garantias;*
>
> *IV – contra devedor declarado falido ou pessoa jurídica declarada concordatária, relativamente à parcela que exceder o valor que esta tenha se comprometido a pagar [...]*

A lei estabeleceu, assim, critérios para que as perdas reduzissem a obrigação tributária.

A perda também se estende aos encargos financeiros não recebidos, mas lançados como receita, a partir do segundo mês após o vencimento da obrigação (art. 11, da Lei 9.430/96).

De se observar que o lançamento destas perdas se dá como uma "despesa imprópria", pois reduz a conta de receita, impactando, assim, tanto a apuração do lucro real quanto a do lucro presumido e de outras formas de apuração de impostos e contribuições incidentes sobre a receita.

De outro turno, conforme determina o art. 12, da Lei 9.430/96, deve haver o lançamento da receita, se o crédito for recebido.

Aluguéis Royalties, Assistência Técnica, Científica ou Administrativa, Arrendamento Mercantil

Os aluguéis, relativos a móveis ou imóveis necessários à produção, vendas e prestação de serviços também são dedutíveis (Lei 4.506/64, art. 71).

Não são dedutíveis, porém, os aluguéis "disfarçados", que representem, na verdade, distribuição de lucros ou aplicação de recursos na aquisição de bens ou direitos. Também não são dedutíveis os aluguéis de móveis ou imóveis desvinculados da atividade da empresa nem o valor dos aluguéis que exceder o valor de mercado, quando pagos a sócios ou seus parentes.

Sob o mesmo fundamento, os *royalties* são dedutíveis.

Não são dedutíveis	
Limitação subjetiva	os *royalties* pagos a sócios, pessoas físicas ou jurídicas, ou dirigentes de empresas, e a seus parentes ou dependentes
	os *royalties* pelo uso de patentes de invenção, processos e fórmulas de fabricação, ou pelo uso de marcas de indústria ou de comércio, quando: a) pagos pela filial no Brasil de empresa com sede no exterior, em benefício de sua matriz; b) pagos pela sociedade com sede no Brasil a pessoa com domicílio no exterior que mantenha, direta ou indiretamente, controle do seu capital com direito a voto
Limitação material	as importâncias pagas a terceiros para adquirir os direitos de uso de um bem ou direito sujeitos a amortização
Limitação formal	os *royalties* pelo uso de patentes de invenção, processos e fórmulas de fabricação bem como aqueles pelo uso de marcas de indústria e comércio pagos ou creditados a beneficiário domiciliado no exterior: a) que não sejam objeto de contrato registrado no Banco Central do Brasil; ou b) cujos montantes excedam aos limites periodicamente fixados pelo Ministro de Estado da Fazenda para cada grupo de atividades ou produtos, segundo o grau de sua essencialidade, e em conformidade com a legislação específica sobre remessas de valores para o exterior.

Não raro, a pessoa jurídica necessita contratar *assistência técnica, científica ou administrativa* e as despesas destes contratos são dedutíveis do IRPJ.

Quando o contrato é realizado com empresa sediada no exterior, a dedução apresenta os seguintes requisitos e limites (Lei 4.506/64, art. 52):

- contrato registrado no Banco Central do Brasil
- corresponderem a serviços efetivamente prestados à empresa através de técnicos, desenhos ou instruções enviadas ao País, ou estudos técnicos realizados no exterior por conta da empresa;
- o montante anual dos pagamentos não exceder ao limite fixado por ato do Ministro de Estado da Fazenda, de conformidade com a legislação específica.

O *arrendamento mercantil ou leasing* é contrato que apresenta elementos da locação e da compra e venda. O arrendatário paga um valor (de natureza similar ao do aluguel) ao arrendante e adquire, assim, o direito ao uso do bem arrendado. O arrendatário adquire, também, o direito à compra do bem (opção de compra) e o exerce conforme seu interesse.

A aplicação pura das regras do IRPJ sobre aluguéis não permitiria a dedução das parcelas do *leasing*, dado o direito à compra gerado por este contrato (Lei 4.506/64, art. 71, parágrafo único).

Contudo, normas específicas permitem a dedução, desde que o contrato atenda ao disposto na Lei 6.099/74, que dispõe sobre o tratamento tributário das operações de arrendamento mercantil.

A Lei 12.973/14 trouxe novas regras para o arrendamento mercantil, além daquelas que vedam a utilização das despesas de depreciação do leasing financeiro para a dedução do lucro tributável, para as operações não alcançadas pela Lei 6.099/74.

Dispõe a lei acerca da pessoa jurídica arrendadora:

> *Art. 46. Na hipótese de operações de arrendamento mercantil que não estejam sujeitas ao tratamento tributário previsto pela Lei no 6.099, de 12 de setembro de 1974, as pessoas jurídicas arrendadoras deverão reconhecer, para fins de apuração do lucro real, o resultado relativo à operação de arrendamento mercantil proporcionalmente ao valor de cada contraprestação durante o período de vigência do contrato.*
>
> *§ 1º A pessoa jurídica deverá proceder, caso seja necessário, aos ajustes ao lucro líquido para fins de apuração do lucro real, no livro de que trata o inciso I do caput do art. 8º do Decreto-Lei no 1.598, de 26 de dezembro de 1977.*
>
> *§ 2º O disposto neste artigo aplica-se somente às operações de arrendamento mercantil em que há transferência substancial dos riscos e benefícios inerentes à propriedade do ativo.*
>
> *§ 3º Para efeitos do disposto neste artigo, entende-se por resultado a diferença entre o valor do contrato de arrendamento e somatório dos custos diretos iniciais e o custo de aquisição ou construção dos bens arrendados.*
>
> *§ 4º Na hipótese de a pessoa jurídica de que trata o caput ser tributada pelo lucro presumido ou arbitrado, o valor da contraprestação deverá ser computado na determinação da base de cálculo do imposto sobre a renda.*

O art. 47, da Lei 12.973/14 reitera a possibilidade da empresa arrendatária deduzir as contraprestações do contrato de *leasing* (operacional ou financeiro) da apuração do lucro real, à exceção das despesas financeiras da arrendatária (art. 48) e o art. 49 confere "aos contratos não tipificados como arrendamento mercantil que contenham elementos contabilizados como arrendamento mercantil por força de normas contábeis e da legislação comercial", o tratamento tributário do leasing.

A ***remuneração dos sócios, diretores ou administradores e titulares de empresas individuais e conselheiros fiscais e consultivos*** também é dedutível (Lei 4.506/64, art. 47).

Não serão, porém, dedutíveis na determinação do lucro:

- as retiradas não debitadas em custos ou despesas operacionais, ou contas subsidiárias, e as que, mesmo escrituradas nessas contas, não correspondam à remuneração mensal fixa por prestação de serviços.
- as percentagens e ordenados pagos a membros das diretorias das sociedades por ações, que não residam no País.

Também é dedutível a remuneração indireta, vale dizer, benefícios concedidos pela empresa a seus administradores (Lei 8.383/91, art. 74).

A dedução se aplica, desde que as despesas sejam pagas a beneficiários identificados e individualizados:

- à contraprestação de arrendamento mercantil ou o aluguel ou, quando for o caso, os respectivos encargos de depreciação de veículo utilizado no transporte de administradores, diretores, gerentes e seus assessores ou de terceiros em relação à pessoa jurídica; de imóvel cedido para uso dessas pessoas;
- às despesas com benefícios e vantagens concedidos pela empresa pagas diretamente ou através da contratação de terceiros, tais como: alimentos, clubes e assemelhados, empregados postos a sua disposição e a conservação, o custeio e a manutenção de veículos e imóveis.

Quando as vantagens indiretas são pagas a beneficiários não identificados ou beneficiários identificados e não individualizados, são indedutíveis na apuração do lucro real.

Também são indedutíveis como custos ou despesas operacionais as gratificações ou participações no resultado, atribuídas aos dirigentes ou administradores de pessoa jurídica (art. 44, § 3º, da Lei 4.506/64).

Participação dos trabalhadores nos lucros das empresas

Também é dedutível a participação dos trabalhadores no lucro da empresa (MP 1.769-55/99, art. 3º, § 1º).

Serviços assistenciais e benefícios previdenciários (Lei 9.249/95, art. 13, V)

São despesas operacionais dedutíveis os gastos realizados pelas empresas com *serviços de assistência médica, odontológica, farmacêutica e social*, destinados **indistintamente** a todos os empregados e dirigentes da empresa, sejam prestados por terceiro ou pela própria empresa.

São dedutíveis, também, as *contribuições não compulsórias* destinadas a custear planos de benefícios complementares assemelhados aos da previdência social, instituídos em favor dos empregados e dirigentes da pessoa jurídica.

A dedução das contribuições previdenciárias está, porém, limitada a vinte por cento do total dos salários dos empregados e da remuneração dos dirigentes da empresa. O valor que exceder este percentual deve ser adicionado ao lucro líquido para efeito de determinação do lucro real.

Despesas de Propaganda (Lei 4.506/64, art. 54, e Lei 7.450/85, art. 54):

São admitidas despesas de propaganda, incluindo o valor pago a profissional independente ou a empresa de publicidade. As despesas devem estar diretamente relacionadas com as atividades exploradas pela empresa e deve ser respeitado o regime de competência.

Formação profissional de empregados, vale transporte e alimentação

São dedutíveis os gastos realizados com a *formação profissional* de empregados, bem como as despesas de vale-transporte e de *alimentação,* esta última, se fornecida pela pessoa jurídica, *indistintamente,* a todos os empregados.

PRONAC e Audiovisual

O IRPJ possui benefícios fiscais que permitem a dedução de valores pagos a projetos culturais e cinematográficos do valor do imposto devido. Sem adentrar nos detalhes dos benefícios, as despesas realizadas em operações de caráter cultural e artístico (PRONAC) e audiovisual também são computadas na apuração do imposto como despesa operacional, sem prejuízo da dedução do imposto devido.

6.8.1.2. Resultados não operacionais

Receitas e despesas não operacionais são aquelas decorrentes de fatos distintos da atividade comercial do contribuinte, como da alteração de valor de bens do ativo permanente, vale dizer, aqueles que a pessoa adquire para servir à sua atividade, mas que não são objeto de negociação usual pela empresa.

A empresa que fabrica tecidos, possui máquinas de tecelagem. Sua atividade é produzir e vender tecidos. As máquinas servem à atividade de produzir tecido, mas elas, as máquinas, são utilizadas no processo produtivo, não levadas ao comércio.

Por certo, que a empresa pode vender as máquinas pelas mais variadas razões. As vendas podem cair, de modo que se torne justificável a redução do parque industrial; novas máquinas mais eficientes podem surgir, justificando, assim, a venda das máquinas antigas; o empresário pode se ver em situação de dificuldade financeira e ser obrigado a vender as máquinas; pode, ao contrário, vislumbrar ramo mais lucrativo e vender as máquinas (e todo o estabelecimento), para mudar sua atividade.

A máquina pode ser entregue ao sócio a título de devolução de sua parte no capital social. Se avaliada pelo valor contábil, não haverá ganho ou perda. Se avaliada pelo valor de mercado, poderá haver resultado, se este divergir do valor escriturado.

A empresa pode, também, utilizar as máquinas até o desgaste total ou até que não tenham mais utilidade ou capacidade produtiva. Pode ocorrer, ainda, que as máquinas sejam destruídas, perdendo completamente seu valor.

Em todos estes casos, pode haver ganho ou perda na venda ou baixa das máquinas e estes ganhos ou perdas compõem o resultado não operacional.

Raciocínio similar pode ser estendido para bens imóveis ou para participações societárias. O imóvel pode perder ou ganhar valor no mercado e, em qualquer destes casos, ser reavaliado voluntariamente, vendido, devolvido ao sócio ou desapropriado. A empresa da qual a pessoa jurídica é sócia pode decretar falência, perder valor ou ganhar valor.

Em todos estes casos poderá haver **resultado não operacional**. Dispõe o art. 31, do DL 1.598/77, com redação dada pela Lei 12.973/14:

> *Art. 31. Serão classificados como ganhos ou perdas de capital, e computados na determinação do lucro real, os resultados na alienação, inclusive por desapropriação (§ 4º), na baixa por perecimento, extinção, desgaste, obsolescência ou exaustão, ou na liquidação de bens*

> *do ativo não circulante, classificados como investimentos, imobilizado ou intangível.*
>
> *§ 1º Ressalvadas as disposições especiais, a determinação do ganho ou perda de capital terá por base o valor contábil do bem, assim entendido o que estiver registrado na escrituração do contribuinte, diminuído, se for o caso, da depreciação, amortização ou exaustão acumulada e das perdas estimadas no valor de ativos.*
>
> *§ 2º Nas vendas de bens do ativo não circulante classificados como investimentos, imobilizado ou intangível, para recebimento do preço, no todo ou em parte, após o término do exercício social seguinte ao da contratação, o contribuinte poderá, para efeito de determinar o lucro real, reconhecer o lucro na proporção da parcela do preço recebida em cada período de apuração.*

Se o preço de venda for superior ao preço de aquisição, haverá receita tributada.

A receita, porém, não é sempre computada no mesmo ano em que ocorre a venda, em mais uma exceção ao regime de competência. Dispõe o art. 421, do RIR, que as vendas a longo prazo, cujo preço é recebido no todo ou em parte nos exercícios seguintes, a receita é computada somente no período em que o preço é recebido. Vejamos:

> *Art. 421. Nas vendas de bens do ativo permanente para recebimento do preço, no todo ou em parte, após o término do ano-calendário seguinte ao da contratação, o contribuinte poderá, para efeito de determinar o lucro real, reconhecer o lucro na proporção da parcela do preço recebida em cada período de apuração (DL 1.598/77, art. 31, § 2º).*

Nem todas as receitas não operacionais são tributadas. Serão excluídos do lucro líquido os seguinte valores: as contribuições de subscritores de valores mobiliários a título de ágio na emissão das ações e outros títulos; as subvenções para investimento como estímulo à implantação ou expansão de certos empreendimentos econômicos; o capital de apólice de seguro ou pecúlio em favor da empresa pela morte do sócio; e o acréscimo de patrimônio líquido de investimento, decorrente de ganho de capital, por redução na percentagem do contribuinte na participação em empresa coligada ou controlada.

As receitas lançadas como contrapartida da avaliação de investimentos pelo método da equivalência patrimonial – MEP (veremos esta matéria adiante) não são tributados (art. 23 c/c art. 22 e 20, I, do DL 1.598/77, para o IRPJ e art. 2º, § 1º, "c", 4, da Lei 7.689/88, para a CSLL), mas somente as receitas decorrentes da realização do ganho na alienação do investimento.

Isso vale, inclusive, para a contrapartida lançada na contabilidade da empresa brasileira controladora de empresa no exterior, em relação ao uso do MEP por esta empresa controlada[29].

29. STJ, T2, REsp 1.211.882/RJ, Min. MAURO CAMPBELL MARQUES, DJe de 14/4/2011; STJ, T1, AgRg no AREsp 531.112/BA, Min. BENEDITO GONÇALVES, DJe de 28/8/2015.

Outra dedução permitida é a amortização do ágio pago na aquisição de participações societárias em empresas controladas e coligadas que devem ser avaliadas pelo método da equivalência patrimonial – MEP, à proporção de 1/60 do valor do ágio por mês, quando o fundamento do ágio é a expectativa de rentabilidade futura (art. 7º, III, da Lei 9.532/97).

Cabe uma rápida explicação. Quando uma empresa (investidora) resolve investir em outra empresa (investida), a investidora compra ações ou cotas da investida. Esta negociação pode ocorrer pelo valor patrimonial (o valor do patrimônio líquido que cada ação ou cota da empresa investida representa), por valor inferior (deságio) ou por valor superior ao valor patrimonial (ágio).

Este ágio deve ser justificado e fundamentado. Uma das razões aceitas pela legislação para o pagamento deste ágio é a expectativa de que a empresa investida irá gerar muitos lucros no futuro. Assim, justifica-se pagar mais por cada ação do que ela vale no presente.

Há, no caso, uma aposta da investidora. Ela assume um risco ao pagar o ágio em função de uma mera expectativa, pois o lucro da investida pode não se concretizar.

Finalizando a explicação, a lei tributária premia o risco corrido pelo investidor e permite que o ágio pago nesta situação seja deduzido da base de cálculo do IRPJ, como despesa.

Por outro lado, há **limites na dedução de prejuízos não operacionais**.

Somente podem ser deduzidas perdas não operacionais com ganhos da mesma natureza (Lei 9.249/95, art. 22, § 1º), de forma que a dedução fica limitada às empresas que também obtiverem ganhos não operacionais, respeitado, ainda, o limite de 30% do lucro do novo período.

Para que haja perda não operacional, deve haver valor residual do ativo. Se o bem já fora totalmente depreciado, exaurido ou amortizado, não há perda a ser deduzida.

Também não será dedutível a perda apurada na alienação de bem que vier a ser tomado em arrendamento mercantil pela própria vendedora ou com pessoa jurídica a ela vinculada (Lei 6.099/74, art. 9º, parágrafo único, e Lei 7.132/83, art. 1º, II).

Limita-se também a dedução de perdas relativas a bens adquiridos com benefícios fiscais (DL 1.648/78, art. 6º).

Os ganhos de capital de empresa brasileira em operações no exterior compõem o lucro real. As perdas, ao contrário, não são dedutíveis.

Na fusão, incorporação ou cisão de sociedades com extinção de ações ou quotas de capital de uma possuída por outra, conforme dispõe o art. 43, do DL 1.798/77, a diferença entre o valor contábil das ações ou quotas extintas e o valor de acervo líquido que as substituir será computado na determinação do lucro real. Somente será dedutível como perda de capital a diferença entre o valor contábil e o valor de acervo líquido avaliado a preços de mercado, e o contribuinte poderá, para efeito de determinar o lucro real, optar pelo tratamento da diferença como ativo diferido[30], amortizável no prazo máximo de 10 anos. Será computado como ganho de capital o valor pelo qual tiver sido recebido o acervo líquido que exceder o valor contábil das ações ou quotas extintas, mas o contribuinte poderá, nos termos da lei, diferir a tributação sobre a parte do ganho de capital em bens do ativo permanente, até que esse seja realizado[31].

Também são indedutíveis as vendas de ações, títulos ou quotas de capital com deságio superior a 10%, salvo se a venda for realizada em bolsa de valores ou em leilão público e houver prova de que o valor da alienação do título corresponde ao preço de mercado do papel ou ao patrimônio que ele representa (art. 84, da Lei 3.470/58).

6.8.1.3. Compensação de prejuízos

O imposto de renda da pessoa física corretamente apurado, declarado e pago se aperfeiçoa irreparavelmente no período de um ano. No imposto de renda da pessoa jurídica, ao contrário, os fatos ocorridos em um ano podem surtir efeitos em exercícios seguintes.

Vimos, anteriormente, que os investimentos pré-operacionais podem ser deduzidos em 5 a 10 anos subsequentes após o início das operações. Outro fato que apresenta reflexo em períodos de apuração subsequentes é o prejuízo obtido.

Quando a empresa sofre prejuízo num período, ou em vários períodos seguintes, vale dizer, quando as despesas superam as receitas, ela pode utilizar este valor negativo acumulado para reduzir a base de cálculo de períodos seguintes, no limite máximo de 30% do lucro de cada período seguinte (Lei 9.065/95, art. 15).

O limite de compensação de 30% dos lucros futuros foi severamente debatido nos tribunais.

O STF, contudo, tem acolhido a limitação. Vejamos:

> *A Lei 8981/95, resultante da conversão da Medida Provisória 812/94, que impôs limite à dedução de prejuízos da base de cálculo sujeita à incidência do imposto de renda das pessoas jurídicas. Legitimidade, dado que a alteração legislativa ocorreu antes de encerrado o ano-calendário da apuração. Violação aos princípios constitucionais da anterioridade e da irretroatividade da lei tributária. Inexistência.*
>
> *(STF, T2, RE 232.713 AgR/SP, Min. MAURÍCIO CORRÊA, DJ de 14/11/2002)*

A matéria não deve sofrer alteração, mas pende julgamento o RE 591.340 RG/SP sobre o tema, com repercussão geral reconhecida:

> *Possui repercussão geral controvérsia sobre a constitucionalidade da limitação em 30%, para cada ano-base, do direito de o contribuinte com-*

30. O ativo diferido foi extinto pela Lei 11.638/08 e existirá como conta temporária, até que seu saldo seja esgotado.

31. A lei societária previa a possibilidade de reavaliação voluntária do bem do ativo imobilizado. A Lei 11.638/08 vedou esta reavaliação. De toda sorte, a tributação continua a ocorrer somente com a alienação do bem.

> *pensar os prejuízos fiscais do Imposto de Renda sobre a Pessoa Jurídica e a base de cálculo negativa da Contribuição Social sobre o Lucro Líquido – artigos 42 e 58 da Lei nº 8.981/95 e 15 e 16 da Lei nº 9.065/95.*
>
> *(STF, Tribunal Pleno, RE 591.340 RG/SP, Min. MARCO AURÉLIO, DJe de 7/11/2008)*

A mudança de controle societário ou mudança de atividade veda a compensação de prejuízos (DL 2.341/87, art. 32).

Na incorporação, a empresa incorporadora não pode compensar os prejuízos acumulados pela empresa incorporada (DL 2.341/87, art. 33).

O mesmo impedimento vigora nos casos de cisão e fusão (DL 2.341/87, art. 33).

Na incorporação, a empresa pode continuar compensando seus próprios prejuízos. Na cisão parcial, a empresa que continuar existindo poderá manter a compensação dos prejuízos, na proporção do capital que lhe couber. Na fusão, não há esta possibilidade (DL 2.341/87, art. 33).

Prejuízos Não Operacionais

Os prejuízos não operacionais somente poderão ser compensados com lucros não operacionais, observado o limite de 30% do lucro do período (Lei 9.249/95, art. 31).

Assim, a pessoa jurídica deve contabilizar separadamente os lucros e prejuízos operacionais e não operacionais, para proceder a compensação separadamente.

De outro lado, nas vendas de bens com parcelas a receber nos anos seguintes ao da alienação, o imposto somente incide no período de apuração em que o valor é recebido. Vale dizer, não incide de uma só vez (DL 1.598/77, art. 31, § 2º).

Prejuízo na alienação de ações

Não se pode deduzir, contudo, o prejuízo em alienação de participações societárias com deságio superior a 10% do valor de aquisição. Vejamos o que dispõe o RIR:

> *Art. 393. Não são dedutíveis os prejuízos havidos em virtude de alienação de ações, títulos ou quotas de capital, com deságio superior a dez por cento dos respectivos valores de aquisição, salvo se a venda houver sido realizada em bolsa de valores, ou, onde esta não existir, tiver sido efetuada através de leilão público, com divulgação do respectivo edital, na forma da lei, durante três dias no período de um mês (Lei 3.470/58, art. 84).*
>
> *Parágrafo único. As disposições deste artigo não se aplicam às sociedades de investimentos fiscalizadas pelo Banco Central do Brasil, nem às participações permanentes (Lei 3.470/58, art. 84, parágrafo único).*

A norma visa evitar fraudes. Assim, a limitação não é aplicada para perdas ocorridas em vendas públicas, como ocorre na bolsa de valores, ou em operações controladas, como ocorre nas sociedades de investimento, cujas transações são controladas pelo Banco Central.

Atividade Rural

A pessoa jurídica que explora atividade rural pode compensar seus prejuízos sem a limitação de 30% do lucro (Lei 8.023/90, art. 14).

6.8.1.4. Omissão de receitas

O contribuinte tem o direito de apresentar suas despesas para reduzir a obrigação com o IRPJ, mas tem o dever de oferecer suas receitas à tributação. Não o fazendo, há omissão de receitas, que enseja, se descoberta, a autuação pelo Fisco.

Ocorre a omissão de receitas sempre que o contribuinte deixar de emitir documentos fiscais de suas receitas ou emiti-los com subfaturamento, em valor menor que o real.

Alguns exemplos de omissão de receita são categóricos no IRPJ, de forma similar ao que ocorre no IRPF. No IRPJ, contudo, estes casos vão ocorrer na contabilidade da empresa.

Um destes exemplos é o chamado ***passivo fictício***. No passivo, estão as contas da empresa que representam obrigações com terceiros. O passivo fictício, assim, é uma conta de obrigação falsa. A empresa lança em seu balanço a dívida, mas a dívida não existe.

A primeira vista, não parece que o passivo fictício represente omissão de receitas. A final, ninguém "ganha" nada ao dizer que possui uma dívida!

Contudo, a contabilidade segue o método das partidas dobradas, de forma que a cada lançamento de débito deve haver um lançamento de crédito e vice-versa. Assim, o outro lado do lançamento do passivo fictício é a receita omitida. Sem adentrar na técnica dos lançamentos contábeis, o lançamento da dívida falta substitui, mascara, compensa o lançamento da receita.

Vamos pensar, também, de outra maneira. Imagine que o contribuinte recebeu algum recurso, mas não quer contabilizá-lo, para não pagar o imposto. Ele utiliza, então, o recurso para pagar uma de suas dívidas. Contudo, se ele baixar a dívida, terá que mostrar o recurso com o qual fez o pagamento. Assim, ele mantém a dívida em sua contabilidade e não lança a partida dobrada do recebimento do recurso.

Outra hipótese de omissão de receita é o ***saldo credor da conta caixa***. Mais uma vez, um pouco de contabilidade. A conta caixa representa dinheiro em espécie e é uma conta de ativo. Ela pode receber lançamentos a débito (aumenta seu valor) ou a crédito (diminui seu valor). Assim, se está escrito na contabilidade saldo devedor de R$ 1.000,00 na conta caixa, deve haver R$ 1.000,00 em espécie no caixa da empresa.

Supondo que a empresa faça uma compra de mercadorias em dinheiro em seguida, no valor de R$ 300,00, irá creditar a conta caixa neste valor e debitar a conta mercadorias no mesmo valor. O saldo das duas contas de ativo (caixa e mercadorias) irá continuar igual.

O máximo de compras em dinheiro que a empresa pode fazer é, naturalmente, o valor em dinheiro que possui. Ela pode fazer compras com cheque, cartão, títulos etc, mas com dinheiro, fica limitada ao valor em caixa. Assim, se o saldo devedor (saldo positivo) da conta caixa é R$ 1.000,00, o lançamento máximo que pode ser realizado é de R$ 1.000,00, para que a conta fique com saldo zero. Esta conta nunca poderá ter saldo credor!

Imaginemos, contudo, que a empresa tenha saldo devedor de R$ 5.000,00 na conta caixa e não contabilizou o recebimento de R$ 10.000,00 em espécie, pois pretende sonegá-lo. Em seguida, um dos sócios faz um pagamento em dinheiro no valor de R$ 15.000,00. Após, por descuido, o outro sócio faz o lançamento contábil no livro diário do valor pago em dinheiro.

No dia seguinte, chega a fiscalização e pede os livros do contribuinte. Ao fechar o livro caixa a partir da informação do livro diário, o fiscal verifica que o saldo da conta é credor, quer dizer, o saldo contábil é negativo. A única explicação para isso é a omissão de receita.

Claro que a fiscalização não chega "no dia seguinte". Na realidade, o que pode ser feito é a verificação do histórico da conta caixa a partir do diário e de outras informações e em momento algum a conta poderá ter saldo credor. Se a fiscalização verificar este saldo credor em qualquer momento, efetuará o lançamento do imposto por omissão de receita.

Em linguagem ainda mais usual, o saldo credor na conta caixa equivale a colocar R$ 5,00 num bolso em que não havia nada e tirar R$ 50,00.

A ***diferença de estoque*** também é hipótese de omissão de receita.

Vamos imaginar que o contribuinte tenha 1.000 pares de sapatos em estoque. Visando reduzir sua obrigação tributária, vende 100 pares sem nota fiscal. O estoque real, então, baixa para 900 pares, mas na contabilidade continuam os 1.000 pares originais.

Para a fiscalização, os 100 pares de diferença são presumidos como vendas (receitas) não informadas (omitidas).

Todos estes casos são, efetivamente, presunções, e admitem prova em contrário.

Se o lançamento decorre de erro, cabe ao contribuinte corrigi-lo assim que o detectar. Se fizer a correção – e complementar a obrigação tributária – não terá problemas com a fiscalização.

Não percebendo o erro em tempo hábil, deverá provar que não omitiu receita. No caso do passivo fictício, deverá demonstrar que a contabilidade não fecha pelo valor exato da dívida, pois lançou a receita e esqueceu de retirar a dívida. Na hipótese de saldo credor de caixa, deve demonstrar que pagou a obrigação por outros meios, cheque, por exemplo, e a diferença será perfeitamente localizada na conta bancos. Por fim, na diferença de estoque, poderá demonstrar, imaginemos, que recebeu apenas parte da compra realizada e a remessa do estoque faltante pode ser apurada na contabilidade do fornecedor.

Não havendo prova do erro por parte do contribuinte, a presunção irá gerar o lançamento fiscal, imputando a receita omitida ao cálculo do imposto.

6.8.2. Alíquotas

Depois desta longa abordagem da base de cálculo do IRPJ – lucro real, uma boa notícia: o imposto possui apenas uma alíquota básica e uma alíquota adicional!

A alíquota básica do imposto é de 15%. A alíquota adicional é de 10%, para lucro mensal apurado a partir de R$ 20.000,00.

Estas alíquotas valem também para as empresas optantes do lucro presumido bem como as sujeitas ao lucro arbitrado.

Assim, o dever tributário será definido pela multiplicação da base de cálculo, vale dizer, o lucro real, presumido ou arbitrado, pela alíquota básica e pela alíquota adicional.

A CSLL apresenta duas alíquotas, 9% para as empresas em geral e 15% para as instituições financeiras. Não há adicional.

A Lei 13.169/15 alterou a redação do art. 3º, da Lei 7.689/88 para diferenciar as instituições financeiras e elevar as alíquotas da contribuição.

Para as cooperativas de crédito a alíquota foi elevada para 17% entre 1/10/2015 a 31/12/2018, retornando a alíquota de 15% em 2019. Para as demais instituições (bancos de qualquer espécie, distribuidoras de valores mobiliários; corretoras de câmbio e de valores mobiliários; sociedades de crédito, financiamento e investimentos; sociedades de crédito imobiliário; administradoras de cartões de crédito; sociedades de arrendamento mercantil; administradoras de mercado de balcão organizado; associações de poupança e empréstimo) a alíquota foi elevada para 20% entre 1/10/2015 a 31/12/2018, retornando também para 15% em 2019.

As bolsas de valores, mercadorias e futuros as entidades de liquidação e compensação e outras não previstas pela norma, aplica-se a regra geral da alíquota de 9%.

6.9. Retenção na fonte

São *raras* as hipóteses de *tributação exclusiva na fonte* do IRPJ, ao contrário do que ocorre no IRPF, em que a tributação exclusiva é bastante comum.

São exemplos de retenção na fonte a título de **tributação exclusiva** por pagamento a pessoa jurídica os prêmios de loteria (é improvável, mas pode acontecer!) e pagamentos de juros sobre o capital próprio e de partes beneficiárias a pessoas jurídicas isentas (apenas das pessoas isentas!).

Em geral, porém, a retenção na fonte no IRPJ é considerada antecipação do pagamento e é levado em conta na apresentação da DCTF e na apuração do saldo de imposto a pagar ou, eventualmente, a restituir, quando a retenção supera o valor do imposto devido.

PARTE II – NOÇÕES ESPECIAIS (RESULTADOS NÃO OPERACIONAIS, REORGANIZAÇÕES SOCIETÁRIAS, OPERAÇÕES INTERNACIONAIS COM EMPRESAS LIGADAS, OPERAÇÕES NO MERCADO FINANCEIRO)

Nesta parte ainda cuidaremos do aspecto quantitativo do IRPJ, relacionado, porém, com ganhos e perdas não operacionais, com atividades internacionais da empresa e com ganhos e perdas no mercado financeiro.

6.10. Resultados não operacionais

As empresas adquirem bens como insumos para venda do produto final ou como mercadoria para revenda. Adquirem, igualmente, outros bens ou direitos que não são destinados ao comércio. São prédios, instalações, máquinas, equipamentos, veículos, patentes, marcas e até cotas ou ações de outras sociedades.

Estes bens e direitos são contabilizados no ativo permanente (ou não circulante) da empresa e, lá permanecendo, não geram ganhos tributados. Contudo, os bens podem sofrer desapropriação ou a empresa pode resolver pela venda, baixa, transferência ou devolução dos bens e direitos. Nestes casos, pode haver ganho ou perda de capital, vale dizer, resultado positivo ou negativo que não envolve mercadorias ou serviços do ativo circulante, mas bem ou direito que a empresa não adquiriu para comerciar.

As razões para a venda dos ativos são várias: o equipamento pode ter se tornado inútil ou obsoleto, a empresa pode ter mudado de atividade, necessitando adaptar suas instalações, um sócio pode se retirar da empresa, levando consigo alguns dos bens da empresa em devolução do capital, a participação societária pode não se mostrar mais lucrativa etc. Pode, também, aparecer, simplesmente, um bom negócio.

Vamos, agora, verificar o tratamento tributário destas operações.

O art. 418, do RIR, define o ganho e perda de capital como os resultados obtidos com bens do ativo permanente. Vejamos:

> *Art. 418. Serão classificados como ganhos ou perdas de capital, e computados na determinação do lucro real, os resultados na alienação, na desapropriação, na baixa por perecimento, extinção, desgaste, obsolescência ou exaustão, ou na liquidação de bens do ativo permanente (DL 1.598/77, art. 31).*

O *caput* do art. 31, do DL 1.598/77, sofreu pequeno ajuste, que deve se sobrepor à norma regulamentar:

> *Art. 31. Serão classificados como ganhos ou perdas de capital, e computados na determinação do lucro real, os resultados na alienação, inclusive por desapropriação (§ 4º), na baixa por perecimento, extinção, desgaste, obsolescência ou exaustão, ou na liquidação de bens do ativo não circulante, classificados como investimentos, imobilizado ou intangível.*

A seu turno, a classificação dos bens como ativo circulante ou como ativo permanente (ativo não circulante, nos termos da Lei 11.638/08) depende, prioritariamente, da atividade da empresa interpretada pela contabilidade (ex. um veículo será contabilizado como ativo permanente da empresa de construção, mas será classificado como ativo circulante da concessionária de veículos) e de algumas definições legais.

O resultado não operacional será o valor de venda deduzido do valor contábil.

Este valor contábil, em regra, será o valor pelo qual a empresa adquiriu o bem do ativo imobilizado.

Como vimos no IRPF, há alguns ajustes permitidos, por exemplo, para bens adquiridos antes do Plano Real, também aplicáveis se o proprietário for pessoa jurídica.

A regra geral do valor contábil do bem do ativo imobilizado para as pessoas jurídicas é o valor registrado na escrituração do contribuinte, deduzido da depreciação, amortização ou exaustão, conforme definido no art. 418, § 1º do RIR. Vejamos:

> *Art. 418. [...]*
>
> *§ 1º Ressalvadas as disposições especiais, a determinação do ganho ou perda de capital terá por base o valor contábil do bem, assim entendido o que estiver registrado na escrituração do contribuinte e diminuído, se for o caso, da depreciação, amortização ou exaustão acumulada (DL 1.598/77, art. 31, § 1º).*
>
> *Depreciação incentivada*

O dispositivo deve vigorar com o acréscimo dado pela nova redação do art. 31, § 1º, do DL 1.598/77:

> *Art. 31*
>
> *§ 1º Ressalvadas as disposições especiais, a determinação do ganho ou perda de capital terá por base o valor contábil do bem, assim entendido o que estiver registrado na escrituração do contribuinte, diminuído, se for o caso, da depreciação, amortização ou exaustão acumulada e das perdas estimadas no valor de ativos.*

Se o bem tiver sofrido depreciação acelerada incentivada, vale dizer, depreciação por força de benefício fiscal, o valor deste benefício deve ser adicionado ao lucro líquido para ser tributado. É o que dispõe o no art. 418, § 2º do RIR:

> *Art. 418. [...]*
>
> *§ 2º O saldo das quotas de depreciação acelerada incentivada, registradas no LALUR, será adicionado ao lucro líquido do período de apuração em que ocorrer a baixa.*

A norma faz sentido. A depreciação incentivada era um benefício fiscal para a aquisição do bem, barateado pela depreciação mais rápida do que a normal. Se o contribuinte não deseja permanecer com o bem até o momento em que fosse ocorrer depreciação normal, deve devolver o benefício. O benefício da depreciação acelerada incentivada é um benefício para adquirir o bem, não para revendê-lo. A mesma razão instrui o art. 429, do RIR:

> *Art. 429. Não será dedutível na determinação do lucro real a perda apurada na alienação ou baixa de investimento adquirido mediante dedução do imposto devido pela pessoa jurídica (DL 1.648/78, art. 6º).*

Se o investimento fora adquirido com favor fiscal, não há que se considerar a perda para nova dedução do imposto.

Retiradas dos sócios

O art. 419, do RIR traz norma relativa à saída de sócio da empresa, que também diz respeito aos ganhos de capital da pessoa jurídica.

> *Art. 419. Os bens e direitos do ativo da pessoa jurídica, que forem transferidos ao titular ou a sócio ou acionista, a título de devolução de sua participação no capital social, poderão ser avaliados pelo valor contábil ou de mercado (Lei 9.249/95, art. 22).*
>
> *Parágrafo único. No caso de a devolução realizar-se pelo valor de mercado, a diferença entre este e o valor contábil dos bens ou direitos transferidos será considerada ganho de capital, que será computado nos resultados da pessoa jurídica tributada com base no lucro real (Lei 9.249/95, art. 22, § 1º).*

Segundo a norma, o sócio que se retira da empresa pode receber sua parte em bens da empresa. Estes bens podem ser avaliados pelo valor contabilizado ou pelo valor de mercado. A decisão tomada livremente pelos sócios da empresa.

Contudo, imaginemos, porém, que a empresa resolva restituir ao sócio bem ao valor de mercado de R$ 2.000.000,00 contabilizado a R$ 1.000.000,00. Se a transferência ocorre a R$ 2.000.000,00 e o bem fosse baixado da contabilidade da empresa pelo valor escriturado de R$ 1.000.000,00, nem a empresa nem o ex-sócio pagariam imposto pela valorização.

Assim, permite a lei que o bem seja transmitido ao sócio retirante pelo valor escritural de R$ 1.000.000,00, sem o pagamento de imposto, e este sócio, pessoa física ou jurídica, pagará o imposto pelo ganho de capital, quando alienar o bem pelo valor de mercado.

Ao revés, se a opção for transmitir o bem pelo valor de mercado, caberá à empresa incluir a diferença apurada no cálculo do imposto, como ganho de capital. O sócio, assim, receberá o bem no valor atualizado de R$ 2.000.000,00, e se o alienar por até este valor não terá imposto a pagar por ganho de capital.

Vendas parceladas e momento da tributação

Os ganhos não-operacionais são tributados no mesmo ano, salvo se vendidos parceladamente ou para recebimento futuro, de sorte que os valores são tributados somente à medida em que recebidos. É o que encontramos no art. 421, do RIR.

O art. 31, § 2º, do DL 1.598/77 também foi alterado pela Lei 12.973/14, sobrepondo-se à norma regulamentar:

> *Art. 31*
>
> *§ 2º Nas vendas de bens do ativo não circulante classificados como investimentos, imobilizado ou intangível, para recebimento do preço, no todo ou em parte, após o término do exercício social seguinte ao da contratação, o contribuinte poderá, para efeito de determinar o lucro real, reconhecer o lucro na proporção da parcela do preço recebida em cada período de apuração.*

Perdas não operacionais

As perdas não operacionais somente poderão ser compensadas com lucros não operacionais, observado o limite de 30% do lucro do período (Lei 9.249/95, art. 31 e RIR, art. 420).

Para deduzir perdas não operacionais, pois, o contribuinte deve possuir lucros não operacionais. Imaginemos, porém, que o contribuinte tenha R$ 1.000,00 em perdas não operacionais, e tenha R$ 1.000,00 em ganhos também não operacionais. Se o contribuinte não auferir lucros operacionais, somente poderá deduzir das perdas de R$ 1.000,00, R$ 300,00, 30% do lucro de R$ 1.000,00.

Para deduzir toda a perda não operacional de R$ 1.000,00 no ano, além de obter ganho não operacional de R$ 1.000,00, deverá auferir lucro operacional de pelo menos R$ 2.333,34, totalizando R$ 3.333,34.

Vejamos, agora, casos específicos de resultados não operacionais disciplinados pela legislação tributária.

Desapropriação

O art. 422, do RIR prevê a possibilidade de diferimento da tributação, nos ganhos auferidos em desapropriação de imóveis. Vejamos:

> *Art. 422. O contribuinte poderá diferir a tributação do ganho de capital obtido na desapropriação de bens, desde que (DL 1.598/77, art. 31, § 4º):*
>
> *I – transfira o ganho de capital para reserva especial de lucros;*
>
> *II – aplique, no prazo máximo de dois anos do recebimento da indenização, na aquisição de outros bens do ativo permanente, importância igual ao ganho de capital;*
>
> *III – discrimine, na reserva de lucros, os bens objeto da aplicação de que trata o inciso anterior, em condições que permitam a determinação do valor realizado em cada período de apuração.*
>
> *§ 1º A reserva será computada na determinação do lucro real nos termos do art. 435, ou quando for utilizada para distribuição de dividendos (DL 1.598/77, art. 31, § 5º).*

A norma prevê tanto a hipótese do diferimento quanto o procedimento a ser adotado pelo contribuinte. Por fim, estabelece o momento da incidência do imposto, quando a reserva de lucros é baixada para o pagamento de dividendos.

No caso de desapropriação por reforma agrária, há isenção do imposto. Dispõe o art. 423, do RIR:

> *Art. 423. Está isento do imposto o ganho obtido nas operações de transferência de imóveis desapropriados para fins de reforma agrária (CF, art. 184, § 5º).*

O regulamento acolhe o termo utilizado pela Carta. Vejamos:

> *Art. 184. Compete à União desapropriar por interesse social, para fins de reforma agrária, o imóvel rural que não esteja cumprindo sua função social, mediante prévia e justa indenização em títulos da dívida agrária, com cláusula de preservação do valor real, resgatáveis no prazo de até vinte anos, a partir do segundo ano de sua emissão, e cuja utilização será definida em lei.*
>
> *[...]*
>
> *§ 5º – São isentas de impostos federais, estaduais e municipais as operações de transferência de imóveis desapropriados para fins de reforma agrária.*

Embora os efeitos sejam idênticos, a previsão constitucional é denominada, no direito tributário, de imunidade. De outro giro, poder-se-ia alegar que a imunidade atingiria somente a transferência, não o ganho, decorrente do valor recebido pelo bem.

A discussão seguiria, nesta linha de argumentos, para o termo "indenização", utilizada pelo *caput* do art. 184, da CF/88. Havendo indenização, assim entendida como recomposição de dano, não há renda, definida como a remuneração do capital ou do trabalho. Assim, também não teríamos isenção, mas não incidência do imposto.

Tecnicamente, contudo, não há, ou pelo menos não deve haver, dano na desapropriação, mas pagamento do justo preço, de forma que a Constituição poderia ter utilizado o termo "indenização" de maneira imprópria.

Para evitar os debates, em interpretação plausível, o ato regulamentar entendeu por não ser cabível a tributação na espécie.

Subvenções para investimento

Cabe mencionar, também, os resultados auferidos com subvenções para investimento. Dispõe o art. 443, do RIR:

> *Art. 443. Não serão computadas na determinação do lucro real as subvenções para investimento, inclusive mediante isenção ou redução de impostos concedidas como estímulo à implantação ou expansão de empreendimentos econômicos, e as doações, feitas pelo Poder Público, desde que (Decreto-Lei nº 1.598, de 1977, art. 38, § 2º, e Decreto-Lei nº 1.730, de 1979, art. 1º, inciso VIII):*

I – registradas como reserva de capital que somente poderá ser utilizada para absorver prejuízos ou ser incorporada ao capital social, observado o disposto no art. 545 e seus parágrafos; ou

II – feitas em cumprimento de obrigação de garantir a exatidão do balanço do contribuinte e utilizadas para absorver superveniências passivas ou insuficiências ativas.

O art. 30, da Lei 12.973/14 passou a disciplinar a matéria:

Art. 30. As subvenções para investimento, inclusive mediante isenção ou redução de impostos, concedidas como estímulo à implantação ou expansão de empreendimentos econômicos e as doações feitas pelo poder público não serão computadas na determinação do lucro real, desde que seja registrada em reserva de lucros a que se refere o art. 195-A da Lei no 6.404, de 15 de dezembro de 1976, que somente poderá ser utilizada para:

I – absorção de prejuízos, desde que anteriormente já tenham sido totalmente absorvidas as demais Reservas de Lucros, com exceção da Reserva Legal; ou

II – aumento do capital social.

§ 1º Na hipótese do inciso I do caput, a pessoa jurídica deverá recompor a reserva à medida que forem apurados lucros nos períodos subsequentes.

§ 2º As doações e subvenções de que trata o caput serão tributadas caso não seja observado o disposto no § 1º ou seja dada destinação diversa da que está prevista no caput, inclusive nas hipóteses de:

I – capitalização do valor e posterior restituição de capital aos sócios ou ao titular, mediante redução do capital social, hipótese em que a base para a incidência será o valor restituído, limitado ao valor total das exclusões decorrentes de doações ou subvenções governamentais para investimentos;

II – restituição de capital aos sócios ou ao titular, mediante redução do capital social, nos 5 (cinco) anos anteriores à data da doação ou da subvenção, com posterior capitalização do valor da doação ou da subvenção, hipótese em que a base para a incidência será o valor restituído, limitada ao valor total das exclusões decorrentes de doações ou de subvenções governamentais para investimentos; ou

III – integração à base de cálculo dos dividendos obrigatórios.

§ 3º Se, no período de apuração, a pessoa jurídica apurar prejuízo contábil ou lucro líquido contábil inferior à parcela decorrente de doações e de subvenções governamentais e, nesse caso, não puder ser constituída como parcela de lucros nos termos do caput, esta deverá ocorrer à medida que forem apurados lucros nos períodos subseqüentes.

Procura a norma afastar a tributação de ganhos decorrentes de incentivos fiscais, o que seria um contra-senso, pois o incentivo seria reduzido pela tributação, mas não é exagero exigir o controle formal dos valores e seu registro em conta de reserva de capital.

Ágio na emissão de ações e prêmio na emissão de debentures

Certos ganhos da empresa não transitam por contas de receita e não são tributados. Tais valores, como ágio na subscrição de ações e prêmio na emissão de debêntures também são contabilizados em contas de reserva de capital. Leia-se o art. 38, do DL 1598/77:

> *Art. 38. Não serão computadas na determinação do lucro real as importâncias, creditadas a reservas de capital, que o contribuinte com a forma de companhia receber dos subscritores de valores mobiliários de sua emissão a título de:*
>
> *I – ágio na emissão de ações por preço superior ao valor nominal, ou a parte do preço de emissão de ações sem valor nominal destinadas à formação de reservas de capital;*
>
> *II – valor da alienação de partes beneficiárias e bônus de subscrição;*
>
> *III – prêmio na emissão de debêntures;*
>
> *IV – lucro na venda de ações em tesouraria.*
>
> *§ 1º – O prejuízo na venda de ações em tesouraria não será dedutível na determinação do lucro real.*
>
> *§ 2º – As subvenções para investimento, inclusive mediante isenção ou redução de impostos concedidas como estímulo à implantação ou expansão de empreendimentos econômicos, e as doações, feitas pelo Poder Público, não serão computadas na determinação do lucro real, desde que:*
>
> *a) registradas como reserva de capital, que somente poderá ser utilizada para absorver prejuízos ou ser incorporada ao capital social, observado o disposto nos §§ 3º e 4º do artigo 19; ou*
>
> *b) feitas em cumprimento de obrigação de garantir a exatidão do balanço do contribuinte e utilizadas para absorver superveniências passivas ou insuficiências ativas.*
>
> *Art. 38-A. Os custos associados às transações destinadas à obtenção de recursos próprios, mediante a distribuição primária de ações ou bônus de subscrição contabilizados no patrimônio líquido, poderão ser excluídos, na determinação do lucro real, quando incorridos.*
>
> *Art. 38-B. A remuneração, os encargos, as despesas e demais custos, ainda que contabilizados no patrimônio líquido, referentes a instrumentos de capital ou de dívida subordinada, emitidos pela pessoa jurídica, exceto na forma de ações, poderão ser excluídos na determinação do lucro real e da base de cálculo de Contribuição Social sobre o Lucro Líquido quando incorridos.*
>
> *§ 1º No caso das entidades de que trata o § 1º do art. 22 da Lei no 8.212, de 24 de julho de 1991, a remuneração e os encargos mencionados no caput poderão, para fins de determinação da base de cálculo das contribuições para o PIS/Pasep e Cofins, ser excluídos ou deduzidos como despesas de operações de intermediação financeira.*
>
> *§ 2º O disposto neste artigo não se aplica aos instrumentos previstos no art. 15 da Lei no 6.404, de 15 de dezembro de 1976.*

> *§ 3º Na hipótese de estorno por qualquer razão, em contrapartida de conta de patrimônio líquido, os valores mencionados no* caput *e anteriormente deduzidos deverão ser adicionados nas respectivas bases de cálculo.*

A lei prevê, portanto, o afastamento da tributação destes valores registrados em contas de reserva de capital, disciplinando as formalidades para tanto. Dispõe, também, sobre possibilidade de dedução de certas despesas envolvidas no processo de emissão de ações.

Sobre o prêmio na emissão de debêntures, dispõe expressamente o art. 31, da Lei 12.973/14:

> *Art. 31. O prêmio na emissão de debêntures não será computado na determinação do lucro real, desde que:*
>
> *I – a titularidade da debênture não seja de sócio ou titular da pessoa jurídica emitente; e*
>
> *II – seja registrado em reserva de lucros específica, que somente poderá ser utilizada para:*
>
> *a) absorção de prejuízos, desde que anteriormente já tenham sido totalmente absorvidas as demais Reservas de Lucros, com exceção da Reserva Legal; ou*
>
> *b) aumento do capital social.*
>
> *§ 1º Na hipótese da alínea "a" do inciso II do* caput*, a pessoa jurídica deverá recompor a reserva à medida que forem apurados lucros nos períodos subsequentes.*
>
> *§ 2º O prêmio na emissão de debêntures de que trata o* caput *será tributado caso não seja observado o disposto no § 1º ou seja dada destinação diversa da que está prevista no* caput*, inclusive nas hipóteses de:*
>
> *I – capitalização do valor e posterior restituição de capital aos sócios ou ao titular, mediante redução do capital social, hipótese em que a base para a incidência será o valor restituído, limitado ao valor total das exclusões decorrentes do prêmio na emissão de debêntures;*
>
> *II – restituição de capital aos sócios ou ao titular, mediante redução do capital social, nos 5 (cinco) anos anteriores à data da emissão das debêntures, com posterior capitalização do valor do prêmio na emissão de debêntures, hipótese em que a base para a incidência será o valor restituído, limitada ao valor total das exclusões decorrentes de prêmio na emissão de debêntures; ou*
>
> *III – integração à base de cálculo dos dividendos obrigatórios.*
>
> *§ 3º Se, no período de apuração, a pessoa jurídica apurar prejuízo contábil ou lucro líquido contábil inferior à parcela decorrente de prêmio na emissão de debêntures e, nesse caso, não puder ser constituída como parcela de lucros nos termos do* caput*, esta deverá ocorrer à medida que forem apurados lucros nos períodos subsequentes.*
>
> *§ 4º A reserva de lucros específica a que se refere o inciso II do* caput*, para fins do limite de que trata o art. 199 da Lei no 6.404, de 15 de*

dezembro de 1976, terá o mesmo tratamento dado à reserva de lucros prevista no art. 195-A da referida Lei.

§ 5º Para fins do disposto no inciso I do caput, serão considerados os sócios com participação igual ou superior a 10% (dez por cento) do capital social da pessoa jurídica emitente.

Trata, portanto, da exclusão do prêmio da emissão de debêntures do cômputo do lucro real, estabelecendo as condições para tal exclusão.

6.11. Reavaliação de bens

6.11.1. Introdução

A Lei 6.404/64 previa a possibilidade de reavaliação dos bens do ativo imobilizado (art. 182, § 3º). O valor da reavaliação que superasse o valor contábil, deveria ser registrado como reserva de reavaliação (art. 178, § 2º, 'd' e art. 182, § 3º), e o lucro decorrente desta reavaliação somente poderia ser distribuído aos sócios após ser realizado (art. 187, § 2º).

A legislação tributária, baseada na legislação comercial revogada, previa o **diferimento** da tributação do ganho de capital, bem como o primeiro procedimento que devia ser adotado pelo contribuinte e envolvia o registro em conta de reserva de reavaliação, nas avaliações voluntárias.

Com a Lei 11.638/07, todas estas normas comerciais foram revogadas ou alteradas, não existindo mais previsão para a conta de reserva de reavaliação de bens. De fato, a partir da Lei 11.638/07, não se permite mais a reavaliação de ativos como forma de recompor o imobilizado – ou o patrimônio líquido[32]".

Por conseguinte, salvo se desrespeitada a lei comercial, não haverá mais reavaliação de bens do ativo imobilizado, nem ganho por esta reavaliação, menos ainda tributação sobre este ganho, a ser diferida para a venda do bem.

Isso não significa a impossibilidade absoluta de reavaliação, que continua a ocorrer, com mecanismos contábeis distintos.

Para a contabilidade, pode haver avaliação a valor presente de direitos e obrigações, teste de recuperabilidade (*impairment*), bem como reavaliação de bens e direitos, para adequar o valor justo[33] do ativo e a diferença apurada na reavaliação não mais é registrada em conta de reserva, mas direto na conta de resultado.

---

32. http://www.crcdf.org.br/crcdf/index.php?option=com_content&view=article&id=255: ativoimobilizado&catid=17:ultimas-noticias&Itemid=32

33. IFRS (International Financial Reporting Standards – "Normas Internacionais de Contabilidade") Valor Justo é: "o preço que seria recebido na venda de um ativo ou pago para transferir um passivo em uma transação ordinária entre participantes de mercado na data da mensuração".

6.11.2 Avaliação a valor presente

As inovações da contabilidade trazidas pela lei comercial incluem a avaliação de elementos do ativo e do passivo a valor presente. Leiam-se os art. 183, VIII e 184, III, da Lei 6.404/76:

> *Art. 183. No balanço, os elementos do ativo serão avaliados segundo os seguintes critérios:*
>
> *[...]*
>
> *VIII – os elementos do ativo decorrentes de operações de longo prazo serão ajustados a valor presente, sendo os demais ajustados quando houver efeito relevante.*
>
> *Art. 184. No balanço, os elementos do passivo serão avaliados de acordo com os seguintes critérios:*
>
> *[...]*
>
> *III – as obrigações, os encargos e os riscos classificados no passivo não circulante serão ajustados ao seu valor presente, sendo os demais ajustados quando houver efeito relevante.*

A lei fala de avaliação a valor presente de elementos do ativo decorrentes de operações de longo prazo e de obrigações, encargos e riscos do passivo não circulante.

O ajuste a valor presente não é propriamente uma reavaliação, mas a apuração de um valor que não pode ser conhecido com precisão de imediato, pois decorre de sucessivas operações. O valor presente é, portanto, uma estimativa do valor atual de um fluxo de caixa de direitos e obrigações relacionados a um determinado ativo ou passivo.

A lei comercial procurou dar mais fidedignidade às operações a prazo, para que os juros, entre outros fatores, embutidos nas negociações fossem evidenciados. Assim, uma venda a prazo não contém apenas o valor da mercadoria ou do bem, mas inclui juros que não seriam cobrados na operação a vista. Dessa maneira, tanto na compra quanto na venda a prazo, a contabilidade deve registrar os valores relativos aos bens e aos juros presentes no negócio.

O tratamento tributário do ajuste a valor presente é dado pelos art. 4º e 5º, da Lei 12.973/14.

No caso de aquisições ajustadas a valor presente, o contribuinte adquire um bem a prazo, mas também contabiliza juros. Se a operação totaliza o valor de R$ 100,00, apenas R$ 90,00, por hipótese, referem-se ao valor do bem e o restante são juros a pagar.

Estes juros são considerados despesa, mas apenas serão despesas dedutíveis do imposto de renda na alienação ou baixa do bem (art. 183, VIII, da Lei das S/A e art. 5º, da Lei 12.973/2014).

Não haverá a dedução do ajuste (os juros e outros valores do ajuste a valor presente) nas hipóteses em que a alienação ou baixa não seja dedutível, que a própria despesa não seja dedutível, ou que os valores não estejam devidamente evidenciados na contabilidade.

Para o vendedor, os juros a receber (e outros ajustes) serão considerados receita na medida em que a operação como um todo deva ser oferecida a tributação (art. 183, III, da Lei das S/A e art. 4º, da Lei 12.973/2014).

Observe-se que as variações cambiais de valores a apropriar decorrentes de ajuste a valor presente são excluídas do cálculo do imposto, nos termos do art. 12, da Lei 12.973/14.

O ajuste a valor presente também afeta a apuração do lucro presumido e do lucro arbitrado, conforme determinam os art. 25 e 27, da Lei 9.430/96, com redação dada pela Lei 12.973/14.

6.11.3. Avaliação a valor justo

Hoje os elementos do ativo e também do passivo podem, ou mesmo devem ser avaliados a valor justo, nos termos do art. 183, da Lei 6.404/76. Não se trata de reavaliação voluntária, mas de revisão dos valores lançados na contabilidade, para retratar a realidade da empresa.

São avaliados obrigatoriamente pelo valor justo, os elementos indicados no art. 183, da Lei das S/A, adiante transcritos:

> *Art. 183. No balanço, os elementos do ativo serão avaliados segundo os seguintes critérios:*
>
> *I – as aplicações em instrumentos financeiros, inclusive derivativos, e em direitos e títulos de créditos, classificados no ativo circulante ou no realizável a longo prazo:*
>
> *a) pelo seu valor justo, quando se tratar de aplicações destinadas à negociação ou disponíveis para venda; e (Redação dada pela Lei nº 11.941, de 2009)*
>
> *b) pelo valor de custo de aquisição ou valor de emissão, atualizado conforme disposições legais ou contratuais, ajustado ao valor provável de realização, quando este for inferior, no caso das demais aplicações e os direitos e títulos de crédito; (Incluída pela Lei nº 11.638, de 2007)*
>
> *[...]*

A lei comercial menciona a avaliação a valor justo, para matérias primas, material de almoxarifado, bens destinados a venda, investimentos e ativos financeiros. Não obstante, os pronunciamentos contábeis números 27, 28 e 46 do CPC permitem a avaliação a valor justo de outros bens, inclusive do ativo imobilizado. Como estes pronunciamentos são anteriores à publicação da Lei 12.973/14, as regras tributárias relativas a esta avaliação ser aplicadas também ao ativo imobilizado. Sem maiores debates, contudo, pois os dispositivos pertinentes, como veremos, buscam a neutralidade e o diferimento da tributação.

Dessa maneira, se da avaliação a valor justo decorrer ganho, aplica-se o art. 13, da Lei 12.973/14.

Determina a norma que o ganho decorrente da avaliação a valor justo *não será tributado no período de apuração em que avaliação ocorrer*, desde que o aumento do valor do ativo ou a diminuição do passivo sejam evidenciados contabilmente. Evidenciado significa registrado e devidamente demonstrado.

Na contabilidade, o lançamento da receita (diferença do valor original para o valor justo) é imediato, mas a tributação fica diferida para o momento em que o valor for realizado, seja pelo pagamento ou baixa do passivo, seja na mediante depreciação, amortização, exaustão, alienação ou baixa.

A *tributação é imediata* se o valor não for devidamente evidenciado e *não haverá tributação*, no caso de avaliação do ativo, se a despesa gerada pela depreciação, amortização, exaustão, alienação ou baixa for indedutível do imposto.

Se da avaliação a valor justo decorrer perda, aplica-se o art. 14, da Lei 12.973/14. Neste caso, a despesa decorrente da avaliação a valor justo não é imediatamente dedutível da apuração do lucro real, mas acompanha a realização do ativo ou a baixa do passivo. A despesa (diferença entre o valor original e o valor justo) *não será dedutível* se *não restar devidamente evidenciada* ou se *o valor realizado* do próprio ativo *não for dedutível* (ex. depreciação no *leasing* financeiro).

A despesa decorrente da avaliação a valor justo não é imediatamente dedutível da apuração do lucro real, mas acompanha a realização do ativo ou a baixa do passivo. A despesa (diferença entre o valor original e o valor justo) *não será dedutível* se *não restar devidamente evidenciada* ou se *o valor realizado* do próprio ativo *não for dedutível* (ex. depreciação no *leasing* financeiro).

Aplica-se, portanto, o mesmo princípio destinado ao ganho.

Nos termos do art. 19, do DL 1.598/77:

> *Art. 19. Considera-se lucro da exploração o lucro líquido do período-base, ajustado pela exclusão dos seguintes valores:*
>
> *[...]*
>
> *VI – ganhos ou perdas decorrentes de avaliação de ativo ou passivo com base no valor justo.*

Pode ocorrer que a empresa seja tributada pelo lucro presumido e realize avaliação de ativo ou passivo. Neste caso, dispõe o art. 25, § 3º, da Lei 9.430/96, com redação dada pela Lei 12.973/14, que os ganhos (apenas os ganhos, pois no lucro presumido apuram-se apenas as receitas, presumindo-se as despesas) "decorrentes de avaliação de ativo ou passivo com base no valor justo não integrarão a base de cálculo do imposto, no momento em que forem apurados", diferindo-se a tributação.

Mas o art. 16, da Lei 12.973/14 estabelece disposição específica, para o caso da empresa do lucro presumido que realiza a avaliação a valor justo e passa para o lucro real.

A norma prevê os procedimentos a serem adotados e os efeitos fiscais da avaliação no período em que a empresa passou a ser tributada pelo lucro real. A expressão "em período imediatamente posterior", não se refere ao ano em que foi realizada a avaliação a valor justo, que pode ter ocorrido em qualquer período anterior, mas ao ano que ocorreu a mudança do regime de tributação.

Assim, no ano em que a empresa passar para o lucro real "deverá incluir na base de cálculo do imposto apurado pelo lucro presumido os ganhos decorrentes de avaliação com base no valor justo, que façam parte do valor contábil, e na proporção deste, relativos aos ativos constantes em seu patrimônio", e assim pagar o imposto pelo ganho.

A empresa pode, contudo, diferir a tributação, se observadas as regras do art. 13, da Lei 12.973/14 (sobre ganho na avaliação a valor justo). Da mesma forma, as perdas, em regra irrelevantes na apuração do lucro presumido, poderão ser deduzidas nos períodos seguintes, se observadas as regras do art. 14, da Lei 12.973/14 (sobre perdas na avaliação a valor justo).

6.11.4. Redução do valor recuperável – Impairment

O art. 183, § 3º, da Lei 6.404/76 determina que os bens do ativo imobilizado e do intangível sejam revisados e ajustados para que não apresentem valores superiores ao que possa ser efetivamente recuperável pelo ativo.

Assim, se o valor do ativo na contabilidade não puder ser recuperado mediante venda ou uso da empresa, tal valor deve ser reduzido. É o que se denomina *impairment*.

Este procedimento não é exclusivo do imobilizado e do intangível, mas pode ser aplicado a qualquer ativo, em obediência ao princípio contábil de que o balanço deve apresentar o menor valor do ativo. Portanto, se o ativo estiver contabilizado pelo custo, mas o valor de mercado for inferior, este último deve prevalecer.

O valor recuperável não é de plano conhecido, pois se refere a bem de uso da empresa ou, se destinado à venda, logicamente não foi vendido. Dessa forma, o valor recuperável é estimado por testes contábeis e econômicos, que apresentarão o valor a ser reduzido no ativo.

Caso a estimativa se mostre incorreta ou se cessarem as causas de redução do valor, esta redução deve ser revertida.

Esta redução de valor é lançada como despesa, que como regra, da contabilidade, não é dedutível da apuração do imposto de renda.

Não obstante, o art. 32, da Lei 12.973/14 permite a dedução da despesa decorrente da redução do valor do ativo, no momento da alienação ou baixa do bem, salvo se a previsão da perda de valor do ativo tiver sido revertida, isto é, se as causas que levaram à expectativa de redução do valor do bem deixaram de existir.

O parágrafo único, do art. 32, da Lei 12.973/14 cuida do ativo que compõe uma unidade geradora de caixa. Isso ocorre quando o bem objeto de redução do valor não puder ser considerado individualmente. É o caso do motor de um veículo, quando a redução de valor se refere apenas ao motor, não ao veículo todo. Assim, a unidade geradora de caixa será o veículo, mas a dedução do imposto deve guardar relação com a parte do bem que perdeu valor.

Para que a despesa seja dedutível, porém, é necessário verificar o regramento específico do bem ou direito reavaliado.

6.11.5. Comentários ao regime anterior ao da Lei 12.973/14

As regras tributárias anteriores à Lei 12.973/14 ainda merecem comentários, pois têm aplicação residual, vale dizer, enquanto perdurarem as reservas de reavaliação realizadas enquanto permitidas pela legislação comercial. Dispõe o art. 60, da Lei 12.973/14:

> *Art. 60. As disposições contidas na legislação tributária sobre reservas de reavaliação aplicam-se somente aos saldos remanescentes na escrituração comercial em 31 de dezembro de 2013, para os optantes conforme o art. 75, ou em 31 de dezembro de 2014, para os não optantes, e até a sua completa realização.*

Como dissemos, a Lei 6.404/64 previa a possibilidade de reavaliação dos bens do ativo imobilizado (art. 182, § 3º). O valor da reavaliação que superasse o valor contábil, deveria ser registrado como reserva de reavaliação (art. 178, § 2º, 'd' e art. 182, § 3º), e o lucro decorrente desta reavaliação somente poderia ser distribuído aos sócios após ser realizado (art. 187, § 2º).

A legislação tributária, baseada na legislação comercial revogada, previa o **diferimento** da tributação do ganho de capital para o momento de realização ou baixa do ativo, bem como o procedimento que devia ser adotado pelo contribuinte e envolvia o registro em conta de reserva de reavaliação, nas avaliações voluntárias.

Para entendermos as regras aplicáveis, devemos estudar o art. 435, do RIR, compatibilizado com a norma do art. 4º, da Lei 9.959/99, que disciplina o momento de realização do ganho de capital. Eis os textos:

> *Lei 9.959/2000*
>
> *Art. 4º A contrapartida da reavaliação de quaisquer bens da pessoa jurídica somente poderá ser computada em conta de resultado ou na determinação do lucro real e da base de cálculo da contribuição social sobre o lucro líquido quando ocorrer a efetiva realização do bem reavaliado*
>
> *RIR*
>
> *Art. 435. O valor da reserva referida no artigo anterior será computado na determinação do lucro real (DL 1.598/77, art. 35, § 1º, e DL 1.730/79, art. 1º, inciso VI):*
>
> *I – no período de apuração em que for utilizado para aumento do capital social, no montante capitalizado, ressalvado o disposto no artigo seguinte;*
>
> *II – em cada período de apuração, no montante do aumento do valor dos bens reavaliados que tenha sido realizado no período, inclusive mediante:*

a) alienação, sob qualquer forma;

b) depreciação, amortização ou exaustão;

c) baixa por perecimento.

d) revogado.

A alienação é a forma mais corriqueira de realização, principalmente se se imagina "realizar" neste caso, como haver o valor em dinheiro. Contudo, as demais hipóteses previstas pela alínea 'a' do o inciso II, do art. 435, do RIR, são hipóteses contábeis de realização, pois se exclui o valor do bem dos registros da empresa pela depreciação, amortização ou exaustão que, como vimos, representam despesas dedutíveis da base de cálculo do imposto.

No perecimento, o bem também se realiza. Havendo perda no perecimento, a perda e o ganho se compensam, sem violação ao art. 4º, da Lei 9.959/99.

A hipótese do inciso I, do art. 435, do RIR é um pouco mais complicada. Neste caso, a empresa não se desfaz do bem, mas utiliza o ganho da reavaliação, para aumentar seu patrimônio.

O problema deixa de existir quando o bem reavaliado é **imóvel ou patente**, conforme dispõem os art. 436 e 437, do RIR, pois, a utilização da reserva de reavaliação de imóveis e de patentes pode ser utilizada para aumento de capital sem que haja a tributação, que fica diferida até a ocorrência das hipóteses de alienação, perecimento, depreciação, amortização e exaustão.

O problema persiste, contudo, se o bem reavaliado é móvel, uma máquina, por exemplo.

Opera-se um lançamento contábil de baixa da reserva e aumento do capital social, mas o bem continua presente nos registros da empresa, fato que não se coaduna com o disposto no art. 4º, da Lei 9.959/99, que exige a baixa deste.

Outro tema relacionado com a reavaliação de bens é a subscrição de capital de outra pessoa jurídica com o valor decorrente da reavaliação.

Vale lembrar que o recebimento de ágio na subscrição de capital da empresa é tratado como reserva de capital, não compondo o resultado do exercício, nos termos do art. 38, § 1º, do DL 1.598/77 e do o art. 442, do RIR.

Pode ocorrer, contudo, que uma empresa subscreva capital de outra com o valor decorrente da avaliação dos ativos da adquirente. Dispõe sobre o tema o art. 36, do DL 1.598/77 (e o art. 439, do RIR):

> *Art. 36. A contrapartida do aumento do valor de bens do ativo incorporados ao patrimônio de outra pessoa jurídica, na subscrição em bens de capital social, ou de valores mobiliários emitidos por companhia, não será computada na determinação do lucro real enquanto mantida em conta de reserva de reavaliação.*

> *Parágrafo único – O valor da reserva deverá ser computado na determinação do lucro real:*
>
> *a) na alienação ou liquidação da participação societária ou dos valores mobiliários, pelo montante realizado;*
>
> *b) quando a reserva for utilizada para aumento do capital social, pela importância capitalizada;*
>
> *c) em cada período-base, em montante igual à parte dos lucros, dividendos, juros ou participações recebidos pelo contribuinte, que corresponder à participação ou aos valores mobiliários adquiridos com o aumento do valor dos bens do ativo; ou*
>
> *d) proporcionalmente ao valor realizado, no período-base em que a pessoa jurídica que houver recebido os bens reavaliados realizar o valor dos bens, na forma do 1º, letra b, do artigo 35, ou com eles integralizar capital de outra pessoa jurídica.*

A regra, portanto, é similar ao ganho da reavaliação, que pode ser diferido, desde que mantido o registro do valor em reserva de reavaliação.

Esta norma tem correspondente no novo regime comercial, que extinguiu a reavaliação voluntária e a reserva de reavaliação. Trata-se dos art. 17 e 18, da Lei 12.973/14, que estabelecem novas regras e condições para o diferimento da tributação.

6.12. Investimentos, participações societárias e reorganizações societárias

6.12.1. Introdução

No tópico anterior, cuidamos dos aspectos fiscais da avaliação dos bens registrados no ativo imobilizado da pessoa jurídica, quer dizer, os bens por ela utilizados em sua atividade. Na verdade, antes da Lei 11.638/08 (lei comercial) e da Lei 12.973/14 (lei tributária) falava-se em reavaliação voluntária de bens do ativo imobilizado e, após estes diplomas legais, fala-se em avaliação de bens, direitos e obrigações a valor presente, de avaliação a valor justo e de *impairment*, institutos também aplicáveis a bens do ativo imobilizado das empresas.

Neste tópico, cuidaremos dos investimentos das empresas, que ocorrem, normalmente, em propriedades (bens imóveis) para investimento e em participações permanentes em outras sociedades (as participações eventuais, especulativas, são consideradas como aplicação no mercado financeiro). Na verdade, como as propriedades para investimento estão sujeitas a avaliação pelo custo e aos ajustes comuns aos demais bens, nossos esforços serão dirigidos as participações permanentes em outras sociedades, notadamente aquelas avaliadas pelo método da equivalência patrimonial.

Cuidaremos, também, das operações que implicam reorganização societária, a fusão, a cisão e a incorporação, por se tratar de matéria correlacionada.

Mas de que exatamente estamos tratando? No tópico anterior, cuidamos da neutralidade de lançamentos contábeis de receita e despesa relativos aos bens e do momento da tributação de fatos relacionados a estes bens. Agora trataremos da neutralidade de lançamentos contábeis de receitas e despesas relativos a investimentos e também da tributação dos resultados obtidos por estes investimentos.

Vale lembrar que o imposto de renda da pessoa jurídica incide sobre o lucro, que, por sua vez, é apurado mediante o cotejo de receitas e despesas da empresa apuradas pela contabilidade, mas nem todas estas receitas e despesas são, nem devem ser, consideradas na apuração do lucro real.

Para que as receitas e despesas registradas pela contabilidade sejam excluídas da apuração do lucro real (ou para que surjam efeitos em momento diverso daquele em que registradas), a lei tributária deve disciplinar especificamente os lançamentos contábeis. Em regra, todos os lançamentos contábeis da empresa são computados para apuração do lucro real do período de competência a que se referem. Para que receitas e despesas especificas sejam excluídas desta regra, se faz necessária disciplina legal também específica em sentido contrário.

Os investimentos avaliados pelo método da equivalência patrimonial – MEP, núcleo deste tópico, ilustram o que queremos dizer. O MEP, como veremos a seguir, pretende que o valor do investimento registrado na empresa investidora retrate a situação patrimonial da empresa investida, com finalidades essencialmente comerciais, de interesse dos sócios e investidores. Contudo, o MEP obriga a empresa investidora a realizar lançamentos de receitas e despesas para *ajustar* o valor de seu investimento, de acordo com as mutações patrimoniais da empresa investida e não faz sentido oferecer a tributação resultados registrados apenas com a finalidade de *ajuste*, sem que representem efetiva renda disponível.

Vejamos, agora, a disciplina fiscal dos investimentos das empresas. Sempre que se mostrar possível e adequado, trataremos também da disciplina fiscal destes fenômenos do lado das empresas investidas.

6.12.2. Investimentos avaliados pelo custo e investimentos avaliados pela equivalência patrimonial

6.12.2.1. Os investimentos e o método aplicável

De uma forma geral, as atividades das empresas são registradas em sua contabilidade pelo método do custo que adota o valor efetivamente praticado na transação (que pode ser desmembrado na avaliação a valor presente ou revisto, como vimos, para registrar o valor justo).

A exceção é a avaliação pelo MEP, muito mais complexa e custosa, apenas se justificando em situações especiais. Dispõe o art. 183, III, da LSA, para os investimentos, excetuados aqueles em coligadas, em controladas, em sociedades do mesmo grupo ou sob controle comum, que serão avaliados pelo método da equivalência patrimonial:

> *Art. 183. No balanço, os elementos do ativo serão avaliados segundo os seguintes critérios:*
>
> *[...]*
>
> *III – os investimentos em participação no capital social de outras sociedades, ressalvado o disposto nos artigos 248 a 250, pelo custo de*

> *aquisição, deduzido de provisão para perdas prováveis na realização do seu valor, quando essa perda estiver comprovada como permanente, e que não será modificado em razão do recebimento, sem custo para a companhia, de ações ou quotas bonificadas;*
>
> *IV – os demais investimentos, pelo custo de aquisição, deduzido de provisão para atender às perdas prováveis na realização do seu valor, ou para redução do custo de aquisição ao valor de mercado, quando este for inferior;*
>
> *[...]*

Aplicam-se, portanto, aos *investimentos avaliados pelo custo*, as regras de avaliação em geral e seus respectivos efeitos tributários. Também de regra, incide o imposto sobre ganho de capital na venda do investimento com lucro, apurado pela subtração do preço de venda pelo preço de custo registrado.

A propósito, a lei comercial determina que o investimento adquirido seja avaliado pelo custo, "deduzido de provisão para perdas prováveis na realização do seu valor". Esta provisão, contudo, que reduz o valor do bem na contabilidade da empresa, não é dedutível do imposto de renda, nos termos do art. 13, I, da Lei 9.249/95.

As maiores complicações referem-se, de fato, aos **investimentos avaliados pelo método da equivalência patrimonial**, como veremos adiante. Por ora, cabe-nos identificar quais são estes investimentos.

Mais uma vez, é a legislação comercial que define os investimentos avaliados pelo MEP.

> *Art. 248, da Lei 6.404/76, que apresentava a seguinte redação:*
>
> *Art. 248. No balanço patrimonial da companhia, os investimentos relevantes (artigo 247, parágrafo único) em sociedades coligadas sobre cuja administração tenha influência, ou de que participe com 20% (vinte por cento) ou mais do capital social, e em sociedades controladas, serão avaliados pelo valor de patrimônio líquido, de acordo com as seguintes normas:*
>
> *[...]*

Assim, o *método era obrigatório para investimentos:*

- em sociedades controladas; e
- relevantes, desde que realizados:
- em sociedades coligadas, em que a investidora possuísse influência na administração; ou
- em sociedades coligadas, em que participasse com 20% ou mais do capital social.

Nos termos do art. 248, da Lei 6.404/76, vigente, alterado pela Lei 11.638/08, e novamente alterado pela Lei 11.941/09, o MEP é obrigatório para:

1. investimentos em controladas;
2. investimentos em coligadas;
3. investimentos em outras sociedades que façam parte de um mesmo grupo ou estejam sob controle comum.

Empresa *controlada* é aquela "na qual a controladora, diretamente ou através de outras controladas, é titular de direitos de sócio que lhe assegurem, de modo permanente, preponderância nas deliberações sociais e o poder de eleger a maioria dos administradores" (art. 243, § 2º, da LSA). Há controle direto, quando a empresa detém mais de 50% do capital votante da companhia investida ou a maioria das cotas, com poder de voto, de sociedades limitadas. O controle indireto, ao revés, se dá quando a empresa investidora controla a empresa investida por meio de outras empresas, das quais possui a maioria do capital votante.

A lei comercial retirou da previsão de investimentos avaliados pelo MEP a regra de participação mínima de 20% na sociedade investida. Manteve, contudo, a exigência do método para empresas *coligadas*, nos termos do art. 243, § 1º, da LSA, "as sociedades nas quais a investidora tenha influência significativa". Por sua vez, "há influência significativa quando a investidora detém ou exerce o poder de participar nas decisões das políticas financeira ou operacional da investida, sem controlá-la" (art. 243, § 4º, da LSA). Esta influência significativa é presumida, "quando a investidora for titular de 20% ou mais do capital votante da investida" (art. 243, § 5º, da LSA).

A presunção é relativa. É possível que a investidora detenha mais de 20% do capital votante da investida e não tenha influência significativa (na hipótese de outra companhia possuir, sozinha, 80% do capital votante da investida ou no caso de limitação contratual da influência), mas também se reconhece influência significativa apta a caracterizar a investida como coligada, a depender das circunstâncias comerciais (contratuais, por exemplo), mesmo que a investidora possua menos de 20% de seu capital.

Sem adentrarmos nas complexas discussões acerca do grupo econômico, dispõe o art. 265, da LSA, que "a sociedade controladora e suas controladas podem constituir, nos termos deste Capítulo, grupo de sociedades, mediante convenção pela qual se obriguem a combinar recursos ou esforços para a realização dos respectivos objetos, ou a participar de atividades ou empreendimentos comuns".

Constitui o grupo, a "convenção aprovada pelas sociedades que o componham" (art. 269, da LSA).

A Lei das S/A não define controle comum, que costuma decorrer de *joint ventures*.

A *joint venture* decorre do contrato entre duas empresas para explorar determinada atividade econômica por certo período de tempo, nada impedindo que as empresas envolvidas criem uma empresa nova, com esta mesma finalidade. Esta nova empresa é constituída pelas pessoas contratantes e o investimento nela realizado deve ser avaliado pelo MEP.

A legislação fiscal não deve criar hipóteses distintas acerca de quais investimentos devam ser avaliados pelo MEP e se as normas regulamentares emitidas pelo fisco o fizer, deve prevalecer a legislação comercial, por força do art. 67, XI, do DL 1.598/77, segundo o qual o lucro líquido do exercício deverá ser apurado, a partir do primeiro exercício social iniciado após 31 de dezembro de 1977, com observância das disposições da Lei no 6.404, de 15 de dezembro de 1976.

6.12.2.2. Aquisição do investimento e operações registradas pelo MEP

1) Normas comerciais

A avaliação do investimento em coligadas e controladas pelo método da equivalência patrimonial não é uma exigência tributária, mas comercial. Seu objetivo é a representação do efetivo valor patrimonial do investimento na empresa investidora para os diversos fins empresariais, como a proteção de acionistas minoritários, a avaliação da empresa nas relações comerciais e bancárias etc.

Na legislação comercial, a avaliação do investimento é regida pelos incisos e parágrafos do art. 248 Lei das S/A, cuja leitura fica recomendada.

A norma não esgota os registros pertinentes ao MEP, detalhados no Pronunciamento CPC 18, acolhido com força obrigatória para as sociedades anônimas de capital aberto, pela Deliberação CVM 696/2012, com fundamento no art. 184-A.

Embora a CVM regule apenas as sociedades anônimas abertas, a regra é aplicável a todas as sociedades.

2) Aquisição do investimento

Seguindo a regulamentação comercial aplicável, o DL 1.598/77 foi alterado. A norma revogada, ainda presente no Regulamento do Imposto de Renda, disciplinava o desmembramento do custo de aquisição (o valor pelo qual o investimento fosse adquirido) pelo valor do patrimônio líquido e o ágio ou deságio. Ágio é o valor pago pelo investimento que excedesse o valor patrimonial do investimento e deságio a diferença a menor, presente na hipótese de aquisição do investimento por valor inferior ao registrado no patrimônio da investida.

Com a alteração da norma comercial pela Lei 11.638/07 e pela Lei 11.941/09 e com a adoção do CPC 18, o art. 20, do DL 1.598/77 passou a disciplinar o desdobramento do investimento em três itens: o valor do patrimônio líquido do investimento na época da aquisição, a mais ou menos valia, com relação ao valor pago a maior ou a menor em relação ao valor patrimonial do investimento, com base em ativos específicos e o ágio por rentabilidade futura (*goodwill*), com relação não a ativos específicos, mas à rentabilidade futura do investimento, também chamado em direito de fundo do comércio.

O *caput* e os incisos I a III do art. 20, do DL 1.598/77, confirma no âmbito tributário o desdobramento do custo de aquisição em patrimônio líquido proporcional ao investimento, mais ou menos valia e ágio por rentabilidade futura (*goodwill*), previsto pela lei comercial.

O patrimônio líquido registrado, como diz a norma, deve ser proporcional. O registro contábil do valor do patrimônio da investida deve corresponder à proporção do investimento nesta empresa investida. Assim, se a investidora adquire 30% da investida, 30% do capital desta será registrado como investimento em coligada. Esta proporção deve ser constantemente respeitada, sob pena de erro na aplicação do MEP.

O § 1º, do art. 20, do DL 1.598/77 trata da contabilização dos itens desdobrados do preço de aquisição em contas distintas, medida essencial à preservação do MEP e necessária para garantir efeitos tributários futuros, especialmente na hipótese de reorganização societária.

Embora o termo ágio seja utilizado apenas no inciso III, do *caput*, sobre o *goodwill*, a mais valia não deixa de ser uma espécie de ágio e a menos valia, uma espécie de deságio. É, na verdade, o que se verifica do § 2º, do art. 20, do DL 1.598/77, que trata do fundamento do ágio.

Se o fundamento do ágio ou deságio for a diferença do valor de mercado para o valor registrado na contabilidade da investida de algum bem específico, o ágio ou o deságio terá o nome (e o tratamento) de mais ou menos valia (letra a). Se o fundamento do ágio for a expectativa de resultados futuros, decorrente das mais diversas razões econômicas, que podem incluir o fundo do comércio, a propriedade imaterial e intangível de marcas e patentes, a capacidade administrativa da empresa, etc, o ágio receberá o nome (e o tratamento) do *goodwill*. Havendo mais de uma razão para ágio e deságio, todas elas devem ser explicitadas, primeiro a mais ou menos valia e posteriormente o *goodwill*, não podendo a empresa simplesmente informar que o ágio decorre de outras razões. A indeterminação das "outras razões" previstas pela lei acaba com a realização do negócio, quanto tais razões devem ser registradas especificamente pela empresa.

O § 2º, do art. 20, do DL 1.598/77 trata do laudo que documenta a mais ou menos valia. O § 6º, do art. 20, do DL 1.598/77 trata da compra vantajosa, que nada mais é que a aquisição de investimento por valor menor que o de mercado (deságio), determinando a norma a incidência do imposto sobre tal vantagem "no período de apuração da alienação ou baixa do investimento".

Nada impede que a empresa investidora registre o investimento adquirido desdobrando o custo de aquisição em valor patrimonial, mais valia e *goodwill*, mesmo que o MEP não seja obrigatório, por exemplo, na aquisição de 5% do capital de uma empresa, que não se torna coligada. Este desdobramento pode favorecer a apuração fiscal do investidor nos casos de eventual fusão ou incorporação do investimento adquirido (art. 20 a 22, da Lei 12.973/14) ou ser relevante no caso de aquisição de participação societária em estágios (art. 37, da Lei 12.973/14).

O ágio ou o deságio na aquisição de participação societária surtiram efeitos fiscais em 2014, por força da redação original do art. 25, do DL 1.598/77.

A norma fora logo revogada em 1979 e, desde então, o ágio e o deságio não são computados na apuração do lucro real, salvo na alienação ou na liquidação do investimento, conforme se depreende do vigente art. 25, do DL 1.598/77, com redação dada pela Lei 12.973/14:

> *Art. 25. A contrapartida da redução dos valores de que tratam os incisos II e III do caput do art. 20 não será computada na determinação do lucro real, ressalvado o disposto no art. 33. (Redação dada pela Lei nº 12.973, de 2014)*

Vale ressaltar que o texto vigente do dispositivo difere daquele que vigorou entre 1980 e 2014, porque esta previa apenas ágio e deságio, enquanto a norma atual prevê a exclusão da mais e menos valia e do *goodwill* do cômputo do lucro real.

3) Operações registradas

Diversas operações, porém, são registradas por conta da avaliação do investimento pelo método da equivalência patrimonial. São exemplos a apuração de lucro ou prejuízo pela investida, o pagamento de lucros e dividendos pela investida, a aquisição de maior participação da investidora na investida (integralização de capital), a alteração do percentual de participação da investidora na investida, a subscrição de ações com ágio por outros sócios, que aumenta o valor do capital da empresa investida, o ajuste das contas de ágio e deságio em virtude de reavaliação de bens e direitos da companhia investida e o ajuste de resultados não realizados de operações intersocietárias (entre a investidora e a investida).

Deveras, com fundamento na lei comercial, o art. 21, do DL 1.598/77, com redação dada pela Lei 12.973/14, determina a avaliação constante dos investimentos em coligadas e controladas.

Prossegue o DL 1.598/77 reconhecendo que os fatos relevantes que afetarem o valor do investimento em seus desdobramentos (patrimônio, ágio ou deságio) devem ser registrados, sem efeitos fiscais, nem pelo lançamento do fato relevante, nem pelo eventual lançamento de sua contrapartida em conta de resultado. Leiam-se os art. 22 e 23, do DL 1.598/77, com redação dada pela Lei 12.973/14 (sobre a matéria, ver os art. 388 e 389, do RIR).

Em linhas gerais, os lançamentos contábeis relativos ao MEP ou são realizados em contas patrimoniais (que não afetam as receitas e as despesas, logo o lucro, das empresas) ou são realizados em contas de resultado, mas neutralizados para fins fiscais.

Lembrando que o objetivo do MEP é apresentar o valor patrimonial da investida na contabilidade da empresa investidora, vejamos alguns registros que afetam a avaliação do investimento e seu tratamento fiscal.

A empresa investida irá apurar lucros ou prejuízos. Ao apurar lucros, o valor do investimento irá aumentar e ao apurar prejuízos, diminuir. A empresa investidora lançará, face ao lucro da investida, o acréscimo patrimonial da conta investimento em coligada ou controlada e em contrapartida, lançará o mesmo valor à conta de receita do método da equivalência patrimonial.

Esta receita, como vimos nos art. 22 e 23, do DL 1.598/77, não é tributada.

Na hipótese de prejuízo da investida, a conta patrimonial do investimento em coligada ou controlada é reduzida, em contrapartida da conta de despesa do MEP, indedutível para fins do IRPJ.

Quando a investida distribui os dividendos, o pagamento do lucro à investidora faz reduzir a conta de investimento em coligadas ou controladas. O registro contábil desta operação envolve apenas contas patrimoniais, e a distribuição dos lucros não é tributada na empresa investidora, por força do art. 10, da Lei 9.249/95 (art. 654, do RIR).

Também são registradas na conta do investimento novas integralizações de capital da investidora na investida. Supondo que a investida aumente seu capital e a investidora resolva subscrever e integralizar o capital da investida, na mesma proporção de seu investimento. O registro da operação envolverá apenas contas patrimoniais, sem efeitos nas contas de resultado.

Neste caso, a investidora manteve a mesma proporção de seu investimento no capital da empresa coligada ou controlada. Pode ocorrer, contudo, que a participação relativa da investidora na empresa investida seja alterada, por não subscrever o capital da investida na mesma proporção do aumento de capital ou por subscrever o capital em proporção maior que a participação anterior, por haver diluição ou concentração do capital (aumento ou redução do número de ações que representam o mesmo capital) ou pela subscrição de novas ações por outros sócios com ágio.

Esta variação do percentual de participação da investidora na coligada ou controlada irá afetar, assim, a participação daquela em direitos como a reserva de lucros, cujo valor não se altera com a alteração no quadro societário. Se a investidora possuía 20% das ações da investida, faria jus a 20% da reserva de lucro, no valor, vamos supor, de R$ 200.000,00 (20% de R$ 1.000.000,00). Se a participação relativa da investidora na investida sobe para 30%, também a participação nesta reserva de lucros irá subir, no caso em R$ 100.000,00 para R$ 300.000,00.

Para fins fiscais, não é relevante a razão que levou a mudança do percentual de participação. Havendo registro de receita ou despesa em virtude da variação percentual, estas são excluídas do cômputo do lucro real, nos termos do art. 33, do DL 1.598/77, reproduzida no art. 428, do RIR.

O art. 24, do DL 1.598/77 (e o art. 390, do RIR), tratam da reavaliação voluntária de bens do ativo imobilizado da investida.

Como vimos, não há mais reavaliação voluntária para elevar o valor do ativo imobilizado, mas ainda pode haver saldos em reservas de reavaliação. De toda sorte, a primeira regra relativa ao MEP no caso de reavaliação de bens da investida era a compensação pela baixa do ágio na aquisição do investimento com fundamento no valor de mercado dos bens reavaliados. Se a aquisição do investimento ocorrera com *ágio* em virtude do *bem subavaliado*, com a *reavaliação*, o *ágio deve ser baixado*.

Se outro bem, não o que justificou o ágio, for reavaliado ou se a avaliação superar o valor do ágio, há ganho de capital e imposto devido pela empresa investidora, salvo se ela mesma registrar a contrapartida do ajuste como reserva de reavaliação, postergando-se a tributação para o momento da liquidação ou baixa do investimento ou para o momento em que a investidora utilizar a reserva de reavaliação para aumento do seu capital.

Não haverá incidência do imposto para a investidora, na hipótese de a investida computar a reserva de reavaliação do bem reavaliado na apuração de seu lucro real (ou na redução de seu prejuízo), caso em que a incidência na investidora implicaria bitributação.

Com a extinção da reavaliação voluntária, o art. 24, do DL 1.589/77 perde interesse, mas ganha importância a avaliação a valor justo, disciplinados pelos art. 24-A e B, do diploma normativo, incluídos pela Lei 12.973/77.

Na **hipótese de ganho** (ajuste positivo na participação societária) decorrente do aumento do valor justo de ativo da investida ou de diminuição do valor justo de passivo da investida, em relação ao valor registrado na contabilidade, a primeira regra continua sendo a compensação com a baixa do saldo da mais valia (ágio com fundamento em ativo específico).

A avaliação recaindo sobre outros bens ou superando o saldo da conta da mais valia, o valor deve ser computado na determinação do lucro real, podendo tributação da investidora pelo ganho ser diferido na investidora, para o momento de alienação ou liquidação do investimento ou mesmo afastada, pela incidência na investida.

Para que haja o diferimento, é necessário que o ganho seja "evidenciado contabilmente em subconta vinculada à participação societária, com discriminação do bem, do direito ou da obrigação da investida objeto de avaliação com base no valor justo, em condições de permitir a determinação da parcela realizada, liquidada ou baixada em cada período" (§ 1º). Significa dizer que o excedente do valor da reavaliação não poderá simplesmente acrescer o valor do investimento, mas deverá ser registrado em outra conta, subordinada ao investimento, que mantenha correlação com o bem avaliado na empresa investida.

Nesta subconta, deverão ser registrados os eventos de depreciação, amortização, exaustão, alienação ou baixa do bem na investida ou a liquidação ou baixa do passivo da investida, o que reduz ou mesmo zera o saldo da subconta na investidora. O ganho da investidora, parcial ou integral, relativo a tais apurações não é considerado no cômputo de seu lucro real, se a investida computar o ganho na determinação do seu lucro real.

O que muda do art. 24, para o art. 24-A, do DL 1.598/77 é essencialmente a exigência da contabilização em reserva de reavaliação, naquele caso, e a contabilização da diferença do valor justo para o valor originário em subconta específica vinculada ao investimento neste caso, para o diferimento da tributação.

No mais, a tributação da investidora pelo ganho na reavaliação do bem da investida pode, em ambos os casos, ser diferida para o momento da alienação ou baixa do investimento, se antes da alienação a própria investida não houver computado "o sobre valor" no seu próprio imposto de renda, quando não poderá haver nova incidência sobre a investidora.

A seu turno, o art. 24-B, do DL 1.598/77 trata da dedutibilidade de despesa lançada pela investidora, como contrapartida da redução do valor justo do ativo ou aumento do valor justo do passivo da investida.

A primeira regra é a compensação desta perda com a menos valia registrada na aquisição do investimento. As condições para que a investidora compute a perda como despesa dedutível do lucro real, o que pode ocorrer somente na alienação do investimento, são a contabilização do valor na subconta vinculada ao investimento e não ter a investida deduzido a despesa, ela mesma, na apuração de seu lucro real.

Se a perda decorrente da avaliação a valor justo na investida não for contabilizada na subconta específica e se a investida deduzir a perda, a investidora não poderá deduzir a mesma perda da apuração de seu lucro real, quando alienar ou baixar o investimento.

Em todos os casos, há um requisito formal, da escrituração da subconta vinculada e um limite material, seja para evitar a bitributação, seja para evitar a dupla dedução da despesa.

Subsiste ainda regra específica para a reavaliação de todo o investimento, vale dizer, de toda a participação societária avaliada pelo MEP, constante do art. 35, § 3º do DL 1.598/77 (e do art. 438, do RIR). Leia-se:

> *Art. 35.*
>
> *§ 3º Será computado na determinação do lucro real o aumento de valor resultante de reavaliação de participação societária que o contribuinte avaliar pelo valor de patrimônio líquido, ainda que a contrapartida do aumento do valor do investimento constitua reserva de reavaliação.*

Se a investidora reavaliar o investimento, há ganho de capital tributável para a investidora, mesmo que o valor da reavaliação seja contabilizado em conta de reserva.

A propósito, o art. 28, da Lei 12.973/14 dispõe que a redução do ágio por rentabilidade futura não será computada na apuração do lucro real.

Assim, em regra, o pagamento de ágio por rentabilidade futura não gera obrigação tributária nem para a empresa adquirente nem para a investida e a redução deste ágio também não surte efeitos fiscais.

6.12.2.3. Alienação do investimento

A tributação do eventual ganho de capital nos investimentos, salvo nas hipóteses mencionadas no item anterior, como na avaliação de bens da investida avaliada pelo MEP, é diferida para o momento da alienação do ativo e o ganho é determinado pelo preço de venda deduzido o valor contábil, de acordo com o § 3º, do art. 31, do DL 1.598/77.

Quando o investimento é avaliado pelo custo, não há ajustes a fazer (salvo o relativo a provisão para perdas, que tenha sido computada na apuração do lucro real até 1995), e o ganho de capital é apurado pela diferença do valor de venda e o valor do ativo, registrado na contabilidade.

Se o investimento é avaliado pelo MEP, o ganho de capital também é apurado pela diferença do valor de venda e o valor do ativo, mas este não é determinado simplesmente pelo valor constante da contabilidade, fazendo-se necessário diversos ajustes para se apurar o valor a ser deduzido do preço de venda.

Como vimos, o valor investimento avaliado pelo MEP sofre diversos ajustes para retratar a situação econômica da investida. Assim, o valor do investimento registrado na contabilidade na data da alienação não será o valor da aquisição (embora tenda a este valor), mas o valor da investida naquela data.

O valor contábil do investimento a ser levado em conta na apuração do ganho de capital, contudo, não será nem o custo do investimento na data da aquisição nem o valor patrimonial do investimento na data da alienação. Este valor contábil é apurado nos termos do art. 33, do DL 1.598/77 (art. 426, do RIR).

Nos termos da norma, o valor contábil do investimento (a ser deduzido do valor da venda para se apurar o ganho de capital) é o somatório do valor do patrimônio líquido do investimento registrado na contabilidade, do valor da mais ou da menos valia e do valor do *goodwill*, mesmo que tenham sido realizados na escrituração contábil, e a provisão para perdas, que tiver sido computada na determinação do lucro real.

Neste somatório, o **valor patrimonial do investimento** é mantido, conforme escriturado (inciso I), salvo se retratar ganho ou perda por variação na porcentagem de participação do contribuinte no capital social da investida, pois os ganhos ou perdas decorrentes destas variações devem ser excluídos do valor contábil, para não surtirem efeitos fiscais (§ 2º).

O **ágio ou deságio** em relação a bens específicos da investida ou o ágio por expectativa de resultados futuros são computados não pelo seu valor registrado no momento da venda, pois podem ter sido baixados. Se foram baixados, total ou parcialmente, tais valores devem ser 'recompostos', para a apuração do valor contábil (inciso II). Sobre mais, estes valores, para investimentos antigos, são corrigidos monetariamente (§ 1º), até a data que a legislação permitia a correção (até 1994).

Num exemplo simplificado, vamos imaginar que o investimento esteja registrado na data da venda com valor patrimonial de R$ 850.000, ágio por expectativa de resultados futuros de R$ 100.000, mais valia pelo imóvel x de R$ de 100.000 e menos valia pelo imóvel w de R$ 50.000.

O investimento é avaliado da seguinte maneira:

Investimento (patrimônio líquido)	R$ 850.000
Goodwill	R$ 100.000
Mais valia x	R$ 100.000
Menos valia w	(R$ 50.000)

Deixando de lado os diversos lançamentos possíveis no investimento, o valor contábil para a soma dos valores acima, R$ 850.000 + R$ 100.000 + R$ 100.000 – R$ 50.000 (a menos valia tem sinal negativo) = R$ 1.000.000 (mais a correção devida).

Se o valor do investimento tiver sido alterado por uma variação no percentual de participação da empresa na investida (vamos supor que o valor patrimonial antes da variação era de **R$ 1.000.000**), a diferença de valor deve ser ajustada (vale dizer, os R$ 150.000). Assim, o valor contábil seria **R$ 1.000.000** + R$ 100.000 + R$ 100.000 – R$ 50.000 = R$ 1.150.000.

Se a menos valia em decorrente do bem w tiver sido alterada por lançamentos anteriores, estes devem ser revertidos. Supondo que a menos valia original seja de **R$ 80.000**. Então, teríamos: R$ 1.000.000 + R$ 100.000 + R$ 100.000 – **R$ 80.000** = R$ 1.120.000.

No regime anterior, não se falava em mais ou menos valia nem em *goodwill*, mas no correspondente ágio ou deságio, disciplinado pela norma vigente antes da edição da Lei 12.973/14.

Soma-se (subtrai-se, na verdade, pois a provisão tem sinal negativo, como a menos valia), também, o valor da **provisão para perdas** (inciso IV), constituída até 1995, que havia reduzido o valor do investimento, também corrigida monetariamente (§ 1º). O investidor constitui a provisão (conta redutora do investimento) lançando a despesa pelas perdas esperadas (conta de resultado). Se lançou esta despesa no cômputo do lucro real em algum momento, na venda do investimento deverá deduzir o valor contábil do investimento no valor correspondente, constante da provisão.

Vamos supor um investimento de R$ 1.000.000 em 1990, deixando de lado a correção monetária, para simplificação. O contribuinte lança R$ 100.000 a crédito, para constituir a provisão (redutora do investimento) e a despesa correspondente. Se utilizou a despesa no cômputo do lucro real, no momento da alienação, o valor contábil do investimento será de R$ 1.000.000 menos R$ 100.000, somando R$ 900.000.

Se não utilizou a despesa correspondente da provisão para deduzir o imposto no período, ou se a provisão foi constituída a partir de 1996, não sendo mais dedutível, o valor contábil do investimento a ser vendido não se altera pela provisão.

Em resumo: o valor patrimonial do investimento é mantido, salvo se tiver sido alterado por questões relativas ao percentual de participação da investidora na investida. O efeito da variação deve ser corrigido para apurar o valor contábil.

O ágio, em qualquer das suas formas, acresce o valor contábil. Se tiver sido baixado, deve ser recomposto.

O deságio (menos valia) diminui o valor contábil. Se tiver sido baixado, deve ser recomposto.

A provisão para perdas do investimento, se foi utilizada para reduzir o imposto do período, deve diminuir o valor contábil. Se não foi utilizada para reduzir o imposto, não afeta o valor contábil.

O ganho de capital é apurado pelo preço de venda do investimento menos o valor contábil.

6.12.3. Ações em tesouraria

Tratamos aqui da aquisição de participações societárias por uma empresa em outra, vale dizer, do investimento que uma empresa faz em ações de outra empresa.

Em geral, a empresa não pode negociar com suas próprias ações, nos termos do art. 30, da Lei das S/A. Mas esta regra também possui exceções, presentes no mesmo dispositivo.

Cuidamos, aqui, especialmente das letras b e c do § 1º, do art. 30, da LSA, segundo o qual a companhia pode adquirir suas próprias ações "para permanência em tesouraria ou cancelamento, desde que até o valor do saldo de lucros ou reservas, exceto a legal, e sem diminuição do capital social, ou por doação" e a aliená-las.

Quando a companhia compra (ou resgata) suas próprias ações, não está fazendo um investimento, mas realizando operações comerciais decorrentes de direitos de minorias dissidentes, fechamento do capital, ou outra operação, que poderá ser definitiva ou provisória, para posterior venda aos acionistas remanescentes ou novos acionistas.

Ao comprar suas próprias ações, na hipótese da letra b do § 1º, do art. 30, da LSA, não há qualquer efeito tributário para a companhia, que lança contabilmente a aquisição das ações a débito na conta caixa e, se pretende retirá-las de circulação, reduz seu próprio patrimônio debitando as contas reserva de ágio na emissão de ações, reserva de prêmio na emissão de debêntures e lucros acumulados. Vale dizer, movimenta apenas contas patrimoniais, que não afetam a apuração do imposto de renda.

Ao vender as ações, também não são movimentadas contas patrimoniais, mesmo que a venda ocorra com ágio ou deságio. No caso de venda das ações com ágio, o ganho é utilizado para compor a conta de reserva de capital e eventual prejuízo é debitado também na conta de reserva.

A legislação fiscal também afasta a incidência do tributo, conforme disciplina o art. 38, do DL 1.598/77.

Em outros termos, a legislação tributária acolhe, também para fins fiscais, o procedimento contábil.

6.12.4. Reorganização societária e combinação de negócios: fusão, cisão e incorporação

6.12.4.1. Visão geral

As empresas, especialmente as maiores, realizam com frequência atos de reorganização societária, seja no âmbito do mesmo grupo econômico, seja entre partes independentes.

São muitas as razões que levam a tais atos. Entre elas, podemos citar a divisão de empresas com vistas na especialização, reunião de empresas que atuam no mesmo segmento, perspectivas de ganho de escala ou aumento da produtividade, ou aumento do poder econômico, para conquistar mercado nacional ou internacional ou mesmo para fazer frente a concorrentes com poder econômico maior.

Em direito, costuma-se falar em reorganização societária, como gênero do qual são espécies a fusão, a cisão, a incorporação (inclusive a incorporação de ações) e a alienação de controle de companhia, sem que se apresente um conceito, mas uma disciplina cada uma de suas espécies, na Lei 6.404/76, preocupado com a formalização da pessoa jurídica e com os direitos dos minoritários.

Nos termos do art. 227, da Lei das S/A, a incorporação é a operação em que uma ou mais sociedades são absorvidas por outra. A empresa incorporada deixa de existir e a incorporadora sucede a empresa extinta em todos os seus direitos e obrigações.

O art. 252, da LSA disciplina também a incorporação de ações, em que uma empresa adquire todas as ações de outra, que se torna sua subsidiária integral.

Neste caso, não há desaparecimento da pessoa jurídica dita incorporada, mas o surgimento da figura da subsidiária integral.

Na fusão, duas ou mais empresas se unem, formando uma nova pessoa jurídica, que sucede as anteriores em seus direitos e obrigações. Difere-se a fusão da incorporação, pois nesta uma empresa continua a existir (a incorporadora), enquanto na fusão todas as empresas fundidas são extintas e deixam lugar a uma empresa nova, com preconiza o art. 228, da LSA.

A cisão, prevista no art. 229, da LSA, difere-se dos demais institutos, pois nela há a divisão de empresas, com ou sem a extinção da empresa anterior. Da cisão pode decorrer a divisão total do patrimônio da empresa cindida, que desaparece, dando lugar a duas ou mais novas empresas, ou a divisão parcial do patrimônio da empresa cindida, que continua a existir com patrimônio menor, surgindo uma ou mais novas empresas com o restante do patrimônio.

A lei comercial disciplina, ainda, a alienação de controle da companhia, que também pode ser vista como modalidade de reorganização societária, ou como uma etapa de aquisição total da própria companhia. A alienação de controle pode ocorrer por meios contratuais ou pela aquisição de ações, que passa do poder de gestão da empresa a terceiro. Nos termos da lei, o adquirente do controle obriga-se a fazer oferta para comprar as ações não adquiridas na transferência de controle e pertencentes a pessoas não integrantes do grupo de controle das empresas envolvidas.

Esta obrigação pode se formalizar como condição suspensiva ou resolutiva do negócio, como prevê o art. 254-A, da LSA. Se a condição for suspensiva, a transferência de controle somente se aperfeiçoa se o adquirente fizer a oferta de compra das demais ações, se a condição for resolutiva, o negócio se desfaz se o adquirente não fizer a oferta até o fim do prazo estipulado na condição.

Há efeitos contábeis e tributários típicos de cada operação, mas também há efeitos disciplinados especificamente pela legislação tributária, como a vedação de aproveitamento de prejuízos fiscais nas reorganizações, exceto no caso de cisão com permanência da empresa cindida, em que o aproveitamento do prejuízo é proporcional.

Esta é, em síntese, a visão jurídica da reorganização societária.

Para a matéria que tratamos neste tópico, também é relevante a compreensão contábil da matéria, denominada nesta área do conhecimento por combinação de negócios. A contabilidade distingue o tratamento de reorganizações societárias não por sua forma, mas pela presença de partes independentes ou de partes ligadas.

Havendo partes independentes, o pronunciamento 15, do CPC, aprovado pelas deliberações CVM 580/09 e 665/11 determina o **reconhecimento e a mensuração de ativos e passivos, bem como a apuração de ágio e deságio nas operações**, pois tais ajustes dão início a novos negócios, ou a negócios de novas pessoas, extinguindo-se a participação antiga.

Vejamos o que o pronunciamento entende por negócio e por combinação de negócios:

> *Negócio é um conjunto integrado de atividades e ativos capaz de ser conduzido e gerenciado para gerar retorno, na forma de dividendos, redução de custos ou outros benefícios econômicos, diretamente a seus investidores ou outros proprietários, membros ou participantes.*
>
> *Combinação de negócios é uma operação ou outro evento por meio do qual um adquirente obtém o controle de um ou mais negócios, independentemente da forma jurídica da operação. Neste Pronunciamento, o termo abrange também as fusões que se dão entre partes independentes (inclusive as conhecidas por 'true mergers ou merger of equals'). (CPC 15 R1, Apêndice A)*

No mesmo sentido, o pronunciamento afasta sua aplicação a combinação de negócios puramente formais, vale dizer, realizados entre partes sob controle comum:

> *Este Pronunciamento não se aplica a combinação de negócios de entidades ou negócios sob controle comum. A combinação de negócios envolvendo entidades ou negócios sob controle comum é uma combinação de negócios em que todas as entidades ou negócios da combinação são controlados pela mesma parte ou partes, antes e depois da combinação de negócios, e esse controle não é transitório. (CPC 15 R1, Apêndice B)*

Neste trabalho, utilizaremos as expressões reorganização societária e cominação de negócios com o mesmo sentido.

6.12.4.2. Efeitos tributários

1) Apuração do imposto devido

Como vimos, a apuração do imposto de renda é trimestral. Contudo, nos casos de fusão, cisão e incorporação, o imposto deve ser apurado na data da reorganização societária, como dispõe o § 1º, do art. 1º, da Lei 9.430/96 (art. 220, do RIR).

O dispositivo faz referência ao art. 21, da Lei 9.249/95, que por sua vez determina o levantamento de balanço específico, nos termos da lei comercial, como exigência para a apuração do imposto.

A lei, portanto, não distingue as partes envolvidas nas operações, se há ou não transferência de controle, partes vinculadas ou partes independentes, mostrando-se obrigatória a apuração do imposto na data da reorganização societária.

2) Ágio e deságio x mais valia, menos valia e *goodwill* nas reorganizações societárias

A disciplina do ágio e do deságio foi sensivelmente alterada, como vimos no tópico anterior.

A legislação sobre os efeitos fiscais do ágio e do deságio, por sua vez sofreu algumas alterações para se adaptar à própria disciplina do ágio e do deságio.

A matéria encontrava-se condensada no art. 7º, da Lei 9.532/97, com vigência até 31/12/2017, como veremos mais adiante.

A norma determina o registro do ágio ou deságio relativo a **bem do ativo imobilizado** da empresa adquirida a conta do bem, para depreciação, amortização ou exaustão; do **ágio por rentabilidade futura** como ativo diferido para amortização mensal em 1/60 do valor, no máximo (vale dizer, como despesa para redução da base de cálculo do imposto de renda); e do **deságio por rentabilidade futura** como passivo diferido, para inclusão no lucro real na proporção de 1/60 do valor do deságio, no mínimo, por mês.

Determina, também, que os valores de ágio e deságio devem compor o preço de custo para apuração de ganho de capital, cuja tributação não ocorre na data da reorganização societária, mas fica diferida até a ocorrência de evento futuro, como a venda do bem que deu ensejo ao ágio ou o deságio.

Determina, ainda, que o ágio pago em virtude de **ativo intangível** da empresa adquirida seja considerado custo de aquisição, para efeito de apuração de ganho ou perda de capital na alienação do direito que lhe deu causa ou na sua transferência para sócio ou acionista, na hipótese de devolução de capital e possa ser deduzido como perda, no encerramento das atividades da empresa, se comprovada, nessa data, a inexistência do fundo de comércio ou do intangível que lhe deu causa.

A Lei 12.973/14 apresentou novo regime para o ágio e o deságio, que passaram a ser denominados mais valia, menos valia e *goodwill* e também para compra vantajosa, nas reorganizações societárias. Além da adaptação da disciplina específica dos institutos, agora renovados, a lei *estendeu os efeitos fiscais* aplicáveis aos casos em que a empresa investidora, que possui a participação em outra, adquire a investida àquelas hipóteses em que a empresa *investida adquire a investidora* na reorganização societária (art. 24, da Lei 12.973/14), mas *vedou a dedutibilidade* da mais valia ou do *goodwill* do imposto de renda, nos casos de operações *entre partes ligadas*.

Tal disciplina encontra-se nos art. 20 e seg., da Lei 12.973/14.

A mais e a menos valia (relativas a bens específicos da investida, que passa a ser incorporada e fusionada) continuam a fazer parte integrante do custo do bem para efeito de determinação de ganho ou perda de capital e do cômputo da depreciação, amortização ou exaustão.

No caso de cisão, se o bem ou direito que deu causa à *mais valia* não for transferido para o patrimônio da sucessora, a nova empresa poderá deduzir o valor da mais valia em quotas fixas mensais e no prazo mínimo de 5 anos contados da data da cisão.

A *menos valia*, a seu turno, na mesma hipótese de cisão em que o bem ou direito que deu causa não houver for transferido para o patrimônio da sucessora, esta poderá diferir o reconhecimento do valor, oferecendo-o à tributação em quotas fixas mensais no prazo máximo de 5 anos contados da data da cisão.

Sobremais, a utilização da mais valia como custo do bem ou direito para apuração de futuro ganho de capital ou prejuízo não operacional, bem como para fins de cálculo da depreciação, amortização ou exaustão tem como requisitos:

- tratar-se de operação entre partes independentes (veremos mais sobre isso adiante);
- protocolar ou registrar o interessado o laudo de avaliação previsto pelo art. 20, do DL 1.598/77 (exigência vigente para participações adquiridas a partir de 2015, ou de 2014, por opção da empresa ao regime da Lei 12.973/14);
- garantir que o saldo da mais valia seja plenamente identificável em sua contabilidade.

A *mais valia* aumenta o custo contábil de aquisição do bem, aumentando, assim o valor da depreciação, amortização ou exaustão, e que reduz o resultado obtido no caso de venda do bem. A *menos valia*, ao revés, é um ganho contábil, pois representa um valor pago a menor por um ativo da empresa investida, em relação ao valor que o ativo se encontrava na contabilidade desta. Diminui, portanto, a base da depreciação, exaustão ou amortização, e aumenta o resultado da alienação do bem.

O art. 21, da Lei 12.973/14 determina que este valor da menos valia reduza a base da depreciação, amortização ou exaustão do bem, mas permite que o ganho contábil (pelo pagamento de valor menor que o valor contábil do bem) seja diferido (regras do ganho de capital). Contudo, o diferimento desta tributação está condicionado à elaboração e protocolo ou registro do laudo de avaliação e do devido controle do saldo de menos valia, na contabilidade da empresa adquirente.

O art. 22, disciplina o *goodwill* registrado na investidora, por ocasião da reorganização societária.

O *goodwill*, assim como a mais-valia, gera uma vantagem tributária para a investidora, que participa da reorganização societária. Como não se refere a um bem específico, não se reflete na amortização ou exaustão, nem pode ser considerada como custo de bem determinado pertencente a empresa incorporada, fundida ou cindida.

A lei permite, pois, a dedução do *goodwill* da apuração do lucro real de outra forma. Pode o contribuinte deduzir, nos períodos de apuração subsequentes ao da reorganização societária, o saldo do referido ágio existente na contabilidade na data da aquisição da participação societária, à razão de 1/60, no máximo, para cada mês do período de apuração.

A dedutibilidade do saldo da conta do *goodwill* está condicionada aos mesmos requisitos para a dedução da mais valia, quais sejam: 1. partes independentes, 2. laudo de avaliação apropriado e tempestivo e 3. controle contábil do saldo da própria conta.

Tanto o art. 20, sobre mais valia, quanto o art. 22, sobre *goodwill*, condicionam o tratamento fiscal favorável à empresa decorrente do processo de incorporação, fusão, ou cisão, à negociação entre **partes não dependentes**. Vale dizer, se a empresa incorporada fosse parte dependente da incorporadora no ato da aquisição da participação societária (no passado, antes da incorporação) a mais valia ou o *goodwill* registrados não podem beneficiar a incorporadora.

Pode parecer, em princípio, que a mais valia e o *goodwill* nunca surtirão efeitos tributários, nos casos de reorganização societária, porque o registro desta forma de ágio é típico do MEP, que por sua vez somente é aplicado a empresas ligadas.

Contudo, a conceituação da lei fiscal para dependência não coincide com a regra da influência significativa que caracteriza a empresa coligada, nos termos da lei comercial (art. 243, da LSA). Para fins fiscais, vale o art. 25, da Lei 12.973/14, que define o que se consideram partes dependentes.

Nos termos da legislação tributária, o *goodwill* e a mais valia não surtirão efeitos fiscais na reorganização societária entre empresas controladora e controlada e entre empresas do mesmo grupo, mas podem surtir efeitos no caso de empresas coligadas, desde que as outras limitações do art. 25, da Lei 12.973/14 não estejam presentes.

A lei trata, em seu art. 23, do ganho por compra vantajosa.

Se o preço pago pela participação é menor que valor (proporcional) dos ativos da companhia investida, e este deságio não está relacionado à menos valia de algum bem específico, vale dizer, o valor pago pela participação é menor que o valor do conjunto dos ativos da investida avaliados a valor justo, há compra vantajosa.

A compra vantajosa, por não se referir a nenhum bem específico, distancia-se da menos-valia, e se assemelha ao inverso do *goodwill*.

Como o adquirente adquiriu a participação por valor menor que o valor justo, auferiu um ganho, denominado ganho por compra vantajosa, que deve ser registrada nos termos do § 6º, do art. 20, do DL 1.598/77 e sofrer tributação apenas na venda do investimento.

Nos termos do art. 23, da Lei 12.973/14, a tributação deste ganho, pela pessoa jurídica que absorver patrimônio de outra, em virtude de incorporação, fusão ou cisão, na qual detinha participação societária adquirida com ganho proveniente de compra vantajosa, pode ser gradual, facultando-se à sucessora fazer computar na apuração de seu lucro real 1/60 do valor do ganho, por mês, no mínimo, a partir do mês seguinte ao da reorganização societária.

3) Participação Extinta em Fusão, Incorporação ou Cisão

Tema conexo, mas não idêntico ao tratamento do ágio ou deságio nas reorganizações societárias é o ganho ou prejuízo na extinção de participação societária nas reorganizações.

A matéria é regida pelo art. 34, do DL 1.598/77, que ainda vige em sua redação original, contendo termos que não mais existem na legislação comercial e na contabilidade, como o "ativo diferido".

O art. 430, do RIR reproduz a norma e apresenta sua regulamentação.

Para entender melhor o tema, vamos imaginar que a empresa A irá incorporar a empresa B, mas A possui 10% das ações de B, em investimento não relevante. O valor contábil de cada ação de B é de R$ 10,00 e o total do valor patrimonial das ações de B é de R$ 1.000,00. Assim, A possui R$ 100,00 em ações de B, ações estas que serão extintas com a incorporação.

Se não falássemos de incorporação, mas de venda do investimento, haveria incidência do imposto no caso de ganho de capital ou prejuízo não operacional, no caso de venda abaixo do valor contábil.

Na incorporação, porém, não há venda das ações, mas o pagamento do preço pedido pelos proprietários de B, a reunião dos negócios, a extinção das ações de B pertencentes a empresa A e a transferência do patrimônio de B para A.

Neste caso, a lei manda que o resultado desta extinção das ações seja computado no lucro real e, de fato, as ações extintas poderão apresentar valor superior ou inferior ao acervo de B, transferido para A, avaliado a valor de mercado.

Em nosso exemplo, as ações extintas estão registradas na contabilidade a R$ 100,00. Se o acervo for transferido a R$ 800,00 (na proporção das ações R$ 80,00), há uma perda de R$ 20,00, tratada como prejuízo não operacional. E se o acervo for transferido a R$ 1.200,00 (na proporção das ações R$ 120,00), há um ganho de R$ 20,00, tratado como ganho de capital.

No *caso de perda*, a lei determina o cômputo deste resultado no lucro real, mas permite que a *perda seja deduzida no período ou amortizada no prazo máximo de 10 anos.*

O requisito para a dedução amortizada é o registro do valor como ativo diferido, classificação contábil revogada na legislação comercial.

Para as reorganizações societárias regidas pela legislação comercial anterior, aplica-se o dispositivo da lei tributária em sua integralidade. Para as reorganizações posteriores, parece-nos que o requisito de contabilização da diferença como ativo diferido não pode ser exigido, devendo o contribuinte realizar os registros contábeis segundo as normas vigentes e o controle da despesa nos livros próprios.

No *caso de ganho de capital*, a lei também permite o *diferimento da tributação*. O ganho correspondente a bens do ativo permanente pode ser diferido se os bens do acervo líquido recebido a que corresponder o ganho de capital diferido estiver devidamente discriminado, de modo a permitir a determinação do valor realizado em cada período de apuração; e se o contribuinte mantiver no LALUR, controle do ganho de capital ainda não tributado.

O valor do ganho de capital relativo a bens do acervo líquido se pode parecer com a mais ou menos valia e o restante como *goodwill*, mas os institutos não se confundem.

O valor de que trata o art. 34, do DL 1.598/77 refere-se à diferença entre o valor contábil das **ações ou cotas** da sucedida, pertencentes à sucessora, que serão extintas e o **valor de mercado do acervo** que será recebido pela sucedida, enquanto a mais ou menos valia e o *goodwill* é a diferença entre o **valor patrimonial da sucedida** e o **valor pago pela sucessora na aquisição** da participação.

Ademais, o **ágio e o deságio** são **apurados na aquisição da participação**, **no passado em relação à reorganização societária**, enquanto a **diferença do valor da ação extinta e o valor do acervo transferido** é apurada **no momento da reorganização.**

Por fim, **ágio e deságio, mais ou menos valia e *goodwill*** são **institutos** próprios do método da equivalência patrimonial – **MEP**, enquanto a **diferença** entre o **valor contábil da ação** extinta e o **valor do acervo** correspondente pode ser apurada **também** nos investimentos avaliados pelo **método do custo**.

4) Reavaliação na Fusão, Incorporação ou Cisão

A disciplina dos efeitos fiscais da reavaliação voluntária de bens realizadas enquanto permitidas pela legislação comercial, também alcança operações de reorganização societária.

Dispõe o art. 37, do DL 1.598/77 (art. 440, do RIR):

> *Art. 37. A contrapartida do aumento do valor de bens do ativo em virtude de reavaliação na fusão, incorporação ou cisão não será computada para determinar o lucro real enquanto mantida em reserva de reavaliação na sociedade resultante da fusão ou incorporação, na sociedade cindida ou em uma ou mais das sociedades resultantes da cisão.*
>
> *Parágrafo único – O valor da reserva deverá ser computado na determinação do lucro real de acordo com o disposto nos §§ 1º e 2º do artigo 35.*

Nos termos do dispositivo, a reavaliação de bens da empresa sucedida recebe o mesmo tratamento na empresa sucessora, como esclarece o art. 441, do RIR:

> *Art. 441. As reservas de reavaliação transferidas por ocasião da incorporação, fusão ou cisão terão, na sucessora, o mesmo tratamento tributário que teriam na sucedida.*

Em outros termos, a tributação é diferida para o momento da alienação ou baixa do bem, pela sucessora.

5) Vigência das normas sobre os efeitos tributários das reorganizações societárias

Vale lembrar que as normas tributárias relativas a reorganizações societárias passam por momento de transição. Leia-se o art. 65, da Lei 12.973/14:

> *Art. 65. As disposições contidas nos arts. 7º e 8º da Lei no 9.532, de 10 de dezembro de 1997, e nos arts. 35 e 37 do Decreto-Lei nº 1.598, de 26 de dezembro de 1977, continuam a ser aplicadas somente às operações de incorporação, fusão e cisão, ocorridas até 31 de dezembro de 2017, cuja participação societária tenha sido adquirida até 31 de dezembro de 2014.*

Assim, continuam aplicáveis as **regras antigas** para o tratamento do ágio e das reavaliações de **participações societárias adquiridas até dezembro de 2014**, se a **reorganização societária ocorrer até 2017**. As **novas regras**, ao revés, são aplicadas para as **reorganizações societária que ocorrerem após 2017**, *independente da data de aquisição da participação*, bem como para as **reorganizações societárias ocorridas a partir de 2015**, para *participações ocorridas também a partir de 2015*.

6.13. Lucro distribuído e lucro capitalizado

Os art. 462 e seg. do RIR contém disposições acerca da participação no lucro, tanto as dedutíveis quanto as indedutíveis da base de cálculo do imposto[34], bem como da distribuição disfarçada de lucros.

De fato, uma vez obtido o lucro, este pode ser: 1. distribuído aos sócios e outros titulares de direitos face a pessoa jurídica, como os debenturistas e os empregados, bem como 2. capitalizado, vale dizer, utilizado para aumentar o capital social da empresa.

Sob o prisma de **quem recebe o lucro distribuído (dividendos)**, há isenção, como vimos anteriormente (art. 10, da Lei 9.249/95).

Sob o prisma da **empresa que realiza pagamentos com base no lucro** (que não sejam dividendos, isto é, pagamentos a pessoas com vínculo diverso de sócio), o pagamento pode ter natureza de despesa dedutível da base de cálculo do IRPJ. Deveras, o art. 462, do RIR afirma que "podem ser deduzidas do lucro líquido do período de apuração as

34. Sobre o cálculo das participações dedutíveis, veremos adiante, no tópico acerca da apuração do imposto pelo lucro real.

participações nos lucros da pessoa jurídica (DL 1.598/77, art. 58) asseguradas a debêntures de sua emissão; atribuídas a seus empregados segundo normas gerais aplicáveis, sem discriminações, a todos que se encontrem na mesma situação, por dispositivo do estatuto ou contrato social, ou por deliberação da assembleia de acionistas ou sócios quotistas; e atribuídas aos trabalhadores da empresa", nos termos da Lei 10.101/00, que dispõe sobre a participação dos trabalhadores nos lucros ou nos resultados da empresa.

A lei, portanto, trata de **3 hipóteses** em que os **pagamentos realizados com base** no lucro podem ser considerados **despesa**, que reduz a base de cálculo do imposto:

- pagamento de **debêntures** que prevejam participação nos resultados,
- pagamentos previstos por **norma geral**, no estatuto ou no contrato social ou por deliberação de órgãos societários competentes, a todos os empregados que estejam na mesma condição;
- pagamentos de **participação nos lucros e nos resultados aos empregados**, com fundamento em **regra especial** (Lei 10.101/00)

Naturalmente que os valores recebidos pelos debenturistas ou pelos empregados são tributados, pois a isenção que mencionamos acima se aplica apenas aos dividendos pagos aos sócios.

De outro giro, **não podem ser deduzidas** da apuração do lucro real outras participações. De acordo com o art. 463, do RIR "serão adicionadas ao lucro líquido do período de apuração, para efeito de determinar o lucro real, as participações nos lucros da pessoa jurídica atribuídas a partes beneficiárias de sua emissão e a seus administradores (DL 1.598/77, art. 58, parágrafo único)" não sendo dedutíveis também "as participações no lucro atribuídas a técnicos estrangeiros, domiciliados ou residentes no exterior, para execução de serviços especializados, em caráter provisório (DL 691/69, art. 2º, parágrafo único)".

Após a tributação, o lucro pode ser capitalizado ou distribuído aos sócios.

Para evitar que os lucros sejam distribuídos sem o pagamento do imposto, a legislação tributária contempla um conjunto de normas que regem a "distribuição disfarçada de lucros". Dispõe o art. 464, do RIR:

> *Art. 464. Presume-se distribuição disfarçada de lucros no negócio pelo qual a pessoa jurídica (DL 1.598/77, art. 60, e DL 2.065/83, art. 20, inciso II):*
>
> *I – aliena, por valor notoriamente inferior ao de mercado, bem do seu ativo a pessoa ligada;*
>
> *II – adquire, por valor notoriamente superior ao de mercado, bem de pessoa ligada;*
>
> *III – perde, em decorrência do não exercício de direito à aquisição de bem e em benefício de pessoa ligada, sinal, depósito em garantia ou importância paga para obter opção de aquisição;*
>
> *IV – transfere a pessoa ligada, sem pagamento ou por valor inferior ao de mercado, direito de preferência à subscrição de valores mobiliários de emissão de companhia;*

V – paga a pessoa ligada aluguéis, royalties ou assistência técnica em montante que excede notoriamente ao valor de mercado;

VI – realiza com pessoa ligada qualquer outro negócio em condições de favorecimento, assim entendidas condições mais vantajosas para a pessoa ligada do que as que prevaleçam no mercado ou em que a pessoa jurídica contrataria com terceiros.

§ 1º O disposto nos incisos I e IV não se aplica nos casos de devolução de participação no capital social de titular, sócio ou acionista de pessoa jurídica em bens ou direitos, avaliados a valor contábil ou de mercado (Lei 9.249/95, art. 22).

§ 2º A hipótese prevista no inciso II não se aplica quando a pessoa física transferir a pessoa jurídica, a título de integralização de capital, bens e direitos pelo valor constante na respectiva declaração de bens (Lei nº 9.249/95, art. 23, § 1º).

§ 3º A prova de que o negócio foi realizado no interesse da pessoa jurídica e em condições estritamente comutativas, ou em que a pessoa jurídica contrataria com terceiros, exclui a presunção de distribuição disfarçada de lucros (DL 1.598/77, art. 60, § 2º).

Considera-se pessoa ligada à pessoa jurídica o sócio ou acionista desta, mesmo se este sócio for outra pessoa jurídica; o administrador ou o titular da pessoa jurídica; o cônjuge e os parentes até o terceiro grau, inclusive os afins, do sócio pessoa física (RIR, art. 465, DL 1.598/77, art. 60, § 3º e DL 2.065/83, art. 20, IV).

A seu turno, valor de mercado é definido pela lei como "a importância em dinheiro que o vendedor pode obter mediante negociação do bem no mercado" (RIR, art. 465, § 4º e DL 1.598/77, art. 60, § 4º).

O lucro distribuído disfarçadamente será incluído na base de cálculo do imposto, segundo as regras do art. 467, do RIR.

6.14. Preços de transferência

As regras sobre preços de transferências no Brasil, foram estabelecidas pelos art. 18 e seg. da Lei 9.430/96, com as alterações da Lei 12.715/12.

Antes de adentrar no tema, contudo, precisamos ver que o que se entende por preços de transferência.

Vamos começar com um exemplo. Imaginemos que uma empresa no Brasil controle uma empresa no exterior. A controlada produz insumo que é exportado para a empresa, no Brasil, e aqui vende o produto final. No país em que se localiza a controlada, vamos supor, a renda é tributada a 20%, enquanto no Brasil a alíquota total (base + adicional + CSLL) é de 34%.

Vamos supor, ainda, que o resultado final da operação seja lucrativo, vale dizer, que o preço final de venda do produto acabado permita que a produção e exportação seja lucrativa, bem como a venda no Brasil.

Neste caso, empresa brasileira, que controla a empresa no exterior, pode determinar onde o lucro será realizado, definindo o preço pelo qual o insumo será importado. Em termos práticos – comparativos – se o preço de mercado do insumo for R$ 1.000,00 e a empresa brasileira o importar por R$ 2.000,00 irá elevar o lucro da controlada no exterior e reduzir o lucro da controladora no Brasil e, com isso, obter vantagens tributárias.

Assim, o legislador define que, para fins de incidência do imposto de renda, o valor das transações comerciais entre pessoas ligadas deve ser desconsiderado, para a aplicação do valor de transação equivalente, como se fosse realizada entre pessoas desvinculadas, cada qual pretendendo maximizar os lucros de sua atividade.

Daí, a propósito, a ideia do princípio do *arm's length*, expressão em inglês, que significa a distância de um braço, além da qual pessoas estranhas não se aproximam. Segundo Schoueri:

> *O princípio do arm's length consiste, em síntese, em tratar os membros de um grupo multinacional como se eles atuassem como entidades separadas, não como partes inseparáveis de um negócio único. Devendo-se tratá-los como entidades separadas (separate entity approach), a atenção volta-se à natureza dos negócios celebrados entre os membros daquele grupo*[35].

Encontrar este valor, contudo, nem sempre é fácil. As transações são, por vezes, muito específicas ou não encontram parâmetros de comparação. Em qualquer circunstância, há dificuldade em procurar um preço que seria praticado entre pessoas estranhas, quando a transação foi realizada entre pessoas que não o são.

Assim, a lei define métodos, alternativos, que constituem critérios de aceitação do preço praticado entre pessoas vinculadas e o valor máximo (ou mínimo) a ser aceito pela administração tributária.

Dissemos valor máximo ou mínimo, pois a situação inversa ao exemplo acima também pode ocorrer e a empresa no Brasil ser a exportadora. Neste caso, quanto menor for o preço de venda para o exterior, menor o lucro no Brasil.

As pessoas vinculadas são definidas pelo art. 23, da Lei 9.430/96. São elas, sempre residentes ou domiciliadas no exterior,

- a matriz, da qual a empresa brasileira seja filial;
- a filial ou sucursal da empresa brasileira;
- a pessoa física ou jurídica, cuja participação no capital social da empresa caracterize aquela como sua controladora ou coligada da empresa brasileira, segundo as regras societárias;

35. SHOUERI, Luis Eduardo. Preços de transferência no direito tributário brasileiro. São Paulo: Dialética, 1999, p. 26.

- pessoa jurídica que seja controlada ou coligada da empresa brasileira;
- a pessoa jurídica sob controle societário ou administrativo da empresa brasileira ou quando pelo menos dez por cento do capital social de cada uma pertencer a uma mesma pessoa física ou jurídica;
- a pessoa física ou jurídica, que, em conjunto com a pessoa jurídica domiciliada no Brasil, tiver participação societária no capital social de uma terceira pessoa jurídica, cuja soma as caracterizem como controladoras ou coligadas nos termos da lei societária;
- a pessoa física ou jurídica que seja associada à empresa brasileira, na forma de consórcio ou condomínio;
- a pessoa física que for parente ou afim até o terceiro grau, cônjuge ou companheiro de qualquer de seus diretores ou de seu sócio ou acionista controlador em participação direta ou indireta;
- a pessoa física ou jurídica, que goze de exclusividade, como agente, distribuidor ou concessionário, para a compra e venda de bens, serviços ou direitos;
- a pessoa física ou jurídica em relação à qual a pessoa jurídica domiciliada no Brasil goze de exclusividade, como agente, distribuidora ou concessionária, para a compra e venda de bens, serviços ou direitos.

As regras também dizem respeito a serviços ou outros custos e despesas, bem assim a juros pagos a pessoa vinculada. No caso brasileiro, também há regras de preços de transferência quando a empresa nacional negocia com empresa localizada em país com tributação favorecida, é dizer, não tributa o lucro ou o tributa a alíquota menor que 20%.

6.14.1. Importações

Para bens, serviços e direitos adquiridos no exterior, o art. 18, da Lei 9.430/96 limita a dedução do custo até o limite do maior valor, apurado pela aplicação dos seguintes métodos:

- Método dos Preços Independentes Comparados – PIC;
- Método do Preço de Revenda menos Lucro – PRL[36];
- Método do Custo de Produção mais Lucro – CPL.

36. O método de preço de revenda surge, na sistemática da OCDE, como um dos três métodos tradicionais para a apuração das condições de uma transação arm's length. A OCDE apresenta o método da seguinte maneira: ele parte do preço pelo qual um produto adquirido de uma empresa associada é revendido a uma empresa independente. Este preço (o preço de revenda) é então reduzido de uma margem de lucro bruto apropriada (a margem de revenda), que representa o montante do qual o revendedor buscaria cobrir suas despesas operacionais e de venda e, conforme as funções executadas (levando em conta os ativos empregados e os riscos assumidos), alcançar um lucro apropriado. O que sobre depois de deduzir a margem bruta pode ser considerado, depois de ajustes por outros custos associados à compra do produto (por exemplo, taxas alfandegárias), como um preço arm's length para transferência original de propriedade entre as empresas associadas.

Eis a definição dos métodos, nos termos do art. 18, da Lei 9.430/96, já com a redação dada pela Lei 12.715/12:

- Método dos Preços Independentes Comparados – PIC: definido como a média aritmética ponderada dos preços de bens, serviços ou direitos, idênticos ou similares, apurados no mercado brasileiro ou de outros países, em operações de compra e venda empreendidas pela própria interessada ou por terceiros, em condições de pagamento semelhantes;

- Método do Preço de Revenda menos Lucro – PRL: definido como a média aritmética ponderada dos preços de venda, no País, dos bens, direitos ou serviços importados, em condições de pagamento semelhantes, calculados conforme a metodologia a seguir:

  a) preço líquido de venda: a média aritmética ponderada dos preços de venda do bem, direito ou serviço produzido, diminuídos dos descontos incondicionais concedidos, dos impostos e contribuições sobre as vendas e das comissões e corretagens pagas;

  b) percentual de participação dos bens, direitos ou serviços importados no custo total do bem, direito ou serviço vendido: a relação percentual entre o custo médio ponderado do bem, direito ou serviço importado e o custo total médio ponderado do bem, direito ou serviço vendido, calculado em conformidade com a planilha de custos da empresa;

  c) participação dos bens, direitos ou serviços importados no preço de venda do bem, direito ou serviço vendido: aplicação do percentual de participação do bem, direito ou serviço importado no custo total, apurada conforme a alínea *b*, sobre o preço líquido de venda calculado de acordo com a alínea *a*;

  d) margem de lucro: a aplicação dos percentuais previstos no § 12, conforme setor econômico da pessoa jurídica sujeita ao controle de preços de transferência, sobre a participação do bem, direito ou serviço importado no preço

---

Pela conceituação acima, vê-se que o método do preço de revenda requer a existência de três partes quais sejam: o vendedor no exterior, o comprador no País (ambos pertencentes ao mesmo grupo) e um terceiro, o qual adquire do comprado no País. O parâmetro objetivo fica, assim, na última transação efetuada entre o comprador no país e o terceiro independente. É este o ponto de partida que traz a referência ao mercado. Este dado se extrai da própria empresa.

A comparação, nesse método, não está, portanto, na questão dos preços praticados. Ela surge na segunda etapa, i.e., na fixação da margem de revenda. Semelhante ao método dos preços independentes comparados, também aqui importa localizar uma transação compatível (direta ou indiretamente, neste caso com os ajustes necessários), na qual uma empresa revendedora adquire produtos de pessoas não ligadas.

SHOUERI, Luis Eduardo. Preços de transferência no direito tributário brasileiro. São Paulo: Dialética, 1999, p. 87.

de venda do bem, direito ou serviço vendido, calculado de acordo com a alínea *c*; e

e) preço parâmetro: a diferença entre o valor da participação do bem, direito ou serviço importado no preço de venda do bem, direito ou serviço vendido, calculado conforme a alínea *c*; e a "margem de lucro", calculada de acordo com a alínea *d*; e

- Método do Custo de Produção mais Lucro – CPL: definido como o custo médio ponderado de produção de bens, serviços ou direitos, idênticos ou similares, acrescido dos impostos e taxas cobrados na exportação no país onde tiverem sido originariamente produzidos, e de margem de lucro de 20% (vinte por cento), calculada sobre o custo apurado.

Dispõe a norma, ainda, que os preços e custos médios levarão em conta as operações de todo o período de apuração do imposto, vamos recordar, que pode ser trimestral ou anual.

Os preços praticados no mercado por terceiros também deverão ser apurados no período do negócio realizado entre o contribuinte brasileiro e a empresa ligada no exterior.

Apenas servem como parâmetros de definição do preço as operações realizadas entre pessoas independentes, pelo simples fato de que operações entre outras pessoas vinculadas padecem dos mesmos vícios.

Como dissemos, o contribuinte pode deduzir o maior valor obtido pela aplicação dos três métodos.

A propósito, a jurisprudência do CARF é pacífica no sentido de que a liberdade de escolha do contribuinte não pode ser limitada por norma infralegal[37].

Pode ocorrer que o valor do método seja maior que o preço praticado. Neste caso a dedução se limita ao valor.

A parcela do valor da operação entre as partes que exceder o custo calculado segundo as regras dos preços de transferência deve ser adicionada ao lucro líquido para a determinação do lucro real. E valor do preço de transferência apurado pelos métodos legais, igualmente limitado ao preço da transação, servirá de base para os lançamentos de despesa de depreciação ou amortização dos bens importados.

Nos termos do § 10, do art. 18, da Lei 9.430/96 as operações utilizadas para fins de cálculo do preço de referência devem representar, ao menos, 5% do valor das operações controladas, na hipótese em que os dados utilizados para fins de cálculo digam respeito às suas próprias operações. Ademais, os preços utilizados devem ser independentes e realizados no mesmo ano-calendário. Na falta de tal preço no ano-calendário, permite o § 11 que seja utilizado preço independente relativo ao ano-calendário anterior.

37. CARF; 1ª Turma; Acórdão 9101001.429; Relator Alberto Pinto S. JR.; Seção de 19.7.2012.

Outras normas são particulares do método do *preço de revenda menos lucro*.

Este, a propósito, é o mais difícil de ser assimilado. Entender a fórmula ajuda um pouco.

Vamos antes ter em mente que as regras de preços de transferência procuram controlar o preço pago em uma operação entre pessoas vinculadas – no caso, de importação – para verificar se este preço pode ser deduzido como custo na base de cálculo do IRPJ ou se algum ajuste é cabível. Se o preço praticado for superior aos apurados pelos métodos de controle, a diferença (preço da importação – preço de controle) deverá ser incluído na tributação do imposto.

Para simplificar, vamos pensar somente em mercadoria para revenda. No método PRL são importantes alguns valores:

O *preço líquido de venda da mercadoria* no mercado interno (ou externo – reexportação), a final, o método procura o preço de revenda menos a margem de lucro. O preço é líquido, pois deve representar o que o vendedor realmente recebe pela mercadoria.

Também é importante apurar, *em termos percentuais, quanto a mercadoria importada representa no custo da revenda*. Isso é importante porque na revenda – mais ainda na produção – inclui outros custos, como aluguéis, salários etc, que não podem servir de base para o controle.

A *relação percentual entre o custo de revenda e o preço de venda* dão outro índice importante no cálculo do controle.

Em seguida, a lei determina a aplicação de *margem de lucro presumida* sobre o preço de venda do bem. Mas não sobre todo o preço, apenas sobre o percentual de participação da mercadoria importada no preço de venda.

Por fim, o preço parâmetro será o preço de revenda (apenas na parte referente à mercadoria importada, à proporção do custo da mercadoria importada no preço de revenda) menos a margem de lucro.

Nesta explicação omiti as "ponderações" e os "preços médios" que devem ser incluídos na fórmula, para facilitar o entendimento. Na prática, os preços não podem ser "escolhidos" pelo contribuinte. Este deverá utilizar vários preços referentes a várias operações, devendo apurar o preço para controle pela operação matemática da média ponderada.

O uso da média ponderada fora determinado inicialmente pela IN SRF 432/02, cuja legalidade fora amplamente reconhecida pelo CARF e referendada por decisões do TRF3[38].

Incluída a determinação na lei, certamente cessarão as demandas neste ponto.

38. TRF3; T3; AMS 00236931220094036100; JUIZ CONVOCADO RUBENS CALIXTO; e-DJF3 de 27/07/2012 e TRF3; T6; AMS 00061259020034036100; DESEMB. MAIRAN MAIA; e-DJF3 de 01/09/2011.

Se o contribuinte eleger o PRL como método de controle, o preço parâmetro assim obtido será o valor máximo que poderá ser lançado como custo da mercadoria importada. Se este valor for inferior ao custo da importação, deverá haver o ajuste na contabilidade do contribuinte.

As especificidades trazidas pelos § 6º e § 6º-A, do art. 18, da Lei 9.430/96 aplicáveis ao método dizem respeito ao frete, ao seguro e aos tributos incidentes na importação, para fins de cálculo do preço de referência.

Quanto maior for o preço de referência, mais chance o preço da operação tem de ser mantido. Contudo, a lei determina que os tributos incidentes na importação e os gastos no desembaraço aduaneiro integram o custo para fins do cálculo (§ 6º-A, do art. 18, da Lei 9.430/96) e determina regras para a inclusão do frete e dos seguros (§ 6º, do art. 18, da Lei 9.430/96).

As margens de lucro são outro elemento importante e específico do PRL. No regime anterior, tais margens eram definidas em função da finalidade do bem importado, revenda ou industrialização. Com a Lei 12.715/12, que deu nova redação ao § 12, do art. 18, da Lei 9.430/96, as margens de lucro são definidas por setores da economia, independente de haver processo produtivo no Brasil.

Os métodos Independentes Comparados – PIC e Custo de Produção mais Lucro – CPL não demandam maiores explicações, pois são compreensíveis com a leitura da lei.

Commodities

As alterações legislativas incluíram nova forma de determinação dos preços de transferências de commodities, que deve ser realizada pelo Método do Preço sob Cotação na Importação – PCI, nos termos do art. 18-A, da Lei 9.430/96:

6.14.2. Exportações

O art. 19, da Lei 9.430/96 define o preço de transferência inverso, vale dizer, das exportações.

Dispõe a norma que as receitas nas operações efetuadas com pessoa vinculada ficam sujeitas a arbitramento quando o preço médio de venda dos bens, serviços ou direitos, nas exportações for inferior a 90% do preço médio praticado na venda dos mesmos bens, serviços ou direitos, no mercado brasileiro, durante o mesmo período, em condições de pagamento semelhantes.

Caso a empresa não efetue operações de venda no mercado interno, a determinação dos preços médios será efetuada com dados de outras empresas.

Se o preço das exportações for inferior ao limite definido pela norma, a receita (mínima) de venda será determinada por métodos, assim como se passa na definição do preço (máximo) das importações. São os métodos:

> *I – Método do Preço de Venda nas Exportações – PVEx: definido como a média aritmética dos preços de venda nas exportações efetuadas*

pela própria empresa, para outros clientes, ou por outra exportadora nacional de bens, serviços ou direitos, idênticos ou similares, durante o mesmo período de apuração da base de cálculo do imposto de renda e em condições de pagamento semelhantes;

II – Método do Preço de Venda por Atacado no País de Destino, Diminuído do Lucro – PVA: definido como a média aritmética dos preços de venda de bens, idênticos ou similares, praticados no mercado atacadista do país de destino, em condições de pagamento semelhantes, diminuídos dos tributos incluídos no preço, cobrados no referido país, e de margem de lucro de quinze por cento sobre o preço de venda no atacado;

III – Método do Preço de Venda a Varejo no País de Destino, Diminuído do Lucro – PVV: definido como a média aritmética dos preços de venda de bens, idênticos ou similares, praticados no mercado varejista do país de destino, em condições de pagamento semelhantes, diminuídos dos tributos incluídos no preço, cobrados no referido país, e de margem de lucro de trinta por cento sobre o preço de venda no varejo;

IV – Método do Custo de Aquisição ou de Produção mais Tributos e Lucro – CAP: definido como a média aritmética dos custos de aquisição ou de produção dos bens, serviços ou direitos, exportados, acrescidos dos impostos e contribuições cobrados no Brasil e de margem de lucro de quinze por cento sobre a soma dos custos mais impostos e contribuições.

Commodities

O preço de transferência das *commodities* exportadas também passou a receber tratamento específico, previsto pelo art. 19-A, da Lei 9.430/96, baseado nos valores médios diários da cotação de bens ou direitos sujeitos a preços públicos em bolsas de mercadorias e futuros internacionalmente reconhecidas.

6.14.3. Estabilidade e praticidade nos métodos de preços de transferência

Os art. 20-A e 20-B, da Lei 9.430/96 possuem regras de estabilidade e praticidade na utilização dos métodos de preços de transferência.

O contribuinte pode utilizar quaisquer dos métodos legais para controlar seus preços de importação e exportação. A opção por um dos métodos para cada bem, serviço ou direito o vincula por todo o ano-calendário e esta opção não pode ser alterada pelo contribuinte com o início do procedimento fiscal.

O contribuinte pode utilizar métodos diferentes para bens, serviços ou direitos distintos.

Não pode, contudo, apurar o preço referência por conjunto de bens, serviços e direitos, embora seja prática comercial definir preços da cesta de ativos adquiridos, em que o preço de um ativo compensa o preço de outro. Malgrado a prática comercial, o controle desse tipo de negociação se mostra impossível, pois somente as partes envolvidas têm o conhecimento da essência do ajuste. De mais a mais, o ajuste desta natureza também só interessa às partes, sendo perfeitamente legítimo ao legislador desconsiderar a prática para fins tributários.

Neste caso, as empresas ligadas devem ponderar o interesse comercial de realizar a negociação considerada como um pacote com os eventuais custos tributários, pois os valores dos bens negociados a preços incompatíveis com as regras de preços de transferência não poderão ser compensados com outras operações a preços compatíveis.

A fiscalização poderá desqualificar *motivadamente* o método utilizado. Nesta situação, deverá notificar o contribuinte para apresentar novo cálculo, por outro método.

Se o contribuinte não tiver os elementos de cálculo ou não atender a notificação, o preço de transferência será definido pela fiscalização.

6.14.4. Flexibilização dos percentuais e margens

As margens e os percentuais definidos por lei são, indiscutivelmente, presunções. Não se apura, por exemplo, a real margem de lucro do contribuinte, mas se aplicam os percentuais definidos pela lei.

Pode ocorrer, contudo, que estes percentuais estejam em desacordo com a realidade do sujeito passivo. Assim dispõe o art. 20, da Lei 9.430/96:

> *Art. 20. O Ministro de Estado da Fazenda poderá, em circunstâncias justificadas, alterar os percentuais de que tratam os arts. 18 e 19, de ofício ou mediante requerimento conforme o § 2º do art. 21.*

A aplicação do percentual diverso do previsto em lei, contudo depende de prova do contribuinte, a teor do art. 21, § 2º, da Lei 9.430/96.

6.14.5. Juros

Também se aplicam regras de controle a juros pagos ou creditados a pessoa vinculada, nos termos do art. 22, da Lei 9.430/96.

> *Art. 22. Os juros pagos ou creditados a pessoa vinculada somente serão dedutíveis para fins de determinação do lucro real até o montante que não exceda ao valor calculado com base em taxa determinada conforme este artigo acrescida de margem percentual a título de spread, a ser definida por ato do Ministro de Estado da Fazenda com base na média de mercado, proporcionalizados em função do período a que se referirem os juros.*
>
> *§ 1º No caso de mútuo com pessoa vinculada, a pessoa jurídica mutuante, domiciliada no Brasil, deverá reconhecer, como receita financeira correspondente à operação, no mínimo o valor apurado segundo o disposto neste artigo.*
>
> *§ 2º Para efeito do limite a que se refere este artigo, os juros serão calculados com base no valor da obrigação ou do direito, expresso na moeda objeto do contrato e convertida em reais pela taxa de câmbio, divulgada pelo Banco Central do Brasil, para a data do termo final do cálculo dos juros.*

> *§ 3º O valor dos encargos que exceder o limite referido no caput e a diferença de receita apurada na forma do parágrafo anterior serão adicionados à base de cálculo do imposto de renda devido pela empresa no Brasil, inclusive ao lucro presumido ou arbitrado.*
>
> *[...]*

A norma impede que pessoas vinculadas pratiquem taxas de juros elevadas entre si e, dessa forma, deduzam despesas financeiras irreais da apuração do lucro real.

6.14.6. Paraísos fiscais

Vamos lembrar que as regras de preços de transferência se aplicam tanto nas operações entre pessoas ligadas quanto entre contribuinte brasileiro e pessoa, ainda que não seja ligada, residente ou domiciliada em país com tributação favorecida, vale dizer, aquele que não tribute a renda ou que a tribute a alíquota máxima inferior a vinte por cento.

6.14.7. Acordos internacionais

Por fim, cabe mencionar que os acordos internacionais para evitar a dupla tributação contemplam regra sobre preços de transferência. Vejamos o artigo 9, do modelo da OCDE:

> *ARTIGO 9 Empresas associadas*
>
> *Quando:*
>
> *a) uma empresa de um Estado Contratante participar direta ou indiretamente da direção, controle ou capital de uma empresa do outro Estado Contratante, ou*
>
> *b) as mesmas pessoas participarem direta ou indiretamente da direção, controle ou capital de uma empresa de um Estado Contratante e de uma empresa do outro Estado Contratante, e em ambos os casos, as duas empresas estiverem ligadas, nas suas relações comerciais ou financeiras, por condições aceitas ou impostas que difiram das que seriam estabelecidas entre empresas independentes, os lucros que, sem essas condições, teriam sido obtidos por uma das empresas, mas não o foram por causa dessas condições, podem ser incluídos nos lucros dessa empresa e tributados como tal.*

Com certa frequência, os contribuintes alegaram administrativamente a incompatibilidade entre as regras de preços de transferência da Lei 9.430/96 com a previsão no art. 9º, dos acordos internacionais, que, por sua vez, se sobrepõem à lei interna. O tema não foi apreciado pelos tribunais superiores, mas a jurisprudência administrativa entende haver compatibilidade entre as regras legais internas e as regras convencionais sobre preços de transferência[39].

39. CARF, 4ª Câmara, 2ª Turma, Acórdão 1402001.028, Relator Antônio José P. de Souza, Seção de 9/5/2012; CARF, 4ª Câmara, 1ª Turma, Acórdão 1401000.810, Relator Antônio Bezerra Neto, Seção de 12/6/2012.

6.15. Atividades no exterior

A tributação do imposto de renda no Brasil seguia exclusivamente o princípio da territorialidade ou princípio da fonte até o ano de 1995. A renda obtida por nacionais decorrente de fontes estrangeiras não eram tributados

Contudo, o Brasil passou a adotar o princípio da universalidade do rendimento a com a edição da Lei 9.249/95 e, a partir de 1996, os resultados positivos das empresas brasileiras obtidos no exterior passaram a ser tributados pelo IRPJ.

Nos termos do art. 394, do RIR, "os lucros, rendimentos e ganhos de capital auferidos no exterior serão computados na determinação do lucro real das pessoas jurídicas correspondente ao balanço levantado em 31 de dezembro de cada ano" (Lei nº 9.249/95, art. 25).

6.15.1. Rendimentos tributáveis auferidos de fonte no exterior

Lucros são o resultado positivo de empresas estrangeiras das quais a empresa nacional seja sócia; **rendimentos** são quaisquer receitas resultados positivos obtidos diretamente pela empresa nacional, em atividade no exterior; e **ganhos de capital** os resultados positivos decorrentes de alienação de bens do ativo imobilizado da empresa no exterior.

Nos termos do art. 25, da Lei 9.249/95, os **rendimentos e ganhos de capital** auferidos no exterior serão computados na apuração do lucro líquido das pessoas jurídicas, convertidos em reais na data em que forem contabilizados no Brasil e os **lucros** *auferidos* por **filiais, sucursais ou controladas**, no exterior, de pessoas jurídicas domiciliadas no Brasil, bem assim os lucros *realizados* por **coligada** no exterior, serão adicionados ao lucro líquido da matriz, controladora ou coligada, na proporção de sua participação acionária, para apuração do lucro real, devidamente convertidos em moeda nacional, pela cotação do dia das demonstrações financeiras em que tenham sido apurados os lucros da filial, sucursal, controlada ou coligada. Se a **pessoa jurídica se extinguir** no curso do exercício, deverá adicionar ao seu lucro líquido os lucros auferidos por filiais, sucursais ou controladas ou apurado por coligadas, até a data do balanço de encerramento. Os **prejuízos e perdas** decorrentes das operações referidas no artigo não serão compensados com lucros auferidos no Brasil.

6.15.2. Filiais, sucursais, controladas e coligadas

A legislação distingue o tratamento do lucro apurado por filiais, sucursais e controladas no exterior do lucro realizado por coligadas.

De fato, o lucro distribuído por pessoa jurídica sediada no exterior, da qual a empresa brasileira seja sócia minoritária, se rege pelas regras gerais, sem presunções ou tratamentos específicos. Pago o lucro, incide o imposto. Nas participações relevantes, contudo, em que a empresa nacional decide ou, ao menos, influencia o momento e a forma de distribuição dos lucros, o legislador opta pelo estabelecimento de regras e presunções.

O art. 1º, da Lei 9.532/97 passou a reger a matéria. Com redação dada pela MP 2013-4/99, convertida na Lei 9.959/2000, a norma criou novas hipóteses de incidência, com destaque para: 1. a hipótese de contratação de operações de mútuo, se a mutuante, coligada ou controlada, possuir lucros ou reservas de lucros (se há lucros devidos a empresa nacional, entendeu o legislador brasileiro por não considerar o empréstimo); e 2. de adiantamento de recursos, efetuado pela coligada ou controlada, por conta de venda futura, cuja liquidação, pela remessa do bem ou serviço vendido, ocorra em prazo superior ao ciclo de produção do bem ou serviço.

A norma também vetou que os juros relativos a empréstimos, pagos ou creditados a **empresa controlada ou coligada** fossem deduzidos da base de cálculo do IRPJ e da CSLL enquanto houvesse lucro não disponibilizado para a empresa controladora ou coligada no Brasil.

A MP 2.158-35/01 alterou esta regra. Assim ficou a redação do art. 1º, § 3º da Lei 9.532/97:

> *Art. 1º*
>
> *[...]*
>
> *§ 3º Não serão dedutíveis na determinação do lucro real e da base de cálculo da Contribuição Social sobre o Lucro Líquido os juros, relativos a empréstimos, pagos ou creditados a empresa controlada ou coligada, independente do local de seu domicílio, incidentes sobre valor equivalente aos lucros não disponibilizados por empresas controladas, domiciliadas no exterior. (Redação dada pela Medida Provisória nº 2158-35/01)*

Maior polêmica, contudo, ficou reservada para o aspecto temporal da incidência do imposto por renda paga por fonte no exterior.

6.15.3. Aspecto temporal

No que toca ao aspecto temporal, dispôs o art. 1º, § 1º, da Lei 9.532/97:

> *Art. 1º*
>
> *[...]*
>
> *§ 1º Para efeito do disposto neste artigo, os lucros serão considerados disponibilizados para a empresa no Brasil:*
>
> *a) no caso de filial ou sucursal, na data do balanço no qual tiverem sido apurados;*
>
> *b) no caso de controlada ou coligada, na data do pagamento ou do crédito em conta representativa de obrigação da empresa no exterior.*

A filial e a sucursal seguem as determinações da empresa nacional, razão pela qual a disponibilidade dos lucros na data do balanço não se mostra problemática. Para a controlada e para a coligada, a lei manteve a regra da disponibilidade na data do pagamento ou do crédito.

O aspecto temporal da incidência do IRPJ sobre lucro apurado por empresa controlada e coligada no exterior estava por sofrer, contudo, substancial alteração.

Inicialmente, a LC 104/01 incluiu nova regra ao art. 43, do CTN. Vejamos:

> *Art. 43.*
>
> *[...]*
>
> *§ 2º Na hipótese de receita ou de rendimento oriundos do exterior, a lei estabelecerá as condições e o momento em que se dará sua disponibilidade, para fins de incidência do imposto referido neste artigo.*

Em seguida, o art. 74, da MP 2.158-35/01 determinou a incidência do IRPJ da empresa nacional sobre os lucros das **coligadas e controladas no exterior** na **data do balanço** de apuração. Vejamos:

> *Art. 74. Para fim de determinação da base de cálculo do imposto de renda e da CSLL, nos termos do art. 25 da Lei no 9.249, de 26 de dezembro de 1995, e do art. 21 desta Medida Provisória, os lucros auferidos por controlada ou coligada no exterior serão considerados disponibilizados para a controladora ou coligada no Brasil na data do balanço no qual tiverem sido apurados, na forma do regulamento.*

O momento presumido da disponibilidade da renda de empresas coligadas e controladas no exterior, coincidente com a elaboração do balanço, independente da distribuição dos lucros por deliberação societária, passou a ser objeto de severa discussão judicial.

A tese: o lucro não disponibilizado não se enquadra no conceito de renda adotado pela Constituição Federal, mormente para o lucro apurado por empresas coligadas.

A alegação não foi acolhida pelo STJ. Vejamos:

> *1. "Para que haja a disponibilidade econômica, basta que o patrimônio resulte economicamente acrescido por um direito, ou por um elemento material, identificável como renda ou como proventos de qualquer natureza. Não importa que o direito ainda não seja exigível (um título de crédito ainda não vencido), ou que o crédito seja de difícil e duvidosa liquidação (contas a receber). O que importa é que possam ser economicamente avaliados e, efetivamente, acresçam ao patrimônio." (Zuudi Sakakihara in "Código Tributário Nacional Comentado", coordenador Vladimir Passos de Freitas, Ed. RT, p. 133).*
>
> *2. "Não se deve confundir disponibilidade econômica com disponibilidade financeira da renda ou dos proventos de qualquer natureza. Enquanto esta última se refere à imediata 'utilidade' da renda, a segunda está atrelada ao simples acréscimo patrimonial, independentemente da existência de recursos financeiros." (REsp 983.134/RS, Rel. Min. Castro Meira, Segunda Turma, julgado em 3.4.2008, DJe 17.4.2008.)*
>
> *3. "Não é necessário que a renda se torne efetivamente disponível (disponibilidade financeira) para que se considere ocorrido o fato gerador do imposto de renda, limitando-se a lei a exigir a verificação do*

acréscimo patrimonial (disponibilidade econômica). No caso, o incremento patrimonial verificado no balanço de uma empresa coligada ou controlada no exterior representa a majoração, proporcionalmente à participação acionária, do patrimônio da empresa coligada ou controladora no Brasil."(REsp 983.134/RS, Rel. Min. Castro Meira, Segunda Turma, julgado em 3.4.2008, DJe 17.4.2008.)

4. O julgamento do REsp 1.211.882/RJ, relatoria do Min. Mauro Campbell Marques, reiterou a legalidade de tributação do IRPJ e da CSLL sobre os lucros auferidos por empresas brasileiras investidoras, sobre empresas investidas no exterior, destacando a ilegalidade somente quanto ao art. 7º da IN SRF 213/02, ao determinar a incidência tributária sobre a integralidade da variação positiva, pois a existência de balanço patrimonial positivo não acarreta, necessariamente, em lucro.

(STJ, T2, ADREsp 1.232.796, Min. HUMBERTO MARTINS, DJe de 09/2/2012)

A matéria, contudo, foi objeto da Ação Direta de Inconstitucionalidade – ADI 2.588/DF, do RE 611.586/PR e do RE 541.090/SC. Vejamos a ementa das decisões na ADI 2.588/DF e no RE 541.090/SC, que explicitam a **jurisprudência do STF**:

TRIBUTÁRIO. INTERNACIONAL. IMPOSTO DE RENDA E PROVENTOS DE QUALQUER NATUREZA. PARTICIPAÇÃO DE EMPRESA CONTROLADORA OU COLIGADA NACIONAL NOS LUCROS AUFERIDOS POR PESSOA JURÍDICA CONTROLADA OU COLIGADA SEDIADA NO EXTERIOR. LEGISLAÇÃO QUE CONSIDERA DISPONIBILIZADOS OS LUCROS NA DATA DO BALANÇO EM QUE TIVEREM SIDO APURADOS ("31 DE DEZEMBRO DE CADA ANO"). ALEGADA VIOLAÇÃO DO CONCEITO CONSTITUCIONAL DE RENDA (ART. 143, III DA CONSTITUIÇÃO). APLICAÇÃO DA NOVA METODOLOGIA DE APURAÇÃO DO TRIBUTO PARA A PARTICIPAÇÃO NOS LUCROS APURADA EM 2001. VIOLAÇÃO DAS REGRAS DA IRRETROATIVIDADE E DA ANTERIORIDADE. MP 2.158-35/2001, ART. 74. LEI 5.720/1966, ART. 43, § 2º (LC 104/2000).

1. Ao examinar a constitucionalidade do art. 43, § 2º do CTN e do art. 74 da MP 2.158/2001, o Plenário desta Suprema Corte se dividiu em quatro resultados: 1.1. Inconstitucionalidade incondicional, já que o dia 31 de dezembro de cada ano está dissociado de qualquer ato jurídico ou econômico necessário ao pagamento de participação nos lucros; 1.2. Constitucionalidade incondicional, seja em razão do caráter antielisivo (impedir "planejamento tributário") ou antievasivo (impedir sonegação) da normatização, ou devido à submissão obrigatória das empresas nacionais investidoras ao Método de de Equivalência Patrimonial – MEP, previsto na Lei das Sociedades por Ações (Lei 6.404/1976, art. 248); 1.3. Inconstitucionalidade condicional, afastada a aplicabilidade dos textos impugnados apenas em relação às empresas coligadas, porquanto as empresas nacionais controladoras teriam plena disponibilidade jurídica e econômica dos lucros auferidos pela empresa estrangeira controlada; 1.4. Inconstitucionalidade condicional, afastada a aplicabilidade do texto impugnado para as empresas controladas ou coligadas sediadas em países de tributação

> *normal, com o objetivo de preservar a função antievasiva da normatização. 2. Orientada pelos pontos comuns às opiniões majoritárias, a composição do resultado reconhece: 2.1. A inaplicabilidade do art. 74 da MP 2.158-35 às empresas nacionais coligadas a pessoas jurídicas sediadas em países sem tributação favorecida, ou que não sejam "paraísos fiscais"; 2.2. A aplicabilidade do art. 74 da MP 2.158-35 às empresas nacionais controladoras de pessoas jurídicas sediadas em países de tributação favorecida, ou desprovidos de controles societários e fiscais adequados ("paraísos fiscais", assim definidos em lei); 2.3. A inconstitucionalidade do art. 74 par. ún., da MP 2.158-35/2001, de modo que o texto impugnado não pode ser aplicado em relação aos lucros apurados até 31 de dezembro de 2001. Ação Direta de Inconstitucionalidade conhecida e julgada parcialmente procedente, para dar interpretação conforme ao art. 74 da MP 2.158-35/2001, bem como para declarar a inconstitucionalidade da clausula de retroatividade prevista no art. 74, par. ún., da MP 2.158/2001.*
>
> *(STF, Tribunal Pleno, ADI 2.588 / DF, Relatora Min. ELLEN GRACIE, Relator p/ Acórdão Min. JOAQUIM BARBOSA, DJe de 10/2/2014)*
>
> *CONSTITUCIONAL. TRIBUTÁRIO. IMPOSTO DE RENDA. LUCROS PROVENIENTES DE INVESTIMENTOS EM EMPRESAS COLIGADAS E CONTROLADAS SEDIADAS NO EXTERIOR. ART. 74 DA MEDIDA PROVISÓRIA 2.158-35/2001.*
>
> *1. No julgamento da ADI 2.588/DF, o STF reconheceu, de modo definitivo, (a) que é legítima a aplicação do art. 74 da Medida Provisória nº 2.158-35/2001 relativamente a lucros auferidos por empresas controladas localizadas em países com tributação favorecida (= países considerados "paraísos fiscais"); e (b) que não é legítima a sua aplicação relativamente a lucros auferidos por empresas coligadas sediadas em países sem tributação favorecida (= não considerados "paraísos fiscais"). Quanto às demais situações (lucros auferidos por empresas controladas sediadas fora de paraísos fiscais e por empresas coligadas sediadas em paraísos fiscais), não tendo sido obtida maioria absoluta dos votos, o Tribunal considerou constitucional a norma questionada, sem, todavia, conferir eficácia erga omnes e efeitos vinculantes a essa deliberação.*
>
> *2. Confirma-se, no presente caso, a constitucionalidade da aplicação do caput do art. 74 da referida Medida Provisória relativamente a lucros auferidos por empresa controlada sediada em país que não tem tratamento fiscal favorecido. Todavia, por ofensa aos princípios constitucionais da anterioridade e da irretroatividade, afirma-se a inconstitucionalidade do seu parágrafo único, que trata dos lucros apurados por controlada ou coligada no exterior até 31 de dezembro de 2002.*
>
> *3. Recurso extraordinário provido, em parte.*
>
> *(STF, Tribunal Pleno, RE 541.090/SC, Relator Min. JOAQUIM BARBOSA, Relator p/ Acórdão Min. TEORI ZAVASCKI, DJe de 30/10/2014)*

Assentou o Tribunal, de forma inequívoca, pela **inconstitucionalidade** da incidência do imposto brasileiro no dia 31 de dezembro do ano em que o lucro for apurado por empresa meramente **coligada** em **país de tributação normal** e pela **constitucionalidade** da incidência, no caso de empresa **controlada** situada em **país de tributação favorecida**. No mais, as regras foram consideradas constitucionais, mas sem que o quórum de maioria absoluta fosse alcançado na ADIN.

O art. 74, da MP 2.158-35/01 foi revogado pela **Lei 12.973/14, mudando substancialmente o regime da tributação dos resultados obtidos no exterior** que (art. 77 e seg.), mas respeitando a essência dos julgamentos do STF.

A norma oferece tratamento distinto para o lucro obtido por controladas (equiparadas a controladas, filiais e sucursais) e por coligadas e considera também a forma de tributação do país onde a empresa ligada atua. A lei prevê o tratamento das deduções permitidas na apuração do imposto e da contribuição sobre o lucro e disciplina o pagamento do débito que, a critério do contribuinte, pode ser diluído em até 8 anos.

Vejamos a nova sistemática, com vigência opcional a partir de 2014 e obrigatória para todas as empresas a partir de 1 de janeiro de 2015.

O art. 76, da Lei 12.973/14, determina que as empresas controladoras no Brasil mantenham em sua contabilidade no Brasil o resultado contábil das empresas controladas no exterior.

Como vimos, a distribuição de lucros da empresa controlada para empresa controladora reflete na contabilidade da empresa no país, justamente na conta em que está registrado a participação na empresa no exterior.

Dessa forma, a tributação dos lucros da empresa controlada no exterior, pode ser apurada a partir da contabilidade da empresa no Brasil.

A Exposição de Motivos da Medida Provisória 627/13, convertida na Lei 12.973/14, explicita as razões da contabilização, no Brasil, do investimento na controlada no exterior bem como a sistemática de tributação, incluindo a parte que toca ao reconhecimento de prejuízo da empresa controlada. Vejamos:

> *74. O art. 72 da Medida Provisória [art. 77, da Lei 12.973/14] estabelece a obrigatoriedade de a pessoa jurídica controladora brasileira explicitar, de forma individualizada, os resultados das parcelas de investimentos que afetaram o resultado de suas controladas diretas no exterior, observando-se o percentual de participação em cada investimento.*
>
> *75. A individualização visa a estabelecer procedimento que explicite, nos registros do contribuinte, as parcelas que influenciaram o resultado contábil na variação de seus investimentos no exterior independentemente do pagamento ou não de tributos no Brasil ou da consolidação ou não de empresas situadas no exterior, conforme será visto no art. 74 [art. 78, da Lei 12.973/14]. Trata-se, assim, de detalhar os valores que compuseram o resultado reconhecido pelo investidor brasileiro, os quais, pelo método de equivalência patrimonial, são demonstrados apenas de forma agregada.*

> *76. Para evitar que o lucro seja considerado duas vezes, o que implicaria dupla tributação do acréscimo patrimonial decorrente de participação em lucros auferidos no exterior por uma mesma controlada ou coligada indireta, o legislador prevê que deverão ser expurgados dos resultados das controladas diretas ou indiretas, os resultados auferidos por outra pessoa jurídica sobre a qual a pessoa jurídica controladora domiciliada no Brasil mantenha controle.*
>
> *77. A norma prevê que a tributação alcança os lucros tanto de controladas diretas quanto de indiretas. Essa é a sistemática também utilizada em outros países, mesmo que adotem modelo tributário diverso, como aquele que distingue rendas ativas de rendas passivas.*
>
> *78. A Subseção I da Seção I do Capítulo VIII trata da tributação de controladas. Em seu art. 73 [art. 77, da Lei 12.973/14], define-se a base de cálculo que deverá ser computada na determinação do lucro real do Imposto sobre a Renda da Pessoa Jurídica – IRPJ e da Contribuição Social sobre o Lucro Líquido – CSLL, que deverá levar em consideração a individualização de que trata o art. 72. No seu § 1º, o legislador respeita o prejuízo acumulado no exterior anterior ao início de vigência dessa Medida Provisória, permitindo a compensação desse prejuízo com os lucros futuros da própria pessoa jurídica sem limite temporal.*

Assim, a Lei 12.973/14 altera a forma de tributação no Brasil do lucro das empresas controladas no exterior, tributando-se o lucro refletido na conta da empresa no Brasil, não toda e qualquer operação da referida conta, como ressalva o § 1º, do art. 77, da Lei.

Nos termos do art. 78, da Lei 12.973/14, até o ano calendário de 2022, a empresa controladora no Brasil poderá **consolidar o resultado** (lucro ou prejuízo) do investimento na controlada no exterior, desde que todas as rendas estejam devidamente demonstradas na contabilidade. O resultado não poderá ser consolidado nas hipóteses em que a controlada esteja situada em país com o qual o Brasil não mantenha tratado ou ato com cláusula específica para troca de informações para fins tributários (que impede o acesso a informações necessárias para eventual necessidade de desdobramento do resultado consolidado), esteja localizadas em país ou dependência com tributação favorecida, ou sejam beneficiárias de regime fiscal privilegiado, ou se enquadre em outras condições previstas pela norma.

Se não houver a consolidação, conforme determina o art. 79, da Lei 12.973/14, a parcela do ajuste do valor do investimento em controlada, direta ou indireta, domiciliada no exterior equivalente aos lucros ou prejuízos por ela auferidos deverá ser considerada de forma individualizada na determinação do lucro real e da base de cálculo da CSLL da pessoa jurídica controladora domiciliada no Brasil. É dizer, cada parcela, cada resultado, positivo ou negativo, deverá ser considerado individualmente.

O ajuste do investimento deve ser igual, seja utilizando-se as parcelas individualizadas, seja as parcelas consolidadas. A *questão essencial é de forma*, e está relacionada com controle e confiança. Se autoridade brasileira tiver acesso às informações necessárias à apuração do resultado consolidado, permitindo a apuração correta do imposto devido, sem riscos de evasão, a lei faculta a consolidação pela empresa, do contrário, ou a empresa não se valendo da faculdade de utilizar o método consolidado, utiliza-se a individualização das parcelas que irão afetar o dever tributário no Brasil.

Os art. 78 e 79 também definem o momento da incidência, especialmente no caso de resultado positivo, determinando a lei que o resultado seja adicionado ao lucro líquido relativo ao balanço de 31 de dezembro do ano-calendário em que os lucros tenham sido apurados pelas empresas domiciliadas no exterior para fins de determinação do lucro real e da base de cálculo da CSLL.

A solução legislativa, cumpre lembrar, não contraria o julgado na ADI 2.588/DF.

Podem receber o mesmo tratamento do lucro das controladas aquele proveniente de empresas equiparadas a controladas e para as filiais e sucursais no exterior, conforme os art. 83 e 92, da Lei 12.973/14.

De outro turno, o momento da tributação foi alterado, para as empresas **coligadas**, desde que não sediadas em paraísos fiscais, em países de tributação favorecida ou reduzida da renda.

Nos termos do art. 81, da Lei 12.973/14, o **lucro das coligadas** somente será computado na determinação do lucro real e da base de cálculo da CSLL no balanço levantado no dia 31 de dezembro do ano-calendário em que tiverem sido efetivamente disponibilizados para a pessoa jurídica domiciliada no Brasil.

Assim, **em regra**, nas condições normais de tributação, o lucro da empresa coligada no exterior somente será tributado no Brasil quando representar disponibilidade econômica ou jurídica da renda para a sócia nacional. Não é apenas a distribuição do lucro (disponibilidade econômica) que suscita a incidência do imposto brasileiro, mas também outros fatores presuntivos de disponibilidade jurídica da renda, como a hipótese de contratação de operações de mútuo, se a mutuante, coligada, possuir lucros ou reservas de lucros.

Descumpridos os requisitos da norma, o lucro da empesa no exterior deve ser adicionado ao balanço do ano em que o resultado for apurado (art. 82, da Lei 12.973/14).

Os art. 85 e seg., da Lei 12.973/14 disciplinam hipóteses de dedução da base de cálculo ou do próprio imposto.

O art. 85 prevê a dedução do lucro da empresa controlada no exterior a ser tributado no Brasil como lucro da controladora, se a controlada também tem lucros no Brasil.

Este lucro que a empresa sediada no exterior obteve já fora tributado no Brasil, pela aplicação do princípio da territorialidade e do método da retenção na fonte. Seu cômputo na apuração do lucro tributável da controladora no Brasil, portanto, é medida para evitar a dupla tributação.

O art. 87 da lei tem regra no mesmo sentido, dirigida porém ao imposto pago, não à base de cálculo da exação:

> *Art. 87. A pessoa jurídica poderá deduzir, na proporção de sua participação, o imposto sobre a renda pago no exterior pela controlada direta ou indireta, incidente sobre as parcelas positivas computadas na determinação do lucro real da controladora no Brasil, até o limite dos tributos sobre a renda incidentes no Brasil sobre as referidas parcelas.*
>
> *[...]*

O art. 86 permite a dedução das adições espontâneas de valores em função das regras de preço de transferência.

A norma reforça a efetividade das regras de preço de transferência e uniformiza o tratamento fiscal destes preços e da renda em geral.

Por fim, quanto à tributação com bases universais da pessoa jurídica, a lei cria opção de pagamento parcelado do IRPJ e da CSLL nos art. 90 e 91.

De acordo com o art. 90, os tributos podem ser pagos em até 8 anos. No primeiro ano deve ser pago o percentual mínimo de 12,5%, as parcelas são corrigidas pela Libor a partir do 2º ano e o saldo, deve ser quitado no 8º ano ou no ano que ocorrer a fusão, cisão ou incorporação da empresa no Brasil.

O pagamento do IPPJ e da CSLL nestas condições depende de apresentação de declaração com efeitos constitutivos do crédito pelo contribuinte.

O contribuinte somente pode fazer a opção se a empresa controlada no exterior não se sujeitar a regime de subtributação, não se localizada em país ou dependência com tributação favorecida, não ser beneficiária de regime fiscal privilegiado, não tenha renda ativa própria inferior a 80% da sua renda total.

6.15.4. Equivalência patrimonial – MEP

O acréscimo de valor lançado como receita em virtude da avaliação do investimento no Brasil pelo método da equivalência patrimonial não acresce a base de cálculo do IRPJ (art. 23 c/c art. 22 e 20, I, do DL 1.598/77) nem da CSLL (art. 2º, § 1º, "c", 4, da Lei 7.689/88).

Contudo, a IN SRF 213/02, que dispõe sobre a tributação de lucros, rendimentos e ganhos de capital auferidos no exterior pelas pessoas jurídicas domiciliadas no País, previa a tributação da contrapartida do MEP, utilizado pela empresa controlada no exterior. Leia-se o art. 7º, § 1º, da Instrução:

> *Art. 7º A contrapartida do ajuste do valor do investimento no exterior em filial, sucursal, controlada ou coligada, avaliado pelo método da equivalência patrimonial, conforme estabelece a legislação comercial e fiscal brasileira, deverá ser registrada para apuração do lucro contábil da pessoa jurídica no Brasil.*
>
> *§ 1º Os valores relativos ao resultado positivo da equivalência patrimonial, não tributados no transcorrer do ano-calendário, deverão ser considerados no balanço levantado em 31 de dezembro do ano-ca-*

> *lendário para fins de determinação do lucro real e da base de cálculo da CSLL.*
>
> *[...]*

A jurisprudência do STJ entendeu que esta norma excedia o poder regulamentar, julgando-a ilegal. Leia-se:

> *PROCESSUAL CIVIL. PRAZO. CONTAGEM. CIÊNCIA DA DECISÃO MEDIANTE CARGA DOS AUTOS. OBSERVÂNCIA DO ART. 184 E §§, DO CPC. TRIBUTÁRIO. IMPOSTO DE RENDA DA PESSOA JURÍDICA – IRPJ E CONTRIBUIÇÃO SOCIAL SOBRE O LUCRO LÍQUIDO – CSLL. EMPRESAS CONTROLADAS E COLIGADAS SITUADAS NO EXTERIOR. TRIBUTAÇÃO DO RESULTADO POSITIVO DA EQUIVALÊNCIA PATRIMONIAL. IMPOSSIBILIDADE NAQUILO QUE EXCEDE A PROPORÇÃO A QUE FAZ JUS A EMPRESA INVESTIDORA NO LUCRO AUFERIDO PELA EMPRESA INVESTIDA. ILEGALIDADE DO ART. 7º, §1º, DA IN/SRF N. 213/2002.*
>
> *[...] 3. É ilícita a tributação, a título de IRPJ e CSLL, pelo resultado positivo da equivalência patrimonial, registrado na contabilidade da empresa brasileira (empresa investidora), referente ao investimento existente em empresa controlada ou coligada no exterior (empresa investida), previsto no art. 7º, §1º, da Instrução Normativa SRF n. 213/2002, somente no que exceder a proporção a que faz jus a empresa investidora no lucro auferido pela empresa investida, na forma do art. 1º, §4º, da Instrução Normativa SRF n. 213, de 7 de outubro de 2002. 4. Muito embora a tributação de todo o resultado positivo da equivalência patrimonial fosse em tese possível, ela foi vedada pelo disposto no art. 23, caput e parágrafo único, do Decreto-Lei n. 1.598/77, para o Imposto de Renda da Pessoa Jurídica – IRPJ, e pelo art. 2º, §1º, "c", 4, da Lei n. 7.689/88, para a Contribuição Social sobre o Lucro Líquido – CSLL, mediante artifício contábil que elimina o impacto do resultado da equivalência patrimonial na determinação do lucro real (base de cálculo do IRPJ) e na apuração da base de cálculo da CSLL, não tendo essa legislação sido revogada pelo art. 25, da Lei n. 9.249/95, nem pelo art. 1º, da Medida Provisória n. 1.602, de 1997 (convertida na Lei n. 9.532/97), nem pelo art. 21, da Medida Provisória n. 1.858-7, de 29, de julho de 1999, nem pelo art. 35, Medida Provisória n. 1.991-15, de 10 de março de 2000, ou pelo art. 74, da Medida Provisória n. 2.158-34, de 2001 (edições anteriores da atual Medida Provisória n. 2.158-35, de 24 de agosto de 2001). 5. Recurso especial não provido.*
>
> *(STJ, T2, REsp 1.211.882/RJ, Min. MAURO CAMPBELL MARQUES, DJe de 14/4/2011)*
>
> *PROCESSUAL CIVIL. AGRAVO REGIMENTAL NO AGRAVO EM RECURSO ESPECIAL. IMPOSTO DE RENDA DA PESSOA JURÍDICA – IRPJ E CONTRIBUIÇÃO SOCIAL SOBRE O LUCRO LÍQUIDO – CSLL. EMPRESAS CONTROLADAS E COLIGADAS SITUADAS NO EXTERIOR. TRIBUTAÇÃO DO RESULTADO POSITIVO. MÉTODO DA EQUIVALÊNCIA PATRIMONIAL. ILEGALIDADE DO ART. 7º, §1º, DA IN/SRF N. 213/2002. 1. Os mais recentes julgados do STJ são no sentido de que o § 1º do art. 7º. da IN 213/2002 violou o princípio da legalidade tributária, uma vez que am-*

> *plia, sem amparo legal, a base de cálculo do IRPJ e da CSLL, ao prever a tributação sobre o resultado positivo da equivalência patrimonial. [...]*
>
> *(STJ, T1, AgRg no AREsp 531.112/BA, Min. BENEDITO GONÇALVES, DJe de 28/8/2015)*

O STF, a seu turno, tem entendido que se trata de matéria infraconstitucional, cabendo a última palavra ao STJ[40].

Dessa forma, a contrapartida do ajuste do valor do investimento no exterior em filial, sucursal, controlada ou coligada, avaliado pelo método da equivalência patrimonial, não é tributada no Brasil, salvo quando da alienação do investimento.

Outro viés da questão é que valor do investimento é reduzido pela distribuição dos lucros, também sem efeitos fiscais. Dispõe o art. 22, do DL 1.598/77:

> *Art. 22 – O valor do investimento na data do balanço (art. 20, I), depois de registrada a correção monetária do exercício (art. 39), deverá ser ajustado ao valor de patrimônio líquido determinado de acordo com o disposto no artigo 21, mediante lançamento da diferença a débito ou a crédito da conta de investimento.*
>
> *Parágrafo único – Os lucros ou dividendos distribuídos pela coligada ou controlada deverão ser registrados pelo contribuinte como diminuição do valor de patrimônio líquido do investimento, e não influenciarão as contas de resultado.*

Sem adentrar nas questões contábeis, para nós importa que a distribuição dos lucros de empresa nacional não é tributada, bem assim o resultado da equivalência patrimonial de investimento no Brasil.

Importa, também, a relação entre o valor do investimento e a distribuição de lucros.

Contudo, a distribuição de lucros por empresa estrangeira a empresa nacional é, como vimos, tributado. De outro turno, o § 6º, do art. 25, da Lei 9.249/95 determinou que "os resultados da avaliação dos investimentos no exterior, pelo método da equivalência patrimonial, [deverão continuar] a ter o tratamento previsto na legislação vigente, sem prejuízo do disposto nos §§ 1º, 2º e 3º", vale dizer, a tributação do lucro e dos resultados de empresas no exterior.

Com fundamento neste dispositivo e na relação entre o lucro e o valor do investimento, o art. 7º, da IN SRF 213/02 previu a tributação do resultado positivo apurado pela aplicação do método da equivalência patrimonial do investimento de empresa nacional em filial, sucursal, controlada ou coligada, sem, contudo, limitar a incidência ao valor do lucro passível de ser distribuído por estas à proprietária ou sócia no Brasil.

A norma foi levada à discussão no Judiciário e assim se posicionou o STJ:

40. STF, T2, RE 653.921 ED/DF, Min. DIAS TOFFOLI, DJe 14/12/2015.

> *[...]*
>
> *3. É ilícita a tributação, a título de IRPJ e CSLL, pelo resultado positivo da equivalência patrimonial, registrado na contabilidade da empresa brasileira (empresa investidora), referente ao investimento existente em empresa controlada ou coligada no exterior (empresa investida), previsto no art. 7º, § 1º, da Instrução Normativa SRF nº 213/2002, somente no que exceder a proporção a que faz jus a empresa investidora no lucro auferido pela empresa investida, na forma do art. 1º, § 4º, da Instrução Normativa SRF nº 213, de 7 de outubro de 2002.*
>
> *4. Muito embora a tributação de todo o resultado positivo da equivalência patrimonial fosse em tese possível, ela foi vedada pelo disposto no art. 23, caput e parágrafo único, do Decreto-Lei nº 1.598/77, para o Imposto de Renda da Pessoa Jurídica – IRPJ, e pelo art. 2º, § 1º, "c", 4, da Lei nº 7.689/88, para a Contribuição Social sobre o Lucro Líquido – CSLL, mediante artifício contábil que elimina o impacto do resultado da equivalência patrimonial na determinação do lucro real (base de cálculo do IRPJ) e na apuração da base de cálculo da CSLL, não tendo essa legislação sido revogada pelo art. 25, da Lei nº 9.249/95, nem pelo art. 1º, da Medida Provisória nº 1.602, de 1997 (convertida na Lei nº 9.532/97), nem pelo art. 21, da Medida Provisória nº 1.858-7, de 29, de julho de 1999, nem pelo art. 35, Medida Provisória nº 1.991-15, de 10 de março de 2000, ou pelo art. 74, da Medida Provisória nº 2.158-34, de 2001 (edições anteriores da atual Medida Provisória nº 2.158-35, de 24 de agosto de 2001).*
>
> *5. Recurso especial não provido.*
>
> *(STJ, T1, REsp 1.211.882/RJ, Min. MAURO CAMPBELL MARQUES, DJe de 14/04/2011)*

Nos termos da jurisprudência do STJ, portanto, a tributação da empresa brasileira pelos ganhos decorrentes da avaliação do investimento no exterior em coligada ou controlada pelo método da equivalência patrimonial fica limitada ao valor do lucro da empresa no exterior, passível de ser distribuído.

O acréscimo de valor do investimento no exterior decorrente da aplicação do método da equivalência patrimonial, por si, se submete a mesma regra do acréscimo de valor do investimento no país e, segundo o STJ, não é tributado.

6.15.5. Tratamento da renda paga por fonte no exterior a pessoa jurídica no Brasil

Os rendimentos, lucros e ganhos de capital auferidos no exterior por pessoa jurídica brasileira são tributáveis no Brasil, tanto pelo IRPJ quanto pela CSLL[41], pelo lucro real[42].

41. A incidência pela contribuição vige desde o último trimestre de 1999, por força do art. 19, da MP 1858-6/99, consolidado pelo art. 21, da MP 2.158-35/2000, enquanto a do IRPJ desde 1996, com a vigência da Lei 9.249/95.

42. Regime obrigatório para as empresas que auferem resultados fora do país (art. 27, da Lei 9.249/95), salvo as optantes do REFIS, nos termos do art. 4º, da Lei 9.964/2000.

Os rendimentos e os ganhos de capital obtidos diretamente pela pessoa jurídica nacional em atuação no exterior são receitas e deverão compor a base de cálculo, sendo acrescidas às receitas tributáveis obtidas no Brasil.

As perdas experimentadas no exterior, contudo, não são dedutíveis da base de cálculo do imposto e da contribuição brasileiras (art. 25, § 5º, da Lei 9.549/95).

Os lucros obtidos por empresas no exterior das quais a pessoa jurídica nacional seja sócia ou proprietária são acrescidos diretamente ao lucro tributável auferido no Brasil.

Os prejuízos das empresas no exterior não são compensáveis com lucros da proprietária ou da sócia brasileira (art. 25, § 5º, da Lei 9.549/95), mas os prejuízos das empresas no exterior são compensáveis com os lucros da própria empresa, sem a limitação imposta à compensação de prejuízos acumulados no Brasil a 30% do lucro de cada período.

Permite-se, porém, a compensação do imposto pago no exterior, segundo as regras e os limites estabelecidos pela legislação tributária, nos termos dos art. 26, da lei 9.249/95, art. 15, da Lei 9.430/96 e art. 1º, da Lei 9.532/97, consolidados no art. 395, do RIR.

As normas limitam a compensação do imposto pago no exterior: 1. ao valor do imposto pago; e 2. ao valor dos tributos devidos pela adição, ao cálculo do lucro tributável no país, dos resultados obtidos no exterior. 3. Se o lucro não for computado no Brasil em dois anos de sua apuração no exterior, o imposto pago em virtude de tal apuração não poderá mais ser utilizado para fins de compensação. Também há limitações probatórias descritas no art. 396, do RIR, cuja leitura integral recomendamos.

6.15.6. Operações de Cobertura em Bolsa no Exterior

Os ganhos obtidos no exterior pela pessoa jurídica domiciliada no Brasil são, em geral, tributados, desde a edição da Lei 9.249/95, inclusive os ganhos em aplicações financeiras, em que, como vimos, os resultados positivos são tributados no Brasil, mas os prejuízos não são dedutíveis.

A lei nacional, contudo, estabeleceu previsão específica para as operações de *hedge*, tendo em vista sua natureza simultânea de custo de proteção contra o risco, como o seguro, e investimento no mercado financeiro, passível de gerar lucros (art. 17, da Lei 9.430/96 e art. 396, do RIR).

Assim, no caso do *hedge*, excepcionalmente, as perdas no exterior são consideradas despesas para fins da tributação no Brasil. As operações denominadas de *hedge* que não caracterizem cobertura, não receberão o tratamento favorecido.

6.15.7. Outras regras

O art. 16, da Lei 9.430/96 apresenta outras regras aplicáveis aos resultados da pessoa jurídica obtidos no exterior.

Cabe também mencionar o papel dos tratados internacionais para evitar a dupla tributação internacional da renda.

Estes tratados, firmados, em geral, entre duas nações (são bilaterais e não multilaterais), podem estabelecer regras específicas, eventualmente distintas das regras gerais previstas, para a tributação da renda decorrente de operações que envolvam contribuintes, fatos e bens relacionados às duas partes, com o objetivo de que a renda gerada nestas operações seja tributada uma única vez.

Estes tratados definem a qual dos países cabe o direito de tributar a renda e, para evitar a dupla tributação, conferem competência: 1. com exclusividade ao país onde se encontra a fonte do rendimento; 2. com exclusividade ao país onde reside ou é domiciliado o destinatário da renda; 3. ou limita a competência do país da fonte, ao determinar alíquotas máximas de incidência, e, eventualmente compartilhando esta competência – limitada do país da fonte – com o país da residência.

Existe, verdadeiramente, um direito convencional (das convenções, tratados e acordos internacionais), com princípios gerais e, é claro, suas exceções. Nessa seara, destaca-se o modelo de convenção proposto pela OCDE, que goza de prestígio tanto entre os países membros da organização quanto entre os demais países, como o Brasil.

Os acordos firmados pelo Brasil estão disponíveis na página da Receita Federal, que oscilam entre acolher o modelo da OCDE e dele divergir.

Recomendo, a título de informação, a leitura de pelo menos um destes documentos[43], que tratam da tributação de pessoas físicas e pessoas jurídicas; de atletas e artistas; de lucros e dividendos; de *royalties* e aluguéis etc.

6.16. Operações no mercado financeiro

A legislação do imposto de renda sobre aplicações financeiras também tem sido bastante alterada, variando, embora baseada na retenção na fonte, entre 1. o regime de tributação isolada da Lei 8.541/92, em que os resultados não compunham a base de cálculo do IRPJ (os ganhos não eram adicionados ao lucro e as perdas não eram dedutíveis) e o imposto retido na fonte não era dedutível do imposto final apurado e 2. o regime de tributação parcialmente unificado, da Lei 8.941/95, Lei 9.430/96, da Lei 9.959/99, da Lei 9.779/99 e da Lei 11.033/04, em que o imposto retido é considerado antecipação para qualquer regime do IRPJ e as perdas são dedutíveis (apenas da apuração do lucro real).

Cuidado na leitura das leis, porque a sucessão legislativa deixou a matéria confusa. O RIR trata da matéria, mas a norma mais atualizada sobre a tributação das aplicações financeiras é a IN RFB 1.022/10, que fornece material mais seguro.

Aqui, vamos apresentar a lei vigente.

Não vamos abordar a legislação revogada, mas vale mencionar a jurisprudência do STJ, consolidada do julgamento do REsp 939.527/MG[44], que referendou a legalidade da

43. http://www.receita.fazenda.gov.br/Legislacao/AcordosInternacionais/AcordosDuplaTrib.htm
44. STJ, S1, REsp 939.527/MG, Min. LUIZ FUX, DJe de 21/08/2009.

Lei 8.541/92 e o sistema da tributação totalmente isolada das aplicações financeiras, pois constitui precedente para legitimar exceções à tributação unificada.

Tradicionalmente, a incidência do imposto de renda no mercado financeiro é dividida em dois grupos principais, o das aplicações de renda fixa e o das aplicações de renda variável (com as operações de *day trade* recebendo tratamento particular), ao que se pode somar, como um terceiro grupo, as aplicações em cadernetas de poupança, isentas.

Veremos em geral as formas de tributação, quanto a retenção na fonte, dedução do imposto retido e dedução de perdas nas aplicações de pessoas jurídicas e, após, mudando o enfoque, sintetizar as regras tributárias por modalidade de aplicação. Vale a ressalva de que há muitas regras específicas para investimentos específicos. Maiores detalhes sobre a tributação destas aplicações podem ser encontrados na IN RFB 1.022/10.

6.16.1. Retenção na fonte

O regime geral das operações financeiras é a retenção na fonte, conforme determinam o art. 5º, da Lei 9.777/99 e o art. 1º, da Lei 11.033/04.

De acordo com as normas, os chamados fundos de curto prazo, cuja aplicação tem prazo máximo de até 1 ano, a alíquota de 22,5% (até 180 dias) e de 20% (de 181 a 360 dias), enquanto os fundos de longo prazo (aplicação tem prazo superior a 1 ano) ficam sujeitas a alíquotas regressivas em função do tempo em que o recurso permanece aplicado, iniciando com os mesmos 22,5% do curto prazo, mas chegando a alíquota de 15%, para aplicações mais longas.

As operações em bolsa, sempre de renda variável, recebem tratamento distinto. Em geral, há retenção na fonte de apenas 0,005% e os rendimentos são tributados a 15% na apuração do imposto da pessoa jurídica. Vale dizer, sobre estes rendimentos não incide o adicional do IRPJ de 10%.

Norma específica vige para as operações diárias, de *day trade*, para as quais a retenção na fonte sofre a alíquota de 1% e a tributação final sofre a alíquota de 20% (art. 2º, da Lei 11.033/04 e art. 8º, da Lei 9.959/99).

Vejamos, agora, o tratamento desta retenção na fonte.

6.16.2. Tributação na apuração do imposto (dedução do IRRF e das perdas)

Em geral, o *imposto retido* é considerado *antecipação* para pessoas jurídicas e *tributação definitiva* para pessoas físicas e pessoas jurídicas isentas, nos termos do art. 76, da Lei 8.981/95.

A norma determina a inclusão dos rendimentos de aplicações financeiras na base de cálculo do imposto e permite a dedução do imposto retido apenas na tributação pelo lucro real. Contudo, o tratamento foi estendido para o lucro presumido e arbitrado pelos art. 25 e 51, da Lei 9.430/96.

A *regra geral* é a *inclusão dos resultados de aplicações financeiras na apuração do imposto* de empresa, permitindo-se a *dedução do imposto retido do valor a pagar*.

O art. 2º, § 7º, da Lei 11.033/04 dá opções à pessoa jurídica quanto a utilização dos valores retidos na fonte no percentual de 0,005% de operações de renda variável.

Pode, portanto, o contribuinte deduzir as perdas face aos ganhos do mês; não havendo ganhos suficientes no mês, pode deduzir as perdas com os ganhos dos meses seguintes. Havendo imposto retido e ainda não deduzido, este pode ser deduzido na declaração de ajuste. Outra opção do contribuinte é deduzir o imposto retido no ganho de capital de alienação de ações.

As *perdas*, porém, somente são dedutíveis da base de cálculo do imposto apurado pelo lucro real, pois os lançamentos de despesa não são levados em conta na apuração do lucro presumido e arbitrado.

Os §§ 4º e 5º, do art. 76, da Lei 8.981/95 impõe limitação à dedução das perdas nas aplicações de renda variável previstas pelos art. 72 a 74 da mesma lei (art. 72, bolsas de valores, de mercadorias, de futuros e assemelhadas; art. 73, fundos de ações, de *commodities*, de investimento no exterior, clube de investimento e outros fundos da espécie; e art. 74, operações de *swap*).

Segundo as normas, a dedução de perdas se limita aos ganhos auferidos no mesmo ano, também com operações de renda variável. As perdas excedentes podem ser deduzidas, também de ganhos com o mesmo tipo de investimento, nos anos seguintes.

Assim, as perdas recebem tratamento bastante limitado em relação ao imposto retido, embora bastante mais amplo que aquele previsto pelo regime revogado da Lei 8.541/92, que previa a tributação totalmente isolada.

A limitação não se aplica às perdas em investimentos de renda fixa (por falta de previsão legal da norma, que menciona apenas as operações de renda variável), às operações de cobertura (*hedge*) realizadas em bolsa de valores, de mercadoria e de futuros ou no mercado de balcão (art. 77, V, da Lei 8.981/95, pois estas operações têm função similar a dos seguros, justificando, assim o tratamento diferenciado), nem às instituições financeiras (art. 77, I e III, da Lei 8.981/95 e art. 9º, da Lei 9.959/99, o que faz sentido, pois as operações financeiras são produtos, objetos primários da atividade econômica destas instituições).

Leia-se o seguinte julgado do STJ:

> *TRIBUTÁRIO. IMPOSTO DE RENDA DA PESSOA JURÍDICA – IRPJ. MERCADO DE DERIVATIVOS. MERCADO DE RENDA VARIÁVEL. OPERAÇÕES DE SWAP (PERMUTA). FINALIDADE DE HEDGE (COBERTURA DE RISCO). REGIME DE TRIBUTAÇÃO. LEGALIDADE DA LIMITAÇÃO DE DEDUÇÃO PREVISTA NO ART. 772 DO RIR-99 (DECRETO N. 3.000/99). CUMPRIMENTO DE DETERMINAÇÃO PREVISTA NO ART. 77, §3º, DA LEI N. 8.981/95 E, APÓS O ADVENTO DO ART. 5º, DA LEI N. 9.779/99, CUMPRIMENTO DO ART. 76, §4º, DA LEI N. 8.981/95.*

1. No regime do art. 29, da Lei n. 8.541/92, para os contratos de swap e outros derivativos, indiferente haver o objetivo de cobertura de risco (hedge) ou não, vigia o regime de tributação em separado que submetia o resultado positivo (ganho líquido) a uma alíquota de 25% (vinte e cinco) por cento de Imposto de Renda, excluindo o ganho líquido do Lucro Líquido para efeito de apuração do Lucro Real, e impedia que o resultado negativo (perda líquida) das aludidas operações fosse deduzida do Lucro Real.

2. Com o advento do art. 77, V e §3º, da Lei n. 8.981/95, as diversas operações realizadas no mercado de derivativos (inclusive as de swap) que tivessem o objetivo de cobertura (hedge) tiveram seus rendimentos e "ganhos líquidos" compondo o Lucro Real, em exceção à regra geral de tributação com retenção na fonte e abatimento na declaração de ajuste vigente para as demais operações financeiras prevista nos arts. 72 a 74 e 76, da Lei n. 8.981/95. Quanto a isso, de observar que a lei não falou em "perdas líquidas". Desse modo, somente houve autorização para levar ao Lucro Real os resultados positivos das operações, nunca os resultados negativos, da mesma forma que no regime anterior.

3. A superveniência do art. 5º, da Lei n. 9.779/90 apenas confirmou essa constatação ao inserir na regra geral de tributação vigente para as demais operações financeiras prevista nos arts. 72 a 74 e 76, da Lei n. 8.981/95, os rendimentos auferidos nas operações de cobertura (hedge), chamando a aplicação do art. 76, §4º, da Lei n. 8.981/95, que trata "Das Disposições Comuns à Tributação das Operações Financeiras", e que determinou que as perdas apuradas nas operações realizadas no mercado de derivativos somente poderiam ser dedutíveis na determinação do Lucro Real até o limite dos ganhos auferidos nas mesmas operações, ou seja, reforçou que somente houve autorização para levar ao Lucro Real os resultados positivos das operações, nunca os resultados negativos.

4. Desse modo, considerando que em nenhum dos regimes mencionados houve autorização para levar ao Lucro Real os resultados negativos das operações, é lícita a aplicação da limitação prevista no art. 772, do RIR-99 às operações de swap que tenham o objetivo de cobertura (hedge).

5. Recurso especial não provido.

(STJ, T2, REsp 1474902 / RS, Min. MAURO CAMPBELL MARQUES, DJe de 14/12/2015)

As operações de *day trade*[45], de compra e venda num mesmo dia, por serem notadamente especulativas, recebem tratamento distinto, embora em regime menos severo que o previsto pelo art. 76, § 3º, da Lei 8.981/95, segundo o qual:

45. Art. 8º, da 9.959/99; § 1º Para efeito do disposto neste artigo: I – considera-se: a) *day trade*: a operação ou a conjugação de operações iniciadas e encerradas em um mesmo dia, com o mesmo ativo, em uma mesma instituição intermediadora, em que a quantidade negociada tenha sido liquidada, total ou parcialmente; [...]

> *Art. 76.*
>
> *[...]*
>
> *§ 3º As perdas incorridas em operações iniciadas e encerradas no mesmo dia (day trade), realizadas em mercado de renda fixa ou de renda variável, não serão dedutíveis na apuração do lucro real.*

Conforme o art. 8º, da 9.959/99 e seus parágrafos, o saldo de imposto retido, compensado com o imposto incidente sobre ganhos líquidos apurado nos meses subsequentes. Ademais, o imposto retido poderá ser deduzido do devido no encerramento de cada período de apuração ou na data de extinção, para pessoas jurídicas tributadas com base no lucro real, presumido ou arbitrado.

O saldo não compensado nas operações diárias de *day trade* ou no imposto devido mensalmente pelas mesmas operações, nos termos do art. 8º, § 8º, II da Lei 9.959/99, será definitivo para pessoas físicas, pessoas jurídicas isentas e optantes pelo Simples. Não obstante, o § 5º dispõe: "se, ao término de cada ano-calendário, houver saldo de imposto retido a compensar, fica facultado à pessoa física ou às pessoas jurídicas [...] pedido de restituição, na forma e condições estabelecidas pela [...] SRF".

Quanto as perdas, permite a norma a compensação com ganhos nas operações também de *day trade* realizadas no mesmo dia (§ 2º) ou no mesmo mês (§ 6º). O resultado mensal após a compensação, se positivo, integrará a base de cálculo do IRPJ e, se negativo, poderá ser compensado com os resultados positivos de operações de *day trade* apurados nos meses subsequentes (§ 8º).

As perdas em *day trade* não são dedutíveis do lucro real.

Vejamos um pouco mais das operações de renda fixa e de renda variável.

6.16.3. Aplicações de renda fixa

No regime tributário do mercado de renda fixa, a legislação do imposto de renda inclui outras operações como o mútuo entre pessoas jurídicas não financeiras e operações conjugadas em bolsa de valores.

A base de cálculo, definida nos termos do art. 65, §§ 1º e 3º, da Lei 8.981/95, é a diferença entre o valor de venda e o valor de compra do título bem como os rendimentos periódicos do investimento.

As aplicações de renda fixa sofrem retenção na fonte pela instituição financeira por alíquotas regressivas no tempo (art. 1º, da Lei 11.033/04), e estas retenções são consideradas antecipações do pagamento do imposto da pessoa jurídica tanto do lucro real quanto presumido ou arbitrado, pois os ganhos são tributados por todos os regimes.

As operações equiparadas estão sujeitas às mesmas regras. No mútuo, contudo, em que o tomador é pessoa física, o recolhimento fica a cargo da própria pessoa jurídica mutuante.

As perdas são dedutíveis da tributação pelo lucro real, sem limitações. Não são dedutíveis, porém, da tributação pelo lucro presumido ou arbitrado.

Para as pessoas jurídicas isentas, a tributação na fonte é definitiva. As pessoas imunes não sofrem retenção.

As pessoas residentes no exterior, em geral, estão sujeitas à retenção na fonte da mesma forma que os residentes no Brasil. Os investimentos em renda fixa de não residentes realizados de acordo com as normas do Conselho Monetário Nacional sujeitam-se à retenção de 15%, independente do prazo da aplicação, benefício este não estendido aos países de tributação favorecida.

6.16.4. Aplicações de renda variável

As aplicações de renda variável são definidas pelo objeto negociado, como as ações, e pela instituição intermediadora, vale dizer, as operações realizadas nas bolsas de valores, de mercadorias, de futuros e assemelhadas, como o mercado de balcão organizado.

No Brasil, há apenas uma bolsa de valores, mercadorias e futuros, a BM&F Bovespa (que é uma empresa privada autorizada a operar pela CVM), e algumas dezenas de empresas que operam com ações e outros títulos também autorizadas pela CVM, que se enquadram no conceito de mercado de balcão organizado.[46]

Os ganhos no mercado de renda variável compõem o lucro real, presumido e arbitrado e a retenção na fonte, à alíquota de 0,005% (1% para operações de *day trade*), é considerada antecipação do imposto. A retenção para pessoas jurídicas isentas é considerada tributação definitiva e as pessoas imunes, que assim se declararem, não sofrem a retenção.

Para pessoas residentes ou domiciliadas no exterior, há isenção sobre os ganhos das operações realizadas em bolsa de mercadorias e futuros e nas negociações com ouro ativo

46. O QUE É O MERCADO DE BALCÃO ORGANIZADO?

O mercado de balcão organizado é um ambiente administrado por instituições auto-reguladoras que propiciam sistemas informatizados e regras para a negociação de títulos e valores mobiliários. Estas instituições são autorizadas a funcionar pela CVM e por ela são supervisionadas.

Tradicionalmente, o mercado de balcão é um mercado de títulos sem local físico definido para a realização das transações que são feitas por telefone entre as instituições financeiras. O mercado de balcão é chamado de organizado quando se estrutura como um sistema de negociação de títulos e valores mobiliários podendo estar organizado como um sistema eletrônico de negociação por terminais, que interliga as instituições credenciadas em todo o Brasil, processando suas ordens de compra e venda e fechando os negócios eletronicamente.

Disponível em: http://www.cvm.gov.br/port/protinv/caderno7.asp#mdb, acesso em 29.5.2013.

financeiro, ainda que fora de bolsa. Incide a alíquota de 10% sobre rendimentos de *swap*[47] em bolsa ou fora de bolsa, e nas operações em mercados futuros[48] fora de bolsa.

As perdas nas aplicações de renda variável (mercado a vista, a termo, futuro, e de opções) somente são compensáveis com ganhos também obtidos em operações de mesma natureza. Estão excluídas desta regra as operações de *swap*, cujas perdas não podem ser compensadas com ganhos em outras operações de renda variável; operações diárias, de *day trade*, cujas perdas também não podem ser compensadas; e operações de *hedge*, cujas perdas podem ser deduzidas sem limitação.

A base de cálculo do imposto, em geral, é o ganho líquido: a diferença entre o preço de venda e o preço de compra, deduzidas as despesas de corretagem na compra.

Vale observar algumas regras de apuração do *custo do ativo*, para definição do ganho líquido.

No mercado à vista, o custo é apurado pela média ponderada das aquisições de cada papel.

Nos casos em que o alienante não tenha comprado os títulos, há outras regras. Para as hipóteses de sucessão, o custo é o valor pelo qual o ativo foi avaliado; na conversão de debêntures em ações, o custo será o valor da ação definido pela empresa.

No *mercado a termo*, há liquidação do investimento em data futura. Assim, pode haver diferença de cotação do papel entre o dia do negócio e o dia da liquidação. Esta diferença de preço é considerada para a definição do ganho, vale dizer, da base de cálculo do imposto.

No mercado futuro em que, além da liquidação em data futura, as partes negociam promessas de compra e venda, a base de cálculo é a soma algébrica dos ajustes diários entre a data de abertura e de encerramento no negócio.

---

47. Mercado de *Swaps* – aquele em que as partes trocam um índice de rentabilidade por outro, com o intuito de fazer hedge, casar posições ativas com posições passivas, equalizar preços, arbitrar mercados ou ateï alavancar sua exposiÁão ao risco.

    Disponível em: http://www.cvm.gov.br/port/protinv/caderno9.pdf, acesso em 29.5.2013.

48. Mercado Futuro

    O mercado futuro pode ser entendido como uma evolução do mercado a termo. Nele, os participantes se comprometem a comprar ou vender certa quantidade de um ativo por um preço estipulado para a liquidação em data futura.

    A definição é semelhante, tendo como principal diferença a liquidação de seus compromissos. Enquanto no mercado a termo os desembolsos ocorrem somente no vencimento do contrato, no mercado futuro os compromissos são ajustados diariamente. Todos os dias são verificadas as alterações de preços dos contratos para apuração das perdas de um lado e dos ganhos do outro, realizando-se a liquidação das diferenças do dia. Além disso, os contratos futuros são negociados somente em bolsa.

    Disponível em: http://www.portaldoinvestidor.gov.br/menu/Menu_Investidor/derivativos/mercado_ futuro.html, acesso em 29.5.2013.

No *mercado de opções*, em que não negociados direitos de compra e venda de papéis e commodities, há outras variações. O vendedor da opção cobra um prêmio, que é sempre considerado para a definição da base de cálculo do imposto. Se a opção não é realizada, apenas o prêmio representará ganho. Se a opção é exercida, há ganho ou perda quando o preço da opção é, respectivamente, menor ou maior que o do papel ou bem negociado.

As operações de *hedge* recebem tratamento diferenciado.

A lei fiscal considera como "cobertura (*hedge*) as operações destinadas, exclusivamente, à proteção contra riscos inerentes às oscilações de preço ou de taxas, quando o objeto do contrato negociado destinar-se à proteção de direitos ou obrigações da pessoa jurídica" (art. 77, § 1º, b, da Lei 8.981/95).

Estas operações, mais que operações financeiras, exercem papel similar ao dos seguros. Ao tratarmos do IOF, já havíamos apresentado uma noção de *hedge*.

Operações de *hedge* ou de cobertura são um conjunto de contratos por meio dos quais alguém procura eliminar ou reduzir riscos de atividade futura. Exemplo clássico dessas operações ocorre na agricultura, devido à grande variação de preços dos alimentos, especialmente dos grãos. Assim, o agricultor, para evitar os riscos da flutuação, negocia antecipadamente a venda da safra a ser colhida no futuro, a um determinado preço. Há, porém, operações de cobertura de diversos negócios, envolvendo mercadorias, ações e moedas.

A principal diferença da tributação destas operações, para as demais aplicações em renda variável, é a possibilidade de dedução integral das perdas na apuração do lucro real.

Aplica-se a retenção na fonte do imposto, no caso de ganhos, como nas demais aplicações de renda variável. Alegam os contribuintes não se tratar de ganho tributável, mas de mera recomposição patrimonial. O STJ, contudo, entende pela incidência do imposto:

> *AGRAVO REGIMENTAL EM AGRAVO. TRIBUTÁRIO. IMPOSTO DE RENDA. OPERAÇÕES DE COBERTURA. HEDGE E SWAP. MATÉRIA PACÍFICA.*
> *[...]*
> *– Conforme jurisprudência pacífica nesta Corte, "a partir da Lei nº 9.779/99, todas as operações financeiras de renda fixa ou de renda variável, inclusive aquelas com cobertura hedge, passaram a ser tributadas na fonte, suprimidas as isenções antes existentes na Lei nº 8.981/95, ainda que o contrato tenha sido celebrado sob a regência de lei anterior. Precedentes" (AgRg no Ag 1.266.275/RJ, Rel. Ministro Castro Meira, Segunda Turma, DJe 26/03/2010).*
>
> *(STJ, T2, AgRg no Ag 1.345.005/SP, Min. CESAR ASFOR ROCHA, DJe de 5/4/2011)*

No STF, pende julgamento o RE 596.286 RG/RJ, com repercussão geral reconhecida[49].

49. STF, Tribunal Pleno, RE 596.286 RG/RJ, Min. MARCO AURÉLIO, DJe de 18/12/2009.

Por fim, cabe ressaltar que o art. 16, da lei 13.043/14 criou nova hipótese de isenção de ganhos decorrentes de negociação de ações no mercado a vista, como forma de estimular a pratica de boa gestão por companhias de capital aberto.

PARTE III – APURAÇÃO, PAGAMENTO E LANÇAMENTO

6.17. Retenção na fonte

A pessoa jurídica está obrigada à retenção na fonte do imposto de renda em boa parte dos pagamentos que realiza, tanto a pessoas físicas quanto a outras pessoas jurídicas.

A retenção na fonte dos pagamentos a pessoas físicas vimos ao tratar do IRPF. Agora, passaremos em breve revista à retenção na fonte de pagamentos a pessoas jurídicas.

O pagamento pela prestação de serviços profissionais está sujeito a retenção na fonte à 1,5% do valor do contrato (art. 647, do RIR).

Caso a prestadora de serviços seja empresa ligada ao tomador, a retenção segue a tabela aplicável às pessoas físicas, com alíquotas que chegam a 27,5% (art. 648, do RIR).

Para os serviços de limpeza, conservação, segurança, vigilância e locação de mão-de-obra, a alíquota da retenção é de 1% (art. 649, do RIR).

A distribuição de lucros, nos termos e nos limites da lei, não sofre retenção (art. 654 a 666, do RIR), ainda que o sócio seja residente no exterior (art. 692 e 694, do RIR).

Os juros sobre o capital próprio, calculados sobre o patrimônio líquido, são tributados a 15% (art. 668, do RIR), assim como as partes beneficiárias (art. 670, do RIR), se não estiverem presentes as hipóteses de dispensa de retenção, neste último caso.

Os pagamentos por fonte nacional a pessoas jurídicas estrangeiras estão, em geral, sujeitos a retenção no percentual de 15%, podendo, em casos específicos, chegar a 25%, como nos pagamentos por prestação de serviços (art. 682 e seg., do RIR).

Há hipóteses de isenção e de redução do dever de retenção (art. 687 e seg., do RIR), bem como a curiosa hipótese de alíquota zero na retenção (art. 691, do RIR). Difícil explicar porque o legislador escolheu a alíquota zero e não retirou o comando de retenção do ordenamento.

Como dissemos, os lucros distribuídos a empresa estrangeira não estão sujeitos a retenção. Os rendimentos pagos por aplicações financeiras a estrangeiros, a seu turno, estão sujeitas às mesmas alíquotas aplicáveis aos investimentos dos nacionais.

As aplicações de renda fixa e de renda variável em geral, estão sujeitas à retenção na fonte.

O imposto retido na fonte em função de ganhos em operações financeiras também irá deduzir o imposto devido no encerramento de cada período de apuração independente do regime de apuração da pessoa jurídica (art. 773, I, do RIR), com as limitações que vimos acerca das operações de *day trade*.

6.18. Apuração pelo lucro real e pagamento por estimativa

A apuração do imposto de renda pelo lucro real corresponde à complexa escrituração contábil societária, com os ajustes determinados pela lei tributária. Com as alterações da lei societária que mudaram radicalmente as regras contábeis, com reflexos substanciais na apuração do lucro líquido, também se mostram necessários os ajustes previstos pela Lei 11.941/09, denominado regime tributário de transição – RTT, até o exercício de 2014, para as empresas que não anteciparam a opção pela Lei 12.973/14.

Numa visão esquemática, são os seguintes os passos para a apuração do imposto pelo lucro real:

- Apuração lucro ou prejuízo líquido antes do IR conforme as regras societárias novas;
- Adequação do lucro líquido ou do prejuízo com os acréscimos e expurgos determinados pelo RTT (até 2014);
- Ajuste do lucro ou prejuízo pelas adições e exclusões determinadas pela lei tributária;
- Compensação de prejuízos fiscais, na hipótese de haver lucro real apurado;
- Aplicação das alíquotas básica e adicional;
- Deduções do imposto pago antecipadamente ou retido na fonte e dos benefícios fiscais.

A adequação do lucro contábil para fins tributários (RTT) era realizado pelo sistema eletrônico disponibilizado pela Receita Federal denominado Controle Fiscal Contábil de Transição – FCont e em 2014 será realizado pelo novo sistema que congrega toda a escrituração fiscal do IRPJ e da CSLL.

As adições e exclusões da lei tributária são realizadas no Livro de Apuração do Lucro Real – LALUR (na modalidade eletrônica – E-LALUR) e no Livro de Apuração das Contribuições – LACS, também eletrônico.

O LALUR não é um livro contábil, mas livro fiscal. O LALUR é dividido em duas partes (A e B). Na parte A são lançadas as adições e exclusões do resultado líquido do período de apuração; na parte B, é registrado o controle dos valores que vão afetar o resultado de exercícios futuros.

Feitos os ajustes, chega-se ao chamado lucro da exploração. Vejamos o que dispõe o art. 544, do RIR:

> *Art. 544. Considera-se lucro da exploração o lucro líquido do período de apuração, antes de deduzida a provisão para o imposto de renda, ajustado pela exclusão dos seguintes valores (DL 1.598/77, art. 19, e Lei 7.959/89, art. 2º):*
>
> *I – a parte das receitas financeiras que exceder às despesas financeiras, observado o disposto no parágrafo único do art. 375;*
>
> *II – os rendimentos e prejuízos das participações societárias; e*

> *III – os resultados não operacionais.*
>
> *§ 1º No cálculo do lucro da exploração, a pessoa jurídica deverá tomar por base o lucro líquido apurado, depois de ter sido deduzida a contribuição social instituída pela Lei nº 7.689, de 15 de dezembro de 1988.*
>
> *§ 2º O lucro da exploração poderá ser ajustado mediante adição ao lucro líquido de valor igual ao baixado de reserva de reavaliação, nos casos em que o valor realizado dos bens objeto da reavaliação tenha sido registrado como custo ou despesa operacional e a baixa da reserva tenha sido efetuada em contrapartida à conta de:*
>
> *I – receita não operacional; ou*
>
> *II – patrimônio líquido, não computada no resultado do mesmo período de apuração.*

Necessário, então apurar a provisão para o pagamento do próprio imposto de renda e da CSLL, bem como das participações no lucro.

O problema, neste ponto, é que a base de cálculo das participações é o lucro antes do IRPJ e da CSLL (lei tributária) e a base de cálculo do IRPJ e da CSLL é o mesmo lucro antes das participações (lei comercial).

Dispõe, a propósito, o art. 189, da Lei das S/A:

> *Art. 189. Do resultado do exercício serão deduzidos, antes de qualquer participação, os prejuízos acumulados e a provisão para o Imposto sobre a Renda.*

De outro lado, conforme a lei tributária, algumas participações são dedutíveis da base de cálculo do IRPJ e da CSLL.

A solução é realizar conjuntamente os cálculos, buscando, por equações matemáticas (uma para cada valor que se pretende encontrar) ponderadas pela alíquota dos tributos e pelo percentual da participação, processo denominado de cálculo circular.

Não vamos, aqui, fazer cálculos! Por certo, os livros de contabilidade vão demonstrar melhor como se faz a conta, com exemplos mais claros e melhor elaborados.

Nosso objetivo é somente indicar o direito aplicável e a lógica da solução encontrada.

A propósito, a impossibilidade de excluir o IRPJ da base de cálculo da CSLL e vice-versa foi referendada pelo STJ. Vejamos:

> *3. A Lei 9.316, de 22 de novembro de 1996, vedou a dedução do valor da contribuição social sobre o lucro líquido (exação instituída pela Lei 7.689/88) para efeito de apuração do lucro real, bem como para a identificação de sua própria base de cálculo, [...].”*
>
> *[...]*
>
> *5. A interpretação sistemática dos dispositivos legais supracitados conduz à conclusão de que inexiste qualquer ilegalidade/inconstitucionalidade da determinação de indedutibilidade da CSSL na apuração do lucro real.*

> *6. É que o legislador ordinário, no exercício de sua competência legislativa, tão-somente estipulou limites à dedução de despesas do lucro auferido pelas pessoas jurídicas, sendo certo, outrossim, que o valor pago a título de CSSL não caracteriza despesa operacional da empresa, mas, sim, parcela do lucro destinada ao custeio da Seguridade Social, o que, certamente, encontra-se inserido no conceito de renda estabelecido no artigo 43, do CTN (produto do capital, do trabalho ou da combinação de ambos)*
>
> *(STJ, S1, REsp 1.113.15/AM, Min. LUIZ FUX, DJe de 25/11/2009)*

O STF julgou a matéria, mantendo a incidência dos tributos:

> *CONSTITUCIONAL. TRIBUTÁRIO. IMPOSTO SOBRE A RENDA E PROVENTOS DE QUALQUER NATUREZA DEVIDO PELA PESSOA JURÍDICA (IRPJ). APURAÇÃO PELO REGIME DE LUCRO REAL. DEDUÇÃO DO VALOR PAGO A TÍTULO DE CONTRIBUIÇÃO SOCIAL SOBRE O LUCRO LÍQUIDO. PROIBIÇÃO. ALEGADAS VIOLAÇÕES DO CONCEITO CONSTITUCIONAL DE RENDA (ART. 153, III), DA RESERVA DE LEI COMPLEMENTAR DE NORMAS GERAIS (ART. 146, III, A), DO PRINCÍPIO DA CAPACIDADE CONTRIBUTIVA (ART. 145, § 1º) E DA ANTERIORIDADE (ARTS. 150, III, A E 195, § 7º).*
>
> *1. O valor pago a título de contribuição social sobre o lucro líquido – CSLL não perde a característica de corresponder a parte dos lucros ou da renda do contribuinte pela circunstância de ser utilizado para solver obrigação tributária.*
>
> *2. É constitucional o art. 1º e par. ún. da Lei 9.316/1996, que proíbe a dedução do valor da CSLL para fins de apuração do lucro real, base de cálculo do Imposto sobre a Renda das Pessoas Jurídicas – IRPJ.*
>
> *Recurso extraordinário conhecido, mas ao qual se nega provimento.*
>
> *(STF, Tribunal Pleno, RE 582.525 RG/SP, Min. JOAQUIM BARBOSA, DJe de 7/2/2014)*

De volta a apuração do imposto pelo lucro real!

Para o contribuinte, abrem-se duas opções: apurar o lucro real 1. trimestralmente ou 2. anualmente. Vejamos os art. 220 e 221, do RIR:

> *Lucro trimestral*
>
> *Art. 220. O imposto será determinado com base no lucro real, presumido ou arbitrado, por períodos de apuração trimestrais, encerrados nos dias 31 de março, 30 de junho, 30 de setembro e 31 de dezembro de cada ano-calendário (Lei 9.430/96, art. 1º).*
>
> *§ 1º Nos casos de incorporação, fusão ou cisão, a apuração da base de cálculo e do imposto devido será efetuada na data do evento, observado o disposto nos §§ 1º a 5º do art. 235 (Lei 9.430/96, art. 1º, § 1º).*
>
> *§ 2º Na extinção da pessoa jurídica, pelo encerramento da liquidação, a apuração da base de cálculo e do imposto devido será efetuada na data desse evento (Lei 9.430/96, art. 1º, § 2º).*
>
> *Lucro anual*

> *Art. 221. A pessoa jurídica que optar pelo pagamento do imposto na forma desta Seção deverá apurar o lucro real em 31 de dezembro de cada ano (Lei 9.430/96, art. 2º, § 3º).*
>
> *Parágrafo único. Nas hipóteses de que tratam os §§ 1º e 2º do art. 220, o lucro real deverá ser apurado na data do evento (Lei 9.430/96, art. 1º, §§ 1º e 2º).*

Optando pela apuração trimestral (1), a empresa levanta a cada três meses as demonstrações necessárias, apura o lucro real e o imposto devido, que pode ser pago no mês seguinte ao da apuração ou nos três meses subsequentes, de forma parcelada.

A empresa do lucro real pode, ainda, optar pela apuração anual (2) e pelo pagamento mensal do imposto calculado sobre base estimada a partir da aplicação dos percentuais do lucro presumido sobre a receita de venda de mercadoria e prestação de serviços, com alguns acréscimos e deduções (RIR, art. 223, Lei 8.981/95, art. 31 e Lei 9.430/96, art. 2º). Neste caso, a empresa não é obrigada a elaborar as demonstrações trimestralmente, embora possa fazê-lo a qualquer momento. A opção pode se mostrar vantajosa, pois as demonstrações são caras e trabalhosas.

Os acréscimos à base de cálculo são os valores das receitas não abrangidas pela estimativa (RIR art. 225, Lei 8.981/95, art. 32, e Lei 9.430/96, art. 2º). São eles:

- aluguéis;
- juros recebidos;
- descontos financeiros obtidos;
- ganhos de capital auferidos;
- realização do lucro diferido;

Ao revés, são deduzidos os valores de (Lei 8.981/95, art. 31, parágrafo único e art. 32, § 1º):

- vendas canceladas;
- descontos concedidos;
- devoluções de mercadorias;
- IPI;
- rendimentos de aplicações financeiras com retenção na fonte;
- juros sobre o capital próprio;
- lucros, dividendos ou resultado positivo decorrente da avaliação de investimentos pela equivalência patrimonial.

Este pagamento mensal, a propósito, não ofende o conceito de renda, conforme jurisprudência do STF:

> *2. A orientação firmada por esta Corte considera válida a cobrança do IRPJ pela modalidade de antecipação conhecida como "duodéci-*

> *mos" (Decreto-Lei 2.354/1987 e Lei 7.787/1989). A suposta violação do princípio da vedação do uso de tributo com efeito confiscatório depende do exame de provas específicas, relativas ao caso concreto. Ausente quadro probatório capaz de confirmar a alegação da parte--agravante. Impossibilidade de revisão de fatos e provas (Súmula 279/STF). Agravo regimental ao qual se nega provimento.*
>
> *(STF, T2, RE 255.379 AgR/RS, Min. JOAQUIM BARBOSA, DJe de 30/03/2011)*

Vale mencionar, que atividades específicas recebem tratamento também específico, no cálculo do imposto estimado. As instituições financeiras, por exemplo, podem deduzir da base de cálculo da estimativa as despesas de captação de recurso, de cessão de crédito, de câmbio.

Nos termos do art. 226, do RIR (Lei 8.981/95, art. 29, § 1º), são dedutíveis da base de cálculo estimada:

> *I – no caso das instituições financeiras, sociedades corretoras de títulos, valores mobiliários e câmbio, e sociedades distribuidoras de títulos e valores mobiliários:*
>
> *a) as despesas incorridas na captação de recursos de terceiros;*
>
> *b) as despesas com obrigações por refinanciamentos, empréstimos e repasses de recursos de órgãos e instituições oficiais e do exterior;*
>
> *c) as despesas de cessão de créditos;*
>
> *d) as despesas de câmbio;*
>
> *e) as perdas com títulos e aplicações financeiras de renda fixa;*
>
> *f) as perdas nas operações de renda variável realizadas em bolsa, no mercado de balcão organizado, autorizado pelo órgão competente, ou através de fundos de investimento, para a carteira própria das entidades citadas neste inciso I;*
>
> *II – no caso de empresas de seguros privados: o cosseguro e resseguro cedidos, os valores referentes a cancelamentos e restituições de prêmios e a parcela dos prêmios destinada à constituição de provisões ou reservas técnicas;*
>
> *III – no caso de entidades de previdência privada abertas e de empresas de capitalização: a parcela das contribuições e prêmios, respectivamente, destinada à constituição de provisões ou reservas técnicas.*

O art. 227 disciplina a base estimada das atividades imobiliárias:

> *Art. 227. As pessoas jurídicas que explorem atividades imobiliárias relativas a loteamento de terrenos, incorporação imobiliária, construção de prédios destinados a venda, bem como a venda de imóveis construídos ou adquiridos para revenda, deverão considerar como receita bruta o montante recebido, relativo às unidades imobiliárias vendidas.*
>
> *Parágrafo único. O disposto neste artigo aplica-se, inclusive, aos casos de empreitada ou fornecimento contratado nas condições do art. 409, com pessoa jurídica de direito público ou empresa sob seu controle, empresa pública, sociedade de economia mista ou sua subsidiária.*

A partir do valor obtido das receitas mais os acréscimos menos as deduções, aplica-se o percentual de estimativa (1,6%, 8%, 16% ou 32%, dependendo da atividade) para definir a base de cálculo sobre a qual alíquota básica e a alíquota adicional, para apuração do imposto devido no mês, além da alíquota da CSLL.

Do imposto devido, podem ser deduzidos (RIR, art. 229; Lei 8.981/95, art. 34, Lei 9.065/95, art. 1º, Lei 9.430/96, art. 2º, e Lei 9.532/97, art. 82, II, "f"):

- o imposto pago ou retido na fonte sobre as receitas que integraram a base de cálculo;
- os incentivos de dedução do imposto relativos ao Programa de Alimentação do Trabalhador;
- as doações aos Fundos da Criança e do Adolescente, Atividades Culturais ou Artísticas, Atividade Audiovisual.

O contribuinte também pode deduzir:

- o imposto pago indevidamente ou a maior em períodos anteriores;
- o saldo negativo do imposto de períodos anteriores;
- as compensações (art. 73 e 74, da Lei 9.430/95).

O valor retido na fonte que superar o valor devido pode se acumulado para deduzir a obrigação nos meses seguintes.

Assim, se o imposto devido conforme as regras da estimativa equivale a R$ 1.000,00, mas a empresa sofreu retenção de R$ 1.500,00, não deverá pagar o imposto no mês e terá R$ 500,00 para deduzir a obrigação do mês seguinte.

Ademais, a legislação permite deduções do imposto devido mensalmente.

Se o contribuinte verificar que o lucro estimado é superior ao lucro real, havendo pago pelas regras da estimativa imposto em valor superior ao que seria devido pelas regras do lucro real ou que obteve prejuízo fiscal, também segundo as regras do lucro real poderá, conforme o caso, suspender ou reduzir o imposto mensal (Lei 8.981/95, art. 35, Lei 9.065/95, art. 1º, e Lei 9.430/96, art. 2). Dispõe o art. 230, do RIR:

> *Art. 230. A pessoa jurídica poderá suspender ou reduzir o pagamento do imposto devido em cada mês, desde que demonstre, através de balanços ou balancetes mensais, que o valor acumulado já pago excede o valor do imposto, inclusive adicional, calculado com base no lucro real do período em curso.*

Imaginemos que o contribuinte tenha recolhido R$ 1.000,00 por mês de imposto calculado sobre a base estimada de janeiro a maio, totalizando R$ 5.000,00. Em junho, o contribuinte verifica que o imposto devido, se calculado conforme as regras do lucro real, seria de R$ 4.500,00. Se o imposto devido no período de apuração junho for de R$ 1.000,00, o contribuinte poderá pagar apenas R$ 500,00, vale dizer, reduzir o imposto a ser recolhido. Se o imposto devido for, ao revés, R$ 500,00, poderá suspender o pagamento do imposto.

O contribuinte também suspenderá o pagamento do imposto se verificar que obteve prejuízo fiscal, embora a base do lucro estimado seja positiva.

A lei também prevê deduções que impactam o saldo do imposto anual a pagar (art. 231, do RIR e Lei 9.430/96, art. 2º, § 4º). A empresa poderá deduzir os valores:

- dos incentivos fiscais de dedução do imposto;
- dos incentivos fiscais de redução e isenção do imposto, calculados com base no lucro da exploração;
- do imposto pago ou retido na fonte, incidente sobre receitas computadas na determinação do lucro real;
- do imposto pago com base no lucro estimado.

Por derradeiro, cabe registrar que as opções do contribuinte pela apuração trimestral ou anual e pelo pagamento por estimativa é obrigatória para todo o ano calendário.

6.19. Lucro presumido, lucro arbitrado e SIMPLES

Se a forma mais completa de apuração do imposto de renda da pessoa jurídica é o lucro real, a maioria das empresas brasileiras, salvo as optantes pelo SIMPLES, é tributada pelo lucro presumido.

6.19.1. Lucro presumido

Optando pelo lucro presumido, a empresa não é obrigada a apurar o lucro líquido (contábil), menos ainda o lucro real, pois está dispensada de apurar e comprovar as despesas incorridas. O lucro presumido, como o próprio nome diz, decorre de uma presunção: aqui, o lucro será um percentual da receita, definido em lei, conforme a atividade da empresa.

Os percentuais de presunção (art. 15, § 1º, da Lei 9.249/95) são os seguintes[50] [51]:

Atividades	Percentuais (%)
Atividades em geral	8,0
Revenda de combustíveis	1,6
Serviços de transporte (exceto o de carga)	16,0

---

50. Disponível em: http://www.receita.fazenda.gov.br/pessoajuridica/dipj/2005/pergresp2005/pr517a555.htm, acesso em 12.5.2013.

51. Enquanto no IRPJ vigoram diversos percentuais de presunção, entre 1,6% e 32%, os percentuais aplicáveis à CSLL são apenas (art. 20, da Lei 8.249/95):

12% para atividades em geral; e

32% para serviços, exceto serviços hospitalares e de auxílio diagnóstico e terapia, patologia clínica, imagenologia, anatomia patológica e citopatologia, medicina nuclear e análises e patologias clínicas.

Atividades	Percentuais (%)
Serviços de transporte de cargas	8,0
Serviços em geral (exceto serviços hospitalares e de auxílio diagnóstico e terapia, patologia clínica, imagenologia, anatomia patológica e citopatologia, medicina nuclear e análises e patologias clínicas, desde que a prestadora destes serviços seja organizada sob a forma de sociedade empresária e atenda às normas da Agência Nacional de Vigilância Sanitária – Anvisa)[1]	32,0
Serviços hospitalares e outros serviços na área de saúde	8,0
Intermediação de negócios	32,0
Administração, locação ou cessão de bens e direitos de qualquer natureza (inclusive imóveis)	32,0

Já começamos aqui com uma grande polêmica. A Lei 9.249/95, determinava o percentual 8% para serviços hospitalares e de 32% para clínicas, laboratórios, etc.

Os contribuintes alegavam que não havia diferença entre o serviço médico, clínico ou laboratorial prestado em hospital ou em clínica médica e postulavam o percentual de 8% para a definição do lucro presumido.

O STJ passou a acolher a tese de que se tratava de benefício fiscal que não se pautava pela estrutura da pessoa jurídica, sendo relevante apenas a natureza do serviço. Assim, irrelevante que o prestador do serviço fosse hospital, clínica ou laboratório. Vejamos:

> *1. O art. 15, § 1º, III, "a", da Lei nº 9.249/95 explicitamente concede o benefício fiscal de forma objetiva, com foco nos serviços que são prestados, e não no contribuinte que os executa. Observação de que o Acórdão recorrido é anterior ao advento da Lei nº 11.727/2008.*
>
> *2. Independentemente da forma de interpretação aplicada, ao intérprete não é dado alterar a* mens legis. *Assim, a pretexto de adotar uma interpretação restritiva do dispositivo legal, não se pode alterar sua natureza para transmudar o incentivo fiscal de objetivo para subjetivo.*
>
> *3. A redução do tributo, nos termos da lei, não teve em conta os custos arcados pelo contribuinte, mas, sim, a natureza do serviço, essencial à população por estar ligado à garantia do direito fundamental à saúde, nos termos do art. 6º da Constituição Federal.*
>
> *4. Qualquer imposto, direto ou indireto, pode, em maior ou menor grau, ser utilizado para atingir fim que não se resuma à arrecadação de recursos para o cofre do Estado. Ainda que o Imposto de Renda se caracterize como um tributo direto, com objetivo preponderantemente fiscal, pode o legislador dele se utilizar para a obtenção de uma finalidade extrafiscal.*
>
> *5. Deve-se entender como "serviços hospitalares" aqueles que se vinculam às atividades desenvolvidas pelos hospitais, voltados diretamente à promoção da saúde. Em regra, mas não necessariamente, são prestados no interior do estabelecimento hospitalar, excluindo-se as simples consultas médicas, atividade que não se identifica com as prestadas no âmbito hospitalar, mas nos consultórios médicos.*

> *6. Duas situações convergem para a concessão do benefício: a prestação de serviços hospitalares e que esta seja realizada por instituição que, no desenvolvimento de sua atividade, possua custos diferenciados do simples atendimento médico, sem, contudo, decorrerem estes necessariamente da internação de pacientes.*
>
> *[...]*
>
> *(STJ, S1, REsp 951.251/PR, Min. CASTRO MEIRA, DJe de 3/6/2009)*

Com o julgamento do REsp 1.116.399/BA, o STJ consolidou o entendimento de que o percentual de 8% para a definição da base de cálculo constitui benefício fiscal objetivo, voltado à atividade de saúde, que não pode ser restringido a estabelecimentos destinados ao atendimento global ao paciente, mediante internação e assistência médica integral.

Mister observar, contudo, que os percentuais de presunção se afastam dos melhores instrumentos de implementação de benefícios fiscais e de extrafiscalidade no imposto de renda.

A presunção do lucro deve buscar a melhor aproximação do lucro real, levando em consideração os custos do setor bem como os custos ínsitos à estrutura do contribuinte, em prestígio ao princípio da capacidade contributiva, sem perder a generalidade e abstração, típicas da norma jurídica geral.

De outro turno, nos benefícios fiscais, o legislador deve especificar a atividade que pretende estimular, afastando-se da generalidade e da pessoalidade do imposto de renda, e da abstração da norma jurídica em geral. Assim, pode superar a noção da capacidade contributiva e alcançar o fim normativo tanto para atividades lucrativas, para as quais o Estado pretende acrescer estímulo, quanto para as atividades que não seriam lucrativas pelas regras gerais do mercado.

Em resumo, a presunção da base de cálculo do imposto deve buscar aproximação com a base real, por força do princípio da capacidade contributiva, não se constituindo meio adequado para criar benefícios fiscais. O STJ interpretou a matéria de outra forma.

De toda sorte, com a Lei 11.727/08, os **serviços médicos prestados em tanto em hospitais, quanto em clínicas e laboratórios** passaram a ter o **lucro presumido** em 8% sobre a receita bruta.

Para as pessoas jurídicas exclusivamente prestadoras de serviço, que obtiverem **receita bruta anual de até R$ 120.000,00**, o percentual de presunção cai de 32% para 16% (art. 40, da Lei 9.250/95).

Quando o contribuinte exerce **mais de uma atividade**, deve contabilizar separadamente as receitas e aplicar às receitas de cada uma delas o percentual próprio da atividade (art. 15, § 2º, da Lei 9.249/95), sendo vedado a utilização de um só percentual.

A **possibilidade de opção pelo lucro presumido** é bastante ampliada. Apenas não podem optar as empresas que obtiveram no exercício anterior receita bruta anual superior a R$ 78.000.000,00 (ou, para empresas que entraram em atividade no decorrer do exercício, receita bruta mensal equivalente a R$ 6.500.000,00 vezes o número de meses de atividade)[52], bem como aquelas obrigadas ao lucro real.

Além do critério de valor, são obrigadas ao lucro real as empresas que:

- exerçam atividades de bancos comerciais, bancos de investimentos, bancos de desenvolvimento, caixas econômicas, sociedades de crédito, financiamento e investimento, sociedades de crédito imobiliário, sociedades corretoras de títulos, valores mobiliários e câmbio, distribuidoras de títulos e valores mobiliários, empresas de arrendamento mercantil, cooperativas de crédito, empresas de seguros privados e de capitalização e entidades de previdência privada aberta;
- tiverem lucros, rendimentos ou ganhos de capital oriundos do exterior;
- autorizadas pela legislação tributária, usufruam de benefícios fiscais relativos à isenção ou redução do imposto;
- no decorrer do ano-calendário, tenham efetuado pagamento mensal pelo regime de estimativa (veremos o pagamento por estimativa adiante);
- explorem as atividades *factoring*.

A opção pelo lucro presumido é realizada no primeiro pagamento do imposto apurado no ano, pela indicação do código próprio no DARF e é obrigatória para todo o ano calendário (art. 13, § 2º, da Lei 9.718/98). Vale dizer, o contribuinte não pode mudar de regime (SIMPLES ou lucro real) durante todo o ano.

O imposto será apurado trimestralmente, nos períodos encerrados nos dias 31 de março, 30 de junho, 30 de setembro e 31 de dezembro de cada ano-calendário (Lei nº 9.430/96, art. 1º e 25).

E o valor apurado no trimestre pode ser pago em três parcelas, devidamente corrigidas, a vencer nos meses subsequentes à apuração.

Ao optante pelo lucro presumido não é permitido o recolhimento mensal por estimativa. A estimativa, contudo, muito se aproxima da apuração do próprio lucro presumido, de sorte que não há prejuízo na vedação.

A base para a apuração do lucro presumido é a receita auferida pela prestação de serviço e pela venda de mercadorias (art. 518, do RIR e art. 31, da Lei 8.981/95).

A este valor do lucro presumido, devem ser acrescidos os seguintes, para fins de apuração da base de cálculo do imposto e do adicional:

- juros recebidos;
- descontos financeiros obtidos;

52. Receita apurada pelo regime de caixa ou pelo regime de competência, conforme opção do contribuinte, conforme art. 13, § 2º, da Lei 9.718/98.

- aluguéis;
- ganhos em operações de *hedge*, realizadas em bolsa ou no mercado de balcão;
- juros de tributos a serem restituídos ou compensados;
- valores recuperados, relativos a custos e despesas deduzidas em períodos anteriores, em que a empresa tenha sido optante do lucro real;
- multas contratuais e outras recebidas pela pessoa jurídica;
- juros superiores ao definido na legislação, pagos a pessoa vinculada no exterior, se o contrato não fora registrado no Banco Central;
- valores sobre os quais a tributação tenha sido diferida, para a pessoa jurídica optante do lucro real no ano anterior;
- ganhos auferidos na devolução de capital em bens e direitos;
- ganhos de capital decorrentes da alienação de bens do ativo permanente.

Administradoras de cartão de crédito discutiram o tratamento dos encargos de financiamento e encargos de mora. O STJ entendeu que correção monetária, juros e multas decorrentes de operações de administração de cartões de crédito devem ser considerados produto de prestação de seus serviços (faturamento), por consistir o objeto social destas empresas. Leia-se:

PROCESSUAL CIVIL. AGRAVO REGIMENTAL. RECURSO ESPECIAL. TRIBUTÁRIO. IRPJ. CSLL. LUCRO PRESUMIDO. ADMINISTRADORA DE CARTÃO DE CRÉDITO. PRESTAÇÃO DE SERVIÇOS. ENCARGOS DE FINANCIAMENTO E DE MORA. ALÍQUOTA APLICÁVEL PARA EFEITO DE APURAÇÃO DA BASE DE CÁLCULO. INCLUSÃO NA RECEITA BRUTA DOS ENCARGOS DE MORA.

1. As empreses administradoras de cartão de crédito podem optar por apurar o IRPJ e a CSLL pelo lucro presumido e pela base de càlculo presumida, respectivamente, na condiçớo de prestadoras de serviço (art. 15, §1º, III, "a" da Lei n. 9.249/95).

2. Nessa situação, os encargos de financiamento como os juros e encargos de mora integram o conceito de receita bruta (faturamento da prestação de serviços) para todos os efeitos legais, aplicando-se o disposto no art. 25, I, da Lei n. 9.430/96 e não o art. 25, inciso II, da Lei nº 9.430/96, já que não se enquadram no conceito de "demais receitas".

3. Se a correção monetária, a multa e os juros (receitas financeiras) decorrem diretamente das operações de administração do cartão de crédito realizadas pela empresa (prestação de serviços) – operações essas que constituem o seu objeto social – tais rendimentos devem ser considerados como um produto da venda de bens e/ou serviços, ou seja, constituem faturamento. Aplica-se a lógica de que o acessório segue o principal consoante o fundamento determinante do precedente REsp. n. 1.432.952-PR, Segunda Turma, Rel. Min. Mauro Campbell Marques, julgado em 25.02.2014.

4. Agravo regimental não provido.

(STJ, T2, AgRg no REsp 1.260.812/RS, Min. MAURO CAMPBELL, DJe de 26/04/2016)

A base de cálculo do imposto (15%) e do adicional (10%), será o lucro presumido, acrescido dos valores acima enumerados.

Do imposto apurado, poderá ser deduzido o imposto retido na fonte, vedada a dedução de benefício fiscal (Lei 8.981/95, art. 34, Lei 9.065/95, art. 1º, Lei 9.430/96, art. 51, e Lei 9.532/97, art. 10).

6.19.2. Lucro arbitrado

O arbitramento, previsto no art. 148, do CTN, é método de apuração da base de cálculo dos tributos, aplicável quando o contribuinte não possua os elementos necessários para a apuração do valor real ou quando estes não mereçam fé.

O instituto difere da presunção, pois esta fornece valor ou método de apurar valor com a característica de generalidade, enquanto o arbitramento busca alcançar o valor real por meio de elementos específicos, aplicáveis ao contribuinte.

O arbitramento não é penalidade por infração. Contudo, será aplicado em situações que, quase sempre, serão consideradas infrações a deveres acessórios do contribuinte (art. 113, § 2º, do CTN).

Nos termos do art. 530, do RIR (Lei 8.981/95, art. 47, e Lei 9.430/96, art. 1º), o lucro será arbitrado quando:

- o contribuinte, obrigado à tributação com base no lucro real, não mantiver escrituração na forma das leis comerciais e fiscais, ou deixar de elaborar as demonstrações financeiras exigidas pela legislação fiscal;
- a escrituração a que estiver obrigado o contribuinte revelar evidentes indícios de fraudes ou contiver vícios, erros ou deficiências que a tornem imprestável para identificar a efetiva movimentação financeira, inclusive bancária ou para determinar o lucro real;
- o contribuinte, sujeito ao lucro real ou presumido, deixar de apresentar à autoridade tributária os livros e documentos da escrituração comercial e fiscal, ou o Livro Caixa;
- o contribuinte optar indevidamente pela tributação com base no lucro presumido;
- o comissário ou representante da pessoa jurídica estrangeira deixar de escriturar e apurar o lucro da sua atividade separadamente do lucro do comitente residente ou domiciliado no exterior;
- o contribuinte não mantiver, em boa ordem e segundo as normas contábeis recomendadas, Livro Razão ou fichas utilizadas para resumir e totalizar, por conta ou subconta, os lançamentos efetuados no Diário.

Tomando como parâmetro os deveres acessórios de apuração do imposto de renda pelo lucro real, os fatos que dão ensejo à tributação pelo lucro arbitrado variam entre a ausência total de dados acerca do fato gerador ou a imprestabilidade total destes e a ausência ou imprestabilidade parcial destes dados.

Assim, pode ocorrer que a contabilidade do contribuinte, embora incompleta, permita o levantamento da receita bruta. Neste caso (art. 531 a 534, do RIR) o próprio contribuinte poderá apurar a base de cálculo arbitrada, sofrendo penalidades eventuais, apenas se a omissão ou defeito das declarações, informações e documentos do contribuinte consistir, especificadamente pela lei, infração.

Dispõe o art. 531, do RIR, que, presentes as hipóteses de arbitramento, "o contribuinte poderá efetuar o pagamento do imposto correspondente com base no lucro arbitrado" "quando conhecida a receita bruta" (Lei 8.981/95, art. 47, §§ 1º e 2º, e Lei 9.430/96, art. 1º), observadas as seguintes regras:

> *I – a apuração com base no lucro arbitrado abrangerá todo o ano-calendário, assegurada, ainda, a tributação com base no lucro real relativa aos trimestres não submetidos ao arbitramento, se a pessoa jurídica dispuser de escrituração exigida pela legislação comercial e fiscal que demonstre o lucro real dos períodos não abrangidos por aquela modalidade de tributação;*
>
> *II – o imposto apurado na forma do inciso anterior, terá por vencimento o último dia útil do mês subseqüente ao do encerramento de cada período de apuração.*

A base de cálculo do imposto será apurada mediante a aplicação dos percentuais previstos para o lucro presumido acrescidos de 20% (Lei 9.249/95, art. 16 e Lei 9.430/96, art. 27, I). Assim, para a empresa sujeita ao percentual de 8% no lucro presumido, o percentual do lucro arbitrado será de 9,6%.

Para as instituições financeiras, o percentual é de 45% (Lei 9.249/95, art. 16, parágrafo único, e Lei 9.430/96, art. 27, I). São os percentuais[53]:

Atividades	Percentuais
Atividades em geral (RIR/1999, art. 532)	9,6%
Revenda de combustíveis	1,92%
Serviços de transporte (exceto transporte de carga)	19,2%
Serviços de transporte de cargas	9,6%
Serviços em geral (exceto serviços hospitalares)	38,4%
Serviços hospitalares, serviços de auxílio diagnóstico e terapia; patologia clínica, imagenologia, anatomia patológica e citopatologia, medicina nuclear e análises e patologias clínicas.	9,6%
Intermediação de negócios	38,4%

53. Disponível em: http://www.receita.fazenda.gov.br/publico/perguntao/dipj2012/ CapituloXIV-LucroArbitrado2012.pdf; acesso em 12.5.2013.

Atividades	Percentuais
Administração, locação ou cessão de bens e direitos de qualquer natureza (inclusive imóveis)	38,4%
Factoring	38,4%
Bancos, instituições financeiras e assemelhados	45%

No caso de empresa com mais de uma atividade, serão aplicados os percentuais de cada atividade. Havendo receita omitida, esta será computada para a determinação da base do imposto. Não sendo possível identificar a atividade a que se refere a receita, no caso de empresa com mais de uma atividade, sobre ela incidirá o percentual mais elevado dentre os aplicáveis ao contribuinte (art. 24, da Lei 9.249/95)

Para as empresas imobiliárias, dispõe o art. 534, do RIR:

> *Art. 534. As pessoas jurídicas que se dedicarem à venda de imóveis construídos ou adquiridos para revenda, ao loteamento de terrenos e à incorporação de prédios em condomínio terão seus lucros arbitrados, deduzindo-se da receita bruta trimestral o custo do imóvel devidamente comprovado (Lei 8.981/95, art. 49, e Lei 9.430/96, art. 1º).*
>
> *Parágrafo único. O lucro arbitrado será tributado na proporção da receita recebida ou cujo recebimento esteja previsto para o próprio trimestre (Lei 8.981/95, art. 49, parágrafo único, e Lei 9.430/96, art. 1º).*

À base de cálculo arbitrada, de modo similar ao que ocorre no lucro presumido, devem ser acrescidos os seguintes valores, a teor do art. 536, do RIR, valores estes que se referem a receitas não alcançadas pelo arbitramento (Lei 9.430/96, art. 27, inciso II):

- juros recebidos;
- descontos financeiros obtidos;
- aluguéis;
- rendimentos de mutuo;
- ganhos em operações de *hedge*, realizadas em bolsa ou no mercado de balcão;
- juros de tributos a serem restituídos ou compensados;
- variações monetárias ativas;
- valores recuperados, relativos a custos e despesas deduzidas em períodos anteriores, em que a empresa tenha sido optante do lucro real;
- multas contratuais e outras recebidas pela pessoa jurídica;
- juros superiores ao definido na legislação, pagos a pessoa vinculada no exterior, se o contrato não fora registrado no Banco Central;
- valores sobre os quais a tributação tenha sido diferida, para a pessoa jurídica optante do lucro real no ano anterior;

- ganhos auferidos na devolução de capital em bens e direitos;
- ganhos de capital decorrentes da alienação de bens do ativo permanente.

Se a receita bruta não é conhecida, o imposto será lançado por arbitramento através de procedimento de ofício, com a inevitável aplicação de penalidades (Lei 8.981/95, art. 51).

Neste caso, o arbitramento uma das seguintes alternativas (Lei 8.981/95, art. 51):

> *I – um inteiro e cinco décimos do lucro real referente ao último período em que a pessoa jurídica manteve escrituração de acordo com as leis comerciais e fiscais;*
>
> *II – quatro centésimos da soma dos valores do ativo circulante, realizável a longo prazo e permanente, existentes no último balanço patrimonial conhecido;*
>
> *III – sete centésimos do valor do capital, inclusive a sua correção monetária contabilizada como reserva de capital, constante do último balanço patrimonial conhecido ou registrado nos atos de constituição ou alteração da sociedade;*
>
> *IV – cinco centésimos do valor do patrimônio líquido constante do último balanço patrimonial conhecido;*
>
> *V – quatro décimos do valor das compras de mercadorias efetuadas no mês;*
>
> *VI – quatro décimos da soma, em cada mês, dos valores da folha de pagamento dos empregados e das compras de matérias-primas, produtos intermediários e materiais de embalagem;*
>
> *VII – oito décimos da soma dos valores devidos no mês a empregados;*
>
> *VIII – nove décimos do valor mensal do aluguel devido.*

Também, neste caso, deverá ocorrer o acréscimo à base de cálculo dos valores não abrangidos pelos métodos de arbitramento.

O art. 538, do RIR, expressa que "o arbitramento do lucro não exclui a aplicação das penalidades cabíveis".

São dedutíveis do imposto devido pelo método do arbitramento o imposto pago ou retido na fonte sobre as receitas que integraram a base de cálculo, vedada qualquer dedução a título de incentivo fiscal (Lei 9.532/97, art. 10).

6.19.3. SIMPLES

Como dissemos em outra oportunidade, este trabalho versa sobre os impostos. E o SIMPLES, definitivamente não é um imposto, mas uma forma simplificada e consolidada de apuração de diversos tributos.

Quem apura os tributos pelo SIMPLES, não apura o IPI, o PIS, a COFINS etc. Na análise exclusiva do IRPJ, a adesão ao SIMPLES significa uma dispensa de apuração do imposto.

O IRPJ está incluído no SIMPLES, como um percentual da alíquota dessa forma especial de tributação; como este percentual pode ser 0%, nem todo contribuinte optante do SIMPLES paga o IRPJ.

Em outras palavras, o SIMPLES não está incluído da dogmática estrita do IRPJ.

Porém, silenciar sobre o SIMPLES deixa um vazio na expectativa das pessoas, especialmente daqueles que leem o art. 146, III, d, da Constituição Federal e a Lei Complementar 123/06, que "Institui o Estatuto Nacional da Microempresa e da Empresa de Pequeno Porte".

Dispõe, a propósito, a norma constitucional:

> *Art. 146. Cabe à lei complementar:*
>
> *[...]*
>
> *III – estabelecer normas gerais em matéria de legislação tributária, especialmente sobre:*
>
> *[...]*
>
> *d) definição de tratamento diferenciado e favorecido para as microempresas e para as empresas de pequeno porte, inclusive regimes especiais ou simplificados no caso do imposto previsto no art. 155, II, das contribuições previstas no art. 195, I e §§ 12 e 13, e da contribuição a que se refere o art. 239.*
>
> *Parágrafo único. A lei complementar de que trata o inciso III, d, também poderá instituir um regime único de arrecadação dos impostos e contribuições da União, dos Estados, do Distrito Federal e dos Municípios, observado que:*
>
> *I – será opcional para o contribuinte;*
>
> *II – poderão ser estabelecidas condições de enquadramento diferenciadas por Estado;*
>
> *III – o recolhimento será unificado e centralizado e a distribuição da parcela de recursos pertencentes aos respectivos entes federados será imediata, vedada qualquer retenção ou condicionamento;*
>
> *IV – a arrecadação, a fiscalização e a cobrança poderão ser compartilhadas pelos entes federados, adotado cadastro nacional único de contribuintes.*

O art. 1º, da LC 123/2006 introduz a disciplina do Simples:

> *Art. 1º Esta Lei Complementar estabelece normas gerais relativas ao tratamento diferenciado e favorecido a ser dispensado às microempresas e empresas de pequeno porte no âmbito dos Poderes da União, dos Estados, do Distrito Federal e dos Municípios, especialmente no que se refere:*
>
> *I – à apuração e recolhimento dos impostos e contribuições da União, dos Estados, do Distrito Federal e dos Municípios, mediante regime único de arrecadação, inclusive obrigações acessórias;*

> *II – ao cumprimento de obrigações trabalhistas e previdenciárias, inclusive obrigações acessórias;*
>
> *III – ao acesso a crédito e ao mercado, inclusive quanto à preferência nas aquisições de bens e serviços pelos Poderes Públicos, à tecnologia, ao associativismo e às regras de inclusão.*

A norma declara reger a forma unificada de apuração e recolhimento de impostos e contribuições dos entes federados. Inicia, contudo, a disciplina de "obrigações trabalhistas e previdenciárias", não apenas as tributárias, e do acesso ao crédito, ao mercado, à tecnologia, ao associativismo e às regras de inclusão, matérias ínsitas à ordem econômica.

A definição de microempresas e de empresas de pequeno porte é dada por faixas de valor da receita bruta, conforme preceitua o art. 3º, da LC 123/2006. Vejamos:

> *Art. 3º Para os efeitos desta Lei Complementar, consideram-se microempresas ou empresas de pequeno porte, a sociedade empresária, a sociedade simples, a em-presa individual de responsabilidade limitada e o empresário a que se refere o art. 966 da Lei no 10.406, de 10 de janeiro de 2002 (Código Civil), devidamente regis-trados no Registro de Empresas Mercantis ou no Registro Civil de Pessoas Jurídicas, conforme o caso, desde que:*
>
> *I – no caso da microempresa, aufira, em cada ano-calendário, receita bruta igual ou inferior a R$ 360.000,00 (trezentos e sessenta mil reais); e*
>
> *II – no caso da empresa de pequeno porte, aufira, em cada ano-calendário, receita bruta superior a R$ 360.000,00 (trezentos e sessenta mil reais) e igual ou inferior a R$ 3.600.000,00 (três milhões e seiscentos mil reais).*

Nestes termos, a empresa que auferiu até R$ 360.000,00 de receita bruta em um ano, pode aderir ao Simples como micro empresa e aquela que auferiu até R$ 4.800.000,00, pode optar pelo regime como empresa de pequeno porte, sempre no ano seguinte. Para optar pelo Simples em um exercício, portanto, a empresa deverá verificar sua receita bruta no ano anterior.

Os parágrafos do art. 3º, da LC 123/06 contêm disposições importantes para a definição da receita bruta, bem como dos efeitos do enquadramento e do desenquadramento. Leiam-se:

> *§ 1º Considera-se receita bruta, para fins do disposto no caput deste artigo, o produto da venda de bens e serviços nas operações de conta própria, o preço dos serviços prestados e o resultado nas operações em conta alheia, não incluídas as vendas canceladas e os descontos incondicionais concedidos.*
>
> *§ 2º No caso de início de atividade no próprio ano-calendário, o limite a que se refere o* caput *deste artigo será proporcional ao número de meses em que a microempresa ou a empresa de pequeno porte houver exercido atividade, inclusive as frações de meses.*
>
> *§ 3º O enquadramento do empresário ou da sociedade simples ou empresária como microempresa ou empresa de pequeno porte bem*

> *como o seu desenquadramento não implicarão alteração, denúncia ou qualquer restrição em relação a contratos por elas anteriormente firmados.*

A LC 123/06 veio disciplinar este tratamento diferenciado e favorecido. Ela define micro e pequenas empresas, seleciona os tributos que abrange, dispõe sobre as regras e limites para opção, rege a competência de cada ente da federação e define as obrigações tributárias dos optantes.

A lei também exclui certas empresas do regime, como aquelas (art. 3º, § 4º, da LC 123/06):

- de cujo capital participe outra pessoa jurídica,
- que seja filial, sucursal, agência ou representação, no País, de pessoa jurídica com sede no exterior, de cujo capital participe pessoa física empresária, pessoa física sócia de outra empresa ou entidade sem fins lucrativos, se o somatório da receita do empresário individual ou da pessoa jurídica com o da empresa beneficiária ultrapassar o limite de pequena empresa;
- constituída sob a forma de cooperativas, salvo as de consumo;
- constituída sob a forma de sociedade por ações;
- que participe do capital de outra pessoa jurídica;
- que exerça atividade de instituição financeira;
- resultante ou remanescente de cisão ou qualquer outra forma de desmembramento de pessoa jurídica que tenha ocorrido em um dos 5 (cinco) anos-calendário anteriores.

Outras exclusões estão presentes no art. 17, da LC 123/06, com alterações promovidas pela LC 155/16:

> *Art. 17. Não poderão recolher os impostos e contribuições na forma do Simples Nacional a microempresa ou a empresa de pequeno porte:*
>
> *I – que explore atividade de prestação cumulativa e contínua de serviços de assessoria creditícia, gestão de crédito, seleção e riscos, administração de contas a pagar e a receber, gerenciamento de ativos (asset management), compras de direitos creditórios resultantes de vendas mercantis a prazo ou de prestação de serviços (factoring);*
>
> *II – que tenha sócio domiciliado no exterior;*
>
> *III – de cujo capital participe entidade da administração pública, direta ou indireta, federal, estadual ou municipal;*
>
> *IV – (REVOGADO)*
>
> *V – que possua débito com o Instituto Nacional do Seguro Social – INSS, ou com as Fazendas Públicas Federal, Estadual ou Municipal, cuja exigibilidade não esteja suspensa;*
>
> *VI – que preste serviço de transporte intermunicipal e interestadual de passageiros, exceto quando na modalidade fluvial ou quando possuir*

características de transporte urbano ou metropolitano ou realizar-se sob fretamento contínuo em área metropolitana para o transporte de estudantes ou trabalhadores;

VII – que seja geradora, transmissora, distribuidora ou comercializadora de energia elétrica;

VIII – que exerça atividade de importação ou fabricação de automóveis e motocicletas;

IX – que exerça atividade de importação de combustíveis;

X – que exerça atividade de produção ou venda no atacado de:

a) cigarros, cigarrilhas, charutos, filtros para cigarros, armas de fogo, munições e pólvoras, explosivos e detonantes;

b) bebidas não alcoólicas a seguir descritas:

1 – alcoólicas;

2 – refrigerantes, inclusive águas saborizadas gaseificadas;

3 – preparações compostas, não alcoólicas (extratos concentrados ou sabores concentrados), para elaboração de bebida refrigerante, com capacidade de diluição de até 10 (dez) partes da bebida para cada parte do concentrado;

4 – cervejas sem álcool;

c) bebidas alcoólicas, exceto aquelas produzidas ou vendidas no atacado por:

1. micro e pequenas cervejarias;

2. micro e pequenas vinícolas

3. produtores de licores;

4. micro e pequenas destilarias,

XII – que realize cessão ou locação de mão-de-obra;

XIV – que se dedique ao loteamento e à incorporação de imóveis.

XV – que realize atividade de locação de imóveis próprios, exceto quando se referir a prestação de serviços tributados pelo ISS.

XVI – com ausência de inscrição ou com irregularidade em cadastro fiscal federal, municipal ou estadual, quando exigível.

Interessa-nos, mais, a parte da tributação, regida pelo art. 12, da LC 123/06 e seguintes. Dispõe:

Art. 12. Fica instituído o Regime Especial Unificado de Arrecadação de Tributos e Contribuições devidos pelas Microempresas e Empresas de Pequeno Porte – Simples Nacional.

O art. 13 define quais tributos são excluídos pelo SIMPLES e quais não são excluídos. **Incluem-se** o IRPJ, o IPI, a CSLL, a COFINS, o PIS/PASEP, a Contribuição Patronal Previdenciária – CPP [...], o ICMS e o ISS. **Não se incluem** o IOF, o II, o IE, o ITR, o Imposto de Renda, relativo aos rendimentos ou ganhos líquidos auferidos em aplicações de renda fixa ou variável e relativo aos ganhos de capital auferidos na alienação de bens do ativo permanente, o FGTS, a Contribuição da Seguridade Social, relativa ao trabalhador, a Contribuição para a Seguridade Social, relativa à pessoa do empresário, na qualidade de contribuinte individual, o Imposto de Renda relativo aos pagamentos ou créditos efetuados pela pessoa jurídica a pessoas físicas, o PIS/PASEP, a COFINS e o IPI incidentes na importação, o ICMS e o ISS em circunstâncias particulares.

O **valor devido** que substitui as obrigações tributárias específicas é apurado na forma do art. 18, da LC 123/06, que contém regras para as atividades do comércio, da indústria, do setor de serviços etc. Destacamos a seguinte parte:

> *Art. 18. O valor devido mensalmente pela microempresa e empresa de pequeno porte comercial, optante pelo Simples Nacional, será determinado mediante aplicação da tabela do Anexo I desta Lei Complementar.*
>
> *§ 1º Para efeito de determinação da alíquota, o sujeito passivo utilizará a receita bruta acumulada nos 12 (doze) meses anteriores ao do período de apuração.*
>
> *§ 2º Em caso de início de atividade, os valores de receita bruta acumulada constantes das tabelas dos Anexos I a V desta Lei Complementar devem ser proporcionalizados ao número de meses de atividade no período.*
>
> *§ 3º Sobre a receita bruta auferida no mês incidirá a alíquota determinada na forma do caput e dos §§ 1º e 2º deste artigo, podendo tal incidência se dar, à opção do contribuinte, na forma regulamentada pelo Comitê Gestor, sobre a receita recebida no mês, sendo essa opção irretratável para todo o ano-calendário.*
>
> *[...]*
>
> *§ 5º As atividades industriais serão tributadas na forma do Anexo II desta Lei Complementar.*

A alíquota encontrada nas tabelas da LC 123/06 é aplicada sobre a receita bruta mensal, para apurar o valor da obrigação.

Destacamos, a seguir, o anexo II, que contém as alíquotas do setor industrial:

Anexo II da Lei Complementar 123/06

Alíquotas e partilha do Simples Nacional – Indústria

Receita Bruta em 12 meses	Alíquota	IRPJ	CSLL	COFINS	PIS/ PASEP	CPP	ICMS	IPI
Até 180.000,00	4,50%	0,00%	0,00%	0,00%	0,00%	2,75%	1,25%	0,50%
De 180.000,01 a 360.000,00	5,97%	0,00%	0,00%	0,86%	0,00%	2,75%	1,86%	0,50%
[...]	[...]	[...]	[...]	[...]	[...]	[...]	[...]	[...]

Receita Bruta em 12 meses	Alíquota	IRPJ	CSLL	COFINS	PIS/ PASEP	CPP	ICMS	IPI
De 3.240.000,01 a 3.420.000,00	12,01%	0,53%	0,53%	1,60%	0,38%	4,56%	3,91%	0,50%
De 3.420.000,01 a 3.600.000,00	12,11%	0,54%	0,54%	1,60%	0,38%	4,60%	3,95%	0,50%

Podemos verificar que a obrigação das menores empresas não gera arrecadação do IRPJ, da CSLL, do PIS e da COFINS e o percentual, da alíquota de 4,5%, relativo ao IPI é de 0,5%.

Ao final no anexo, os contribuintes sujeitos à alíquota de 12,11% geram arrecadação de IRPJ de 0,54% da receita.

Cabe, ainda, mencionar a isenção do imposto de renda dos valores efetivamente pagos ou dis-tribuídos ao titular ou sócio da microempresa ou empresa de pequeno porte optante pelo Simples Nacional, salvo os que corresponderem a pró-labore, aluguéis ou serviços prestados, nos termos do art. 14, da LC 123/06. Leia-se:

> *Art. 14. Consideram-se isentos do imposto de renda, na fonte e na declaração de ajuste do beneficiário, os valores efetivamente pagos ou distribuídos ao titular ou sócio da microempresa ou empresa de pequeno porte optante pelo Simples Nacional, salvo os que corresponderem a pró-labore, aluguéis ou serviços prestados.*
>
> *§ 1º A isenção de que trata o caput deste artigo fica limitada ao valor resultante da aplicação dos percentuais de que trata o art. 15 da Lei nº 9.249, de 26 de dezembro de 1995, sobre a receita bruta mensal, no caso de antecipação de fonte, ou da receita bruta total anual, tratando-se de declaração de ajuste, subtraído do valor devido na forma do Simples Nacional no período.*
>
> *§ 2º O disposto no § 1º deste artigo não se aplica na hipótese de a pessoa jurídica manter escrituração contábil e evidenciar lucro superior àquele limite.*

Em suma, o SIMPLES não equivale ao IRPJ ou a qualquer outro tributo. Ele substitui a apuração analítica dos tributos por uma apuração concentrada e exclui a incidência dos tributos em espécie, ainda que o percentual da alíquota dos tributos que substitua seja zero.

6.20. Imunidades e Isenções

As imunidades aplicáveis ao IRPJ são aquelas previstas pelo art. 150, VI, 'a', 'b' e 'c' da Constituição, que alcançam as rendas dos entes federativos, dos templos religiosos, dos partidos políticos, entidades sindicais, e instituições de educação e de assistência social.

Para que sejam imunes, as instituições de educação e de assistência social sem fins lucrativos não podem distribuir lucros, aplicar seus recursos no país e na manutenção de seus objetivos institucionais e manter hígida sua escrita contábil, nos termos do art. 14, do CTN. Eis o texto da norma:

Art. 14. O disposto na alínea c do inciso IV do artigo 9º é subordinado à observância dos seguintes requisitos pelas entidades nele referidas:

I – não distribuírem qualquer parcela de seu patrimônio ou de suas rendas, a qualquer título;

II – aplicarem integralmente, no País, os seus recursos na manutenção dos seus objetivos institucionais;

III – manterem escrituração de suas receitas e despesas em livros revestidos de formalidades capazes de assegurar sua exatidão.

§ 1º Na falta de cumprimento do disposto neste artigo, ou no § 1º do artigo 9º, a autoridade competente pode suspender a aplicação do benefício.

§ 2º Os serviços a que se refere a alínea c do inciso IV do artigo 9º são exclusivamente, os diretamente relacionados com os objetivos institucionais das entidades de que trata este artigo, previstos nos respectivos estatutos ou atos constitutivos.

Também há imunidade da CSLL as entidades beneficentes de assistência social que atendam aos mesmos requisitos, por força de disposição expressa do art. 195, § 7º, da Constituição.

Art. 195.

[...]

§ 7º – São isentas de contribuição para a seguridade social as entidades beneficentes de assistência social que atendam às exigências estabelecidas em lei.

A Lei 12.101/09 regulou a matéria por algum tempo, mas fora combatida pelos contribuintes e declarada inconstitucional no julgamento da ADI 2.028/DF:

AÇÃO DIRETA DE INCONSTITUCIONALIDADE. CONVERSÃO EM ARGUIÇÃO DE DESCUMPRIMENTO DE PRECEITO FUNDAMENTAL. CONHECIMENTO. IMUNIDADE. CONTRIBUIÇÕES SOCIAIS. ARTS. 146, II, e 195, § 7º, DA CONSTITUIÇÃO FEDERAL. REGULAMENTAÇÃO. LEI 8.212/91 (ART. 55). DECRETO 2.536/98 (ARTS. 2º, IV, 3º, VI, §§ 1º e 4º e PARÁGRAFO ÚNICO). DECRETO 752/93 (ARTS. 1º, IV, 2º, IV e §§ 1º e 3º, e 7º, § 4º). ENTIDADES BENEFICENTES DE ASSISTÊNCIA SOCIAL. DISTINÇÃO. MODO DE ATUAÇÃO DAS ENTIDADES DE ASSISTÊNCIA SOCIAL. TRATAMENTO POR LEI COMPLEMENTAR. ASPECTOS MERAMENTE PROCEDIMENTAIS. REGRAMENTO POR LEI ORDINÁRIA.

Nos exatos termos do voto proferido pelo eminente e saudoso Ministro Teori Zavascki, ao inaugurar a divergência: 1. "[...] fica evidenciado que (a) entidade beneficente de assistência social (art. 195, § 7º) não é conceito equiparável a entidade de assistência social sem fins lucrativos (art. 150, VI); (b) a Constituição Federal não reúne elementos discursivos para dar concretização segura ao que se possa entender por modo beneficente de prestar assistência social; (c) a definição desta condição modal é indispensável para garantir que a imunidade do art. 195, § 7º, da CF cumpra a finalidade que lhe é designada pelo texto constitucional; e (d) esta tarefa foi outorgada ao legislador infracons-

> *titucional, que tem autoridade para defini-la, desde que respeita-dos os demais termos do texto constitucional.". 2. "Aspectos meramente procedimentais referentes à certificação, fiscalização e controle administrativo continuam passíveis de definição em lei ordinária. A lei complementar é forma somente exigível para a definição do modo beneficente de atuação das entidades de assistência social contempladas pelo art. 195, § 7º, da CF, especialmente no que se refere à instituição de contrapartidas a serem observadas por elas.". 3. Procedência da ação "nos limites postos no voto do Ministro Relator". Arguição de descumprimento de preceito fundamental, decorrente da conversão da ação direta de inconstitucionalidade, integralmente procedente.*
>
> *(STF, Tribunal Pleno, ADI 2.028/DF, Min. Rosa Weber, DJe de 8/5/2017)*

Dessa forma, o CTN voltou a regular as imunidades de contribuições sociais, até que sobrevenha outra lei complementar sobre a matéria.

Na vasta legislação sobre o imposto de renda, encontram-se várias hipóteses de isenção, à exemplo do art. 7º, do DL 70/66, segundo o qual "as associações de poupança e empréstimo são isentas de imposto de renda; são também isentas de imposto de renda as correções monetárias que vierem a pagar a seus depositantes". Como a lei não prevê isenção para a CSLL, o benefício não é automaticamente concedido à contribuição.

Por fim, mencionam-se as isenções subjetivas do imposto que beneficia a entidade binacional ITAIPU (DL 23/73, art. XII, e Decreto 72.707/73); e o Fundo Garantidor de Crédito – FGC (Lei 9.710/98, art. 4º).

6.21. Lançamento

O lançamento do IRPJ segue a sistemática da homologação, vale dizer, o contribuinte deve apurar e pagar o imposto e ao Fisco cabe, ao verificar a atividade do contribuinte, homologá-la, se estiver correta, ou efetuar lançamento de ofício complementar, se o contribuinte deixou de cumprir integralmente a obrigação. Neste processo, o contribuinte é obrigado a emitir documentos, escriturar livros e apresentar declarações.

O principal documento é a nota fiscal. Entre os livros, destacam-se o diário, o razão, o caixa, os livros de entrada e saída de mercadorias, o livro de controle de estoque e, é claro, o LALUR entre outros. Entre as demonstrações, a mais importante é a demonstração do lucro real.

A partir da vigência da Lei 12.973/14, a escrituração do imposto deverá ser entregue em meio digital ao Sistema Público de Escrituração Digital – SPED, incluindo o LALUR, também digital e agora o LACS, para apuração da CSLL.

As declarações prestadas pela pessoa jurídica são: a Declaração de Informações Econômico-Fiscais da Pessoa Jurídica – DIPJ; a Declaração de Contribuições e Impostos Federais – DCTF; a Declaração de Inatividade; e a Declaração do Imposto de Renda Retido na Fonte – DIRF.

Vejamos o que o RIR dispõe sobre os livros:

Diário: "sem prejuízo de exigências especiais da lei, é obrigatório o uso de Livro Diário, encadernado com folhas numeradas seguidamente, em que serão lançados, dia a dia, diretamente ou por reprodução, os atos ou operações da atividade, ou que modifiquem ou possam vir a modificar a situação patrimonial da pessoa jurídica (DL 486/69, art. 5º)" (art. 258, do RIR).

Razão: "a pessoa jurídica tributada com base no lucro real deverá manter, em boa ordem e segundo as normas contábeis recomendadas, Livro Razão ou fichas utilizados para resumir e totalizar, por conta ou subconta, os lançamentos efetuados no Diário, mantidas as demais exigências e condições previstas na legislação (Lei 8.218/91, art. 14, e Lei 8.383/91, art. 62)" (art. 259, do RIR).

Os livros relativos a mercadorias e estoque são regidos com detalhes pelo Regulamento do IPI:

> *Art. 456. O livro Registro de Entradas, modelo 1, destina-se à escrituração das entradas de mercadorias a qualquer título.*
>
> *§ 1º As operações serão escrituradas individualmente, na ordem cronológica das efetivas entradas das mercadorias no estabelecimento ou na ordem das datas de sua aquisição ou desembaraço aduaneiro, quando não transitarem pelo estabelecimento adquirente ou importador.*
>
> *[...]*
>
> *Art. 459. O livro Registro de Saídas, modelo 2, destina-se à escrituração das saídas de produtos, a qualquer título, do estabelecimento.*
>
> *§ 1º Serão também escriturados os documentos fiscais relativos à transmissão de propriedade e à transferência dos produtos que não tenham transitado pelo estabelecimento.*
>
> *[...]*
>
> *Art. 461. O livro Registro de Controle da Produção e do Estoque, modelo 3, destina-se ao controle quantitativo da produção e do estoque de mercadorias e, também, ao fornecimento de dados para preenchimento do documento de prestação de informações à repartição fiscal.*
>
> *§ 1º Serão escriturados no livro os documentos fiscais relativos às entradas e saídas de mercadorias, bem como os documentos de uso interno, referentes à sua movimentação no estabelecimento.*
>
> *[...]*
>
> *Art. 472. O livro Registro de Inventário, modelo 7, destina-se a arrolar, pelos seus valores e com especificações que permitam sua perfeita identificação, as matérias-primas, os produtos intermediários, os materiais de embalagem, os produtos acabados e os produtos em fase de fabricação, existentes em cada estabelecimento à época do balanço da firma.*
>
> *§ 1º Serão também arrolados, separadamente:*
>
> *I – as matérias-primas, os produtos intermediários, os materiais de embalagem e os produtos manufaturados pertencentes ao estabelecimento, em poder de terceiros; e*

> *II – as matérias-primas, os produtos intermediários, os materiais de embalagem, os produtos acabados e produtos em fabricação pertencentes a terceiros, em poder do estabelecimento.*

De volta ao RIR, vejamos o que o art. 275 dispõe sobre o LALUR:

> *Art. 262. No LALUR, a pessoa jurídica deverá (DL 1.598/77, art. 8º, inciso I):*
>
> *I – lançar os ajustes do lucro líquido do período de apuração;*
>
> *II – transcrever a demonstração do lucro real;*
>
> *III – manter os registros de controle de prejuízos fiscais a compensar em períodos de apuração subseqüentes, do lucro inflacionário a realizar, da depreciação acelerada incentivada, da exaustão mineral, com base na receita bruta, bem como dos demais valores que devam influenciar a determinação do lucro real de períodos de apuração futuros e não constem da escrituração comercial;*
>
> *IV – manter os registros de controle dos valores excedentes a serem utilizados no cálculo das deduções nos períodos de apuração subseqüentes, dos dispêndios com programa de alimentação ao trabalhador, vale-transporte e outros previstos neste Decreto.*
>
> *Art. 263. O LALUR poderá ser escriturado mediante a utilização de sistema eletrônico de processamento de dados, observadas as normas baixadas pela Secretaria da Receita Federal (Lei 8.218/91, art. 18).*

O art. 275, do RIR, rege a demonstração do lucro real:

> *Art. 275. O contribuinte deverá elaborar demonstração do lucro real, discriminando (DL 1.598/77, art. 8º, § 1º, e Lei 9.430/96, arts. 1º e 2º):*
>
> *I – o lucro líquido do período de apuração;*
>
> *II – os lançamentos de ajuste do lucro líquido, com a indicação, quando for o caso, dos registros correspondentes na escrituração comercial ou fiscal;*
>
> *III o lucro real.*
>
> *Parágrafo único. A demonstração do lucro real deverá ser transcrita no LALUR (DL 1.598/77, art. 8º, inciso I, alínea "b").*

Estes livros e a demonstração são deveres acessórios, embora obrigatórios, cuja função é auxiliar a apuração do imposto devido e permitir a fiscalização. Outras são as declarações do imposto.

DIPJ

A DIPJ é o documento que consolida informações da pessoa jurídica relativas ao IRPJ, ao IPI, à CSLL, ao PIS e à COFINS. Assim, apresenta informações sobre toda a atividade da empresa, incluindo informações econômicas, como transações internacionais, preços de transferência, *royalties* pagos e recebidos, operações de incorporação, fusão, cisão e extinção, bem como informações fiscais, de apuração dos tributos que abrange.

A DIPJ é anual e deve ser entregue até o último dia de junho de cada ano, por praticamente todas as pessoas jurídicas, inclusive pessoas imunes e isentas. Estão dispensadas apenas as optantes pelo SIMPLES, as empresas inativas, e os órgãos públicos.

Declaração de Inativo

Se a pessoa jurídica não realizar qualquer atividade no ano calendário, deverá apresentar a declaração de inativo, ou Declaração Simplificada da Pessoa Jurídica (DSPJ) – Inativa, até o último dia útil do mês de março.

DCTF

A DCTF é a principal declaração tributária federal e deve conter informações fiscais (não econômicas) do IRPJ, do IRRF, do IPI, do IOF, da CSLL, do PIS, da COFINS, da CIDE-Combustíveis, da CIDE-Royalties, Contribuição do Plano de Seguridade do Servidor Público (PSS) e da Contribuição Previdenciária sobre a Receita Bruta (CPRB)

A DCTF contém a síntese da apuração dos tributos e deve ser entregue pela generalidade dos contribuintes até o 15º dia útil do 2º mês subsequente ao mês de ocorrência dos fatos geradores.

Estão dispensados de apresentar a DCTF:

- As pessoas optantes pelo Simples;
- As pessoas inativas;
- Os grupos de sociedades;
- Os consórcios que não atuem em nome próprio;
- Os clubes de investimento registrados em bolsa;
- Os fundos de investimento imobiliários;
- As embaixadas e representações internacionais;

A DCTF e a DIPJ constituem confissão de dívida e possuem efeito constitutivo, vale dizer, o valor do tributo devido nelas declarado e não pago pelo contribuinte pode ser cobrado judicialmente, sem a necessidade da realização de qualquer procedimento administrativo.

O fundamento para que a declaração tributária federal tenha efeito constitutivo é o art. 5º, do DL 2.124/84. Leia-se:

> *Art. 5º O Ministro da Fazenda poderá eliminar ou instituir obrigações acessórias relativas a tributos federais administrados pela Secretaria da Receita Federal.*
>
> *§ 1º O documento que formalizar o cumprimento de obrigação acessória, comunicando a existência de crédito tributário, constituirá confissão de dívida e instrumento hábil e suficiente para a exigência do referido crédito.*
>
> *§ 2º Não pago no prazo estabelecido pela legislação o crédito, corrigido monetariamente e acrescido da multa de vinte por cento e dos*

> *juros de mora devidos, poderá ser imediatamente inscrito em dívida ativa, para efeito de cobrança executiva, observado o disposto no § 2º do artigo 7º do Decreto-lei nº 2.065, de 26 de outubro de 1983.*

Contudo, apenas em 1998 foi conferido o efeito constitutivo às declarações. À DIPJ pela IN SRF 127/98 e à DCTF pela IN SRF 73/88.

Hoje, há uma aceitação generalizada de que as declarações constituem as obrigações tributárias, dada a massiva jurisprudência sobre o tema, consolidada no julgamento do EREsp 795.992/RS pela Corte Especial do STJ. Vejamos:

> *Nos tributos sujeitos a lançamento por homologação, ocorrendo a declaração do contribuinte desacompanhada do pagamento no vencimento, não se aguarda o decurso do prazo decadencial para o lançamento. A declaração do contribuinte elide a necessidade da constituição formal do débito, podendo este ser imediatamente inscrito em dívida ativa, tornando-se exigível, independentemente de qualquer procedimento administrativo ou de notificação ao contribuinte.*
>
> *[...]*
>
> *(STJ, Corte Especial, AgRg no EREsp 795.992/RS, Min. NANCY ANDRIGHI, DJe de 23/06/2008)*

O efeito constitutivo das declarações tributárias, contudo, não decorre da natureza das coisas, das decisões do Poder Judiciário, nem do CTN, mas da lei ordinária. Assim, faltando a lei que confira à declaração o efeito constitutivo, voltaria a ser necessário o lançamento de ofício para permitir a cobrança do crédito declarado.

DIRF

A DIRF é a declaração de retenção na fonte, em que a pessoa jurídica informa à Receita Federal, como o próprio nome diz, todo o imposto que reteve na fonte em virtude dos pagamentos que realizou.

Sua função é permitir o controle da dedução do imposto pago pelo contribuinte que sofreu a retenção, além de fornecer indícios para a fiscalização.

Contudo, não apresenta efeito constitutivo.

E-financeira

A IN RFB 1571/15 previu nova declaração para as instituições financeiras, a chamada e-financeira, que é, em linhas gerais, uma ampliação, da Declaração de Informações sobre Movimentações Financeiras – DIMOF, que já era apresentada por instituições bancárias.

Esta declaração, a e-financeira, foi instituída como adequação a tratados internacionais de trocas de informações sobre patrimônios e operações financeiras que extrapolam fronteiras dos países, com vistas a combater a evasão fiscal internacional e também fechara as portas de financiamento ao terrorismo, como o Convênio entre Brasil e Estados Unidos (Decreto 8.506/15), chamado de *Foreing Account Tax Compliance Act – FACTA* e, em português, Lei de Conformidade Tributária de Contas Estrangeiras, bem como outros tratados bilaterais e multilaterais, que seguem o *Common Reporting Standard – CRS*, da OCDE.

SPED

O Decreto 6.022/07 instituiu o Sistema Público de Escrituração Digital – SPED.

Nos termos do art. 2º, do próprio Decreto, "o Sped é instrumento que unifica as atividades de recepção, validação, armazenamento e autenticação de livros e documentos que integram a escrituração contábil e fiscal dos empresários e das pessoas jurídicas, inclusive imunes ou isentas, mediante fluxo único, computadorizado, de informações".

Como informa a Receita Federal, na página do SPED na internet:

> *De modo geral, consiste na modernização da sistemática atual do cumprimento das obrigações acessórias, transmitidas pelos contribuintes às administrações tributárias e aos órgãos fiscalizadores, utilizando-se da certificação digital para fins de assinatura dos documentos eletrônicos, garantindo assim a validade jurídica dos mesmos apenas na sua forma digital.*
>
> - *Iniciou-se com três grandes projetos: Escrituração Contábil Digital, Escrituração Fiscal Digital e a NF-e – Ambiente Nacional.*
> - *Representa uma iniciativa integrada das administrações tributárias nas três esferas governamentais: federal, estadual e municipal.*
> - *Mantém parceria com 20 instituições, entre órgãos públicos, conselho de classe, associações e entidades civis, na construção conjunta do projeto.*
> - *Firma Protocolos de Cooperação com 27 empresas do setor privado, participantes do projeto-piloto, objetivando o desenvolvimento e o disciplinamento dos trabalhos conjuntos.*
> - *Possibilita, com as parcerias fisco-empresas, planejamento e identificação de soluções antecipadas no cumprimento das obrigações acessórias, em face às exigências a serem requeridas pelas administrações tributárias.*
> - *Faz com que a efetiva participação dos contribuintes na definição dos meios de atendimento às obrigações tributárias acessórias exigidas pela legislação tributária contribua para aprimorar esses mecanismos e confira a esses instrumentos maior grau de legitimidade social.*
> - *Estabelece um novo tipo de relacionamento, baseado na transparência mútua, com reflexos positivos para toda a sociedade*[54].

O SPED conta com diversos módulos, relativos a diversos tributos e obrigações administrados pela Receita Federal e fiscos de outras entidades da federação, dentre eles o de notas fiscais eletrônicas – NFe, da e-financeira, do e-social etc.

Em conclusão, o lançamento do IRPJ ocorre por homologação, conferido e reconhecido o efeito constitutivo das declarações DIPJ e DCTF. As demais declarações não possuem efeito constitutivo e, assim como os livros, demonstrativos e documentos fiscais, embora obrigatórios, têm função auxiliar na apuração, fiscalização e constituição do tributo.

---

54. Disponível em: http://sped.rfb.gov.br/pagina/show/964. Acesso em 28/11/2016.

7. RESUMO

Princípio da Legalidade	Deve obedecer
Princípio da anterioridade do exercício	Deve obedecer
Princípio da anterioridade nonagesimal	Dispensado
Princípios constitucionais específicos	Generalidade Universalidade Progressividade
Aspecto material na Constituição e no CTN	Renda = produto do capital, do trabalho ou da combinação de ambos. Proventos = acréscimos patrimoniais. Renda para a pessoa física = acréscimo patrimonial Renda para a pessoa física = lucro real, presumido ou arbitrado
Aspecto espacial	Território nacional
Aspecto temporal	31 de dezembro Pessoa física = antecipações mensais do pagamento do imposto Pessoa jurídica = período de apuração anual com antecipações mensais ou trimestral Retenções na fonte e carnê leão (pessoa física) = antecipações do imposto Pagamento definitivo retenção na fonte de aplicações financeiras (pessoa física e pessoa jurídica isenta), 13º salário (pessoa física), ganho de capital (pessoa física)
Aspecto quantitativo (Base de cálculo e alíquota)	Base de cálculo Pessoa física = rendimento do capital e do trabalho, assalariado ou não assalariado e proventos Pessoa jurídica = lucro real, presumido ou arbitrado Alíquotas Pessoa física 0% 7,5%
Aspecto quantitativo (Base de cálculo e alíquota)	15% 22,5% 27,5% Pessoa jurídica Alíquota básica 15% Adicional 10% CSLL 15% (instituições financeiras); 9% (demais empresas)
Aspecto pessoal	Contribuinte = quem aufere renda Responsável = quem paga as remunerações
Observações	Lançamento por homologação

8. SÚMULAS

Súmula do STF

Súmula 587: Incide imposto de renda sobre o pagamento de serviços técnicos contratados no exterior e prestados no Brasil. DJ de 03/01/1977

Súmula 586: Incide imposto de renda sobre os juros remetidos para o exterior, com base em contrato de mútuo. DJ de 03/01/1977

Súmula 585: Não incide o imposto de renda sobre a remessa de divisas para pagamento de serviços prestados no exterior, por empresa que não opera no Brasil. DJ de 03/01/1977

Súmula 584: Ao imposto de renda calculado sobre os rendimentos do ano-base, aplica-se a lei vigente no exercício financeiro em que deve ser apresentada a declaração. DJ de 03/01/1977 (SÚMULA SUPERADA)

Súmula 493: O valor da indenização, se consistente em prestações periódicas e sucessivas, compreenderá, para que se mantenha inalterável na sua fixação, parcelas compensatórias do imposto de renda, incidente sobre os juros do capital gravado ou caucionado, nos termos dos arts. 911 e 912 do código de processo civil. DJ de 10/12/1969

Súmula do STJ

Súmula 498: Não incide imposto de renda sobre a indenização por danos morais. DJe 13/08/2012

Súmula 463: Incide imposto de renda sobre os valores percebidos a título de indenização por horas extraordinárias trabalhadas, ainda que decorrentes de acordo coletivo. DJe de DJe 08/09/2010

Súmula 447: Os Estados e o Distrito Federal são partes legítimas na ação de restituição de imposto de renda retido na fonte proposta por seus servidores. DJe de 13/05/2010

Súmula 394: É admissível, em embargos à execução, compensar os valores de imposto de renda retidos indevidamente na fonte com os valores restituídos apurados na declaração anual. DJe de 07/10/2009

Súmula 386: São isentas de imposto de renda as indenizações de respectivo adicional. DJe 01/09/2009

Súmula 262: Incide o imposto de renda sobre o resultado das aplicações pelas cooperativas. DJ 07/05/2002

Súmula 215: A indenização recebida pela adesão a programa de incentivo à demissão voluntária não está sujeita à incidência do imposto de renda. DJ 04/12/1998

Súmula 184: A microempresa de representação comercial é isenta do imposto de renda. DJ 31/03/1997

Súmula 136: O pagamento de licença-prêmio não gozada por necessidade do serviço não esta sujeito ao imposto de renda. DJ 16/05/1995

Súmula 125: O pagamento de ferias não gozadas serviço não esta sujeito a incidência do imposto de renda. DJ 15/12/1994

Súmula 556: É indevida a incidência de imposto de renda sobre o valor da complementação de aposentadoria pago por entidade de previdência privada e em relação ao resgate de contribuições recolhidas para referidas entidades patrocinadoras no período de 1º/1/1989 a 31/12/1995, em razão da isenção concedida pelo art. 6º, VII, b, da Lei n. 7.713/1988, na redação anterior à que lhe foi dada pela Lei n. 9.250/1995. DJe de 15/12/2015

9. QUESTÕES DE CONCURSOS PÚBLICOS

1. **(ESAF/AFRF/2013) Sobre a Contribuição Social para o Lucro Líquido (CSLL), instituída pela Lei nº 7.689/88, julgue os itens abaixo, classificando-os como verdadeiros (V)** ou falsos (F). Em seguida, escolha a opção adequada às suas respostas:

I. a sua base de cálculo é a mesma do imposto de renda das pessoas físicas, sendo que as deduções e compensações admissíveis para a apuração de um correspondem àquelas admitidas para fins de apuração da base de cálculo do outro;

II. a sua base de cálculo é o valor do resultado do exercício antes da provisão para o imposto de renda;

III. a CSLL poderá incidir sobre o resultado presumido ou arbitrado, quando tal seja o regime de apuração a que a pessoa jurídica se submete relativamente ao imposto de renda.

a) Estão corretos os itens I e II.

b) Estão corretos os itens I e III.

c) Estão corretos os itens II e III.

d) Todos os itens estão corretos.

e) Todos os itens estão errados.

---

2. **(ESAF/AFRF/2012)** Os seguintes valores são onerados pelo Imposto sobre a Renda devido pelas pessoas físicas, exceto:

a) os lucros do comércio e da indústria, auferidos por todo aquele que não exercer, habitualmente, a profissão de comerciante ou industrial.

b) as importâncias recebidas a título de juros e indenizações por lucros cessantes.

c) os valores correspondentes a bolsas de estudo e de pesquisa caracterizadas como doação, quando recebidas exclusivamente para proceder a estudos ou pesquisas e desde que os resultados dessas atividades não representem vantagem para o doador, nem importem contraprestação de serviços.

d) o valor do laudêmio recebido.

e) os rendimentos derivados de atividades ou transações ilícitas ou percebidos com infração à lei.

---

3. **(ESAF/AFRF/2012)** As seguintes hipóteses de rendimentos estão sujeitas ao recolhimento mensal do Imposto sobre a Renda devido pelas pessoas físicas, exceto:

a) os emolumentos e custas dos serventuários da Justiça, como tabeliães, notários, oficiais públicos e outros, quando não forem remunerados exclusivamente pelos cofres públicos.

b) os rendimentos recebidos em dinheiro, a título de alimentos ou pensões, em cumprimento de decisão judicial, ou acordo homologado judicialmente, inclusive alimentos provisionais.

c) os rendimentos recebidos por residentes ou domiciliados no Brasil que prestem serviços a embaixadas, repartições consulares, missões diplomáticas ou técnicas ou a organismos internacionais de que o Brasil faça parte.

d) os ganhos de capital auferidos pela pessoa física na alienação de bens ou direitos de qualquer natureza.

e) os rendimentos de aluguéis recebidos de pessoas físicas.

---

4. **(ESAF/AFRF/2012)** De acordo com a legislação tributária em vigor, assinale a opção incorreta.

a) As contraprestações de arrendamento mercantil somente serão dedutíveis pela pessoa jurídica arrendatária quando o bem arrendado estiver relacionado intrinsecamente com a produção e comercialização dos bens e serviços.

b) Não são dedutíveis, como custos ou despesas operacionais, as gratificações ou participações no resultado, atribuídas aos dirigentes ou administradores da pessoa jurídica.

c) Regra geral, são dedutíveis, na determinação do lucro real da pessoa jurídica, as remunerações pagas aos sócios ou dirigentes.

d) Para efeito de apuração do lucro real, a pessoa jurídica poderá deduzir, como despesa operacional, as participações atribuídas aos empregados nos lucros ou resultados, dentro do próprio exercício de sua constituição.

e) O valor correspondente a aluguel de imóvel cedido pela pessoa jurídica para uso de seu administrador, diretor, gerente e assessor, assim como outras espécies de remuneração indireta, é despesa indedutível para efeito de apuração do lucro real, ainda que sejam individualizados a operação e o beneficiário da despesa.

---

5. (ESAF/AFRF/2012) Tendo por base a legislação do Imposto de Renda sobre Pessoa Jurídica (IRPJ), assinale a opção incorreta.

a) As filiais, sucursais, agências ou representações no País das pessoas jurídicas com sede no exterior sujeitam-se à incidência do Imposto de Renda sobre Pessoas Jurídicas (IRPJ).

b) A prestação de serviços intelectuais, inclusive os de natureza científica, artística ou cultural, em caráter personalíssimo ou não, com ou sem designação de quaisquer obrigações a sócios ou empregados da sociedade prestadora de serviços, quando por esta realizada, sujeita-se à incidência do Imposto de Renda das Pessoas Jurídicas (IRPJ).

c) As sociedades cooperativas de consumo, que tenham por objeto a compra e fornecimento de bens aos consumidores, não se sujeitam à incidência do Imposto de Renda das Pessoas Jurídicas (IRPJ).

d) O espólio não se sujeita à incidência do Imposto de Renda das Pessoas Jurídicas (IRPJ).

e) As sociedades coligadas e controladas, com sede no exterior, que tenham as respectivas pessoas jurídicas controladoras residentes ou domiciliadas no Brasil, não são sujeitos passivos do Imposto de Renda sobre Pessoas Jurídicas (IRPJ).

---

6. (ESAF/AFRF/2012) Julgue os itens abaixo, classificando-os como corretos (C) ou errados (E), de acordo com a sua correspondência com as hipóteses legais que determinam a apuração do Imposto sobre a Renda da Pessoa Jurídica (IRPJ) sobre o lucro arbitrado. Em seguida, escolha a opção adequada às suas respostas.

I. Quando o contribuinte, obrigado à tributação com base no lucro real, não mantiver escrituração na forma das leis comerciais e fiscais, ou deixar de elaborar as demonstrações financeiras exigidas pela legislação fiscal.

II. Quando a escrituração a que estiver obrigado o contribuinte revelar evidentes indícios de fraudes ou contiver vícios, erros ou deficiências que a tornem imprestável para identificar a efetiva movimentação financeira, inclusive bancária.

III. Quando a escrituração a que estiver obrigado o contribuinte revelar evidentes indícios de fraudes ou contiver vícios, erros ou deficiências que a tornem imprestável para determinar a receita bruta.

IV. Quando o contribuinte optar indevidamente pela tributação com base no lucro presumido.

V. Quando o contribuinte não mantiver, em boa ordem e segundo as normas contábeis recomendadas, Livro Razão ou fichas utilizadas para resumir e totalizar, por conta ou subconta, os lançamentos efetuados no Diário.

a) Apenas os itens I, II, III e V estão corretos.

b) Apenas os itens I, II, IV e V estão corretos.

c) Apenas os itens I, IV e V estão errados.

d) Apenas o item II está errado.

e) Todos os itens estão corretos.

7. **(ESF/Analista Tributário da Receita Federal/2012)** Constitui rendimento para fins do Imposto sobre a Renda, exceto,

a) todo o produto do capital.

b) o provento de qualquer natureza.

c) o acréscimo patrimonial não correspondente aos rendimentos declarados.

e) a pensão e os alimentos percebidos em mercadoria.

e) todo produto do trabalho.

8. **(ESF/Analista Tributário da Receita Federal/2012)** É pessoalmente responsável pelo pagamento do Imposto de Renda da Pessoa Física

a) o sucessor a qualquer título quando se apurar, na abertura da sucessão, que o *de cujos* não apresentou declaração de rendimentos de exercícios anteriores, caso em que responde por toda a dívida.

b) o espólio, pelo tributo devido pelo *de cujos*, quando se apurar que houve falta de pagamento de imposto devido até a data da abertura da sucessão, sendo que, nesse caso, não serão cobrados juros moratórios e multa de mora.

c) o cônjuge meeiro, quando se apurar, na abertura da sucessão, que o *de cujos* apresentou declaração de exercícios anteriores com omissão de rendimentos, mesmo que a declaração tenha sido em separado.

d) o sucessor a qualquer título, pelo tributo devido pelo *de cujos* até a data da partilha ou da adjudicação, limitada esta responsabilidade ao montante do quinhão, do legado ou da herança.

e) o sucessor a qualquer título e o cônjuge meeiro quando se apurar, na abertura da sucessão, que o *de cujos* não apresentou declaração de rendimentos de exercícios anteriores ou o fez com omissão de rendimentos, caso em que respondem por toda a dívida.

9. **(ESF/Analista Tributário da Receita Federal/2012)** São contribuintes do Imposto de Renda da Pessoa Física

a) as pessoas físicas domiciliadas ou residentes no Brasil, titulares de disponibilidade econômica ou jurídica de renda ou proventos de qualquer natureza.

b) as pessoas físicas domiciliadas ou residentes no Brasil, e aquelas que mesmo sem serem residentes no País, sejam titulares de disponibilidade econômica ou jurídica de renda ou proventos de qualquer natureza percebidos no exterior.

c) as pessoas físicas brasileiras domiciliadas ou residentes no Brasil, titulares de disponibilidade econômica ou jurídica de renda ou proventos de qualquer natureza.

d) as pessoas físicas domiciliadas ou residentes no Brasil, titulares de disponibilidade econômica ou jurídica de renda ou proventos de qualquer natureza que percebam os rendimentos somente de fontes situadas no País.

e) as pessoas físicas brasileiras domiciliadas ou residentes no Brasil, titulares de disponibilidade econômica ou jurídica de renda ou proventos de qualquer natureza, que percebam rendimentos, independentemente da localização da fonte.

10. **(ESF/Analista Tributário da Receita Federal/2012)** Em relação ao Imposto de Renda da Pessoa Jurídica, assinale a opção incorreta.

a) A incerteza quanto ao período de apuração de escrituração de rendimento somente constitui fundamento para lançamento de diferença de imposto quando dela resultar a redução indevida do lucro real.

b) Quando o rendimento foi percebido com retenção na fonte, a empresa beneficiada fará a escrituração como receita pela respectiva importância bruta, ou seja, sem considerar o desconto.

c) O regime de competência foi adotado pela lei tributária para todas as empresas que estão obrigadas ou optarem em apurar os seus resultados com base no lucro presumido.

d) A receita líquida de vendas e serviços será a receita bruta diminuída das vendas canceladas, dos descontos concedidos incondicionalmente e dos impostos incidentes sobre vendas.

e) Caracteriza-se como omissão de receita a indicação na escrituração de saldo credor de caixa.

---

11. (ESAF/Procurador da Fazenda Nacional-PGFN/2012) A Constituição Federal permitiu o tratamento tributário diferenciado e favorecido para as microempresas e para as empresas de pequeno porte. Assim, editou-se a Lei Complementar nº 123, de 14 de dezembro de 2006. De acordo com esta lei, analise os itens a seguir, para então assinalar a opção que corresponda às suas respostas.

I. Para a classificação como microempresa, a lei estabeleceu determinado valor máximo auferido por ano-calendário a título de receita bruta.

II. O conceito de receita bruta compreende o produto da venda de bens e serviços nas operações de conta própria, não incluídas as vendas canceladas e quaisquer descontos concedidos.

III. Também integram o conceito de receita bruta o preço dos serviços prestados e o resultado nas operações em conta alheia.

IV. O enquadramento como microempresa ou empresa de pequeno porte, bem como o seu desenquadramento, não implicarão alteração, denúncia ou qualquer restrição em relação a contratos por elas anteriormente firmados.

V. No caso de início de atividade no próprio ano calendário, o limite (valor máximo no caso de microempresa; valores mínimo e máximo no caso de empresa de pequeno porte) será proporcional ao número de meses em que a microempresa ou a empresa de pequeno porte houver exercido atividade, inclusive as frações de meses.

Estão corretos apenas os itens:

a) I, II, III e IV.

b) I, III e IV.

c) I, III, IV e V.

d) II, III e IV.

e) todos os itens estão corretos.

---

12. (ESAF/Procurador da Fazenda Nacional-PGFN/2012) Sobre o Imposto sobre a Renda e Proventos de qualquer Natureza, julgue os itens a seguir, para então assinalar a opção que corresponda às suas respostas.

I. Como renda deve-se entender a aquisição de disponibilidade de riqueza nova, na forma de um acréscimo patrimonial, ao longo de um determinado período de tempo.

II. Tanto a renda quanto os proventos de qualquer natureza pressupõem ações que revelem mais-valias, isto é, incrementos na capacidade contributiva.

III. Limitações temporais ou quantitativas com relação às despesas e provisões não necessariamente guardam estrita compatibilidade com a teoria do acréscimo patrimonial e com a atividade do contribuinte.

IV. Embora haja diversas teorias que se destinem a delinear o conceito de renda, em todas prevalece a ideia de que haja a necessidade de seu confronto com o conjunto de desembolsos efetivados relativamente ao conjunto das receitas.

V. Pode-se afirmar, a partir de alguns julgados do Supremo Tribunal Federal, que o conceito legalista/fiscalista de renda, assim considerado aquilo que a legislação do imposto de renda estabelecer que é, está ultrapassado.

Estão corretos apenas os itens:

a) II, IV e V.

b) I, II e III.

c) II, III, IV e V.

d) I, II, IV e V.

e) todos os itens estão corretos.

---

13. (ESAF/Procurador da Fazenda Nacional-PGFN/2012) O termo "preço de transferência" tem sido utilizado para identificar os controles a que estão sujeitas as operações comerciais ou financeiras realizadas entre partes relacionadas, sediadas em diferentes jurisdições tributárias, ou quando uma das partes está sediada em paraíso fiscal. Sobre este, assinale a opção incorreta.

a) Em razão das circunstâncias peculiares existentes nas operações realizadas entre essas pessoas, o preço praticado nessas operações pode ser artificialmente estipulado e, consequentemente, divergir do preço de mercado negociado por empresas independentes, em condições análogas.

b) Diversos países vêm instituindo esse controle como medida de salvaguarda de seus interesses fiscais, haja vista a constatação de manipulação dos preços por empresas interdependentes em transações internacionais, com o inequívoco objetivo de usufruir de regimes tributários mais favoráveis.

c) No âmbito da legislação sobre o "preço de transferência", considera-se legislação tributária favorecida a do país, aplicável às pessoas física ou às pessoas jurídicas, conforme a natureza do ente com o qual houver sido praticada a operação, considerando-se separadamente a tributação do trabalho e do capital, bem como as dependências do país de residência ou domicílio, que não tribute a renda, ou que a tribute em qualquer alíquota inferior às aplicadas no Brasil.

d) Uma empresa do tipo *trading*, que realiza diversos tipos de importações e exportações de produtos, inclusive negociando também com empresas concorrentes, poderia vir a ser caracterizada como interposta pessoa, e por esta razão estar sujeita aos controles de preço de transferência.

e) A legislação de "preço de transferência" somente se aplica ao imposto de renda e à contribuição social sobre o lucro líquido.

---

14. (FCC/PGE/MT/Procurador/2011) A Constituição Federal fixa regras que limitam o exercício da competência tributária. Dentre elas podem ser citadas as regras da anterioridade anual e da anterioridade nonagesimal. Estas regras não são absolutas, comportando exceções. NÃO se submete às regras da anterioridade anual e nonagesimal, ao mesmo tempo, a majoração de alíquota do imposto sobre

a) produtos industrializados (IPI).

b) a renda e proventos de qualquer natureza (IR).

c) operações de crédito, câmbio e seguro, ou relativas a títulos ou valores mobiliários (IOF).

e) a propriedade territorial rural (ITR).

e) circulação de mercadorias e sobre prestação de serviços de transporte interestadual e intermunicipal e de comunicação (ICMS).

---

15. (FCC/TJ/PE/Juiz/2011) A regra da anterioridade, que veda cobrar tributos no mesmo exercício financeiro em que haja sido publicada a lei que os instituiu ou aumentou, não se aplica

a) aos impostos de importação e exportação.

b) ao IR.

c) ao ITR.

d) às contribuições sociais.

e) aos impostos estaduais.

16. **(FCC/ALE/SP/Técnico/2010)** Submete-se integralmente aos princípios da legalidade, anterioridade anual e anterioridade nonagesimal o imposto sobre

a) os produtos industrializados.

b) a renda e proventos de qualquer natureza.

c) a transmissão de bens causa mortis e doação.

d) a propriedade de veículos automotores.

e) a propriedade territorial urbana.

17. **(FCC/TCE/SP/Procurador/2011)** É aplicação do princípio da igualdade sob o aspecto material, em âmbito tributário, a disposição constitucional segundo a qual

a) os impostos terão caráter pessoal e serão graduados segundo a capacidade econômica do contribuinte.

b) o Governo poderá estabelecer critérios especiais de tributação, com o objetivo de prevenir desequilíbrios da concorrência.

c) a União poderá instituir impostos para atender a despesas extraordinárias, decorrentes de calamidade pública, de guerra externa ou sua iminência.

d) cabe à lei complementar estabelecer normas gerais sobre definição de tratamento diferenciado e favorecido para as microempresas e empresas de pequeno porte.

e) compete à União estabelecer normas gerais sobre a instituição de contribuições sociais, de intervenção no domínio econômico e de interesse das categorias profissionais ou econômicas, como instrumento de sua atuação nas respectivas áreas.

18. **(FCC/TCE/GO/Analista/2009)** Previsto expressamente na Constituição Federal como sendo um princípio direcionado aos impostos para que, sempre que possível, tenham caráter pessoal e atendam às condições econômicas do contribuinte, corresponde ao princípio da

a) isonomia.

b) pessoalidade.

c) capacidade contributiva.

d) dignidade da pessoa humana.

e) progressividade.

19. **(ESAF/AFRF/2014)** Considere a situação hipotética narrada:

João dos Santos trabalhou, de 1990 a 2012, na Centro – Oeste Caboclo S.A., a qual, tanto quanto João e demais empregados contribuíram, durante todo o período do contrato de trabalho de João, para plano privado de previdência complementar, especialmente instituído em prol desses trabalhadores. Em 2013, João se aposentou pelo regime geral de previdência social, ao tempo em que se desligou do plano privado de previdência complementar, momento em que dele recebeu verba relativa a resgate."

De acordo com a legislação tributária em vigor, assinale a opção correta.

a) João não está obrigado a recolher Imposto de Renda sobre a parcela do resgate correspondente ao montante de contribuições por ele vertidas à previdência privada durante seu contrato de trabalho, porque tal parcela não representa riqueza nova no patrimônio de João, mas apenas devolução de renda já tributada.

b) João tem direito a excluir da incidência do Imposto de Renda a parcela do valor de resgate que corresponder às contribuições por ele vertidas à previdência privada entre 1990 e 1995.

c) João deve oferecer todo o valor recebido a título de resgate à tributação por ocasião da Declaração de Ajuste Anual em 2014, porque tal riqueza representa acréscimo ao patrimônio dele, pouco importando que já tenha sido tributada quando do recebimento dos salários.

d) João está dispensado de recolher Imposto de Renda sobre os valores correspondentes ao resgate, e a Centro-Oeste Caboclo S.A. goza de imunidade tributária do Imposto de Renda Pessoa Jurídica, conforme decidido em precedentes do Supremo Tribunal Federal.

e) João deve pagar Imposto de Renda sobre o resgate, mas tem direito a repetir indébito tributário relativo ao Imposto de Renda por ele pago nos cinco anos anteriores ao desligamento, no que corresponder ao valor por ele destinado à previdência privada nesse período, em virtude da declaração de inconstitucionalidade de norma que vedava a dedutibilidade da contribuição vertida à previdência privada da base de cálculo do Imposto de Renda devido por pessoas físicas.

---

20. **(ESAF/AFRF/2014)** Considere a situação hipotética narrada:

"Em decorrência de condenação transitada em julgado em seu favor, em 2012, pela Justiça Federal, Maria Lúcia recebeu, em 2013, quantia relativa ao pagamento de pensões que deveria ter recebido durante os meses de junho de 2008 a julho de 2011."

De acordo com a legislação tributária, assinale a opção correta.

a) Maria Lúcia deve ter sofrido retenção relativa ao Imposto de Renda incidente sobre essa quantia, mediante aplicação da alíquota vigente no mês de pagamento e correspondente à faixa equivalente ao total recebido, dividido pelo número de meses em atraso, acrescendo-se atualização monetária contada de cada competência vencida até o dia do pagamento, respeitadas as faixas de isenção.

b) Maria Lúcia deve declarar esse rendimento na sua Declaração de Ajuste Anual em 2014, momento a partir do qual o tributo se torna exigível, mantido seu direito adquirido a pagar o Imposto de Renda incidente sobre essa quantia proporcionalizado entre os anos de 2014 a 2017, de modo a compensá-la pelo atraso no recebimento da verba devida desde 2008.

c) Maria Lúcia não está obrigada a pagar Imposto de Renda sobre essa quantia, por se tratar de verba com natureza indenizatória e, portanto, não tributável.

d) Maria Lúcia deve ter sofrido retenção do Imposto de Renda no momento do recebimento dessa quantia, calculado mediante utilização de tabela progressiva, resultante da multiplicação da quantidade de meses relativos à pensão em atraso pelos valores constantes da tabela progressiva mensal correspondente ao mês de recebimento.

e) Maria Lúcia não está obrigada a pagar Imposto de Renda sobre a parte dessa quantia que corresponder à pensão que deveria ter recebido no ano de 2008, porque sobre ela ocorreu a decadência do direito da União.

---

21. **(ESAF/AFRF/2014)** Considere a situação hipotética narrada:

Pablo é brasileiro e vive no exterior há alguns anos, em país que tributa a renda da pessoa física em percentual muito superior à tributação brasileira. Pablo mantém fortes laços com o Brasil, para onde envia, mensalmente, os produtos artesanais por ele desenvolvidos, recebendo justa contraprestação da Jeremias Artesanato Mundial Ltda., revendedora exclusiva de sua produção, com sede no município de Salvador. Além disso, Pablo possui imóvel na cidade de Manaus, em razão do qual recebe aluguéis mensais, e presta serviços de consultoria para Matias Turismo Pantanal Ltda., empresa sediada no município de Campo Grande. Ano passado, os pais de Pablo faleceram, deixando joias e imóveis no Rio de Janeiro, tudo vendido pela sua irmã, Paola, que, em acordo com o irmão, enviou-lhe a metade da herança que lhe cabia."

De acordo com a legislação tributária em vigor, assinale a opção correta.

a) Desde que Pablo tenha quitado os tributos devidos até a data de sua saída definitiva do Brasil, deve receber todos os rendimentos acima descritos livres de Imposto de Renda, já que não é domiciliado nem residente no Brasil.

b) Independentemente de ser ou não domiciliado ou residente no Brasil, Pablo está obrigado ao Imposto de Renda no Brasil tanto quanto e tal como aqueles cidadãos que aqui residem, por ser brasileiro e porque está auferindo riqueza produzida no Brasil.

c) Os valores enviados por Jeremias Artesanato Mundial Ltda., em razão da venda do artesanato, assim como os valores dos aluguéis e aqueles decorrentes da prestação de serviços à Matias Turismo Pantanal S.A., que forem remetidos a Pablo no exterior, devem sofrer incidência do Imposto de Renda na fonte, ficando a remessa do quinhão da herança pertencente a Pablo dispensada do recolhimento desse tributo.

d) Os rendimentos acima descritos que tiverem sido recebidos por Pablo após requerimento e saída definitiva e regular do País ficam todos sujeitos à tributação exclusiva na fonte a título de Imposto de Renda Pessoa Física.

e) Deve ser retido pelas fontes o valor correspondente ao Imposto de Renda incidente sobre a herança e sobre os aluguéis, ficando os valores enviados por Jeremias Artesanato Mundial Ltda., em razão da venda do artesanato, e os enviados em razão dos serviços prestados à Matias Turismo Pantanal S.A., livres de Imposto de Renda no Brasil por não consubstanciarem rendimento de trabalho realizado neste País.

---

22. (ESAF/AFRF/2014) Sobre a CSLL – Contribuição Social sobre o Lucro Líquido, é incorreto afirmar que:

a) o valor pago a título de CSLL não perde a característica de corresponder a parte dos lucros ou da renda do contribuinte pela circunstância de ser utilizado para solver obrigação tributária.

b) é constitucional dispositivo de lei que proíbe a dedução do valor da CSLL para fins de apuração do lucro real, base de cálculo do Imposto sobre a Renda das Pessoas Jurídicas.

c) as associações de poupança e empréstimo estão isentas do imposto sobre a renda, mas são contribuintes da contribuição social sobre o lucro líquido.

d) as entidades sujeitas à CSLL poderão ajustar o resultado do período com as adições determinadas e exclusões admitidas, conforme legislação vigente, para fins de determinação da base de cálculo da contribuição.

e) estão sujeitas ao pagamento da CSLL as pessoas jurídicas e as pessoas físicas a elas equiparadas, domiciliadas no País. A apuração da CSLL deve acompanhar a forma de tributação do lucro adotada para o IRPJ.

---

23. (ESAF/AFRF/2014) A Lei Complementar nº 123/2006 prevê tratamento tributário diferenciado para Microempresas e Empresas de Pequeno Porte, que consiste em um regime especial unificado de arrecadação de tributos e contribuições devidos por estas entidades, denominado Simples Nacional. Sobre este, é incorreto afirmar que:

a) para fins do Simples Nacional, considera-se receita bruta o produto da venda de bens e serviços nas operações de conta própria, o preço dos serviços prestados e o resultado nas operações em conta alheia, excluídas as vendas canceladas e os descontos incondicionais concedidos.

b) o Simples Nacional implica o recolhimento mensal, mediante documento único de arrecadação, de um conjunto de tributos e contribuições. Todavia, mesmo em relação a algum destes tributos e contribuições, há situações em que o recolhimento dar-se-ia à parte do Simples Nacional.

c) na determinação dos valores a serem lançados de ofício para cada tributo, após a exclusão do Simples Nacional, devem ser deduzidos eventuais recolhimentos da mesma natureza efetuados nessa sistemática, observando-se os percentuais previstos em lei sobre o montante pago de forma unificada.

d) alteração recente na legislação tributária permitiu o parcelamento de débitos do Simples Nacional.

e) para efeito do Simples Nacional, e enquadramento da sociedade empresária na condição de Microempresa ou Empresa de Pequeno Porte, deve-se considerar a receita de cada estabelecimento individualmente, e não o somatório destes.

24. (ESAF/AFRF/2014) Sobre recente alteração efetuada na legislação sobre tributação de lucros auferidos no exterior por empresas controladas por pessoa jurídica investidora domiciliada no Brasil, julgue as alternativas abaixo, para então assinalar a opção correta.

I. Os lucros auferidos por intermédio de controladas no exterior são tributados pelo regime de competência.

II. Permite-se a utilização de prejuízo da mesma empresa no exterior para compensar lucros nos exercícios subsequentes, limitados a cinco anos.

III. Permite-se crédito sobre tributos retidos no exterior sobre dividendos recebidos pela investidora no Brasil.

IV. Permite-se a consolidação de lucros com prejuízos no exterior, por um período experimental de quatro anos, desde que a investida esteja localizada em país que mantenha acordo para troca de informações tributárias e não seja paraíso fiscal.

a) Apenas I está correta.

b) Apenas I e II estão corretas.

c) Apenas I, II e IV estão corretas.

d) Apenas II está correta.

e) Todas as alternativas estão corretas.

---

25. (ESAF/AFRF/2014) Com a extinção do chamado Regime Tributário de Transição (RTT), foram efetuadas importantes alterações na legislação vigente sobre o Imposto de Renda das Pessoas Jurídicas (IRPJ), e sobre a Contribuição Social sobre o Lucro Líquido (CSLL). Entre as opções abaixo, assinale aquela que não constitui uma dessas alterações.

a) Tratamento dos efeitos provocados em razão da alteração significativa na forma de contabilização do arrendamento mercantil (*leasing*) na Lei das SA, com o reconhecimento no ativo imobilizado do bem arrendado, desde a formalização do contrato.

b) Disciplinamento de ajustes decorrentes dos novos métodos e critérios contábeis introduzidos em razão da convergência das normas contábeis brasileiras aos padrões internacionais.

c) Estabelecimento de multa específica pela falta de apresentação da escrituração do livro de apuração do lucro real em meio digital, ou pela sua apresentação com informações incorretas ou omissas, com base na capacidade contributiva da empresa.

d) Extinção da sistemática de ajustes em Livro Fiscal para os ajustes do lucro líquido decorrentes do RTT.

e) Avaliação dos investimentos pela equivalência patrimonial. A MP dispõe sobre o registro separado do valor decorrente da avaliação ao valor justo dos ativos líquidos da investida (mais-valia) e a diferença decorrente de rentabilidade futura (*goodwill*).

---

26. (ESAF/AFRF/2014) Leia o texto abaixo: Brasília, 12 de novembro de 2013 – Foi publicada hoje no Diário Oficial da União a Medida Provisória n. 627, de 11 de novembro de 2013, que revoga o Regime Tributário de Transição (RTT), instituído pela Lei n. 11.941, de 27 de maio de 2009, e que dispõe sobre a tributação dos lucros auferidos no exterior por pessoa jurídica e física residente ou domiciliada no Brasil. A MP tem como objetivo a adequação da legislação tributária à legislação societária e, assim, estabelecer os ajustes que devem ser efetuados em livro fiscal para a apuração da base de cálculo do Imposto sobre a Renda da Pessoa Jurídica (IRPJ) e da Contribuição Social sobre o Lucro Liquido (CSLL) e, consequentemente, extinguindo o RTT." *(Disponível em: <http://www.receita.fazenda.gov.br/AutomaticoSRFsinot/ 2013/11/12/2013_11_12_17_08_20_257949642.html>)*

Assinale a opção não prevista pela Medida Provisória n. 627, de 11 de novembro de 2013.

a) Não incidência de Imposto de Renda sobre dividendos efetivamente pagos até 11/11/2013, com base em resultados apurados pela pessoa jurídica entre 01/01/2008 e 31/12/2013, em valor superior ao lucro apurado com base nos critérios contábeis vigentes em 31/12/2007.

b) Variação do momento do pagamento do Imposto de Renda da Pessoa Jurídica controladora domiciliada no Brasil, incidente sobre a parcela do ajuste do valor do investimento equivalente aos lucros auferidos por controlada no exterior, de acordo com a localização, ou não, da controlada em país com tributação favorecida.

c) Faculdade de extinção do Regime Tributário de Transição a partir de janeiro de 2014 e obrigatoriedade de extinção do Regime Tributário de Transição a partir de janeiro de 2015, vedada utilização simultânea dos dois regimes por uma mesma pessoa jurídica.

d) Proibição de utilização do ágio por rentabilidade futura (*goodwill*) relativo à participação societária extinta em decorrência de fusão, incorporação ou cisão, quando apurado em operação de substituição de ações ou de quotas de participação societária, para fins de determinação do lucro real da pessoa jurídica.

e) Garantia do direito à utilização do ágio interno como despesa dedutível para fins de apuração do lucro real da pessoa jurídica.

---

27. (ESAF/AFRF/2014) Julgue os itens abaixo e, em seguida, assinale a opção correta.

I. As hipóteses legalmente previstas como distribuição disfarçada de lucros constituem presunção relativa, isto é, a pessoa jurídica pode obter a revisão da presunção se lograr comprovar que o negócio supostamente fraudulento, simulado ou inexistente foi realizado no seu interesse e em condições estritamente comutativas.

II. Se uma empresa domiciliada no Brasil obtêm empréstimo de sua matriz domiciliada no exterior, poderá deduzir os juros a ela pagos, para fins de determinação do lucro real, desde que estejam de acordo com o contrato registrado no Banco Central do Brasil, não se admitindo prova de que os juros pagos são inferiores aos contratados.

III. A dedução dos custos e encargos relativos a bens importados de pessoa jurídica domiciliada no exterior para fins de determinação do lucro real está limitada a montante que não exceda o preço determinado pela aplicação de um dos métodos previstos em lei para determinação dos preços de transferência, sob pena de o excedente ser adicionado ao lucro líquido, para determinação do lucro real da pessoa jurídica domiciliada no Brasil.

IV. Se o preço médio dos bens exportados por empresa domiciliada no Brasil a pessoa controlada no exterior for superior ao preço médio praticado na venda dos mesmos bens no mercado interno, considerando havida identidade de períodos e similaridade de condições de pagamento, a receita assim auferida fica sujeita a arbitramento, presumindo – se que os preços foram manipulados.

a) Apenas os itens I e II estão corretos.

b) Apenas o item IV está errado.

c) Apenas os itens II, III e IV estão errados.

d) Apenas os itens I, III e IV estão corretos.

e) Apenas o item III está errado.

---

28. (ESAF/AFRF/2014) Caracteriza omissão de receita, e não mera presunção de omissão de receita, constituindo prova suficiente para o lançamento do Imposto de Renda em desfavor da pessoa jurídica:

a) falta de emissão de nota fiscal ou documento equivalente por ocasião da efetivação das vendas de mercadorias.

b) falta de escrituração de pagamentos efetuados.

c) manutenção de obrigações já pagas registradas no passivo.

d) divergência entre a quantidade de matéria-prima registrada na entrada e a soma da quantidade de mercadorias registradas na saída com os produtos em estoque.

e) diferença de valores no confronto entre a movimentação bancária contabilizada e a receita auferida registrada.

---

29. (ESAF – Procurador da Fazenda Nacional/2015) Estão obrigadas à apuração do lucro real as pessoas jurídicas, exceto aquelas:

a) cuja receita total no ano-calendário anterior seja superior ao limite de R$ 78.000.000,00 (setenta e oito milhões de reais) ou proporcional ao número de meses do período, quando inferior a 12 (doze) meses.

b) cujas atividades sejam de empresas de seguros privados.

c) que, autorizadas pela legislação tributária, usufruam de benefícios fiscais relativos à isenção ou redução do imposto.

d) que tiverem lucros, rendimentos ou ganhos de capital oriundos do exterior.

e) que, no decorrer do ano-calendário, não tenham efetuado pagamento mensal pelo regime de estimativa.

---

30. (ESAF – Procurador da Fazenda Nacional/2015) É imune da Contribuição Social sobre o Lucro Líquido (CSLL):

a) as entidades beneficentes de assistência social que não aufiram lucro e atendam às demais condições legais.

b) as entidades beneficentes de assistência social que não remunerem seus diretores e atendam às demais condições legais.

c) as instituições de caráter filantrópico, recreativo, cultural e científico e as associações civis que prestem os serviços para os quais houverem sido instituídas e os coloquem à disposição do grupo de pessoas a que se destinam, sem fins lucrativos.

d) a entidade binacional Itaipu.

e) as entidades fechadas de previdência complementar.

---

31. (ESAF – Procurador da Fazenda Nacional/2015) São isentos ou não se sujeitam ao imposto sobre a renda os seguintes rendimentos originários do trabalho e assemelhados, exceto:

a) até 50% (cinquenta por cento) dos rendimentos de transporte de passageiros.

b) 75% (setenta e cinco por cento) dos rendimentos do trabalho assalariado recebidos, em moeda estrangeira, por servidores de autarquias ou repartições do Governo brasileiro no exterior.

c) até 90% (noventa por cento) dos rendimentos de transporte de carga e serviços com trator, máquina de terraplenagem, colheitadeira e assemelhados.

d) salário-família.

e) rendimentos pagos a pessoa física não residente no Brasil, por autarquias ou repartições do Governo brasileiro situadas fora do território nacional e que correspondam a serviços prestados a esses órgãos.

---

32 (ESAF – Procurador da Fazenda Nacional/2015) Sobre o Imposto sobre a Renda das Pessoas Jurídicas – IRPJ, assinale a opção correta.

a) Considera-se lucro real a soma do lucro operacional e das participações.

b) Considera-se lucro real a soma dos resultados não operacionais e das participações.

c) Considera-se lucro real o lucro líquido apurado num exercício financeiro.

d) O lucro real não pode ser obtido por arbitramento.

e) O lucro arbitrado é uma forma de tributação simplificada para determinação da base de cálculo do imposto de renda das pessoas jurídicas que não estiverem obrigadas, no ano-calendário, à apuração do lucro real.

---

33 (TRF4 – Juiz Federal Substituto 4ª Região/2014) Dadas as assertivas abaixo, assinale a alternativa correta.

I. O Imposto de Renda Pessoa Jurídica, na forma da legislação vigente, possui base de cálculo diferente para cada método de tributação, podendo ser por meio de apuração por lucro real, lucro presumido ou arbitramento, sendo, em todos os casos, incidente a mesma alíquota.

II. O contribuinte tem livre escolha do método de tributação do Imposto de Renda Pessoa Jurídica – lucro real, lucro presumido e arbitramento –, independentemente do ramo de atividade e faturamento da pessoa jurídica.

III. A Autoridade Fiscal, por meio do devido processo administrativo, possui prerrogativa de proceder ao arbitramento do lucro de determinada pessoa jurídica quando não dispuser de elementos fidedignos nos registros contábeis e nas obrigações acessórias de responsabilidade do contribuinte.

IV. O Imposto de Renda de Pessoa Jurídica é tributo sujeito ao lançamento por homologação, cabendo à Autoridade Fiscal proceder ao lançamento de ofício na hipótese de declaração a menor pelo contribuinte.

V. É vedado às pessoas jurídicas utilizarem prejuízo fiscal acumulado para a compensação com débitos de Imposto de Renda de Pessoa Jurídica próprio.

a) Estão corretas apenas as assertivas I e III.

b) Estão corretas apenas as assertivas II e IV.

c) Estão corretas apenas as assertivas II e V.

d) Estão corretas apenas as assertivas III e IV.

e) Nenhuma assertiva está correta

---

34. (TRF4/ – Juiz Federal TRF4/2014) Dadas as assertivas abaixo, assinale a alternativa correta.

I. Segundo entendimento sumulado do Supremo Tribunal Federal, norma legal que altera o prazo de recolhimento da obrigação tributária não se sujeita ao princípio da anterioridade.

II. Segundo entendimento sumulado do Superior Tribunal de Justiça, na repetição do indébito tributário, a correção monetária incide a partir do pagamento indevido, e os juros moratórios, somente após o trânsito em julgado da sentença.

III. Segundo entendimento do Superior Tribunal de Justiça, o Imposto de Renda Pessoa Jurídica e a Contribuição Social sobre o Lucro Líquido não incidem sobre o lucro inflacionário.

IV. Segundo entendimento sumulado do Superior Tribunal de Justiça, não incide o imposto sobre operações financeiras nos depósitos judiciais.

a) Está correta apenas a assertiva III.

b) Estão corretas apenas as assertivas I e IV.

c) Estão corretas apenas as assertivas II e IV.

d) Estão corretas apenas as assertivas I, II e III.

e) Estão corretas todas as assertivas.

---

35. (MPF/Procurador da República/2015) Imposto de renda incidente sobre recebimento, em atraso, de diferença vencimental decorrente de discussão judicial em torno do próprio direito ao pagamento. Dito isso, é certo afirmar que:

A) O imposto de renda deve ser apurado consoante o regime de competência, sob pena de violação dos princípios da legalidade, da isonomia e da capacidade contributiva;

B) É lícito à Fazenda Nacional reter o imposto de renda sobre o valor integral, eis que o fato gerador surge com a disponibilidade do recebimento da verba atrasada;

C) A incidência de imposto de renda sobre verbas recebidas cumulativamente deve observar o regime de caixa, á vista dos rendimentos efetivamente recebidos.

D) A retenção, pela Fazenda Nacional, do imposto de renda de forma integral somente tem cabimento sobre a parcela dos juros moratórios, que são calculados a final.

---

36. (TRF3/Juiz Federal TRF3/2010) Relativamente ao imposto sobre a renda, assinale a alternativa incorreta:

A) Obedecerá aos critérios da generalidade, universalidade e progressividade, na forma da lei;

B) Terá como fato gerador a aquisição de disponibilidade econômica ou jurídica de renda, assim entendidos o produto do capital, do trabalho ou da combinação de ambos e de proventos de qualquer natureza, assim entendidos os demais acréscimos patrimoniais;

C) Terá sua incidência vinculada à denominação da receita ou rendimento, à localização, condição jurídica ou nacionalidade da fonte;

D) A lei estabelecerá as condições e o momento em que se dará a disponibilidade da renda, quando proveniente do exterior, para fins de incidência deste imposto.

---

37. (ESAF/PGFN/2015) Sobre o Simples Nacional previsto na Lei Complementar n. 123/2006, é correto afirmar:

A) implica o recolhimento mensal, mediante documento único de arrecadação, do IPI e da Contribuição para o Fundo de Garantia do Tempo de Serviço – FGTS, entre outros tributos.

B) o contribuinte deverá considerar, destacadamente, para fim de pagamento, as receitas decorrentes da venda de mercadorias industrializadas pelo contribuinte.

C) não se aplica às cooperativas, salvo as de consumo.

D) a microempresa ou a empresa de pequeno porte que exerça atividade de produção ou venda no atacado de refrigerantes pode recolher impostos e contribuições na forma do Simples Nacional.

E) para efeito de determinação da alíquota e pagamento do valor devido mensalmente pela microempresa ou empresa de pequeno porte optante pelo Simples Nacional, o sujeito passivo utilizará a receita líquida acumulada nos 12 (doze) meses anteriores ao do período de apuração.

---

38. (CESPE/Juiz Federal TRF5/2013) (adaptada) Assinale a certo ou errado de acordo com a CF, as normas gerais de direito tributário e a jurisprudência do STJ e do STF.

O IR será norteado pelos critérios da generalidade, da seletividade e da progressividade, na forma da lei.

---

39. (CESPE/Juiz Federal TRF2/2013) (adaptada) Assinale a opção correta acerca do Sistema Tributário Nacional.

O produto da arrecadação do imposto sobre renda e proventos de qualquer natureza, incidente na fonte, pertence à União, mesmo que recaia sobre rendimentos pagos pelos estados.

---

40. (CESPE/Juiz Federal TRF2/2013) (adaptada) Assinale a opção correta acerca do Sistema Tributário Nacional.

O aumento da alíquota do imposto sobre renda e proventos de qualquer natureza deve obedecer aos princípios da anterioridade anual e nonagesimal.

---

41. (CESPE/Juiz Federal TRF1/2013) (adaptada) No que se refere às espécies tributárias, aos impostos federais e às receitas públicas, assinale certo ou errado.

Para a incidência do imposto de renda das pessoas físicas, considera-se, independentemente da denominação dos rendimentos e da nacionalidade da fonte, o benefício do contribuinte, por qualquer forma e a qualquer título.

42. (CESPE/Juiz Federal TRF1/2013) (adaptada) No que se refere às espécies tributárias, aos impostos federais e às receitas públicas, assinale certo ou errado.

Como forma de fortalecer o papel do Estado no desenvolvimento econômico, a legislação referente ao imposto de renda prevê o favorecimento das empresas públicas e das sociedades de economia mista, dando-lhes tratamento distinto ao dado às demais pessoas jurídicas.

43. (TRF4/Juiz Federal TRF4/2014) (adaptada) Assinale certo ou errado, considerando o disposto no Código Tributário Nacional:

A base de cálculo do imposto sobre a renda e os proventos de qualquer natureza é o montante real, arbitrado ou presumido, da renda ou dos proventos tributáveis.

44. (TRF4/Juiz Federal TRF4/2014) (adaptada) Assinale certo ou errado. Segundo o que dispõe a Constituição Federal:

Mediante lei complementar, é possível instituir um regime único de arrecadação dos impostos e das contribuições da União, dos Estados, do Distrito Federal e dos Municípios, que poderá, inclusive, estabelecer condições de enquadramento diferenciadas por Estado.

45 (CESPE/Juiz Federal TRF1/2015) Lei federal referente ao imposto de renda publicada em 25/11/2014 introduziu majoração da alíquota do imposto, entretanto não dispôs sobre o início de sua vigência. Nessa situação hipotética, a nova norma teria eficácia a partir de

A) 23/2/2015, aplicando-se os princípios da anterioridade anual e da anterioridade nonagesimal.

B) 9/1/2015, aplicando-se o princípio da anterioridade anual e desconsiderando-se o princípio da anterioridade nonagesimal.

C) 1.º/1/2016, aplicando-se o princípio da anterioridade anual a partir do início da vigência da norma.

D) 1.º/1/2015, aplicando-se o princípio da anterioridade anual e sem se considerar o princípio da anterioridade nonagesimal.

E) 23/2/2015, aplicando-se o princípio da anterioridade nonagesimal e desconsiderado o princípio da anterioridade anual.

Gabarito		
Questão	**Resposta**	**Referência**
1	C	Tópicos 6.8 e 6.19
2	C	Tópico 5.1 e 5.5
3	D	Tópico 5.2 e 5.3
4	E	Tópico 5.2 e 5.8
5	C	Tópico 6.8 e.15
6	B	Tópico 6.19
7	D	Tópico 6
8	D	Tópico 5.3
9	A	Tópico 5.3
10	C	Tópico 6.2, 4, 6 e 8
11	C	Tópico 6.19
12	D	Tópico 5 – 1, 2 e 3
13	C	Tópico 6.14

Gabarito		
Questão	**Resposta**	**Referência**
14	C	Tópico 5 e 6
15	A	Tópico 5 e 6
16	C	Tópico 5 e 6
17	D	Tópico 5 e 6
18	C	Tópico 5 e 6
19	B	Tópico 5
20	D	Tópico 5.5.1.3
21	C	Tópico 5.1.5.1.9
22	D	Tópicos 5.3.5 e 6.1
23	E	Tópico 6.1.9
24	E	Tópico 6.15
25	D	Tópico 6.1, 6.3 e 6.8
26	E	Tópico 6.1, 6.3, 6.8 e 6.12
27	C	Tópico 6.13, 6.15 e 6.14
28	A	Tópico 6.8.1.4
29	E	Tópico 6.5
30	B	Tópico 6.20
31	A	Tópicos 5.5.1.1, 5.5.1.2 e 5.9
32	D	Tópicos 6.8.1 e 19.2
33	D*	Tópicos 6.5, 6.8.1.13 e 6.21
34	E	Tópico 6.8.1
35	A	Tópico 5.5.1.3
36	C	Tópicos 1 e 2
37	C	Tópico 6.19.3
38	ERRADO	Tópico 2.3
39	ERRADO	Tópico 1
40	ERRADO	Tópicos 1 e 2.4
41	CERTO	Tópico 2.3
42	ERRADO	Tópico 2.3
43	CERTO	Tópico 3.1
44	CERTO	Tópico 6.19.3
45	D	Tópicos 1 e 2.4

* parece-nos que a assertiva I, embora mal redigida, está correta. É possível que a questão faça distinção entre o arbitramento, do art. 158, do CTN, do método de lançamento do lucro arbitrado.

CAPÍTULO 10
PIS E COFINS

Sumário • 1. Introdução – 2. Panorama constitucional – 3. Aspecto subjetivo – 4. Aspecto material – 5. Aspecto temporal – 6. Aspecto quantitativo; 6.1. PIS Folha; 6.2. Regime cumulativo; 6.3. Regime não cumulativo; 6.4. PIS e COFINS-Importação; 6.5. "Regime Misto" – ou duplicidade de regimes – 7. Tributação monofásica ou concentrada – 8. Substituição tributária – 9. Isenções e alíquota zero; 10. Lançamento – 11. Resumo – 12. Súmulas – 13. Questões de concursos públicos.

1. INTRODUÇÃO

O PIS e a COFINS, contribuições hoje praticamente uniformizadas salvo pela existência de uma modalidade de PIS sobre folha de salários, ausente na COFINS, e da diferente destinação do produto arrecadado por cada exação, a COFINS para a seguridade social em geral (art. 194, da CF/88) e o PIS, para o pagamento de seguro desemprego e do abono anual, e para investimentos do BNDES (art. 239, da CF/88), são, talvez, os tributos mais complexos do ordenamento jurídico brasileiro.

A complexidade se inicia da própria natureza jurídica das contribuições e na sua classificação na teoria do tributo e termina, se é que termina, nas peculiaridades do sistema de não cumulatividade recentemente previsto para estes tributos.

O reconhecimento da natureza tributária das contribuições é um fato que trouxe, ao mesmo tempo, garantias [as do regime tributário] e incertezas [pela novidade] para as contribuições. Ainda hoje jurisprudência e pesquisas jurídicas oscilam quanto a definição do número de espécies tributárias existentes no Brasil [a par das figuras clássicas, impostos, taxas e contribuições de melhoria], bem como quanto aos critérios para distinguir as modalidades de tributos.

Dentre os critérios utilizados, o que parece ser o mais aceito é o da finalidade, da destinação ou da afetação do produto arrecadado, também conhecido como aspecto finalístico do tributo. Segundo tal critério, a contribuição será econômica, se sua arrecadação estiver vinculada a finalidade econômica. Será contribuição social, se, ao revés, a arrecadação do tributo se vincular a objetivo social, como a seguridade social.

Contudo, esta classificação, que tem surtido poucos reflexos na dogmática tributária, apresenta falhas, pois há contribuições sociais com grandes repercussões econômicas e, se observarmos a Constituição, há matérias de cunho econômico versadas no título da ordem social [como a ciência e a tecnologia e o meio ambiente] e matérias de relevância social tratadas no título da ordem econômica [como a reforma agrária].

No caso específico do PIS, que tem destinação mista [custeio do seguro desemprego e do abono anual – de índole social (art. 239, *caput*, da CF/88); e financiamento de programas de desenvolvimento econômico (art. 239, § 1º, da CF/88)], há, ao menos, posição firme do STF de que se trata de contribuição social, reduzindo, assim, as incertezas acerca da exação.

De outro giro, a arrecadação das contribuições tem se tornado cada vez mais relevante, bem como a cobrança da matéria em concursos, especialmente da Receita Federal.

Sob o ponto de vista do fato gerador, PIS e COFINS também apresentam incertezas jurídicas e dúvidas quanto ao futuro. De um lado, a legislação vigente tem suscitado múltiplas demandas judiciais, de modo que as contribuições começam a ter seu regime jurídico cada vez mais definido pela jurisprudência, não apenas pela lei. De outro, discute-se a unificação destes tributos, por lei nova, que revogaria todo o normativo vigente e, com isso, também a jurisprudência em construção.

Dito isso, tentaremos apresentar um esquema didático e resumido das contribuições, bem como abordar as principais discussões jurídicas que se relacionem com o PIS e a COFINS, talvez os tributos com o maior número de recursos com repercussão geral reconhecida pelo STF.

2. PANORAMA CONSTITUCIONAL

O PIS e a COFINS encontram norma geral de competência no art. 149, da CF/88 e normas de competência específica no art. 195, inciso I, alíneas "a" (PIS-folha) e "b" (PIS e COFINS sobre receia e faturamento) e inciso IV (PIS e COFINS-importação), e no art. 239 (PIS), da Constituição.

A receita da COFINS é destinada à toda a seguridade social (art. 195, *caput*, da CF/88) e a receita do PIS é destinada a custear o programa do seguro-desemprego, o abono anual de empregados que recebem até 2 salários mínimos e o financiamento programas de desenvolvimento econômico, através do BNDES (art. 239, da CF/88).

O art. 149, § 2º, I prevê imunidade das contribuições sobre receitas de exportação enquanto o § 7º, do art. 195 confere imunidade das entidades beneficentes de assistência social que atendam às exigências estabelecidas em lei.

O art. 149, § 4º, permite que a lei defina as hipóteses em que as contribuições incidirão uma única vez (chamada incidência concentrada ou monofásica).

O § 6º, do art. 195, prevê a anterioridade nonagesimal para as contribuições. A propósito, leia-se:

> *TRIBUTÁRIO. RECURSO EXTRAORDINÁRIO. CONTRIBUIÇÃO AO PROGRAMA DE INTEGRAÇÃO SOCIAL (PIS). EMENDA CONSTITUCIONAL 17/1997. NECESSIDADE DE OBSERVÂNCIA AO PRINCÍPIO DA ANTERIORIDADE NONAGESIMAL (CF/88, ART. 195, § 6º). PRECEDENTES.*
>
> *1. A contribuição ao PIS só pode ser exigida, na forma estabelecida pelo art. 2º da EC 17/1997, após decorridos noventa dias da data da publicação da referida emenda constitucional.*

> *2. Recurso extraordinário a que se dá provimento, com o reconhecimento da repercussão geral do tema e a reafirmação da jurisprudência sobre a matéria.*
>
> *(STF, Tribunal Pleno, RE 848.353 RG/SP, Min. TEORI ZAVASCKI, DJe de 23/5/2016)*

O § 7º prevê isenção para entidades beneficentes de assistência social, regulamentada pela Lei 12.101/09.

O § 8º, do art. 195, estabelece regra específica para o produtor, o parceiro, o meeiro e o arrendatário rurais e o pescador artesanal, bem como os respectivos cônjuges, que exerçam suas atividades em regime de economia familiar, sem empregados permanentes.

O § 9º, do art. 195, disciplina forma especial de seletividade, permitindo alíquotas ou bases de cálculo diferenciadas, em razão da atividade econômica, da utilização intensiva de mão-de-obra, do porte da empresa ou da condição estrutural do mercado de trabalho.

O § 10, do art. 195 tratam da transferência de recurso da seguridade social para os entes federados (matéria de direito financeiro que não interfere no regime jurídico das contribuições) e o § 11 veda a concessão de remissão ou anistia das contribuições (inclusive o PIS e a COFINS) para débitos em montante superior ao definido complementar (norma não editada).

O § 12, do art. 195 prevê a possibilidade de incidência não cumulativa, ao dispor que "a lei definirá os setores de atividade econômica para os quais as contribuições incidentes na forma dos incisos I, b; e IV do *caput*, serão não cumulativas".

Por fim, o § 13, do art. 195, permite a incidência não cumulativa nas contribuições sobre a receita ou o faturamento estabelecidas em substituição à incidência sobre folha de salários.

3. ASPECTO SUBJETIVO

Existem três formas distintas de incidência da COFINS e quatro do PIS, definidas inicialmente por questões ligadas à pessoa do contribuinte e, secundariamente, pela área de atuação e pelos bens negociados pela empresa. Assim, convém iniciar a exposição pelo aspecto subjetivo das contribuições, vinculando, desde logo, o regime de apuração a cada contribuinte.

Serão contribuintes do PIS e da COFINS as pessoas jurídicas ou equiparadas nos termos da legislação do Imposto de Renda.

As pessoas incluídas no Simples pagam as contribuições conforme o regime da LC 123/06 e alterações posteriores, em conjunto com as demais obrigações tributárias que o sistema abrange.

Os contribuintes optantes do Simples têm alegado que este regime englobaria, também, a incidência do PIS e da COFINS na importação. O STJ, a exemplo do AgRg no REsp 1.434.314/PE, do REsp 1.039.325/PR, do REsp 1.219.109/SC e do AgRg no

REsp 1.217.931/RS[1], tem decidido que o Simples não abrange tais contribuições, ao fundamento que as exações foram criadas após a instituição do benefício do Simples. O STF, por sua vez, já decidiu que a questão é infraconstitucional (RE 647.179 AgR/DF[2])

Parece-nos que, realmente, o Simples não alcança o PIS e a COFINS na importação, mas pelo fato de não haver previsão legal expressa e pelo fato de tais contribuições serem regidas por diplomas normativos especiais, de modo que a norma geral (Simples) não revoga a norma especial (Lei 10.865/04).

O recolhimento individualizado do PIS e da COFINS se define, para as demais empresas, de acordo com o regime de tributação a que se submetem no IRPJ.

As empresas que estiverem no regime do **lucro real** devem recolher as contribuições no regime **não cumulativo**. Significa dizer, a base de cálculo das contribuições para estas empresas será o valor da receita bruta, deduzidas as despesas permitidas em lei.

Estão sujeitas à incidência **não cumulativa** das contribuições as **empresas optantes pela apuração do IRPJ pelo lucro real, exceto instituições financeiras**, como bancos comerciais, bancos de investimentos, bancos de desenvolvimento, caixas econômicas, sociedades de crédito, financiamento e investimento, sociedades de crédito imobiliário, sociedades corretoras, distribuidoras de títulos e valores mobiliários, empresas de arrendamento mercantil, cooperativas de crédito, empresas de seguros privados e de capitalização, agentes autônomos de seguros privados e de crédito e entidades de previdência privada abertas e fechadas, que ficam no regime cumulativo.

Veremos adiante que a legislação exclui da incidência não cumulativa receitas específicas de empresas, ainda que sejam optantes pelo lucro real.

Assim, a **empresa do lucro real**, que não seja instituição financeira, **pode sofrer a incidência das contribuições pelo método cumulativo** se auferir somente **receitas excluídas do regime não cumulativo**, como serviços de telecomunicação e radiodifusão, receita de vendas de jornais e periódicos, receitas de transportes de passageiros, receitas de serviços hospitalares, de clínicas médicas e odontológicas, receitas de vendas de *free shopings*, receitas de *call centers*, telemarketing, telecobrança e de teleatendimento em geral, receitas de parques temáticos, de hotelaria e de organização de feiras e eventos, receita de prestação de serviços de educação infantil, ensinos fundamental e médio e educação superior, receitas de venda de álcool para fins carburantes; receitas do mercado atacadista de energia elétrica, receitas de serviços postais da ECT, receitas de prestação de serviços públicos de concessionárias operadoras de rodovias, receitas da prestação de serviços das agências de viagem e turismo etc.

---

1. STJ, T2, AgRg no REsp 1.434.314/PE, Min. MAURO CAMPBELL MARQUES, DJe de 23/4/2014; STJ, T2, REsp 1.039.325/PR, Min. HERMAN BENJAMIN, DJe de 13/3/2009; STJ, T2, REsp 1.219.109/SC, Min. MAURO CAMPBELL MARQUES, DJe de 31/5/2011; STJ, T2, AgRg no REsp 1.217.931/RS, Min. CASTRO MEIRA, DJe de 28/2/2011.
2. STF, T1, **RE 647.179 AgR / DF, Min. LUIZ FUX**, DJe de 23/4/2015.

De outro turno, **poderão pagar as contribuições pelos dois regimes**, se auferirem receitas excluídas do regime não cumulativo e receitas que permanecem no regime não cumulativo.

Por certo que a matéria é confusa! Mas não é só confusa, é difícil mesmo!

As **empresas optantes pelo lucro presumido ou pelo lucro arbitrado** pagarão PIS e COFINS no regime **cumulativo**, existente desde a LC 7/70 e a LC 70/91, em que a base de cálculo é todo o faturamento da empresa.

Na **modalidade importação**, o contribuinte do PIS e da COFINS será o importador.

O PIS reconhece outro grupo de contribuintes, sujeitos a regras próprias e que devem recolher o **PIS sobre a folha de pagamentos**.

São eles (art. 13, da MP 1.858-6/99, e reedições e art. 2º, § 1º, da Lei 9.715/98):

- templos de qualquer culto;
- partidos políticos;
- instituições de educação e de assistência social imunes a impostos;
- instituições de caráter filantrópico, recreativo, cultural, científico e as associações isentas a impostos;
- sindicatos, federações e confederações;
- serviços sociais autônomos, criados ou autorizados por lei;
- conselhos de fiscalização de profissões regulamentadas;
- fundações de direito privado e fundações públicas instituídas ou mantidas pelo Poder Público;
- condomínios de proprietários de imóveis residenciais ou comerciais;
- a Organização das Cooperativas Brasileiras – OCB e suas unidades estaduais;
- as cooperativas, sem prejuízo da contribuição cumulativa ou não cumulativa, conforme o caso, em relação às receitas decorrentes de operações praticadas com não associados.

Em síntese, as empresas sujeitas a apuração do IRPJ pelo **lucro real**, submetem-se ao regime **não cumulativo** do PIS e da COFINS, podendo também se submeter ao regime *cumulativo, se auferir apenas receitas que a legislação determina a incidência cumulativa* ou aos *dois regimes, se auferir receitas da incidência cumulativa e outras receitas não disciplinadas pela lei*. As empresas **do lucro presumido** submetem-se ao regime **cumulativo** das contribuições.

O contribuinte de direito dos tributos são as empresas, o que não as impede de repassar o custo do tributo, no preço, para o consumidor final.

No caso dos serviços de telefonia e energia elétrica, a jurisprudência do STJ foi expressa:

> *ADMINISTRATIVO. SERVIÇO PÚBLICO CONCEDIDO. ENERGIA ELÉTRICA. TARIFA. REPASSE DAS CONTRIBUIÇÕES DO PIS E DA COFINS. LEGITIMIDADE.*
>
> *1. É legítimo o repasse às tarifas de energia elétrica do valor correspondente ao pagamento da Contribuição de Integração Social – PIS e da Contribuição para financiamento da Seguridade Social – COFINS devido pela concessionária.*
>
> *2. Recurso Especial improvido. Acórdão sujeito ao regime do art. 543-C do CPC e da Resolução STJ 08/08.*
>
> *(STJ, S1, REsp 1.185.070/RS, Min. TEORI ALBINO ZAVASCKI, DJe 27/9/2010)*
>
> *PROCESSUAL CIVIL. ADMINISTRATIVO. AÇÃO RESCISÓRIA. VIOLAÇÃO LITERAL A ARTIGO DE LEI. NÃO OCORRÊNCIA. INTERPRETAÇÃO CONTROVERTIDA À ÉPOCA DA SENTENÇA RESCINDENDA. NOVO DEBATE DA LIDE À LUZ DA SUPERVENIENTE MODIFICAÇÃO JURISPRUDENCIAL. INVIABILIDADE. SÚMULAS 343/STF E 134/TFR.*
>
> *[...]*
>
> *4. Entendimento diverso passou a vigorar após a prolação da sentença, no julgamento do REsp 976.836/RS, Rel. Min. Luiz Fux (julgado em 25.8.2010 e publicado no DJe em 5.10.2010) e do REsp 1.185.070/RS, Rel. Min. Teori Albino Zavascki (julgado em 22/09/2010 e publicado no DJe em 27/09/2010), quando a Primeira Seção acabou por reconhecer a legitimidade do repasse do PIS e da COFINS nas contas de telefone e energia elétrica, respectivamente.*
>
> *[...]*
>
> *(STJ, T2, REsp 1.351.716/RO, Min. HUMBERTO MARTINS, DJe de 25/3/2015)*

Nestes casos, portanto, além do repasse dos tributos no preço, este repasse se dá de maneira expressa, o que podemos conferir verificando as contas de luz e telefone de nossas casas.

Quanto a **responsabilidade** tributária o PIS e a COFINS do mercado interno obedecem às regras gerais do CTN, havendo, também, normas sobre substituição tributária (que veremos adiante)

As contribuições na importação, contudo, são regidas também por normas específicas. Leiam-se os art. 5º e 6º, da Lei 10.685/03:

> *Art. 5º São contribuintes:*
>
> *I – o importador, assim considerada a pessoa física ou jurídica que promova a entrada de bens estrangeiros no território nacional;*
>
> *II – a pessoa física ou jurídica contratante de serviços de residente ou domiciliado no exterior; e*

III – o beneficiário do serviço, na hipótese em que o contratante também seja residente ou domiciliado no exterior.

Parágrafo único. Equiparam-se ao importador o destinatário de remessa postal internacional indicado pelo respectivo remetente e o adquirente de mercadoria entre-postada.

Art. 6º São responsáveis solidários:

I – o adquirente de bens estrangeiros, no caso de importação realizada por sua conta e ordem, por intermédio de pessoa jurídica importadora;

II – o transportador, quando transportar bens procedentes do exterior ou sob contro-le aduaneiro, inclusive em percurso interno;

III – o representante, no País, do transportador estrangeiro;

IV – o depositário, assim considerado qualquer pessoa incumbida da custódia de bem sob controle aduaneiro; e

V – o expedidor, o operador de transporte multimodal ou qualquer subcontratado para a realização do transporte multimodal.

Como vemos, a Lei 10.685/03 detalha a figura do contribuinte (importador, contratante ou beneficiário do serviço) e do responsável solidário (a exemplo do adquirente na aquisição de mercadoria por sua conta e ordem, o transportador, o depositário etc).

4. ASPECTO MATERIAL

No **PIS-folha**, o fato gerador é o pagamento de folha de salários. No **PIS e** na **COFINS-Importação**, o fato gerador é importar. Para as **demais modalidades**, o fato gerador é auferir receita, de qualquer modalidade (operacional e não operacional). Na modalidade não cumulativa das contribuições, o fato gerador, assim como a base de cálculo, se limita ao faturamento, vale dizer não alcança receitas não operacionais das empresas.

PIS e COFINS foram criados com previsão de incidência sobre o faturamento, vale dizer, sobre a receita operacional, de venda de mercadorias e da prestação de serviços.

Por ao menos duas oportunidades, o legislador procurou alargar a hipótese de incidência do PIS e, consequentemente, a base de cálculo da contribuição (no chamado PIS decreto, disciplinado pelos Decretos Lei 2.445/88 e 2.449/88 e na Lei 9.718/98) e uma oportunidade, a COFINS (Lei 9.718/98).

A ideia central das medidas era ampliar a base de cálculo de faturamento (receita de vendas de mercadorias e de prestação de serviços) para receita bruta (somatório de todas as receitas, sejam elas operacionais, como as receitas de faturamento, ou não operacionais, como as receitas financeiras).

Os decretos-lei foram julgados inconstitucionais por vício de forma e a Lei 9.718/98, por vício material, pois entrou em vigor antes da EC 20/98, quando a Constituição ainda não previa o custeio da seguridade social por contribuições sobre a receita bruta. Vejamos a alteração constitucional:

Redação original

Art. 195. A seguridade social será financiada por toda a sociedade, de forma direta e indireta, nos termos da lei, mediante recursos [...] das seguintes contribuições sociais:

I – dos empregadores, incidente sobre a folha de salários, o faturamento e o lucro;

[...]

Redação após a EC 20/98

Art. 195. A seguridade social será financiada por toda a sociedade, de forma direta e indireta, nos termos da lei, mediante recursos [...] das seguintes contribuições sociais:

I – do empregador, da empresa e da entidade a ela equiparada na forma da lei, incidentes sobre: (Redação dada pela Emenda Constitucional nº 20, de 1998)

[...]

b) a receita ou o faturamento;

[...]

Leis posteriores que previram a incidência tanto do PIS quanto da COFINS sobre a receita bruta são constitucionais, como é o caso da Lei 10.637/02 e da Lei 10.833/03.

A partir da Lei 12.973/2014, o conceito de receita passou a acompanhar expressamente a legislação do imposto de renda (art. 12, do DL 1.598/77), tendo em vista a nova redação conferida aos art. 3º, caput, da Lei 9.718/98 e do art. 1º, § 1º, das Lei 10.637/02 e 10.833/03.

De toda sorte, a legislação mantém a incidência das contribuições na modalidade não cumulativa sobre o total das receitas e limita a incidência das exações na modalidade cumulativa à receita de venda de mercadorias e prestação de serviços.

No mesmo contexto que alterou o tratamento tributário do leasing para o imposto de renda, o art. 57, da Lei 12.973/2014 determinou que no arrendamento mercantil não sujeito ao tratamento tributário previsto na Lei 6.099/74, em que haja transferência substancial dos riscos e benefícios inerentes à propriedade do ativo, o valor da contraprestação deverá ser computado na base de cálculo das contribuições da pessoa jurídica arrendadora, podendo descontar créditos calculados sobre o valor do custo de aquisição ou construção dos bens arrendados proporcionalmente ao valor de cada contraprestação durante o período de vigência do contrato.

Não obstante, muitas teses discutem o aspecto material das contribuições.

Talvez a mais frequente destas teses seja a exclusão do ICMS e do ISS da base de cálculo do PIS e da COFINS.

Embora a tese seja conhecida como “exclusão da base de cálculo” dirige-se efetivamente ao aspecto material[3], ao fato gerador das exações, pois pretendem que o ICMS (e também o ISS) não constituam “receita” do contribuinte, mas receita do estado federado ou do município.

No que toca à exclusão do ICMS do PIS e da COFINS na modalidade **importação**, os contribuintes obtiveram ganho de causa no STF, no julgamento do RE 559.937/RS.

Pendia o julgamento da ADC 18/DF e do RE 574.706 RG/PR[4], ambos sobre a matéria, com efeito *erga* omnes.

Não sem surpresa, o RE 574.706 RG/PR foi julgado a favor dos contribuintes, acolhendo o STF pouca ou nenhuma importância à técnica tributária e interpretando mal conceitos de outras áreas do direito, como o direito civil, que disciplina a propriedade e o direito empresarial, que rege as receitas. Deveras, o ICMS está incluído no preço das mercadorias e serviços e somente se torna receita dos entes federativos após o recolhimento do tributo aos Estados (primeiro integra a propriedade do empresário e apenas num segundo momento se torna receita pública) e assim a operação é registrada da contabilidade dos contribuintes (nos termos da legislação empresarial).

Fixou-se a tese de que “o ICMS não compõe a base de cálculo para incidência do PIS e da Cofins” (STF, Plenário, 15.3.2017).

Sob o ponto de vista político, a decisão peca, tendo em vista que a escolha da base de cálculo das contribuições que custeiam a seguridade social cabe à sociedade, representada pelo legislador e a escolha deste, compatível com o direito tributário, foi rejeitada sem discussão com o povo brasileiro.

Embora esteja definida a exclusão do ICMS da base de cálculo do PIS e da COFINS, o tema ainda suscita mais perguntas do que resposta.

A União postula modulação de efeitos do acórdão, de modo que, sob o ponto de vista temporal, não está definido a partir de quando o valor do tributo será excluído da base das contribuições.

Eventual valor a ser restituído aos contribuintes também não é claro. De acordo com a Constituição, o ICMS é não cumulativo, deduzindo-se do débito do imposto, apurado pelas vendas, o crédito pelas compras. Ademais, o imposto ainda deve ser recolhido aos cofres públicos. Assim, pode-se questionar qual será o parâmetro de cálculo do direito dos contribuintes: apenas o valor apurado pelo débito decorrente das vendas, ignorando-se a determinação constitucional de não cumulatividade do imposto? O saldo devedor do

3. De toda sorte, aspecto material e aspecto quantitativo estão sempre ligados, pois a base de cálculo nada mais é que a medida econômica da hipótese de incidência. Por esta razão, trataremos de algumas destas matérias ao abordarmos o aspecto quantitativo das contribuições.

4. STF, RE 574.706 RG/PR, Min. CÁRMEN LÚCIA, DJe de 16/5/2008.

imposto, vale dizer, débito pelas saídas menos o crédito pelas entradas de mercadoria? Ou ainda o valor efetivamente recolhido aos Estados?

A primeira opção nos parece inconstitucional, por ignorar a não cumulatividade do ICMS. A segunda opção é factível, mas transforma o não pagamento do imposto em apropriação indébita, pois seu valor, na dicção do STF, não pertence ao contribuinte, mas ao Estado. A última alternativa também é viável, mas gera dificuldades nas hipóteses de lançamento complementar do imposto pela autoridade estadual, reduzindo retroativamente o valor das contribuições devidas e nas hipóteses de restituição do imposto, que irá resultar no aumento das obrigações com a União.

Por derradeiro, a decisão do STF, por alterar as bases do sistema tributário, poderá repercutir em diversas obrigações tributárias, em que o ICMS ou outros tributos sejam considerados como receita.

A propósito, pende julgamento o RE 592.616 RG/RS[5], igualmente com repercussão geral reconhecida, sobre o ISS na base de cálculo das contribuições, tese idêntica à do ICMS.

Cuidado para não confundir a tese da exclusão do ICMS (e do ISS) da base de cálculo das contribuições com a exclusão legal do ICMS Substituição Tributária – ST, já prevista em lei, nem com a discussão da incidência das contribuições sobre créditos presumidos do ICMS, matéria também objeto de recurso extraordinário com repercussão geral, o RE 835.818 RG/PR[6].

Em outro ponto, decidiu a Corte pela inconstitucionalidade da incidência da contribuição ao PIS e da COFINS não cumulativas sobre os valores auferidos por empresa exportadora em razão da transferência a terceiros de créditos de ICMS[7], embora a legislação excluísse tais valores da incidência desde 2009 (art. 3º, § 2º, V, da Lei 9.718/98, com redação dada pela Lei 11.945/09). Trata-se, especificamente, dos créditos de ICMS que não puderem ser aproveitados no sistema de não-cumulatividade pelo próprio contribuinte e são transferidos para outro contribuinte.

Também se discutiu a incidência das contribuições sobre **atos cooperados** próprios ou típicos (realizados entre a cooperativa e seus filiados) e sobre os atos da cooperativa com terceiros. No RE 599.362 RG/RJ, a Corte firmou o entendimento de que não há imunidade a favor das cooperativas, incidindo as contribuições sobre atos praticados pela cooperativa com tomadores de serviço. No RE 598.085 RG/RJ a Corte julgou constitucional a norma que revogou a isenção das contribuições para atos cooperados[8].

5. STF, RE 592.616 RG/RS, Min. MENEZES DIREITO, DJe de 24/10/2008.
6. STF, RE 835.818 RG/PR, Min. MARCO AURÉLIO, DJe de 22/9/2015.
7. STF, Tribunal Pleno, RE 606.107 RG/RS, Min. ROSA WEBER, DJe de 22/5/2013
8. Disponível em: http://www.stf.jus.br/portal/cms/verNoticiaDetalhe.asp?idConteudo=279210

Também com repercussão geral, o RE 609.096 RG/RS discute a incidência das contribuições sobre as **receitas financeiras de instituições financeiras**[9]. A discussão se limita à incidência sobre as receitas financeiras, não a outras receitas das instituições financeiras, decorrentes dos serviços por elas prestados.

Outro recurso com repercussão geral, o RE 609.096 RG/RS discute a incidência das contribuições sobre as **receitas financeiras de instituições financeiras**[10]. A discussão se limita à incidência sobre as receitas financeiras, não a outras receitas das instituições financeiras, decorrentes dos serviços por elas prestados.

O STJ tem entendido que a **receita de locação** constitui fato gerador das contribuições (Súmula 423, do STJ). A matéria, contudo, é objeto de discussão no STF, em recursos ainda não julgados. Vejamos:

> *PIS E COFINS – LOCAÇÃO DE BENS MÓVEIS – FATURAMENTO – ALCANCE – ADMISSIBILIDADE NA ORIGEM – RECURSO EXTRAORDINÁRIO DO CONTRIBUINTE – REPERCUSSÃO GERAL CONFIGURADA. Possui repercussão geral a controvérsia relativa à incidência da contribuição para o Programa de Integração Social – PIS e da Contribuição para o Financiamento da Seguridade Social – Cofins sobre as receitas provenientes da locação de bens móveis.*
>
> *(STF, Tribunal Pleno, RE 659412 RG / RJ, Min. MARCO AURÉLIO, DJe de 29/10/2013)*
>
> *CONSTITUCIONAL E TRIBUTÁRIO. PROGRAMA DE INTEGRAÇÃO SOCIAL – PIS. CONTRIBUIÇÃO PARA O FINANCIAMENTO DA SEGURIDADE SOCIAL – COFINS. INCIDÊNCIA SOBRE A LOCAÇÃO DE IMÓVEIS, INCLUSIVE SOBRE A RENDA AUFERIDA NA LOCAÇÃO DE IMÓVEL PRÓPRIO. REPERCUSSÃO GERAL RECONHECIDA.*
>
> *(STF, Tribunal Pleno, RE 599.658 RG / SP, Min. LUIZ FUX, DJe de 26/2/2013)*

Podemos mencionar outras teses que procuram reduzir a hipótese de incidência das contribuições.

Em uma das teses, os contribuintes visam afastar a incidência das contribuições sobre as **taxas e comissões pagas a administradoras de cartão de crédito**, sob alegação de que não se trata de receita das empresas, mas valores a serem repassados a terceiros. No RE 816.363 AgR/SC o STF decidiu pela impossibilidade da exclusão.

As **concessionárias de veículos** também postularam reduzir incidência das contribuições. Alegavam que os tributos deveriam incidir apenas sobre a **margem da concessionária na revenda do veículo**, não sobre o preço total da venda, pois sua atividade se aproxima da intermediação entre a montadora e o consumidor final.

9. STF, Tribunal Pleno, RE 609.096 RG/RS, Min. RICARDO LEWANDOWSKI, DJe de 2/5/2011.
10. STF, Tribunal Pleno, RE 609.096 RG/RS, Min. RICARDO LEWANDOWSKI, DJe de 2/5/2011.

A tese, contudo, fora rejeitada no julgamento do REsp 1.339.767/SP, pela Primeira Seção do STJ, recurso que tramitou pelo rito do art. 543-C, do CPC (NCPC art. 1036)[11].

De uma forma geral, conforme decidido no AgRg nos EREsp 529.034/RS, incidem as contribuições nos valores repassados a terceiros. Leia-se:

> *PROCESSUAL CIVIL E TRIBUTÁRIO. AGRAVO REGIMENTAL. EMBARGOS DE DIVERGÊNCIA. PIS E COFINS. BASE DE CÁLCULO. ART. 3º, § 2º, III, DA LEI Nº 9.718/98. NORMA DE EFICÁCIA LIMITADA. NÃO APLICABILIDADE. SÚMULA 168/STJ. PRECEDENTES.*
>
> *1. Agravo regimental contra decisão que negou seguimento a embargos de divergência.*
>
> *2. A embargante sustenta que "a norma em apreço teve vigência e eficácia plena, independentemente de não ter sido editada a regulamentação administrativa".*
>
> *3. No seio das Turmas integrantes da 1ª Seção, restou firmada posição no sentido de que "se o comando legal inserto no artigo 3º, § 2º, III, da Lei n.º 9718/98 previa que a exclusão de crédito tributário ali prevista dependia de normas regulamentares a serem expedidas pelo Executivo, é certo que, embora vigente, não teve eficácia no mundo jurídico, já que não editado o decreto regulamentador, a citada norma foi expressamente revogada com a edição de MP 1991-18/2000" (AgRg no Ag 596818/PR, Rel. Min. Luiz Fux, DJ de 28/02/2005).*
>
> *4. Conforme posicionamento exarado pelo colendo STF (MI nº 20/DF, Rel. Min. Celso de Mello, DJ 22/11/1996), as normas de eficácia limitada são aquelas que apresentam "aplicabilidade indireta, mediata e reduzida, porque somente incidem totalmente sobre esses interesses, após uma normatividade ulterior que lhes desenvolva a aplicabilidade".*
>
> *5. Se o comando legal inserto no art. 3º, § 2º, III, da Lei nº 9718/98 previa que a exclusão de crédito tributário ali prevista dependia de normas regulamentares a serem expedidas pelo Executivo, é certo que, embora vigente, não teve eficácia no mundo jurídico, já que não editado o decreto regulamentador, a citada norma foi expressamente revogada com a edição de MP nº 1.991-18/2000. Não comete violação do art. 97, IV, do CTN o decisório que em decorrência desse fato não reconhece o direito de o recorrente proceder à compensação dos valores que entende ter pago a mais a título de contribuição para o PIS e a COFINS.*
>
> *6. In casu, o legislador não pretendeu a aplicação imediata e genérica da lei sem que lhe fossem dados outros contornos como pretende a recorrente, caso contrário, não teria limitado seu poder de abrangência. Precedentes desta Corte Superior.*
>
> *7. Incidência do teor da Súmula 168/STJ: "Não cabem embargos de divergência, quando a jurisprudência do Tribunal se firmou no mesmo sentido do acórdão embargado". 8. Agravo regimental não provido.*
>
> *(STJ, CE, AgRg nos EREsp 529.034/RS, Min. JOSÉ DELGADO, DJ 1/8/2006)*

---

11. STJ, S1, REsp 1.339.767/SP, Min. MAURO CAMPBELL MARQUES, DJe de 2/8/2013.

Entende o STF que a matéria é infraconstitucional, como se depreende do julgamento do RE 483.132 AgR/MG[12].

Os contribuintes têm obtido êxito, no entanto, na tese que se refere ao tratamento de **créditos presumidos** de outros tributos, como o IPI e o ICMS. Tais créditos são lançados como receita na contabilidade, levando a autoridade fiscal a incluí-los como receita, também para incidência do PIS e da COFINS. O STJ tem afastado a incidência, ao fundamento de que os **benefícios** fiscais não podem ser considerados receita para fins da incidência das contribuições, mas tomados como recuperação de custos, sob pena, inclusive, de se reduzir o incentivo pretendido pela lei exonerativa. Neste sentido, as decisões no AgRg no REsp 1.329.781/RS[13] e no AgRg no Ag 1.357.791/SC[14], que também fazem eco em matéria de IRPJ e CSLL (v.g. REsp 1.210.941/RS). A matéria é objeto do RE 593.584 RG/RS[15].

Também as **sociedades seguradoras** procuram afastar a incidência das contribuições sobre **rendimentos auferidos em aplicações no mercado financeiro**.

Sustentam que os rendimentos financeiros não podem ser incluídos no conceito de faturamento, que englobaria apenas o prêmio dos seguros por elas vendidos. Em um dos julgamentos sobre a matéria, entendeu o TRF2, contudo, que "os investimentos financeiros realizados pela impetrante fazem parte de sua atividade típica, de seu objetivo empresarial, sendo indissociável da ideia jurídica de receita operacional e, por isso, integram o seu faturamento e constituem-se em base de cálculo das contribuições mencionadas"[16].

As companhias energéticas e empresas da área de derivados de petróleo e lubrificantes buscaram estender a imunidade a impostos do art. 153, § 3º, da CF/88, para as contribuições. Sem sucesso, contudo, como se verifica da jurisprudência do STF:

> *Agravo regimental no recurso extraordinário. Tributário. Imunidade. Emenda constitucional 33/01. Anterioridade nonagesimal. Alegação feita em face de coisa julgada em outro processo. Efeitos. Matéria infraconstitucional. Questão fática. Súmula nº 279/STF.*
>
> *1. Mesmo antes do advento da Emenda Constitucional nº 33/01, a imunidade prevista no art. 155, § 3º, da Constituição Federal não impedia a exigibilidade da COFINS e das contribuições ao PIS e ao FINSOCIAL das empresas que realizam operações relativas à energia elétrica, serviços de telecomunicações e derivados de petróleo, combustíveis e minerais, na esteira do entendimento consolidado na Corte, desde o julgamento dos agravos regimentais nos RE nºs 205.355; 227.832; 230.337; e 233.807, Rel. Min. Carlos Velloso.*

12. STF, T1, RE 483.132 AgR/MG, Min. ROBERTO BARROSO, DJe de 6/3/2015.
13. STJ, T1, AgRg no REsp 1.329.781/RS, Min. ARNALDO ESTEVES LIMA, DJe de 3/12/2012.
14. STJ, T2, AgRg no Ag 1.357.791/SC, Min. ELIANA CALMON, DJe de 11/6/2013.
15. STF, Tribunal Pleno, RE 593.544 RG/RS, Min. JOAQUIM BARBOSA, DJe de 31/10/2012.
16. TRF2, Terceira Turma Especializada, APELRE 201051010222227, Desemb. GERALDINE PINTO VITAL DE CASTROE, DJF2 de 21/11/2013

> *2. As ofensas ao art. 5º, incisos XXXV, XXXVI, LIV e LV, da Constituição, ocorrem, via de regra, como no presente caso, de maneira reflexa, sendo, dessa forma, incabível a interposição de recurso extraordinário.*
>
> *3. O acórdão recorrido, para assentar que "a questão apreciada no mandamus por esta Corte Regional só alcançou o exercício financeiro de 1992, restando prejudicada a apreciação da anterioridade nonagesimal requerida pela Autora", baseou-se nas provas e nos fatos dos autos. Dessa forma, para divergir do julgado, mister seria o revolvimento de fatos e provas, o que é vedado, a teor da Súmula nº 279/STF.*
>
> *4. Agravo regimental não provido.*
>
> *(STF, T1, RE 626.936 AgR/RJ, Min. DIAS TOFFOLI, DJe de 17/12/2013)*
>
> *AGRAVO REGIMENTAL NO RECURSO EXTRAORDINÁRIO. PIS. COFINS. FINSOCIAL. IMUNIDADE. ARTIGO 155, § 3º, DA CB/88. SÚMULA N. 659 DO SUPREMO TRIBUNAL FEDERAL.*
>
> *1. É legítima a cobrança da COFINS, do PIS e do FINSOCIAL sobre as operações relativas a energia elétrica, serviços de telecomunicações, derivados de petróleo, combustíveis e minerais no país. Súmula n. 659 do STF. Agravo regimental a que se nega provimento. Condenação ao pagamento de multa de 1% [um por cento] sobre o valor corrigido da causa.*
>
> *(STF, T2, RE 520.700 AgR/SP, Min. EROS GRAU, DJe de 6/6/2008)*

De outro turno, o STJ entendeu possível, para as companhias energéticas, repassar o valor das contribuições na conta de luz[17] assim como as companhias telefônicas[18].

5. ASPECTO TEMPORAL

O fato gerador do **PIS, na modalidade folha de pagamentos**, ocorre no momento da elaboração da própria folha, nos termos da legislação trabalhista.

Na **importação**, o fato gerador ocorre (art. 4º, da Lei 10.865/04):

- na data do registro da declaração de importação de bens submetidos a despacho para consumo;
- no dia do lançamento do correspondente crédito tributário, quando se tratar de bens constantes de manifesto ou de outras declarações de efeito equivalente, cujo extravio ou avaria for apurado pela autoridade aduaneira;
- na data do vencimento do prazo de permanência dos bens em recinto alfandegado, se iniciado o respectivo despacho aduaneiro antes de aplicada a pena de perdimento;
- na data do pagamento, do crédito, da entrega, do emprego ou da remessa de valores como contraprestação por serviço prestado por residentes no exterior.

---

17. STJ, S1, REsp 1.185.070/RS, Min. TEORI ALBINO ZAVASCKI, DJe de 27/9/2010.
18. STJ, S1, REsp 976.836/RS, Min. LUIZ FUX, DJe de 5/10/2010.

Para as **demais modalidades** do PIS e da COFINS sobre o faturamento, o fato gerador ocorre no momento em que se aperfeiçoa o contrato de compra e venda, sendo irrelevante a data do recebimento do preço. Assim decidiu o STF:

> *1. O Sistema Tributário Nacional fixou o regime de competência como regra geral para a apuração dos resultados da empresa, e não o regime de caixa. (art. 177 da Lei nº 6.404/76).*
>
> *2. Quanto ao aspecto temporal da hipótese de incidência da COFINS e da contribuição para o PIS, portanto, temos que o fato gerador da obrigação ocorre com o aperfeiçoamento do contrato de compra e venda (entrega do produto), e não com o recebimento do preço acordado. O resultado da venda, na esteira da jurisprudência da Corte, apurado segundo o regime legal de competência, constitui o faturamento da pessoa jurídica, compondo o aspecto material da hipótese de incidência da contribuição ao PIS e da COFINS, consistindo situação hábil ao nascimento da obrigação tributária. O inadimplemento é evento posterior que não compõe o critério material da hipótese de incidência das referidas contribuições.*
>
> *(STF, Tribunal Pleno, RE 586.482/RS, Min. DIAS TOFFOLI, DJe de 19/06/2012)*

A decisão registra, também, que as vendas inadimplidas não podem ser excluídas da obrigação tributária, com se tratassem de vendas canceladas. De fato, nestas, há o retorno da mercadoria, que pode ser novamente negociada.

6. ASPECTO QUANTITATIVO

6.1. PIS Folha

No *PIS-Folha*, a base de cálculo é o total da folha de pagamentos e a alíquota é de 1%.

6.2. Regime cumulativo

No *regime cumulativo*, a base de cálculo das contribuições ainda é relativamente simples e se limita ao faturamento (receita de venda de mercadorias e de prestação de serviços).

São excluídas da base de cálculo das contribuições os seguintes valores:

- das receitas isentas, não tributadas ou sujeitas à alíquota 0 (zero);
- das receitas de vendas canceladas;
- dos descontos incondicionais;
- das reversões de provisões;
- das recuperações de créditos baixados como perdas, que não representem ingresso de novas receitas;
- dos resultados positivos da avaliação de investimentos pelo valor do patrimônio líquido;

- dos lucros e dividendos derivados de participações societárias, que tenham sido computados como receita bruta (art. 52, da Lei 12.973/14);
- da receita decorrente da venda de bens classificados no ativo não circulante que tenha sido computada como receita bruta (art. 52, da Lei 12.973/14);
- da receita reconhecida pela construção, recuperação, ampliação ou melhoramento da infraestrutura, cuja contrapartida seja ativo intangível representativo de direito de exploração, no caso de contratos de concessão de serviços públicos. (art. 52, da Lei 12.973/14).

A Lei 12.973/14 alterou alguns dispositivos do art. 3º, da Lei 9.718/98, acerca das receitas excluídas do conceito de receita bruta, para fins de incidência das contribuições, retirando da norma a previsão do IPI e do ICMS, destacado em nota fiscal e cobrado pelo vendedor dos bens ou prestador dos serviços na condição de substituto tributário.

Há, também, regras específicas para determinados setores da economia, que determinam a exclusão de valores ou formas específicas de apuração da base.

A Lei 9.718/98 contemplava dispositivo que excluía da base de cálculo das contribuições os valores que, computados como receita, fossem transferidos para outra pessoa jurídica, nos termos de regulamentação do Poder Executivo. Assentou-se no julgamento do RE 604.761 AgR/SC que o dispositivo legal não chegou a ser regulamentado[19]. De toda sorte, a norma fora revogada pela MP 2.158-35/01.

A **alíquota** do PIS é de 0,65% e da COFINS 3%, reconhecida a constitucionalidade da majoração da alíquota (de 2% para 3%, pelo art. 8º, da Lei 9.718/98), no julgamento do RE 527.602/SP.

Há hipóteses de redução da alíquota a zero, como no caso de produtos farmacêuticos (art. 2º, c/c art. 1º, I, a, da Lei 10.147/00. Esta redução de alíquota, contudo, não se aplica a receita de clínicas e hospitais, mesmo quanto à parte da receita relativa ao custo dos medicamentos[20].

As receitas decorrentes de algumas atividades possuem alíquotas próprias, como as **instituições financeiras**, inclusive as cooperativas de crédito, as pessoas jurídicas que atuem no ramo de securitização de créditos imobiliários, financeiros e agrícolas, empresas de arrendamento mercantil, as empresas de seguros privados e de capitalização, agentes autônomos de seguros privados e de crédito, as entidades de previdência complementar privada, abertas e fechadas e as associações de poupança e empréstimo, sujeitos à **alíquota da COFINS de 4%.**

19. STF, T1; RE 604.761 AgR/SC Min. DIAS TOFFOLI, DJe de 21/3/2013.
20. STJ, T2, REsp 1.457.161/PB, Min. OG FERNANDES, DJe de 20/9/2016.

A elevação da alíquota para estas empresas é objeto de discussão, face o alcance do art. 195, § 9º, da CF/88, no RE 656.089 RG/MG[21].

Nas operações de câmbio, vale ressaltar que a receita bruta (base de cálculo) será a diferença positiva entre o preço de venda e o preço de compra da moeda estrangeira.

Ainda no regime cumulativo, discute-se o repasse nas contas telefônicas o custo do PIS e da COFINS, especialmente sobre a necessidade de lei complementar para disciplinar o repasse[22].

Tratemos de dois outros casos específicos, o das sociedades civis prestadoras de serviço e o das corretoras de seguros.

Sociedades civis de prestação de serviços

A LC 70/91, previa isenção da COFINS para sociedades profissionais de prestação de serviços, previsão consagrada na Súmula 276, do STJ:

> *Súmula 276, do STJ*
>
> *As sociedades civis de prestação de serviços profissionais são isentas da Cofins, irrelevante o regime tributário adotado.*

A isenção, contudo, fora revogada pela Lei 9.430/96, causando polêmica, pois a revogação ocorrera por lei ordinária, não por lei complementar, como a que estabeleceu a desoneração.

Os tribunais entenderam que a revogação era legítima, tendo em vista que a Constituição não prevê a exigência de lei complementar para dispor sobre a COFINS.

De fato, a Carta exige lei complementar para criar contribuições da competência residual da União, não para aquelas com previsão expressa na própria CF/88. No caso da COFINS, a previsão encontra-se no art. 195, I, 'b'.

Desta forma, a Súmula 276 do STJ, foi cancelada pelo Tribunal.

Corretoras de seguro x corretoras de valores mobiliários

O § 6º, do art. 3º, Lei 9.718/98, prevê deduções específicas da base de cálculo das contribuições para as empresas mencionadas no § 1º, do art. 22, da Lei 8.212/91, quais sejam: "bancos comerciais, bancos de investimentos, bancos de desenvolvimento, caixas econômicas, sociedades de crédito, financiamento e investimento, sociedades de crédito imobiliário, sociedades corretoras, distribuidoras de títulos e valores mobiliários, empresas de arrendamento mercantil, cooperativas de crédito, empresas de seguros privados e

21. STF, Tribunal Pleno, RE 656.089 RG/MG, Min. DIAS TOFFOLI, DJe de 28/2/2012.

22. STF, Tribunal Pleno, ARE 638.484 RG/RS, Min. Cesar Peluso, Presidente; DJe de 31/08/2011. A matéria não é de interesse direto da Fazenda, pois os tributos são devidos, discutindo-se apenas o ônus da carga tributária, das companhias telefônicas e dos consumidores e a forma de repasse deste ônus.

de capitalização, agentes autônomos de seguros privados e de crédito e entidades de previdência privada abertas e fechadas".

Vejamos o texto do § 6º, do art. 3º, Lei 9.718/98:

> *Art. 3º [...]*
>
> *§ 6º Na determinação da base de cálculo das contribuições para o PIS/PASEP e COFINS, as pessoas jurídicas referidas no § 1º do art. 22 da Lei no 8.212, de 1991, além das exclusões e deduções mencionadas no § 5º, poderão excluir ou deduzir:*
>
> *I – no caso de bancos comerciais, bancos de investimentos, bancos de desenvolvimento, caixas econômicas, sociedades de crédito, financiamento e investimento, sociedades de crédito imobiliário, sociedades corretoras, distribuidoras de títulos e valores mobiliários, empresas de arrendamento mercantil e cooperativas de crédito:*
>
> *a) despesas incorridas nas operações de intermediação financeira;*
>
> *b) despesas de obrigações por empréstimos, para repasse, de recursos de instituições de direito privado;*
>
> *c) deságio na colocação de títulos;*
>
> *d) perdas com títulos de renda fixa e variável, exceto com ações;*
>
> *e) perdas com ativos financeiros e mercadorias, em operações de hedge;*
>
> *II – no caso de empresas de seguros privados, o valor referente às indenizações correspondentes aos sinistros ocorridos, efetivamente pago, deduzido das importâncias recebidas a título de cosseguro e resseguro, salvados e outros ressarcimentos.*
>
> *III – no caso de entidades de previdência privada, abertas e fechadas, os rendimentos auferidos nas aplicações financeiras destinadas ao pagamento de benefícios de aposentadoria, pensão, pecúlio e de resgates;*
>
> *IV – no caso de empresas de capitalização, os rendimentos auferidos nas aplicações financeiras destinadas ao pagamento de resgate de títulos.*

Por outro lado, as instituições financeiras são tributadas pela COFINS a 4%, alíquota maior que a regra geral do regime cumulativo, de 3%.

Na interpretação do Fisco, as corretoras de seguro também seriam enquadradas como instituições financeiras, aplicando-se a alíquota majorada.

A jurisprudência, contudo, rejeitou a equiparação:

> *PROCESSUAL CIVIL. TRIBUTÁRIO. RECURSO REPRESENTATIVO DA CONTROVÉRSIA. ART. 543-C, DO CPC. COFINS. SOCIEDADES CORRETORAS DE SEGURO E SOCIEDADES CORRETORAS, DISTRIBUIDORAS DE TÍTULOS E VALORES MOBILIÁRIOS. INTERPRETAÇÃO DO ART. 22, §1º, DA LEI 8.212/91 APLICADO À COFINS POR FORÇA DO ART. 3º, §6º DA LEI N. 9.718/98 E ART. 18 DA LEI 10.684/2003. MAJORAÇÃO DE ALÍQUOTA (4%) PREVISTA NO ART. 18 DA LEI 10.684/2003.*

> *1. Não cabe confundir as "sociedades corretoras de seguros" com as "sociedades corretoras de valores mobiliários" (regidas pela Resolução BACEN n. 1.655/89) ou com os "agentes autônomos de seguros privados" (representantes das seguradoras por contrato de agência). As "sociedades corretoras de seguros" estão fora do rol de entidades constantes do art. 22, §1º, da Lei n. 8.212/91.*
>
> *2. Precedentes no sentido da impossibilidade de enquadramento das empresas corretoras de seguro como sociedades corretoras: 2.1) Primeira Turma: [...]; 2.2) [...].*
>
> *3. Precedentes no sentido da impossibilidade de equiparação das empresas corretoras de seguro aos agentes de seguros privados: 3.1) Primeira Turma: [...]; 3.2) Segunda Turma: [...].*
>
> *5. Recurso especial não provido. Acórdão submetido ao regime do art. 543-C do CPC e da Resolução STJ n. 8/08.*
>
> *(STJ, S1, REsp 1.400.287/RS, Min. MAURO CAMPBELL MARQUES, DJe de 3/11/2015)*
>
> *(No mesmo sentido REsp 1.391.092/SC)*

Corretoras de seguro, portanto, não podem deduzir da base de cálculo das contribuições as despesas típicas de instituições financeiras, mas se submetem, de acordo com a jurisprudência do STJ, à alíquota de 3%.

6.3. Regime não cumulativo

O aspecto quantitativo das contribuições começa a se complicar com o regime *não cumulativo*.

As alíquotas são mais elevadas, 1,65% para o PIS e 7,6% para a COFINS, embora haja alíquotas específicas para certas receitas (0,8% para o PIS e 3,2% para a COFINS sobre a receita de venda de papel destinado a impressão de periódicos, imune a impostos; alíquota zero para receita de papel destinado a impressão de jornais, 3% para a COFINS e 0,65% para o PIS incidente sobre receita auferidas por pessoa estabelecida na Zona Franca de Manaus – ZFM, optante pelo lucro real, no caso de vendas para pessoa também estabelecida na ZFM ou para pessoa submetida ao regime cumulativo das contribuições etc.).

As contribuições incidem sobre a receita bruta. Há autorização constitucional e previsão legal geral para a incidência das contribuições sobre todas as receitas do contribuinte, inclusive sobre receitas financeiras.

Para empresas de fomento mercantil (*factoring*), considera-se receita bruta o valor da diferença entre o valor de aquisição e o valor de face do título ou direito creditório adquirido.

Excluem-se da incidência das contribuições, de acordo com o art. 1º, §, das Lei 10.367/02 e 10.833/03, com a redação dada pela Lei 12.973/14, as receitas:

- isentas ou não alcançadas pela incidência da contribuição ou sujeitas à alíquota 0 (zero);

- de que trata o inciso IV do caput do art. 187 da Lei 6.404/76, decorrentes da venda de bens do ativo não circulante, classificado como investimento, imobilizado ou intangível;
- auferidas pela pessoa jurídica revendedora, na revenda de mercadorias em relação às quais a contribuição seja exigida da empresa vendedora, na condição de substituta tributária;
- referentes a:

  a) vendas canceladas e aos descontos incondicionais concedidos;

  b) reversões de provisões e recuperações de créditos baixados como perda que não representem ingresso de novas receitas, o resultado positivo da avaliação de investimentos pelo valor do patrimônio líquido e os lucros e dividendos derivados de participações societárias, que tenham sido computados como receita;
- decorrentes de transferência onerosa a outros contribuintes do Imposto sobre Operações relativas à Circulação de Mercadorias e sobre Prestações de Serviços de Transporte Interestadual e Intermunicipal e de Comunicação – ICMS de créditos de ICMS originados de operações de exportação, conforme o disposto no inciso II do § 1º do art. 25 da LC 87/96.
- financeiras decorrentes do ajuste a valor presente de que trata o inciso VIII do caput do art. 183 da Lei 6.404/76, referentes a receitas excluídas da base de cálculo da Cofins;
- relativas aos ganhos decorrentes de avaliação do ativo e passivo com base no valor justo;
- de subvenções para investimento, inclusive mediante isenção ou redução de impostos, concedidas como estímulo à implantação ou expansão de empreendimentos econômicos e de doações feitas pelo poder público;
- reconhecidas pela construção, recuperação, reforma, ampliação ou melhoramento da infraestrutura, cuja contrapartida seja ativo intangível representativo de direito de exploração, no caso de contratos de concessão de serviços públicos;
- relativas ao valor do imposto que deixar de ser pago em virtude das isenções e reduções de que tratam as alíneas "a", "b", "c" e "e" do § 1º do art. 19 do DL 1.598/77; e
- relativas ao prêmio na emissão de debêntures.

Há, também, regras específicas para determinados setores da economia, que determinam a exclusão de valores ou formas específicas de apuração da base.

Não é dedutível da base de cálculo das contribuições os valores pagos a título de juros sobre o capital próprio – JCP:

PROCESSUAL CIVIL. TRIBUTÁRIO. RECURSO REPRESENTATIVO DA CONTROVÉRSIA. ART. 543-C, DO CPC. PIS/PASEP E COFINS. INCIDÊNCIA SOBRE JUROS SOBRE O CAPITAL PRÓPRIO – JCP.

1. A jurisprudência deste STJ já está pacificada no sentido de que não são dedutíveis da base de cálculo das contribuições ao PIS e COFINS o valor destinado aos acionistas a título de juros sobre o capital próprio, na vigência da Lei n. 10.637/2002 e da Lei n. 10.833/2003, permitindo tal benesse apenas para a vigência da Lei n. 9.718/98. Precedentes [...].

2. Tese julgada para efeito do art. 543-C, do CPC: "não são dedutíveis da base de cálculo das contribuições ao PIS e COFINS o valor destinado aos acionistas a título de juros sobre o capital próprio, na vigência da Lei n. 10.637/2002 e da Lei n. 10.833/2003".

3. Recurso especial não provido. Acórdão submetido ao regime do art. 543-C do CPC e da Resolução STJ 08/2008.

(STJ, S1, REsp 1.200.492/RS, Relator Min. NAPOLEÃO NUNES MAIA FILHO Relator p/ Acórdão Min. MAURO CAMPBELL MARQUES, DJe de 22/2/2016)

Sobre a base de cálculo apurada, aplicam-se as alíquotas. Como o regime é não cumulativo, há ainda as deduções dos créditos, para se apurar o valor devido das contribuições.

PIS e COFINS sobre receitas financeiras

A história da tributação das receitas financeiras pelo PIS e pela COFINS é longa. Por várias vezes, o Governo Federal procurou ampliar a base de cálculo das contribuições, originariamente o faturamento, para a receita bruta, incluídas as receitas financeiras, sem sucesso.

O Judiciário referendou a medida apenas para as leis publicadas após a EC 20/98, de forma que as contribuições do regime cumulativo, regidas por leis anteriores à referida Emenda, não podem atingir a receita bruta.

A limitação, porém, não atinge as contribuições do regime não cumulativo, pois tanto a Lei 10.667/02 quanto a Lei 10.833/03, que preveem a incidência sobre a receita bruta, são posteriores à EC 20/98, o que lhes confere constitucionalidade material.

Contudo, a Lei 10.865/04, em seu art. 27, § 2º, permitiu ao Executivo reduzir e restabelecer as alíquotas das contribuições não cumulativas sobre receitas financeiras, até o limite, nos percentuais hoje vigentes, de 2,1% para o PIS e de 9,65% para a COFINS. Leia-se:

Art. 27. [...]

§ 2º O Poder Executivo poderá, também, reduzir e restabelecer, até os percentuais de que tratam os incisos I e II do caput do art. 8º desta Lei, as alíquotas da contribuição para o PIS/PASEP e da COFINS incidentes sobre as receitas financeiras auferidas pelas pessoas jurídicas sujeitas ao regime de não cumulatividade das referidas contribuições, nas hipóteses que fixar.

De fato, a alíquota das contribuições sobre receitas financeiras foi reduzida a zero pelo Decreto 5.164/04, revogado pelo Decreto 5.442/05, cujo art. 1º tinha a seguinte redação:

> *Art. 1º Ficam reduzidas a zero as alíquotas da Contribuição para o PIS/PASEP e da Contribuição para o Financiamento da Seguridade Social – COFINS incidentes sobre as receitas financeiras, inclusive decorrentes de operações realizadas para fins de hedge, auferidas pelas pessoas jurídicas sujeitas ao regime de incidência não cumulativa das referidas contribuições.*

Ocorre que a norma foi revogada pelo Decreto 8.426/15, que restabeleceu parcialmente as alíquotas, 0,65% para o PIS e 4% para a COFINS. Leia-se:

> *Art. 1º Ficam restabelecidas para 0,65% (sessenta e cinco centésimos por cento) e 4% (quatro por cento), respectivamente, as alíquotas da Contribuição para os Programas de Integração Social e de Formação do Patrimônio do Servidor Público – PIS/PASEP e da Contribuição para o Financiamento da Seguridade Social – COFINS incidentes sobre receitas financeiras, inclusive decorrentes de operações realizadas para fins de hedge, auferidas pelas pessoas jurídicas sujeitas ao regime de apuração não cumulativa das referidas contribuições.*
>
> *§ 1º Aplica-se o disposto no caput inclusive às pessoas jurídicas que tenham apenas parte de suas receitas submetidas ao regime de apuração não cumulativa da Contribuição para o PIS/PASEP e da COFINS.*

Os contribuintes passaram a alegar que o decreto implicava aumento de tributo sem lei que o estabelecesse, e que a lei não poderia delegar ao decreto o poder de aumentar ou restabelecer a alíquota das contribuições, sob pena de violação do art. 150, I, da CF/88, que dispõe:

> *Art. 150. Sem prejuízo de outras garantias asseguradas ao contribuinte, é vedado à União, aos Estados, ao Distrito Federal e aos Municípios:*
>
> *I – exigir ou aumentar tributo sem lei que o estabeleça;*
>
> *[...]*

A nosso ver, a alegação é improcedente. Se se considerar que o art. 27, § 2º, da Lei 10.865/04 é inconstitucional na parte que permite o restabelecimento da alíquota, por falta de autorização da Carta, também o será na parte que permite a redução da alíquota por decreto, pelo exato mesmo motivo, vale dizer, também não há autorização constitucional para redução destes tributos por ato do Poder Executivo.

Se, ao revés, se considerar que a norma é constitucional, tanto a redução da alíquota quanto seu restabelecimento se mostrarão legítimos.

Os Tribunais Regionais Federais que enfrentaram o tema, em geral, têm apontado pela legitimidade do restabelecimento da alíquota, baseados na autorização legal do art. 27, § 2º, da Lei 10.865/04, no fato de que o decreto não aumenta tributo sem lei que o estabeleça, pois a tributação das receitas financeiras pelo PIS e a COFINS na modalidade não cumulativa foi prevista pela Lei 10.667/02 e pela Lei 10.883/03, e ainda na constatação de que o Decreto 8.426/15 restabelece alíquotas não excedem aquelas previstas na Lei 10.865/04.

O STJ apreciou a matéria, legitimando a majoração da alíquota no caso concreto. Manifestou-se:

> *7. Hipótese em que se discute a legalidade da revogação da alíquota zero, prevista no art. 1º do Decreto n. 5.442/2005, do PIS e da COFINS sobre receitas financeiras elo art. 1° do Decreto n. 8.426/2015.*
>
> *8. Considerada a constitucionalidade da Lei n. 10.865/2004, permite-se ao Poder Executivo tanto reduzir quanto restabelecer alíquotas do PIS/COFINS sobre as receitas financeiras das pessoas jurídicas, sendo certo que tanto os decretos que reduziram a alíquota para zero quanto o Decreto n. 8.426/2015, que as restabeleceu em patamar inferior ao permitido pelas Leis n. 10.637/2002 e 10.833/03, agiram dentro do limite previsto na legislação, não havendo que se falar em ilegalidade.*
>
> *9. O art. 27, § 2º, da Lei n. 10.865/2004 autoriza o Poder Executivo a reduzir ou restabelecer as alíquotas nos percentuais delimitados na própria Lei, da forma que, considerada legal a permissão dada ao administrador para reduzir tributos, também deve ser admitido o seu restabelecimento, pois não se pode compartimentar o próprio dispositivo legal para fins de manter a tributação com base em redução indevida.*
>
> *(STJ, T1, REsp 1.586.950/RS, Min. Gurgel de Faria, DJE de 9/10/2017)*

Como era de se esperar, o tema foi levado ao STF, onde aguarda julgamento o RE 986.296 RG/PR, com repercussão geral reconhecida.

Embora nos pareça provável que o Judiciário aprove o restabelecimento da alíquota, a questão que se coloca é se a lei pode autorizar decreto a reduzir alíquotas de tributos, fora das previsões expressas da Constituição.

Parece-nos que a resposta é negativa, mas há de se reconhecer que não há disposição literal e expressa na Carta, que proíba ou que autorize o expediente previsto no art. 27, § 2º, da Lei 10.685/04.

Há previsão expressa de alteração de alíquotas, dentro dos limites legais, para o Imposto de Importação, o Imposto de Exportação, o IPI e o IOF, no art. 153, § 3º, da CF/88:

> *Art. 153.*
>
> *[...]*
>
> *§ 1º – É facultado ao Poder Executivo, atendidas as condições e os limites estabelecidos em lei, alterar as alíquotas dos impostos enumerados nos incisos I, II, IV e V.*

A autorização expressa para um caso, não significa, em termos lógicos, a vedação para os demais casos. Ademais, o raciocínio *a contrario sensu* tem o mesmo valor do raciocínio analógico, que poderia equiparar o tratamento do PIS e da COFINS sobre receitas financeiras ao tratamento do IOF.

Mais concreto é o teor do art. 150, § 6º, da Constituição que exige lei específica para a concessão de subsídios, isenções, reduções de base de cálculo, créditos presumidos, não havendo razão material para exigir lei específica para estas formas de redução da obrigação tributária e dispensá-la para outras, como a redução de alíquota, que apresentam o mesmo efeito.. Leia-se:

> *Art. 150*
>
> *[...]*
>
> *§ 6º Qualquer subsídio ou isenção, redução de base de cálculo, concessão de crédito presumido, anistia ou remissão, relativos a impostos, taxas ou contribuições, só poderá ser concedido mediante lei específica, federal, estadual ou municipal, que regule exclusivamente as matérias acima enumeradas ou o correspondente tributo ou contribuição, sem prejuízo do disposto no art. 155, § 2.º, XII, g.*

Ademais, sob o ponto de vista teórico, muitos autores defendem que a redução de alíquota nada mais é que espécie de isenção parcial.

Numa análise literal, contudo, a redução de alíquota não está prevista no texto do art. 150, § 6º, da CF/88 e há quem defenda que este instituto difere da isenção.

Por outro lado, enquanto não revogado o art. 27, § 2º, da Lei 10.685/04, não nos parece possível cobrar os tributos sobre receitas financeiras em percentual maior que as alíquotas previstas pelo Decreto 5.442/05 ou pelo Decreto 8.426/15, durante suas respectivas vigências, em virtude da proteção da boa-fé e da confiança do contribuinte.

O tema chegou recentemente ao STJ, pelo REsp 1.586.950, que ainda não foi julgado. Como a matéria é eminentemente constitucional, a definição da controvérsia será dada somente pelo STF.

Não cumulatividade do PIS e da COFINS x Não cumulatividade do IPI e do ICMS

O sistema da não cumulatividade do PIS e da COFINS, contudo, não é idêntico ao do IPI ou do ICMS, em que os créditos, obtidos pelo método "imposto contra imposto" são, em regra, físicos, reais e condicionados.

No PIS e na COFINS alguns créditos são obtidos pela aplicação da alíquota da não cumulatividade sobre a despesa (base contra base), fugindo assim do método "imposto contra imposto", especialmente nas aquisições de pessoas jurídicas sujeitas ao regime cumulativo. Nestas hipóteses, o sistema do PIS e da COFINS também se afasta da regra do crédito real, pois o valor a deduzir não é aquele efetivamente devido na operação anterior.

Também se permite, nas contribuições não cumulativas, a **dedução de créditos financeiros**, como os decorrentes de **aluguéis pagos a pessoas jurídicas** e as **depreciações**

do ativo imobilizado, inaceitáveis no sistema do crédito físico (vale dizer, decorrente de mercadorias e serviços que compõem os produtos vendidos, as mercadorias revendidas e os serviços prestados).

Em outra divergência em relação aos impostos, os créditos do PIS e da COFINS são, por vezes, **incondicionados**. Não por exceção, já que não há uma regra geral, mas pela base de cálculo e pela sistemática de apuração das próprias contribuições.

De fato, não seria razoável condicionar o crédito decorrente de aluguéis pagos a pessoa jurídica à tributação de todo o faturamento da empresa. O aluguel do estabelecimento está ligado à toda a atividade da empresa, não a algum produto ou serviço em especial, de modo que pudesse ficar condicionado à venda tributada do produto ou serviço.

Por fim, o sistema das contribuições se afasta completamente do sistema de não cumulatividade do IPI e do ICMS quanto a característica do crédito condicionado à saída tributada da mercadoria ou serviço. No PIS e na COFINS geram créditos as operações tributadas na aquisição, independente da existência de tributação na venda.

As peculiaridades do sistema de não cumulatividade das contribuições, portanto, não pode ser comparado com o dos impostos, nem as regras e princípios aplicáveis a estes podem ser emprestadas àquelas por analogia. Não há identidade nem semelhança que permitam o raciocínio analógico.

PIS e COFINS x IRPJ

De outro turno, também não se pode pretender aproximar o PIS e a COFINS do IRPJ, de modo a permitir a dedução de créditos por todas as despesas reconhecidas para aquele imposto. Afinal, as contribuições incidem sobre a receita, não sobre o lucro.

Não cumulatividade própria do PIS e COFINS

A não cumulatividade do PIS e da COFINS é própria e deve ser adequada e correspondente à natureza do fato gerador das contribuições, vale dizer, a receita bruta. De outro turno, à míngua de determinações constitucionais ou mesmo de uma teoria sólida como a dos créditos físicos, reais e condicionados, aplicáveis ao IPI e ao ICMS (malgrado também esteja sujeita a discussões), não há critério prévio que possa definir as operações aptas a gerar crédito. Neste contexto, são capazes de gerar créditos as operações definidas pelo direito positivo, vale dizer, as operações expressas pela lei e aquelas acolhidas pelo Poder Judiciário.

Conferem créditos mensais dedutíveis do PIS e da COFINS, nos termos da lei:

- os bens adquiridos para revenda, exceto em relação às mercadorias e aos produtos sujeitos a substituição tributária e os excluídos da tributação não cumulativa;
- os bens e serviços, utilizados como insumo na prestação de serviços e na produção ou fabricação de bens ou produtos destinados à venda, inclusive combustíveis e lubrificantes, exceto em relação ao pagamento dos valores devidos à concessionária pela intermediação ou entrega na venda direta de veículos do

fabricante ao consumidor final, quando excluídos da base de cálculo das contribuições;

- os bens e serviços adquiridos do exterior, quando sujeitos à incidência do PIS-importação e da COFINS-importação;
- a energia elétrica e a energia térmica, inclusive sob a forma de vapor, consumidas nos estabelecimentos da pessoa jurídica;
- aluguéis de prédios, máquinas e equipamentos, pagos a pessoa jurídica, utilizados nas atividades da empresa[23];
- o valor das contraprestações de operações de arrendamento mercantil de pessoa jurídica, exceto de optante SIMPLES;
- bens incorporados ao ativo intangível, adquiridos para utilização na produção de bens destinados à venda ou na prestação de serviços (Lei 12.973/14);
- a depreciação de máquinas, equipamentos e outros bens incorporados ao ativo imobilizado ou intangível (Lei 12.973/2014), adquiridos ou fabricados para locação a terceiros, ou para utilização na produção de bens destinados à venda ou na prestação de serviços;
- a depreciação de edificações e benfeitorias em imóveis próprios ou de terceiros, utilizados nas atividades da empresa;
- os bens recebidos em devolução cuja receita de venda tenha integrado faturamento do mês ou de mês anterior, e tributada pelas contribuições;
- a armazenagem de mercadoria e o frete na operação de venda, quando o ônus for suportado pelo vendedor;
- vale-transporte, vale-refeição ou vale-alimentação, fardamento ou uniforme fornecidos aos empregados por pessoa jurídica que explore as atividades de prestação de serviços de limpeza, conservação e manutenção, a partir da Lei 11.898/09[24].

Também há hipóteses de créditos presumidos, bem como na abertura de estoque, quando a empresa migra da tributação cumulativa para a tributação não cumulativa.

De outro turno, *não conferem crédito*:

---

23. Discute-se no STF, no RE 599.658 RG/SP, a possibilidade de créditos decorrentes de aluguéis pagos a pessoa física e sobre o uso de imóvel próprio (STF; Tribunal Pleno; RE 599.658 RG/SP; Min. LUIZ FUX; DJe de 26/02/2013).

24. O STJ vem entendendo que os créditos de vale-transporte, vale-refeição ou vale-alimentação, fardamento ou uniforme fornecidos aos empregados por prestadora de serviço conferidos pela Lei 11.898/2009, que incluiu o inciso X no art. 3º. das Leis 10.637/02 e 10.833/03, não tem aplicação retroativa (STJ, T1, AgRg no REsp 1.230.441/SC, Min NAPOLEÃO NUNES MAIA FILHO, DJe de 18/09/2013)

- o pagamento de mão-de-obra a pessoa física;
- a aquisição de bens sujeitos ao regime monofásico;
- a aquisição de bens sujeitos a substituição tributária;
- a aquisição de bens excluídos do regime não cumulativo;
- a aquisição de bens ou serviços não sujeitos ao pagamento das contribuições (alíquota zero, não incidência, suspensão);
- as aquisições de bens isentos, quando revendidos ou utilizados como insumo em produtos ou serviços sujeitos à alíquota zero, isentos ou não alcançados pela contribuição.

Demais disso, deverá ser estornado o crédito de mercadorias ou insumos, que tenham sido furtados ou roubados, inutilizados ou deteriorados, destruídos em sinistro (art. 2º, § 13, da Lei 10.833/03).

Os créditos do regime não cumulativo não são classificados como receita tributada pelas próprias contribuições.

O valor destes créditos não constitui receita bruta da pessoa jurídica, servindo somente para dedução do valor devido da contribuição.

Observe-se, ainda, que há dois tratamentos distintos do crédito. Os créditos em geral são passíveis de aproveitamento via dedução dos débitos. Os créditos decorrentes de exportação e os créditos referentes às vendas não tributadas podem ser deduzidos de eventual débito da empresa, decorrentes de outras vendas tributadas no mercado interno; ou ainda ressarcidas ou compensadas, a pedido do contribuinte.

Créditos de aquisições com isenção, não incidência e suspensão

Há diferença no aproveitamento de crédito de operações de aquisição abrangidas por isenção, não incidência e suspensão das contribuições.

Dispõe o § 2º, II, do art. 3º, da Lei 10.833/03:

> *Art. 3º [...]*
>
> *§ 2º Não dará direito a crédito o valor:*
>
> *[...]*
>
> *II – da aquisição de bens ou serviços não sujeitos ao pagamento da contribuição, inclusive no caso de isenção, esse último quando revendidos ou utilizados como insumo em produtos ou serviços sujeitos à alíquota 0 (zero), isentos ou não alcançados pela contribuição.*

A aquisição de insumo isento gera crédito (ao contrário do que determina a regra do crédito físico e real), desde que a venda do produto pelo adquirente seja tributada. Se a venda não for tributada, a aquisição isenta não irá gerar o crédito (regra do crédito condicionado).

As aquisições que não se inserem no âmbito de incidência das contribuições, não geram crédito, em hipótese alguma (regra do crédito físico).

Da mesma forma, não geram crédito aquisições com suspensão das contribuições. Assim já decidiu o STJ:

> *TRIBUTÁRIO. CONTRIBUIÇÕES AO PIS/PASEP E COFINS NÃO CUMULATIVAS. BENS NÃO SUJEITOS AO PAGAMENTO DAS CONTRIBUIÇÕES. IMPOSSIBILIDADE DE CREDITAMENTO NA FORMA DOS ARTS. 3º, §2º, II, DA LEI N. 10.833/2003 E DA LEI N. 10.637/2002. DIFERENÇA ENTRE "ISENÇÃO" E "SUSPENSÃO DO PAGAMENTO". INCIDÊNCIA EXCLUSIVA DO CRÉDITO PRESUMIDO INSTITUÍDO PELO ART. 34 DA LEI N. 12.058/2009 E PELO ART. 56, DA LEI N. 12.350/2010.*
>
> *1. As aquisições de carne bovina, de frango e suína para revenda feitas pela recorrente de frigoríficos/revendedores atacadistas não se submetem a qualquer isenção, mas sim estão sob a égide de suspensão do pagamento do PIS e da COFINS, suspensão esta prevista no artigo 32 da Lei 12.058/2009, e 54 da Lei 12.350/2010.*
>
> *2. À toda evidência, "isenção" e "suspensão do pagamento" são institutos completamente diversos. A "isenção" é situação de não incidência da norma tributária provocada por lei. A isenção impede a ocorrência do fato gerador porque tira da hipótese de incidência da norma tributária um dado suporte fático pontualmente escolhido (dever ser) o que impossibilita a incidência da norma sobre um dado fato (ser) que por isso deixa de ser fato imponível. Já a "suspensão do pagamento" opera em momento diverso. Somente há que se falar em pagamento (e, por consequência, em sua suspensão) se houver a incidência da norma tributária (hipótese de incidência + fato imponível = fato gerador), o surgimento da obrigação tributária e a possibilidade de constituição do crédito tributário, situações que a isenção já exclui de antemão.*
>
> *3. Sendo assim, os arts. 3º, §2º, II, da Lei n. 10.833/2003 e da Lei n. 10.637/2002, que permitem o creditamento por aquisições isentas, não amparam o pleito da recorrente. Em verdade, ela adquire bens não sujeitos ao pagamento da contribuição, para os quais a regra dos mesmos arts. 3º, §2º, II, da Lei n. 10.833/2003 e da Lei n. 10.637/2002, em sua parte inicial, é a de não permitir o creditamento.*
>
> *4. Desse modo, se os bens que adquire não dão direito ao creditamento pela regra da não cumulatividade prevista nas Leis ns. 10.637/2002 e 10.833/2003, qualquer creditamento que possa ter somente poderia vir a título de benefício fiscal. Tal foi o que ocorreu com o advento dos arts. 34 da Lei 12.058/2009 e 56 da Lei 12.350/2010 que lhe concederam o favor do crédito presumido.*
>
> *5. Recurso especial não provido.*
>
> *(STJ, T2, REsp 1.438.607/RS, Min. MAURO CAMPBELL MARQUES, DJe de 9/12/2015)*

Isso ocorre porque o § 2º, II, do art. 3º, da Lei 10.833/03 afasta a possibilidade de crédito decorrentes de operações em que não há o **pagamento** das contribuições, independentemente do instituto jurídico aplicável para afastar este pagamento.

O aproveitamento de crédito nas aquisições isentas é, como se vê, uma exceção trazida pelo próprio inciso II, do § 2º, do art. 3º, da Lei 10.833/03.

Dedução de créditos ordinários e créditos decorrentes de benefício fiscal.

No REsp 1.437.568, o STJ distinguiu créditos ordinários e créditos presumidos, decorrentes de benefício fiscal, para tratar de demanda em que se postulava a dedução cumulativa das duas espécies de crédito.

Os créditos ordinários, seriam aqueles elencados nas Lei 10.637/02 e 10.833/03, que acabamos de estudar. De outro turno, os créditos presumidos, para o STJ, seriam aqueles decorrentes de benefício fiscal.

Como vimos, o PIS e a COFINS também apresentam créditos presumidos ordinários, de forma que o crédito presumido, neste caso, deve ser entendido como aquele concedido como incentivo.

Com esta ressalva, vejamos a decisão do STJ, que consignou, com razão, a impossibilidade de dedução simultânea de crédito ordinário com crédito de benefícios, decorrentes da mesma operação:

> *PROCESSUAL CIVIL. TRIBUTÁRIO. PIS/PASEP E COFINS NÃO CUMULATIVOS. ARTS. 97, VI, 99 e 111, I, DO CTN. AUSÊNCIA DE PREQUESTIONAMENTO. SÚMULA N. 282/STF. CREDITAMENTO SIMULTÂNEO DO CRÉDITO ORDINÁRIO PREVISTO NO ART. 3º, CAPUT, DAS LEIS NN. 10.637/2002 E 10.833/2003 E DO CRÉDITO PRESUMIDO PREVISTO NO ART. 8º DA LEI Nº 10.925/2004 POR UMA MESMA AQUISIÇÃO. IMPOSSIBILIDADE. SUSPENSÃO DA INCIDÊNCIA DAS CONTRIBUIÇÕES AO PIS/PASEP E COFINS NÃO CUMULATIVOS E INÍCIO DA POSSIBILIDADE DE APROVEITAMENTO DE CRÉDITO PRESUMIDO AMBOS COM EFEITOS A PARTIR DE 1º/8/2004. INTERPRETAÇÃO DO ART. 17, III, DA LEI Nº 10.925/2004. LEGALIDADE DO ART. 5º DA IN SRF N. 636/2006. ILEGALIDADE DO ART. 11, I, DA IN SRF N. 660/2006 QUE FIXOU A DATA EM 4/4/2006.*
>
> *1. Discute-se nos autos a possibilidade de aproveitamento simultâneo de **crédito ordinário** da sistemática não cumulativa de PIS/PASEP e de COFINS, prevista no art. 3º, das Leis nº 10.637/2002 e 10.833/2003, com o **crédito presumido** previsto no art. 8º, § 1º, da Lei nº 10.925/2004, referente às aquisições feitas junto a pessoas jurídicas cerealistas, transportadoras de leite e agropecuárias que funcionam como intermediárias entre as pessoas físicas produtoras agropecuárias e as pessoas jurídicas que produzam mercadorias de origem animal ou vegetal, para o período de 1º/08/2004 a 03/04/2006.*
>
> *[...]*
>
> *3. O crédito presumido, que corresponde a um percentual do crédito ordinário, trata de **benefício fiscal** que traduz verdadeira ficção ju-*

rídica, daí a denominação "presumido", pois concedido justamente nas hipóteses previstas no art. 3º, §2º, das Leis ns. 10.637/2002 e 10.833/2003, onde não é possível dedução de crédito ordinário pela sistemática não cumulativa, v.g., nas aquisições de insumos de pessoas físicas ou cooperados pessoa física (caput do art. 8º, da Lei n. 10.925/2004) e aquisições de insumos de pessoas jurídicas em relação às quais a lei suspendeu o pagamento das referidas contribuições (§ 1º do art. 8º, da Lei n. 10.925/2004).

*4. **O crédito presumido** é **benefício fiscal cujo objetivo** é **aliviar a cumulatividade nas situações onde não foi possível eliminá-la pela concessão do crédito ordinário**. Desse modo, salvo disposição legal expressa, **uma mesma aquisição não pode gerar dois creditamentos simultâneos** para o mesmo tributo a título de crédito presumido e crédito ordinário, sob pena de ser concedida desoneração para além da não cumulatividade própria dos tributos em exame.*

5. Os arts. 3º, § 3º, I, "a", da IN SRF 636/2006 e 7º, I, da IN SRF 660/2006 condicionaram a existência de crédito presumido à aquisição de produtos com a tributação a título de PIS/PASEP e COFINS suspensa, na forma do art. 9º, da Lei n. 10.925/2004. A necessidade de suspensão da incidência da contribuição na etapa anterior para possibilitar a fruição do crédito presumido não decorre das referidas instruções normativas, mas sim de interpretação sistemática da legislação que rege o creditamento ordinário e presumido.

6. O crédito presumido e a suspensão da incidência das contribuições produziram efeitos conjuntamente a partir de 1º/8/2004, nos termos do art. 17, III, da Lei nº 10.925/2004, de forma que as INs SRF nºs 636/2006 e 660/2006, ainda que sob o pálio do § 2º do art. 9º da referida Lei nº 10.925/2004, não poderiam alterar a data de concessão da suspensão da incidência das contribuições, mas tão somente disciplinar sua aplicação mediante a instituição de obrigações tributárias acessórias. Nesse sentido, está conforme a lei o art. 5º da IN SRF 636/2006, que fixou a data do início do crédito presumido e da suspensão em 1º/8/2004, e ilegal o art. 11, I, da IN SRF 660/06, que revogou o artigo anterior e, de forma equivocada, fixou a data do início do crédito presumido e da suspensão em 4/4/2006.

7. Esta Corte já enfrentou o tema da revogação da IN SRF n. 636/2006 pela IN SRF n. 660/2006 e concluiu que tal revogação não teve o condão de alterar de 1º/8/2004 para 4/4/2006 o início dos efeitos da suspensão da incidência das contribuições ao PIS e à COFINS prevista no art. 9º, da Lei nº 10.925/04. Precedente: REsp nº 1.160.835/RS, Rel. Min. Herman Benjamin, Segunda Turma, DJe 23/4/2010.

8. Nos termos do art. 17, III, da Lei nº 10.925/2004 e do art. 5º da IN SRF 636/2006, tanto o direito ao crédito presumido de que trata o art. 8º, da Lei nº 10.925/2004, quanto a suspensão da incidência das contribuições ao PIS e à COFINS prevista no art. 9º, da Lei nº 10.925/2004, produziram efeitos a partir de 1º/8/2004, relativamente às atividades previstas na redação original da Lei nº 10.925/2004, e a partir de 30/12/2004 em relação às atividades incluídas pela Lei nº 11.051/2004.

> *9. Tendo em vista que o acórdão recorrido reconheceu equivocadamente ao contribuinte o direito ao crédito ordinário pela sistemática não cumulativa no período de 1º/8/2004 a 4/4/2006, não é possível a esta Corte, à mingua de recurso da FAZENDA NACIONAL, afastar o acórdão no ponto, sob pena de incorrer em reformatio in pejus. 10. Por outro lado, uma interpretação sistemática da legislação, bem como os princípios da razoabilidade e moralidade não permitem a esta Corte conceder cumulativamente o crédito parcial (crédito presumido) onde já foi equivocadamente reconhecido o crédito total (crédito ordinário) ao contribuinte.*
>
> *11. Portanto, deve ser reconhecido ao contribuinte o direito ao aproveitamento de créditos presumidos na forma do art. 8º da Lei nº 10.925/2004 no período de 1º/8/2004 a 4/4/2006 somente em relação às aquisições não abrangidas pelo creditamento ordinário de PIS e COFINS pela sistemática não cumulativa.*
>
> *12. Recurso especial parcialmente conhecido e, nessa parte, parcialmente provido.*
>
> *(STJ, T2, REsp 1.437.568/SC, Min. MAURO CAMPBELL MARQUES, DJe de 9/12/2015)*

Vale ressaltar, ainda, que a exigência de suspensão do tributo para o aproveitamento do crédito presumido encontra-se, também, no âmbito da regulação específica e excepcional do benefício, não infirmando a regra geral de que operações com suspensão não geram direito a crédito, analisada no tópico anterior.

Outros lançamentos contábeis de receita

Como dissemos, as contribuições incidem sobre a receita bruta, de modo que qualquer outro lançamento contábil de receita acarreta a tributação. Alguns destes lançamentos contábeis têm sido objeto de discussão judicial, com vistas a impedir a incidência das exações. É o caso do *crédito presumido do IPI*. Vejamos:

> *TRIBUTÁRIO. COFINS. PIS. INCLUSÃO DO CRÉDITO DECORRENTE DE EXPORTAÇÕES NA BASE DE CÁLCULO DESSAS CONTRIBUIÇÕES ("CRÉDITO PRESUMIDO DO IPI"). CONCEITO CONSTITUCIONAL DE RECEITA BRUTA. [...]*
>
> *Tem repercussão geral a discussão sobre o cômputo dos valores recebidos a título do incentivo fiscal previsto na Lei 9.363/1996 na base de cálculo da COFINS e da Contribuição ao PIS.*
>
> *(STF, Tribunal Pleno, RE 593.544 RG/RS, Min. JOAQUIM BARBOSA, DJe de 31/10/2012)*

A tese sustenta que o crédito presumido do IPI não pode ser considerado receita para fins da incidência das contribuições.

Outro lançamento contábil de receita que gera discussão é o *crédito ICMS de empresas exportadoras* que são negociados no mercado interno. Vamos lembrar que a exportação não sofre a incidência do imposto estadual e a empresa exportadora mantém o crédito pelas mercadorias e serviços adquiridos no país. Em princípio, esta empresa poderia deduzir os créditos mantidos de débitos decorrentes das vendas no mercado interno, que são tributadas. Contudo, em certos casos, a empresa exportadora não vende no mercado interno e, portanto, não tem como aproveitar o crédito do imposto em outras operações. Neste caso, ela transfere o crédito para terceiros.

O entendimento da União é de que tais operações com créditos de ICMS geram receita para a empresa exportadora e tais receitas podem ser tributadas pelo PIS e pela COFINS.

Recente decisão do STF, contudo, proferida no RE 606.107/RS, afastou a incidência das contribuições sobre as operações em comento[25].

As *variações cambiais* também podem ser lançadas contabilmente como receitas. Isso ocorre, por exemplo, nas exportações em que o preço recebido em moeda estrangeira sofre majoração, em virtude da valorização da moeda. O STF decidiu pela inconstitucionalidade da incidência:

> *RECURSO EXTRAORDINÁRIO. CONSTITUCIONAL. TRIBUTÁRIO. IMUNIDADE. HERMENÊUTICA. CONTRIBUIÇÃO AO PIS E COFINS. NÃO INCIDÊNCIA. TELEOLOGIA DA NORMA. VARIAÇÃO CAMBIAL POSITIVA. OPERAÇÃO DE EXPORTAÇÃO.*
>
> *[...]*
>
> *II – O contrato de câmbio constitui negócio inerente à exportação, diretamente associado aos negócios realizados em moeda estrangeira. Consubstancia etapa inafastável do processo de exportação de bens e serviços, pois todas as transações com residentes no exterior pressupõem a efetivação de uma operação cambial, consistente na troca de moedas.*
>
> *III – O legislador constituinte – ao contemplar na redação do art. 149, § 2º, I, da Lei Maior as "receitas decorrentes de exportação" – conferiu maior amplitude à desoneração constitucional, suprimindo do alcance da competência impositiva federal todas as receitas que resultem da exportação, que nela encontrem a sua causa, representando consequências financeiras do negócio jurídico de compra e venda internacional. A intenção plasmada na Carta Política é a de desonerar as exportações por completo, a fim de que as empresas brasileiras não sejam coagidas a exportarem os tributos que, de outra forma, onerariam as operações de exportação, quer de modo direto, quer indireto.*
>
> *IV – Consideram-se receitas decorrentes de exportação as receitas das variações cambiais ativas, a atrair a aplicação da regra de imunidade e afastar a incidência da contribuição ao PIS e da COFINS.*
>
> *V – Assenta esta Suprema Corte, ao exame do leading case, a tese da inconstitucionalidade da incidência da contribuição ao PIS e da COFINS sobre a receita decorrente da variação cambial positiva obtida nas operações de exportação de produtos.*

---

25. STF; Tribunal Pleno; RE 606.107 RG/RS; Min. ROSA WEBER; DJe de 22/05/2013.

VI – Ausência de afronta aos arts. 149, § 2º, I, e 150, § 6º, da Constituição Federal. Recurso extraordinário conhecido e não provido, aplicando-se aos recursos sobrestados, que versem sobre o tema decidido, o art. 543-B, § 3º, do CPC.

(STF, Tribunal Pleno, RE 627.815/PR, Min. ROSA WEBER, DJe de 23/5/2013)

O STJ tem decidido que os ingressos decorrentes de *juros sobre capital próprio* constitui receita tributável pelas contribuições[26]. Embora visem remunerar o capital, como forma alternativa de distribuição dos lucros em participações societárias, o Tribunal entendeu que sua natureza é de receita financeira, portanto tributável.

A matéria agora foi pacificada, com julgamentos de recursos especiais sob o rito dos recursos repetitivos, como noticia o seguinte julgado:

TRIBUTÁRIO. CONTRIBUIÇÃO PARA O PIS E COFINS. JUROS SOBRE CAPITAL PRÓPRIO (JCP). LEI 9.718/98. INEXIGIBILIDADE. INCIDÊNCIA A PARTIR DA ENTRADA EM VIGOR DAS LEIS 10.637/02 e 10.833/03. ENTENDIMENTOS FIRMADOS EM RECURSOS REPETITIVOS.

1. Não incide a contribuição para o PIS e nem a COFINS sobre juros sobre capital próprio durante a vigência da Lei 9.718/98, mas referidas exações passaram a ser devidas a partir da entrada em vigor das Leis 10.637/02 e 10.833/03, que trouxeram nova disciplina sobre a matéria em referência. Precedentes: REsp 1.104.184/RS, Rel. Ministro Napoleão Nunes Maia Filho, Primeira Seção, DJe 08/03/2012; e REsp 1.200.492/RS, Rel. para acórdão Ministro Mauro Campbell Marques, Primeira Seção, julgado em 14/10/2015 (acórdão pendente de publicação).

2. Agravo regimental a que se nega provimento.

(STJ, T1, AgRg no REsp 1.016.849/RS, Min. SÉRGIO KUKINA, DJe de 15/12/2015)

Com mesmo fundamento, a Corte afastou a possibilidade de aproveitamento de crédito pelo pagamento de juros sobre o capital próprio:

CONSTITUCIONAL. TRIBUTÁRIO. PIS/PASEP E COFINS NÃO CUMULATIVOS. CREDITAMENTO. JUROS SOBRE O CAPITAL PRÓPRIO – JCP. IMPOSSIBILIDADE. ARTS. 3º, V, DAS LEIS Nºs 10.637/2002 E 10.833/2003, EM SUA REDAÇÃO ORIGINAL.

1. Não pode ser analisada qualquer alegação de incompatibilidade entre os dispositivos das Leis nº 10.637/2002 e 10.833/2003, que estabelecem a forma de atuação da não cumulatividade no âmbito do PIS e da COFINS, e o artigo 195, §12º da Constituição Federal, além dos princípios da isonomia, razoabilidade, proporcionalidade e não cumulatividade, tendo em vista tratar-se de temas constitucionais próprios do exame em sede de recurso extraordinário já interposto nos autos.

26. STJ, T1, AgRg no Ag 1.209.804/RS, Min. ARNALDO ESTEVES LIMA, DJe de 2/2/2011.

2. O art. 3º, V, das Leis nºs 10.637/2002 e 10.833/2003, em sua redação original, permitiam o aproveitamento de créditos de PIS/PASEP e de COFINS calculados em relação a despesas financeiras decorrentes de empréstimos, financiamentos (contratos de mútuo).

3. Este STJ por intermédio de dois recursos representativos da controvérsia (REsp. n. 1.200.492 – RS, Primeira Seção, Rel. Min. Napoleão Nunes Maia Filho, Rel. p/acórdão Min. Mauro Campbell Marques, julgado em 14.10.2015 e REsp. n. 1.373.438 – RS, Segunda Seção, Rel. Min. Paulo de Tarso Sanseverino, julgado em 11.06.2014) já definiu que os Juros sobre o Capital Próprio – JCP possuem natureza jurídica própria, correspondendo a receitas/despesas financeiras, no entanto não equivalem a lucros e dividendos ou a qualquer outro instituto.

4. Sendo assim, como categoria nova e autônoma, o creditamento dentro da sistemática das contribuições ao PIS/PASEP e COFINS não cumulativos também depende de norma tributária expressa, ora inexistente.

5. A criação dos JCP teve por objetivo estimular que as matrizes estrangeiras deixassem de aportar o volátil – "capital emprestado" – para aportar valores diretamente no capital social – "capital de risco". Ou seja, a criação dos JCP se deu justamente para fazer oposição aos tradicionais contratos de mútuo entre matrizes estrangeiras e filiais brasileiras, reforçando a entrada de recursos através dos contratos sociais e substituindo as taxas de juros arbitradas pela matriz pelos JCP fixados em lei. Portanto, não há como identificar o contrato social que dá origem aos JCP com os contratos de mútuo que dão origem às demais taxas de juros, pois na própria origem os institutos se opõem.

6. O capital integralizado pelos sócios ou acionistas de determinada sociedade empresária, embora seja classificado como despesa financeira, decorre de contrato social e tem por finalidade a própria constituição da empresa, gerando JCP, não podendo ser equiparado a um empréstimo ou financiamento decorrente de contrato de mútuo concedido à pessoa jurídica, que gera juros remuneratórios.

7. Recurso especial parcialmente conhecido e, nessa parte, não provido.

(STJ, T2, REsp 1.425.725/RS, Min. MAURO CAMPBELL MARQUES, DJe de 9/12/2015)

O STJ entende que os juros pagos sobre capital próprio têm natureza de despesa financeira, de modo que somente geraria crédito se a lei contivesse previsão expressa. Esta previsão existia na redação original da Lei 10.637/02 e da Lei 10.833/03, mas fora revogada pela Lei 10.865/04.

O problema dos insumos

O art. 3º, II, tanto da Lei 10.637/02 quanto da Lei 10.833/03, permite a pessoa jurídica descontar créditos calculados em relação a bens e serviços, utilizados como insumo na prestação de serviços e na produção ou fabricação de bens ou produtos destinados à venda, inclusive combustíveis e lubrificantes.

Discute-se, porém, o **conceito de insumos**, variando largamente as opiniões, inclusive no que toca à dedução como decorrência do princípio da não cumulatividade.

Três correntes principais disputam a matéria: 1. a restrição dos créditos, com aproximação ao modelo da não cumulatividade do IPI (que limitaria o princípio tendo em vista a base de cálculo mais larga das contribuições); 2. a ampliação dos créditos, para permitir dedução com despesas indiretas, a exemplo da taxa de administração de cartão de crédito, seguros etc., aos moldes da legislação do IR (o que levaria as contribuições a incidir sobre a renda, não sobre a receita bruta e o faturamento); e 3. a adequação dos créditos ao fato gerador das contribuições (embora sem os critérios seguros que fornecem os tradicionais IPI e IRPJ).

Em sede administrativa, vigora a limitação prevista pela **IN/SRF 404/2004**, segundo a qual são insumos capazes de gerar crédito para as contribuições os materiais que exerçam **ação direta sobre o produto** em fabricação e os serviços aplicados ou consumidos na produção ou fabricação do produto.

Os Tribunais Regionais entendiam que as limitações eram legítimas e apenas o TRF4 entendia pela ilegitimidade das restrições à dedutibilidade de créditos decorrentes de insumos. Vejamos:

> *[...]*
>
> *2 – Tem-se que por mais relevantes que sejam tais custos ou despesas para o êxito da comercialização dos produtos pela apelante, não podem ser considerados insumos de sua atividade-fim, que é comercialização, de forma que o que aponta como insumo apenas são custos ou despesas de referida atividade.*
>
> *3 – Não merece guarida o apelo da autora, vez que a sua tese não encontra respaldo na jurisprudência que entende cabíveis as limitações impostas ao princípio da não cumulatividade pelo dispositivo atacado, certo que o que, pretende, no caso, na verdade, é o alargamento do conceito de insumo.*
>
> *[...]*
>
> *(TRF1, T5, AC 200538100031218, Juiz GRIGÓRIO CARLOS DOS SANTOS, e-DJF1 de 16/11/2012)*
>
> *[...]*
>
> *IV – Não cabe ao Poder Judiciário conferir benefício fiscal se não houver previsão legal. Do rol das Leis nºs 10.637/02 e 10.833/03 conclui-se que as despesas com administradoras de cartão de crédito não encontram autorização legal para exclusão da base de cálculo do PIS e da COFINS.*
>
> *V – Inexistência de violação ao princípio da não cumulatividade, pois outorgou-se à lei infraconstitucional a tarefa de dispor sobre os limites objetivos e subjetivos da técnica de tributação.*
>
> *VI – Não se pode falar que se tratam de despesas com insumos para operação de vendas, uma vez que tem-se entendido que os insumos*

que ensejam o creditamento de PIS e COFINS são aqueles bens ou serviços diretamente utilizados na fabricação/produção dos produtos destinados à venda ou na prestação dos serviços.

[...]

(TRF3, T3, AMS 00003990220124036107, Desemb. CECILIA MARCONDES, e-DJF3 de 01/02/2013)

[...]

2. A coerência de um sistema de não cumulatividade de tributo direto sobre a receita exige que se considere o universo de receitas e o universo de despesas necessárias para obtê-las, considerados à luz da finalidade de evitar sobreposição das contribuições e, portanto, de eventuais ônus que a tal título já tenham sido suportados pelas empresas com quem se contratou.

3. Tratando-se de tributo direto que incide sobre a totalidade das receitas auferidas pela empresa, digam ou não respeito à atividade que constitui seu objeto social, os créditos devem ser apurados relativamente a todas as despesas realizadas junto a pessoas jurídicas sujeitas à contribuição, necessárias à obtenção da receita.

4. O crédito, em matéria de PIS e COFINS, não é um crédito meramente físico, que pressuponha, como no IPI, a integração do insumo ao produto final ou seu uso ou exaurimento no processo produtivo.

[...]

(TRF4, T1; AC 0000007-25.2010.404.7200, Desemb. LEANDRO PAULSEN, D.E. de 04/07/2012)

[...]

III. Assim, os insumos diretos possuem autorização genérica para o creditamento, bastando a previsão legal consignada no inciso II [...]

IV. Os indiretos, no entanto, por dependerem de um nexo ou juízo de necessidade, essencialidade e utilidade, ponderado pelo legislador, dependem de menção legal explícita para gerar o mesmo direito de crédito.

V. Ficam de fora da previsão legal os dispêndios que se apresentem num grau de inerência que configure mera conveniência da pessoa jurídica contribuinte (sem alcançar perante o fator de produção o nível de uma utilidade ou necessidade) ou, ainda, que ligados a um fator de produção, não interfiram com o seu funcionamento, continuidade, manutenção e melhoria. [...]

[...]

IX. Com essas considerações, o inciso II do art. 3º das Leis nº 10.637/02 e 10.833/03 não pode ser aplicado na hipótese, visto que sua autorização de desconto se refere aos insumos diretos, conceito no qual não se enquadra a "taxa de administração de cartão de crédito". Tampouco nos incisos dos insumos indiretos (I, III a X) o legislador fez qualquer menção a essa despesa.

X. Impossibilidade de descontar os valores da base de cálculo.

(TRF5, T1, AC 00078873920104058300, Desemb. JOSÉ MARIA LUCENA, DJe 20/12/2012)

O STJ, especialmente, por sua Primeira Turma, passou a enfrentar a matéria, no que toca aos créditos de vale-transporte, vale alimentação, uniforme e fardamento de prestadoras de serviço

> *TRIBUTÁRIO. AGRAVO REGIMENTAL NO RECURSO ESPECIAL. PIS E COFINS. EMPRESAS DE PRESTAÇÃO SE SERVIÇOS DE MÃO-DE-OBRA. DESPESAS COM VALE-TRANSPORTE, VALE-ALIMENTAÇÃO E FARDAMENTO. DESPESAS QUE SÓ FORAM EQUIPARADAS A INSUMO A PARTIR DA EDIÇÃO DA LEI 11.898/2009. IMPOSSIBILIDADE DE CREDITAMENTO ANTES DA EDIÇÃO DA REFERIDA NORMA. AGRAVO REGIMENTAL DO CONTRIBUINTE DESPROVIDO.*
>
> *1. A divergência jurisprudencial invocada não foi demonstrada na forma determinada pelos artigos 541, parág. único do CPC, e 255, §§ 1º. e 2º. do Regimento Interno desta Corte, com a transcrição dos trechos que identificam e assemelham os casos confrontados.*
>
> *2. Muito embora entenda que o conceito de insumo deve ser alargado para abranger tanto os elementos diretos como indiretos de uma produção, a meu ver, as despesas com vale-transporte, vale-refeição e fardamento não possuem a natureza de insumo, nem em seu conceito mais amplo, pois não são elementos essenciais da produção, razão pela qual entendo que o inciso II do art. 3º. das Leis 10.637/02 e 10.833/03, por si só, não autorizava o creditamento pretendido pelo contribuinte.*
>
> *3. Assim, apenas a partir da edição da Lei 11.898/09, que incluiu o inciso X no art. 3º. das Leis 10.637/02 e 10.833/03 equiparando as despesas com vale-transporte, vale-refeição e fardamento a insumo, possibilitou-se o creditamento na forma postulada pelo ora recorrente.*
>
> *4. Não possuindo as referidas despesas natureza de insumo e não havendo expressa autorização legal ao creditamento para o período postulado pelo recorrente, não merece reparos o acórdão objurgado.*
>
> *5. Agravo Regimental do contribuinte desprovido.*
>
> *(STJ, T1, AgRg no REsp 1.230.441/SC, Ministro NAPOLEÃO NUNES MAIA FILHO, DJe de 18/09/2013)*

Recentemente, embora tenha deixado de julgar as questões envolvendo o direito a crédito, por se tratar de matéria constitucional, decidiu no REsp 1.526.447/RS que são insumos "todos aqueles bens e serviços pertinentes ao, ou que viabilizam o processo produtivo e a prestação de serviços, que neles possam ser direta ou indiretamente empregados e cuja subtração importa na impossibilidade mesma da prestação do serviço ou da produção, isto é, cuja subtração obsta a atividade da empresa, ou implica em substancial perda de qualidade do produto ou serviço daí resultantes", julgando assim ilegais as IN SRF 247/02 e 404/04, por restringirem o conceito legal de insumo. Leia-se:

> *PROCESSUAL CIVIL. TRIBUTÁRIO. AUSÊNCIA DE VIOLAÇÃO AO ART. 535, DO CPC. VIOLAÇÃO AO ART. 538, PARÁGRAFO ÚNICO, DO CPC. INCIDÊNCIA DA SÚMULA N. 98/STJ. CONTRIBUIÇÕES AO PIS/PASEP E COFINS NÃO CUMULATIVAS. CREDITAMENTO. CONCEITO DE INSUMOS. ART. 3º, II, DA LEI N. 10.637/2002 E ART. 3º, II, DA LEI N. 10.833/2003.*

ILEGALIDADE DAS INSTRUÇÕES NORMATIVAS SRF N. 247/2002 E 404/2004.

[...]

3. São ilegais o art. 66, §5º, I, "a" e "b", da Instrução Normativa SRF n. 247/2002 – Pis/Pasep (alterada pela Instrução Normativa SRF n. 358/2003) e o art. 8º, §4º, I, "a" e "b", da Instrução Normativa SRF n. 404/2004 – Cofins, que restringiram indevidamente o conceito de "insumos" previsto no art. 3º, II, das Leis n. 10.637/2002 e n. 10.833/2003, respectivamente, para efeitos de creditamento na sistemática de não cumulatividade das ditas contribuições.

4. Conforme interpretação teleológica e sistemática do ordenamento jurídico em vigor, a conceituação de "insumos", para efeitos do art. 3º, II, da Lei n. 10.637/2002, e art. 3º, II, da Lei n. 10.833/2003, não se identifica com a conceituação adotada na legislação do Imposto sobre Produtos Industrializados – IPI, posto que excessivamente restritiva. Do mesmo modo, não corresponde exatamente aos conceitos de "Custos e Despesas Operacionais" utilizados na legislação do Imposto de Renda – IR, por que demasiadamente elastecidos.

5. São "insumos", para efeitos do art. 3º, II, da Lei n. 10.637/2002, e art. 3º, II, da Lei n. 10.833/2003, todos aqueles bens e serviços pertinentes ao, ou que viabilizam o processo produtivo e a prestação de serviços, que neles possam ser direta ou indiretamente empregados e cuja subtração importa na impossibilidade mesma da prestação do serviço ou da produção, isto é, cuja subtração obsta a atividade da empresa, ou implica em substancial perda de qualidade do produto ou serviço daí resultantes.

6. Hipótese em que a recorrente é empresa fabricante de gêneros alimentícios sujeita, portanto, a rígidas normas de higiene e limpeza. No ramo a que pertence, as exigências de condições sanitárias das instalações se não atendidas implicam na própria impossibilidade da produção e em substancial perda de qualidade do produto resultante. A assepsia é essencial e imprescindível ao desenvolvimento de suas atividades. Não houvessem os efeitos desinfetantes, haveria a proliferação de microorganismos na maquinaria e no ambiente produtivo que agiriam sobre os alimentos, tornando-os impróprios para o consumo. Assim, impõe-se considerar a abrangência do termo "insumo" para contemplar, no creditamento, os materiais de limpeza e desinfecção, bem como os serviços de dedetização quando aplicados no ambiente produtivo de empresa fabricante de gêneros alimentícios.

7. Recurso especial provido.

(STJ, T2, REsp 1.246.317/MG, Min. MAURO CAMPBELL MARQUES, DJe de 29/6/2015)

Há julgados, porém, que entendem pela legalidade das instruções normativas da Receita Federal que limitam o aproveitamento de créditos de insumos e pela natureza constitucional da matéria, de modo que a competência para sua apreciação compete ao STF:

PROCESSUAL CIVIL E TRIBUTÁRIO. OFENSA AO ART. 535 DO CPC NÃO CONFIGURADA. PIS E COFINS. CREDITAMENTO. LEIS 10.637/2002 E

10.833/2003. NÃO CUMULATIVIDADE. ART. 195, § 12, DA CF. MATÉRIA EMINENTEMENTE CONSTITUCIONAL. INSTRUÇÕES NORMATIVAS SRF 247/02 e SRF 404/04. EXPLICITAÇÃO DO CONCEITO DE INSUMO. BENS E SERVIÇOS EMPREGADOS OU UTILIZADOS DIRETAMENTE NO PROCESSO PRODUTIVO.

1. A solução integral da controvérsia, com fundamento suficiente, não caracteriza ofensa ao art. 535 do CPC.

2. As Instruções Normativas SRF 247/02 e SRF 404/04 não restringem, apenas explicitam o conceito de insumos previsto nas Leis 10.637/2002 e 10.833/2003. Precedentes do STJ.

3. Possibilidade de creditamento de PIS e Cofins apenas em relação aos bens e serviços empregados ou utilizados diretamente sobre o produto em fabricação.

4. A análise do alcance do conceito de não cumulatividade, previsto no art. 195, § 12, da CF, é vedada no STJ sob pena de usurpação da competência do STF.

5. Agravo Regimental não provido.

(STJ, T2, AgRg no REsp 1.429.759/SC, Ministro HERMAN BENJAMIN, DJe de 18/06/2014)

A não cumulatividade das contribuições está agora sob apreciação do STF, no ARE 790.928 RG/PE. Vejamos:

RECURSO EXTRAORDINÁRIO COM AGRAVO. TRIBUTÁRIO. PRINCÍPIO DA NÃO CUMULATIVIDADE. ART. 195, § 12, CF/88. PIS. COFINS. ARTIGO 3º, NOTADAMENTE INCISO II E §§ 1º E 2º, DAS LEIS Nºs 10.833/2003, 10.637/2002. ARTIGO 31, § 3º, DA LEI Nº 10.865/2004. RELEVÂNCIA DA MATÉRIA E TRANSCENDÊNCIA DE INTERESSES. REPERCUSSÃO GERAL RECONHECIDA.

(STF, Tribunal Pleno, ARE 790.928 RG/PE, Min. LUIZ FUX, DJe de 3/9/2014)

As normas mencionadas na decisão tratam de créditos decorrentes de mercadorias, insumos, aluguéis, *leasing*, energia elétrica, armazenamento, frete, depreciação de bens, mercadorias devolvidas, mão de obra e operações isentas. Do inteiro teor da decisão, verifica-se a dimensão do objeto do recurso e dos efeitos que pode causar na dogmática das contribuições:

Verifica-se que a controvérsia foi decidida com fundamento em norma constitucional. O texto da EC 42/03, ao cuidar da matéria quanto ao PIS e à COFINS, referiu que "a lei definirá os setores de atividade econômica para os quais as contribuições incidentes na forma dos incisos I, b; e IV do caput, serão não cumulativas" (CF art. 195, § 12), deixando de registrar a fórmula que serviria de ponto de partida à exegese pontuada, ou qualquer outra.

Portanto, não há, na construção, a escolha desta ou daquela técnica de incidência do princípio a nortear sua aplicação. Relevante, portanto, a definição pela Suprema Corte do núcleo fundamental do princí-

> *pio da não-cumulatividade quanto à tributação sobre a receita, já que com relaçã o aos impostos indiretos (IPI e ICMS) a corte vem assentado rica jurisprudência.*
>
> *Nesta senda, as restrições previstas nas referidas leis, a limitar o conceito de insumo na tributação sobre a receita, requerem a definição da amplitude do preceito previsto no § 12 do art. 195 da CF.*
>
> *(STF, Tribunal Pleno, ARE 790.928 RG/PE, Min. LUIZ FUX, DJe de 03/09/2014)*

O STF, portanto, assumiu agora a tarefa de interpretar o princípio da não cumulatividade das contribuições. A doutrina já vinha apontando, como lembramos linhas acima, que a Constituição não obriga que o PIS e a COFINS adotem o mesmo sistema de não cumulatividade do IPI e do ICMS. De outro lado, não é razoável transformar o PIS e a COFINS, incidentes sobre o faturamento ou a receita bruta, portanto tributos que incidem sobre a base "consumo", conforme determina a Constituição, seja transformado numa modalidade de IRPJ ou CSLL.

Parece-nos, portanto, que o Supremo pode ampliar o conceito de insumos ou a dedução do frete, mas não deve transbordar questões que são polêmicas inclusive no âmbito do ICMS e do IPI, como o crédito de bens de consumo, nem permitir créditos por despesas como o pagamento de salários, para não aproximar as contribuições dos tributos incidentes sobre o lucro.

A discussão sobre o frete e armazenagem

A legislação confere crédito decorrente de despesas de transportes e armazenagem de mercadorias para revenda e de insumos, quando o ônus for suportado pelo vendedor.

Dessa forma, haverá crédito quando o transporte e a armazenagem estiverem incluídos no preço dos produtos adquiridos de pessoa jurídica no país (também contribuinte do PIS e da COFINS) e nos produtos importados, sujeitos à incidência das contribuições, pelas alíquotas de 1,65% para o PIS e de 7,6% para a COFINS. No caso da importação, a base para o cálculo do crédito será o valor utilizado como base de cálculo do imposto de importação (valor aduaneiro), acrescido do IPI, se for o caso.

Nada impede que valor do frete e da armazenagem, por conta do vendedor, sejam discriminados e, ainda assim, gerem o crédito.

Também gera crédito o frete pago pelo comprador, ao entendimento de que o frete inclui o custo das mercadorias vendidas, conforme a legislação do imposto de renda, adequando-se, assim, à previsão do art. 3º, I, da Lei 10.637/02 e art. 3º, I, da Lei 10.883/03.

Não há crédito, contudo, quando o comprador: 1. realiza o transporte com frota própria; 2. paga frete e armazenagem de produtos importados, após a liberação aduaneira e 3. realiza, diretamente ou mediante a contratação de terceiros, o frete entre estabelecimentos do mesmo contribuinte.

No caso das importações, o valor aduaneiro, em geral (FOB), inclui o frete (e seguro) até o porto, de forma que o frete estará embutido no preço da mercadoria ou insumo e seu valor (suportado pelo exportador) e conferirá crédito para o contribuinte brasileiro (importador). O armazenamento e o frete do porto (ou local de desembaraço aduaneiro) no Brasil até o estabelecimento do contribuinte, por conta deste, não confere crédito, assim como não confere crédito o transporte nacional por conta do contribuinte adquirente.

Contudo, há operações de importação, cujo valor aduaneiro inclui o frete até o estabelecimento do importador e, neste caso, haveria aproveitamento do crédito por todo o frete.

O frete contratado pelo adquirente, contudo, não fora enfrentado com os devidos rigores. Um precedente é o REsp 1.215.773/RS, com a seguinte ementa:

> *Na apuração do valor do PIS/COFINS, permite-se o desconto de créditos calculados em relação ao frete também quando o veículo é adquirido da fábrica e transportado para a concessionária – adquirente – com o propósito de ser posteriormente revendido.*
>
> *(STJ, S1; REsp 1.215.773/RS, Relator Min. BENEDITO GONÇALVES, Relato p/ Acórdão Min. CESAR ASFOR ROCHA, DJe de 18/9/2012)*

Não parece possível extrair do julgamento, contudo, uma regra geral para a questão do frete no PIS e na COFINS, pelas seguintes razões:

- O julgamento concluiu pela possibilidade de a concessionária se creditar pelo frete relativo ao transporte dos veículos da montadora à agência, mas pretendeu aplicar a melhor interpretação da letra da lei, e, para a lei, o frete gera crédito se o ônus recair sobre o vendedor;
- O conteúdo do julgado é muito específico e se reduz ao transporte de veículos das montadoras para as concessionárias;
- O voto condutor deixou de enfrentar, de maneira expressa, quem suportou o ônus do transporte (concessionária ou montadora), nem o que significa suportar tal ônus.

Ressalve-se, contudo, o voto do Ministro Arnaldo Esteves Lima, ao asseverar que "se a agência ou a concessionária paga, assume o ônus do frete da fábrica até a concessionária e deve ter direito a essa compensação".

No Judiciário, a impossibilidade de creditamento por despesas de frete entre estabelecimentos do mesmo contribuinte parece estar definida, desde o julgamento do REsp 1.147.902/RS e também do AgRg no REsp 1.335.014/CE[27].

De toda sorte, a matéria também pode ser definida no julgamento do ARE 790.928 RG/PE.

27. STJ, T2, REsp 1.147.902/RS, Min. Herman Benjamin, DJe de 6/4/2010 e STJ, T2, AgRg no REsp 1.335.014/CE, Min. CASTRO MEIRA, DJe 8/2/2013.

O crédito presumido na abertura de estoque e outros créditos presumidos

A lei permite ao contribuinte que deixa o regime cumulativo e passa ao regime não cumulativo das contribuições aproveitar crédito presumido pelo estoque existente, apurado à alíquota de 0,65% para o PIS e 3% para a COFINS, a ser utilizado em 12 parcelas mensais.

O STJ entendeu válida a norma, não verificando justificativa para concessão de crédito pelas novas alíquotas, de 1,65% e 7,6%, no REsp 1.005.598/RS, precedente reiterado pela Corte[28].

A matéria, contudo, fora levada à apreciação do STF, onde aguarda julgamento no RE 587.108 RG/RS, com repercussão geral reconhecida[29].

A legislação também prevê hipóteses específicas de crédito presumido para o PIS e a COFINS.

Há crédito presumido sobre a aquisição de insumos utilizados por pessoas jurídicas agroindustriais que produzam diversas mercadorias de origem animal ou vegetal destinadas à alimentação (art. 8º, da Lei 10.925/04) e que produzam vinhos de uvas frescas (art. 15, da Lei 10.925/04).

Também há crédito presumido na subcontratação de serviço de transporte de cargas pela empresa de serviço de transporte rodoviário de carga a pessoa física, transportador autônomo (art. 3º, §§ 19 e 20 e art. 15, II, da Lei 10.833/03).

O art. 58-R, da Lei 10.833/2004 confere crédito presumido a fabricantes de bebidas que adquirem equipamentos de controle de produção. Outro crédito presumido concedido pela legislação se refere ao ressarcimento de custos com o selo do IPI (Lei 11.196/05, art. 60).

Por fim, recebem créditos presumidos os fabricantes de medicamentos (Lei 10.147/00).

A tese das prestadoras de serviço

As empresas prestadoras de serviço, contribuintes do imposto de renda pelo lucro real, cujas atividades não foram excluídas do regime não cumulativo das contribuições, insurgem-se contra a nova forma de incidência.

De fato, a sistemática da não cumulatividade previu muito mais créditos para empresas comerciais e industriais que para as empresas prestadoras de serviço, cuja principal despesa, de pessoal, é indedutível. O aumento da carga tributária é evidente, mas a alegação de isonomia é questionável.

28. STJ, T1, REsp 1.005.598/RS, Min. JOSÉ DELGADO, DJe de 23/06/2008.

29. STF, Tribunal Pleno, RE 587.108 RG/RS, Min. RICARDO LEWANDOWSKI, DJe de 28/08/2009.

A matéria se encontra no aguardo de decisão do STF, no RE 607.642 RG/RJ, sobre o PIS, com repercussão geral reconhecida[30].

Aguarda julgamento, também com repercussão geral, a própria não cumulatividade da COFINS, no RE 570.122 RG/RS.

6.4. PIS E COFINS-IMPORTAÇÃO

Na importação, a base de cálculo das contribuições (art. 7º, da Lei 10.865/04) será o valor aduaneiro (que servir ou que serviria de base para o cálculo do imposto de importação), acrescido do valor do ICMS do valor das próprias contribuições, para mercadorias, e o valor pago, creditado, entregue, empregado ou remetido para o exterior, antes da retenção do ISS e do valor das próprias contribuições, para a importação de serviços.

Em julgamento recente no RE 559.937, o STF entendeu ser inconstitucional o acréscimo do ICMS na base de cálculo das contribuições na importação de mercadorias, pois a Carta limita a incidência sobre o valor aduaneiro, no qual não se inclui o imposto estadual.

Para a importação de serviços, a base de cálculo é o valor deste, pois não há definição de valor aduaneiro para serviços, apenas para mercadorias, sujeitas ao imposto de importação.

Cabe reiterar que o STJ entende que as contribuições devidas na importação não estão incluídas no Simples, a teor do AgRg no REsp 1.434.314/PE, do REsp 1.039.325/PR, do REsp 1.219.109/SC e do AgRg no REsp 1.217.931/RS[31], e que STF já decidiu que a questão é infraconstitucional (RE 647.179 AgR/DF[32]).

As alíquotas para importação são 2,1% para o PIS e 9,65% para a COFINS, e para o pagamento, o crédito, a entrega, o emprego ou a remessa de valores a residentes ou domiciliados no exterior como contraprestação por serviço prestado são 1,65% para o PIS e 7,6% para a COFINS (art. 8º, da Lei 10.865/04, com redação dada pela Lei 13.137/15). Produtos farmacêuticos estão sujeitos às alíquotas de 2,76% e 13,3%, produtos de perfumaria às alíquotas de 3,52% e 16,48%, determinadas máquinas e veículos (códigos 84.29, 8432.40.00, 8432.80.00, 8433.20, 8433.30.00, 8433.40.00, 8433.5, 87.01, 87.02, 87.03, 87.04, 87.05 e 87.06, da Nomenclatura Comum do Mercosul – NCM) às alíquotas de 2,62% e 12,57%, pneus novos de borracha e câmeras de ar novas de borracha à alíquota de 2,68% e 12,35%, autopeças exceto quanto importadas por montadoras sujeitam-se às

30. STF, Tribunal Pleno, RE 607642 RG/RJ, Min. DIAS TOFFOLI, DJe de 14/12/2010.

31. STJ, T2, AgRg no REsp 1.434.314/PE, Min. MAURO CAMPBELL MARQUES, DJe de 23/4/2014; STJ, T2, REsp 1.039.325/PR, Min. HERMAN BENJAMIN, DJe de 13/3/2009; STJ, T2, REsp 1.219.109/SC, Min. MAURO CAMPBELL MARQUES, DJe de 31/5/2011; STJ, T2, AgRg no REsp 1.217.931/RS, Min. CASTRO MEIRA, DJe de 28/2/2011.

32. STF, T1, RE 647.179 AgR/DF, Min. LUIZ FUX, DJe de 23/4/2015.

alíquotas de 3,12% e 14,37%, papel imune a impostos sujeitam-se à alíquota reduzida das contribuições, 0,8% e 3,2%. Há diversas hipóteses de alíquota reduzida a zero.

O § 14, do art. 8º, da Lei 10.865/04 prevê alíquota zero "sobre o valor pago, creditado, entregue, empregado ou remetido à pessoa física ou jurídica residente ou domiciliada no exterior, referente a aluguéis e contraprestações de arrendamento mercantil de máquinas e equipamentos, embarcações e aeronaves utilizados na atividade da empresa".

Entende o STJ que esta alíquota aplica-se somente à remessa de valores, vale dizer, o pagamento pelo serviço do arrendamento mercantil (*leasing*), a pessoa domiciliada no exterior. Não obstante, caso o arrendatário pretenda internalizar a mercadoria no país, deve pagar as contribuições pela alíquota da importação:

> *TRIBUTÁRIO. PIS/COFINS. ARRENDAMENTO MERCANTIL. INTERNALIZAÇÃO DA MERCADORIA. SUBSUNÇÃO AO ART. 3º, I, DA LEI Nº 10.865/2004. INCIDÊNCIA DO TRIBUTO. ALÍQUOTA ZERO. APLICAÇÃO RESTRITA À REMESSA DE VALORES. ART. 8º, § 14, DA LEI Nº 10.865/2004.*
>
> *1. A alíquota zero prevista no art. 8º, § 14, da Lei 10.865/2004, com redação dada pela Lei 10.925/2004, entre as hipóteses nele taxativamente previstas, não alcança a internalização do bem estrangeiro no território nacional, abarcando tão somente as contraprestações a serem realizadas pelo arrendatário ao arrendador estrangeiro. Precedentes: REsp 1078569/RS, Rel. Ministra Eliana Calmon, Segunda Turma, julgado em 16/12/2008, DJe 18/2/2009; AgRg no REsp 1506504/PR, Rel. Ministro Mauro Campbell Marques, Segunda Turma, julgado em 7/4/2015, DJe 14/4/2015; REsp 1165288/PR, Rel. Ministro Benedito Gonçalves, Primeira Turma, julgado em 18/11/2010, DJe 25/11/2010.*
>
> *2. Agravo regimental a que se nega provimento.*
>
> *(STJ, T1, AgRg no REsp 1.096.566/SC, Min. SÉRGIO KUKINA, DJe de 14/9/2015)*

O importador aproveita o crédito das contribuições pagas pela importação e poderá deduzi-lo dos débitos pela revenda dos bens no mercado interno.

A grande questão atual da incidência das contribuições na importação refere-se ao adicional de alíquota de 1%, para os produtos mencionados no § 21, do art. 8º, da Lei 10.865/04, com redação dada pela Lei 12.844/13. As questões referem-se à constitucionalidade do adicional e à possibilidade de aproveitamento do crédito pelo pagamento do adicional, para dedução das contribuições não cumulativas no mercado interno.

6.5. "REGIME MISTO" – OU DUPLICIDADE DE REGIMES

O chamado regime misto de tributação, apelido dado à incidência dos regimes cumulativo e não cumulativo das contribuições sobre a mesma empresa também é bastante complicado.

O fenômeno ocorre, principalmente, quando a empresa é optante do lucro real no IRPJ, logo sujeita ao regime não cumulativo, mas algumas de suas receitas são tributadas pelo regime cumulativo.

Neste caso, o contribuinte deve apurar separadamente o PIS e a COFINS para cada regime.

Diversas receitas foram excluídas, por leis esparsas, do regime não cumulativo. Na página da Receita Federal, encontramos uma síntese das receitas excluídas, vale dizer, sujeitas ao regime cumulativo. Vejamos:

- de prestação de serviços de telecomunicações;
- de venda de jornais e periódicos e de prestação de serviços das empresas jornalísticas e de radiodifusão sonora e de sons e imagens;
- de prestação de serviços de transporte coletivo rodoviário, metroviário, ferroviário e aquaviário de passageiros;
- de serviços prestados por hospital, pronto-socorro, clínica médica, odontológica, de fisioterapia e de fonoaudiologia, e laboratório de anatomia patológica, citológica ou de análises clínicas; e de serviços de diálise, raios X, radiodiagnóstico e radioterapia, quimioterapia e de banco de sangue (Ver ADI SRF nº 26/2004);
- de venda de mercadorias realizadas pelas lojas francas de portos e aeroportos (*free shops*);
- de prestação de serviço de transporte coletivo de passageiros, efetuado por empresas regulares de linhas aéreas domésticas, e as decorrentes da prestação de serviço de transporte de pessoas por empresas de táxi aéreo;
- da edição de periódicos e de informações neles contidas, que sejam relativas aos assinantes dos serviços públicos de telefonia;
- de prestação de serviços com aeronaves de uso agrícola inscritas no Registro Aeronáutico Brasileiro (RAB);
- de prestação de serviços das empresas de *call center*, telemarketing, telecobrança e de teleatendimento em geral;
- da execução por administração, empreitada ou subempreitada, de obras de construção civil, até 31 de dezembro de 2008;
- auferidas por parques temáticos, e as decorrentes de serviços de hotelaria e de organização de feiras e eventos, conforme definido na Portaria MF/MT 33/05;
- de prestação de serviços de educação infantil, ensinos fundamental e médio e educação superior.
- de contratos firmados anteriormente a 31/10/03: 1. com prazo superior a 1 (um) ano, de administradoras de planos de consórcios de bens móveis e imó-

veis, regularmente autorizadas a funcionar pelo Banco Central; 2. com prazo superior a 1 (um) ano, de construção por empreitada ou de fornecimento, a preço predeterminado, de bens ou serviços; e 3. de construção por empreitada ou de fornecimento, a preço predeterminado, de bens ou serviços contratados com pessoa jurídica de direito público, empresa pública, sociedade de economia mista ou suas subsidiárias, bem como os contratos posteriormente firmados decorrentes de propostas apresentadas, em processo licitatório, até aquela data. 4. de revenda de imóveis, desmembramento ou loteamento de terrenos, incorporação imobiliária e construção de prédio destinado à venda, quando decorrente de contratos de longo prazo. (Ver IN SRF 468/04, para os conceitos de contrato com prazo superior a um ano e preço predeterminado);

- de venda de álcool para fins carburantes;
- das operações sujeitas à substituição tributária;
- de venda de veículos usados de que trata o art. 5º da Lei 9.716/98;
- das operações de compra e venda de energia elétrica, no âmbito do Mercado Atacadista de Energia Elétrica (MAE), pelas pessoas jurídicas submetidas ao regime especial do art. 47 da Lei 10.637/02;
- da prestação de serviços postais e telegráficos prestados pela Empresa Brasileira de Correios e Telégrafos;
- de prestação de serviços públicos de concessionárias operadoras de rodovias;
- da prestação de serviços das agências de viagem e de viagens e turismo;
- das atividades de desenvolvimento de software e o seu licenciamento ou cessão de direito de uso, bem como de análise, programação, instalação, configuração, assessoria, consultoria, suporte técnico e manutenção ou atualização de software, compreendidas ainda como softwares as páginas eletrônicas, auferidas por empresas de serviços de informática. A exclusão da não cumulatividade não alcança a comercialização, licenciamento ou cessão de direito de uso de software importado[33].

Estas receitas são tributadas às alíquotas de 0,65% para o PIS e 3% para a COFINS, mas não se admite a dedução de créditos.

As demais receitas da empresa optante do lucro real são tributadas pelo método não cumulativo, podendo ser deduzidas apenas as despesas relacionadas à obtenção da receita assim tributada. A lei permite dedução de créditos apropriados diretamente ou mediante rateio proporcional (relação percentual existente entre a receita bruta sujeita à incidência não cumulativa e a receita bruta total, auferidas em cada mês).

33. Disponível em: http://www.receita.fazenda.gov.br/PessoaJuridica/PISPasepCOFINS/Reg IncidenciaNaoCumulativa.htm; acesso em 29.3.2013.

7. TRIBUTAÇÃO MONOFÁSICA OU CONCENTRADA

O art. 149, § 4º, da CF/88, acrescentado pela EC 33/01, permite que a lei defina as hipóteses em que as contribuições incidirão uma única vez. Trata-se da incidência monofásica, também denominada concentrada, do PIS e da COFINS.

Tributo monofásico é aquele que incide em apenas uma etapa da cadeia produtiva.

Alguns tributos são monofásicos por natureza, como o imposto que incide apenas sobre as vendas a consumidor final, não havendo outra fase sobre a qual possa incidir.

O termo, contudo, faz mais sentido nos tributos que podem incidir em qualquer etapa do processo produtivo e a lei restringe a incidência a apenas uma das etapas.

A legislação do PIS e da COFINS determina a incidência única das contribuições, com alíquotas variadas, sempre mais elevadas que o padrão do regime não cumulativo, para a fabricação e distribuição os seguintes produtos:

- Gasolina, exceto gasolina de aviação;
- Óleo diesel;
- Gás liquefeito de petróleo (GLP), derivado de petróleo ou de gás natural;
- Querosene de aviação;
- Biodiesel;
- Nafta petroquímica destinada à produção ou formulação de óleo diesel ou gasolina;
- Álcool hidratado para fins carburantes;
- Produtos farmacêuticos diversos;
- Produtos de perfumaria, de toucador ou de higiene pessoal diversos;
- Máquinas e veículos, classificados nos códigos 84.29, 8432.40.00, 8432.80.00, 8433.20, 8433.30.00, 8433.40.00, 8433.5 e 87.01 a 87.06, da Tipi;
- Pneus novos de borracha;
- Autopeças diversas;
- Águas, classificadas nas posições 22.01 e 22.02 da Tipi;
- Cerveja de malte;
- Cerveja sem álcool;
- Refrigerantes;
- Lata de alumínio destinadas ao envasamento de refrigerantes ou de cervejas.
- Garrafas e garrafões, destinados ao envasamento de água, refrigerantes e cerveja.

Os **fabricantes** destes produtos, se estiverem no lucro real, poderão aproveitar crédito por suas compras tributadas. Não poderão aproveitar crédito os produtores optantes pelo lucro presumido, salvo se houver previsão legal expressa e específica em contrário.

Os **comerciantes** que adquirem estes produtos não conferem direito a crédito.

É dizer: o fabricante da cerveja pode aproveitar crédito dos insumos que adquire. O supermercado, ao revés, não poderá aproveitar crédito pela cerveja que comprar do fabricante ou do distribuidor.

Conduto, quando os produtos são adquiridos por pessoa jurídica também sujeita às alíquotas mais elevadas do regime, haveria dupla tributação agravada.

Nestes casos, a pessoa jurídica adquirente pode aproveitar créditos pelas aquisições. Há, pois, uma regra de não cumulatividade dentro da tributação concentrada, razão fica difícil afirmar que se trata efetivamente de incidência monofásica.

Em hipóteses não previstas por lei, contudo, a incidência monofásica não gera crédito a ser compensado com as contribuições do regime não cumulativo como, a propósito, já decidiu o STF:

> *AGRAVO REGIMENTAL NO RECURSO EXTRAORDINÁRIO. TRIBUTÁRIO. PIS E COFINS. REGIME NÃO CUMULATIVO. TRIBUTAÇÃO MONOFÁSICA. REVENDA COM ALÍQUOTA ZERO. CREDITAMENTO. A CUMULATIVIDADE PRESSUPÕE A SOBREPOSIÇÃO DE INCIDÊNCIAS TRIBUTÁRIAS. LEIS Nº10.637/2002, 10.833/2003 E 11.033/2004. INTERPRETAÇÃO DE NORMAS INFRACONSTITUCIONAIS. OFENSA REFLEXA À CONSTITUIÇÃO FEDERAL.*
>
> *1. Não há que se falar em ofensa ao princípio da não cumulatividade quando a tributação se dá de forma monofásica, pois a existência do fenômeno cumulativo pressupõe a sobreposição de incidências tributárias. Precedente: RE 258.470, Rel. Min. Moreira Alves, Primeira Turma, DJ de 12/5/2000.*
>
> *2. O aproveitamento de créditos relativos à revenda de veículos e autopeças adquiridos com a incidência da Contribuição ao PIS e da COFINS sob o regime monofásico encerra discussão de índole infraconstitucional, de forma que eventual ofensa à Constituição seria meramente reflexa. Precedentes: RE 709.352-AgR, Rel. Min. Ricardo Lewandowski, Segunda Turma, DJe de 11/6/2014; e RE 738.521-AgR, Rel. Min. Rosa Weber, Primeira Turma, DJe de 4/12/2013.*
>
> *3. In casu, o acórdão recorrido extraordinariamente assentou: "TRIBUTÁRIO – PIS E COFINS – NÃO CUMULATIVIDADE – COMERCIALIZAÇÃO DE VEÍCULOS NOVOS – SISTEMA MONOFÁSICO – PRINCÍPIO DA LEGALIDADE – LEIS 10.637/02, 10.833/03 E 11.033/04 – APELAÇÃO IMPROVIDA."*
>
> *4. Agravo regimental DESPROVIDO.*
>
> *(STF, T1, RE 762.892 AgR/PE, Min. LUIZ FUX, DJe de 15/4/2015)*

A tributação monofásica está em discussão no STJ, porém sobre outro enfoque, o da isonomia face as contribuições incidentes nas importações:

> *COFINS E PIS – IMPORTAÇÕES – ALÍQUOTAS DIFERENCIADAS – RECURSO EXTRAORDINÁRIO – REPERCUSSÃO GERAL CONFIGURADA.*
>
> *Possui repercussão geral a controvérsia alusiva à constitucionalidade da previsão, no artigo 8º, incisos I e II, § 9º, da Lei nº 10.865, de 2004,*

> *de alíquotas mais onerosas quanto ao regime monofásico de importação de autopeças – 2,3% para a Contribuição ao PIS-Importação e 10,8% para a Cofins-Importação –, apesar de a norma ter estabelecido a observância das alíquotas gerais – 1,65% e 7,6% – relativamente à importação dos mesmos bens por pessoas jurídicas fabricantes de máquinas e veículos.*
>
> *(STF, Tribunal Pleno, RE 633.345 RG/ES, Min. MARCO AURÉLIO, DJe de 22/09/2014)*

Está em análise o princípio da isonomia bem como a possibilidade de utilização de outros tributos (as contribuições) para proteger a economia nacional, função tipicamente realizada pelo imposto de importação.

8. SUBSTITUIÇÃO TRIBUTÁRIA

Estão sujeitos à substituição tributária do PIS e da COFINS os fabricantes e os importadores de cigarros, que deverão recolher essas contribuições, na condição de contribuintes e substitutos dos comerciantes varejistas e atacadistas (LC 70/91, art. 3º, Lei 9.532/97, art. 53, e Lei 9.715/98, art. 5º).

A base de cálculo do PIS e da COFINS é o valore obtido pela multiplicação do preço fixado para a venda do cigarro no varejo, multiplicado por 1,98 e 1,69, respectivamente.

Também devem recolher as contribuições na qualidade de substituto tributário os fabricantes e os importadores de automóveis, em relação às vendas feitas a comerciantes varejistas. A base de cálculo será calculada sobre o preço de venda da pessoa jurídica fabricante (MP 2.158-35/2001, art. 43).

Além destas, estão sujeitas à substituição tributária as receitas de vendas de motocicletas, plantadores, transportadores e semeadores.

A base de cálculo presumida na substituição tributária das contribuições é objeto de discussão do STF, com repercussão geral reconhecida. Vejamos:

> *TRIBUTÁRIO. SUBSTITUIÇÃO TRIBUTÁRIA PARA FRENTE. MONTADORAS DE VEÍCULOS. PIS E COFINS. BASE DE CÁLCULO PRESUMIDA. POSSIBILIDADE DA CONSIDERAÇÃO DO IPI PARA FINS DE CÁLCULO. EXISTÊNCIA DE REPERCUSSÃO GERAL.*
>
> *(STF, Tribunal Pleno, RE 605.506 RG/RS, Min. ELLEN GRACIE, DJe de 23/11/2010)*

As operações com produtos sujeitos a substituição tributária não geram direito a crédito das contribuições na modalidade não cumulativa.

Há repercussão geral no RE 596.832 RG/RJ, em que se discute a restituição das contribuições pagas sobre base de cálculo presumida para a substituição tributária quando o fato gerador ocorre por valor inferior à presunção[34].

34. STF, Tribunal Pleno, RE 596.832 RG/RJ, Min. MARCO AURÉLIO, DJe de 29/10/2009.

9. ISENÇÕES E ALÍQUOTA ZERO

São isentas do PIS e da COFINS as receitas decorrentes:

- dos serviços prestados a pessoas físicas ou jurídicas residentes ou domiciliadas no exterior, cujo pagamento represente ingresso de divisas;
- do fornecimento de mercadorias ou serviços para uso ou consumo de bordo em embarcações e aeronaves em tráfego internacional, quando o pagamento for efetuado em moeda conversível;
- do transporte internacional de cargas ou passageiros;
- auferidas pelos estaleiros navais brasileiros nas atividades de construção, conservação, modernização, conversão e reparo de embarcações pré-registradas ou registradas no Registro Especial Brasileiro (REB);
- de frete de mercadorias transportadas entre o País e o exterior pelas embarcações registradas no REB;
- de vendas realizadas pelo produtor-vendedor às empresas comerciais exportadoras, desde que destinadas ao fim específico de exportação para o exterior; e
- de vendas, com fim específico de exportação para o exterior, a empresas exportadoras registradas na Secretaria de Comércio Exterior do Ministério do Desenvolvimento, Indústria e Comércio Exterior[35].

São isentas da COFINS as receitas relativas às atividades próprias das seguintes entidades:

- templos de qualquer culto;
- partidos políticos;
- instituições de educação e de assistência social que preencham as condições e requisitos legais;
- instituições de caráter filantrópico, recreativo, cultural, científico e as associações, que preencham as condições e requisitos legais;
- sindicatos, federações e confederações;
- serviços sociais autônomos, criados ou autorizados por lei;
- conselhos de fiscalização de profissões regulamentadas;
- fundações de direito privado;
- condomínios de proprietários de imóveis residenciais ou comerciais; e

35. Disponível em: http://www.receita.fazenda.gov.br/PessoaJuridica/PisPasepCofins/IncidImunIsencoes.htm; acesso em 29.3.2013

- Organização das Cooperativas Brasileiras (OCB) e as Organizações Estaduais de Cooperativas[36].

Pacificou-se o entendimento de que as isenções podem ser revogadas por lei ordinária, ainda que as contribuições tenham sido criadas por lei complementar, pois a Constituição não exige a norma qualificada para dispor sobre os tributos, mas apenas para aqueles contidos na competência residual da União[37].

Estão reduzidas a zero as alíquotas do PIS e da COFINS sobre a receita bruta decorrente da venda, no mercado interno, entre outros de (Lei 10.637/02; Lei 10.485/02; Lei 10.833/03; art. 1º e 2º, da Lei 10.312/01, art. 8º e 28, da Lei 10.865/04; art. 11 e 28 da Lei 11.196/05 etc):

- papel destinado à impressão de jornais;
- papéis destinados à impressão de periódicos;
- produtos hortícolas e frutas;
- aeronaves utilizadas no transporte comercial de cargas ou de passageiros, suas partes, peças, equipamentos e insumos de manutenção, conservação, modernização, reparo, revisão, conversão e montagem das aeronaves, seus motores, partes, componentes e equipamentos;
- sêmens e embriões;
- entrega de veículos, por concessionárias, nas vendas diretas da montadora a consumidor final;
- gás natural canalizado, destinado à produção de energia elétrica pelas usinas integrantes do Programa Prioritário de Termoeletricidade, nos termos e condi ções estabelecidas em ato conjunto dos Ministros de Estado de Minas e Energia e da Fazenda;
- carvão mineral destinado à geração de energia elétrica;
- livros;
- arroz, feijão, farinha de mandioca, adubos, fertilizantes agrícolas, corretivos de solo de origem mineral, vacinas para uso veterinário, defensivos agrícolas, sementes, mudas destinadas à semeadura e plantio, farinha, grãos, pintos, leite, queijos;
- equipamentos de informática especificados no art. 28 da Lei 11.196/05;
- calculadoras equipadas com sintetizador de voz
- veículos e carros blindados de combate, novos, armados ou não, e suas partes, produzidos no Brasil, com peso bruto total até 30 (trinta) toneladas;

36. Disponível em: http://www.receita.fazenda.gov.br/PessoaJuridica/PisPasepCofins/IncidImunIsencoes.htm; acesso em 29.3.2013.
37. STF, Tribunal Pleno; ADC 1, Min. Moreira Alves, DJ de 16/06/1995 e STF, Tribunal Pleno, RE 377.457 RG/PR, Min. GILMAR MENDES, DJe de 19/12/2008.

- equipamentos de controle de produção de bebidas;
- bens relacionados em ato do Poder Executivo para aplicação nas Unidades Modulares de Saúde;
- serviços de transporte ferroviário em sistema de trens de alta velocidade (TAV), assim entendido como a composição utilizada para efetuar a prestação do serviço público de transporte ferroviário que consiga atingir velocidade igual ou superior a 250 km/h
- projetores para exibição cinematográfica;
- teclados com adaptações específicas para uso por pessoas com deficiência;
- linhas braile;
- próteses oculares;
- programas – *softwares* – de leitores de tela que convertem texto em voz sintetizada para auxílio de pessoas com deficiência visual;
- aparelhos contendo programas – *softwares* – de leitores de tela que convertem texto em caracteres braile, para utilização de surdos-cegos;
- equipamentos ou materiais listados pelo Poder Executivo destinados a uso médico, hospitalar, clínico ou laboratorial quando adquiridos pela União, pelos estados e municípios e por suas autarquias e fundações e por entidades beneficentes que atendam às disposições legais (art. 70, da Lei 13.043/14).

A lei também prevê a alíquota zero para as contribuições incidentes na importação.

Além destas hipóteses, o Poder Executivo está autorizado a reduzir a zero e a restabelecer as alíquotas de (art. 8, 23 e 27, da Lei 10.865/04), questão sobre a qual já tratamos:

- produtos químicos e farmacêuticos e produtos destinados ao uso em hospitais, clínicas e consultórios médicos e odontológicos, campanhas de saúde realizadas pelo Poder Público, laboratório de anatomia patológica, citológica ou de análises clínicas (Decreto 4.965/04; Decreto 5.062/04; Decreto 5.059/04; Decreto 5.162/04)

Algumas operações relacionadas com a Zona Franca de Manaus e a áreas de livre comércio também recebem o tratamento de alíquota zero.

Como regra geral, o contribuinte pode aproveitar créditos de insumos tributados, ainda que suas vendas estejam sujeitas a alíquota zero ou a isenção. O contrário, porém, não é verdadeiro, vale dizer, o contribuinte não pode aproveitar créditos (presumidos) das compras isentas ou sujeitas a alíquota zero, mesmo que suas vendas sejam tributadas.

10. LANÇAMENTO

As contribuições estão sujeitas a lançamento por homologação.

Na incidência interna, os contribuintes devem apresentar o Demonstrativo de Apuração de Contribuições Sociais – DACON e a Declaração de Contribuições e Tributos Federais – DCTF.

No mais, a fiscalização, a cobrança e a aplicação de penalidades relativas ao PIS e à COFINS seguem as regras gerais dos tributos pela SRFB.

11. RESUMO

Princípio da Legalidade	Devem obedecer
Princípio da anterioridade do exercício	Dispensados
Princípio da anterioridade nonagesimal	Devem obedecer
Princípios constitucionais específicos	Seletividade, em razão da atividade econômica, da utilização intensiva de mão-de-obra, do porte da empresa ou da condição estrutural do mercado de trabalho Possibilidade de incidência na importação de bens ou serviços Possibilidade de incidência não cumulativa Possibilidade de incidência monofásica
Destinação do produto arrecadado	PIS Seguro desemprego Abono anual Investimentos do BNDES COFINS Seguridade social
Aspecto material na Constituição	Folha de salários Faturamento ou receita bruta Valor aduaneiro na importação
Aspecto espacial	Território nacional
Aspecto temporal	Momento da saída da mercadoria do estabelecimento comercial ou industrial Momento da prestação do serviço Importação: data do registro da declaração de importação; data do pagamento, do crédito, da entrega, do emprego ou da remessa de valores como contraprestação por serviço. Data do pagamento da folha de pagamentos – PIS/Folha
Aspecto quantitativo (Base de cálculo e alíquota)	Mercado interno Incidência cumulativa = faturamento / alíquota de 0,65% PIS e 3% COFINS Incidência não cumulativa = receita bruta / alíquota de 1,65% PIS e 7,6% COFINS PIS/Folha = folha de pagamentos / alíquota de 1% Importação Mercadorias = valor aduaneiro + acréscimos Serviços = valor dos serviços Alíquota de 1,65% PIS e 7,6% COFINS

Aspecto pessoal	Contribuinte = empregador, importador e vendedor Responsável = substituição tributária e retenção na fonte
Observações	1 – Lançamento por homologação 2 – Tributação monofásica ou concentrada 3 – não cumulatividade facultativa, que não coincide com a não cumulatividade do IPI e do ICMS

12. SÚMULAS

Súmula do STF

Súmula 659: É LEGÍTIMA A COBRANÇA DA COFINS, DO PIS E DO FINSOCIAL SOBRE AS OPERAÇÕES RELATIVAS A ENERGIA ELÉTRICA, SERVIÇOS DE TELECOMUNICAÇÕES, DERIVADOS DE PETRÓLEO, COMBUSTÍVEIS E MINERAIS DO PAÍS.

Súmula do STJ

Súmula 468: A base de cálculo do PIS, até a edição da MP nº 1.212/1995, era o faturamento ocorrido no sexto mês anterior ao do fato gerador.

Súmula 423: A Contribuição para Financiamento da Seguridade Social – Cofins incide sobre as receitas provenientes das operações de locação de bens móveis.

Súmula 276: As sociedades civis de prestação de serviços profissionais são isentas da Cofins, irrelevante o regime tributário adotado. (*). (*) – Julgando a AR 3.761-PR, na sessão de 12/11/2008, a Primeira Seção deliberou pelo CANCELAMENTO da Súmula nº 276. DJ 02/06/2003. SÚMULA CANCELADA

Súmula 68 do STJ: A parcela relativa ao ICM inclui-se na base de cálculo do PIS.

13. QUESTÕES DE CONCURSOS PÚBLICOS

1. **(ESAF/AFRF/2012)** A Constituição Federal, em seu art. 195, dispõe sobre as contribuições para a seguridade social, estabelecendo as suas fontes. Sobre as contribuições incidentes sobre a receita ou faturamento, e de acordo com o entendimento recente do Supremo Tribunal Federal sobre o assunto, analise os itens a seguir, classificando-os como corretos ou incorretos, para, a seguir, assinalar a assertiva que corresponda à sua opção.

I. O Sistema Tributário Nacional fixou o regime de competência como regra geral para a apuração dos resultados da empresa, e não o regime de caixa.

II. Quanto ao aspecto temporal da hipótese de incidência da Cofins e da contribuição para o PIS, temos que o fato gerador da obrigação ocorre com o aperfeiçoamento do contrato de compra e venda (entrega do produto), e não com o recebimento do preço acordado.

III. O resultado da venda, na esteira da jurisprudência da Corte, apurado segundo o regime legal de competência, constitui o faturamento da pessoa jurídica, compondo o aspecto material da hipótese de incidência da contribuição ao PIS e da Cofins, consistindo situação hábil ao nascimento da obrigação tributária.

IV. No âmbito legislativo, não há disposição permitindo a exclusão das chamadas vendas inadimplidas da base de cálculo das contribuições em questão.

V. As situações posteriores ao nascimento da obrigação tributária, que se constituem como excludentes do crédito tributário, contempladas na legislação do PIS e da Cofins, ocorrem apenas quando fato superveniente venha a anular o fato gerador do tributo.

Estão corretos apenas os itens:

a) I, II e IV.

b) I e IV.

c) II, III e V.

d) II e III.

e) todos os itens estão corretos.

---

2. (ESAF/AFRF/2005) Leia cada um dos assertos abaixo e assinale (V) ou (F), conforme seja verdadeiro ou falso. Depois, marque a opção que contenha a exata seqüência.

( ) É legítima a cobrança da COFINS e do PIS sobre as operações relativas à energia elétrica, serviços de telecomunicações, derivados de petróleo, combustíveis e minerais do País.

( ) A Contribuição para o Financiamento da Seguridade Social – COFINS, com a incidência não cumulativa, tem como fato gerador o faturamento mensal, assim entendido o total das receitas auferidas pela pessoa jurídica, independentemente de sua denominação ou classificação contábil.

( ) Foram instituídas a Contribuição para o PIS/PASEP Importação e a Contribuição para a COFINS, devida pelo importador de bens estrangeiros ou serviços do exterior.

a) V V F

b) F V F

c) V F F

d) F F F

e) V V V

---

3. (ESAF/AFRF/2002) A assertiva errada, entre as constantes abaixo, é a que afirma que

a) As contribuições para o PIS/PASEP e a COFINS, devidas pelas pessoas jurídicas, seguirão regime próprio de reconhecimento de receitas e não o previsto na legislação do imposto de renda.

b) uma das alternativas da pessoa jurídica produtora e exportadora de mercadorias nacionais para o exterior é determinar o valor do crédito presumido do Imposto sobre Produtos Industrializados (IPI), como ressarcimento relativo às contribuições para os Programas de Integração Social e de Formação do Patrimônio do Servidor Público (PIS/PASEP) e para a Seguridade Social (COFINS)

c) segundo entendimento sumulado pelo Superior Tribunal de Justiça, a parcela relativa ao ICM inclui-se na base de cálculo do PIS.

d) Aplicam-se à pessoa jurídica adquirente de mercadoria de procedência estrangeira, no caso da importação realizada por sua conta e ordem, por intermédio de pessoa jurídica importadora, as normas de incidência das contribuições para o PIS/PASEP e COFINS sobre a receita bruta do importador.

e) As instituições responsáveis pela retenção e pelo recolhimento da CPMF deverão apurar e registrar os valores devidos, mesmo no período de vigência de decisão judicial impeditiva da retenção e do recolhimento da contribuição.

---

4. (FCC/TRF/5R/Analista/2012) Sobre competência legislativa em matéria tributária, é correto afirmar:

a) A União tem sempre competência exclusiva para instituir contribuição social para seguridade social de todos os serviços públicos dos entes da Federação.

b) Os entes da Federação têm competência comum para instituir contribuição de intervenção no domínio econômico.

c) A competência para instituição de impostos vem discriminada na Constituição Federal para cada um dos entes da Federação.

d) A competência para instituição de imposto residual é privativa da União, muito embora seja cabível delegação desta competência aos Estados-membros e Distrito Federal mediante lei complementar.

e) A competência para instituição do ITR é de competência da União, mas a Constituição Federal admite expressamente a delegação desta competência aos Municípios, nos termos de lei complementar que regulamente as hipóteses e forma de delegação.

---

5. (FCC/TJ/PE/Juiz/2013) Sobre imunidade e isenção, analise os itens abaixo.

I. A Constituição Federal assegura isenção no pagamento de taxa para obtenção de certidões em repartições públicas e privadas que prestam serviço público, para defesa de direitos e esclarecimento de situações de interesse pessoal.

II. A imunidade sobre o templo de qualquer culto apenas alcança os impostos, sendo devidas, portanto, as taxas e contribuição de melhoria incidentes sobre o imóvel destinado ao templo.

III. Há isenção de imposto sobre comercialização de livro, jornal, periódico e sobre a comercialização de papel destinado a impressão destes produtos.

IV. Possui imunidade de contribuição social para seguridade social a entidade beneficente de assistência social que atenda às exigências estabelecidas em lei sobre a folha de salários e demais rendimentos do trabalho pagos ou creditados, a qualquer título, à pessoa física que lhe preste serviço, mesmo sem vínculo empregatício.

Está correto o que se afirma apenas em

a) I, II e III.

b) II, III e IV.

c) I e II.

d) II e IV.

e) I e III.

---

6. (FCC/TJ/PE/Juiz/2011) A regra da anterioridade, que veda cobrar tributos no mesmo exercício financeiro em que haja sido publicada a lei que os instituiu ou aumentou, não se aplica

a) aos impostos de importação e exportação.

b) ao IR.

c) ao ITR.

d) às contribuições sociais.

e) aos impostos estaduais.

---

7. (FCC/TCE/SP/Procurador/2011) É aplicação do princípio da igualdade sob o aspecto material, em âmbito tributário, a disposição constitucional segundo a qual

a) os impostos terão caráter pessoal e serão graduados segundo a capacidade econômica do contribuinte.

b) o Governo poderá estabelecer critérios especiais de tributação, com o objetivo de prevenir desequilíbrios da concorrência.

c) a União poderá instituir impostos para atender a despesas extraordinárias, decorrentes de calamidade pública, de guerra externa ou sua iminência.

d) cabe à lei complementar estabelecer normas gerais sobre definição de tratamento diferenciado e favorecido para as microempresas e empresas de pequeno porte.

e) compete à União estabelecer normas gerais sobre a instituição de contribuições sociais, de intervenção no domínio econômico e de interesse das categorias profissionais ou econômicas, como instrumento de sua atuação nas respectivas áreas.

---

8. (ESAF/AFRF/2014) Recentemente, o Supremo Tribunal Federal exarou importante decisão sobre a base de cálculo do PIS/ PASEP-Importação e da COFINS-Importação, conforme se verifica do julgamento do Recurso Extraordinário nʃ 559.937/Rio Grande do Sul. De acordo com essa paradigmática decisão, analise os itens a seguir e, em seguida, assinale a opção correta.

I. A referência ao "valor aduaneiro" no art. 149, § 2º, III, "a", da Constituição Federal implicou utilização de expressão com sentido técnico inequívoco, porquanto já era utilizada pela legislação tributária para indicar a base de cálculo do Imposto de Importação.

II. A Lei nº 10.865, de 30 de abril de 2004, ao instituir o PIS/PASEP-Importação e a COFINS-Importação, alargou, inovou, alterou o conceito de valor aduaneiro, de modo que passasse a abranger, para fins de apuração de tais contribuições, outras grandezas nele não contidas.

III. O gravame das operações de importação se dá como concretização do princípio da isonomia.

IV. A Corte julgou inconstitucional a seguinte parte do art. 7º, inciso I da Lei nº 10.865, de 30 de abril de 2004: "acrescido do valor do Imposto sobre Operações Relativas à Circulação de Mercadorias e sobre Prestação de Serviços de Transporte Interestadual e Intermunicipal e de Comunicação – ICMS incidente no desembaraço aduaneiro e do valor das próprias contribuições.

a) Estão corretos somente os itens I e II.

b) Estão corretos somente os itens I e III.

c) Estão corretos somente os itens II, III e IV.

d) Estão corretos somente os itens I e IV.

e) Todos os itens estão corretos.

---

9. (TRF4/Juiz Federal TRF4/2014) Assinale a alternativa INCORRETA.

a) A substituição tributária pode ocorrer como antecipação de pagamento a fato gerador futuro (progressiva), como também pela modalidade de diferimento, ocasião em que a responsabilidade pelo pagamento é transferida ao responsável tributário de fase futura da incidência do tributo.

b) Segundo predominante entendimento do Supremo Tribunal Federal, não cabe restituição do tributo recolhido quando o fato gerador ocorrer a menor, mas apenas quando este não se realizar, na hipótese de substituição tributária progressiva.

c) As contribuições destinadas ao Programa de Integração Social (PIS) e ao financiamento da seguridade social (Cofins) incidentes sobre a receita advinda de venda de mercadorias podem estar sujeitas ao regime de substituição tributária.

d) A substituição tributária desobriga o contribuinte substituído de prestar obrigações acessórias aos órgãos de controle e fiscalização.

e) É imprescindível a edição de lei em sentido estrito para o estabelecimento da substituição tributária.

---

10. (ESAF/PGFN/2012) Considerando que a seguridade social será financiada por toda a sociedade, bem como o caráter tributário da contribuição social prevista no art. 195 da Constituição

Federal, analise as assertivas abaixo referentes a cobrança da COFINS, PIS e FINSOCIAL sobre operações relativas a energia elétrica, nos termos da jurisprudência consolidada do Supremo Tribunal Federal, assinalando a opção correta.

A) A COFINS não pode incidir sobre operações relativas a energia elétrica.

B) É constitucional a cobrança do FINSOCIAL sobre as operações relativas a energia elétrica.

C) O PIS não pode incidir sobre operações relativas a energia elétrica.

D) Novos impostos podem ser instituídos para incidir sobre operações relativas a energia elétrica.

E) A imunidade relativa a impostos evita a incidência da COFINS sobre as operações relativas a energia elétrica.

---

11. (ESAF/PGFN/2012) A respeito do enunciado – "As sociedades civis de prestação de serviços profissionais são isentas da COFINS, irrelevante o regime tributário adotado" –, é correto afirmar que

A) o enunciado de súmula foi cancelado e não está mais em vigor.

B) o enunciado referido é do Supremo Tribunal Federal.

C) o enunciado continua em vigor após a vigência da Lei n. 9.430/96.

D) o STF entende que a posição jurisprudencial do STJ sobre a matéria era correta.

E) a posição do STF e do STJ sempre foi convergente nesta matéria.

---

12. (CESPE/Juiz Federal TRF5/2013) (adaptada) Assinale a certo ou errado de acordo com a CF, as normas gerais de direito tributário e a jurisprudência do STJ e do STF.

A) Não é admissível o repasse, na fatura de energia elétrica, do encargo financeiro relativo à contribuição de integração social e à contribuição para o financiamento da seguridade social devidas pela concessionária.

Gabarito		
Questão	**Resposta**	**Referência**
1	E	Tópicos 1, 4 e 6
2	E	Tópico 6
3	A	Tópicos 3 e 6
4	C	Tópico 2
5	B	Tópicos 2 e 9
6	A	Tópico 2
7	D	Tópico 2
8	D	Tópico 6
9	D	Tópico 8
10	B	Tópico 2
11	A	Tópico 6.2
12	ERRADO	Tópico 3

PARTE IV

TRIBUTOS ESTADUAIS

Eduardo Moreira Lima Rodrigues de Castro

CAPÍTULO 11

IMPOSTO SOBRE TRANSMISSÃO CAUSA MORTIS E DOAÇÃO DE QUAISQUER BENS OU DIREITOS – ITCMD

Sumário • 1. Introdução – 2. Aspecto material: 2.1. Renúncia da herança; 2.2. Partilha desproporcional de bens na separação ou divórcio ou nos processos de inventário; 2.3. Usufruto; 2.4. Fideicomisso; 2.5. Falecimento do cônjuge meeiro antes da partilha dos bens do pré-morto – 3. Aspecto temporal – 4. Aspecto espacial – 5. Aspecto pessoal: 5.1. Sujeito ativo; 5.2. Sujeito passivo – 6. Aspecto quantitativo – 7. Imunidades e isenções – 8. Informações complementares: 8.1. Lançamento e decadência do ITCMD nos processos de inventário – 9. Quadro sinóptico – 10. Súmulas do STF e STJ – 11. Questões de concursos públicos.

1. INTRODUÇÃO

O **Imposto sobre Transmissão Causa Mortis e Doação de quaisquer Bens ou Direitos – ITCMD** é o primeiro dos tributos da competência exclusiva dos Estados e do Distrito Federal listados na Constituição. Mais especificamente, está positivado no art. 155, I, da CF/88.

À luz das Constituições pretéritas, o Estado era competente para tributar tanto as transmissões gratuitas quanto as onerosas de bens imóveis. Não havia, à época, previsão do ITBI municipal. Apenas com o advento da Carta de 1988 houve a separação dos objetos do ITCMD estadual e do ITBI municipal. Também a partir da CF/88 as transmissões de bens móveis – exceto as transmissões onerosas *inter vivos* – passaram a integrar o aspecto material do ITCMD. Em resumo, o imposto em estudo incide sobre transmissões *causa mortis* e doações (transmissões gratuitas) de bens móveis e imóveis.

Além das **disposições constitucionais**, regem a matéria o **CTN e a legislação ordinária estadual**. Importante esclarecer, contudo, que apenas alguns dispositivos do Código Tributário Nacional[1] foram recepcionados pela ordem inaugurada com o advento da Constituição de 1988, haja vista que, à época de sua promulgação, conforme exposto, fundiam-se em um só tributo os atuais ITBI (municipal) e ITCMD. Estamos falando dos artigos 35 (em parte), 38, 39, 41 e 42. No que diz respeito às operações envolvendo bens móveis não existe qualquer regulação da matéria no CTN, sendo admissível falarmos,

1. Importante salientar que o CTN foi promulgado ainda sob a vigência da Constituição de 1946.

aqui, em **competência plena dos Estados** para reger a matéria (CF/88, art. 24, § 3º c/c ADCT-CF/88, art. 34, § 3º).

O **lançamento** do tributo dar-se-á, como vermos mais detidamente adiante, **por declaração**, nos casos de ITCMD Causa Mortis apurado em inventário, e **por homologação**, nas demais hipóteses, contudo, nada obsta, a depender das circunstâncias do caso concreto, que o tributo seja **lançado de ofício** pelos agentes fiscais[2].[3]

O ITCMD é tributo de **função fiscal**, haja vista que instituído com a função primeira de carrear recursos para os cofres públicos estaduais. Ressalvam-se os casos em que a legislação estadual estabelece alíquotas progressivas de incidência, quando então poderemos afirmar a **natureza extrafiscal** do ITCMD. O tema será mais detidamente analisado quando estivermos tratando do aspecto quantitativo do imposto.

O tributo em estudo está submetido aos princípios constitucionais tributários da: a) legalidade (CF/88, art. 150, I); b) isonomia (CF/88, art. 150, II); c) capacidade contributiva (CF/88, art. 145, § 1º); d) irretroatividade (CF/88, art. 150, III, "a"); e) anterioridade (CF/88, art. 150, III, "b"); f) anterioridade nonagesimal ou mitigada (CF/88, art. 150, III, "c"); g) vedação à utilização de tributo com efeito de confisco (CF/88, art. 150, IV); h) vedação à instituição de isenções heterônomas (CF/88, art. 151, III).

O **ITCMD** classifica-se como tributo**:** estadual, privativo, não vinculado, de arrecadação não vinculada, real, direto, ordinário e de função predominantemente fiscal.

2. ASPECTO MATERIAL

Nas palavras de Hugo de Brito Machado, "*o âmbito constitucional desse imposto, de competência dos Estados e do Distrito Federal, é a transmissão de bens por herança ou doação*"[4]. Duas são, portanto, as condutas que dão ensejo à obrigação de pagar o ITCMD: 1) transmissão *causa mortis* de bens móveis e imóveis e; 2) doação de bens móveis e imóveis.

Sobre o tema, assim dispõe o Código Tributário Nacional:

> *CTN:*
>
> *Art. 35. O imposto, de competência dos Estados, sobre a transmissão de bens imóveis e de direitos a eles relativos tem como fato gerador:*
>
> *I – a transmissão, a qualquer título, da propriedade ou do domínio útil de bens imóveis por natureza ou por acessão física, como definidos na lei civil;*
>
> *II – a transmissão, a qualquer título, de direitos reais sobre imóveis, exceto os direitos reais de garantia;*

---

2. VESPERO, Regina Celi Pedrotti. *Imposto sobre transmissão causa mortis e doação* – ITCMD. 3. ed. rev. e atual. São Paulo: Editora Revista dos Tribunais, 2013, pp. 122-123.
3. O posicionamento apresentado na 1ª edição, segundo o qual o tributo seria lançado por declaração ou de ofício foi revisto.
4. MACHADO, Hugo de Brito. *Curso de direito tributário.* 27. ed. São Paulo: Malheiros, 2006, p. 369.

> *III – a cessão de direitos relativos às transmissões referidas nos incisos I e II.*
>
> *Parágrafo único. Nas transmissões causa mortis, ocorrem tantos fatos geradores distintos quantos sejam os herdeiros ou legatários.*

Os dispositivos do supracitado art. 35 do CTN alusivos à transmissão onerosa, por ato *inter vivos,* de bens imóveis, repita-se, não foram recepcionados pela Constituição de 1988. Além disso, como podemos perceber, não existe qualquer menção às operações envolvendo bens móveis nos artigos colacionados, o que confere aos Estados e ao Distrito Federal **competência plena** (dentro dos limites constitucionais, obviamente) para regular a matéria.

O quadro abaixo ajuda a compreender as principais diferenças existentes entre os critérios materiais do ITBI e do ITCMD:

ITCMD X ITBI: Principais Diferenças		
Imposto	**ITCMD**	**ITBI**
Competência	Estados e DF	Municípios e DF
Transmissões causa mortis	Sim	Não
Transmissões inter vivos	Sim (apenas nas doações)	Sim
Transmissões Gratuitas	Sim	Não
Transmissão de bens móveis	Sim	Não
Transmissão de bens imóveis	Sim	Sim

Quando a lei e a Constituição falam em "quaisquer bens e direitos" está se referindo apenas às coisas úteis e raras, ou seja, aos **bens móveis e imóveis, corpóreos e incorpóreos, suscetíveis de apropriação pelo homem e dotados de valor econômico.** Não incidirá o ITCMD, por exemplo, sobre a doação de alguns litros da água do mar ou mesmo sobre alguns gramas de areia da praia.

Quando se fala em "transmissão *causa mortis*" está-se fazendo menção ao instituto da sucessão, regido pelo Código Civil de 2002. Nos termos de nossa Lei Civil, "*aberta a sucessão, a herança transmite-se, desde logo, aos herdeiros legítimos e testamentários*" (CC/2002, art. 1.784). Em outras palavras, com a morte, todo o patrimônio do *de cujus* transfere-se automaticamente para todos os seus herdeiros e legatários e, até que se faça a partilha dos bens, haverá um condomínio entre os mencionados sucessores. Trata-se do **princípio** – próprio do Direito Civil – **da *saisine*.**

Nos termos da jurisprudência sumulada do Supremo Tribunal Federal, "*É legítima a incidência do imposto de transmissão 'causa mortis' no inventário por morte presumida*" (Enunciado nº 331 da Súmula do STF).

Também o conceito de **doação** será extraído da legislação civil pátria. Conforme prescreve o Código Civil de 2002: "*Considera-se doação o contrato em que uma pessoa, por liberalidade, transfere do seu patrimônio bens ou vantagens para o de outra*" (CC/2002, art.

538). Muito embora o CTN faça menção apenas a operações envolvendo bens imóveis, por expressa autorização constitucional, poderão os Estados instituir o **ITCMD sobre doações de bens móveis**. Assim, será devido o imposto tanto na doação de uma casa de pai a filho quanto na doação, envolvendo as mesmas partes, de um automóvel. **Incidirá ITCMD até mesmo nas doações realizadas em dinheiro**, mesmo que referidas operações não tenham sido declaradas para fins de Imposto de Renda.

No que diz respeito ao ITCMD sobre doações, diversas situações suscitam controvérsia tanto na doutrina quanto na jurisprudência. A fim de facilitar a compreensão da matéria, detalharemos cada uma em tópicos separados.

2.1. Renúncia da herança

Pode ocorrer que, no curso dos processos judiciais de inventário ou arrolamento, ou mesmo nos chamados inventários e arrolamentos "extrajudiciais", instituídos pela Lei nº 11.441/2007, um ou mais sucessores renunciem à herança a eles destinada. Nos casos em que a renúncia for destinada a pessoa específica, falaremos em **renúncia translativa;** nas hipóteses em que, por sua vez, a renúncia for pura e simples, ou seja, se der em benefício do monte, sem qualquer ressalva, faremos menção à **renúncia abdicativa**[5].

Haverá **incidência do ITCMD** nos casos de **renúncia translativa gratuita**, ou seja, sempre que alguém transferir a pessoa específica sua herança sem que se verifique qualquer contraprestação por parte do beneficiado. Tem-se aqui claramente configurado um contrato de doação. Na verdade, sobre toda a operação haverá 2 (duas) incidências de ITCMD: uma, inicial, no momento da morte – ITCMD *causa mortis* – e outra no momento da doação – ITCMD doação.

Em havendo **renúncia translativa onerosa** – quando houver reposição ou torna –, por sua vez, além do ITCMD *causa mortis,* incidente inicialmente, poderá haver incidência do ITBI municipal sobre a segunda operação caso estejamos diante de transmissão onerosa de bens imóveis. Importante salientar, no *entanto, que "somente haverá a incidência do ITBI se houver efetiva torna ou reposição, ou seja, se o valor de bens imóveis situados no Município, recebidos por cônjuge, herdeiro ou condômino, for superior ao valor de sua meação, de seu quinhão e se houver compensação financeira para equilibrar os quinhões distribuídos de forma desproporcional"*[6].

Nas situações de **renúncia abdicativa** – em benefício do monte – **não haverá incidência de ITCMD nem de ITBI**, haja vista que inexistente uma operação de transmissão propriamente dita.

---

5. CARNEIRO, Claudio. *Impostos federais, estaduais e municipais*. 4. ed. São Paulo: Saraiva, 2013, p. 213.
6. CARNEIRO, Claudio. *Op. cit.,* p. 213-214.

2.2. Partilha desproporcional de bens na separação ou divórcio ou nos processos de inventário

Questão parecida com a mencionada no tópico anterior diz respeito aos casos de desproporcionalidade de quinhões entre os cônjuges ou herdeiros nos processos de separação, divórcio, inventário ou arrolamento. Aqui, não se fala em renúncia total da herança, mas apenas de parte do montante a que faz jus o renunciante.

Sabendo-se que, quando da realização da partilha, todos os beneficiados devem elaborar plano que confira a cada um exatamente aquilo a que tem direito por força de lei, a desproporcionalidade na repartição dos bens pode dar ensejo também à incidência do ITCMD ou mesmo do ITBI.

Na **partilha desigual** de bens, em que um herdeiro ou cônjuge (no caso de divórcio só poderemos falar de "cônjuges" e "meação") é contemplado com quota maior que a dos demais, configurar-se-á doação, caso não exista qualquer contrapartida por parte do beneficiário. Aqui, a exemplo do ocorrido no tópico anterior, haverá incidência do ITCMD tanto no momento da morte quanto da posterior doação. Nos casos de **divórcio com partilha desproporcional gratuita**, obviamente, haverá apenas uma incidência de ITCMD sobre o chamado **"excesso de meação"**.

Sobre o tema, confira-se o entendimento sumulado do Supremo Tribunal Federal:

> **SÚMULA nº 116** *do STF:*
> *"Em desquite ou inventário, é legítima a cobrança do chamado imposto de reposição, quando houver desigualdade nos valores partilhados."*

Existindo, contudo, no plano de partilha, **previsão expressa de reposição por parte do beneficiário da divisão desproporcional**, estará caracterizada a onerosidade da operação, devendo incidir, nos casos de operações com imóveis, ITBI.

Nada obsta que, a depender da complexidade do inventário ou da separação, incidam concomitantemente ITCMD sobre determinadas doações (renúncias gratuitas) e ITBI sobre transmissões onerosas posteriores à sucessão, ainda que no curso do processo de inventário.

2.3. Usufruto

Conforme ensinamentos do professor Carlos Roberto Gonçalves, "*usufruto é o direito de usar uma coisa pertencente a outrem e de perceber-lhe os frutos, ressalvada sua substância (usus fructus est ius alienis rebus utendi fruendi, salva rerum substancia)*[7]". Em outras palavras, no usufruto, alguns dos poderes inerentes à propriedade da coisa são transferidos a terceira pessoa, que passa a ter **o direito de usá-la e fruí-la**; não terá, contudo, o direito de dispô-la. Nos termos do Código Civil de 2002, "*o usufrutuário tem direito à posse, uso, administração e percepção dos frutos*" (CC/2002, art. 1.394), além disso, "*não se pode trans-*

7. GONÇALVES, Carlos Roberto. *Direito civil brasileiro, volume 5*: direito das coisas. 5. ed. São Paulo: Saraiva, 2010, p. 476.

ferir o usufruto por alienação; mas o seu exercício pode ceder-se por título gratuito ou oneroso" (CC/2002, art. 1.393).

Tratando-se de **direito real sobre imóvel**, não restam dúvidas acerca da **incidência do ITCMD** sobre a constituição do chamado **usufruto simples**[8]. Assim, caso determinada pessoa conceda em usufruto vitalício determinado imóvel de sua propriedade à sua mãe, já idosa, haverá incidência tributária sobre a operação, salvo previsão expressa de isenção na legislação estadual.

Bem diferente é a hipótese de **doação com reserva de usufruto**, comumente realizadas de pais a filhos, em que aos primeiros (doadores) fica reservado o direito de uso e fruição do bem enquanto forem vivos. Após a morte, haverá a consolidação da propriedade dos filhos (donatários). Aqui, em que pese alguma controvérsia, tem sido dominante o entendimento jurisprudencial no sentido de que o imposto só poderá incidir uma única vez, seja no momento da instituição do usufruto – ITCMD Doação –, seja no momento da morte – ITCMD Causa mortis – dos doadores/usufrutuários. Fundamenta-se o referido posicionamento no fato de a propriedade ser uma só, a todo tempo.

Algumas legislações estaduais preveem mecanismos específicos para evitar duas tributações nos casos de doação com reserva de usufruto. A Lei Paranaense nº 8.927/88, por exemplo, estabelece que *nas doações com reserva do usufruto ou na sua instituição gratuita a favor de terceiro, o valor dos direitos reais do usufruto, uso ou habitação, vitalício ou temporários, será igual à metade do valor do total do bem, correspondendo o valor restante à sua propriedade separada daqueles direitos* (Lei nº 8.927/88, art. 14, *caput)*. Temos com isso que, "*se o doador doa com reserva de usufruto para si, com a doação haverá incidência sobre metade da base de cálculo. Com sua morte e a extinção do usufruto, e consequentemente com a consolidação da propriedade na titularidade do nu proprietário, haverá nova exigência em relação à metade da base de cálculo*"[9]. Regras semelhantes são estabelecidas nas legislações paulista (Lei nº 10.705/2000) e fluminense (Lei nº 1.427/89).

2.4. Fideicomisso

Nos termos do Código Civil de 2002, "*pode o testador instituir herdeiros ou legatários, estabelecendo que, por ocasião de sua morte, a herança ou o legado se transmita ao fiduciário, resolvendo-se o direito deste, por sua morte, a certo tempo ou sob certa condição, em favor de outrem, que se qualifica de fideicomissário*" (CC/2002, art. 1.951). Trata-se do instituto do **Fideicomisso**, por meio do qual alguém, por testamento, deixa bem para o sucessor (fideicomissário) de seu herdeiro (fiduciário).

---

8. CTN: Art. 35. O imposto, de competência dos Estados, sobre a transmissão de bens imóveis e de direitos a eles relativos tem como fato gerador:

   II – a transmissão, a qualquer título, de direitos reais sobre imóveis, exceto os direitos reais de garantia;

9. RIBEIRO, Ricardo Lodi. *Tributos:* teoria geral e espécies. Niterói, RJ: Impetus, 2013, p. 236.

Paira na doutrina e na jurisprudência **controvérsia acerca da incidência do ITCMD sobre as transmissões decorrentes do Fideicomisso.** O STJ, no entanto, tem pacificado o entendimento segundo o qual, **na extinção do fideicomisso**, seja pela morte do fiduciário seja do fideicomissário, **não haverá incidência do ITCMD**, sob pena de bitributação. Nesse sentido, vejamos a ementa abaixo colacionada:

> *"O reclamo, todavia, não merece amparo, porquanto o acórdão recorrido está em absoluta sintonia com a jurisprudência deste Superior Tribunal de Justiça, que proclama inocorrer a incidência tributária pretendida pela Fazenda Pública, dado que na instituição do fideicomisso já se operou de forma regular a aplicação do imposto de transmissão. Impede-se, de tal maneira, a ilegal ocorrência de bitributação. Precedente: REsp 606.133/RJ, DJ 11/04/2005, de minha relatoria. (...) Não é devido o imposto de doação sobre extinção de fideicomisso, sob pena de ocorrência de bitributação, uma vez que, ao ser extinto o fideicomisso não há transmissão de propriedade. (...) Inexistência de previsão legal para a imposição do tributo. Princípio da legalidade.[10]"*

Assim, já tendo sido a primeira operação tributada – transmissão decorrente da instituição do fideicomisso – não haverá incidência do ITCMD, sob pena de bitributação.

2.5. Falecimento do cônjuge meeiro antes da partilha dos bens do pré-morto

É bastante comum que o cônjuge já viúvo venha a falecer antes mesmo de terem sido inventariados os bens do pré-morto.

Em tais situações, duas heranças serão cumulativamente inventariadas e partilhadas, caso os herdeiros de ambos os falecidos sejam os mesmos. Em primeiro lugar, calcula-se o ITCMD incidente sobre a transmissão decorrente da primeira morte, levando-se em consideração a meação do cônjuge falecido em momento posterior (caso este tivesse direito à meação). Apenas em seguida será feito o cálculo do tributo referente ao segundo óbito.

Nesse sentido, confira-se o julgado abaixo, da lavra do Tribunal de Justiça do Rio de Janeiro:

> *"FALECIMENTO DO CÔNJUGE MEEIRO ANTES DA PARTILHA DOS BENS DO PRÉ-MORTO. Caso em que as duas heranças serão cumulativamente inventariadas e partilhadas, se os herdeiros de ambos forem os mesmos, processando-se dois inventários e incidindo, portanto, dois tributos, porque existentes dois processos e inexistente qualquer dispositivo que, ao segundo, conceda isenção."[11]*

3. ASPECTO TEMPORAL

Tema dos mais polêmicos envolvendo o ITCMD diz respeito ao momento do surgimento da obrigação tributária.

---

10. STJ, REsp 1004707/RJ, Primeira Turma, julgado em 27/05/2008.
11. TJRJ, AI 2005.002.01888, 15 Câmara Cível, Relato Des. Sérgio Lúcio Cruz, julgado em 23.02.2005.

Em primeiro lugar, nas **transmissões *causa mortis*,** a obrigação surge quando da **abertura da sucessão**, ou seja, na hora da morte. Trata-se do momento em que, por força do já mencionado princípio da *saisine*, todos os bens do *de cujus* passam para seus herdeiros. Importante esclarecermos que o aspecto temporal do ITCMD *Causa Mortis* não coincide com o aspecto material do imposto. Enquanto este último está relacionado à transmissão de bens decorrente da morte, o primeiro (aspecto temporal) é o próprio momento da morte. Nos casos de **morte presumida**, tem-se como aspecto temporal do imposto o momento a partir do qual a lei civil considera ocorrida a morte.

No ITCMD *Causa Mortis* aplicar-se-á a alíquota vigente ao tempo da morte, conforme entendimento sumulado do Supremo Tribunal Federal:

> **SÚMULA nº 112** *DO STF*
>
> *"O imposto de transmissão 'causa mortis' é devido pela alíquota vigente ao tempo da abertura da sucessão."*

Nas **transmissões gratuitas de bens móveis, imóveis ou direitos reais sobre eles incidentes (doações),** o imposto será devido a partir do momento em que estiver caracterizada a transferência do bem. Nos termos da lei civil, "*os direitos reais sobre coisas móveis, quando constituídos, ou transmitidos por atos entre vivos, só se adquirem com a* ***tradição***" (CC/2002, art. 1.226), por sua vez, "*os direitos reais sobre imóveis constituídos, ou transmitidos por atos entre vivos, só se adquirem com o* ***registro no Cartório de Registro de Imóveis*** *dos referidos títulos (arts. 1.245 a 1.247), salvo os casos expressos*" no Código Civil (CC/2002, art. 1.227).

Nas transmissões gratuitas de bens imóveis ou direitos reais sobre imóveis, na prática, o imposto tem sido exigido **no momento da lavratura da escritura da doação**. Isso se dá porque, em virtude do disposto no art. 134, VI, do CTN, os tabeliães, escrivães e demais serventuários de ofício poderão ser responsabilizados, em caso de omissão, pelos tributos devidos sobre os atos por eles praticados em razão do seu ofício. Nos autos do Recurso Especial nº 1.236.816, o Superior Tribunal de Justiça reconheceu a validade da exigência do ITCMD antes mesmo da ocorrência do fato gerador, ou seja, como requisito para registro do título no cartório de imóveis[12].

As leis estaduais contêm disposições específicas relacionadas ao momento do pagamento do imposto, sendo certo que o direito da Fazenda de lançar o tributo não decairá antes de existir ciência inequívoca da existência do fato gerador da obrigação. Assim, **antes da ciência da morte**, operada por ocasião do processo de inventário, mesmo que este só venha a ser levado a efeito dez anos após o óbito, por exemplo, **não há que se falar em decadência do direito ao lançamento.**

4. ASPECTO ESPACIAL

O aspecto espacial do imposto, não custa repisar, está relacionado ao lugar em que deve ocorrer a operação para fins de incidência tributária. No caso do ITCMD, assim como nos demais impostos, possui íntima relação com o aspecto subjetivo da regra matriz

12. STJ, REsp 1.236.816, Primeira Turma, julgado em 15/03/2012.

de incidência. Em outros termos, em regra, *caberá o tributo ao Estado em que realizado o fato gerador da obrigação.*

A matéria é regida pelo disposto no art. 155, § 1º, da CF/88 e nas legislações estaduais aplicáveis. Nos termos da Lei Paranaense nº 8.927/88, por exemplo, *o imposto é pago I – No local da situação do bem, tratando-se de imóveis e de direitos a eles relativos, inclusive, respectivas ações; II – Tratando-se de bens móveis, direitos, títulos e créditos e respectivas ações, onde tiver domicílio: a) o doador ou onde se processar o inventário ou arrolamento; b) o donatário, na hipótese em que o doador tenha domicílio ou residência no exterior; c) o herdeiro ou legatário, quando o inventário ou arrolamento tiver sido processado no exterior; d) o herdeiro ou legatário se o 'de cujos' possua bens, era residente ou domiciliado no exterior, ainda que o inventário ou arrolamento tenha sido processado no país* (Lei nº 8.927/88, art. 7º).

O tema será objeto de análise mais detalhada quando estivermos estudando o sujeito ativo da exação.

5. ASPECTO PESSOAL

5.1. Sujeito ativo

Nos termos do art. 155, § 1º, I, da Constituição de 1988, o ITCMD, relativamente a **bens imóveis e respectivos direitos**, compete ao Estado da situação do bem, ou ao Distrito Federal. Trata-se da regra geral da sujeição ativa tributária para os casos de bens imóveis situados no Brasil.

Assim, caso A, domiciliado em São Paulo, venha a falecer deixando bens imóveis nos Estados de São Paulo, Mato Grosso e Rio Grande do Sul, deverá ser recolhido pelos herdeiros, no curso do **processo de inventário** – que tramitará em São Paulo, nos termos do art. 48 do Novo Código de Processo Civil[13] –, a cada um dos referidos Estados, o ITCMD referente a cada um dos referidos imóveis. Da mesma forma, numa **doação** de imóvel localizado no Estado de Santa Catarina, este será o sujeito ativo do ITCMD, ainda que doador e donatário tenham domicílio diverso.

Relativamente aos **bens móveis, títulos e créditos**, competirá o ITCMD ao Estado onde se processar o inventário ou arrolamento – ITCMD *Causa Mortis* , ou tiver domicílio o doador, ou ao Distrito Federal – ITCMD Doação (CF/88, art. 155, § 1º, II). O quadro abaixo pode facilitar a compreensão do estudante acerca da matéria:

13. NCPC: Art. 48. O foro de domicílio do autor da herança, no Brasil, é o competente para o inventário, a partilha, a arrecadação, o cumprimento de disposições de última vontade, a impugnação ou anulação de partilha extrajudicial e para todas as ações em que o espólio for réu, ainda que o óbito tenha ocorrido no estrangeiro.

Parágrafo único. Se o autor da herança não possuía domicílio certo, é competente:

I – o foro de situação dos bens imóveis;

II – havendo bens imóveis em foros diferentes, qualquer destes;

III – não havendo bens imóveis, o foro do local de qualquer dos bens do espólio.

Sujeito Ativo do ITCMD em caso de Bens e Doadores Situados/Domiciliados No Brasil		
Bens	**Imóveis**	**Móveis**
ITCMD Causa Mortis	Estado da Localização do Bem	Estado do Inventário ou Arrolamento
ITCMD Doação	Estado da Localização do Bem	Estado do domicílio do doador

Conforme determina a Constituição de 1988, o ITCMD terá competência para sua instituição regulada por lei complementar: a) se o doador tiver domicilio ou residência no exterior (CF/88, art. 155, § 1º, III, a); b) se o de cujus possuía bens, era residente ou domiciliado ou teve o seu inventário processado no exterior (CF/88, art. 155, § 1º, III, b). Como a lei complementar mencionada no parágrafo anterior ainda não foi editada pelo Congresso Nacional, **permanecem os Estados com competência plena para dispor sobre a matéria**, por força do que dispõe o art. 24, § 3º, da Constituição de 1988[14].

Sobre o tema, a título de exemplo, assim dispõe a Lei Estadual Paranaense nº 8.927/88:

> *Art. 7º. O imposto é pago.*
>
> *II – Tratando-se de bens móveis, direitos, títulos e créditos e respectivas ações, onde tiver domicílio:*
>
> *(...)*
>
> *b) o donatário, na hipótese em que o doador tenha domicílio ou residência no exterior;*
>
> *c) o herdeiro ou legatário, quando o inventário ou arrolamento tiver sido processado no exterior;*
>
> *d) o herdeiro ou legatário se o "de cujos" possua bens, era residente ou domiciliado no exterior, ainda que o inventário ou arrolamento tenha sido processado no país.*

A competência legislativa plena dos Estados pode dar ensejo a conflitos de interesse entre diferentes entes da Federação, a serem resolvidos pelo Supremo Tribunal Federal, nos moldes do art. 102, I, f, da Constituição. Não à toa, o mesmo STF reconheceu a **repercussão geral** da matéria:

> *"EMENTA RECURSO EXTRAORDINÁRIO. REPERCUSSÃO GERAL. ITCMD. BENS LOCA-LIZADOS NO EXTERIOR. ARTIGO 155, § 1º, III, LETRAS A E B, DA CONSTITUIÇÃO FEDERAL. LEI COMPLEMENTAR. NORMAS GERAIS. COMPETÊNCIA PARA INSTITUIÇÃO. É de se definir, nas hipóteses previstas no art. 155, § 1º, III, letras a e b, da Constituição, se, ante a omissão do legislador nacional em estabelecer as normas gerais pertinentes à competência para instituir imposto sobre transmissão causa mortis ou doação de quaisquer bens ou direitos (ITCMD), os Estados-*

14. CF/88: Art. 24. (...)

§ 3º – Inexistindo lei federal sobre normas gerais, os Estados exercerão a competência legislativa plena, para atender a suas peculiaridades.

-membros podem fazer uso de sua competência legislativa plena com fulcro no art. 24, § 3º, da Constituição e no art. 34, § 3º, do ADCT."[15]

5.2. Sujeito passivo

A Constituição de 1988 não dispõe sobre a sujeição passiva tributária do ITCMD. O Código Tributário Nacional, por sua vez, de maneira bastante genérica, estabelece apenas que *contribuinte do imposto é qualquer das partes na operação tributada, como dispuser a lei* (CTN, art. 42). Assim, mais uma vez, fica a matéria em comento a cargo da legislação estadual do ente competente para instituição do tributo. Necessariamente, no entanto, o sujeito passivo deverá possuir alguma relação com o fato gerador da obrigação tributária, seja direta, quando então será chamado de **contribuinte** (CTN, art. 121, parágrafo único, I), seja indireta, quando então será chamado de **responsável tributário** (CTN, art. 121, parágrafo único, II).

Em regra, no **ITCMD *Causa Mortis***, a legislação estadual fixa, como contribuintes da exação, os herdeiros e legatários do *de cujus*. Nas **doações**, por sua vez, costuma-se classificar como contribuintes os adquirentes dos bens doados. Além disso, com fundamento no Código Tributário Nacional, costuma-se fixar a **responsabilidade tributária** também de figuras como a do **inventariante**, pelos tributos devidos pelo espólio (CTN, art. 134, IV), e dos **tabeliães, escrivães e demais serventuários de ofício**, pelos tributos devidos sobre os atos praticados por eles, ou perante eles, em razão do seu ofício (CTN, art. 134, VI).

Como vimos, a jurisprudência do STJ vem entendendo válida a exigência antecipada do ITCMD nas operações de transmissões de imóveis, como pré-requisito ao registro do título da doação. Em tal situação, se não houver exigência do recolhimento do tributo por parte do oficial do cartório, este responderá solidariamente pelo tributo devido pelo donatário do bem.

Nada obsta, no entanto, que a legislação local estabeleça como contribuinte ou responsável figuras diversas das enumeradas acima, desde que, obviamente, possuam alguma relação com o fato gerador da obrigação tributária.

6. ASPECTO QUANTITATIVO

O aspecto quantitativo do ITCMD, muito embora não tenha sido objeto de disposição expressa no texto da Constituição – exceto em um dispositivo –, não pode se distanciar muito de *determinado percentual incidente sobre o valor das operações de doação e transmissão causa mortis de bens e direitos*. De uma maneira geral, os critérios para cálculo do valor do imposto devido ficarão a cargo da legislação estadual.

A **base de cálculo do ITCMD**, até mesmo por uma questão de lógica jurídica, será sempre o valor venal dos bens ou direitos transmitidos ou doados (CTN, art. 38), apurados mediante avaliação procedida pela Fazenda Pública Estadual. Será garantido à parte, no entanto, o direito à impugnação dos valores alcançados pela Fazenda Pública. A depender do caso, até mesmo a prova pericial poderá ser requerida.

15. STF, RE 851108 RG, Relator(a): Min. DIAS TOFFOLI, julgado em 25/06/2015, PUBLIC 20-08-2015.

As legislações de alguns Estados fixam, para os casos de **doação com reserva de usufruto** ou mesmo **usufruto simples**, a base de cálculo como sendo igual à metade do valor total do bem, correspondendo o valor restante à sua propriedade separada daqueles direitos. Busca-se, com isso, evitar que um mesmo bem seja tributado duas vezes.

Nas **promessas de compra e venda de imóvel ainda não quitado ao tempo da abertura da sucessão**, a base de cálculo do tributo será o **saldo credor da obrigação**. Como os herdeiros do promitente vendedor terão apenas o referido montante a receber, não seria adequado que o ITCMD incidisse sobre o valor total da operação. Nesse sentido, confira-se o entendimento sumulado do egrégio Supremo Tribunal Federal:

> **SÚMULA nº 590** *DO STF:*
>
> *"Calcula-se o imposto de transmissão 'causa mortis' sobre o saldo credor da promessa de compra e venda de imóvel, no momento da abertura da sucessão do promitente vendedor."*

O ITCMD terá suas **alíquotas máximas** fixadas pelo Senado Federal (CF/88, art. 155, § 1º, IV). Nesse sentido, a Resolução nº 09/92 do Senado estabeleceu a alíquota limite do imposto em 8%. A regra tem por objetivo evitar que os Estado venham a fixar alíquotas confiscatórias, tendo em vista que as pessoas não escolhem o local da residência com base na alíquota do imposto de transmissão a ser pago pelos herdeiros no momento da morte.

Importante salientarmos também a **impossibilidade de vinculação** entre a alíquota estadual e a alíquota máxima fixada pelo Senado Federal. Em outras palavras, não pode um ente federativo, ainda que por meio de lei, estabelecer que a alíquota do tributo acompanhará, automaticamente, aquela fixada pelo Senado Federal a cada alteração. Nos moldes da jurisprudência consolidada do Supremo Tribunal Federal, o Estado, "*por força do art. 150, I, da Carta Magna, só pode aumentar tributo por lei estadual específica e não por meio de lei que se atrele genericamente a essa alíquota máxima fixada pelo Senado e varie posteriormente com ela, até porque o princípio da anterioridade, a que está sujeita essa lei estadual de aumento, diz respeito ao exercício financeiro em que ela haja sido publicada e não, per relationem, à resolução do Senado que aumentou o limite máximo da alíquota*"[16].

Nos autos do **Recurso Extraordinário nº 562.045**, o Supremo Tribunal Federal julgou válido o **sistema progressivo de alíquotas para o ITCMD** estabelecido pela Lei Gaúcha nº 8.821/89.

Na oportunidade, salientou nossa Corte Suprema que **todos os impostos estariam sujeitos ao princípio da capacidade contributiva, mesmo os que não tivessem caráter pessoal**, e que o § 1º do art. 145 da Constituição apenas estabeleceria que os impostos, sempre que possível, deveriam ter caráter pessoal. Aduziu-se, também, ser possível aferir a capacidade contributiva do sujeito passivo do ITCMD, pois, tratando-se de imposto

16. STF, RE 218.086-AgR, Primeira Turma, julgado em 8-2-2000. No mesmo sentido: STF, RE 225.956, Segunda Turma, julgamento em 1º-12-1998.

direto, a sua incidência poderia expressar, em diversas circunstâncias, progressividade ou regressividade direta. Asseverou-se, por fim, que a progressividade de alíquotas do imposto em comento não teria como descambar para o confisco, porquanto haveria o controle do teto das alíquotas pelo Senado Federal (CF, art. 155, § 1º, IV)[17].

Muito embora, no julgado supracitado, tenha o STF salientado inexistir incompatibilidade entre o posicionamento defendido e aquele constante do Enunciado nº 668 da Súmula de sua jurisprudência dominante ("*É inconstitucional a lei municipal que tenha estabelecido, antes da Emenda Constitucional 29/2000, alíquotas progressivas para o IPTU, salvo se destinada a assegurar o cumprimento da função social da propriedade urbana*"), parece ter havido sensível mudança no entendimento segundo o qual a progressividade em função da capacidade contributiva só seria possível nos impostos reais nos casos expressamente permitidos pela Constituição.

Nos termos do entendimento sumulado do STF: "*O imposto de transmissão 'causa mortis' é devido pela alíquota vigente ao tempo da abertura da sucessão*" (Enunciado nº 112 da Súmula do STF). No ITCMD Doação, por sua vez, aplica-se a alíquota vigente no momento da celebração do negócio jurídico.

Por fim, o não pagamento do tributo no tempo e forma devidos pode ensejar a cobrança de **juros e multa** por parte da Administração Pública interessada, desde que previstos na legislação estadual que rege a matéria, além disso, a **Fazenda Pública poderá realizar nova avaliação dos bens** inventariados nos casos em que não tenha havido recolhimento do tributo mesmo depois do decurso de prazo razoável da primeira avaliação.

7. IMUNIDADES E ISENÇÕES

Não existe, no texto da Constituição, previsão de imunidade específica do ITCMD, no entanto, aplica-se ao tributo em comento o disposto no art. 150, VI, a, do Texto Supremo, que cuida da chamada **imunidade tributária recíproca**.

Dessa forma, não incidirá o ITCMD, por exemplo, nas doações de bens feitas às pessoas jurídicas de direito público, inclusive as integrantes da Administração Indireta, desde que os bens estejam relacionados às suas finalidades essenciais (CF/88, art. 150, § 2º). Também nos casos de **herança vacante**, em que o patrimônio é transferido ao Município ou ao Distrito Federal, por força da supracitada imunidade recíproca, não haverá incidência do ITCMD *Causa Mortis*.

As leis estaduais costumam estabelecer ainda diversas **hipóteses de isenção do ITCMD**, a grande maioria delas voltadas à efetivação dos princípios constitucionais da **capacidade contributiva** e da **função social da propriedade**. Em regra, isentam-se os imóveis adquiridos por transmissão *causa mortis*: a) destinados exclusivamente à moradia do cônjuge supérstite ou herdeiro, desde que não possua outro, assim como;

17. STF, RE 562045/RS, Pleno (RG), julgado em 6.2.2013.

b) localizados em área rural com áreas reduzidas, de cuja exploração do solo depende o sustento da família do herdeiro ou do cônjuge supérstite, também nos casos em que não possua outro.

8. INFORMAÇÕES COMPLEMENTARES

No presente tópico, vamos nos dedicar a explicar alguns dos aspectos mais relevantes do **procedimento de cobrança do ITCMD**, deixando claro, desde já, que a matéria é quase inteiramente regulada pela legislação estadual.

Em primeiro lugar, nas **transmissões *inter vivos* de bens imóveis**, até mesmo em virtude da já mencionada responsabilidade solidária dos oficiais de cartório, costuma-se exigir o pagamento do tributo incidente sobre a operação **imediatamente antes da lavratura do respectivo instrumento**. Assim, será pré-requisito do efetivo registro da transmissão do imóvel doado o pagamento do valor devido a título de ITCMD.

Os casos de **transmissões *inter vivos* realizadas por instrumento particular** – em geral, envolvendo bens móveis –, por sua vez, são de dificílima fiscalização. Aqui, a legislação local usualmente estabelece um prazo para apresentação do referido instrumento à repartição fiscal e recolhimento do tributo. Obviamente, em regra, o donatário nada recolhe aos cofres públicos estaduais.

Nas **transmissões *causa mortis*** de bens e direitos, o recolhimento do tributo se dará no curso de processo – administrativo ou judicial – de: a) inventário ou; b) arrolamento sumário.

Nos **processos de inventário**, regidos pelos artigos 610 e seguintes do Novo Código de Processo Civil, haverá oitiva obrigatória da Fazenda Pública em 2 (dois) momentos distintos. Em primeiro lugar, será intimada para que se manifeste sobre o valor atribuído aos bens inventariados. Na verdade, a Fazenda Pública procederá a verdadeira avaliação dos bens de raiz descritos nas primeiras declarações, tudo de acordo com os dados que constam de seu cadastro imobiliário. Com base nos valores apresentados pela Fazenda, ressalvada possibilidade de impugnação, é que deverão ser preenchidas as guias de recolhimento do imposto.

Depois do preenchimento das guias e do pagamento do tributo haverá nova oitiva da Fazenda Pública, oportunidade em que poderá impugnar o cálculo realizado pelas partes interessadas – e não mais o valor atribuído aos bens. Apenas após a homologação dos cálculos pelo juiz e o pagamento do ITCMD poderá ser realizada a partilha dos bens. Os processos administrativos de inventário, realizados com base no disposto na Lei nº 11.441/2007, deverão obedecer a rito semelhante ao exposto acima, obviamente, sem a participação do juiz. Isso significa que, também aqui, o recolhimento prévio do tributo é requisito para expedição do formal de partilha.

O **arrolamento sumário** é o procedimento apropriado para partilhas amigáveis celebradas exclusivamente entre partes capazes. Nos termos do NCPC, obedecer-se-á o rito do arrolamento também nos casos em que o valor dos bens do espólio não superar

1.000,00 (mil) salários-mínimos. Possui rito bem mais simples e expedito que o do inventário e não demanda a dupla participação da Fazenda Pública, mencionada no tópico anterior. De acordo com o art. 662 do Novo Código de Processo Civil, "No arrolamento, não serão conhecidas ou apreciadas questões relativas ao lançamento, ao pagamento ou à quitação de taxas judiciárias e de tributos incidentes sobre a transmissão da propriedade dos bens do espólio."

No entanto, **o pagamento do tributo será pré-requisito também para expedição do formal de partilha.**[18] Conforme jurisprudência dominante do STJ, isso significa que a discussão de supostas diferenças pagas a menor deverão ser resolvidas na esfera administrativa. Em outras palavras, para homologação da partilha, basta que exista pagamento do tributo, ainda que realizado a menor; eventuais diferenças só poderão ser reclamadas administrativamente. O entendimento é extremamente prejudicial aos Estados e dá ensejo a uma série de práticas indesejadas.

Sobre o tema, confira-se o julgado abaixo, da lavra do egrégio Superior Tribunal de Justiça:

> *"No processo de **arrolamento sumário**, processado com base nos arts. 1.031 e seguintes do CPC, cabível quando todos os herdeiros forem maiores e capazes e estiverem de acordo com a partilha, somente é possível examinar se o inventariante comprovou a quitação dos tributos relativos aos bens do espólio e às suas rendas. **Para a homologação da partilha pelo juiz são dispensadas certas formalidades exigidas no inventário**, entre elas a intervenção da Fazenda Pública para verificar a correção do pagamento dos tributos devidos pelo espólio. **Assim, a discussão de supostas diferenças pagas a menor deverão ser resolvidas na esfera administrativa**, a teor do disposto no art. 1.034 do CPC. (...) Feito o pagamento do imposto e juntado o comprovante aos autos, não pode o juiz condicionar a homologação da partilha em processo de arrolamento sumário à entrega de documentos à Receita estadual necessários ao cálculo do imposto. Ainda que o pagamento não esteja completo ou tenha o inventariante calculado mal o imposto, essas questões não podem ser tratadas e discutidas em arrolamento sumário.[19]" (G.N).*

Mencione-se, por fim, que, em virtude do exposto acima – inexistência de dupla oitiva da Fazenda e de discussão do valor pago –, o reconhecimento judicial de isenção do ITCMD não é admitido no curso dos processos de arrolamento sumário, mas apenas no decorrer do inventário propriamente dito. Ocorre que, a despeito da competência administrativa atribuída à autoridade fiscal pelo art. 179 do Código Tributário Nacional, a prévia oitiva da Fazenda Pública no inventário propriamente dito torna despiciendo referido procedimento administrativo.

---

18. **NCPC: "Art. 664**. (...)§ 5º Provada a quitação dos tributos relativos aos bens do espólio e às suas rendas, o juiz julgará a partilha."
19. STJ, REsp 927530/SP, Segunda Turma, julgado em 12/06/2007.

O assunto é pacífico na jurisprudência do STJ e já foi inclusive julgado sob o rito dos recursos repetitivos. Nesse sentido, vejamos trechos do Recurso Especial nº 1.150.356, julgado em 09/08/2010:

> *"**O juízo do inventário, na modalidade de arrolamento sumário, não detém competência para apreciar pedido de reconhecimento da isenção do ITCMD** (Imposto sobre Transmissão Causa Mortis e Doação de quaisquer Bens ou Direitos), à luz do disposto no caput do artigo 179, do CTN, verbis: 'Art. 179. A isenção, quando não concedida em caráter geral, é efetivada, em cada caso, por despacho da autoridade administrativa, em requerimento com o qual o interessado faça prova do preenchimento das condições e do cumprimento dos requisitos previstos em lei ou contrato para concessão'. (...) **Consequentemente, em sede de inventário propriamente dito (procedimento mais complexo que o destinado ao arrolamento), compete ao Juiz apreciar o pedido de isenção do Imposto sobre Transmissão Causa Mortis, a despeito da competência administrativa atribuída à autoridade fiscal** pelo artigo 179, do CTN (...) É que **a prévia oitiva da Fazenda Pública, no inventário propriamente dito, torna despiciendo o procedimento administrativo**, máxime tendo em vista o teor do artigo 984, do CPC (...) Recurso especial fazendário provido, anulando-se a decisão proferida pelo Juízo do inventário que reconheceu a isenção do ITCMD. Acórdão submetido ao regime do artigo 543-C, do CPC, e da Resolução STJ 08/2008.[20]"*

8.1. Lançamento e decadência do ITCMD nos processos de inventário

Conforme exposto em momento anterior, o lançamento do ITCMD nos processos de inventário dá-se por declaração, ou seja, a apuração do tributo pelo ente estatal dependerá das informações prestadas pelo próprio sujeito passivo da exação. Isso não quer dizer, contudo, que o fato gerador do imposto ocorre apenas no momento das referidas declarações. O tema é deveras polêmico.

Nos termos da jurisprudência dominante do STJ, embora a herança seja transmitida desde logo, com a abertura da sucessão (fato gerador do ITCMD *Causa Mortis*), "*a exigibilidade do imposto fica a depender da precisa identificação do patrimônio transferido e dos herdeiros ou legatários, para que sejam apurados os 'tantos fatos geradores distintos' a que alude o citado parágrafo único do art. 35, sendo essa a lógica que inspirou a edição das Súmulas 112, 113 e 114 do STF*[21]".

Dito de outra forma, apenas com a **prolação da sentença de homologação da partilha** é possível identificar perfeitamente os aspectos material, pessoal e quantitativo da hipótese normativa, tornando possível a realização do lançamento.

O prazo decadencial – de 5 anos – do Estado para lançar eventuais diferenças não pagas no curso de processo de inventário, portanto, nos moldes do art. 173, I, do

20. STJ, REsp 1150356/SP, Primeira Seção, julgado em 09/08/2010.
21. STJ, AgRg no REsp 1274227/MS, Rel. Ministro HERMAN BENJAMIN, SEGUNDA TURMA, julgado em 07/02/2012, DJe 13/04/2012.

CTN, terá início apenas no "***primeiro dia do exercício seguinte àquele em que o lançamento poderia ter sido efetuado***"[22].

A Ementa abaixo pode facilitar a compreensão do estudante:

> *"PROCESSUAL CIVIL. TRIBUTÁRIO. INVENTÁRIO. ITCMD. TERMO A QUO DECADENCIAL PARA LANÇAMENTO DO TRIBUTO. HOMOLOGAÇÃO DO CÁLCULO.*
>
> *1. Nos termos do art. 173 do CTN, somente no primeiro dia do exercício seguinte ao ano em que o lançamento poderia ter sido realizado é que começa a transcorrer o prazo decadencial de 5 anos para a constituição do crédito tributário.*
>
> *2. No caso, tratando-se de inventário, compete ao juiz, depois de ouvida a Fazenda Pública, proceder ao cálculo do imposto de transmissão causa mortis, conforme dispõem os arts. 1.012 e 1.013 do CPC.*
>
> *3. Consequentemente,* ***enquanto não homologado o cálculo do inventário, não há como efetuar a constituição definitiva do tributo, porque incertos os valores inventariados sobre o qual incidirá o percentual da exação****, haja vista as possíveis modificações que os cálculos sofrerão ante questões a serem dirimidas pelo magistrado, nos termos dos arts. 1.003 a 1.011 do CPC.*
>
> *4. No caso em apreço,* ***homologado o cálculo em 27.6.2008, o prazo decadencial só ocorrerá após 31.12.2013****. Agravo regimental improvido.*[23]*"*

As lições podem ser resumidas da seguinte forma:

ITCMD Causa Mortis em Processo de Inventário: Fato Gerador x Exigibilidade do Tributo	
Fato Gerador	**Exigibilidade**
• Morte (real ou presumida).	• Homologação do Cálculo pelo Juiz.
	• Prazo decadencial inicia-se no 1º dia do exercício seguinte (CTN, art. 173, I).

9. QUADRO SINÓPTICO

1. Introdução	Diplomas normativos aplicáveis: Constituição Federal (art. 155, § 1º); Código Tributário Nacional (arts. 35, 38, 39, 41 e 42) e; Leis estaduais.
	Lançamento: Por declaração ou homologação, a depender da materialidade.

22. Nesse sentido, confira: STJ, REsp 973.733/SC, Rel. Ministro Luiz Fux, Primeira Seção, julgado em 12.8.2009, DJe 18.9.2009.
23. STJ, AgRg no REsp 1257451/SP, Rel. Ministro HUMBERTO MARTINS, SEGUNDA TURMA, julgado em 06/09/2011, DJe 13/09/2011.

<table>
<tr><td rowspan="2">1. Introdução</td><td colspan="2">Princípios aplicáveis: a) legalidade; b) isonomia; c) capacidade contributiva; d) irretroatividade; e) anterioridade; f) anterioridade nonagesimal; g) vedação à utilização de tributo com efeito de confisco; h) vedação à instituição de isenções heterônomas.</td></tr>
<tr><td colspan="2">Características: Tributo estadual, direto, privativo, não vinculado, de arrecadação não vinculada e ordinário.</td></tr>
<tr><td rowspan="4">2. Aspecto material</td><td rowspan="2">Transmissão causa mortis de bens e direitos:</td><td>Renúncia da herança: a) na renúncia abdicativa (em favor do monte) não haverá incidência do tributo; b) na renúncia translativa gratuita haverá incidência do ITCMD.</td></tr>
<tr><td>Na extinção do fideicomisso, seja pela morte do fiduciário seja do fideicomissário, não haverá incidência do ITCMD, sob pena de bitributação.</td></tr>
<tr><td rowspan="2">Doações</td><td>Haverá incidência do ITCMD também no caso de usufruto simples. Na doação com reserva de usufruto, algumas legislações locais preveem alíquotas diferenciadas a incidir sobre a segunda operação (usufruto).</td></tr>
<tr><td>Na partilha desproporcional de bens em divórcio ou inventário haverá incidência de ITCMD Doação.</td></tr>
<tr><td rowspan="3">3. Aspecto Temporal</td><td colspan="2">ITCMD Causa Mortis: A transmissão se dá no momento da morte.</td></tr>
<tr><td rowspan="2">ITCMD Doação</td><td>Bens móveis: A obrigação surge no momento da transferência da propriedade.</td></tr>
<tr><td>Bens imóveis: A obrigação surge com a transcrição do título no registro de imóveis.</td></tr>
<tr><td>4. Aspecto Espacial</td><td colspan="2">O aspecto espacial possui íntima relação com o aspecto subjetivo da regra matriz de incidência. Em outros termos, em regra, caberá o tributo ao Estado em que realizado o fato gerador da obrigação.</td></tr>
<tr><td rowspan="4">5. Aspecto Pessoal</td><td rowspan="4">Sujeito ativo</td><td>ITCMD Doação ou Causa Mortis sobre Imóveis situados no Brasil: Estado da situação do bem.</td></tr>
<tr><td>ITCMD Doação sobre bens móveis, títulos e créditos situados no Brasil: Estado de domicílio do doador.</td></tr>
<tr><td>ITCMD Causa Mortis sobre bens móveis, títulos e créditos situados no Brasil: Estado em que realizado o inventário.</td></tr>
<tr><td>Matéria regulada por LC: a) se o doador tiver domicilio ou residência no exterior (CF/88, art. 155, § 1º, III, a); b) se o de cujus possuía bens, era residente ou domiciliado ou teve o seu inventário processado no exterior (CF/88, art. 155, § 1º, III, b). Na ausência de LC, remanesce aos Estados competência plena para dispor sobre a matéria.</td></tr>
<tr><td rowspan="2">5. Aspecto Pessoal</td><td rowspan="2">Sujeito passivo</td><td>ITCMD Causa mortis: Herdeiros e legatários.</td></tr>
<tr><td>ITCMD Doação: Em regra, donatário. Lei pode prever hipóteses de responsabilidade solidária, como no caso dos cartórios.</td></tr>
</table>

6. Aspecto quantitativo	Base de Cálculo: Valor venal do bem transferido.
	Alíquota: Percentual incidente sobre a base de cálculo que serve à quantificação do tributo. As alíquotas máximas serão fixadas pelo Senado Federal. É constitucional o sistema progressivo de alíquotas.
7. Imunidades e isenções	Aplica-se ao ITCMD a imunidade recíproca prevista no art. 150, VI, a, da CF/88.
	As isenções só poderão ser concedidas, por meio de lei, pelo ente competente para instituição do imposto.

10. SÚMULAS DO STF E STJ

SÚMULAS DO STF:

SÚMULA Nº 590: Calcula-se o imposto de transmissão "causa mortis" sobre o saldo credor da promessa de compra e venda de imóvel, no momento da abertura da sucessão do promitente vendedor.

SÚMULA Nº 331: É legítima a incidência do imposto de transmissão "causa mortis" no inventário por morte presumida.

SÚMULA Nº 115: Sobre os honorários do advogado contratado pelo inventariante, com a homologação do juiz, não incide o imposto de transmissão "causa mortis".

SÚMULA Nº 114: O imposto de transmissão "causa mortis" não é exigível antes da homologação do cálculo.

SÚMULA Nº 113: O imposto de transmissão "causa mortis" é calculado sobre o valor dos bens na data da avaliação.

SÚMULA Nº 112: O imposto de transmissão "causa mortis" é devido pela alíquota vigente ao tempo da abertura da sucessão.

SÚMULAS DO STJ:

Não há enunciados referentes à matéria.

11. QUESTÕES DE CONCURSOS PÚBLICOS

1. **(CESPE/2007/OAB/EXAME DE ORDEM UNIFICADO)** Assinale a opção correta a respeito do ITCMD.

a) Incidirá ITCMD sobre os honorários do advogado contratado pelo inventariante.

b) A cobrança de ITCMD relativamente aos bens móveis e imóveis competirá ao estado onde se processar o inventário.

c) O ITCMD é estabelecido com base na alíquota vigente ao tempo da abertura da sucessão.

d) Compete ao Senado Federal fixar as alíquotas mínimas e máximas do ITCMD.

2. **(VUNESP/2011/TJ-SP/TITULAR DE SERVIÇOS DE NOTAS E REGISTROS)** Acerca do ITCMD incidente nos inventários, é correto afirmar que:

a) para cada falecimento ocorre um fato gerador, independentemente do número de herdeiros ou legatários.

b) o ITCMD é devido pela alíquota vigente ao tempo da abertura do inventário.

c) suas alíquotas mínimas serão fixadas pelo Senado Federal.

d) a escolha do tabelião que lavrará o inventário influencia o elemento espacial do fato gerador.

---

3. **(FCC/TJ-AP/ TITULAR DE SERVIÇOS DE NOTAS E REGISTROS/2011)** Na transmissão causa mortis, o de cujus deixou bens imóveis localizados em diversos municípios do país, em especial em São Paulo, Rio de Janeiro, Fortaleza, Macapá, Porto Grande e Serra do Navio. O inventário foi processado no lugar da abertura da sucessão, ou seja, em São Paulo. O imposto incidente sobre a transmissão causa mortis – ITCMD, em razão da competência constitucional, é devido ao

a) Município da situação do bem imóvel.

b) Município do lugar do inventário.

c) Município da situação do bem imóvel e ao Estado do lugar do inventário, em partes iguais.

d) Estado do lugar do inventário.

e) Estado da situação do bem imóvel.

---

4. **(FCC/PGE-MT/PROCURADOR DO ESTADO/MT/2016)** O imposto de transmissão causa mortis e doação de quaisquer bens ou direitos, de competência estadual,

(A) incide sobre a transmissão de bens, realizada entre pessoas jurídicas, em decorrência da transferência da propriedade de bem imóvel em virtude de aumento de capital aprovada pelos órgãos societários das pessoas jurídicas envolvidas.

(B) onera atos jurídicos relativos à constituição de garantias reais sobre imóveis.

(C) será devido em favor do Estado do Mato Grosso, em relação às doações de dinheiro, sempre que o donatário estiver domiciliado nessa Unidade da Federação, ou no Distrito Federal.

(D) não incidirá sobre as transmissões ou doações em que figurarem como herdeiros, legatários ou donatários, os partidos políticos e suas fundações, respeitados os requisitos de lei.

(E) tem lançamento apenas na modalidade "por declaração".

---

5. **(FCC/PGE-MT/PROCURADOR DO ESTADO/MT/2016)** Tendo em vista calamidade pública, regularmente decretada pelo Governador do Estado, e a necessidade de elevação dos níveis de arrecadação de Imposto sobre operações relativas à circulação de mercadorias e prestações de serviços de transporte interestadual e intermunicipal e de comunicação – ICMS, Imposto sobre a propriedade de veículos automotores – IPVA e Imposto sobre transmissão causa mortis e doação – ITD, é INCORRETA a adoção da seguinte medida:

(A) aumento do ICMS sobre bens supérfluos, mediante lei estadual, para vigência após decorridos noventa dias da edição da lei correspondente.

(B) revisão, mediante os atos infralegais pertinentes, das margens de valor adicionado utilizadas para o cálculo do ICMS devido no regime de antecipação tributária, para vigência imediata.

(C) aumento, por meio de lei editada no mês de julho do ano corrente, das bases de cálculo do IPVA, para vigência no ano seguinte ao de sua edição.

(D) antecipação dos prazos de recolhimento dos impostos estaduais, para vigência imediata.

(E) elevação, por meio de lei, das alíquotas do ITD aplicáveis a partir dos fatos geradores ocorridos durante o ano-calendário 2017, respeitando-se o prazo mínimo de noventa dias contados da edição da lei.

---

6. **(CESPE/TCE-ES/PROCURADOR ESPECIAL DE CONTAS/2009)** Com relação aos tributos estaduais, assinale a opção correta.

a) O ITCMD incide sobre bens móveis, mas não sobre os bens imóveis, haja vista a natureza destes bens.

b) O entendimento do STJ é de que o ICMS incide no serviço de provedores de acesso à Internet.

c) Segundo o STJ, é legítima a cobrança de ICMS sobre operações interestaduais realizadas por empresa de construção civil, quando da aquisição de bens necessários ao desempenho de sua atividade fim.

d) Em caso de inventário por morte presumida, incide o ITCMD.

e) É inconstitucional lei complementar que conceda isenções do ICMS incidente nas operações com serviços e outros produtos destinados ao exterior, além dos previstos na CF.

---

7. **(FGV/2010/OAB/EXAME DE ORDEM UNIFICADO)** Nos autos de uma ação de divórcio, os ex-cônjuges, casados em regime de comunhão total de bens, dividiram o patrimônio total existente da seguinte maneira: o imóvel situado no Município X, no valor de R$ 50.000,00, pertencerá ao ex-marido, enquanto o imóvel situado no Município Y, no valor de R$ 30.000,00, pertencerá à ex-esposa.

Assinale a alternativa correta quanto à tributação incidente nessa partilha.

a) O tributo a ser recolhido será o ITCMD, de competência do Estado, e incidirá sobre a base de cálculo no valor de R$ 10.000,00.

b) O tributo a ser recolhido será o ITBI, sobre ambos os imóveis, cada qual para o município de localização do bem.

c) O tributo a ser recolhido será o ITBI, de competência do Município, e incidirá sobre a base de cálculo no valor de R$ 10.000,00.

d) Não há tributo a ser recolhido, pois, como o regime de casamento era o da comunhão total de bens, não há transferência de bens, mas simples repartição do patrimônio comum de cada ex-cônjuge.

---

8. **(ESAF/CEARÁ/AUDITOR FISCAL DA RECEITA ESTADUAL/2006)** O patrimônio de João e Maria, casados em comunhão de bens, é constituído de uma casa no valor de R$ 500.000,00 e de um apartamento no valor de R$ 400.000,00. Ao se divorciarem, coube à Maria a casa e a João o apartamento. Considerando as normas relativas ao Imposto sobre Transmissão Causa Mortis e Doações (ITCD), assinale a afirmativa correta.

a) Pela situação descrita, não se configurou fato gerador do ITCD.

b) Maria deve recolher ITCD sobre R$ 50.000,00.

c) Maria deve recolher ITCD sobre R$ 100.000,00.

d) Antes de transitar em julgado a sentença homologatória do divórcio, João deve recolher o imposto calculado sobre R$ 400.000,00 e Maria deve recolher o imposto calculado sobre R$ 500.000,00.

e) É devido imposto de transmissão (ITCD), que deverá ser recolhido no prazo de 10 dias contados do trânsito em julgado da sentença homologatória do divórcio.

---

9. **(FCC/PGE-MT/PROCURADOR DO ESTADO/MT/2016)** Considere o seguinte princípio constitucional:

"Art. 152 É vedado aos Estados, ao Distrito Federal e aos Municípios estabelecer diferença tributária entre bens e serviços, de qualquer natureza, em razão de sua procedência ou destino."

Os Estados e o Distrito Federal estão impedidos de

(A) cobrar o ICMS sobre a entrada de mercadorias oriundas de determinado país, em operação de importação, mas desonerar por completo esse imposto na saída de mercadorias tendo como destinatário o mesmo país.

(B) exigir o ICMS pelas alíquotas interestaduais variáveis conforme o Estado de destino dos bens ou serviços, diferentemente das alíquotas praticadas às operações internas.

(C) instituir isenções ou alíquotas diferenciadas do ITD tendo como fator de discriminação o domicílio do respectivo donatário dos bens doados.

(D) estabelecer a não incidência do ITD sobre doações de imóveis situados em outras Unidades da Federação.

(E) exigir o ICMS por alíquotas diferenciadas para mercadorias ou serviços diferentes.

10. (FCC/RO/PROCURADOR DO ESTADO/2011) – Sr. Gabriel Khalil possuía o seguinte patrimônio: um apartamento onde residia em Rondônia RO; uma aplicação na caderneta de poupança em agência bancária situada na Cidade de São Paulo (SP); um imóvel comercial no Rio de Janeiro (RJ); e uma fazenda no Mato Grosso (MT). Em viagem de turismo em Minas Gerais (MG) veio a falecer naquele estado. Aberta a sucessão seu inventário tramita na Justiça de Rondônia, local de seu domicílio. De acordo com as normas da Constituição Federal, será cabível o:

a) ITCMD, devido exclusivamente para o estado no qual o de cujus faleceu;

b) ITBI, devido ao estado em que se processar o inventário;

c) ITCMD, pertencente ao estado RO sobre o imóvel residencial e aplicação financeira em SP; ao estado RJ sobre o imóvel comercial; e ao estado do MT em relação à fazenda;

d) ITCMD, devido aos estados RO, SP, RJ e MT, partilhado pro rata conforme o valor total do patrimônio do de cujus;

e) ITBI sobre os bens imóveis, havendo a incidência do ITCMD sobre os valores de aplicações financeiras.

11. (SEGEP/PGE-MA/PROCURADOR DO ESTADO DE SEGUNDA CLASSE/2016) Sobre o lançamento tributário, é correto afirmar que

No ITCD *causa mortis* o lançamento é necessariamente feito de ofício pelo Fisco, quando da comunicação do óbito feita pelo Ofício de Registro Civil das Pessoas Naturais.

12. (CESPE/TCE-BA/PROCURADOR/2010) Considere a seguinte situação hipotética.

– Certa pessoa faleceu em 2/12/2009, deixando bens móveis e imóveis a partilhar entre os herdeiros. Ocorre que o ITCMD só passou a ser cobrado, efetivamente, em maio de 2010, quando sua alíquota já havia sido majorada, em abril de 2010. Nessa situação, o ITCMD será devido pela alíquota vigente ao tempo da abertura da sucessão.

13. (CESPE/TJ-SE/JUIZ/2008) Francisco decidiu presentear seu futuro genro, Carlos, com um imóvel. Para tanto, fez contrato de promessa de doação, em 2/12/2007. Impôs, contudo, a condição de que a doação somente se concluiria no dia seguinte à celebração do casamento religioso e desde que já tivesse ocorrido o casamento civil, o qual foi celebrado em 15/12/2007 e o religioso, em 15/3/2008. Em 16/3/2008, foi lavrada a escritura de doação.

Com base na situação hipotética acima, assinale a opção correta relativamente à ocorrência do fato gerador e do sujeito passivo da obrigação tributária, relativos ao imposto incidente sobre a doação (ITCMD) e ao IPTU.

a) Em 1º de janeiro de 2008, ocorreu o fato gerador do IPTU contra Carlos.

b) Em 16/3/2008, ocorreu o fato gerador do ITCMD contra Francisco.

c) A obrigação tributária do ITCMD nasceu em 2/12/2007.

d) Em 16/3/2008, nasceu a obrigação tributária do IPTU contra Carlos.

e) Não ocorrem efeitos tributários concretos, no ano de 2007, relativamente ao ITCMD, em razão da cláusula de condição do contrato.

14. (ESAF/CEARÁ/AUDITOR FISCAL DA RECEITA ESTADUAL/2006) João, nascido em Fortaleza e residente e domiciliado no Rio de Janeiro, veio a falecer deixando testamento em favor de Pedro, residente no Rio de Janeiro, e de Paulo, residente no Ceará. Pelo testamento, foram destinadas a Pedro uma casa em Fortaleza e várias obras de arte, e a Paulo um apartamento no Rio de Janeiro e um lote de ações da Cia. Vale do Rio Doce. O inventário processou-se no Rio de Janeiro.

Considerando os dados acima, e tendo em vista as normas sobre o Imposto sobre Transmissão Causa Mortis e Doação (ITCD), assinale as afirmativas abaixo com F ou V, conforme sejam falsas ou verdadeiras e, a seguir, marque a opção que contém a sequência correta.

( ) Paulo é contribuinte do ITCD, devido ao Estado do Ceará, incidente sobre o apartamento.

( ) Paulo é contribuinte do ITCD, devido ao Estado do Ceará, incidente sobre as ações.

( ) Pedro é contribuinte do ITCD, devido ao Estado do Ceará, incidente sobre a casa.

( ) Pedro é contribuinte do ITCD, devido ao Estado do Ceará, incidente sobre as obras de arte.

( ) Pedro não é contribuinte do ITCD devido ao Estado do Ceará.

( ) Paulo não é contribuinte do ITCD devido ao Estado do Ceará.

a) F, V, V, F, V, F

b) F, F, V, F, F, V

c) V, F, F, V, V, F

d) V, V, F, F, F, V

e) F, F, F, V, V, V

---

15. (ESAF/CEARÁ/ANALISTA JURÍDICO/2006) João faleceu deixando bens e quatro filhos, Pedro, José, Antônio e Paulo. Pedro, sem aceitar a herança, renunciou em favor do monte, sem ressalva. José cedeu seus direitos hereditários para Antônio. Considerando os dados acima, e tendo em vista as normas sobre o Imposto sobre Transmissão Causa Mortis e Doação (ITCD), assinale as afirmativas abaixo com F ou V, conforme sejam falsas ou verdadeiras, e, a seguir, marque a opção que contém a sequência correta.

a) Apenas Antônio e Paulo são contribuintes.

b) Ocorreram três fatos geradores do imposto, sendo contribuintes José, Antônio e Paulo.

c) Pedro não se caracterizou como contribuinte.

d) Ocorreram quatro fatos geradores do ITCD tendo como contribuintes Pedro, José, Antônio e Paulo.

e) Pedro é responsável solidário se ocorrer a inadimplência de qualquer dos outros herdeiros.

---

16. (FCC/SE/PROCURADOR ESTADUAL/2005) No curso de processo de inventário, em que há litígio entre herdeiros, dois deles transacionam e um resolve transferir a outro a quota-parte ideal dos imóveis que lhe foram aquinhoados, em troca de valores mobiliários pertencentes ao espólio. Este evento

a) constitui fato gerador do imposto de transmissão de competência estadual.

b) constitui fato gerador do imposto de transmissão de competência municipal.

c) constitui fato gerador do imposto de transmissão de competência estadual e municipal cumulativamente.

d) não é passível de tributação.

e) será tributado, pelos impostos estadual e municipal, na ordem de preferência estabelecida em lei complementar.

---

17. (FAURGS/TJ-RS/JUIZ SUBSTITUTO/2015) Sobre o ITCD, assinale a alternativa correta.

(A) Havendo bens móveis e imóveis, o ITCD é devido ao Estado de residência do de cujus, apurando-se o imposto pela alíquota vigente por ocasião da data de avaliação dos bens.

(B) Havendo bens móveis e imóveis, o ITCD é devido ao Estado da situação dos bens, apurando-se o imposto pela alíquota vigente por ocasião da abertura da sucessão.

(C) Havendo apenas bens imóveis, o ITCD é devido ao Estado em que se localizam, apurando-se o imposto pela alíquota vigente por ocasião da avaliação dos bens.

(D) Havendo apenas bens móveis, o ITCD é devido ao Estado em que o inventário será processado, apurando-se o imposto pela alíquota vigente por ocasião da abertura da sucessão.

(E) Havendo bens móveis e imóveis, o ITCD é devido ao Estado em que o inventário será processado, apurando-se o imposto pela alíquota vigente por ocasião da avaliação dos bens.

18. (UEL-COPS/Auditor Fiscal-PR/2012) Sobre as alíquotas e base de cálculo do imposto sobre a transmissão causa mortis e a doação de quais – quer bens e direitos (ITCMD) no Estado do Paraná, previstas na Lei Estadual nº 8.927/1988, assinale a alternativa correta.

a) A alíquota do imposto ITCMD, para transmissão causa mortis, é no importe de 4% sobre o valor venal, e para a doação de bens ou direitos a alíquota é de 6%.

b) A base de cálculo é o valor venal dos bens ou direitos, transmitidos ou doados, apurados mediante avaliação procedida pela Fazenda Pública Estadual.

c) A Fazenda Pública Estadual, ao constatar alteração no valor venal dos bens ou direitos transmitidos, está por lei impedida de rever o valor ou atualizá-lo.

d) Nas doações com reserva do usufruto ou na sua instituição gratuita a favor de terceiros, o valor dos direitos reais do usufruto será igual ao valor total do bem.

e) Quando houver pluralidade de usufrutuários e proprietários, o valor do imposto será dividido de modo igualitário para cada um.

19. (UEL-COPS/Auditor Fiscal-PR/2012) Sobre a Lei Estadual nº 8.927/1988, que regula o imposto sobre a transmissão causa mortis e a doação de quaisquer bens e direitos (ITCMD) no Estado do Paraná, assinale a alternativa correta.

a) Nas aquisições e transmissões de terras devolutas ou direitos a elas relativos, quando derivadas de ato entre vivos, o título assinado será apresentado à Secretaria da Fazenda para a isenção do ITCMD.

b) O contribuinte está imune ao pagamento do ITCMD quando receber, por doação, imóvel pertencente ao Muni – cípio, cujo objetivo seja a implantação do programa da reforma agrária instituída pelo governo.

c) O imposto deixará de incidir na renúncia à herança ou ao legado, desde que praticada antes de qualquer ato no processo de inventário ou arrolamento que implique aceitação da herança.

d) O sujeito passivo da obrigação tributária do ITCMD é, nas transmissões causa mortis, o herdeiro ou legatário, e, nas transmissões por doação, o doador dos bens ou direitos.

e) Os tabeliães, escrivães e serventuários de ofício são subsidiariamente responsáveis pelo imposto devido pelo contribuinte sobre os atos praticados por eles, ou perante eles, em razão de seu ofício.

20. (ESAF/Auditor Fiscal da Receita Federal/2012) Sobre o imposto de transmissão causa mortis e doação, de quaisquer bens ou direitos, de competência dos Estados e do Distrito Federal, assinale a opção incorreta.

a) Sua incidência é legítima no caso de inventário por morte presumida.

b) Não incide sobre os honorários do advogado contratado pelo inventariante, com a homologação do juiz.

c) Sua existência não obsta que se utilize o valor do montemor como base de cálculo da taxa judiciária.

d) Não é exigível antes da homologação do cálculo do valor do bem transmitido.

e) É calculado sobre o valor dos bens na data da avaliação.

21. (ESAF/AUDITOR FISCAL DA RECEITA ESTADUAL-MG/2005) Considerando que a sigla ITCD significa Imposto Sobre a Transmissão Causa Mortis e Doações de Quaisquer Bens ou Direitos, assinale, a seguir, a afirmativa incorreta.

a) O ITCD incide sobre o valor que exceder a meação, transmitido gratuitamente na partilha decorrente de dissolução de sociedade conjugal.

b) Na instituição de usufruto por ato não oneroso, a base de cálculo do ITCD corresponde a 1/3 do valor do imóvel.

c) Na doação, a base de cálculo do ITCD é o valor venal do bem ou direito transmitido declarado pelo contribuinte, sujeito a homologação pela Fazenda Estadual, mediante procedimento de avaliação.

d) Em se tratando de título representativo de participação no capital de sociedade, a base de cálculo é determinada com base na cotação média na Bolsa de Valores na data da transmissão ou, caso não seja objeto de negociação em bolsa, admite-se como base de cálculo seu valor nominal.
e) O imposto incide sobre a doação de bem móvel feita por pessoa não domiciliada no Brasil, tendo o donatário domicílio no Estado de Minas Gerais.

Obs.: A questão leva em consideração dispositivos da legislação de Minas Gerais.

---

22. (FCC/AUDITOR FISCAL DA RECEITA ESTADUAL/SEFAZ RJ/2014) Américo, viúvo, domiciliado em Angra dos Reis-RJ, sem herdeiros necessários vivos, decidiu doar parte de seu patrimônio a seus quatro sobrinhos: Meire, Nilton, Alfredo e Isabela. Desse modo:

– Meire recebeu a nua-propriedade de uma casa localizada em Varginha-MG, com valor real de R$ 150.000,00, mais R$ 50.000,00, em dinheiro, depositados em agência bancária localizada na cidade de São Paulo.
– Nilton recebeu um veículo automotor de passeio, usado, licenciado na cidade de Angra dos Reis-RJ, no valor de R$ 30.000,00, mais uma centena de livros raros, no valor total de R$ 150.000,00, cuidadosamente guardados por Américo, em sua casa de veraneio de Guarapari-ES.
– Alfredo, sobrinho predileto, recebeu uma casa de campo, localizada em Guarapari-ES, no valor de R$ 100.000,00, recebeu um galpão (terreno e construção), na cidade de Teresópolis-RJ, no valor de R$ 120.000,00 e recebeu R$ 2.500,00, em dinheiro, provenientes de uma caderneta de poupança "esquecida" por Américo, que foi encerrada com o saque dessa importância.
– Isabela recebeu a nua-propriedade de um imóvel localizado em Campos dos Goitacazes-RJ, no valor de R$ 180.000,00, mais um terreno localizado em Lorena-SP, no valor de R$ 30.000,00.

Considere, ainda, que:

– todos os bens foram doados pelo seu valor real;
– dentre os sobrinhos donatários, somente Alfredo renunciou ao direito de impugnar, na esfera administrativa, a base de cálculo definida em relação aos bens imóveis, com o objetivo de auferir os benefícios fiscais decorrentes dessa renúncia;
– nenhum dos donatários residia no imóvel que recebeu em doação;
– o valor da UFIR-RJ, no exercício em que todas essas doações foram feitas, era de R$ 2,4066 (Nos cálculos, desprezar as casas decimais além da casa do centavo).

Considerando as informações acima, o valor total do ITD devido ao Estado do Rio de Janeiro, em razão de todas as doações efetuadas por Américo aos seus sobrinhos é

a) R$ 10.242,87.
b) R$ 21.300,00.
c) R$ 13.942,76.
d) R$ 15.300,00.
e) R$ 17.700,00.

---

23. (FCC/AUDITOR FISCAL DA RECEITA ESTADUAL/SEFAZ RJ/2014) A competência para fixar as alíquotas máximas do Imposto sobre Transmissão Causa Mortis e Doação – ITCMD, de quaisquer bens ou direitos, cabe

a) à Assembleia Legislativa do respectivo Estado ou à Câmara Legislativa do Distrito Federal.
b) ao Senado Federal.
c) ao Presidente da República.
d) ao Congresso Nacional.
e) ao Governador do respectivo Estado ou do Distrito Federal

24. (FCC/JUIZ SUBSTITUTO/TJ-CE/2014) Em setembro de 2013, Gustavo, com 10 anos de idade, domiciliado em Fortaleza/CE, recebeu em doação, de sua avó, Mariângela, viúva, domiciliada em Natal/RN, um terreno localizado à beira-mar, em Aquiraz/CE, do qual ela era proprietária, fazia 30 anos. Como Gustavo é menor de idade, a aceitação da doação foi feita apenas por sua mãe, que o representa na prática de atos da vida civil, pois seu pai foi destituído do poder familiar, por decisão judicial, e há muito tempo "anda desaparecido".

No momento em que foi lavrada a escritura de doação, Mariângela, que era contribuinte do IPTU, encontrava-se em débito com a Prefeitura do Município de Aquiraz, relativamente a esse imposto, no exercício de 2013.

Considerando que o contribuinte do ITCD, nas doações, é o donatário e tomando como base o que dispõem a Constituição Federal e o Código Tributário Nacional, é correto afirmar:

a) Mariângela, ao formalizar a doação do imóvel a seu neto, deixará de revestir a condição de contribuinte do IPTU/2013, passando Gustavo a revestir a condição de contribuinte em relação ao IPTU/2013, mesmo que da escritura de doação conste certidão negativa relativamente a esse exercício.

b) O pai de Gustavo pode ser considerado responsável tributário pelo ITCD devido por essa transmissão por doação, pelo simples fato de ser pai, mesmo não tendo intervido no ato de transmissão por doação, nem tendo sido responsável por qualquer omissão.

c) Gustavo, embora tenha apenas 10 anos de idade e seja, por causa disso, civilmente incapaz, tem, todavia, capacidade tributária para ser contribuinte do ITCD, pois sua capacidade tributária não é afetada por sua incapacidade civil.

d) O sujeito ativo do ITCD incidente sobre essa transmissão é o Estado do Rio Grande do Norte, pois a doadora, Mariângela, está domiciliada em Natal.

e) O pai e a mãe de Gustavo revestirão a condição de responsáveis tributários pelo IPTU em atraso e pelo ITCD devido por Gustavo, se, da escritura de doação, não constar certidão negativa relativamente a débitos do IPTU e do ITCD e se não for possível exigir de Gustavo o cumprimento da obrigação principal.

25. (CESPE/TJ-DF/Juiz Substituto/2014) Considere as seguintes situações hipotéticas.

I. Vicente, domiciliado em Miami, nos Estados Unidos da América, doou uma aplicação financeira de R$ 100.000 a sua filha Vanessa, domiciliada no Rio de Janeiro – RJ.

II. João e Maria, casados em regime de comunhão de bens, estão em processo de divórcio e decidiram que 70% do patrimônio do casal ficará com Maria.

III. Piero é sucessor legítimo de Ananias, morto em acidente, de quem herdou uma casa no valor de R$ 50.000.

À luz da CF, da jurisprudência do STJ e do STF, e da Lei Distrital n.º 3.804/2006, que dispõe acerca do ITCMD no DF, assinale a opção correta acerca das situações apresentadas.

A) Na situação I, como Vicente é domiciliado no estrangeiro, é do DF a competência para cobrar o ITCMD incidente sobre a doação feita a Vanessa.

B) Na situação II, não haverá incidência de ITCMD sobre os 70% do patrimônio comum do casal que ficarão com Maria, dado o regime de comunhão de bens do casamento.

C) Na situação III, embora o STF admita a progressividade do ITCMD de acordo com o valor transmitido, a Lei Distrital n.º 3.804/2006 desobriga Piero do pagamento desse imposto.

D) Se, na situação I, Vanessa fosse domiciliada no DF, o momento de incidência do ITCMD ocorre, no momento em que Vicente registra em cartório sua intenção de doar a aplicação financeira a Vanessa.

E) Na situação I, Vicente, doador, é o contribuinte do ITCMD, que pode ser lançado de ofício ou por declaração do sujeito passivo tributário.

26. **(FGV/OAB-XV Exame de Ordem Unificado/2015)** Determinado Estado da Federação brasileira publicou, em 19/12/2013, a Lei Estadual nº 5.678, a qual introduziu algumas alterações na Lei Estadual nº 1.234, que dispõe sobre a cobrança do imposto sobre transmissão causa mortis e doação – ITCMD no âmbito daquele Estado. A nova Lei Estadual nº 5.678 passou a vigorar na data da sua publicação, conforme expressamente previsto em um dos seus artigos.

Dentre as alterações introduzidas pelo novo diploma legal, houve (i) o aumento da alíquota do imposto; e (ii) a redução da penalidade incidente para o caso de atraso no pagamento. João, dono de vários veículos, doou um veículo a Pedro em 02/12/2013, mas, na qualidade de contribuinte, deixou de efetuar o pagamento do imposto no prazo legal, que venceu em 17/12/2013, antes do advento da Lei Estadual nº 5.678.

Posteriormente, em 03/01/2014, João doou outro veículo a Tiago. Tendo em vista o exposto, responda aos itens a seguir.

A) João faz jus à penalidade reduzida, introduzida pela Lei Estadual nº 5.678, para o pagamento do crédito tributário inadimplido incidente sobre a doação efetuada a Pedro? (Valor: 0,60)

B) Na doação efetuada a Tiago, incide a alíquota do imposto majorada pela Lei Estadual nº 5.678? (Valor: 0,65)

Gabarito		
Questão	**Resposta**	**Referência**
1	C	Tópico 6
2	D	Tópico 4
3	E	Tópico 5.1
4	D	Tópico 5.2
5	A	Tópico 1
6	D	Tópico 2
7	A	Tópico 6
8	B	Tópico 2.2
9	C	Tópico 1
10	C	Tópico 5.1
11	ERRADO	Tópico 8.1
12	CERTO	Tópico 3
13	E	Tópicos 2 e 3
14	B	Tópicos 4 e 5
15	C	Tópico 4
16	B	Tópico 2
17	D	Tópico 5.1
18	B	Tópico 6
19	C	Tópico 2.1
20	C	Tópico 6
21	D	Tópico 6
22	A	Tópico 6

Gabarito		
Questão	**Resposta**	**Referência**
23	B	Tópico 6
24	C	Tópico 1
25	C	Tópico 5
26	--------	Tópico 6

CAPÍTULO 12

Imposto sobre Operações Relativas à Circulação de Mercadorias e sobre Prestações de Serviços de Transporte Interestadual e Intermunicipal e de Comunicação – ICMS

Sumário • 1. Introdução – 2. Aspecto material: 2.1. ICMS sobre operações relativas à circulação de mercadorias; 2.1.1. ICMS X ISS; 2.1.2. Operações relativas à circulação de mercadorias: necessária circulação jurídica do bem; 2.1.3. Mercadorias para fins de incidência; 2.1.4. Operações de arrendamento mercantil (leasing) internas e internacionais; 2.2. Prestações de serviços de transporte interestadual e intermunicipal; 2.3. Prestação de serviço de comunicação – 3. Aspecto espacial – 4. Aspecto temporal: 4.1. Operações com Energia Elétrica: Momento do Consumo – 5. Aspecto subjetivo: 5.1. Sujeito ativo; 5.1.1. Sujeito ativo do ICMS nas operações interestaduais (Emenda Constitucional n. 87/2015); 5.1.2. Sujeito ativo do ICMS nos casos de importação de mercadorias, bens e serviços; 5.1.3. Sujeito ativo do ICMS nas Prestações de Serviços de Comunicação Via Satélite; 5.2. Sujeito passivo do ICMS; 5.2.1. Contribuinte de Fato X Contribuinte de Direito: Direito à Restituição do Tributo; 5.2.2. Substituição tributária; 5.2.2.1. Substituição tributária progressiva e repetição do indébito; 5.2.2.2. Substituiçao tributária nas operações com energia elétrica; 6. Aspecto quantitativo; 6.1. Base de cálculo, 6.1.1. ICMS "por dentro"; 6.1.2. Descontos condicionados e incondicionados e bonificações; 6.1.3. Base de cálculo, substituição tributária e pauta fiscal; 6.1.4. Vendas a prazo e operações com cartões de crédito; 6.1.5. Operações com energia elétrica: demanda contratada x energia efetivamente utilizada, 6.1.6. Tarifa de Uso do Sistema de Distribuição - TUSD e Tarifa de Uso do Sistema de Transmissão - TUST de Energia Elétrica; 6.2. Alíquota; 6.2.1. Alíquota Específica nas Operações Interestaduais com Bens e Mercadorias Importados do Exterior: A Guerra dos Portos; 6.3. Não cumulatividade; 6.3.1. Manutenção de créditos nos casos de isenção, imunidade e não incidência; 6.3.2. Período de apuração do imposto e não cumulatividade: regime de conta gráfica e demais regimes especiais; 6.3.3. Créditos escriturados e direito à correção monetária; 6.3.4. Venda de mercadoria por preço inferior ao da aquisição: estorno de crédito; 6.3.5. Produtos intermediários, bens de conveniência e bens destinados ao ativo fixo do estabelecimento – 7. Imunidades e isenções; 7.1. Imunidades; 7.1.1. Imunidades genéricas; 7.1.2. Imunidades específicas; 7.1.2.1. Imunidades para exportações; 7.1.2.2. Imunidades nas operações interestaduais com petróleo e derivados e energia elétrica; 7.1.2.3. Demais imunidades: ouro, serviços gratuitos de comunicação e operações com minerais; 7.2. Isenções; 7.2.1. Discussão Judicial sobre Benefícios Fiscais Unilaterais; 7.2.2. Benefícios Unilaterais Válidos; 7.2.3. Benefícios Fiscais Disfarçados; 7.2.4. Benefícios Concedidos por Tratados; 7.2.5. A Lei Complementar n. 160, de 2017, o Convênio ICMS n. 190, de 2017, e a Convalidação de Benefícios Fiscais Unilaterais – 8. Informações complementares – 9. Quadro sinóptico – 10. Súmulas do STF e do STJ – 11. Questões de concursos públicos.

1. INTRODUÇÃO

A regra matriz de incidência do Imposto sobre Operações Relativas a Circulação de Mercadorias e sobre Prestações de Serviços de Transporte Interestadual e Intermunicipal e de Comunicação – ICMS, constante do art. 155, II, da Constituição Federal, contém, na verdade, **3 (três) diferentes exações**, quais sejam: 1) **ICMS sobre Operações Relativas à Circulação de Mercadorias**; 2) **ICMS sobre Serviços de Transporte Interestadual e Intermunicipal** e; 3) **ICMS sobre Serviços de Comunicação.**

A maior arrecadação tributária do país vem das operações relativas à circulação de mercadorias e prestação dos serviços discriminados acima[1]. Para se ter uma ideia da relevância do tributo em estudo, o montante arrecadado a título de ICMS supera até mesmo os valores envolvidos na cobrança do Imposto de Renda – IR e do Imposto Sobre Produtos Industrializados – IPI. Não à toa, estamos falando também do **imposto com o maior número de dispositivos inseridos no corpo da Constituição** – a maioria deles situada no art. 155, § 2º, da CF/88.

Além das disposições constitucionais supracitadas, regem o ICMS uma série de outros diplomas normativos de hierarquia infraconstitucional. São eles:

a) **Leis Complementares**;

b) **Resoluções do Senado** Federal;

c) **Convênios** do Conselho Nacional de Política Fazendária – CONFAZ e;

d) **Legislação Ordinária** de cada um dos Estados da Federação, bem como do Distrito Federal.

Nos termos do art. 155, § 2º, XII, da Constituição, cabe à **lei complementar**, dentre outras coisas, definir os contribuintes do imposto, dispor sobre substituição tributária, disciplinar o regime de compensação do imposto, fixar, para efeito de sua cobrança e definição do estabelecimento responsável, o local das operações relativas à circulação de mercadorias e das prestações de serviços, regular a forma como, mediante deliberação dos Estados e do Distrito Federal, isenções, incentivos e benefícios fiscais serão concedidos e revogados.

A principal lei geral nacional reguladora do ICMS é a **Lei Complementar nº 87, de 13 de setembro de 1996, conhecida como Lei Kandir**. Do texto da referida lei constam todas as matérias mencionadas no parágrafo anterior, razão pela qual, a partir de agora, a ela sempre nos reportaremos. Faremos menção à LC 87/96 principalmente quando estivermos estudando os diversos aspectos da regra matriz de incidência do ICMS.

1. O ICMS, embora tributo de função marcadamente fiscal, pode, a depender do exercício do princípio da seletividade, positivado no art. 155, § 2º, III, da CF/88, adquirir contornos extrafiscais.

Antes do advento da LC 87/96, no entanto, o imposto em estudo era regido tanto pelo Decreto-Lei nº 406, de 31 de dezembro de 1968, recepcionado pela Constituição de 1988 em virtude do disposto no art. 34, § 5º, do Ato das Disposições Constitucionais Transitórias[2], quanto pelo Convênio ICM nº 66/88, instituído por força do disposto no § 8º do mesmo art. 34 do ADCT[3].

Importante notar que a lei complementar – em matéria de ICMS – não é responsável pela criação do referido tributo, tampouco pela fixação dos diversos aspectos de sua regra matriz de incidência. Tanto a instituição quanto a majoração do imposto ficarão sempre a cargo de **lei ordinária estadual** (princípio da legalidade). Referida lei irá dispor também sobre substituição tributária e outros aspectos ligados à sujeição passiva tributária, além disso, deverá conter dispositivos atinentes às obrigações tributárias acessórias e às penalidades pecuniárias decorrentes do inadimplemento das obrigações principal e acessória.

Apesar disso, deve-se observar que a própria LC 87/1996, segundo entendimento do Superior Tribunal de Justiça (a ser estudado mais a frente), institui, validamente, hipóteses de isenção tributária, como no caso do art. 3º, II, da referida Lei Kandir.

A função primordial dos **Convênios do Conselho Nacional de Política Fazendária – CONFAZ** é a instituição de isenções, incentivos e benefícios fiscais relativos ao ICMS. Bom exemplo é o do Convênio CONFAZ nº 142/2011, que dispõe sobre isenção e suspensão do ICMS nas operações e prestações vinculadas à organização e realização da Copa das Confederações Fifa 2013 e da Copa do Mundo Fifa 2014.

As **Resoluções do Senado Federal**, por sua vez, nos moldes do art. 155, § 2º, IV, da CF/88, fixarão as alíquotas aplicáveis às operações interestaduais e de exportação (Resolução nº 22, de 19 de maio de 1989), bem como as alíquotas mínimas e máximas apli-

---

2. Art. 34. O sistema tributário nacional entrará em vigor a partir do primeiro dia do quinto mês seguinte ao da promulgação da Constituição, mantido, até então, o da Constituição de 1967, com a redação dada pela Emenda nº 1, de 1969, e pelas posteriores.

   § 3º – Promulgada a Constituição, a União, os Estados, o Distrito Federal e os Municípios poderão editar as leis necessárias à aplicação do sistema tributário nacional nela previsto.

   § 4º – As leis editadas nos termos do parágrafo anterior produzirão efeitos a partir da entrada em vigor do sistema tributário nacional previsto na Constituição.

   § 5º – Vigente o novo sistema tributário nacional, fica assegurada a aplicação da legislação anterior, no que não seja incompatível com ele e com a legislação referida nos § 3º e § 4º.
3. Art. 34 (...);

   § 8º – Se, no prazo de sessenta dias contados da promulgação da Constituição, não for editada a lei complementar necessária à instituição do imposto de que trata o art. 155, I, "b", os Estados e o Distrito Federal, mediante convênio celebrado nos termos da Lei Complementar nº 24, de 7 de janeiro de 1975, fixarão normas para regular provisoriamente a matéria.

cáveis às operações internas (CF/88, Art. 155, § 2º, V, "a" e "b"). O assunto será melhor detalhado quando estivermos estudando o aspecto quantitativo da regra matriz do ICMS.

A tabela abaixo resume, de forma didática, a principal legislação aplicável à matéria. Confira-se:

Legislação Aplicável ao ICMS		
Espécie normativa	**Principais dispositivos ou leis**	**Função exercida**
Constituição Federal	Art. 155, parágrafos 2º a 4º.	Delineamento geral do tributo. Critérios da Regra matriz de Incidência.
Lei Complementar	LC 24/75, LC 87/96, LC 92/97, LC 99/99, LC 102/2000; LC 114/2002, LC 116/2003; LC 122/2006 e LC 160/2017.	Fixar normas gerais do Imposto (sujeitos ativo e passivo, substituição tributária, forma de concessão de isenções por convênios etc.); Mecanismos para evitar Guerra Fiscal entre Estados.
Convênios do CONFAZ	Convênios n.: 69/2010, 142/2011 e outros.	Instituir ou revogar isenções, incentivos e benefícios fiscais.
Resoluções do Senado Federal	Resolução nº 22/89, Resolução nº 95/96.	Fixação de alíquotas mínima e máxima em operações internas; Fixação de alíquotas Interestaduais; Fixação de alíquotas em operações externas.
Leis Ordinárias e Decretos Locais	Leis e Decretos de ICMS de cada Estado e do DF.	Instituição do tributo; Normas específicas em matéria de ICMS; Normas sobre sujeição passiva; Instituição de obrigações acessórias e penalidades.

A existência de tantos instrumentos normativos reguladores do ICMS tem por objetivo principal evitar, ou, pelo menos, minorar, os efeitos da chamada **Guerra Fiscal entre Estados**. Tal "guerra" decorre, em grande parte, da concessão unilateral – por cada Ente Federativo – de incentivos diversos alusivos ao imposto em estudo, bem como da ausência de uniformidade no trato da matéria.

Por se tratar de um **tributo de competência estadual, mas com características marcadamente nacionais**, a concessão de isenção referente ao ICMS por determinado Estado, caso permitida pelo ordenamento, poderia causar a migração de diversas empresas situadas em Estados vizinhos, e, consequentemente, graves prejuízos à economia local. Também a falta de uniformidade no trato do assunto poderia ensejar grande sensação de insegurança por parte de contribuintes e responsáveis tributários, sobretudo se levarmos em conta o grande volume de operações interestaduais e até mesmo internacionais relativas à circulação de mercadorias.

O **lançamento** do tributo, em regra, dá-se por **homologação**, muito embora, em muitos casos, faça-se indispensável o lançamento de ofício por parte das autoridades fazendárias.

O imposto está sujeito aos princípios constitucionais da: a) legalidade (CF/88, art. 150, I); b) isonomia (CF/88, art. 150, II); c) capacidade contributiva (CF/88, art. 145, § 1º); d) irretroatividade (CF/88, art. 150, III, "a"); e) anterioridade (CF/88, art. 150, III, "b"); f) anterioridade nonagesimal ou mitigada (CF/88, art. 150, III, "c"); g) vedação à utilização de tributo com efeito de confisco (CF/88, art. 150, IV); h) limitação ao tráfego de pessoas ou bens (CF/88, art. 150, V); i) vedação à instituição de isenções heterônomas (CF/88, art. 151, III).

O **ICMS** classifica-se como **tributo, estadual, privativo, não vinculado, de arrecadação não vinculada, real, indireto e ordinário.**

2. ASPECTO MATERIAL

Vimos, no Capítulo 2 desta obra, que o aspecto material dos tributos está relacionado à **prática de determinada conduta**, representada por um verbo e um complemento, que, quando realizada sob determinadas circunstâncias temporais e espaciais, dá ensejo ao surgimento da obrigação tributária. No caso dos impostos, tributos não vinculados por excelência, referida conduta não possui relação com qualquer prestação estatal específica e divisível.

Vejamos agora, de maneira detalhada, os **3 (três) diferentes critérios materiais** constantes da regra matriz de incidência do ICMS:

2.1. ICMS sobre operações relativas à circulação de mercadorias

Podemos afirmar que o primeiro dos aspectos materiais do ICMS ora em estudo é a realização de uma **operação relativa à circulação de mercadorias**, ainda que tais operações se iniciem no exterior. A regra, positivada no art. 155, II, da Constituição Federal, está presente também nos artigos 1º e 2º da Lei Complementar nº 87/96 – Lei Kandir.

Nesse sentido, confira-se:

> *CF/88:*
>
> *Art. 155. Compete aos Estados e ao Distrito Federal instituir impostos sobre:*
>
> *II – operações relativas à circulação de mercadorias e sobre prestações de serviços de transporte interestadual e intermunicipal e de comunicação, ainda que as operações e as prestações se iniciem no exterior;*

Operações relativas à circulação, nos moldes de doutrina majoritária, são atos ou negócios jurídicos, em regra, contratos de compra e venda, "*que implicam* ***mudança da propriedade*** *das mercadorias dentro da circulação econômica que as leva da fonte até o* *consumidor*[4]*"*. **Referidas operações**, importante salientar, podem ser **internas**, quando realizadas dentro dos limites territoriais de um estado membro, **interestaduais**, quando ultrapassam as fronteiras do ente federativo e, por fim, **internacionais**, quando iniciadas ou finalizadas em outro país, a exemplo do que ocorre com o chamado ICMS Importação – a ser estudado a frente.

A operação de circulação não ocorre necessariamente no momento da transferência da propriedade das mercadorias envolvidas na operação, mas sim, em virtude do negócio jurídico relativo à referida circulação de mercadoria.

É imprescindível que haja atividade mercantil-comercial. Sobre o tema, já teve a oportunidade de se manifestar nossa Corte Suprema no sentido de que o "*perfil constitucional do ICMS exige a ocorrência de operação de circulação de mercadorias (ou serviços) para que ocorra a incidência e, portanto, o tributo não pode ser cobrado sobre operações apenas porque elas têm por objeto 'bens', ou nas quais fique descaracterizada atividade mercantil--comercial*[5]".

Mercadorias, para fins de incidência, por sua vez, "*são coisas adquiridas pelos empresários para revenda, no estado em que as adquiriu, ou transformadas, e ainda aquelas produzidas para venda*[6]". No caso do ICMS Importação, consideram-se mercadorias também as coisas móveis adquiridas para uso ou consumo próprio.

Chamamos **produtos intermediários** aqueles que integram o processo produtivo e se agregam à mercadoria – embora também sejam considerados mercadorias para fins de incidência – para posterior circulação. Para a sua identificação, nos termos da jurisprudência dominante, exige-se conhecimento técnico especializado, porquanto a prova do fato é complexa diante da diversificação da atividade empresarial[7]. Haverá operação relativa à circulação de mercadoria, portanto, tanto na venda de produtos agrícolas a consumidor diretamente pelo produtor rural quanto nas operações intermediárias celebradas entre empresários. Exemplo de produto intermediário é o couro adquirido por uma montadora de automóveis para confecção de bancos e estofamento interno.

Nesse sentido, confira-se o quadro abaixo:

Operações Relativas à Circulação de Mercadorias	
Operações Relativas à Circulação	**Mercadorias para Fins de Incidência**
Deve implicar mudança de propriedade	Coisas móveis adquiridas para venda ou revenda
Em regra, contrato de compra e venda	Produtos intermediários
Natureza mercantil-comercial	Coisas móveis adquiridas para uso ou consumo próprio, na importação.

4. MACHADO, Hugo de Brito. *Curso de Direito Constitucional.* 27. ed. São Paulo: Malheiros, 2006, p. 377.
5. STF, *ADI 4.565-MC*, Pleno, julgamento em 7-4-2011.
6. *Idem*, p. 379.
7. STJ, AgRg no AREsp 224.082-RS, Segunda Turma, julgado em 18/10/2012.

O aspecto material da regra matriz de incidência do ICMS sobre Operações Relativas a Circulação de Mercadorias é assunto que desperta uma infinidade de dúvidas e debates doutrinários e jurisprudenciais. É a respeito dos temas mais polêmicos que nos debruçaremos a partir de agora.

2.1.1. ICMS X ISS

Nos termos do art. 155, § 2º, IX, "b", da Constituição, o ICMS incidirá também sobre o valor total da operação, quando mercadorias forem fornecidas com serviços não compreendidos na competência tributária dos Municípios.

No mesmo sentido, dispõe a Lei Complementar nº 87/96, em seu art. 2º, incisos I, IV e V, que o imposto incidirá sobre: a) operações relativas à circulação de mercadorias, inclusive o fornecimento de alimentação e bebidas em bares, restaurantes e estabelecimentos similares; b) fornecimento de mercadorias com prestação de serviços não compreendidos na competência tributária dos Municípios e; c) fornecimento de mercadorias com prestação de serviços sujeitos ao imposto sobre serviços, de competência dos Municípios, quando a lei complementar aplicável expressamente o sujeitar à incidência do imposto estadual.

Quando a lei faz menção à **competência tributária dos Municípios** está se referindo à competência conferida pela Constituição para instituição do Imposto sobre Serviços de Qualquer Natureza – ISSQN (CF/88, art. 156, II). A lei complementar mencionada, por sua vez, é a **Lei Complementar nº 116, de 31 de julho de 2003**, que dispõe sobre o ISSQN.

Dito isso, podemos afirmar, **em primeiro lugar**, que, nos casos de fornecimento simultâneo de mercadorias e serviços, **haverá incidência apenas do ICMS** quando os serviços fornecidos não estiverem contemplados na lista de serviços anexa à Lei Complementar nº 116/2003. Em outras palavras, a base de cálculo do ICMS, aqui, será o valor do serviço prestado somado ao valor das mercadorias fornecidas, a exemplo do que acontece no *fornecimento de alimentação e bebidas em bares, restaurantes e estabelecimentos similares.* Por fim, é indispensável que a lei estadual instituidora do ICMS contenha previsão expressa acerca das operações mistas sobre as quais incidirá o tributo, sob pena de invalidade da cobrança.

Nesse sentido, confira-se entendimento sumulado do Supremo Tribunal Federal e do Superior Tribunal de Justiça:

> **SÚMULA nº 574** *DO STF: "Sem lei estadual que a estabeleça, é ilegítima a cobrança do imposto de circulação de mercadorias sobre o fornecimento de alimentação e bebidas em restaurante ou estabelecimento similar."*

> **SÚMULA nº 163** *DO STJ: "O fornecimento de mercadorias com a simultânea prestação de serviço em bares, restaurantes e estabelecimentos similares constitui fato gerador do ICMS a incidir sobre o valor total da operação."*

Em segundo lugar, ainda falando de operações mistas (fornecimento simultâneo de mercadorias e serviços), **incidirá apenas o ISSQN Municipal** nos casos em que o serviço prestado estiver incluído na mencionada lista anexa à LC 116/2003. Trata-se da regra geral aplicável às operações mistas, sobretudo se levarmos em conta que o diploma legal em comento estabelece uma infinidade de serviços sujeitos à incidência do imposto municipal.

Aqui, a situação que desperta maior controvérsia doutrinária e jurisprudencial é a da **empreitada de construção civil** com fornecimento de material produzido pelo empreiteiro no local da obra. Exemplo clássico da referida operação é o fornecimento de concreto, preparado nos caminhões de sua propriedade (betoneiras), e descarregado na obra. Tem prevalecido o entendimento no sentido de que sobre referidas operações não haverá incidência de ICMS, em virtude da ausência de circulação de mercadoria apta a caracterizar o fato gerador desse tributo. A produção do concreto não é realizada de forma padronizada, em escala industrial, para revenda, mas sim com vistas aos interesses específicos de cada obra[8]. As empresas de construção civil são contribuintes do ISSQN, que deverá incidir sobre o valor total da operação.

Sobre o tema, é pacífica a jurisprudência do Superior Tribunal de Justiça, senão vejamos:

> *"Está pacificada nesta Corte a não-incidência do ICMS no fornecimento de peças pré-moldadas produzidas pela empreiteira responsável pela realização da obra contratada, em virtude da ausência de circulação de mercadoria apta a caracterizar o fato gerador desse tributo. (...) Cumpre esclarecer que a presente conclusão não está atrelada ao reexame de matéria fática, motivo pelo qual a análise da questão de mérito não é obstada pelo disposto na Súmula 7/STJ, como equivocadamente sustenta a agravante. 3. Agravo regimental desprovido."*[9]

O mesmo entendimento deve ser aplicado aos casos de fornecimento de filmes por meio de **fitas de vídeo, DVD's e *Blu-Ray Disc*.** Aqui, devemos diferenciar (a) a venda, em escala industrial, de produtos padronizados, realizada por empresas de natureza mercantil-comercial, como lojas e grandes magazines, por exemplo, dos (b) serviços específicos prestados, sob encomenda, por empresas cinematográficas e produtoras independentes.

No primeiro caso (venda em escala industrial), por se estar diante de operação relativa a circulação de mercadorias, haverá incidência exclusiva do ICMS. Na segunda hipótese (serviços sob encomenda), por sua vez, estaremos diante de serviço individualizado, prestado por contribuinte de ISSQN; referido serviço, não custa salientar, consta do item nº 13.05 da lista de serviços anexa à LC 116/2003. Com base nas mesmas premissas, o

8. CARRAZZA, Roque Antonio. *ICMS*. 10. ed. São Paulo: Malheiros, 2005, p. 119.

9. STJ, AgRg no Ag 1130668/SP, Primeira Turma, julgado em 06/08/2009. No mesmo sentido: STJ, REsp 884.501/SP, Segunda Turma, julgado em 26/08/2008, STJ, AgRg no RMS 28.035/ES, Primeira Turma, julgado em 03/03/2009.

Supremo Tribunal Federal já chegou a se pronunciar no sentido de que **a confecção de rótulos e etiquetas sob encomenda está sujeita apenas ao ISSQN, e não ao ICMS**[10].

Sobre o assunto, assim dispõem os enunciados de Súmula números 156 do STJ e 662 do STF:

> **SÚMULA nº 156** *DO STJ:*
>
> *"A prestação de serviço de composição gráfica, personalizada e sob encomenda, ainda que envolva fornecimento de mercadorias, está sujeita, apenas, ao ISS."*
>
> **SÚMULA nº 662** *DO STF:*
>
> *"É legítima a incidência do ICMS na comercialização de exemplares de obras cinematográficas, gravados em fitas de videocassete."*

Diferente é o caso das **embalagens** adquiridas pela empresa e utilizadas em processo subsequente de industrialização, ainda que tais embalagens tenham sido fornecidas sob encomenda. Nas palavras da Suprema Corte pátria, "*o ISS não incide sobre operações de industrialização por encomenda de embalagens, destinadas à integração ou utilização direta em processo subsequente de industrialização ou de circulação de mercadoria. Presentes os requisitos constitucionais e legais, incidirá o ICMS*"[11].

A Súmula 156 do STJ tem por pressuposto, conforme evidenciam os precedentes que a sustentam, que os serviços de impressão gráfica sejam preponderantes na operação considerada. Pode-se afirmar, portanto, sem contradizer a súmula, que a fabricação de produtos, ainda que envolva secundariamente serviços de impressão gráfica, não está sujeita ao ISS[12]. Trata-se de caso clássico de produto intermediário sujeito à incidência de ICMS.

Incidirá apenas o **ISSQN** também sobre o **serviço de montagem de pneus, ainda que a sociedade empresária também forneça os pneus utilizados na montagem**. O Superior Tribunal de Justiça, após realizar "*uma interpretação extensiva da legislação de regência*", *entendeu que "o serviço de montagem de pneus encontra-se inserido dentro do item 14.01 da lista anexa à LC 116/2003, por se enquadrar dentro do item 'manutenção e conservação de [...] veículos'.*"[13]

Por fim, nas operações mistas, incidirá ICMS sobre a mercadoria fornecida e ISSQN sobre o serviço prestado somente quando houver expressa ressalva nesse sentido em lei complementar, a exemplo do que se vê nos itens de números 7.02, 7.05, 14.01, 14.03 e 17.11 da lista anexa à LC 116/2003 – que regula o ISSQN.

---

10. STF, AI 533.202-AgR, Segunda Turma, julgamento em 30-9-2008.
11. STF, ADI 4.389-MC, Plenário, julgamento em 13-4-2011.
12. STJ, REsp 725246/PE, Rel. Ministro TEORI ALBINO ZAVASCKI, PRIMEIRA TURMA, julgado em 25/10/2005, DJ 14/11/2005, p. 215
13. REsp 1.307.824-SP, Rel. Min. Mauro Campbell Marques, julgado em 27/10/2015, DJe 9/11/2015 (Informativo 573).

O item nº 7.02, por exemplo, trata da *execução, por administração, empreitada ou subempreitada, de obras de construção civil, hidráulica ou elétrica e de outras obras semelhantes, inclusive sondagem, perfuração de poços, escavação, drenagem e irrigação, terraplanagem, pavimentação, concretagem e a instalação e montagem de produtos, peças e equipamentos*, sujeita ao ISSQN, ressalvando expressamente *o fornecimento de mercadorias produzidas pelo prestador de serviços fora do local da prestação dos serviços, que fica sujeito ao ICMS*. Assim, podemos concluir que: a **produção de concreto** pela própria empreiteira só não dará ensejo à cobrança de ICMS quando realizada no local da obra ou mesmo nos caminhões da empresa (betoneiras). As mercadorias produzidas fora do local da prestação dos serviços ficarão sujeitas ao referido imposto. Confira-se:

> *"As empresas do ramo da construção civil são contribuintes do ISS, não sendo admitido subtrair da base de cálculo do tributo o montante referente às sub-empreitadas e aos materiais utilizados pela construtora. (...) In casu, o Tribunal de origem consignou que: 'É bem verdade que o item 7.02 da Lei Complementar nº 116/03 contém a exceção: ('exceto o fornecimento de mercadorias produzidas pelo prestador de serviços fora do local da prestação de serviços, que fica sujeito ao ICMS'). Todavia, tal exceção exclui a incidência do imposto municipal desde que a hipótese seja de fornecimento de concreto sólido, sob a forma de lajotas, vigas, postes ou outros pré-moldados, do que não se tem notícia nos autos.Portanto, tratando-se de prestação de serviços previstos no item 7.02, da Lista de Serviços anexa à Lei Complementar Federal nº 116/03, a base de cálculo do Imposto sobre Serviços de Qualquer Natureza (ISSQN) será, conforme o disposto no art. 7º, da Lei Complementar em comento, tão-somente o preço do serviço, excluídos, portanto, os materiais fornecidos, sejam eles de produção própria (sujeitos ao ICMS) ou adquiridos de terceiros, sob pena de haver dupla tributação o que é constitucionalmente vedado.' (fls. 275 e ss.) (...) Agravo Regimental desprovido.[14]"*

O esquema abaixo pode facilitar a compreensão da matéria estudada:

Operações Mistas (Fornecimento Simultâneo de Mercadorias e Serviços		
Incidência de ICMS	Incidência de ISS	Incidência de ICMS sobre mercadoria e ISS sobre Serviços
Serviço não consta da Lista Anexa à LC 116/2003	Serviço consta da Lista Anexa à LC 116/2003	Serviço consta da Lista Anexa à LC 116/2003, porém, há ressalva expressa para incidência de ICMS sobre a mercadoria
Ex.: Fornecimento de alimentação em bares e restaurantes	Ex.: Produção de concreto em betoneiras para utilização em empreitadas de construção civil	Ex.: Produção de concreto fora do local da obra pelo empreiteiro de construção civil. Serviço sujeito ao ISS e mercadoria sujeita ao ICMS

14. STJ, AgRg no REsp 1189255/RS, Rel. Ministro LUIZ FUX, PRIMEIRA TURMA, julgado em 05/08/2010, DJe 18/08/2010.

2.1.2. Operações relativas à circulação de mercadorias: necessária circulação jurídica do bem

Vimos que quando a Constituição fala em operações relativas à circulação de mercadorias, quer, na verdade, se referir a atos ou negócios jurídicos que impliquem **mudança da propriedade das referidas mercadorias.** É possível falar em circulação de mercadoria tanto numa relação entre comerciante e consumidor quanto numa operação de aquisição de produtos intermediários realizada por empresários. Em suma, é imprescindível a circulação jurídica do bem para fins de incidência do ICMS, **não bastando o mero deslocamento físico.**

Não à toa, o Supremo Tribunal Federal editou o enunciado nº 573 da súmula de sua jurisprudência dominante dispondo que *"não constitui fato gerador do imposto de circulação de mercadorias a saída física de máquinas, utensílios e implementos a título de comodato".* Sendo o **comodato** o empréstimo gratuito de coisas não fungíveis (CC/2002, art. 579) não será possível falar em transferência de propriedade ou mesmo circulação de mercadorias.

Algumas operações, no entanto, têm despertado dúvidas quanto à incidência do ICMS, justamente por não ser possível precisar, de imediato, a mencionada circulação jurídica de bens. Os casos mais emblemáticos são os das operações: a) de **deslocamento de bens entre estabelecimentos de um mesmo titular**; b) envolvendo bens integrantes do **ativo fixo das empresas** e; c) **societárias** (fusão, cisão, incorporação, integralização do capital social etc.).

Vejamos.

Nos moldes do art. 12, I, da Lei Kandir (LC 87/96), *considera-se ocorrido o fato gerador do imposto no momento da saída de mercadoria de estabelecimento de contribuinte, ainda que para outro estabelecimento do mesmo titular*. O mesmo diploma legal dispõe ainda que, *na saída de mercadoria para estabelecimento localizado em outro Estado, pertencente ao mesmo titular, a base de cálculo do imposto é: I – o valor correspondente à entrada mais recente da mercadoria; II – o custo da mercadoria produzida, assim entendida a soma do custo da matéria-prima, material secundário, mão-de-obra e acondicionamento; III – tratando-se de mercadorias não industrializadas, o seu preço corrente no mercado atacadista do estabelecimento remetente.*

As operações de circulação de mercadorias entre estabelecimentos do mesmo titular são conhecidas como **transferências.** Aqui, levando-se em conta os conceitos e definições já expostos, a doutrina majoritária, bem como jurisprudência dominante, vêm se manifestando "*pela impossibilidade de tributação de tais fatos, tendo em vista que não caracterizam negócio jurídico e nem modificação da titularidade da propriedade.*[15]" Aqui, a circulação é meramente física e acontece sem a interveniência de pessoa jurídica diversa

15. KALUME, Célio Lopes. *ICMS Didático*. Belo Horizonte, Del Rey, 2012, p. 74.

Com base nos mesmos preceitos, o Supremo Tribunal Federal vem entendendo não ser possível, *contra legem*, a incidência do ICMS. A verdade é *que "o **simples deslocamento da mercadoria de um estabelecimento para outro da mesma empresa**, sem a transferência de propriedade, não caracteriza a hipótese de incidência do ICMS*[16]".

Nos autos do Recurso Especial nº 1.125.133, julgado sob o rito dos chamados Recursos Repetitivos, o Superior Tribunal de Justiça chegou a afirmar que a operação de transferência de mercadoria de matriz para filial da mesma empresa, "*por si, não se subsume à hipótese de incidência do ICMS, porquanto, para a ocorrência do fato imponível é imprescindível a circulação jurídica da mercadoria com a transferência da propriedade*[17]"

O entendimento já foi, inclusive, sumulado pela referida corte. Confira-se:

> **SÚMULA nº 166 DO STJ:** *"Não constitui fato gerador do ICMS o simples deslocamento de mercadoria de um para outro estabelecimento do mesmo contribuinte."*

A jurisprudência não admite a incidência do ICMS nem mesmo nos casos de transferências interestaduais, ou seja, nos casos de remessas de mercadorias entre **estabelecimentos do mesmo titular situados em Estados diversos**[18].

Entendemos que a **não incidência tributária**, em tais operações (interestaduais), **pode dar ensejo ao desvirtuamento do esquema de repartição de receitas constante do texto da Constituição**, prejudicando deveras Estados e Municípios. A título de exemplo, em havendo remessa de móveis fabricados em determinada unidade da Federação para armazém (estabelecimentos autônomos, nos termos da LC 87/96) situado em Estado vizinho, apenas este último Estado será beneficiado pela arrecadação tributária decorrente da venda da mercadoria, prejudicando aquele onde o bem fora produzido. Também o Município em que sediada a fábrica de móveis ver-se-á prejudicado, haja vista que titular do direito a uma parcela da arrecadação do ICMS (CF/88, art. 157, parágrafo único, I).

Outro assunto polêmico envolvendo operações relativas à circulação de mercadorias é o das **operações de aquisição de bens para composição do ativo fixo** – ou permanente – das empresas (sofás, meses, cadeiras, tapetes, computadores etc.). Controvertem-se doutrina e jurisprudência acerca da incidência de ICMS sobre tais negócios jurídicos.

Na venda dos bens do ativo permanente, não incidirá o ICMS, por não se estar diante da atividade fim da empresa alienante. Nos termos de jurisprudência consolidada, a saída ocasional de mercadoria não se enquadra no conceito de comércio habitual, capaz

16. STF, RE 596.983-AgR, Segunda Turma, julgamento em 12-5-2009. No mesmo sentido: STF, AI 618.947-AgR, Segunda Turma, julgamento em 2-3-2010; STF, RE 267.599-AgR, Segunda Turma, julgamento em 24-11-2009; STF, AI 693.714-AgR, Primeira Turma, julgamento em 30-6-2009; STF, AI 481.584-AgR, Primeira Turma, julgamento em 30-6-2009.
17. STJ, REsp 1125133/SP, Primeira Seção, julgado em 25/08/2010. No mesmo sentido: STJ, AgRg no AREsp 69.931/RS, Segunda Turma, julgado em 07/02/2012.
18. Dentre outros, confira-se: STJ, REsp 772891/RJ, Primeira Turma, julgado em 15/03/2007.

de gerar a obrigação tributária. Não será devido o imposto em estudo, por exemplo, nas vendas de computadores antigos realizadas por empresa atuante no ramo de alimentos.

O imposto só será devido pela pessoa responsável pela venda dos referidos bens, obviamente, desde que seja contribuinte habitual do ICMS[19]. Assim, no exemplo anterior, haverá incidência de ICMS na operação (anterior) de aquisição dos computadores pela empresa de alimentos; o tributo, no entanto, ficará a cargo da pessoa jurídica alienante.

Maiores detalhes sobre a possibilidade de creditamento do ICMS por parte do adquirente, quando da entrada do bem, serão estudados no item atinente ao aspecto quantitativo do ICMS.

Também não haverá circulação jurídica de mercadorias – operação mercantil – e incidência de ICMS sobre as chamadas **operações societárias**, dentre as quais destacamos as operações de **fusão, cisão e incorporação de empresas**[20]. Nas palavras de José Eduardo Soares de Melo, também a "*integralização de bens de capital de uma empresa (nova ou já existente), mediante cessão de bens (máquinas e equipamentos etc.) não configura hipótese de tributação*". No mesmo sentido, já decidiu o STF que "*não incide ICMS na incorporação de uma sociedade por outra*[21]". O posicionamento é pacífico também na jurisprudência do Superior Tribunal de Justiça[22].

2.1.3. Mercadorias para fins de incidência

Vimos que, para fins de incidência de ICMS, **mercadorias são bens móveis adquiridos pelos comerciantes para realização de suas atividades primordiais**. Podem ser revendidas no estado em que adquiridas ou mesmo transformadas. São mercadorias também as coisas móveis produzidas para venda, bem como, nas importações, os bens adquiridos para uso ou consumo próprio.

Em que pese alguma controvérsia inicial, a jurisprudência vem admitido a incidência de ICMS nas operações envolvendo **bens incorpóreos**, ainda que adquiridos por meio de **transferência eletrônica de dados**.

Na mesma direção, o Supremo Tribunal Federal, na Ação Direta de Inconstitucionalidade nº 1.945, julgou **válida lei estadual que previa incidência de ICMS sobre operações de *download* (transferência eletrônica de dados) de *softwares***. Na oportunidade, restou consignado, em primeiro lugar, ser irrelevante a inexistência de bem corpóreo ou mercadoria em sentido estrito, além disso, asseverou-se que "*o Tribunal não pode se furtar a abarcar situações novas, consequências concretas do mundo real, com base em premissas jurídicas que não são mais totalmente corretas. O apego a tais diretrizes jurídicas*

19. Conforme será mais detidamente analisado adiante, serão contribuintes do ICMS aqueles que realizarem com habitualidade – como atividade fim – operações de venda de mercadorias.
20. Arts. 1.113 e seguintes do Código Civil de 2002.
21. STF, RE 208.932-ED-AgR, Primeira Turma, julgamento em 17-3-2009.
22. STJ, REsp 242.721/SC, Primeira Turma, julgado em 19/06/2001.

acaba por enfraquecer o texto constitucional, pois não permite que a abertura dos dispositivos da Constituição possa se adaptar aos novos tempos, antes imprevisíveis[23]*"*.

Serão também consideradas mercadorias para fins de incidência do imposto: a) **petróleo e seus derivados**; b) **minerais**; c) **energia elétrica** e; d) **combustíveis, como álcool e gás natural**. A cobrança do tributo, no entanto, só poderá ocorrer quando referidos bens fizerem parte de operação comercial.

Nos termos do art. 155, § 3º, da Constituição de 1988, à exceção dos Impostos sobre Importação e Exportação, nenhum outro imposto, além do ICMS, poderá incidir sobre operações relativas a energia elétrica, serviços de telecomunicações, derivados de petróleo, combustíveis e minerais do País. Não há óbice, no entanto, à incidência de outras espécies tributárias, como PIS e COFINS, por exemplo, sobre referidas operações.

Nesse sentido, confira-se o entendimento sumulado do Supremo Tribunal Federal:

> **SÚMULA nº 659 DO STF:** *"É legítima a cobrança da COFINS, do PIS e do FINSOCIAL sobre as operações relativas a energia elétrica, serviços de telecomunicações, derivados de petróleo, combustíveis e minerais do País."*

As peculiaridades envolvendo o ICMS sobre operações relativas à circulação de petróleo, energia elétrica, minerais e combustíveis serão estudadas com maior rigor quando estivermos tratando dos critérios pessoal e quantitativo do imposto, bem como no momento em que abordarmos o tema das imunidades tributárias.

Mencione-se, por fim, ser ilegítima a cobrança de ICMS sobre **água encanada**, "*uma vez que se trata de serviço público essencial e não mercadoria*[24]*"*. Diferente é o caso das operações de compra e venda de garrafas de água mineral; aqui, presente atividade tipicamente mercantil, será devido o imposto[25].

2.1.4. Operações de arrendamento mercantil (leasing) internas e internacionais

De acordo com os ensinamentos de doutrina mais respeitada, "*pode-se definir o **contrato de arrendamento mercantil**, também chamado de **leasing**, como um contrato especial de locação que assegura ao locatário a prerrogativa de adquirir o bem alugado ao final da avença, pagando, nesse caso, uma diferença, chamada de valor residual*[26]*"*. Dessa forma, temos que, ao final do período contratual, são asseguradas ao locatário 3 (três) opções: a) encerrar o contrato; b) renovar o contrato e; c) adquirir o bem alugado, pagando o valor residual.

---

23. STF, ADI 1.945-MC, Plenário, julgamento em 26-5-2010.
24. STF, AI 682.565-AgR, Segunda Turma, julgamento em 23-6-2009.
25. STF, REsp 794.984/RJ, Primeira Turma, julgado em 5-9-2006.
26. RAMOS, André Luiz Santa Cruz. *Curso de Direito Empresarial.* 10. ed. Salvador: JusPodivm, 2010, p. 581.

São reconhecidas 3 (três) diferentes espécies de leasing, quais sejam: a) ***leasing* operacional**; b) ***leasing* financeiro** e; c) ***leasing* de retorno (ou *lease back*)**.

O ***leasing* operacional**, ou *leasing* propriamente dito, "*caracteriza-se pelo fato de o bem arrendado já ser da arrendadora, que então apenas o aluga ao arrendatário, sem ter o custo inicial da aquisição do bem*[27]". Aqui, pelo fato de a arrendadora não ter o custo inicial para aquisição do bem, o somatório das prestações pagas pelo arrendatário não poderá superar, por expressa disposição de lei, 75% do valor do bem. Em virtude disso, em regra, no *leasing* operacional, o valor residual para aquisição do bem é alto. Referida espécie de arrendamento mercantil aproxima-se bastante dos contratos de locação regulados pelas leis civis, de forma que, salvo casos de fraudes comprovadas ou exercício da opção de compra, não estará sujeita nem à incidência nem do ICMS, por não haver operação relativa à circulação de mercadorias, nem do ISSQN, por ausência de prestação de serviços[28].

No ***leasing* financeiro**, por sua vez, espécie mais comum de arrendamento mercantil nos dias atuais, o bem arrendado, no momento da celebração do negócio, ainda não pertence à pessoa jurídica arrendadora. O que ocorre é que o arrendatário, interessado no bem, solicita ao arrendador sua aquisição para, em seguida, alugá-lo mediante o pagamento de prestações sucessivas. Na avença, as prestações referentes ao aluguel devem ser suficientes à recuperação do valor despendido pela arrendadora. Em sendo exercida a opção final de compra do bem, o chamado ***valor residual*** será diminuto. Percebe-se neste segundo contrato traços de verdadeiro serviço de financiamento, em que o arrendatário, mediante pagamento de parcelas mensais, busca a aquisição do bem objeto do *leasing*. A mera celebração do pacto, no entanto, não enseja a transferência de propriedade, daí porque, nos moldes do art. 3º, VIII, da LC 87/96, o ICMS *não incide sobre operações de arrendamento mercantil, não compreendida a venda do bem arrendado ao arrendatário*. Não havendo opção de compra, haverá incidência do ISSQN[29].

Em muitos casos, sobretudo nos contratos de *leasing* de automóveis, celebrados entre pessoas físicas e instituições financeiras, **o supracitado *valor residual garantido* já se encontra embutido no preço das parcelas mensais pagas pelo arrendatário**. Em tais situações, em que pese alguma controvérsia inicial na jurisprudência pátria, **tem-se entendido não haver desnaturação do contrato de arrendamento mercantil**. No entendimento do Superior Tribunal de Justiça, "*a antecipação do VRG não afeta a intenção das partes. Pois é absolutamente desinfluente para a caracterização do contrato de leasing o fato de as partes estipularem preço simbólico ou de inexpressivo valor para o exercício da opção de compra do bem arrendado, ou se o arrendatário deposita antecipadamente, mensalmente, para o arrendador alguma importância em garantia do pagamento do valor residual*"[30].

27. *Idem*, p. 582.

28. Nesse sentido: STF, RE 540829/SP, rel. orig. Min. Gilmar Mendes, red. p/ o acórdão Min. Luiz Fux, 11.9.2014 (Repercussão Geral); STJ, REsp 1164565/RJ, Segunda Turma, julgado em 11/05/2010.

29. O *leasing* financeiro é serviço expressamente previsto na lista anexa à LC 116/2003.

30. STJ, EREsp 213.828, Corte Especial, julgado em 07/05/2003.

Sobre o assunto, assim dispõe o enunciado de súmula nº 293 da jurisprudência dominante do Superior Tribunal de Justiça:

> **SÚMULA nº 293** *DO STJ: "A cobrança antecipada do valor residual garantido (VRG) não descaracteriza o contrato de arrendamento mercantil."*

No ***lease back***, por fim, o bem arrendado, inicialmente de propriedade do arrendatário, é vendido ao arrendador, a fim de que este possa alugá-lo novamente ao primeiro, desta feita, com opção de compra. Valem para o *leasing* de retorno as regras anteriormente expostas, de forma que só incidirá o ICMS após o exercício do direito de compra.

O quadro abaixo pode facilitar a compreensão do estudante acerca dos tributos incidentes nas operações internas de arrendamento mercantil.

Confira-se:

Operações Internas De Arrendamento Mercantil (Leasing) e Incidência de ICMS		
Leasing Operacional	**Leasing Financeiro**	**Leasing de Retorno**
• Bem arrendado pertence ao arrendador à época da celebração do contrato	• Bem arrendado é adquirido pelo arrendador para ser utilizado em favor do arrendatário	• Arrendador adquire o bem junto ao arrendatário e a este aluga mediante o pagamento de prestações mensais
• Há opção de compra com valor residual elevado	• Há opção de compra com valor residual baixo	• Há opção de compra com valor residual elevado
• Aproxima-se dos contratos de locação regidos pela lei civil	• Aproxima-se dos contratos de financiamento	• Aproxima-se dos contratos de locação
• Não sendo exercida a opção de compra, não haverá incidência de ICMS nem de ISSQN	• Não sendo exercida a opção de compra, haverá incidência apenas de ISSQN	• Não sendo exercida a opção de compra, não haverá incidência de ICMS
• Exercida a opção de compra, haverá incidência de ICMS	• Exercida a opção de compra, haverá incidência de ICMS	• Exercida a opção de compra, haverá incidência de ICMS

As maiores controvérsias relacionadas aos negócios jurídicos de arrendamento mercantil, contudo, dizem respeito aos contratos de ***leasing* internacional de mercadorias**. O assunto desperta grande interesse dos estudiosos do Direito Tributário, sobretudo em virtude do regime constitucional de incidência de ICMS sobre operações de circulação de mercadorias vindas do exterior (ICMS Importação).

Nos moldes do art. 155, § 2º, IX, "a", da Constituição de 1988, com redação conferida pela Emenda Constitucional nº 33, de 11 de dezembro de 2001, o ICMS incidirá *sobre a entrada de bem ou mercadoria importados do exterior por pessoa física ou jurídica, ainda que não seja contribuinte habitual do imposto, qualquer que seja a sua finalidade, assim como sobre o serviço prestado no exterior, cabendo o imposto ao Estado onde estiver situado o domicílio ou o estabelecimento do destinatário da mercadoria, bem ou serviço.*

Com base na nova redação do dispositivo, os Estados começaram a advogar a tese de que a incidência do ICMS independeria da natureza dos negócios celebrados ou mesmo da existência de negócio jurídico relativo à transferência de propriedade. Em outras palavras, as Fazendas Públicas passaram a defender que, nas importações de bens do exterior, bastaria a mera circulação física da mercadoria para caracterização do aspecto material do ICMS, tendo o Supremo Tribunal Federal inicialmente acatado a tese acima[31].

Diferentemente do exposto quando do estudo do arrendamento mercantil interno, entendeu a Suprema Corte que nas operações internacionais a mera entrada do bem no território nacional já seria suficiente à incidência do ICMS, não se aplicando o disposto no art. 3º, VIII, da Lei Complementar nº 87/96.

Posteriormente, no entanto, houve mudança no posicionamento de nosso Pretório Excelso.

A partir do julgamento do Recurso Extraordinário nº 461.968, voltou-se a defender que "*a circulação de mercadoria é pressuposto de incidência do ICMS*" e que "*não há operação relativa à circulação de mercadoria sujeita à incidência do ICMS em operação de arrendamento mercantil contratado pela indústria aeronáutica de grande porte para viabilizar o uso, pelas companhias de navegação aérea, de aeronaves por ela construídas*"[32]. Em outras palavras, restou consignado que **nas operações internacionais de *leasing*** deve ser aplicada a **mesma regra cabível às operações internas de arrendamento mercantil**, qual seja, a da incidência de ICMS apenas nos casos de efetivo exercício da opção de compra. Não é forçoso salientar que nos casos em que a operação disser respeito a equipamentos a serem utilizados pela **indústria aeronáutica**, em regra, estaremos diante de contratos de ***leasing* operacional** – e não *leasing* financeiro. O posicionamento do STJ tem-se revelado idêntico[33].

Nos casos de operação simulada de compra (importação), travestida de arrendamento mercantil internacional, no entanto, será devido o Imposto sobre Circulação de Mercadorias – ICMS no momento da entrada do bem no território nacional[34].

Haverá efetiva circulação jurídica de mercadoria, sujeita ao ICMS, também nas situações em que o bem objeto do **contrato de *leasing* internacional for destinado ao ativo fixo da empresa.**

31. STF, RE 206.069-SP, Pleno, julgamento em 01/09/2005.

32. RE 461.968, Primeira Turma, julgamento em 30-5-2007. No mesmo sentido: STF, AI 686.970-AgR, Primeira Turma, julgamento em 23-6-2009; STF, AC 1.930-MC-REF, Primeira Turma, julgamento em 28-10-2008; STF, RE 553.663, Segunda Turma, julgamento em 18-12-2007.

33. STJ, REsp 1131718/SP, Primeira Seção, julgado em 24/03/2010.

34. STJ, REsp 959.387-RJ, Primeira Turma, julgado em 18/6/2009.

Nos termos da jurisprudência do STJ, para aferir se o bem se destina realmente ao ativo permanente, utiliza-se como parâmetro o art. 179, IV, da Lei nº 6.404/1976, com redação dada pela Lei nº 11.638/2007, segundo o qual ativo fixo compreende *os direitos que tenham por objeto bens corpóreos destinados à manutenção das atividades da companhia ou empresa ou exercidos com essa finalidade, inclusive os decorrentes de operações que transfiram à companhia benefícios, riscos e controle desses bens.* Restado comprovado que o bem importado compõe o ativo fixo, tratando-se de *leasing* internacional, há presunção constitucional de circulação jurídica do bem (art. 155, § 2º, IX, a, da CF) e passa-se a ser devido o pagamento do ICMS pelo contratante[35].

2.2. Prestações de serviços de transporte interestadual e intermunicipal

O ICMS incidirá também sobre as **prestações de serviços de transporte** interestadual e intermunicipal, por qualquer via, de pessoas, bens, mercadorias ou valores, ainda que o serviço tenha se iniciado no exterior (CF/88, art. 155, II e LC 87/96, art. 2º, II). O imposto só incide, importante ressaltar, *"sobre **serviços prestados em regime de direito privado** (por particular, empresas privadas, empresas públicas ou sociedades de economia mista), que não se confundem com os serviços públicos, submetidos a regime jurídico diverso.*[36]"

Em virtude do exposto, **não haverá incidência do ICMS nos casos de entrega, pelo próprio contribuinte, em veículos de sua propriedade**, das mercadorias comercializadas. É preciso que exista um contrato autônomo de prestação de serviço de transporte, também conhecido como "frete", diverso do contrato de compra e venda preexistente. Também **não sofrerá incidência do ICMS o transporte realizado dentro dos estritos limites do município**. Aqui, o tributo passível de cobrança é o ISSQN municipal.

Nos moldes da mais recente jurisprudência do Supremo Tribunal Federal, **as atividades desenvolvidas pelos correios, inclusive aquelas que não tenham características de serviços postais, são imunes à incidência de qualquer imposto**, tudo em virtude do disposto no art. 150, VI, a, da Constituição[37] – que trata da imunidade tributária recíproca.

Em tese, a lei complementar poderia prever a incidência do tributo sobre qualquer modalidade de transporte (rodoviário, ferroviário, aquático etc.), independentemente do objeto do contrato (pessoas, cargas etc.), contudo, em virtude de algumas omissões constantes da LC 87/96 – relacionadas a seguir –, o Supremo Tribunal Federal julgou

35. STJ, EREsp 783814/RJ, Primeira Seção, julgado em 28/11/2007; STJ, AgRg no AREsp 83402/SP, Primeira Turma, julgado em 04/10/2012.

36. PAULSEN, Leandro; MELO, José Eduardo Soares de. *Impostos federais, estaduais e municipais.* 5. ed. Porto Alegre: Livraria do Advogado, 2010, p. 223.

37. STF, RE 601392, Pleno, julgado em 01/03/2013.

inconstitucional a cobrança do ICMS nas prestações de serviços de **transporte aéreo interestadual, intermunicipal e até mesmo internacional de passageiros**, assim como nos serviços de **transporte aéreo internacional de cargas**.

Entendeu-se, em primeiro lugar, que o transporte aéreo intermunicipal, interestadual e internacional de **passageiros,** na forma estabelecida pela LC 87/96, "*não permitiria a aplicação da fórmula constitucional de repartição de receita do ICMS entre os Estados*"[38]. Em outras palavras, restou consignado que a lei seria omissa quanto aos critérios para cálculo do valor devido a cada entidade da federação em razão das mencionadas operações.

Entendeu-se, em segundo lugar, que, **a tributação de operações de transporte internacional de cargas afrontaria o princípio da isonomia**, sobretudo em virtude das diversas isenções concedidas às empresas aéreas estrangeiras por meio de tratados e acordos internacionais[39].

O tema pode ser assim esquematizado:

Operações De Tráfego Aéreo de Cargas e Passageiros e Incidência de ICMS		
Modalidade	**Transporte de Passageiros**	**Transporte de Cargas**
Não incidência	Operações intermunicipais, interestaduais e internacionais	Operações internacionais
Motivo	Impossibilidade de aplicação da fórmula constitucional de repartição de receitas entre entes da Federação.	Violação ao princípio da isonomia. Existência de diversos tratados internacionais que concedem isenção ás empresas estrangeiras.

2.3. Prestação de serviço de comunicação

O ICMS incidirá também sobre prestações onerosas de serviços de comunicação, por qualquer meio, *inclusive a geração, a emissão, a recepção, a transmissão, a retransmissão, a repetição e a ampliação de comunicação de qualquer natureza* (CF/88, art. 155, II e LC 87/96, art. 2º, III).

Segundo ensinamento de doutrina mais autorizada, "*a tributação não recai sobre a comunicação em si, mas* ***sobre a relação onerosa que se estabelece entre o fornecedor dos meios materiais necessários para que a relação comunicativa possa se estabelecer com o tomador destes serviços.***[40]" Ademais disso, "o *fato gerador não ocorre pelo*

38. STF, ADI 1600, Pleno, julgado em 26/11/2001. Estudaremos a repartição de receitas de ICMS entres os Estados e os Municípios nas operações interestaduais quando estivermos tratando do aspecto quantitativo do imposto.
39. STF, ADI 1600, Pleno, julgado em 26/11/2001.
40. KOCH, Deonísio. *Manual do ICMS*: teoria e prática. Curitiba: Juruá, 2012. pp. 153-154.

simples ato que torna possível a prestação de serviços de comunicação, sem que os sujeitos desta relação negocial (prestador e tomador – devidamente determinados) tenham uma efetiva participação[41]" (G.N)

Haverá incidência do ICMS Comunicação, por exemplo, quando da prestação dos serviços: a) de telefonia (móvel e fixa) pelas concessionárias de serviço público; b) de radiofusão sonora e de sons e imagens, pelas operadoras de TV a Cabo (pagas) e; c) de propaganda, por meio de painéis e *outdoors* espalhados pela cidade[42].

Assim, para falarmos no tributo em comento, é indispensável que vislumbremos o **fornecimento, pelo contribuinte, dos meios materiais necessários** para que a comunicação possa se estabelecer. Em outras palavras, deve haver um **contrato oneroso que tenha por objetivo tornar possível uma comunicação.**

As **empresas de telefonia** são contribuintes do ICMS Comunicação, por exemplo, por disponibilizarem aos usuários (receptores) a estrutura indispensável à comunicação, como fios, cabos elétricos e grandes antenas captadoras de sinal. Da mesma forma, as operadoras de TV a cabo também fornecerão, de maneira onerosa, todos os meios físicos para que a comunicação se estabeleça, devendo, portanto, recolher o ICMS Comunicação.

Nessa toada, os **provedores de acesso à internet** não recolherão o ICMS Comunicação justamente por não serem os responsáveis pela disponibilização do suporte material necessário à realização da comunicação. Referidas empresas (provedoras), na verdade, são também usuárias dos serviços prestados pelas concessionárias de telefonia.

Sobre o tema, confira-se o entendimento sumulado do Superior Tribunal de Justiça:

> **SÚMULA nº 334** *DO STJ:*
>
> *"O ICMS não incide no serviço de provedores de acesso à internet".*

Mencione-se, por fim, que, nos termos da jurisprudência do Superior Tribunal de Justiça, "*a prestação de **serviços conexos** ao de comunicação por meio da telefonia móvel (que são preparatórios, acessórios ou intermediários da comunicação) não se confunde com a prestação da atividade fim, processo de transmissão (emissão ou recepção) de informações de qualquer natureza, esta sim, passível de incidência pelo ICMS*"[43].

São exemplos de serviços conexos – ou auxiliares – aos de comunicação os de troca de titularidade de aparelho celular, detalhamento de conta, troca de número, mudança de endereço de cobrança de conta telefônica, troca de plano de serviço, habilitação, troca de área de registro, habilitação e religação.

---

41. PAULSEN, Leandro; MELO, José Eduardo Soares de. *Impostos federais, estaduais e municipais.* 5. ed. Porto Alegra: Livraria do Advogado, 2010, p. 226.
42. STJ, REsp 114.171/SP, Primeira Turma, julgado em 17/06/1997.
43. STJ, REsp 1176753/RJ, Primeira Seção, julgado em 28/11/2012, Recurso Repetitivo.

Ainda segundo o STJ, a despeito de alguns dos serviços mencionados serem essenciais à efetiva prestação do serviço de comunicação e admitirem a cobrança de tarifa pela prestadora do serviço (concessionária de serviço público), por assumirem o caráter de atividade meio, não constituem, efetivamente, serviços de comunicação, razão pela qual não é possível a incidência do ICMS[44].

Recentemente, contudo, o Plenário do Supremo Tribunal Federal, após reconhecer a Repercussão Geral da Matéria, decidiu que os serviços remunerados pela chamada **assinatura mensal básica telefônica** não são meros acessórios, incidindo ICMS sobre a referida tarifa, **independentemente da franquia de minutos concedida ou não ao usuário**. O julgado em comento representou **superação de jurisprudência do Superior Tribunal de Justiça**[45].

Confira-se:

> –"*(...) Quanto ao mérito, o Colegiado concluiu que a tarifa de assinatura básica mensal não é serviço, mas a contraprestação pelo serviço de comunicação propriamente dito, prestado pelas concessionárias de telefonia e consistente no* **fornecimento, em caráter continuado, das condições materiais para que ocorra a comunicação entre o usuário e terceiro, o que atrai a incidência do ICMS.**
>
> *Asseverou que* **a ausência de franquia de minutos vinculada ao preço cobrado e, assim, de efetiva comunicação entre o usuário e terceiro são irrelevantes e não descaracterizam o serviço** *remunerado pelo valor da assinatura básica mensal como serviço de comunicação.*
>
> *Acrescentou que o que a Constituição Federal autoriza os Estados e o Distrito Federal a tributar não é exatamente o transporte transmunicipal, a comunicação ou quaisquer outros serviços, mas as prestações onerosas desses serviços.*
>
> *Aduziu, por fim, que entendimento contrário atribuiria ao plano de serviço, elaborado pela Agência Nacional de Telecomunicações (Anatel) ou pelas próprias prestadoras, a possibilidade de definir a base de cálculo do ICMS-comunicação, o que afastaria a incidência tributária de certas quantias pelo fato de serem cobradas dos usuários a título de tarifa de assinatura básica mensal. Dessa forma,* **o próprio contribuinte, por ato individual de vontade, poderia definir como bem entendesse a base de cálculo do tributo devido***, o que seria inadmissível.*

Vencidos os ministros Luiz Fux e Ricardo Lewandowski, que negavam provimento ao recurso, por considerarem que a assinatura básica não seria serviço de comunicação, não devendo incidir, portanto, o ICMS[46]."

44. TJ, REsp 1176753/RJ, Primeira Seção, julgado em 28/11/2012,Recurso Repetitivo.
45. Dentre outros, confira-se: STJ, EDcl no REsp 1022257/RS, Segunda Turma, julgado em 09/12/2008.
46. STF, RE 912888/SP, rel. min. Teori Zavascki, julgado em 13.10.2016. (**INFORMATIVO 843**)

3. ASPECTO ESPACIAL

As operações relativas à circulação de mercadorias e os serviços de transporte e comunicação darão ensejo à instituição e cobrança do ICMS independentemente do lugar específico do território nacional em que ocorram, daí porque se costuma falar em **tributo de competência estadual com características de tributo nacional**. Tais operações poderão: a) limitar-se ao território de determinado Município ou Estado, quando serão chamadas de **operações internas**; b) ultrapassar os limites de determinado Estado, quando serão chamadas de **operações interestaduais** e, por fim; c) ter origem em outro país, quando serão chamadas de **operações internacionais**.

O conhecimento do local em que se considera realizada a operação é de extrema relevância tanto para os Estados quanto para os Municípios, haja vista que ambos serão beneficiários do produto da arrecadação do imposto.

Percebe-se, com isso, também no ICMS, íntima ligação entre os aspectos espacial e pessoal da regra matriz de incidência.

Ocorre que, nos termos do art. 158, IV, e parágrafo único da Constituição, **vinte e cinco por cento do produto da arrecadação** do imposto do Estado sobre operações relativas à circulação de mercadorias e sobre prestações de serviços de transporte interestadual e intermunicipal e de comunicação **pertencerá aos Municípios**. Tais parcelas de receita serão creditadas conforme os seguintes critérios: I – três quartos, no mínimo, na proporção do valor adicionado nas operações relativas à circulação de mercadorias e nas prestações de serviços, realizadas em seus territórios; II – até um quarto, de acordo com o que dispuser lei estadual ou, no caso dos Territórios, lei federal.

Cada Município fica, portanto, com parte do **valor adicionado** produzido em seu próprio território[47].

Dispõe a Constituição Federal caber à lei complementar fixar, para efeito de cobrança do ICMS e definição do estabelecimento responsável, *o local das operações relativas à circulação de mercadorias e das prestações de serviços* (CF/88, art. 155, § 2, XII, "d"). Referido encargo é cumprido pela Lei Complementar nº 87/96, que regula a matéria de maneira satisfatória no art. 11 e parágrafos.

Tratando-se de **operações envolvendo mercadorias ou bens**, teremos, como local da operação, em regra, para efeitos de cobrança de ICMS e definição do estabeleci-

47. No caso do art. 158, parágrafo único, I, a norma constitucional adota, pois, o critério da territorialidade do valor adicionado para fins de distribuição do ICMS entre os Municípios, ou seja, cada Município fica com o valor adicionado produzido em seu próprio território. O art. 161, I, da CF/88, por sua vez, estabelece que "*cabe à lei complementar definir valor adicionado para fins do disposto no art. 158, parágrafo único, I*". A lei complementar a que faz menção o Texto Supremo é a Lei Complementar nº 63, de 11 de janeiro de 1990. O art. 3º, § 1º, I, do diploma legal em comento, com a redação conferida pela LC 123/2006, estabelece que valor adicionado "corresponderá, para cada Município, *ao valor das mercadorias saídas, acrescido do valor das prestações de serviços, no seu território, deduzido o valor das mercadorias entradas, em cada ano civil*".

mento responsável, o do estabelecimento onde se encontre, no momento da ocorrência do fato gerador (LC 87/96, art. 11, I, a). Em outras palavras, considerar-se-á realizada a operação de circulação de mercadorias no lugar em que situado o estabelecimento promotor da saída – ou entrada, nas situações discriminadas em lei – das referidas mercadorias.

Ainda no caso de operações envolvendo mercadorias ou bens, a LC 87/96 estabelece como local da circulação, para fins de incidência, de **maneira excepcional**, outros lugares específicos, como, por exemplo, **o lugar**: a) **em que se encontre a mercadoria ou bem**, quando em situação irregular pela falta de documentação fiscal ou quando acompanhado de documentação inidônea; b) do **estabelecimento que transfira a propriedade, ou o título que a represente**, de mercadoria por ele adquirida no País e que por ele não tenha transitado; c) **onde seja realizada a licitação**, no caso de arrematação de mercadoria ou bem importados do exterior e apreendidos ou abandonados e; d) o de desembarque do produto, na hipótese de captura de peixes, crustáceos e moluscos.

As operações interestaduais com energia elétrica e petróleo, lubrificantes e combustíveis dele derivados, quando não destinados à industrialização ou à comercialização, considerar-se-ão realizadas no Estado onde estiver localizado o adquirente, inclusive consumidor final (LC 87/96, art. 11, I, g).

Tratando-se de **serviço de transporte**, considerar-se-á como local da prestação, para fins de incidência, aquele: a) onde tenha início a prestação (LC 87/96, art. 11, II, a); b) onde se encontre o transportador, quando em situação irregular pela falta de documentação fiscal ou quando acompanhada de documentação inidônea, como dispuser a legislação tributária (LC 87/96, art. 11, II, b); c) do estabelecimento destinatário do serviço, na hipótese da utilização, por contribuinte, de serviço cuja prestação se tenha iniciado em outro Estado e não esteja vinculada a operação ou prestação subsequente (LC 87/96, art. 11, II, c).

Nas prestações onerosas de **serviço de comunicação**, o local da operação será: a) o da prestação do serviço de radiodifusão sonora e de som e imagem, assim entendido o da geração, emissão, transmissão e retransmissão, repetição, ampliação e recepção (LC 87/96, art. 11, III, a); b) o do estabelecimento da concessionária ou da permissionária que forneça ficha, cartão, ou assemelhados com que o serviço é pago (LC 87/96, art. 11, III, b); c) o do estabelecimento destinatário do serviço, na hipótese de serviço cuja prestação se tenha iniciado em outro Estado e não esteja vinculada a operação ou prestação subsequente (LC 87/96, art. 11, III, c); d) o do estabelecimento ou domicílio do tomador do serviço, quando prestado por meio de satélite, desde que os serviços sejam "medidos" (LC 87/96, art. 11, III, d).

Para efeito da lei, **estabelecimento** é o local, privado ou público, edificado ou não, próprio ou de terceiro, onde pessoas físicas ou jurídicas exerçam suas atividades em caráter temporário ou permanente, bem como onde se encontrem armazenadas mercadorias (LC 87/96, art. 11, § 3º). Nos termos da LC 87/96, quando a mercadoria for remetida para armazém geral ou para depósito fechado do próprio contribuinte, no mesmo Estado, a posterior saída considerar-se-á ocorrida no estabelecimento do depositante, salvo se para retornar ao estabelecimento remetente (LC 87/96, art. 11, § 5º).

A controvérsia alusiva ao local em que se considera realizada a operação nos casos de ICMS incidente sobre a entrada de bens importados vindos do exterior será analisada no tópico dedicado ao aspecto subjetivo da regra matriz de incidência do imposto.

A maior polêmica relativa à matéria diz respeito às operações com minerais e energia elétrica em que as minas e as usinas hidrelétricas se situam no perímetro de mais de um município.

Havendo extração de minerais dos subsolos de 2 (dois) municípios, considerar-se-á como local do fato gerador aquele em que situada a "boca da mina"[48]. Conferir-se-á a tal Município o direito de receber as parcelas integrais do valor adicionado decorrente do ICMS arrecadado em seu território.

Nas **operações realizadas por Usinas Hidrelétricas**, mais especificamente nos casos em que a **barragem situa-se num município e a chamada "casa de máquinas"**, responsável propriamente pela geração da energia, **situa-se em município contíguo**, o Superior Tribunal de Justiça possui diversos julgados em que considera como **"local da operação"**, para fins de incidência do ICMS e fixação do município beneficiário pelo valor adicionado fiscal, o da **casa de máquinas**, ou seja, o da Unidade Geradora da Energia.

Nesse sentido, confira-se:

> *"TRIBUTÁRIO. ICMS. HIDRELÉTRICA. VALOR ADICIONADO. BARRAGEM. UNIDADE GERADORA DE ENERGIA. 1. Hipótese em que se discute distribuição de parcela do ICMS em relação a usinas hidrelétricas. 2. É incontroversa a tese jurídica base: conforme a jurisprudência do STJ, o valor adicionado para fins de distribuição do ICMS relativo às usinas hidrelétricas deve ser computado exclusivamente em favor do Município em que a energia é gerada. O que se discute é se a barragem pode ser considerada elemento caracterizador do local onde a energia é produzida, como fez o Tribunal Estadual. 3. O lugar da geração da energia, que indica o Município beneficiado pelo valor adicionado, é aquele onde estão "a unidade geradora, o motor primário, o gerador e todo o respectivo equipamento auxiliar", ou seja, 'o local onde se encontram os operadores da usina, bem como equipamentos de medição, que caracterizam o exercício da atividade' (REsp 811.712/SP, Rel. Castro Meira). 4. A parcela da barragem, localizada em Berilo-MG, não pode ser tida como 'unidade geradora de energia elétrica', de modo que tal Município não faz jus à contabilização do valor adicionado relativo ao ICMS a ser distribuído. 5. Recurso Ordinário provido.[49]"*

48. STJ, RMS 32.423-SE, Segunda Turma, julgado em 15/3/2012.
49. STJ, RMS 33.139/MG, Rel. Ministro HERMAN BENJAMIN, SEGUNDA TURMA, julgado em 14/06/2011, DJe 02/08/2011.

No mesmo sentido, no Recurso Especial nº 261.357, julgado em 04 de maio de 2010, estabeleceu a Corte Maior de nossa legislação federal que o valor adicionado, para fins de distribuição do ICMS, deve levar em conta **o local do equipamento gerador de energia elétrica**, sendo irrelevante o perímetro ocupado pela empresa de geração ou mesmo o lugar em que situado o reservatório de água[50]. Na verdade, sempre se considerou o local do "reservatório de água" apenas para fins de identificação do município que faz jus ao pagamento dos **"*royalties* da energia elétrica"**.

Mais recentemente, contudo, o mesmo Superior Tribunal de Justiça proferiu julgado em que deixou consignado que, nas operações com energia elétrica, apenas o **"local do consumo da energia"** deve ser levando em conta para fixação do valor adicionado fiscal, sob o fundamento de que a materialidade tributária só se considera ocorrida no momento do consumo da energia (aspecto temporal). Confira-se:

> *"1. O **critério eleito pelo art. 158, parágrafo único, inciso I, da CF/88** para definir a quem pertence o valor adicionado fiscal relativo à operação ou prestação sujeita, em tese, à incidência do ICMS é, **unicamente, espacial,** ou seja, local onde se concretiza o fato gerador do imposto.*
>
> *2. Conforme posição doutrinária e jurisprudencial uniforme, o consumo é o elemento temporal da obrigação tributária do ICMS **incidente sobre energia elétrica, sendo o aspecto espacial, por dedução lógica, o local onde consumida a energia.***
>
> *3. A **produção e a distribuição de energia elétrica, não configuram, isoladamente, fato gerador do ICMS, que somente se aperfeiçoa com o consumo da energia gerada e transmitida.***
>
> *4. Como o critério de rateio do ICMS leva em conta o valor adicionado fiscal que ocorre no território de cada município e **não há incidência tributária pela geração da energia ou por sua distribuição, consequentemente, não se justifica a participação do município produtor ou distribuidor na partilha do ICMS** incidente sobre as operações com energia elétrica, que somente contemplará os municípios consumidores. (...)".*

Muito embora seja verdadeira a assertiva segundo a qual o aspecto temporal do ICMS-Energia Elétrica está relacionado ao momento do consumo da energia, **não é verdadeira a afirmação de que não há incidência tributária pela transmissão ou distribuição da energia.**

A **Constituição de 1988 é bastante clara** ao dispor sobre o ICMS "incidente sobre energia elétrica, **desde a produção ou importação, até a última operação**, calculado o imposto sobre o preço então praticado na operação final". Confira-se:

> *"**ADCT-CF/88. Art. 34.** (...)*
>
> *§ 9º Até que **lei complementar disponha sobre a matéria**, as **empresas distribuidoras** de energia elétrica, na condição de contribuintes*

50. STJ, REsp 261357/MG, Segunda Turma, julgado em 04/05/2010.

*ou de substitutos tributários, **serão as responsáveis,** por ocasião da saída do produto de seus estabelecimentos, ainda que destinado a outra unidade da Federação, **pelo pagamento do imposto sobre operações relativas à circulação de mercadorias incidente sobre energia elétrica, desde a produção ou importação até a última operação,** calculado o imposto sobre o **preço então praticado na operação final** e assegurado seu recolhimento ao Estado ou ao Distrito Federal, conforme o local onde deva ocorrer essa operação."*

A transitoriedade do dispositivo, esclareça-se, diz respeito apenas à condição de responsável da empresa de distribuição (até que lei complementar disponha sobre a matéria), não à incidência do tributo sobre toda a cadeia, que é inquestionável.

Obviamente, **não se pode cobrar o tributo em razão da simples geração da energia** (por falta de circulação jurídica do bem). Contudo, a partir da primeira venda (usina → empresa transmissora), passando por empresa distribuidora, até chegar ao consumidor final, haverá pelo menos 3 materialidades do ICMS, passíveis de cobrança pelos Estados. Tal cobrança (referente a toda a cadeia) só será possível no momento do consumo.

É dizer, **sem consumo, não há incidência alguma; havendo consumo, porém, o ICMS distribui-se por toda a cadeia econômica de circulação da energia.**

O recolhimento do tributo referente a toda a cadeia, como veremos com mais detalhes adiante, **é feito pela concessionária de energia elétrica** (Light, Copel, Coelce etc.). Referida concessionária será responsável tributária em relação às operações anteriores (Usina → Transmissora) e contribuinte em relação às vendas por elas realizadas aos consumidores (distribuidora → consumidor).[51]

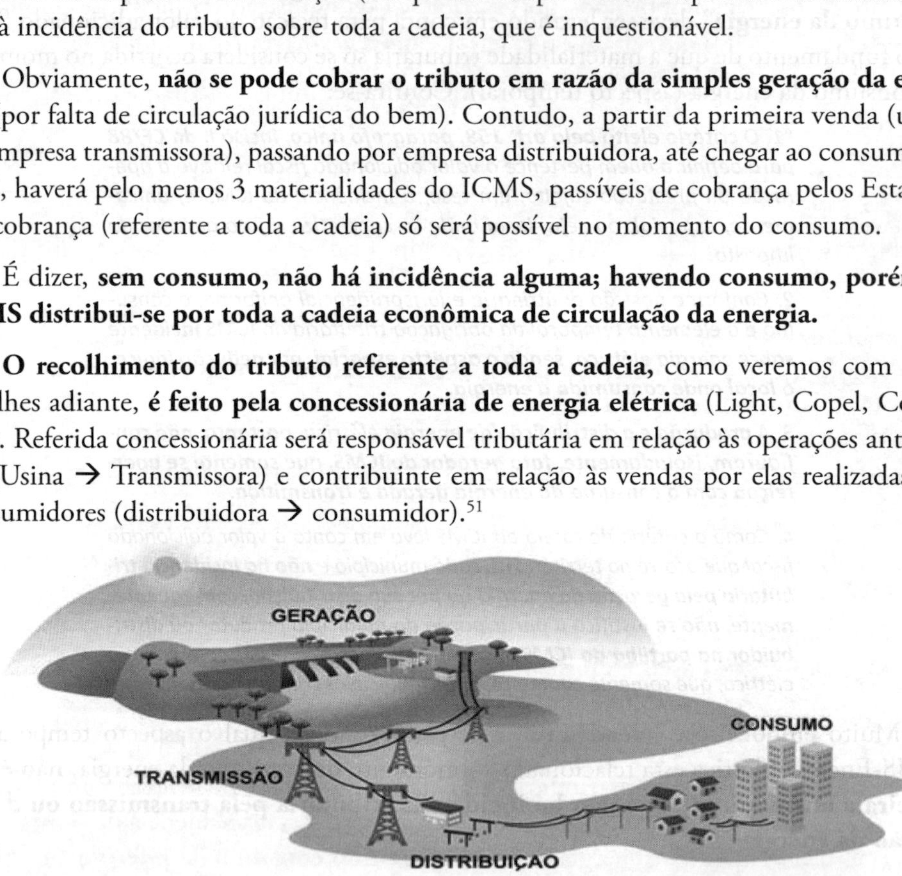

Em provas de concurso público, contudo, recomendamos que o candidato observe o entendimento do STJ.

51. **LC n. 87/96: Art. 9º.** (...) II - às empresas geradoras ou distribuidoras de energia elétrica, nas operações internas e interestaduais, na condição de contribuinte ou de substituto tributário, pelo pagamento do imposto, desde a produção ou importação até a última operação, sendo seu cálculo efetuado sobre o preço praticado na operação final, assegurado seu recolhimento ao Estado onde deva ocorrer essa operação.

4. ASPECTO TEMPORAL

Em regra, considera-se ocorrida a operação relativa à **circulação de mercadoria** no momento da saída da referida mercadoria do estabelecimento do contribuinte do imposto (LC 87/96, art. 12, I).

Nos termos da LC 87/96, considera-se ocorrido o fato gerador também no momento: a) da transmissão de propriedade de mercadoria, ou de título que a represente, quando a mercadoria não tiver transitado pelo estabelecimento transmitente; b) do fornecimento de mercadoria com prestação de serviços; c) do desembaraço aduaneiro de mercadorias ou bens importados do exterior; d) da aquisição em licitação pública de mercadorias ou bens importados do exterior e apreendidos ou abandonados.

Sobre o tema, assim dispõe o enunciado n 48 da súmula vinculante do STF:

> ***SÚMULA VINCULANTE nº 48 DO STF:*** *"Na entrada de mercadoria importada do exterior, é legítima a cobrança do ICMS por ocasião do desembaraço aduaneiro."*

No caso de operações interestaduais com lubrificante líquidos e gasosos derivados de petróleo e com energia elétrica, quando não destinados à comercialização, considerar-se-á ocorrida a operação no momento da entrada dos referidos bens no território do Estado[52].

Na prestação **de serviços de transporte interestadual e intermunicipal**, tem-se como momento da ocorrência da obrigação o do início da prestação (LC 87/96, art. 12, V). No caso dos **transportes iniciados no exterior**, por sua vez, considera-se ocorrido o fato gerador do imposto no momento do ato final do transporte (LC 87/96, art. 12, VI).

Por fim, considerar-se-á ocorrido o fato gerador do **ICMS Comunicação** no momento da prestação onerosa do mencionado serviço (LC 87/96, art. 12, VII). De acordo com o Superior Tribunal de Justiça, "**o inadimplemento da obrigação civil assumida pelo contratante** (Consumidor-final) **é desinfluente para a constatação da ocorrência do fato gerador** que enseja a exação[53]".

4.1. Operações com Energia Elétrica: Momento do Consumo

Conforme entendimento pacificado no Superior Tribunal de Justiça, já mencionado por nós no tópico 3.1 deste capítulo, só é possível falar-se em incidência de ICMS sobre operações de circulação de energia elétrica **a partir do consumo da referida energia.**

A partir do consumo, admite-se a cobrança do ICMS referente não só à venda final ao consumidor, mas também às vendas anteriores, realizadas pelas geradoras (usinas) e transmissoras de energia.

52. O tema (operações com combustíveis e energia elétrica) será objeto de análise aprofundada quando estivermos falando do aspecto quantitativo do ICMS.

53. REsp 1308698/SP, Rel. Ministro NAPOLEÃO NUNES MAIA FILHO, PRIMEIRA TURMA, DJe 03/02/2017.

Não à toa, o STJ em mais de uma oportunidade já decidiu que, nos casos **de furto de energia ou vazamento** antes do consumo, não é válida a cobrança do ICMS sobre as fases anteriores (geração e distribuição etc); confira-se:

"(...) Conforme posição doutrinária e jurisprudencial uniforme, **o consumo é o elemento temporal da obrigação tributária do ICMS incidente sobre energia elétrica,** sendo o aspecto espacial, por dedução lógica, o local onde consumida a energia. 3. **A produção e a distribuição de energia elétrica, portanto, não configuram, isoladamente, fato gerador do ICMS,** que somente se aperfeiçoa com o consumo da energia gerada e transmitida. 4. Assim, **embora as fases anteriores ao consumo** (geração e distribuição) influam na determinação da base de cálculo da energia, como determinam os arts. 34, § 9º, do ADCT e 9º da LC 87/96, não configuram hipótese isolada e autônoma de incidência do ICMS, de modo que, **furtada a energia antes da entrega a consumidor final, não ocorre o fato gerador do imposto, sendo impossível sua cobrança com base no valor da operação anterior, vale dizer, daquela realizada entre a empresa produtora e a distribuidora de energia.**5. O ICMS deixa de ser devido nos casos em que se perde por "vazamentos no sistema ou em decorrência de ilícito (furto), pois não havendo consumo regular, ausente se acha a operação de energia elétrica sob o aspecto jurídico tributário."[54]

5. ASPECTO SUBJETIVO

O tema alusivo ao aspecto subjetivo do ICMS desperta uma infinidade de debates, sobretudo quanto à validade do regime de substituição tributária – progressiva e regressiva – previsto na Constituição Federal, na Lei Complementar nº 87/96 e nas leis estaduais reguladoras do ICMS.

5.1. Sujeito ativo

Conforme visto, existe íntima vinculação entre os critérios espacial e pessoal do ICMS. Falamos isso porque, em regra, o sujeito ativo do imposto será o Estado em que realizada a operação relativa à circulação de mercadoria ou em que prestados os serviços de transporte e de comunicação.

A título de exemplo, numa operação de compra e venda de um brinquedo, realizada numa loja de Shopping Center situado no Estado de São Paulo, a este deverá ser recolhido, no momento da venda, o ICMS incidente sobre a operação (LC 87/96, art. 11, I, a). Além disso, apenas o Estado de São Paulo poderá instituir, por meio de lei ordinária (princípio da legalidade tributária), o ICMS incidente sobre a operação.

Nos casos de arrematação de mercadorias ou bens importados do exterior e apreendidos ou abandonados, por sua vez, por considerar a LC 87/96 como local da operação aquele em que realizada a licitação (LC 87/96, art. 11, I, f), será competente para institui-

54. STJ, REsp 1306356/PA, Rel. Ministro CASTRO MEIRA, SEGUNDA TURMA, julgado em 28/08/2012, DJe 04/09/2012.

ção do tributo (sujeito ativo) – e destinatário da arrecadação – o Estado no qual celebrada a mencionada licitação.

Expostas as noções gerais atinentes à sujeição ativa do ICMS, passemos agora ao estudo das situações mais abordadas pela doutrina e, consequentemente, mais cobradas em provas de concursos públicos.

5.1.1. Sujeito ativo do ICMS nas operações interestaduais (Emenda Constitucional n. 87/2015)

Vimos que nas chamadas operações internas, o sujeito ativo do ICMS será o Estado em que realizada a operação relativa à circulação de mercadoria. **A regra aplicável às operações interestaduais, no entanto, é diferente.**

Nos termos da **Constituição de 1988, na redação conferida pela Emenda Constitucional n. 87, de 16 de abril de 2015**, *nas operações e prestações que destinem bens e serviços a consumidor final, contribuinte ou não do imposto, localizado em outro Estado, adotar-se-á a alíquota interestadual e* ***caberá ao Estado de localização do destinatário*** *o imposto correspondente à diferença entre a alíquota interna do Estado destinatário e a alíquota interestadual* (CF/88, art. 155, §2º, VII).

Exemplifiquemos.

Numa operação de aquisição de sapatos realizada por uma loja (contribuinte habitual do ICMS), sediada em Fortaleza, junto a uma indústria localizada na cidade de Salvador, ao Estado da Bahia caberá o imposto correspondente à alíquota interestadual (12%). Quando da venda da mercadoria ao consumidor, pela loja de sapatos sediada em Fortaleza, haverá o pagamento do tributo ao Estado do Ceará correspondente à diferença entre a alíquota interna (17%) e a interestadual (12%).

Os detalhes alusivos ao cálculo do tributo serão tratados quando estivermos analisando o aspecto quantitativo da regra matriz do ICMS.

1) Na operação 01, a indústria recolherá ICMS à alíquota interestadual ao Estado da Bahia;
2) Na operação 02, a Loja de sapatos recolherá ICMS ao Estado do Ceará correspondente à diferença entre a alíquota interna (17%) e a interestadual (12%).

Ainda de acordo com o novo texto da Constituição, a ***responsabilidade pelo recolhimento do imposto*** *correspondente à diferença entre a alíquota interna e a interestadual mencionada no parágrafo anterior será atribuída: a) ao destinatário, quando este for contribuinte do imposto ou; b) ao remetente, quando o destinatário não for contribuinte do imposto.*

Veremos com mais rigor, adiante, que se chama **contribuinte do ICMS** a pessoa que realiza de maneira habitual operações relativas à circulação de mercadorias e prestações de serviços de transporte e comunicação. Referida pessoa, importante salientar, só será contribuinte do imposto no que diz respeito a suas finalidades essenciais. Assim, por exemplo, um comerciante de alimentos será contribuinte de ICMS no que diz respeito às operações de compra e venda dos ditos alimentos, no entanto, quando decidir vender os computadores utilizados por sua empresa para operacionalização das atividades, não será contribuinte do tributo. Sobre esta última operação não incidirá ICMS.

Importante observar que, **na redação original da Constituição de 1988**, aplicava-se às operações interestaduais envolvendo "consumidor final não contribuinte habitual" a mesma regra das operações internas, em que o ICMS é inteiramente destinado, à alíquota interna, ao Estado de origem da operação.

Com o passar dos anos - e o incremento do comércio eletrônico -, as diversas unidades da Federação, percebendo que estavam perdendo arrecadação para grandes Estados produtores, como São Paulo, decidiram **alterar a regra de repartição do tributo** nas operações em epígrafe, a fim de que pelo menos parte do produto da tributação ficasse no Estado de destino das mercadorias.

A fim de reduzir as perdas dos mencionados Estados produtores, contudo, previu o Constituinte derivado, no art. 99 do ADCT da Constituição, **regra transitória de partilha da "diferença entre as alíquotas internas e interestaduais"** nas operações com consumidor final não contribuinte habitual; confira-se:

CF/88-ADCT

Art. 99. Para efeito do disposto no inciso VII do § 2º do art. 155, no caso de operações e prestações que destinem bens e serviços a consumidor final não contribuinte localizado em outro Estado, o imposto correspondente à diferença entre a alíquota interna e a interestadual será partilhado entre os Estados de origem e de destino, na seguinte proporção:

I - para o ano de 2015: 20% (vinte por cento) para o Estado de destino e 80% (oitenta por cento) para o Estado de origem;

II - para o ano de 2016: 40% (quarenta por cento) para o Estado de destino e 60% (sessenta por cento) para o Estado de origem;

III - para o ano de 2017: 60% (sessenta por cento) para o Estado de destino e 40% (quarenta por cento) para o Estado de origem;

IV - para o ano de 2018: 80% (oitenta por cento) para o Estado de destino e 20% (vinte por cento) para o Estado de origem;

V - a partir do ano de 2019: 100% (cem por cento) para o Estado de destino."

Ainda sobre o assunto, importante destacar, por fim, que **o STF,** antes do avento da mencionada Emenda Constitucional n. 87/2015, **já havia julgado inconstitucional o Protocolo ICMS 21/2011 do CONFAZ**, que instituía a cobrança de ICMS no Estado de destino nas operações de venda de mercadoria a consumidor final realizada de forma não presencial (vendas realizadas por telefone ou pela internet), sob o fundamento de que os signatários do Protocolo teriam invadido a competência das unidades federadas de origem, que constitucionalmente seriam os sujeitos ativos da relação tributária quando da venda de bens ou serviços a consumidor final não contribuinte localizado em outra unidade da Federação.

Nos termos do voto do Ministro Relator, além disso, "o Protocolo impugnado, ao determinar que o estabelecimento remetente fosse o responsável pela retenção e recolhimento do ICMS em favor da unidade federada destinatária, vulnerara a exigência de lei em sentido formal e complementar (CF, art. 155, § 2º, XII, b) para instituir uma nova modalidade de substituição tributária."[55]

5.1.2. Sujeito ativo do ICMS nos casos de importação de mercadorias, bens e serviços

A redação original da Constituição de 1988 previa a incidência do ICMS *sobre a entrada de mercadoria importada do exterior, ainda quando se* tratasse *de bem destinado a consumo ou ativo fixo do estabelecimento, assim como sobre serviço prestado no exterior, cabendo o imposto ao Estado onde* estivesse *situado o estabelecimento destinatário da mercadoria ou do serviço* (CF/88, art. 155, § 2º, IX, a – Redação original).

O texto, por se referir apenas à circulação de mercadorias destinadas a estabelecimentos comerciais, **permitia que operações de importação realizadas por pessoas físicas, independentemente do valor, fossem realizadas livres da incidência do ICMS**. Isso, obviamente, dava ensejo a uma série de práticas abusivas e fraudulentas. Empresários de todo o país passaram a realizar operações comerciais envolvendo aquisição de bens de elevados valores sob as vestes de importação de mercadorias, por pessoa física, para uso próprio.

A fim de fazer cessar tais indigitadas práticas, foi promulgada a Emenda Constitucional nº 33, de 11 de dezembro de 2001, alteradora da redação da alínea "a" do art. 155, § 2º, IX, da Constituição. A partir de então, a incidência do ICMS passou a se dar sobre a entrada de bem ou mercadoria importados do exterior promovida **tanto por pessoas jurídicas quanto por pessoas físicas**, ainda que não contribuintes habituais do imposto, cabendo o tributo ao Estado onde estiver situado o domicílio ou o estabelecimento do destinatário da mercadoria ou bem.

Aqui, importante observar que as **leis estaduais** que previam a incidência do ICMS sobre importações realizadas por pessoas físicas ou jurídicas não contribuintes habituais do imposto **antes do advento da EC 33/2001** foram julgadas inconstitucionais pelo Supremo Tribunal Federal[56]. O mesmo STF, em momento posterior, porém, reconheceu a validade das leis estaduais posteriores ao **advento da EC 33/2001**, ainda que **anteriores à LC n. 114/2002** (que trata do assunto com status de lei nacional), sob o fundamento de que, "na ausência de lei geral sobre determinada matéria, assistia aos Estados **competência plena** para legislar sobre ICMS[57]".

Em que pese o fato de terem sido solucionados os antigos problemas, a nova redação do dispositivo deu ensejo a novos debates atinentes à matéria. Desta feita, contudo, as dis-

55. STF, ADI 4628/DF, rel. Min. Luiz Fux, 17.9.2014, ADI 4713/DF, rel. Min. Luiz Fux, 17.9.2014, RE 680089/SE, rel. Min. Gilmar Mendes, 17.9.2014 (Informativo n. 759).

56. STF, **AI 674.396-AgR**, Rel. Min. **Ellen Gracie**, julgamento em 29-3-2011, Segunda Turma, *DJE* de 27-4-2011.

57. RE 917950 AgR/SP, rel. Min. Teori Zavascki,2 T., julgamento em 5.12.2017. Informativo 887.

cussões não mais diziam respeito ao sujeito passivo da exação – se pessoas físicas e jurídicas ou somente pessoas jurídicas –, mas sim: a) à **natureza das operações tributáveis** e; b) ao **Estado competente para instituição e cobrança do tributo** (sujeito ativo da exação).

A primeira controvérsia – natureza das operações – já foi discutida no momento do estudo do aspecto material da regra matriz de incidência do ICMS, sobretudo quando estávamos estudando as diversas operações de *leasing* internacional de mercadorias.

Quanto ao segundo ponto, temos a dizer que, muito embora a LC 87/96 estabeleça como lugar da operação o do estabelecimento onde ocorrer a entrada física da mercadoria (LC 87/96, art. 11, I, d), nossos tribunais vem considerando, de maneira, a nosso entender, acertada, que *o sujeito ativo da relação jurídico-tributária do ICMS é* ***o Estado onde estiver situado o domicílio ou o estabelecimento do destinatário jurídico da mercadoria*** *(alínea a do inciso IX do § 2º do art. 155 da Carta de Outubro); pouco importando se o desembaraço aduaneiro ocorreu por meio de ente federativo diverso*"[58].

O que o julgado acima quer dizer é que, na importação, o ICMS deverá ser recolhido ao **Estado em que sediado o importador**, ou seja, o verdadeiro beneficiário da operação ou prestação. Referido importador, como veremos adiante, poderá ser tanto a pessoa física consumidora quanto a empresa revendedora do bem adquirido. A regra vale mesmo nas situações em que a mercadoria nem tenha passado pelo Estado do beneficiário no momento do desembaraço aduaneiro.

Assim, caso determinado bem, em virtude de operação internacional de compra e venda, entre no território nacional por meio do Porto de Santos, mas seja destinado a pessoa física ou jurídica domiciliada no Estado do Mato Grosso, a este caberá a cobrança do ICMS. Indo além, caso a pessoa contratante, sediada em Mato Grosso, tenha adquirido o bem com vistas à sua venda por estabelecimento localizado no Paraná, a este último Estado caberá a arrecadação tributária. Os ajustes entre particulares não podem prevalecer sobre a efetiva destinação do bem.

Sobre o tema, confira-se julgado recentíssimo, da lavra do Supremo Tribunal Federal:

> *"Nos termos do art. 155, § 2º, IX, a, da Constituição Federal, o sujeito ativo da relação jurídico-tributária do ICMS é o Estado onde estiver situado o domicílio ou o estabelecimento do destinatário jurídico da mercadoria importada. Precedentes. (...) Na definição do destinatário da mercadoria importada, não devem prevalecer os pactos particulares mantidos entre as partes envolvidas na importação, mas a efetiva destinação do bem importado. Precedentes.[59]"*

De qualquer forma, é legítima a cobrança do ICMS por ocasião do desembaraço aduaneiro (Enunciado nº 48 da súmula vinculante do STF), muito embora a arrecadação, aqui, seja destinada ao Estado do destinatário jurídico da operação.

58. STF, RE 299.079, Primeira Turma, julgamento em 30-6-2004. No mesmo sentido: STF, RE 405.457, Segunda Turma, julgamento em 4-12-2009; STF, AI 733.464-AgR, Primeira Turma, julgamento em 25-8-2009; STF, AI 663.936-AgR, Primeira Turma, julgamento em 30-6-2009; STF, RE 598.051-AgR, Segunda Turma, julgamento em 12-5-2009.

59. STF, AI 816070 AgR, Primeira Turma, julgado em 02/12/2010.

O quadro abaixo pode facilitar a compreensão do estudante sobre o tema:

Sujeito Ativo do ICMS Importação	
Nos termos da redação original da CF/88	• Imposto incidia apenas sobre operações realizadas por pessoas jurídicas; • Imposto incidia inclusive na aquisição de bens para o ativo fixo; • Havia margem para fraudes e importações comerciais travestidas de importações de bens para consumo de pessoas físicas
Nos termos da redação conferida pela EC 33/2001	• Imposto passou a incidir sobre qualquer operação relativa a circulação de mercadorias; • Imposto incidente sobre operações realizadas por pessoas físicas e jurídicas; • Sujeito ativo da exação é o Estado do destinatário jurídico do bem, ainda que diverso do local do desembaraço aduaneiro.

Recentemente, o Supremo Tribunal Federal reconheceu a repercussão geral da discussão sobre qual é o sujeito ativo constitucional do ICMS, incidente sobre operação de **importação de matéria-prima** que será **industrializada por estabelecimento localizado no Estado de Minas Gerais**, mas que, porém, é desembaraçada por estabelecimento sediado no Estado de São Paulo, sendo este último (SP) o destinatário do produto acabado, para posterior comercialização.[60]

5.1.3. Sujeito ativo do ICMS nas Prestações de Serviços de Comunicação Via Satélite

A Lei Complementar n. 87/96 contém regras específicas acerca da sujeição ativa do ICMS incidente sobre os serviços de comunicação prestados via satélite; confira-se:

> ***LC n. 87/96:***
>
> ***Art. 11.*** *O local da operação ou da prestação, para os efeitos da cobrança do imposto e definição do estabelecimento responsável, é:*
>
> *III - tratando-se de prestação onerosa de serviço de comunicação:*
>
> *c-1) o do* ***estabelecimento ou domicílio do tomador do serviço, quando prestado por meio de satélite;***
>
> *§ 6º Na hipótese do inciso III do caput deste artigo, tratando-se de serviços não medidos, que envolvam localidades situadas em diferentes unidades da Federação e cujo preço seja cobrado por períodos definidos, o imposto devido será recolhido em partes iguais para as unidades da Federação onde estiverem localizados o prestador e o tomador.*

Como se pode perceber, muito embora seja **regra a destinação integral do produto da arrecadação do tributo ao Estado em que localizado o tomador** do serviço prestado via satélite, a própria Lei Kandir estabelece que, nos casos de serviços ditos "**não medidos**, que envolvam localidades situadas em diferentes unidades da Federação e cujo preço seja cobrado por períodos definidos", os Estados da Federação em que localizados tomador e prestador do serviço serão agraciados com 50% da receita do ICMS cada um.

60. STF, ARE 665134 RG, Relator(a): Min. JOAQUIM BARBOSA, julgado em 10/02/2012, PUBLIC 07-03-2012.

A **maior controvérsia** relativa aos dispositivos em comento diz respeito aos **serviços de televisão prestados via satélite.** Em linhas gerais, os Estados da Federação ditos tomadores, ou seja, Estados em cujos territórios não estão sediadas empresas prestadoras de serviços de televisão via satélite, começaram a advogar a tese de que não se estava diante de serviço "não medido", de forma que a eles deveria ser destinada a integralidade do ICMS.

Em julgado recente, o Superior Tribunal de Justiça, de maneira acertada, colocou uma pá de cal na questão, como podemos perceber pelo aresto abaixo colacionado:

> *"(...)Por **serviço medido**, entende-se que o usuário paga pelo serviço efetivamente utilizado, como por exemplo, os **serviços de água, telefonia, luz** etc. **Nos serviços de televisão por assinatura**, o pagamento não é variável pelo tempo de utilização. O assinante opta por um pacote de canais e por ele **pagará um valor fixo mensalmente**. Logo, entende-se que **o serviço prestado pela empresa de televisão por assinatura não é medido** e o preço será cobrado por períodos definidos, qual seja, mensal. Desse modo, aplica-se ao caso o disposto no art. 11, § 6º, da LC 87/1996, segundo o qual **se deve recolher o ICMS em partes iguais para as unidades da Federação em que estiverem localizados o prestador e o tomador.**"*[61]

Como se pode perceber, distinguiu-se precisamente os serviços medidos (como água, luz, telefonia) dos serviços não medidos.

5.2. Sujeito passivo do ICMS

Nos termos do Código Tributário Nacional, **sujeito passivo** da obrigação principal é a pessoa obrigada ao pagamento do tributo ou penalidade pecuniária (CTN, art. 121, *caput*). Será o sujeito passivo chamado de **contribuinte** quando tenha relação pessoal e direta com a situação que constitua o respectivo fato gerador (CTN, art. 121, Parágrafo único, I). Nos casos em que a sujeição passiva não decorrer de relação pessoal e direta, mas de expressa disposição de lei, estaremos diante da figura do **responsável tributário**.

O **contribuinte do ICMS** é, em regra, qualquer pessoa, física ou jurídica, que realize, com **habitualidade ou em volume que caracterize intuito comercial**, operações de circulação de mercadoria ou prestações de serviços de transporte interestadual e intermunicipal e de comunicação, ainda que as operações tenham se iniciado no exterior (LC 87/96, art. 4º, *caput*). São contribuintes do imposto, por exemplo, restaurantes, lojas de roupas, transportadoras e concessionárias de telefonia quanto às atividades de venda de alimentos e roupas, transporte e comunicação.

A venda eventual, pelo restaurante, de mesas e cadeiras antigas, não sofre a incidência do ICMS, tendo em vista inexistência da habitualidade na operação. No mesmo sentido, também não será o comerciante de roupas contribuinte do ICMS nas operações de venda dos computadores antigos, integrantes de seu ativo permanente. Em outras palavras, o comerciante só é contribuinte do tributo quanto à sua atividade fim.

61. STJ, REsp 1.497.364-GO, Rel. Min. Humberto Martins, julgado em 3/9/2015, DJe 14/9/2015 (Informativo 569).

Foi com base em tais premissas que o Supremo Tribunal Federal consolidou o entendimento segundo o qual "*a alienação de salvados configura atividade integrante das operações de seguros e não tem natureza de circulação de mercadoria para fins de incidência do ICMS*"[62]. Em outras palavras, restou reconhecido que a atividade fim das seguradoras não é a venda dos automóveis avariados em decorrência de acidentes de trânsito, razão pela qual não se poderia falar em incidência de ICMS.

Hoje, o posicionamento encontra-se sumulado pela jurisprudência do STF:

> **SÚMULA VINCULANTE nº 32** *DO STF: O ICMS não incide sobre alienação de salvados de sinistro pelas seguradoras.*

Diferente será o caso das operações de venda de restos de carros depreciados levadas a efeito pelas **sucatas e ferros-velhos**. Aqui, estaremos diante de atividade habitual, realizada em volume caracterizador de intuito comercial, logo, haverá incidência do ICMS. Percebe-se, com isso, ser indiferente o fato de as mercadorias vendidas serem novas ou usadas para fins de caracterização do contribuinte do imposto.

Quando falamos que o contribuinte do ICMS é, **em regra**, a pessoa que realiza com habitualidade operações relativas à circulação de mercadorias, quisemos deixar ressalvadas **3 (três) situações peculiares**, constantes do texto da Constituição de 1988 e da Lei Complementar nº 87/96. Estamos nos referindo aqueles que: a) **importam mercadorias** ou bens do exterior; b) **adquirem em licitação** mercadorias ou bens apreendidos ou abandonados e; c) **adquirem lubrificantes e combustíveis** líquidos e gasosos derivados de petróleo e energia elétrica oriundos de outro Estado, quando não destinados à comercialização ou à industrialização.

As pessoas listadas serão contribuintes do ICMS mesmo que não pratiquem com habitualidade ou intuito comercial quaisquer atividades.

A inclusão das pessoas físicas que não realizem de maneira habitual operações de importação de mercadorias ou bens do exterior no rol de contribuintes do ICMS deu-se com o advento da EC 33/2001. Conforme visto (vide item 5.1.2.), o objetivo principal do constituinte derivado foi o de evitar que transações comerciais realizadas em massa, travestidas de operações de importação para uso e consumo próprio, fossem realizadas livres da incidência do ICMS. Agora, qualquer pessoa, física ou jurídica, que importar mercadoria de país estrangeiro deverá recolher o valor devido a título de ICMS. É imprescindível, não custa lembrar, a transferência da propriedade do bem. A título de exemplo, um jovem advogado será contribuinte do ICMS quando adquirir, pela *internet*, uma gravata junto a uma loja especializada localizada nos Estados Unidos. Da mesma forma, será também contribuinte a loja de gravatas localizada em Shopping Center que realizar a mesma operação de importação, mesmo que em volume muito maior.

No caso das **licitações** – realizadas sob a modalidade de Leilão – para venda de bens apreendidos ou abandonados seria no mínimo inusitado esperar habitualidade daqueles que adquirem as referidas mercadorias. Ao mesmo tempo, a simples não incidência do

62. STF, ADI 1.648, Plenário, julgamento em 16-2-2011.

tributo poderia apresentar significativa perda de arrecadação para os Estados. Não seria razoável também considerar contribuinte do tributo a entidade vendedora.

As operações envolvendo **combustíveis e lubrificantes** serão estudadas com maior rigor no momento oportuno.

Paira controvérsia também acerca da sujeição passiva tributária nos casos de serviços telefônicos (submetidos ao ICMS Comunicação) prestados sob a modalidade de ***roaming***.

A operação denominada *roaming* é complexa e **pressupõe a realização de dois negócios jurídicos simultâneos** a viabilizar a consecução do serviço de comunicação pretendido: um entre o usuário e a sua operadora original, pela qual foi disponibilizada a linha, e outra entre essa empresa titular do contrato e aquela que efetivamente realiza a comunicação (operadora visitada). Observa-se que da relação jurídica existente entre as concessionárias resultam valores cobrados pela operadora local, mediante repasse registrado no DETRAF (Documento de Declaração de Tráfego e Prestação de Serviços), em face da efetiva prestação de serviço de comunicação, motivo pelo qual tais valores estão sujeitos à tributação pelo ICMS.

Ocorre, contudo, que, como as operadoras de telefonia não podem responder pelo ICMS Comunicação incidente sobre as chamadas por elas não efetivadas, pelo simples fato de não praticarem o respectivo fato gerador – disponibilização do suporte material para realização da comunicação – resta ao Estado recolher o imposto incidente sobre o serviço prestado pela chamada "operadora visitada".

Sobre o tema, o STJ sedimentou o entendimento segundo o qual o simples "*fato de a empresa contratada pelo usuário ser a responsável pelo faturamento e recebimento do serviço prestado não a torna contribuinte ou responsável do tributo*"[63]. Em resumo, nos serviços de comunicação prestados sob a modalidade *roaming,* o sujeito passivo do imposto será a empresa de telefonia que efetivamente viabilizar a chamada telefônica, ou seja, a operadora com cobertura na área de onde partiu a ligação pelo usuário do sistema.

5.2.1. Contribuinte de Fato x Contribuinte de Direito: Direito à Restituição do Tributo

Por ser o **ICMS um imposto indireto, ou seja, um tributo que admite a transferência de seu encargo econômico financeiro** para pessoa diversa daquela fixada em lei como contribuinte, teremos, em muitos casos, lado a lado, as figuras dos contribuintes de fato e de direito. O contribuinte de direito é a pessoa responsável pelo recolhimento do tributo; o contribuinte de fato, por sua vez, é aquele que suporta os encargos econômicos e financeiros do tributo.

Numa operação de compra e venda de mercadoria, como o valor do ICMS está embutido no preço cobrado, teremos como **contribuinte legal do imposto o comerciante e como contribuinte de fato a pessoa adquirente da referida mercadoria**.

Tem entendido a jurisprudência pátria, com base no art. 166 do CTN e nas lições supracitadas, que apenas o contribuinte de direito tem legitimidade para postular, jun-

63. STJ, REsp 1202437/MT, Primeira Turma, julgado em 08/11/2011.

to ao Estado, a restituição do ICMS pago indevidamente. O contribuinte de fato, por sua vez, poderá acionar o contribuinte de direito depois que este tenha recuperado o indébito junto ao Fisco[64].

A regra mencionada acima não se aplica aos casos em que **o contribuinte de fato (consumidor) postula a repetição do tributo pago indevidamente sobre demanda de potência contratada e não utilizada**. O tema, por envolver superação de um precedente, deve começar a ser bastante cobrado em provas de concurso público.

Aqui, a jurisprudência tem levado em consideração algumas peculiaridades próprias das relações jurídicas envolvendo o Estado concedente, a concessionária e o consumidor, dentre as quais destacamos as seguintes (extraídas do voto do Ministro Relator do Recurso Especial nº 1.299.303, da relatoria do Ministro Cesar Asfor Rocha):

- Estado concedente e concessionária, ao longo de toda a exploração do serviço de fornecimento de energia elétrica, de competência da União (art. 21, inciso XII, alínea "b", da CF/88), trabalham em conjunto, **estando a concessionária em uma posição de quase total submissão, sob pena de rescisão do contrato de concessão** na hipótese de desrespeito a alguma diretriz, política pública, projeto ou norma imposta pelo Estado-concedente.
- Em decorrência do exposto acima, nas relações contratuais em geral estabelecidas com o poder público, **a concessionária sempre evitará embates desgastantes e que gerem prejuízos aos serviços ou aos interesses públicos**. Mas não é só. Sem dúvida alguma, sobretudo no tocante à cobrança, ao cálculo e à majoração dos tributos – à exceção do imposto de renda –, o poder concedente e a concessionária encontram-se, na verdade, lado a lado, ausente qualquer possibilidade de conflitos de interesses.
- **O consumidor da energia elétrica, por sua vez, observada a mencionada relação concedente/concessionária, fica relegado e totalmente prejudicado e desprotegido**. Esse quadro revela que a concessionária assume o papel de contribuinte de direito apenas "formalmente", assim como o consumidor também assume a posição de contribuinte de fato em caráter meramente "formal".
- Se o fabricante de bebidas, por exemplo, simplesmente repassar ao preço do seu produto de venda o valor do ICMS cobrado indevidamente, as suas vendas poderão cair. Em virtude da concorrência no setor privado, o que dificilmente ocorre no fornecimento de energia elétrica, o distribuidor (adquirente da bebida) poderá buscar outro fabricante, com produtos inferiores ou importados, com preços menores.
- Quanto ao usuário de energia elétrica, ou paga a tarifa com o ICMS eventualmente ilegal ou ficará sem o serviço, o que implica em desligar lâmpadas, geladeiras, televisores, equipamentos indispensáveis à saúde de enfermos, equi-

64. STJ, REsp 903394/AL, Rel. Ministro LUIZ FUX, PRIMEIRA SEÇÃO, julgado em 24/03/2010, DJe 26/04/2010.

pamentos industriais, etc., ou lançar mão de outras fontes de energia, excessivamente caras e não produtivas. No campo do fornecimento de energia elétrica, inexiste ou praticamente inexiste concorrência capaz de impor à concessionária atitudes no sentido de defender o interesse do consumidor.

O entendimento acima tem sido aplicado a outros casos de tributos pagos indevidamente por concessionárias de serviços públicos; confira-se:

> *"Cuida-se, na espécie, do levantamento de valores depositados administrativamente relativos à cobrança de ICMS sobre serviços de instalação de linhas telefônicas. A Turma, prosseguindo o julgamento, por maioria, deu provimento ao agravo; assim, afastou-se o levantamento do depósito administrativo pela empresa de telefonia, por se entender que somente o contribuinte de fato (o que suporta efetivamente o ônus financeiro do tributo) é que está legitimado para o pedido de repetição de valores indevidamente pagos ao Fisco. In casu, o valor depositado foi repassado para o consumidor final, ou seja, o usuário do serviço de telefonia. Assim, apenas o usuário do serviço tem legitimidade subjetiva ativa para requerer o levantamento do depósito em função de haver suportado o ônus indevido (art. 166 do CTN e Súm. nº 546-STF). Ademais, consignou-se que o depósito realizado pela empresa de telefonia não diminuiu seu patrimônio, tendo em vista que essa quantia foi repassada ao contribuinte, sendo que o levantamento pleiteado acabaria por beneficiar indevidamente pessoa que não sofreu o encargo, caracterizando enriquecimento ilícito. Outrossim, anotou-se que o recurso especial do estado-membro agravante será oportunamente julgado." Precedentes citados: REsp 554.203-RS, DJ 24/5/2004, e REsp 906.405-SC, DJe 12/6/2008*[65].

5.2.2. Substituição tributária

Além dos supracitados *contribuintes,* são sujeitos passivos do ICMS também os chamados **substitutos tributários**. Estes, embora não revelem relação pessoal e direta com o fato gerador da obrigação, **respondem pelo débito em virtude de expressa disposição de lei**; são, portanto, **responsáveis tributários**.

Estabelece a Constituição de 1988 que o regramento do tema alusivo à substituição tributária deve ficar a cargo de lei complementar (CF/88, art. 155, § 2º, XII, b). Dispõe ainda o Texto Supremo que *a lei poderá atribuir a sujeito passivo de obrigação tributária a condição de responsável pelo pagamento de imposto ou contribuição, cujo fato gerador deva ocorrer posteriormente, assegurada a imediata e preferencial restituição da quantia paga, caso não se realize o fato gerador presumido* (CF/88, art. 150, § 7º).

A Lei Complementar nº 87/96, por sua vez, embora contenha algumas normas gerais atinentes ao tema, faculta à legislação estadual a maior parte das disposições referentes à substituição tributária, conforme podemos perceber pela análise dos dispositivos abaixo colacionados:

---

65. STJ, AgRg no Ag 1.365.535-MG, Rel. originário Min. Benedito Gonçalves, Rel. para acórdão Min. Napoleão Nunes Maia Filho, julgado em 7/2/2012.

> ***LC 87/96: Art. 6º*** *Lei estadual poderá atribuir a contribuinte do imposto ou a depositário a qualquer título a responsabilidade pelo seu pagamento, hipótese em que assumirá a condição de substituto tributário. (Redação dada pela Lcp 114, de 16.12.2002)*
>
> ***§ 1º*** *A responsabilidade poderá ser atribuída em relação ao imposto incidente sobre uma ou mais operações ou prestações, sejam antecedentes, concomitantes ou subsequentes, inclusive ao valor decorrente da diferença entre alíquotas interna e interestadual nas operações e prestações que destinem bens e serviços a consumidor final localizado em outro Estado, que seja contribuinte do imposto.*
>
> ***§ 2º*** *A atribuição de responsabilidade dar-se-á em relação a mercadorias, bens ou serviços previstos em lei de cada Estado. (Redação dada pela Lcp 114, de 16.12.2002)*
>
> ***Art. 7º*** *Para efeito de exigência do imposto por substituição tributária, inclui-se, também, como fato gerador do imposto, a entrada de mercadoria ou bem no estabelecimento do adquirente ou em outro por ele indicado.*

Qualquer regime de substituição, portanto, **depende de lei em sentido estrito**, não podendo os Estados e o Distrito Federal criar regime de substituição por meio de simples Decreto.

O regime de substituição tributária aplicável ao ICMS justifica-se por uma série de fatores, a maioria deles ligados à fiscalização e à arrecadação do imposto. Dentre tais fatores, merecem destaque: "*a) a **impossibilidade prática de**, em muitos casos (produtores agropecuários, pequenos bares, postos de gasolina etc.), **atingir-se diretamente o contribuinte** (o realizador do fato imponível); e b) **imprescindibilidade de maior eficiência na arrecadação***[66]." Em outras palavras, o regime de substituição tem por objetivo permitir a diminuição da "*máquina-fiscal e da evasão fiscal a dimensões mínimas, propiciando, portanto, maior comodidade, economia, eficiência e celeridade às atividades de tributação e arrecadação*[67]".

Assim, é muito mais fácil e econômico para o Estado, por exemplo, exigir das indústrias fabricantes de borracha o tributo incidente sobre as operações de venda de látex por seringueiros do que realizar a fiscalização junto a uma infinidade de trabalhadores localizados nos mais diversos e recônditos pontos da floresta. Imagine-se a quantidade de auditores fiscais necessária para o desempenho de tal mister. Muito embora o seringueiro seja o realizador do fato imponível – venda habitual da mercadoria –, a lei, considerando tanto as dificuldades práticas de atingir o contribuinte quanto a necessidade de reduzir os custos arrecadatórios, confere ao industrial a responsabilidade pelo recolhimento do tributo.

A substituição tributária pode ocorrer de 2 (duas) formas distintas: a) para trás e; b) para frente.

---

66. CARRAZZA, Roque Antonio. *ICMS*. 10. ed. São Paulo: Malheiros, 2005, p. 83.
67. STF, ADI 1851, Pleno, julgado em 08/05/2002.

Falamos em **substituição para trás, ou regressiva**, quando o responsável pelo pagamento do tributo substitui as pessoas que tenham realizado, em momento anterior da cadeia econômica, o fato imponível. Em outras palavras, haverá substituição regressiva sempre que o substituto pagar imposto referente a operações já ocorridas. O instituto é conhecido também por parte da doutrina pelo nome de **diferimento**. Caso clássico de substituição tributária regressiva é o do exemplo citado acima, em que a indústria de borracha – substituta tributária – fica responsável pelo recolhimento do tributo devido pelos seringueiros – substituídos.

Falamos em **substituição para frente, ou progressiva**, quando o responsável pelo recolhimento do tributo faz o pagamento do ICMS alusivo a uma operação que ainda está por vir. Aqui, o substituído está à frente na cadeia econômica de circulação da mercadoria.

A **substituição pra frente** é **comum nas operações que envolvem combustíveis derivados do petróleo**, como será mais detidamente analisado em tópico próprio. Nessas operações, por expressa previsão legal – autorizada pela Constituição – o recolhimento do tributo incidente sobre toda a cadeia é feito pela Refinaria (ICMS Monofásico). Assim, distribuidoras e postos de gasolina são substituídos no dever de pagar o ICMS. Nos termos da Constituição, fica *assegurada a imediata e preferencial restituição da quantia paga, caso não se realize o fato gerador presumido* (CF/88, art. 150, § 7º).

A doutrina costuma fazer severas críticas ao regime de substituição tributária progressiva.

Afirma-se, dentre outras coisas, que: a) não há vinculação da cobrança do imposto ao fato gerador da obrigação; b) o fato gerador presumido não reflete o real valor da operação; c) à época do recolhimento, o sujeito substituído era inexistente; d) a prática implica violação aos princípios constitucionais da segurança jurídica e da vedação ao confisco e; e) as dificuldades para reaver o valor pago, em caso de não realização do fato gerador, podem tornar o instituto ainda mais injusto[68].

A jurisprudência, no entanto, não tem acolhido os argumentos supracitados. Tanto o **Supremo Tribunal Federal quanto o Superior Tribunal de Justiça vêm julgando válidas leis instituidoras de regimes de substituição tributária progressiva**. O posicionamento é pacífico e antecede a Emenda Constitucional nº 03, de 17 de março de 1993, que alterou a redação do art. 150 e parágrafos da Constituição.

Confira-se:

> *STF: "O regime de substituição tributária, referente ao ICM, já se achava previsto no Decreto-Lei nº 406/68 (art. 128 do CTN e art. 6º, §§ 3º e 4º, do mencionado decreto-lei), normas recebidas pela Carta de 1988, não se podendo falar, nesse ponto, em omissão legislativa capaz de autorizar o exercício, pelos Estados, por meio do Convênio ICM nº 66/88, da competência prevista no art. 34, § 8º, do ADCT/88. Essa circunstância, entretanto, não inviabiliza o instituto que, relativamente a*

68. CARRAZZA, Roque Antonio. *ICMS*. 10. ed. São Paulo: Malheiros, 2005. pp. 263 e seguintes.

> *veículos novos, foi instituído pela Lei paulista nº 6.374/89 (dispositivos indicados) e pelo Convênio ICMS nº 107/89, destinado não a suprir omissão legislativa, mas a atender à exigência prevista no art. 6º, § 4º, do referido Decreto-Lei nº 406/68, em face da diversidade de estados aos quais o referido regime foi estendido, no que concerne aos mencionados bens. A responsabilidade, como substituto, no caso, foi imposta, por lei, como medida de política fiscal, autorizada pela Constituição, não havendo que se falar em exigência tributária despida de fato gerador. Acórdão que se afastou desse entendimento.[69]"*

Sobre o tema, também o STJ tem se manifestado "pela validade da sistemática da substituição tributária para frente, no que se refere ao ICMS incidente sobre a venda de produtos médico-hospitalares para hospitais e congêneres, ressalvado, no entanto, o direito à restituição na hipótese de o fato gerador presumido não ocorrer[70]".

Mencionemos, por fim, que *a adoção do regime de substituição tributária em operações interestaduais dependerá de acordo específico celebrado pelos Estados interessados* (LC 87/96, art. 9º, *caput)*. Em regra, o regime de substituição não se aplica às operações interestaduais.

5.2.2.1. Substituição tributária progressiva e repetição do indébito

No regime de substituição tributária para frente, durante muito tempo, prevaleceu o entendimento segundo o qual **o direito à restituição** do tributo só seria possível quando **o fato gerador efetivamente não viesse a se concretizar**. Consequentemente, efetivando-se a operação final em valor inferior ou superior ao do fato gerador presumido, não existiria direito a reembolso (pelo contribuinte) ou complementação (pelo Fisco).

O tema, incluindo suas exceções, foi tratado de maneira bastante didática pelo Supremo Tribunal Federal na Ação Direta de Inconstitucionalidade nº 1.851, julgada em 08 de maio de 2002, senão vejamos:

> *"Convênio que objetivou prevenir guerra fiscal resultante de eventual concessão do benefício tributário representado pela restituição do ICMS cobrado a maior quando a operação final for de valor inferior ao do fato gerador presumido. Irrelevante que não tenha sido subscrito por todos os Estados, se não se cuida de concessão de benefício (LC 24/75, art. 2º, INC. 2º). Impossibilidade de exame, nesta ação, do decreto, que tem natureza regulamentar. A EC nº 03/93, ao introduzir no art. 150 da CF/88 o § 7º, aperfeiçoou o instituto, já previsto em nosso sistema jurídico-tributário, ao delinear a figura do fato gerador presumido e ao estabelecer a garantia de reembolso preferencial e imediato do tributo pago quando não verificado o mesmo fato a final. A circunstância de ser presumido o fato gerador não constitui óbice à exigência antecipada do tributo, dado tratar-se de sistema*

69. STF, RE 213396, Relator(a): Min. ILMAR GALVÃO, Tribunal Pleno, julgado em 02/08/1999, DJ 01-12-2000.
70. STJ, AgRg no REsp 1278200/MG, Primeira Turma, julgado em 02/02/2012.

> *instituído pela própria Constituição, encontrando-se regulamentado por lei complementar que, para definir-lhe a base de cálculo, se valeu de critério de estimativa que a aproxima o mais possível da realidade. A lei complementar, por igual, definiu o aspecto temporal do fato gerador presumido como sendo a saída da mercadoria do estabelecimento do contribuinte substituto, não deixando margem para cogitar-se de momento diverso, no futuro, na conformidade, aliás, do previsto no art. 114 do CTN, que tem o fato gerador da obrigação principal como a situação definida em lei como necessária e suficiente à sua ocorrência. O fato gerador presumido, por isso mesmo, não é provisório, mas definitivo, não dando ensejo a restituição ou complementação do imposto pago, senão, no primeiro caso, na hipótese de sua não-realização final. Admitir o contrário valeria por despojar-se o instituto das vantagens que determinaram a sua concepção e adoção, como a redução, a um só tempo, da máquina-fiscal e da evasão fiscal a dimensões mínimas, propiciando, portanto, maior comodidade, economia, eficiência e celeridade às atividades de tributação e arrecadação. Ação conhecida apenas em parte e, nessa parte, julgada improcedente.[71]"*

Conforme visto, visando à solução das numerosas controvérsias decorrentes da omissão supracitada (hipóteses em que a operação venha a se realizar em **valor inferior** ao declarado pela empresa substituta tributária), diversos Estados da Federação celebraram o Convênio ICMS nº 13/97[72], cuja Cláusula Segunda estabelece que "**Não caberá a restituição ou cobrança complementar** do ICMS quando a operação ou prestação subsequente à cobrança do imposto, sob a modalidade da substituição tributária, se realizar com valor inferior ou superior àquele estabelecido com base no artigo 8º da Lei Complementar 87, de 13 de setembro de 1996".

Após a celebração do Convênio ICMS nº 13/97, o STF pacificou o entendimento segundo o qual **só haveria direito à restituição ou cobrança complementar** do ICMS **pago a maior** ou menor nos casos de substituição tributária quando a operação fosse tributada por **Estado não signatário do referido convênio**; nos demais casos, não caberia a restituição.

Recentemente, contudo, após reconhecer a Repercussão Geral da matéria, o STF alterou seu entendimento, para reconhecer que **é devida a restituição da diferença do ICMS pago a maior**, no regime de substituição tributária para a frente, **se a base de cálculo efetiva da operação for inferior à presumida**. Na oportunidade, optou-se pela modulação dos efeitos da decisão, de forma a não atingir operações anteriores à publicação do julgado.

71. STF, ADI 1851, Pleno, julgado em 08/05/2002.

72. São signatário do Convênio os seguintes Entes: Acre, Alagoas, Amapá, Amazonas, Bahia, Ceará, Espírito Santo, Goiás, Maranhão, Mato Grosso, Mato Grosso do Sul, Minas Gerais, Pará, Paraíba, Piauí, Rio de Janeiro, Rio Grande do Norte, Rio Grande do Sul, Rondônia, Roraima, Sergipe, Tocantins e do Distrito Federal.

A leitura cuidadosa de trecho do Informativo de Jurisprudência[73] abaixo colacionado é indispensável à compreensão do fenômeno da substituição tributária para frente; confira-se:

STF:

–"(...) *A Corte afirmou que a substituição tributária, prevista no art. 150, § 7º, da Constituição Federal, tem como fundamento o* **princípio da praticidade**. *Desse modo, promove comodidade, economicidade e eficiência na execução administrativa das leis tributárias.*

Ponderou, entretanto, que **o princípio da praticidade tributária também encontra freio nos princípios da igualdade, capacidade contributiva e vedação do confisco, bem como na arquitetura de neutralidade fiscal do ICMS**. *Por conseguinte, é papel institucional do Poder Judiciário tutelar situações individuais que extrapolem o limite da razoabilidade.*

Deve-se, portanto, interpretar aquele dispositivo constitucional em consonância com o significado jurídico-político do Estatuto Constitucional dos Contribuintes, tal como instituído pela Seção "Das Limitações do Poder de Tributar" da Constituição Federal. Noutras palavras, na qualidade de invenção humana voltada a discriminar o público do privado e redistribuir renda e patrimônio, a tributação não pode transformar uma ficção jurídica em uma presunção "juris et de jure", tal como ocorreria se o fato gerador presumido tivesse caráter definitivo, logo alheio à narrativa extraída da realidade do processo econômico. O Plenário observou, ainda, **não haver autorização constitucional para cobrar mais do que resultaria da aplicação direta da alíquota sobre a base de cálculo existente na ocorrência do fato gerador**. *Assim, uma interpretação restritiva do § 7º do art. 150 da Constituição, com o objetivo de legitimar a não restituição do excesso, representaria injustiça fiscal inaceitável em um Estado Democrático de Direito, fundado em legítimas expectativas emanadas de uma relação de confiança e justeza entre Fisco e contribuinte*. **Desse modo, a restituição do excesso atende ao princípio que veda o enriquecimento sem causa, haja vista a não ocorrência da materialidade presumida do tributo.**

(...).

Por fim, **o Plenário, por maioria, modulou os efeitos do julgamento**. *Dessa forma, esse precedente poderá orientar todos os litígios judiciais pendentes submetidos à sistemática da repercussão geral e os casos futuros oriundos de antecipação do pagamento de fato gerador presumido, tendo em conta o necessário realinhamento das administrações fazendárias dos Estados-membros e de todo o sistema judicial. No entanto, em vista do interesse social e da segurança jurídica, decidiu que se preservem as situações passadas que transitaram em julgado ou que nem sequer foram judicializadas. Vencido, quanto à modulação, o Ministro Marco Aurélio*[74]*."*

---

73. Até a conclusão da presente edição, ainda não havia sido publicado o acórdão em comento.

74. STF, RE 593849/MG, rel. min. Edson Fachin, 19.10.2016. (INFORMATIVO N. 843)

O julgado em comento não trata da situação em que a base de cálculo efetiva da operação é superior à presumida. A nosso sentir, contudo, admite-se concluir que, em tal hipótese, assiste à Fazenda Pública o direito à complementação do tributo pago a menor pelo sujeito passivo.

5.2.2.2. Substituição tributária nas operações com energia elétrica

Como visto anteriormente, nas operações relativas à circulação de energia elétrica, bem móvel para os fins legais, costuma-se conferir à concessionária local de energia a função de substituta tributária (substituição para trás) do ICMS devido nas operações anteriores da cadeia econômica da energia (Geração e transmissão).

Sobre o assunto, confira-se o que diz o art. 34, § 9º, do Ato das Disposições Constitucionais Transitórias da Constituição de 1988:

> *"**Art. 34.** O sistema tributário nacional entrará em vigor a partir do primeiro dia do quinto mês seguinte ao da promulgação da Constituição, mantido, até então, o da Constituição de 1967, com a redação dada pela Emenda nº 1, de 1969, e pelas posteriores.*
>
> *§ 9º Até que lei complementar disponha sobre a matéria, **as empresas distribuidoras de energia elétrica, na condição de contribuintes ou de substitutos tributários, serão as responsáveis**, por ocasião da saída do produto de seus estabelecimentos, ainda que destinado a outra unidade da Federação, **pelo pagamento do imposto sobre operações relativas à circulação de mercadorias incidente sobre energia elétrica, desde a produção ou importação até a última operação**, calculado o imposto sobre o preço então praticado na operação final e assegurado seu recolhimento ao Estado ou ao Distrito Federal, conforme o local onde deva ocorrer essa operação."*

A matéria encontra regramento no art. 9º, § 1º, inciso II, da Lei Kandir; confira-se:

> ***LC n. 87/96:***
>
> ***Art. 9º** A adoção do regime de substituição tributária em operações interestaduais dependerá de acordo específico celebrado pelos Estados interessados.*
>
> *§ 1º A responsabilidade a que se refere o art. 6º poderá ser atribuída:*
>
> *(...)*
>
> *II - às **empresas geradoras ou distribuidoras de energia elétrica**, nas operações internas e interestaduais, na condição de contribuinte ou de substituto tributário, pelo pagamento do imposto, **desde a produção ou importação até a última operação, sendo seu cálculo efetuado sobre o preço praticado na operação final**, assegurado seu recolhimento ao Estado onde deva ocorrer essa operação.*

Obviamente, a lei de cada ente federativo é que estabelecerá a empresa responsável pelo recolhimento do tributo.

Escolhe-se, em regra, a última empresa integrante da cadeia econômica para figurar na condição de responsável. Isso se dá em razão do fato de que materialidade do

ICMS só se concretiza no momento do consumo da energia. Assim, é mais prudente que a concessionária, no momento do fornecimento ao consumidor final, recolha o tributo na condição de contribuinte e, concomitantemente, realize o pagamento referente às operações anteriores.

6. ASPECTO QUANTITATIVO

O aspecto quantitativo do ICMS é, sem dúvida, o mais complexo dos elementos da regra matriz de incidência do tributo em estudo. Não será possível chegar ao *quantum* devido apenas pela aplicação conjunta dos fatores base de cálculo e alíquota. São indispensáveis outros cálculos e outros elementos complicadores. Nas palavras de Sacha Calmon Navarro Coêlho, "*no caso do ICMS, além da base de cálculo, o modo de apurar o quantum debeatur final implica o princípio da não cumulatividade.*"[75]

6.1. Base de cálculo

Por expressa disposição constitucional, a base de cálculo do ICMS é o **valor da operação** relativa à circulação de mercadorias ou das prestações dos serviços de transporte e comunicação (CF/88, art. 155, II). Nos termos de doutrina mais autorizada, "*entende-se por valor da operação o montante efetivamente recebido pelo vendedor e mais outras despesas cobradas ou debitadas, que tenham relação com a operação, tais como descontos condicionais, seguros, fretes e outras.*[76]"

Nas operações de fornecimento simultâneo de bens e serviços não sujeitos à incidência do ISSQN municipal, a base de cálculo será o valor total do negócio, *compreendendo mercadoria e serviço* (LC 87/96, art. 13, II). No caso de ICMS incidente sobre a aquisição em licitação pública de mercadorias ou bens importados do exterior e apreendidos ou abandonados, a base de cálculo será *o valor da operação acrescido do valor dos impostos de importação e sobre produtos industrializados e de todas as despesas cobradas ou debitadas ao adquirente* (LC 87/96, art. 13, VII).

Importante salientar também que, nos termos do art. 155, § 2º, XI, da Constituição, o ICMS *não compreenderá, em sua base de cálculo,* ***o montante do imposto sobre produtos industrializados*** *quando a operação, realizada entre contribuintes e relativa a produto destinado à industrialização ou à comercialização, configure fato gerador dos dois impostos.* Caso um dos polos do negócio relativo à circulação de mercadorias seja não contribuinte, por sua vez, haverá inclusão do montante despendido a título de IPI na base de cálculo do ICMS.

A título de exemplo, a venda de componentes automobilísticos de uma indústria metalúrgica a uma montadora de automóveis será operação sujeita à incidência tanto do

75. COÊLHO, Sacha Calmon Navarro. *Curso de Direito Tributário Brasileiro.* 9. ed. Rio de Janeiro: Forense, 2007, p. 368.

76. KOCH. Deonísio. *Manual do ICMS – teoria e prática.* 3. ed. Curitiba: Juruá, 2012, p. 253

ICMS quanto do IPI. Aqui, no entanto, o montante pago pelo IPI não estará presente na base de cálculo do ICMS.

Integrarão ainda a base de cálculo do imposto, conforme exposto anteriormente, **outras despesas cobradas ou debitadas**, relacionadas à operação de circulação de mercadoria, como o *valor correspondente a seguros, juros e demais importâncias pagas, recebidas ou debitadas, bem como descontos concedidos sob condição* (LC 87/96, art. 13, § 1º, "a"). Da mesma forma, fará parte da base de cálculo o montante despendido a título de frete, *caso o transporte seja efetuado pelo próprio remetente ou por sua conta e ordem e seja cobrado em separado* (LC 87/96, art. 13, § 1º, "b").

A título de exemplo, compõem a base de cálculo do ICMS até mesmo as **despesas para aquisição de selo para controle do IPI**. Nos termos da jurisprudência do STJ, *"o custo com a aquisição dos selos de controle de IPI, portanto, integra o preço final da mercadoria comercializada e, dessa forma, está compreendido no 'valor da operação', que vem a ser a base de cálculo do ICMS, nos termos do art. 13, § 1º, da LC 87/96*[77] *"*.

Segundo entendimento recente do STJ, *"O valor pago pelo consumidor final ao comerciante a título de "seguro de garantia estendida" não integra a base de cálculo do ICMS incidente sobre a operação de compra e venda da mercadoria."*[78]

Vejamos agora os casos mais controvertidos relacionados à base de cálculo do ICMS.

6.1.1. ICMS "por dentro"

Dispõe nossa *Lex Suprema* caber *à lei complementar fixar a base de cálculo, de modo que o montante do imposto a integre, também na importação do exterior de bem, mercadoria ou serviço* (CF/88, art. 155, § 2º, XII, "i").

Faz menção o dispositivo à **cobrança "por dentro" do ICMS**, ou simplesmente "ICMS por dentro", modalidade esta que, a partir da Emenda Constitucional nº 33/2001 passou a ser expressamente admitida para os casos de ICMS sobre importações.

Um exemplo pode ajudar o estudante a compreender o funcionamento da técnica de cálculo do ICMS "por dentro".

Imagine-se uma operação de compra e venda de determinado bem realizada entre uma indústria e um estabelecimento atacadista pelo valor de R$ 100,00, a uma alíquota de 17%, já computados no preço o lucro do vendedor e as despesas com seguro e frete. Caso o cálculo do tributo fosse feito na modalidade convencional, ou "por fora", como ocorre no cálculo do IPI, teríamos o montante a ser pago a título de ICMS de R$ 17,00:

ICMS = 100 x 17% = R$ 17,00.

77. STJ, REsp 732.617/MG, Primeira Turma, julgado em 14/04/2009.

78. STJ, REsp 1.346.749-MG, Rel. Min. Benedito Gonçalves, julgado em 10/2/2015, DJe 4/3/2015.

Utilizando-se a técnica de cálculo "por dentro", no entanto, também o ICMS passa a integrar o preço da operação.

Dessa forma, utilizando o exemplo acima, temos que R$ 100,00 equivale a apenas 83% da base de cálculo (R$ 100,00 – 17%), e que 100% da referida BC (Base de Cálculo Efetiva) equivale a R$ 120,48. O tributo devido na operação, por sua vez, será de R$ 20,48 (R$ 120,48 X 17%). O cálculo, como se pode perceber, não passa de mera "regra de três:

83% → R$ 100

17% → X (R$ 20,48)

100% → BC Efetiva (R$ 120,48)

ICMS devido = 17% X R$ 120,48 = R$ 20,48.

Como os R$ 100,00 (valor do bem) correspondem, na verdade, a apenas 83% da base de cálculo efetiva, no caso de ICMS por dentro, temos clara majoração do imposto, daí porque tantas críticas por parte da doutrina.

A **justificativa** da técnica do cálculo do ICMS por dentro é a **facilitação do acesso do consumidor ao montante pago a título do tributo**, já que o mencionado valor deveria vir destacado na nota fiscal.

O Supremo Tribunal Federal e o Superior Tribunal de Justiça já se manifestaram diversas vezes sobre o assunto, todas elas de maneira favorável à forma de cálculo supracitada, inclusive nos casos de substituição tributária, conforme fazem prova os arestos abaixo colacionados:

> *"A Suprema Corte já firmou o entendimento de que é constitucional a base de cálculo do ICMS corresponder ao valor da operação somado ao próprio tributo. Precedentes. Agravo regimental a que se nega provimento."*[79]
>
> *"...Ora, **o ICMS-Substituição Tributária (ICMS-ST) não é um tributo diferente do ICMS 'comum'**, mas um regime ou sistema utilizado com o objetivo de simplificar a tributação, facilitando a fiscalização e diminuindo os ônus administrativos para os próprios contribuintes, considerando que concentra em apenas um deles, de regra o mais capacitado do ponto de vista organizacional para o recolhimento do imposto e todas as obrigações acessórias correspondentes a várias etapas de circulação da mercadoria. **A base de cálculo do ICMS não sofre qualquer modificação quando se trata de arrecadação mediante substituição tributária.** Nessa toada, ainda que não haja referência expressa quanto à inclusão do ICMS em sua base de cálculo na modalidade substituição, não se pode extrair desse fato interpretação*

79. STF, AI 413753 AgR, Primeira Turma, julgado em 21/09/2004. Nesse sentido, confira-se: STF, RE 582.461, Pleno, julgado em 18/05/2011, REPERCUSSÃO GERAL; STF, RE 236409 AgR, Segunda Turma, julgado em 10/10/2000; STF, RE 212209, Pleno, julgado em 23/06/1999.

diversa daquela prevista no art. 13 da LC n. 87/1996, que ao estabelecer regra geral, não foi excluída pelo art. 8º (que regulamenta a substituição tributária) da mesma lei[80]."

O mesmo STF vem decidindo também que a cobrança do ICMS na modalidade "por dentro" não ofende o princípio da não cumulatividade, a ser estudado adiante[81].

6.1.2. Descontos condicionados e incondicionados e bonificações

Dispõe a Lei Complementar nº 87/96 que a base de cálculo do imposto é integrada também pelos **descontos concedidos sob condição** (LC 87/96, art. 13, § 1º, II, a) a ser cumprida pelo consumidor, ou seja, descontos concedidos em virtude de eventos futuros e incertos.

São exemplos de **descontos condicionados** aqueles concedidos para clientes que aderirem ao plano de financiamento oferecido por empresa do mesmo grupo da empresa comerciante, assim como aqueles descontos concedidos aos clientes que efetuarem o pagamento do negócio antes do prazo combinado.

Aqui, importante observar que a **subvenção econômica** paga pelo Governo Federal às empresas concessionárias de energia elétrica para fins de redução da tarifa cobrada de consumidores de baixa renda **não configura isenção tributária**, devendo seu valor **integrar a base de cálculo do ICMS**. A relação contratual entre a União e as concessionárias não acarreta qualquer alteração na relação tributária entre os Estados e as referidas pessoas jurídicas. Segundo o Superior Tribunal de Justiça, "**o caso amolda-se à hipótese prevista na alínea 'a' do inciso II do § 1º do art. 13 da LC n. 87/1996, de modo que o ICMS possui como base de cálculo o valor total da operação, ainda que exista no caso desconto concedido sob condição**[82]**.**"

Diferente será o caso dos chamados **descontos incondicionados**, ou seja, descontos concedidos independentemente do cumprimento de qualquer condição. Aqui, referidos valores não integrarão a base de cálculo do ICMS pelo simples fato de não fazerem parte do valor da operação da qual decorre a saída da mercadoria[83].

Trata-se da modalidade de uso mais frequente, "*na qual o vendedor fixa um preço de partida, por vezes uma mera ilusão de preço, para, em seguida, definir o preço real da venda, atribuindo a diferença a qualidade de desconto.*[84]" São exemplo de descontos promocionais os descontos para pagamento à vista ou quaisquer outros descontos cuja efetivação não fique a depender de evento futuro e incerto.

80. STJ, REsp 1.454.184-MG, Rel. Min. Mauro Campbell Marques, julgado em 5/5/2016, DJe 9/6/2016.
81. STF, AI 397743 AgR, Segunda Turma, julgado em 14/12/2004.
82. STJ, REsp 1.286.705-SP, Rel. Min. Humberto Martins, julgado em 15/12/2015, DJe 12/2/2016 (INFO. 576).
83. STJ, EREsp 508057/SP, Primeira Seção, julgado em 18/10/2004.
84. KOCH, Deonísio. *Manual do ICMS*. 3. ed. Curitiba: Juruá, 2012, p. 263.

Também não integrarão a base de cálculo outros elementos estranhos à operação mercantil realizada, como, por exemplo, o valor intrínseco dos bens entregues por fabricante à empresa atacadista a título de bonificação, ou seja, sem a efetiva cobrança de um preço sobre os mesmos bens. Segundo o STJ, "*revela contraditio in terminis ostentar a Lei Complementar que a base de cálculo do imposto é o valor da operação da qual decorre a saída da mercadoria e a um só tempo fazer integrar ao preço os descontos incondicionais ou bonificações*[85]".

O posicionamento dos Tribunais acerca do tema já se encontra sumulado na jurisprudência do STJ. Confira-se:

> **SÚMULA nº 459** *DO STJ: "Os descontos incondicionais nas operações mercantis não se incluem na base de cálculo do ICMS".*

O quadro abaixo resume o exposto:

Base de Cálculo do ICMS em caso de Concessão de Descontos e Bonificações	
• Descontos Incondicionados e Bonificações	• Descontos Condicionados
• Não integram a base de cálculo do ICMS	• Integram a base de cálculo do ICMS
• Ex.: Pagamento à vista, bônus de mercadorias	• Ex.: Pagamento antecipado e financiamento em empresa parceira da empresa vendedora

6.1.3. Base de cálculo, substituição tributária e pauta fiscal

Em alguns casos, sobretudo naqueles de substituição tributária, revela-se extremamente difícil a realização do cálculo do montante a ser pago a título de ICMS. Isso se dá em virtude de não se saber precisamente, no momento do recolhimento do tributo, o valor da operação tributada (base de cálculo do ICMS).

Assim, exemplificativamente, no momento em que a refinaria de petróleo recolhe o tributo referente às operações realizadas por distribuidoras de combustíveis e postos de gasolina não se sabe ainda exatamente o valor de cada uma das operações posteriores – até mesmo porque ainda não realizadas.

A fim de facilitar o trabalho dos contribuintes e substitutos tributários, a Lei Complementar nº 87/96 fornece **alguns subsídios para fixação do preço** de determinadas operações.

A título de exemplo, prescreve a lei que, em se tratando *de mercadoria ou serviço cujo preço final a consumidor, único ou máximo, seja fixado por órgão público competente, a base de cálculo do imposto, para fins de substituição tributária, é o referido preço por ele estabelecido* (LC 87/96, art. 8º, § 2º). Estabelece o mesmo diploma normativo também que *existindo preço final a consumidor sugerido pelo fabricante ou importador, poderá a lei* – ordinária

85. STJ, REsp 688.393/RJ, Primeira Turma, julgado em 17/10/2006.

estadual – *estabelecer como base de cálculo este preço* (LC 87/96, art. 8º, § 3º). Admite-se até mesmo que se considere como base de cálculo em relação às operações ou prestações subsequentes o **preço a consumidor final usualmente praticado no mercado, considerado em condições de livre concorrência** (LC 87/96, art. 8º, § 6º).

Nos casos de omissão ou má-fé dos sujeitos passivos da obrigação tributária quando das declarações fornecidas às autoridades fiscais, assim dispõe o Código Tributário Nacional:

> *CTN: Art. 148. Quando o cálculo do tributo tenha por base, ou tome em consideração, o valor ou o preço de bens, direitos, serviços ou atos jurídicos, a autoridade lançadora, mediante processo regular, arbitrará aquele valor ou preço, sempre que sejam omissos ou não mereçam fé as declarações ou os esclarecimentos prestados, ou os documentos expedidos pelo sujeito passivo ou pelo terceiro legalmente obrigado, ressalvada, em caso de contestação, avaliação contraditória, administrativa ou judicial.*

O que não se admite de maneira alguma é a fixação prévia de valores por parte da Administração Pública sem levar em consideração as peculiaridades atinentes a cada caso, regime conhecido pela alcunha de **Pauta Fiscal**. Aqui, não são levados em consideração os indicativos de preços anteriormente mencionados, presentes na Lei Complementar nº 87/96 e nas leis estaduais instituidoras do ICMS, procedendo o ente estatal de maneira arbitrária e desarrazoada.

No mesmo sentido, confira-se:

> **SÚMULA nº 431** *DO STJ:*
>
> *"É ilegal a cobrança do ICMS com base no valor da mercadoria submetido ao regime de pauta fiscal".*

O que o estudante deve ter em mente é que, desde que amparada nos critérios legalmente estabelecidos, poderá a Administração Pública estabelecer de maneira antecipada os valores de operações ainda não ocorridas. Nesse caso, a jurisprudência tem utilizado a expressão *"referência fiscal"* – em contraposição ao termo *"pauta fiscal"*[86].

Sobre o tema, confira-se o didático julgado abaixo colacionado, da lavra do Superior Tribunal de Justiça:

> ***"A cobrança de ICMS com base em regime de pauta fiscal é ilegal,*** *a teor da Súmula 431/STJ, verbis: 'É ilegal a cobrança de ICMS com base no valor da mercadoria submetido ao regime de pauta fiscal'. (...)* ***Há que se distinguir pauta fiscal, instrumento de arrecadação repudiado pela jurisprudência, e a fixação de valores presumidos de operações futuras, submetidas ao regime de substituição tributária amplamente aceita nos Tribunais.*** *(...). Na hipótese, o mecanismo de arrecadação adotado pelo Estado de Goiás não inova quanto à base de cálculo do ICMS, nem afronta a Súmula 431/STJ, pois, tanto o Decreto Estadual nº 6.721, de 21.2.2008, quanto o Código Tributário Estadual levaram em conta o valor da operação e o Índice de Valor*

86. STJ, RMS 33.756/MS, Segunda Turma, julgado em 27/09/2011.

> *Agregado – IVA. (...)* ***A mera alteração do critério de arbitramento não constitui pauta fiscal****, na medida que se encontra em sintonia com a sistemática de recolhimento por substituição tributária prevista na Lei Complementar nº 87/96 (Lei Kandir). (...) Inexistente ofensa a direito líquido e certo dos impetrantes, uma vez que não há direito adquirido a um determinado regime jurídico de recolhimento do ICMS. (RMS 29.702/GO, Rel. Min. Benedito Gonçalves, Primeira Turma, DJe 21/09/2009).[87]" (G.N)*

Mencione-se, por fim, que o **preço final a consumidor sugerido pelo próprio fabricante e divulgado em revistas especializadas** – a exemplo dos preços de automóveis constantes de revistas voltadas ao mercado consumidor do produto – pode figurar como base de cálculo do ICMS a ser pago pelo contribuinte sujeito ao regime de substituição tributária[88].

6.1.4. Vendas a prazo e operações com cartões de crédito

Nas operações de **venda a prazo**, ou simplesmente vendas parceladas, a base de cálculo do ICMS será o **valor total do negócio**, constante da nota fiscal, de forma que, em havendo acréscimo ao preço final em contrapartida ao benefício de diferimento concedido pelo comerciante, haverá também incremento do valor devido a título de ICMS[89].

Na **venda a prazo propriamente dita**, importante salientar, não existe participação intermediadora de instituição financeira. Trata-se de negócio jurídico único.

Nesse sentido, assim prescreve o Enunciado de Súmula nº 395 da jurisprudência dominante do Superior Tribunal de Justiça:

> **SÚMULA nº 395** *DO STJ: "O ICMS incide sobre o valor da venda a prazo constante da nota fiscal".*

Situação diversa é a das operações de compra financiada de mercadorias, via de regra realizadas com o uso de **cartões de crédito**. Aqui, a rigor, o que existe entre comerciante e consumidor é uma operação de pagamento à vista, na qual o primeiro receberá o valor integral ainda que tenham acertado o parcelamento da dívida. Da nota fiscal não constará qualquer acréscimo de valor.

O fato é que a venda financiada *"depende de duas operações distintas para a efetiva 'saída da mercadoria' do estabelecimento (art. 2º do DL 406/68), quais sejam, uma compra e venda e outra de financiamento, em que há a intermediação de instituição financeira*[90]*"*.

---

87. STJ, RMS 31.526/GO, Segunda Turma, julgado em 03/05/2012.
88. STJ, RMS 24.172/SE, Primeira Turma, julgado em 10/08/2010.
89. Nesse sentido, confira-se: STJ, AgRg no Ag 1305819/DF, Segunda Turma, julgado em 24/08/2010; STJ, AgRg no REsp 489.226-MG, julgado em 21/5/2009; STF, AI 853737 AgR, Primeira Turma, julgado em 10/04/2012.
90. STJ, AgRg nos EDcl no Ag 1196539/SP, Primeira Turma, julgado em 03/08/2010, Recurso Repetitivo.

Aplica-se às vendas financiadas o enunciado de Súmula nº 237 do STJ:

> **SÚMULA nº 237** *DO STJ: "Nas operações com cartão de crédito, os encargos relativos ao financiamento não são considerados no cálculo do ICMS."*

Podemos resumir da seguinte forma a questão da base de cálculo do ICMS incidente sobre operações de compra e venda a prazo e financiadas:

Base de Cálculo nas Operações de Compra Financiada e a Prazo	
Vendas a prazo	**Vendas Financiadas (inclusive com cartão de crédito)**
• Acréscimo no valor da nota fiscal	• Não há acréscimo no valor da nota fiscal
• Não há intermediação de instituição financeira	• Há intermediação de instituição financeira
• ICMS incidirá sobre o valor acrescido	• ICMS incidirá sobre o preço final inalterado.

6.1.5. Operações com energia elétrica: demanda contratada x energia efetivamente utilizada

Em que pese controvérsia doutrinária e jurisprudencial inicial, nossos Tribunais pacificaram o entendimento segundo o qual o ICMS não incidirá sobre demanda de **potência contratada** nos casos em que não existir o efetivo consumo da mercadoria.

Sobre o tema, no Recurso Especial nº 960.476, julgado sob o rito dos recursos repetitivos (CPC, art. 543-C – NCPC art. 1036), a Primeira Seção do Superior Tribunal de Justiça deixou assentado que, "*levando-se em conta o fato gerador e não a política tarifária fixada pelo art. 2º, XII, da Res. ANEEL nº 456/2000, bem como por se tratar de mercadoria e não de um serviço, não há que se falar em incidência de ICMS no fornecimento de energia elétrica no caso de demanda contratada, mas apenas sobre o consumo, a ser calculado tomando-se por base a demanda da potência elétrica com efeito utilizada*"[91].

Ainda sobre o assunto, editou o egrégio STJ o enunciado de Súmula nº 391, cujo conhecimento reputamos imprescindível:

> **SÚMULA nº 391** *DO STJ: "O ICMS incide sobre o valor da tarifa de energia elétrica correspondente à demanda de potência efetivamente utilizada."*

Raciocínio semelhante ao exposto acima foi utilizado pelo Superior Tribunal de Justiça quando do julgamento do Recurso Especial nº 1.306.356, realizado em 28/08/2012. Na oportunidade, asseverou-se mais uma vez que a produção e a distribuição de energia elétrica, por si sós, não configurariam fato gerador do ICMS, e que o antecedente normativo só se aperfeiçoaria, dando ensejo à obrigação tributária, com o consumo da energia gerada e transmitida. Com base nisso, concluiu-se que, em casos de **furto de energia**

91. STJ, REsp 960.476-SC, Primeira Seção, julgado em 11/3/2009.

elétrica ou mesmo "**vazamentos**" no sistema, não haveria que se falar na incidência do imposto. Ausente a operação não haveria também base de cálculo possível[92].

6.1.6. Tarifa de Uso do Sistema de Distribuição - TUSD e Tarifa de Uso do Sistema de Transmissão - TUST de Energia Elétrica

Para o cálculo do ICMS incidente sobre as operações de circulação onerosa de energia elétrica – considerada bem móvel por força da norma contida no art. 83, inciso I, do Código Civil de 2002 - devem ser somados todos os custos que integram a cadeia econômica de circulação da energia, desde sua geração, na usina hidrelétrica, até o consumo da mercadoria, momento a partir do qual se considera concluída a operação.

Entre a geração da energia e o consumo, porém, atuam empresas responsáveis pela redução da (elevada) tensão da energia produzida pelas usinas, conhecidas como transmissoras e distribuidoras. Referidas empresas, contribuintes do ICMS, ressalte-se, têm a missão de disponibilizar o moderno aparato tecnológico (composto por grandes torres de transmissão e distribuição, além de cabos de alta tensão e outros componentes) indispensável ao fornecimento do produto final.

As tarifas – regulamentadas pela ANEEL - pagas pelas pessoas jurídicas fornecedoras de energia ao consumidor para remunerar a estrutura mencionada no parágrafo anterior, conhecidas como **Tarifa de Uso do Sistema de Transmissão** e **Tarifa de Uso do Sistema de Distribuição**, a nosso sentir, configuram "**custos de operação**", integrantes, portanto, da **base de cálculo do ICMS-Energia Elétrica.**

Assim mesmo, o Superior Tribunal de Justiça, em mais de uma oportunidade, deixou consignado que a TUSD e a TUST não integram a base de cálculo do tributo; confira-se:

> *"A tarifa cobrada pelo uso do sistema de distribuição, bem como a tarifa correspondente aos encargos de conexão **não se referem a pagamento decorrente do consumo de energia elétrica**, razão pela qual não integram a base de cálculo do ICMS."93*

> *"É firme a Jurisprudência desta Corte de Justiça no sentido de que não incide ICMS sobre as tarifas de **uso do sistema de distribuição de energia** elétrica, já que o fato gerador do imposto é a saída da mercadoria, ou seja, no momento em que a **energia** elétrica é efetivamente consumida pelo contribuinte, circunstância não consolidada na fase de **distribuição** e transmissão. **Incidência da Súmula 166 do STJ.**"[94]*

92. STJ, REsp 1306356/PA, Rel. Ministro CASTRO MEIRA, SEGUNDA TURMA, julgado em 28/08/2012, DJe 04/09/2012.

93. STJ, AgRg no REsp 1014552/MG, Rel. Ministro MAURO CAMPBELL MARQUES, SEGUNDA TURMA, julgado em 12/03/2013, DJe 18/03/2013.

94. STJ, AgRg no REsp 1075223/MG, Rel. Ministra ELIANA CALMON, SEGUNDA TURMA, julgado em 04/06/2013, DJe 11/06/2013.

Acontece que, desde o advento da chamada "desverticalização do setor de energia elétrica", determinada pela Lei 10.848 de 15 de março de 2004, momento em que a ANEEL vedou que uma mesma pessoa jurídica ocupasse mais de uma posição na cadeia econômica de circulação da energia, **não há mais como sustentar a tese de que a inclusão da TUSD e da TUST na base de cálculo do ICMS provocaria ofensa ao enunciado n. 166 da Súmula do Superior Tribunal de Justiça,** segundo o qual "não constitui fato gerador do ICMS o simples deslocamento de mercadoria de um para outro estabelecimento do mesmo contribuinte".

Sendo as atividades de geração, transmissão, distribuição e fornecimento de energia desempenhadas necessariamente por pessoas jurídicas distintas, revela-se, a nosso ver, inafastável a incidência do imposto.

Não custa lembrar que a Constituição Federal contém norma expressa acerca da inclusão de todos os custos da cadeia econômica de circulação da energia elétrica na base de cálculo do tributo, senão vejamos:

> *"**ADCT-CF/88***
>
> ***Art. 34.** O sistema tributário nacional entrará em vigor a partir do primeiro dia do quinto mês seguinte ao da promulgação da Constituição, mantido, até então, o da Constituição de 1967, com a redação dada pela Emenda nº 1, de 1969, e pelas posteriores.*
>
> *§ 9º Até que lei complementar disponha sobre a matéria, **as empresas distribuidoras de energia elétrica, na condição de contribuintes ou de substitutos tributários**, serão as **responsáveis**, por ocasião da saída do produto de seus estabelecimentos, ainda que destinado a outra unidade da Federação, **pelo pagamento do imposto sobre operações relativas à circulação de mercadorias incidente sobre energia elétrica, desde a produção ou importação até a última operação**, calculado o imposto sobre o preço então praticado na operação final e assegurado seu recolhimento ao Estado ou ao Distrito Federal, conforme o local onde deva ocorrer essa operação."*

No mesmo sentido, assim dispõe a LC n. 87/96:

> ***LC n. 87/96:***
>
> ***Art. 9º** A adoção do regime de substituição tributária em operações interestaduais dependerá de acordo específico celebrado pelos Estados interessados.*
>
> *§ 1º A responsabilidade a que se refere o art. 6º poderá ser atribuída: (...)*
>
> *II - **às empresas geradoras ou distribuidoras de energia elétrica,** nas operações internas e interestaduais, na condição de contribuinte ou de substituto tributário, pelo pagamento do imposto, **desde a produção ou importação até a última operação, sendo seu cálculo efetuado sobre o preço praticado na operação final**, assegurado seu recolhimento ao Estado onde deva ocorrer essa operação.*

A exclusão de algum dos componentes conformadores do preço da operação da base de cálculo do ICMS, por caracterizar verdadeira hipótese de isenção tributária, só seria válida se fosse instituída mediante lei específica, ou seja, lei criada com o objetivo precípuo de reduzir o tributo (Constituição Federal, art. 150, §6º), ou mesmo Decreto Específico, precedido de Convênio aprovado de maneira unânime no âmbito do Conselho Nacional de Política Fazendária – CONFAZ (Constituição Federal, art. 155, §2º, XII, g c/c Lei Complementar n. 24/75, art. 2º, §2º). É dizer, não se admite a criação de isenções por decisões judiciais, uma vez que o poder de isentar é corolário do poder de tributar.

Levando em consideração argumentos similares aos apresentados acima, a **1ª Turma do Superior Tribunal de Justiça**, revisando seu entendimento sobre a controvérsia, manifestou-se pela **validade da inclusão da TUSD e da TUST na base de cálculo do ICMS**, como se pode perceber da leitura da ementa abaixo colacionada:

> *STJ:*
>
> *"TRIBUTÁRIO. ICMS. FORNECIMENTO DE ENERGIA ELÉTRICA. BASE DE CÁLCULO. TARIFA DE USO DO SISTEMA DE DISTRIBUIÇÃO (TUSD). INCLUSÃO.*
>
> *1. O ICMS incide sobre todo o processo de fornecimento de energia elétrica, tendo em vista a indissociabilidade das suas fases de geração, transmissão e distribuição, sendo que **o custo inerente a cada uma dessas etapas - entre elas a referente à Tarifa de Uso do Sistema de Distribuição (TUSD) - compõe o preço final da operação** e, consequentemente, a base de cálculo do imposto, nos termos do art. 13, I, da Lei Complementar n. 87/1996.*
>
> *2. A peculiar realidade física do fornecimento de energia elétrica revela que **a geração, a transmissão e a distribuição formam o conjunto dos elementos essenciais que compõem o aspecto material do fato gerador, integrando o preço total da operação mercantil, não podendo qualquer um deles ser decotado da sua base de cálculo**, sendo certo que a etapa de transmissão/distribuição não cuida de atividade meio, mas sim de atividade inerente ao próprio fornecimento de energia elétrica, sendo dele indissociável.*
>
> *3. **A abertura do mercado de energia elétrica, disciplinada pela Lei n. 9.074/1995 (que veio a segmentar o setor), não infirma a regra matriz de incidência do tributo, nem tampouco repercute na sua base de cálculo**, pois o referido diploma legal, de cunho eminentemente administrativo e concorrencial, apenas permite a atuação de mais de um agente econômico numa determinada fase do processo de circulação da energia elétrica (geração). A partir dessa norma, o que se tem, na realidade, é uma **mera divisão de tarefas** - de geração, transmissão e distribuição - entre os agentes econômicos responsáveis por cada uma dessas etapas, para a concretização do negócio jurídico tributável pelo ICMS, qual seja, o fornecimento de energia elétrica ao consumidor final.*
>
> *4. Por outro lado, o **mercado livre de energia elétrica está disponibilizado apenas para os grandes consumidores**, o que evidencia que **a exclusão do custo referente à transmissão/distribuição da base de***

> ***cálculo do ICMS representa uma vantagem econômica desarrazoada em relação às empresas menores*** *(consumidores cativos), que arcam com o tributo sobre o "preço cheio" constante de sua conta de energia, subvertendo-se, assim, os postulados da livre concorrência e da capacidade contributiva.*
>
> *5. Recurso especial desprovido*[95]*".*

A 1ª Seção do STJ, em seguida, em virtude de dissídio entre as 2 turmas que a integram, afetou a questão ao rito dos recursos repetitivos[96].

Sobre o tema, mencione-se, por fim, haver decisão do Supremo Tribunal Federal no sentido de que a controvérsia em comento apresenta natureza infraconstitucional[97].

6.2. Alíquota

Podemos encontrar **o regramento das alíquotas do ICMS no texto da Constituição, nas leis estaduais instituidoras do tributo e nos convênios do Conselho Nacional de Política Fazendária – CONFAZ**. A Lei Complementar nº 87/96 – Lei Kandir – pouco ou quase nada dispõe sobre o assunto.

É por meio da fixação racional de alíquotas pelo legislador estadual que se concretiza o **princípio constitucional tributário – específico do ICMS – da seletividade** (CF/88, art. 155, § 2º, III), segundo o qual o Imposto sobre Operações Relativas a Circulação de Mercadorias será menor quanto maior for a essencialidade da mercadoria. Dito de outra forma, graças ao princípio da essencialidade, de aplicação facultativa por Estados e Distrito Federal, as alíquotas do tributo serão inversamente proporcionais à sua essencialidade.

Com base no princípio da seletividade, poderão os Estados, por exemplo, fixar alíquotas elevadas (25%) para mercadorias supérfluas, como cigarros e bebidas alcoólicas, e estabelecer alíquotas reduzidas (12% ou 10%) para produtos de primeira necessidade, como alimentos e vestuário.

Recentemente, o Supremo Tribunal Federal reconheceu a **repercussão geral** da controvérsia relativa à constitucionalidade de norma estadual que fixa a **alíquota de 25% para o ICMS-Energia elétrica e para os serviços de telecomunicação**, em patamar, portanto, superior ao estabelecido para as operações em geral – 17%. Por não se tratar a energia de bem supérfluo, vai decidir o STF se a previsão de "**seletividade em função da essencialidade**", contida na Constituição, é efetivamente facultativa ou não.[98]

---

95. STF, REsp 1163020/RS, Rel. Ministro GURGEL DE FARIA, PRIMEIRA TURMA, julgado em 21/03/2017, DJe 27/03/2017.

96. STJ, ProAfR nos EREsp 1163020/RS, Rel. Ministro HERMAN BENJAMIN, PRIMEIRA SEÇÃO, julgado em 28/11/2017, DJe 15/12/2017.

97. RE 1041816 RG, Relator(a): Min. EDSON FACHIN, julgado em 04/08/2017, PROCESSO ELETRÔNICO DJe-180 DIVULG 16-08-2017 PUBLIC 17-08-2017.

98. STF, RE 714139 RG, Relator(a): Min. MARCO AURÉLIO, julgado em 12/06/2014, PUBLIC 26-09-2014.

Nos termos da Constituição de 1988, *resolução do Senado Federal, de iniciativa do Presidente da República ou de um terço dos Senadores, aprovada pela maioria absoluta de seus membros, estabelecerá as alíquotas aplicáveis às operações e prestações, interestaduais e de exportação* (CF/88, art. 155, § 2º, IV).

Após a alteração do Texto Supremo promovida pela Emenda Constitucional nº 43, de 19 de dezembro de 2003, as operações de exportação de mercadorias passaram a ficar imunes à incidência do ICMS, tornando-se inócua a parte final do supracitado art. 155, § 2º, IV.

No que diz respeito às **operações interestaduais**, afirme-se, desde já, que a **Resolução nº 22/89 do Senado Federal** fixou como regra geral a **alíquota de 12% (doze por cento).** Nas operações iniciadas nas regiões Sul e Sudeste do país com destino às regiões Norte, Nordeste e Centro-Oeste, no entanto, **a alíquota é de 7% (sete por cento)**, o que permite a redução das desigualdades regionais existentes no Brasil.

Ao Senado Federal será facultada ainda, mediante resolução, a fixação tanto **das alíquotas mínimas** quanto das **alíquotas máximas** aplicáveis às operações internas (CF/88, art. 155, § 2º, V, "a" e "b").

No primeiro caso – fixação de alíquotas mínimas – o percentual estabelecido pelo Senado não pode ser inferior, salvo deliberação de todos os Estados, mediante convênio do CONFAZ, do que aquele anteriormente previsto para as operações interestaduais (CF/88, art. 155, § 2º, VI), sob pena de a um só tempo desestimular as transações interestaduais e incentivar a guerra fiscal. Além disso, tal proceder poderia desnaturar o esquema de repartição de receitas estabelecido pela própria Constituição nos incisos VII e VIII do parágrafo segundo do art. 155.

As regras referentes à **repartição de receitas do ICMS nas operações interestaduais** (CF/88, art. 155, § 2º, incisos VII e VIII) – envolvendo contribuintes e não contribuintes do imposto – foram objeto de análise no item n. 5.1.1 deste capítulo, para onde remetemos o leitor.

Nas importações, realizadas tanto por pessoas físicas quanto por pessoas jurídicas, contribuintes habituais do ICMS ou não, a alíquota incidente sobre o valor da operação será a alíquota fixada pelo Estado em que domiciliado ou sediado o destinatário jurídico da mercadoria[99] (CF/88, art. 155, § 2º, IX, a).

Assim, caso um estabelecimento situado no Estado de São Paulo adquira, pela internet, mercadorias vendidas por pessoa jurídica sediada na Itália, a alíquota incidente sobre a operação será a fixada pelo Estado de São Paulo.

Mencione-se, por fim, que as **alíquotas do chamado ICMS Monofásico**, incidentes sobre combustíveis e lubrificantes[100], não terão seus limites fixados por resolução do Se-

99. A sujeição ativa do ICMS nos casos de operações de importação de bens foi estudada no item 5.1.2 supra.

100. O ICMS Monofásico, incidente sobre combustíveis e lubrificantes, será estudado à frente.

nado Federal, mas sim, *mediante deliberação dos Estados e Distrito Federal, nos termos do § 2º, XII, g, observando-se o seguinte: a) serão uniformes em todo o território nacional, podendo ser diferenciadas por produto; b) poderão ser específicas, por unidade de medida adotada, ou ad valorem, incidindo sobre o valor da operação ou sobre o preço que o produto ou seu similar alcançaria em uma venda em condições de livre concorrência; c) poderão ser reduzidas e restabelecidas, não se lhes aplicando o disposto no art. 150, III, b.*

6.2.1. Alíquota Específica nas Operações Interestaduais com Bens e Mercadorias Importados do Exterior: A Guerra dos Portos

Como veremos com mais vagar adiante, a Constituição Federal de 1988 exige participação conjunta dos Estados no momento da concessão de isenções e benefícios de natureza fiscal (CF/88, art. 155, § 2º, XII), tudo com o objetivo principal de **mitigar os efeitos da guerra fiscal** entre os diversos entes da Federação. Por ser o ICMS um tributo que, embora estadual, possui características marcadamente nacionais, a admissão de concessão unilateral de benefícios por determinado Estado seria extremamente lesiva aos interesses de todos os demais.

Assim mesmo, durante algum tempo, **alguns Estados da Federação**, com o objetivo de atrair novas atividades econômicas para seus territórios, **começaram a reduzir, sem autorização do CONFAZ, para 4% a alíquota do ICMS sobre os produtos importados** por empresas sediadas nos seus territórios. A legislação dos referidos entes admitia ainda que, no momento do envio das mercadorias a outras entidades da Federação, o contribuinte se creditasse pela "alíquota cheia" do imposto; prática conhecida pela alcunha de **"guerra dos portos"**.

As empresas beneficiadas, assim, ao pagar menos tributos, obtinham vantagens competitivas em relação àquelas localizadas nos Estados de destino.

Como o procedimento para impugnação de benefícios fiscais concedidos por outros Estados em violação ao disposto no art. 155, § 2º, XII, da CF/88 é extremamente moroso e, nos moldes da jurisprudência pacífica do Superior Tribunal de Justiça, demanda o ajuizamento de Ação Direita de Inconstitucionalidade, **várias empresas começaram a migrar** para os locais em que as alíquotas reduzidas eram concedidas.

Visando a acabar com a mencionada "guerra dos portos", o Senado Federal, no uso da atribuição que lhe confere o art. 155, § 2º, IV, da CF/88 – segundo o qual "resolução do Senado Federal, de iniciativa do Presidente da República ou de um terço dos Senadores, aprovada pela maioria absoluta de seus membros, estabelecerá as alíquotas aplicáveis às operações e prestações, interestaduais e de exportação" – aprovou a Resolução nº 13/2012, por meio da qual ficou estabelecida a **alíquota única de ICMS de 4% nas operações interestaduais** com bens e mercadorias importados do exterior, obedecidas determinadas condições.

A partir da promulgação da mencionada resolução, todos os Estados puderam voltar a competir em igualdade de condições para atrair empresas.

6.3. Não cumulatividade

A apuração do valor devido a título de ICMS depende não só dos fatores alíquota e base de cálculo, mas, principalmente, do regime de compensação de débitos e créditos estabelecido pela Constituição de 1988.

Estamos falando do **princípio constitucional da não cumulatividade**.

Sobre o assunto, dispõe o Texto Supremo que o ICMS *será não cumulativo, compensando-se o que for devido em cada operação relativa à circulação de mercadorias ou prestação de serviços com o montante cobrado nas anteriores pelo mesmo ou outro Estado ou pelo Distrito Federal* (CF/88, art. 155, § 2º, I).

O **objetivo** maior da não cumulatividade é **neutralizar os efeitos das múltiplas incidências tributárias**, de forma que, ao final do ciclo econômico de determinada mercadoria – desde a produção, passando por industriais, atacadistas e varejistas, até o consumidor – o tributo cobrado seja sempre equivalente, independentemente do número de operações[101].

Alguns exemplos podem facilitar a compreensão.

Pensemos, inicialmente, numa **Operação Interna A** de compra e venda de peças de vestuário num montante total de R$ 100,00 celebrada diretamente entre indústria têxtil e consumidor a uma alíquota de 17%.

Em seguida, imaginemos uma **Cadeia Econômica de Circulação B**, mais longa, das mesmas mercadorias, em que as peças de vestuários fossem vendidas da indústria para um lojista, por um valor de R$ 80,00, e, depois, deste para o consumidor final, pelo montante de R$ 100,00, aplicando-se a todas as operações a alíquota de 17%[102].

Na primeira situação, o montante recolhido a título de ICMS ao Estado em que realizada a operação pode ser facilmente calculado. Basta ao contribuinte (indústria) aplicar a alíquota de 17% sobre a base de cálculo fornecida (R$ 100,00) para chegar ao total de R$ 17,00:

- **Operação A**: O valor recolhido é igual a aplicação da alíquota sobre a base de cálculo (17% X R$ 100,00), ou seja, R$ 17,00.

Na segunda operação, graças ao princípio da não cumulatividade, ao final do ciclo econômico de circulação da mercadoria – da indústria até o consumidor final, passando pela empresa varejista – seriam recolhidos ao Estado os mesmos R$ 17,00 supracitados.

Aqui, quando da venda dos bens da indústria para a loja, a primeira recolheria ao Estado o montante de R$ 13,60 (17% x R$ 80,00). Na operação seguinte, por sua vez, a loja recolheria ao Poder Público, a título de ICMS o equivalente a 17% da operação (17% X R$

101. KALUME, Célio Lopes. *ICMS Didático*. Belo Horizonte, Del Rey, 2012, p. 20.

102. Para facilitar a compreensão, os exemplos apresentados não levam em conta as peculiaridades do cálculo "por dentro" do ICMS nem a prévia existência de créditos compensáveis de titularidade da indústria.

100 = R$ 17,00) menos os valores já creditados quando da aquisição (R$ 13,60), ou seja, R$ 3,40. A soma dos valores é igual aos mesmos R$ 17,00 recolhidos na primeira operação:

- **Operação B.1**: Tendo sido a mercadoria vendida pela indústria à loja pelo valor de R$ 80,00, haverá o recolhimento de R$ 13,60 ao Estado (17% X R$ 80,00 = R$ 13,60).
- **Operação B.2**: Na venda da loja ao consumidor pelo valor de R$ 100,00, a contribuinte irá recolher aos cofres públicos o total de R$ 3,40, correspondente ao valor creditado quando da compra (R$ 13,60) menos o débito da operação (17% X R$ 100,00 = 17,00).
- O valor final recolhido será de **R$ 17,00 (R$ 13,60 + R$ 3,40)**

A tabela abaixo pode dar uma noção melhor do funcionamento do princípio da não cumulatividade:

Dados	Indústria	Loja	
Preço	R$ 80,00	R$ 100,00	
Alíquotas	17%	17%	
Débito	R$ 13,60	R$ 17,00	Consumidor
Crédito	R$ 0,00	R$ 13,60	
ICMS recolhido	R$ 13,60	R$ 3,40	
Total: R$ 17,00			

Ainda que incluíssemos mais uma etapa na cadeia acima, não haveria mudança no panorama apresentado, senão vejamos:

Dados	Indústria	Distribuidora	Loja	
Preço	R$ 80,00	R$ 90,00	R$ 100,00	
Alíquotas	17%	17%	17%	
Débito	R$ 13,60	R$ 15,30	R$ 17,00	Consumidor
Crédito	R$ 0,00	R$ 13,60	R$ 15,30	
ICMS recolhido	R$ 13,60	R$ 1,70	R$ 1,80	
Total: R$ 17,00				

Podemos afirmar, com isso, que **a não cumulatividade** consiste numa fórmula de apuração que **evita a chamada "incidência em cascata".** De fato, caso não fosse permitido aos agentes econômicos se creditar dos valores já pagos nas operações anteriores, os valores recolhidos ao final da cadeia seriam estratosféricos. Nas palavras de José Eduardo Soares de Melo, "*o cânone da não cumulatividade consiste na compensação dos valores creditados com os valores debitados em determinado período de tempo (geralmente mensal), não integrando a estrutura do ICMS e nem se confundindo com a* *base de cálculo, tendo operatividade em momento posterior à configuração da operação ou prestação realizada*[103]".

Não é toda operação de entrada, porém, que dá direito ao registro do valor pago como crédito de ICMS. Nos termos do art. 20, § 1º, da Lei Complementar nº 87/96, *não darão direito a crédito as entradas de mercadorias ou utilização de serviços resultantes de operações que se refiram a mercadorias ou serviços alheios à atividade do estabelecimento.* Fala-se, com isso, que nosso ordenamento jurídico adotou o **regime de crédito físico**, em detrimento do **regime de crédito financeiro**[104].

Pelo regime de **crédito físico**, apenas as mercadorias adquiridas para integrar o **ciclo produtivo** da mercadoria final darão ensejo ao creditamento de ICMS, tais como matérias primas, embalagens e produtos intermediários. Pelo regime de **crédito financeiro**, toda e qualquer entrada, ainda que, por exemplo, destinada ao uso ou consumo ou ativo permanente do estabelecimento, dará ensejo ao creditamento de ICMS.

Na verdade, a LC 87/96, como será melhor analisado adiante, admite, sob determinadas condições, o creditamento de ICMS quando da entrada de bens destinados ao ativo permanente do estabelecimento, muito embora não integrem o ciclo econômico das mercadorias produzidas, razão pela qual alguns autores, como Sacha Calmon Navarro Coelho, preferem falar em **regime de crédito misto**[105].

Com base no exposto acima, a Primeira Turma do Superior Tribunal de Justiça "*reiterou seu entendimento de que, quanto ao valor do material (estrutura metálica) adquirido para a construção do galpão onde funcionaria a empresa de galvanização, não há direito ao creditamento do ICMS, uma vez que a construção é alheia à finalidade da empresa, situação prevista na parte final do art. 20, § 1º, da LC nº 87/1996*[106]".

Importante observar ainda que o regime de substituição tributária para trás, ou **diferimento, não ofende o princípio da não cumulatividade.** Nesse caso, no entanto, a entrada da mercadoria no estabelecimento substituto, vinda do estabelecimento substituído, não dará ao primeiro o direito de creditamento referente às operações anteriores. É que, não havendo tributação, não poderá, por via de consequência, existir creditamento.

A título de exemplo, uma indústria de borracha – substituta tributária –, responsável pelo recolhimento do ICMS alusivo à operação anterior, de saída de látex levada a efeito pelos seringueiros – substituídos tributários –, não poderá escriturar em seus livros fiscais o crédito referente às referidas operações, sobretudo porque os seringueiros não incluem no preço, nem poderiam fazê-lo, o montante do ICMS recolhido. Na verdade, não há ICMS recolhido.

---

103. PAULSEN, Leandro; MELO, José Eduardo Soares de. *Impostos federais, estaduais e municipais.* 5. ed. Porto Alegre: Livraria do Advogado Editora, 2010. pp. 267-268.

104. STF, RE 447470 AgR, Segunda Turma, julgado em 14/09/2010

105. COELHO, Sacha Calmon. *Curso de Direito Tributário Brasileiro.* 9. ed. Rio de Janeiro: Forense, 2007, p. 360.

106. STJ, REsp 1.077.242-MG, Primeira Turma, julgado em 16/12/2008.

No mesmo sentido, confira-se o julgado abaixo, da lavra do egrégio Supremo Tribunal Federal:

> *"1. O regime de diferimento, ao substituir o sujeito passivo da obrigação tributária, com o adiamento do recolhimento do imposto, em nada ofende o princípio da não-cumulatividade (RE 112.098, DJ 14.02.92, e RE 102.354, DJ 23.11.84). 2. O princípio da não-cumulatividade do ICMS consiste em impedir que, nas diversas fases da circulação econômica de uma mercadoria, o valor do imposto seja maior que o percentual correspondente à sua alíquota prevista na legislação. O contribuinte deve compensar o tributo pago na entrada da mercadoria com o valor devido por ocasião da saída, incidindo a tributação somente sobre valor adicional ao preço.* ***3. Na hipótese dos autos, a saída da produção dos agravantes não é tributada pelo ICMS, pois sua incidência é diferida para a próxima etapa do ciclo econômico. Se nada é recolhido na venda da mercadoria, não há que se falar em efeito cumulativo. 4. O atacadista ou industrial, ao comprar a produção dos agravantes, não recolhe o ICMS, portanto não escritura qualquer crédito desse imposto. Se a entrada da mercadoria não é tributada, não há créditos a compensar na saída****. 5. Impertinente a invocação do princípio da não-cumulatividade para permitir a transferência dos créditos de ICMS, referente à compra de insumos e maquinário, para os compradores da produção agrícola, sob o regime de diferimento. 6. Agravo regimental improvido.*[107]*"*

Insta pontuar que a **não cumulatividade não se restringe às operações relativas à circulação de mercadorias**, mas aos 3 (três) núcleos de incidência do ICMS previstos no Texto Constitucional: a) circulação de mercadorias; b) serviços onerosos de comunicação; c) serviços onerosos de transporte.

Para o STJ, "esse novo critério deve garantir o direito de crédito sobre todos os materiais empregados de forma absolutamente necessária nos veículos utilizados na prestação do serviço de transporte, assim como nas centrais telefônicas de propriedade dos prestadores de serviço de comunicação, por exemplo, até porque esses materiais impactam decisivamente a composição do preço do serviço que será oferecido ao público.[108]"

Assim, exemplificativamente, uma empresa de transporte fluvial poderá **creditar-se do ICMS** incidente sobre a **aquisição do combustível** necessário à prestação de sua atividade essencial[109]. Da mesma forma, nada obsta a que as **empresas de telecomunicação** creditem-se do ICMS incidente sobre a **energia elétrica** adquirida para realização de sua atividade-fim.[110]

As **empresas optantes do simples nacional não se sujeitam**, em regra, **ao princípio da não cumulatividade**, por força da regra contida no art. 23 da LC n. 123/2006, ressalvadas as hipóteses expressamente admitidas pela legislação. Ademais, em muitos casos, as

---

107. STF, RE 325623 AgR, Segunda Turma, julgado em 14/03/2006.
108. STJ, REsp 1.435.626-PA, Rel. Min. Ari Pargendler, julgado em 3/6/2014.
109. STJ, REsp 1.435.626-PA, Rel. Min. Ari Pargendler, julgado em 3/6/2014.
110. REsp 1201635/MG, Rel. Ministro SÉRGIO KUKINA, PRIMEIRA SEÇÃO, julgado em 12/06/2013, DJe 21/10/2013 (Recurso submetido ao rito do art. 543-C do CPC – Recurso repetitivo – NCPC art. 1036).

sociedades não optantes do simples não podem se creditar do tributo nas aquisições feitas junto a microempresas e empresas de pequeno porte[111].

Diante do que se viu, por força da não cumulatividade, **não é correto afirmar que o ICMS é um tributo sobre o valor agregado**. Na verdade, em cada operação haverá incidência integral sobre o valor total envolvido, e não só sobre o valor acrescido em cada etapa. O regime de registro de débitos e créditos é que fará com que o montante do imposto não chegue a níveis alarmantes.

6.3.1. Manutenção de créditos nos casos de isenção, imunidade e não incidência

Nos termos da Constituição Federal, *a* ***isenção ou não incidência****, salvo determinação em contrário da legislação,* ***não implicará crédito para compensação*** *com o montante devido nas operações ou prestações seguintes* (CF/88, art. 155, § 2º, II, a), além disso, *acarretará a anulação do crédito relativo às operações anteriores* (CF/88, art. 155, § 2º, II, b).

Para que o estudante entenda melhor o alcance do dispositivo, vamos nos utilizar novamente da situação hipotética apresentada parágrafos atrás, em que uma peça de vestuário vai da indústria até o consumidor, passando por uma distribuidora e uma loja. Aqui, contudo, vamos considerar a operação realizada entre distribuidora e lojista livre da incidência do ICMS por força de isenção.

Confira-se:

Dados	Indústria	Distribuidora	Loja	
Preço	R$ 80,00	R$ 90,00	R$ 100,00	Consumidor
Alíquotas	17%	Isenta	17%	
Débito	R$ 13,60	R$ 00,00	R$ 17,00	
Crédito	R$ 0,00	R$ 00,00	R$ 00,00	
ICMS recolhido	R$ 13,60	R$ 00,00	R$ 17,00	
Total: R$ 30,60				

Ao final da cadeia econômica, em virtude da anulação dos créditos relativos às operações anteriores, **o valor recolhido a título de ICMS será maior do que aquele verificado na cadeia não isenta.**

A Lei Complementar nº 87/96 ressalva algumas operações que, quando isentas, não acarretarão a anulação do crédito relativo às operações anteriores. São elas: a) operações com produtos agropecuários; b) operações expressamente previstas na legislação estadual.

Mencione-se, quanto às isenções, que, *"segundo orientação firmada pelo STF, as figuras da* ***redução da base de cálculo e da isenção parcial se equiparam****. Portanto, ausente*

111. STF, ARE 938209 AgR, Relator(a): Min. DIAS TOFFOLI, Segunda Turma, julgado em 30/06/2017, PUBLIC 14-08-2017.

autorização específica, pode a autoridade fiscal proibir o registro de créditos de ICMS proporcional ao valor exonerado (art. 155, § 2º, II, b, da Constituição)[112]".

As operações que destinem mercadorias para o exterior passaram a ser **imunes ao ICMS** após o advento da Emenda Constitucional nº 42, de 19 de dezembro de 2003. Nesse caso, no entanto, ao contrário do que acontece com as hipóteses de isenção e não incidência propriamente ditas, **fica assegurada a manutenção e o aproveitamento do montante do imposto** cobrado nas operações e prestações anteriores (CF/88, art. 155, § 2º, X, a).

Ainda na cadeia hipotética imaginada acima, é como se o lojista vendesse suas mercadorias para pessoa domiciliada em outro país, operação que, embora imune, daria ao contribuinte o direito de se creditar do valor referente às operações anteriores.

Vejamos:

Dados	Indústria	Distribuidora	Loja	Consumidor
Preço	R$ 80,00	R$ 90,00	R$ 100,00	
Alíquotas	17%	17%	Imune	
Débito	R$ 13,60	R$ 15,30	R$ 0,00	
Crédito	R$ 0,00	R$ 13,60	R$ 15,30	
ICMS recolhido	R$ 13,60	R$ 1,70	R$ 0,00	
Total: R$ 15,30				

Haverá **manutenção dos créditos** referentes às operações anteriores também no caso da chamada **imunidade cultural**, conferida às operações envolvendo livros, jornais, periódicos e o papel destinado a sua impressão (CF/88, art. 150, VI, d). Em outras palavras, *não se estornam créditos referentes a mercadorias e serviços que venham a ser objeto de operações ou prestações com o papel destinado à impressão de livros, jornais e periódicos* (LC 87/96, art. 21, § 2º).

> *"RECURSO EXTRAORDINÁRIO – MEDIDA CAUTELAR – PRESSUPOSTOS NECESSÁRIOS À CONCESSÃO DO PROVIMENTO CAUTELAR (RTJ 174/437-438) – ICMS – INSUMOS DESTINADOS À IMPRESSÃO DE LIVROS, JORNAIS E PERIÓDICOS – INEXIGIBILIDADE DE ESTORNO DOS CRÉDITOS – TRANSGRESSÃO À NORMA CONSTITUCIONAL DA IMUNIDADE TRIBUTÁRIA – CUMULATIVA OCORRÊNCIA, NO CASO, DOS REQUISITOS CONCERNENTES À PLAUSIBILIDADE JURÍDICA E AO "PERICULUM IN MORA" – PRECEDENTES – MAGISTÉRIO DA DOUTRINA – DECISÃO REFERENDADA PELA TURMA.[113]"*

No julgamento acima, o Supremo Tribunal Federal esclareceu que **o estorno de crédito do ICMS** (não creditamento) **implicaria**, ao fim e ao cabo, **onerar com esse imposto o próprio produto imune**, o qual passaria a conter em seu preço carga tributária

112. STF, RE 465.236-AgR, Segunda Turma, julgamento em 6-4-2010.
113. STF, AC 2559 MC-REF, Segunda Turma, julgado em 14/06/2010.

de ICMS, situação vedada pela Constituição. Deixou expressamente consignado ainda nosso Tribunal Supremo que a anulação dos créditos prevista na Constituição dizia respeito única e exclusivamente às operações de isenção e não incidência, não se podendo interpretar a norma de maneira extensiva para alcançar os casos de imunidade. Em que pese ausência de julgados referentes a outras espécies de imunidades, o STF entendeu que o posicionamento deve ser aplicado a todas as demais imunidades.

O quadro abaixo resume tudo quanto exposto:

Isenções, Imunidades e não Incidência nas Cadeias de Circulação de Mercadorias		
Isenção	**Não incidência**	**Imunidades**
Não dá ao adquirente direito a crédito	Não dá ao adquirente direito a crédito	Dá ao adquirente direito a crédito
Anulação dos créditos relativos às operações anteriores	Anulação dos créditos relativos às operações anteriores	Manutenção dos créditos relativos às operações anteriores
Exceções: Operações com produtos agropecuários e hipóteses ressalvadas pela legislação local	Exceções: Operações com produtos agropecuários e hipóteses ressalvadas pela legislação local	Sem exceções
–	–	Ex.: Operações de envio de mercadoria ao exterior, imunidade cultural

6.3.2. Período de apuração do imposto e não cumulatividade: regime de conta gráfica e demais regimes especiais

A **apuração de débitos e créditos** de determinado contribuinte de ICMS é feita por períodos de tempo previamente fixados na legislação estadual. Em regra, referidos períodos são de um mês.

Os valores das operações, consignados nas notas fiscais, devem ser devidamente registrados nos **livros de entradas, saídas, inventário e apuração do ICMS**. Ao final de cada mês, baseado nos registros supracitados, o contribuinte fará o encontro de contas, confrontando o total do débito com o total do crédito. Caso haja saldo devedor, deverá o sujeito passivo emitir Guia de Informação e Apuração de ICMS – GIA/ICMS no respectivo valor e realizar o pagamento. Em havendo crédito, será este transferido para o período subsequente[114].

114. Art. 24. A legislação tributária estadual disporá sobre o período de apuração do imposto. As obrigações consideram-se vencidas na data em que termina o período de apuração e são liquidadas por compensação ou mediante pagamento em dinheiro como disposto neste artigo – as obrigações consideram-se liquidadas por compensação até o montante dos créditos escriturados no mesmo período mais o saldo credor de período ou períodos anteriores, se for o caso;

II – se o montante dos débitos do período superar o dos créditos, a diferença será liquidada dentro do prazo fixado pelo Estado;

III – se o montante dos créditos superar os dos débitos, a diferença será transportada para o período seguinte.

Nas entradas serão contabilizados os créditos e nas saídas os débitos.

Nas palavras de Deonísio Koch, "é neste momento que efetivamente se exterioriza o princípio constitucional da não cumulatividade do imposto, fazendo-se a compensação do débito com o crédito decorrente do imposto incidente na etapa anterior de circulação[115]".

A forma de apuração mencionada acima é conhecida pela alcunha de **conta gráfica**, em alusão ao fato de a empresa criar uma espécie de "conta corrente de apuração do ICMS" devido por ocasião de todas as operações realizadas a cada período de tempo – fixado na legislação estadual.

Sobre o tema, vem entendendo o Supremo Tribunal Federal que, mesmo nas operações de importação sujeitas ao ICMS, será creditado em favor do adquirente o valor do imposto quando da entrada da mercadoria ou produto no país – que se dá com o desembaraço aduaneiro, como vimos. Em outras palavras, não se pode admitir a tese de débito pela entrada de mercadoria.

Nas palavras de nossa Corte Suprema,

> *"como se sabe, o que se contabiliza na conta gráfica, pela entrada da mercadoria, é o crédito do ICMS embutido no preço pago pelo contribuinte. Assim sendo, não há confundir-se a operação de entrada de mercadoria provinda do exterior que, por motivos óbvios, não é tributada pelo ICMS na origem, com a de mercadoria adquirida no mercado interno, cujo preço traz embutido, invariavelmente, o tributo pago". Além disso, "estando-se diante de situações diversas, não há falar-se em tratamento tributário análogo que importaria, aí sim, afronta ao princípio da isonomia[116]".*

Além do regime de conta gráfica, a Lei Complementar nº 87/96 confere aos Estados a faculdade de estabelecer formas diversas de apuração do ICMS. Nesse sentido, confira-se:

> *LC 87/96: Art. 26. Em substituição ao regime de apuração mencionado nos arts. 24 e 25, a lei estadual poderá estabelecer:*
>
> *I – que o cotejo entre créditos e débitos se faça por mercadoria ou serviço dentro de determinado período;*
>
> *II – que o cotejo entre créditos e débitos se faça por mercadoria ou serviço em cada operação;*
>
> *III – que, em função do porte ou da atividade do estabelecimento, o imposto seja pago em parcelas periódicas e calculado por estimativa, para um determinado período, assegurado ao sujeito passivo o direito de impugná-la e instaurar processo contraditório.*
>
> *§ 1º Na hipótese do inciso III, ao fim do período, será feito o ajuste com base na escrituração regular do contribuinte, que pagará a diferença apurada, se positiva; caso contrário, a diferença será compen-*

115. KOCH, Deonísio. *Manual do ICMS: teoria e prática.* Curitiba: Juruá, 2012. pp. 357-358.
116. STF, RE 195.663, Plenário, julgamento em 13-8-1997.

> *sada com o pagamento referente ao período ou períodos imediatamente seguintes.*
>
> *§ 2º A inclusão de estabelecimento no regime de que trata o inciso III não dispensa o sujeito passivo do cumprimento de obrigações acessórias.*

Assim, em situações excepcionais, poderão ser estabelecidos os regimes especiais de apuração: **a) individualizado,** por mercadoria ou serviço, **dentro de determinado lapso temporal**; **b) individualizado**, por mercadoria ou serviço**, a cada operação realizada** e; **c) por estimativa.**

Sobre o assunto, insta aduzir que **o Supremo Tribunal Federal já julgou válida lei** do Espírito Santo **que instituíra o regime de apuração por estimativa**[117], argumentando, inclusive, **não haver violação ao princípio da não cumulatividade** decorrente do referido regime diferenciado de arrecadação e fiscalização.

Mais recentemente, contudo, nossa Corte Suprema, após reconhecer a repercussão geral da matéria, deixou claro que **a opção pelo regime de estimativa deve se dar por meio de lei (em sentido estrito), que fixe todos os contornos do novo regime**; confira-se:

> *"TRIBUTO – PRINCÍPIO DA LEGALIDADE. A exigibilidade de tributo pressupõe lei que o estabeleça – artigo 150 da Constituição Federal. ICMS – REGIME DE APURAÇÃO – ESTIMATIVA – DECRETO – IMPROPRIEDADE. A criação de nova maneira de recolhimento do tributo, partindo-se de estimativa considerado o mês anterior, **deve ocorrer mediante lei no sentido formal e material, descabendo, para tal fim, a edição de decreto, a revelar o extravasamento do poder regulamentador do Executivo.**"*[118]

Em outro julgado, o mesmo STF deixou consignado que **o contribuinte que optar por regime especial** de tributação **pode ser proibido de ser creditar do ICMS incidente nas operações de entrada de mercadorias**, desde que assim preveja a legislação específica.

> *STF:*
>
> *"1. Firmou-se a jurisprudência do Plenário deste Supremo Tribunal Federal no sentido de que **a vedação, pela legislação estadual, ao aproveitamento dos créditos do ICMS gerados pela entrada de insumos tributados, quando o contribuinte exerce, livremente, opção pela tributação das saídas mediante base de cálculo reduzida, não viola o princípio da não cumulatividade.** Precedente: RE 584.023-AgR-EDv-AgR-segundo, Rel. Min. Celso de Mello, Tribunal Pleno, DJe 11.12.2015. 2. Agravo regimental conhecido e provido para dar provimento ao recurso extraordinário*[119]*.*

---

117. STF, ADI 1995 MC, Pleno, julgado em 03/08/2000.

118. STF, RE 632265, Relator(a): Min. MARCO AURÉLIO, Tribunal Pleno, julgado em 18/06/2015, PUBLIC 05/10/2015.

119. STF, AI 765420 AgR-segundo, Relator(a): Min. MARCO AURÉLIO, Relator(a) p/ Acórdão: Min. ROSA WEBER, Primeira Turma, PUBLIC 04-08-2017.

6.3.3. Créditos escriturados e direito à correção monetária

Conforme exposto nos itens anteriores, nos casos em que, ao final do período de apuração, o crédito escriturado a título de ICMS superar o total do débito, o sujeito passivo da exação não só não estará obrigado a emitir Guia de Informação e Apuração de ICMS – GIA/ICMS como também poderá transferir os mencionados créditos para o período subsequente.

Aqui, a dúvida que surge é a seguinte: com a transferência dos créditos, devidamente registrados nos livros fiscais, para períodos subsequentes de apuração, teria o contribuinte direito à atualização monetária dos referidos valores?

Após analisar o tema inúmeras vezes, o Supremo Tribunal Federal pacificou o entendimento segundo o qual só haverá direito à correção monetária dos referidos créditos em 2 (duas) situações específicas: 1) a primeira, quando houver expressa **previsão na legislação estadual** reguladora do ICMS e; 2) a segunda, quando o aproveitamento extemporâneo dos referidos créditos se der por **culpa do Fisco**. Nesta segunda hipótese, busca-se evitar o enriquecimento sem causa da Fazenda Pública em detrimento dos contribuintes.

A jurisprudência considera óbice ou obstáculo injustificável ao exercício do direito à escrituração de créditos até mesmo a resistência do Fisco às pretensões deduzidas pelos contribuintes em juízo, como quando a Fazenda apresenta recursos e incidentes processuais[120].

Em resumo, **o contribuinte não terá direito subjetivo à correção monetária dos créditos não aproveitados** no mês da apuração, ressalvadas as 2 exceções supramencionadas.

6.3.4. Venda de mercadoria por preço inferior ao da aquisição: estorno de crédito

Pelo princípio da não cumulatividade, o montante devido a cada período de apuração – que, em regra, será mensal – pelo sujeito passivo da exação será encontrado mediante o encontro do total de créditos decorrentes das aquisições de mercadorias ou produtos com os débitos referentes às saídas dos referidos bens. Essa forma de cálculo tem por objetivo permitir que o montante do ICMS incidente sobre determinado bem seja o mesmo independentemente do número de etapas de circulação das mercadorias.

A lógica da não cumulatividade exige que as mercadorias entrem no estabelecimento por determinado valor – que corresponderá ao crédito do sujeito passivo – e saiam por valor superior – que corresponderá ao débito do sujeito passivo. Ao final do mês, apenas aqueles que tiverem mais débitos do que créditos deverão recolher a guia de pagamento do tributo em comento.

120. RE 351461 AgR, Segunda Turma, julgado em 16/03/2010. No mesmo sentido: STF, RE 386.808-AgR, Primeira Turma, julgamento em 8-2-2011; STF, RE 242542 AgR, Segunda Turma, julgado em 23/03/2010; STF, RE 280988, Primeira Turma, julgado em 06/03/2001

Em virtude do exposto, tem a jurisprudência **admitido a anulação dos créditos referentes à entrada de mercadorias posteriormente vendidas por preços inferiores** aos da aquisição, como costuma ocorrer nas vendas de aparelhos celulares por operadoras de telefonia com vistas à fidelização de clientes, também conhecidas como **vendas "subsidiadas"**.

Nos termos da jurisprudência do STF, "*a pretensão de ter-se crédito relativo ao Imposto sobre Circulação de Mercadorias e Serviços ante a venda do produto por preço inferior ao da compra não encontra respaldo no figurino constitucional*"[121]. O fato é que, mantido o creditamento total, haveria inequívoca diminuição do tributo quanto ao 1º negócio jurídico realizado – entrada da mercadoria.

A prática homenageia a essência do princípio da não cumulatividade.

6.3.5. Produtos intermediários, bens de conveniência e bens destinados ao ativo fixo do estabelecimento

Os **produtos intermediários** são aqueles utilizados no processo industrial das empresas, integrando-se ao produto final a ser revendido, a exemplo de peças adquiridas por indústria automobilística para fabricação de veículos ou mesmo o aço alienado pela indústria siderúrgica à fabricante de eletrodomésticos.

A Lei Complementar nº 87/96 condiciona o aproveitamento dos créditos relativos à aquisição de produtos intermediários apenas à comprovação de que eles **estão aptos a serem utilizados** para a consecução das atividades que constituem o objeto social do estabelecimento empresarial, não se exigindo mais prova de consumo imediato e integral no processo produtivo[122], como ocorria à época da vigência do Convênio ICM nº 66/88.

Diferente dos produtos intermediários, os chamados **bens de conveniência** não são essenciais à atividade do estabelecimento, daí por que não se vem admitindo o creditamento de ICMS em decorrência de sua entrada.

Exemplos de bens de conveniência são as **sacolas plásticas** utilizadas pelos supermercados para acondicionamento e transporte dos produtos vendidos. Ressalta a jurisprudência, nesse caso, que as referidas sacolas, além de serem alheias à atividade fim do estabelecimento, servem até mesmo como material de publicidade, o que só reforça a tese de impossibilidade de creditamento.

O caso das sacolas plásticas de supermercados não se confunde com o das embalagens produzidas em massa, embora sob encomenda, para posterior integração ou utilização direta em processo subsequente de industrialização ou de circulação de mercadoria. Aqui, conforme visto quando do estudo do aspecto material do imposto, haverá incidência do ICMS[123].

---

121. STF, RE 437006, Pleno, julgado em 09/12/2010. No mesmo sentido: STF, RE 437.006-ED, Plenário, julgamento em 26-10-2011.
122. STJ, AgRg no AREsp 142.263/MG, Primeira Turma, julgado em 19/02/2013.
123. STF, ADI 4.389 MC, Pleno, julgado em 13/04/2011.

A Lei Complementar nº 87/96 prevê algumas hipóteses de **creditamento do ICMS nas operações de aquisição de mercadorias destinadas ao uso, consumo ou ativo** permanente do estabelecimento, a exemplo dos materiais de escritório (computadores, mesas, impressoras etc.) utilizados por determinado estabelecimento comercial.

Referidos bens, embora importantes para o desempenho das atividades da empresa, não se enquadram no conceito de produtos intermediários, matérias primas, tampouco bens de conveniência.

Sobre o tema, confira-se o que diz o art. 20, § 5º, da Lei Kandir:

> *LC 87/96:*
>
> *Art. 20. Para a compensação a que se refere o artigo anterior, é assegurado ao sujeito passivo o direito de creditar-se do imposto anteriormente cobrado em operações de que tenha resultado a entrada de mercadoria, real ou simbólica, no estabelecimento, inclusive a destinada ao seu uso ou consumo ou ao ativo permanente, ou o recebimento de serviços de transporte interestadual e intermunicipal ou de comunicação:*
>
> *§ 5º Para efeito do disposto no caput deste artigo, relativamente aos créditos decorrentes de entrada de mercadorias no estabelecimento destinadas ao ativo permanente, deverá ser observado:*
>
> *I – a apropriação será feita à razão de um quarenta e oito avos por mês, devendo a primeira fração ser apropriada no mês em que ocorrer a entrada no estabelecimento;*
>
> *II – em cada período de apuração do imposto, não será admitido o creditamento de que trata o inciso I, em relação à proporção das operações de saídas ou prestações isentas ou não tributadas sobre o total das operações de saídas ou prestações efetuadas no mesmo período;*
>
> *III – para aplicação do disposto nos incisos I e II deste parágrafo, o montante do crédito a ser apropriado será obtido multiplicando-se o valor total do respectivo crédito pelo fator igual a 1/48 (um quarenta e oito avos) da relação entre o valor das operações de saídas e prestações tributadas e o total das operações de saídas e prestações do período, equiparando-se às tributadas, para fins deste inciso, as saídas e prestações com destino ao exterior ou as saídas de papel destinado à impressão de livros, jornais e periódicos;*
>
> *IV – o quociente de um quarenta e oito avos será proporcionalmente aumentado ou diminuído, pro rata die, caso o período de apuração seja superior ou inferior a um mês;*
>
> *V – na hipótese de alienação dos bens do ativo permanente, antes de decorrido o prazo de quatro anos contado da data de sua aquisição, não será admitido, a partir da data da alienação, o creditamento de que trata este parágrafo em relação à fração que corresponderia ao restante do quadriênio;*
>
> *VI – serão objeto de outro lançamento, além do lançamento em conjunto com os demais créditos, para efeito da compensação prevista neste artigo e no art. 19, em livro próprio ou de outra forma que a legislação determinar, para aplicação do disposto nos incisos I a V deste parágrafo; e*

> *VII – ao final do quadragésimo oitavo mês contado da data da entrada do bem no estabelecimento, o saldo remanescente do crédito será cancelado.*

Como se viu, admite-se o creditamento decorrente da entrada dos bens destinados ao ativo permanente, contudo, a utilização dos referidos créditos se dará de maneira periódica e fracionada.

Além das condições mencionadas acima, a LC 87/96 estabelece uma limitação temporal ao aproveitamento de créditos decorrentes de aquisições **para uso e consumo.** Nos termos do art. 33, I, da LC 87/96, *somente darão direito de crédito as mercadorias destinadas ao uso ou consumo do estabelecimento nele entradas a partir de 1º de janeiro de 2020.*

Acerca da matéria, já entendeu o STJ que "são legítimas as restrições impostas pela LC nº 87/1996, inclusive a limitação temporal prevista no art. 33, para o aproveitamento dos créditos de ICMS em relação à aquisição de bens destinados ao uso e consumo ou ao ativo permanente do estabelecimento contribuinte. O **princípio constitucional da não cumulatividade, por si só, não permite o amplo e irrestrito creditamento relativo a material de uso e consumo ou a bens destinados ao ativo permanente** das empresas[124]".

No que diz respeito às **operações de entrada de energia elétrica no estabelecimento**, só haverá direito ao crédito quando: a) for objeto de **operação de saída de energia elétrica**; b) consumida no processo de **industrialização**; c) seu **consumo resultar em operação de saída ou prestação para o exterior**, na proporção destas sobre as saídas ou prestações totais (LC 87/96, art. 33, II, "a", "b" e "c").

Com base no dispositivo em comento, o Superior Tribunal de Justiça julgou **válido** o **creditamento, pelas empresas de telecomunicação, do ICMS incidente sobre a aquisição da energia elétrica** necessária à prestação de seus serviços essenciais (comunicação). Considerou-se, na oportunidade, que referidas empresas de telecomunicação realizariam **atividade industrial "por equiparação"**, por força do disposto no art. 1º do Decreto 640/12. Ademais disso, restou consignado que, "em virtude da essencialidade da energia elétrica, enquanto insumo, para o exercício da atividade de telecomunicações, induvidoso se revela o direito ao creditamento de ICMS, em atendimento ao princípio da não cumulatividade.[125]"

Ainda fundamentado no dispositivo que trata da aquisição de energia elétrica (LC 87/96, art. 33, II, "a", "b" e "c"), o mesmo STJ, também em julgamento realizado sob o rito dos recursos repetitivos, decidiu que "(...) As **atividades de panificação e de congelamento de produtos perecíveis** por supermercado não configuram processo de industrialização de alimentos, por força das normas previstas no Regulamento do IPI (Decreto 4.544/2002), razão pela qual inexiste direito ao creditamento do ICMS pago na entrada da energia elétrica consumida no estabelecimento comercial (...)[126]".

---

124. STJ, AgRg no AREsp 186.016-PE, Segunda Turma, julgado em 18/10/2012.
125. STJ, REsp 1201635/MG, Rel. Ministro SÉRGIO KUKINA, PRIMEIRA SEÇÃO, julgado em 12/06/2013, DJe 21/10/2013 (Julgado sob o rito do art. 543-C do CPC – Recurso Repetitivo – NCPC art. 1036).
126. STJ, REsp 1117139/RJ, PRIMEIRA SEÇÃO, julgado em 25/11/2009.

Direito de Crédito na Aquisição de Bens Móveis			
Natureza do bem	**Produtos Intermediários**	**Bens de Conveniência**	**Bens destinados ao Ativo Fixo**
Função	Utilizados no processo industrial. Integram-se ao produto final.	Não utilizados no processo industrial. Não se integram ao produto final.	Bens úteis às atividades da empresa, mas não se caracterizam como produtos intermediários.
Crédito de ICMS	Há direito de creditamento na entrada.	Não há direito de creditamento quando da entrada.	Em alguns casos expressamente fixados em lei há direito de crédito.
Exemplos	Peças adquiridas pela indústria automobilística.	Sacolas plásticas de supermercados	Sofás e computadores utilizados no escritório administrativo de uma indústria.

Recentemente, o STF reconheceu a repercussão geral da controvérsia envolvendo os supermercados:

> *"RECURSO. Extraordinário. Tributo. Imposto sobre Circulação de Mercadorias e Serviços - ICMS. Creditamento. Direito não reconhecido na origem.* ***Aquisição de energia elétrica por supermercado****. Exercício de atividade industrial. Processamento de alimentos. Questão da ofensa ao princípio constitucional da não-cumulatividade. Relevância. Repercussão geral reconhecida. Apresenta* ***repercussão geral*** *o recurso extraordinário que verse sobre a* ***admissibilidade de se considerar como atividade industrial o processamento de alimentos realizado por supermercado****, para fins de crédito de ICMS."*[127]

O STF reconheceu também a repercussão geral de situação em que Estado da Federação e empresa exportadora discutem se os bens adquiridos para o Ativo Fixo pela empresa exportadora podem ser objeto de creditamento para fins de cálculo do montante devido a título de ICMS.[128]

7. IMUNIDADES E ISENÇÕES

Quando estudamos o princípio da não cumulatividade vimos, em linhas gerais, as principais consequências das exonerações de ICMS conferidas pela Constituição (imunidades) ou por atos normativos de natureza infraconstitucional (isenções).

A **isenção do tributo** não implicará crédito para compensação com o montante devido nas operações ou prestações seguintes, além disso, acarretará a anulação do crédito relativo às operações anteriores, o que acaba por elevar o montante cobrado ao final do ciclo econômico da mercadoria, a depender do número de etapas.

127. STF, RE 588954 RG, Relator(a): Min. CEZAR PELUSO, julgado em 22/10/2009, DJe-213 DIVULG 12-11-2009 PUBLIC 13-11-2009.

128. STF, RE 662976 RG, Relator(a): Min. LUIZ FUX, julgado em 22/11/2012, PUBLIC 03-12-2012.

A **imunidade**, por sua vez, embora também não permita o creditamento quando da entrada da mercadoria, **não acarretará a anulação do crédito relativo às operações e prestações anteriores**, sob pena de desvirtuamento da limitação constitucional ao poder de tributar conferida.

Veremos agora os demais temas relacionados às imunidades e isenções do ICMS.

7.1. Imunidades

Aplicam-se ao ICMS, além das imunidades genéricas, previstas no art. 150, VI, alíneas "a" a "d" da Constituição (imunidades: recíproca, religiosa, cultural, dos partidos políticos, das entidades sindicais dos trabalhadores e das instituições de educação e assistência social sem fins lucrativos), algumas imunidades ditas específicas.

Nesse sentido, confira-se.

7.1.1. Imunidades genéricas

Em que pese alguma controvérsia inicial, consolidou-se na jurisprudência o entendimento segundo o qual se aplicam ao ICMS as imunidades conferidas pela Constituição às **instituições beneficentes ou de assistência social sem fins lucrativos (CF/88, art. 150, VI, "c").**[129]

Para que a entidade faça jus à referida imunidade, no entanto, é indispensável que as operações de venda de mercadorias por ela realizadas estejam de alguma forma relacionadas às suas finalidades essenciais.

Não por outro motivo, o Superior Tribunal de Justiça já chegou a decidir que "Não há imunidade tributária em relação ao ICMS decorrente da prática econômica desenvolvida por entidade de assistência social sem fins lucrativos que tem por finalidade realizar ações que visem à promoção da pessoa com deficiência, quando desempenhar atividade franqueada da Empresa Brasileira de Correios e Telégrafos (ECT), ainda que a renda obtida reverta-se integralmente aos fins institucionais da referida entidade."[130]

Importante salientar também que, **como as imunidades não se prestam a beneficiar o responsável tributário, mas apenas o contribuinte da exação**, ou seja, aquele que possui relação pessoal e direta com o fato gerador da obrigação, não se admite que entidade de assistência social e de educação sem fins lucrativos, na qualidade de mero responsável pelo recolhimento do ICMS, faça jus à imunidade prevista no supracitado art. 150, VI, c, da Constituição, nos casos em que o produtor-vendedor não for também beneficiário da imunidade.[131]

129. Nesse sentido, dentre outros, confira-se: STF, RE 186175 ED-EDv, Relator(a): Min. ELLEN GRACIE, Tribunal Pleno, julgado em 23/08/2006.
130. STJ, Segunda Turma, RMS 46.170-MS, Rel. Min. Humberto Martins, julgado em 23/10/2014.
131. STF, RE 202987, Relator(a): Min. JOAQUIM BARBOSA, Segunda Turma, julgado em 30/06/2009, PUBLIC 25-09-2009.

Recentemente, após reconhecer a repercussão geral da controvérsia, o STF fixou a tese segundo a qual "a **imunidade tributária subjetiva aplica-se a seus beneficiários na posição de contribuinte de direito**, mas **não na de simples contribuinte de fato**, sendo irrelevante para a verificação da existência do beneplácito constitucional a repercussão econômica do tributo envolvido[132]".

A **imunidade recíproca**, por sua vez, aplica-se aos serviços de transporte de mercadorias prestados pelos **Correios**, ainda que em concorrência com os particulares, segundo entendimento do STF.

De acordo com o relator do RE 627.051, Ministro Dias Toffoli, a Empresa Brasileira de Correios e Telégrafos – ECT tem o encargo de alcançar todos os lugares do Brasil, não importando o tamanho ou a distância dos grandes centros, e a empresa não pode se recusar a levar qualquer encomenda, ao contrário do que ocorre na iniciativa privada. Para ele, ademais disso, a ECT utiliza espaços ociosos nos veículos para transportar as mercadorias, logo não está criando uma estrutura para competir exclusivamente com empresas particulares. Sustentou, por fim, não haver como se distinguir a base de cálculo referente ao transporte de mercadorias a fim de se definir a incidência do imposto[133].

Quanto à **imunidade cultural**, conferida às operações envolvendo livros, jornais, periódicos e o papel destinado a sua impressão (CF/88, art. 150, VI, d), vimos que haverá manutenção dos créditos referentes às operações anteriores. Em outras palavras, *não se estornam créditos referentes a mercadorias e serviços que venham a ser objeto de operações ou prestações com o papel destinado à impressão de livros, jornais e periódicos* (LC 87/96, art. 21, § 2º). O estorno de crédito do ICMS (não creditamento) implicaria onerar com esse imposto o próprio produto imune, o qual passaria a conter em seu preço carga tributária de ICMS, situação vedada pela Constituição.

7.1.2. Imunidades específicas

Nossa Constituição prevê **4 (quatro) diferentes imunidades específicas** relacionadas ao ICMS; são elas: a) imunidade nas operações de **exportação de mercadorias ao exterior** (CF/88, art. 155, § 2º, X, a); b) imunidade nas operações interestaduais com **petróleo, inclusive lubrificantes, combustíveis líquidos e gasosos** dele derivados, e energia elétrica (CF/88, art. 155, § 2º, X, b); c) imunidade nas **operações com ouro**, quando definido em lei como ativo financeiro ou instrumento cambial (CF/88, art. 155, § 2º, X, c) e; d) imunidades nas **prestações de serviço de comunicação nas modalidades de radiodifusão sonora e de sons e imagens de recepção livre e gratuita.**

Para o **Supremo Tribunal Federal**, a **imunidade cultural** impede a instituição do ICMS também nas operações envolvendo **livros eletrônicos**, **leitores de livros eletrô-**

---

132. STF, RE 608872, Relator(a): Min. DIAS TOFFOLI, Tribunal Pleno, julgado em 23/02/2017, PUBLIC 27-09-2017.

133. STF, RE 627.051, Relator Ministro Dias Toffoli, Pleno, julgado em 12/11/2014.

nicos (*kindle* e congêneres), audiolivros e **suporte eletrônico** para livros, como CD's e DVD's. No entanto, consolidou-se o entendimento de que a imunidade em comento **não alberga operações referentes a circulação de *tablets*, *smartphones* e *laptops***, tendo em vista que sua função primordial não é a leitura de livros eletrônicos[134].

Por fim, deve-se explicar que o art. 40 do ADCT conferiu aos **benefícios fiscais aplicáveis** à **chamada Zona Franca de Manaus**, anteriores à Constituição de 1988, com destaque para aqueles instituídos pelo DL 288/67, o status de imunidades tributárias. Em razão disso, não incide o ICMS sobre as operações de saída de mercadorias para aquela área de livre comércio.

Nesse sentido, confira-se a ementa do seguinte julgado, da lavra do STF:

> *"**O quadro normativo pré-constitucional de incentivo fiscal à Zona Franca de Manaus constitucionalizou-se pelo art. 40 do ADCT**, adquirindo, por força dessa regra transitória, natureza de **imunidade tributária**, persistindo vigente a equiparação procedida pelo art. 4º do DL 288/1967, cujo propósito foi atrair a não incidência do ICMS estipulada no art. 23, II, § 7º, da Carta pretérita, **desonerando, assim, a saída de mercadorias do território nacional para consumo ou industrialização na Zona Franca de Manaus**. A determinação expressa de manutenção do conjunto de incentivos fiscais referentes à Zona Franca de Manaus, extraídos, obviamente, da legislação pré-constitucional, **exige a não incidência do ICMS sobre as operações de saída de mercadorias para aquela** área **de livre comércio, sob pena de se proceder a uma redução do quadro fiscal expressamente mantido por dispositivo constitucional específico e transitório**[135]".*

7.1.2.1. Imunidades para exportações

Nos termos do art. 155, § 2º, X, a, da Constituição, na redação conferida pela EC nº 42/2003, o ICMS não incidirá sobre operações que destinem mercadorias para o exterior, nem sobre serviços prestados a destinatários no exterior, assegurada a manutenção e o aproveitamento do montante do imposto cobrado nas operações e prestações anteriores.

O texto substitui a redação original da Constituição, que, ao prever imunidade apenas nas operações de exportação de produtos industrializados, excluídos os semielaborados definidos em lei complementar, causava uma série de debates e polêmicas doutrinárias e jurisprudenciais acerca do alcance da expressão "produtos semielaborados definidos em lei complementar".

Agora, toda e qualquer operação de exportação de mercadoria ou serviço a destinatário final localizado no exterior será imune ao ICMS, tornando inútil o disposto no

134. STF, RE 330817, Relator(a): Min. DIAS TOFFOLI, Tribunal Pleno, julgado em 08/03/2017, REPERCUSSÃO GERAL – MÉRITO PUBLIC 31-08-2017.
135. STF, ADI 310, rel. min. Cármen Lúcia, j. 19-2-2014, P, DJE de 9-9-2014.

art. 155, § 2º, XII, e, da Constituição, que estabelece caber à lei complementar excluir da incidência do imposto, nas exportações para o exterior, serviços e outros produtos além dos mencionados produtos industrializados semielaborados.

Há julgados do Superior Tribunal de Justiça, porém, que admitem a existência de isenção de ICMS, decorrente da norma contida no **art. 3, II, da LC n. 87/96**, nas operações internas de transporte e circulação de mercadorias prévias à operação final de exportação. Para o STJ, a norma constitucional dirige-se exclusivamente à última operação de uma cadeia econômica de exportação (operação de exportação propriamente dita), enquanto a regra do art. 3º, II, da LC n. 87/96, dirige-se a todas as etapas do ciclo econômico, inclusive as de transporte interno de mercadorias.

> *STJ:*
>
> *"TRIBUTÁRIO. AGRAVO EM RECURSO ESPECIAL. ICMS. ISENÇÃO TRIBUTÁRIA. TRANSPORTE DE MERCADORIAS CUJA DESTINAÇÃO FINAL É A EXPORTAÇÃO. ART. 3º, II, DA LC N. 87/1996. DIREITO.*
>
> *1. A Primeira Seção, no julgamento do EREsp 710.260/RO, consignou que **a isenção prevista no art. 3º, II, da LC n. 87/1996 não seria exclusiva das operações que destinam mercadorias diretamente ao exterior, alcançando outras que integram todo o processo de exportação, inclusive as parciais, como o transporte interestadual**.*
>
> *2. Hipótese em que a recorrente pretende o reconhecimento do direito a créditos de ICMS em razão da aquisição de insumos essenciais às atividades de exportação, especialmente de óleo diesel e de óleo combustível, utilizados em sua atividade de transporte de cargas destinadas ao exterior, bem como o direito de proceder à atualização monetária desses créditos.*
>
> *3. Agravo conhecido para dar provimento ao recurso especial, a fim de reconhecer à transportadora recorrente o direito ao benefício fiscal quanto às mercadorias transportadas que, comprovadamente e ao final, destinarem-se à exportação[136]."*

Em sentido contrário – e, a nosso sentir, correto –, a 1ª Turma do Supremo Tribunal Federal vem interpretando o dispositivo constitucional no sentido de que apenas o contribuinte responsável pela última etapa da cadeia econômica de circulação faria jus à imunidade.

> *STF:*
>
> *"A imunidade tributária prevista no artigo 155, § 2º, X, a, da Constituição Federal **é benefício restrito às operações de exportação de produtos industrializados, não abrangendo o serviço utilizado no transporte interestadual ou intermunicipal** dos referidos bens[137]".*

A Repercussão Geral da matéria foi reconhecida nos autos do RE 754.917.

---

136. STJ, AREsp 851.938/RS, Rel. Ministro GURGEL DE FARIA, PRIMEIRA TURMA, julgado em 16/06/2016, DJe 09/08/2016.

137. STF, RE 602399 ED, Relator(a): Min. ROBERTO BARROSO, Primeira Turma, julgado em 15/12/2015, PUBLIC 01-04-2016.

7.1.2.2. Imunidades nas operações interestaduais com petróleo e derivados e energia elétrica

O ICMS não incidirá também *sobre operações que destinem a outros Estados petróleo, inclusive lubrificantes, combustíveis líquidos e gasosos dele derivados, e energia elétrica* (CF/88, art. 155, § 2º, X, b).

Importante salientar, de antemão, que não haverá imunidade nas operações envolvendo sacos de matéria plástica, embora sejam feitos com **polietileno**, material derivado do petróleo. Tais operações *"não são, evidentemente, operações referentes a combustível líquido, como é o petróleo"*[138].

A regra em comento tem por objetivo **garantir que o imposto arrecadado nas referidas operações fique com os Estados consumidores**, ou seja, aqueles em que é consumida tanto a energia elétrica quanto os combustíveis líquidos e gasosos derivados do petróleo. Trata-se de manifestação clara do princípio federativo, cláusula pétrea do ordenamento jurídico, positivada no art. 60, § 4º, I, da CF/88. Além disso, a regra contribui para evitar o aumento das já flagrantes desigualdades existentes entre as diversas regiões do país.

Como os poucos Estados produtores de petróleo e energia elétrica[139] já são – ou pelo menos deveriam ser – agraciados com uma parcela maior da compensação econômica decorrente da exploração dos referidos bens, nos moldes do art. 20, § 1º, da Constituição[140], não faria sentido que ficassem também com a maior parte do ICMS arrecadado por ocasião da realização de operações interestaduais.

Dois exemplos podem ajudar na compreensão da sistemática de repartição do produto da arrecadação do ICMS nas operações interestaduais envolvendo petróleo, seus derivados e energia elétrica; vejamos:

Imaginemos, em primeiro lugar, uma operação de venda de energia elétrica produzida pela usina de Itaipu, no Paraná, a uma concessionária situada no Estado de Santa Catarina, a um valor de R$ 1.000,00 (mil reais), seguida de uma operação interna de venda da concessionária ao consumidor por um preço de R$ 1.200,00 (mil e duzentos reais)

Aqui, na primeira operação – interestadual – não haverá incidência do imposto, por expressa disposição constitucional, de forma que ao Estado do Paraná nada será reco-

138. STF, AI 199516 AgR, Primeira Turma, julgado em 09/09/1997.

139. Os principais Estados produtores de petróleo e energia elétrica são Rio de Janeiro, Espírito Santo, Paraná e Pará.

140. Art. 20. (...)

§ 1º – É assegurada, nos termos da lei, aos Estados, ao Distrito Federal e aos Municípios, bem como a órgãos da administração direta da União, participação no resultado da exploração de petróleo ou gás natural, de recursos hídricos para fins de geração de energia elétrica e de outros recursos minerais no respectivo território, plataforma continental, mar territorial ou zona econômica exclusiva, ou compensação financeira por essa exploração.

lhido a título de ICMS. Quando da venda da energia elétrica da concessionária situada em Santa Catarina ao consumidor (2ª operação), por sua vez, haverá o recolhimento do tributo a este último Estado sobre o valor "cheio" da operação, haja vista a inexistência de débito a ser compensado.

Dados	Usina de Itaipu	Concessionária em SC	Consumidor
Preço	R$ 1.000,00	R$ 1.200,00	
Alíquotas	Imune	17%	
Débito	R$ 0,00	R$ 17,00	
Crédito	R$ 0,00	R$ 00,00	
ICMS recolhido	R$ 0,00	R$ 204,00	

Imaginemos, em segundo lugar, uma operação de venda de combustível, por um preço de R$ 100.000,00 (cem mil reais), realizada por uma refinaria de petróleo sediada no Rio de Janeiro a uma Distribuidora de Combustíveis sediada no Estado de São Paulo, seguida de operação de venda da distribuidora para determinado posto de gasolina também situado em São Paulo, por um preço de R$ 120.000,00 (cento e vinte mil reais).

Da mesma forma que acontece com as operações envolvendo energia elétrica, apenas o Estado consumidor ficará com o produto da arrecadação do ICMS, haja vista ser a primeira operação imune. No caso dos combustíveis derivados de petróleo, não custa lembrar, o recolhimento do imposto referente a todas as operações será feito, por substituição tributária progressiva, pela própria refinaria de petróleo.

Dados	Refinaria no RJ	Distribuidora em SP	Posto de Gasolina
Preço	R$ 100.000,00	R$ 120.000,00	
Alíquotas	Imune	17%	
Débito	R$ 0,00	R$ 20.400,00	
Crédito	R$ 0,00	R$ 0,00	
ICMS recolhido	R$ 0,00	R$ 20.400,00	

Têm entendido nossos Tribunais Superiores que, mesmo nas operações de **aquisição direta de energia elétrica ou petróleo por consumidor** localizado em outro Estado, não terá direito o Estado produtor ao produto da arrecadação do ICMS. Aqui, a fim de se evitar fraude ao sistema de repartições estabelecido pela Constituição, caberá ao Fisco do Estado de destino o ICMS referente à operação, tudo a uma alíquota aplicável às operações internas do ente consumidor.

Como bem pondera o STF, o **benefício fiscal "não foi instituído em prol do consumidor, mas do Estado de destino** dos produtos em causa, ao qual caberá, em sua totalidade, o ICMS sobre eles incidente, desde a remessa até o consumo"[141].

141. STF, RE 198088, Pleno, julgado em 17/05/2000. No mesmo sentido: STF, RE 190.992-AgR, Primeira Turma, julgamento em 12-11-2002.

Para ficarmos nos exemplos citados acima, é como se a aquisição de energia elétrica se desse diretamente pelo consumidor final, sem a intermediação da empresa concessionária de energia elétrica. Mesmo nessa hipótese, o ICMS deverá ser recolhido ao Estado de consumo (Santa Catarina), e não ao Estado produtor (Paraná).

A Emenda Constitucional nº 33/2001 incluiu no art. 155, § 2º, XII, da Constituição, a alínea 'h", por força da qual fica autorizado à lei complementar instituir o regime do chamado **ICMS Monofásico**, hipótese na qual não será aplicado o disposto no art. 155, § 2º, X, b, da Constituição.

Maiores comentários sobre o ICMS Monofásico serão feitos adiante.

7.1.2.3. Demais imunidades: ouro, serviços gratuitos de comunicação e operações com minerais

O art. 155, § 2º, X, c, da Constituição dispõe sobre a imunidade nas operações em que o ouro funcionar como ativo financeiro ou ativo cambial. Aqui, por expressa previsão da própria Lei Suprema, o único imposto passível de incidência será o Impostos Federal Sobre Operações de Crédito, Câmbio e Seguro, ou Relativas a Títulos ou Valores Mobiliários – IOF (CF/88, art. 153, § 5º).

7.2. Isenções

Nos termos da Constituição de 1988, cabe à lei complementar regular a forma como, mediante deliberação dos Estados e do Distrito Federal, isenções, incentivos e benefícios fiscais serão concedidos e revogados (CF/88, art. 155, § 2º, XII, g).

A Lei Complementar nº 24, de 07 de janeiro de 1975, ao dispor sobre os convênios para a concessão de isenções do ICMS, concretiza o mandamento constitucional supracitado.

Segundo o art. 2º do diploma legal em comento, "*os convênios a que alude o art. 1º, serão celebrados em reuniões para as quais tenham sido convocados representantes de todos os Estados e do Distrito Federal, sob a presidência de representantes do Governo federal*" (LC 24/75, art. 2º). Ademais disso, "***a concessão de benefícios dependerá sempre de decisão unânime dos Estados** representados; a sua revogação total ou parcial dependerá de aprovação de quatro quintos, pelo menos, dos representantes presentes*" (LC 24/75, art. 2º, § 2º).

Os convênios, celebrados nos moldes da lei, deverão obrigatoriamente ser ratificados por meio de Decreto expedido pelo Poder Executivo de cada uma das unidades da Federação, sob pena de rejeição e consequente ineficácia dos benefícios anteriormente aprovados (LC 24/75, art. 4º).

A exigência de participação conjunta dos Estados no momento da concessão de isenções e benefícios de natureza fiscal tem por **objetivo principal mitigar os efeitos da já mencionada guerra fiscal** entre os diversos entes da Federação.

São exemplos de convênios o Convênio ICMS nº 91/91, que dispõe sobre a concessão de isenção de ICMS em operações realizadas por lojas francas localizadas nos aeroportos internacionais e o Convênio ICMS nº 142/2011, que concede isenção e suspensão do ICMS nas operações e prestações relacionadas com a Copa das Confederações Fifa 2013 e a Copa do Mundo Fifa 2014, e dá outras providências.

Por ser o ICMS um tributo que, embora estadual, possui características marcadamente nacionais, a admissão de concessão unilateral de benefícios por determinado Estado seria extremamente lesiva aos interesses de todos os demais.

A título de exemplo, imaginemos a instituição inesperada de isenção de ICMS pelo Estado do Rio Grande do Sul para determinadas operações envolvendo produção e circulação de peças de vestuário.

Tal conduta, e aqui não há como se concluir em sentido contrário, certamente causaria a migração de diversas empresas antes situadas nos Estados mais próximos, como Paraná e Santa Catarina, o que, consequentemente, provocaria significativa queda de arrecadação dos referidos Estados. Além disso, serviria para incrementar as desigualdades existentes entre as diversas regiões do país e aumentar a já enorme insegurança jurídica reinante no meio empresarial.

Por razões óbvias, não será válido também dispositivo de lei que confira ao Poder Executivo do Ente Federativo instituidor da norma o direito de conceder incentivos fiscais unilateralmente sempre que outro Estado proceder dessa maneira[142], ou seja, **não se admite a institucionalização da "guerra fiscal".**

A concessão de isenção, salvo determinação em contrário da legislação, não implicará crédito para compensação com o montante devido nas operações ou prestações seguintes, além disso, acarretará a anulação do crédito relativo às operações anteriores (CF/88, art. 155, § 2º, II, alíneas a e b)[143].

7.2.1. Discussão Judicial sobre Benefícios Fiscais Unilaterais

De acordo com a jurisprudência majoritária do STJ, caso determinado Estado conceda benefício unilateral relacionado ao ICMS, ou seja, sem prévia deliberação conjunta dos demais Estados e do Distrito Federal, não poderá o ente que se sentir prejudicado simplesmente desconsiderar a operação e autuar o sujeito passivo beneficiário. Aqui, restará ao prejudicado a via da Ação Direita de Inconstitucionalidade.

Nesse sentido, confira-se:

> *"Se outro Estado da Federação concede benefícios fiscais de ICMS sem a observância das regras da LC 24/75 e sem autorização do*

142. STF, ADI 3.936-MC, Plenário, julgamento em 19-9-2007.
143. O assunto foi aprofundado quando do estudo do princípio constitucional da não cumulatividade, para onde remetemos o leitor.

> *CONFAZ, cabe ao Estado lesado obter junto ao Supremo, por meio de ADIn, a declaração de inconstitucionalidade da lei ou ato normativo de outro Estado – como aliás foi feito pelos Estados de São Paulo e Amazonas nos precedentes citados pela Ministra Eliana Calmon – e não simplesmente autuar os contribuintes sediados em seu território.*[144]*"*

Assim, por exemplo, consoante entendimento do STJ, caso determinada lei catarinense venha a estabelecer alíquota interestadual diferenciada (leia-se "majorada") para operações de remessa de mercadorias ao Estado do Paraná, a este último não restará alternativa senão a do ajuizamento da Ação Direta de Inconstitucionalidade. Em outras palavras, não poderão os agentes do Fisco do Paraná simplesmente desconsiderar os créditos concedidos de maneira irregular pelo ente vizinho, mesmo sabendo da prejudicialidade de tais créditos à sua arrecadação.

O Supremo Tribunal Federal já reconheceu a repercussão geral da matéria; confira-se:

> *"Ementa: CONSTITUCIONAL. TRIBUTÁRIO. ICMS. GUERRA FISCAL. CUMULATIVIDADE. ESTORNO DE CRÉDITOS POR INICIATIVA UNILATERAL DE ENTE FEDERADO. ESTORNO BASEADO EM PRETENSA CONCESSÃO DE BENEFÍCIO FISCAL INVÁLIDO POR OUTRO ENTE FEDERADO. ARTS. 1º, 2º, 3º, 102 e 155, § 2º, I DA CONSTITUIÇÃO FEDERAL. ART. 8º DA LC 24/1975. MANIFESTAÇÃO PELA EXISTÊNCIA DE REPERCUSSÃO GERAL DA MATÉRIA."*[145]

Nesses casos, o Supremo Tribunal Federal vem se manifestando no sentido de que a **modulação de efeitos** só se faz possível quando o **benefício objeto de impugnação já vigore há muitos anos.**

> *STF:*
>
> ***"No que se refere à modulação de efeitos da decisão, a Corte registrou que a sua jurisprudência não a tem admitido em casos de leis estaduais que instituem benefícios sem o prévio convênio exigido pelo art. 155, § 2º, XII, da CF, o que consistiria em incentivo à guerra fiscal.** Ressaltou, entretanto, que, **nas hipóteses de a lei haver vigorado por muitos anos, a não modulação apenaria as empresas que a tivessem cumprido.** Por essa razão, o entendimento do Tribunal evoluiu no sentido de permitir a modulação a fim de que a declaração de inconstitucionalidade produza efeitos "ex nunc". Vencido o ministro Marco Aurélio, que julgava a ação improcedente". (STF, ADI 3796/PR, rel. Min. Gilmar Mendes, julgamento em 8.3.2017)*

144. STJ, RMS 31714/MT, Segunda Turma, julgado em 03/05/2011.
145. STF, RE 628075 RG, Relator(a): Min. JOAQUIM BARBOSA, julgado em 13/10/2011, DIVULG 30-11-2011 PUBLIC 01-12-2011.

7.2.2. Benefícios Unilaterais Válidos

Apenas em alguns casos excepcionais, o STF tem aceitado **a concessão unilateral por Estados e Distrito Federal de incentivos fiscais** relativos ao ICMS. Costuma-se verificar, em tais situações, se o benefício concedido é apto ou não a desencadear a guerra fiscal entre Estados.

Com base no exposto – ausência de Guerra Fiscal –, nossa Suprema Corte julgou válida lei paranaense concessiva de isenção de ICMS para operações de fornecimento de energia elétrica a igrejas e templos de qualquer culto[146]. Entendeu-se que **o benefício em comento não seria suscetível de causar qualquer prejuízo aos demais Entes Federativos**, ainda que, eventualmente, mais igrejas viessem a se instalar no Estado do Paraná.

No mesmo sentido, foi julgada constitucional lei estadual temporária que estabelecia redução de alíquota de ICMS em relação aos veículos automotores de fabricação nacional – tudo com vistas a enfrentar crise no setor automotivo. Entendeu-se que a medida estava dentro da autonomia constitucional do Estado e não dava ensejo à malsinada guerra fiscal[147].

7.2.3. Benefícios Fiscais Disfarçados

Nossos Tribunais têm ficado atentos também para situações de benefícios disfarçados de ICMS concedidos pelos diversos entes da Federação, situação conhecida pela alcunha de **"drible"**.

Já se julgou inválida lei estadual que, para mitigar pronunciamento do Judiciário, implicava, quanto a recolhimento de tributo, dispensa de acessórios – multa e juros da mora – e parcelamento. Em outras palavras, entendeu-se inadmissível que, a pretexto de instituir regime de parcelamento de débitos tributários, viesse a lei excluir juros e multa decorrentes da obrigação principal[148].

Outro caso emblemático de drible ao sistema de concessão consensual de benefícios de ICMS diz respeito à instituição, por ato normativo estadual, de hipóteses disfarçadas de diferimento – postergação – do pagamento do tributo. Nesse sentido, confira-se o julgado abaixo, da lavra do egrégio Supremo Tribunal Federal:

> *"O decreto estadual prevê hipótese de diferimento do pagamento do ICMS sobre a importação de máquinas e equipamentos destinados à avicultura e à suinocultura para o momento da desincorporação desses equipamentos do ativo permanente do estabelecimento. (...) Os bens do ativo permanente do estabelecimento não fazem parte de qualquer cadeia de consumo mais ampla, restando ausente o caráter de posterior circulação jurídica, uma vez que fadados a permanecer no estabelecimento, estando sujeitos à deterioração, ao perecimento*

146. STF, ADI 3421, Pleno, julgado em 05/05/2010.
147. STF, ADI 1.978, Pleno, julgado em 13-5-1999.
148. STF, ADI 2906, Pleno, julgado em 01/06/2011.

> *ou à obsolescência. Nesses casos, o fato gerador do ICMS será uma operação, em regra, monofásica, restrita à transferência de domínio do bem entre exportador e importador (destinatário final), cuja configuração fática descaracteriza o conceito de diferimento. A desincorporação do bem do ativo permanente e, consequentemente, o pagamento do tributo ficariam a cargo exclusivamente do arbítrio do contribuinte, que poderia se evadir do recolhimento do tributo com a manutenção do bem no seu patrimônio. O nominado diferimento, em verdade, reveste-se de caráter de benefício fiscal, resultando em forma de não pagamento do imposto, e não no simples adiamento. Assim, o Decreto 1.542-R, de 15-9-2005, do Estado do Espírito Santo, ao conceder forma indireta de benefício fiscal, sem aprovação prévia dos demais Estados-membros, viola o art. 155, § 2º, XII, g, da CF.[149]"*

Ainda sobre o assunto, temos que a Constituição de 1988 estabelece que "é vedado à União instituir isenções de tributos da competência dos Estados, do Distrito Federal ou dos Municípios" (CF/88, art. 151, III). Trata-se da chamada **proibição à instituição de isenções heterônomas.**

A regra visa à proteção do pacto federativo, cláusula pétrea da Constituição. Assim, é natural que apenas o Ente competente para tributar tenha também competência para isentar.

7.2.4. Benefícios Concedidos por Tratados

Tem-se admitido, no entanto, a concessão de isenções de tributos estaduais e municipais por meio de tratados e acordos internacionais. Aqui, porém, a União atua como mera representante da República Federativa do Brasil. Confira-se:

> **SÚMULA nº 575 DO STF:** *"À mercadoria importada de país signatário do GATT, ou membro da ALALC, estende-se a isenção do imposto sobre circulação mercadorias concedidas a similar nacional."*
>
> STF. *"A cláusula de vedação inscrita no art. 151, inciso III, da Constituição – que proíbe a concessão de isenções tributárias heterônomas – é inoponível ao Estado Federal brasileiro (vale dizer, à República Federativa do Brasil), incidindo, unicamente, no plano das relações institucionais domésticas que se estabelecem entre as pessoas políticas de direito público interno (...). Nada impede, portanto, que o Estado Federal brasileiro celebre tratados internacionais que veiculem cláusulas de exoneração tributária em matéria de tributos locais (como o ISS, p. ex.), pois a República Federativa do Brasil, ao exercer o seu treaty-making power, estará praticando ato legítimo que se inclui na esfera de suas prerrogativas como pessoa jurídica de direito internacional público, que detém – em face das unidades meramente federadas – o monopólio da soberania e da personalidade internacional.[150]"*

149. STF, ADI 3.702, Plenário, julgamento em 1º-6-2011.

150. STJ, *RE 543.943-AgR*, Rel. Min. *Celso de Mello*, julgamento em 30-11-2010, Segunda Turma, DJE de 15-2-2011. No mesmo sentido: *RE 229.096*, Rel. p/ o ac. Min. *Cármen Lúcia*, julgamento em 16-8-2007, Plenário, DJE de 11-4-2008.

Em linhas gerais, podemos listar os seguintes traços marcantes do regime constitucional de isenções aplicável ao ICMS:

a) Serão concedidas por convênios celebrados com a participação de todos os entes da Federação;

b) A realização dos mencionados convênios tem por objetivo evitar a Guerra Fiscal entre os Estados;

c) A concessão unilateral de isenções fiscais relacionadas ao ICMS só será admitida nas raras situações em que não implicarem estímulo à Guerra Fiscal;

d) A isenção, salvo determinação em contrário da legislação, não implicará crédito para compensação com o montante devido nas operações ou prestações seguintes, além disso, acarretará a anulação do crédito relativo às operações anteriores;

e) Não são admitidas isenções heterônomas, porém, tem-se aceitado a instituição de benefício fiscal de tributo estadual por meio de tratados e acordos internacionais celebrados pela República Federativa do Brasil.

7.2.5. A Lei Complementar n. 160, de 2017, o Convênio ICMS n. 190, de 2017, e a Convalidação de Benefícios Fiscais Unilaterais

Conforme exposto acima, a Constituição de 1988 instituiu, como requisito para criação de benefícios fiscais relacionados ao ICMS, a chamada "Cláusula de Convênio", de acordo com a qual a criação válida de benefícios fiscais depende de aprovação unânime de todos os Estados, mediante convênio (CF/88, art. 155, § 2º, XII, "g").

Ocorre que, ao longo dos anos, os **Estados desobedeceram rotineiramente ao referido preceito**, instituindo os supracitados **"benefícios fiscais unilaterais"**, fato que gerou grande **insegurança jurídica**, sobretudo no meio empresarial, na medida em que, a qualquer momento, **decisões judiciais** (proferidas em sede de Ações Diretas de Inconstitucionalidade) **poderiam anular o regime instituído unilateralmente** e fazer incidir sobre as operações praticadas pelos contribuintes beneficiados as regras anteriores.

Com vistas a conferir **maior estabilidade às relações tributárias** envolvendo contribuintes beneficiados e Fisco e **proporcionar maior transparência à chamada "guerra fiscal"**, foi promulgada a **Lei Complementar n. 160, de 2017**.

Referido diploma legal **autorizou** os Estados e o Distrito Federal a: (a) **remitir, mediante convênio do CONFAZ, "créditos tributários**, constituídos ou não, decorrentes das isenções, dos incentivos e dos benefícios fiscais ou financeiro-fiscais instituídos em desacordo com o disposto na alínea \`g´ do inciso XII do § 2º do art. 155 da Constituição Federal por legislação estadual publicada até a data de início de produção de efeitos [da referida] Lei Complementar" (art. 1º, I); e (b) **reinstituir os benefícios** que ainda se encontrassem em vigor (art. 1º, II), por prazos definidos em seu art. 3º, § 2º.

Como **condição para celebração do convênio de convalidação e/ou reinstituição** dos benefícios fiscais unilaterais, **foram exigidas**, dos Estados e do DF, **medidas como** a publicação de "**relação com a identificação de todos os atos normativos relativos às isenções, aos incentivos e aos benefícios fiscais ou financeiro-fiscais** abrangidos pelo art. 1º [da] Lei Complementar" (LC n. 160/2017, art. 3º, I) e; "**o registro e o depósito**, na Secretaria Executiva do ... Confaz, **da documentação comprobatória correspondente aos atos concessivos das isenções, dos incentivos e dos benefícios fiscais ou financeiro-fiscais** mencionados no inciso I deste artigo" (LC n. 160/2017, art. 3º, II). A lei estabelece ainda que a **concessão ou manutenção de benefícios fiscais em desacordo com suas disposições** e com as disposições da LC n. 24/75 implica a sujeição da unidade federada aos impedimentos previstos nos incisos I, II e III (**receber transferência voluntária, obter garantia** e **contratar operação de crédito**), do § 3º, da **LC n. 101/2000 (Lei de Responsabilidade Fiscal).**

A **operacionalização dos preceitos da LC n. 160/2017** deu-se por meio do **Convênio ICMS n. 190/2017,** também de leitura obrigatória aos que vão prestar concursos públicos.

O **Convênio ICMS 190/2017** concedeu **remissão e anistia até mesmo a créditos constituídos em decorrência do reconhecimento da nulidade do benefício fiscal pelo STF** (Cláusula oitava, § 1º, I), condicionadas (a remissão e a anistia) à **desistência**, pelo sujeito passivo: "I – de **ações ou embargos** à execução fiscal relacionados com os respectivos créditos tributários, com renúncia ao direito sobre o qual se fundam, nos autos judiciais respectivos, com a quitação integral pelo sujeito passivo das custas e demais despesas processuais; II – de **impugnações, defesas e recursos eventualmente apresentados** pelo sujeito passivo no âmbito administrativo; III – pelo advogado do sujeito passivo **da cobrança de eventuais honorários de sucumbência** da unidade federada" (Cláusula oitava, § 2º).

8. INFORMAÇÕES COMPLEMENTARES

Dispõe a Constituição, na redação que lhe foi conferida pela Emenda Constitucional nº 33/2001, caber à lei complementar definir os **combustíveis e lubrificantes sobre os quais o imposto incidirá uma única vez**, qualquer que seja a sua finalidade, hipótese em que não se aplicará o regime de imunidades previsto no inciso X, b, do art. 155, § 2º do Texto Supremo (CF/88, art. 155, § 2º, XII, h).

Trata-se do chamado **ICMS Monofásico** sobre operações envolvendo combustíveis, cujo objetivo principal é "*submeter a cobrança do tributo à sistematização da substituição tributária para frente, antecipando a cobrança, otimizando a utilização da mão de obra fiscal e diminuindo a possibilidade de sonegação.*[151]" As principais vantagens e desvantagens do sistema de substituição tributária progressiva foram estudadas em item anterior deste capítulo, para onde remetemos o leitor.

151. ALEXANDRE, Ricardo. *Direito Tributário Esquematizado*. 5. ed. Rio de Janeiro: Forense; São Paulo: Método, 2011, p. 630.

Com a nova regra, embora excludente do regime de imunidades previsto no art. 155, § 2º, X, b, da Constituição[152], mantém-se a lógica da destinação do imposto ao Estado em que ocorrer o consumo da mercadoria, desde que se trate de lubrificantes e combustíveis derivados do petróleo (CF/88, art. 155, § 4º, I). Agora, no entanto, o recolhimento se dará em uma única etapa do ciclo econômico da mercadoria, qual seja, a do momento da saída da mercadoria do estabelecimento situado no Estado produtor.

Um **exemplo pode facilitar a compreensão**.

Imaginemos uma cadeia econômica de circulação de combustível derivado de petróleo em que o produto vai de refinaria localizada no Rio de Janeiro até o consumidor final domiciliado no Estado de Minas Gerais, passando por distribuidoras e postos de gasolina sediados também em Minas Gerais.

Na situação hipotética apresentada, caso estivéssemos diante da antiga sistemática de imunidades, apenas a primeira operação – interestadual – do ciclo econômico seria imune, devendo todas as demais, da distribuidora até os consumidores, passando pelos postos de gasolina, serem tributadas à alíquota interna do Estado consumidor (MG). Segundo a sistemática do ICMS Monofásico, porém, apenas a primeira etapa da cadeia supracitada (saída do combustível da refinaria à distribuidora) será tributada, devendo o montante arrecadado ser destinado ao Estado de consumo do combustível, qual seja, Minas Gerais.

Admite-se, também por meio de lei complementar, a instituição **do regime monofásico de incidência** do ICMS para operações interestaduais com **gás natural e seus derivados**, assim como lubrificantes e combustíveis não derivados do petróleo.

Em tais casos, no entanto, o produto da arrecadação do imposto nem sempre pertencerá ao Estado consumidor. Na verdade, será obedecida regra de repartição semelhante àquela aplicável às operações sujeitas à incidência plurifásica, ou seja: a) nas operações interestaduais, entre contribuintes, o imposto será repartido entre os Estados de origem e de destino, mantendo-se a mesma proporcionalidade que ocorre nas operações com as demais mercadorias[153] e; b) nas operações interestaduais destinadas a não contribuinte, o imposto caberá ao Estado de origem.

Aplicar-se-á às referidas operações o regime de alíquotas estabelecido no art. 155, § 4º, IV, da Constituição, que estabelece que as alíquotas do imposto serão definidas mediante convênio celebrados entre todos os Estados e Distrito Federal, observando-se o seguinte: a) serão uniformes em todo o território nacional, podendo ser diferenciadas por

152. Art. 155. (...)

§ 2º. (...)X – não incidirá: b) sobre operações que destinem a outros Estados petróleo, inclusive lubrificantes, combustíveis líquidos e gasosos dele derivados, e energia elétrica.

153. O Estado de origem ficará com o montante correspondente à alíquota interestadual, incidente sobre a primeira operação, enquanto o Estado de destino ficará com o montante correspondente à diferença entre a alíquota interna e a interestadual incidente sobre a operação seguinte.

produto; b) poderão ser específicas, por unidade de medida adotada, ou *ad valorem*, incidindo sobre o valor da operação ou sobre o preço que o produto ou seu similar alcançaria em uma venda em condições de livre concorrência; c) poderão ser reduzidas e restabelecidas, não se lhes aplicando o disposto no art. 150, III, *b* (princípio da anterioridade).

O esquema abaixo facilita a memorização do exposto:

ICMS Monofásico em Operações com Combustíveis e Lubrificantes Derivados ou Não de Petróleo		
Operações com derivados de petróleo	Operações interestaduais com gás natural e demais combustíveis entre contribuintes.	Operações interestaduais com gás natural e demais combustíveis entre não contribuintes.
ICMS incidente sobre uma única operação	ICMS incidente sobre uma única operação	ICMS incidente sobre uma única operação
Imposto destinado ao Estado do consumo.	Imposto dividido entre Estado de origem e Estado de consumo.	Imposto destinado ao Estado de origem.

Dispõe o art. 155, § 5º, da Constituição de 1988, que as regras necessárias à aplicação do regime monofásico de incidência do ICMS, inclusive as relativas à apuração e à destinação do imposto, serão estabelecidas mediante deliberação (leia-se "convênios") dos Estados e do Distrito Federal.

Informemos, por fim, que a lei complementar necessária à instituição do ICMS Monofásico nunca foi promulgada.

9. QUADRO SINÓPTICO

<table>
<tr><td rowspan="4">1. Introdução</td><td colspan="3">Diplomas normativos aplicáveis: Constituição Federal (art. 155, §§ 2º a 5º); Leis Complementares, Leis Estaduais; Resoluções do Senado e; Convênios do CONFAZ.</td></tr>
<tr><td colspan="3">Lançamento: Em regra, feito por homologação.</td></tr>
<tr><td colspan="3">Princípios aplicáveis: a) legalidade; b) isonomia; c) capacidade contributiva; d) irretroatividade; e) anterioridade; f) anterioridade nonagesimal; g) vedação à utilização de tributo com efeito de confisco; h) limitação ao tráfego de pessoas ou bens; i) vedação à instituição de isenções heterônomas.</td></tr>
<tr><td colspan="3">Características: Tributo estadual, direto/indireto, privativo, não vinculado, real, de arrecadação não vinculada e ordinário.</td></tr>
<tr><td rowspan="4">2. Aspecto material</td><td rowspan="4">ICMS sobre circulação de mercadorias.</td><td colspan="2">Operações relativas à circulação de mercadorias: São aquelas que envolvem a transferência da propriedade do bem. Fala-se em circulação jurídica.</td></tr>
<tr><td rowspan="3">Fornecimento simultâneo de mercadorias e serviços (ICMS X ISS)</td><td>Incide apenas ICMS quando o serviço não estiver discriminado na lista anexa à LC 116/2003 (que rege o ISS).</td></tr>
<tr><td>Incide apenas o ISS quando o serviço estiver discriminado na lista anexa à LC 116/2003.</td></tr>
<tr><td>Incide ICMS sobre a mercadoria e ISS sobre o serviço quando houve expressa ressalva nesse sentido em lei complementar.</td></tr>
</table>

<table>
<tr><td rowspan="6">2.
Aspecto material</td><td rowspan="3">ICMS sobre circulação de mercadorias.</td><td colspan="2">Mercadoria para fins de incidência: Bens móveis adquiridos pelos comerciantes para realização de suas atividades primordiais. São mercadorias também as coisas móveis produzidas para venda, bem como, nas importações, os bens adquiridos para uso ou consumo próprio.</td></tr>
<tr><td rowspan="2">Operações de Arrendamento Mercantil (leasing)</td><td>Internas: a) No leasing operacional, não sendo exercida opção de compra, não incide ICMS nem ISS; b) no Leasing Financeiro, não sendo exercida opção de compra, haverá incidência apenas do ISS; c) No leasing de retorno, não sendo exercida opção de compra, não incide ISS nem ICMS.</td></tr>
<tr><td>Internacionais: Aplica-se a mesma regra aplicável às operações internacionais.</td></tr>
<tr><td rowspan="3">ICMS sobre serviços de transporte</td><td>Serviço de transporte</td><td>Imposto só incide sobre operações interestaduais, intermunicipais e internacionais de transporte prestados em regime de direito privado.</td></tr>
<tr><td rowspan="2">Regras Excepcionais</td><td>No transporte aéreo de passageiros (intermunicipal, interestadual ou internacional) não haverá incidência de ICMS.</td></tr>
<tr><td>No transporte internacional de cargas não haverá incidência do ICMS.</td></tr>
<tr><td rowspan="2">2.
Aspecto material</td><td rowspan="2">ICMS sobre serviços de Comunicação</td><td colspan="2">A tributação não recai sobre a comunicação em si, mas sobre a relação onerosa que se estabelece entre o fornecedor dos meios materiais necessários para que a relação comunicativa possa se estabelecer com o tomador destes serviços.</td></tr>
<tr><td colspan="2">Meros serviços conexos ao de comunicação, como a habilitação de serviços de telefone celular, não dão ensejo à cobrança do tributo.</td></tr>
<tr><td rowspan="3">3.
Aspecto espacial</td><td colspan="3">ICMS sobre circulação de mercadorias: Considera-se local da operação, em regra, o do estabelecimento onde se encontre, no momento da ocorrência do fato gerador.</td></tr>
<tr><td colspan="3">ICMS sobre serviços de transporte: Considerar-se-á como local da prestação, para fins de incidência, aquele: a) onde tenha início a prestação; b) onde se encontre o transportador, quando em situação irregular pela falta de documentação fiscal ou quando acompanhada de documentação inidônea, como dispuser a legislação tributária; c) do estabelecimento destinatário do serviço, na hipótese da utilização, por contribuinte, de serviço cuja prestação se tenha iniciado em outro Estado e não esteja vinculada a operação ou prestação subsequente.</td></tr>
<tr><td colspan="3">ICMS sobre serviços de comunicação: o local da operação será: a) o da prestação do serviço de radiodifusão sonora e de som e imagem, assim entendido o da geração, emissão, transmissão e retransmissão, repetição, ampliação e recepção; b) o do estabelecimento da concessionária ou da permissionária que forneça ficha, cartão, ou assemelhados com que o serviço é pago; c) o do estabelecimento destinatário do serviço, na hipótese de serviço cuja prestação se tenha iniciado em outro Estado e não esteja vinculada a operação ou prestação subsequente; d) o do estabelecimento ou domicílio do tomador do serviço, quando prestado por meio de satélite.</td></tr>
</table>

4. Aspecto temporal	**ICMS sobre circulação de mercadorias**	Em regra, considera-se ocorrida a operação relativa à circulação de mercadoria no momento da saída da referida mercadoria do estabelecimento do contribuinte do imposto
		Considera-se ocorrido o fato gerador também no momento: a) da transmissão de propriedade de mercadoria, ou de título que a represente, quando a mercadoria não tiver transitado pelo estabelecimento transmitente; b) do fornecimento de mercadoria com prestação de serviços; c) do desembaraço aduaneiro de mercadorias ou bens importados do exterior; d) da aquisição em licitação pública de mercadorias ou bens importados do exterior e apreendidos ou abandonados.
	ICMS sobre serviços de transporte: a) prestação de serviços de transporte interestadual e intermunicipal → tem-se como momento da ocorrência da obrigação o do início da prestação; b) transportes iniciados no exterior → considera-se ocorrido o fato gerador do imposto no momento do ato final do transporte.	
	ICMS sobre serviços de comunicação: Momento da prestação onerosa do serviço.	
5. Aspecto subjetivo	**Sujeito ativo**	Em regra, é o Estado em que realizada a operação relativa à circulação de mercadoria ou prestados os serviços de transporte interestadual, intermunicipal ou de comunicação.
5. Aspecto subjetivo	**Sujeito passivo**	Contribuinte: Aquele que realizar com habitualidade operações relativas á circulação de mercadorias ou prestação de serviço de transporte interestadual, intermunicipal ou de comunicação.
		Responsáveis ou substitutos tributários: Aqueles que, embora não possuam relação pessoal e direta com o fato gerador da obrigação, são eleitos pelo legislador para responder pelo tributo. A substituição tributária pode ser progressiva ou regressiva.
6. Aspecto quantitativo	**Base de Cálculo**	ICMS sobre Circulação de Mercadoria: Em regra, valor da operação relativa à circulação de mercadoria. Inclui-se na base de cálculo o montante do próprio tributo (ICMS por dentro).
		ICMS sobre Serviço de Transporte: Valor do serviço.
		ICMS sobre Serviço de Comunicação: Valor do serviço.
	Não Cumulatividade	O ICMS será não cumulativo, compensando-se o que for devido em cada operação relativa à circulação de mercadorias ou prestação de serviços com o montante cobrado nas anteriores pelo mesmo ou outro Estado ou pelo Distrito Federal (CF/88, art. 155, § 2º, I).
		O objetivo maior da não cumulatividade é neutralizar os efeitos das múltiplas incidências tributárias, de forma que, ao final do ciclo econômico de determinada mercadoria – desde a produção, passando por industriais, atacadistas e varejistas, até o consumidor – o tributo cobrado seja sempre equivalente, independentemente do número de operações.
	Alíquota	As alíquotas interestaduais e externas serão fixadas por resolução do Senado, assim como as alíquotas máximas e mínimas nas operações internas.
		As alíquotas poderão ser seletivas em função da essencialidade do produto.

<table>
<tr><td rowspan="2">7. Imunidade e isenções</td><td>Imunidades: Além das imunidades genéricas previstas no art. 150, VI, alíneas "a" a "d", nossa Constituição prevê 4 (quatro) diferentes imunidades específicas relacionadas ao ICMS; são elas: a) imunidade nas operações de exportação de mercadorias ao exterior; b) imunidade nas operações interestaduais com petróleo, inclusive lubrificantes, combustíveis líquidos e gasosos dele derivados, e energia elétrica; c) imunidade nas operações com ouro, quando definido em lei como ativo financeiro ou instrumento cambial; d) imunidades nas prestações de serviço de comunicação nas modalidades de radiodifusão sonora e de sons e imagens de recepção livre e gratuita.</td></tr>
<tr><td>Isenções: Cabe à lei complementar regular a forma como, mediante deliberação dos Estados e do Distrito Federal, isenções, incentivos e benefícios fiscais serão concedidos e revogados</td></tr>
</table>

10. SÚMULAS DO STF E DO STJ

SÚMULAS – STF

SÚMULA VINCULANTE N. 48: Na entrada de mercadoria importada do exterior, é legítima a cobrança do ICMS por ocasião do desembaraço aduaneiro.

SÚMULA Nº 662: É legítima a incidência do ICMS na comercialização de exemplares de obras cinematográficas, gravados em fitas de videocassete.

SÚMULA Nº 661: Na entrada de mercadoria importada do exterior, é legítima a cobrança do ICMS por ocasião do desembaraço aduaneiro.

SÚMULA Nº 575: A mercadoria importada de país signatário do GATT, ou membro da ALALC, estende-se a isenção do imposto sobre circulação de mercadorias concedida a similar nacional.

SÚMULA Nº 574: Sem lei estadual que a estabeleça, é ilegítima a cobrança do imposto de circulação de mercadorias sobre o fornecimento de alimentação e bebidas em restaurante ou estabelecimento similar. – superada.

SÚMULA Nº 573: Não constitui fato gerador do imposto de circulação de mercadorias a saída física de máquinas, utensílios e implementos a título de comodato.

SÚMULAS – STJ

SÚMULA nº 509: É lícito ao comerciante de boa-fé aproveitar os créditos de ICMS decorrentes de nota fiscal posteriormente declarada inidônea, quando demonstrada a veracidade da compra e venda.

SÚMULA Nº 433: O produto semielaborado, para fins de incidência de ICMS, é aquele que preenche cumulativamente os três requisitos do art. 1º da Lei Complementar nº 65/1991.

SÚMULA Nº 432: As empresas de construção civil não estão obrigadas a pagar ICMS sobre mercadorias adquiridas como insumos em operações interestaduais.

SÚMULA Nº 431: É ilegal a cobrança de ICMS com base no valor da mercadoria submetido ao regime de pauta fiscal.

SÚMULA Nº 395: O ICMS incide sobre o valor da venda a prazo constante da nota fiscal.

SÚMULA Nº 391: O ICMS incide sobre o valor da tarifa de energia elétrica correspondente à demanda de potência efetivamente utilizada.

SÚMULA Nº 350: O ICMS não incide sobre o serviço de habilitação de telefone celular.

SÚMULA Nº 334: O ICMS não incide no serviço dos provedores de acesso à Internet.

SÚMULA Nº 237: Nas operações com cartão de crédito, os encargos relativos ao financiamento não são considerados no cálculo do ICMS.

SÚMULA Nº 198: Na importação de veículo por pessoa física, destinado a uso próprio, incide o ICMS.

SÚMULA Nº 166: Não constitui fato gerador do ICMS o simples deslocamento de mercadoria de um para outro estabelecimento do mesmo contribuinte.

SÚMULA Nº 163: O fornecimento de mercadorias com simultânea prestação de serviços em bares, restaurantes e estabelecimentos similares constitui fato gerador do ICMS a incidir sobre o valor total da operação.

SÚMULA Nº 155: O ICMS incide na importação de aeronave, por pessoa física, para uso próprio.

SÚMULA Nº 135: O ICMS não incide na gravação e distribuição de filmes e videoteipes. – mitigada.

SÚMULA Nº 95: A redução da alíquota do Imposto sobre Produtos Industrializados ou do Imposto de Importação não implica redução do ICMS.

SÚMULA Nº 68: A parcela relativa ao ICM inclui-se na base de cálculo do PIS.

SÚMULA Nº 20: A mercadoria importada de país signatário do GATT é isenta do ICM, quando contemplado com esse favor o similar nacional.

11. QUESTÕES DE CONCURSOS PÚBLICOS

1. **(SEGEP/PGE-MA/PROCURADOR DO ESTADO DE SEGUNDA CLASSE/2016)** Para os efeitos da Lei Estadual no 7.799, de 19 de dezembro de 2002, do Estado do Maranhão, haverá incidência do ICMS sobre

(A) operações com ouro, quando definido em lei como ativo financeiro ou instrumento cambial.

(B) operações decorrentes de alienação fiduciária em garantia, inclusive a operação efetuada pelo credor em decorrência do inadimplemento do devedor.

(C) prestação do serviço de transporte intermunicipal de característica urbana, nas regiões metropolitanas criadas no Estado do Maranhão.

(D) operações de qualquer natureza de que decorra a transferência de propriedade de estabelecimento industrial, comercial ou de outra espécie.

(E) o fornecimento de alimentação e bebidas em bares, restaurantes e estabelecimentos similares.

2. **(FGV/OAB/XI EXAME DE ORDEM UNIFICADO)** Determinada editora de livros, revistas e outras publicações foi autuada pela fiscalização de certo Estado, onde mantém a sede da sua indústria gráfica, pela falta de recolhimento de ICMS incidente sobre álbum de figurinhas.

Nessa linha, à luz do entendimento do STF sobre a matéria em pauta, tal cobrança é

a) inconstitucional, por força da aplicação da isenção tributária.

b) inconstitucional, por força da aplicação da imunidade tributária.

c) constitucional, por força da inaplicabilidade da imunidade tributária.

d) inconstitucional, por estar o referido tributo adstrito à competência tributária da União Federal.

3. **(FGV/OAB/XIX EXAME DE ORDEM UNIFICADO/2016)** A pessoa jurídica Verdes Campos Ltda. realiza transporte de cargas entre os estados "X" e "Y" por meio de sua frota de 30 caminhões. Sobre a referida prestação de serviço de transporte, assinale a opção correta.

a) Incide o ISS, de competência dos Municípios.

b) Não incide qualquer imposto.

c) Incide o ICMS, de competência dos Estados.

d) Incide o IPVA, de competência dos Estados.

4. **(FCC/AUDITOR FISCAL DA RECEITA ESTADUAL/SEFAZ RJ/2014)** De acordo com a Constituição Federal, os Estados deverão entregar aos Municípios

I. que forem atravessados por rodovias estaduais, 20% da contribuição para custeio do serviço de iluminação pública, cobrado pelos Estados, dos contribuintes com propriedades adjacentes a essas rodovias.

II. 25% do produto da arrecadação do ICMS, sendo três quartos desse percentual, no mínimo, na proporção do valor adicionado nas operações relativas à circulação de mercadorias e nas prestações de serviços, realizadas em seus territórios, e até um quarto, de acordo com o que dispuser lei estadual ou, no caso dos Territórios, lei federal.

III. 25% da arrecadação do ITD incidente sobre as transmissões causa mortis de bens imóveis localizados nesses municípios.

IV. em que estiver domiciliado o proprietário do veículo ou o seu possuidor, a qualquer título, 50% da arrecadação do IPVA incidente sobre esses veículos.

V. 40% da arrecadação das taxas cobradas pelo Estado, em razão do exercício do poder de polícia, quando a atribuição para o exercício desse poder competir tanto ao Estado como ao Município no qual esse poder estiver sendo exercido.

Está correto o que se afirma APENAS em

a) II.

b) IV.

c) I e V.

d) III e IV

e) II e III.

5. **(TJ-PR/2010/TJ-PR/JUIZ)** Dadas as assertivas abaixo, assinale a alternativa CORRETA:

I. Diante do quadro de competência tributária traçado na Constituição Federal, não é possível haver ingerência de competência entre os entes federados, já que a isenção heterônoma é sempre inconstitucional.

II. Os conflitos de competência entre os Estados federados devem, segundo a Constituição Federal, ser dirimidos pelo Conselho Nacional de Política Fazendária – CONFAZ.

III. Os créditos de ICMS de operações isentas e de não incidências, salvo determinação em contrário da legislação, podem ser apropriados pelo comprador da mercadoria isenta ou não sujeita à exação, nos termos expressos do Texto Magno em vigor e em perfeita consonância com o princípio da não cumulatividade.

IV. O ICMS será cobrado, como regra, na origem; todavia, nas operações externas protegidas pela imunidade de alguns produtos, haverá cobrança apenas pelo Estado-membro destinatário, daí porque serem os Estados importadores que recebem o ICMS que incidiria sobre a energia elétrica produzida na Hidrelétrica de Itaipu, e não o Estado do Paraná.

V. Energia elétrica é serviço, daí estar inserida no "S" da sigla do ICMS, sendo passível dessa exação, que vem destacada na conta de luz.

a) Somente a assertiva II é falsa.

b) As assertivas I e II são falsas, enquanto a assertiva V é verdadeira.

c) A assertiva IV é verdadeira e as assertivas III e V são falsas.

d) Enquanto IV e V são verdadeiras, a assertiva II é falsa.

---

6. (CESPE/2010/TCE-BA/PROCURADOR) Ao Estado é permitido cobrar o ICMS sobre o valor da tarifa de energia elétrica correspondente à demanda de potência efetivamente disponibilizada ao consumidor.

---

7. (TJ-SC/2010/TJ-SC/JUIZ) Nas operações interestaduais entre contribuintes do Imposto sobre Operações relativas à Circulação de Mercadorias e Prestação de Serviços de Transporte Interestadual e Intermunicipal e de Comunicação (ICMS):

a) O destinatário deve se debitar da alíquota interestadual.

b) O destinatário deve se creditar da alíquota interestadual e se debitar da alíquota interna.

c) O remetente está isento do imposto.

d) O imposto é deferido para o destinatário da mercadoria ou serviço.

e) O remetente deve aplicar a alíquota interna.

---

8. (FCC/PGE-MT/PROCURADOR DO ESTADO/MT/2016) Sobre o processo civil tributário, considere:

O consumidor tem legitimidade para propor ação declaratória cumulada com repetição de indébito que busca afastar, no tocante ao fornecimento de energia elétrica, a incidência do ICMS sobre a demanda contratada e não utilizada.

---

9. (FCC/PGE-MT/PROCURADOR DO ESTADO/MT/2016) Um Decreto editado pelo Governador de determinado Estado altera o prazo de recolhimento de ICMS, com vigência imediata a partir de sua publicação, no mês de janeiro de 2016. Neste caso, referido decreto, à luz da Constituição Federal, é

(A) incompatível com a Constituição Federal, por ferir o princípio constitucional tributário da legalidade.

(B) incompatível com a Constituição Federal, por ferir o princípio constitucional tributário da anterioridade.

(C) incompatível com a Constituição Federal, por ferir o princípio constitucional tributário da irretroatividade.

(D) compatível com a Constituição Federal, não estando sujeito ao princípio constitucional tributário da anterioridade.

(E) incompatível com a Constituição Federal, por ferir o princípio constitucional tributário da capacidade contributiva.

---

10. (CESGRANRIO/2010/PETROBRÁS/ADVOGADO) A celebração de convênios do ICMS, pelas unidades da Federação visando à exoneração do respectivo pagamento do imposto, NÃO se aplica a

a) isenção de imposto.

b) concessão de crédito presumido.

c) redução de alíquotas internas inferiores às previstas para operações interestaduais.

d) redução de base de cálculo.

e) imunidade tributária.

---

11. (ESAF/AUDITOR FISCAL DA RECEITA ESTADUAL-MG/2005) Considerando as normas relativas à não cumulatividade do ICMS, é correto afirmar:

a) o atendimento do princípio da não cumulatividade do imposto é alcançado mediante a compensação do que for devido em cada operação ou prestação de serviços com o montante do tributo cobrado pelo Estado de Minas Gerais nas operações ou prestações anteriores.

b) o imposto incidente sobre a prestação do serviço de transporte rodoviário da mercadoria alienada não pode ser abatido, sob a forma de crédito, pelo contribuinte alienante responsável por seu recolhimento.

c) para fins de apuração do valor do imposto devido, é computado o ICMS cobrado relativamente à entrada, no estabelecimento, de energia elétrica destinada a ser consumida no processo de industrialização.

d) como regra geral, a apuração do valor do imposto devido por período é feita de forma individualizada, por estabelecimento, transferindo-se para o período seguinte o saldo credor eventualmente apurado, vedada sua transferência para outro estabelecimento do mesmo titular.

e) é vedada a apropriação do crédito do imposto destacado em documento fiscal e que corresponda à vantagem econômica decorrente da concessão de incentivo ou benefício fiscal.

---

12. (FCC/AUDITOR FISCAL DA RECEITA ESTADUAL/SEFAZ RJ/2014) Tratando-se de ICMS, NÃO integra a base de cálculo do imposto

a) o frete, quando o transporte for efetuado pelo próprio remetente ou por sua conta e ordem, e seja cobrado em separado.

b) as despesas financeiras (juros) cobrados pelo vendedor da mercadoria, pois se trata de operação sujeita ao IOF.

c) os descontos concedidos sem condição.

d) as despesas de montagem, instalação e colocação de paredes divisórias cobradas pelo vendedor da mercadoria.

e) o montante do próprio imposto, visto que isso implicaria bitributação

---

13. (TJ/SP/Juiz Substituto/VUNESP/2017) Considerando-se o disposto no artigo 150, VI, "d" da Constituição Federal de 1988, notadamente a expressão "... e o papel destinado à sua impressão", é de se concluir corretamente que:

(A) somente o livro de papel deve ser imune a impostos, uma vez que, operando a imunidade como limitação ao poder de tributar de que dotado o Estado, sua interpretação há de ser restritiva.

(B) somente o livro de papel é imune a impostos, à vista da cláusula expressa "... e o papel destinado à sua impressão". (artigo 150,VI, "d", Constituição Federal).

(C) se a Constituição não distinguiu o suporte tecnológico de elaboração de livros, jornais e periódicos, não pode o intérprete fazê-lo para o fim de ampliar a imunidade.

(D) a imunidade deve ser estendida também aos livros com suportes em CD e outros meios eletrônicos, em face das interpretações evolutiva e teleológica.

---

14. (FCC/PGE-MT/PROCURADOR DO ESTADO/MT/2016) No que concerne ao Imposto sobre operações relativas à circulação de mercadorias e prestações de serviços de transporte interestadual e intermunicipal e de comunicação – ICMS, considere:

I. O ICMS incide sobre operações relativas à circulação de mercadorias, inclusive sobre operações de transferência de propriedade de estabelecimento contribuinte.

II. Armazém-geral, embora prestador de serviços sujeito ao Imposto Municipal sobre Serviços de Qualquer Natureza, é insuscetível de ser colocado na condição de sujeito passivo do ICMS.

III. Convênio que autorize a isenção do ICMS sobre o fornecimento de bens e mercadorias destinados à operação de serviços de transporte metroferroviário de passageiros, inclusive por meio de Veículo Leve sobre Trilhos, dá amparo legal à concessão de isenção do ICMS sobre a energia elétrica destinada à alimentação dos trens do VLT.

IV. A base de cálculo, para fins de substituição tributária, em relação às operações ou prestações subsequentes, será obtida pelo somatório das parcelas seguintes: (i) valor da operação ou prestação própria realizada pelo substituto tributário ou pelo substituto intermediário; (ii) montante dos valores de seguro, de frete e de outros encargos cobrados ou transferíveis aos adquirentes ou tomadores de serviço, (iii) margem de valor agregado, inclusive lucro, relativa às operações ou prestações subsequentes.

Está correto o que se afirma APENAS em

(A) I e II.

(B) II e III.

(C) I.

(D) III e IV.

(E) IV.

---

15. (FCC/2009/TJ-GO/JUIZ) ICMS é o imposto que incide sobre a circulação de mercadorias e prestações de serviços de transporte interestadual e intermunicipal e de comunicação. Sobre a disciplina constitucional e legal do ICMS, com amparo na jurisprudência sumulada do STJ, é correto afirmar que incide ICMS

a) na operação de arrendamento mercantil de coisas móveis.

b) sobre serviço dos provedores de acesso à Internet.

c) na gravação e distribuição de filmes e videoteipes.

d) sobre o fornecimento de concreto, por empreitada, para construção civil, preparado no trajeto até a obra em betoneiras acopladas a caminhões.

e) na importação de veículo por pessoa física, destinado a uso próprio.

---

16. (FCC/2002/PGE-SP/PROCURADOR DO ESTADO) No que se refere ao ICMS, é correto afirmar que

a) terá suas hipóteses de isenção fixadas em lei complementar.

b) nas operações com lubrificantes e combustíveis derivados de petróleo caberá sempre ao Estado de origem.

c) resolução do Senado estabelecerá as alíquotas aplicáveis às operações e prestações interestaduais e de exportação.

d) terá por base de cálculo, para fins de substituição tributária, em relação às operações antecedentes ou concomitantes, o valor da operação praticada pelo substituto.

e) em relação às operações que destinem bens e serviços a consumidor final localizado em outro Estado, aplicar-se-á a alíquota interna, quando o destinatário for contribuinte do imposto.

---

17. (FGV/ALERJ/Procurador/2017) A empresa XYZ Comércio e Atacadista Ltda. está sujeita ao regime de substituição tributária para frente em relação às mercadorias que comercializa. Ao efetuar a saída dessas mercadorias, adotou um preço de venda menor do que aquele que serviu como base de cálculo do ICMS-ST, recolhido antecipadamente. Diante disso, a empresa apresentou pedido de restituição do ICMS-ST recolhido a maior, com fundamento no art. 150, § 7º, da Constituição Federal.

Considerando a legislação sobre o regime de substituição tributária para frente no caso do ICMS, bem como o atual entendimento do STF firmado sob a sistemática da repercussão geral (RE nº 593.849 – Tema 201), a pretensão da empresa está:

a) incorreta, pois o regime de substituição tributária para frente, em que a legislação estabelece uma base de cálculo presumida do ICMS-ST, que é recolhido antecipadamente pelo sujeito passivo, não admite a restituição proporcional do imposto na hipótese em que a base de cálculo da operação efetivamente realizada é menor do que a presumida;

b) correta, pois é admitida a restituição do ICMS pago a maior no regime de substituição tributária para frente quando a base de cálculo efetiva da operação foi inferior à presumida, sob pena de enriquecimento ilícito do Estado;

c) incorreta, pois no regime de substituição tributária para frente a tributação é definitiva, não se admitindo a restituição do ICMS recolhido antecipadamente de acordo com a base de cálculo presumida, ainda que o fato gerador não se concretize;

d) correta, pois no regime de substituição tributária para frente admite-se a restituição do tributo recolhido antecipadamente sob a base de cálculo presumida quando o fato gerador não se concretizar ou ocorrer parcialmente;

e) incorreta, pois o instituto da substituição tributária para frente, em que os critérios para apuração da base de cálculo presumida são fixados com base em pesquisas de mercado, a fim de facilitar a fiscalização de setores difíceis de monitorar e evitar a sonegação, é incompatível com a restituição do ICMS-ST na hipótese em que a base de cálculo efetiva da operação for inferior à presumida, pois restaria violada a própria natureza do instituto.

---

18. **(FCC/Agente de Rendas – Gestão Tributária – SP/2013)** Com respeito à substituição tributária com antecipação dos efeitos do fato gerador, considere:

I. Na substituição tributária o fato gerador presumido não é provisório, mas definitivo, não dando ensejo à restituição ou complementação do imposto pago, senão, no primeiro caso, na hipótese de sua não realização final.

II. Não há qualquer impedimento a que o legislador se valha de presunções para viabilizar a substituição tributária, desde que lhes atribua caráter absoluto e que sua instituição seja feita por meio de lei.

III. Com relação ao ICMS e para efeito de exigência do imposto por substituição tributária inclui-se, também, como fato gerador do imposto, a entrada de mercadoria ou bem no estabelecimento do adquirente ou em outro por ele indicado.

IV. Na substituição tributária é assegurada a imediata e preferencial restituição da quantia paga pelo substituído, caso não se realize o fato gerador presumido.

V. A lei poderá atribuir a sujeito ativo de obrigação tributária a condição de responsável pelo pagamento de imposto ou contribuição cujo fato gerador deva ocorrer posteriormente.

Está correto o que se afirma APENAS em

a) I e III.

b) I e IV.

c) II e III.

d) II e V.

e) IV e V.

---

19. **(FCC/Agente de Rendas – Gestão Tributária – SP/2013) O Estado de Santa Catarina por meio das Leis nos 1.212/2001 e 1.214/2001 concedeu incentivos de ICMS de várias espécies (isenção, redução de alíquotas e de base de cálculo, créditos presumidos, prazo adicional de pagamento e diferimento)** aplicáveis, conforme o caso, a operações internas, interestaduais e de importação. Não houve convênio autorizativo celebrado no âmbito do CONFAZ entre os Estados e o Distrito Federal. Por entender prejudicial aos interesses da população de seu Estado, o Governador do Estado do Rio Grande do Sul propôs Ação Direta de Inconstitucionalidade em face do Estado de Santa

Catarina a fim de ver declarados inconstitucionais os dispositivos destas leis que contrariavam o texto constitucional. O Governador do Estado do Rio de Janeiro, por também entender que seria prejudicial aos interesses da população de seu Estado os aludidos benefícios fiscais, requereu a sua admissão no feito na qualidade de amicus curiae. Em face da situação hipotética apresentada e do ordenamento jurídico vigente, considere:

I. Caso o Estado do Rio Grande do Sul tivesse anteriormente concedido benefícios fiscais de ICMS semelhantes aos concedidos pelo Estado de Santa Catarina, não haveria vício de inconstitucionalidade, pois na hipótese de existência de igualdade no ilícito há convalidação do benefício fiscal concedido posteriormente.

II. A necessidade de deliberação dos Estados e do Distrito Federal no âmbito do CONFAZ contempla a isenção, a redução de base de cálculo, a concessão de créditos presumidos e a redução a 12% na alíquota do ICMS nas operações internas praticadas por contribuintes catarinenses.

III. No que concerne ao ICMS, cabe ao Senado Federal regular a forma como, mediante deliberação dos Estados e do Distrito Federal, isenções, incentivos e benefícios fiscais serão concedidos e revogados.

IV. Não obstante haver atribuição constitucional de competência tributária ao Estado de Santa Catarina para legislar sobre ICMS, a concessão dos benefícios fiscais depende da celebração de convênio autorizativo celebrado no âmbito do CONFAZ, razão pela qual a falta de convênio ofende as disposições constitucionais.

V. Os princípios fundamentais consagrados pela Constituição da República, em tema de ICMS, realçam o perfil nacional de que se reveste esse tributo e legitimam a instituição, pelo poder central, de regramento normativo unitário destinado a disciplinar, de modo uniforme, essa espécie tributária, notadamente em face de seu caráter não cumulativo.

Está correto o que se afirma APENAS em

a) I e II.

b) I e V.

c) II e III.

d) III e IV.

e) IV e V.

---

20. (FCC/PGE-MT/PROCURADOR DO ESTADO/MT/2016) Lei Ordinária de iniciativa de Deputado Estadual, aprovada pela Assembleia Legislativa e sancionada posteriormente pelo Governador de determinado Estado, disciplina os critérios para o crédito das parcelas do produto da arrecadação do imposto sobre operações relativas à circulação de mercadorias e sobre prestações de serviços de transporte interestadual e de comunicação pertencente aos Municípios, fixando o repasse máximo de 25 % do produto total arrecadado pelo imposto estadual e estabelecendo o crédito de no mínimo três quartos na proporção do valor adicionado nas operações relativas à circulação de mercadorias e nas prestações de serviços realizadas em seus territórios. Neste caso, à luz da Constituição Federal, referida lei é

(A) inconstitucional, pois a Constituição Federal exige o repasse de 30% do valor total arrecadado a título de ICMS para os Municípios.

(B) constitucional, pois atende todos os preceitos que regulam a repartição de receitas tributárias na Constituição Federal.

(C) inconstitucional, por se tratar de matéria reservada à Lei Complementar.

(D) inconstitucional, por se tratar de lei de iniciativa privativa do Governador do Estado.

(E) inconstitucional, pois a Constituição Federal exige o repasse de 50% do valor total arrecadado a título de ICMS para os Municípios.

---

21. (UEL-COPS/Auditor Fiscal-PR/2012) A Lei Estadual nº 11.580/1996, que regula o ICMS no Estado do Paraná, no que tange a bens e mercadorias, especifica o local da operação e da prestação para os efeitos da cobrança do imposto. Este deve ser

a) o do estabelecimento que emita o documento representativo da posse de mercadoria, adquirida por terceiro no exterior, se nesse o bem já tenha transitado.

b) onde se encontre, quando em situação irregular pela falta de documentação fiscal ou quando acompanhado de documentação fiscal inidônea.

c) o do estabelecimento onde ocorrer a entrada física ou o do domicílio do adquirente quando estabelecido, no caso de exportação.

d) o território deste Estado, em relação às operações realizadas fora da sua plataforma continental, mar territorial e dentro de sua zona econômica exclusiva.

e) onde ocorrer, no território paranaense, o embarque do produto da captura de peixes, crustáceos e moluscos para exportação.

---

22. (FGV/OAB/XXI EXAME DE ORDEM UNIFICADO/2016) João, advogado tributarista, é procurado para orientar a empresa L a respeito do comportamento da jurisprudência do Supremo Tribunal Federal sobre matéria tributária. Como assistente de João, assinale a opção que veicula enunciado com efeito vinculante em relação aos órgãos do Poder Judiciário e à Administração Pública direta e indireta, nas esferas federal, estadual e municipal.

A) Na entrada de mercadoria importada do exterior é legítima a cobrança do ICMS por ocasião do desembaraço aduaneiro.

B) Ainda quando alugado a terceiros, o imóvel pertencente a qualquer das entidades referidas pelo Art. 150, inciso VI, alínea c, da CRFB/88, permanece imune ao IPTU, não importando a finalidade a que os aluguéis se destinem.

C) A norma legal que altera o prazo de recolhimento de obrigação tributária está sujeita ao princípio da anterioridade.

D) A exigência de depósito prévio, como requisito de admissibilidade de ação judicial na qual se pretenda discutir a exigibilidade de crédito tributário, é constitucional.

---

23. (UEL-COPS/Auditor Fiscal-PR/2012) Em relação ao Imposto Sobre Serviços de Qualquer Natureza (ISS), de competência dos Municípios e do Distrito Federal, previstos na Lei Complementar nº 116/2003, e a respeito de imposto dos Estados e do Distrito Federal sobre operações relativas à circulação de mercadorias e sobre prestações de serviços de transporte interestadual e intermunicipal e de comunicação (ICMS), disposto na Lei Complementar nº 87/1996, considere as afirmativas a seguir.

I. Em regra, para efeitos de incidência do ISS, o serviço considera-se prestado e o imposto devido no local do estabelecimento prestador ou, na falta do estabelecimento, no local do domicílio do prestador.

II. Para fins de ISS, considera-se estabelecimento prestador o local onde o contribuinte desenvolva a atividade de prestar serviços, de modo permanente ou temporário, sendo irrelevantes as denominações de sede, filial, agência ou quaisquer outras que venham a ser utilizadas.

III. Fica desconfigurada da condição de contribuinte do ICMS a pessoa física ou jurídica que, sem habitualidade ou intuito comercial, importe mercadorias ou bens do exterior, ou seja destinatária de serviço prestado no exterior.

IV. Não pode ser contribuinte do ICMS a pessoa física ou jurídica que, sem habitualidade ou intuito comercial, importe mercadorias ou bens do exterior, ou seja destinatária de serviço prestado no exterior.

Assinale a alternativa correta.

a) Somente as afirmativas I e II são corretas.

b) Somente as afirmativas I e IV são corretas.

c) Somente as afirmativas III e IV são corretas.

d) Somente as afirmativas I, II e III são corretas.

e) Somente as afirmativas II, III e IV são corretas.

---

24. (UEL-COPS/Auditor Fiscal-PR/2012) Em relação à restituição de ICMS prevista na Lei 11.580/1996, referente às quantias indevidamente recolhidas ao Estado, assinale a alternativa correta.

a) A restituição dos valores pagos indevidamente abrange multas de natureza formal, juros de mora e correção monetária, não prejudicadas pela causa assecuratória da restituição.

b) A restituição total ou parcial do ICMS proíbe que ocorra a devolução de valores pagos a título de multa, juros de mora e correção monetária, restringindo-se apenas aos valores do principal sem acréscimo de acessórios.

c) O terceiro que faça prova de haver suportado o encargo financeiro do ICMS sub-roga-se no direito à devolução de imposto indevidamente pago, em relação ao contribuinte ou responsável.

d) Decorridos dois meses contados da protocolização do pedido de restituição, sem que seja efetivamente recebida a importância a ser devolvida, o contribuinte poderá requerer judicialmente a sua restituição.

e) O contribuinte, mesmo sem autorização de terceiro, a quem o encargo relativo ao ICMS tenha sido transferido, poderá pleitear a restituição do tributo indevidamente pago.

---

25. (SEFAZ/SC/Auditor Fiscal-SC/2010) Assinale a alternativa correta.

a) É facultado ao Senado Federal estabelecer alíquotas mínimas nas operações internas do ICMS, mediante resolução de iniciativa de um terço e aprovada pela maioria absoluta de seus membros e fixar alíquotas máximas nas mesmas operações para resolver conflito específico que envolva interesse de Estados, mediante resolução de iniciativa da maioria absoluta e aprovada igualmente pela maioria absoluta de seus membros.

b) Salvo deliberação em contrário dos Estados e do Distrito Federal, nos termos do disposto no artigo 155, § 2º, XII, "g", CF, as alíquotas internas, nas operações relativas à circulação de mercadorias e nas prestações de serviços, não poderão ser inferiores às previstas para as operações interestaduais, nem superiores às alíquotas de exportação.

c) No que concerne ao ICMS, é correto afirmar que, conforme a CF, resolução do Senado Federal, de iniciativa do Presidente da República ou de um terço dos Senadores, aprovada pela maioria absoluta de seus membros, estabelecerá as alíquotas aplicáveis às operações e prestações, interestaduais e de exportação.

d) O ICMS não incidirá, conforme a CF, sobre operações que destinem a outros Estados petróleo, inclusive lubrificantes, combustíveis líquidos e gasosos dele derivados, e energia elétrica, sobre o ouro, nas hipóteses definidas no art. 153, § 5º, CF, e nas prestações de serviço de comunicação nas modalidades de radiodifusão sonora e de sons e imagens de recepção gratuita ou paga.

e) Cabe à lei complementar definir os contribuintes do ICMS, dispor sobre substituição tributária e disciplinar o regime de compensação do imposto; quanto à previsão de casos de manutenção de crédito, relativamente à remessa para outro Estado e exportação para o exterior, de serviços e de mercadorias, pode ser fixada por lei ordinária.

---

26. (FAURGS/TJ-RS/JUIZ SUBSTITUTO/2015) Com relação ao aproveitamento de créditos e à não cumulatividade aplicável ao ICMS, assinale a alternativa correta.

(A) A isenção ou não incidência acarretam a anulação do crédito relativo às operações posteriores, salvo determinação em contrário da legislação.

(B) A regra contida no art. 25, § 1º, da Lei Complementar nº 87/96, não é autoaplicável, facultando-se ao Estado, mediante lei, restringir o aproveitamento e a transferência dos saldos credores oriundos das operações disciplinadas no art. 3º, da LC.

(C) A transferência do crédito acumulado em decorrência de operações de exportação deve obedecer às normas da Lei Complementar nº 87/96, sendo imprópria a criação de normas limitadoras, por meio de lei estadual.

(D) O comerciante, ainda que demonstrada a boa-fé e a veracidade da aquisição, não pode aproveitar crédito de ICMS oriundo de mercadoria cuja nota fiscal seja posteriormente declarada inidônea.

(E) O direito ao aproveitamento de créditos fiscais decorrentes de entrada de bens destinados ao ativo fixo, por força da natureza constitucional do princípio da "não cumulatividade", não depende de autorização em lei específica.

---

27. **(FUNDATEC/AUDITOR FISCAL DA RECEITA ESTADUAL/SEFAZ/RS/2014)** Os Estados e o Distrito Federal possuem competência para instituir o imposto sobre operações relativas à circulação de mercadorias e sobre prestações de serviços de transportes interestadual e intermunicipal e de comunicação (ICMS). Diante disso, analise as assertivas abaixo:

I. O princípio que prevê "quem tem o poder de tributar tem o poder de isentar" concede aos Estados e ao Distrito Federal, em matéria de ICMS, plena autonomia para fixar unilateralmente todas as suas alíquotas e isenções, desde que observados os critérios de conveniência e oportunidade.

II. Uma das propriedades do imposto é que em qualquer circunstância a sua incidência é plurifásica. Por exemplo, em se tratando de mercadorias, a incidência do imposto ocorre em todas as fases de circulação da mercadoria.

III. É inconstitucional a criação de norma unilateralmente por ente federado que estabeleça tributação diferenciada de mercadorias provenientes de outros estados da Federação.

Quais estão corretas?

a) Apenas I.

b) Apenas II.

c) Apenas III.

d) Apenas II e III.

e) Apenas I e III.

---

28. **(FCC/JUIZ SUBSTITUTO/TJ-CE/2014)** Com o objetivo de evitar a chamada "guerra fiscal" no âmbito do ICMS, a Constituição Federal, no seu art. 155, inciso II, c/c § 2º, inciso XII, alínea "g", determina que a concessão de certos benefícios fiscais aos sujeitos passivos desse imposto só seja levada a efeito quando essa concessão for autorizada pelo Conselho Nacional de Política Fazendária – CONFAZ, nos termos do que estabelece a Lei Complementar: no caso, a Lei Complementar no 24, de 07 de janeiro de 1975. De acordo com essa lei complementar e com os dispositivos citados da Constituição Federal, NÃO está sujeita à autorização do CONFAZ, no que diz respeito ao ICMS, a

a) inclusão de mercadoria na sistemática de retenção antecipada do imposto, por substituição tributária.

b) redução de base de cálculo.

c) outorga de isenções.

d) redução de alíquota, de 17% para 3%.

e) concessão de crédito presumido.

---

29. **(CESPE/TJ-DF/Juiz/2014)** Acerca do ICMS e do CONFAZ, assinale a opção correta com base na legislação de regência e na jurisprudência dos tribunais superiores.

A) Incide ICMS nas operações de circulação de mercadorias derivadas de arrendamento mercantil celebrado entre arrendadora sediada no exterior e empresário sediado no Brasil em caso de bem comprovadamente destinado ao ativo fixo da sociedade empresária.

B) Consoante entendimento do STJ, é admissível, como instrumento de racionalidade tributária, a cobrança de ICMS com base no valor da mercadoria submetido ao regime de pautas fiscais, que constituem atos do Poder Executivo para a estipulação da base de cálculo desse imposto em operações de circulação de mercadorias.

C) Compete ao CONFAZ, em votações unânimes, fixar as alíquotas nas operações interestaduais, bem como estabelecer a concessão de qualquer benefício fiscal de ICMS.

D) É do CONFAZ a competência para dispor sobre exigência de parcela do ICMS, por estado-membro destinatário de mercadoria, devida em operação interestadual em que o consumidor final adquira mercadoria ou bem, por meio da Internet, de empresa situada em unidade federativa distinta.

E) Caso o estado de Goiás e o DF pretendam adotar o regime de substituição tributária em operações interestaduais realizadas entre contribuintes sediados em seus territórios, o CONFAZ poderá, por unanimidade, autorizar tal ajuste.

---

30. (FCC/TJ-AP/Juiz Substituto/2014) O Estado do Amapá, pretendendo atrair empresas de outros estados para seu território, institui lei ordinária estadual concedendo isenção de ICMS por 5 anos nas saídas de mercadorias em operações estaduais para aquelas empresas que ali se estabelecerem no biênio 2014/2015.

Tendo em vista o disposto na Constituição Federal e no Código Tributário Nacional, é correto afirmar:

(A) Se o Estado do Amapá optasse por conceder cré- ditos presumidos de ICMS ao invés de isenção, não haveria necessidade de autorização por meio de convênio autorizativo do CONFAZ (Conselho Nacional de Política Fazendária).

(B) Há a necessidade de que haja convênio autorizativo do CONFAZ (Conselho Nacional de Política Fazendária) para que a iniciativa legislativa do Estado do Amapá seja considerada constitucional.

(C) O Estado do Amapá atuará dentro de seus limites de competência, tendo em vista que há veículo normativo legal concedendo a isenção, sendo dispensada autorização prévia por convênio, por não se tratar de benefício ou de incentivo fiscal.

(D) A iniciativa estatal é inconstitucional porque somente lei complementar pode conceder isenção de ICMS, desde que haja autorização do CONFAZ (Conselho Nacional de Política Fazendária) por meio de convênio.

(E) O convênio autorizativo do CONFAZ (Conselho Nacional de Política Fazendária) é obrigatório para a concessão da isenção do ICMS, sendo suficiente para sua celebração que quatro quintos dos estados presentes à reunião deliberativa concordem com a concessão.

---

31. (CESPE/TJ-MA/Juiz Substituto/2013) Considerando o princípio da anterioridade e a interpretação das leis tributárias, e outros aspectos relacionados ao direito tributário, assinale a opção correta.

A) Em regra, o ICMS é considerado um imposto plurifásico, mas a própria CF prevê hipótese excepcional de incidência monofásica do ICMS.

B) Segundo o STF, o prazo da anterioridade nonagesimal começa a ser contado a partir da promulgação da lei que resulte da conversão de medida provisória editada, e não da publicação da medida provisória que institua ou modifique contribuição.

C) Consoante entendimento consolidado no STF, os convênios celebrados pelo Poder Executivo exigem a ratificação do Poder Legislativo.

D) Na atual legislação tributária, não se admitem interpretações in dubio contra fiscum e pro lege, sendo atualmente aplicável a interpretação in dubio pro fisco.

---

32. (FCC/Juiz Substituto/SC/2017) As participações dos Municípios na arrecadação do ICMS são fixadas conforme os seguintes parâmetros:

a) Lei estadual disporá livremente sobre os critérios aplicáveis para o cálculo das parcelas devidas aos Municípios, desde que respeitadas as desigualdades regionais.

b) São calculadas, integralmente, pelo valor adicionado nas operações relativas às prestações de serviços e circulação de mercadorias ocorridas nos territórios municipais.

c) São determinadas pelos valores adicionados nas operações relativas às prestações de serviços e circulação de mercadorias ocorridas nos territórios municipais e por outros critérios fixados em lei estadual.

d) São fixadas pelos Estados conforme critérios definidos por Resolução do Senado Federal, atentando para as desigualdades regionais e locais.

e) São calculadas sobre 1/3 do tributo efetivamente arrecadado, conforme a população local, áreas de preservação permanente, áreas alagadas para produção de energia elétrica e levando em conta o desenvolvimento regional.

---

33. **(FCC/Juiz Substituto/SC/2017)** A base de cálculo do ICMS devido por operações subsequentes, em regime de substituição tributária,

a) só pode ser fixada pela Administração Tributária conforme os preços únicos ou máximos previamente determinados por autoridade competente para regulação de mercados.

b) será fixada pela soma dos valores relativos à entrada do bem ou recebimento do serviço, incluídos frete, seguro e encargos, com a margem de valor agregado, inclusive lucro, das operações ou prestações subsequentes.

c) será obrigatoriamente fixada por preço final a consumidor sugerido pelo substituto tributário, em caso de inexistência de preços únicos ou máximos fixados por autoridade competente para regulação de mercados.

d) só poderá ser fixada pela Administração Tributária por meio de pesquisas de preços finais praticados em mercado.

e) não pode utilizar os levantamentos de preço praticados em mercado para a determinação da margem de valor agregado nas operações subsequentes.

---

34. **(PUC-PR/PGE-PR/Procurador do Estado/2015)** A pessoa jurídica Alfa Ltda, sediada no Estado do Paraná, ajuíza Ação de Repetição de Indébito em face da referida unidade federativa com vistas à devolução de ICMS recolhido sobre demanda de potência contratada e não utilizada.

Diante da situação hipotética narrada acima, à luz da legislação vigente, bem como da jurisprudência do Superior Tribunal de Justiça, responda, de maneira fundamentada, aos itens a seguir:

a) É válida a cobrança de ICMS sobre demanda de potência contratada e não utilizada?

b) Na qualidade de mera consumidora da energia elétrica (contribuinte de fato), a Pessoa Jurídica Alfa Ltda possui legitimidade ativa para a ação de repetição de indébito em face do Estado do Paraná?

---

35. **(CESPE/UNB/PROCURADOR/PGE/PI/2014)** Com o aumento do comércio eletrônico no país, fonte relevante de recursos para o Estado, dada a incidência do imposto sobre operações relativas à circulação de mercadorias e sobre prestações de serviços de transporte interestadual e intermunicipal e de comunicação (ICMS) nas transações realizadas em meio eletrônico, a maioria dos estados-membros da Federação aprovou, no âmbito do Conselho Nacional de Política Fazendária (CONFAZ), regulamentação referente à exigência do ICMS em operações interestaduais não ocorridas de forma presencial no estabelecimento remetente e que resultem na destinação de mercadoria ou bem a consumidor final. Apenas São Paulo e Rio de Janeiro se opuseram à regulamentação.

– O texto da convenção do conselho, fundamentada nas disposições constantes nos artigos 102 e 199 do Código Tributário Nacional (Lei nº 5.172/1966) e no artigo 9º da Lei Complementar nº

87/1996, orienta a administração tributária a aplicar o sistema de alíquotas interestaduais em operações interestaduais de compra de mercadorias no comércio eletrônico. Dado o disposto nessa regulamentação, cuja cláusula primeira é apresentada a seguir, contribuintes propuseram ações judiciais opondo-se à forma de cobrança do ICMS constante da referida decisão convencional, tendo o Supremo Tribunal Federal determinado a suspensão dos efeitos da norma, em demanda proposta pelo Conselho Federal da Ordem dos Advogados do Brasil.

– "Cláusula primeira. Acordam as unidades federadas signatárias deste protocolo a exigir, nos termos nele previstos, a favor da unidade federada de destino da mercadoria ou bem, a parcela do Imposto sobre Operações Relativas à Circulação de Mercadorias e sobre Prestações de Serviços de Transporte Interestadual e Intermunicipal e de Comunicação (ICMS) devida na operação interestadual em que o consumidor final adquire mercadoria ou bem de forma não presencial por meio de internet, telemarketing ou showroom. Parágrafo único. A exigência do imposto pela unidade federada destinatária da mercadoria ou bem, aplica-se, inclusive, nas operações procedentes de unidades da Federação não signatárias deste protocolo."

– Com base no texto apresentado acima, redija um texto dissertativo a respeito da constitucionalidade da deliberação realizada no âmbito do CONFAZ para a regulamentação da matéria [valor: 1,60 ponto] e a respeito da existência de mutação constitucional como fundamento para a aplicação das alíquotas interestaduais nas operações mercantis de mercadorias via comércio eletrônico [valor: 0,80 ponto].

---

36. (FGV/OAB/XIV EXAME DE ORDEM UNIFICADO) A pessoa jurídica "X" é fabricante de telefones celulares e, nas vendas realizadas para seus adquirentes, comerciantes de tais aparelhos, efetua remessas de telefones entre diferentes Estados da federação. Em março de 2014, o Estado "Y", ao fiscalizar uma dessas remessas, verificou que a pessoa jurídica "X" não recolheu o Imposto sobre Circulação de Mercadorias e Prestação de Serviços ("ICMS") incidente sobre tal operação e, imediatamente, apreendeu todos os telefones celulares.

Tendo em vista o caso apresentado, responda, fundamentadamente, aos itens a seguir.

a) O Estado "Y" agiu corretamente ao apreender as mercadorias? (Valor: 0,60)

b) Será aplicável a alíquota interna ou a interestadual à operação, realizada pela pessoa jurídica "X", de remessa de aparelhos celulares a consumidor final localizado em outro Estado, quando o destinatário não for contribuinte do ICMS? (Valor: 0,65).

---

37. (FGV/OAB/XI EXAME DE ORDEM UNIFICADO) A Procuradoria de Estado membro da Federação insurge-se, por meio de ação judicial, contra disposição constante de tratado internacional assinado entre os governos do Brasil e de outro país aderente ao Acordo Geral Sobre Tarifas e Comércio (GATT), o qual prevê a isenção de ICMS em relação a determinadas mercadorias importadas, listadas no acordo, quando também são isentados do imposto os produtos nacionais do mesmo gênero. A Unidade da Federação, acima referenciada, sentindo-se lesada e alegando ter ocorrido a transgressão pela União de preceito relativo à competência tributária, busca a anulação da cláusula do pacto internacional.

– Deve ser acolhido o pedido do ente federativo? Responda fundamentadamente, apresentando a posição predominante no Supremo Tribunal Federal. (Valor: 1,25)

---

38. (PGE/RJ/Procurador/2012) É válida Resolução do Senado Federal que estabeleça alíquota interestadual diferenciada para produtos importados com a finalidade de coibir a guerra fiscal?

---

39. (FGV/OAB/XIX EXAME DE ORDEM UNIFICADO/2016) Zeta é uma sociedade empresária cujo objeto social é a compra, venda e montagem de peças metálicas utilizadas em estruturas de shows e demais eventos. Para o regular exercício de sua atividade, usualmente necessita transferir tais bens entre seus estabelecimentos, localizados entre diferentes municípios do Estado de São Paulo. Apesar de nessas operações não haver transferência da propriedade dos bens, mas apenas seu deslocamento físico entre diferentes filiais de Zeta, o fisco do Estado de São Paulo entende que há incidência de Imposto sobre Circulação de Mercadorias e Prestação de Serviços – ICMS nesse remanejamento. Diante da falta de recolhimento do imposto, o fisco já reteve por mais de uma vez, por seus Auditores Fiscais, algumas mercadorias que estavam sendo deslocadas entre as filiais, buscando, assim, forçar o pagamento do imposto pela sociedade empresária. Considere que, entre a primeira retenção e a sua constituição como advogado, passaram-se menos de dois meses. Considere, ainda, que todas as provas necessárias já estão disponíveis e que o efetivo pagamento do tributo, ou o depósito integral deste, obstaria a continuidade das operações da empresa que, ademais, não quer se expor ao risco de eventual condenação em honorários, no caso de insucesso na medida judicial a ser proposta.

Com receio de sofrer outras cobranças do ICMS e novas retenções, e também pretendendo a rápida liberação das mercadorias já apreendidas, uma vez que elas são essenciais para a continuidade de suas atividades, a sociedade empresária Zeta o procura para, na qualidade de advogado, elaborar a petição cabível, ciente de que, entre a retenção e a constituição do advogado, há período inferior a 120 (cento e vinte) dias, e que, para a demonstração dos fatos, há a necessidade, apenas, de prova documental que lhe foi entregue.

---

40. (FGV/OAB/XXIV Exame de Ordem Unificado/2018) A indústria Alfa vende bebidas para o supermercado Beta, que, por sua vez, revende-as a consumidores finais, sendo certo que todas as operações ocorrem dentro dos limites do estado ABC, em cuja capital estão domiciliadas as duas sociedades empresárias. No estado ABC tem vigência a Lei Ordinária nº 123, que prevê a indústria como substituta tributária do ICMS incidente nas operações subsequentes.

Em abril de 2017, o estado ABC exigiu de Alfa todo o tributo incidente sobre a cadeia produtiva descrita. Assim, Alfa pagou o ICMS incidente na operação própria (a venda que fez ao supermercado Beta) e também na operação subsequente – isto é, o ICMS que incidiria na operação entre o supermercado Beta e os consumidores finais. Dessa forma, para a verificação do valor a ser pago, o ICMS foi calculado sobre o valor presumido de venda da mercadoria ao consumidor final. Ocorre que, para surpresa da indústria Alfa, o supermercado Beta, que sempre vendeu as bebidas produzidas por Alfa pelo valor de R$ 16,00 (dezesseis reais), resolveu, diante da crise econômica, comercializar as bebidas por R$ 14,00 (catorze reais). Com isso, a indústria Alfa entendeu que a base de cálculo do imposto foi inferior àquela que havia sido presumida, razão pela qual, na prática, pagou, como contribuinte substituto, um valor de ICMS maior do que aquele que seria realmente devido.

Diante disso, e em razão de a indústria Alfa e o supermercado Beta serem clientes do mesmo escritório X, as duas sociedades empresárias lhe expuseram os fatos narrados acima.

Na qualidade de advogado(a) do escritório X, redija a medida judicial adequada para condenar o Estado ABC a restituir, em espécie, o valor do tributo pago a mais. (Valor: 5,00)

Gabarito		
Questão	**Resposta**	**Referência**
1	E	Tópico 2.1
2	B	Tópico 7.1.1
3	C	Tópico 2.2
4	A	Tópico 5.1
5	C	Tópico 7.1
6	ERRADO	Tópico 6.1.4
7	B	Tópico 6.3

Gabarito		
Questão	**Resposta**	**Referência**
8	C	Tópico 5.2.1
9	D	Tópico 1
10	E	Tópicos 1 e 7.1
11	C	Tópico 6.3
12	C	Tópico 6.1.2
13	D	Tópico 7.1.1
14	D	Tópicos 6 e 7.2
15	E	Tópico 5.2
16	C	Tópico 1 e 6.2
17	B	Tópico 5.2.2.1
18	A	Tópico 5.2
19	E	Tópicos 1 e 7.2
20	C	Tópico 6
21	B	Tópicos 3 e 5
22	A	Tópicos 2.1
23	D	Tópico 5.2
24	C	Tópico 5.2
25	C	Tópico 6.2
26	C	Tópico 7.2
27	C	Tópicos 1 e 7.2
28	A	Tópico 7.2
29	A	Tópico 2.1.4
30	B	Tópico 7.2
31	A	Tópico 8
32	C	Tópico 3
33	B	Tópico 6.1.3
34	---	Tópico 5.2.1
35	---	Tópico 5.1.1
36	---	Tópico 6.2
37	---	Tópico 7.2
38	---	Tópico 6.2.1
39	---	Tópico 2.1.2
40	-------	Tópico 5.2.2.1

CAPÍTULO 13

IMPOSTO SOBRE A PROPRIEDADE DE VEÍCULO AUTOMOTOR – IPVA

Sumário • 1. Introdução – 2. Aspecto material – 3. Aspecto temporal – 4. Aspecto espacial – 5. Aspecto subjetivo: 5.1. Sujeito ativo; 5.2. Sujeito passivo – 6. Aspecto quantitativo – 7. Imunidades e isenções – 8. Informações complementares – 9. Quadro sinóptico – 10. Questões de concursos públicos.

1. INTRODUÇÃO

O Imposto sobre a Propriedade de Veículos Automotores – IPVA é o terceiro e último dos impostos da competência privativa dos Estados e do Distrito Federal. Além do disposto na Constituição Federal (art. 155, III e § 6º), o tema é regido pelas leis estaduais instituidoras da exação.

Como o Código Tributário Nacional – CTN nada dispõe sobre a matéria, pode-se falar em **competência legislativa plena dos Estados**[1], a exemplo do que acontece no ITCMD incidente sobre bens móveis (CF/88, art. 24, § 3º c/c ADCT-CF/88, art. 34, § 3º).

O IPVA foi concebido com o objetivo de substituir a antiga Taxa Rodoviária Única – TRU, tributo federal cuja arrecadação era destinada a melhorias na infraestrutura nacional de transportes. Ocorre que este último, com o decorrer dos anos – e sucessivas alterações normativas –, foi perdendo suas características de tributo vinculado a uma atividade estatal específica e divisível, até chegar ao ponto de elencar, dentre suas bases de cálculo imponíveis, a propriedade de veículo automotor.

O **lançamento** do tributo ocorrerá **de ofício**, com base nos valores constantes dos registros estaduais de veículos.

O IPVA, a exemplo do ITCMD e do ICMS, é imposto de **função predominantemente fiscal**, ou seja, tem por objetivo principal arrecadar dinheiro para os cofres públicos dos Estados e do Distrito Federal. Em alguns casos, conforme será analisado no item referente ao aspecto quantitativo do imposto, admite-se a fixação de alíquotas diferenciadas em função do tipo e da utilização do veículo, o que lhe confere uma áurea extrafiscal.

---

1. STF, AI 167777 AgR, Relator(a): Min. MARCO AURÉLIO, Segunda Turma, julgado em 04/03/1997, DJ 09-05-1997.

Sujeita-se o IPVA aos princípios constitucionais da: a) legalidade (CF/88, art. 150, I); b) isonomia (CF/88, art. 150, II); c) capacidade contributiva (CF/88, art. 145, § 1º); d) irretroatividade (CF/88, art. 150, III, "a"); e) anterioridade (CF/88, art. 150, III, "b"); f) anterioridade nonagesimal ou mitigada (CF/88, art. 150, III, "c"); g) vedação à utilização de tributo com efeito de confisco (CF/88, art. 150, IV); h) vedação à instituição de isenções heterônomas (CF/88, art. 151, III). A fixação de sua base de cálculo, porém, não se submete à noventena.

Trata-se, por fim, de tributo **estadual**, **direto**, **privativo**, **não vinculado**, de **arrecadação não vinculada** e **ordinário**.

2. ASPECTO MATERIAL

O **aspecto material do IPVA é a propriedade de veículo automotor**, ou seja, veículo dotado de força motriz própria – independentemente do combustível utilizado – e destinado ao transporte de pessoas ou coisas. Embora a Constituição de 1988 faça menção apenas à propriedade dos referidos veículos automotores, tem a jurisprudência do STF e do STJ admitido a incidência tributária nos casos de posse oriunda de outros direitos reais. Incidirá o IPVA também quando a aquisição do bem se der por arrematação em hasta pública ou mesmo por ocasião do desembaraço aduaneiro do veículo automotor importado.

A jurisprudência do STF é pacífica quanto à impossibilidade de a lei estabelecer a incidência do IPVA sobre **embarcações e aeronaves**. De acordo com o Pretório Excelso, dois fundamentos são preponderantes para o alcance da citada conclusão. **Em primeiro lugar**, argumenta-se que, por ser o imposto em comento verdadeiro sucessor da antiga Taxa Rodoviária Única – TRU, que excluía embarcações e aeronaves, não incidiria o tributo sobre a propriedade de tais bens também no caso do IPVA. **Em segundo lugar**, por estar a materialidade do tributo vinculada à existência de registro ou licenciamento do veículo – elemento fundamental à distribuição de 50% do produto de sua arrecadação aos Municípios –, não seria viável a tributação de aeronaves e embarcações enquanto os Estados não dispusessem de estrutura e procedimento próprios para a concretização dos referidos registro e licenciamento[2].

Ousamos discordar do primeiro dos fundamentos expostos no parágrafo anterior. Não há nada em nosso ordenamento que proíba a instituição do IPVA sobre embarcações e aeronaves. O simples fato de o tributo ter sido instituído após a extinção da TRU é argumento raso e despido de qualquer razoabilidade. **Perde-se, com isso, a chance de tributar aqueles que detêm maior capacidade contributiva, como os proprietários de lanchas, iates, aviões e helicópteros, por exemplo**. A decisão em comento favorece única e exclusivamente as camadas mais abastadas da população.

Em concursos públicos, porém, o candidato deverá ater-se aquilo que prega o Supremo Tribunal Federal.

2. Nesse sentido, confira-se: STF, RE 134509, Tribunal Pleno, julgado em 29/05/2002; STF, RE 255111, Tribunal Pleno, julgado em 29/05/2002; STF, RE 379572, Tribunal Pleno, julgado em 11/04/2007.

3. ASPECTO TEMPORAL

O aspecto temporal do imposto, não custa repetir, é o momento a partir do qual surge a obrigação tributária.

Em geral, considera-se ocorrido o aspecto material do imposto: a) na data da primeira aquisição de veículo automotor novo por consumidor final; b) na data do desembaraço aduaneiro, em relação a veículo automotor importado do exterior por consumidor final, diretamente ou por meio de terceiros; c) na data do arremate em leilão de veículo automotor; d) no primeiro dia de cada ano, em relação aos veículos automotores adquiridos em anos anteriores e; e) no primeiro dia do ano subsequente, no caso de transferência de veículo para outra unidade federada.

Nos moldes do art. 150, § 1º, da Constituição de 1988, a fixação da base de cálculo do IPVA não se submete ao princípio constitucional tributário da noventena (CF/88, art. 150, III, c). Isso se dá em virtude do fato de os Estados geralmente alterarem seus registros de veículos nos últimos dias de cada ano.

4. ASPECTO ESPACIAL

O **aspecto espacial** do IPVA é o lugar em que consolidada a propriedade sobre o veículo automotor. Em regra, a legislação estadual estabelece como local da propriedade do bem aquele em que realizado o licenciamento.

É importante precisar não só o Estado em que configurada a materialidade da exação, mas também o Município do licenciamento, tendo em vista que, nos moldes do art. 158, III, da Constituição de 1988, "*pertencem aos Municípios cinquenta por cento do produto da arrecadação do imposto do Estado sobre a propriedade de veículos automotores licenciados em seus territórios*".

O **local do licenciamento do veículo**, por sua vez, é fixado pela Lei Federal n. 9.503/1997 (**Código de Trânsito Brasileiro - CTB**), em cumprimento à regra contida no art. 22, XI, da Constituição de 1988, segundo a qual compete privativamente à União legislar sobre trânsito e transporte. De acordo com o CTB, "todo veículo automotor, elétrico, articulado, reboque ou semi-reboque, deve ser registrado perante o órgão executivo de trânsito do Estado ou do Distrito Federal, **no Município de domicílio ou residência de seu proprietário**, na forma da lei" (art. 120, *caput*). A "lei" a que se refere o dispositivo, importante mencionar, é o Código Civil.

Sobre o assunto, o STF já teve a oportunidade de se manifestar no sentido de que **o Estado**, a pretexto de regulamentar o critério material da regra de incidência do IPVA, **não está autorizado a legislar sobre registro e licenciamento de veículos**, sob pena de afronta à competência privativa da União[3].Maiores considerações sobre o tema serão tecidas quando estivermos estudando o aspecto subjetivo do imposto.

3. STF, ADI 2407, Relator(a): Min. CÁRMEN LÚCIA, Tribunal Pleno, julgado em 31/05/2007.

5. ASPECTO SUBJETIVO

5.1. Sujeito ativo

O **sujeito ativo do IPVA é o Estado em que consolidada a propriedade do veículo** automotor, em regra, considera-se o Estado em que realizado o licenciamento do bem. Conforme exposto anteriormente, mostra-se **relevante também perquirir o Município do licenciamento**, haja vista que, nos termos da Constituição de 1988, referidos entes da Federação terão direito a 50% do produto da arrecadação do IPVA referente aos veículos licenciados em seus territórios.

Segundo a jurisprudência do STJ, o licenciamento de veículo em unidade da federação diversa daquela em que consolidada a propriedade do bem com vistas à redução tributária não configura crime de falsidade ideológica, mas sim, crime de supressão ou redução do tributo[4].

Recentemente, o STF reconheceu a **repercussão geral** da matéria alusiva à sujeição ativa do tributo nos casos de **licenciamento de veículo em município diverso daquele em que domiciliado o contribuinte**; confira-se:

> *"REPERCUSSÃO GERAL – IPVA – LOCAL DE RECOLHIMENTO – ARTIGOS 146, INCISOS I E III, E 155, INCISO III, DA CARTA DA REPÚBLICA. Possui repercussão geral a controvérsia acerca do local a ser pago o Imposto sobre a Propriedade de Veículos Automotores – IPVA,* ***se em favor do estado no qual se encontra sediado ou domiciliado o contribuinte ou onde registrado e licenciado o veículo automotor cuja propriedade*** *constitui fato gerador do tributo[5]."*

5.2. Sujeito passivo

O **contribuinte** – pessoa que possui relação pessoal e direta com o fato gerador da obrigação – do IPVA é, em regra, o **proprietário do veículo automotor**. As concessionárias e indústrias de automóveis, muito embora estejam obrigadas ao recolhimento do ICMS e do IPI, não são contribuintes do IPVA. A verdade é que a sujeição passiva do IPVA surge apenas no momento da primeira aquisição do veículo. Será contribuinte do imposto também o importador do veículo, seja ele novo ou usado.

As leis dos Estados e do Distrito Federal costumam elencar vasta gama de **responsáveis tributários** – sujeito passivo que não possui relação pessoal e direta com o fato gerador – pelo pagamento do IPVA, dentre os quais destacamos: a) o despachante que tenha promovido o despacho de registro e licenciamento do veículo automotor sem o pagamento do IPVA; b) o leiloeiro, síndico, comissário, liquidante e o inventariante; c) o

4. STJ, HC 146404/SP, Sexta Turma, julgado em 19/11/2009
5. STF, ARE 784682 RG, Relator(a): Min. MARCO AURÉLIO, julgado em 20/03/2014, PROCESSO ELETRÔNICO DJe-078 DIVULG 24-04-2014 PUBLIC 25-04-2014.

adquirente de veículo automotor com alienação fiduciária ou com reserva de domínio; d) o adquirente, em relação ao veículo adquirido sem o pagamento do imposto do exercício ou exercícios anteriores; e) qualquer pessoa que tenha, em seu próprio nome, requerido o parcelamento de débito de IPVA e; f) e) qualquer pessoa que detiver a posse do veículo automotor, independentemente do local de domicílio do proprietário.

Em que pese alguma controvérsia jurisprudencial inicial, o STJ pacificou o entendimento segundo o qual, nos casos de arrendamento mercantil ou ***leasing***, "*a arrendante é responsável solidária pelo adimplemento da obrigação tributária concernente ao IPVA*"[6]. Isso se dá pelo simples fato de a arrendadora – em geral, instituição financeira – ser possuidora indireta do bem arrendado e conservar a propriedade até o final do pacto.

Sobre o tema, vejamos o que vem entendendo as duas primeiras Turmas do STJ:

> *"Em arrendamento mercantil, **a arrendante é responsável solidária para o adimplemento da obrigação tributária concernente ao IPVA**, por ser ela **possuidora indireta do bem arrendado e conservar a propriedade até o final do pacto**.[7]"*
>
> *"Originariamente, cuida-se de Embargos à Execução Fiscal manejado pela ora Recorrente em face do Distrito Federal, em que destacou sua ausência de legitimidade passiva para figurar como parte no processo de Execução Fiscal, atribuindo-a ao arrendatário de veículo automotor, por decorrência das disposições legais pertinentes e do contrato de arrendamento mercantil anteriormente celebrado. (...) **No tocante à solidariedade, in casu, entre arrendante e arrendatário, ao pagamento do IPVA, verifica-se que a figura do arrendante equivale a de possuidor indireto do veículo, posto ser-lhe possível reavê-lo em face de eventual inadimplemento**, uma vez que somente com a tradição definitiva poderia ser afastado o seu direito real alusivo à propriedade, ou não haveria razão para a cláusula "com reserva de dominio", que garante exatamente o seu direito real. (...) – Nesse contexto, não se deve confundir contribuinte do tributo com responsável pelo pagamento, uma vez que a segunda figura, notadamente quando se relaciona com o instituto da solidariedade, apenas reforça a proteção ao crédito tributário, viabilizando sua realização para o Erário Público. (...) Outrossim, perceba-se que o inciso III do § 8º da Lei nº 7.431/85 prevê solidariedade entre o alienante e o adquirente, nos casos em que aquele não providencia a comunicação da alienação ao órgão público encarregado do registro do veículo. Em outras palavras, **se até mesmo no contrato de compra e venda direta, que importa na sua conclusão em transferência da propriedade, há a possibilidade do Estado buscar a satisfação do crédito tributário diretamente do alienante desidioso, pode a solidariedade alcançar aqueles que ostentam a qualidade de possuidor indireto**, equivalente, in casu,*

6. STJ, REsp 868246/DF, Primeira Turma, julgado em 28.11.2006.
7. STJ, EDcl no AREsp 207.349/SP, Rel. Ministro HUMBERTO MARTINS, SEGUNDA TURMA, julgado em 02/10/2012, DJe 10/10/2012.

> *à expressão 'titular do domínio', para fins de responsabilização pelo pagamento do tributo. A ratio essendi das disposições legais antes transcritas, portanto, não afastam, mas ao contrário, impõem a solidariedade quanto ao pagamento do IPVA.[8]"*

Mencione-se, por fim, que, também nos moldes da jurisprudência consolidada do STJ, embora o art. 134 do Código Brasileiro de Trânsito atribua ao antigo proprietário a responsabilidade de comunicar ao órgão executivo de trânsito a transferência do veículo, sob pena de ter que arcar solidariamente com as penalidades impostas, referida disposição legal somente se aplica às infrações de trânsito, não se estendendo a todos os débitos do veículo após a transferência da propriedade, tal como a cobrança de IPVA[9].

6. ASPECTO QUANTITATIVO

O aspecto quantitativo do IPVA está relacionado a percentual incidente sobre o valor do veículo. Assim como acontece com o ITCMD, os critérios para cálculo do valor do tributo ficarão a cargo da legislação estadual.

A **base de cálculo do imposto** será o valor venal do veículo automotor. No caso de veículo novo, a legislação dos Estados tem considerado o valor total constante do documento fiscal de aquisição, incluído o dos opcionais e acessórios. Quando se tratar de veículo importado não licenciado no país, costuma-se levar em consideração o valor constante do documento de importação, convertido em moeda nacional. No caso de arremate em leilão, por sua vez, tem-se adotado o valor da arrematação, acrescido das despesas cobradas ou debitadas do arrematante e dos tributos incidentes na operação.

À exceção dos veículos usados, a base de cálculo será calculada em 1/12 (um doze avos) por mês ou fração, a partir da data da ocorrência do fato gerador do imposto – que, em regra, conforme visto, se dá em 01 de janeiro. A regra evita, por exemplo, que pessoas que adquiram veículos nos últimos meses do ano sejam tributadas da mesma forma que aqueles que já os possuam há vários anos.

Não custa repetir que **a mera atualização da base de cálculo do tributo não constitui majoração**, podendo, portanto, ser realizada por ato de hierarquia infralegal. O que não se admite em hipótese alguma é que os índices utilizados superem o índice oficial de correção monetária (Enunciado nº 160 da Súmula do STJ).

Nos termos da Constituição de 1988, o IPVA terá **alíquotas** mínimas fixadas pelo Senado Federal (CF/88, art. 155, § 6º, I). A regra, inserida na Constituição pela EC nº 42/2003, tem por objetivo minorar os efeitos da já mencionada guerra fiscal entre os Esta-

---

8. STJ, REsp 868.246/DF, Rel. Ministro FRANCISCO FALCÃO, PRIMEIRA TURMA, julgado em 28/11/2006, DJ 18/12/2006. No mesmo sentido, confira-se: STJ, REsp 1655504/DF, Rel. Ministro OG FERNANDES, SEGUNDA TURMA, julgado em 20/02/2018, DJe 26/02/2018.
9. STJ, REsp 938.553/DF, Terceira Turma, julgado em 26/05/2009

dos. Infelizmente, contudo, até o presente momento, não foi editada qualquer Resolução do Senado Federal dispondo sobre o assunto.

Além disso, o IPVA poderá ter **alíquotas diferenciadas em função do tipo e da utilização** (CF/88, art. 155, § 6º, II). A regra em comento confere ares de extrafiscalidade à exação, permitindo que, por exemplo, se reduza a alíquota incidente sobre tratores e grandes caminhões de carga, veículos indispensáveis à produção e transporte de alimentos, e se majore a alíquota incidente sobre automóveis de luxo.

A jurisprudência do STF, no entanto, não vem admitindo – mesmo depois da inclusão do referido parágrafo 6º no art. 155 da Constituição – a tributação de embarcações e aeronaves. Quando nossa *Lex Mater* fala em "*alíquota diferenciada em função do tipo e da utilização*", na visão, a nosso entender, equivocada do Pretório Excelso, quer se referir apenas a veículos automotores terrestres.

Nossa Corte Suprema não admite também diferenciação de alíquotas entre **veículos importados e veículos de procedência nacional**. Assevera-se que "o tratamento desigual significaria uma nova tributação pelo fato gerador da importação[10]". Além da violação ao princípio da isonomia tributária, tem-se entendido haver afronta ao disposto no art. 152 da Constituição, que dispõe ser "*vedado aos Estados, ao Distrito Federal e aos Municípios estabelecer diferença tributária entre bens e serviços, de qualquer natureza, em razão de sua procedência ou destino*". O entendimento do STJ sobre o assunto é idêntico[11].

7. IMUNIDADES E ISENÇÕES

Aplicam-se ao IPVA quase todas as imunidades genéricas constantes do art. 150, VI, da Constituição de 1988. Estamos nos referindo às seguintes hipóteses de não incidência constitucionalmente qualificada: a) imunidade recíproca (CF/88, art. 150, VI, a); b) imunidade religiosa (CF/88, art. 150, VI, b) e; c) imunidade dos partidos políticos, entidades sindicais dos trabalhadores e das instituições de assistência social e educação (CF/88, art. 150, VI, c). Nenhuma imunidade específica foi prevista para o IPVA.

A imunidade recíproca, no caso do IPVA, estende-se às autarquias e às fundações instituídas e mantidas pelo Poder Público apenas quando os veículos automotores estiverem vinculados às suas finalidades essenciais ou delas decorrentes. **A regra é a mesma para as empresas públicas e sociedades de economia mista prestadoras de serviço público exclusivo de Estado**. Assim, não incidirá IPVA sobre os veículos utilizados por autarquia municipal de trânsito, congregação religiosa ou mesmo instituição educacional sem fins lucrativos, desde que referidos bens estejam vinculados às atividades essenciais das mencionadas entidades.

---

10. STF, RE 367785 Segunda Turma, julgado em 09/05/2006.
11. Nesse sentido, confira-se: STJ, RMS 13.502/DF, Primeira Turma, julgado em 25/11/2003; STJ, RMS 9.866/RJ, Segunda Turma, julgado em 26/03/2002; STJ, RMS 9.867/RJ, Primeira Turma, julgado em 04/10/2001.

Por força da **imunidade tributária recíproca**, não incide IPVA também sobre os **veículos da Empresa Brasileira de Correios e Telégrafos**, considerada prestadora de serviço público exclusivo de Estado.[12]

Ainda sobre a imunidade tributária recíproca, importante mencionar que o STF reconheceu a repercussão geral da matéria alusiva à **extensão da referida imunidade ao IPVA de veículos adquiridos por município no regime da alienação fiduciária**. Aguardemos a posição definitiva de nossa Corte Suprema.[13]

As hipóteses de **isenção do tributo**, por sua vez, ficarão sempre a cargo da **legislação estadual**. Os veículos mais corriqueiramente desonerados são os seguintes: a) ônibus exclusivamente empregados em linha de transporte urbano, suburbano ou metropolitano de pessoas, cedida por concessão ou permissão pública; b) veículos de propriedade, ou cuja posse seja decorrente de contrato de arrendamento mercantil, de pessoas portadoras de deficiência física, visual, ou mental; c) veículos destinados exclusivamente ao transporte escolar, cuja propriedade ou posse decorrente de contrato de arrendamento mercantil seja de pessoa física; d) veículos com mais de 20 (vinte) anos de fabricação.

Sobre o tema dos benefícios fiscais, o Supremo Tribunal Federal manifestou-se recentemente no sentido de que "a redução ou a extinção de desconto para pagamento de tributo sob determinadas condições previstas em lei, como o pagamento antecipado em parcela única, não pode ser equiparada à majoração do tributo[14]". Aqui, não incide o princípio da anterioridade tributária.

8. INFORMAÇÕES COMPLEMENTARES

A notificação do sujeito passivo para pagamento do IPVA é o ato que concretiza a constituição definitiva do crédito tributário, iniciando-se o prazo prescricional de 5 (cinco) anos para execução da referida dívida no dia seguinte ao do vencimento da obrigação.

O envio de carnê ao contribuinte é apenas uma das modalidades de notificação de lançamento de ofício, dentre várias outras modalidades idôneas à disposição da Fazenda Pública, não havendo limitação (ou condicionante) prévia no CTN referente à matéria.

Com amparo no fundamento apresentado no parágrafo anterior, o Superior Tribunal de Justiça decidiu, recentemente, que a divulgação de calendário para pagamento de IPVA, contendo instruções para os contribuintes comparecerem às agências bancárias e procederem ao recolhimento do tributo, configura efetiva notificação de lançamento[15].

12. Dentre outros, confira-se: STF, ACO 879/PB, rel. Min. Marco Aurélio, red. p/ o acórdão Min. Roberto Barroso, 26.11.2014; STF, ACO 765/RJ, rel. orig. Min. Marco Aurélio, red. p/ o acórdão Min. Menezes Direito, 13.5.2009.
13. STF, RE 727851 RG, Relator(a): Min. MARCO AURÉLIO, julgado em 17/10/2013, PUBLIC 29/10/2013.
14. ADI 4016 MC, Relator(a): Min. GILMAR MENDES, Tribunal Pleno, julgado em 01/08/2008, DJe-075 DIVULG 23-04-2009 PUBLIC 24-04-2009.
15. STJ, REsp 1.320.825-RJ, Rel. Min. Gurgel de Faria, Primeira Seção, Julgado em 10/08/2016, Dj 17/08/2016.

9. QUADRO SINÓPTICO

<table>
<tr><td rowspan="4">1. Introdução</td><td colspan="2">Diplomas normativos aplicáveis: Constituição Federal (art. 155, § 6º) e Leis estaduais.</td></tr>
<tr><td colspan="2">Lançamento: Em regra, feito de ofício.</td></tr>
<tr><td colspan="2">Princípios aplicáveis: a) legalidade; b) isonomia; c) capacidade contributiva; d) irretroatividade; e) anterioridade; f) anterioridade nonagesimal; g) vedação à utilização de tributo com efeito de confisco; h) limitação ao tráfego de pessoas ou bens; i) vedação à instituição de isenções heterônomas. A fixação de sua base de cálculo, porém, não se submete à noventena.</td></tr>
<tr><td colspan="2">Características: Tributo estadual, direto, privativo, não vinculado, de arrecadação não vinculada e ordinário.</td></tr>
<tr><td rowspan="2">2. Aspecto material</td><td colspan="2">O aspecto material do imposto é a propriedade de veículo automotor.</td></tr>
<tr><td colspan="2">Nos termos da jurisprudência do Supremo Tribunal Federal, não se admite a incidência sobre a propriedade de embarcações e aeronaves.</td></tr>
<tr><td rowspan="2">3. Aspecto temporal</td><td colspan="2">Em geral, considera-se ocorrido o aspecto material do imposto: a) na data da primeira aquisição de veículo automotor novo por consumidor final; b) na data do desembaraço aduaneiro, em relação a veículo automotor importado do exterior por consumidor final, diretamente ou por meio de terceiros; c) na data do arremate em leilão de veículo automotor; d) no primeiro dia de cada ano, em relação aos veículos automotores adquiridos em anos anteriores e; e) no primeiro dia do ano subsequente, no caso de transferência de veículo para outra unidade federada.</td></tr>
<tr><td colspan="2">Nos moldes do art. 150, § 1º, da Constituição de 1988, a fixação da base de cálculo do IPVA não se submete ao princípio constitucional tributário da noventena (CF/88, art. 150, III, c). Isso se dá em virtude do fato de os Estados geralmente alterarem seus registros de veículos nos últimos dias de cada ano.</td></tr>
<tr><td>4. Aspecto espacial</td><td colspan="2">O aspecto espacial do IPVA é o lugar em que consolidada a propriedade sobre o veículo automotor. Em regra, a legislação estadual estabelece como local da propriedade do bem aquele em que realizado o licenciamento.</td></tr>
<tr><td rowspan="3">5. Aspecto subjetivo</td><td>Sujeito ativo</td><td>Estado em que consolidada a propriedade do veículo automotor.</td></tr>
<tr><td rowspan="2">Sujeito passivo</td><td>Contribuinte: Proprietário do veículo automotor.</td></tr>
<tr><td>Responsáveis: a) o despachante que tenha promovido o despacho de registro e licenciamento do veículo automotor sem o pagamento do IPVA; b) o leiloeiro, síndico, comissário, liquidante e o inventariante; c) o adquirente de veículo automotor com alienação fiduciária ou com reserva de domínio; d) o adquirente, em relação ao veículo adquirido sem o pagamento do imposto do exercício ou exercícios anteriores; e) qualquer pessoa que tenha, em seu próprio nome, requerido o parcelamento de débito de IPVA e; f) e) qualquer pessoa que detiver a posse do veículo automotor, independentemente do local de domicílio do proprietário. Ex.: Arrendante em arrendamento mercantil.</td></tr>
<tr><td rowspan="2">6. Aspecto quantitativo</td><td colspan="2">Base de Cálculo: Valor venal do bem.</td></tr>
<tr><td colspan="2">Alíquota: Percentual incidente sobre a base de cálculo que serve à quantificação do tributo. As alíquotas mínimas serão fixadas pelo Senado Federal. O IPVA poderá ter alíquotas diferenciadas em função do tipo e da utilização.</td></tr>
</table>

7. Imunidade e isenções	Aplicam-se ao IPVA todas as imunidades genéricas constantes do art. 150, VI, da Constituição.
	As isenções só poderão ser concedidas, por meio de lei, pelo ente competente para instituição do imposto.

10. QUESTÕES DE CONCURSOS PÚBLICOS

1. **(ESAF/2008/PREFEITURA DE NATAL-RN/AUDITOR DO TESOURO MUNICIPAL)** Sobre os impostos de competência dos Estados e do Distrito Federal, assinale a única opção correta.

a) O rol de impostos estaduais previstos na Constituição Federal é exemplificativo, visto que o Estado possui competência residual em matéria tributária.

b) Compete ao Congresso Nacional estabelecer as alíquotas mínimas e máximas aplicáveis às operações e prestações, interestaduais e de exportação, relativas ao ICMS.

c) Sobre as operações que destinem a outros Estados petróleo, lubrificantes, combustíveis líquidos e gasosos dele derivados, e energia elétrica, haverá incidência do ICMS.

d) O IPVA terá alíquotas mínimas fixadas pelo Senado Federal e poderá ter alíquotas diferenciadas em função do tipo e utilização.

e) A instituição do ITCMD compete ao Distrito Federal, quando o doador tiver domicílio ou residência no exterior.

2. **(CESPE/2010/TCE-BA/PROCURADOR)** Considere a seguinte situação hipotética.

– Pedro adquiriu automóvel de passeio e o licenciou em estado da Federação diverso daquele em que reside, pagando alíquota de IPVA inferior à que pagaria no estado em que reside. Nessa situação, Pedro praticou o crime de falsidade ideológica não em razão da indicação de endereço falso, mas, sim, da supressão ou redução de imposto. – Certo.

3. **(FCC/2010/SEFAZ-SP/ANALISTA EM PLANEJAMENTO, ORÇAMENTO E FINANÇAS PÚBLICAS)** Sobre o IPVA, Imposto sobre a Propriedade de Veículos Automotores, é correto afirmar que:

a) é de competência dos Municípios e Distrito Federal.

b) é de competência da União.

c) haverá isenção em relação aos veículos de domínio dos Estados e Distrito Federal.

d) haverá imunidade em relação aos veículos de domínio dos entes federados.

e) incide sobre os veículos das pessoas jurídicas de direito público e privado.

4. **(FCC/2010/PGE-AM/PROCURADOR)** Em relação às alíquotas do IPVA, a legislação tributária do Estado poderá estabelecer

a) apenas valores venais distintos, não podendo alterar as alíquotas.

b) alíquotas diferentes em função do tipo e utilização, desde que observe a alíquota mínima fixada pelo Senado Federal.

c) apenas a base de cálculo, devendo adotar a mesma alíquota dos demais Estados, em função do princípio da uniformidade geográfica.

d) alíquotas diferentes em função do tipo e utilização, desde que observe a alíquota máxima fixada pelo Senado Federal.

e) alíquotas em função do tipo, utilização e marca, aplicando – se apenas os limites estabelecidos na Lei Orgânica do Estado.

5. **(FCC/2005/PGE-SE/PROCURADOR DO ESTADO)** Quando veículo automotor importado do estrangeiro é adquirido por pessoa física residente no País,

a) o IPVA incidirá no momento da celebração do contrato de compra e venda.

b) o IPVA incidirá no momento em que o veículo automotor for liberado pelas autoridades estrangeiras para a exportação.

c) o IPVA incidirá no momento em que o veículo automotor estiver aportado em porto nacional.

d) não há incidência do IPVA porque a importação foi realizada por pessoa física.

e) o IPVA incidirá no momento em que houver o desembaraço aduaneiro do veículo automotor.

6. **(FCC/2009/PGE-SP/PROCURADOR)** IPVA.

I. Segundo o Supremo Tribunal Federal, é constitucional a lei estadual que institui o imposto sobre a propriedade de aeronaves e embarcações náuticas.

II. Lei estadual pode fixar alíquotas diversas do IPVA para dois automóveis com as mesmas características e faixa de valor, caso um deles seja nacional e o outro importado.

III. Lei estadual pode fixar alíquotas diversas do IPVA para dois automóveis com as mesmas características e faixa de valor, caso um deles seja movido a gasolina e o outro a álcool.

IV. Lei estadual pode fixar alíquotas diversas do IPVA para dois automóveis com a mesma potência e faixa de valor, caso um deles seja destinado ao transporte coletivo de passageiros e o outro seja caracterizado como automóvel de passeio.

V. Lei federal pode instituir isenção do IPVA aos portadores de deficiência física que necessitem de veículos adaptados.

Está correto o que se afirma em

a) II e V, apenas.

b) III e IV, apenas.

c) I, II e IV, apenas.

d) I, III e V, apenas.

e) I, II, III, IV e V.

7. **(CESPE/2010/AGU/PROCURADOR)** É legítima a aplicação da taxa SELIC como índice de correção monetária e de juros de mora, na atualização de débitos tributários em atraso relacionados ao IPVA, mesmo que inexista lei estadual nesse sentido. – Errado.

8. **(FCC/2010/RO/AUDITOR FISCAL)** – O Estado de Rondônia majorou a nase de cálculo do IPVA para o exercício de 2010, em 20 de novembro de 2009, conforme lei publicada no diário oficial do Estado naquela data. Considerando que a lei entrou em vigor na data de sua publicação, é correto afirmar que esta lei terá eficácia

a) 90 dias a contar do início do exercício de 2010, tendo em vista a anterioridade nonagesimal;

b) na data de sua publicação, podendo ser aplicada imediatamente, ainda no exercício de 2009, por ser exceção à anterioridade;

c) 90 dias a contar da publicação, por dever obediência apenas à anterioridade nonagesimal;

d) a partir do início do exercício financeiro de 2010, por ser exceção à anterioridade nonagesimal, mas se submeter à anterioridade anual;

e) 90 dias da publicação, desde que já no outro exercício financeiro, por dever obediência às regras de anterioridades nonagesimal e anual;

9. **(FCC/2011/RO/PROCURADOR DO ESTADO)** – Em 2010 foi editada lei estadual em relação ao IPVA para 2011, observando todos os princípios constitucionais, sendo constatado, entretanto, a

ausência normativa com relação ao prazo de vencimento. Diante de tal cenário, a Secretaria da Fazenda resolve encaminhar carnê para pagamento do IPVA, com vencimento para 45 dias após a data da efetiva notificação do lançamento. O procedimento adotado pela Secretaria está

a) incorreto, uma vez que deveria observar o princípio da anterioridade nonagesimal entre o lançamento e o vencimento do tributo;

b) correto, considerando que o Código Tributário Nacional estabelece o prazo de vencimento de 30 dias da notificação do lançamento, na ausência de disposição legal;

c) incorreto, na medida em que o prazo legal de vencimento deve estar previsto em lei complementar;

d) correto, por se tratar de poder discricionário do sujeito ativo de relação jurídico – tributário;

e) correto, tendo como fundamento o prazo de vigência das leis, prevista na Lei de Introdução ao Código Civil, atual Lei de Introdução às normas do Direito Brasileiro;

---

10. (CESPE/2011/TJ-PB/JUIZ) Julgue:

– O IPVA, cobrado anualmente, submete-se, no que tange à alteração de sua base de cálculo, ao princípio da anterioridade, inclusive a nonagesimal.

---

11. (ESAF/2005/SET-RN/AUDITOR FISCAL DO TESOURO ESTADUAL) Avalie o acerto das formulações adiante e marque com V as verdadeiras e com F as falsas; em seguida, marque a resposta correta.

( ) O imposto sobre propriedade de veículos automotores (IPVA), de competência dos Estados e do Distrito Federal, terá alíquotas mínimas fixadas pelo Senado Federal.

( ) Não se admite a fixação de alíquotas diferenciadas do IPVA em função do tipo e utilização de veículo automotor.

( ) A Constituição Federal exige deliberação conjunta dos Estados e do Distrito Federal, na forma regulada em lei complementar da União, para fixação de alíquotas máximas do IPVA.

a) F, F, V.

b) F, V, F.

c) V, F, F.

d) V, V, F.

e) V, V, V.

---

12. (FCC/2010/SEFIN-RO/AUDITOR FISCAL DE TRIBUTOS ESTADUAIS) Ocorre o fato gerador do IPVA na data

a) do desembaraço aduaneiro, em relação a veículo importado do exterior, diretamente por contribuinte que não seja consumidor final.

b) da incorporação de veículo novo ao ativo permanente do seu fabricante, revendedor ou importador.

c) do desembaraço aduaneiro, em relação a veículo importado do exterior, por meio de trading, por contribuinte que não seja consumidor final.

d) da primeira aquisição do veículo usado por consumidor final.

e) em que ocorrer a outorga da isenção do imposto.

---

13. (ESAF/2007/PG-DF/PROCURADOR) No referente aos impostos sobre transmissão causa mortis, doação e propriedade de veículos automotores, é correto afirmar:

a) o imposto sobre transmissão causa mortis relativo a bens imóveis e respectivos direitos, compete ao Estado onde se processar o inventário ou arrolamento.

b) o imposto sobre propriedade de veículos automotores terá alíquotas mínimas fixadas pelo Senado Federal.

c) o imposto sobre doação relativamente a bens móveis, títulos e créditos, compete ao Estado onde o referido negócio jurídico tiver sido consumado.

d) o imposto sobre propriedade de veículos automotores não poderá ter alíquotas diferenciadas em função do tipo e utilização do bem.

e) não há incidência de qualquer imposto quando há doação apenas de direitos.

---

14. (ESAF/PFN/2005) Tendo em conta o que dispõe a CRFB/1988, marque com (V) a assertiva verdadeira e com (F) a falsa, assinalando ao final a opção correspondente.

( ) Território Federal pode instituir taxa.

( ) O Distrito Federal pode instituir os impostos estaduais, municipais, taxas e contribuição de melhoria.

( ) Uma norma geral poderá, a pretexto de definir tratamento diferenciado e favorecido para as micro e pequenas empresas, instituir regime único de arrecadação de impostos e contribuições dos entes federados.

( ) A planta de valores dos imóveis, para efeitos de cobrança do Imposto Sobre Veículos Automotores – IPVA no exercício seguinte, deve ser publicada antes de 90 dias de findo o exercício financeiro em curso.

a) V, V, F, V

b) F, V, V, F

c) F, V, F, V

d) V, F, V, V

e) V, F, V, F

---

15. (FCC/2006/PGE-RR/PROCURADOR) Considere as seguintes afirmações sobre o IPVA, no Estado de Roraima:

I. poderá ter alíquotas diferenciadas em função do tipo e utilização;

II. não incide sobre a propriedade de veículos automotor que compõe o patrimônio dos partidos políticos;

III. são isentos do pagamento os táxis.

Está correto o que se afirma em

a) I, II e III.

b) II e III, apenas.

c) I e II, apenas.

d) I e III, apenas.

e) II, apenas.

---

16. (CESPE/2008/OAB/EXAME UNIFICADO) Dado que a Constituição Federal atribuiu competência para os estados legislarem sobre o IPVA, essa prerrogativa envolve o pleno poder de legislar sobre esse tributo. Todavia, essa competência, consoante o Código Tributário Nacional (CTN), está, em tese, submetida às limitações

a) do próprio CTN, da Constituição Federal e da respectiva constituição estadual.

b) do próprio CTN, da Constituição Federal e dos tratados internacionais.

c) do próprio CTN, dos tratados internacionais e da respectiva constituição estadual.

d) dos tratados internacionais, da Constituição Federal e da respectiva constituição estadual.

17. (CESPE/2008/PGE-ES/PROCURADOR DO ESTADO) Acerca dos tributos estaduais, pode se afirmar que:

– Os proprietários dos veículos automotores terrestres com mais de dez anos de fabricação, licenciados no território do estado do Espírito Santo, estão isentos do pagamento do IPVA.

18. (FGV/Auditor Fiscal – RJ/2010) Assinale, dentre os impostos abaixo, aquele que não obedece ao princípio da progressividade.

a) IPTU

b) ITBI

c) Imposto de Renda

d) IPVA

e) ITR

19. (FEPESE/AUDITOR FISCAL – SC/2010) Assinale a alternativa correta.

a) Em relação ao IPVA, é possível afirmar que é um imposto progressivo, eis que possui diferentes alíquotas, as quais incidem sobre aeronaves (0,5%).embarcações e veículos terrestres de duas rodas (1%) e veículos terrestres de passeio e utilitários, nacionais e estrangeiros (2%).

b) Do produto da arrecadação do IPVA, 50% serão destinados ao município em que estiver registrado, matriculado ou licenciado o veículo, acrescidos de quaisquer valores acessórios ao principal, com exceção das penalidades de natureza pecuniária.

c) Em relação ao Imposto sobre Serviços de Qualquer Natureza (ISS), está correto afirmar que o mesmo está regulado nos artigos 71 a 73 do CTN, e regulamentado pela Lei Complementar no 116, de 31 de julho de 2003.

d) O IPVA tem como fato gerador a propriedade, plena ou não, de veículos automotores de qualquer espécie, sendo que considera-se ocorrido o fato gerador, em relação a veículos adquiridos ou desembaraçados em anos anteriores, no dia 1º de janeiro de cada ano.

e) Nos termos do artigo 66 do CTN, contribuinte do Imposto sobre Operações Financeiras deverá ser sempre o tomador do empréstimo, vedada a atribuição da sujeição passiva à instituição credora da operação de crédito realizada.

20. (FCC/TJ/PE/Juiz/2012) Sobre as fontes do Direito Tributário é correto afirmar que

a) a Instrução Normativa derroga a lei instituidora do tributo naquilo que for do âmbito de competência da autoridade administrativa com atribuição para editá-la, já que norma especial derroga norma geral.

b) a Constituição Federal autoriza expressamente a instituição ou majoração de todos os tributos por meio de medida provisória, desde que se trate de tributo de competência da União.

c) somente a lei em sentido estrito é fonte instituidora de tributos, especialmente impostos.

d) a fixação das alíquotas máximas do Imposto sobre Transmissão causa mortis e Doação – ITCD e das alíquotas mínimas do Imposto sobre a Propriedade de Veículo Automotor – IPVA se dá por Resolução do Senado Federal.

e) a lei complementar em matéria tributária é hierarquicamente superior à lei ordinária em qualquer hipótese em que venha a ser exigida, quer quando fixa normas gerais, quer quando seja fonte instituidora de tributos.

21. (FGV/OAB/XI Exame de Ordem Unificado/2013) Com relação ao Imposto sobre a Propriedade de Veículos Automotores (IPVA), assinale a afirmativa correta.

A) É instituído pela União e repartido com o Estado em que tenha sido licenciado o veículo.

B) É instituído pelo Estado e repartido com o Município em que tenha sido licenciado o veículo.

C) É instituído pelo Estado em que tenha sido licenciado o veículo, que ficará com a integralidade do produto da arrecadação.

D) É instituído pelo Município em que tenha sido licenciado o veículo, que ficará com a integralidade do produto da arrecadação.

---

22. (CESPE/TJ-DF/Juiz/2014) Acerca das disposições constitucionais referentes ao Sistema Tributário Nacional e das limitações do poder de tributar, assinale a opção correta.

– É permitida ao DF a cobrança de alíquota maior de IPVA instituída por lei distrital de janeiro de 2014, no mesmo exercício de sua publicação.

---

23. (Cespe-UNB/TRF 1ª/Juiz Federal Substituto/2015) Assinale a opção correta acerca do direito concorrencial.

– Conforme entendimento do STF, não se aplica imunidade tributária à Empresa de Correios e Telégrafos nos casos em que esta exercer atividades econômicas em concorrência com a iniciativa privada.

---

24. (FCC/PGE-MT/PROCURADOR DO ESTADO/MT/2016) No que concerne às limitações do poder de tributar, à luz da Constituição Federal e da jurisprudência do Supremo Tribunal Federal, considere:

– Não estão imunes à incidência do Imposto sobre a Propriedade de Veículos Automotores – IPVA veículos de propriedade da Empresa de Correios e Telégrafos, independentemente de serem utilizados no exercício de atividades em regime de exclusividade ou em concorrência com a iniciativa privada.

---

25. (FGV/OAB/XXIII Exame de Ordem Unificado/2017) Em 12 de novembro de 2016, o Estado "X" publicou lei para modificar, para além da inflação, a tabela que estabelece os valores venais de veículos - base de cálculo do Imposto Sobre a Propriedade de Veículos Automotores (IPVA). O fato gerador do tributo, naquela unidade da Federação, ocorre em 1º de janeiro de cada ano. Em janeiro de 2017, a autoridade administrativa efetuou o lançamento do tributo, já com base nos valores modificados.

Diante de tal quadro, responda aos itens a seguir.

A) O Estado "X" pode realizar o lançamento do IPVA, em janeiro de 2017, já com a nova base de cálculo instituída em novembro de 2016? (Valor: 0,60)

B) Se a nova lei, publicada em 12 de novembro de 2016, aumentasse a alíquota incidente sobre a base de cálculo, a majoração passaria a ser exigível para os fatos geradores ocorridos a partir de qual exercício (inclusive)? (Valor: 0,65)

---

26. (FGV/OAB/XXIV Exame de Ordem Unificado/2018) O Estado "X" instituiu um adicional de Imposto sobre a Propriedade de Veículos Automotores (IPVA) que tem como fato gerador a propriedade de veículos em mau estado de conservação e/ou que possuam duas ou mais multas não pagas.

Caio, proprietário de veículo automotor em mau estado de conservação e com cinco multas não pagas, é notificado da cobrança do adicional do tributo por meio de auto de infração. Como não apresentou defesa e não pagou o tributo, o Estado "X" ajuíza execução fiscal. Caio, no entanto, não possui meios para garantir a execução fiscal e opor embargos à execução, mas possui todos os documentos que comprovam sua defesa.

Com base na hipótese formulada, responda aos itens a seguir.

A) O adicional de IPVA instituído pelo Estado "X" é devido? (Valor: 0,60)

B) Qual seria o meio adequado para a defesa de Caio, nos próprios autos da execução fiscal, conforme o entendimento consolidado dos Tribunais Superiores? (Valor: 0,65)

Gabarito		
Questão	**Resposta**	**Referência**
1	D	Tópico 6
2	B	Tópico 1
3	D	Tópico 7
4	B	Tópico 6
5	E	Tópico 3
6	B	Tópico 6
7	ERRADO	Tópico 6
8	D	Tópico 1
9	B	Tópico 1
10	ERRADO	Tópico 1
11	C	Tópico 6
12	B	Tópico 3
13	B	Tópico 6
14	B	Tópico 1
15	A	Tópicos 6 e 7
16	A	Tópico 1
17	ERRADO	Tópico 7
18	D	Tópico 1
19	D	Tópico 2
20	D	Tópico 6
21	B	Tópico 5.1
22	F	Tópico 1
23	Errado	Tópico 7
24	Errado	Tópico 7
25	--------	Tópico 1
26	----------	Tópico 1

PARTE V

TRIBUTOS MUNICIPAIS

HELTON KRAMER LUSTOZA

CAPÍTULO 14

IMPOSTO SOBRE SERVIÇOS DE QUALQUER NATUREZA – ISSQN

Sumário • 1. Aspecto material: 1.1. Análise de alguns Serviços da Lista; 1.1.1. Exportação de serviço; 1.1.2. Conflitos entre ICMS e ISSQN: caso paradigma de Informática; 1.1.3. Atividades bancárias; 1.1.4. Arrendamento mercantil – leasing; 1.1.5. Franquia (franchising); 1.1.6. Construção civil; 1.1.7. Industrialização por encomenda; 1.1.8. Aplicação da imunidade de jornais e periódicos; 1.1.9. Locação de bens móveis; 1.1.10. Serviços relativos a fonografia, fotografia, cinematografia e reprografia; 1.1.11. Serviços de transporte de natureza municipal; 1.1.12. serviços compartilhados (cost scharing) – 2. Aspecto temporal – 3. Aspecto espacial; 3.1 inovações promovidas pela LC 157/2016 – 4. Aspecto subjetivo: 4.1. Cartórios, notariais e registros públicos; 4.2. Cooperativa; 4.3. Serviços de coleta de sangue e análise clínica – 5. Aspecto quantitativo; 5.1. Base de cálculo; 5.1.1 Base de cálculo especial para sociedades profissionais (ISS-fixo); 5.2. Alíquota – 6. Informações complementares: 6.1. Lançamento; 6.2. Restituição do tributo perante a previsão do art. 166 do CTN; 6.3. Regime de retenção no simples nacional; 6.4. Requisitos de Isenções individuais; 6.5. Alterações promovidas pela Lei Complementar 157/2016; 6.5.1 Improbidade administrativa; 6.5.2 vigência da LC 157/2016; 6.5.3 Definição da cota parte no repasse do ICMS; 6.5.4 Acréscimo de serviços na lista anexa à LC 116/2003 – 7. Quadro sinóptico – 8. Súmulas do STF e do STJ – 9. Síntese dos principais entendimentos do STJ sobre ISSQN – 10. Questões de concursos públicos.

1. ASPECTO MATERIAL[1]

Os elementos da hipótese de incidência tributária dos tributos municipais devem ser analisados a partir da Constituição Federal, pois *"é ali que se desenham, na definição da competência tributária dos entes da Federação, os contornos que irá ter cada peça integrante do sistema tributário nacional"*[2]. É a Carta Constitucional que estabelece os limites ao poder de tributar e a delimitação da hipótese de incidência de cada um dos tributos, incluindo os tributos municipais.

A regra matriz de incidência do imposto sobre serviços de qualquer natureza – ISSQN está delimitada pelo art. 156, III da Constituição Federal, o qual estabelece a competência municipal da seguinte forma:

> *Art. 156. Compete aos Municípios instituir impostos sobre:*
>
> *(...)*
>
> *III – serviços de qualquer natureza, não compreendidos no art. 155, II, definidos em lei complementar.*
>
> *(...)*

---

1. Já foi objeto de questão da **ESAF (Auditor da Receita Federal – 2012)**, considerada como CORRETA, a seguinte afirmação *"no conjunto de serviços tributáveis pelo ISS, a lei complementar definirá aqueles sobre os quais poderá incidir o mencionado imposto, com o que realiza a sua finalidade principal, que é afastar os conflitos de competência, em matéria tributária, entre as pessoas políticas"*.
2. AMARO, Luciano. *Direito tributário brasileiro*. 9. ed. São Paulo: Saraiva, 2003, p. 162.

> *§ 3º Em relação ao imposto previsto no inciso III do caput deste artigo, cabe à lei complementar:*
>
> *I – fixar as suas alíquotas máximas e mínimas;*
>
> *II – excluir da sua incidência exportações de serviços para o exterior.*
>
> *III – regular a forma e as condições como isenções, incentivos e benefícios fiscais serão concedidos e revogados.*

Roque Antonio Carrazza define que se de um lado as normas constitucionais habilitam as pessoas políticas a criarem seus tributos, também impede que as demais possam vir a alterá-la[3]. Por isso, o aspecto material do Imposto sobre Serviços, além de definir a incidência tributária sobre a prestação de serviços, estabeleceu parâmetros para evitar o conflito em relação ao ICMS e ao IPI, bem como, delegou à Legislação Complementar a missão de editar normas gerais sobre este imposto municipal.

Já foi objeto de questão da **ESAF (Auditor da Receita Federal – 2012),** considerada como CORRETA, a seguinte afirmação *"no conjunto de serviços tributáveis pelo ISS, a lei complementar definirá aqueles sobre os quais poderá incidir o mencionado imposto, com o que realiza a sua finalidade principal, que é afastar os conflitos de competência, em matéria tributária, entre as pessoas políticas"*.

Isso mostra que o legislador complementar deverá estabelecer a regulamentação nacional do ISSQN, garantindo a aplicação de maneira equânime das diretrizes constitucionais, bem como excluir de sua incidência exportações de serviços para o exterior (lembre que este é um caso de isenção e não imunidade). E por fim, cumpre aos Municípios e Distrito Federal, dentro de sua competência, editar normais locais, para detalharem a aplicação da hipótese de incidência e demais normas para arrecadação do tributo, dentro de suas peculiaridades, sempre em consonância com a Constituição Federal e Legislação Complementar.

Desta feita, temos três ordens legislativas para analisar:

- **Legislação Constitucional** – normas de competência
- **Legislação Complementar** – normas gerais
- **Legislação Ordinária (local)** – normas de incidência

Por isso, deve-se compreender que a competência – e consequentemente o aspecto material – dos Municípios em relação ao ISSQN, está definida pela norma constitucional. A regulamentação a nível nacional é feita pela Lei Complementar nº 116/2003, a qual revogou parcialmente o Decreto-Lei nº 406/68. Conforme bem detalha Paulo de Barros Carvalho: *"a expressão definidos em lei complementar não autoriza que seja conceituado como*

3. CARRAZZA, Roque Antonio. A tributação na Constituição, o princípio da autonomia municipal e o imposto sobre serviços de qualquer natureza (ISS). Questões conexas. *In*. SANTI, Eurico Marcos Diniz de. *Curso de Direito Tributário e Finanças Públicas*. São Paulo: Saraiva, 2008, p. 786.

serviço aquilo que efetivamente não o é. Indigitada prática subverte a hierarquia do sistema positivo brasileiro, pois o constituinte traçou o quadro dentro do qual os municípios podem mover-se...[4]*"*

Cabe notar que o Imposto sobre Serviços de Qualquer Natureza irá incidir sobre a relação jurídica de prestar serviço, o qual deve ser interpretado como um conceito jurídico e não apenas como acontecimento fático. Nestes termos, Natália de Nardi Dácomo lembra que a norma do ISS incide sobre uma prestação de serviço derivada de um negócio jurídico:

> *"Pois não basta uma pessoa, física ou jurídica, começar a prestar serviço a outra sem o seu consentimento, pacto ou ajuste. Dessa forma, é necessário um acordo, um contrato (verbal ou escrito), uma relação entre pessoas, física ou jurídica, para fazer nascer a prestação de serviços"*[5].

Apesar de inexistir um conceito expresso de serviço na legislação do ISSQN, é possível encontrar uma correspondência, num exercício de interpretação interdisciplinar, no art. 3º, § 2º do Código de Defesa do consumidor, onde ficou assim disciplinado:

> *Art. 3º ....*
>
> *(...)*
>
> *§ 2º Serviço é qualquer atividade fornecida no mercado de consumo, mediante remuneração, inclusive as de natureza bancária, financeira, de crédito e securitária, salvo as decorrentes das relações de caráter trabalhista.*

Neste ponto a prestação de serviço possui um conceito que claramente definido como uma atividade fornecida para outrem mediante remuneração que não se confunde com aquela decorrente das relações de caráter trabalhista. Além disso, é essencial diferenciar neste momento a relação jurídica de "prestar serviço" da repercussão econômica de "prestar serviço". Como afirmado logo acima, somente o primeiro caso terá o condão de autorizar o nascimento da obrigação tributária do ISSQN, na medida em que é o evento descrito na norma constitucional.

Explica Natália de Nardi Dácomo[6] que existem duas correntes que buscam explicar a obrigação tributária derivada do aspecto "prestar serviço". A primeira, denominada de "econômica", onde prevalece o entendimento de que bastava a circulação de bens imateriais ou matérias para o nascimento da obrigação tributária. Esta corrente doutrinária, representada por Sergio Pinto Martins, defende que o conceito de serviço compreende *"a existência de transferência onerosa, por parte de uma pessoa a outra, de bem imaterial que se*

---

4. CARVALHO, Paulo de Barros. Não-incidência do ISS sobre atividades de franquia (franchising). RET 56/65, jul-ago/07.
5. DÁCOMO, Natália de Nardi. *Hipótese de Incidência do ISS*. São Paulo: Noeses, 2006, p. 29.
6. Cf. DÁCOMO, Natália de Nardi. *Hipótese de Incidência do ISS*. São Paulo: Noeses, 2006, p. 35/36.

acha na etapa de movimentação econômica"[7]. Neste caso, a prestação de serviço seria uma etapa da circulação econômica pela qual uma pessoa, em troca do pagamento de um preço, simplesmente realiza a transferência de um bem imaterial (serviço) a outra.

Por outro lado, a corrente denominada "jurídica", até o momento entendida como majoritária, defende que a hipótese de incidência somente alcançará as prestações de serviços derivadas de uma obrigação de fazer, ou seja, oriundas de um negócio jurídico. Esta corrente doutrinária busca explicar o fenômeno do nascimento da obrigação tributária do ISSQN a partir de uma obrigação jurídica precedente.

Nesta linha José Eduardo Soares de Melo leciona e se posiciona a respeito da segunda corrente:

> *"O cerne da materialidade da Hipótese de incidência do imposto em comento não se circunscreve a 'serviço', mas a uma 'prestação de serviço', compreendendo um negócio (jurídico) pertinente a uma obrigação de fazer, de conformidade com os postulados e diretrizes do direito privado"*[8].

Acompanhando este raciocínio, Eduardo Domingos Bottallo defende que o conceito constitucional de "prestação de serviço" engloba uma obrigação jurídica de fazer, ainda que acompanhada de utilidades materiais:

> *"Este conceito é suficientemente lato, de modo a albergar toda e qualquer prestação de utilidade, tanto material (uma obra de engenharia), quanto imaterial (serviços prestados por profissionais liberais), que consista na execução de uma obrigação de fazer". Mesmo quando a prestação de serviços concretiza-se em utilidades materiais, o fazer haverá de prevalecer sob o dar"*[9].

Inclusive, o Supremo Tribunal Federal, a partir do julgamento do Recurso 116.121/SP, realizado em 11/10/2000, abandonou o critério "econômico" para adotar o critério "jurídico" da obrigação tributária do ISSQN, prevalecendo tal orientação até os dias atuais:

> *TRIBUTO – FIGURINO CONSTITUCIONAL. A supremacia da Carta Federal é conducente a glosar-se a cobrança de tributo discrepante daqueles nela previstos. IMPOSTO SOBRE SERVIÇOS – CONTRATO DE LOCAÇÃO. A terminologia constitucional do Imposto sobre Serviços revela o objeto da tributação. Conflita com a Lei Maior dispositivo que imponha o tributo considerado contrato de locação de bem móvel. Em Direito, os institutos, as expressões e os vocábulos têm sentido próprio, descabendo confundir a locação de serviços com a de móveis,*

7. MARTINS, Sergio Pinto. *Manual de Imposto sobre Serviços*. São Paulo: Atlas, 2004, p. 42.
8. MELO, José Eduardo Soares de. *ISS – Aspectos Teóricos e Práticos*. 5. ed. São Paulo: Dialética, 2008, p. 37.
9. BOTTALLO, Eduardo Domingos. Notas sobre o ISS e a Lei Complementar n.116/2003. In. *O ISS e a LC 116.* Coord. Valdir de Oliveira Rocha. São Paulo: Dialética, 2003, p. 79.

> *práticas diversas regidas pelo Código Civil, cujas definições são de observância inafastável – artigo 110 do Código Tributário Nacional. (RE 116121, Relator(a): Min. OCTAVIO GALLOTTI, Relator(a) p/ Acórdão: Min. MARCO AURÉLIO, Tribunal Pleno, julgado em 11/10/2000, DJ 25-05-2001 PP-00017 EMENT VOL-02032-04 PP-00669)*

Com a sedimentação jurisprudencial o entendimento nacional foi uniformizado, que atualmente pode-se dizer consolidado, no sentido de que a incidência do ISSQN deve estar precedida necessariamente de um negócio jurídico com natureza de obrigação de fazer. A partir disso, tem-se uma definição clara de que o núcleo da descrição fática deve estar concretizado na conjugação das terminologias: "prestar + serviços". Essa situação é importantíssima, pois é a partir dela que a jurisprudência e doutrina se apoiam para definir as separações entre os fatos que estariam sujeitos ao ISSQN e aqueles que pertenceriam ao IPI e ICMS. Na tributação municipal há uma predominância da obrigação de "fazer" sobre a obrigação de "dar", o que demonstra uma diferença fundamental para que as autoridades fazendárias não venham praticar bitributação sobre os mesmos fatos, ofendendo, neste caso, a segurança jurídica.

Conforme explica Marçal Justen Filho em clássica obra sobre ISSQN: "*Restam, então, as obrigações de prestação positiva. E, dentro delas, as obrigações de fazer, pois elas é que podem produzir uma prestação de esforço pessoal, caracterizadora de serviço tributável por via do ISS. As obrigações de dar não conduzem a um serviço prestado. A prestação do esforço caracterizadora do serviço é qualificável juridicamente como execução de uma obrigação de fazer*"[10]

Outra diferença em relação ao ICMS e IPI é que o ISSQN incide sobre o fato de prestar serviço, independente do resultado. Não interessa para esta tributação se o resultado da *obrigação de fazer* resultou um bem material ou imaterial, pois o núcleo deste tributo não é o produto e sim na operação. Em decorrência disso, prevaleceu o entendimento de que somente estão passiveis de incidência do ISSQN os serviços incluídos na lista prevista na Lei Complementar nº 116/2003, os quais devem ser repetidos nas leis municipais.

É a partir deste raciocínio que Aires F. Barreto define que o ISSQN somente pode incidir sobre a atividade exercida em favor de outrem, com conteúdo econômico, sob regime de direito privado, em caráter negocial, sem subordinação, tendente a produzir uma utilidade material ou imaterial[11]. A incidência do ISSQN está circunscrita a estes parâmetros, de forma que estarão excluídas de seu critério material aquelas atividades que sejam prestadas de forma gratuita e compulsória, como por exemplo, o serviço militar, a convocação eleitoral e a participação no júri.

Em linhas gerais, pode-se compreender que a atividade para sofrer a incidência do ISSQN precisa necessariamente ser revestida de conteúdo econômico, bem como presta-

10. JUSTEN FILHO, Marçal. O imposto sobre Serviços na Constituição. São Paulo: Revista dos Tribunais, 1985, p. 90
11. Cf. BARRETO, Aires F. *ISS na Constituição e na Lei*. São Paulo: Dialética, 2003, p. 62.

da sem que haja subordinação, uma vez que o serviço subordinado caracteriza prestação trabalhista, que não está sujeita à incidência de ISS[12].

Além disso, é necessário notar que o fato gerador do ISSQN não está condicionada ao momento do recebimento da contraprestação, de modo que "o objeto da tributação é a prestação de serviço e não o recebimento da contraprestação pelo prestador. Por isso, se a prestação for ulterior à vigência da regra-matriz aplicável, revelar-se-á legítima a cobrança do tributo mesmo antes do pagamento do preço, sem que nisso se vislumbre ofensa à irretroatividade e tampouco à capacidade contributiva"[13].

Analisado o primeiro elemento do aspecto material do ISSQN, iremos analisar, a partir de agora, o segundo pressuposto que seria a existência do serviço na lista de serviços. Vejamos.

A partir da previsão constitucional – "serviços de qualquer natureza" –, a Lei Complementar nº 116/2003 define como hipótese de incidência deste tributo ***"a prestação de serviços constantes da lista anexa"***. Ou seja, esta Lei Complementar traz um rol dos serviços sobre os quais incide ISSQN, excluindo os serviços de competência dos Estados como transporte interestadual, intermunicipal e serviços de comunicação.

Para melhor compreender as diferenças do ICMS e ISSQN, elabora-se o seguinte quadro exemplificativo:

	ICMS	ISSQN
Serviços	Transporte interestadual/intermunicipal, comunicações, operações específicas e residuais	Definidos expressamente em Lei Complementar
Alíquotas (limites mín/máx)	Resolução do Senado	Lei complementar e ADCT*
Princípios constitucionais	Não cumulatividade e seletividade	Não há
Atividade fim	Circulação de mercadorias	Prestação de serviços

Também é possível traçar uma diferença entre ISSQN e IPI:

	IPI	ISSQN
Atividade fim	Transformar/produto	Prestação de serviços
Customização	Em massa	Sob encomenda
Princípios constitucionais	Não cumulatividade e seletividade	Não há
Exportação	Imunidade	Isenção ou não incidência

12. Cf. VELLOSO, Andrei Pitten. Constituição Tributária Interpretada. São Paulo: Atlas, 2007, p. 309
13. VELLOSO, Andrei Pitten. Constituição Tributária Interpretada. São Paulo: Atlas, 2007, p. 310

Com este delineamento constitucional, é reconhecida a autonomia aos Municípios acerca da competência para instituir este imposto no âmbito de seus territórios, através de leis municipais, de forma que, *"por força do princípio da autonomia municipal, a pessoa política Município é livre para criar e arrecadar os tributos de sua competência"*[14].

Quanto a isso, a banca da **FCC (2010 – PGM-TERESINA-PI)** entendeu ser INCORRETA a seguinte assertiva *"Tratando-se de serviço semelhante, mas não previsto expressamente nesta lei, o Município poderá sofrer a incidência deste imposto em virtude da interpretação analógica, aplicável em casos de equidade"*. Nesse sentido, cabe ao Município arrecadar o imposto sobre serviços não compreendidos na competência da União e dos Estados, **desde que estes estejam expressamente previstos na lista de serviços anexa à Lei Complementar 116/2003**.

O atual entendimento jurisprudencial é de que a lista de serviços, embora taxativa, **admite a interpretação extensiva.** Alguns dos itens da lista, onde constem expressões como "outros" e "congêneres", permite que o intérprete possa buscar um entendimento ampliativo para não deixar situações semelhantes fora da incidência do ISSQN, conforme entendimento do STF[15] e STJ:

> *A jurisprudência do STJ se firmou no sentido de que é taxativa a lista anexa ao Decreto-Lei nº 406/1968, comportando interpretação extensiva, a fim de abarcar serviços correlatos àqueles previstos expressamente, uma vez que, se assim não fosse, ter-se-ia, pela simples mudança de nomenclatura de um serviço, a incidência ou não do ISS. (STJ. EREsp 916.785/MG, Rel. Min. Humberto Martins, Primeira Seção, Julgado em 23.04.2008)*

Em decorrência disso, somente estão passiveis de incidência do ISSQN os serviços incluídos na lista prevista na Lei Complementar nº 116/2003, os quais devem ser repetidos nas leis municipais. A partir disso, tem-se uma definição clara de que o núcleo da descrição fática deve estar concretizado na conjugação das terminologias: "prestar + serviços".

Por isso que José Eduardo Soares de Melo compreendeu que *"o cerne da materialidade da hipótese de incidência do imposto em comento não se circunscreve a "serviço", mas a uma "prestação de serviço", compreendendo um negócio (jurídico) pertinente a uma obrigação de "fazer", de conformidade com os postulados e diretrizes do direito privado"*[16]. A incidência do ISSQN está circunscrita a estes parâmetros, de forma que estarão excluídas de seu critério material aquelas atividades que sejam prestadas de forma gratuita e compulsória, como por exemplo, o serviço militar, a convocação eleitoral, etc.

---

14. CARRAZZA, Roque Antonio. *Curso de Direito Constitucional Tributário*. 4. ed. São Paulo: Malheiros, 1993, p.111.
15. "É taxativa, ou limitativa, e não simplesmente exemplificativa, a lista de serviços anexa à lei complementar, embora comportem interpretação ampla os seus tópicos." (RE 361.829/RJ, relator ministro Carlos Velloso, DJ de 24/02/06, p. 51)
16. MELO, José Eduardo Soares de. *ISS – Aspectos Teóricos e Práticos*. 5. ed. São Paulo: Dialética, 2008, p. 37.

Em linhas gerais, podemos assim definir as diretrizes da incidência do ISSQN[17]:

- ***o ISS não pode incidir sobre serviço potencial: a obrigação tributária só surge diante de fato concretamente ocorrido;***
- é irrelevante que o prestador do serviço possua habilitação para ***a sua execução;***
- é irrelevante, para fins de ISS, que o prestador tenha a finalidade lucrativa, ou que não tenha obtido lucro, basta que se trate de fato com conteúdo econômico

Expressamente, a própria **Lei Complementar 116/2003 declarou não haver incidência do ISSQN** sobre os serviços sujeitos a incidência do ICMS, bem como serviços realizados em relação de emprego, dos trabalhadores avulsos, dos diretores e membros de conselho consultivo ou de conselho fiscal de sociedades e fundações; valores intermediados no mercado de títulos e valores mobiliários por instituições financeiras. Sem falar naqueles serviços onde a jurisprudência reconheceu a aplicação da imunidade tributária, como aqueles prestados pela Empresa Pública dos Correios no envio de correspondências[18] e pelo SESC em atividades revertidas em suas finalidades essenciais[19]. No primeiro caso não confundir com os serviços prestados pelas Agências "franqueadas" dos correios, pois estas não serão beneficiadas pela imunidade tributária.

Também prevaleceu o entendimento no Supremo Tribunal Federal de que a imunidade recíproca alcança a atividade pública posteriormente delegada no que atine a confecção de bilhetes magnéticos, pela Casa da Moeda (RE 610517/RJ – DJe de 17.6.2013). Com isso, não se revela constitucionalmente lícito ao Município, fazer incidir o ISS sobre a atividade desempenhada pela Casa da Moeda do Brasil – CMB. Apesar de a mesma possuir a qualificação de empresa pública federal, a sua execução de serviços de emissão de moeda, com base o art. 21, VII, da CF/88, é de natureza pública e em regime exclusivo.

Neste ponto, inclusive, a banca **CESPE (2009 – ANATEL – Analista Administrativo)** considerou como CORRETA a seguinte assertiva "*o ISS não incide sobre a prestação de serviços dos dirigentes e membros de conselhos consultivos ou fiscais das entidades*".

Nesta perspectiva, a prestação de serviços de qualquer natureza, para fins de incidência de ISSQN, deve estar compreendida no fato de se desenvolver um esforço a fim de cumprir uma obrigação de fazer, sendo importante para a análise da incidência tributária a sua prestação e não o resultado (produto). Isso faz com que se conclua que esta exação municipal não pode incidir sobre o serviço em potencial, mas sim, sobre sua efetiva materialidade, conforme leciona o Aires F. Barreto:

---

17. Cf. BARRETO ,Aires F. Imposto sobre serviços. In. Curso de direito Tributário e Finanças Públicas. Eurico Marcos Diniz de Santi (org.), São Paulo: Saraiva, 2008, p. 1004
18. STF. Agravo Regimental no Recurso Extraordinário nº 357.291/PR, 1ª Turma do Supremo Tribunal Federal, relator ministro Cezar Peluso, DJ de 02/06/06, p. 12.
19. STF. AI-AgR nº 155.822/SP, 1ª Turma do Supremo Tribunal Federal, relator ministro Ilmar Galvão, DJ de 02/06/95, p. 16238.

> *o ISS, e bem assim qualquer outro imposto, só pode alcançar o fato concretamente ocorrido no mundo fenomênico, e nunca aquele que está por ocorrer, ainda que a probabilidade dessa ocorrência seja presumível. Relativamente ao ISS, é preciso atentar, ainda, para a circunstância de que se trata de um imposto sobre fatos e não sobre contratos*[20].

O critério utilizado neste caso foi a diferenciação da obrigação de "fazer" e de "dar", sendo que, enquanto "*a prestação, na obrigação de dar, consiste na entrega de um objeto, sem que se tenha de fazê-lo previamente, e, na de fazer, na realização de um ato ou confecção de uma coisa, para depois entregá-la ao credor*"[21]. Dentro desta lógica, o Supremo Tribunal Federal, em análise sobre a atividade de locação de bens móveis, definiu que se tratava de uma obrigação de dar, afastando a incidência de ISSQN. Tempos depois, a Suprema Corte pacificou esse mesmo entendimento, através da edição da Súmula Vinculante nº 31[22].

> *É inconstitucional a incidência do imposto sobre serviços de qualquer natureza – ISS sobre operações de locação de bens móveis.*

A incidência do ISSQN está restrita a prestação de serviço que possua autonomia em relação a outras etapas da atividade, por isso não se permite a tributação da chamada "atividade-meio". É o que ocorre, por exemplo, com a venda de ar condicionado, cuja comercialização da mercadoria inclui, muitas vezes, a sua instalação (atividade meio). Quando a prestação de serviço for apenas parte integrante (acessória) da relação jurídica de venda será ela considerada como atividade-meio, o que consequentemente afastará a incidência do tributo municipal[23].

Não é possível decompor a atividade-fim para sujeitar ao ISS as várias ações-meio que a possibilitam, sendo que somente a atividade-fim é que pode sofrer a incidência da exação, conforme entendimento jurisprudencial dominante:

> *APELAÇÃO CÍVEL E REEXAME NECESSÁRIO – MANDADO DE SEGURANÇA. 2. ISSQN – ATIVIDADE PRESTADA PELA EMPRESA – LOCAÇÃO DE BENS MÓVEIS E PROJETOS DE CRIAÇÃO DE STANDS – ATIVIDADES MEIO DA EMPRESA QUE NÃO ESTÃO SUJEITAS AO ISS POR NÃO COMPOREM O "PREÇO DO SERVIÇO" – INCONSTITUCIONALIDADE DA INCIDÊNCIA DE ISS SOBRE LOCAÇÃO DE BENS MÓVEIS – SÚMULA VINCULANTE 31*

---

20. BARRETO, Aires F. *Curso de Direito Tributário Municipal*. São Paulo: Saraiva, 2009, p. 322.
21. DINIZ, Maria Helena. *Curso de direito civil brasileiro*. 2 vol. São Paulo: Saraiva, 2002, p. 100.
22. *"A prestação, na obrigação de dar, consiste na entrega de um objeto, sem que se tenha de fazê-lo previamente, e, na de fazer, na realização de um ato ou confecção de uma coisa, para depois entregá-la ao credor"*. (DINIZ, Maria Helena. *Curso de direito civil brasileiro*. 2 vol. São Paulo: Saraiva, 2002, p. 100)
23. TRIBUTÁRIO. ISSQN. FATO GERADOR. SERVIÇO DE TRANSPORTE DE VALORES. COBRANÇA DE PREÇO ÚNICO, NELE INCLUÍDOS OS SERVIÇOS AUXILIARES INDISPENSÁVEIS À CONSECUÇÃO DA ATIVIDADE FIM. BASE DE CÁLCULO: PREÇO COBRADO PELA TOTALIDADE DO SERVIÇO (LC 116/03, ART. 7º; DL 406/68, ART. 9º). RECURSO IMPROVIDO. (STJ REsp 901.298/RS, Rel. Ministro TEORI ALBINO ZAVASCKI, PRIMEIRA TURMA, julgado em 21/10/2008, Dje 03/11/2008)

> *DO STF. 3. NEGADO PROVIMENTO AO RECURSO DE APELAÇÃO E SENTENÇA MANTIDA EM REEXAME NECESSÁRIO. Súmula Vinculante 31 do STF: "É inconstitucional a incidência do Imposto sobre Serviços de Qualquer Natureza – ISS sobre operações de locação de bens móveis." (TJPR – 3ª C.Cível – ACR – 1698942-5 – Pinhais – Rel.: Denise Hammerschmidt – Unânime – J. 07.11.2017)*
>
> *APELAÇÃO – Ação Declaratória de Incidência Tributária cumulada com Obrigação de Fazer – ISSQN – Contrato de execução de serviço na rede de distribuição de energia – Atividades acessórias complementares as de manutenção e de serviços de instalação de postes e cabos para posterior distribuição da energia, serviço de elaboração de um projeto de eletricidade, entre outros, enquadrados no subitem 7.02 da lista anexa à Lei Complementar nº. 116/03, e no subitem 7.02 da Lei Complementar nº. 108/03 – Sentença de improcedência – Pretensão ao reconhecimento da incidência do ISS nos serviços prestados pela empresa apelada – Impossibilidade de tributação – Imunidade – Art. 155, §3º da CF – Serviços correlatos não previstos pela Lei Complementar n. 1160/03 – Taxatividade da lista de serviços – Sentença mantida – Recurso não provido. (TJSP; Apelação 1012163-75.2014.8.26.0625; Relator (a): Cláudio Marques; Órgão Julgador: 14ª Câmara de Direito Público; Foro de Taubaté – Vara da Fazenda Pública; Data do Julgamento: 22/02/2018; Data de Registro: 27/02/2018)*

Portanto, para confirmação da incidência do ISSQN deve haver um perfeito enquadramento do fato concreto na definição de prestação do serviço, dentro dos parâmetros acima trabalhados, perante algum dos itens da lista de serviços.

1.1. Análise de alguns Serviços da Lista

1.1.1. Exportação de serviço[24]

A Constituição Federal de 1988 possibilitou que a legislação complementar estabelecesse isenção para a exportação de serviços. Esta previsão está no art. 2º da Lei Complementar nº 116/2003, que assim disciplina:

> *Art. 2º O imposto não incide sobre:*
>
> *I – as exportações de serviços para o exterior do País;*
>
> *(...)*
>
> *Parágrafo único. Não se enquadram no disposto no inciso I os serviços desenvolvidos no Brasil, cujo resultado aqui se verifique, ainda que o pagamento seja feito por residente no exterior*

Essa situação foi objeto de pergunta no concurso para **Procurador Municipal (COPEVE – 2010),** considerando como CORRETA a afirmativa que *"o ISSQN não incide*

---

24. Essa situação foi objeto de pergunta no concurso para Procurador Municipal (COPEVE – 2010), considerando como CORRETA a afirmativa que *"o ISSQN não incide sobre as exportações de serviços para o exterior do País"*.

sobre as exportações de serviços para o exterior do País". Isto significa que não incidirá o ISSQN sobre serviços exportados, ou seja, desde que aqui no país não se verifique quaisquer resultados. Em análise deste pressuposto, o Superior Tribunal de Justiça decidiu que o trabalho desenvolvido não irá configurar exportação de serviço quando a prestação de serviço é efetivada no Brasil, independente do pagamento ser feito por estrangeiro:

> *Na acepção semântica, "resultado" é conseqüência, efeito, seguimento. Assim, para que haja efetiva exportação do serviço desenvolvido no Brasil, ele não poderá aqui ter conseqüências ou produzir efeitos. A contrário senso, os efeitos decorrentes dos serviços exportados devem-se produzir em qualquer outro País. É necessário, pois, ter-se em mente que os verdadeiros resultados do serviço prestado, os objetivos da contratação e da prestação. O trabalho desenvolvido pela recorrente não configura exportação de serviço, pois o objetivo da contratação, o resultado, que é o efetivo conserto do equipamento, é totalmente concluído no nosso território*[25].

Entende-se "resultado" equivalente a "efeito", ou seja, se este, de algum modo, for produzido no Brasil não se tratará de exportação de serviço. Para caracterizar a exportação deve haver efetiva destinação do serviço ao exterior, isto é, imprescindível que o **efeito** do serviço executado seja produzido no exterior.

Com base nesta interpretação, considera-se como excluídos da incidência do ISSQN os serviços que sejam prestados no exterior ou aqueles prestados no Brasil, mas que o seu resultado se verifique no exterior.

É importante observar que o fato do pagamento ter sido realizado por fonte do exterior é irrelevante para caracterizar exportação de serviço, uma vez que o dispositivo legal analisado apenas trabalha com o critério «resultado» do serviço. Neste cenário, o termo "resultado" está ligado aos elementos que derivaram da obrigação de fazer, sendo que nenhum deles podem ter ocorrido no mercado nacional para que seja entendida como exportado.

Neste sentido:

> *"De substancial importância, portanto, a compreensão do conteúdo do termo resultado, da forma como colocado no parágrafo único do art. 2º da Lei Complementar 116/03. Na acepção semântica, resultado é consequência, efeito, seguimento. Assim, para que haja efetiva exportação do serviço desenvolvido no Brasil, ele não poderá aqui ter consequências ou produzir efeitos. A contrário senso, os efeitos decorrentes dos serviços exportados devem se produzir em qualquer outro país que não o Brasil.*[26]

25. STJ. REsp 831124/RJ. Rel. José Delgado. Primeira Turma. Julg. 12/12/2006.
26. TROIANELLI, Gabriel Lacerda; GUEIROS, Juliana Gueiros."O ISS e Exportação e Importação de Serviços", publicado no livro ISS – Lei Complementar 116/2003, org.Marcelo Magalhães Peixoto e Ives Gandra da Silva Martins, Juruá Editora, 2004, página 201

Observe-se que este assunto também foi objeto de Consulta junto à Prefeitura de São Paulo, sendo que o fisco paulista respondeu segundo entendimento do Superior Tribunal de Justiça:

> *Solução de Consulta SF/DEJUG nº 14, de 26 de março de 2012: ISS. Subitem 10.02 da Lista de Serviços da Lei nº 13.701/2003. Observância à restrição imposta no parágrafo único do art. 2º da Lei Complementar nº 116/2003. Não é possível caracterizar a exportação de serviços apenas pelo fato de a fonte pagadora encontrar-se no exterior. A ocorrência de resultado em território nacional impede a caracterização como exportação de serviços e há tributação pelo ISS.*

Em outra Situação, o Superior Tribunal de Justiça analisou o caso de remessa de projetos de engenharia ao exterior. Neste caso houve o reconhecimento da existência de exportação de serviço pelo fato de ter identificado a intenção da execução do serviço no território estrangeiro, ou seja, as provas dos autos revelaram a finalidade de execução do projeto em obras que só poderiam ser executadas na França:

> *"À luz do parágrafo único do art. 2º da LC n. 116/2003, a remessa de projetos de engenharia ao exterior poderá configurar exportação quando se puder extrair do seu teor, bem como dos termos do ato negocial, puder-se extrair a intenção de sua execução no território estrangeiro. Hipótese em que se deve manter o acórdão a quo, porquanto o Tribunal consignou que as provas dos autos revelaram a finalidade de execução do projeto em obras que só poderiam ser executadas na França ("elaboração das Plantas de execução do muro cilíndrico de proteção do reservatório de gás liquefeito de petróleo naval TK1, a ser construído na cidade de Gonfreville – LOrcert, França e ao dimensionamento dos blocos de estacas do edifício principal do centro cultural, Centre Pompidou a ser construído na cidade de Metz, França e a modelagem em elementos finitos da fachada principal de dito centro)". (AREsp 587.403/RS, Rel. Ministro GURGEL DE FARIA, PRIMEIRA TURMA, julgado em 18/10/2016, DJe 24/11/2016)*

A partir desta decisão muitos operadores do direito tentaram argumentar que se levantava uma nova teoria, denominada de fruição, em substituição da antiga (do resultado) a respeito da exportação do serviço. Contudo, não acreditamos que houve uma mudança de entendimento jurisprudencial, mas apenas definição de um caso especial, onde o Superior Tribunal de Justiça analisou a fruição ou utilidade do projeto para identificar onde seria executada a obra, sendo esta como resultado da prestação do serviço. Neste caso, a finalidade desta análise objetivava somente fixar a conhecida regra do "acessório segue o principal" ou em linguagem mais técnica-jurídica, o projeto seria atividade-meio para a execução da obra que seria atividade-fim.

Também não seria permitido definir a incidência tributária somente a partir da "intenção do prestador", uma vez que o fato gerador tributário deve ser interpretado objetivamente, nos termos do art.116 e 123 do CTN[27]. De modo que o legislador, ao instituir o tributo ou excluir sua incidência, são sempre considerados objetivamente, de acordo com o critério estabelecido na lei. Em outras palavras, para a sua configuração, a vontade do contribuinte pode ser mero pressuposto, mas nunca elemento criador ou integrante. Assim, aquilo que o direito privado permite como vontade do indivíduo, em direito tributário é um mero fato, dentro dos limites impostos pelo art. 123 do CTN.

Em síntese, o Superior Tribunal de Justiça apenas reafirmou a regra de que haverá a configuração da exportação de serviço quando o resultado da atividade ocorre no exterior, em especial quando os efeitos ou até mesmo a utilidade do serviço ocorre fora do Brasil, desde considerado objetivamente os efeitos desta prestação

São aquelas situações como serviços de projetos de engenharia ou software gravado sob encomenda em que o profissional é contratado para executar o serviço no exterior. Nestes casos a prestação-fim (resultado) ocorre integralmente fora dos limites do território nacional, sendo que a incidência do imposto municipal não alcançará estas hipóteses.

Desta forma, somente **configurará a exportação de serviço quando o serviço é totalmente concluído fora do país** e que não gere efeitos em território nacional.

1.1.2 Conflitos entre ICMS e ISSQN: caso paradigma de Informática

Alguns itens da lista de serviços podem trazer um aparente conflito tributário entre ISSQN, ICMS e IPI, diante da prestação do serviço combinado com a entrega de bens ou materiais. É natural que uma empresa que comercializa equipamentos de informática (operação sujeita ao ICMS) também venha a realizar serviços de assistência.

A Carta Constitucional outorgou aos Estados e ao Distrito Federal a competência para instituir Imposto sobre a Circulação de Mercadorias e Serviços – ICMS (artigo 155, II). Paralelamente, disciplinou pertencer aos Municípios o Imposto sobre Serviços – ISSQN (artigo 156, III), desde que estes serviços estejam previstos em lei complementar.

Com a publicação da Lei Complementar tentou-se minimizar o problema de conflito entre estes tributos, através de critérios de identificação do fato gerador dos mesmos. Ainda que aparentemente não haja uma identificação clara entre o ICMS e o ISSQN, eis que o primeiro se refere a circulação de mercadorias e o segundo sobre a prestação de serviços, existe situações onde, embora se verifique o serviço com fornecimento de matérias, haverá incidência exclusiva do tributo municipal.

Neste caso, ocorre a chama operação mista, ou veja, a prestação do serviço vem acompanhada do fornecimento ou emprego de materiais. Frente a esta situação, onde se visualiza a venda de mercadoria com prestação de serviço, o § 2º, IX, "b" do artigo 155 da CF dispõe que o ICMS incidirá sobre o valor total da operação, quando as mercadorias forem fornecidas com serviços não compreendidos na competência tributária dos Municípios.

27. REsp 1013458/SC, Rel. Ministro LUIZ FUX, PRIMEIRA TURMA, julgado em 09/12/2008, DJe 18/02/2009

Em contrapartida, a Lei Complementar n. 116/2003, em seu art. 1º, § 2º, determina que os serviços nela mencionados não estão sujeitos ao ICMS, salvo as exceções expressas na lista de serviços, conforme previsão expressa:

> *Art. 1º...*
>
> *§ 2º **Ressalvadas as exceções expressas na lista anexa**, os serviços nela mencionados não ficam sujeitos ao Imposto Sobre Operações Relativas à Circulação de Mercadorias e Prestações de Serviços de Transporte Interestadual e Intermunicipal e de Comunicação – ICMS, ainda que sua prestação envolva fornecimento de mercadorias.*

Com análise da legislação dos dois tributos, entendimento jurisprudencial que prevaleceu foi de que incidirá o ISSQN sobre a prestação de serviços que constam expressamente na lista de serviços da lei complementar 116/2003; e incidirá o ICMS sobre as operações de venda de mercadorias acompanhadas de prestação de serviços, desde que estas não constem em referida Lei Complementar.

Observe-se entendimento do Supremo Tribunal Federal quando do julgamento do RE n. 144795-8:

> *Consequentemente, o ISS incidirá tão-somente sobre serviços de qualquer natureza que estejam relacionados na lei complementar, ao passo que o ICMS, além dos serviços de transporte, interestadual e intermunicipal, e de comunicações, terá por objeto operações relativas a circulação de mercadorias, ainda que as mercadorias sejam acompanhadas de prestação de serviço, salvo quando o serviço esteja relacionado em lei complementar como sujeito a ISS.*

Este também é o entendimento seguido pelo Superior Tribunal de Justiça, o qual consolidou o entendimento através da sistemática de recursos repetitivos (tema 91):

> *Segundo decorre do sistema normativo específico (art. 155, II, § 2º, IX, b e 156, III da CF, art. 2º, IV, da LC 87/96 e art. 1º, § 2º, da LC 116/03), a delimitação dos campos de competência tributária entre Estados e Municípios, relativamente à incidência de ICMS e de ISSQN, está submetida aos seguintes critérios: (a) sobre operações de circulação de mercadoria e sobre serviços de transporte interestadual e internacional e de comunicações incide ICMS; (b) sobre operações de prestação de serviços compreendidos na lista de que trata a LC 116/03 (que sucedeu ao DL 406/68), incide ISSQN; e (c) sobre operações mistas, assim entendidas as que agregam mercadorias e serviços, incide o ISSQN sempre que o serviço agregado estiver compreendido na lista de que trata a LC 116/03 e incide ICMS sempre que o serviço agregado não estiver previsto na referida lista. (REsp 1092206/SP, Rel. Ministro TEORI ALBINO ZAVASCKI, PRIMEIRA SEÇÃO, julgado em 11/03/2009, DJe 23/03/2009).*

Somente com a análise da lista de serviços é que será possível identificar se esta atividade se enquadra na hipótese de incidência do imposto, independentemente deste constituir ou não atividade preponderante do prestador.

No caso de informática, **a jurisprudência passou a fazer a distinção entre os programas feitos em grande escala**, vulgo software de prateleira (estaria sujeito ao

ICMS) e aqueles softwares elaborados sob encomenda, sendo que neste último caso ficará sujeito ao ISSQN:

> *Os programas de computador desenvolvidos para clientes, de forma personalizada, geram incidência de tributo do ISS. Diferentemente, se o programa é criado e vendido de forma impessoal para clientes que os compra como uma mercadoria qualquer, esta venda é gravada com o ICMS (REsp 216.967/SP, 2ª Turma do Superior Tribunal de Justiça, relatora ministra Eliana Calmon, DJ de 22/04/01, p. 185).*

A diferença entre a hipótese de incidência destes tributos (IPI, ICMS e ISSQN) não se refere a grandeza ou dificuldade do esforço humano, mas sim, identificando se a produção foi sob encomenda ou "em massa"[28]. E, também, se existir serviços de assistência e consertos de forma autônoma à venda do material de informática, é possível configurar a incidência do ISSQN.

1.1.3. Atividades bancárias[29]

O tema atividades bancárias foi bem cobrado em várias provas de concursos, sendo que a **banca da ESAF (Auditor Fiscal da Receita Federal – 2012)** considerou como CORRETA a assertiva *"há incidência de ISSQN sobre operações bancárias"*. Isso porque o atual entendimento da doutrina e jurisprudência é da possibilidade da tributação dos serviços bancários pelo ISSQN, conforme a seguinte decisão:

> *ISS – serviços bancários – lista de serviços – taxatividade "Tributário. Serviços bancários. ISS. Lista de serviços. Taxatividade. Interpretação extensiva. 1. A jurisprudência desta Corte firmou entendimento de que é taxativa a Lista de Serviços anexa ao Decreto-Lei nº 406/1968, para efeito de incidência de ISS, admitindo-se, aos já existentes apresentados com outra nomenclatura, o emprego da interpretação extensiva para serviços congêneres. 2. Recurso especial não provido. Acórdão sujeito ao regime do art. 543-C do CPC e da Resolução STJ nº 8/2008." (STJ – REsp 1.111.234/PR – (2009/0015818-9) – 1ª S. – Relª Min. Eliana Calmon – DJe 08.10.2009)*

Neste caso, a Primeira Seção do Superior Tribunal de Justiça aprovou a Súmula 424, com seguinte teor: *"É legítima a incidência do ISS sobre os serviços bancários congêneres da lista anexa ao DL nº 406/1968 e à LC nº 56/1987"*. Isso mostra ser possível a cobrança de

28. Entende o autor que industrialização por encomenda constitui *"atividade-fim do prestador do aludido serviço, tendo em vista que, uma vez concluída, extingue o dever jurídico obrigacional que integra a relação jurídica instaurada entre o 'prestador' (responsável pelo serviço encomendado) e 'tomador' (encomendante)"*. (MELO, Jose Eduardo Soares de; PAULSEN, Leandro. *Impostos federais, estaduais e municipais*. 6 ed. Porto Alegre: Livraria do Advogado, 2011, p. 314)

29. O tema atividades bancárias foi bem cobrado em várias provas de concursos, sendo que a **banca da ESAF (Auditor Fiscal da Receita Federal – 2012)** considerou como CORRETA a assertiva "há incidência de ISSQN sobre operações bancárias".

ISSQN sobre os serviços bancários, mesmo antes da vigência da LC 116/2003, inclusive aplicando a interpretação extensiva de cada item para abarcar serviços congêneres.

Este entendimento, inclusive, já passou pelo julgamento da Primeira Seção do Superior Tribunal de Justiça através da sistemática de recursos repetitivos (tema 132):

> *A jurisprudência desta Corte firmou entendimento de que é taxativa a Lista de Serviços anexa ao Decreto-lei 406/68, para efeito de incidência de ISS, admitindo-se, aos já existentes apresentados com outra nomenclatura, o emprego da interpretação extensiva para serviços congêneres. 2. Recurso especial não provido. Acórdão sujeito ao regime do art. 543-C do CPC e da Resolução STJ 08/08. (REsp 1111234/ PR, Rel. Ministra ELIANA CALMON, PRIMEIRA SEÇÃO, julgado em 23/09/2009, DJe 08/10/2009)*

Em razão disso, considera-se consolidado o entendimento de incidência do ISSQN sobre os serviços bancários, admitindo-se, inclusive, a interpretação extensiva das atividades congêneres.

1.1.4. Arrendamento mercantil – leasing

Nos termos do art. art. 1º, parágrafo único, da Lei 6.099/1974, o arrendamento mercantil/leasing possui a seguinte definição legal:

> *Art. 1º...*
>
> *Parágrafo único – Considera-se arrendamento mercantil, para os efeitos desta Lei, o negócio jurídico realizado entre pessoa jurídica, na qualidade de arrendadora, e pessoa física ou jurídica, na qualidade de arrendatária, e que tenha por objeto o arrendamento de bens adquiridos pela arrendadora, segundo especificações da arrendatária e para uso próprio desta*

Na leitura de Eduardo Fortuna "*o leasing é, portanto, uma forma de ter sem comprar, seguindo o princípio de que o lucro vem da utilização do bem e não da sua propriedade*"[30]. Em outras palavras, é uma modalidade de empréstimo em que é possível haver a amortização do valor do bem no pagamento da contraprestação do aluguel.

Diante da polêmica que existia sobre a natureza tributária do arrendamento mercantil (leasing), o Superior Tribunal de Justiça compreendeu que a discussão em torno do conceito de serviço para fins de incidência do ISSQN sobre operações de arrendamento mercantil (leasing) é de cunho eminentemente constitucional (Resp 1184736/MG).

Ao chegar ao Supremo Tribunal Federal, os ministros, por maioria de votos, deram provimento ao Recurso Extraordinário nº 547245 no sentido de que o **leasing financeiro e lease-back são considerados serviços** e, portanto, passíveis de incidência do ISSQN:

---

30. FORTUNA, Eduardo. *Mercado Financeiro: produto e serviços*. 15. ed. Rio de Janeiro: Qualitymark, 2002, p. 230.

EMENTA: RECURSO EXTRAORDINÁRIO. DIREITO TRIBUTÁRIO. ISS. ARRENDAMENTO MERCANTIL. OPERAÇÃO DE LEASING FINANCEIRO. ARTIGO 156, III, DA CONSTITUIÇÃO DO BRASIL. O arrendamento mercantil compreende três modalidades, [i] o leasing operacional, [ii] o leasing financeiro e [iii] o chamado lease-back. No primeiro caso há locação, nos outros dois, serviço. A lei complementar não define o que é serviço, apenas o declara, para os fins do inciso III do artigo 156 da Constituição. Não o inventa, simplesmente descobre o que é serviço para os efeitos do inciso III do artigo 156 da Constituição. No arrendamento mercantil (leasing financeiro), contrato autônomo que não é misto, o núcleo é o financiamento, não uma prestação de dar. E financiamento é serviço, sobre o qual o ISS pode incidir, resultando irrelevante a existência de uma compra nas hipóteses do leasing financeiro e do lease-back. Recurso extraordinário a que se dá provimento. (RE 547245, Relator(a): Min. EROS GRAU, Tribunal Pleno, julgado em 02/12/2009)

Esta Corte Constitucional definiu que existem de fato três modalidades de executar esta operação: leasing operacional, lease-back e leasing financeiro, sendo que o ISSQN somente incidirá nos dois últimos casos, pois no primeiro ocorre típica locação do bem. No leasing operacional, a empresa de leasing irá comprar o bem e alugar por um determinado período ao seu cliente que no fim do contrato poderá optar em comprar o bem, devolvê-lo ou renovar o contrato. Já no leasing financeiro, o cliente-arrendatário irá escolher comprar o bem no início da operação, sendo que as parcelas do aluguel do bem vêm acompanhadas do chamado VRG (Valor Residual Garantido)[31].

Posteriormente, o Superior Tribunal de Justiça, através da sistemática de recursos repetitivos seguiu o entendimento do Supremo Tribunal Federal:

1. O Supremo Tribunal Federal, por ocasião do julgamento do RE 592.905/SC, Relator Ministro EROS GRAU (DJ de 02.12.2009), que reconheceu a repercussão geral sobre o tema, consoante regra do art. 543-B, do CPC, firmou o entendimento de que, no arrendamento mercantil (leasing financeiro), contrato autônomo que não é misto, o núcleo é o financiamento, não uma prestação de dar. E financiamento é serviço, sobre o qual o ISS pode incidir, resultando irrelevante a existência de uma compra nas hipóteses do leasing financeiro e do lease-back.

2. A Primeira Seção do Superior Tribunal de Justiça, por ocasião do julgamento do REsp. 1.060.210/SC, DJe 05.03.2013, submetido ao rito do art. 543-C do CPC, concluiu que o fato gerador da operação de arrendamento mercantil ocorre no local do estabelecimento prestador do serviço, predominando, para caracterizá-lo, na hipótese de leasing financeiro, o financiamento, o empréstimo de capital, conforme definido pelo STF.

3. Inexiste ofensa aos princípios da separação dos poderes, da territorialidade, da segurança jurídica e da legalidade. A Seção não criou

31. MARTINS, Sergio Pinto. *Manual do Imposto Sobre Serviços*. 8. ed. São Paulo: Atlas, 2010, p. 265.

> *qualquer norma legal adicional; ao contrário, limitou-se a esclarecer o teor de norma infralegal para solucionar a controvérsia em torno da competência para a cobrança do ISS das empresas operadoras de leasing financeiro.*
>
> *4. Agravo Regimental do Município de Santo Antônio da Patrulha desprovido.*
>
> *(AgRg no REsp 1021108/RS, Rel. Ministro NAPOLEÃO NUNES MAIA FILHO, PRIMEIRA TURMA, julgado em 18/09/2014, DJe 09/10/2014)*

Portanto, somente haverá incidência do ISSQN sobre o lease-back e leasing financeiro, por ser considerado serviço, o que não ocorre no caso de leasing operacional (locação).

Quanto ao aspecto espacial (local de pagamento), o Superior Tribunal de Justiça decidiu de uma forma inusitada no que se refere ao leasing. No julgamento do Recurso Especial nº 1060210/SC, a Primeira Seção deste Tribunal decidiu que o Município competente para a cobrança de ISS sobre operações de arrendamento mercantil, ainda que na vigência do DL nº 406/1968, é o do local onde está sediado o estabelecimento financeiro do prestador (art. 12).

Assim ficou sedimentado o entendimento desta Corte jurisdicional:

> *Recurso Especial parcialmente provido para definir que: (a) incide ISSQN sobre operações de arrendamento mercantil financeiro; (b) o Município competente para a sua cobrança, na vigência do DL 406/68 é o da sede do estabelecimento prestador (art. 12), e a partir da LC 116/03, existindo unidade econômica ou profissional do estabelecimento prestador do serviço de arrendamento mercantil no Município onde essa prestação é perfectibilizada, ou seja, onde ocorrido o fato gerador tributário, ali deverá ser recolhido o tributo; (c) a base de cálculo do tributo, no presente caso, abrange o valor total da operação contratada, por corresponder ao preço do serviço; (STJ. Resp. nº 1060210/SC, Rel. Min. Napoleão Nunes Maia Filho, julgado em 28/11/2012)*

Isso demonstra que o entendimento da jurisprudência do Superior Tribunal de Justiça sobre o tema é de que, mesmo na vigência do Decreto-Lei 406/68, o tributo deve ser recolhido na sede da empresa de leasing (local onde se aprova o financiamento). E, a partir da vigência da LC 116/2003, se existir uma unidade econômica ou profissional do estabelecimento prestador do serviço de arrendamento mercantil no Município onde essa prestação é realizada, ali deverá ser recolhido o tributo.

Também decidiu o Superior Tribunal de Justiça que a base de cálculo do ISS, no caso de arrendamento mercantil financeiro, abrange o valor total da operação contratada, inclusive o valor do financiamento[32].

Em síntese temos o seguinte panorama:

---

32. STJ. Resp. nº 1060210/SC, Rel. Min. Napoleão Nunes Maia Filho, julgado em 28/11/2012.

***Leasing* Operacional**	A empresa de *leasing* compra o bem e o ***aluga por um determinado período ao seu cliente*** que no fim do contrato poderá optar em comprar o bem, devolvê-lo ou renovar o contrato.	Não incide ISSQN
***Leasing* Financeiro**	O cliente ***escolhe comprar o bem no início da operação*** por valor pré-determinado ou pelo preço de mercado ao fim da operação. Assim, além das parcelas que correspondem ao aluguel do bem, chamada de contraprestações, o consumidor pagará também o VRG (Valor Residual Garantido).	Incide ISSQN
Lease Back	O ***cliente vende o bem para a arrendadora e em seguida arrenda o bem***. Ao fim do contrato, o cliente compra o bem pelo Valor Residual Garantido (VRG).	Incide ISSQN

1.1.5. Franquia (franchising)

A franquia é o contrato pelo qual um comerciante (chamado de franqueador) licencia o uso de sua marca ou patente para outro comerciante (chamado de franqueado), sendo que nesta relação comercial é identificada uma relação complexa para concretizar a organização empresarial, conforme dispõe o artigo 2º da Lei 8.955/94:

> *"Art. 2º Franquia empresarial é o sistema pelo qual um franqueador cede ao franqueado o direito de uso de marca ou patente, associado ao direito de distribuição exclusiva ou semi-exclusiva de produtos ou serviços e, eventualmente, também ao direito de uso de tecnologia de implantação e administração de negócio ou sistema operacional desenvolvidos ou detidos pelo franqueador, mediante remuneração direta ou indireta, sem que, no entanto, fique caracterizado vínculo empregatício."*

Assim, essa espécie de ralação negocial está prevista o item 17.08 da lista de serviços anexa a Lei Complementar nº 116/2003.

Pode-se notar que o contrato de franchising define legalmente a "franquia" como o sistema pelo qual o franqueador cede ao franqueado *"o direito de uso de marca ou patente"*, *"o direito de distribuição exclusiva ou semi-exclusiva de produtos ou serviços"* e *"o direito de uso de tecnologia de implantação e administração de negócio ou sistema operacional desenvolvidos ou detidos pelo franqueador"*.

Haverá a "cessão" de todo um modelo de negócio, em que o franqueador vai proporcionar ao franquiado a reprodução de um estilo de negócio. Não é difícil notar que o contrato de franquia possui natureza complexa, pois envolve a figura de vários contratos típicos na sua previsão legal, de modo que a franqueada receberia treinamento e os produtos da franqueadora para vendê-los com exclusividade ou semi-exclusividade.

Em linhas gerais, esta espécie contratual permite a ocorrência de prestações recíprocas, no sentido de que as partes assumem obrigações de natureza indivisível, porquanto o franqueador cede ao franqueado um modelo de negócio. Neste sentido, a doutrina empresarial tem lecionado que este contrato abrange *"prestações recíprocas e sucessivas com o fim de se possibilitar a distribuição, industrialização ou comercialização de produtos, mercadorias ou prestação de serviços, nos moldes e forma previstos em contrato de adesão"*[33].

Frente essa complexidade da natureza jurídica da franquia, formou-se algumas correntes doutrinárias a respeito da incidência do ISSQN. Para resumir, podemos destacar três linhas doutrinárias:

- comparação entre franquia e locação de bem móvel;
- identificação da franquia como prestação de serviço;
- exame da questão diante da distinção entre atividade-meio e atividade-fim.

Sobre s primeira corrente, existem argumentos no sentido de que antes da vigência da Lei Complementar 116 a franquia deveria ser tributada pelo ISSQN a título de "locação de bem móvel". Ocorre que este entendimento encontrou obstáculo na interpretação do STF que assentou que, na não haverá incidência deste tributo sobre locação de bens móveis (Sumula Vinculante 31).

Atualmente, a divergência existe entre a segunda e terceira corrente, onde se concentra na definição se a franquia teria ou não natureza jurídica de prestação de serviços para efeitos de incidência do ISSQN.

Os doutrinadores que defendem a não incidência do ISSQN sobre a franquia, por ser um contrato complexo, não pode ser interpretado como uma obrigação de fazer, logo não haverá natureza jurídica de prestação de serviço:

> *"O contrato de franquia envolve diversas atividades, não podendo ser resumido a um contrato cujo objeto é apenas uma obrigação de fazer. Do mesmo modo as operações de factoring, que também guardam uma natureza complexa, envolvendo diversas atividades"*[34]

Neste mesmo sentido, é o entendimento do Prof. Aires F. Barreto:

> *"É inequívoca a intributabilidade, por via de ISS, da atividade da franquia. O franchising não se subsume ao conceito constitucional de serviços tributáveis por esse imposto municipal; consequentemente, dita atividade econômica não está abrangida pela competência tributária atribuída aos Municípios pela Constituição Federal"*[35]

Nessa linha de raciocínio desenvolvida a franquia não se amoldaria ao conceito constitucional de prestação de serviços, de modo que esta forma contratação envolveria prestações recíprocas de natureza variada, evidentemente, não pode ser reduzido a uma obrigação de fazer.

33. SIMÃO FILHO, Adalberto. Franchising. 3 ed. São Paulo: Atlas, 1998, p.36, 42
34. ***HOFFMANN, Susy Gomes. O Imposto sobre serviços de qualquer natureza. In. Curso de Especialização em Direito Tributário. Coord. Eurico Marcos Diniz de Santi. Forense: rio de Janeiro, 2009, p. 514***
35. ***BARRETO, Aires F. ISS na Constituição e na Lei. São Paulo: Dialética, 2003, p. 172***

Ocorre que de acordo com art. 2º da Lei 8955/94 o foco principal da franquia esta em ceder ao franqueado o direito de uso de marca ou patente, mediante assistência técnica do franqueador. Ou seja, junto com a cessão de uso, também há uma série de obrigações em distribuir, exclusiva ou semi-exclusivamente, produtos ou serviços. É por isso que André Luiz Santa Cruz Ramos leciona que a franquia é uma verdadeira técnica de organização empresarial, nos seguintes termos:

> *(...) o franqueador presta ao franqueado serviços de organização empresarial, que se desdobram, basicamente, em três contratos específicos: i) engineering, por meio do qual o franqueador orienta o franqueado em todos o processo de montagem e planejamento do seu estabelecimento; ii) mangement, mediante o qual o franqueador orienta o franqueado no treinamento de sua equipe de funcionários e na gerência de sua atividade; iii) marketing, por meio d qual o franqueador orienta o franqueado quanto aos procedimentos de divulgação e promoção dos produtos comercializados*[36].

Assim, pode-se defender a franquia se enquadrar em uma obrigação de fazer, que importaria na prestação de um serviço tributável pelo ISSQN. As obrigações de dar somente estar implicitamente embutida da obrigação principal (fazer), fazendo parte da execução do contrato, e não de sua natureza ou constituição.

Conforme entende Ricardo Negrão, "*a função econômica do contrato de franquia, neste caso, encontra-se centrada em um modelo de distribuição de produtos ou de serviços, concebido pelo franqueador, no qual se incluem, necessariamente, conhecimento técnico e treinamento. Este modelo é facilmente reconhecido pelo consumidor pelos sinais distintivos licenciados pelo franqueador*"[37]. Isso significa que ao celebrar o contrato de franquia, o franqueado está buscando, ao mesmo tempo, o direito de uso de marca ou patente, o direito de distribuição exclusiva de produtos ou serviços e, o direito ao uso de tecnologia de implementação e administração de negócio ou sistema operacional desenvolvido pelo franqueador.

De uma forma didática, teríamos o seguinte quadro:

FRANQUEADOR	FRANQUEADO
Oferece, de forma continuada e sucessiva: • licença de uso de direitos de propriedade industrial; • distribuição exclusiva ou semi exclusiva de produtos e serviços; **Cumulativamente:** • tecnologia de implantação; • tecnologia na administração da empresa; • sistema operacional adequado à organização da atividade empresarial;	• Recebe serviços e paga royalties. • Respeitar certas regras fixadas pelo franqueador;

36. RAMOS, André Luiz Santa Cruz. *Direito Empresarial esquematizado*. Rio de Janeiro: Forense, 2010, p. 461.
37. NEGRÃO, Ricardo. *Manual de Direito Comercial e Empresarial*. São Paulo: Saraiva, 2010, p. 310.

Desta forma, entendemos que a franquia, por sua natureza, irá englobar a transferência de uso de marca[38], *know-how*, tecnologia na administração do negócio, bem como treinamento de funcionários e franqueado, dentre outras atividades. O que mostra que a **franquia é um serviço de organização empresarial!**

É evidente que a franquia tem como atividade-fim a cessão de um modelo de negócio (organização empresarial), para o qual concorrem inúmeras atividades de ambas as partes.

Assim entende o prof. José Eduardo Soares de Melo não se trata de uma mera prestação de serviço, mas sim em várias que se direcionam para um objetivo:

> *"Não se trata de mera prestação e serviços (fazer), uma vez que a participação na distribuição de bens (mercadorias e serviços) entre franqueador e franqueado envolve ampla atividade de transferência de tecnologia, imposição de condutas, cessão de direitos, obrigação de aquisição de quantidades mínimas, etc,. evidenciando objetivo participativo entre as partes"*[39].

Ocorre que afirmar que a franquia é apenas uma relação jurídica complexa, sem identificá-la na esfera tributária é temerária e cômoda. É necessário classificá-la a fim de identificar sua essência para fins de tributação, somente desta forma será possível evitar uma não incidência sem justificativa constitucional.

Em respeito a hipótese de incidência constitucional é de se reconhecer que a franquia é uma forma prestação de serviço, ainda que complexa, conforme deixa claro o artigo 2º da Lei 8.955/94. Apesar de traduzir em sua operacionalização uma série de vínculos obrigacionais entre franqueador e franqueado, o contrato de franquia empresarial se constitui em uma obrigação de fazer.

Numa leitura moderna do instituto demonstra que a franquia possui a natureza jurídica de uma prestação de serviço complexa, por meio da qual, o franqueador estabelece uma linha bastante abrangente de organização empresarial.

Cabe notar que sob a égide da Lei Complementar nº 116/2003 (01.01.2004), o Superior Tribunal de Justiça decidiu ser legítima a incidência de ISSQN sobre a franquia em relação a sua natureza jurídica:

> *Nos termos jurisprudência do STJ, a partir da edição da Lei Complementar nº 116/03, em vigor a partir de 1º.1.2004, a atividade de franquia passou a ser expressamente prevista no item 17.08 da lista de*

38. Ademais, concluiu-se que se trataria de cessão de direito sobre uso de marca, que não poderia ser considerada locação de bens móveis, mas serviço autônomo, como previsto na Lei Complementar 116/2003. Assim, não haveria a incidência da Súmula Vinculante 31 (*"É inconstitucional a incidência do imposto sobre serviços de qualquer natureza – ISS sobre operações de locação de bens móveis."*)(Rcl 8623 AgR/RJ, rel. Min. Gilmar Mendes, 22.2.2011)

39. MELO, José Eduardo Soares de; PAULSEN, Leandro. Impostos federais, estaduais e municipais. 6 ed. Porto Alegre: Livraria do Advogado, 2011, p. 319

> *serviços anexa, ficando, portanto, sujeita à tributação. (STJ. AGRESP 200901738164, HUMBERTO MARTINS, STJ – SEGUNDA TURMA, 14/02/2011)*

Assim, o entendimento que prevaleceu até o momento foi de que a franquia é uma forma de prestação de serviço e de que, com o advento da Lei Complementar 116/03, estas operações, de forma geral, foram expressamente incluídas na lista de serviços que tornam exigível o ISSQN.

Contudo, mesmo diante deste posicionamento do Superior Tribunal de Justiça, a jurisprudência e a doutrina mostram que o tema ainda é polêmico. Vários Tribunais Regionais vêm decidindo pela inconstitucionalidade do item 17.08 (franquia) da lista de serviços[40], situação que acabou gerando o reconhecimento da **Repercussão Geral do assunto no Supremo Tribunal Federal**[41], que definirá o futuro desta tributação.

Assim, até que o Supremo Tribunal Federal defina a constitucionalidade da sua incidência, ainda ficaríamos em meio à polêmica gerada na doutrina e jurisprudência dos Tribunais regionais.

1.1.6. Construção civil[42]

Existirá uma série de situações em que demanda uma interpretação acerca da aplicação de materiais e insumos na prestação de serviço. Por exemplo, o fornecimento de cimento numa construção poderá ser interpretado como insumo da prestação de serviço, enquanto vendido na loja seria apenas uma mercadoria.

A doutrina costuma diferenciar o preço da prestação (base de cálculo do ISSQN) do preço do serviço, sendo que o conceito deste último engloba, além do valor da prestação e valores gastos com a prestação. Essa diferenciação é de suma importância em serviços em que haja a aplicação de materiais e instrumentos, na medida em que há uma dificuldade maior para se identificar a real base de cálculo do tributo. No que se refere a incidência tributária da prestação de serviços de construção civil possui expressa previsão na lista de serviços da Lei Complementar 116/2003, conforme item 7.02, interferindo na delimitação da base de cálculo do tributo:

> *7.02 – Execução, por administração, empreitada ou subempreitada, de obras de construção civil, hidráulica ou elétrica e de outras obras*

---

40. TJPR, Órgão Especial, IncDInc 838428-5/01, acórdão nº 12.894, unânime, rel. des. Rabello Filho, j. 18/6/2012.

41. Recurso extraordinário. Tributário. ISS. Franquia. Fato gerador. Lei Complementar 116/2003. Repercussão geral reconhecida. (RE 603136 RG, Relator(a): Min. GILMAR MENDES, julgado em 02/09/2010, DJe-185 DIVULG 30-09-2010)

42. Este também é um tema bem cobrado em concursos públicos, como o concurso para Auditor Fiscal da Receita Federal, onde a **banca da ESAF (2012)** considerou como CORRETA seguinte afirmação: *"na construção civil, a dedução do valor dos materiais e subempreitadas no cálculo do preço do serviço, para fins de apuração do ISS, não configura isenção".*

> *semelhantes, inclusive sondagem, perfuração de poços, escavação, drenagem e irrigação, terraplanagem, pavimentação, concretagem e a instalação e montagem de produtos, peças e equipamentos (exceto o fornecimento de mercadorias produzidas pelo prestador de serviços fora do local da prestação dos serviços, que fica sujeito ao ICMS).*

O Código Civil Brasileiro disciplina que os contratos de empreitada podem ser 'de lavor', quando o empreiteiro assume apenas a obrigação de trabalho; e de empreitada 'mista', quando também se obriga a fornecer os materiais, conforme prescrito no art. 610:

> *Art. 610. O empreiteiro de uma obra pode contribuir para ela só com seu trabalho ou com ele e os materiais.*

Observe-se que o item 7.02 da lista é expresso em definir que haverá a incidência de ISSQN sobre o valor integral da prestação do serviço, ressalvando o fornecimento de mercadorias produzidas pelo prestador do serviço fora do local da obra.

Durante um tempo o Superior Tribunal de Justiça tinha o posicionamento sacramento no sentido de que na prestação de serviço de construção civil ocorria a incidência do ISSQN sobre o valor global do serviço, sem autorização de dedução de materiais, exceto quanto a previsão da parte final do item 7.02[43]. Cabe ainda mencionar a respeito da Súmula nº 167 do Superior Tribunal de Justiça, o qual prevê o entendimento de que o fornecimento de concreto para construção civil, preparado no trajeto até a obra se sujeita somente ao ISS. Isto porque na construção civil existe uma obrigação de uma atividade fim, qual seja: a prestação de serviço direcionado a entrega de uma obra.

Este entendimento leva a conclusão de que o conceito de prestação de serviço independe se o prestador utilizou ou aplicou materiais para consecução de seu objetivo. Em outras palavras, não desnatura o contrato, se o dentista usou anestésico e se o engenheiro teve que adquirir uma trena.

Nesta linha, Bernardo Ribeiro de Moraes compreende que a "*empreitada é prestação de obra de resultado. Os serviços prestados na empreitada representam um meio para o fim desejado. O que se exige é a obra, e não a prestação de serviço*"[44]. Assim, na construção civil existe uma obrigação de uma atividade fim, ou seja, à entrega da obra, não constituindo seu trabalho, em si, ou a entrega de materiais, a finalidade mesma do ajuste.

---

43. *A tese de que não apenas os materiais produzidos pelo próprio prestador, mas também os adquiridos de terceiros, devem ser excluídos da base de cálculo do ISS não encontra respaldo no ordenamento jurídico, pois a regra legal que trata da incidência do ISS sobre serviços de construção civil é clara ao excluir apenas os materiais produzidos pelo próprio prestador fora do local onde prestados os serviços. (STJ – AgRg no REsp 1002693/RS – Ministro CASTRO MEIRA – Data do Julgamento – 25/03/2008)*

44. MORAES, Bernardo Ribeiro de. *Doutrina e Prática do Imposto sobre Serviços*. São Paulo: Revista dos Tribunais, 1978.

O Professor Hugo de Brito Machado[45], em parecer emitido para empresa de banheiros pré-moldados, no ano de 2000, assim lecionou:

> *"(...) Os banheiros em análise, apesar de construídos fora do local da obra, têm dimensões e características técnicas (tais como tubulação, energia, iluminação) que apenas permitem a sua incorporação ao imóvel para o qual foram projetados. Um hotel, por exemplo, é inteiramente construído por uma construtora. Os quartos, corredores, salas, elevadores, etc., tudo é feito no local da obra. Os banheiros, contudo, são construídos pela Consulente, em regime de empreitada, com os respectivos terminais de energia elétrica, água e esgoto. Terminada a construção dos banheiros, estes são transportados até o local da obra e nesta são incorporados. São feitas as conexões de água, luz e esgoto e definitivamente o banheiro torna-se parte indissociável do imóvel para o qual foi projetado. Em vista disso, é inteiramente impossível o aproveitamento desses banheiros em outra obra. Tanto é assim que o contrato celebrado entre a consulente e os tomadores de seus serviços prevê a hipótese de embargo da obra, devendo a consulente ser indenizada no montante equivalente às unidades produzidas e em fase de produção, ao custo dos materiais importados para aplicação no projeto do contrato, ao valor do custo de projeto das unidades ainda não produzidas etc. Essa indenização decorre do fato de que referidos banheiros não têm qualquer valor econômico senão para o tomador do serviço. Não podem, por isso, serem vendidos ou revendidos, mas tão somente utilizados na obra para a qual foram projetados. Não são, inequivocamente, mercadorias. (...)"*

E conclui:

> *"(...) Os banheiros, porque construídos por empreitada e destinados exclusivamente a integrar determinado imóvel, único ao qual suas dimensões, design e demais especificações atendem, não são mercadorias. Sua produção configura serviço de construção civil, submetendo-se à incidência do ISS. A entrega e o auxílio na fixação do banheiro à obra fazem parte do contrato de empreitada, consubstanciando a parte final da execução do serviço na construção civil. Não há circulação de mercadoria, não se podendo cogitar, por conseguinte, de incidência de ICMS. (...)".*

A incorporação de bens na obra fez com que tais materiais perdessem suas qualidades de origem, transformando-se em elementos da construção, isto é, o tomador do serviço não contratou o recebimento destes materiais, mas simplesmente eles foram transformados em insumos e foram adicionados à obra. Neste caso, conforme explica Andrei Pitten Velloso, "os materiais empregados na prestação de serviços são, com frequência, elementos imprescindíveis à sua conclusão, não se qualificando necessariamente como mercadorias, por não serem bens destinados ao comércio"[46].

45. Fonte: http://www.fiscosoft.com.br/main_index.php?home=home_artigos&m=_&nx_=&viewid = 136101.

46. VELLOSO, Andrei Pitten. *Constituição Tributária Comentada*. São Paulo: Atlas, 2007, p. 311.

Neste sentido, Adolpho Bergamini:

> *O que quer dizer o dispositivo é que, regra geral, na hipótese de prestação de serviços com fornecimento de mercadorias, as receitas respectivas, auferidas pelo prestador, serão integralmente tributadas pelo ISS, inclusive os valores das mercadorias embutidas no preço do serviço prestado. As exceções a essa regra deverão constar expressamente da lista de serviços e, nesses casos, os valores das mercadorias serão tributados pelo ICMS, enquanto os valores relativos aos serviços, pelo ISS.*[47]

No que tange as obras de construção civil, é importante esclarecer que a conclusão dos contratos firmados por empreitada não há a transferência, à contratante, de parte do empreendimento executado ou dos materiais individualmente empregados, mas sim, a entrega da obra como um todo. Tanto é assim, que nos termos do art. 610 do Código Civil, o contrato de empreitada pode advir somente da contribuição do trabalho do empreiteiro ou, também, com o emprego de materiais. Em ambas as situações o contrato de empreitada se caracterizaria como obrigação de fazer, sendo que o material empregado transformou-se em insumo da obra.

De forma contrária a este posicionamento, o Supremo Tribunal Federal, através de um voto monocrático da ministra Ellen Gracie, no Recurso Extraordinário nº 603497, julgou pela **possibilidade da dedução de materiais da base de cálculo da prestação de serviços da construção civil** da seguinte forma:

> *A hipótese dos autos versa sobre a constitucionalidade da incidência do ISS sobre materiais empregados na construção civil. O acórdão assim decidiu: " TRIBUTÁRIO – ISS – CONSTRUÇÃO CIVIL – BASE DE CÁLCULO – MATERIAL EMPREGADO – DEDUÇÃO – IMPOSSIBILIDADE. A jurisprudência desta Corte pacificou o entendimento de que a base de cálculo do ISS é o preço total do serviço, de maneira que, na hipótese de construção civil, não pode haver a subtração do material empregado para efeito de definição da base de cálculo. Precedentes de Corte. Agravo regimental improvido." 2. Este Tribunal, no julgamento do RE 603.497, de minha relatoria, reconheceu a existência da repercussão geral da matéria para que os efeitos do art. 543-B do CPC possam ser aplicados. Esta Corte firmou o entendimento no sentido da possibilidade da dedução da base de cálculo do ISS dos materiais empregados na construção civil. O acórdão recorrido divergiu desse entendimento. 3. Ante o exposto, com fundamento no art. 557, § 1º-A, do CPC, dou provimento ao recurso extraordinário. (RE 603497, Relator(a): Min. ELLEN GRACIE, julgado em 18/08/2010, publicado em DJe-172 DIVULG 15/09/2010 PUBLIC 16/09/2010)*

Esta decisão do Supremo causou um verdadeiro reboliço jurídico, uma vez que os Municípios vinham adotando o entendimento do Superior Tribunal de Justiça, qual seja: impossibilidade de dedução dos materiais da base de cálculo do ISSQN.

---

47. BERGAMINI, Adolpho. Curso de ISS. São Paulo: Editora Revista dos Tribunais, 2017, pag. 77

Em outra situação, o Supremo Tribunal Federal voltou a se pronunciar sobre o tema, definindo a recepção e aplicação do art. 9º do DL nº 406/68[48]. Após esta manifestação pela Suprema Corte, o Superior Tribunal de Justiça alterou seu entendimento relativo à definição da base de cálculo do ISSQN na construção civil, passando a aceitar a possibilidade da dedução dos materiais e subempreitada[49].

Na leitura de Aires F. Barreto, o fato da lei complementar não permitir a inclusão dos materiais equivale a dizer que materiais não integram a base de cálculo do ISSQN, isto em razão da não cumulatividade do imposto. Entende este autor que o veto ocorrido no inciso II do § 2º da LC 116/2003 é inconstitucional, pois a não dedução das subempreitadas afrontaria a própria estrutura constitucional do imposto[50].

Desta maneira, assim passou a ser fixada a jurisprudência do Superior Tribunal de Justiça:

> *Após o julgamento do RE nº 603.497, MG, a jurisprudência do Tribunal passou a seguir o entendimento do Supremo Tribunal Federal quanto à legalidade da dedução do custo dos materiais empregados na construção civil da base de cálculo do imposto sobre serviços, incluído o serviço de concretagem. Agravo regimental desprovido (AgRg no AREsp 664012/RJ, Rel. Ministra ASSUSETE MAGALHÃES, SEGUNDA TURMA, Julgado em 10/03/2016, DJE 17/03/2016).*

Diante deste novo cenário uma situação é clara na jurisprudência do STJ e STF, que a partir dessa quebra de paradigma, será possível excluir da base de cálculo da prestação de serviço de construção civil os materiais e as subempreitadas da obra.

Porém, através de uma interpretação razoável desta situação, não parece coerente prevalecer o entendimento de que o Supremo Tribunal Federal simplesmente permitiu a dedução de todo e qualquer material da base de cálculo do ISSQN em casos de construção civil, até porque a lei assim não permitiu. Pelo contrário, a fundamentação das decisões da Suprema Corte, consideraram que a dedução é possível, mas deve se limitar somente aos **materiais empregados diretamente na obra**. Com isso, fica claro que a legislação tribu-

48. A jurisprudência do Supremo Tribunal Federal é firme no sentido de que o art. 9º do Decreto-Lei 406/1968 foi recepcionado pela Constituição Federal de 1988. Pelo que é possível a dedução da base de cálculo do ISS dos valores dos materiais utilizados em construção civil e das subempreitadas. (RE 599582 AgR, Relator(a): Min. AYRES BRITTO, Segunda Turma, julgado em 29/03/2011, DJe-123 DIVULG 28-06-2011)

49. O STF, por ocasião do julgamento do RE 603.497/MG, Rel. Min. Ellen Gracie, DJ de 16/9/2010, reconheceu a repercussão geral sobre o tema, consoante regra do art. 543-B, do CPC (NCPC art. 1036), e firmou entendimento no sentido da possibilidade da dedução da base de cálculo do ISS dos materiais empregados na construção civil. Pelo que é possível a dedução da base de cálculo do ISS dos valores dos materiais utilizados em construção civil e das subempreitadas." (STJ. AgRg no AgRg no AI nº 1.410.608, 1ª Turma, relator Ministro Benedito Gonçalves, julgado em 18/10/2011, publicado no DJe de 21/10/2011)

50. Cf. BARRETO, Aires F. *Curso de Direito Tributário Municipal...*, p. 410/412.

tária juntamente com a jurisprudência dominante, pretendem excluir da base de cálculo, corresponde ao valor total do serviço de construção civil prestado, tão-somente, os valores advindos de materiais que tenham origem de uma venda mercantil (sujeita a tributação do ICMS) e desde que sejam empregados (incorporadores definitivamente) na obra.

A terminologia "materiais fornecidos", previsto no art. 7º da LC nº 116/2003 não chega ao ponto de englobar materiais utilizados indiretamente na obra. Por isso, acredita-se que o abatimento de valores da base de cálculo deve ser realizado com cautela, pois deverá haver a efetiva comprovação de que os materiais foram devidamente aplicados na obra, independente de serem adquiridos ou produzidos pelo prestador[51].

A título de exemplo, pode-se apontar a legislação do Município de São Paulo, onde o art. 14 da Lei nº 13701/2003, permite o abatimento de materiais na prestação de serviços de construção civil, desde que **sejam incorporados à obra**[52]. A terminologia utilizada pela legislação paulista parece ser adequada à situação, na medida em que respeita o direito de abatimento dos materiais, bem como conserva a cautela da fiscalização municipal em delimitar a base de cálculo conforme os ditames constitucionais. E também respeita a possibilidade de dedução de materiais fornecidos pelo prestador, exigindo a comprovação da incorporação destes na obra. Esse também foi o entendimento encontrado no Conselho de Contribuintes paulista, abalizando o que vem sendo exigido pela Lei nº 13701/2003[53].

Outra situação que deve ser salientada é o posicionamento do Juízo da Fazenda Pública de São José dos Pinhais[54], que após alguns debates em demandas tributárias, acolheu a tese de que somente poderia haver a dedução da base de cálculo do ISSQN acerca equipamentos empregados e materiais de construção incorporados à obra.

Estas questões ainda não resolvidas parecem estar longe de solução na jurisprudência, apesar de ser tratada como matéria pacífica. Ademais, o plenário do Supremo Tribunal Federal iniciou julgamento de proposta de edição de enunciado de súmula vinculante com o seguinte teor: "*Não se inclui na base de cálculo do Imposto Sobre Serviços de Qualquer Natureza – ISSQN o valor dos materiais adquiridos de terceiros e empregados em obras de construção civil pelo prestador de serviços*". Entretanto, até o fechamento desta obra, a

51. Cf. LUSTOZA, Helton Kramer. Novos paradigmas da incidência do ISSQN sobre a prestação de serviço na construção civil. *In. Revista de Estudos Tributários*. Porto Alegre: v. 15, nº 87, p105-122, set/out, 2012.

52. *Art. 14. A base de cálculo do Imposto é o preço do serviço, como tal considerada a receita bruta a ele correspondente, sem nenhuma dedução, excetuados os descontos ou abatimentos concedidos independentemente de qualquer condição. (...) § 7º Quando forem prestados os serviços descritos nos subitens 7.02, 7.04, 7.05, 7.15 e 7.19 da lista do "caput" do artigo 1º, o Imposto será calculado sobre o preço do serviço deduzido das parcelas correspondentes: I – ao valor dos materiais incorporados ao imóvel, fornecidos pelo prestador de serviços;*

53. CC-SP – PA nº 2006-0.0.31.593-9 – Conselheiro Relator: Adelmo da Silva Emerenciano– Câmara Julgadora: 2ª Câmara – 27/11/2006.

54. Magistrado Juan Danilo Pereira Sobreiro. Autos de Mandado de Segurança n. 2541-52.2015 – Impetrante: Dimiani S/A; Impetrado: Município de São José dos Pinhais; julgamento: 10/11/2015.

proposta de súmula vinculante não tinha sido aprovada pelo STF, mas que já denota a pacificação do entendimento nos Tribunais Superiores, deixando a cargo da segunda instância a resolução das questões peculiares.

A **dedução dos materiais é um direito inafastável do contribuinte,** em homenagem ao princípio da não bitributação, mas deve ser feito com coerência e de forma restritiva, em consonância com a legislação pertinente e ao art. 111 do Código Tributário Nacional. Isso leva a síntese de que a permissão de subtrair da base de cálculo do ISSQN o montante referente a todo e qualquer material utilizado na construção civil fere o princípio da razoabilidade.

Acredita-se que ainda há um percurso para que a jurisprudência venha a delimitar definitivamente este assunto, tendo em vista o fato de várias turmas e câmaras dos Tribunais Regionais apresentarem divergência quanto ao tema. Mas há um progresso significativo da jurisprudência após o posicionamento do Supremo Tribunal Federal e a retratação do Superior Tribunal de Justiça. Percebe-se que alguns Tribunais Regionais já revisaram sua jurisprudência, como por exemplo, algumas turmas do Tribunal de Justiça de São Paulo[55], Rio de Janeiro[56] e Paraná[57]. Contudo, é possível constatar que ainda existem decisões que não permitem qualquer dedução de materiais da base de cálculo na construção civil, o que vem a desrespeitar não somente o posicionamento dos Tribunais superiores, mas também a própria lógica do tributo.

POSSIBILIDADE DE DEDUÇÃO DA BASE DE CÁLCULO DO ISSQN NA CONSTRUÇÃO CIVIL

Subempreitadas	*Materiais empregados na obra*

1.1.7. Industrialização por encomenda

O Imposto de Produtos Industrializados – IPI é um tributo que incide sobre a circulação econômica, mais especificamente sobre a etapa inicial, quando os bens materiais são industrializados, conforme definição dada pelo art. 3º do RIPI (Decreto nº 87.981/82).

Alguns casos, a prestação do serviço pode gerar um aparente conflito entre o ISSQN em face do IPI e ICMS. Enquanto o aspecto material do ICMS é a realização de uma operação relativa à circulação de mercadorias, no ISSQN haverá tão somente uma prestação de serviço prevista expressamente na lista anexa à LC 116/2003.

55. TJ-SP – 9105098-06.2009.8.26.0000 Apelação – Rel. Eutálio Porto – **Data do julgamento:** 27/10/2011 – **Órgão julgador:** 15ª Câmara de Direito Público.

56. TJ-RJ –0005155-27.2011.8.19.0023 – apelação – Des. Maldonado de Carvalho – Julgamento: 22/05/2012 – Primeira CamaraCivel.

57. TJPR – 2ª C.Cível – ACR 894720-6 – Colorado – Rel.: Eugenio AchilleGrandinetti – J. 22.05.2012.

A legislação do IPI define claramente a industrialização como qualquer operação que modifique a natureza, o funcionamento, o acabamento, a apresentação ou a finalidade do produto, ou o aperfeiçoe para o consumo.

Esta definição legal pode gerar conflito entre o ISS e o IPI, quando ocorrer a chamada industrialização por encomenda, na qual há a elaboração de um produto nos termos das necessidades específicas do solicitante. O industrial vai atuar mediante uma prévia contratação para produzir algo a partir de características impostas pelo autor da encomenda. Esse critério foi utilizado pelo Superior Tribunal de Justiça para definição do teor da Súmula nº 156: "A prestação de serviço de composição gráfica, personalizada e sob encomenda, ainda que envolva fornecimento de mercadorias, está sujeita, apenas, ao ISS".

Assim caminha a jurisprudência pátria:

> *APELAÇÃO CÍVEL – EMBARGOS À EXECUÇÃO FISCAL – QUESTÃO QUE DIZ RESPEITO À INCIDÊNCIA DE ISSQN SOBRE PRODUÇÃO DE EMBALAGENS PLÁSTICAS. RECURSO DO MUNICÍPIO – ALEGAÇÃO DE INCIDÊNCIA DO IMPOSTO ANTE A IMPRESSÃO GRÁFICA REALIZADA NO PRODUTO SOB ENCOMENDA – NÃO INCIDÊNCIA – ATIVIDADE Cível nº 1.551.825-7 fl. 2DESENVOLVIDA PELA EMPRESA TEM CARÁTER DE COMERCIALIZAÇÃO E INDUSTRIALIZAÇÃO – DECRETO LEI Nº 406/68 – PRECEDENTES DO STF E STJ QUE AFASTAM A COBRANÇA – ATIVIDADE QUE SE SUJEITA À COBRANÇA DE ICMS – RECURSO CONHECIDO E DESPROVIDO.APELAÇÃO ADESIVA – RECURSO DA EMBARGANTE. MAJORAÇÃO DOS HONORÁRIOS ADVOCATÍCIOS SUCUMBENCIAIS. APLICAÇÃO DO ARTIGO 20, § 4º, DO CÓDIGO DE PROCESSO CIVIL DE 1973 VIGENTE À ÉPOCA. VALOR FIXADO QUE NÃO REMUNERA ADEQUADAMENTE O TRABALHO REALIZADO – MAJORAÇÃO NECESSÁRIA CONSIDERANDO, PRECIPUAMENTE, A NATUREZA E A IMPORTÂNCIA DA CAUSA E O TEMPO DE TRABALHO EXIGIDO DO CAUSÍDICO. PRECEDENTES DESTA CORTE.APLICAÇÃO DE OFÍCIO DE TERMO INICIAL E ÍNDICE RELATIVOS AOS JUROS E CORREÇÃO MONETÁRIA OMISSA NA R. SENTENÇA. – RECURSO CONHECIDO E PROVIDO. Cível nº 1.551.825-7 fl. 3 (TJPR – 2ª C.Cível – AC – 1551825-7 – Curitiba – Rel.: Angela Maria Machado Costa – Unânime – J. 01.08.2017)*

Neste caso, para haver a incidência de ISSQN é preciso que o serviço personalizado seja preponderante na operação de industrialização[58]. Nesta linha de raciocínio bastava identificar a operação de *"industrialização por encomenda"* na lista de serviços da Lei Complementar 116/2003 para atestar a incidência de ISSQN.

Contudo, o Supremo Tribunal Federal, quando do julgamento da ADIN 4389-MC, tornou este critério mais rígido, definindo que não haveria a incidência de ISSQN quando a operação de industrialização por encomenda estivesse destinada à integração ou utilização direta em processo subsequente de industrialização ou de circulação de mercadoria:

> *Até o julgamento final e com eficácia apenas para o futuro (ex nunc), concede-se medida cautelar para interpretar o art. 1º, caput e § 2º,*

58. STJ. REsp 725.246/PE. 1ª Turma. Relator ministro Teori Albino Zavascki, DJ de 14/11/05, p. 215.

> *da Lei Complementar 116/2003 e o subitem 13.05 da lista de serviços anexa, para reconhecer que o ISS não incide sobre operações de industrialização por encomenda de embalagens, destinadas à integração ou utilização direta em processo subseqüente de industrialização ou de circulação de mercadoria. Presentes os requisitos constitucionais e legais, incidirá o ICMS. (ADI 4389 MC, Relator(a): Min. JOAQUIM BARBOSA, Tribunal Pleno, julgado em 13/04/2011)*

Note-se que no julgamento desta medida cautelar, o STF reconheceu a não incidência do ISSQN sobre operações de industrialização por encomenda de embalagens destinadas à integração ou utilização direta em processo subsequente de industrialização ou de circulação de mercadoria. O critério utilizado pela Suprema Corte brasileira é a respeito da destinação do produto encomendado.

Entendimento confirmado pelo Supremo no julgamento do AGE 916725:

> *Ementa: AGRAVO REGIMENTAL NO RECURSO EXTRAORDINÁRIO COM AGRAVO. TRIBUTÁRIO. CONTROVÉRSIA QUANTO À INCIDÊNCIA DO ICMS OU DO ISSQN. FABRICAÇÃO DE EMBALAGENS. COMPOSIÇÃO GRÁFICA. MATERIAIS EMPREGADOS NO PROCESSO PRODUTIVO DE MERCADORIAS. INCIDÊNCIA DO ICMS. POSSIBILIDADE DE JULGAMENTO IMEDIATO DOS FEITOS QUE VERSEM SOBRE A MESMA CONTROVÉRSIA DECIDIDA PELO PLENÁRIO EM JUÍZO PRECÁRIO. AGRAVO REGIMENTAL DESPROVIDO. (ARE 916725 AgR, Relator(a): Min. LUIZ FUX, Primeira Turma, julgado em 16/02/2016, PROCESSO ELETRÔNICO DJe-039 DIVULG 01-03-2016 PUBLIC 02-03-2016)*

Precedentes desta Corte indicam a necessidade da verificação – para identificar a incidência do ISSQN – das condições que comprovem a preponderância da obrigação de "fazer" sobre o "dar"[59]. Em outra oportunidade, o Supremo Tribunal Federal, no jul-

59. Agravo regimental no recurso extraordinário. Serviço de composição gráfica com fornecimento de mercadoria. Conflito de incidências entre o ICMS e o ISSQN. Serviços de composição gráfica e customização de embalagens meramente acessórias à mercadoria. Obrigação de dar manifestamente preponderante sobre a obrigação de fazer, o que leva à conclusão de que o ICMS deve incidir na espécie. 1. Em precedente da Corte consubstanciado na ADI nº 4 389/DF-MC, restou definida a incidência de ICMS "sobre operações de industrialização por encomenda de embalagens, destinadas à integração ou utilização direta em processo subsequente de industrialização ou de circulação de mercadoria". 2. A verificação da incidência nas hipóteses de industrialização por encomenda deve obedecer dois critérios básicos: (i)verificar se a venda opera-se a quem promoverá nova circulação do bem e (ii) caso o adquirente seja consumidor final, avaliar a preponderância entre o dar e o fazer mediante a averiguação de elementos de industrialização. 4. À luz dos critérios propostos, só haverá incidência do ISS nas situações em que a resposta ao primeiro item for negativa e se no segundo item o fazer preponderar sobre o dar. 5. A hipótese dos autos não revela a preponderância da obrigação de fazer em detrimento da obrigação de dar. Pelo contrário. A fabricação de embalagens é a atividade econômica específica explorada pela agravante. Prepondera o fornecimento dos bens em face da composição gráfica, que afigura-se meramente acessória. Não há como conceber a prevalência da customização sobre a entrega do próprio bem. 6. Agravo regimental não provido. (AI 803296 AgR, Relator(a): Min. DIAS TOFFOLI, Primeira Turma, julgado em 09/04/2013, PROCESSO ELETRÔNICO DJe-107 DIVULG 06-06-2013 PUBLIC 07-06-2013)

gamento do Agravo em Recurso Extraordinário n. 839976, reafirmou o entendimento que a fabricação de rótulos e embalagens não está sujeita ao ISSQN, mas sim ao ICMS, quando destinadas à integração ou utilização direta em processo subsequente de industrialização ou de circulação de mercadoria:

> *EMENTA: AGRAVO REGIMENTAL EM RECURSO EXTRAORDINÁRIO COM AGRAVO. INDUSTRIALIZAÇÃO POR ENCOMENDA. ETAPA INTERMEDIÁRIA DA CADEIA DE PRODUÇÃO. EMISSÃO DE NOTAS FISCAIS ATESTADAS PELA ORIGEM. INOCORRÊNCIA DA MATERIALIDADE ATRIBUÍDA AO ISSQN. Nas hipóteses de conflito entre os fatos imponíveis do ICMS e do ISS, não se pode desconsiderar o papel da atividade exercida no contexto de todo o ciclo produtivo. Sob tal perspectiva, cabe ao intérprete perquirir se o sujeito passivo presta um serviço marcado por um talento humano específico e voltado ao destinatário final, ou desempenha atividade essencialmente industrial, que constitui apenas mais uma etapa dentro da cadeia de circulação. Perfilhando esta diretriz, não é possível fazer incidir o ISS nas hipóteses em que a atividade exercida sobre o bem constitui mera etapa intermediária do processo produtivo. (ARE 839976 AgR, Relator(a): Min. ROBERTO BARROSO, Primeira Turma, julgado em 10/02/2015, ACÓRDÃO ELETRÔNICO DJe-047 DIVULG 11-03-2015 PUBLIC 12-03-2015)*

Neste mesmo julgamento, o Min. Joaquim Barbosa assim justificou o entendimento:

> *"não há como equiparar a produção gráfica personalizada e encomendada para uso pontual, pessoal ou empresarial, e a produção personalizada e encomendada para fazer parte de complexo processo produtivo destinado a por bens em comércio."*

Em um momento inicial o Superior Tribunal de Justiça, sob análise dos EDcl no AgRg no AREsp 103409/RS, aderiu a tese do STF, quando da apreciação da industrialização de cartões magnéticos sob encomenda para uso próprio da empresa. Neste caso, o STJ, fez referência à decisão proferida na ADI 4389-MC, confirmando que nesta hipótese o produto encomendado não seria utilizado como insumo ou mercadoria, concluindo que deveria incidir o ISSQN[60]. Isso pode ser constatado, por exemplo, quando há um processo de beneficiamento de chapas de granito (corte, recorte e polimento), onde será posteriormente comercializado pelo encomendante. Por outro lado, se numa prestação de composição gráfica, haverá a incidência do ISSQN, nos termos da Súmula 156 do STJ, caso o produto seja destinado ao uso exclusivo do encomendante.

Entretanto, em outra oportunidade, a Segunda Turma do Superior Tribunal de Justiça, divergiu do entendimento do STF, julgando no sentido de que pouco importava haver a comercialização do produto no futuro, uma vez que o traço distintivo da incidência do imposto se refere à atividade-fim do prestador do serviço:

> *Verifica-se que, no caso dos autos, deve incidir o ISS porquanto, trata-se de serviços personalizados feitos em conformidade com o interesse exclusivo do cliente, distintos dos serviços destinados ao público em geral.*

60. STJ.AResp.103409/RS.Rel. Humberto Martins.Segunda Turma. Publ. DJE 18/06/2012.

> *Nesta esteira, impende salientar que não interessa se haverá comercialização do produto no futuro, pois isso não é o traço distintivo da incidência do imposto como quer fazer crer o agravante. O que há de aferir é atividade-fim do prestador do serviço, "tendo em vista que, uma vez concluída, extingue o dever jurídico obrigacional que integra a relação jurídica instaurada entre o 'prestador' (responsável pelo serviço encomendado) e o 'tomador' (encomendante): a empresa que procede ao corte, recorte e polimento de granito ou mármore, de propriedade de terceiro, encerra sua atividade com a devolução, ao encomendante, do produto beneficiado." (REsp 888.852/ES, Rel. Min. Luiz Fux, Primeira Turma, julgado em 4.11.2008 Dje de 1º.12/2008) Agravo regimental parcialmente provido, apenas para reconhecer a tempestividade do recurso especial*[61]

Neste panorama, passou-se a verificar uma flagrante contrariedade de entendimentos das Cortes Superiores.

O Superior Tribunal de Justiça deu nascimento de inúmeros precedentes que desconsideram a situação do produto industrializado compor etapa intermediária de futuro processo de industrialização ou comercialização[62]. Por outro lado, o Supremo Tribunal Federal vem reconhecendo como ilegítima a incidência de ISSQN sobre a fabricação por encomenda de embalagens e etiquetas destinadas à integração direta em posterior processo de industrialização ou comercialização.

Tomando como referência o entendimento do STF – tratando-se de matéria constitucional – somente haverá incidência do ISSQN na operação de industrialização de embalagens e etiquetas sob encomenda em que o produto seja destinado para uso próprio da empresa contratante (consumidora final). No caso do produto industrializado ser utilizado em processo de industrialização ou circulação de mercadoria haveria a incidência do ICMS e IPI.

Diante da polêmica gerada e com o fim de unificar o entendimento de todos os produtos sujeito à industrialização por encomenda, em 21/05/2015, o Supremo Tribunal Federal reconheceu a repercussão geral no **RE 882461/MG. Este recurso envolve a** disputa relativa à incidência do ISSQN em atividade de industrialização integrante do processo do aço, realizada em materiais fornecidos pelo contratante, quando a operação configura etapa intermediária do ciclo produtivo da mercadoria:

> *EMENTA: RECURSO EXTRAORDINÁRIO. TRIBUTÁRIO. ISSQN. INCIDÊNCIA. INDUSTRIALIZAÇÃO POR ENCOMENDA. SUBITEM 14.5 DA LISTA ANEXA À LEI COMPLEMENTAR Nº 116/2003. MULTA FISCAL MORATÓRIA. LIMITES. VEDAÇÃO AO EFEITO CONFISCATÓRIO. MATÉRIA CONS-*

61. STJ. AgRg no AREsp 328.624/ES, Rel. Ministro HUMBERTO MARTINS, SEGUNDA TURMA, julgado em 17/09/2013, DJe 25/09/2013.
62. STJ.AgRg no REsp 1323284/RS, Rel. Ministro OG FERNANDES, SEGUNDA TURMA, julgado em 19/08/2014; AgRg no AREsp 330.870/SC, Rel. Ministro HERMAN BENJAMIN, SEGUNDA TURMA, julgado em 17/12/2013;

> *TITUCIONAL. QUESTÕES RELEVANTES DOS PONTOS DE VISTA ECONÔMICO E JURÍDICO. TRANSCENDÊNCIA DE INTERESSES. REPERCUSSÃO GERAL RECONHECIDA.(RE 882461 RG, Relator(a): Min. LUIZ FUX, julgado em 21/05/2015, PROCESSO ELETRÔNICO DJe-112 DIVULG 11-06-2015 PUBLIC 12-06-2015)*

Ocorre que após toda esta celeuma jurídica, a **Lei complementar 157 foi publicada e** promoveu algumas alterações nas normas gerais do ISSQN (LC 116), sendo que uma delas foi a alteração o item 13.05 da lista anexa, passando a constar o seguinte texto:

> *13.05 – Composição gráfica, inclusive confecção de impressos gráficos, fotocomposição, clicheria, zincografia, litografia e fotolitografia, exceto se destinados a posterior operação de comercialização ou industrialização, ainda que incorporados, de qualquer forma, a outra mercadoria que deva ser objeto de posterior circulação, tais como bulas, rótulos, etiquetas, caixas, cartuchos, embalagens e manuais técnicos e de instrução, quando ficarão sujeitos ao ICMS.*

Deste modo, o legislador complementar resolveu positivar o entendimento do Supremo Tribunal Federal, o que parece acabar com este conflito de posicionamentos jurisprudenciais.

Composição gráfica após LC 157/2016

"Nesses termos, a partir da LC 157/2016, se os produtos dos serviços de composição gráfica, impressos, fotocomposição, clicheria, zincografia, litografia e fotolitografia forem destinados a posterior comercialização ou industrialização, estarão sujeitos ao ICMS" (BERGAMINI, Adolpho. Curso de ISS. São Paulo: Editora Revista dos Tribunais, 2017, pag. 98).

Em linhas gerais, a jurisprudência do STJ, vem se manifestando no sentido de que quando houver o desenvolvimento de operações mistas, deve ser verificado a atividade desenvolvida pela empresa, a fim de definir o imposto a ser recolhido. Sendo que se a atividade desenvolvida estiver sujeita à lista do ISSQN, o imposto a ser pago é o ISSNQ, inclusive sobre as mercadorias envolvidas, com a exclusão do ICMS sobre elas, a não ser que conste expressamente da lista a exceção.

Por exemplo, realizando-se uma interpretação extensiva da legislação de regência verifica-se que o serviço de montagem de pneus encontra-se inserido dentro do item 14.01 da lista anexa à Lei Complementar 116/2003, por se enquadrar dentro do item manutenção e conservação de veículos, de modo que não há que se falar em incidência do ICMS:

> *TRIBUTÁRIO. POSSIBILIDADE DE INCIDÊNCIA DO ICMS OU DO ISSQN SOBRE O SERVIÇO DE SUBSTUTUIÇÃO/TROCA DE PNEUS. ATIVIDADE MISTA.*
>
> *INTERPRETAÇÃO EXTENSIVA. PREVISÃO NA LISTA ANEXA DA LEI COMPLEMENTAR 116/2003, ITEM 14.01. INCIDÊNCIA DO ISS.*
>
> *1. O Superior Tribunal de Justiça manifestou-se no sentido da necessidade de verificação da atividade da empresa no caso de operações mistas para a definição do imposto a ser recolhido. "Se a atividade desenvolvida estiver sujeita à lista do ISSQN, o imposto a ser pago é o ISSNQ, inclusive sobre as mercadorias envolvidas, com a exclusão do*

ICMS sobre elas, a não ser que conste expressamente da lista a exceção" (EDcl no AgRg no AgRg no REsp 1.168.488/SP, Rel. Min. Humberto Martins, Segunda Turma, DJe 21/6/2010). 2. Nesse contexto, na presente hipótese, a execução de serviços de troca/substituição dos pneus vendidos pela recorrente, apesar de não encontrar previsão expressa no item 14.01 da Lista Anexa à LC 116/03, dela deve constar por força de interpretação extensiva, pois o serviço de montagem de pneus é correlato à atividade de manutenção e conservação de veículos. Precedente: REsp 1.307.824/SP, Rel.

Ministro Mauro Campbell Marques, Segunda Turma, julgado em 27/10/2015, DJe 9/11/2015.

3. Recurso Especial provido.

(REsp 1680712/SP, Rel. Ministro HERMAN BENJAMIN, SEGUNDA TURMA, julgado em 21/09/2017, DJe 09/10/2017)

1.1.8. Aplicação da imunidade de jornais e periódicos

A imunidade tributária sobre jornais está prevista no art. 150 da Carta da República:

***Art. 150.** Sem prejuízo de outras garantias asseguradas ao contribuinte, é vedado à União, aos Estados, ao Distrito Federal e aos Municípios:*

VI – instituir impostos sobre: (Vide Emenda Constitucional nº 3, de 1993)

d) livros, jornais, periódicos e o papel destinado a sua impressão.

O Supremo Tribunal Federal possui entendimento antigo, mas ainda aplicável, acerca da extensão da imunidade sobre a publicação de anúncios e publicidade em jornais:

*RE 91662 / SP – Relator(a): Min. DECIO MIRANDA – Julgamento: 04/11/1980 – Órgão Julgador: SEGUNDA TURMA – Publicação: DJ 28-11-1980 PG-10102 EMENT VOL-01194-04 PG-00969 RTJ VOL-00098-03 PG-00802 – **EMENTA. TRIBUTÁRIO.** IMPOSTO SOBRE SERVIÇOS. **Não incide sobre anúncios e publicidade em jornal.** Precedente: RE 87.049, Pleno de 13.04.78, RTJ 87/608.*

Por outro lado, o Supremo Tribunal Federal já decidiu ser inaplicável a imunidade aos serviços de distribuição de encartes de propaganda de terceiros por jornais e periódicos (AI 368077). Quando houve capas duras auto encadernáveis utilizadas na distribuição de obras para o fim de incrementar a venda de jornais (RE 325334), e aos encartes de propaganda distribuídos com jornais e periódicos (RE 213094), não haverá a aplicação da imunidade tributária.

Observe o entendimento da Suprema Corte:

*EMENTA: TRIBUTÁRIO. ENCARTES DE PROPAGANDA DISTRIBUÍDOS COM JORNAIS E PERIÓDICOS. ISS. ART. 150, VI, d, DA CONSTITUIÇÃO. **Veículo publicitário que, em face de sua natureza propagandística, de exclusiva índole comercial, não pode ser considerado como destinado à cultura e à educação, razão pela qual não está abrangido***

> ***pela imunidade de impostos prevista no dispositivo constitucional sob referência****, a qual, ademais, não se estenderia, de qualquer forma, às empresas por eles responsáveis, no que concerne à renda bruta auferida pelo serviço prestado e ao lucro líquido obtido. Recurso não conhecido. (RE 213094, Relator(a): Min. ILMAR GALVÃO, Primeira Turma, julgado em 22/06/1999, DJ 15-10-1999 PP-00023 EMENT VOL-01967-03 PP-00446 RTJ VOL-00171-01 PP-00336)*

A razão disso é porque, em tais situações, fica evidente que o veículo publicitário não pode ser considerado como destinado à cultura e à educação, mas sim, como uma prestação de serviço de publicidade comercial.

Outro entendimento interessante do Supremo Tribunal Federal a respeito desta espécie de imunidade tributária segue no sentindo de que as prestadoras de serviços de composição gráfica não serão beneficiadas:

> *As prestadoras de serviços de composição gráfica, que realizam serviços por encomenda de empresas jornalísticas ou editoras de livros, não estão abrangidas pela imunidade tributária prevista no art. 150, VI, d, da CF. Frisou que, no ponto, os serviços de composição gráfica realizados por empresas contratadas para realizar esses trabalhos, seriam meros prestadores de serviço e, por isso, a eles não se aplicaria a imunidade tributária. Vencido o Ministro Eros Grau, que dava provimento ao recurso. RE 434826 AgR/MG, rel. orig. Min. Cezar Peluso, red. p/ o acórdão Min. Celso de Mello, 19.11.2013. (RE-434826)*

Este entendimento diz que incidirá normalmente o ISSQN sobre as prestações indiretas de serviços de gráfica sob encomenda de livros, periódicos e jornais, não estando abrangidas pela imunidade do art. 150, VI, d, da Constituição Federal.

Ademais, não será possível esquecer a virada paradigmática do Supremo Tribunal Federal, que passou a reconhecer a imunidade tributária dos chamados livros eletrônicos e suportes:

> *EMENTA Recurso extraordinário. Repercussão geral. Tributário. Imunidade objetiva constante do art. 150, VI, d, da CF/88. Teleologia multifacetada. Aplicabilidade. Livro eletrônico ou digital. Suportes. Interpretação evolutiva. Avanços tecnológicos, sociais e culturais. Projeção. Aparelhos leitores de livros eletrônicos (ou e-readers). 1. A teleologia da imunidade contida no art. 150, VI, d, da Constituição, aponta para a proteção de valores, princípios e ideias de elevada importância, tais como a liberdade de expressão, voltada à democratização e à difusão da cultura; a formação cultural do povo indene de manipulações; a neutralidade, de modo a não fazer distinção entre grupos economicamente fortes e fracos, entre grupos políticos etc; a liberdade de informar e de ser informado; o barateamento do custo de produção dos livros, jornais e periódicos, de modo a facilitar e estimular a divulgação de ideias, conhecimentos e informações etc. Ao se invocar a interpretação finalística, se o livro não constituir veículo de ideias, de transmissão de pensamentos, ainda que formalmente possa ser considerado como tal, será descabida a aplicação da imunidade. 2. A imunidade dos livros, jornais e periódicos e do papel destinado a sua impressão não deve ser interpretada em seus extremos, sob pena de se subtrair da*

salvaguarda toda a racionalidade que inspira seu alcance prático, ou de transformar a imunidade em subjetiva, na medida em que acabaria por desonerar de todo a pessoa do contribuinte, numa imunidade a que a Constituição atribui desenganada feição objetiva. A delimitação negativa da competência tributária apenas abrange os impostos incidentes sobre materialidades próprias das operações com livros, jornais, periódicos e com o papel destinado a sua impressão. 3. A interpretação das imunidades tributárias deve se projetar no futuro e levar em conta os novos fenômenos sociais, culturais e tecnológicos. Com isso, evita-se o esvaziamento das normas imunizantes por mero lapso temporal, além de se propiciar a constante atualização do alcance de seus preceitos. 4. O art. 150, VI, d, da Constituição não se refere apenas ao método gutenberguiano de produção de livros, jornais e periódicos. O vocábulo "papel" não é, do mesmo modo, essencial ao conceito desses bens finais. O suporte das publicações é apenas o continente (corpus mechanicum) que abrange o conteúdo (corpus misticum) das obras. O corpo mecânico não é o essencial ou o condicionante para o gozo da imunidade, pois a variedade de tipos de suporte (tangível ou intangível) que um livro pode ter aponta para a direção de que ele só pode ser considerado como elemento acidental no conceito de livro. A imunidade de que trata o art. 150, VI, d, da Constituição, portanto, alcança o livro digital (e-book). 5. É dispensável para o enquadramento do livro na imunidade em questão que seu destinatário (consumidor) tenha necessariamente que passar sua visão pelo texto e decifrar os signos da escrita. Quero dizer que a imunidade alcança o denominado "audio book", ou audiolivro (livros gravados em áudio, seja no suporte CD-Rom, seja em qualquer outro). 6. A teleologia da regra de imunidade igualmente alcança os aparelhos leitores de livros eletrônicos (ou e-readers) confeccionados exclusivamente para esse fim, ainda que, eventualmente, estejam equipados com funcionalidades acessórias ou rudimentares que auxiliam a leitura digital, tais como dicionário de sinônimos, marcadores, escolha do tipo e do tamanho da fonte etc. Esse entendimento não é aplicável aos aparelhos multifuncionais, como tablets, smartphone e laptops, os quais vão muito além de meros equipamentos utilizados para a leitura de livros digitais. 7. O CD-Rom é apenas um corpo mecânico ou suporte. Aquilo que está nele fixado (seu conteúdo textual) é o livro. Tanto o suporte (o CD-Rom) quanto o livro (conteúdo) estão abarcados pela imunidade da alínea d do inciso VI do art. 150 da Constituição Federal. 8. Recurso extraordinário a que se nega provimento. TESE DA REPERCUSSÃO GERAL: 9. Em relação ao tema nº 593 da Gestão por Temas da Repercussão Geral do portal do STF na internet, foi aprovada a seguinte tese: "A imunidade tributária constante do art. 150, VI, d, da CF/88 aplica-se ao livro eletrônico (e-book), inclusive aos suportes exclusivamente utilizados para fixá-lo." (RE 330817, Relator(a): Min. DIAS TOFFOLI, Tribunal Pleno, julgado em 08/03/2017, ACÓRDÃO ELETRÔNICO REPERCUSSÃO GERAL – MÉRITO DJe-195 DIVULG 30-08-2017 PUBLIC 31-08-2017)

1.1.9. Locação de bens móveis

A questão de locação de bens móveis é um dos temas que tem sido mais questionado na seara de concursos públicos e prática tributária.

No que se refere a diferenciação da obrigação de "fazer" e de "dar", o Supremo Tribunal Federal, em análise sobre a atividade de locação de bens móveis, definiu que se tratava de uma obrigação de dar, afastando a incidência de ISSQN. Tempos depois, a Suprema Corte pacificou esse mesmo entendimento, através da edição da Súmula Vinculante nº 31:

> **Súmula Vinculante 31** *"É inconstitucional a incidência do imposto sobre serviços de qualquer natureza – ISS sobre operações de locação de bens móveis."*

Grosso modo, temos a diferenciação entre locação se serviço no seguinte sentido:

Serviço	Locação
Negócio jurídico onde alguém se obrigue a prestar atividade em favor de outrem, mediante remuneração, e que consista em criar situação nova, até então inexistente.	Na locação de coisas, uma das partes se obriga a ceder à outra, por tempo determinado ou não, o uso e gozo de coisa não fungível, mediante certa retribuição.

A incidência do ISSQN está restrita a prestação de serviço que possua autonomia em relação a outras etapas da atividade, por isso não se permite a tributação da chamada "atividade-meio". É o que ocorre, por exemplo, com a venda de ar condicionado, cuja comercialização da mercadoria inclui, muitas vezes, a sua instalação (atividade meio). Quando a prestação de serviço for apenas parte integrante (acessória) da relação jurídica de venda, será ela considerada como atividade-meio, o que consequentemente afastará a incidência do tributo municipal.

Nestes termos é o entendimento do Superior Tribunal de Justiça:

> *TRIBUTÁRIO. ISSQN. FATO GERADOR. SERVIÇO DE TRANSPORTE DE VALORES. COBRANÇA DE PREÇO ÚNICO, NELE INCLUÍDOS OS SERVIÇOS AUXILIARES INDISPENSÁVEIS À CONSECUÇÃO DA ATIVIDADE FIM. BASE DE CÁLCULO: PREÇO COBRADO PELA TOTALIDADE DO SERVIÇO. (STJ REsp 901.298/RS, Rel. Ministro TEORI ALBINO ZAVASCKI, PRIMEIRA TURMA, julgado em 21/10/2008, Dje 03/11/2008)*

Também se deve tomar o cuidado a respeito do entendimento do STF, através do qual ficou delimitada a situação em que houve a combinação de locação de bens móveis junto com a prestação de serviço, sendo que o ISSQN incide somente sobre o segundo:

> *A Súmula Vinculante 31 não exonera a prestação de serviços concomitante à locação de bens móveis do pagamento do ISS. 2.* **Se houver ao mesmo tempo locação de bem móvel e prestação de serviços, o ISS incide sobre o segundo fato, sem atingir o primeiro.** *(STF, Segunda Turma, ARE 656.709 AgR, Rel. Min. Joaquim Barbosa, DJe 08/03/2012).*

Não se pode confundir locação de bens móveis, com cessão de direitos, este último passível de tributação pelo ISSQN, segundo entendimento do Supremo Tribunal Federal:

> **Essas circunstâncias afastam a incidência da súmula vinculante 31 sobre o caso, uma vez que a cessão do direito de uso de marca não pode se considerada locação de bem móvel,** *mas serviço au-*

> *tônomo especificamente previsto na Lei Complementar 116/2003." (STF, Segunda Turma, Rcl 8.623 AgR, Rel. Min. Gilmar Mendes, DJe 10/03/2012).*

Portanto, para confirmação da incidência do ISSQN deve haver um perfeito enquadramento do fato concreto na definição de prestação do serviço, dentro dos parâmetros acima trabalhados.

1.1.10. Serviços relativos a fonografia, fotografia, cinematografia e reprografia

Após a aprovação da Emenda Constitucional nº 75, publicada no DOU de 16/10/13, passou a existir nova modalidade de imunidade no art. 150 da constituição Federal:

> *"Art. 150. Sem prejuízo de outras garantias asseguradas ao contribuinte, é vedado à União, aos Estados, ao Distrito Federal e aos Municípios:*
>
> *(...)*
>
> *e) fonogramas e videofonogramas musicais produzidos no Brasil contendo obras musicais ou literomusicais de autores brasileiros e/ou obras em geral interpretadas por artistas brasileiros bem como os suportes materiais ou arquivos digitais que os contenham, salvo na etapa de replicação industrial de mídias ópticas de leitura a laser. (Incluída pela EC nº 75)*

Esta situação vai repercutir na impossibilidade de tributação pelo ISSQN das atividades que envolva serviços de fonogramas e videofonogramas musicais produzidos no Brasil contendo obras musicais ou literomusicais de autores brasileiros e/ou obras em geral interpretadas por artistas brasileiros bem como os suportes materiais ou arquivos digitais que os contenham. A exceção seria no caso da replicação industrial de mídias ópticas de leitura a laser, ou seja, o processo industrial de multiplicação da matriz do CD ou DVD em cópias idênticas

Desta forma, o Município está impedido de cobrar o ISSQN sobre os serviços que envolvam a gravação de música ou obras em geral, de som ou imagem e som interpretadas por artistas brasileiros. Neste caso, a imunidade analisada vai atingir produção de CDs e DVDs no que se refere à fonografia ou gravação de sons, inclusive trucagem, dublagem, mixagem e congêneres. (itens 13.02 e 13.03).

1.1.11. Serviços de transporte de natureza municipal[63]

Neste item, é comum encontrar questões que testam o conhecimento acerca da incidência de ISSQN sobre a prestação de serviços de transporte. Cabe notar que o imposto

63. Na banca COPEVE(2010- Procurador Municipal) foi considerado como assertiva INCORRETA: *"Incide o Imposto sobre serviços de qualquer natureza (ISS) sobre serviços de transporte de natureza intermunicipal".*

não incide sobre qualquer transporte, mas somente no transporte municipal, sendo que nos demais casos incidirá o ICMS.

A Lei Complementar 157 alterou a lista anexa da LC 116, aumentando o rol da atividade:

> *16.01 – Serviços de transporte coletivo municipal rodoviário, metroviário, ferroviário e aquaviário de passageiros.*
>
> *16.02 – Outros serviços de transporte de natureza municipal*

Entendimento do Superior Tribunal de Justiça é de que a base de cálculo do ISSQN é o preço efetivamente pago pelo usuário

> *A base de cálculo do ISS incidente sobre a prestação de serviço de transporte coletivo de passageiros é o preço efetivamente pago pelo usuário no ato da compra e venda dos bilhetes (seja vale-transporte ou passagem escolar), não o vigente no momento posterior em que se dá a efetiva prestação. Assim, mostra-se indevido o recolhimento do tributo sobre a diferença verificada quando da majoração da tarifa de transporte ocorrida entre a compra do bilhete antecipado e a efetiva prestação do serviço, pois o momento da incidência do fato gerador é o da compra das passagens. (STJ. AgRg no AREsp 112.288-RS, Rel. Min. Benedito Gonçalves, julgado em 20/9/2012).*

Convém lembrar também que, a base de cálculo e o aspecto temporal do imposto são fixados no momento em que o preço é pago pelo usuário, e não da prestação propriamente dita.

1.1.12. Serviços COMPARTILHADOS (COST SCHARING)

Neste ponto muito tem se debatido a respeito da incidência de ISSQN sobre **serviços compartilhados (cost scharing)**, entendidos como aqueles em que "*o objetivo da adoção de centros de custos ou serviços compartilhados é o de obter redução de gastos e economias de escala, através da padronização de procedimentos com a melhoria de controle de demais benefícios decorrentes da especialização de funções*"[64].

Temos pouca produção doutrinária e raríssimas decisões judiciais ainda sobre o assunto o que dificulta em se definir um entendimento majoritário ou consolidado. Mas é possível, dentre a doutrina existente, apontar que há uma inclinação em prevalecer um entendimento de não identificar a prestação de serviço como natureza jurídica desta espécie de negócio:

> *Conforme já afirmado alhures, o contrato celebrado entre empresas de um mesmo grupo com a finalidade de ratear despesas entre si não configura prestação de serviços, afinal, o que se busca não é uma remuneração ou margem de lucro a partir dessa atividade, mas*

64. GALHARDO, Luciana Rosanova. Rateio de despesas no direito tributário. São Paulo: Quartier Latin, 2004, p. 24

> *sim uma organização empresarial com vistas à maximização de resultados propiciado pela redução da estrutura administrativa do grupo econômico*[65]

Neste caso, embora as sociedades agrupadas mantenham distintas personalidades jurídicas, prevalecerá os serviços em regime de colaboração entre elas, restando dúvida quanto à incidência do ISS em relação a atividades desenvolvidas por uma em benefício da outra, conforme adverte o professor Marcelo Caron Baptista[66]. Trata-se de um contrato atípico em que duas ou mais pessoas jurídicas dividem custos e despesas de interesse comum, como por exemplo, pessoal técnico de informática, recursos humanos, equipamentos, etc. Se por um lado, para o direito do trabalho é plenamente aceitável que um mesmo empregado exerça atividades para diversas empresas do grupo, sem caracterização de mais de um contrato de trabalho, para o direito do tributário, especialmente no que tange ao ISSQN, é uma relação jurídica ainda pouco explorada no âmbito jurisprudencial.

O fisco federal já se deparou com algumas situações similares, onde o Conselho Administrativo de Recursos Fiscais-CARF – através do Acórdão nº 2401-004.672 – julgou um Auto de Infração lavrado pela Receita Federal em que houve o compartilhamento de despesas no pagamento de contribuição previdenciária. Ao final, o CARF acolheu a defesa do contribuinte, reconhecendo que os empregados que prestaram os serviços administrativos tinham contrato de trabalho com outra empresa do grupo, a qual, por sua vez, recolheu todos os encargos e contribuições devidos.

Ademais, na Solução de Divergência COSIT no 23/2013 se definiu que "é possível a concentração, em uma única empresa, do controle dos gastos referentes a departamentos de apoio administrativo centralizados, para posterior rateio dos custos e despesas administrativos comuns entre empresas que não a mantenedora da estrutura administrativa concentrada".

A partir da Solução de Divergência COSIT nº 23/2013 assim ficou delimitado:

> *Com efeito, é peculiar ao gerenciamento concentrado de despesas que uma entidade pertencente ao grupo econômico, normalmente e a matriz, assuma inicialmente os custos e despesas necessários para operacionalização da sistemática. Tais dispêndios são de responsabilidade de todas as unidades que usufruam dos bens e serviços consumidos. O fato de a unidade centralizadora dos custos e despesas receber das unidades descentralizadas as importâncias que inicialmente suportou, em benefício destas, não configura receita, mas simplesmente reembolso dos valores adiantados.*

Contudo, para que isto se viabilize é necessário atender alguns requisitos:

> *I – as despesas devem comprovadamente corresponder a bens e serviços efetivamente pagos e recebidos.*

---

65. BERGAMINI, Adolpho. Curso de ISS. São Paulo: Editora Revista dos Tribunais, 2017, p. 165

66. BAPTISTA, Marcelo Caron. A norma tributária do Imposto sobre Serviços – ISS ênfase no consequente normativo. In. Curso de direito Tributário e Finanças Públicas. Eurico Marcos Diniz de Santi (org.), São Paulo: Saraiva, 2008, p. 1050

> *II – as despesas devem ser necessárias, usuais e normais nas atividades das empresas.*
>
> *III – o rateio deve se dar mediante critérios razoáveis e objetivos, previamente ajustados, devidamente formalizados por contrato entre as empresas.*
>
> *IV – o critério de rateio deve ser consistente com o efetivo gasto de cada empresa e com o preço global pago pelos bens e serviços, em observância aos princípios gerais de Contabilidade.*
>
> *V – a empresa centralizadora da operação de aquisição de bens e serviços apropriar como despesa tão-somente a parcela que lhe couber segundo o critério de rateio.*
>
> *VI – seja mantida escrituração destacada de todos os atos diretamente relacionados com o rateio das despesas administrativas.*

Quanto ao ISSQN, é possível identificar decisão do Conselho Municipal de Tributos – CMT de São Paulo, onde se julgou que o rateio de despesas não configura hipótese de incidência do ISS, desde que devidamente comprovado:

> *ISS. CONTRATO DE RATEIO DE DESPESAS. NECESSIDADE DE COMPROVAÇÃO DOCUMENTAL DO CONTRATO DE RATEIO DE DESPESAS, DA FORMA DE COMPARTILHAMENTO E DA NATUREZA DAS DESPESAS QUE TERIAM SIDO RATEADAS. AUSÊNCIA DE PROVAS. AIIM MANTIDOS. O lançamento tributário, dotado de presunção de legitimidade, apenas poderá ser afastado no processo administrativo tributário quando o contribuinte reunir provas bastantes, em conformidade com a sua alegação. O rateio de despesas somente é hábil para afastar extraordinariamente a incidência do Imposto Sobre Serviços de Qualquer Natureza se houver relevante suporte documental, ficando caracterizada a prestação de serviços na sua ausência ou fragilidade" (Recurso 2010-0.052.670-0, 1ª Câmara Julgadora).*

Desta forma, ainda que ausente de um posicionamento dos Tribunais Superiores, tem-se que há fortes elementos para que o sistema de compartilhamento aqui relatado, tendo apoio de documentação, não estará sujeito à incidência do ISSQN.

2. ASPECTO TEMPORAL

O art. 116 do Código Tributário Nacional delimitou o momento da ocorrência do fato jurídico tributário em duas situações: material ou jurídica. No primeiro caso, considera-se concretizado o fato gerador desde o momento em que o se verifiquem as circunstâncias materiais necessárias a que produza os efeitos que normalmente lhe são próprios.

Para Aires F. Barreto, serviço, embora se origine de um negócio jurídico, é considerado como um fato, autorizando a exigência do tributo a partir das condições materiais que lhe são próprios:

> *O que releva considerar não é a causa jurídica, mas a atividade material em que consiste o serviço. Serviço é fato, nada obstante sua compreensão possa ser iluminada pelo contrato. Só há prestação de serviço tributável dentro de um contexto contratual.*

Considerando o "serviço" como um fato material, acompanha-se entendimento de Marçal Justen Filho, quando afirma que *"(...) se o aspecto material é a prestação de serviço, o aspecto temporal só pode ser um único: o momento em que há prestação de serviço"*.

Não se pode confundir o aspecto temporal com o momento da assinatura do contrato ou demais atos preparatórios, pois se estaria tributando uma expectativa ao atendimento à hipótese de incidência. Assim o entendimento do Supremo Tribunal Federal é de que o aspecto temporal ocorre no momento da efetiva prestação do serviço:

> *"Não é o momento da celebração do contrato que conta para a incidência, mas o da prestação dos serviços ao dono da obra." (STF – Ag. Reg. Bem. Decl. AI 84.008/DF – Rel. Min. Décio Miranda – 2ª T. j. 11.12.81)*

Isso mostra que a legislação tributária não permite a incidência do ISSQN antes da ocorrência de seu fato gerador, sendo que todas as leis locais que prevejam aspecto material antes deste momento serão consideradas inconstitucionais. Vale considerar que o aspecto temporal será o momento da efetiva prestação de serviço, mas é permitido à Fazenda Pública alterar, por meio de decreto, o prazo de pagamento, uma vez que este elemento não está sujeito a reserva legal (art. 97 do CTN) .

Em uma situação singular, no caso da prestação de serviço ligado à diversão pública (item 12 da lista), prevaleceu o entendimento de que o fato gerador se configura no momento da venda do ingresso ao consumidor e não da chancela dos bilhetes pela prefeitura:

> *"Em se tratando de ISS incidente sobre diversões públicas, o fato imponível se configura no momento da venda do ingresso ao consumidor, pelo que ilegítima a antecipação do recolhimento, quando da chancela prévia dos bilhetes pelo município". (STJ – Resp. 159861/SP – Relator(a) Humberto Gomes de Barros – Primeira Turma – Julg 13/10/1998)*

Com isso, o **aspecto temporal é condicionado à concretização do aspecto material** da hipótese de incidência do ISSQN – efetiva prestação de serviço – não se confundido com o momento da assinatura do contrato nem com o pagamento pelo serviço.

3. ASPECTO ESPACIAL[67]

O aspecto espacial se refere ao local de pagamento do ISSQN, o que exige o desenvolvimento de critérios claros para a identificação do Município competente para cobrar o tributo, sob pena de cair na armadilha daquele famoso vocábulo jurídico: *"quem paga mal, paga duas vezes"*.

---

67. Nestes termos, a banca da **FCC (Auditor Fiscal/São Paulo-SP-2007)** considerou como INCORRETA a seguinte afirmação: *"Incide ISSQN em São Paulo quando uma empresa de demolição, com estabelecimento único, situado no município de São Paulo, prestou serviços de demolição no município de Santos"*.

É comum existirem problemas práticos e também em provas de concurso público exigindo o conhecimento do candidato a respeito da correta identificação do município competente para exigir este tributo municipal. Poderão ocorrer situações em que o prestador do serviço tenha seu estabelecimento localizado em uma cidade, mas precisa se deslocar até outra para assinar o contrato. E, após assinado este contrato se desloca para uma terceira cidade, onde irá ocorrer a prestação do serviço. Nesta situação em que local deverá haver o pagamento do ISSQN? Para responder estas questões é preciso analisar os parâmetros da legislação infraconstitucional, bem como o entendimento jurisprudencial sobre o assunto.

O Decreto Lei nº 406/68, recepcionada, materialmente, como Lei Complementar pela Constituição Federal, havia adotado como regra geral o local do estabelecimento do prestador e, na sua falta, o seu domicílio. A exceção à regra geral ocorreria no caso dos serviços de construção civil, sendo que neste caso o imposto incidirá no local da prestação do serviço (local da obra).

Naquele momento, no entanto, a jurisprudência, em especial do Superior Tribunal de Justiça, se formou no sentido de que o Município competente para cobrança do imposto, em qualquer situação, é aquele em que tinha ocorrida a prestação do serviço[68]. Isto é, apesar do DL 406/68 ter previsto expressamente que o serviço de construção civil seria a única exceção, através da qual adotava a regra do critério do local da ocorrência do fato gerador, a corrente jurisprudencial e doutrinária majoritária caminhava no sentido de que esta regra seria aplicada a todas as situações. Tanto é assim que na década de 80, Geraldo Ataliba e Aires F. Barreto defenderam a inconstitucionalidade da alínea "a" do art. 12 do DL nº 406/68, argumentando que "*se o arquétipo é a prestação de serviço, o aspecto espacial só pode ser reduzido ao local onde se efetua a prestação*"[69].

Este entendimento foi novamente abalado com o **advento da Lei Complementar nº 116/2003**, a qual manteve a mesma regra legislativa do local do estabelecimento para o aspecto espacial do ISSQN, acirrando ainda mais a polêmica, eis que foi em sentido contrário a posição já consolidada na jurisprudência. Neste novo cenário (pós LC 116/2003), o Superior Tribunal de Justiça revisou seu entendimento anterior, a fim de acatar a regra do art. 3º da Lei Complementar nº 116/2003 da seguinte forma:

> *De acordo com os artigos 3º e 4º da Lei Complementar nº 116/03, conclui-se que a municipalidade competente para realizar a cobrança do ISS é a do local do estabelecimento prestador dos serviços, considerando-se como tal a localidade em que há uma unidade econômica ou profissional, isto é, onde a atividade é desenvolvida, independentemente de sua denominação. (REsp 1195844/DF – Ministro Relator Mauro Campbell Marques – DJ 15/03/2011).*

68. STJ. EREsp 130.792/CE, 1ª Seção do Superior Tribunal de Justiça, relatora ministra Nancy Andrighi, DJ de 12/06/00, p. 66.

69. ATALIBA, Geraldo; BARRETO, Aires F. ISS — Construção civil — Pseudo-serviço e prestação de serviço — Estabelecimento prestador — Local da prestação. *In. Revista de Direito Tributário*, nº 40, abril/junho, 1987, p. 93/94.

Este entendimento estabeleceu um novo panorama para a situação, promovendo a uniformização da regra de aplicação do local competente para arrecadar o ISSQN. Neste novo cenário, a Primeira Seção do Superior Tribunal de Justiça, no julgamento do Recurso Especial nº 1.117.121/SP, reafirmou o entendimento de que na ocorrência do fato gerador sob a égide da Lei Complementar nº 116/2003, à exceção de serviços expressamente previstos nos incisos I a XXII do art. 3º, o ISSQN é devido ao Município do local do estabelecimento do prestador de serviço.

Observe que o fisco paulista, em resposta a uma Consulta, também proferiu o mesmo entendimento do Superior Tribunal de Justiça, o que gera uma maior segurança ao candidato ao responder provas específicas na seara fiscal.

Solução de Consulta SF/DEJUG nº 45, de 14 de agosto de 2013:

> *Local de incidência do ISS. Serviços de assessoria e consultoria prestados por empresa estabelecida no Município de São Paulo a tomador estabelecido fora do Município de São Paulo. ISS devido no Município de São Paulo.*

Nestes termos, a banca da **FCC (Auditor Fiscal/São Paulo-SP-2007)** considerou como INCORRRETA a seguinte afirmação: *"Incide ISSQN em São Paulo quando uma empresa de demolição, com estabelecimento único, situado no município de São Paulo, prestou serviços de demolição no município de Santos"*.

No caso de prestação de serviço de engenharia consultiva necessária à realização de uma obra, o ISSQN deverá ser recolhido no local da obra. No caso de serviços atinentes à construção civil é de que no caso de engenharia consultiva o ISSQN incidirá no local da obra pela aplicação da regra da unidade da obra:

> *(...) o ISSQN incidente sobre os serviços de engenharia consultiva necessária à realização da obra na construção civil, obedecendo se à unidade da obra, deve ser recolhido no local da construção. Não importa se o contrato tenha estabelecido o valor total da obra sem discriminar onde seria cada etapa, porque o fato relevante a ser considerado é o local onde será realizada a obra(...). (STJ – REsp 1.117.121-SP, Rel. Min. Eliana Calmon, julgado em 14/10/2009.)*

Essa questão poderia ser facilmente respondida com base nas seguintes regras de fixação do aspecto espacial do ISSQN:

Regral Geral	Local do estabelecimento prestador (art. 3º *caput* LC 116/2003)
Exceção I – na falta de estabelecimento do prestador	Local do domicílio do prestador (art. 3º *caput* LC 116/2003)
Exceção II – Serviços Previstos Expressamente Nos Incisos I A XXII Do Art. 3÷ Da Lc 116/2003	O imposto será devido nos locais indicados nas regras de exceção (local da prestação do serviço).
Exceção III – No caso de importação serviço	O local do estabelecimento do tomador (art. 3º, I da LC 116/2003)

Desta forma, para fixar o Município competente para exigir o ISSQN é essencial identificar o local do estabelecimento do prestador, dentro dos parâmetros do art. 4º da Lei Complementar 116/2003:

> *Art. 4º Considera-se estabelecimento prestador o local onde o contribuinte desenvolva a atividade de prestar serviços, de modo permanente ou temporário, e que configure unidade econômica ou profissional, sendo irrelevantes para caracterizá-lo as denominações de sede, filial, agência, posto de atendimento, sucursal, escritório de representação ou contato ou quaisquer outras que venham a ser utilizadas.*

Nas diretrizes do art. 1.142 do Código Civil, considera-se estabelecimento todo complexo de bens organizado, para exercício da empresa, por empresário, ou por sociedade empresária. Aparentemente o art. 4º da Lei Complementar nº 116/2003 parece ter criado um novo conceito de estabelecimento para efeitos tributários em contraposição do disposto no art. 110 do Código Tributário Nacional[70]. Contudo, o entendimento majoritário é de que a Lei Complementar 116/2003 traz um detalhamento a partir do conceito civil de estabelecimento, de modo que se considere o local em que a atividade é exercida, independentemente do seu porte e grau de autonomia[71].

Um caso interessante foi julgado pelo Superior Tribunal de Justiça, quando este Tribunal abordou os requisitos do art. 4º da Lei Complementar nº 116/03 e considerou a prestação de serviços de informática na sede de uma instituição financeira, localizada em Brasília. Ocorre que neste caso, embora o prestador não tivesse estabelecimento no DF, o mesmo disponibilizou técnicos residentes para a manutenção da solução durante um determinado período, caracterizando uma unidade econômica no âmbito do Distrito Federal, o que legitima esse ente estatal para a cobrança o ISS[72]. Em outras palavras, é irrelevante a qualificação que o contribuinte tenha atribuído ao local (matriz, filial, etc.), sendo suficiente a identificação de sua unidade econômica apta a prestar determinado serviço. Pouco importa se a contabilidade ou organização de determinada empresa seja feita de forma centralizada ou não, será relevante a identificação de poderes parciais de representação daquela prestação de serviço. Isso torna necessário identificar a origem da prestação do serviço, de forma a comprovar que ela ocorreu naquela estrutura empresarial de forma autônoma.

Note-se que não basta simular a abertura de uma unidade econômica sem que os requisitos legais estejam presentes para que a mesma seja aceita para fins fiscais. Isso significa que em nenhum momento o legislador tributário tentou flexibilizar o conceito cível de estabelecimento ao criar a figura da unidade econômica. A intenção foi de permitir que

70. Art. 110. A lei tributária não pode alterar a definição, o conteúdo e o alcance de institutos, conceitos e formas de direito privado, utilizados, expressa ou implicitamente, pela Constituição Federal, pelas Constituições dos Estados, ou pelas Leis Orgânicas do Distrito Federal ou dos Municípios, para definir ou limitar competências tributárias.
71. Cf. BARRETO, Aires F. *Curso de Direito Tributário Municipal*. São Paulo: Saraiva, 2009, p. 349.
72. BARRETO, Aires Fernandino. *ISS na Constituição e na lei*. São Paulo: Dialética, 2003, p. 265.

a fiscalização tributária tivesse meios de ilidir possíveis fraudes na desconsideração com base em relações fáticas no momento da eleição do domicilio tributário.

Na matéria concernente ao ISS, Aires Barreto sistematizou o entendimento da doutrina, ao eleger alguns requisitos que devem ser observados pela fiscalização municipal no momento do lançamento do ISSQN[73]:

> *a) a manutenção, nesse lugar, de pessoal, material, máquinas, instrumentos e equipamentos necessários à execução dos serviços;*
>
> *b) a existência de estrutura gerencial, organizacional e administrativa compatível com as atividades desenvolvidas;*
>
> *c) ter havido, ali, inscrição na Prefeitura do Município e nos órgãos previdenciários;*
>
> *d) informação desse local como domicílio fiscal, para efeitos de outros tributos;*
>
> *e) divulgação do endereço desse lugar em impressos, formulários, correspondências ou nas contas de telefone, de energia elétrica, de água, ou gás, em nome do prestador*

Não basta a simples abertura de uma filial em outra cidade para deslocar a competência tributária, o que poderia ser considerado uma evasão fiscal. É imprescindível examinar a causa jurídica e a efetividade das operações, bem como se os atos foram praticados sob um poder de direção ou gestão deste serviço, e não apenas pelos acontecimentos pontuais.

Neste sentido, Adolpho Bergamini:

> *Dizer que o artigo 4º da Lei Complementar n. 116/2003 admite que o estabelecimento prestador possa ser todo e qualquer estabelecimento da pessoa jurídica, que não atenda os preceitos do artigo 1.142 do código Civil, seria negar vigência ao artigo 110 do código Tributário Nacional, cujas disposições são claras ao prescrever que os conceitos de direito privado devem ser respeitados à aplicação da legislação tributária.*[74]

O conceito de estabelecimento ou unidade econômica, para fins de ISSQN, estão estritamente ligadas a "*existência de estrutura gerencial, organizacional e administrativa compatível com as atividades desenvolvidas*". Assim sendo, para identificação do estabelecimento e unidade econômica será necessário haver a presença de, no mínimo, alguns pressupostos de existência, dentre eles o poder de decisão ou de gerência.

Observe-se entendimento do Tribunal de Justiça do Rio Grande do Sul, que se baseou na existência de poderes decisórios suficientes para configuração de unidade econômica:

> *EMBARGOS À EXECUÇÃO. ISS. LEASING. COMPETÊNCIA. O Município competente para exigir o pagamento do ISS relativo à prestação dos*

---

73. BARRETO, Aires Fernandino. *ISS na Constituição e na lei*. São Paulo: Dialética, 2003, p. 265.

74. BERGAMINI, Adolpho. Curso de ISS. São Paulo: Editora Revista dos Tribunais, 2017, p. 133

> *serviços de leasing é o do "local onde se comprove haver unidade econômica ou profissional da instituição financeira com poderes decisórios suficientes à concessão e aprovação do financiamento". Resp 1060210. Art. 543-C do CPC. Recurso da autora provido. Recurso do Réu Prejudicado. Voto vencido (Apelação Cível Nº 70032658775, Vigésima Segunda Câmara Cível, Tribunal de Justiça do RS, Relator: Maria Isabel de Azevedo Souza, Julgado em 30/10/2013)*

Ademais, em outras situações, o próprio Superior Tribunal de Justiça adotou o critério de **poder decisório** como critério para identificação da unidade econômica:

> *TRIBUTÁRIO. AGRAVO REGIMENTAL NOS EMBARGOS DE DECLARAÇÃO NO AGRAVO DE INSTRUMENTO. EMBARGOS À EXECUÇÃO FISCAL. ISS. ARRENDAMENTO MERCANTIL. MUNICÍPIO COMPETENTE. LOCAL DO SERVIÇO. ESTABELECIMENTO PRESTADOR ONDE CONCEDIDO O FINANCIAMENTO. ENTENDIMENTO FIRMADO PELO RITO DO ART. 543-C DO CPC (RESP 1.060.210/SC). 1. A Primeira Seção, em sede de recurso especial representativo de controvérsia (REsp 1.060.210/SC, Rel. Min. Napoleão Nunes Maia Filho), decidiu que "o sujeito ativo da relação tributária, na vigência do DL 406/68, é o Município da sede do estabelecimento prestador (art. 12)" e "a partir da LC 116/03, é aquele onde o serviço é efetivamente prestado, onde a relação é perfectibilizada, assim entendido o local onde se comprove haver unidade econômica ou profissional da instituição financeira com poderes decisórios suficientes à concessão e aprovação do financiamento – núcleo da operação de leasing financeiro e fato gerador do tributo". 2. No caso dos autos, o acórdão recorrido registrou, expressamente, que o estabelecimento da embargada situa-se em Poá/SP, sem mencionar eventual fraude a esse respeito nem tampouco a existência de qualquer outra unidade econômica ou profissional da arrendadora no município recorrido que tivesse poderes decisórios acerca da concessão de financiamento. 3. Agravo regimental não provido. (AgRg nos EDcl no Ag 1384284/MS, Rel. Ministro BENEDITO GONÇALVES, PRIMEIRA TURMA, julgado em 03/04/2014, DJe 09/04/2014)*

De acordo com a decisão deste Egrégio Tribunal, o ISS deve ser recolhido no Município da unidade econômica ou profissional do estabelecimento prestador do serviço de arrendamento mercantil "*possuidor de poder decisório para o aperfeiçoamento do negócio*". A partir dessas decisões (REs ns. 592.905/SC e 547.245/SC) e diante da instauração de um conflito de competência entre Municípios para a cobrança do ISS, o STJ apreciou a controvérsia sobre o local de prestação do serviço e definiu que o tributo deve ser recolhido no Município da unidade econômica ou profissional do estabelecimento prestador do serviço de arrendamento mercantil possuidor de poder decisório para o aperfeiçoamento do negócio (REsp nº 1.060.210/SC).

Nesta linha de argumentação, entende-se que a configuração da unidade econômica vai além de uma organização (complexo de bens) necessária ao exercício da atividade empresarial ou profissional, englobando, também, ainda que parcialmente, poderes decisórios e gerenciais do serviço.

Partilhando desta mesma opinião, José Eduardo Soares de Melo leciona que:

> *"o estabelecimento prestador não será um singelo depósito de materiais ou a existência de um imóvel, sendo necessária a organização*

> *unificada em uma unidade econômica indispensável à prestação do serviço. O local onde se situar tal organização (de fato, não por ficção formal ou declaração de fachada do contribuinte), a-trairá o âmbito de validade territorial da lei municipal respectiva".*[75].

Prossegue o professor José Eduardo Soares de Melo considerando ser possível até mesmo identificar os chamados estabelecimentos virtuais a fim de fazer incidir o ISSQN:

> *Trata-se de uma nova realidade – site – cuja participação é bem variada, pois pode consistir num elemento de mera difusão de serviços e bens; como no recebimento de solicitações pelo possíveis clientes; e, ainda, na efetiva aceitação do pedido, emissão de ordens de pagamento e concretização dos negócios (como é o caso do site inteligente). A diversificada utilização e a flexibilidade de seu desempenho, por si só, não permitem caracterizar o site como um estabelecimento, para todos os efeitos tributários, pois pode ser considerado como mero escritório administrativo, distinto do local da efetiva prestação de serviços*[76]

Essa crítica é muito importante para verificar e qualificar a incidência dos novos serviços incluídos pela Lei Complementar 157, sendo eles:

> *1.03 – Processamento, armazenamento ou hospedagem de dados, textos, imagens, vídeos, páginas eletrônicas, aplicativos e sistemas de informação, entre outros formatos, e congêneres.*
>
> *1.04 – Elaboração de programas de computadores, inclusive de jogos eletrônicos, independentemente da arquitetura construtiva da máquina em que o programa será executado, incluindo tablets, smartphones e congêneres.*
>
> *1.09 – Disponibilização, sem cessão definitiva, de conteúdos de áudio, vídeo, imagem e texto por meio da internet, respeitada a imunidade de livros, jornais e periódicos (exceto a distribuição de conteúdos pelas prestadoras de Serviço de Acesso Condicionado, de que trata a Lei no 12.485, de 12 de setembro de 2011, sujeita ao ICMS).*

Apesar de ser um contexto recente e difícil de identificar precisamente todos os elementos, o ambiente virtual precisa se enquadrar dentro dos esquemas tradicionais do instituto, para que seja possível a sua correta tributação. Na atividade regular, o empresário deverá promover seu cadastramento no ente municipal, através do alvará de localização, onde será possível identificar o estabelecimento para fins de tributação.

Note-se que o conceito tradicional de estabelecimento é definido no art. 1142 do Código Civil, que disciplina, *"considera-se estabelecimento todo complexo de bens organizado, para exercício da empresa, por empresário, ou por sociedade empresária"*. A legislação civil não pressupôs a existência de instalações fixas, mas alberga estrutura definitiva ou temporária indispensáveis para prática do serviço. Pergunta-se: é possível haver a prática

75. MELO, José Soares de. *ISS – Aspectos Teóricos e Práticos*. São Paulo: Dialética, 2008, p. 195.
76. MELO, José Eduardo Soares de; PAULSEN, Leandro. Impostos federais, estaduais e municipais. 6 ed. Porto Alegre: Livraria do Advogado, 2011, p. 330

de um serviço sem um responsável técnico ou gerencial? Ao nosso modo de ver, parece que não, haja vista que qualquer serviço, por mais singelo que seja, deve haver um agente responsável, que concentraria poder decisório.

Nestes termos, Misabel Derzi leciona sobre a necessidade da existência de um poder, ainda que mínimo, de administração para identificação do estabelecimento:

> *"Estabelecimento prestador do serviço é o complexo de coisas, como unidade econômica, que configure um núcleo habitual do exercício da atividade, supondo administração e gerência mínima, apta à execução do serviço. Tanto pode ser a sede, matriz, filial, sucursal, ou agência, sendo irrelevante a denominação do estabelecimento e a centralização ou não da escrita da pessoa. O local onde se situa cada unidade econômica – assim entendido aquele do estabelecimento prestador de serviço – atrairá a incidência da norma municipal respectiva".*[77].

Em linhas gerais, o aspecto espacial do ISSQN está definido pela Lei Complementar como sendo o local do estabelecimento ou unidade econômica é o local no qual o contribuinte gerencia seu negócio e se viabiliza como prestador de serviço, compreendendo os bens e pessoas suficientes para exercer sua atividade. De modo que *"Não deixam de ser estabelecimentos quaisquer unidades econômicas, quer sejam sucursais ou agências, pelo fato de ser maior ou menor a extensão dos poderes de diretor ou do administrador, sejam eles suprimidos ou autorizados pela sucursal, no caso de agência, ou da matriz, no caso de sucursais. A diferença é sutil de grau e não de natureza"*[78]

Caso interessante foi julgado no Superior Tribunal de Justiça foi a respeito da coleta e análise clínica de materiais biológicos, em que a primeira atividade ocorreu em um município e o segundo em outro. A celeuma se formou porque os dois entes municipais estavam exigindo o recolhimento do ISSQN sobre o valor total da atividade sem considerar o desmembramento. E de forma ainda mais inusitada, esta Corte jurisdicional, instada a solucionar a dúvida entre as competências tributantes, definiu que o ISSQN deveria ser recolhido no local da contratação do serviço, ou seja, onde houve a coleta do material biológico:

> *DIREITO TRIBUTÁRIO. COMPETÊNCIA PARA EXIGIR ISS INCIDENTE SOBRE A PRESTAÇÃO DE SERVIÇO DE ANÁLISE CLÍNICA. É competente para cobrar o ISS incidente sobre a prestação de serviço de análise clínica (item 4.02 da lista anexa à LC 116/2003) o município no qual foi feita a contratação do serviço, a coleta do material biológico e a entrega do respectivo laudo, ainda que a análise do material coletado tenha sido realizada em unidade localizada em outro município, devendo-se incidir o imposto sobre a totalidade do preço pago pelo serviço.... " (REsp 1.439.753-PE, Rel. Min. Arnaldo Esteves Lima, Rel. para acórdão Min. Benedito Gonçalves, julgado em 6/11/2014, DJe 12/12/2014)*

77. DERZI, Misabel Abreu Machado. O aspecto espacial do imposto municipal sobre serviços de qualquer natureza. In: TÔRRES, Heleno Taveira (Org.). *ISS na lei complementar nº 116/2003 e na constituição*. Barueri: Manole, 2**004, p. 78.**

78. BARRETO, Aires F. ***Curso de Direito Tributário municipal***. São Paulo: Saraiva, 2009, p. 348

Em seu voto, o Relator Min. Arnaldo Esteves Lima, fundamentou que há caracterização de uma unidade econômica no Município que se promoveu a coleta do sangue pelo fato que neste local ocorreu a relação jurídica da prestação do serviço: *"Diante disso, verifica-se, no caso em análise, que a empresa contribuinte, a despeito de manter seu laboratório em determinado município, estabeleceu unidade econômica e profissional em outra municipalidade com escopo de disponibilizar os seus serviços de análises clínicas para as pessoas dessa localidade. Esse tipo de estabelecimento constituiu unidade econômica porque é lá onde usualmente contrata-se o serviço, providencia-se o pagamento e encerra-se a avença, com a entrega do laudo técnico solicitado pelo consumidor".*

Portanto, a orientação atual acerca do **aspecto espacial do ISSQN é da localização do estabelecimento ou unidade econômica** (origem da prestação do serviço), salvo as exceções expressamente previstas nos incisos I a XXII do art. 3º da LC 116/2003.

3.1 inovações promovidas pela lei complementar 157

Conforme comentamos no tópico anterior, a Lei Complementar nº 116/2003 manteve a mesma regra legislativa do local do estabelecimento ou unidade econômica para a fixação do aspecto espacial do ISSQN. O que fez a LC 157/2016 foi aumentar o rol de serviços do art. 3º da LC 116, os quais são devidos no local da prestação, incluindo os seguintes:

> *Art. 1º A Lei Complementar nº 116, de 31 de julho de 2003, passa a vigorar com as seguintes alterações:*
>
> *"Art. 3º O serviço considera-se prestado, e o imposto, devido, no local do estabelecimento prestador ou, na falta do estabelecimento, no local do domicílio do prestador, exceto nas hipóteses previstas nos incisos I a XXV, quando o imposto será devido no local:*
>
> ....
>
> *XII – do florestamento, reflorestamento, semeadura, adubação, reparação de solo, plantio, silagem, colheita, corte, descascamento de árvores, silvicultura, exploração florestal e serviços congêneres indissociáveis da formação, manutenção e colheita de florestas para quaisquer fins e por quaisquer meios;*
>
> ....
>
> *XVI – dos bens, dos semoventes ou do domicílio das pessoas vigiados, segurados ou monitorados, no caso dos serviços descritos no subitem 11.02 da lista anexa;*
>
> ....
>
> *XIX – do Município onde está sendo executado o transporte, no caso dos serviços descritos pelo item 16 da lista anexa;*
>
> ....
>
> *XXIV – do domicílio do tomador do serviço no caso dos serviços prestados pelas administradoras de cartão de crédito ou débito e demais descritos no subitem 15.01;*
>
> *XXV – do domicílio do tomador dos serviços dos subitens 10.04 e 15.09.*

§ 4º Na hipótese de descumprimento do disposto no caput ou no § 1º, ambos do art. 8º-A desta Lei Complementar, o imposto será devido no local do estabelecimento do tomador ou intermediário do serviço ou, na falta de estabelecimento, onde ele estiver domiciliado. (Partes mantidas)

"Art. 6º ....

..

§ 2º ....

..

III – a pessoa jurídica tomadora ou intermediária de serviços, ainda que imune ou isenta, na hipótese prevista no § 4o do art. 3o desta Lei Complementar. (Partes mantidas)

§ 3º No caso dos serviços descritos nos subitens 10.04 e 15.09, o valor do imposto é devido ao Município declarado como domicílio tributário da pessoa jurídica ou física tomadora do serviço, conforme informação prestada por este.

§ 4º No caso dos serviços prestados pelas administradoras de cartão de crédito e débito, descritos no subitem 15.01, os terminais eletrônicos ou as máquinas das operações efetivadas deverão ser registrados no local do domicílio do tomador do serviço.

Em uma leitura didática das mudanças promovidas pela LC 157/2016 quanto ao aspecto espacial do ISSQN, pode-se demonstrar graficamente o estudo comparativo com o momento anterior:

ANTES DA LC 157	APÓS A LC 157
Art. 3º O serviço considera-se prestado e o imposto devido no local do estabelecimento prestador ou, na falta do estabelecimento, no local do domicílio do prestador, exceto nas hipóteses previstas nos incisos I a XXII, quando o imposto será devido no local: XII – do florestamento, reflorestamento, semeadura, adubação e congêneres, no caso dos serviços descritos no subitem 7.16 da lista anexa; XVI – dos bens ou do domicílio das pessoas vigiados, segurados ou monitorados, no caso dos serviços descritos no subitem 11.02 da lista anexa; XIX – do Município onde está sendo executado o transporte, no caso dos serviços descritos pelo subitem 16.01 da lista anexa;	Art. 3º O serviço considera-se prestado, e o imposto, devido, no local do estabelecimento prestador ou, na falta do estabelecimento, no local do domicílio do prestador, exceto nas hipóteses previstas nos incisos I a XXV, quando o imposto será devido no local: XII – do florestamento, reflorestamento, semeadura, adubação, reparação de solo, plantio, silagem, colheita, corte, descascamento de árvores, silvicultura, exploração florestal e serviços congêneres indissociáveis da formação, manutenção e colheita de florestas para quaisquer fins e por quaisquer meios; XVI – dos bens, dos semoventes ou do domicílio das pessoas vigiados, segurados ou monitorados, no caso dos serviços descritos no subitem 11.02 da lista anexa; XIX – do Município onde está sendo executado o transporte, no caso dos serviços descritos pelo item 16 da lista anexa; XXIV – do domicílio do tomador do serviço no caso dos serviços prestados pelas administradoras de cartão de crédito ou débito e demais descritos no subitem 15.01; XXV – do domicílio do tomador dos serviços dos subitens 10.04 e 15.09.

Contudo, parte da lei foi vetada pelo Presidente da República no que se refere a cobrança do ISSQN no local da prestação dos serviços nos casos específicos de operação com cartão de crédito ou débito, *factoring* e *leasing*.

Acompanhe os dispositivos vetados, com as respectivas razões:

Dispositivo vetado	Razões
Inciso XXIII do art. 3º da Lei Complementar nº 116, de 31 de julho de 2003, alterado pelo art. 1º do projeto de lei complementar "XXIII – do domicílio do tomador dos serviços dos subitens 4.22, 4.23 e 5.09;"	"O dispositivo comportaria uma potencial perda de eficiência e de arrecadação tributária, além de pressionar por elevação do valor dos planos de saúde, indo de encontro à estratégia governamental de buscar alternativas menos onerosas para acesso aos serviços do setor."
Inciso XXIV do art. 3º e § 4º do art. 6º da Lei Complementar nº 116, de 31 de julho de 2003, alterados pelo art. 1º do projeto de lei complementar "XXIV – do domicílio do tomador do serviço no caso dos serviços prestados pelas administradoras de cartão de crédito ou débito e demais descritos no subitem 15.01;" "§ 4º No caso dos serviços prestados pelas administradoras de cartão de crédito e débito, descritos no subitem 15.01, os terminais eletrônicos ou as máquinas das operações efetivadas deverão ser registrados no local do domicílio do tomador do serviço."	"Os dispositivos comportariam uma potencial perda de eficiência e de arrecadação tributária, além de redundar em aumento de custos para empresas do setor, que seriam repassados ao custo final, onerando os tomadores dos serviços."
Inciso XXV do art. 3º e § 3º do art. 6º da Lei Complementar nº 116, de 31 de julho de 2003, alterados pelo art. 1º do projeto de lei complementar "XXV – do domicílio do tomador dos serviços dos subitens 10.04 e 15.09." "§ 3º No caso dos serviços descritos nos subitens 10.04 e 15.09, o valor do imposto é devido ao Município declarado como domicílio tributário da pessoa jurídica ou física tomadora do serviço, conforme informação prestada por este."	"Os dispositivos contrariam a lógica de tributação desses serviços, que deve se dar no local onde ocorrem a análise do cadastro, o deferimento e o controle do financiamento concedido, e não em função do domicílio do tomador dos serviços."
§ 4º do art. 3º e inciso III do § 2º do art. 6º da Lei Complementar nº 116, de 31 de julho de 2003, alterados pelo art. 1º do projeto de lei complementar "§ 4º Na hipótese de descumprimento do disposto no *caput* ou no § 1º, ambos do art. 8º-A desta Lei Complementar, o imposto será devido no local do estabelecimento do tomador ou intermediário do serviço ou, na falta de estabelecimento, onde ele estiver domiciliado." "III – a pessoa jurídica tomadora ou intermediária de serviços, ainda que imune ou isenta, na hipótese prevista no § 4º do art. 3º desta Lei Complementar."	"Os dispositivos imputariam elevado custo operacional às empresas. Além disso, a definição da competência tributária deve vir expressamente definida em lei complementar, não cabendo sua definição a posteriori, como pode ocorrer nas hipóteses previstas pelos dispositivos."

Apesar da justificativas, estes **vetos foram derrubados posteriormente pelo Congresso Nacional**, sendo que os serviços passaram a ser tributados no município do domicílio do tomador dos serviços.

Aparentemente a situação tinha se consolidado novamente, através da qual o aspecto espacial do ISSQN permaneceria sendo da localização do estabelecimento ou unidade econômica (origem da prestação do serviço), salvo as exceções expressamente previstas nos incisos do art. 3º da LC 116/2003, incluindo as novas previsões da Lei complementar 157. Contudo, a polêmica tomou conta na seara doutrinária e jurisprudencial a respeito das novas inclusões dos serviços devidos no local da prestação do serviço, a ponto de chegar um questionamento diretamente no Supremo Tribunal Federal, na Ação Declaratória de Inconstitucionalidade n. 5835/DF, resumida abaixo.

ATENÇÃO!

Foi ajuizada a Ação Declaratória de Inconstitucionalidade n. 5835/DF, com pedido de medida cautelar, pela Confederação Nacional do Sistema Financeiro – CONSIF e pela Confederação Nacional das Empresas de Seguros Gerais, Previdência Privada e Vida, Saúde Suplementar e Capitalização – CNSeg, em face do artigo 1º da Lei Complementar 157/2016, na parte que modificou o art. 3º, XXIII, XXIV e XXV, e os parágrafos 3º e 4º do art. 6º da Lei Complementar 116/2003 para determinar que o ISS será devido no Município do tomador, em relação aos serviços (i) de planos de medicina de grupo ou individual; (ii) de administração de fundos quaisquer e de carteira de cliente; (iii) de administração de consórcios; (iv) de administração de cartão de crédito ou débito e congêneres; (v) de arrendamento mercantil.

Em análise preliminar, o Ministro Alexandre de Moraes, em 23/03/2018 deferiu medida cautelar no seguinte sentido:

a) com fundamento no art. 10, § 3º, da Lei 9.868/1999 e no art. 21, V, do RISTF, CONCEDO A MEDIDA CAUTELAR pleiteada, ad referendum do Plenário desta SUPREMA CORTE, para suspender a eficácia do artigo 1º da Lei Complementar 157/2016, na parte que modificou o art. 3º, XXIII, XXIV e XXV, e os parágrafos 3º e 4º do art. 6º da Lei Complementar 116/2003; bem como, por arrastamento, para suspender a eficácia de toda legislação local editada para sua direta complementação.

Deste modo, até que se tenha o julgamento definitivo da ADI 5835/DF parte das mudanças promovidos pela LC 157/2016 estão suspensos, mais especificamente a mudança do local de pagamento em relação aos serviços (i) de planos de medicina de grupo ou individual; (ii) de administração de fundos quaisquer e de carteira de cliente; (iii) de administração de consórcios; (iv) de administração de cartão de crédito ou débito e congêneres; (v) de arrendamento mercantil. Em outras palavras, estes serviços voltam a ser devidos no local do estabelecimento do prestador do serviço.

Assim, até que se tenha o julgamento definitivo da ADI 5835 pelo Plenário do Supremo Tribunal Federal é este cenário que temos no momento.

4. ASPECTO SUBJETIVO

O artigo 121 do Código Tributário Nacional disciplina que o sujeito passivo da obrigação principal é a pessoa obrigada ao pagamento de tributo, que pode surgir a partir de duas situações:

> *I – contribuinte, quando tenha relação pessoal e direta com a situação que constitua o respectivo fato gerador;*
>
> *II – responsável, quando, sem revestir a condição de contribuinte, sua obrigação decorra de disposição expressa de lei.*

No que se refere ao aspecto pessoal da hipótese de incidência da obrigação tributária do ISSQN existe de um lado o sujeito ativo, representado pelo Município ou Distrito

Federal. Do outro lado tem o sujeito passivo, que poderá ser o contribuinte ou terceira pessoa, obrigada pela lei ao pagamento do tributo ou penalidade pecuniária, chamada de responsável tributário.

O art. 121 do Código Tributário Nacional classifica a sujeição passiva tributária em contribuinte e responsável. O contribuinte é aquele que tem relação pessoal e direta com a situação que constitua o fato gerador do tributo, sendo que neste caso será o prestador do serviço (art. 5º da LC 116/2003). Além disso, o art. 6º da Lei Complementar nº 116/2003 permite que os Municípios e o Distrito Federal possam, discricionariamente, atribuir a responsabilidade pelo crédito tributário a terceira pessoa, vinculada ao fato gerador da respectiva obrigação, excluindo a responsabilidade do contribuinte ou atribuindo a este em caráter supletivo o cumprimento total ou parcial da referida obrigação, inclusive a que se refere à multa e aos acréscimos legais.

Juntamente com esta permissão legal, a própria legislação elegeu algumas hipóteses expressas de responsabilidade tributária, sendo elas:

> *1) o tomador ou intermediário de serviço proveniente do exterior do País ou cuja prestação se tenha iniciado no exterior do País;*
>
> *2) a pessoa jurídica, ainda que imune ou isenta, tomadora ou intermediária dos seguintes serviços:*
>
> *3.05 – Cessão de andaimes, palcos, coberturas e outras estruturas de uso temporário.*
>
> *7.02 – Execução, por administração, empreitada ou subempreitada, de obras de construção civil, hidráulica ou elétrica e de outras obras semelhantes, inclusive sondagem, perfuração de poços, escavação, drenagem e irrigação, terraplanagem, pavimentação, concretagem e a instalação e montagem de produtos, peças e equipamentos (exceto o fornecimento de mercadorias produzidas pelo prestador de serviços fora do local da prestação dos serviços, que fica sujeito ao ICMS).*
>
> *7.04 – Demolição.*
>
> *7.05 – Reparação, conservação e reforma de edifícios, estradas, pontes, portos e congêneres (exceto o fornecimento de mercadorias produzidas pelo prestador dos serviços, fora do local da prestação dos serviços, que fica sujeito ao ICMS).*
>
> *7.09 – Varrição, coleta, remoção, incineração, tratamento, reciclagem, separação e destinação final de lixo, rejeitos e outros resíduos quaisquer.*
>
> *7.10 – Limpeza, manutenção e conservação de vias e logradouros públicos, imóveis, chaminés, piscinas, parques, jardins e congêneres.*
>
> *7.12 – Controle e tratamento de efluentes de qualquer natureza e de agentes físicos, químicos e biológicos.*
>
> *7.16 – Florestamento, reflorestamento, semeadura, adubação e congêneres.*
>
> *7.17 – Escoramento, contenção de encostas e serviços congêneres.*

> *7.19 – Acompanhamento e fiscalização da execução de obras de engenharia, arquitetura e urbanismo.*
>
> *11.02 – Vigilância, segurança ou monitoramento de bens e pessoas.*
>
> *17.05 – Fornecimento de mão-de-obra, mesmo em caráter temporário, inclusive de empregados ou trabalhadores, avulsos ou temporários, contratados pelo prestador de serviço.*
>
> *17.10 – Planejamento, organização e administração de feiras, exposições, congressos e congêneres.*

A doutrina interpreta que a responsabilidade prevista no art. 6º da Lei Complementar nº 116/2003 é classificada como "substituição tributária", sendo que a lei atribuiu o dever de pagamento do tributo a pessoa diversa aquela que praticou o fato gerador, antes da ocorrência deste[79]. Neste caso a legislação vai criar uma obrigação de terceira pessoa, em geral o tomador do serviço, a promover a retenção do valor do tributo devido pelo prestador do serviço.

Desta forma, **é permitido aos Municípios estabelecerem a substituição tributária** com a retenção do imposto do prestador do serviço, desde que o ISSQN esteja dentro de sua competência territorial (aspecto espacial).

4.1. Cartórios, notariais e registros públicos[80]

Com a entrada em vigor da Lei Complementar nº 116/2003 foi adicionado à lista de serviços tributáveis pelo ISS, diversos serviços, dentre eles os de registros públicos, cartorários e notariais (item 21-01).

Tal incidência foi objeto de diversos questionamentos judiciais, tendo a questão sido "pacificada" somente com julgamento da ADIn nº 3089, na qual sua constitucionalidade foi declarada pelo Supremo Tribunal Federal[81]. Considerou-se que as **pessoas que exercem atividade notarial não são imunes à tributação, porquanto a circunstância de desenvolverem os respectivos serviços com intuito lucrativo invoca a exceção prevista no art. 150, § 3º da Constituição Federal.**

Em relação às serventias judiciais, por sua vez, nada obstante o teor do art. 31, do Ato das Disposições Constitucionais Transitórias, que impõe a estatização de seus serviços, encontra-se ainda um quadro em que se tem a convivência de ofícios que exercem suas funções em caráter privado enquanto outras já exercem atividades sob o regime público. Somente a estatização do serviço, com a realização de concurso público de todos os funcionários, teria o condão de evitar a incidência tributária sobre a prestação de serviços ali realizada.

79. Cf. BARRETO, Aires F. *Curso de Direito Tributário Municipal*. São Paulo: Saraiva, 2009, p. 365.

80. A banca ESAF, por exemplo, avaliou como INCORRETA a afirmação de que *"os serviços de registros públicos, cartorários e notariais são imunes à incidência do ISS"* **(ESAF – 2012)**.

81. ADI 3089, Relator(a): Min. CARLOS BRITTO, Tribunal Pleno, julgado em 13/02/2008.

As atividades das serventias judiciais e extrajudiciais exercidas em caráter privado não obstante serem reguladas pelo Estado possui o caráter lucrativo, o que não fará jus a imunidade tributária

O fato de esta atividade ser pública, como ocorre com a função notarial e a registral, não transforma o exercente em agente integrante do aparelho estatal. Conforme define Celso Antonio Bandeira de Mello: "*é preciso atenção para não misturar dois temas perfeitamente distintos: um, o do tipo de atividade que é estatal; outro, o do enquadramento de quem a desempenha, o qual pode ou não ser estatal. Assim, do fato de uma atividade ser pública não se segue que o sujeito que a desempenha se aloque na intimidade do aparelho estatal*"[82].

A respeito da base de cálculo, a jurisprudência tem o entendimento perfilhado no sentido de não ser aplicável a sistemática de recolhimento de ISS, prevista no art. 9º, § 1º, do Decreto-Lei nº 406/68 (regime fixo anual) aos cartórios:

> *DIREITO TRIBUTÁRIO. IMPOSSIBILIDADE DE APLICAÇÃO DA SISTEMÁTICA DE RECOLHIMENTO DE ISS PREVISTA NO § 1º DO ART. 9º DO DEC.-LEI nº 406/1968 AOS SERVIÇOS DE REGISTROS PÚBLICOS CARTORÁRIOS E NOTARIAIS. Não se aplica à prestação de serviços de registros públicos cartorários e notariais a sistemática de recolhimento de ISS prevista no § 1º do art. 9º do Dec.-lei nº 406/1968. (...) a prestação dos serviços cartoriais não importa em necessária intervenção pessoal do notário ou do oficial de registro, tendo em vista que o art. 236 da CF e a legislação que o regulamenta permitem a formação de uma estrutura economicamente organizada para a prestação do serviço de registro público, assemelhando-se ao próprio conceito de empresa. (STJ. REsp 1.328.384-RS, Rel. para acórdão Min. Mauro Campbell Marques, julgado em 4/2/2013).*

Isso possui uma razão, pois o artigo 20 da Lei nº 8.935/94 autoriza os notários e os oficiais de registro a contratarem, para o desempenho de suas funções, escreventes, dentre eles escolhendo os substitutos, e auxiliares como empregados. Essa faculdade legal revela que a consecução dos serviços cartoriais não importa em necessária intervenção pessoal do tabelião, visto que possibilita empreender capital e pessoas para a realização da atividade.

Desta forma, **o ISSQN devido pelos cartórios, notários e serventias não estatizadas** deve ser calculado com base nos valores dos emolumentos cobrados pelos atos cartorários.

Outro fato que deve ser salientado é que o rendimento do serviço de **cartórios, notários e serventias não estatizadas** irá ser contabilizado na Declaração de Imposto de Renda – Pessoa Física. As serventias notariais e de registros não possuem personalidade jurídica – não são Empresas.

O entendimento predominante da doutrina e jurisprudência é de que os cartórios extrajudiciais não possuem personalidade jurídica e, portanto, não podem figurar no pólo

82. BANDEIRA DE MELLO, Celso Antônio. *Pareceres de Direito Administrativo*. São Paulo: Malheiros, 2011, p. 410-411.

passivo das demandas judiciais. De acordo com o art. 106, I, do regulamento de imposto de renda, aprovado pelo Decreto nº 3.000/99 a remuneração de notários e registradores está fincada no código 0190 (carnê-leão), aplicável às pessoas físicas.

A Secretaria da Receita Federal, na Solução de Consulta nº 194, de 24/2004, afastou qualquer dúvida a respeito da natureza jurídica dos serviços prestados por notários e tabeliães, de modo que não podem ser considerados como pessoas jurídicas (empresas) pelo simples fato de estarem inscritas no Cadastro Nacional de Pessoas Jurídicas (CNPJ).

Com efeito, a inscrição no CNPJ serve tão-somente para possibilitar a contratação de empregados, como autoriza o art.20 da Lei nº 8.935/94.

Assim, a tributação da renda auferida pelos Cartórios e Serventia extrajudiciais será feito na pessoa do titular da serventia. O imposto de Renda Pessoa Física (IRPF), sendo a forma de o Governo Federal receber dos contribuintes sua contribuição pelo trabalho e rendimento, são contabilizados como receita da pessoa física do titular, recolhendo este o IRPF.

Esse é o entendimento proferido pela Receita Federal em resultado de vários procedimentos de consultas:

> ***SOLUÇÃO DE CONSULTA Nº 81 de 11 de Marco de 2004***
>
> *EMENTA: Imposto de Renda da Pessoa Jurídica. Declaração. Cartório. Os cartórios são tributados como pessoas físicas, por meio da DIRPF dos respectivos tabeliães, e estão desobrigados da apresentação da DIPJ e da DCTF*
>
> *SOLUÇÃO DE CONSULTA Nº 217 de 11 de Junho de 2010*
>
> *EMENTA: TITULARES DE CARTÓRIO DE REGISTRO DE IMÓVEIS Para efeito de tributação do Imposto de Renda. Os cartórios de registro de imóveis não são considerados pessoas jurídicas, e nem a elas equiparadas, ainda que obrigados à inscrição no Cadastro Nacional das Pessoas Jurídicas (CNPJ). Os valores oriundos dos serviços notariais e de registro, a que se refere o art. 236 da Constituição, auferidos pelos titulares, ainda que em condição provisória, são considerados rendimentos do trabalho não-assalariado, e devem ser oferecidos à tributação, mensalmente, por meio do Recolhimento Mensal Obrigatório (carnê-leão), podendo, para efeito de apuração da base de cálculo, serem deduzidas as despesas escrituradas em Livro Caixa. Sendo assim, os titulares de serviços de registro de imóveis devem entregar a Declaração do Imposto sobre a Renda Retido na Fonte (Dirf), em seu próprio nome – indicando o número de inscrição no Cadastro das Pessoas Físicas (CPF), caso tenham pago ou creditado rendimentos que tenham sofrido retenção do imposto sobre a renda na fonte, ainda que em um único mês do ano-calendário a que se referir a declaração.*
>
> *SOLUÇÃO DE CONSULTA Nº 54 de 09 de Abril de 2009*
>
> *EMENTA: IRPF. NOTÁRIOS e REGISTRADORES. Os rendimentos oriundos dos serviços notariais e cartoriais serão tributados mensalmente pelo imposto de renda na pessoa física do titular do cartório, sujeitan-*

> *do-se ao recolhimento do carnê-leão na forma da legislação em vigor. A tributação dos rendimentos auferidos pelos notários e oficiais de registro opera-se na pessoa física do titular ainda que o cartório esteja obrigado à inscrição no Cadastro Nacional da Pessoa Jurídica (CNPJ).*

Sendo o contribuinte do ISSQN o prestador do serviço, neste caso, o titular da serventia, cabe a ele a sujeição passiva em cumprir as obrigações assessórias necessárias para a realização da fiscalização tributária.

4.2. Cooperativa

Devido o interesse social que impregna a doutrina do cooperativismo, o Estado estabeleceu o regime jurídico da sociedade cooperativa, regulamentando sua estrutura, organização e funcionamento, através da Lei 5.764/71.

Com isso, a sociedade cooperativa é um instrumento de contratação coletiva, através da qual os profissionais que integram seu quadro social (cooperados), colocam sua atividade individual à disposição da sociedade, a fim de prestar serviços aos usuários. Tanto é assim que o art. 79 da Lei 5.764/71, ao especificar as relações reputadas como "atos cooperativos", acabou afastando a natureza comercialista:

> *Art. 79. Denominam-se atos cooperativos os praticados entre as cooperativas e seus associados, entre estes e aquelas e pelas cooperativas entre si quando associados, para a consecução dos objetivos sociais.*
>
> *Parágrafo único. O ato cooperativo não implica operação de mercado, nem contrato de compra e venda de produto ou mercadoria.*

O entendimento jurisprudencial é no sentido de que a cooperativa pode praticar tanto atos cooperativos, quanto atos não cooperativos, sendo que neste segundo caso haverá a incidência do ISSQN:

> *ISS. COOPERATIVA. SERVIÇOS MÉDICOS. ATOS NÃO-COOPERADOS TAXA. ADMINISTRAÇÃO. (...) o ISS não incide sobre os atos praticados pelas cooperativas médicas consistentes no exercício de atividades em prol dos associados que prestam serviços médicos a terceiros (atos cooperados). Os atos não-cooperados, aqueles decorrentes de relação jurídica negocial advinda da venda de planos de saúde a terceiros, sujeitam-se à incidência do ISS, tendo como base de cálculo, tão-somente, a receita advinda da cobrança da taxa de administração. Isso porque a receita tributável não abrange o valor pago ou reembolsado aos cooperados, haja vista não constituir parte do patrimônio da cooperativa (art. 79 da Lei nº 5.764/1971, c/c os arts. 86 e 87 do mesmo diploma legal).(STJ. REsp 875.388-SP, Rel. Min. Luiz Fux, julgado em 2/10/2007)*

Em síntese, **não haverá incidência de ISSQN sobre atos cooperativos**; e nos atos não cooperativos, por sua vez, a incidência deverá estar circunscrita sobre a chamada taxa de administração, excluindo-se os valores pagos ou reembolsados aos associados. Entretanto, caso haja a demonstração de que a cobrança do tributo seja irregular, com caráter empresarial, ficará sujeito à incidência normal do ISSQN, conforme entendimento do STJ:

TRIBUTÁRIO. COOPERATIVA DE SERVIÇOS ODONTOLÓGICOS. ATOS NEGOCIAIS. ISSQN. BASE DE CÁLCULO. Assentado pelas instâncias ordinárias o caráter empresarial da atividade desempenhada pela recorrente – venda de serviços de assistência odontológica –, deve ela submeter-se ao recolhimento do Imposto Sobre Serviços de Qualquer Natureza, cuja base de cálculo será o valor líquido recebido. Recurso especial provido. (REsp 1371438/RJ, Rel. Ministro ARI PARGENDLER, PRIMEIRA TURMA, julgado em 03/09/2013, DJe 23/10/2013)

AGRAVO REGIMENTAL NO RECURSO ESPECIAL. COOPERATIVA DE SERVIÇOS MÉDICOS. ATO MERAMENTE NEGOCIAL, NÃO COOPERATIVO. ISS. INCIDÊNCIA. PRECEDENTES. Não incide o ISS sobre as atividades próprias de cooperativa. Por outro lado, as atividades de natureza empresarial, decorrentes de relação jurídica negocial, estão sujeitas à incidência do tributo porque não se qualificam como atos cooperativos. Precedentes. Agravo regimental improvido. (AgRg no REsp 1172458/RJ, Rel. Ministro CESAR ASFOR ROCHA, SEGUNDA TURMA, julgado em 29/05/2012, DJe 05/06/2012)

4.3. Serviços de coleta de sangue e análise clínica

A lista anexa à Lei Complementar 116/2003 prevê em itens separados o serviço de coleta e de analise do material:

> *4.02 – Análises clínicas, patologia, eletricidade médica, radioterapia, quimioterapia, ultra-sonografia, ressonância magnética, radiologia, tomografia e congêneres.*
>
> *4.20 – Coleta de sangue, leite, tecidos, sêmen, órgãos e materiais biológicos de qualquer espécie.*

Esta previsão tem gerado algumas polêmicas na prática fiscalizatória, na medida em que no âmbito dos Municípios vem sendo aplicado o entendimento de que possa haver duas prestações de serviços distintas e, via de consequência, duas tributações.

Por outro lado, forma-se uma corrente que defende que *a "coleta de materiais" é* uma atividade-meio da *"análise clínica"*. Sendo que em muitas situações, a coleta é realizada por uma filial e a análise pela matriz, em Município diferente, o que pode acirrar ainda mais a briga pela tributação, confundido a organização dos contribuintes.

Tradicionalmente, a doutrina defende que as "atividades-meio" possuem a utilidade de viabilizar a prestação do serviço público, não se caracterizando como serviço autônomo, nem mesmo possuindo conteúdo econômico próprio.

Nesse sentido, Aires F. Barreto leciona que:

> *"somente podem ser tomadas, para compreensão do ISS, as atividades entendidas como fim, correspondentes à prestação de um serviço integralmente considerado em cada item. Não se pode decompor em serviço porque previsto, em sua integralidade, no respectivo item específico da lista da lei municipal nas várias ações-meio que o integram, para pretender tributá-las separadamente, isoladamente, como se cada uma delas correspondesse a um serviço autônomo, in-*

> *dependente. Isso seria uma aberração jurídica, além de construir-se em desconsideração à hipótese de incidência do ISS"*[83]

É possível identificar situações onde existem inúmeras atividades que estão direcionadas a consecução de uma prestação final, este sim, em sua integralidade, considerado como serviço autônomo. Para se desvendar esta situação no caso concreto, a fiscalização municipal terá que conhecer o fim do contrato, isto é, descobrir a atividade-fim, e consequentemente, considerar que todos os demais atos relacionados a tal comportamento são apenas prestações-meio[84].

O professor Aires F. Barreto identifica a existência dos chamados "pseudo-serviços", que seriam os atos preparatórios que conduzem a execução de um serviço. Assim, este doutrinador separa duas situações: *"(a) as atividades desenvolvidas como requisito ou condição para a produção de outra utilidade qualquer são sempre ações-meio, (b) essas mesmas ações ou atividades, todavia, consistirão no fim ou objeto, quando, em si mesmas, isoladamente consideradas, refletirem, elas próprias, a utilidade colocada à disposição de outrem"*[85].

Assim, seria possível a tributação de um serviço somente no caso deste ser autônomo e ter conteúdo econômico próprio, sendo vedado seu isolamento de forma unilateral pela Administração Pública. Ainda que a fiscalização tributária municipal se depare com os ditos serviços complexos – que se compõe de uma séria de atos intermediários para prestação do serviço – não há possibilidade de haver a divisão destes para tributação isolada[86].

Na lógica do mercado, as ações intermediárias (atividades meio), têm seu custo agregado ao preço final do serviço, mas isso não significa haver a possibilidade de interpretação como serviços isolados ou autônomos. É nessa esteira que o Superior Tribunal de Justiça possui o entendimento sedimentado acerca da impossibilidade de incidência do ISSQN sobre atividade meio[87].

Ocorre que o Superior Tribunal de Justiça, após analisar uma situaçao que envolvia um caso de coleta de sangue, definiu que o ISSQN cabe ao município no qual foi feita a contratação do serviço (coleta do material biológico e a entrega do respectivo laudo), ainda que a análise do material coletado tenha sido realizada em unidade localizada em outro município:

> ***DIREITO TRIBUTÁRIO. COMPETÊNCIA PARA EXIGIR ISS INCIDENTE SOBRE A PRESTAÇÃO DE SERVIÇO DE ANÁLISE CLÍNICA.*** *É competente para cobrar o ISS incidente sobre a prestação de serviço de análise clínica (item 4.02 da lista anexa à LC 116/2003) o município no qual*

83. BARRETO, Aires. *Curso de Direito Tributário Municipal*. 2. ed. São Paulo: Saraiva, 2012, p. 375.
84. Cf. ALVES, Ana Clara da Rosa. *Questões práticas do ISS – O Imposto sobre Serviços e as Atividades--Meio*. 1.ed. São Paulo: ÔnixJur, 2011, p. 87.
85. BARRETO, Aires. *Curso de Direito Tributário Municipal*. 2. ed. São Paulo: Saraiva, 2012. p. 375.
86. STJ. Resp. 953840/RJ. Rel. Min. Luiz Fux. DJe 14.09.2009.
87. STJ. REsp 83254/MG, Rel. Min. José Delgado, Primeira Turma, julgado em 18.207, DJ 28.208 p. 74.

> *foi feita a contratação do serviço, a coleta do material biológico e a entrega do respectivo laudo, ainda que a análise do material coletado tenha sido realizada em unidade localizada em outro município, devendo-se incidir o imposto sobre a totalidade do preço pago pelo serviço....* ***REsp 1.439.753-PE, Rel. Min. Arnaldo Esteves Lima, Rel. para acórdão Min. Benedito Gonçalves, julgado em 6/11/2014, DJe 12/12/2014.***

Em seu voto, o Relator Min. Arnaldo Esteves Lima, fundamentou que há caracterização de uma unidade econômica no Município que se promoveu a coleta do sangue pelo fato que neste local ocorreu a relação jurídica da prestação do serviço:

> *Diante disso, verifica-se, no caso em análise, que a empresa contribuinte, a despeito de manter seu laboratório em determinado município, estabeleceu unidade econômica e profissional em outra municipalidade com escopo de disponibilizar os seus serviços de análises clínicas para as pessoas dessa localidade. Esse tipo de estabelecimento constituiu unidade econômica porque é lá onde usualmente contrata-se o serviço, providencia-se o pagamento e encerra-se a avença, com a entrega do laudo técnico solicitado pelo consumidor.*

Fica claro, através desta decisão, que a competência tributária não é influenciada pela faculdade assegurada à empresa de manter os seus laboratórios em um determinado Município. Pelo contrário, o critério utilizado neste caso foi a partir da identificação do local onde é gerada a riqueza tributável, que ocorreu na unidade econômica que promoveu a contratação e a coleta de material biológico.

Este entendimento é fundamental para se verificar a necessidade de identificação da atividade fim, pois é ela que ira direcionar a competência tributária. A confusão entre "atividade meio" e "atividade fim" pode implicar não somente em erro quanto a competência, mas também em alíquotas e obrigações acessórias.

Não se pode afirmar que tal entendimento é pacífico, mas é um julgamento que se deve levar em consideração para compreender a competência tributária quanto ao ISSQN nesta espécie de serviço.

5. ASPECTO QUANTITATIVO

5.1. Base de cálculo[88]

A base de cálculo é compreendia como a grandeza econômica que advém dos fatos jurídicos sujeitos à tributação. Ocorre que a grandeza efetiva dos acontecimentos e os fatos não são mensuráveis em sua integralidade, o que mostra a necessidade de delimitar a base de cálculo em situações específicas.

88. A banca **CESPE (2012 – Juiz TJ-AC)** considerou como INCORRETA a afirmação de que *"a prestação de serviço simultaneamente à venda de mercadorias em restaurantes constitui fato gerador do ISS"*.

No caso do ISSQN a base de cálculo deverá se amoldar ao preço do serviço, que será a contraprestação em relação à obrigação de fazer, nos termos do art. 7º da Lei Complementar 116/2003.

Necessário diferenciar o preço do serviço, como aquela receita bruta de contraprestação, de meros ingressos, como outros tipos de valores . Para rigorosa compreensão das discussões judiciais a respeito da base de cálculo do ISSQN, principalmente no âmbito do Superior Tribunal de Justiça, deve-se fazer a distinção acima anunciada.

Nem toda entrada de valores que acompanham o serviço se referem a receita do serviço, uma vez que é comum haver passagem provisória de valores que não importam em modificação do patrimônio do prestador, apenas servindo de recursos intermediários. É comum, por exemplo, o repasse de valores em favor de advogados, paralelamente ao serviço advocatício, que servirá para custear as custas judiciais ou despesas gerais. Estes valores intermediários não poderão compor a base de cálculo do ISSQN dos serviços advocatícios, uma vez que não é contraprestação ao serviço.

Assim leciona Aires F. Barreto[89] sobre a base de cálculo do ISSQN:

> *(...) tem-se que a base de cálculo do ISS é o preço do serviço, nele (preço) incluído tudo o que for pago pelo tomador (destinatário utente, usuário) ao prestador, desde que provenha da prestação de serviços.*

E assim conclui:

> *Vista de ângulo negativo, tem-se que a base de cálculo do ISS não pode incluir valores (a) que decorram de negócios outros, inconfundíveis com a prestação de serviços e (b) que, embora relacionados com a prestação de serviços, não expressam, eles mesmos, receitas do prestador.*

Existem vários itens da lista anexa à Lei Complementar 116/2003 que trazem ressalvas acerca da base de cálculo, permitindo a incidência de ICMS sobre as mercadorias que acompanham a prestação de serviços (7.02, 14.01, 14.03, 17.11, etc). Nos demais casos, onde não consta esta ressalva, deverá haver a incidência exclusivamente do ISSQN sobre a totalidade do preço do serviço. Assim, a regra a ser seguida é de que as atividades constantes da lista, sem ressalva quanto à incidência do ICMS, estão sujeitas somente ao imposto municipal, ainda que na sua prestação se verifique o fornecimento de materiais.

É comum a existência do ingresso de alguns valores no caixa do prestador do serviço que, embora se originem do mesmo negócio jurídico, não fazem parte da hipótese de incidência do ISSQN. O ingresso de valores que transitem de forma temporária sobre o mesmo objeto do negócio que originou a prestação de serviço não terá o condão de integrar a base de cálculo. Isso ocorre com imobiliárias ou administradores de imóveis, situação em que não poderá haver a incidência do ISSQN sobre os valores referentes aos aluguéis, pois tais valores não compõe o preço do serviço.

89. BARRETO, Aires F. *Curso de Direito Tributário Municipal*. São Paulo: Saraiva, 2009, p. 380.

Situação semelhante ocorreu com a incidência do ISSQN sobre planos de saúde, onde o Superior Tribunal de Justiça decidiu que a base de cálculo deste imposto é o preço pago pelos consumidores, excluindo os repasses feitos pela contribuinte aos demais prestadores de serviços de saúde (hospitais, clínicas, laboratórios, médicos etc.)[90]. Também prevalece o entendimento de que no caso de contrato de seguro-saúde, o ISS não deve ser tributado com base no valor bruto entregue à empresa que intermedeia a transação, mas sim, apenas sobre a comissão[91].

Entendimento do STJ: em caso de planos de saúde, o ISSQN incide somente sobre a taxa de administração.

> *Por tal razão, o valor repassado aos profissionais credenciados deve ser excluído da base de cálculo do tributo devido pela empresa gestora (STJ – AgRg no AREsp 218.161/MG, Rel. Ministro BENEDITO GONÇALVES, PRIMEIRA TURMA, julgado em 15/08/2013, DJe 26/08/2013)*

> *"A base de cálculo do ISS incidente sobre as operações decorrentes de contrato de seguro-saúde não abrange o valor bruto entregue à empresa que intermedeia a transação, mas, sim, a comissão, vale dizer: a receita auferida sobre a diferença entre o valor recebido pelo contratante e o que é repassado para os terceiros efetivamente prestadores dos serviços (STJ – AgRg no Ag 1288850/ES, Rel. Ministro HAMILTON CARVALHIDO, PRIMEIRA TURMA, julgado em 19/10/2010, DJe 06/12/2010)*

A base de cálculo deve estar delimitada pelo princípio da legalidade, na medida em que precisa estar definido por lei municipal (art. 97 CTN), sendo que esta previsão deve estar em consonância com as normas gerais do tributo (art. 146, III CF/88). Inclusive, o Superior Tribunal de Justiça já reconheceu que descontos incondicionais não compõem a base de cálculo do ISSQN, por haver uma diminuição da contraprestação financeira recebida:

> *Descontos no preço do serviço que forem feitos de forma incondicionada, sem qualquer condição, serão válidos. O preço do serviço será, portanto, o valor cobrado já com o desconto. Se não for comprovado que a dedução foi incondicionada, mas decorreu de uma certa condição, o fisco poderá cobrar a diferença do ISS. (MARTINS, Sérgio Pinto, "Manual do Imposto sobre Serviços", 7ª edição, São Paulo, Atlas, 2006, p. 82 e 83). Recurso especial conhecido e parcialmente provido para reconhecer que os descontos incondicionados concedidos em nota fiscal não integram a base de cálculo do ISS. (REsp 1015165/BA, Rel. Ministra DENISE ARRUDA, PRIMEIRA TURMA, julgado em 17/11/2009, DJe 09/12/2009)*

---

90. STJ. REsp 1237312/SP, Rel. Ministro HERMAN BENJAMIN, SEGUNDA TURMA, julgado em 20/10/2011, DJe 24/10/2011.

91. STJ. EDcl no REsp 227.293/RJ, Rel. Ministro JOSÉ DELGADO. PRIMEIRA TURMA, julgado em 09/08/2005.

Situação semelhante foi reconhecida perante uma Solução de Consulta da Prefeitura de São Paulo, onde se entende que descontos incondicionais não compõe base de cálculo do ISSQN:

> *SOLUÇÃO DE CONSULTA SF/DEJUG nº 27, de 22 de maio de 2013*
>
> *ISS. Valores concedidos a título de bolsa de estudo – PROUNI. Descontos Incondicionais. Dedução da base de cálculo.*

Neste caso, entende-se como preço do serviço os valores pagos pelos consumidores em contraprestação do serviço recebido, em regra, sem nenhuma dedução. Por outro lado, é necessário compreender que nem todo ingresso pode ser considerado receita direta da prestação de serviço. É o que acontece com o serviço de trabalho temporário, onde o ISS incidirá somente sobre a taxa de administração, exceto se o empregado for contratado pela empresa intermediadora com registro empregatício , entendimento este materializado na Súmula 524 do STJ:

> ***Súmula 524:*** *No tocante à base de cálculo, o ISSQN incide apenas sobre a taxa de agenciamento quando o serviço prestado por sociedade empresária de trabalho temporário for de intermediação, devendo, entretanto, englobar também os valores dos salários e encargos.*

Por outro lado, como exceção, na prestação de serviços médicos em hospitais (item 4.03), a jurisprudência se formou no sentido de que o valor dos medicamentos e alimentação vai compor a base de cálculo do tributo municipal[92].

Nestes termos, o professor Marcelo Caron Baptista assim define a base de cálculo do ISSQN:

> *Mesmo sendo certo que não se pode confundir preço da prestação (base de cálculo do ISS) com preço do serviço (preço da prestação + valores gastos com a prestação), há que se levar em consideração os casos em que o prestador cobra do tomador um valor global pela sua atividade, sem distinguir o que se refere ao preço da mão de obra e o que se refere a outros gastos por ele incorridos*[93]

Assim, não integram a base de cálculo do imposto os reembolsos de despesas dos clientes, adiantados pelo prestador do serviço, tais como os valores constantes de Notas Fiscais de Serviços prestados por terceiros, emitidas em nome dos clientes.

Neste sentido, já decidiu o Superior Tribunal de Justiça:

> *Consoante a jurisprudência do Superior Tribunal de Justiça as despesas necessárias à prestação de serviço que não importem na atividade-fim do prestador são excluídas da base de cálculo do tributo.*

---

92. ***Súmula 274 STJ:*** O ISS incide sobre o valor dos serviços de assistência médica, incluindo-se neles as refeições, os medicamentos e as diárias hospitalares.

93. BAPTISTA, Marcelo Caron. A norma tributária do Imposto sobre Serviços – ISS ênfase no consequente normativo. In. Curso de direito Tributário e Finanças Públicas. Eurico Marcos Diniz de Santi (org.), São Paulo: Saraiva, 2008, p. 1048

> *Precedentes. Hipótese em que o transportador efetua despesas em nome dos tomadores do serviço, que serão posteriormente reembolsadas. Dedução da base de cálculo do ISS (AgRg no AREsp 90.001/SP, Rel. Ministra ASSUSETE MAGALHÃES, SEGUNDA TURMA, julgado em 28/04/2015, DJe 08/05/2015).*

O mesmo entendimento foi proferido pelo Superior Tribunal de Justiça em outra oportunidade sobre as despesas de viagem, alimentação dos empregados:

> *A base de cálculo do ISS é o preço do serviço, consoante disposto no art. 9°, caput, do Decreto-Lei no 406/68. Destarte, o preço do serviço é a contraprestação que o tomador ou usuário do serviço deve pagar diretamente ao prestador, vale dizer, o valor a que o prestador faz jus, pelos serviços que presta. Consectariamente, as despesas realizadas com viagens, alimentação e estada de funcionários, para prestação do serviço em localidade diversa do estabelecimento do prestador, ostentam natureza indenizatória em virtude do repasse ao contratante para posterior reembolso, não integrando a remuneração pelo serviço prestado, porquanto não realizadas em favor de quem as efetuou. É cediço na jurisprudência da Corte que somente os gastos com a própria atividade são objeto de tributação pelo ISS, não podendo ser deduzidos para a apuração do resultado, sob pena de o preço do serviço deixar de ser a receita bruta a ele correspondente. Outrossim, não podem ser considerados como referidos valores os recebidos de outrem para adimplir obrigações (não do prestador) de terceiro, cujo negócio é por aquele administrado, sob pena de não se distinguir o conceito de despesa com o de custo da prestação do serviço, e de valores pertencentes a terceiros. (REsp 788.594/MG, Rel. Ministro LUIZ FUX, PRIMEIRA TURMA, julgado em 06/02/2007, DJ 08/03/2007, p. 167)*

Já no caso das sociedades que tenham como objeto a prestação de serviços de marketing não possuem direito à exclusão da base de cálculo do ISS dos valores recebidos a título de reembolso pelo pagamento de profissionais contratados interinamente[94].

Portanto, em regra, **o preço do serviço vai ser a exata medida do valor combinado para a prestação do serviço**, ou seja, é o conteúdo patrimonial que será utilizado com contraprestação da obrigação de fazer sujeita ao ISSQN. Não se inclui na base de cálculo do ISSQN valores como valores destinados ou pertencentes à terceiros, meros reembolsos, descontos incondicionais e encargos financeiros.

5.1.1 Base de cálculo especial para sociedades profissionais (ISS-fixo)

O Supremo Tribunal Federal decidiu que o **art. 9º do DL 406/1968 não foi revogado** pela Lei Complementar 116/2003. Isso significa que dentre outras situações, ainda é vigente o chamado ISS fixo, através do qual a Fazenda Pública deverá criar uma

94. AgInt nos EDcl no AgInt no AREsp 903.587/SP, Rel. Ministro OG FERNANDES, SEGUNDA TURMA, julgado em 02/05/2017, DJe 05/05/2017)

forma de tributação fixa quando a prestação de serviços ocorrer sob a forma de trabalho pessoal do próprio contribuinte.

É nítida a exigência da lei para que o trabalho seja exercido pessoalmente pelo profissional, sem a possibilidade de terceirização. Neste sentido, terá direito ao tratamento privilegiado do ISS as sociedades civis uniprofissionais, que tem por objeto a prestação de serviço especializado e sem caráter empresarial:

> *A jurisprudência do Superior Tribunal de Justiça firmou-se no sentido de que o benefício da alíquota fixa do ISS somente é devido às sociedades unipessoais integradas por profissionais que atuam com responsabilidade pessoal, não alcançando as sociedades empresariais, como as sociedades por quotas, cuja responsabilidade é limitada ao capital social. 2. In casu, se a sociedade recorrente adotou a forma de cotas por responsabilidade limitada não faz jus ao privilégio do recolhimento do ISS com base em alíquotas fixas, previsto nos §§ 1º e 3º do art. 9º do Decreto-Lei nº 406/68 (AgRg nos EDcl no AREsp 33.365/PR, Rel. Ministro HUMBERTO MARTINS, SEGUNDA TURMA, julgado em 22/11/2011, DJe 25/11/2011)*
>
> *Segundo a jurisprudência firmada no âmbito da 1a. Seção do STJ, o tratamento diferenciado dispensado às sociedades profissionais, nos moldes do art. 9o. do Decreto-Lei 406/68, não foi revogado pela Lei Complementar 116/03 (REsp. 919.067/MG, Rel. Ministro TEORI ALBINO ZAVASCKI, DJe 9.8.2011). Firmou-se a orientação da 1a. Seção desta Corte Superior de que as sociedades constituídas sob a forma de responsabilidade limitada, justamente por excluir a responsabilidade pessoal dos sócios, não atendem ao disposto no art. 9o., § 3o. do DL 406/68, razão por que não fazem jus à postulada tributação privilegiada do ISS (AgRg nos EREsp. 1.182.817/RJ, Rel. Min. MAURO CAMPBELL MARQUES, DJe 29.8.2012). 3. Agravo Regimental da empresa contribuinte ao qual se nega provimento. (AgRg no AREsp 155.844/SP, Rel. Ministro NAPOLEÃO NUNES MAIA FILHO, PRIMEIRA TURMA, julgado em 15/03/2016, DJe 31/03/2016)*

Aires F. Barreto, com base no art. 9º do DL 406/68, traça os seguintes elementos que devem ser verificados no caso concreto para atestar o atendimento dos pressupostos legais:

> *a) o serviço seja prestado em nome da sociedade, sob a forma de trabalho pessoal do próprio contribuinte;*
>
> *b) os sócios estejam (todos) devidamente habilitados para o exercício da mesma profissão (sociedades uniprofissionais) ou de profissões afins;*
>
> *c) a habilitação profissional dos integrantes da sociedade seja diretamente relacionada com o objeto da sociedade;*
>
> *d) a sociedade seja formada apenas por pessoas físicas"*[95].

95. BARRETO, Aires F. *Curso de Direito Tributário Municipal*. São Paulo: Saraiva, 2009, p. 441.

Assim está consolidado o entendimento de que o **benefício da alíquota fixa do Imposto sobre Serviços estabelecida no art. 9º, §§ 1º e 3º, do DL n. 406/68 somente é concedido às sociedades uni ou pluripessoais integradas por profissionais que atuam com responsabilidade pessoal e sem caráter empresarial** (AgInt no AREsp 860593/SE, Rel. Ministro MAURO CAMPBELL MARQUES, SEGUNDA TURMA, Julgado em 02/06/2016, DJE 08/06/2016). Muito embora esta questão esteja consolidada no âmbito do Superior Tribunal de Justiça, há **Repercussão geral reconhecida no Supremo Tribunal Federal sobre o regime de tributação fixa do ISSQN e as sociedades profissionais de advogados (RE 940769 – Tema 918).**

Assim, até que se tenha um entendimento definitivo no âmbito do Supremo Tribunal Federal, acompanha-se entendimento do Superior Tribunal de Justiça, onde o chamado ISSQN fixo somente poderá ser aplicado para as sociedades unipessoais integradas por profissionais que atuam com responsabilidade pessoal, não alcançando as sociedades empresariais, como a sociedade limitada.

5.2. Alíquota

Primeiramente, cabe lembrar que a Carta Constitucional, no seu art. 156, § 3º, I, estabeleceu que ficará a cargo da Legislação Complementar fixar as alíquotas máximas e mínimas do ISSQN. No primeiro caso, existe a previsão da alíquota máxima de 5% (LC 116/03, art. 8º, II), o que não ocorre no segundo, pois não houve previsão de alíquota mínima.

A polêmica está centrada no fato de que o constituinte derivado alterou o art. 88 do ADCT, a fim de incluir a vedação aos Municípios, no que tange ao ISSQN, estabelecerem alíquotas mínimas inferiores a 2%, bem como de concederem benefícios e isenções, até que a legislação complementar venha regulamentar esta situação:

> **Art. 88**. *Enquanto lei complementar não disciplinar o disposto nos incisos I e III do § 3º do art. 156 da Constituição Federal, o imposto a que se refere o inciso III do caput do mesmo artigo:*
>
> *I – terá alíquota mínima de dois por cento, exceto para os serviços a que se referem os itens 32, 33 e 34 da Lista de Serviços anexa ao Decreto-Lei nº 406, de 31 de dezembro de 1968;*
>
> *II – não será objeto de concessão de isenções, incentivos e benefícios fiscais, que resulte, direta ou indiretamente, na redução da alíquota mínima estabelecida no inciso I.*

Este dispositivo constitucional é expresso em definir que na ausência de Lei Complementar regulamentadora, os Municípios não poderiam conceder isenções. Posteriormente a Lei Complementar nº 116/2003 foi editada para definir normas gerais do ISSQN, sendo omissa, contudo, quanto aos benefícios fiscais e alíquota mínima.

Existem vários doutrinadores que identificam uma inconstitucionalidade do artigo 88 do ADCT, inserido pela Emenda nº 37/2002, por afrontar a autonomia municipal e, por decorrência, o princípio federativo. Nestes termos, Aires F. Barreto entendeu ser inconstitucional a Emenda nº 37/2002, esclarecendo que "*parece, a todos os títulos, que se tem aí afronta ao magno princípio da autonomia municipal. Quem é competente para instituir também o é para isentar, reduzir, incentivar*"[96].

Entretanto, não há um posicionamento claro da jurisprudência pátria, apenas, foi encontrado raros julgados de Tribunais de Segunda Instância no sentido de ser constitucional as limitações do art. 88 da ADCT[97].

Corrente que defende a Inconstitucionalidade do art. 88 ADCT	Corrente que defende a constitucionalidade do art. 88 ADCT
Ofensa à autonomia dos municípios Omissão da LC 116/2003	Artigo ainda em vigência Presunção de constitucionalidade Evitar guerra fiscal

> *Acredita-se que a doutrina e jurisprudência possam buscar uma interpretação dos reais objetivos da ordem tributária constitucional, de forma que a norma em comento seja aplicada inteligentemente. Por isso, ultrapassada a questão da validade "duvidosa" do artigo 88, do ADCT, deve este dispositivo receber uma interpretação teleológica, a fim de se identificar a verdadeira finalidade da norma constitucional. Nestes termos, a lição de Luis Roberto Barroso se aplica perfeitamente a situação, quando este doutrinador afirma que: "as normas devem ser aplicadas atendendo, fundamentalmente, ao seu espírito e á sua finalidade.(...) procura revelar o fim da norma, o valor ou bem jurídico visado pelo ordenamento com a edição de dado preceito"*[98].

Está claro que o artigo 88 do ADCT não estabelece um impedimento de incentivos fiscais a toa, há uma intenção clara de se evitar uma disputa fiscal (cunho arrecadatório). Em outras palavras, sem dificuldade alguma é possível identificar que o art. 88 da ADCT visa evitar a guerra fiscal entre os municípios, proibindo a utilização de incentivos fiscais de forma indiscriminada, prejudicando, muitas vezes, o equilíbrio fiscal da própria municipalidade.

---

96. BARRETO, Aires F. *O ISS na Constituição e na Lei*. São Paulo: Dialética, 2003, p. 345.

97. *Incidente de inconstitucionalidade Acórdão que suscitou o incidente como preliminar de conhecimento da questão de mérito, reportando-se à argumentação tecida na sentença recorrida Argumentação suficiente para conhecimento do incidente Arguição de nulidade do acórdão rejeitada Incidente conhecido Lei Municipal n" 3 020/04, art. I", do Município de Poá, que prorrogou a alíquota mínima do ISSQN cm 0,25% pelo prazo de dez anos Norma que contrariou o disposto no art. 88, I c II, do Ato das Disposições Transitórias da Constituição Federal, acrescentado pela EC n" 37, de 12 de junho de 2002, que estabeleceu alíquota mínima de 2% e inadmitiu isenções, incentivos e benefícios fiscais que resultasse na redução da alíquota mínima estabelecida para o ISSQN. Arguição conhecida, declarada incidentalmente a inconstitucionalidade do art. I"da Lei Mun 3.020/04, do Município de Poá (TJSP – Incidente de Inconstitucionalidade nº 994.09.222.877-8 – Rel. Joisé Santana – Julg. 24/02/2010)*

98. BARROSO, Luís Roberto. *Interpretação e Aplicação da Constituição*. São Paulo: Saraiva, 2004. p. 138.

Esta reflexão é importante na medida em que se torna necessário justificar a constitucionalidade de uma série de benefícios fiscais concedidos com fins sociais, o que já poderia, de antemão, verificar a ausência de qualquer disputa fiscal que ensejasse a aplicação do art. 88 da ADCT. Além disso, poder-se-ia visualizar certos incentivos finalísticos, sob condições específicas, ligado aos objetivos constitucionais do art. 3º da Constituição Federal de 1988.

Entretanto, diante da presunção de constitucionalidade, prevalece o entendimento de que até futura declaração expressa da contradição da atual redação do art. 88 ADCT para com a ordem constitucional, sua normatividade deve ser respeitada.

Para efeitos de concurso público sempre é aconselhável seguir a interpretação expressa de lei, como ocorreu em certame organizado pela **FCC (TC-BA – 2011)**, onde considerou-se como CORRETA a seguinte afirmação "*O imposto de competência dos municípios que deverá ter suas alíquotas mínimas e máximas fixadas em lei complementar é o imposto sobre serviços de qualquer natureza, não compreendidos na competência dos Estados*".

Atenção: Com a publicação da Lei Complementar 157/2017, § 2º, passou a ser considerada improbidade administrativa, por parte do gestor responsável, a concessão de benefício fiscal cuja alíquota esteja abaixo de 2% no ISSQN.

Assim, os Municípios terão o prazo de 01 ano contados da publicação desta lei para se ajustarem à legislação, evitando a continuidade da guerra fiscal. Note-se que a nova redação do § 2º disciplina que será considerada nula a lei ou o ato do Município ou do Distrito Federal que não respeite as disposições relativas à alíquota mínima do ISSQN. A fixação de alíquota mínima visa impedir que municípios fixem percentuais inferiores ao piso, a fim de atrair e fomentar novos investimentos em seu território. Tal prática tem como uma de suas consequências o favorecimento de municípios de grande porte, posto que o alto volume de arrecadação permitiria a concessão desses benefícios fiscais. Ademais, a desobediência aos ditames desta norma configura improbidade administrativa, conforme inclusão do art. 10-A na Lei 8.429/1992.

Com isso, considera-se consolidado o entendimento da impossibilidade de concessão de alíquotas menores que 2% no ISSQN, exceto aos ramos econômicos de construção civil e transporte (subitens 7.02, 7.05 e 16.01 da lista anexa à LC 157/16), para as quais ainda será possível a concessão de isenções e benefícios fiscais.

6. INFORMAÇÕES COMPLEMENTARES

6.1. Lançamento

A espécie de lançamento vai depender da regulamentação criada pela lei local de cada um dos Municípios, mas normalmente o **ISSQN variável é realizado por meio de lançamento por homologação** (art. 150 CTN) e o ISSQN fixo pelo lançamento por ofício (art. 149, I do CTN).

Na prática tem-se presenciado a exigência que as empresas que prestam serviço em vários municípios estão sendo obrigadas a realizar um cadastro ou inscrição na prefeitura do tomador do serviço. Assim, para implementar este controle, foi criado o CEPOM (Rio de Janeiro), CPOM (São Paulo), CPOM (Curitiba), dentre outros.

A Lei do Município de são Paulo n. 1.4042/2005 dispõe que as empresas com sede em outro município que prestam serviços na capital paulista devem efetuar um cadastro na prefeitura, comprovando a existência de seu estabelecimento. A ausência do cumprimento desta obrigação acessória resulta na obrigação da tomadora do serviço efetuar a retenção do Imposto Sobre Serviços. Nestes casos, caso as municipalidades identifiquem que o cadastro não existe ou seja inconsistente, além do ISSQN devido no local do estabelecimento do prestador, também haverá a retenção do ISSQN no município do tomador (bitributação).

Frente a esta situação, duas correntes se formaram; A primeira formada por aqueles que defendem que a lei afrontou o princípio da territorialidade por criar obrigação acessória para empresa fora de seu território. Com base neste entendimento diversos juízos começaram a conceder tutelas judiciais para desobrigar os contribuintes a efetuarem tal cadastro.

Por outro lado, a segunda corrente não visualizava nenhuma afronta ao princípio da territorialidade, tendo em vista que ao criar esta obrigação acessória, o Município apenas esta cumprindo o dever constitucional de fiscalizar o tributo, nos termos do art. 145 § 1º da CF: "Sempre que possível, os impostos terão caráter pessoal e serão graduados segundo a capacidade econômica do contribuinte, facultado à administração tributária, especialmente para conferir efetividade a esses objetivos, identificar, respeitados os direitos individuais e nos termos da lei, o patrimônio, os rendimentos e as atividades econômicas do contribuinte".

A jurisprudência tem decidido pela constitucionalidade da exigência de cadastramento prévio das prestadoras de serviço:

> *"Não há violação do princípio da territorialidade quando o município competente para cobrança de ISS exige obrigação acessória de cadastramento das empresas contribuintes quando estas possuem sede em outro município, mas prestam serviços no município arrecadador." (STJ – Ag Resp. 1.140.354/SP – Rel. Humberto Martins – 2ª Turma – Julg. 11/05/2010)*
>
> *Município de São Paulo – Alegado cerceamento de defesa pela ausência de perícia – Inocorrência, pois por ocasião do saneador a autora pediu julgamento antecipado da lide – Retenção do imposto pelo tomador do serviço – Cadastramento que evitaria tal medida – Principio da territorialidade – Não violação, pois a retenção somente ocorre no caso de não cadastramento – Sentença mantida – RECURSO IMPROVIDO. (TJ-SP – CR 7809905400 SP. Relator(a): Rodrigues de Aguiar. Julgamento: 21/08/2008)*

O cadastro prévio se resume em uma obrigação acessória em que permite que o Município fiscalize com efetividade o local do estabelecimento do prestador do serviço. É uma forma de se combater a sonegação tributária que no campo do ISSQN ocorria com a criação de estabelecimentos ou unidades econômicas fictícias.

6.2. Restituição do tributo perante a previsão do art. 166 do CTN

No âmbito tributário, o direito a repetição do indébito é um direito fundamental do contribuinte que vem a impedir o enriquecimento sem causa do Estado, conforme garantia estabelecida no art. 165 do CTN.

Reconhecida a cobrança indevida é um direito do contribuinte obter a repetição do pagamento realizado, respeitado o prazo prescricional/decadencial do art. 168 e 169 do Código Tributário Nacional. A restituição deverá ser feita na mesma proporção que foi paga, englobando juros não capitalizáveis, a partir do trânsito em julgado da decisão definitiva que a determinar (art. 167 CTN e Súmula 188 STJ).

O Código Tributário Nacional traz uma regra especial para a restituição de tributos chamados de indiretos, a exemplo do ICMS, IPI e ISSQN, nos quais é possível haver a transferência do custo tributário dos contribuintes de direito para os contribuintes de fato. Seria a situação em que aquelas pessoas eleitas pela lei para realizar o pagamento do tributo (contribuinte de direto) repassam o ônus tributário para o tomador do serviço (contribuinte de fato), que é efetivamente quem irá suportar o pagamento do tributo.

Apesar das divergências doutrinárias[99], a repercussão econômica é levada em conta pela legislação tributária, de forma que o art. 166 do Código Tributário Nacional determina que neste caso, somente haverá a restituição a quem comprovar houver suportado o ônus financeiro do tributo[100]:

> *Art. 166. A restituição de tributos que comportem, por sua natureza, transferência do respectivo encargo financeiro somente será feita a quem prove haver assumido o referido encargo, ou, no caso de tê-lo transferido a terceiro, estar por este expressamente autorizado a recebê-la.*

No caso do ISSQN a jurisprudência compreende que, por sua própria natureza, este imposto comporta transferência do respectivo encargo financeiro. Assim, o **ISSQN pode ser tanto imposto direto, quando é cobrado através de alíquota fixa** (art. 9º, § 3º do

99. *"Somente o contribuinte chamado de jure é parte da relação jurídica tributária; conseqüentemente, somente a ele é atribuível o título jurídico; somente a ele cabe o direito de repetição do tributo indevido e nenhuma condição adicional se lhe pode ser imposta para o exercício desse direito".* (BOTALLO, Eduardo Domingos *in* Restituição de Impostos Indiretos, São Paulo, Revista de Direito Tributário nº 2, p. 320)

100. **Súmula 546 STF**: Cabe a restituição do tributo pago indevidamente, quando reconhecido por decisão, que o contribuinte "de jure" não recuperou do contribuinte "de facto" o "quantum" respectivo.

DL 406/68)[101], quanto indireto, nos demais casos, porque recolhido sobre as receitas oriundas de cada operação[102].

ISS fixo	ISS normal
Incide de forma fixa – anual	Incide sobre o preço do serviço
Tributo direto	Tributo indireto
Não aplica o art. 166 CTN	Aplica o art. 166 CTN

Desta maneira, o ISSQN, na maioria dos casos, é tributo indireto que comporta o repasse para o consumidor do serviço. Aplicado o art. 166 do CTN torna-se necessário, ao contribuinte de direito, demonstrar, através de prova documental ou pericial, que não repassou o valor do tributo ou que possui autorização do contribuinte de fato:

> *O ISS é espécie tributária que admite a sua dicotomização como tributo direto ou indireto, consoante o caso concreto. A pretensão repetitória de valores indevidamente recolhidos a título de ISS incidente sobre a locação de bens móveis (cilindros, máquinas e equipamentos utilizados para acondicionamento dos gases vendidos), hipótese em que o tributo assume natureza indireta, reclama da parte autora a prova da não repercussão, ou, na hipótese de ter a mesma transferido o encargo a terceiro, de estar autorizada por este a recebê-los, o que não ocorreu in casu(...) (STJ. Resp. 1131476/RS. Rel. Luiz Fux. Julg. 09/12/2009)*

Quanto a caracterização do ISSQN como tributo indireto, oportuno trazer os argumentos do Ministro Castro Meira no julgamento de questão similar:

> *"É certo que a classificação dos tributos em diretos e indiretos obedece ao critério econômico da repercussão. Não há, entretanto, rigidez nesse critério classificatório. Alguns tributos, a depender da situação de mercado, ora se apresentam como indiretos, permitindo a transferência do encargo financeiro, ora se colocam na condição de tributos diretos, assumindo o próprio contribuinte de direito o ônus da imposição fiscal.*
>
> *(...)*
>
> *Sujeitas, pois, a tributação diferenciada, em que o pagamento do ISS resulta de valor fixo, estabelecido a partir do número de profissionais que compõem a sociedade civil de advocacia – não calculado o imposto sobre o faturamento –, impróprio cogitar de transferência do ônus financeiro da exação aos tomadores de serviços, já que inexiste vinculação entre os serviços prestados com o montante do tributo devido. Nesse caso, o ISS assume a natureza de tributo direto" (REsp nº 727.810-MS, DJ de 19.9.2005).*

101. STJ. Resp. 629356/PR. Rel. João Otávio de Noronha. Segunda Turma. Julg. 06/02/2007.

102. STJ. Resp. 1.131.476-RS. Rel. Luiz Fux. Julg. Primeira Seção. 09/12/2009.

Isso mostra que no caso de repetição de valores de ISSQN, por sua própria natureza, deverá haver a obediência aos requisitos do art. 166 do CTN, o qual impõe a necessidade da comprovação do não repasse do encargo financeiro do tributo.

Ainda existe polêmica acerca da possibilidade do contribuinte de fato buscar a restituição de tributos, quando houver transferência deste encargo. O Superior Tribunal de Justiça tinha consolidado sua jurisprudência no sentido de que o contribuinte de fato era parte ilegítima para discutir para pleitear a repetição do tributo[103]. Contudo, em recente apreciação, esta Corte Jurisdicional, em caso específico de ICMS sobre a energia elétrica, considerou legitima a consumidora final (contribuinte de fato) para pleitear a repetição de indébito de ICMS[104].

Apesar deste posicionamento ter sido tomado pela Primeira Seção, acredita-se não ser suficiente para indicar uma alteração de entendimento, pois analisou-se somente uma questão especifica sobre o regime de repasse tributário no regime de concessão de serviço público.[105]

Portanto, para obter a restituição de ISSQN por pagamento indevido, torna-se necessário o contribuinte de direito **comprovar que não houve transferência do encargo tributário** ou que possui autorização do contribuinte de fato, conforme dispõe o art. 166 do CTN

ATENÇÃO: Decisão interessante neste ponto foi proferida pelo Superior Tribunal de Justiça em que se questionava se, para repetir indébito relativo ao ISS sobre serviços postais, decorrente de imunidade que lhe foi reconhecida, a ECT (Empresa Pública dos Correios e Telégrafos) teria de comprovar o não repasse do encargo financeiro do tributo ou autorização do contribuinte de fato, nos termos do art. 166 do Código Tributário Nacional. Prevaleceu o entendimento de que a presunção seria exatamente de que não havia

103. STJ. EREsp 1192624/MG, Rel. Ministro BENEDITO GONÇALVES, PRIMEIRA SEÇÃO, julgado em 08/06/2011.

104. STJ. REsp 1299303/SC, Rel. Ministro CESAR ASFOR ROCHA, PRIMEIRA SEÇÃO, julgado em 08/08/2012.

105. O Superior Tribunal de Justiça, em julgamento sob rito de recursos repetitivos – garantiu a legitimidade processual dos consumidores de energia elétrica a buscarem a repetição de indébito do ICMS sobre a demanda contratada e não utilizada. Neste caso, apesar do consumidor se enquadrar na figura do contribuinte de fato, não haverá aplicação do entendimento majoritário, uma vez que no caso de repetição do tributo sobre demanda de potência contratada e não utilizada a jurisprudência tem levado em consideração algumas peculiaridades: a relação jurídica existente entre o Poder concedente (União Federal) e a concessionária, o que fragilizará a possibilidade de discussões judiciais em matéria tributária, tendo em vista este regime específico; a concessionária assume apenas formalmente o papel de contribuinte de direito; inexistência de concorrência capaz de impor à concessionária atitude no sentido de defender o interesse do consumidor. (STJ, REsp 1299303/SC, Primeira Seção, julgado em 08/08/2012, recurso repetitivo; STJ, AgRg nos EDcl no REsp 1269424/SC, Primeira Turma, julgado em 23/10/2012; – extraídas do voto do Ministro Relator do Recurso Especial n. 1.299.303, da relatoria do Ministro Cesar Asfor Rocha)

repasse do custo do ISS ao consumidor final, o que dispensaria o ECT de comprovar os requisitos do art. 166 do CTN para buscar a repetição de indébito:

> *TRIBUTÁRIO. ISS. ECT. IMUNIDADE. REPETIÇÃO DE INDÉBITO. ART. 166 DO CTN. INAPLICABILIDADE DA EXIGÊNCIA DE PROVA DE A EMPRESA TER ASSUMIDO O ENCARGO FINANCEIRO OU ESTAR EXPRESSAMENTE AUTORIZADA PELOS TOMADORES DOS SERVIÇOS.*
>
> *1. O recurso questiona se, para repetir indébito relativo ao ISS sobre serviços postais, decorrente de imunidade que lhe foi reconhecida, a ECT teria de comprovar autorização do contribuinte de fato, nos termos do art. 166 do Código Tributário Nacional. 2.Consoante a jurisprudência do STJ, o ISS pode assumir a natureza de tributo direto ou indireto (REsp 1.131.476/RS, Rel. Ministro Luiz Fux, Primeira Seção, DJe 01/02/2010, submetido ao rito do art. 543-C do CPC), classificação essa que dependerá de análise, caso a caso, de existência de vinculação entre o valor auferido pelos serviços prestados e o tributo devido.*
>
> *4. O acórdão recorrido considerou que "não é razoável supor que os valores fixados pelo Ministério da Fazenda para os serviços prestados pela ECT não levam em conta os custos necessários para a sua realização. Portanto, para que a ECT possa pleitear a repetição de indébito, é imprescindível que tenha a autorização do contribuinte de fato".*
>
> *5. A revisão dessa conclusão não encontra obstáculo na Súmula 7/STJ, uma vez que o acórdão recorrido não chegou à sua conclusão com base na prova dos autos, mas com base em presunção.*
>
> *6. O art. 12 do Decreto-lei 509/69 estabelece que a ECT goza dos privilégios concedidos à Fazenda Pública, inclusive em relação a imunidade tributária, direta ou indireta. Embora contestada por diversas Fazendas Municipais e Estaduais, a validade desse dispositivo sempre foi sustentada pelos Correios e pela Administração Federal, razão pela qual não tem razoabilidade presumir que, na composição das tarifas postais, o Ministério da Fazenda levasse em conta um ISS ou um ICMS que seriam repassados aos tomadores dos serviços, pois seu entendimento sempre foi o de que a ECT não se sujeita ao pagamento destes impostos. A presunção seria exatamente aquela oposta à assumida pelo acórdão recorrido, ou seja, de que não havia repasse do custo do ISS ao consumidor final.*
>
> *8. Recurso Especial provido para reconhecer o direito à repetição do indébito relativo ao ISS, afastando a necessidade de prova de a empresa ter assumido o encargo pelo tributo ou estar expressamente autorizada pelos tomadores dos serviços.*
>
> *(REsp 1642250/SP, Rel. Ministro HERMAN BENJAMIN, SEGUNDA TURMA, julgado em 16/03/2017, DJe 20/04/2017)*

6.3. Regime de retenção no SIMPLES NACIONAL

Muitos questionamentos existem sobre o regime de retenção do ISSQN e sua realização perante empresas optantes pelo regime especial do Simples Nacional. Para isso elabora-se um pequeno roteiro que ajudará a entender melhor essa modalidade de pagamento:

a) entre empresas (pessoas jurídicas) do município • Prestador NÃO OPTANTE pelo Simples Nacional: Há retenção pela alíquota do município; • Prestador OPTANTE pelo Simples Nacional: Há retenção com base nas alíquotas das tabelas dos anexos III ou IV da LC 123/2003 (de 2 a 5 por cento). *** Caso não seja informada a condição de Simples Nacional, o tomador deverá reter o tributo pela alíquota do Município, ou no caso de ser informada a condição de Simples Nacional mas não informada a alíquota, deverá ser retido o tributo pela alíquota de 5%. ***É possível que o próprio Município dispense a retenção.
b) Prestadora do serviço é uma pessoa jurídica e a tomadora é uma pessoa física • Não há retenção;
c) Pessoa física como prestadora e empresa (pessoa jurídica) como tomadora • profissional inscrito no município: não haverá retenção (depende lei local); • profissional não for inscrito no município: haverá retenção pelo valor do serviço (depende lei local);
d) Pessoa Jurídica fora do município prestando serviços para Pessoa Jurídica do Município (Somente será feita a retenção se o serviço prestado enquadra-se no artigo 3º da LC 116/03, ou seja, se o imposto é devido no destino) • Prestador NÃO OPTANTE pelo Simples Nacional: o tomador deverá reter o tributo de acordo com a alíquota do Município; • Prestador OPTANTE pelo Simples Nacional: o tomador deverá reter o tributo de acordo com a alíquota do Simples Nacional, anexos III e IV da LC 123/06;
e) Pessoa Jurídica do município prestando serviços em outros municípios (Somente será feita a retenção se o serviço prestado enquadra-se no artigo 3º da LC 116/03, ou seja, se o imposto é devido no destino) – verificar a legislação do outro município, havendo retenção: • Prestador NÃO OPTANTE pelo Simples Nacional: o tomador fará a retenção e o recolhimento com a alíquota vigente no local da prestação; • Prestador OPTANTE pelo Simples Nacional: o tomador fará a retenção e o recolhimento pela alíquota a qual o prestador esteja enquadrado no Simples Nacional;

6.4. Requisitos de Isenções individuais[106]

Qualquer isenção tributária que se pretenda criar deve obedecer a três pressupostos, a saber: a) lei específica (art. 150, § 6º da CF/88); b) obediência ao art. 14 da Lei de Responsabilidade Fiscal; e c) avaliação de possíveis vedações constitucionais.

O **Código Tributário Nacional não veda a criação de isenções específicas**, desde que sejam plenamente justificadas e condicionadas ao cumprimento de requisitos, conforme prescreve o seu art. 179:

106. A questão de isenção tributária no âmbito municipal também é frequentemente cobrada em concursos públicos, sendo que a **banca FCC, no concurso para Procurador de Teresina (2010)**, considerou como CORRETA a seguinte assertiva: *"a isenção é renúncia de receita e, como tal, além dos requisitos para sua concessão, previstos no Código Tributário Nacional, deve também prever as exigências previstas na Lei de Responsabilidade Fiscal quando for em caráter não geral"*

Art. 179. A isenção, quando não concedida em caráter geral, é efetivada, em cada caso, por despacho da autoridade administrativa, em requerimento com o qual o interessado faça prova do preenchimento das condições e do cumprimento dos requisitos previstos em lei ou contrato para sua concessão.

Tornou-se comum os entes federativos concederem isenções especificas, frente sua discricionariedade, mas sempre prescrevendo requisitos para que, efetivamente, a isenção cumpra o objetivo para qual ela foi criada.

A matéria já foi objeto de indagação junto ao Tribunal de Contas do Estado do Paraná, ocasião em que esta Corte posicionou-se pela possibilidade de concessão de isenção tributária específica, desde que obedeça aos ditames do artigo 14 da Lei de Responsabilidade Fiscal.

Em outra ocasião, o mesmo Tribunal de Contas, através do Acórdão nº 266/08, cuja relatoria ficou ao encargo do Conselheiro Hermas Brandão, foi ratificado o posicionamento anterior, estabelecendo os seguintes requisitos:

"O simples fato de haver tratamento diferenciado não implica na ilegalidade do benefício, todavia, reclama a adoção das medidas abaixo expostas (as medidas ´3´ e ´4´são alternativas):

1. Acompanhamento de estimativa do impacto orçamentário-financeiro no exercício em que deva iniciar sua vigência e nos dois seguintes – Este aspecto diz respeito a estudo no qual sejam sopesados os recursos que deixarão de ser percebidos pelo Municipio e os benefícios que poderão advir da isenção tributária, devendo abordar não só o exercício em que esta entre em vigência, mas também, nos dois seguintes.

2. Atendimento ao disposto na Lei de Diretrizes Orçamentárias – A isenção tributária deverá estar de acordo com as diretrizes constantes da LDO.

3. Demonstração de que a renúncia foi considerada na estimativa de receita da lei orçamentária e de que não afetará as metas previstas na lei de diretrizes orçamentárias – Deve restar comprovado que: a) quando da elaboraçao da LUA, já estava programado beneficio fiscal; b) os objetivos integrantes dos anexos da LDO não resultarão prejudicados em virtude da concessão da isenção;

4. Acompanhamento de medidas de compensação, por meio do aumento da receita – na hipótese de não poder ser atendida a medida ´3´, a administração deverá contrabalançar o montante que deixará de ser auferido incrementando sua renda através da elevação de alíquotas, ampliação da base de cálculo, majoração ou criação de tributo ou contribuição".

Portanto, ao projetar um texto legal e enviá-lo ao Poder Legislativo para aprovação, tendo por objetivo conceder benefícios ou incentivos de natureza fiscal, deve-se ter plena consciência de que há uma renúncia da receita tributária do ente público. E tal renúncia de receita, após a entrada em vigor da Lei Complementar Nacional nº 101/2000 (Lei de

Responsabilidade Fiscal), possui previsão, condições e requisitos nela estabelecidos para que possa ser considerada válida.

Além dos requisitos orçamentários – previstos do art. 14 da LRF – orienta-se que a lei em tela traga requisitos objetivos a fim de garantir a contraprestação efetiva por parte da empresa beneficiada.

Partindo do pressuposto que o ente público estará "abrindo mão" de parte de sua receita orçamentária, deve haver meios e mecanismos pelos quais se garanta a compensação aos cofres públicos em relação aos valores que o mesmo ente deixará de receber em razão da aplicação daquela lei. Isso é de suma importância para justificar o interesse público em possíveis contestações dos órgãos de controle, tais como Ministério Público, Tribunal de Contas, Poder Judiciário, etc.

Em outras palavras, o projeto de lei deve demonstrar de forma clara e minuciosa o atendimento a tais requisitos e condições, sob pena de não poderem ser aprovados, por frontal ofensa e desatendimento à LRF. Ao assim agir, o chefe do poder executivo corre o risco de incidir em atos de improbidade administrativa, a teor do que estabelecem o artigo 10 da Lei 8.429/92, ao "*conceder benefício administrativo ou fiscal sem a observância das formalidades legais ou regulamentares aplicáveis à espécie*".

Assim, o art. 179 do Código Tributário Nacional impõe, claramente, a existência de requisitos para isenção específica, o que demonstra haver a indispensabilidade da existência de pressupostos de compensação. Em outras palavras, a exigência legal segue no sentido de que o Poder Público, ao conceder o benefício fiscal, deve impor requisitos que garantam a contraprestação, como porcentagem mínima a ser comprovada de geração de empregos, de investimento, projeto de construção, tempo mínimo de presença física no território municipal, etc.

Portanto, não se mostra difícil concluir que qualquer lei municipal que tenha por objetivo conceder benefícios ou incentivos fiscais – entenda-se isenção tributária – **deverá atender integralmente às exigências contidas no artigo 14 da LRF**. Além disso, não se poderá conceder isenção irrestrita, pelo contrário, deverá trazer requisitos objetivos e efetivos que assegurem a efetividade dos motivos que a fundamentaram.

6.5. Alterações promovidas pela Lei Complementar 157/2016

6.5.1 Improbidade administrativa

Em 30 de dezembro de 2016 foi publicada a Lei complementar 157, a qual trouxe substanciais alterações na regulamentação do ISSQN no âmbito nacional. Um dos principais objetivos visados foi de ajustar a legislação referente ao tributo à atual realidade social e evitar a continuidade da guerra fiscal entre municípios.

Em linhas gerais, esta nova legislação complementar promoveu a alteração em duas importantes leis nacionais:

- Lei do ISSQN (LC 116/2003); e
- Lei da improbidade Administrativa (Lei n. 8.429/92)

Embora a correta tributação seja atividade imprescindível dos integrantes da federação, é comum encontrar a existência de benefícios fiscais, desonerando certos segmentos da atividade produtiva, com a intenção de fomentar a economia local ou estimular a geração de empregos. Assim, inúmeros Municípios, na ânsia de atraírem empresas prestadoras de serviço para seu território, valeram-se de isenções tributárias, diminuição de alíquotas e deduções indevidas na base de cálculo do ISSQN. Legislações desta natureza geram uma verdadeira guerra fiscal e já foram objeto de discussões judiciais, sendo que o Supremo Tribunal Federal, no julgamento da ADPF 190, movida pelo Distrito Federal contra leis do Município de Poá, considerou inconstitucional a lei municipal que permitia a dedução da base de cálculo do ISSQN, de diversos tributos federais e do valor do bem no caso do serviço de *leasing*:

> *O Tribunal, por maioria, conheceu em parte da argüição e rejeitou as demais preliminares, vencido o Ministro Marco Aurélio, que entendia inadequada a ação ajuizada. Em seguida, o Tribunal, por maioria, deliberou converter o julgamento do referendo da cautelar em julgamento do mérito, vencido o Ministro Marco Aurélio. No mérito, o Tribunal, por maioria, conhecida parcialmente da argüição, quanto à parte conhecida, julgou-a procedente para declarar a inconstitucionalidade dos artigos 190, § 2º, inciso II; e 191, § 6º, inciso II, e § 7º, da Lei nº 2.614/1997, do Município de Estância Hidromineral de Poá, São Paulo, vencido o Ministro Marco Aurélio, que julgava improcedente a ação. Fixada tese nos seguintes termos: "É inconstitucional lei municipal que veicule exclusão de valores da base de cálculo do ISSQN fora das hipóteses previstas em lei complementar nacional. Também é incompatível com o Texto Constitucional medida fiscal que resulte indiretamente na redução da alíquota mínima estabelecida pelo art. 88 do ADCT, a partir da redução da carga tributária incidente sobre a prestação de serviço na territorialidade do ente tributante." O Tribunal deliberou que a declaração de inconstitucionalidade tenha efeitos a partir da data do deferimento da cautelar. Tudo nos termos do voto do Relator. O Ministro Marco Aurélio não fixou tese nem modulou os efeitos da decisão. Falaram: pelo requerente, Governador do Distrito Federal, o Dr. Marcelo Galvão, Procurador do Distrito Federal; pelo interessado, Município de Poá, o Dr. Guido Pulice Boni; pelo amicus curiae Município de Porto Alegre, o Dr. Roberto Silva da Rocha, Procurador do Município; pelo amicus curiae Município de São Paulo, o Dr. Felipe Granado Gonzáles, Procurador do Município de São Paulo; pelo amicus curiae Associação Brasileira das Secretarias de Finanças das Capitais Brasileiras – ABRASF, o Dr. Ricardo Almeida; pelo amicus curiae Município de Barueri, o Dr. Paulo Ayres Barreto, e, pelo amicus curiae Associação Brasileira das Empresas de Leasing – ABEL, a Dra. Anna Paola Zonari. Presidiu o julgamento a Ministra Cármen Lúcia. Plenário, 29.09.2016.*

Por isso, a ocorrência de guerra fiscal entre municípios integrantes de Região Metropolitana é ainda mais corriqueira, onde alguns deles fixaram alíquotas de ISSQN em percentual menor que 2%, a fim de atrair o maior número possível de empresas prestadoras de serviços. Sendo que várias destas empresas somente criaram um estabelecimento fictício em municípios com alíquota reduzida, estando de fato localizadas em outros municípios, o que proporcionava que estes contribuintes fossem beneficiados com base numa fraude tributária.

A situação era tão evidente que o Prof. Ricardo Alexandre explica como ocorria essa prática:

> *"A maneira mais comum como se dava a guerra fiscal do ISS era os Municípios estipularem alíquotas irrisórias para o tributo, atraindo empresas para os respectivos territórios, uma vez que a competência para a cobrança era, em regra, do Município em que estava domiciliado o prestador de serviço.*
>
> *Noticiou-se, por exemplo, que Municípios da região metropolitana de São Paulo reduziram a alíquota do ISS para 0,5% (meio ponto percentual), o que equivalia a um décimo do que era cobrado na Capital. Dessa forma, as empresas que mudassem formalmente suas sedes para tais Municípios gozariam de uma redução de 90% (noventa por cento) na carga relativa ao tributo.*
>
> *No final das contas, todos os Municípios acabavam perdendo, pois quem tem um aparente ganho, sujeita-se a perdas futuras, uma vez que os demais Municípios também entrarão na guerra."*[107]

O que aparentemente geraria benefícios para o Município – com a geração de empregos e repasses de outros tributos – acabava ocasionando uma contrapartida muito cara, implicando na drástica redução da tributação municipal e, consequentemente, do potencial de investimento desses entes políticos.

Outra medida contra os benefícios fiscais foi criada com a aprovação da Lei Complementar 157/2016, que além de trazer importantes mudanças para as normas gerais do ISSQN, tornou o sistema de "antiguerra fiscal" dos Municípios ainda mais rígido. Esta legislação complementar previu que a lei municipal que estabelecer benefício fiscal que implique alíquota do ISSQN menor que 2% (já prevista no art. 88 ADCT[108]) será considerada nula, no caso de serviço prestado a tomador situado em município diverso daquele onde está localizado o prestador. Vejamos:

> *Art. 2º A Lei Complementar nº 116, de 31 de julho de 2003, passa a vigorar acrescida do seguinte art. 8º-A:*
>
> *"Art. 8º-A. A alíquota mínima do Imposto sobre Serviços de Qualquer Natureza é de 2% (dois por cento).*

---

107. ALEXANDRE, Ricardo. **Direito Tributário esquematizado.** São Paulo: Método, 2016, p. 678

108. **Art. 88.** Enquanto lei complementar não disciplinar o disposto nos incisos I e III do § 3º do art. 156 da Constituição Federal, o imposto a que se refere o inciso III do caput do mesmo artigo: I - terá alíquota mínima de dois por cento, exceto para os serviços a que se referem os itens 32, 33 e 34 da Lista de Serviços anexa ao Decreto-Lei nº 406, de 31 de dezembro de 1968; II - não será objeto de concessão de isenções, incentivos e benefícios fiscais, que resulte, direta ou indiretamente, na redução da alíquota mínima estabelecida no inciso I.

§ 1º O imposto não será objeto de concessão de isenções, incentivos ou benefícios tributários ou financeiros, inclusive de redução de base de cálculo ou de crédito presumido ou outorgado, ou sob qualquer outra forma que resulte, direta ou indiretamente, em carga tributária menor que a decorrente da aplicação da alíquota mínima estabelecida no caput, exceto para os serviços a que se referem os subitens 7.02, 7.05 e 16.01 da lista anexa a esta Lei Complementar.

§ 2º É nula a lei ou o ato do Município ou do Distrito Federal que não respeite as disposições relativas à alíquota mínima previstas neste artigo no caso de serviço prestado a tomador ou intermediário localizado em Município diverso daquele onde está localizado o prestador do serviço.

§ 3º A nulidade a que se refere o § 2o deste artigo gera, para o prestador do serviço, perante o Município ou o Distrito Federal que não respeitar as disposições deste artigo, o direito à restituição do valor efetivamente pago do Imposto sobre Serviços de Qualquer Natureza calculado sob a égide da lei nula."

Desta forma, temos o seguinte panorama:

REGRA	não se pode conceder isenção, incentivo ou benefício relacionado com ISS se isso resultar em uma alíquota inferior a 2%.
EXCEÇÃO	será permitida a concessão de isenção, incentivo ou benefício de ISS para os seguintes serviços: • 7.02 – Execução, por administração, empreitada ou subempreitada, de obras de construção civil, hidráulica ou elétrica e de outras obras semelhantes, inclusive sondagem, perfuração de poços, escavação, drenagem e irrigação, terraplanagem, pavimentação, concretagem e a instalação e montagem de produtos, peças e equipamentos (exceto o fornecimento de mercadorias produzidas pelo prestador de serviços fora do local da prestação dos serviços, que fica sujeito ao ICMS). • 7.05 – Reparação, conservação e reforma de edifícios, estradas, pontes, portos e congêneres (exceto o fornecimento de mercadorias produzidas pelo prestador dos serviços, fora do local da prestação dos serviços, que fica sujeito ao ICMS). • 16.01 – Serviços de transporte coletivo municipal rodoviário, metroviário, ferroviário e aquaviário de passageiros.

Embora esta vedação já constasse no art. 88 dos Atos e Disposições Constitucionais Transitórias, este dispositivo legal foi além, estabelecendo uma causa de nulidade da lei ou o ato administrativo do Município ou do Distrito Federal que conceda isenções, incentivos ou benefícios tributários ou financeiros, ou sob qualquer outra forma que resulte, direta ou indiretamente, em carga tributária menor que a decorrente da aplicação da alíquota mínima do ISSQN. Ademais, a nulidade a que se refere a lei, gerará para o prestador do serviço, perante o Município ou o Distrito Federal que não respeitar as disposições legais, o direito à restituição do valor efetivamente pago do Imposto sobre Serviços de Qualquer Natureza calculado sob a égide da lei nula.

Percebe-se que além da sanção direcionada ao Município, a Lei Complementar 157/2016 acresceu o artigo 10-A a Lei de Improbidade Administrativa (Lei 8.429/1992), segundo o qual o agente público que conceder (ato comissivo) ou mantiver (ato omissivo) benefício fiscal contrário às diretrizes constantes do artigo 8-A da LC 116/03 responderá por ato de improbidade administrativa:

> *Art. 4º A Lei nº 8.429, de 2 de junho de 1992 (Lei de Improbidade Administrativa), passa a vigorar com as seguintes alterações:*
>
> *Art. 10-A. Constitui ato de improbidade administrativa qualquer ação ou omissão para conceder, aplicar ou manter benefício financeiro ou tributário contrário ao que dispõem o caput e o § 1º do art. 8º-A da Lei Complementar nº 116, de 31 de julho de 2003."*
>
> *"Art. 12. ....*
>
> *..*
>
> *IV – na hipótese prevista no art. 10-A, perda da função pública, suspensão dos direitos políticos de 5 (cinco) a 8 (oito) anos e multa civil de até 3 (três) vezes o valor do benefício financeiro ou tributário concedido.*
>
> *..." (NR)*
>
> *"Art. 17. ....*
>
> *..*
>
> *§ 13. Para os efeitos deste artigo, também se considera pessoa jurídica interessada o ente tributante que figurar no polo ativo da obrigação tributária de que tratam o § 4º do art. 3º e o art. 8º-A da Lei Complementar nº 116, de 31 de julho de 2003." (NR)*

Em linhas gerais, a nova legislação complementar visou penalizar o administrador público que mantiver ou conceder benefícios fiscais contrários às regras legais, bem como o próprio Município na hipótese do serviço ser prestado ao tomador localizado em cidade diversa. Assim, se determinado ente municipal reduzir ilegalmente a alíquota para aquém da mínima em relação a serviço prestado exclusivamente em seu território, causando um prejuízo apenas para si, a sanção ficará restrita ao administrador público. Caso o serviço for prestado ao tomador localizado em outro município, extrapolando os seus limites territoriais, existirá uma segunda sanção direcionada ao ente público municipal criador deste incentivo fiscal, que terá o dever de restituir integralmente o tributo pago pelo contribuinte, sem prejuízo da aplicação da pena de improbidade administrativa.

Essa também é a opinião de Francielli Honorato Alves

> *E como consequência dessa nulidade, será garantido a esse prestador o direito de pleitear, junto ao ente federado que desrespeitou aquele limite legal, a restituição do valor do ISS pago a ele. Com isso, o ente que abriu mão de cobrar o valor mínimo de ISS prescrito pela lei complementar nacional não terá direito à receita cobrada com fundamento na lei municipal que previu alíquota inferior a 2%, em razão da nulidade dessa lei quando aplicada na tributação de serviço prestado para tomadores ou intermediários localizados no território de outro Município*[109].

109. ALVES, Francielli Honorato. **As novas regras gerais para a cobrança de ISS previstas pela LC 157/16**. Disponível na Internet: http://www.migalhas.com.br

Hipótese	Sanção aos agentes públicos	Sanção ao Município
Beneficio fiscal criado por Município contrário às regras da LC 116/2003 – Prestação de serviço em município diferente do estabelecimento do prestador;	Passível de improbidade administrativa;	Declarada nula a lei, gera direito de restituição do valor pago ao prestador do serviço;
Beneficio fiscal criado por Município contrário às regras da LC 116/2003 – Prestação de serviço no mesmo município do estabelecimento do prestador;	Passível de improbidade administrativa;	Sem previsão de sanção, além da ilegalidade da lei;

Isso quer dizer que além de ser considerada nula a lei ou o ato do município que não respeite as disposições acima mencionadas, também configurará como ato de improbidade administrativa qualquer ação ou omissão de autoridade administrativa que conceder, aplicar ou manter benefício financeiro ou tributário contrário ao que dispõe o art. 8º-A da LC 116/2003.

Assim, cabe mencionar que o art. 10-A da Lei 8.429/92 deixa bastante clara a possibilidade de responsabilização de autoridades públicas tanto por ação quanto por omissão, não restringindo a penalização somente ao chefe do Poder Executivo. Notem que o art. 1º da Lei 8429/92 disciplina que o sujeito ativo da improbidade administrativa pode ser "*qualquer agente público, servidor ou não, contra a administração direta, indireta ou fundacional de qualquer dos Poderes da União, dos Estados, do Distrito Federal, dos Municípios, de Território, de empresa incorporada ao patrimônio público ou de entidade para cuja criação ou custeio o erário haja concorrido ou concorra com mais de cinqüenta por cento do patrimônio ou da receita anual, serão punidos na forma desta lei*".

Não há dúvidas que os Prefeitos precisão analisar e adequar a legislação municipal às regras impostas pela legislação complementar, sob pena de responsabilidade, independentemente do tempo em que a prática se estabeleceu. Mesmo assim, cabe mencionar que acompanhando o atual entendimento jurisprudencial, o elemento subjetivo é essencial para a caracterização da improbidade administrativa, que está associada à noção de desonestidade e má-fé do agente público. Assim, a má-fé deve ser comprovada, sendo premissa do ato ilegal e ímprobo, isto é, a ilegalidade só pode ser entendida como improbidade quando a conduta do agente público ofender os princípios constitucionais da Administração Públicas coadunadas com a má intenção. Assim julgou o Superior Tribunal de Justiça:

> *A improbidade administrativa está associada à noção de desonestidade, de má-fé do agente público, do que decorre a conclusão de que somente em hipóteses excepcionais, por força de inequívoca disposição legal, é que se admite a sua configuração por ato culposo (artigo 10, da Lei 8.429/92). O elemento subjetivo é essencial à caracterização da improbidade administrativa, sendo certo, ainda, que a tipificação da lesão ao patrimônio público (art. 10, caput, da Lei 8429/92) exige a prova de sua ocorrência, mercê da impossibili-*

> *dade de condenação ao ressarcimento ao erário de dano hipotético ou presumido.*[110]

A grande inovação da Lei Complementar 157 foi considerar como improbidade administrativa, por parte do gestor responsável, a concessão de benefício fiscal cuja alíquota esteja abaixo do mínimo legal. O que sugere, repita-se, que qualquer agente público – com poder de decisão – que participar do ato concessivo do benefício fiscal em desobediência à previsão legal, estará passível de responsabilização por via da improbidade administrativa.

Em linhas gerais, esta vedação de benefícios fiscais poderá mostrar um caminho mais seguro e correto sob o ponto de vista da gestão fiscal responsável, devendo implicar no investimento na eficiência da arrecadação tributária. O objetivo é que os entes federativos possam criar e manter a regularidade de suas receitas tributárias para custear serviços públicos de qualidade em todas as esferas de poder. Somente quando os integrantes da federação tiverem como norte o planejamento de ações integradas no campo da gestão tributária é que a política fiscal terá como corolário a seriedade, legitimidade e eficiência.

Neste novo cenário, a possibilidade de autoridades públicas serem responsabilizadas por improbidade administrativa é iminente, o que deverá levá-las a repensar a gestão pública tributária, passando a utilizar instrumentos criativos e eficientes em prol da justiça fiscal e do controle das finanças públicas.

6.5.2 vigência da LC 157/2016

O art. 7º da LC 157/2016 disciplina que as disposições desta Lei Complementar entrarão em vigor na data de sua publicação. Contudo, quanto a adequação ao disposto no art. 8º-A da Lei complementar 116/2003 – que estabeleceu a vedação de benefícios fiscais e alíquotas menores que 2% do ISSQN – os entes federados deverão, no prazo de 1 (um) ano contado da publicação desta Lei Complementar, revogar os dispositivos que contrariem esta prescrição legal

Para evitar dúvidas, o §1º do art. 7º previu expressamente que disposto no caput e nos §§ 1º e 2º do art. 8º-A da Lei Complementar nº 116/2003, e no art. 10-A, no inciso IV do art. 12 e no § 13 do art. 17, todos da Lei nº 8.429/92 (Lei de Improbidade Administrativa), somente produzirão efeitos após o decurso do prazo de 1 ano contado da publicação desta Lei complementar. Em outras palavras, somente no caso dos Municípios não adequarem suas legislações do prazo de 01 ano da publicação desta Lei Complementar é que os administradores públicos e demais funcionários estarão sujeitos à improbidade administrativa.

6.5.3 Definição da cota parte no repasse do ICMS

A Lei Complementar 157/2016 também alterou a redação do art. 3o da Lei Complementar n. 63/1990 da seguinte forma:

110. STJ – REsp 980.706 / RS. Rel. Ministro LUIZ FUX. Julg. 03/02/2011

"Art. 3º ....

..

§ 1º-A. Na hipótese de pessoa jurídica promover saídas de mercadorias por estabelecimento diverso daquele no qual as transações comerciais são realizadas, excluídas as transações comerciais não presenciais, o valor adicionado deverá ser computado em favor do Município onde ocorreu a transação comercial, desde que ambos os estabelecimentos estejam localizados no mesmo Estado ou no Distrito Federal.

§ 1º-B. No caso do disposto no § 1º-A deste artigo, deverá constar no documento fiscal correspondente a identificação do estabelecimento no qual a transação comercial foi realizada.

A lei alterada regulamenta os critérios e prazos de crédito das parcelas do produto da arrecadação de impostos de competência dos Estados e de transferências por estes recebidos, pertencentes aos Municípios. Esta legislação estabelece que pertencem aos Municípios as seguintes margens da arrecadação estadual:

Art. 1º As parcelas pertencentes aos Municípios do produto da arrecadação de impostos de competência dos Estados e de transferência por estes recebidas, conforme os incisos III e IV do art. 158 e inciso II e § 3º do art. 159, da Constituição Federal, serão creditadas segundo os critérios e prazos previstos nesta Lei Complementar.

Parágrafo único. As parcelas de que trata o caput deste artigo compreendem os juros, a multa moratória e a correção monetária, quando arrecadados como acréscimos dos impostos nele referidos.

Art. 2º 50% (cinqüenta por cento) do produto da arrecadação do Imposto sobre a Propriedade de Veículos Automotores licenciados no território de cada Município serão imediatamente creditados a este, através do próprio documento de arrecadação, no montante em que esta estiver sendo realizada.

Art. 3º 25% (vinte e cinco por cento) do produto da arrecadação do Imposto sobre Operações relativas à Circulação de Mercadorias e sobre Prestação de Serviços de Transporte Interestadual e Intermunicipal e de Comunicação serão creditados, pelos Estados, aos respectivos Municípios, conforme os seguintes critérios:

I – 3/4 (três quartos), no mínimo, na proporção do valor adicionado nas operações relativas à circulação de mercadorias e nas prestações de serviços, realizadas em seus territórios;

II – até 1/4 (um quarto), de acordo com o que dispuser lei estadual ou, no caso dos territórios, lei federal.

Com a alteração dos Parágrafos do art. 3º, estabeleceu-se uma nova forma de repasse da cota-parte do ICMS relativo às situações em que as saídas de mercadorias é promovida por estabelecimento diverso daquele no qual as transações comerciais são realizadas. Exemplificando: é bastante comum ocorrer, por exemplo, a venda de mercadorias em diversos estabelecimentos comerciais, localizadas em vários municípios, mas pertencentes ao mesmo contribuinte (rede de lojas). Ocorre que após realizada a venda, estas mercadorias saem de um centro de distribuição, possivelmente localizado em município diverso, direcionados para entrega ao consumidor.

Esta situação era muito criticada sob o ponto de vista da justiça tributária, na medida em que apesar das operações comerciais terem sido realizadas em diversos municípios, a cota-parte do ICMS referente as mercadorias vendidas era repassada somente àquele município onde estava localizado o centro de distribuição, dado que era nele que foi registrada a saída da mercadoria.

Com a alteração trazida pela LC 157/2016, a partir de 01/07/2017, este critério foi alterado para que o repasse seja realizado com base no município onde for realizada a operação comercial, independente da localização do centro de distribuição.

6.5.4 Acréscimo de serviços na lista anexa à LC 116/2003

Outra medida direcionada a incrementar as finanças municipais e adaptar-se a nova realidade social, foi a inclusão de novas atividades na lista de serviços do Imposto Sobre Serviços de Qualquer Natureza (ISSQN), tornando sujeitas à tributação as seguintes atividades:

> *(Lista de serviços anexa à Lei Complementar no 116, de 31 de julho de 2003)*
>
> *"1 – ....*
>
> *..*
>
> *1.03 – Processamento, armazenamento ou hospedagem de dados, textos, imagens, vídeos, páginas eletrônicas, aplicativos e sistemas de informação, entre outros formatos, e congêneres.*
>
> *1.04 – Elaboração de programas de computadores, inclusive de jogos eletrônicos, independentemente da arquitetura construtiva da máquina em que o programa será executado, incluindo tablets, smartphones e congêneres.*
>
> *..*
>
> *1.09 – Disponibilização, sem cessão definitiva, de conteúdos de áudio, vídeo, imagem e texto por meio da internet, respeitada a imunidade de livros, jornais e periódicos (exceto a distribuição de conteúdos pelas prestadoras de Serviço de Acesso Condicionado, de que trata a Lei no 12.485, de 12 de setembro de 2011, sujeita ao ICMS).*
>
> *..*
>
> *6 – ....*
>
> *..*
>
> *6.06 – Aplicação de tatuagens, piercings e congêneres.*
>
> *7 – ....*
>
> *..*

7.16 – Florestamento, reflorestamento, semeadura, adubação, reparação de solo, plantio, silagem, colheita, corte e descascamento de árvores, silvicultura, exploração florestal e dos serviços congêneres indissociáveis da formação, manutenção e colheita de florestas, para quaisquer fins e por quaisquer meios.

..

11 – ....

..

11.02 – Vigilância, segurança ou monitoramento de bens, pessoas e semoventes.

..

13 – ....

..

13.05 – Composição gráfica, inclusive confecção de impressos gráficos, fotocomposição, clicheria, zincografia, litografia e fotolitografia, exceto se destinados a posterior operação de comercialização ou industrialização, ainda que incorporados, de qualquer forma, a outra mercadoria que deva ser objeto de posterior circulação, tais como bulas, rótulos, etiquetas, caixas, cartuchos, embalagens e manuais técnicos e de instrução, quando ficarão sujeitos ao ICMS.

14 – ....

..

14.05 – Restauração, recondicionamento, acondicionamento, pintura, beneficiamento, lavagem, secagem, tingimento, galvanoplastia, anodização, corte, recorte, plastificação, costura, acabamento, polimento e congêneres de objetos quaisquer.

..

14.14 – Guincho intramunicipal, guindaste e içamento.

..

16 – ....

16.01 – Serviços de transporte coletivo municipal rodoviário, metroviário, ferroviário e aquaviário de passageiros.

16.02 – Outros serviços de transporte de natureza municipal.

17 – ....

..

17.25 – Inserção de textos, desenhos e outros materiais de propaganda e publicidade, em qualquer meio (exceto em livros, jornais, periódicos e nas modalidades de serviços de radiodifusão sonora e de sons e imagens de recepção livre e gratuita).

..

25 – ....

..

25.02 – Translado intramunicipal e cremação de corpos e partes de corpos cadavéricos.

....

25.05 – Cessão de uso de espaços em cemitérios para sepultamento.

Observe-se que a Lei Complementar 157/16 trouxe novas situações que estarão sujeitas à incidência do ISSQN, alterando alguns itens e incluindo outros na lista anexa à LC 116/2003. Obviamente que estas mudanças vieram acompanhadas de polêmicas e críticas, seja pela impopularidade da incidência do tributo sobre os serviços de transmissão de dados, seja pela possível ineficiência no combate à guerra fiscal entre municípios.

Convém frisar que a inclusão dos novos serviços a serem tributados pelo ISSQN somente irão gerar efeitos a partir de março de 2017, em obediência do princípio da anterioridade nonagesimal, previsto no art. 150, III, "c" da CF. Enquanto que a regra da aplicação da alíquota mínima e a sanção de improbidade administrativa em caso de seu descumprimento passam a produzir efeitos somente a partir de 30 de dezembro de 2017, por expressa previsão legal.

Frise-se que a inclusão destas novas atividades trouxe grande debate para as empresas que trabalham com tecnologia, uma vez que muitas destas atividades não estavam sujeitas a qualquer tributação anteriormente.

Analise o estudo comparativo no gráfico abaixo para um melhor entendimento:

ANTES DA LC 157	APÓS A LC 157
1.03 – Processamento de dados e congêneres.	1.03 – Processamento, armazenamento ou hospedagem de dados, textos, imagens, vídeos, páginas eletrônicas, aplicativos e sistemas de informação, entre outros formatos, e congêneres
1.04 – Elaboração de programas de computadores, inclusive de jogos eletrônicos.	1.04 – Elaboração de programas de computadores, inclusive de jogos eletrônicos, independentemente da arquitetura construtiva da máquina em que o programa será executado, incluindo tablets, smartphones e congêneres.
Sem correspondência	1.09 – Disponibilização, sem cessão definitiva, de conteúdos de áudio, vídeo, imagem e texto por meio da internet, respeitada a imunidade de livros, jornais e periódicos (exceto a distribuição de conteúdos pelas prestadoras de Serviço de Acesso Condicionado, de que trata a Lei nº 12.485, de 12 de setembro de 2011, sujeita ao ICMS).
Sem correspondência	6.06 – Aplicação de tatuagens, piercings e congêneres.
7.16 – Florestamento, reflorestamento, semeadura, adubação e congêneres.	7.16 – Florestamento, reflorestamento, semeadura, adubação, reparação de solo, plantio, silagem, colheita, corte e descascamento de árvores, silvicultura, exploração florestal e dos serviços congêneres indissociáveis da formação, manutenção e colheita de florestas, para quaisquer fins e por quaisquer meios.

ANTES DA LC 157	APÓS A LC 157
11.02 – Vigilância, segurança ou monitoramento de bens e pessoas.	11.02 – Vigilância, segurança ou monitoramento de bens, pessoas e semoventes.
13.05 – Composição gráfica, fotocomposição, clicheria, zincografia, litografia, fotolitografia.	13.05 – Composição gráfica, inclusive confecção de impressos gráficos, fotocomposição, clicheria, zincografia, litografia e fotolitografia, exceto se destinados a posterior operação de comercialização ou industrialização, ainda que incorporados, de qualquer forma, a outra mercadoria que deva ser objeto de posterior circulação, tais como bulas, rótulos, etiquetas, caixas, cartuchos, embalagens e manuais técnicos e de instrução, quando ficarão sujeitos ao ICMS.
14.05 – Restauração, recondicionamento, acondicionamento, pintura, beneficiamento, lavagem, secagem, tingimento, galvanoplastia, anodização, corte, recorte, polimento, plastificação e congêneres, de objetos quaisquer.	14.05 – Restauração, recondicionamento, acondicionamento, pintura, beneficiamento, lavagem, secagem, tingimento, galvanoplastia, anodização, corte, recorte, plastificação, costura, acabamento, polimento e congêneres de objetos quaisquer.
Sem correspondência	14.14 – Guincho intramunicipal, guindaste e içamento.
16.01 – Serviços de transporte de natureza municipal.	16.01 – Serviços de transporte coletivo municipal rodoviário, metroviário, ferroviário e aquaviário de passageiros.
Sem correspondência	16.02 – Outros serviços de transporte de natureza municipal.
Sem correspondência	17.25 – Inserção de textos, desenhos e outros materiais de propaganda e publicidade, em qualquer meio (exceto em livros, jornais, periódicos e nas modalidades de serviços de radiodifusão sonora e de sons e imagens de recepção livre e gratuita).
25.02 – Cremação de corpos e partes de corpos cadavéricos.	25.02 – Translado intramunicipal e cremação de corpos e partes de corpos cadavéricos.
Sem correspondência	25.05 – Cessão de uso de espaços em cemitérios para sepultamento.

De plano percebeu-se que o legislador teve a intenção de estender a tributação sobre as atividades do setor de streaming[111], tais como, Netflix, Spotify e Apple Music, as quais estariam abrangidas pelo conceito de serviço de disponibilização, sem cessão definitiva, de conteúdos de áudio, vídeo, imagem e texto por meio da internet. Mas fez a ressalva para a distribuição de conteúdos pelas prestadoras de Serviço de Acesso Condicionado, de que trata a Lei 12.485/11, que estariam sujeitas ao ICMS.

Convém frisar que vai girar muitas polêmicas sobre a incidência do ISSQN sobre atividades de streaming, uma vez que muitos não a enquadram como uma prestação de

111. Streaming é uma tecnologia que envia informações multimídia, através da transferência de dados, utilizando redes de computadores, especialmente a Internet.

serviço, mas como exploração de direitos autorais e de imagem. De qualquer forma, deve-se aguardar o posicionamento jurisprudencial para aferir a legitimidade da incidência tributária sobre tais serviços.

Também chama atenção a alteração do texto do item 1.03 da lista de serviços, passando a constar o "*processamento, armazenamento ou hospedagem de dados, textos, imagens, vídeos, páginas eletrônicas, aplicativos e sistemas de informação*". Neste ponto, a exação tributária irá incidir sobre aqueles serviços disponibilizados aos usuários, como Google Drive, iCloud, Google Play, etc, que se identifiquem como armazenamento *on line* de dados. O que não impede que os contribuintes possam a vir questionar a incidência do tributo, diante de entendimento clássico do Supremo Tribunal Federal (Súmula 662), através do qual os serviços de locação de filmes cinematográficos, videoteipes, cartuchos para videogames e assemelhados não foram consideradas prestação de serviço.

Outra atividade que poderá gerar muita polêmica é o item 17.25 – "*Inserção de textos, desenhos e outros materiais de propaganda e publicidade, em qualquer meio (exceto em livros, jornais, periódicos e nas modalidades de serviços de radiodifusão sonora e de sons e imagens de recepção livre e gratuita)*". Neste ponto há uma linha muito estreita entre a incidência do imposto municipal e o ICMS, sendo que este possui como uma das hipóteses de incidência a prestação onerosa de serviços de comunicação:

> *"Art. 2° O imposto incide sobre:*
>
> *....*
>
> *III – prestações onerosas de serviços de comunicação, por qualquer meio, inclusive a geração, a emissão, a recepção, a transmissão, a retransmissão, a repetição e a ampliação de comunicação de qualquer natureza;"*

Quanto à atividade de transporte, permanece o entendimento de que não incide o ISSQN sobre a prestação de serviços de transporte interestadual, intermunicipal e de comunicação, uma vez que faz parte da hipótese de incidência do ICMS, nos termos do art. 2º, II da LC 87/96. Assim, respeitada a competência tributária estadual, fica garantido aos Municípios a tributação do serviço de transporte coletivo municipal rodoviário, metroviário, ferroviário e aquaviário de passageiros, porventura existente em seu território.

E por fim, o item 13.05 dispõe acerca da incidência do tributo municipal sobre a composição gráfica, inclusive confecção de impressos gráficos, fotocomposição, clicheria, zincografia, litografia e fotolitografia, desde que não sejam destinados a posterior operação de comercialização ou industrialização, ainda que incorporados, de qualquer forma, a outra mercadoria que deva ser objeto de posterior circulação, tais como bulas, rótulos, etiquetas, caixas, cartuchos, embalagens e manuais técnicos e de instrução, quando ficarão sujeitos ao ICMS. Esta previsão legal é resultado do entendimento do Supremo do Tribunal Federal onde ficou definido que não haveria a incidência de ISSQN quando a operação de industrialização por encomenda estivesse destinada à integração ou utilização direta em processo subsequente de industrialização ou de circulação de mercadoria:

> *Até o julgamento final e com eficácia apenas para o futuro (ex nunc), concede-se medida cautelar para interpretar o art. 1º, caput e § 2º,*

da Lei Complementar 116/2003 e o subitem 13.05 da lista de serviços anexa, para reconhecer que o ISS não incide sobre operações de industrialização por encomenda de embalagens, destinadas à integração ou utilização direta em processo subseqüente de industrialização ou de circulação de mercadoria. Presentes os requisitos constitucionais e legais, incidirá o ICMS. (ADI 4389 MC, Relator(a): Min. JOAQUIM BARBOSA, Tribunal Pleno, julgado em 13/04/2011)

Ementa: AGRAVO REGIMENTAL NO RECURSO EXTRAORDINÁRIO COM AGRAVO. TRIBUTÁRIO. CONTROVÉRSIA QUANTO À INCIDÊNCIA DO ICMS OU DO ISSQN. FABRICAÇÃO DE EMBALAGENS. COMPOSIÇÃO GRÁFICA. MATERIAIS EMPREGADOS NO PROCESSO PRODUTIVO DE MERCADORIAS. INCIDÊNCIA DO ICMS. POSSIBILIDADE DE JULGAMENTO IMEDIATO DOS FEITOS QUE VERSEM SOBRE A MESMA CONTROVÉRSIA DECIDIDA PELO PLENÁRIO EM JUÍZO PRECÁRIO. AGRAVO REGIMENTAL DESPROVIDO. (ARE 916725 AgR, Relator(a): Min. LUIZ FUX, Primeira Turma, julgado em 16/02/2016, PROCESSO ELETRÔNICO DJe-039 DIVULG 01-03-2016 PUBLIC 02-03-2016)

Precedentes desta Corte indicam a necessidade da verificação – para identificar a incidência do ISSQN – das condições que comprovem a preponderância da obrigação de "fazer" sobre o "dar"[112], sendo que no caso de integração em processo de industrialização prevalece o entendimento de não incidência do tributo municipal.

Desta forma, estas são as principais questões que foram trazidas pela Lei Complementar 157/2016, de forma que um melhor entendimento sobre o assunto vai depender de seu amadurecimento com futuras decisões judiciais e produção doutrinária.

---

112. Agravo regimental no recurso extraordinário. Serviço de composição gráfica com fornecimento de mercadoria. Conflito de incidências entre o ICMS e o ISSQN. Serviços de composição gráfica e customização de embalagens meramente acessórias à mercadoria. Obrigação de dar manifestamente preponderante sobre a obrigação de fazer, o que leva à conclusão de que o ICMS deve incidir na espécie. 1. Em precedente da Corte consubstanciado na ADI nº 4.389/DF-MC, restou definida a incidência de ICMS "sobre operações de industrialização por encomenda de embalagens, destinadas à integração ou utilização direta em processo subsequente de industrialização ou de circulação de mercadoria". 2. A verificação da incidência nas hipóteses de industrialização por encomenda deve obedecer dois critérios básicos: (i)verificar se a venda opera-se a quem promoverá nova circulação do bem e (ii) caso o adquirente seja consumidor final, avaliar a preponderância entre o dar e o fazer mediante a averiguação de elementos de industrialização. 4. À luz dos critérios propostos, só haverá incidência do ISS nas situações em que a resposta ao primeiro item for negativa e se no segundo item o fazer preponderar sobre o dar. 5. A hipótese dos autos não revela a preponderância da obrigação de fazer em detrimento da obrigação de dar. Pelo contrário. A fabricação de embalagens é a atividade econômica específica explorada pela agravante. Prepondera o fornecimento dos bens em face da composição gráfica, que afigura-se meramente acessória. Não há como conceber a prevalência da customização sobre a entrega do próprio bem. 6. Agravo regimental não provido. (AI 803296 AgR, Relator(a): Min. DIAS TOFFOLI, Primeira Turma, julgado em 09/04/2013, PROCESSO ELETRÔNICO DJe-107 DIVULG 06-06-2013 PUBLIC 07-06-2013)

7. QUADRO SINÓPTICO

Princípio da Legalidade	Deve obedecer
Princípio da anterioridade	Deve obedecer
Princípio da anterioridade nonagesimal	Deve obedecer
Hipótese de incidência na Constituição Federal e Lei Complementar 116/2003 (aspecto material)	• a prestação de serviços constantes da lista anexa, ainda que esses não se constituam como atividade preponderante do prestador. • serviço proveniente do exterior do País ou cuja prestação se tenha iniciado no exterior do País. • serviços prestados mediante a utilização de bens e serviços públicos explorados economicamente mediante autorização, permissão ou concessão, com o pagamento de tarifa, preço ou pedágio pelo usuário final do serviço.
Aspecto espacial	Local do estabelecimento do prestador do serviço (regra geral) Local Prestação do serviço, domicilio prestador ou do tomador (exceção)
Aspecto temporal	Momento da prestação do serviço (não da celebração contrato)
Aspecto quantitativo (Base de cálculo e alíquota)	• Base de Cálculo: preço da prestação • Alíquota: depende lei local (vide limites)
Aspecto pessoal	Prestador do serviço e/ou responsável tributário

8. SÚMULAS DO STF E DO STJ

SÚMULA STF

Súmula Vinculante nº 31: É inconstitucional a incidência do Imposto sobre Serviços de Qualquer Natureza – ISS sobre operações de locação de bens móveis.

Súmula Vinculante n. 50: Norma legal que altera o prazo de recolhimento de obrigação tributária não se sujeita ao princípio da anterioridade.

Súmula nº 663: Os §§ 1º e 3º do art. 9º do DL 406/68 foram recebidos pela Constituição.

Súmula nº 588: O imposto sobre serviços não incide sobre os depósitos, as comissões e taxas de desconto, cobrados pelos estabelecimentos bancários.

Súmula nº 546: Cabe a restituição do tributo pago indevidamente, quando reconhecido por decisão, que o contribuinte "de jure" não recuperou do contribuinte "de facto" o "quantum" respectivo.

SÚMULA STJ

Súmula 524: No tocante à base de cálculo, o ISSQN incide apenas sobre a taxa de agenciamento quando o serviço prestado por sociedade empresária de trabalho temporário for de intermediação, devendo, entretanto, englobar também os valores dos salários e encargos sociais dos trabalhadores por ela contratados nas hipóteses de fornecimento de mão de obra.

Súmula 424: É legítima a incidência de ISS sobre os serviços bancários congêneres da lista anexa ao DL nº 406/1968 e à LC nº 56/1987.

Súmula nº 274: O ISS incide sobre o valor dos serviços de assistência médica, incluindo-se neles as refeições, os medicamentos e as diárias hospitalares

Súmula nº 167: O fornecimento de concreto, por empreitada, para construção civil, preparado no trajeto até a obra em betoneiras acopladas a caminhões, é prestação de serviço, sujeitando-se à incidência do ISS.

Súmula nº 156: A prestação de serviço de composição gráfica, personalizada e sob encomenda, ainda que envolva fornecimento de mercadorias, está sujeita, apenas, ao ISS.

Súmula nº 138: O ISS incide na operação de arrendamento mercantil de coisas móveis.

9. SÍNTESE DOS PRINCIPAIS ENTENDIMENTOS DO STJ SOBRE ISSQN

- A listagem de serviços que constituem fatos geradores do Imposto Sobre Serviços de Qualquer Natureza – ISSQN (anexa ao Decreto-Lei 406/1968 e à Lei Complementar 116/2003) comporta interpretação extensiva para abarcar os serviços congêneres àqueles previstos taxativamente. (Tema 132)

- A partir da vigência da Lei Complementar 116/03, a competência tributária ativa para a cobrança do ISSQN recai sobre o município em que o serviço é efetivamente realizado, desde que, no local, haja unidade econômica ou profissional do estabelecimento prestador. (Temas 354 e 355)

- Incide ISSQN e não ICMS nas hipóteses em que são desenvolvidas operações mistas de fornecimento de mercadorias e prestação de serviço, desde que este esteja expressamente previsto na listagem anexa ao DL 406/1968 e à LC 116/2003.

- A base de cálculo do ISSQN incidente na prestação do serviço público de transporte coletivo é o valor pago pelo usuário no momento da aquisição da passagem, e não o valor da tarifa vigente na data da sua utilização.

- É inconstitucional a incidência do Imposto sobre Serviços de Qualquer Natureza – ISS sobre operações de locação de bens móveis dissociadas da prestação de serviços. (Súmula Vinculante 31/STF)

- É legítima a incidência de ISS sobre os serviços bancários congêneres da lista anexa ao DL 406/1968 e à LC 56/1987. (Súmula 424/STJ) (Julgado sob o rito do art. 543-C do CPC/73 _ Tema 132)

- Não se aplica à prestação de serviços de registros públicos cartorários e notariais o regime especial de alíquota fixa do ISS previsto no § 1º do art. 9º do DL 406/1968.

- A competência para o recolhimento do ISS nas hipóteses de construção civil é do município onde a obra foi realizada, independentemente do serviço ter sido prestado antes ou após a edição da LC 116/03. (Tese julgada sob o rito do art. 543-C do CPC/73 – Tema 198)

- O custo dos materiais empregados na construção civil pode ser deduzido da base de cálculo do Imposto sobre Serviços.
- O ISSQN incide apenas sobre a taxa de agenciamento quando o serviço prestado por sociedade empresária de trabalho temporário for de intermediação, devendo, entretanto, englobar também os valores dos salários e encargos sociais dos trabalhadores por ela contratados nas hipóteses de fornecimento de mão de obra. (Tese julgada sob o rito do art. 543-C do CPC/73 – Tema 403)
- Não incide ISS sobre o serviço de provedor de acesso à internet, por ausência de previsão legal.
- Incidência do ISSQN sobre montagem de pneus ainda que a empresa forneça pneus utilizados na montagem (STJ – Resp; 1307824/SP)
- É inconstitucional lei municipal que veicula exclusão de valores da base de cálculo do ISsQN (STF – ADPF 190/SP)
- A prestação de serviços de marketing é fato gerador do ISS (STJ – AREsp 227724/SP)
- ECT tem direito à repetição de indébito relativo ao ISS sem necessidade de prova de ter assumido o encargo pelo tributo e sem autorização dos tomadores de serviço (STJ – Resp 1642250/SP)

10. QUESTÕES DE CONCURSOS PÚBLICOS

1. **(CESPE – 2008 – PGE-ES)** – Considere que, em virtude de erro na determinação da alíquota do imposto sobre serviços (ISS), certo contribuinte tenha efetuado o pagamento a maior do tributo e, em razão disso, ajuizou ação de repetição de indébito contra a fazenda pública municipal, tendo sido julgado procedente o pedido do contribuinte. Nesse caso, os juros moratórios serão devidos a partir do trânsito em julgado da decisão que conceder a repetição do indébito.

2. **(FGV – 2010 – OAB)** Uma construtora com sede no Município do Rio de Janeiro constrói um edifício sob regime de empreitada na cidade de Nova Iguaçu, onde não possui estabelecimento. A competência para a imposição do Imposto Municipal Sobre Serviços (ISS) caberá à municipalidade

a) do Rio de Janeiro, porque é o município onde a construtora tem a sua sede social.

b) de Nova Iguaçu, porque é o local onde foi construído o edifício.

c) do Rio de Janeiro, porque construção civil não é prestação de serviços.

d) do Rio de Janeiro, porque a construtora não tem estabelecimento em Nova Iguaçu e, em razão do princípio da territorialidade, não pode ser exigido o tributo sobre contribuintes estabelecidos fora do território de cada Ente Federado.

3. **(CESPE – 2012 – TJ-AC – Juiz)** A titularidade da competência tributária é outorgada às pessoas políticas de direito público interno, o que resulta em aptidão para criar tributos, tendo sido concedida aos municípios competência para instituir ISS. A esse respeito, assinale a opção correta.

a) A prestação de serviço simultaneamente à venda de mercadorias em restaurantes constitui fato gerador do ISS.

b) O licenciamento ou cessão do direito de uso de software, bem como a circulação e cópias desses programas produzidos em série e comercializados nos estabelecimentos comerciais, podem ser tributados por meio de ISS.

c) Ocorrendo contrato de locação de bens móveis, é possível a instituição de ISS, uma vez que a locação de bens móveis equipara-se à locação de serviços, dada a aplicação extensiva atribuída aos contratos pelo Código Civil brasileiro.

d) O ISS não está condicionado ao efetivo pagamento do preço acordado entre tomador e prestador, restando, uma vez ocorrido o fato gerador, exigível ainda que o pagamento ocorra em várias prestações futuras.

e) É lícito ao município tributar a receita bruta recebida pelos planos de saúde, sempre que os respectivos contratos contiverem cláusula de prestação de serviço e assistência médica ao contratado, ainda que o serviço e a assistência não sejam efetivamente prestados.

---

4. **(ESAF – 2012 – Auditor Fiscal da Receita Federal – adaptada)** Sobre o ISS – imposto sobre serviços de qualquer natureza, de competência dos Municípios e do Distrito Federal, é incorreto afirmar-se que:

a) no conjunto de serviços tributáveis pelo ISS, a lei complementar definirá aqueles sobre os quais poderá incidir o mencionado imposto, com o que realiza a sua finalidade principal, que é afastar os conflitos de competência, em matéria tributária, entre as pessoas políticas.

b) na construção civil, a dedução do valor dos materiais e subempreitadas no cálculo do preço do serviço, para fins de apuração do ISS, não configura isenção.

c) há incidência sobre operações bancárias.

d) serviços de registros públicos, cartorários e notariais são imunes à incidência do ISS.

e) se houver ao mesmo tempo locação de bem móvel e prestação de serviços, o ISS incide sobre o segundo fato, sem atingir o primeiro

---

5. **(ESAF – 2010 – SMF-RJ)** Sobre o ISS – Imposto sobre Serviços de Qualquer Natureza, julgue os itens a seguir que estão corretos:

I. não incide sobre a transmissão de bens ou direitos incorporados ao patrimônio de pessoa jurídica em realização de capital,

II. não incide sobre a transmissão de bens ou direitos decorrentes de fusão, incorporação, cisão, ou extinção de pessoa jurídica, salvo se nesses casos, a atividade preponderante do adquirente for a compra e venda desses bens ou direitos, locação de bens imóveis ou arrendamento mercantil;

III. terá suas alíquotas máximas e mínimas fixadas em lei complementar;

IV. caberá à lei complementar excluir de sua incidência exportações de serviços para o exterior.

a) apenas os itens I, III e IV.

b) apenas os itens I e IV.

c) todos os itens estão corretos.

d) apenas os itens II e IV.

e) apenas os itens III e IV.

---

6. **(Auditor Fiscal/São Paulo – SP – 2007 – FCC)** Considere as seguintes situações:

I. uma empresa de demolição, com estabelecimento único, situado no município de São Paulo, prestou serviços de demolição no município de Santos;

II. uma empresa de execução de serviços de decoração e jardinagem, com estabelecimento único, situado no município de Mairiporã, prestou serviços no município de São Paulo;

III. uma empresa de organização de festas e recepções (bufê ou buffet), com estabelecimento único, situado no município de São Paulo, prestou serviços no município de Campinas;

IV. uma empresa de dedetização, com estabelecimento único, situado no município de Poá, prestou serviços no município de São Paulo;

Considerando as prestações de serviços descritas, o ISS é devido ao município de São Paulo APENAS nas situações

a) I e III;

b) I, II e III;

c) II e III;

d) II e IV;

e) III e IV;

---

7. (FCC – 2011 – TCM-BA – Procurador) O imposto de competência dos municípios que deverá ter suas alíquotas mínimas e máximas fixadas em lei complementar é o imposto sobre

a) propriedade territorial rural.

b) propriedade territorial urbana.

c) serviços de qualquer natureza, não compreendidos na competência dos Estados.

d) transmissão de bens imóveis a título gratuito e causa mortis.

e) transmissão de bens imóveis a título oneroso e por ato inter vivos.

---

8. (CESPE – 2009 – ANATEL – Analista Administrativo) O ISS não incide sobre a prestação de serviços dos dirigentes e membros de conselhos consultivos ou fiscais das entidades.

---

9. (COPEVE – 2010 – AL – Procurador Municipal) Marque a opção ERRADA sobre serviços de qualquer natureza (ISS):

a) o imposto incide sobre os serviços prestados mediante a utilização de bens e serviços públicos explorados economicamente mediante autorização, permissão ou concessão.

b) o imposto não incide sobre as exportações de serviços para o exterior do País.

c) o imposto será devido no local da execução, por administração, empreitada ou subempreitada, de obras de construção civil, hidráulica ou elétrica.

d) a incidência de imposto municipal sobre as operações de leasing foi integralmente julgada inconstitucional pelo STF.

e) o imposto será devido no caso de locação de andaimes, palcos, coberturas e outras estruturas de uso temporário.

---

10. (FCC – 2010 – PGM-TERESINA-PI) Ao instituir o imposto sobre serviços de qualquer natureza o Município elenca na lei o rol de serviços tributáveis por este imposto. Tratando-se de serviço semelhante, mas não previsto expressamente nesta lei, o Município

a) poderá sofrer a incidência deste imposto se o serviço não for objeto de tributação por imposto de competência do Estado, pois neste caso caberá a aplicação da analogia.

b) não poderá sofrer a incidência deste imposto porque é vedada a analogia que resulte na exigência de tributo não previsto em lei.

c) poderá sofrer a incidência deste imposto em virtude da interpretação analógica, aplicável em casos de equidade.

d) deverá sofrer incidência deste imposto por equidade, já que não se admite interpretação que resulte na dispensa do pagamento de tributo devido.

e) está obrigado a tributar para evitar caracterização de renúncia de receita, desde que não altere o conteúdo e o alcance dos conteúdos legais.

11. (FCC/TRF/4R/Técnico/2010) À União NÃO é vedada competência para

a) cobrar imposto, além de outros, sobre o patrimônio, a renda ou os serviços dos Estados e Municípios.

b) cobrar imposto sobre o papel destinado exclusivamente à impressão de jornais, periódicos e livros.

c) instituir imposto sobre a importação de produtos estrangeiros, tendo como fato gerador a entrada destes no território nacional.

d) cobrar imposto sobre o patrimônio e a renda com base em lei posterior à data inicial do exercício financeiro a que corresponda.

e) estabelecer limitações ao tráfego, no território nacional, de mercadorias, por meio de tributos interestaduais ou intermunicipais.

12. (FCC/DPE/SP/Defensor/2009) Assinale a alternativa incorreta.

a) São de competência dos Municípios os seguintes tributos: imposto sobre a propriedade predial e territorial urbana; imposto sobre serviços de qualquer natureza, definidos em lei complementar, desde que não compreendidos na tributação do ICMS e, por fim, o imposto sobre a transmissão "inter vivos", a qual quer título, por ato oneroso.

b) Segundo a Constituição Federal, o ICMS incide também sobre a entrada de bem ou mercadoria importa dos do exterior por pessoa física ou jurídica, cabendo o imposto ao Estado da localização do destinatário da mercadoria ou serviço.

c) De acordo com a Constituição Federal, o ICMS não incide sobre operações que destinem petróleo, combustíveis e energia elétrica a outros Estados.

d) O imposto de transmissão causa mortis e doação, de quaisquer bens ou direitos, que compete aos Estados e ao Distrito Federal, terá sua instituição regulada por lei complementar, quando o doador tiver domicílio ou residência no exterior.

e) No tocante à repartição das receitas tributárias, estabelece a Constituição Federal que perten cem aos Municípios vinte e cinco por cento do produto da arrecadação do imposto do Estado sobre a propriedade de veículos automotores licenciados em seus territórios.

13. (FCC/Sefaz/SP/AgenteFiscal/2009) Em relação à competência tributária, cabe

a) à União instituir impostos sobre: I) importação de produtos estrangeiros; II) propriedade territorial rural; III) doação de quaisquer bens e direitos.

b) aos Estados e ao Distrito Federal instituir impostos sobre: I) transmissão causa mortis; II) operações relativas à circulação de mercadorias e sobre prestações de serviços de transporte interestadual e intermunicipal e de comunicação; III) propriedade de veículos de qualquer natureza.

c) aos Municípios instituir impostos sobre: I) propriedade territorial urbana e rural; II) serviços de qualquer natureza não compreendidos na competência tributária dos Estados, definidos em lei complementar; III) doação de quaisquer bens e direitos.

d) aos Estados instituir impostos sobre: I) propriedade predial territorial e urbana; II) transmissão "inter vivos" a qualquer título, por ato oneroso ou gratuito de quaisquer bens e direitos; III) serviços de qualquer natureza.

e) à União instituir impostos sobre: I) importação de produtos estrangeiros; II) propriedade territorial rural; III) os impostos estaduais em território Federal e, se o Território não for dividido em Municípios, cumulativamente, os impostos municipais.

14. (FCC/PGM/Teresina/Procurador/2010) Não é competência municipal a instituição de

a) contribuição de interesse de categorias profissionais ou econômicas.

b) imposto sobre a transmissão de bens imóveis por ato "inter vivos" a título oneroso.

c) imposto sobre a propriedade territorial urbana.

d) contribuição social dos servidores municipais para custeio de regime previdenciário próprio.

e) contribuição de melhoria.

---

15. (FCC/PGM/Teresina/Procurador/2010) O Município possui autonomia para o exercício da sua competência tributária, inclusive para concessão de isenção relativamente a seus tributos. Sobre este fato deve ser considerado que

a) a concessão de isenção deve vir prevista na lei orçamentária anual para poder ser efetivada, devendo, portanto obediência à anualidade tributária.

b) a isenção enquanto causa de exclusão do crédito tributário depende unicamente da decisão política municipal, bastando a lei municipal concessiva.

c) o Código Tributário Nacional foi derrogado pela Lei de Responsabilidade Fiscal relativamente à disciplina da isenção, considerada atualmente renúncia de receita e não mais causa de exclusão do crédito tributário.

d) a isenção é renúncia de receita e, como tal, além dos requisitos para sua concessão, previstos no Código Tributário Nacional, deve também prever as exigências previstas na Lei de Responsabilidade Fiscal quando for em caráter não geral.

e) a previsão da Lei de Responsabilidade Fiscal de exigência de medidas específicas para concessão de isenção é inconstitucional por ferir a autonomia municipal e também dos demais entes federados.

---

16. (FCC/PGE/MT/Procurador/2011) Sobre competência tributária e capacidade tributária ativa, é correto afirmar:

a) A competência tributária é delegável por lei.

b) A capacidade tributária ativa indica o sujeito ativo da obrigação tributária principal.

c) O Código Tributário Nacional fixa as competências tributárias.

d) A capacidade tributária ativa é exclusiva do ente político definido na Constituição Federal.

e) Somente o ente político competente para instituir o tributo pode ser titular da capacidade tributária ativa.

---

17. (FCC/Sefaz/SP/AgenteFiscal/2009) Sobre as espécies tributárias, é correto afirmar:

a) As receitas dos Estados, do Distrito Federal e dos Municípios destinadas a contribuições sociais para a Seguridade Social constarão dos respectivos orçamentos e integrarão o orçamento da União.

b) Na iminência ou no caso de guerra externa, a União, os Estados e os Municípios poderão instituir impostos extraordinários.

c) A taxa é espécie de tributo vinculado a uma atividade estatal globalmente considerada, bem como à capacidade econômica do contribuinte.

d) O tributo vinculado que tem por fato gerador a valorização de imóvel do contribuinte, decorrente de obra pública, é a contribuição de melhoria.

e) A União, mediante lei ordinária, tem competência privativa residual para instituir novos impostos, desde que sejam não cumulativos e não tenham por fato gerador ou base de cálculo próprios dos demais impostos discriminados na Constituição Federal.

---

18 . FCC/TCE/GO/Analista/2009) Os tributos classificam-se em vinculados e não vinculados. É exemplo de tributo vinculado, de forma direta, com finalidade de remunerar serviço público:

a) o imposto.

b) a taxa.

c) a contribuição de melhoria.

d) a contribuição social.

e) o empréstimo compulsório.

---

19. (FCC/ALE/SP/Técnico/2010) Alguns tributos só podem ser instituídos por lei complementar, por disposição constitucional expressa. Se enquadram nesta hipótese

a) os impostos extraordinário e residual.

b) a contribuição de intervenção no domínio econômico e o empréstimo compulsório.

c) o imposto residual e o empréstimo compulsório.

d) o empréstimo compulsório e o imposto extraordinário.

e) a contribuição social e a contribuição de interesse das categorias profissionais ou econômicas.

---

20. (FCC/Sefaz/SP/AgenteFiscal-GT/2013) Possuem competência para instituir o Imposto Sobre Doações e Transmissão causa mortis, Imposto Territorial Rural, Impostos sobre Importações e Impostos sobre Serviços de Qualquer Natureza, respectivamente:

a) Estados; Municípios; União; Estados e Distrito Federal.

b) Municípios; Estados e Distrito Federal; União; Municípios.

c) Estados e Distrito Federal; União; União; Distrito Federal.

d) Estados; União; Estados e Distrito Federal; Municípios.

e) Estados; Municípios; União; Municípios e Distrito Federal.

---

21. (PGM-Maringá/PUC-PR/2015) Sobre o Imposto sobre Serviços de Qualquer Natureza– ISS, na Lei Complementar Municipal nº 677/2007, assinale a alternativa CORRETA

A) Toda e qualquer prestação de serviço realizada no território do Município é passível de incidência do ISS.

B) O ISS não incide sobre a exportação e sobre a importação de serviços.

C) As alíquotas do ISS têm como limite superior 5% (cinco por cento) e como limite inferior 0% (zero por cento).

D) Todo contribuinte, seja pessoa jurídica ou pessoa física, com ou sem estabelecimento fixo, que exerça ou não, de forma habitual ou esporadicamente, individualmente ou em sociedade, qualquer das atividades constantes da lista de serviços previstos na Lei nº 677/2007, ou outras atividades disciplinadas por essa Lei, fica obrigado à inscrição no Cadastro Mobiliário da Secretária Municipal de Fazenda, a não ser que seja isento ou imune ao pagamento do imposto, casos em que estará dispensado da respectiva inscrição.

E) A incidência do ISS independe da existência de estabelecimento fixo

---

22. (PGM-Maringá/PUC-PR/2015) Em relação à lei complementar em matéria tributária e com base na Constituição Federal, assinale a alternativa CORRETA

A) A União poderá instituir, mediante lei complementar, na iminência ou não de guerra externa, imposto s extraordinários, compreendidos ou não em sua competência tributária.

B) Quanto ao Imposto sobre Circulação de Mercadorias e Serviços – ICMS, cabe à lei complementar dispor sobre substituição tributária e sobre o regime de compensação do imposto, mas cabe à lei ordinária prever casos de manutenção de crédito, relativamente à remessa para outro Estado e exportação para o exterior, de serviços e de mercadorias.

C) A União, mediante lei complementar, poderá instituir empréstimos compulsórios para atender a despesas extraordinárias, decorrentes de calamidade pública. Todavia, no caso de guerra externa ou sua iminência, dada a urgência que a situação requer, os empréstimos compulsórios poderão ser instituídos por lei ordinária.

D) A lei complementar definirá os setores de atividade econômica para os quais as contribuições incidentes sobre a receita ou faturamento serão não cumulativas.

E) Quanto ao Imposto sobre Prestação de Serviços (ISS), cabe à lei complementar fixar as suas alíquotas máximas e mínimas, excluir da sua incidência exportações de serviços para o exterior e regular a forma e as condições como isenções, incentivos e benefícios fiscais serão concedidos e revogados.

---

23. **(PGM-SP/VUNESP/2014)** Determina a Constituição Federal que, sempre que possível, os impostos terão caráter pessoal e serão graduados segundo a capacidade econômica do contribuinte, facultado à administração tributária, especialmente para conferir efetividade a esses objetivos, identificar, respeitados os direitos individuais e nos termos da lei, o patrimônio, os rendimentos e as atividades econômicas do contribuinte. Referida determinação reflete um princípio que, por seu turno, é corolário do princípio tributário da

A) imposição do efeito confiscatório.

B) isonomia tributária.

C) anterioridade.

D) irretroatividade.

E) Parafiscalidade

---

24. **(PGM-Caxias do Sul-RS/Objetiva)** Em relação ao Sistema Tributário Municipal, marcar C para as afirmativas Certas, E para as Erradas e, após, assinalar a alternativa que apresenta a sequência CORRETA:

(---) O Imposto Sobre Serviços de Qualquer Natureza (ISS) quando "por homologação" tem como formato o próprio sujeito passivo, a cada fato gerador calcular o montante do tributo devido e antecipar o pagamento, sem prévio exame da autoridade administrativa, cabendo a esta verificar a correção do procedimento.

(---) O ISS está sujeito ao Princípio da Legalidade e não está sujeito ao Princípio da Anterioridade, tendo em vista sua finalidade.

(---) O ISS tem como fato gerador a prestação de serviços constantes da lista prevista em lei própria, ainda que esses serviços não se constituam como atividade preponderante do prestador.

a) C – C – C.

b) E – E – C.

c) C – E – C.

d) E – C – E.

---

25. **(PGM-São Bernardo do Campo)** De acordo com a lei que disciplina a matéria, a alíquota máxima do Imposto Sobre Serviços de Qualquer Natureza é de

a) 0,5%

b) 1,5%

c) 3%

d) 5%

e) 10%

---

26. **(PGM-Curitiba/UFPR/2015)** Nos termos da Constituição de 1988, compete aos Municípios instituir impostos sobre serviços de qualquer natureza (ISSQN), definidos em lei complementar e não compreendidos no âmbito de incidência do ICMS. No Município de Curitiba, o ISSQN é regido pela Lei Complementar nº40/2001 (Código Tributário Municipal). Sobre o assunto, assinale a alternativa correta.

a) As alíquotas máximas do ISSQN no Município de Curitiba são de 4%.

b) São imunes ao ISSQN os serviços prestados pela Empresa Brasileira de Correios e Telégrafos (ECT), ainda que em regime de concorrência com empresas privadas.

c) De acordo com jurisprudência pacífica do Supremo Tribunal Federal, viola a Constituição de 1988 a previsão de ISSQN fixo constante da Lei Complementar nº 40/2001 do Município de Curitiba.

d) De acordo com jurisprudência pacífica do Superior Tribunal de Justiça, incidirá ISSQN nas operações de industrialização por encomenda, salvo nos casos em que o produto for utilizado para uso próprio da empresa contratante do serviço.

e) Incide ISSQN nas operações de leasing financeiro, lease-back e leasing operacional

---

27. **(Auditor Júnior/CESGRANRIO/2018)** O imposto sobre serviços, nos termos da Lei de regência, tem como base de cálculo o preço da(o)

a) logística

b) infraestrutura

c) adicional

d) intercâmbio

e) serviço

---

28. **(Procurador Câmara BH/CONSULPLAN/2018)** A empresa Beta Construção Civil Ltda, com sede no Município Ômega, foi contratada, em 2013, pelo Município Alfa, para prestar serviços de engenharia consultiva (serviços técnicos especializados para elaboração dos projetos executivos de implantação, material licitatório, assessoria na licitação e gerenciamento das obras). Dos diversos e complexos serviços de engenharia uns foram executados na sede da empresa e outros no município onde ficará a construção. Ocorre que Beta está sendo cobrada pelos Fiscos Municipais de Ômega e Alfa, que lhe exigem o pagamento do ISS. Na situação descrita anteriormente

a) o imposto é devido no local do estabelecimento prestador, já que se trata de serviço meramente intelectual.

b) o imposto é devido no local da construção, entendendo-se a obra como sendo uma unidade.

c) devem ser quantificadas as diferentes etapas do contrato, buscando-se atribuir a cada município uma base tributável.

d) o imposto sobre o serviço consultivo é devido ao município Ômega e o relativo ao serviço construtivo fica com o município Alfa.

---

29. **(DPE-PE/CESPE/2018)** A empresa BETA, operadora de plano privado de saúde, foi notificada pelo fisco estadual em razão do não recolhimento de ICMS relativo às operações mistas, que envolvem a prestação de serviços associados ao fornecimento de mercadorias. Em sua defesa, a empresa alegou que o fisco municipal entende que, nesse caso, incide o imposto sobre serviços de qualquer natureza (ISSQN). Considerando o entendimento majoritário e atual do Supremo Tribunal Federal, assinale a opção correta, acerca dos impostos que poderão incidir no presente caso.

a) No caso em tela, deve prevalecer a incidência do ICMS, afastando-se a incidência do ISSQN sobre a operação.

b) Se os serviços prestados pela empresa em questão estiverem previstos na lei complementar federal que dispõe sobre o ISSQN, prevalecerá a incidência do ISSQN sobre o ICMS.

c) Incidirá, em regra, o ICMS, podendo haver a incidência do ISSQN se o serviço estiver previsto na lei complementar federal que dispõe sobre esse tributo, caso em que, para evitar a bitributação, o valor pago a título de ICMS será deduzido da base de cálculo do ISSQN

d) No caso em tela, incidem tanto ICMS como o ISSQN: o ICMS incidirá sobre a parcela relativa à obrigação de dar e o ISSQN incidirá sobre a parcela referente à obrigação de fazer.

e) Há de se verificar a atividade preponderante do contribuinte: se a atividade preponderante for o fornecimento de mercadorias, ele deve ser tributado pelo ICMS; se for a prestação de serviços, ele será tributado pelo ISSQN.

---

30. **(Procurador Fortaleza-CE/CESPE/2017)** Julgue o item a seguir, em relação aos impostos discriminados na CF.

O aspecto material da hipótese de incidência do imposto sobre serviços de qualquer natureza consiste na obrigação de fazer em prol de terceiro, mediante remuneração, quando essa obrigação é objeto de relação jurídica de direito privado. A prestação por delegatário e remunerada pelo usuário de serviços públicos não se submete à incidência dessa espécie tributária devido a interesse público subjacente.

---

31. **(Procurador Câmara de Maria Helena-PR/FAUEL/2017)** O Chefe do Poder Executivo Municipal de Goiabinha encaminhou, à Câmara de Vereadores, projeto de Lei que visa à majoração da arrecadação tributária. Dentre as disposições legais, estão as seguintes medidas:

PRIMEIRA MEDIDA – elaboração de convênio com o Município de Juqueí, vizinho, para que este exerça, em seu lugar, sua competência tributária, instituindo e arrecadando o Imposto Sobre Serviço de Qualquer Natureza (ISS) que lhe seria devido, ficando o Município de Goaibinha com uma "retribuição compensatória". A medida, na visão do Prefeito, economizaria os gastos com a arrecadação e fiscalização.

SEGUNDA MEDIDA – Alterar a lei ordinária que instituiu o Imposto Sobre a Transmissão de Bens e Imóveis (ITBI) naquele município para prever a cobrança do tributo sobre as doações de imóveis feitas entre parentes em linha reta até o segundo grau, e, em linha colateral, até o terceiro grau.

A respeito destas medidas, assinale a assertiva correta:

a) A PRIMEIRA MEDIDA não padece de qualquer vício de constitucionalidade ou legalidade, podendo ser aprovada. Todavia, a SEGUNDA MEDIDA é inconstitucional, por ser de competência dos Estados a instituição do ITBI.

b) A PRIMEIRA MEDIDA não deverá ser aprovada, pois a competência tributária é indelegável, salvo atribuição das funções de arrecadar ou fiscalizar tributos. A SEGUNDA MEDIDA também não poderá ser aprovada, pois não pode a lei tributária alterar a definição, o conteúdo e o alcance de institutos, conceitos e formas de direito privado, utilizados, expressa ou implicitamente, pela Constituição Federal para definir ou limitar competências tributárias.

c) A PRIMEIRA MEDIDA não deverá ser aprovada, pois a competência tributária é indelegável, salvo atribuição das funções de arrecadar ou fiscalizar tributos. A SEGUNDA MEDIDA é inconstitucional, por ser de competência dos Estados a instituição do ITBI.

d) A PRIMEIRA MEDIDA não padece de qualquer vício de constitucionalidade ou legalidade, podendo ser aprovada. A SEGUNDA MEDIDA não poderá ser aprovada, pois não pode a lei tributária alterar a definição, o conteúdo e o alcance de institutos, conceitos e formas de direito privado, utilizados, expressa ou implicitamente, pela Constituição Federal para definir ou limitar competências tributárias.

---

32. **(Analista/CESPE/2017)** No que se refere à legislação tributária básica e suas atualizações, julgue o item que se segue.

Uma empresa domiciliada em Goiânia e prestadora, no aeroporto de Brasília, de serviços logísticos relativos a mercadorias em trânsito será contribuinte do ISS no DF.

---

33. **(Auditor Fiscal Teresina/FCC/2016)** De acordo com a disciplina estabelecida na Lei Complementar no 116, de 31 de julho de 2003, o ISS

a) incide sobre as exportações de serviços para o exterior do País, nos termos estabelecidos em lei.

b) não incide sobre a prestação de serviços em relação de emprego, regida pela CLT, dos diretores de conselho fiscal de sociedades, salvo disposição de lei municipal em contrário.

c) tem como contribuinte o tomador do serviço.

d) tem como fato gerador a prestação de serviços constantes da lista anexa a essa Lei, desde que tais serviços se constituam como atividade preponderante do prestador.

e) incide sobre os serviços mencionados na lista anexa à referida Lei, afastada a incidência do ICMS sobre eles, mesmo que sua prestação envolva fornecimento de mercadorias, ressalvadas as exceções expressas na própria lista.

Gabarito		
Questão	**Resposta**	**Referência**
1	Certo	Tópico 6 deste capítulo
2	B	Tópicos 1 e 4 deste capítulo
3	D	Tópico 1 deste capítulo
4	D	Tópico 1 deste capítulo
5	C	Tópicos 1 a 5 deste capítulo
6	C	Tópicos 1 e 4 deste capítulo
7	C	Tópico 5 deste capítulo
8	Certo	Tópico 1 deste capítulo
9	E	Tópico 1 deste capítulo
10	B	Tópico 1 deste capítulo
11	C	Parte I
12	E	Parte I
13	E	Parte I
14	A	Tópico 1 deste capítulo
15	D	Tópico 6.4 deste capítulo
16	B	Parte I
17	D	Partes I e II
18	B	Parte I
19	C	Parte I
20	C	Parte I
21	E	Tópico 3 deste capítulo
22	E	Tópico 1 e 6 deste capítulo
23	B	Parte I
24	C	Tópico 1 e 7 deste capítulo
25	D	Tópico 5.2 deste capítulo
26	B	Tópicos 1 e 5
27	E	Tópico 5.1

Gabarito		
Questão	**Resposta**	**Referência**
28	B	Tópico 3
29	B	Tópico 1.1.2
30	Errada	Tópico 4.1
31	B	Cap. 01 e 16
32	Certo	Tópico 3
33	E	Tópico 1.1.1 e 1.1.2

CAPÍTULO 15
IMPOSTO PREDIAL E TERRITORIAL URBANO – IPTU

Sumário • 1. Aspecto material – 2. Aspecto temporal – 3. Aspecto espacial – 4. Aspecto subjetivo: 4.1. Invasões de Terras; 4.2. Terras da marinha; 4.3. Exigência do IPTU no caso de loteamento irregular; 4.4. Imunidades de terrenos baldios de Templos Religiosos e de Entidades Educacionais e Assistenciais; 4.5. Imunidade e sucessão tributária – caso da RFFSA; 4.6 Incidência do IPTU sobre imóvel com restrição ambiental; 4.7 imunidade e maçonaria; 4.8. imunidade e cessão de imóveis públicos – 5. Aspecto quantitativo: 5.1. Base de cálculo; 5.2. Alíquota; 6. Informações complementares: 6.1. Lançamento; 6.2. Exceção ao Bem de Família; 6.3. Repetição de indébito – 7. Quadro sinóptico – 8. Súmulas do STF e do STJ – 9. Síntese dos principais entendimentos do STJ sobre IPTU; 10. Questões de concursos públicos.

1. ASPECTO MATERIAL[1]

A regra matriz de incidência do imposto sobre propriedade predial e territorial urbana – IPTU está delimitada pelo art. 156, I da Constituição Federal, o qual estabelece a competência dos Municípios da seguinte forma:

> *Art. 156. Compete aos Municípios instituir impostos sobre:*
>
> *I – propriedade predial e territorial urbana;*

Em consonância com as diretrizes constitucionais, o art. 32 do Código Tributário Nacional estabeleceu o aspecto material do IPTU como o **exercício da propriedade, domínio útil ou posse** sobre um bem imóvel localizado na **zona urbana do Município**.

A legislação tributária permite que haja uma interpretação mais ampla do conceito de propriedade, descrita no inciso I do art. 156 da Constituição Federal, abrangendo o domínio útil e a posse. Esclarece Hugo de Brito Machado que, apesar de constar expressamente na Constituição Federal apenas a propriedade, é possível abranger a posse e domínio útil, pois estes nada mais são do que o exercício de alguns dos elementos do direito de propriedade[2].

---

1. Nesse sentido, a banca da **UFPR (TJ-PR – Juiz – 2012)** considerou como CORRETA a assertiva que afirmava que o *"promitente comprador de imóvel residencial transcrito em nome de autarquia é contribuinte do Imposto Predial Territorial Urbano"*.
2. *"Falando a Constituição em "propriedade", naturalmente abrangeu a posse, que nada mais é que um direito inerente à propriedade. A autorização constitucional é para tributar a propriedade, e o Código Tributário Nacional faculta a lei ordinária tomar para o fato gerador do tributo a propriedade, o domínio útil ou a posse, vale dizer, o direito pleno, total, que a propriedade, ou um de seus elementos, o domínio útil, ou ainda a posse"* (MACHADO, Hugo de Brito. *Curso de direito tributário.* 32. ed. São Paulo: Malheiros, 2011, p. 349-350)

Mesmo diante da existência de limitações legais à utilização da propriedade, como a constituição de área de preservação permanente, não afasta a incidência do IPTU, uma vez que o fato gerador da exação permanece íntegro (exercício da propriedade)[3]. Isso ocorre por conta da previsão do art. 1228, § 1º do Código Civil, onde disciplina que o direito de propriedade estará condicionado à sua função social, o que vem a englobar a preservação da flora, da fauna, do equilíbrio ecológico e do patrimônio histórico e artístico.

No direito civil, o conceito de propriedade é definido pelo art. 1228 do Código Civil, o qual dispõe que o proprietário tem a faculdade de usar, gozar, dispor da coisa e reavê-la. A partir destes direitos que se poderá identificar o exercício de propriedade sobre determinado imóvel, de forma que somente haverá a transferência do imóvel com a sua transcrição no registro de imóveis, conforme prescreve o art. 1245 do Código Civil[4].

Pode-se dizer, portanto, que a terminologia propriedade, descrito no inciso I do art. 156 da Constituição Federal, deve ser interpretado de forma a englobar o domínio útil e a **posse com *animus* definitivo**[5]. Este é o entendimento do Superior Tribunal de Justiça, que assim já decidiu:

> *A jurisprudência do STJ é pacífica no sentido de que somente a posse com animus domini é apta a gerar a exação predial urbana, o que não ocorre com o condomínio, in casu, que apenas possui a qualidade de administrador de bens de terceiros. (REsp 1327539/DF, Rel. Ministro HUMBERTO MARTINS, SEGUNDA TURMA, julgado em 14/08/2012, DJe 20/08/2012)*

Nestes termos, "*a posse deflui do conceito de possuidor, como sendo todo aquele que tem de fato o exercício, pleno ou não, de algum dos poderes inerentes à propriedade*"[6] O domínio útil pode ser entendido como o conjunto de atributos conferidos ao titular de enfiteuse ou aforamento. E a posse será a visibilidade do domínio sobre o imóvel, de forma que sua aquisição ocorre no momento em que se torna possível o exercício, em nome próprio, de qualquer dos poderes inerentes à propriedade. (art. 1204 CC).

É certo que entre o embate teórico para a definição da posse, entre a teoria subjetiva de Savigny e a objetiva de Jhering, prevaleceu a última, que defendia a presença do *corpus*, que seria traduzida na visibilidade do domínio (art. 1.196 CC). Mas isso não significa que a posse é resumida simplesmente no exercício de um poder físico sobre a coisa. O que ocorre neste caso, ao invés de posse, é a mera detenção daquele que, achando-se em rela-

3. STJ. REsp 1.128.981-SP, Rel. Min. Benedito Gonçalves, julgado em 18/3/2010.
4. Art. 1.245. Transfere-se entre vivos a propriedade mediante o registro do título translativo no Registro de Imóveis. § 1º Enquanto não se registrar o título translativo, o alienante continua a ser havido como dono do imóvel.
5. STJ. AgRg no AREsp 178.845/MG, Rel. Ministro HERMAN BENJAMIN, SEGUNDA TURMA, julgado em 04/09/2012.
6. PAULSEN, Leandro; MELO, José Eduardo Soares de. *Impostos: federais, estaduais e municipais*. Porto Alegre: Livraria do Advogado, 2011, p. 285.

ção de dependência para com outro, conserva a posse em nome deste e em cumprimento de ordens ou instruções (art. 1198 CC).

A hipótese de incidência do IPTU é a disponibilidade econômica da propriedade, do domínio útil ou da posse (art. 32, do CTN), o que vem a excluir dessa perspectiva a posse de conteúdo não econômico, como aquela exercida pelo locatário ou mero detentor (vigia, empregados, etc.). Assim, a incidência do IPTU deve ser afastada nas hipóteses em que a posse ocorre precariamente, bem como nos casos em que os direitos reais não estejam relacionados com a aquisição da propriedade.

Cabe notar que a Constituição Federal autoriza a incidência sobre a propriedade predial ou territorial urbana. A distinção centra-se no sentido de que a expressão "territorial" e "predial" reside no fato de que no primeiro caso é a área sem aproveitamento e no segundo são terrenos edificados[7].

ATENÇÃO: Prevalecia no âmbito do Superior Tribunal de Justiça o entendimento de ser inexigível o **IPTU da cessionária de imóvel pertencente à União, quando a posse for decorrente de relação pessoal (sem *animus domini*)**[8], sendo que somente haveria a incidência do imposto no caso de concessão de direito real de uso de bem imóvel público. Contudo, os ministros do Supremo Tribunal Federal aprovaram a tese de repercussão geral relativa ao julgamento do Recurso Extraordinário 601720, afastando a imunidade tributária para cobrança de IPTU sobre terreno público cedido a empresa privada ou de economia mista.

Após isso, houve o julgamento do RE 594015 com o voto-vista do ministro Luís Roberto Barroso, acompanhando a posição do relator, ministro Marco Aurélio, onde prevaleceu o mesmo entendimento de que não faz sentido estender a imunidade a empresa de direito privado arrendatária de bem público, e que o utiliza para fins comerciais.

Para fim de repercussão geral, o ministro Luís Roberto Barroso propôs a seguinte tese, que foi aprovada por maioria do plenário:

> *"A imunidade recíproca não se estende a empresa privada arrendatária de imóvel público, quando seja ela exploradora de atividade econômica com fins lucrativos. Nessa hipótese, é constitucional a cobrança de IPTU pelo município."*[9]

Na linha do que foi julgado no Recurso Extraordinário 601.720/RJ, o Plenário do Supremo Tribunal Federal, por maioria, deu provimento a recurso para reafirmar o entendimento de incide o IPTU sobre imóvel de propriedade de ente público — no caso, a Empresa Brasileira de Infraestrutura Aeroportuária (INFRAERO) — concedido a empresa privada exploradora de atividade econômica com fins lucrativos[10]

---

7. Cf. MARTINS, Ives Gandra. *Comentários à Constituição do Brasil*. São Paulo: Saraiva, 1990, v. 6, p. 529.
8. STJ. AgRg no REsp 1.337.903-MG, Rel. Min. Rel. Min. Castro Meira, julgado em 9/10/2012.
9. RE 594015/DF, rel. Min. Marco Aurélio, julgamento em 6.4.2017. (RE-594015)
10. RE 601720/RJ, rel. orig. Min. Edson Fachin, red. p/ o ac. Min. Marco Aurélio, julgamento em 19.4.2017.

Cabe notar que situação diversa quando o imóvel é utilizado pela própria empresa estatal em caráter exclusiva e desempenha serviço de interesse público. Nesta hipótese já existe posicionamento do Supremo Tribunal Federal reconhecendo a imunidade tributária recíproca sobre a renda, os bens e o patrimônio da entidade:

> *EMENTA: AGRAVO REGIMENTAL EM RECURSO EXTRAORDINÁRIO COM AGRAVO. IMUNIDADE RECÍPROCA. IPTU. SOCIEDADE DE ECONOMIA MISTA. PREENCHIMENTO DOS REQUISITOS. PRETENSÃO CUJO ACOLHIMENTO DEMANDARIA REEXAME DE FATOS E PROVAS. SÚMULA 279/STF. PRECE-DENTES. 1. O Supremo reconheceu a possibilidade de extensão da imunidade recíproca sobre a renda, os bens e o patrimônio de sociedade de economia mista que desempenha serviço de interesse público em caráter exclusivo. 2. A instância ordinária apontou preenchimento dos requisitos necessários para a incidência da imunidade tributária prevista no art. 150, VI, a, da Constituição Federal . O acolhimento da pretensão demandaria um novo exame do acervo fático-probatório. Incide, no caso, a Súmula 279/STF. 3. Agravo regimental a que se nega provimento.(ARE 861545 AgR, Relator(a): Min. ROBERTO BARROSO, Primeira Turma, julgado em 07/04/2015, PROCESSO ELETRÔNICO DJe-076 DIVULG 23-04-2015 PUBLIC 24-04-2015)*

Em linhas gerais, são estas questões que mais fundamentaram a análise do aspecto material do IPTU no nível doutrinário e jurisprudencial nos últimos períodos.

2. ASPECTO TEMPORAL

O conceito de aspecto temporal da hipótese de incidência está relacionado ao momento em que se considera consumado o fato imponível. No caso do IPTU não é lógico entender que a propriedade ou posse de um imóvel possa ser somada durante um dado período de tempo, pois a mesma não é composta de porções que se acumulam até a formação de um todo.

É permitido ao ente municipal definir discricionariamente o aspecto temporal do IPTU, ou seja, o momento em que considera ocorrido o fato gerador. Com base neste permissivo, em geral, **os Municípios elegem 1º de janeiro de cada ano** como aspecto temporal, exigindo o tributo com o envio de um carnê de cobrança aos contribuintes.

Existem casos específicos em que as legislações municipais podem regulamentar de acordo com sua peculiaridade, como a ocupação originária de imóveis recém construídos. Nestes casos, a incidência do IPTU independe de quaisquer exigências legais para efetiva ocupação do imóvel, demandando apenas que possuam condições de habitabilidade ou de utilização. Segundo Aires F. Barreto, poderia a municipalidade se embasar nos seguintes momentos para considerar concretizado o fato gerador do imposto municipal[11]:

- Concessão do auto de vistoria (habite-se)

11. Cf. BARRETO, Aires F. *Curso de Direito Tributário Municipal*. São Paulo: Saraiva, 2009, p. 192.

- Conclusão das obras: quando independem do auto de vistoria (habite-se) ou que tenha sido requerido fora do prazo;
- Ocupação efetiva do prédio: caso ocorra antes da autorização legal[12].

Desta forma, como regra, o aspecto temporal do IPTU ocorrerá no 1º dia de cada ano, caso a legislação municipal não tenha disciplinado de forma diferente. Em caso de imóvel novo a legislação municipal deverá regulamentar a situação, devendo, no entanto, respeitar o momento em que o imóvel esteja apto à moradia.

3. ASPECTO ESPACIAL

O aspecto espacial pode ser entendido como o local em que o fato jurídico tributário vem a produzir os seus efeitos. No caso do IPTU, o art. 32 do Código Tributário Nacional segue a regra da territorialidade, delimitando a circunscrição territorial em "propriedade imobiliária localizada na zona urbana do Município".

Em respeito ao artigo 146, I, da CF, o Código Tributário Nacional estabeleceu aspectos de localização para que os entes municipais pudessem definir os seus perímetros urbanos, nos termos do seu artigo 32, § 1º:

> *Art. 32... .*
>
> *§ 1º Para os efeitos deste imposto, entende-se como zona urbana a definida em lei municipal; observado o requisito mínimo da existência de melhoramentos indicados em pelo menos 2 (dois) dos incisos seguintes, construídos ou mantidos pelo Poder Público:*
>
> *I – meio-fio ou calçamento, com canalização de águas pluviais;*
>
> *II – abastecimento de água;*
>
> *III – sistema de esgotos sanitários;*
>
> *IV – rede de iluminação pública, com ou sem posteamento para distribuição domiciliar;*
>
> *V – escola primária ou posto de saúde a uma distância máxima de 3 (três) quilômetros do imóvel considerado.*

O critério estabelecido pelo Código Tributário Nacional é baseado na situação do bem, com a indicação de elementos fáticos que devem ser levados em conta pelo Município, no momento da definição da zona urbana. As **áreas definidas como zonas urbanas** devem, ao menos, ter 02 dos 05 elementos indicados pelo § 1º do dispositivo legal acima citado.

O § 2º do art. 32 do Código Tributário Nacional ainda prevê que a lei municipal pode considerar urbanas as áreas urbanizáveis, ou de expansão urbana, constantes de loteamentos aprovados pelos órgãos competentes, destinados à habitação, à indústria ou ao comércio,

12. Previsão expressa no art. 56 do Código Tributário do Município do Rio de Janeiro.

mesmo que localizados fora da zona urbana. Observa Aires F. Barreto que para configurar como áreas urbanizáveis ou de expansão urbana deve haver uma lei municipal em conjunto com a aprovação oficial do loteamento, sem isso o equiparação não será possível[13]. Tais delimitações são exaustivamente previstas no Código Tributário Nacional, não exigindo que a mesma matéria venha a ser tratada através de Lei Complementar Municipal.

É certo que a área urbana é definida pela legislação de cada Município, a qual, por exclusão, acaba por delimitar a área rural. Ocorre que o Código Tributário Nacional, conforme se analisou, apenas estabelece um critério de localização, que se mostra insuficiente para resolver possíveis conflitos de competência tributária. Imagine a situação em que algum imóvel que, embora esteja dentro do perímetro urbano, conserve características de rural, configurando um aparente conflito entre o IPTU e o ITR.

Observe que o Estatuto da Terra (Lei 4504/64) em seu art. 4º define Imóvel Rural como "*o prédio rústico, de área contínua qualquer que seja a sua localização que se destina à exploração extrativa agrícola, pecuária ou agro-industrial*". Nesse sentido, o Decreto-Lei 57/1966, que regulamenta a incidência do ITR, prescreve em seu art. 15: "*O disposto no art. 32 da Lei 5.172, de 25 de outubro de 1966, não abrange o imóvel de que, comprovadamente, seja utilizado em exploração extrativa vegetal, agrícola, pecuária ou agroindustrial, incidindo assim, sobre o mesmo, o ITR e demais tributos com o mesmo cobrados*".

Em análise sistemática das legislações acima citadas, é possível aplicar um **segundo critério de delimitação da incidência entre o IPTU e o ITR**, de forma a definir que o imposto municipal não incidirá sobre os imóveis localizados em área urbana, quando estes tiverem comprovada destinação rural. Esse é o entendimento jurisprudencial:

> *A jurisprudência desta Corte Superior é no sentido de que incide o ITR e, não, o IPTU sobre imóveis nos quais são comprovadamente utilizados em exploração extrativa, vegetal, agrícola, pecuária ou agroindustrial, ainda que localizados em áreas consideradas urbanas por legislação municipal. No REsp 1112646/SP, Rel. Min. Herman Benjamin, Primeira Seção, DJe 28/08/2009, submetido ao Colegiado pelo regime da Lei nº 11.672/08 (Lei dos Recursos Repetitivos), que introduziu o art. 543-C do CPC, reafirmou-se o posicionamento acima exposto (STJ. AgRg no AREsp 80.947/ES, Rel. Ministro MAURO CAMPBELL MARQUES, SEGUNDA TURMA, julgado em 28/02/2012, DJe 08/03/2012)*

Portanto, a incidência do IPTU estará restrita ao perímetro urbano, definido pela legislação municipal, desde que o imóvel não possua **destinação rural**, bem como as áreas urbanizáveis ou de expansão urbana, constantes em loteamentos aprovados pelos órgãos competentes.

---

13. O concurso para **Procurador de Ponta Grossa (2010)** considerou como INCORRETA a afirmativa que dizia que o *"para cobrança do IPTU, considera-se como zona urbana a definida em lei complementar municipal, observada a existência de pelo menos um dos seguintes melhoramentos mantidos pelo público: meio-fio ou calçamento, com canalização de águas pluviais; abastecimento de água; sistema de esgotos sanitários ou rede de iluminação pública comportamento para distribuição domiciliar"*

4. ASPECTO SUBJETIVO

O sujeito ativo do IPTU é o Município da situação do imóvel, com exceção dos territórios federais sem divisão em Municípios, onde a União irá arrecadar o imposto, bem como o Distrito Federal que irá arrecadar tributos estaduais e municipais dentro de sua circunscrição (art. 147 da Constituição Federal).

Por outro lado, o sujeito passivo está definido no art. 34 do Código Tributário Nacional, o qual possibilita que seja eleito como contribuinte do IPTU, o **proprietário do imóvel, o titular do seu domínio útil ou o seu possuidor a qualquer título**. Frise-se, apesar do art. 34 do Código Tributário Nacional incluir o possuidor a qualquer título entre os contribuintes do IPTU, não é qualquer posse que autoriza a exigência do imposto: "*apenas aquelas hipóteses em que o possuidor se comporta como se legítimo proprietário do imóvel fosse. Assim, o locatário, o comodatário e outros que a estes se assemelham não são contribuintes do IPTU*"[14].

Enquanto o proprietário será aquela pessoa que conste no registro do imóvel, o titular do domínio útil é aquele que paga o chamado foro ao senhorio direto, isto é, quem detém direitos sobre imóvel sujeito ao instituto da enfiteuse. E o conceito de posse vem elencado no art. 1.196 do Código Civil, o qual disciplina que possuidor será aquele que tem de fato o exercício, pleno ou não, de algum dos poderes inerentes à propriedade. Neste mesmo raciocínio, a jurisprudência, ao apreciar a matéria, assentou que, "*em tese, o sujeito passivo do IPTU é o proprietário e não o possuidor, a qualquer título (...) Ocorre que, em certas circunstâncias, a posse tem configuração jurídica de título próprio, de investidura do seu titular como se proprietário fosse. É o caso do usufrutuário que, como todos sabemos, tem a obrigação de proteger a coisa como se detivesse o domínio*"[15].

Estão excluídas da figura de contribuinte do IPTU as pessoas que exerçam mera detenção do imóvel, como o locatário e o comodatário, uma vez que a posse, nestes casos, ocorre de maneira precária e transitória. Embora seja comum os contratos de locação transferir o encargo tributário para o locatário, tal previsão é irrelevante para a Fazenda Pública, por força do art. 123 do Código Tributário Nacional.

> *Art. 123. Salvo disposições de lei em contrário, as convenções particulares, relativas à responsabilidade pelo pagamento de tributos, não podem ser opostas à Fazenda Pública, para modificar a definição legal do sujeito passivo das obrigações tributárias correspondentes.*

Com isso, essa cláusula terá valor somente entre as partes contratantes, não tendo poder de alterar a responsabilidade tributária prevista pela lei municipal.

Por outro lado, é permitido aos municípios escolherem responsáveis tributários, sendo aqueles que, embora não estejam investidos de contribuinte, são identificados pela lei

14. COELHO, Sacha Calmon Navarro. *Comentários à Constituição de 1988*. Rio de Janeiro: Forense, 1990, p. 251.
15. STJ. AgRg no REsp 698.041/RJ, Rel. Ministro FRANCISCO FALCÃO, PRIMEIRA TURMA, julgado em 06.12.2005.

tributária para pagamento do tributo[16]. Por isso, a jurisprudência já decidiu ser possível eleger o promissário comprador como responsável solidário pelo pagamento de IPTU, uma vez possuir interesse comum sobre o direito de propriedade imobiliária:

> *A jurisprudência desta Corte Superior é no sentido de que tanto o promitente comprador (possuidor a qualquer título) do imóvel quanto seu proprietário/promitente vendedor (aquele que tem a propriedade registrada no Registro de Imóveis) são contribuintes responsáveis pelo pagamento do IPTU (REsp 1.110.551/SP, 1ª Seção, Rel. Min. Mauro Campbell Marques, DJe de 18.6.2009 – recurso submetido à sistemática prevista no art. 543-C do CPC). 3. Agravo regimental não provido. (AgRg no AREsp 114.617/RS, Rel. Ministro MAURO CAMPBELL MARQUES, SEGUNDA TURMA, julgado em 08/05/2012, DJe 14/05/2012)*

No caso de **arrematação** de imóvel em hasta pública, o arrematante levará o imóvel desembaraçado e livre de quaisquer ônus pelo preço da arrematação. Não arcará com nenhum débito tributário pendente do imóvel, sendo que o preço pago pela arrematação ficará como garantia da dívida, nos termos do art. 130, par. único, CTN:

> *Art. 130. Os créditos tributários relativos a impostos cujo fato gerador seja a propriedade, o domínio útil ou a posse de bens imóveis, e bem assim os relativos a taxas pela prestação de serviços referentes a tais bens, ou a contribuições de melhoria, subrogam-se na pessoa dos respectivos adquirentes, salvo quando conste do título a prova de sua quitação.*
>
> *Parágrafo único. No caso de arrematação em hasta pública, a sub-rogação ocorre sobre o respectivo preço.*

Neste caso, o art. 130 do CTN disciplina que no caso do fato gerador do IPTU ocorrer antes da alienação do imóvel a norma de responsabilidade por sucessão não afasta a sujeição passiva do alienante. O parágrafo único do art. 130 do CTN ajuda não só a compreender o alcance e sentido da sub-rogação do caput, cujo efeito tem caráter meramente aditivo e integrador do terceiro adquirente sem liberação do devedor primitivo, como reforça o regime jurídico específico do instituto tributário em relação à disciplina estabelecida no Direito Civil.

Nesse sentido é o entendimento do Superior Tribunal de Justiça:

> *A correta interpretação do art. 130 do CTN, combinada com a característica não excludente do parágrafo único, permite concluir que o objetivo do texto legal não é desresponsabilizar o alienante, mas responsabilizar o adquirente na mesma obrigação do devedor original. Trata-se de responsabilidade solidária, reforçativa e cumulativa sobre a dívida, em que o sucessor no imóvel adquirido se coloca ao lado do*

16. No concurso para **Procurador da Fazenda Nacional, a banca ESAF (2012),** considerou como CORRETA a assertiva que afirmou que *"são contribuintes responsáveis pelo pagamento do IPTU tanto o promitente comprador do imóvel quanto o promitente vendedor, podendo ambos figurar conjuntamente no polo passivo em ações de cobrança do imposto"*

> *devedor primitivo, sem a liberação ou desoneração deste. (AgInt no AREsp 942.940/RJ, Rel. Ministro HERMAN BENJAMIN, SEGUNDA TURMA, julgado em 15/08/2017, DJe 12/09/2017)*

Também existe um posicionamento interessante na jurisprudência de que na hipótese de desapropriação do imóvel, persiste a responsabilidade do proprietário, mesmo após o decreto expropriatório, enquanto não tenha sido deferida e efetivada a imissão provisória na posse. Somente com a imissão provisória da posse é que a responsabilidade tributária referente ao IPTU passará a ser da entidade expropriante, nos termos do entendimento do Superior Tribunal de Justiça:

> *A simples declaração de utilidade pública, para fins de desapropriação, não retira do proprietário do imóvel o direito de usar, gozar e dispor do seu bem, podendo até aliená-lo. Enquanto não deferida e efetivada a imissão de posse provisória, o proprietário do imóvel continua responsável pelos impostos a ele relativos (STJ. REsp 239.687/SP, Primeira Turma, Rel. Min. Garcia Vieira, DJ de 20.3.2000).*

Assim, cabe notar que o ente desapropriante não responde por tributos incidentes sobre o imóvel desapropriado nas hipóteses em que o período de ocorrência dos fatos geradores é anterior ao ato de aquisição originária da propriedade[17]. Se por um lado os artigos 130 e 131, I, do CTN, disciplinem que o comprador do imóvel se sub-roga nos direitos e obrigações que decorrem da aquisição, ou seja, se torna pessoalmente responsável pelos impostos referentes ao bem adquirido. Por outro, a desapropriação, de acordo com doutrina, é forma originária de aquisição da propriedade, ficando os eventuais credores sub-rogados no preço.

Com mencionado acima, em regra, o imposto será lançado em face do proprietário, ou seja, aquele proprietário que consta na matrícula do imóvel, conforme dispõe o art.1245 do Código Civil[18]. Contudo, é possível identificar uma realidade fática diversa daquela definida na legislação, onde quem exerce efetivamente os direitos de propriedade com *animus domini* (usar e gozar) são posseiros.

Portanto, o art. 34 do Código Tributário Nacional permite incluir como contribuinte somente o proprietário, titular de domínio útil e possuidor a qualquer título.

Proprietário	Titular Domínio Útil	Possuidor
Registro Imobiliário	Enfiteuse	Detentor do direito de superfície (art. 1369 CC)
–	–	Usufrutuário

17. REsp 1.668.058-ES, Rel. Min. Mauro Campbell Marques, por unanimidade, julgado em 8/6/2017, DJe 14/6/2017.
18. Art. 1.245. Transfere-se entre vivos a propriedade mediante o registro do título translativo no Registro de Imóveis.

Proprietário	Titular Domínio Útil	Possuidor
_	_	Qualquer posse que demonstre a existência de animus domini
_	_	Promitente comprador na posse do imóvel
***Desapropriação: proprietário deixa de ser contribuinte somente após imissão provisória ou definitiva de posse	_	***não engloba o locatário, administrador, comodatário ou mero detentor

4.1. Invasões de Terras

Caso interessante de ser analisado é a respeito da invasão de propriedades urbanas e sua repercussão na obrigação tributária de pagar o IPTU. Em tese, a Fazenda Pública irá lançar o tributo em face do proprietário do imóvel invadido, uma vez que é este que consta no registro de imóveis. Contudo, relembra-se que o Código Civil define que proprietário é aquele que tem a faculdade de usar, gozar e dispor da coisa, e o direito de reavê-la.

A discussão se concentra no fato de que diante de uma invasão de propriedade, o proprietário deixará de usá-la e fruí-la, muitas vezes de dispô-la também, ou seja, a **propriedade deixa de ser plena** em razão do empecilho criado pelos invasores. Diante deste fato, a jurisprudência se manifestou no sentido de que aquele que estiver desprovido ilegalmente dos direitos sobre a sua propriedade e sem possibilidade de reavê-la, não pode se enquadrar como sujeito passivo dos tributos sobre propriedade:

> *PROCESSUAL CIVIL. ADMINISTRATIVO. TRIBUTÁRIO. EMBARGOS À EXECUÇÃO FISCAL. ART. 535, II, DO CPC. OMISSÃO. NÃO OCORRÊNCIA. IPTU. COBRANÇA. SUJEITO PASSIVO. PROPRIETÁRIO DO IMÓVEL. INVASÃO DA PROPRIEDADE POR TERCEIROS. DESAPROPRIAÇÃO. IMISSÃO NA POSSE PELO PODER PÚBLICO APÓS O FATO GERADOR. ARTIGO 34 DO CTN. EXAÇÃO INDEVIDA. POSSE DO MUNICÍPIO EXPROPRIANTE EXERCIDA ANTES DA AUTORIZAÇÃO JUDICIAL DE IMISSÃO PROVISÓRIA. LOTEAMENTO E BENFEITORIAS NA ÁREA. ANIMUS APROPRIANDI. Não se pode exigir do proprietário o pagamento do IPTU quando sofreu invasão de sua propriedade por terceiros, defendeu-se através dos meios jurídicos apropriados e foi expropriado pela municipalidade, sendo que esta, antes de receber a autorização judicial para imissão provisória, ingressou na área com o ânimo de desapropriante. (REsp 1111364/SP, Rel. Ministro BENEDITO GONÇALVES, PRIMEIRA TURMA, julgado em 25/08/2009, DJe 03/09/2009)*

> *TRIBUTÁRIO. ITR. INCIDÊNCIA SOBRE IMÓVEL. INVASÃO DO MOVIMENTO "SEM TERRA". PERDA DO DOMÍNIO E DOS DIREITOS INERENTES À PROPRIEDADE. IMPOSSIBILIDADE DA SUBSISTÊNCIA DA EXAÇÃO TRIBUTÁRIA. PRINCÍPIO DA PROPORCIONALIDADE. RECURSO ESPECIAL NÃO PROVIDO. (...) A propriedade plena pressupõe o domínio, que se subdivide nos poderes de usar, gozar, dispor e reinvidicar a coisa. Em que pese ser a propriedade um dos fatos geradores do ITR, essa propriedade não é plena quando o imóvel encontra-se invadido, pois*

> *o proprietário é tolhido das faculdades inerentes ao domínio sobre o imóvel. Com a invasão do movimento "sem terra", o direito da recorrida ficou tolhido de praticamente todos seus elementos: não há mais posse, possibilidade de uso ou fruição do bem; consequentemente, não havendo a exploração do imóvel, não há, a partir dele, qualquer tipo de geração de renda ou de benefícios para a proprietária. (REsp 1144982/PR, Rel. Ministro MAURO CAMPBELL MARQUES, SEGUNDA TURMA, julgado em 13/10/2009, DJe 15/10/2009)*

Por isso, a invasão da propriedade provoca o esvaziamento dos direitos inerentes a ela, sendo que a ausência destes elementos impede a cobrança do IPTU do proprietário.

4.2. Terras da marinha

Outro ponto a ser analisado seria a respeito daqueles imóveis situados em locais ditos terras de marinha, dentro do perímetro urbano, haja vista que os ocupantes destas áreas são obrigados a pagar um valor anual, denominado de taxa de ocupação, para o Governo Federal (art. 20 VII da CF).

Segundo o Decreto-Lei 9.760/46, que lista os bens da União, entende-se como terrenos de marinha, aquelas áreas que ocupam a faixa litorânea de 33 metros, medidos a partir da linha das áreas inundadas pela maré alta do ano de 1831. Para isso, estas áreas devem estar situadas no continente, na costa marítima e nas margens dos rios e lagoas, até onde se faça sentir a influência das marés ou que contornem as ilhas situadas em zona onde se faça sentir a influência das marés[19].

Considerando que o critério material do IPTU é o exercício da "*propriedade, domínio útil ou posse de bem imóvel por natureza ou acessão física*", deve-se analisar se tais elementos compõem a posse sobre terrenos de marinha.

É possível classificar a posse de terrenos de marinha em dois regimes no DL 9760/46: aforamento (art. 99) e ocupação (127). No primeiro caso, quando for aforamento, não há dúvidas que existe domínio útil, sendo possível eleger o particular como sujeito passivo do IPTU, eis que é um caso que se enquadra na antiga hipótese de enfiteuse[20]. A polêmica se concentra no fato do regime de ocupação, uma vez que o ocupante, regularmente autorizado pela Secretaria do Patrimônio da União (SPU), possui mera detenção do imóvel, sendo obrigado a pagar a taxa de ocupação.

Existem poucos posicionamentos jurisprudenciais e doutrinários a respeito, mas pela análise da legislação é possível perceber que os terrenos de propriedade da União não geram uma posse exclusiva para os particulares. Essa ocupação é uma forma de posse precária, sendo que a União pode retomar o imóvel a qualquer tempo mediante o pagamento

19. Convém lembrar que se estas áreas tenham o domínio sido transferido para Estados e/ou Municípios não se considera mais como terreno de marinha.

20. BALEEIRO, Aliomar. *Direito Tributário Brasileiro*. Atualizada por Misabel Abreu Machado Derzi. 11. ed. Rio de janeiro: Forense, 2005, p. 244/246.

de indenização das benfeitorias (art. 132 DL 9760/46) e insuscetível de haver usucapião (art. 191, Par. Único da CF). O que mostra não ser possível a identificação da existência de uma posse com *animus domini* dos ocupantes de terrenos de marinha.

Apesar da existência de alguns entendimentos jurisprudenciais no sentido de que os ocupantes de terrenos de marinha são sujeito passivo do IPTU[21], prevalece o entendimento do Supremo Tribunal Federal de que os ocupantes de terrenos da União **não detém a posse exclusiva**, mas apenas a posse desdobrada decorrente do instituto jurídico que lhes outorgou o direito real de uso:

> *EMENTA: AGRAVO REGIMENTAL NO RECURSO EXTRAORDINÁRIO. IPTU. IMÓVEL DE PROPRIEDADE DA UNIÃO. CONTRATO DE CONCESSÃO DE USO. POSSE PRECÁRIA. PÓLO PASSIVO DA OBRIGAÇÃO TRIBUTÁRIA. IMUNIDADE RECÍPROCA. ART. 150, VI, "A", DA CONSTITUIÇÃO DO BRASIL. IMPOSSIBILIDADE DA TRIBUTAÇÃO. 1. O Supremo Tribunal Federal, em caso análogo ao presente, o RE nº 451.152, Relator o Ministro Gilmar Mendes, DJ de 27.4.07, fixou entendimento no sentido da impossibilidade do detentor da posse precária e desdobrada, decorrente de contrato de concessão de uso, figurar no pólo passivo da obrigação tributária. Precedentes. 2. Impossibilidade de tributação, pela Municipalidade, dos terrenos de propriedade da União, em face da imunidade prevista no art. 150, VI, "a", da Constituição. (STF. RE 599417 AgR, Relator(a): Min. EROS GRAU, Segunda Turma, julgado em 29/09/2009)*

Portanto, prevalece o entendimento de que a taxa de ocupação não possui natureza tributária[22], bem como, a utilização dos imóveis localizados em terreno de marinha pode ocorrer de duas formas: aforamento e ocupação. Somente haverá possibilidade de incidência de IPTU no primeiro caso, pois no segundo inexiste posse com *animus domini*.

4.3. Exigência do IPTU no caso de loteamento irregular

Conforme trabalhado acima, a hipótese de incidência do IPTU é o exercício do domínio sobre propriedade imóvel, ou seja, "*ser proprietário de bem imóvel*". A este respeito, vale destacar que aquele que está na posse com *animus domini* de determinado bem não se excluem da mencionada materialidade.

Eduardo Sabbag leciona que o proprietário é aquele que tem domínio exclusivo do bem, com gozo jurídico, fruição e disposição do bem imóvel. Aquele que detém o domínio útil utiliza um dos elementos de gozo jurídico da propriedade plena, como exemplo, o enfiteuta e o usufrutuário. E, por fim, a posse para fins de IPTU, refere-se ao possuidor que age como titular fosse do domínio útil, em posse caracterizada como *usucapione*[23].

21. TJSC, Apelação Cível nº 2009.002353-1, de Barra Velha, rel. Des. Newton Trisotto, j. 11-08-2009.
22. TRF4, AC 0015478-55.2012.404.9999, Terceira Turma, Relatora Maria Lúcia Luz Leiria, D.E. 19/12/2012.
23. Cf. SABBAG. Eduardo de Moraes. *Elementos do Direito Tributário*. 8. ed. São Paulo: Editora Premier Máxima, 2007, p. 311/312.

Em certas horas se visualiza um aparente problema jurídico em se identificar *a priori* o sujeito passivo, eis que o proprietário não exerce a posse plena/direta. E, paralelamente, existe um exercício de posse, inicialmente irregular, mas que se consumou no tempo.

Nos casos em que a realidade fática é diversa daquela definida na legislação, pois quem exerce efetivamente os direitos de propriedade (usar e gozar) são os posseiros. Diante de tal celeuma, deve-se separar as duas situações: de um lado, a identificação do proprietário na matrícula do imóvel, conforme dispõe o art. 1.245 do Código Civil[24]; de outro, a identificação de posseiros com *animus domini*.

A título de exemplo, o art. 18 do Código Tributário Municipal de São José dos Pinhais permite que a situação fática seja levada em conta pelos fiscais municipais para fins de lançamento tributário:

> ***Art. 18.*** *Para efeito de caracterização da unidade imobiliária, poderá ser considerada a situação de fato do bem imóvel abstraindo-se a descrição contida no respectivo título de propriedade.*

Em outras palavras, a Fazenda Pública Municipal não está vinculada de maneira absoluta ao que dispõe na matrícula do imóvel, sendo permitido realizar o lançamento tributário com base em situação fática, desde que identificado, motivadamente, o fato gerador e o sujeito passivo do tributo. No caso da situação fática demonstrar a existência de unidades divididas (terrenos autônomos), ainda que dentro de uma mesma matrícula, é possível, juridicamente, haver lançamentos individualizados.

Em defesa do lançamento individualizado, leciona Aires F. Barreto:

> *A regra é que a incidência não se subordine ao cumprimento de quaisquer exigências legais, regulamentares ou administrativas. Independe, outrossim, da efetiva ocupação do imóvel edificado, exigindo-se, apenas, possua condições de habitualidade ou de utilização para o exercício de quaisquer atividades*[25]

Nestas situações considera-se que há um verdadeiro condomínio, ou seja, posse conjunta sem identificação jurídica dos proprietários individuais. Mas, diante de identificação *in loco* (fática), será possível que o Município realize o levantamento dos lotes e proceda o lançamento com base nos imóveis *pro diviso.*

O Tribunal de Justiça do Estado do Paraná já se manifestou acerca de uma situação de loteamento clandestino, onde não haviam lotes individualizados, o que reclama lançamento sem fracionamento:

> *Não individualizados os lotes de loteamento clandestino, estando a área, portanto, ainda como uma fração única, é inviável pretender-se obter lançamento e cobrança de IPTU em relação a uma fração ideal. (TJPR – 18ª C. Cível – AC 294459-0 – Curitiba – Rel.: Rabello Filho – J. 25.01.2006)*

---

24. Art. 1.245. Transfere-se entre vivos a propriedade mediante o registro do título translativo no Registro de Imóveis.

25. BARRETO, Aires F. *Curso de Direito Tributário Municipal*. São Paulo: Saraiva, 2009, p. 241.

O Tribunal de Justiça do Rio Grande do Sul já decidiu que, em regra, em caso de loteamento irregular, o proprietário será contribuinte do IPTU, exceto se houver posse *ad usucapionem* (*animus* definitivo):

> *EXECUÇÃO FISCAL. IPTU. PROPRIEDADE. ILEGITIMIDADE PASSIVA. PRESCRIÇÃO. EXCESSO. 1. O proprietário, enquanto não regularizado o loteamento, responde pelo IPTU, salvo se comprovado que os adquirentes detêm posse 'ad usucapionem'. Hipótese em que esta prova não foi feita. (TJ-RS – Apelação Cível nº 70.004.228.706, 2ª Câmara Cível, relatora Desa. Maria Isabel de Azevedo Souza, julgado em 29/05/2002).*

Caso contrário, se a situação fática demonstrar que existem **unidades divididas** (terrenos autônomos), ainda que dentro de uma mesma matrícula, é possível, juridicamente, haver lançamentos individualizados. Por isso, entende-se que a Fazenda Pública Municipal não está vinculada de maneira absoluta ao que dispõe na matrícula do imóvel, sendo permitido realizar o lançamento tributário com base em situação fática, desde que identificado, motivadamente, o fato gerador e o sujeito passivo do tributo.

Inclusive, o Superior Tribunal de Justiça já decidiu ser desnecessária a prévia inscrição de unidades autônomas no registro de imóveis para a cobrança do IPTU individualizado:

> ***O fisco, verificando a divisão de imóvel preexistente em unidades autônomas, pode proceder às novas inscrições de IPTU, ainda que não haja prévio registro das novas unidades em cartório de imóveis.*** *Conforme o art. 32 do CTN, o fato gerador do IPTU é a propriedade, o domínio útil ou a posse. O art. 34 do referido diploma, por sua vez, preconiza que o "contribuinte do imposto é o proprietário do imóvel, o titular do seu domínio útil, ou o seu possuidor a qualquer título". Observa-se,* ***portanto, que é absolutamente dispensável o prévio registro imobiliário das novas unidades para proceder ao lançamento do IPTU individualizado****. Basta a configuração da posse do bem imóvel para dar ensejo à exação. Assim, verificando-se a superveniência de unidades autônomas, é devida a cobrança do IPTU de forma individualizada, uma vez que é pacífico o entendimento de que os impostos reais — IPTU e ITBI, em especial — referem-se aos bens autonomamente considerados. Desse modo, seria incabível tratar diversos imóveis como universalidade para fins de tributação. Precedente citado: REsp 722.752-RJ, Segunda Turma, DJe 11/11/2009.* ***REsp 1.347.693-RS, Rel. Min. Benedito Gonçalves, julgado em 11/4/2013****.*

Em outra oportunidade, o Superior Tribunal de Justiça analisou um caso em que envolvia a controvérsia acerca da incidência do IPTU sobre imóvel construído em condomínio irregular, sendo que neste caso o terreno era de propriedade de um ente público:

> *PROCESSUAL CIVIL E TRIBUTÁRIO. RECURSO ESPECIAL. ALÍNEA "C". AUSÊNCIA DE SIMILITUDE FÁTICA ENTRE O ACÓRDÃO RECORRIDO E O APONTADO COMO PARADIGMA. INCIDÊNCIA DO IPTU SOBRE CONDOMÍNIOS IRREGULARES.*
>
> *É patente que o recorrente exerce alguns dos poderes inerentes à propriedade sobre o imóvel, já que exterioriza o seu ânimo de proprietário*

> *e, no plano fático dispõe do imóvel, ainda que por intermédio de contratos irregulares, realizados sem participação do real proprietário. Cumpre esclarecer em que pese no caso o poder fático que exerce sobre os bens públicos não seja qualificado no plano jurídico como posse suficientemente capaz para gerar a aquisição da propriedade por usucapião ou a garantir a proteção possessória em face dos entes públicos, os detentores de bens públicos se caracterizam como possuidores a qualquer título, para efeito de incidência do IPTU, devendo ser considerados sujeitos passivos já que patente o seu inequívoco ânimo de se apossar definitivamente dos imóveis ou deles dispor mediante contrato oneroso. 6. Recurso especial parcialmente conhecido, e nessa parte não provido. (REsp 1402217/DF, Rel. Ministro MAURO CAMPBELL MARQUES, SEGUNDA TURMA, julgado em 17/11/2015, DJe 24/11/2015)*

Outro caso interessante julgado pelo Superior Tribunal de Justiça envolvia a posse de um imóvel público localizado em um condomínio irregular de Brasília. Prevaleceu o entendimento de que no caso o poder fático que exerce sobre os bens públicos não seja qualificado no plano jurídico como posse suficientemente capaz para gerar a aquisição da propriedade por usucapião ou a garantir a proteção possessória em face dos entes públicos, os detentores de bens públicos se caracterizam como possuidores a qualquer título, para efeito de incidência do IPTU:

> *PROCESSUAL CIVIL E TRIBUTÁRIO. RECURSO ESPECIAL. ALÍNEA "C". AUSÊNCIA DE SIMILITUDE FÁTICA ENTRE O ACÓRDÃO RECORRIDO E O APONTADO COMO PARADIGMA. INCIDÊNCIA DO IPTU SOBRE CONDOMÍNIOS IRREGULARES.*
>
> *1. A divergência jurisprudencial deve ser demonstrada segundo o disposto no arts. 541 do CPC e 255 do RISTJ, que exigem o cotejo analítico das teses dissidentes com a demonstração das circunstâncias que identifiquem ou assemelhem os casos confrontados.*
>
> *O desrespeito a esses requisitos legais e regimentais impede o conhecimento do Recurso Especial com base na alínea "c" do inciso III do art. 105 da Constituição Federal.*
>
> *2. Cinge-se a controvérsia dos autos acerca da incidência do IPTU sobre imóvel construído em condomínio irregular (em terrenos públicos).*
>
> *3. A luz do disposto nos artigos 32 e 34 do CTN são contribuintes do IPTU o proprietário do imóvel, titular do seu domínio útil ou o seu possuidor a qualquer título. O CTN não estabelece qualquer limitação ou restrição ao tipo de posse, para fins de incidência do fato gerador do IPTU, e nem ao seu possuidor, como contribuinte.*
>
> *4. É patente que o recorrente exerce alguns dos poderes inerentes à propriedade sobre o imóvel, já que exterioriza o seu ânimo de proprietário e, no plano fático dispõe do imóvel, ainda que por intermédio de contratos irregulares, realizados sem participação do real proprietário.*
>
> *5. **Cumpre esclarecer em que pese no caso o poder fático que exerce sobre os bens públicos não seja qualificado no plano jurídico como posse suficientemente capaz para gerar a aquisição da propriedade***

> ***por usucapião ou a garantir a proteção possessória em face dos entes públicos, os detentores de bens públicos se caracterizam como possuidores a qualquer título, para efeito de incidência do IPTU, devendo ser considerados sujeitos passivos já que patente o seu inequívoco ânimo de se apossar definitivamente dos imóveis ou deles dispor mediante contrato oneroso.***
>
> *6. Recurso especial parcialmente conhecido, e nessa parte não provido.*
>
> *(REsp 1402217/DF, Rel. Ministro MAURO CAMPBELL MARQUES, SEGUNDA TURMA, julgado em 17/11/2015, DJe 24/11/2015)*

Desta forma, o proprietário de um imóvel localizado em um condomínio irregular, ainda que sobre bem público, deverá pagar o IPTU. Ainda que os bens públicos não admitam a perpetuação da propriedade, através da usucapião, é inegável que no caso em tela, a posse foi exercida com *animus domini* para efeitos da tributação municipal.

4.4. Imunidades de terrenos baldios de Templos Religiosos e de Entidades Educacionais e Assistenciais

A Constituição de 1988 instituiu a imunidade tributária dos templos de qualquer culto na alínea "b" do inciso VI do art. 150, disciplinando ser vedado aos entes públicos instituir impostos sobre o patrimônio, renda e serviços relacionados com suas finalidades essenciais.

Quanto à imunidade dos templos religiosos, o doutrinador Sacha Calmon Navarro Coelho defende uma linha teórica restritiva, assim leciona sobre a abrangência desta espécie de imunidade:

> *o templo é o lugar destinado ao culto e hoje os templos e todas as religiões são comumente edifícios. Nada impede, porém, que o templo ande sobre barcos, caminhões e vagonetes, ou seja, em terreno não edificado. Onde que se oficie um culto, aí é o templo. Como no Brasil o Estado é laico, vale dizer, não tem religião oficial, todas as religiões devem ser respeitadas e protegidas, salvo para evitar abusos. Quando ocorre a tributação objetiva-se evitar que sob a capa da fé se pratiquem atos de comércio ou se tenha o objetivo de lucro, sem qualquer finalidade benemérita*[26]

Por outro lado, Aliomar Baleeiro, influenciou a criação de uma segunda corrente doutrinária, seguindo uma linha mais liberal de interpretação extensiva, de forma a identificar o templo de qualquer culto como todo conjunto de bens e atividades organizadas para o exercício do culto religioso:

> *...o templo não deve ser apenas a igreja, sinagoga ou edifício principal, onde se celebra a cerimônia pública, mas também a dependência*

26. COELHO, Sacha Calmon Navarro. *Manual de Direito Tributário*. 2. ed. Rio de Janeiro: Forense, 2002, p. 151..

> *acaso contígua, o convento, os anexos por força de compreensão, inclusive a casa ou residência especial, do pároco ou pastor, pertencente à comunidade religiosa, desde que não empregados em fins econômicos*[27] *(1998, p. 136).*

Na mesma linha da segunda corrente doutrinária[28], o Supremo Tribunal Federal adotou a interpretação extensiva a fim de que a imunidade prevista no art. 150, VI, "b", CF deveria abranger não somente os prédios destinados aos culto, mas também de imóveis de sua propriedade que se encontram alugados, desde que o valor seja aplicado em suas finalidades essenciais (RE nº 325.822-2/SP).

O Supremo Tribunal Federal fixou o entendimento de que a imunidade tributária dos templos de qualquer culto deveria ser afastada quando da existência de lotes vagos, terrenos, terras improdutivas e prédios comerciais pertencentes à entidade religiosa (Recurso Extraordinário nº 325.822/SP). Contudo, em vista da mutação constitucional, o Supremo Tribunal Federal mudou seu posicionamento, sendo que atualmente prevalece o entendimento que a imunidade tributária, prevista no art. 150, VI, "c", da CF/88, aplica-se aos bens imóveis, temporariamente ociosos, de propriedade das instituições de educação e de assistência social sem fins lucrativos que atendam aos requisitos legais:

> **REPERCUSSÃO GERAL EM RE nº 767.332-MG**
>
> *RELATOR: MIN. GILMAR MENDES*
>
> *Recurso extraordinário. Repercussão geral. 2. Imunidade tributária. Instituições de educação e de assistência social, sem fins lucrativos, atendidos os requisitos da lei. 3. IPTU. Lote vago. Não incidência. 4. A imunidade tributária, prevista no art. 150, VI, c, da CF/88, aplica-se aos bens imóveis, temporariamente ociosos, de propriedade das instituições de educação e de assistência social sem fins lucrativos que atendam os requisitos legais. Precedentes. 5. Recurso não provido. Reafirmação de jurisprudência.*

Neste caso, não cabe à entidade religiosa, educacional ou assistencial demonstrar que utiliza o bem de acordo com suas finalidades institucionais. Ao contrário, compete à Administração tributária demonstrar a eventual tredestinação do bem gravado pela imunidade:

> *EMENTA: AGRAVO REGIMENTAL EM RECURSO EXTRAORDINÁRIO COM AGRAVO. IMUNIDADE TRIBUTÁRIA DE TEMPLOS RELIGIOSOS. IPTU. IMÓVEL VAGO. DESONERAÇÃO RECONHECIDA. O Supremo Tribunal Federal consolidou o entendimento de que não cabe à entidade religiosa demonstrar que utiliza o bem de acordo com suas finalidades institucionais. Ao contrário, compete à Administração tributária demonstrar a eventual tredestinação do bem gravado pela imunidade. Nos termos da jurisprudência da Corte, a imunidade tributária em*

27. BALEEIRO, Aliomar. *Limitações constitucionais ao poder de tributar*. Rio de Janeiro: Forense, 1998, p. 136.
28. CARVALHO, Paulo de Barros. *Curso de Direito Tributário*. 13. ed. São Paulo: Saraiva, 2000, p. 185.

questão alcança não somente imóveis alugados, mas também imóveis vagos. Agravo regimental a que se nega provimento. (ARE 800395 AgR, Relator(a): Min. ROBERTO BARROSO, Primeira Turma, julgado em 28/10/2014, PROCESSO ELETRÔNICO DJe-224 DIVULG 13-11-2014 PUBLIC 14-11-2014)

Portanto, o panorama atualmente existente é de que os imóveis, ainda que ociosos pertencentes a templos de qualquer culto, instituições de educação e de assistência social sem fins lucrativos, estarão beneficiados pela imunidade tributária. Somente não se aplicará a imunidade tributária no caso de que o benefício deste bem não esteja sendo aplicado nas suas finalidades essenciais, sendo que o ônus probatório pertence à Fazenda Pública.

4.5. Imunidade e sucessão tributária – caso da RFFSA

Ao se analisar o IPTU é essencial analisar a questão que envolve a extinção da Rede Ferroviária Federal S/A, uma vez que gerou uma polêmica significativa no âmbito jurisprudencial.

A Rede Ferroviária Federal S/A foi extinta em 22 de janeiro de 2007, por disposição da MP 353, convertida na Lei nº 11.483/07, sucedendo-lhe a União Federal nos direitos, obrigações e ações judiciais. Assim, todos os imóveis da extinta RFFSA foram transferidos para a União, juntamente com os débitos de IPTU.

O Tribunal Regional Federal da 4º Região manteve durante alguns anos o entendimento de que a simples incorporação da RFFSA pela União Federal teria o condão de extinguir o crédito tributário pela aplicação da imunidade tributária recíproca, ainda que o fato gerador tenha ocorrido em momento anterior ao evento.

Observe entendimento deste Tribunal:

EMENTA: TRIBUTÁRIO. EMBARGOS À EXECUÇÃO FISCAL. RFFSA. SUCESSÃO TRIBUTÁRIA DA UNIÃO. IMUNIDADE RECÍPROCA. IPTU. SUB-ROGAÇÃO. 1. A Rede Ferroviária Federal S/A foi extinta em 22 de janeiro de 2007, por disposição da MP 353, convertida na Lei nº 11.483/07, sucedendo-lhe a União nos direitos, obrigações e ações judiciais. 2. Com a transferência da propriedade do imóvel, o IPTU sub-roga-se na pessoa do novo proprietário, nos termos do artigo 130 do CTN. Assim, como a União goza da imunidade recíproca prevista no artigo 150, VI, "a", da CF/88, é inexigível o IPTU sobre imóvel incorporado ao seu patrimônio, ainda que os fatos geradores sejam anteriores à ocorrência da sucessão tributária. (TRF4, AC 5036593-23.2012.404.7000, Segunda Turma, Relatora p/ Acórdão Luciane Amaral Corrêa Münch, D.E. 27/02/2014)

EMENTA: EMBARGOS À EXECUÇÃO FISCAL. REDE FERROVIÁRIA FEDERAL – RFFSA. IPTU. IMUNIDADE RECÍPROCA. ART. 150, VI, "A", DA CF/88. 1. A Rede Ferroviária Federal S/A foi extinta em 22 de janeiro de 2007, por disposição da MP 353, convertida na Lei nº 11.483/07, sucedendo-lhe a União nos direitos, obrigações e ações judiciais. 2. A imunidade constitucional por reciprocidade (art. 150, VI, ‹a›, da

> *Constituição Federal), torna inexigível o IPTU sobre o patrimônio que a União incorporou por força da extinção da Rede Ferroviária Federal, ainda que o fato gerador do imposto seja anterior à sucessão. (TRF4, AC 5013112-94.2013.404.7000, Segunda Turma, Relator p/ Acórdão Otávio Roberto Pamplona, D.E. 20/02/2014)*

Em linhas gerais, este Tribunal Regional mantinha posicionamento de que a imunidade tributária, no que diz respeito ao IPTU, deveria ser aplicada de forma retroativa.

Contudo, discorda-se de tal entendimento, haja vista que a imunidade tributária não pode ser aplicada a ponto de beneficiar uma pessoa jurídica de direito privado (RFFSA). Seria um típico caso de sucessão tributária, onde a União Federal irá responder pelos débitos, em especial tributários, gerados pela empresa de sociedade de economia mista sucedida.

A doutrina tributária delimita adequadamente o instituto da sucessão tributária a fim de preservar a obrigação tributária originária antes do fato que desencadeou a sucessão, conforme palavras de Luciano Amaro:

> *"A sucessão dá-se no plano da obrigação tributária, por modificação subjetiva passiva, Assim, o sucessor passa a ocupar a posição do antigo devedor, no estado em que a obrigação se encontrava na data do evento que motivou a sucessão"*[29].

Neste sentido, por votação unânime, o Plenário do Supremo Tribunal Federal deu provimento ao Recurso Extraordinário n. 599176, no sentido de que não se aplica a imunidade tributária recíproca a débito de Imposto Predial e Territorial Urbano-IPTU devido pela extinta Rede Ferroviária Federal S/A (RFFSA). Eis o Acórdão do Supremo Tribunal Federal:

> *EMENTA: CONSTITUCIONAL. TRIBUTÁRIO. IMUNIDADE TRIBUTÁRIA RECÍPROCA. INAPLICABILIDADE À RESPONSABILIDADE TRIBUTARIA POR SUCESSÃO. ART. 150, VI, A DA CONSTITUIÇÃO. A imunidade tributária recíproca não exonera o sucessor das obrigações tributárias relativas aos fatos jurídicos tributários ocorridos antes da sucessão (aplicação "retroativa" da imunidade tributária). Recurso Extraordinário ao qual se dá provimento. (RE 599176, Relator(a): Min. JOAQUIM BARBOSA, Tribunal Pleno, julgado em 05/06/2014)*

A partir desta decisão, embora ausente de efeito vinculante e erga omnes, está sendo aplicado o presente entendimento aos casos semelhantes, atribuindo à União a responsabilidade por sucessão da empresa RFFSA nos termos da Lei 11.483/2007. Com isso, a partir da extinção da RFFSA, todo seu patrimônio passou a pertencer à União. Juntamente com créditos, a União Federal não poderá refutar os encargos/ônus, dentre eles o pagamento dos tributos que acompanham a empresa sucedida. É importante notar que a imunidade recíproca não terá força de afastar a responsabilidade tributária por sucessão, na hipótese em que o sujeito passivo era contribuinte regular do tributo devido na época do fato gerador.

29. AMARO, Luciano. *Direito Tributário Brasileiro*. 20 ed. São Paulo: Saraiva, 2014, p. 346.

Em linhas gerais, a regra constitucional da imunidade, por se destinar à proteção específica do ente federado, é inaplicável aos créditos tributários constituídos legitimamente contra pessoas jurídicas privadas, que na época eram passíveis de tributação. Uma vez extinta a Rede Ferroviária, seu patrimônio e suas responsabilidades foram transferidas à União Federal, que passou a responder pelos créditos tributários não pagos, com base no artigo 130 do Código Tributário Nacional.

Na fundamentação do Recurso Extraordinário 599176, o Ministro Relator Joaquim Barbosa assim se pronunciou:

> *"Nesse contexto, a imunidade recíproca é inaplicável se a atividade ou entidade demonstrarem capacidade contributiva, se houver risco à livre iniciativa e às condições de justa concorrência, ou não estiver em jogo risco ao pleno exercício da autonomia política que a Constituição Federal confere aos entes federados"*

Pondere-se ainda, segundo o eminente Ministro que:

> *"a Constituição Federal é expressa ao excluir da imunidade o patrimônio, a renda, os serviços relacionados à exploração de atividades econômicas regidas pelas normas aplicáveis a empreendimentos privados, ou em que haja contraprestação no pagamento de preços ou tarifas pelo usuário".*

Por tais razões, neste caso não haverá a aplicação da imunidade recíproca, mas sim da responsabilidade da União Federal por sucessão.

4.6. Incidência do IPTU sobre imóvel com restrição ambiental

Nota-se que o Imposto sobre a Propriedade Predial e Territorial Urbana – IPTU tem previsão constitucional no artigo 156, inciso I da Carta Magna como "*propriedade predial e territorial urbana*".

Nesta feita, as denominadas Áreas de Preservação Permanente – APP, previstas no art. 3º, II da Lei 12.651/2012 (Código Florestal), são identificas como:

> *Art. 3°Para os efeitos desta Lei, entende-se por:*
>
> *...*
>
> *II – Área de Preservação Permanente – APP: área protegida, coberta ou não por vegetação nativa, com a função ambiental de preservar os recursos hídricos, a paisagem, a estabilidade geológica e a biodiversidade, facilitar o fluxo gênico de fauna e flora, proteger o solo e assegurar o bem-estar das populações humanas;*

Segundo art. 7º do Código florestal, a vegetação situada em Área de Preservação Permanente deverá ser mantida pelo proprietário da área, possuidor ou ocupante a qualquer título, pessoa física ou jurídica, de direito público ou privado. E, tendo ocorrido supressão de vegetação situada em Área de Preservação Permanente, o proprietário da área, possuidor ou ocupante a qualquer título é obrigado a promover a recomposição da vegetação, ressalvados os usos autorizados previstos nesta Lei.

É evidente que a APP é uma forma de limitação administrativa imposta às propriedades urbanas ou rurais, com o objetivo de preservação do meio ambiente.

Com base nisso, o Superior Tribunal de Justiça decidiu que **incidirá o IPTU sobre imóvel com restrição de APP**:

TRIBUTÁRIO. IPTU. ÁREA DE PRESERVAÇÃO PERMANENTE CUMULADA COM A NOTA DE NON AEDIFICANDI. INCIDÊNCIA DO IMPOSTO.

1. Discute-se nos autos a incidência de IPTU sobre imóvel urbano declarado em parte como área de preservação permanente com nota non aedificandi.

2. Nos termos da jurisprudência do STJ, "A restrição à utilização da propriedade referente a área de preservação permanente em parte de imóvel urbano (loteamento) não afasta a incidência do Imposto Predial e Territorial Urbano, uma vez que o fato gerador da exação permanece íntegro, qual seja, a propriedade localizada na zona urbana do município. Cuida-se de um ônus a ser suportado, o que não gera o cerceamento total da disposição, utilização ou alienação da propriedade, como ocorre, por exemplo, nas desapropriações."(REsp 1128981/SP, Rel. Ministro BENEDITO GONÇALVES, PRIMEIRA TURMA, julgado em 18/03/2010, DJe 25/03/2010).

3. O fato de parte do imóvel ser considerada como área non aedificandi não afasta tal entendimento, pois não há perda da propriedade, apenas restrições de uso, a fim de viabilizar que a propriedade atenda à sua verdadeira função social. Logo, se o fato gerador do IPTU, conforme o disposto no art. 32 do CTN, é a propriedade de imóvel urbano, a simples limitação administrativa de proibição para construir não impede a sua configuração.

4. Não há lei que preveja isenção tributária para a situação dos autos, conforme a exigência dos arts. 150, § 6º, da Constituição Federal e 176 do CTN.

Recurso especial provido.

(REsp 1482184/RS, Rel. Ministro HUMBERTO MARTINS, SEGUNDA TURMA, julgado em 17/03/2015, DJe 24/03/2015)

Em linhas gerais, os argumentos seguidos pelo Superior Tribunal de Justiça são no sentido de que:

a) a propriedade atingida por APP não gera cerceamento total da propriedade; e,

b) se fosse o caso de isenção de IPTU nas referidas áreas, deveria haver previsão legal para tanto, conforme ocorre com o Imposto sobre Propriedade Territorial Rural (ITR).

Assim, entende-se que à luz da interpretação sistemática da regra matriz de incidência do IPTU definida na Constituição Federal, a APP não teria o condão de desnaturar a incidência do IPTU. O próprio art. 1228 do Código Civil, ao definir os direitos inerentes ao exercício da propriedade prevê a limitação administrativa como uma condicionante:

Art. 1.228. O proprietário tem a faculdade de usar, gozar e dispor da coisa, e o direito de reavê-la do poder de quem quer que injustamente a possua ou detenha.

§ 1º O direito de propriedade deve ser exercido em consonância com as suas finalidades econômicas e sociais e de modo que sejam preservados, de conformidade com o estabelecido em lei especial, a flora, a fauna, as belezas naturais, o equilíbrio ecológico e o patrimônio histórico e artístico, bem como evitada a poluição do ar e das águas.

Desse modo, conclui-se pela possibilidade de incidência do IPTU sobre propriedade com limitações administrativas em razão de APP.

4.7. Imunidade e Maçonaria

Neste ponto, investiga-se o alcance da previsão de imunidade tributária em favor de "templos de qualquer culto", expressamente disciplinada pelo art. 150, VI b da CF/88:

Art. 150. Sem prejuízo de outras garantias asseguradas ao contribuinte, é vedado à União, aos Estados, ao Distrito Federal e aos Municípios:

...

VI – instituir impostos sobre:

...

b) templos de qualquer culto;

Neste sentido, a imunidade deve estar relacionada ao fato de existir uma entidade religiosa ou atividade correlata a esta finalidade. Ou seja, todas as religiões deveriam ser tributariamente imunes, sendo que o Prof. Roque Antônio Carrazza assim leciona:

Evidentemente, o Estado tolera todas as religiões que não ofendem a moral, nem os bons costumes, nem, tampouco, fazem perigar a segurança nacional. Há, no entanto, uma presunção no sentido de que a religião é legitima, presunção, esta, que só cederá passo diante de prova em contrário, a ser produzida pelo Poder Público. Graças a esta inteligência, tem-se aceito que também são templos a loja maçônica, o templo positivista e o centro espírita. Mesmo cultos com poucos adeptos têm direito à imunidade[30].

A Maçonaria é entendida como uma sociedade discreta composta por homens livres e de bons costumes, denominando-se mutuamente de irmãos, cultivando valores como a Liberdade, Fraternidade e a Igualdade.[31] Para ingressar e se tornar membro da maçonaria não basta a autoproclamação, sendo preciso um convite formal e apadrinhado por outro

30. CARRAZZA, Antonio Roque. **Curso de Direito Constitucional Tributário**. 9. Ed. São Paulo: Malheiros. 1997. p. 399.

31. http://www.fraternidade.org.br/macom1.htm

maçon. Os membros devem cumprir uma série de juramentos e obrigações, sejam elas esotéricas ou simbólicas, estando todos integrados em uma chamada loja.

Todavia, no julgamento do Recurso Extraordinário 562.351, da relatoria do ministro Ricardo Lewandowski, interposto pela Loja Maçônica Grande Oriente do Sul, situada em Porto Alegre/RS, com o objetivo de afastar cobranças de IPTU, os ministros da 1ª turma do Supremo, conheceram em parte do recurso, negando-lhe provimento. O entendimento que prevaleceu foi de que a maçonaria NÃO se enquadrava no conceito de qualquer culto:

> *A maçonaria NÃO é considerada uma religião, razão pela qual não goza da imunidade religiosa prevista no art. 150, VI, b, da CF/88. /9STF. 1ª Turma. RE 562351/RS, rel. Min. Ricardo Lewandowski, 4/9/2012)*

Em linhas gerais, prevalece o entendimento de que a maçonaria não é uma religião, mais uma filosofia de vida, com práticas próprias e simbólicas seguidas por um grupo de pessoas.

Cumpre observar que embora possa existir uma política interna de cooperação mútua e de prestação assistencial aos membros que venham a necessitar, este fato não é suficiente para enquadrar como religião nem mesmo atribui-lhe o caráter de assistência social, dado o condão privado e particular dos atos praticados.

4.8. Imunidade e Cessão de imóveis públicos

Neste ponto, deve-se explorar o conceito de imunidade tributária recíproca (ART. 150, VI, a da CF), explicando os efeitos deste instituto constitucional quando da aplicação sobre a relação jurídica de direito obrigacional entre um particular e o Estado.

Sabe-se que a regra matriz de incidência do imposto sobre propriedade predial e territorial urbana – IPTU está delimitada pelo art. 156, I da Constituição Federal, o qual estabelece a competência dos Municípios *instituir impostos sobre a "propriedade predial e territorial urbana"*.

A partir destes direitos que se poderá identificar o exercício de propriedade sobre determinado imóvel, de forma que somente haverá a transferência do imóvel com a sua transcrição no registro de imóveis, conforme prescreve o art. 1245 do Código Civil[32]. Pode-se dizer, portanto, que a terminologia propriedade, descrito no inciso I do art. 156 da Constituição Federal, deve ser interpretada de forma a englobar o domínio útil e a posse com *animus* definitivo[33].

---

32. Art. 1.245. Transfere-se entre vivos a propriedade mediante o registro do título translativo no Registro de Imóveis. § 1º Enquanto não se registrar o título translativo, o alienante continua a ser havido como dono do imóvel.

33. A jurisprudência do STJ é pacífica no sentido de que somente a posse com animus domini é apta a gerar a exação predial urbana, o que não ocorre com o condomínio, in casu, que apenas possui a qualidade de administrador de bens de terceiros. (REsp 1327539/DF, Rel. Ministro HUMBERTO MARTINS, SEGUNDA TURMA, julgado em 14/08/2012, DJe 20/08/2012)

O sujeito passivo do IPTU está definido no art. 34 do Código Tributário Nacional, o qual possibilita que seja eleito como contribuinte do IPTU, o proprietário do imóvel, o titular do seu domínio útil ou o seu possuidor a qualquer título. Frise-se, apesar do art. 34 do Código Tributário Nacional incluir o possuidor a qualquer título entre os contribuintes do IPTU, não é qualquer posse que autoriza a exigência do imposto: apenas aquele com *animus domini*.

Nesta linha de raciocínio, prevalecia o entendimento no âmbito do Superior Tribunal de Justiça de ser inexigível o IPTU sobre a posse decorrente de contrato de concessão de uso, uma vez que se trata de negócio jurídico bilateral de natureza pessoal. Definiu a jurisprudência que a posse exercida pelo cessionário, no contrato de concessão de uso, não exterioriza propriedade, nem permite considerar o cessionário como possuidor[34]. Por outro lado, no caso de concessão de direito real de uso de bem imóvel federal, o concessionário será o contribuinte do IPTU, não se aplicando a imunidade tributária, conforme entendimento do Superior Tribunal de Justiça[35].

Contudo, o plenário do Supremo Tribunal Federal julgou dois Recursos Extraordinários, com repercussão geral, reconhecendo a constitucionalidade da cobrança do IPTU da Petrobras, relativo a terreno arrendado no porto de Santos, e de uma concessionária de veículos no Rio de Janeiro, ocupando terreno em contrato de concessão com a Infraero.

A decisão, tomada por maioria de votos, **afastou a imunidade tributária recíproca para cobrança do IPTU de terreno público cedido a empresa privada ou de economia mista,** com o fundamento de que a imunidade recíproca prevista na Carta Constitucional, não alcança imóveis públicos ocupados por empresas que exerçam atividade econômica com fins lucrativos.

Observe a comparação entre o entendimento do STJ e STF:

STJ	STF
TRIBUTÁRIO. IMÓVEL DE DOMÍNIO DA UNIÃO. CONCESSÃO DE USO. IPTU. NÃO INCIDÊNCIA. CESSIONÁRIO. POSSE SEM ANIMUS DOMINI. PRECEDENTES. 1. Nos termos da jurisprudência desta Corte, o bem imóvel de domínio da União, ocupado por cessionária de uso de área, não se sujeita a incidência de IPTU, haja vista que a posse, nessa situação, não é dotada de animus domini.	A imunidade recíproca, prevista no art. 150, VI, "b", da Constituição Federal (CF), não se estende a empresa privada arrendatária de imóvel público, quando seja ela exploradora de atividade econômica com fins lucrativos. Nessa hipótese é constitucional a cobrança do IPTU pelo Município.

34. STJ. AgRg no REsp 1337903/MG, Rel. Ministro CASTRO MEIRA, SEGUNDA TURMA, julgado em 09/10/2012

35. A jurisprudência desta Corte firmou-se no sentido de que o contribuinte do IPTU é o possuidor no concernente a uma relação de direito real, inexistindo na concessão de uso, contrato bilateral que é, configuração do "animus dominis". Agravo regimental improvido. (AgRg no REsp 1121332/RJ, Rel. Ministro HUMBERTO MARTINS, SEGUNDA TURMA, julgado em 20/10/2009, DJe 29/10/2009

STJ	STF
2. O cessionário do direito de uso não é contribuinte do IPTU, haja vista que é possuidor por relação de direito pessoal, não exercendo animus domini, sendo possuidor do imóvel como simples detentor de coisa alheia. 3. Precedentes: AgRg no Ag 1207082/RJ, Rel. Ministro Hamilton Carvalhido, Primeira Turma, DJe 14/04/2010; AgRg no Ag 1129472/SP, Rel. Ministra Denise Arruda, Primeira Turma, DJe 01/07/2009; AgRg no REsp 947267/RJ, Rel. Ministro Francisco Falcão, Primeira Turma, DJ18/10/2007; REsp 681406/RJ, Rel. Ministro José Delgado, Primeira Turma, DJ 28/02/2005; AgRg no Ag 1243867/RJ, Rel. Ministro Humberto Martins, Segunda Turma, DJe 12/03/2010; AgRg no REsp 885.353/RJ, Rel. Ministro Mauro Campbell Marques, Segunda Turma, DJe 06/08/2009; REsp 933.699/RJ, Rel. Ministro Castro Meira, Segunda Turma, DJe 28/03/2008; REsp 325489/SP, Rel. Ministra Eliana Calmon, Segunda Turma, DJ 24/02/2003. 4. Agravo regimental a que se nega provimento. (AgRg no REsp 1034641/RJ, Rel. Ministro SÉRGIO KUKINA, PRIMEIRA TURMA, julgado em 22/10/2013, DJe 29/10/2013)	Esse o entendimento do Plenário, que, em conclusão de julgamento e por maioria, negou provimento a recurso extraordinário em que se discutia a possibilidade de reconhecimento de imunidade tributária recíproca a sociedade de economia mista ocupante de bem público. No caso, o Tribunal de Justiça do Estado de São Paulo considerou ser a Petróleo Brasileiro S.A. (PETROBRAS) parte legítima para figurar como devedora do Imposto Predial e Territorial Urbano (IPTU) incidente sobre imóvel localizado no Porto de Santos — v. Informativo 846. O Colegiado deliberou que a imunidade tributária recíproca de natureza subjetiva, que envolve pessoas jurídicas de direito público, não se estende para além das situações do art. 150, § 2º, da CF. Asseverou que tanto as sociedades de economia mista quanto as empresas públicas sujeitam-se ao regime jurídico próprio das empresas privadas, por força do art. 173, § 2º, da CF. Ressaltou que o fato de o imóvel pertencente à União ser utilizado para a persecução de interesse público não atrai a imunidade quanto ao IPTU, haja vista que a recorrente é sociedade de economia mista com capital social negociado na bolsa de valores, ou seja, é pessoa jurídica de direito privado com claro objetivo de auferir lucro. Anotou, tendo em conta a limitação imposta pelo § 3º do art. 150 da CF, que, se as pessoas jurídicas de direito público que exploram atividade econômica não gozam da imunidade, as de direito privado também não poderiam fazê-lo. Ademais, o reconhecimento da imunidade recíproca, no caso, implica violação ao princípio da livre concorrência estampado no art. 170 da CF, por conferir vantagem indevida a pessoa jurídica de direito privado, não existente para os concorrentes. Por fim, à luz dos arts. 32 e 34 do Código Tributário Nacional (CTN), no sentido de que a hipótese de incidência do IPTU abrange não só a propriedade, mas também o domínio útil e a posse do imóvel, e de que o contribuinte do IPTU é tanto o proprietário do imóvel como o titular do seu domínio útil, ou o seu possuidor a qualquer título, o Plenário concluiu não se poder falar em ausência de legitimidade da recorrente para figurar no polo passivo da relação jurídica tributária. RE 594015/DF, rel. Min. Marco Aurélio, julgamento em 6.4.2017. (RE-594015)

Assim ficou definida a decisão no Informativo 860 do STF:

> *A imunidade recíproca, prevista no art. 150, VI, "b", da Constituição Federal (CF), não se estende a empresa privada arrendatária de imóvel público, quando seja ela exploradora de atividade econômica com fins lucrativos. Nessa hipótese é constitucional a cobrança do IPTU pelo Município.*

Esse o entendimento do Plenário, que, em conclusão de julgamento e por maioria, negou provimento a recurso extraordinário em que se discutia a possibilidade de reconhecimento de imunidade tributária recíproca a sociedade de economia mista ocupante de bem público. No caso, o Tribunal de Justiça do Estado de São Paulo considerou ser a Petróleo Brasileiro S.A. (PETROBRAS) parte legítima para figurar como devedora do Imposto Predial e Territorial Urbano (IPTU) incidente sobre imóvel localizado no Porto de Santos — v. Informativo 846.

O Colegiado deliberou que a imunidade tributária recíproca de natureza subjetiva, que envolve pessoas jurídicas de direito público, não se estende para além das situações do art. 150, § 2º, da CF. Asseverou que tanto as sociedades de economia mista quanto as empresas públicas sujeitam-se ao regime jurídico próprio das empresas privadas, por força do art. 173, § 2º, da CF. Ressaltou que o fato de o imóvel pertencente à União ser utilizado para a persecução de interesse público não atrai a imunidade quanto ao IPTU, haja vista que a recorrente é sociedade de economia mista com capital social negociado na bolsa de valores, ou seja, é pessoa jurídica de direito privado com claro objetivo de auferir lucro. Anotou, tendo em conta a limitação imposta pelo § 3º do art. 150 da CF, que, se as pessoas jurídicas de direito público que exploram atividade econômica não gozam da imunidade, as de direito privado também não poderiam fazê-lo. Ademais, o reconhecimento da imunidade recíproca, no caso, implica violação ao princípio da livre concorrência estampado no art. 170 da CF, por conferir vantagem indevida a pessoa jurídica de direito privado, não existente para os concorrentes. Por fim, à luz dos arts. 32 e 34 do Código Tributário Nacional (CTN), no sentido de que a hipótese de incidência do IPTU abrange não só a propriedade, mas também o domínio útil e a posse do imóvel, e de que o contribuinte do IPTU é tanto o proprietário do imóvel como o titular do seu domínio útil, ou o seu possuidor a qualquer título, o Plenário concluiu não se poder falar em ausência de legitimidade da recorrente para figurar no polo passivo da relação jurídica tributária.

O ministro Roberto Barroso, em voto-vista, afirmou que a imunidade recíproca das pessoas jurídicas de direito público foi criada pelo constituinte para proteção do pacto federativo, não havendo sentido estendê-la a empresa privada arrendatária de bem público que o utiliza para fins comerciais. Entender que os particulares que fazem uso dos imóveis públicos para exploração econômica lucrativa não devam pagar IPTU significaria colocá-los em vantagem concorrencial em relação às outras empresas. Anotou que os contratos firmados entre as empresas privadas e a Administração Pública conferem diversos direitos aos particulares. Asseverou que o bem é formalmente público, mas materialmente privado, uma vez que o particular tem quase todas as prerrogativas do proprietário, não havendo precariedade da posse. Nesses casos, está caracterizado o fato gerador do IPTU, e a sujeição passiva que permite ao Município de Santos efetuar a cobrança. Pontuou, ademais, que o Município, por previsão legal, atribui responsabilidade tributária às empresas arrendatárias de bem. Por fim, concluiu que impossibilitar a cobrança de IPTU de particular que explora atividade econômica em

> *imóvel público é perenizar situação extremamente prejudicial aos Municípios, ao pacto federativo e à ordem econômica, no que se refere à livre concorrência.*
>
> *Para o ministro Luiz Fux, após o advento da CF/1988, considerada pós-positivista, dois princípios ou regras de supradireito assumiram relevo no direito tributário. Em primeiro lugar, o contribuinte não é considerado objeto de tributação, mas sujeito de direitos. Em segundo lugar, com a inserção dos princípios da isonomia e da capacidade contributiva, criou-se também uma regra de supradireito na análise das questões tributárias, a justiça fiscal. Considerou inaceitável, sob o ângulo da justiça fiscal, a possibilidade de quem explora atividade econômica não pagar o imposto devido ao Município. Ressaltou que a Corte interpretou a imunidade recíproca como verdadeira garantia institucional para preservação do sistema federativo, motivo pelo qual se assentou sua extensão apenas às empresas que, embora tenham personalidade jurídica de direito privado, qualifiquem-se tão somente como prestadoras de serviço público, sem intuito lucrativo. Indicou precedentes nesse sentido (1). Apontou também os critérios estabelecidos pelo STF para o reconhecimento da extensão da imunidade tributária: a) a imunidade é subjetiva e aplicável a propriedades, bens e serviços utilizados na satisfação dos objetivos institucionais imanentes ao ente federado, cuja tributação poderia colocar em risco a respectiva autonomia política, b) as atividades de exploração econômica destinadas a aumentar o patrimônio do Estado ou de particulares devem ser tributadas por representarem manifestação de riqueza, cuja tributação não afeta a autonomia política e revela capacidade contributiva, c) a tributação não deve ter como efeito colateral a quebra dos princípios da livre concorrência e do exercício da atividade profissional e econômica lícita.*
>
> *Vencidos a ministra Carmen Lúcia (presidente) e os ministros Celso de Mello e Edson Fachin, que davam provimento ao recurso.*
>
> *(1) ARE 638315/BA (DJE de 31.8.2011); RE 253394/SP (DJU de 11.4.2003); RE 265749/SP (DJU de 12.9.2003); RE 253.472/SP (DJE de 1º.2.2011). RE 594015/DF, rel. Min. Marco Aurélio, julgamento em 6.4.2017. (RE-594015)*

Para fim de repercussão geral, o ministro Luís Roberto Barroso propôs a seguinte tese, que foi aprovada por maioria do plenário:

> *"A imunidade recíproca não se estende a empresa privada arrendatária de imóvel público, quando seja ela exploradora de atividade econômica com fins lucrativos. Nessa hipótese, é constitucional a cobrança de IPTU pelo município."*

Note-se que tínhamos o entendimento do Superior Tribunal de Justiça que estendia a imunidade recíproca para os casos de concessão do direito de uso de bens públicos à particulares. Este entendimento atualmente se encontra superado, à vista do entendimento proferido pelo Supremo Tribunal Federal, sendo de sua competência a definição de incidência da imunidade tributária.

Assim, temos o seguinte panorama:

	INCIDÊNCIA	SUJEITO PASSIVO
Concessão de direito real ou concessão de direito de uso de bem público por particular	INCIDE IPTU	PF OU PJ PARTICULAR
Concessão de direito real ou concessão de direito de uso de bem público por empresa pública ou Soc. Economia mista	INCIDE IPTU, CASO EXERÇA ATIVIDADE ECONÔMICA	EMPRESA PÚBLICA OU SOCIEDADE ECONOMIA MISTA
Concessão de direito real ou concessão de direito de uso de bem público por empresa pública ou Soc. Economia mista, PRESTADORES DE SERVIÇOS PÚBLICOS EM REGIME EXCLUSIVO;	NÃO INCIDE IPTU (IMUNIDADE)	--

5. ASPECTO QUANTITATIVO

5.1. Base de cálculo[36]

Segundo o art. 33 do Código Tributário Nacional a base de cálculo do IPTU é o **valor venal do imóvel**, sendo identificado como o preço real de venda, isto é, o valor que o imóvel alcançaria em condições de compra e venda no mercado.

Nestes termos, Kiyoshi Harada, afirma que o "*legislador constituinte empregou a palavra propriedade em sua acepção comum abarcando prédios, fazendas, terras, lotes, etc. com abstração de seu aspecto estritamente jurídico*"[37]. A determinação da base de cálculo deverá ocorrer por critérios técnicos prescritos em lei municipal, levando-se em consideração o terreno acrescido de suas edificações, excluindo os bens móveis mantidos no imóvel (inclusive móveis por acessão intelectual).

Inclusive, no concurso para **Procurador do Município de Ponta Grossa (2010)** foi considerada como CORRETA, quando se afirmou que *"na fixação da base de cálculo, não se considera o valor dos bens móveis mantidos, em caráter permanente ou temporário, no imóvel, para efeito de sua utilização, exploração, aformoseamento ou comodidade"*.

Diante da impossibilidade de haver uma avaliação individual de cada imóvel urbano é comum os Municípios estabelecerem critérios genéricos para apuração do valor venal. Por isso que, na maioria das situações, o valor venal dos imóveis é definido na **Planta Ge-**

36. Foi objeto de pergunta no concurso para **Magistratura do Acre (CESPE – 2012)** e considerada como INCORRETA a afirmação de ser "desnecessária a edição de lei para aprovar a pauta de valores dos imóveis do município, visto que, com o constante aumento das áreas habitadas, isso tornaria impraticável a arrecadação do tributo, bastando, portanto, a edição de decreto regulamentar para majorar ou atualizar a pauta".

37. HARADA, Kiyoshi. *IPTU: doutrina e prática*. São Paulo: Atlas, 2012, p. 95.

nérica de Valores, a qual determina o preço do metro quadrado por região. Então, a base de cálculo poderá variar em relação aos imóveis, uma vez que o valor do metro quadrado estará condicionado a uma série de situações definidas em lei municipal, como tipo de construção, localização, destinação, etc. Assim entende Aires F. Barreto:

> *(...) os Mapas devem resultar de métodos de trabalho que levem em consideração não apenas o crescimento natural da cidade, seguido da implementação de melhoramentos públicos, como as possibilidade de ocupação e uso do solo (aspecto estático e dinâmico) e o acompanhamento da mutação dos valores de mercado imobiliário*[38].

Convém lembrar que o aumento da base de cálculo somente poderá ocorrer mediante lei, conforme entendimento sedimentado na Súmula 160 do STJ: *"É defeso ao município atualizar o IPTU, mediante decreto, em percentual superior ao índice oficial de correção monetária"*. Mas a mera aplicação de correção monetária aos valores venais pode ser feito via Decreto, a teor do disposto no § 2º, do artigo 97 do CTN, desde que não seja acima do índice oficial:

> *Art. 97. Somente a lei pode estabelecer:*
>
> *...*
>
> *§ 2º Não constitui majoração de tributo, para os fins do disposto no inciso II deste artigo, a atualização do valor monetário da respectiva base de cálculo.*

Entendimento que também prevalece no âmbito do Supremo Tribunal Federal:

> ***IPTU: majoração da base de cálculo e decreto***
>
> *É inconstitucional a majoração, sem edição de lei em sentido formal, do valor* ***venal de imóveis para efeito de cobrança do IPTU, acima dos índices oficiais de correção monetária****. Com base nessa orientação, o Plenário negou provimento a recurso extraordinário em que se discutia a legitimidade da majoração, por decreto, da base de cálculo acima de índice inflacionário, em razão de a lei municipal prever critérios gerais que seriam aplicados quando da avaliação dos imóveis. ...* **Afirmou-se que eles poderiam apenas atualizar, anualmente, o valor dos imóveis, com base nos índices anuais de inflação, haja vista não constituir aumento de tributo (CTN, art. 97, § 1º) e, portanto, não se submeter à reserva legal imposta pelo art. 150, I, da CF.** *O Min. Roberto Barroso, embora tivesse acompanhado a conclusão do relator no tocante ao desprovimento do recurso, fez ressalva quanto à generalização da tese adotada pela Corte. Salientou que o caso concreto não envolveria questão de reserva de lei, mas de preferência de lei, haja vista a existência da referida espécie normativa a tratar da matéria, que não poderia ser modificada por decreto (RE 648245/MG, rel. Min. Gilmar Mendes, 1º.8.2013)*

---

38. BARRETO, Aires F. *Curso de Direito Tributário Municipal*. São Paulo: Saraiva, 2009, p. 241.

Segundo o entendimento do Supremo Tribunal Federal, é inconstitucional decreto que estabelece os valores (avaliação individual) que servem de base de cálculo para exigir o IPTU sobre os imóveis, ainda que se trate de bem que surgiu após a lei que prevê a planta genérica de valores que servem de base para cálculo do imposto[39]:

> *Essa Corte, no julgamento de feito com repercussão geral reconhecida, RE 648.245/MG, Rel. Min. Gilmar Mendes, reiterou seu entendimento no sentido de que, com base no princípio da reserva legal (art. 150, I, da CF), somente por lei em sentido formal é possível instituir, alterar ou majorar a base de cálculo do IPTU, cabedo apenas sua atualização por meio de decreto, desde que em patamar inferior aos índices inflacionários oficiais de correção monetária. É inconstitucional decreto que, pela primeira vez, estabelece os valores (avaliação individual) que servem de base de cálculo para exigir o IPTU sobre os imóveis descritos nos autos, ainda que se trate de bem que surgiu após a a lei que prevê a planta genérica de valores que servem de base para cálculo do imposto. (ARE 820303 ED, Relator(a): Min. RICARDO LEWANDOWSKI, Segunda Turma, julgado em 09/09/2014, PROCESSO ELETRÔNICO DJe-181 DIVULG 17-09-2014 PUBLIC 18-09-2014)*

A Planta Genérica de Valores é o documento ideal para definir a valorização imobiliária, fixando o valor venal com base em critérios técnicos de valoração, apuração e enquadramento dos imóveis. Leva em conta condições individuais do imóvel como seu tamanho, área construída, localização, infraestrutura existente, condição do solo, entre outros elementos. Estas informações são mantidas em um cadastro imobiliário municipal, onde constam os dados necessários sobre os imóveis, como a existência de edificações, área, tipo número de pavimentos, etc. A atualização do cadastro imobiliário é essencial para acompanhamento acerca da expansão urbana, por isso ela serve tanto para função fiscal quanto extrafiscal.

É obrigatória a publicação oficial da planta de valores imobiliários, sob pena de inviabilidade da cobrança do IPTU, tendo em vista conter dados indispensáveis à apuração da base de cálculo do imposto[40]. Contudo, o Superior Tribunal de Justiça decidiu pelo atendimento ao princípio da publicidade na hipótese, embora não veiculado no Diário Oficial, foi afixado no local de costume, o que, a toda evidência, permite o amplo acesso dos contribuintes a seu teor:

> *TRIBUTÁRIO E PROCESSUAL CIVIL. AGRAVO REGIMENTAL NO AGRAVO EM RECURSO ESPECIAL. AUSÊNCIA DE VIOLAÇÃO AO ART. 535, DO CPC. IPTU. PUBLICAÇÃO OFICIAL DA LEI E DA PLANTA DE VALORES NA*

39. ARE 820303 ED, Relator(a): Min. RICARDO LEWANDOWSKI, Segunda Turma, julgado em 09/09/2014, PROCESSO ELETRÔNICO DJe-181 DIVULG 17-09-2014 PUBLIC 18-09-2014.

40. PROCESSUAL CIVIL E TRIBUTÁRIO. IPTU. PLANTA GENÉRICA DE VALORES. PUBLICAÇÃO OFICIAL. NECESSIDADE. 1. A Planta Genérica de Valores, por conter dados indispensáveis à apuração da base de cálculo do IPTU, deve ser objeto de publicação oficial. A mera afixação da Planta de Valores no átrio da sede do município não supre a mencionada exigência. Precedentes do STJ. 2. Recurso Especial não provido. (REsp 1645832/SP, Rel. Ministro HERMAN BENJAMIN, SEGUNDA TURMA, julgado em 07/03/2017, DJe 19/04/2017)

PREFEITURA. AUSÊNCIA DE IMPRENSA OFICIAL. QUESTÃO ATRELADA AO REEXAME DE PROVA. SÚMULA 7/STJ.

1. Não havendo no acórdão recorrido omissão, obscuridade ou contradição, não fica caracterizada ofensa ao art. 535 do CPC.

2. A jurisprudência do STJ firmou-se no sentido de que se o Município não possui órgão de imprensa oficial é válida a publicação das leis e dos atos administrativos municipais através da afixação dos seus termos na sede da prefeitura.

3. O reexame de matéria de prova é inviável em sede de recurso especial (Súmula 7/STJ).

4. Agravo regimental não provido.

(AgRg no AREsp 832.803/RS, Rel. Ministro MAURO CAMPBELL MARQUES, SEGUNDA TURMA, julgado em 01/03/2016, DJe 08/03/2016)

Portanto, é dever da Administração Pública apurar o correto valor venal do imóvel, o que normalmente é feito através da elaboração da Planta Genérica de Valores, que acompanhará a valorização imobiliária. E a majoração da base de cálculo, como já mencionado, deve ser feito por lei formal, sendo necessário obedecer ao princípio da anterioridade (exceto anterioridade nonagesimal).

5.2. Alíquota[41]

As alíquotas são definidas através de lei municipal, sendo diferenciadas em relação à destinação do imóvel: comercial, residencial ou industrial. Também se diferencia em relação aos imóveis construídos (predial) e terrenos sem construção (territorial).

No caso do IPTU não existe limitação de alíquotas (máximas ou mínimas) na Constituição Federal, como ocorre com o ISSQN e ITCMD. Assim, o Município terá liberdade de estabelecer as alíquotas com o fim de estimular o desenvolvimento urbano, conforme diretrizes do Plano Diretor. Isso demonstra uma importância significativa do Plano Diretor, de maneira que ele "*deve buscar a asseguração do equilíbrio na concentração de atividades e a facilitação da ocupação, do uso do solo e de seu fracionamento de modo ordenado*"[42].

Antes da vigência da Emenda Constitucional nº 29/00 era possível implementar **alíquotas progressivas** de IPTU somente para atender art. 182, parágrafo 4º da Constituição Federal, ou seja, para buscar ao atendimento à função social da propriedade ur-

41. O concurso da **Magistratura estadual do Rio Grande do Sul (TJ-RS – 2009)** considerou como CORRETA, a afirmação de que no IPTU *"são admitidas tanto a sua progressividade fiscal quanto a extrafiscal"*.

A banca da UFPR, no concurso para **Magistratura estadual (UFPR – 2012 – TJ-PR)**, considerou CORRETA a questão que dizia ser *"inconstitucional a fixação de adicional progressivo do imposto predial e territorial urbano em função do número de imóveis do contribuinte"*.

42. BARRETO, Aires F. *Curso de Direito Tributário Municipal*. São Paulo: Saraiva, 2009, p. 275.

bana[43]. Prevalecia o entendimento de que não poderia haver a progressividade do IPTU, pois sendo este imposto de natureza real, não há permissivo constitucional para levar em consideração a capacidade econômica do contribuinte.

Após a vigência da referida Emenda Constitucional, que alterou o parágrafo 1º do art. 156 da Constituição Federal, também será possível haver a aplicação de alíquotas progressivas para seguintes situações:

> *Art. 156. Compete aos Municípios instituir impostos sobre:*
>
> *I – propriedade predial e territorial urbana;*
>
> *II – ...*
>
> *III – ....*
>
> *§ 1º Sem prejuízo da progressividade no tempo a que se refere o artigo 182, § 4º, inciso II, o imposto previsto no inciso I poderá:*
>
> *I – ser progressivo em razão do valor do imóvel; e*
>
> *II – ter alíquotas diferentes de acordo com a localização e o uso do imóvel.*

A partir deste momento passou a existir a autorização constitucional para o estabelecimento de alíquotas progressivas para o cumprimento de funções extrafiscais, levando em conta o **valor, localização e uso do imóvel**, além da estimulo ao cumprimento da função social da propriedade. Esta situação encontra guarida no art. 145, § 1º da Constituição Federal, o qual exige que os impostos, na medida do possível, devem respeitar a capacidade contributiva do contribuinte[44].

Por isso, o concurso da **Magistratura estadual do Rio Grande do Sul (TJ-RS – 2009)** considerou como CORRETA, a afirmação de que no IPTU *"são admitidas tanto a sua progressividade fiscal quanto a extrafiscal"*.

Apesar da jurisprudência tradicional não aceitar a aplicação das alíquotas progressivas aos impostos reais, como é o caso do IPTU, o Supremo Tribunal Federal declarou constitucional essa progressividade trazida pela EC 29/2000, sendo que a partir deste

43. Art. 182.... § 4º – É facultado ao Poder Público municipal, mediante lei específica para área incluída no plano diretor, exigir, nos termos da lei federal, do proprietário do solo urbano não edificado, subutilizado ou não utilizado, que promova seu adequado aproveitamento, sob pena, sucessivamente, de: I – parcelamento ou edificação compulsórios; II – imposto sobre a propriedade predial e territorial urbana progressivo no tempo; III – desapropriação com pagamento mediante títulos da dívida pública de emissão previamente aprovada pelo Senado Federal, com prazo de resgate de até dez anos, em parcelas anuais, iguais e sucessivas, assegurados o valor real da indenização e os juros legais.

44. **Magistratura estadual do Rio Grande do Sul (TJ-RS – 2009)** considerou como CORRETA, a afirmação de que no IPTU *"são admitidas tanto a sua progressividade fiscal quanto a extrafiscal"*.

PGM-Maceió – 2012 – considerou INCORRETA a seguinte assertiva: *"O IPTU somente poderá ser progressivo em razão do valor do imóvel ou ter alíquotas diferentes de acordo com a localização e o uso do imóvel"*.

momento, além da progressividade-sanção, existe o instituto da progressividade como medida de isonomia tributária (Súmula 668 STF). Em síntese, entendeu esta Suprema Corte que, em face da EC 29/2000 é plenamente legítimo ao Município aplicar alíquotas progressivas ao IPTU, tal como prevista no § 1º do art. 156 da CF[45].

E por fim, a majoração das alíquotas do IPTU deve respeitar os princípios da legalidade, anterioridade e anterioridade nonagesimal (salvo fixação de sua base de cálculo), de modo que poderá ocorrer através de lei ordinária, com eficácia a partir do exercício seguinte e depois de decorridos noventa dias.

Diante desta forma de tributação progressiva, a banca da UFPR, no concurso para **Magistratura estadual (UFPR – 2012 – TJ-PR),** considerou CORRETA a questão que dizia ser *"inconstitucional a fixação de adicional progressivo do imposto predial e territorial urbano em função do número de imóveis do contribuinte"*.

Então, para melhor entendimento, atualmente temos as seguintes formas de progressividade no IPTU:

ANTES DA EMENDA CONSTITUCIONAL 29/2000

Dispositivo Legal	Forma	Finalidade
Art. 182.. § 4º...II – CF/88	É facultado ao Poder Público municipal, mediante lei específica para área incluída no plano diretor, exigir, nos termos da lei federal, do proprietário do solo urbano não edificado, subutilizado ou não utilizado, que promova seu adequado aproveitamento, sob pena, sucessivamente, de... imposto sobre a propriedade predial e territorial urbana progressivo no tempo;	extrafiscal

APÓS A EMENDA CONSTITUCIONAL 29/2000

Dispositivo Legal	Forma	Finalidade
Art. 156... § º...I – CF/88	ser progressivo em razão do **valor** do imóvel	fiscal
Art. 156. § º...II – CF/88	ter alíquotas diferentes de acordo com a **localização** e o **uso** do imóvel.	extrafiscal/ fiscal
Art. 182.. § 4º...II – CF/88	É facultado ao Poder Público municipal, mediante lei específica para área incluída no plano diretor, exigir, nos termos da lei federal, do proprietário do solo urbano não edificado, subutilizado ou não utilizado, que promova seu adequado aproveitamento, sob pena, sucessivamente, de... imposto sobre a propriedade predial e territorial urbana progressivo no tempo;	extrafiscal

45. STF. RE 423768/SP. Rel. Min. Marco Aurélio. Julg. 1º.12.2010.

Já decidiu o Segunda Turma do Supremo Tribunal de que uma vez declarada a inconstitucionalidade da progressividade da alíquota do IPTU antes da EC 29/2000 atinge todo o sistema, devendo o imposto ser calculado, não pela menor das alíquotas progressivas, mas na forma da legislação anterior, cuja eficácia se restabelece com o trânsito em julgado da decisão.

> *"EMENTA: AGRAVO REGIMENTAL NO RECURSO EXTRAORDINÁRIO. IPTU. PORTO ALEGRE. PROGRESSIVIDADE DE ALÍQUOTAS. LEGISLAÇÃO ANTERIOR. APLICAÇÃO. 1. O Supremo declarou a inconstitucionalidade da Lei Complementar n. 7/73 do Município de Porto Alegre, na redação que lhe foi conferida pela Lei Complementar n. 212/89, vez que instituiu alíquotas progressivas em razão do valor venal do imóvel. 2. A declaração de inconstitucionalidade atinge o sistema da progressividade como um todo. 3. Aplica-se a legislação anterior [LC 7/73 em sua redação originária], dado que as alíquotas nela previstas não variam na medida em que se eleve o valor venal do imóvel. Agravo regimental a que se nega provimento (RE 390.684 – AgR, Relator o Minisro Eros Grau, Segunda Turma, DJ 1º.12.2006).*

Ocorre que, em casos idênticos, a Primeira Turma do Supremo Tribunal concluiu ser inconstitucional a *"progressividade de alíquotas"* e não toda a previsão legal, adotando-se como parâmetro para cobrança do IPTU a alíquota mínima[46].

Face a divergência quanto à extensão e aos efeitos da declaração de inconstitucionalidade da progressividade da alíquota do IPTU, antes da Emenda Constitucional n. 29/2000, motivou à Suprema Corte **reconhecer a** existência de repercussão geral do Recurso Extraordinário n. 602.347/MG.

Posteriormente, o Supremo Tribunal Federal analisou e julgou o Recurso Extraordinário n. 602.347/MG, definindo que no caso de declaração de inconstitucionalidade da progressividade da alíquota do IPTU, antes da Emenda Constitucional n. 29/2000, deve-se aplicar a alíquota mínima:

> *RECURSO EXTRAORDINÁRIO COM REPERCUSSÃO GERAL. DIREITO TRIBUTÁRIO. IMPOSTO TERRITORIAL PREDIAL URBANO – IPTU. PROGRESSIVIDADE DAS ALÍQUOTAS. INCONSTITUCIONALIDADE. EXIGIBILIDADE DO TRIBUTO. FATO GERADOR OCORRIDO EM PERÍODO ANTERIOR À EMENDA CONSTITUCIONAL 29/2000. ALÍQUOTA MÍNIMA. MENOR GRAVOSIDADE AO CONTRIBUINTE. PROPORCIONALIDADE DO CRITÉRIO QUANTITATIVO DA REGRA-MATRIZ DE INCIDÊNCIA TRIBUTÁRIA.* **1. Tese de repercussão geral fixada: "Declarada inconstitucional a progressividade de alíquota tributária do Imposto Predial Territorial Urbano no que se refere à fato gerador ocorrido em período anterior ao advento da EC 29/2000, é devido o tributo calculado pela alíquota mínima correspondente, de acordo com a destinação do imóvel e a legislação municipal de instituição do tributo em vigor à época".** *2. O Supremo Tribunal Federal possui entendimento sumulado no sentido de que "É inconstitucional a lei municipal que tenha estabelecido, antes da Emen-*

46. RE 378.221 – AgR/RS, Relator o Ministro Ricardo Lewandowski Primeira Turma, DJ 18.9.2009).

> *da Constitucional 29/2000, alíquotas progressivas para o IPTU, salvo se destinada a assegurar o cumprimento da função social da propriedade urbana." Súmula 668 do STF. Precedente: AI-QO-RG 712.743, de relatoria da Ministra Ellen Gracie, Tribunal Pleno, DJe 8.5.2009. 3. É constitucional a cobrança de IPTU, referente a período anterior à Emenda Constitucional 29/2000, mesmo que a progressividade das alíquotas tenha sido declarada inconstitucional, em sede de representação de inconstitucionalidade em Tribunal de Justiça local. Função da alíquota na norma tributária. Teoria da divisibilidade das leis. Inconstitucionalidade parcial. 4. O IPTU é exigível com base na alíquota mínima prevista na lei municipal, de modo que o critério quantitativo da regra matriz de incidência tributária seja proporcional e o menos gravoso possível ao contribuinte. Precedentes. 5. Recurso extraordinário provido. (RE 602347, Relator(a): Min. EDSON FACHIN, Tribunal Pleno, julgado em 04/11/2015, ACÓRDÃO ELETRÔNICO REPERCUSSÃO GERAL – MÉRITO DJe-067 DIVULG 11-04-2016 PUBLIC 12-04-2016)*

Com o julgamento do RE 602347, este tema já possui decisão consolidada no âmbito da Suprema Corte.

6. INFORMAÇÕES COMPLEMENTARES

6.1. Lançamento[47]

O IPTU é um típico imposto cobrado através de **lançamento de ofício** (art. 149, I do CTN), através do qual o Município liquida a obrigação tributária e promove a notificação do contribuinte e responsáveis.

Os dados e informações do imóvel são processados com base na Planta Genérica de Valores, realizando o lançamento com o envio do carnê ao contribuinte, sendo que a sua notificação é presumida[48] (Súmula 397 do STJ), momento que se inicia a contagem do prazo prescricional. Encaminhado o carnê no endereço do contribuinte, cabe a este provar o não envio, pois é seu dever manter atualizado o endereço junto ao cadastro municipal.

Após realizado o lançamento, com a notificação do contribuinte (envio do carnê), será este considerado definitivo, podendo ser revisado somente nas causas previstas no art. 149 do Código Tributário Nacional, como desconhecimento de construção ou real

47. Inclusive, no concurso para **Procurador da Fazenda Nacional, a banca (ESAF – 2012 – PGFN)** considerou INCORRETA a questão que dizia "não ser possível a revisão do lançamento de IPTU referente a imóvel cujo padrão de acabamento considerado era diferente da realidade, pois neste caso o lançamento complementar decorreria de um simples erro de fato, que não ensejaria a revisão da cobrança".

48. A notificação do lançamento do IPTU ocorre com o envio da correspondente guia de recolhimento do tributo para o endereço do imóvel do contribuinte, com as informações que lhe permitam, caso não concorde com a cobrança, impugná-la administrativa ou judicialmente. Para afastar tal presunção, cabe ao contribuinte comprovar o não recebimento da guia. (AgRg no AgRg no Ag 1392278/MG, Rel. Ministro HERMAN BENJAMIN, SEGUNDA TURMA, julgado em 23/10/2012, DJe 31/10/2012)

metragem, necessidade de complementação, etc. Inclusive, no concurso para Procurador da Fazenda Nacional, a banca (ESAF – 2012 – PGFN) considerou INCORRETA a questão que dizia "não ser possível a revisão do lançamento de IPTU referente a imóvel cujo padrão de acabamento considerado era diferente da realidade, pois neste caso o lançamento complementar decorreria de um simples erro de fato, que não ensejaria a revisão da cobrança".

> **Atenção:** O art. 149 do CTN autoriza somente a revisão de ofício do lançamento tributário no caso de erro de fato, que não depende de interpretação normativa para sua verificação.
>
> No caso de erro de direito, por equívoco na valoração jurídica dos fatos, não será possível a revisão, como por exemplo, modificação dos critérios de cálculo (art. 146 CTN).

6.2. Exceção ao Bem de Família

Segundo a lei 8009/90, é possível haver a constituição, como bem de família, de prédio residencial urbano ou rural destinado a domicílio familiar. Neste caso o imóvel será considerado impenhorável e não responderá por qualquer tipo de dívida civil, comercial, fiscal, previdenciária ou de outra natureza.

Contudo, o art. 3º desta lei, poderá haver a exceção da impenhorabilidade no seguinte caso: "*(...) IV – para cobrança de impostos, predial ou territorial, taxas e contribuições devidas em função do imóvel familiar;*"

Portanto, o único imóvel residencial da família **pode ser penhorado** quando a dívida que embasa a execução fiscal for de IPTU[49].

6.3. Repetição de indébito

Sempre que se constatar um pagamento indevido é possível haver o reconhecimento do direito de repetição de indébito em favor do sujeito passivo. Dispõe o art. 167 do Código Tributário Nacional que a restituição total ou parcial do tributo dá lugar à restituição, na mesma proporção, dos juros de mora e das penalidades pecuniárias, salvo as referentes a infrações de caráter formal não prejudicadas pela causa da restituição.

Ultrapassado entendimentos anteriores, a atual jurisprudência do Superior Tribunal de Justiça segue no sentido de que somente o proprietário possui legitimidade ativa para ingressar com ação de repetição de indébito de IPTU:

> *DIREITO TRIBUTÁRIO. REPETIÇÃO DE INDÉBITO. IPTU. LEGITIMIDADE ATIVA.* **Apenas o proprietário do imóvel tem legitimidade ativa para propor ação de repetição de indébito de IPTU.** *A relação tributária estabelecida entre a Fazenda e o proprietário do imóvel (art. 34 do CTN) prevalece sobre qualquer estipulação contratual que determine que terceiro arcará com o pagamento de IPTU, pois a referida avença não é oponível à Fazenda. Segundo o art. 123 do CTN, convenções particulares relativas à responsabilidade pelo pagamento de tributos não*

49. STJ. REsp 1100087/MG, Rel. Ministro LUIZ FUX, PRIMEIRA TURMA, julgado em 12/05/2009.

> *modificam a definição legal do sujeito passivo das obrigações tributárias correspondentes. Precedente citado: AgRg no REsp 836.089-SP, DJe 26/4/2011. (STJ.* **AgRg no AgRg no AResp 143.631/RJ. Rel. Min. Benedito Gonçalves. julgado em 4/10/2012)**

Portanto, respeitado prazo prescricional do art. 168 do Código Tributário Nacional, cabe **exclusivamente ao proprietário** a legitimidade ativa para buscar a restituição de pagamento indevido de IPTU.

7. QUADRO SINÓPTICO

Princípio da Legalidade	Deve obedecer
Princípio da anterioridade	Deve obedecer
Princípio da anterioridade nonagesimal	Deve obedecer (exceto diante da alteração da base de cálculo)
Hipótese de incidência	A propriedade, domínio útil ou a posse de bem imóvel por natureza ou acessão física, como definido na lei civil, localizado na zona urbana do município
Aspecto espacial	Zona urbana do Município
Aspecto temporal	Depende lei local, mas normalmente 1º janeiro de cada ano
Aspecto quantitativo (Base de cálculo e alíquota)	• Base de Cálculo: valor venal • Alíquota: depende lei local
Aspecto pessoal (sujeito ativo e passivo)	• Município que se localiza imóvel, exceto territórios federais • É o proprietário do imóvel, titular do domínio útil ou possuidor a qualquer título e/ou Responsáveis Tributários

8. SÚMULAS DO STF E DO STJ

SÚMULAS STF

Súmula Vinculante n. 52: Ainda quando alugado a terceiros, permanece imune ao IPTU o imóvel pertencente a qualquer das entidades referidas pelo art. 150, VI, "c", da Constituição Federal, desde que o valor dos aluguéis seja aplicado nas atividades para as quais tais entidades foram constituídas.

Súmula 76: as sociedades de economia mista não estão protegidas pela imunidade fiscal do art. 31, v, "a", constituição federal.

Súmula 539: é constitucional a lei do município que reduz o imposto predial urbano sobre imóvel ocupado pela residência do proprietário, que não possua outro.

Súmula 583: promitente-comprador de imóvel residencial transcrito em nome de autarquia é contribuinte do imposto predial territorial urbano.

Súmula 589: é inconstitucional a fixação de adicional progressivo do imposto predial e territorial urbano em função do número de imóveis do contribuinte.

Súmula 668: é inconstitucional a lei municipal que tenha estabelecido, antes da emenda constitucional 29/2000, alíquotas progressivas para o IPTU, salvo se destinada a assegurar o cumprimento da função social da propriedade urbana.

Súmula nº 724: Ainda quando alugado a terceiros, permanece imune ao IPTU o imóvel pertencente a qualquer das entidades referidas pelo art. 150, vi, c, da Constituição, desde que o valor dos aluguéis seja aplicado nas atividades essenciais de tais entidades

SÚMULAS STJ

Súmula 160: é defeso, ao município, atualizar o IPTU, mediante decreto, em percentual superior ao índice oficial de correção monetária.

Súmula 397: o contribuinte do IPTU é notificado do lançamento pelo envio do carnê ao seu endereço.

Súmula 399: cabe à legislação municipal estabelecer o sujeito passivo do IPTU.

9. SÍNTESE DOS PRINCIPAIS ENTENDIMENTOS DO STJ SOBRE IPTU

- É legítima a cobrança do Imposto Predial Territorial Urbano – IPTU sobre imóveis situados em área de expansão urbana, ainda que não dotada dos melhoramentos previstos no art. 32, § 1º, do CTN.
- A imunidade recíproca não se estende a empresa privada arrendatária de imóvel público, quando seja ela exploradora de atividade econômica com fins lucrativos. Nessa hipótese, é constitucional a cobrança de IPTU pelo município. (RE 594015/DF)
- O contribuinte do IPTU é notificado do lançamento pelo envio do carnê ao seu endereço. (Súmula 397/STJ)(Tese julgada sob o rito do art. 543-C do CPC/73 – Tema 116)
- Cabe ao contribuinte comprovar a ausência de notificação do lançamento tributário pelo não recebimento do carnê de cobrança do IPTU. (Tese julgada sob o rito do art. 543-C do CPC/73 – Tema 248)
- Impossibilidade de majoração da base de cálculo do IPTU via decreto (STF – RE 648245/MG)
- É defeso ao município atualizar o IPTU, mediante decreto, em percentual superior ao índice oficial de correção monetária. (Súmula 160/STJ)
- Nos tributos em que o lançamento se dá de ofício, como é o caso do IPTU, o prazo prescricional para se pleitear a repetição de indébito é de cinco anos, contados a partir da data em que se deu o pagamento do tributo, nos termos do art. 168, I, do CTN. (Tese julgada sob o rito do art. 543-C do CPC/73 – Tema 229)
- O locatário, por não ostentar a condição de contribuinte ou de responsável, não tem legitimidade ativa para litigar em ações de natureza tributária envolvendo o IPTU.
- O usufrutuário de imóvel urbano possui legitimidade ativa para questionar o IPTU.

- É possível a utilização da metragem do imóvel como base de cálculo da cobrança da taxa de coleta de lixo, pois não se confunde com a base de cálculo que se utiliza para o cálculo do IPTU.
- Não incide IPTU, mas ITR, sobre imóvel localizado na área urbana do Município, desde que comprovadamente utilizado em exploração extrativa, vegetal, agrícola, pecuária ou agroindustrial (art. 15 do DL 57/1966). (Tese julgada sob o rito do art. 543-C do CPC/73 – Tema 174)
- O ônus de provar que o imóvel não está afetado à destinação institucional da autarquia ou da fundação recai sobre o ente tributante que pretende afastar a imunidade.
- Ainda quando alugado a terceiros, permanece imune ao IPTU o imóvel pertencente a qualquer das entidades referidas pelo art. 150, VI, _c_, da Constituição Federal, desde que o valor dos aluguéis seja aplicado nas atividades para as quais tais entidades foram constituídas. (Súmula Vinculante n. 52)
- A arrematação em hasta pública exonera a reponsabilidade do adquirente pelo pagamento do IPTU, havendo a sub-rogação do crédito tributário sobre o preço pelo qual foi arrematado o bem (art. 130, parágrafo único, do CTN).
- A previsão expressa no edital acerca da existência de débitos de IPTU sobre o imóvel arrematado transfere ao arrematante a responsabilidade pela sua quitação, o que não acarreta ofensa ao parágrafo único do art. 130 do CTN.
- Cabe à legislação municipal estabelecer o sujeito passivo do IPTU. (Súmula 399/STJ) (Tese julgada sob o rito do art. 543-C do CPC/73 – Tema 122)
- O promitente comprador do imóvel e o proprietário/promitente vendedor são contribuintes responsáveis pelo pagamento do IPTU. (Tese julgada sob o rito do art. 543-C do CPC/73 – Tema 122)
- O valor venal do imóvel apurado para fins de IPTU não coincide, necessariamente, com aquele adotado para lançamento do ITBI.
- Cumpre esclarecer em que pese no caso o poder fático que exerce sobre os bens públicos não seja qualificado no plano jurídico como posse suficientemente capaz para gerar a aquisição da propriedade por usucapião ou a garantir a proteção possessória em face dos entes públicos, os detentores de bens públicos se caracterizam como possuidores a qualquer título, para efeito de incidência do IPTU, devendo ser considerados sujeitos passivos já que patente o seu inequívoco ânimo de se apossar definitivamente dos imóveis ou deles dispor mediante contrato oneroso. (REsp 1402217/DF)
- Obrigatoriedade da publicação oficial da planta de valores imobiliários para apuração da base de cálculo do IPTU (STJ – Resp 1645832/SP)
- IPTU pode incidir sobre unidade autônomas preexistentes (STJ – Resp. 1347693/RS)

- Incidência de IPTU sobre imóvel localizado em APP com restrição non aedificandi (STJ – Resp 1482184/RS)
- Alienante do imóvel continua responsável pelos débitos tributários cujo fato gerador ocorrem antes da alienação (STJ – AREsp 842940/RJ)
- Alienado bem onerado com tributos, o novo titular, não comprovando o recolhimento dos tributos imobiliários, torna-se responsável solidário pelos débitos, nos termos do art. 130 do CTN. (REsp 1319319/RS)

10. QUESTÕES DE CONCURSOS PÚBLICOS

1. **(TJ-RS – 2009 – Juiz)** À luz das disposições em vigor da Constituição Federal, com relação ao imposto sobre a propriedade predial e territorial urbana, é correto afirmar que

a) só é admitida sua progressividade fiscal.

b) só é admitida sua progressividade extrafiscal.

c) são admitidas tanto a sua progressividade fiscal quanto a extrafiscal.

d) é admitida sua progressividade, não se lhe aplicando, em consequência, a proibição de utilizar tributo com efeito de confisco.

e) não pode ser progressivo, por se tratar de imposto real.

2. **(ESAF – 2012 – Auditor Fiscal da Receita Federal)** O IPTU – imposto sobre a propriedade predial e territorial urbana, de competência dos Municípios e do Distrito Federal, possui as seguintes características, exceto:

a) pode ser progressivo em razão do valor venal do imóvel, o que permite calibrar o valor do tributo de acordo com índice hábil à mensuração da essencialidade do bem.

b) a progressividade de sua alíquota, com base no valor venal do imóvel, só é admissível para o fim de assegurar o cumprimento da função social da propriedade urbana.

c) não se admite a progressividade fiscal decorrente da capacidade econômica do contribuinte, dada a natureza real do imposto

d) pode ter diversidade de alíquotas no caso de imóvel edificado, não edificado, residencial ou comercial.

e) é inconstitucional a lei do município que reduz o imposto predial urbano sobre imóvel ocupado pela residência do proprietário, que não possua outro.

3. **(UFPR – 2012 – TJ-PR – Juiz)** Considere as seguintes afirmativas sobre a jurisprudência do Superior Tribunal de Justiça e do Supremo Tribunal Federal em matéria tributária:

1. É inconstitucional a fixação de adicional progressivo do imposto predial e territorial urbano em função do número de imóveis do contribuinte.
2. É ilegítima a incidência do imposto de transmissão causa mortis no inventário por morte presumida.
3. Promitente comprador de imóvel residencial transcrito em nome de autarquia é contribuinte do Imposto Predial Territorial Urbano.
4. É inconstitucional a adoção no cálculo do valor de taxa de um ou mais elementos da base de cálculo própria de determinado imposto, desde que não haja integral identidade entre uma base e outra.

Assinale a alternativa correta.

a) Somente a afirmativa 4 é verdadeira.

b) Somente as afirmativas 2 e 4 são verdadeiras.

c) Somente as afirmativas 1 e 3 são verdadeiras.

d) Somente as afirmativas 1, 2 e 3 são verdadeiras.

---

4. (ESAF – 2012 – PGFN) De acordo com a jurisprudência do STJ sobre o IPTU – Imposto sobre a Propriedade Territorial Urbana, de competência dos Municípios e do Distrito Federal, é incorreto afirmar que:

a) é defeso aos municípios aumentarem a base de cálculo do IPTU por meio de decreto.

b) são contribuintes responsáveis pelo pagamento do IPTU tanto o promitente comprador do imóvel quanto o promitente vendedor, podendo ambos figurar conjuntamente no polo passivo em ações de cobrança do imposto.

c) na hipótese em que o lançamento original reportou-se a área menor do imóvel, por desconhecimento de sua real metragem, o imposto pode ser complementado, pois a retificação dos dados cadastrais não significa recadastramento de imóvel.

d) não se permite a revisão do lançamento de IPTU referente a imóvel cujo padrão de acabamento considerado era diferente da realidade, pois neste caso o lançamento complementar decorreria de um simples erro de fato, que não ensejaria a revisão da cobrança.

e) não incide IPTU sobre imóveis objeto de contrato de concessão de direito real de uso, em razão da ausência do fato gerador do tributo.

---

5. (ESAF – 2010 – SMF-RJ) Sobre o IPTU – Imposto sobre a Propriedade Territorial Urbana no Município do Rio de Janeiro, julgue os itens a seguir:

I. o fato que faz nascer a obrigação de pagar o IPTU é a propriedade, o domínio útil ou a posse, no primeiro dia do ano, de bem imóvel, edificado ou não, localizado na zona urbana do Município;

II. contribuinte do IPTU é o proprietário de imóvel, o titular de seu domínio útil, o possuidor a qualquer título, os promitentes compradores imitidos na posse, os posseiros, ocupantes ou comodatários de imóveis pertencentes à União, aos Estados, aos Municípios, ou a quaisquer outras pessoas jurídicas de direito público isentas do imposto ou a ele imunes;[50]

III. os imóveis localizados no Município do Rio de Janeiro, ainda que isentos ou não sujeitos à incidência do imposto, são obrigados à inscrição no Sistema de Cadastro Imobiliário da Secretaria Municipal de Fazenda;

IV. a base de cálculo do IPTU é o valor venal da unidade imobiliária, assim entendido o valor que esta alcançaria para compra e venda à vista, segundo as condições do mercado.

Estão corretos:

a) todos os itens estão corretos.

b) apenas os itens I, III e IV.

c) apenas os itens I, II e III.

d) apenas os itens III e IV.

e) apenas os itens I e III.

---

50. Código Tributário do Município do Rio de Janeiro: Art. 62 – Contribuinte do Imposto sobre a Propriedade Predial e Territorial Urbana é o proprietário do imóvel, o titular do seu domínio útil ou o seu possuidor a qualquer título. Parágrafo único – São também contribuintes os promitentes-compradores imitidos na posse, os posseiros, ocupantes ou comodatários de imóveis pertencentes à União, aos Estados, aos Municípios, ou a quaisquer outras pessoas isentas do imposto ou a ele imunes.

6. **(CESPE – 2011 – TRF – 5× REGIÃO – Juiz)** A pessoa jurídica Beta possui débitos vencidos relativos ao IPTU correspondente aos exercícios de 2008 e 2009, cada um no valor de R$ 500,00. Sem discriminar o tributo a ser pago, Beta efetuou o recolhimento de R$ 500,00 perante a autoridade administrativa fiscal competente. Posteriormente, a devedora constatou erro na alíquota do IPTU.

Com base nessa situação hipotética, assinale a opção correta.

a) A empresa Beta pode pleitear a restituição parcial do tributo e a integral dos juros de mora e das penalidades pecuniárias aplicadas.

b) O prazo para que Beta pleiteie a restituição do tributo eventualmente pago a maior é de dois anos, contados da data da extinção do crédito tributário.

c) Caso Beta pleiteie a restituição do tributo, as infrações de caráter formal não prejudicadas pelo erro da alíquota aplicada ao IPTU não serão passíveis de restituição.

d) Pode a autoridade administrativa competente receber o recolhimento, imputando-o ao pagamento do IPTU relativo ao exercício de 2009.

e) Se Beta formular consulta para esclarecer determinado dispositivo da legislação tributária, não incidirão juros de mora sobre o principal até que tal pendência seja solucionada.

---

7. **(CESPE – 2012 – MPE-RR – Promotor de Justiça)** Preocupado com o alto índice de migração da população do município para a capital do estado, o Poder Executivo municipal revogou toda a legislação que instituía o IPTU. Em face dessa situação hipotética, assinale a opção correta.

a) O município poderia isentar da cobrança as pequenas glebas situadas em zonas rurais onde incidisse tributo sobre propriedade, dada a arrecadação do ITR.

b) Sendo do município a competência para instituir tributo, é legítimo que ele deixe de instituí-lo, não sendo o exercício dessa competência transferível a outra pessoa jurídica de direito público.

c) O município não poderia revogar a legislação referente ao IPTU, já que a competência para instituí-lo é do estado.

d) A União, por possuir competência residual, poderá instituir o IPTU, sempre que a sua instituição não seja exercida por quem tenha competência tributária.

e) O município poderia ter estabelecido progressividade do IPTU para os fins almejados, em vez de revogá-lo, porque este imposto não tem caráter extrafiscal

---

8. **(CESPE – 2012 – DPE-RO – Defensor Público)** O governo do estado X, preocupado com o aumento considerável de invasões de pessoas de baixo poder aquisitivo em terras públicas com o objetivo de fixar residência nessas terras, resolveu regularizar a situação e atribuiu propriedade aos ocupantes, registrando o título no registro de imóveis. Os municípios passaram a cobrar IPTU dos novos proprietários. Inconformados, os moradores das antigas invasões formalizaram abaixo-assinados e procuraram a DP para reclamar da exação, reclamando da inexistência de abastecimento de água, de canalização de águas e de esgotos sanitários, bem como de iluminação pública; esclareceram, ainda, que a escola pública mais próxima estava localizada a mais de três quilômetros de suas casas. Com base nessa situação hipotética, assinale a opção correta.

a) O município não poderia ter instituído o IPTU sem a garantia do cumprimento da função social da propriedade, devendo aplicar as alíquotas progressivamente no tempo.

b) O município poderia instituir o tributo, desde que presentes, pelo menos, duas das benfeitorias arroladas como inexistentes pelos moradores.

c) Dadas a natureza difusa da exação e a capacidade econômica dos novos contribuintes, deverá a DP ajuizar ação civil pública para obstar a cobrança do tributo.

d) A cobrança do imposto é legal, uma vez que o tributo tem como fato gerador a propriedade de bens imóveis.

e) Sendo o IPTU imposto de natureza pessoal, é ilegítima a sua cobrança de pessoas que não disponham de recurso para seu pagamento,

---

9. (CESPE – 2012 – TJ-AC – Juiz) Foi editada lei municipal criando IPTU e constava, anexa à lei, a pauta de valores dos imóveis do município. De acordo com essa lei, a secretaria de fazenda estava autorizada a atualizar, com base na valorização imobiliária, a pauta nos exercícios posteriores. Com base nessa situação hipotética, assinale a opção correta.

a) Ao Poder Executivo pode ser delegada a atualização do valor do imposto com base na correção monetária.

b) O município não poderia editar lei instituindo IPTU, uma vez que a CF já o fez, mostrando-se, por isso, indiferente o meio utilizado para a atualização da pauta de valores.

c) É desnecessária a edição de lei para aprovar a pauta de valores dos imóveis do município, visto que, com o constante aumento das áreas habitadas, isso tornaria impraticável a arrecadação do tributo, bastando, portanto, a edição de decreto regulamentar para majorar ou atualizar a pauta.

d) Tendo a pauta de valores tornado certo o objeto da tributação (imóvel) e sua base de cálculo (valor) no primeiro exercício, a atualização da pauta nos termos previstos poderá ser efetivada por meio de decreto.

e) A secretaria de fazenda pode passar a cobrar o imposto de novos imóveis não incluídos originalmente na pauta anexa à lei.

---

10. (Procurador – Ponta Grossa – 2010) Sobre o Imposto Municipal sobre a Propriedade Predial e Territorial Urbana, segundo o Código Tributário Nacional, assinale a INCORRETA:

a) O fato gerador do IPTU é a propriedade, o domínio útil ou a posse de bem imóvel por natureza ou por acessão física, como definido na lei civil, localizado na zona urbana do Município.

b) A base de cálculo do imposto é o valor venal do imóvel.

c) Para cobrança do IPTU, considera-se como zona urbana a definida em lei complementar municipal, observada a existência de pelo menos um dos seguintes melhoramentos mantidos pelo público: meio-fio ou calçamento, com canalização de águas pluviais; abastecimento de água; sistema de esgotos sanitários ou rede de iluminação pública comportamento para distribuição domiciliar.

d) Na fixação da base de cálculo, não se considera o valor dos bens móveis mantidos, em caráter permanente ou temporário, no imóvel, para efeito de sua utilização, exploração, aformoseamento ou comodidade.

---

11. (FCC/PGM/JoãoPessoa/Procurador/2012) Sobre os tributos municipais é correto afirmar que

a) a base de cálculo da contribuição de melhoria por obra pública Municipal é o valor venal do imóvel adjacente à obra.

b) a taxa de coleta de lixo domiciliar admite que sua base de cálculo corresponda à quantidade de moradores do imóvel atendido pelo serviço.

c) o Imposto sobre a Propriedade Predial e Territorial Urbana – IPTU e o Imposto sobre a Transmissão de Bens Imóveis por ato "inter vivos" a título oneroso – ITBI têm como base de cálculo o valor venal do bem.

d) o Imposto sobre Serviços de Qualquer Natureza – ISS, apesar de ser da competência municipal, é instituído por lei complementar.

e) os serviços de limpeza de vias e logradouros públicos e de segurança pública podem ser remunerados por taxa.

---

12. (FCC/TJ/GO/Juiz/2012) Um Município alterou sua legislação para instituir o IPTU progressivo em razão do valor venal do imóvel, criando uma tabela com alíquotas variando de 0,5% a 2,5%. Do mesmo modo instituiu também o ITBI progressivo em razão do valor venal do imóvel, com alíquotas variando de 1% a 5%. Nesse caso, a partir dos fatos apresentados e do entendimento do Supremo Tribunal Federal,

a) é constitucional a instituição tanto do IPTU como do ITBI progressivo em razão do valor venal do imóvel como forma de graduação dos impostos segundo a capacidade contributiva.

b) é inconstitucional a instituição de alíquotas progressivas para o IPTU e para o ITBI, pois ambos são impostos reais e, portanto, não podem ter alíquotas progressivas.

c) é inconstitucional a instituição de dois impostos municipais com mesma base de cálculo, qual seja, valor venal do imóvel, pois caracteriza bis in idem.

d) é constitucional apenas a instituição do IPTU progressivo em razão do valor venal do imóvel, por expressa autorização na Constituição Federal.

e) é constitucional apenas a instituição do ITBI progressivo em razão do valor venal do imóvel, por expressa autorização na Constituição Federal.

---

13. **(FCC/TJ/GO/Juiz/2009)** Dispõe o verbete nº 656 das Súmulas do STF que "é inconstitucional a lei que estabelece alíquotas progressivas para o imposto de transmissão "inter vivos" de bens imóveis – ITBI com base no valor venal do imóvel". Por sua vez, o verbete nº 668 das Súmulas do STF disciplina que "é inconstitucional a lei municipal que tenha estabelecido, antes da Emenda Constitucional nº 29/2000, alíquotas progressivas para o IPTU, salvo se destinada a assegurar o cumprimento da função social da propriedade urbana". Considerando estes dois verbetes que expressam o entendimento do STF e a disciplina constitucional das limitações constitucionais ao poder de tributar, é correto afirmar que

a) a progressividade de alíquotas viola o princípio da vedação ao confisco, na medida em que a alíquota vai aumentando gradativamente, independente da base de cálculo, levando em conta apenas critérios pessoais.

b) o STF entende ser possível a aplicação de alíquotas progressivas nos casos expressamente autorizados na Constituição Federal.

c) o STF só admite para o IPTU a progressividade de alíquotas no tempo, como instrumento da política urbana.

d) a progressividade de alíquotas viola o princípio da capacidade contributiva, razão pela qual só pode ser aplicada excepcionalmente.

e) na tributação extrafiscal é permitida a aplicação de alíquotas progressivas em razão da base de cálculo, como forma de estímulo ou desestímulo a determinados comportamentos.

---

14. **(FCC/TCE/SP/Auditor/2013)** A majoração da base de cálculo do IPVA e do IPTU é exceção, dentre outras, à regra da:

a) legalidade.

b) anterioridade nonagesimal.

c) anterioridade anual.

d) irretroatividade da lei tributária.

e) vedação ao confisco.

---

15. **(FCC/TJ/GO/Juiz/2009)** Tício adquiriu em 2002 um bem imóvel destinado à sua residência e de sua família, através de mútuo imobiliário junto à instituição bancária oficial. Como garantia de pagamento do mútuo, o imóvel foi gravado com uma hipoteca em favor da instituição bancária. Todavia, desde 2005, quando ficou desempregado, Tício não paga o IPTU e as prestações sobre o referido imóvel. O Município onde está localizado o imóvel ingressou com execução fiscal para cobrar o débito de IPTU e requer a penhora sobre o imóvel. Diante disto, é correto afirmar que o imóvel[51]

---

51. Apesar de a banca ter considerado como correta a alternativa B, entendemos ser possível a constrição judicial, uma vez que o IPTU consta como uma das exceções expressamente previstas no art. 3º, IV da Lei 8.009/90.

a) não pode ser penhorado sem que antes se faça a habilitação da credora hipotecária nos autos da execução fiscal, a fim de que se estabeleça um concurso de credores entre o Município e a instituição bancária mutuante.

b) não pode ser penhorado por ser bem de família.

c) não pode ser penhorado em execução fiscal porque está gravado com uma hipoteca para garantir dívida anterior ao débito de IPTU.

d) pode ser penhorado em execução fiscal, porque os créditos tributários têm preferência sobre os créditos com garantia real, não valendo também como bem de família quando para garantir dívidas tributárias do próprio imóvel.

e) pode ser penhorado em execução fiscal, mas não pode ir à hasta pública sem que a credora hipotecária habilite seu crédito, para que possa ter resguardado seu direito a concurso de credores que se abrirá após a arrematação.

---

16. (FCC/Infraero/Advogado/2011) Considere:

I. ITCMD (Imposto sobre a transmissão causa mortis e doação de bens ou direitos).

II. ISS (Imposto sobre serviços de qualquer natureza).

III. ITBI (Imposto sobre a transmissão "inter vivos" de bens imóveis e direitos a eles relativos)

IV. IPVA (Imposto sobre a propriedade de veículos automotores)

V. IPI (Imposto sobre produtos industrializados)

Compete aos Estados e ao Distrito Federal instituir os impostos indicados APENAS em

a) II e III.

b) I e IV.

c) I.

d) II, III e V.

e) II.

---

17. (FCC/TJ/PE/Juiz/2011) Em nosso sistema tributário, os impostos designados residuais

a) podem ser instituídos por lei ordinária federal, desde que não sejam cumulativos e tenham fato gerador e base de cálculo inéditos.

b) podem ser instituídos pela União, Estados ou Municípios, desde que não sejam cumulativos e tenham fato gerador e base de cálculo inéditos.

c) podem ser instituídos por lei ordinária federal, desde que tenham fato gerador e base de cálculo inéditos.

d) são de competência privativa da União e só podem ser instituídos mediante lei complementar.

e) são instituídos para cobertura das despesas residuais orçamentárias.

---

18. (FCC/PGE/MT/Procurador/2011) Seria considerada incompatível com a Constituição da República, em matéria tributária, a

a) cobrança de pedágio pela utilização de vias intermunicipais conservadas pelo Poder Público estadual.

b) fixação da base de cálculo do imposto sobre a propriedade de veículos automotores em um exercício para cobrança no seguinte, antes de decorridos noventa dias da data em que haja sido publicada a lei respectiva.

c) cobrança de imposto municipal sobre serviços prestados por autarquia estadual que tenha por finalidade a prestação desses serviços.

d) concessão de incentivos fiscais pela União a determinados Estados da federação, ainda que com o fim de promover o equilíbrio do desenvolvimento socioeconômico entre as diferentes regiões do País.

e) instituição de impostos sobre o patrimônio ou a renda das instituições de ensino, ainda que com fins lucrativos.

---

19. (FCC/MPE/AP/Promotor/2012) Sobre a competência dos Municípios para instituir impostos é correto afirmar que

a) os Municípios têm competência para instituir e arrecadar o Imposto sobre a Propriedade Territorial Rural e o Imposto sobre a Propriedade Predial e Territorial Urbana.

b) tanto o Imposto de Transmissão de Bens por ato "inter vivos" como por ato causa mortis são de competência dos Municípios.

c) o Imposto sobre Serviços de Qualquer Natureza terá alíquota fixada por lei complementar, portanto todos os Municípios devem aplicar a mesma alíquota.

d) o Imposto sobre a Propriedade de Veículos Automotores é de competência do Município e sua receita é repartida com o Estado.

e) o Imposto sobre a Propriedade Predial e Territorial Urbana pode ter alíquotas progressivas em razão do valor venal do imóvel e seletivas, de acordo com a localização e o uso do imóvel.

---

20. (FCC/TJ/AP/Cartórios/2011) O tributo que tem por fato gerador o exercício regular do poder de polícia, como, por exemplo, a fiscalização dos serviços notariais e registrais, é denominado

a) imposto.

b) taxa.

c) contribuição de melhoria.

d) emolumento.

e) contribuição de interesse de categoria profissional ou econômica.

---

21. (PGM-Maringá/PUC-PR/2015) Em relação ao Imposto Predial e Territorial Urbano (IPTU), assinale a alternativa CORRETA

A) Incide o imposto sobre a propriedade predial e territorial urbana (IPTU) e não o imposto sobre a propriedade territorial rural (ITR) sobre imóveis comprovadamente utilizados para exploração extrativa, agrícola, pecuária ou agroindustrial, se estes estiverem localizados em áreas consideradas urbanas pela legislação municipal.

B) A atualização do valor venal do imóvel, pela correção monetária, constitui majoração da base de cálculo do IPTU, não podendo ser feita, por conseguinte, por ato do poder executivo, mas exclusivamente por lei.

C) A exigência de IPTU progressivo no tempo é faculdade do Poder Público municipal, ainda que o solo da propriedade urbana seja não edificado, subutilizado ou não utilizado.

D) Lei do município de Maringá/PR, promulgada e publicada em 01.12.2014, aumentou o valor venal de todos os imóveis localizados naquele município. O IPTU de Maringá de 2015 foi lançado e cobrado em janeiro de 2015, com base nos novos valores estipulados pela lei municipal. Tal lei, entretanto, é inconstitucional, por violar o princípio da anterioridade nonagesimal.

E) Os municípios poderão, validamente, estabelecer alíquotas progressivas do IPTU em razão da renda do proprietário do imóvel urbano, em atendimento ao princípio da capacidade contributiva e à função social da propriedade.

---

22. (PGM-SP/VUNESP/2014) Segundo determina a legislação do Município de São Paulo,em caso de descumprimento das condições e dos prazos estabelecidos para parcelamento, edificação ou utilização compulsórios, será aplicado sobre os imóveis notificados o Imposto sobre a Propriedade Predial e Territorial Urbana Progressivo no Tempo – IPTU Progressivo, mediante a majoração anual e consecutiva da alíquota pelo prazo de 5(cinco) anos, até o limite máximo de

A) 10%

B) 15%

C) 20%

D) 25%

E) 30%

---

23. (PGM-Curitiba/UFPR/2015) O Imposto sobre a Propriedade Predial e Territorial Urbana é tributo da competência dos Municípios. Em âmbito nacional, o IPTU é regido pelas normas constantes dos artigos 32 a 34 do Código Tributário Nacional. No Município de Curitiba, é a Lei Complementar Municipal nº40/2001 que dispõe sobre o IPTU. Sobre o assunto, assinale a alternativa correta.

a) No Município de Curitiba, não se considera edificado o imóvel cujo valor da construção não alcance a 20ª (vigésima) parte do valor venal do respectivo terreno, à exceção, dentre outras hipóteses previstas em lei, daquele de uso próprio, exclusivamente residencial, cujo terreno, nos termos da legislação específica, não seja divisível.

b) De acordo com jurisprudência dominante do Superior Tribunal de Justiça, admite-se a cobrança de IPTU junto ao proprietário nos casos em que o imóvel urbano tenha sido invadido por terceiros e o proprietário desapossado tenha tentado defender-se pelos meios jurídicos apropriados.

c) A posse decorrente de concessão de uso de bem público, nos termos de jurisprudência dominante do Superior Tribunal de Justiça, é passível de tributação pelo IPTU.

d) A propriedade de imóvel situado na zona urbana do Município de Curitiba será objeto de cobrança do IPTU ainda que destinada exclusivamente à exploração extrativa agrícola, pecuária ou agropecuária.

e) Não pode figurar na qualidade de sujeito passivo do IPTU o proprietário de imóvel urbano declarado de utilidade pública pela municipalidade para fins de desapropriação.

---

24. (Auditor/TCE-MG/2018) Considere a hipótese que foi sancionada e publicada em 23/12/2016 uma lei estadual aumentando a base de cálculo do imposto sobre a propriedade de veículo automotor (IPVA). O objetivo é de cobrar o IPVA reajustado já no ano de 2017, sendo certo que o fato gerador da obrigação se daria no dia 01/01/2017. No dia 26/12/2016, um Decreto do município de Belo Horizonte/MG, assinado pelo prefeito, com a motivação de atualização, para o recolhimento no ano de 2017, acrescentou 15% sobre o valor do Imposto sobre a propriedade predial e territorial urbano (IPTU) exigido no ano de 2016. Cumpre ressaltar que o índice oficial de correção monetária no ano de 2016 previa percentual de 10%. O fato gerador do tributo também se dá no dia 01/01/2017. Diante desse caso hipotético e considerando o IPVA 2017 e IPTU 2017, assinale a alternativa CORRETA.

a) O IPVA não poderá ser cobrado no ano de 2017, tendo em vista a violação ao princípio da anterioridade nonagesimal.

b) O IPTU poderá ser cobrado no ano de 2017, uma vez que o Código Tributário Nacional admite a atualização do IPTU mediante Decreto.

c) O IPVA poderá ser cobrado no ano de 2017, e o IPTU não poderá ser cobrado no ano de 2017.

d) O IPVA e o IPTU não poderão ser cobrados no ano de 2017.

e) O IPTU não poderá ser cobrado, uma vez que não se respeitou o princípio da anterioridade do exercício financeiro.

---

25. (Auditor Fiscal/FGV/2018) Determinado Estado da Federação cedeu um imóvel de sua propriedade à pessoa jurídica de direito privado ABC, para que esta exerça atividade econômica com fins lucrativos, no local do imóvel. Em relação à cobrança de Imposto sobre Propriedade Predial e Territorial Urbana (IPTU) do imóvel, assinale a afirmativa correta.

a) É vedada a cobrança do IPTU do imóvel, tendo em vista a imunidade recíproca das pessoas de direito público, princípio garantidor da Federação e cláusula pétrea.

b) É vedada a cobrança do IPTU do imóvel, tendo em vista que o Estado é isento do pagamento do IPTU de imóveis de sua propriedade.

c) O IPTU é devido e o Estado, contribuinte do imposto, deve realizar o pagamento.

d) O IPTU não é devido, uma vez que o Estado não é sujeito passivo da exação.

e) O IPTU é devido e a pessoa jurídica de direito privado é a responsável tributária e quem deve realizar o pagamento.

---

26. **(Procurador Municipal/VUNESP/2017)** A Associação dos Familiares e Amigos dos Vulneráveis de Marília, instituição de assistência social sem fins lucrativos, possui dois imóveis na área urbana municipal. Em um deles funciona sua sede, onde são desenvolvidas as atividades da associação. O outro encontra-se alugado para terceiro, para fins comerciais. Sobre esse segundo imóvel,

a) incide IPTU, porquanto apenas o imóvel utilizado diretamente no desempenho das atividades assistenciais é alcançado pela imunidade subjetiva prevista na Constituição Federal.

b) incide IPTU, assim como sobre o primeiro imóvel, já que a imunidade constitucional para entidades assistenciais não abrange imposto sobre patrimônio.

c) incide IPTU, assim como sobre o primeiro imóvel, porque a imunidade constitucional para entidades é subjetiva e abrange aquelas que tenham finalidade de educação, além de partidos políticos, inclusive suas fundações, e entidades sindicais.

d) não incide IPTU, pois, ainda quando alugado a terceiros, imóvel pertencente a instituição de assistência social permanece imune ao IPTU, desde que o valor dos aluguéis seja aplicado nas atividades essenciais da entidade proprietária.

e) não incide IPTU, pois, ainda quando alugado a terceiros e independentemente da destinação do valor dos aluguéis, imóvel pertencente a instituição de assistência social permanece imune ao IPTU, já que a imunidade constitucional é, nessa hipótese, subjetiva.

---

27. **(Analista Judiciário/FCC/2017)** Em fevereiro do corrente ano, 2017, um Município nordestino efetuou o lançamento de ofício do IPTU, cujo fato gerador ocorreu no dia 1° de janeiro do mesmo exercício. O referido lançamento foi feito em nome do Sr. Aníbal de Oliveira, que, segundo informações constantes do cadastro municipal, seria o proprietário do referido imóvel, na data da ocorrência do fato gerador. Em março de 2017, depois de devidamente notificado do lançamento realizado, o Sr. Aníbal de Oliveira apresentou, tempestivamente, no órgão municipal competente, impugnação contra o lançamento efetuado, alegando que, em 15 de dezembro de 2016, havia formalizado a doação do referido imóvel a seu filho, Sérgio de Oliveira, e que, em razão disso, não seria devedor do crédito tributário referente ao IPTU 2017. A impugnação estava instruída com cópia da escritura de doação e de seu respectivo registro, ainda em 2016, no Cartório de Registro de Imóveis competente. O doador esclareceu, ainda, na referida impugnação, que o órgão municipal competente não foi comunicado, nem por ele, nem pelo donatário, da transmissão da propriedade do referido imóvel, pois a legislação local não os obrigava a prestar tal informação. Sérgio de Oliveira, a seu turno, foi corretamente identificado como contribuinte do ITCMD devido em razão da doação por ele recebida, e pagou crédito tributário devido. Considerando os dados acima, bem como as regras do Código Tributário Nacional e da Constituição Federal acerca do lançamento tributário, constata-se que

a) não poderá ser feito lançamento de IPTU contra Sérgio de Oliveira, em 2017, por ele já ter sido identificado, no ano anterior, como contribuinte do ITCMD incidente sobre a doação recebida.

b) o princípio constitucional da anterioridade nonagesimal (noventena) impede o lançamento e a cobrança do IPTU antes de transcorridos 90 (noventa) da ocorrência de fato gerador do ITBI ou do ITCMD.

c) o lançamento do IPTU, antes de decorrido um ano do lançamento do ITCMD, constitui bitributação, bem como violação do princípio do não confisco e da anterioridade nonagesimal (noventena).

d) o lançamento de ofício do IPTU poderá ser revisto pelo Município, ainda em 2017, pois, embora a doação tenha ocorrido antes de 1° de janeiro de 2017, a Fazenda Pública não teve conhecimento de tal fato antes de o contribuinte apresentar sua impugnação.

e) o lançamento de ofício do IPTU poderá ser revisto, mas por órgão competente do Estado em que se localiza o referido Município, em obediência ao princípio constitucional da duplicidade instâncias de lançamento, e desde que obedecido o prazo prescricional.

---

28. **(PGM Niterói/FGV/2014)** Lei federal introduz três inovações na legislação tributária, todas concernentes ao Imposto sobre a Propriedade Predial e Territorial Urbana (IPTU), esclarecendo que elas deverão ser obrigatoriamente observadas por todos os Municípios

I. fixa alíquota mínima do tributo;

II. estabelece hipóteses de isenção do tributo; e

III. fixa a data de recolhimento do tributo.

Assinale:

a) se somente são inválidas as inovações I e III.

b) se somente são inválidas as inovações II e III.

c) se somente é inválida apenas a inovação II.

d) se são inválidas as inovações I, II e III.

e) se somente é inválida apenas a inovação I

---

29. **(PGM Niterói/FGV/2014)** Com relação à disciplina constitucional do Imposto sobre a Propriedade Predial e Territorial Urbana (IPTU), assinale V para a afirmativa verdadeira e F para a falsa.

( ) Pode ser progressivo no tempo.

( ) Pode ser progressivo em razão do valor do imóvel.

( ) Pode ter alíquota diferente de acordo com a localização e o uso do imóvel.

As afirmativas são, respectivamente,

a) V, V e V.

b) F, V e V.

c) F, F e F.

d) V, F e F.

e) V, V e F.

---

30. **(Procurador Câmara/IDECAN/2014)** O Código Tributário Nacional (CTN) estabelece o IPTU como o imposto, de competência dos Municípios, sobre a propriedade predial e territorial urbana que tem como fato gerador a propriedade, o domínio útil ou a posse de bem imóvel ou natureza ou por acessão física, como definido na lei civil, localizado na zona urbana do Município. O referido código exige como requisito mínimo a existência de, pelo menos, dois melhoramentos elencados na norma para que se entenda a área como zona urbana. Assinale a alternativa que apresenta um melhoramento NÃO previsto no CTN.

a) Sistema de esgotos sanitários.

b) Meio-fio ou calçamento, com canalização de águas pluviais.

c) Rede de iluminação pública, com ou sem posteamento para distribuição domiciliar.

d) Escola primária a uma distância máxima de cinco quilômetros do imóvel considerado.

Gabarito		
Questão	**Resposta**	**Referência**
1	C	Tópico 6 deste capítulo
2	E	Tópicos 5 e 6 deste capítulo
3	C	Tópicos 1 a 6 deste capítulo
4	D	Tópicos 1 a 6 deste capítulo
5	A	Tópicos 1 a 6 deste capítulo
6	C	Tópico 6 deste capítulo
7	B	Tópicos 1 a 6 deste capítulo
8	B	Tópico 1 deste capítulo
9	A	Tópico 5 deste capítulo
10	C	Tópicos 1 e 5 deste capítulo
11	C	Tópico 5.1 deste capítulo
12	D	Tópico 5.1 deste capítulo
13	B	Tópico 5.2 deste capítulo
14	B	Tópico 5.1 deste capítulo
15	B	Tópico 6.2 deste capítulo
16	B	Parte I
17	D	Parte I
18	C	Tópico 1 do capítulo anterior
19	E	Tópico 5.2 deste capítulo
20	B	Parte II
21	C	Tópico 5 deste capítulo
22	B	Tópico 5 deste capítulo
23	A	Tópico 1 e 4
24	C	Tópico 5
25	E	Tópico 4.4
26	D	Tópico 1
27	D	Tópico 6.1
28	D	Tópico 5.2
29	A	Tópico 5.2
30	D	Tópico 1

CAPÍTULO 16
IMPOSTO DE TRANSMISSÃO DE BENS "INTER VIVOS" – ITBI

Sumário • 1. Aspecto material – 1.1. Desapropriação e Usucapião; 1.2. Separação consensual e excesso oneroso de partilha; 1.3. Renúncia à Herança; 1.4 Anulação do Negócio Jurídico de Transmissão imobiliária; 1.5. Incidência do ITBI na integralização no capital de pessoa jurídica; 1.6. Dissolução de condomínios sobre imóveis indivisíveis – 2. Aspecto temporal – 3. Aspecto espacial – 4. Aspecto subjetivo – 5. Aspecto quantitativo: 5.1. Base de cálculo; 5.2. Alíquota – 6. Informações complementares – 7. Quadro sinóptico – 8. Súmulas do STF e STJ – 9. Síntese dos principais entendimentos do STJ sobre ITBI – 10. Questões de concurso público.

1. ASPECTO MATERIAL[1]

O Imposto sobre Transmissão de Bens Imóveis – ITBI passou a existir no direito brasileiro em 1809, sendo que na época era chamado de Imposto sobre Transmissão de Bens Imóveis.

Com a Constituição Federal de 1934 foi a primeira vez que houve uma diferenciação entre o Imposto sobre Transmissão "inter vivos" e o "causa mortis", ambos ficando sob competência dos Estados. Somente com a Emenda Constitucional nº 5/61 é que o Imposto de Transmissão de bens "inter vivos", passou a ser de competência dos Municípios, o que durou até a Emenda Constitucional nº 18/65, onde foram unificados novamente sob competência dos Estados.

Com a promulgação da Constituição de 1988 os Municípios passaram novamente a exercer a competência tributária sobre a transferência imobiliária inter vivos, possuindo como regra matriz de incidência a seguinte diretriz constitucional:

> *Art. 156. Compete aos Municípios instituir impostos sobre:*
>
> *(...)*
>
> ***II – transmissão "inter vivos", a qualquer título, por ato oneroso, de bens imóveis, por natureza ou acessão física, e de direitos reais sobre imóveis, exceto os de garantia, bem como cessão de direitos a sua aquisição;***
>
> *A Ordem Constitucional estabelece que o aspecto material do ITBI é a transmissão intervivos de bens imóveis por ato oneroso. Também*

---

1. A **banca Cespe (2009 – SEAD-SE – Procurador)** considerou INCORRETA a seguinte afirmação: *"considere que Ana transfira a Beatriz, sua irmã, um de seus imóveis urbanos, por ato gratuito. Nessa hipótese, deve incidir o imposto sobre a transmissão de bens imóveis, de competência dos municípios".*

> *haverá incidência sobre a transmissão de direitos reais sobre imóveis, exceto os de garantia. Antonio José da costa entende que "a expressão transmissão da ação significa, por sua vez, a transferência de direitos de ação atribuída a outrem, que não é seu titular originário, pela qual permite que, com legitimidade, venha a juízo exercitá-la, ou a continuar, se já proposta"*[2].

Existe uma previsão de imunidade no art. 184, § 5º da CF/88, onde consta que ***não incidirá impostos federais, estaduais e municipais*** sobre as operações de transferência de imóveis desapropriados para fins de reforma agrária. E o Supremo Tribunal Federal já delimitou esta regra de imunidade, decidindo que somente irá beneficiar o proprietário expropriado e não terceiros adquirentes de imóveis, estranho ao programa de reforma agrária:

> *EMENTA: RECURSO EXTRAORDINÁRIO. CONSTITUCIONAL. ADMINISTRATIVO. DESAPROPRIAÇÃO. TÍTULO DA DÍVIDA AGRÁRIA. IMUNIDADE TRIBUTÁRIA. EXTENSÃO AO TERCEIRO POSSUIDOR. IMPOSSIBILIDADE. Terceiro adquirente de títulos da dívida agrária. Imunidade. Extensão. Impossibilidade. O benefício alcança tão-somente o expropriado. O terceiro adquirente, que com ele realiza ato mercantil, em negócio estranho à reforma agrária, não é destinatário da norma constitucional. (RE 169628, Relator(a): Min. MAURÍCIO CORRÊA, Segunda Turma, julgado em 28/09/1999, DJ 19-04-2002)*

Assim, a incidência de tributo vai abarcar toda transmissão, a título oneroso, de propriedade imóvel, domínio útil, bem como direitos reais sobre estes, excluindo a sucessão *causa mortis e doação,* que está sob competência tributária estadual. Independe o tipo de negócio, venda e compra, permuta, desde que seja a título oneroso, haverá a incidência do ITBI.

	Aspecto material	Bens	Competência
ITCMD	transmissão "causa mortis" e doação, de quaisquer bens ou direitos	Quaisquer bens e direitos	Estados e DF
ITBI	transmissão "inter vivos", a qualquer título, por ato oneroso, de bens imóveis...	Bens imóveis	Municípios, DF[3] e Territórios Federais[4]

Entende-se como bem imóvel o solo e tudo quanto se lhe incorporar natural ou artificialmente. E, por força do Código Civil, estende-se o conceito legal de imóvel aos **direitos reais sobre imóveis** e as ações que os asseguram, bem como ao direito à sucessão aberta (art. 80 CC).

É essencial compreender que o imposto também irá incidir sobre a transmissão dos direitos reais sobre os imóveis, especialmente aqueles previstos no art. 1.125 do Código

2. COSTA, Antonio Jose da. *A Regra-Matriz de Incidência do ITBI*, Tese de Doutorado apresentada na PUC-SP, São Paulo, 1996, p. 63/66.

Civil, excetos os de garantia. Neste caso, poderá existir a transferência de direitos sobre imóveis através de compra e venda, uso, usufruto, servidão, direito do promitente comprador, direito de superfície, etc. Entretanto, tal incidência não poderá ocorrer, conforme acima mencionado, nos casos de anticrese, hipoteca e penhor[3].

Quanto a promessa de compra e venda, trata-se de contrato preliminar que atribui ao promitente comprador a expectativa de ser proprietário do imóvel, atribuindo o direito de obter transferência imobiliária no momento do pagamento do valor acordado. Considerando que o **fato gerador do ITBI** é o registro imobiliário da transmissão da propriedade do bem imóvel, a jurisprudência pátria possui posicionamento no sentido de que **não incide ITBI** sobre o registro da promessa de compra e venda imobiliária[4]

Situação diversa ocorre quando há a cessão dos direitos de promessa de compra e venda, pois, por força do art. 1225, VII do Código Civil[5], o direito do promitente comprador é um direito real, sendo que sua cessão é passível de incidência do ITBI[6]. Com isso, a transferência de titularidade do direito sobre o contrato de compromisso de compra e venda gera obrigação de pagar o ITBI, não sob o fundamento de transmissão da propriedade, mas sim pela transferência de direitos reais sobre o imóvel.

Mas também poderá haver outros negócios jurídicos que podem desencadear a transferência de titularidade imobiliária, como a permuta, dação em pagamento, remição, arrematação, cessão de posse, cessão de direitos hereditários. Configurado como ato transmissão de propriedade sobre imóveis irá estar englobado pela hipótese de incidência do ITBI.

A aquisição de propriedade, segundo art. 1.248 do Código Civil, também poderá ocorrer por acessão física, por formação de ilhas, aluvião, avulsão, abandono de álveo ou plantações ou construções. Em outras palavras, bem imóvel por acessão física ocorre quando o próprio homem incorpora permanentemente ao solo, como a semente lançada a terra, os edifícios e construções.

Situação analisada pelo Judiciário em que não ocorrerá a incidência do ITBI é no caso de dissolução de condomínio.

> *PROCESSUAL CIVIL E TRIBUTÁRIO. OMISSÃO. NÃO-OCORRÊNCIA. ITBI. IMÓVEIS URBANOS EDIFICADOS. DISSOLUÇÃO DE CONDOMÍNIO. INCIDÊNCIA DO TRIBUTO. BASE DE CÁLCULO. PARCELA ADQUIRIDA AOS OUTROS CO-PROPRIETÁRIOS.1. Hipótese em que os quatro impetran-*

---

3. Nestes casos, haverá tão somente a utilização do imóvel como uma garantia de obrigação pessoal.
4. STJ – Resp 764808/MG – Relator(a) Luiz Fux – Primeira Turma – Julg. 15/03/2007; STF. RE 666096 AgR, Relator(a): Min. CÁRMEN LÚCIA, Segunda Turma, julgado em 30/10/2012;
5. *Art. 1.225. São direitos reais:(...) VII – o direito do promitente comprador do imóvel;*

   Art. 1.417. Mediante promessa de compra e venda, em que se não pactuou arrependimento, celebrada por instrumento público ou particular, e registrada no Cartório de Registro de Imóveis, adquire o promitente comprador direito real à aquisição do imóvel.
6. TJDF –APELAÇÃO CÍVEL 20040110279824APCDF – Órgão Julgador: 1ª Turma Cível – Relator: SILVANIO BARBOSA DOS SANTOS, Publicação no DJU: 02/08/2005 Pág.: 91.

tes (ora recorridos) eram co-proprietários de seis imóveis urbanos edificados. Os condôminos resolveram extinguir parcialmente a co--propriedade. Para isso, cada impetrante passou a ser único titular de um dos seis imóveis. Quanto aos dois bens restantes, manteve-se o condomínio. Discute-se a tributação municipal sobre essa operação.

2. O Tribunal de origem entendeu ter ocorrido simples dissolução de condomínio relativo a uma universalidade de bens, conforme o art.

631 do CC/1916. Assim, não teria havido transmissão de propriedade com relação à maior parte da operação. Se o indivíduo passou a ser proprietário de imóvel em valor idêntico à sua cota ideal no condomínio, não incidiria o ITBI.

4. No entanto, o art. 631 não incide na hipótese, pois se refere ao caso clássico de condomínio de bem divisível. Seria aplicável se os quatro impetrantes fossem co-proprietários de terreno rural ou de terreno urbano não-edificado. Nesse exemplo, no caso de desfazimento do condomínio, o imóvel poderia ser fracionado junto ao cartório de imóveis, observados os limites mínimos, requisitos e formalidades legais, resultando em quatro partes iguais. Cada um dos antigos co-proprietários seria o único titular de seu terreno (correspondente a 25% do original). Inexistiria transmissão onerosa de propriedade nessa situação fictícia e, portanto, incidência do tributo municipal.

5. Diferentemente, quando há condomínio de apartamento edilício, ou de um prédio urbano não-fracionado em unidades autônomas, é impossível a divisão do bem. É este o caso dos autos.

6. O registro imobiliário é individualizado, como o é a propriedade de apartamentos, nos termos da Lei de Registros Públicos (art. 176, § 1º, I, da Lei 6.015/1973).

7. Na situação inicial, antes do pacto de extinção parcial do condomínio, os quatro impetrantes eram co-proprietários de cada um dos imóveis, que devem ser considerados individualmente.

8. Com o acordo, cada um dos impetrantes passou a ser único proprietário de um dos seis imóveis. Ou seja, adquiriu dos outros co-proprietários 75% desse bem, pois já possuía 25%.

9. O ITBI deve incidir sobre a transmissão desses 75%. Isso porque a aquisição dessa parcela se deu por alienação onerosa: compra (pagamento em dinheiro) ou permuta (cessão de parcela de outros imóveis).

10. Esse raciocínio se aplica aos quatro imóveis que passaram a ser titulados por um único proprietário. Quanto aos outros dois bens, com relação aos quais o condomínio subsistiu, não há alienação onerosa nem, portanto, incidência do ITBI.

11. Os impetrantes adjudicaram cada um dos quatro imóveis a uma única pessoa, indenizando os demais (por pagamento ou permuta), nos termos do art. 632 do CC/1916. (REsp 722.752/RJ, Rel. Ministro HERMAN BENJAMIN, SEGUNDA TURMA, julgado em 05/03/2009, DJe 11/11/2009)

O entendimento jurisprudencial segue no sentido de que o desfazimento do condomínio de bem divisível, respeitado os limites de cada condômino, configura inexistência de transmissão onerosa de propriedade e, portanto, ausência de incidência deste tributo municipal. Por outro lado, no caso de condomínio de apartamento edilício, ou de um prédio urbano não-fracionado em unidades autônomas, é impossível a divisão do bem, sendo que sua dissolução irá implicar em transmissão imobiliária.

1.1. Desapropriação e Usucapião

Observa-se que a desapropriação trata-se de um *"procedimento através do qual o Poder Público compulsoriamente desapossa alguém de uma propriedade e adquire, mediante indenização, fundado em interesse público"*[7].

Desta forma, tanto a doutrina quanto a jurisprudência definem a desapropriação como uma forma originária de aquisição de propriedade, pois independe de título ou da vontade do dono anterior. O ato desapropriatório materializa-se por meio de decreto do chefe do executivo, o qual declarará que o imóvel será de utilidade pública e de forma compulsória repassará a propriedade em favor do Estado ou de pessoa jurídica privada concessionária de serviço público.

Tal entendimento está amparado pela jurisprudência cediça do Supremo Tribunal Federal, sendo que na ocasião esta Corte entendeu que *"não há na desapropriação transferência da propriedade por qualquer negócio jurídico de Direito Privado. Não sucede, aí, venda do bem ao poder expropriante"*[8].

Portanto, de modo inequívoco a doutrina e jurisprudência são determinantes em defender que não haverá a incidência de ITBI sobre a transcrição de imóveis desapropriados.

O mesmo raciocínio é aplicado para o caso de usucapião de bem imóvel, *não há transferência de propriedade*, mas sim uma transmissão por via judicial, conforme entendimento jurisprudencial[9].

Com isso, na hipótese de aquisições originárias, como na usucapião e desapropriação, não haverá incidência do ITBI, uma vez que a transferência não é voluntária, mas sim imposta pelo poder público.

1.2. Separação consensual e excesso oneroso de partilha

A incidência do ITBI também poderá ocorrer no caso de divisão de patrimônio na separação judicial. Caso os bens sejam divididos na metade em favor de cada cônjuge

---

7. MELLO, Celso Antonio Bandeira. *Curso de direito administrativo*. 17 ed. São Paulo: Malheiros, 2004, p. 759.

8. *"(...)não há na desapropriação transferência da propriedade por qualquer negócio jurídico de Direito Privado. Não sucede, aí, venda do bem ao poder expropriante. Não se configura, outrossim, a noção de preço, como contraprestação pretendida pelo proprietário, modo privato"* (STF – Reprinconst 1260-3 – DF – TP – j. 13-08-1987 – Rel. Min. Néri da Silveira – DJU 18-11-1988 – RT 639/186)

9. STJ. REsp 118.360/SP, Rel. Ministro VASCO DELLA GIUSTINA. TERCEIRA TURMA, julgado em 16/12/2010.

não haverá incidência do imposto, uma vez não haver a transmissão da propriedade, mas apenas a partilha de bens que já pertenciam aos cônjuges.

Por outro lado, se na partilha, houver um acordo, de forma onerosa, em que um dos cônjuges fique com algum patrimônio imobiliário que corresponda a parte maior que a metade do quinhão, surge a questão de identificar se o ITBI irá incidir sobre a respectiva diferença.

Em outras palavras, quando partilhados os bens em partes ideais de 50% para cada cônjuge não há incidência do ITBI. Caso a divisão dos bens seja diferenciada no que tange ao patrimônio imobiliário, poderá haver a incidência do ITBI se não houver a caracterização de doação da parte que excedeu a meação na divisão dos bens imóveis. Neste sentido, Yussef Said Cahali leciona que "*a lei tributa a diferença recebida a mais em imóveis.(...) Não importa que o outro cônjuge menos aquinhoado com bens imóveis tenha obtido compensação no valor dos móveis. Em havendo diferença, surge a exigência tributária*"[10].

Esse também é o entendimento jurisprudencial majoritário:

> *Nada impede o casal de, ao fazer a partilha, atribuir a maioria dos bens a um deles. A circunstância de existirem bens móveis compensando a diferença é válida entre as partes interessadas, para efeito de equivalência da partilha. Perante o Fisco, no entanto, são considerados apenas os bens imóveis, passíveis de tributação (TJ-SP – Agravo de Instrumento nº 252.041-1 – São Paulo – rel. Toledo Silva – 4ª C Civ – j. 20.4.95).*
>
> *Quanto à incidência de ITBI na partilha de dissolução conjugal deve-se tomar em conta, tão somente, os bens imóveis localizados no Município, conforme art. 32, VII, a, da Lei Complementar Municipal 505/03. 2. Vale registrar que o art. 34, I da Lei Complementar Municipal 505/03 atribui à permuta presunção de onerosidade, quando, para efeitos fiscais, a equipara à compra e venda, e portanto, os bens comuns permutados não elidem a exigência fiscal. 3. Apenas quando não preservadas as meações que a transmissão dá-se a título gratuito, fazendo incidir o ITCMD. Preservadas as meações, a transmissão dá-se a título oneroso, fazendo incidir o ITBI. (TJPR – 3ª C.Cível – AC 499536-6 – Maringá – Rel.: Paulo Roberto Vasconcelos – Unânime – J. 14.10.2008)*
>
> *(...)Assim, a orientação majoritária seguida por este Tribunal (e acolhida pelo Tribunal Pleno) é no sentido de que a incidência do imposto municipal ou estadual, nos casos em que houver transmissão de bens em ação de separação judicial, depende da circunstância de haver ou não a preservação das meações... se houver a preservação, com existência de compensação, opera-se, então, a transmissão a título oneroso, dando azo, assim, à incidência do imposto de transmissão inter vivos (ITBI)(...)" (TJ-RS. Agravo de Instrumento Nº 70024797821, Sétima Câmara Cível, Tribunal de Justiça do RS, Relator: Ricardo Raupp Ruschel, Julgado em 01/07/2008)*

10. CAHALI, Yussef Said. *Divórcio e Separação*. São Paulo: RT, 2005, p. 153/154.

Desta forma, haverá a incidência de ITBI sobre o valor que **exceder ao respectivo quinhão** na partilha de bens imóveis entre cônjuges, em razão de separação judicial, desde que este excesso se dê a título oneroso.

1.3. Renúncia à Herança

O direito brasileiro adotou o princípio de *saizini*, através do qual, aberta a sucessão, a herança transmite-se, desde logo, aos herdeiros legítimos e testamentários (art. 1784 CC). É óbvio que somente com a aceitação da herança que se poderá considerar como definitivamente incorporada ao patrimônio do herdeiro. Por outro lado, é faculdade ao herdeiro renunciar à herança, ou seja, declara que não a aceita, desde que seja feita de maneira expressa, sendo que o herdeiro renunciante é considerado como se nunca tivesse herdado (1806 CC).

Esta renúncia poderá ser feita de duas formas: **abdicativa** – trata-se do efeito abandono de um direito em favor do monte ou dos demais herdeiros; e **translativa** – quando existe a figura da alienação. Neste caso, apesar de revestir-se dos requisitos da renúncia, haverá a transmissão, título gratuito ou oneroso, dos bens do quinhão. Em linhas gerais é assim definida a diferença entre as duas formas de renúncia:

- *Abdicativa*: onde o herdeiro abre mão da parte que lhe cabe, retornando sua quota parte ao monte partível.
- *Translativa*: onde o herdeiro renuncia sua parcela em favor de pessoa determinada.

Em regra, o Imposto de Transmissão dos Bens Imóveis – ITBI não incidirá sobre a renúncia de herdeiros na sua parte na herança, exceto na forma translativa e se for feita a título oneroso. Esse é o entendimento do Superior tribunal de Justiça:

> *RENUNCIA À HERANÇA – INEXISTÊNCIA DE DOAÇÃO OU ALIENAÇÃO – ITBI – FATO GERADOR AUSÊNCIA DE IMPLEMENTO. A renuncia de todos os herdeiros da mesma classe, em favor do monte, não impede seus filhos de sucederem por direito próprio ou por cabeça. Homologada a renuncia, a herança não passa à viúva, e sim aos herdeiros remanescentes. Esta renúncia não configura doação ou alienação à viúva, não caracterizando o fato gerador do ITBI, que é a transmissão da propriedade ou do domínio útil de bens imóveis. Recurso provido. (REsp 36.076/MG, Rel. Ministro GARCIA VIEIRA, PRIMEIRA TURMA, julgado em 03/12/1998, DJ 29/03/1999, p. 76)*

Desta forma, quando a renúncia ocorra de forma pura e simples, quando não haverá incidência tributária, pois não haverá transferência de titularidade. Por outro lado, ocorrendo a renúncia com efeitos translativos de forma onerosa, ocorrerá a cessão de direitos sobre imóveis, fato gerador do ITBI.

1.4 Anulação do Negócio Jurídico de Transmissão imobiliária

Tradicionalmente, o Código Tributário Nacional não condiciona os efeitos tributários à validade do negócio jurídico que serviu de base para obrigação tributária. Isso porque o art. 118, I, do CTN dispõe que o fato gerador é interpretado "*abstraindo-se da validade jurídica dos atos efetivamente praticados pelos contribuintes, responsáveis, ou terceiros, bem como da natureza do seu objeto ou dos seus efeitos*".

Este dispositivo legal representa a aplicação do princípio do *non olet* e tem como escopo permitir a tributação das atividades ilícitas. Em outras palavras, é irrelevante, para a determinação da obrigação tributária, a validade jurídica dos atos efetivamente praticados pelos contribuintes. Basta que tenha havido a incidência tributária, com o enquadramento do fato ao aspecto material da hipótese abstratamente prevista em lei.

De tal sorte, se houver uma decisão judicial que anule negócio jurídico que foi base de incidência do ITBI, não sugeria qualquer direito de repetição dos valores pagos ao Município, uma vez que na época do recolhimento houve uma efetiva transmissão imobiliária. Com base neste entendimento tradicional, amparado por norma expressa da legislação tributária, o Superior Tribunal de Justiça tinha entendimento consolidado:

> *Trata-se de recurso especial no qual se discute se a anulação judicial da compra e venda de imóvel dá origem ao direito de restituição do Imposto sobre Transmissão de Bens Imóveis – ITBI.*
>
> *"A anulabilidade não tem efeito antes de julgada por sentença" (art. 177, Código Civil), de tal sorte que, à época do recolhimento do ITBI, a transmissão da propriedade imóvel se deu de forma regular. Assim, o fato de uma decisão judicial, superveniente ao regular recolhimento do ITBI, ter anulado a compra e venda não induz o raciocínio de que o tributo foi recolhido indevidamente.*
>
> *Isso, porque "a definição legal do fato gerador é interpretada abstraindo-se da validade jurídica dos atos efetivamente praticados pelos contribuintes, responsáveis, ou terceiros, bem como da natureza do seu objeto ou dos seus efeitos", nos termos do art. 118 do Código Tributário Nacional.*
>
> *A pretensão de recuperação dos valores pagos a título de ITBI deve-se dar em ação indenizatória movida contra aquele que deu causa à anulação do negócio, e não contra a Fazenda do Município. Recurso especial provido. (REsp 1175640/MG, Rel. Ministro BENEDITO GONÇALVES, PRIMEIRA TURMA, julgado em 04/05/2010, DJe 11/05/2010)*

Contudo, no julgamento do Recurso Especial n. 1493162-DF, em 25/11/2014, a Segunda Turma do STJ julgou que diante da anulação do negócio jurídico que embasou recolhimento do ITBI, haverá a configuração do pagamento indevido, autorizando a repetição de indébito:

> *PROCESSUAL CIVIL. TRIBUTÁRIO. AUSÊNCIA DE OMISSÃO. ART. 535, II, DO CPC. RESTITUIÇÃO DE INDÉBITO. DECLARAÇÃO DE NULIDADE DA COMPRA E VENDA DE IMÓVEL. DESFAZIMENTO DO FATO GERADOR. DEVOLUÇÃO. VALORES.*
>
> *IMPOSTO DE TRANSMISSÃO. ITBI.O art. 118, I, do CTN não pode ser interpretado de forma insulada, porquanto pode trazer sérias contradições aos demais dispositivos legais. O princípio do non olet, expresso no artigo citado, foi criado por Albert Hensel e Otmar Bühler e tem*

> *como escopo permitir a tributação das atividades ilícitas. Irrelevante, portanto, para a determinação do fato gerador, a validade jurídica dos atos efetivamente praticados pelos contribuintes.*
>
> *No caso sub judice, houve a declaração de nulidade do negócio jurídico de compra e venda de imóvel entabulado pelas partes, sem que houvesse dolo do recorrido, tendo-se desfeito o fato gerador do ITBI. Desse modo, nada mais justo que o restabelecimento do statu quo ante, para que não haja enriquecimento ilícito do Estado. Na hipótese dos autos trata da declaração de nulidade do próprio fato que gerou a exação, o que não originou benefício econômico para a parte. Recurso Especial não provido. (REsp 1493162/DF, Rel. Ministro HERMAN BENJAMIN, SEGUNDA TURMA, julgado em 25/11/2014, DJe 19/12/2014)*

É um pouco prematuro afirmar que o Superior Tribunal de Justiça inverteu seu entendimento. Primeiro porque se trata de uma decisão proferida em uma das Turmas, e não pela Primeira Seção do Tribunal. Segundo, porque não se pode negar a validade e eficácia do art. 118, I, do CTN, bem como o posicionamento histórico da jurisprudência e doutrina majoritária.

Luciano Amaro defende uma interpretação sistemática entre art. 118 e art. 116, de modo que apesar de reconhecer que a incidência do tributo independente da regularidade e licitude dos atos jurídicos, alerta para necessidade de se averiguar a identificação da ocorrência real do fato gerador:

> *"...para incidência do tributo, não é relevante a regularidade jurídica dos atos, ou a licitude do seu objeto ou dos seus efeitos, nem é decisivo indagar dos efeitos reais dos fatos ocorridos.*
>
> *(...)*
>
> *Esse preceito deve ser conciliado com o art. 116, I. Se os efeitos de certo ato integrarem a definição legal do fato gerador, a ausência desses efeitos, no plano concreto, leva, logicamente, a reconhecer o não aperfeiçoamento do próprio fato gerador e, por via de conseqüência, a inexistência de obrigação tributária".*[11]

No entendimento mais recente do Superior Tribunal de Justiça, ficou consignado que no caso de se manter os efeitos da incidência tributária, com base no art. 118, I, do CTN, poderão trazer sérias contradições aos demais dispositivos legais do ordenamento jurídico.

A doutrinária ainda está dividida, de modo que ainda deve-se reconhecer a vigência da previsão do art. 118 do Código Tributário Nacional, bem como da interpretação objetiva do fato gerador, predominante até o momento. Representando o novo entendimento, Francisco Ramos Mangieri se manifestou favorável à restituição deste pagamento sob a alegação de inexistência do fato imponível do ITBI na hipótese de posterior anulação do ato translativo imobiliária:

---

11. AMARO, Luciano. *Direito Tributário Brasileiro*. São Paulo: Saraiva, 2014, p. 301/303.

> *"Não se deve esquecer que toda relação jurídica tributária vem amparada por um fato econômico relevante e que gera efeitos no mundo fenomênico. Pois bem, com a decretação de nulidade da compra e venda, as partes remontam ao status quo ante, como se nenhum negócio tivesse sido realizado. E não havendo contratação válida, não haverá, do mesmo modo, reflexos econômicos. O imposto, então, foi pago indevidamente e, portanto, deve ser restituído".*[12]

Hugo de Brito Machado apresenta um entendimento interessante quando defende o direito à restituição, pois fundamenta que a anulação do negócio jurídico exclui a causa que motivou a cobrança do imposto:

> *"Mesmo assim, o desfazimento do fato que configura a hipótese de incidência do imposto, sendo efetivo e desfazendo, assim, aquela realidade que deu causa à cobrança do tributo, faz nascer o direito à restituição deste".*[13]

De qualquer forma, estas divergências ajudam a fomentar reflexões sobre a interpretação da obrigação tributária à vista da validade do negócio jurídico. No caso de anulação do negócio jurídico, tem-se que a transferência de riqueza que embasou a tributação, tendo sido anulada, impediria a incidência tributária, sob pena de ofensa aos princípios da justiça tributária e capacidade contributiva.

Portanto, ainda permanece a polêmica da possibilidade da repetição de indébito frente a anulação do negócio jurídico que embasou a tributação. Contudo, ainda tem-se um cenário com o entendimento baseado num entendimento clássico do Superior Tribunal de Justiça frente a um entendimento moderno com tendência de consolidação.

1.5. Incidência do ITBI na integralização no capital de pessoa jurídica

> *Além da previsão do aspecto material, a Constituição Federal criou a imunidade tributária para algumas situações, dentre elas, o art. 156 § 2º:*
>
> *Art. 156...*
>
> *§ 2º – O imposto previsto no inciso II:*
>
> *I – não incide sobre a transmissão de bens ou direitos incorporados ao patrimônio de pessoa jurídica em realização de capital, nem sobre a transmissão de bens ou direitos decorrente de fusão, incorporação, cisão ou extinção de pessoa jurídica, salvo se, nesses casos, a atividade preponderante do adquirente for a compra e venda desses bens ou direitos, locação de bens imóveis ou arrendamento mercantil;*
>
> *II – compete ao Município da situação do bem.*

---

12. MANGIERI, Francisco Ramos *et al.*, ITBI. 1ª ed. Edipro, 2006, p. 166/167.
13. MACHADO, Hugo de Brito. Direito á restituição do ITBI em face do anulamento da venda do imóvel, publicado na Revista Dialética de Direito Tributário nº 183, dezembro/2010, p. 63/68.

Para Regina Helena Costa, a "*imunidade tributária, então, pode ser definida como a exoneração, fixada constitucionalmente, traduzida em norma expressa impeditiva de atribuição de competência tributária*"[14]. E a Carta Magna, ao mesmo tempo em que definiu a regra matriz do ITBI, também criou uma regra especifica de imunidade em que o imposto não incidirá sobre a transmissão dos bens ou direitos quando efetuada para sua incorporação e desincorporação de patrimônio de pessoa jurídica em pagamento de capital nela subscrito. Também **não haverá incidência** quando a transmissão de bens ou direitos for em decorrência de fusão, incorporação, cisão ou extinção de pessoa jurídica, salvo se, nesses casos, a atividade preponderante do adquirente for a compra e venda desses bens ou direitos, locação de bens imóveis ou arrendamento mercantil.

Observe-se que esta imunidade estará condicionada ao fato de que o adquirente não esteja como atividade preponderante a compra e venda, locação ou arrendamento mercantil de bens imóveis, sendo que o art. 37 do Código Tributário Nacional vem a definir os critérios para sua identificação:

> *Art. 37. O disposto no artigo anterior não se aplica quando a pessoa jurídica adquirente tenha como atividade preponderante a venda ou locação de propriedade imobiliária ou a cessão de direitos relativos à sua aquisição.*
>
> *§ 1º Considera-se caracterizada a atividade preponderante referida neste artigo quando mais de 50% (cinqüenta por cento) da receita operacional da pessoa jurídica adquirente, nos 2 (dois) anos anteriores e nos 2 (dois) anos subseqüentes à aquisição, decorrer de transações mencionadas neste artigo.*
>
> *§ 2º Se a pessoa jurídica adquirente iniciar suas atividades após a aquisição, ou menos de 2 (dois) anos antes dela, apurar-se-á a preponderância referida no parágrafo anterior levando em conta os 3 (três) primeiros anos seguintes à data da aquisição.*
>
> *§ 3º Verificada a preponderância referida neste artigo, tornar-se-á devido o imposto, nos termos da lei vigente à data da aquisição, sobre o valor do bem ou direito nessa data.*
>
> *§ 4º O disposto neste artigo não se aplica à transmissão de bens ou direitos, quando realizada em conjunto com a da totalidade do patrimônio da pessoa jurídica alienante*

A fiscalização municipal deverá identificar a atividade preponderante com base na receita operacional, como exige o art. 37 do CTN, para conferir a existência de imunidade do ITBI. É essencial compreender que receita operacional corresponde aos valores obtidos através da atividade principal da empresa[15], ou seja, se relaciona ao resultado das atividades que constituem o objeto social da sociedade.

---

14. COSTA, Regina Helena. *Imunidades tributárias: teoria e análise da jurisprudência do STF*. 2 ed. São Paulo: Malheiros, 2006, p. 52.

15. NPC 14 Pronunciamento Instituto dos Auditores Independentes do Brasil – IBRACON nº 14 de 18/01/2001.

No julgamento do Recurso Especial n. 448.527, o Ministro relator Luiz Fux observou, à vista do art. 37 do Código Tributário Nacional, que o ITBI não incide, em regra, quando o negócio jurídico se traduz ao pagamento de cota no patrimônio de pessoa jurídica, ou resulte de incorporação ou fusão de pessoa jurídica. Contudo, haverá a incidência se esta empresa atuar, preponderantemente, na venda ou locação de imóveis. Neste mesmo julgado, o Ministro Humberto Gomes de Barros defendeu que:

> *"O tributo só incide, quando a pessoa jurídica tenha obtido mais da metade de sua receita operacional em negócios imobiliários. A regra é a não incidência; exceção, a incidência. Trocando em miúdos, pode-se dizer: não incide ITBI em transferência imobiliária realizada no intuito de integralizar capital de pessoa jurídica, salvo se a pessoa jurídica houver auferido – dois anos antes e dois anos depois do negócio – mais da metade de sua receita operacional.*
>
> *Como se percebe, a incidência do tributo depende de uma circunstância positiva: a realização de negócios imobiliários, em valor superior à metade da renda operacional. Isto significa: Para dizer que o tributo incide, o Fisco deve ser provar que a circunstância geratriz da obrigação tributária realmente aconteceu".*

Convém notar que a destinação do imóvel às finalidades essenciais da entidade deve ser pressuposta, sob pena de não haver imunidade para esse tributo. Caso já tenha sido deferido o status de imune ao contribuinte, as presunções sobre o enquadramento originalmente conferido ao imóvel devem militar a seu favor. O afastamento dessa imunidade só pode ocorrer mediante a constituição de prova em contrário produzida pela administração tributária[16].

No âmbito empresarial é comum que o capital social venha a ser integralizado por qualquer espécie de bens susceptíveis de avaliação pecuniária (art. 997, III, do CC), tais como dinheiro, crédito, móveis, imóveis e outros. E esta imunidade tributária tem como finalidade constitucional facilitar a capitalização e, assim, fomentar o desenvolvimento econômico nacional.

Quanto a isso não há polêmica, sendo o problema encontrado no fato de existir alguns posicionamentos divergentes quanto à aplicação restrita da imunidade do art. 156, § 2º, inciso I, da Carta Constitucional ao valor do imóvel suficiente à integralização do capital social. Em outras palavras, art. 36 do Código Tributário Nacional permitiria a aplicação da imunidade somente ao limite do capital subscrito, não admitindo a concessão de imunidade quanto ao valor total do imóvel incorporado, se excedente.

Em outras palavras, caberia à Fazenda Pública municipal averiguar e lançar o tributo sobre o valor dos bens imóveis e respectivos direitos incorporados de quantia superior ao valor nominal das cotas. Assim, a imunidade somente seria reconhecida ao valor dos imóveis necessários à integralização do capital social, incidindo o imposto municipal sobre o restante.

16. ARE 759601 AgR-segundo, Relator(a): Min. DIAS TOFFOLI, Segunda Turma, julgado em 26/05/2015, PROCESSO ELETRÔNICO DJe-118 DIVULG 18-06-2015 PUBLIC 19-06-2015

Outro entendimento parte-se no sentido de que o art. 156 da Carta Constitucional não limitou nem previu a aplicação restritiva da norma de imunidade em relação ao valor do bem realizado. Com a máxima de "*o que não proibido, é permitido*", ao empresário é assegurado o direito de subscrever capital em valor inferior ao bem que integraliza, sem, contudo, haver a tributação do valor excedente.

Apesar da previsão objetiva, a falta de delimitação mais precisa de seus limites e área de aplicação faz com que o fisco municipal questione a aplicação da regra de imunidade em sua plenitude. De modo que reconhece a imunidade sobre o valor integralizado (o valor da subscrição), e tributa-se a diferença entre este valor e o bem transferido.

Ao chegar no Supremo Tribunal Federal esta celeuma, através do Recurso Extraordinário n. 796.376, o plenário deste Tribunal entendeu haver repercussão geral na matéria:

> *IMPOSTO DE TRANSMISSÃO – ITBI – IMÓVEIS INTEGRALIZADOS AO CAPITAL DA EMPRESA – ARTIGO 156, § 2º, INCISO I, DA CONSTITUIÇÃO FEDERAL – ALCANCE – LIMITAÇÃO OBSERVADA NA ORIGEM – RECURSO EXTRAORDINÁRIO – REPERCUSSÃO GERAL CONFIGURADA. Possui repercussão geral a controvérsia alusiva ao alcance da imunidade quanto ao Imposto de Transmissão nos casos de imóveis integralizados ao capital social da empresa, cujo valor de avaliação ultrapasse o da cota realizada, considerado o preceito do artigo 156, § 2º, inciso I, da Carta Federal. (RE 796376 RG, Relator(a): Min. MARCO AURÉLIO, julgado em 05/03/2015, PROCESSO ELETRÔNICO DJe-055 DIVULG 19-03-2015 PUBLIC 20-03-2015)*

Portanto, a decisão acerca da extensão da norma imunizante prevista no art. 156, § 2º, da CF, está sob cautela do Supremo Tribunal Federal, o qual fixará o entendimento final se haverá tributação sobre o fato do empresário integralizar bens de valor superior ao capital subscrito.

1.6. Dissolução de condomínios sobre imóveis indivisíveis

A situação da incidência do ITBI deve ser analisada frente a circunstância em que os proprietários decidissem dividir o imóvel e extinguir a propriedade compartilhada, buscando identificar o tipo de transmissão (onerosa ou gratuita), os proprietários dos bens, se a divisão apresentada tem como resultado final a extinção total ou parcial do condomínio e separar a quota parte de cada proprietário sobre os imóveis localizados no município tributante.

Se no caso concreto, houve a identificação que na proposta de divisão houver a incorporação ao patrimônio de cada um dos condôminos – individualmente considerados – parte superior à que lhe competia anteriormente à divisão, haverá incidência tributária.

Neste caso, o ente municipal poderá exigir o ITBI da parcela excedente, amparado na onerosidade decorrente do pagamento pela quota maior recebida, assim é o entendimento do Superior Tribunal de Justiça:

> *PROCESSUAL CIVIL E TRIBUTÁRIO. OMISSÃO. NÃO-OCORRÊNCIA. ITBI.*
>
> *IMÓVEIS URBANOS EDIFICADOS. DISSOLUÇÃO DE CONDOMÍNIO. INCIDÊNCIA DO TRIBUTO. BASE DE CÁLCULO. PARCELA ADQUIRIDA AOS OUTROS CO-PROPRIETÁRIOS.*

1. Hipótese em que os quatro impetrantes (ora recorridos) eram co-proprietários de seis imóveis urbanos edificados. Os condôminos resolveram extinguir parcialmente a co-propriedade. Para isso, cada impetrante passou a ser único titular de um dos seis imóveis. Quanto aos dois bens restantes, manteve-se o condomínio. Discute-se a tributação municipal sobre essa operação.

2. O Tribunal de origem entendeu ter ocorrido simples dissolução de condomínio relativo a uma universalidade de bens, conforme o art.

631 do CC/1916. Assim, não teria havido transmissão de propriedade com relação à maior parte da operação. Se o indivíduo passou a ser proprietário de imóvel em valor idêntico à sua cota ideal no condomínio, não incidiria o ITBI.

3. Inexiste omissão no acórdão recorrido, que julgou a lide e fundamentou adequadamente seu acórdão.

4. No entanto, o art. 631 não incide na hipótese, pois se refere ao caso clássico de condomínio de bem divisível. Seria aplicável se os quatro impetrantes fossem co-proprietários de terreno rural ou de terreno urbano não-edificado. Nesse exemplo, no caso de desfazimento do condomínio, o imóvel poderia ser fracionado junto ao cartório de imóveis, observados os limites mínimos, requisitos e formalidades legais, resultando em quatro partes iguais. Cada um dos antigos co-proprietários seria o único titular de seu terreno (correspondente a 25% do original). Inexistiria transmissão onerosa de propriedade nessa situação fictícia e, portanto, incidência do tributo municipal.

5. Diferentemente, quando há condomínio de apartamento edilício, ou de um prédio urbano não-fracionado em unidades autônomas, é impossível a divisão do bem. É este o caso dos autos.

6. O registro imobiliário é individualizado, como o é a propriedade de apartamentos, nos termos da Lei de Registros Públicos (art. 176, § 1º, I, da Lei 6.015/1973).

7. Na situação inicial, antes do pacto de extinção parcial do condomínio, os quatro impetrantes eram co-proprietários de cada um dos imóveis, que devem ser considerados individualmente.

8. Com o acordo, cada um dos impetrantes passou a ser único proprietário de um dos seis imóveis. Ou seja, adquiriu dos outros co-proprietários 75% desse bem, pois já possuia 25%.

9. O ITBI deve incidir sobre a transmissão desses 75%. Isso porque a aquisição dessa parcela se deu por alienação onerosa: compra (pagamento em dinheiro) ou permuta (cessão de parcela de outros imóveis).

10. Esse raciocínio se aplica aos quatro imóveis que passaram a ser titulados por um único proprietário. Quanto aos outros dois bens, com relação aos quais o condomínio subsistiu, não há alienação onerosa nem, portanto, incidência do ITBI.

11. Os impetrantes adjudicaram cada um dos quatro imóveis a uma única pessoa, indenizando os demais (por pagamento ou permuta), nos termos do art. 632 do CC/1916.

> *12. É pacífico que os impostos reais (IPTU e ITBI, em especial) referem-se aos bens autonomamente considerados. Também por essa razão seria incabível tratar diversos imóveis como universalidade para fins de tributação.*
>
> *13. Esse entendimento foi consolidado pelo egrégio STF na Súmula 589: "É inconstitucional a fixação de adicional progressivo do imposto predial e territorial urbano em função do número de imóveis do contribuinte".*
>
> *14. A Suprema Corte impediu que os Municípios considerassem todos os imóveis de cada contribuinte como uma universalidade para fins de progressividade das alíquotas. Isso decorre do reconhecimento de que cada imóvel a ser tributado deve ser autonomamente considerado.*
>
> *15. Se o Município não pode considerar o conjunto de imóveis uma universalidade, para cálculo do IPTU, seria inadmissível que o contribuinte possa fazê-lo com o intuito de pagar menos ITBI.*
>
> *16. Recurso Especial provido.*
>
> *(REsp 722.752/RJ, Rel. Ministro HERMAN BENJAMIN, SEGUNDA TURMA, julgado em 05/03/2009, DJe 11/11/2009)*

Em linhas gerais, a situação demonstrou que se tratava de uma extinção parcial de condomínio, onde quatro pessoas eram coproprietários de cada um dos imóveis, que devem ser considerados individualmente. Mediante um negócio jurídico, cada um deles passou a ser único proprietário de um dos seis imóveis, adquirindo dos outros coproprietários 75% desse bem, pois já possuíam 25%.

Desta forma, o correto seria que o ITBI deva incidir sobre a transmissão desses 75%, uma vez que a aquisição dessa parcela se deu por alienação onerosa: compra (pagamento em dinheiro) ou permuta (cessão de parcela de outros imóveis). Este entendimento se aplicou aos quatro imóveis que passaram a ser titulados por um único proprietário. Quanto aos outros dois bens, com relação aos quais o condomínio subsistiu, não há alienação onerosa nem, portanto, incidência do ITBI.

2. ASPECTO TEMPORAL

Se a Constituição Federal de 1988 elegeu como aspecto material do ITBI "a transmissão de bens imóveis", o momento da ocorrência do fato gerador, somente poderá ser o instante em que a legislação civil considere como perfeita a transmissão de titularidade.

É comum que o imposto municipal seja exigido em momento anterior ao Registro do Imóvel, muitas vezes no momento da elaboração do contrato ou da escrituração da venda. Frente a esta situação fática, existem inúmeros juristas, ainda que de forma minoritária, que defendem que o contrato isoladamente transfere a propriedade imobiliária.

Acerca da transmissão de propriedade de imóveis é interessante notar as lições de Sílvio de Salvo Venosa:

> *"Para o sistema francês, a transcrição no registro imobiliário não é constitutiva de direito real. O efeito translativo decorre do próprio*

contrato de compra e venda, doação, permuta etc. O contrato é, ao mesmo tempo, obrigação e fato gerador do direito real. Transfere-se a propriedade pelo simples consentimento. Quanto aos imóveis, existem nesse direito duas fases distintas: quando do contrato, a propriedade transfere-se, acarretando efeito entre as partes; com o registro imobiliário, o direito alcança o efeito erga omnes. O registro tem apenas o efeito de tornar o negócio público e oponível perante terceiros.

(...)

O Código alemão de 1896 instituiu a transferência de propriedade fundada no registro imobiliário. Pelo sistema alemão, há um exame prévio do título que serve de instrumento para a transferência da coisa, perante juízes de registro imobiliário. Essa modalidade exige cadastro rigoroso e confiável dos imóveis. Efetivado o registro nesse sistema. O ato assume caráter de negócio jurídico abstrato. Desvincula-se o negócio da causa anterior, seja ela contrato de compra e venda, doação, permuta etc. Destarte, o conteúdo do registro estabelece presunção absoluta de propriedade. A transcrição imobiliária é sua prova plena. O registro alemão concede publicidade formal ao tornar públicos os atos ali inscritos, permitindo a qualquer interessado deles tomar conhecimento. Também confere publicidade material ao ato registrado porque a ele atribuiu precipuamente eficácia. A inscrição exterioriza o ato e outorga-lhe eficácia erga omnes.Nosso ordenamento civil adota o sistema tedesco, com a mitigação necessária à realidade social. O registro imobiliário não poderia apresentar o mesmo caráter absoluto em razão de nossas deficiências estruturais".[17]

Reflita um pouco:

Dispõe o art. 116 do Código Tributário Nacional que se tratando de situação de fato, considera-se concretizado o fato gerador do imposto a partir do momento em que as circunstâncias materiais produziram seus efeitos. Por outro lado, sendo uma situação jurídica, considera-se ocorrido o fato gerador quando estiverem presentes os requisitos legais definidos naquela situação jurídica.

É evidente que o Código Civil brasileiro adotou o modelo alemão, onde se considera que o registro estabelece presunção absoluta de propriedade, fazendo sua prova plena. Pelas regras do Código Civil (art. 1245), a propriedade imóvel será transferida, entre vivos, mediante o **registro do título translativo no Registro de Imóvei**s. Enquanto isso não ocorra, o alienante continua a ser havido como dono do imóvel. Em outras palavras, "*enquanto não levado a registro, enquanto não transcrito, o título aquisitivo da propriedade não produz efeitos de transmiti-la*"[18].

A partir desta premissa, pode-se notar que o aspecto temporal do ITBI está condicionado ao aperfeiçoamento da transmissão imobiliária, conforme disposto pelo Código Civil. E a concretização do fato jurídico tributário somente ocorrerá com o cumprimento dos requisitos legais, nos termos do art. 1.245 CC.

17. VENOSA, Sílvio de Salvo. *Direito Civil*: direitos reais. São Paulo: Atlas, 2011, p. 185/186.
18. BARRETO, Aires F. *Curso de Direito Tributário Municipal*. São Paulo: Saraiva, 2009, p. 285.

Este é o entendimento de Hugo de Brito Machado:

> *"É claro que a lei civil havia de definir o instante em que se deve considerar a transmissão consumada. Este momento é o da transcrição do título no Registro de Imóveis. Todavia, desde que as partes convencionaram a compra e venda, o tributo já pode ser recolhido, tendo em vista que os atos restantes constituem mera formalização, para efeitos civis"*[19] .

Em respeito a legislação privada, conforme prescreve o art. 110 do CTN, entende-se que o negócio jurídico, por si só, é insuficiente para transferir o domínio, sendo necessária, para completar o processo translativo, no caso de bens imóveis, a transcrição do título de transferência no respectivo Registro de Imóveis.

Neste sentido já decidiu e consolidou a jurisprudência no Superior Tribunal de Justiça:

> *TRIBUTÁRIO. ITBI. FATO GERADOR. OCORRÊNCIA. REGISTRO DE TRANSMISSÃO DO BEM IMÓVEL. O fato gerador do imposto de transmissão (art. 35, I, do CTN) é a transferência da propriedade imobiliária, que somente se opera mediante registro do negócio jurídico no ofício competente. Precedentes do STJ. 3. Agravo Regimental não provido. (AgRg no AREsp 215.273/SP, Rel. Ministro HERMAN BENJAMIN, SEGUNDA TURMA, julgado em 02/10/2012, DJe 15/10/2012)*

Na prática, o adquirente do imóvel está obrigado a providenciar o pagamento do ITBI antes da lavratura da matrícula. Isso porque a Lei 8.935/94 e 6.015/73, as quais regulamentam os serviços notariais e de registro, impõe como dever dos Cartórios a fiscalização dos tributos incidentes sobre seus atos:

> *Lei 8.935/94 – Art. 30. São deveres dos notários e dos oficiais de registro:*
>
> *XI – fiscalizar o recolhimento dos impostos incidentes sobre os atos que devem praticar;*
>
> *Lei 6.015/73 – Art. 289. No exercício de suas funções, cumpre aos oficiais de registro fazer rigorosa fiscalização do pagamento dos impostos devidos por força dos atos que lhes forem apresentados em razão do ofício.*

Considerando que o fato jurídico tributário apenas irá ocorrer posteriormente, o recolhimento antecipado exige com que a base de cálculo do imposto seja presumido. Marcelo Colombelli Mezzomo critica esta forma de recolhimento no sentido de que "*deve incidir o ITBI após o registro e não antes, como tem urdido a viciosa praxe de nossos Cartórios e Tribunais. Só a transmissão após o registro que constitui o direito frente ao sujeito passivo total. O direito real só se cria per se stante quando seu exercício é a fonte da publicidade indispensável*"[20].

---

19. MACHADO, Hugo de Brito. *Curso de Direito Tributário.* 33ª ed. São Paulo: Malheiros. 2012, p. 410.
20. MEZZOMO, M.C. *Breves apontamentos sobre a incidência do ITBI e IPTU*. Disponível em:<http://www.ufsm.br/direito/artigos/tributario/ITBI-IPTU.htm>. Acesso em18/12/2008.

Tais legislações, aparentemente, poderiam trazer contradições em torno do momento da ocorrência do fato gerador do ITBI: ato da celebração do instrumento (escritura) ou no registro desse instrumento. Ocorre que somente haverá transmissão imobiliária com o registro respectivo título, sendo assim, somente o registro imobiliário junto ao Registro de Imóveis poderia ser o aspecto temporal da hipótese de incidência do ITBI.

A exigência do pagamento do ITBI no momento da celebração da escritura pública é apenas uma forma de pagamento antecipado, exigido pelos Tabeliães para não serem eleitos como responsáveis pelo respectivo crédito tributário (art. 134, VI, CTN[21]). Contudo, ressalta-se que, enquanto não transcrito o título aquisitivo de propriedade não poderá reconhecer os efeitos da transmissão para efeito do imposto municipal.

Desta forma, considera-se ocorrido o fato gerador do ITBI no momento do **registro** da escritura junto ao Registro de Imóveis. E o prazo decadencial para lançar de ofício Imposto sobre Transmissão de Bens Imóveis não declarados e não pagos é de cinco anos contados do primeiro dia do exercício seguinte ao que o lançamento poderia ser efetuado, na forma do art. 173, I do CTN.

3. ASPECTO ESPACIAL

O imposto deve ser recolhido no **Município onde se localiza o imóvel** objeto de transmissão (art. 156, § 2º, I CF). Ao contrário do que ocorre com o IPTU e ITR, para o ITBI é irrelevante o imóvel ser rural ou urbano, os dois serão alcançados pelo imposto municipal.

4. ASPECTO SUBJETIVO

O sujeito ativo do ITBI é definido como o **Município da situação do imóvel**, com exceção para os territórios, situação em que a União irá arrecadar os impostos municipais, bem como o Distrito Federal que irá arrecadar tributos estaduais e municipais dentro de sua circunscrição (art. 147 da Constituição Federal).

O art. 42 do Código Tributário Nacional delega aos municípios a função de eleger os sujeitos passivos do imposto, que poderá atribuir a responsabilidade para o **adquirente ou alienante imobiliário**.

21. Art. 134. Nos casos de impossibilidade de exigência do cumprimento da obrigação principal pelo contribuinte, respondem solidariamente com este nos atos em que intervierem ou pelas omissões de que forem responsáveis:.. . VI – os tabeliães, escrivães e demais serventuários de ofício, pelos tributos devidos sobre os atos praticados por eles, ou perante eles, em razão do seu ofício;

5. ASPECTO QUANTITATIVO

5.1. Base de cálculo[22]

De semelhante forma que ocorre com o IPTU, o art. 38 do Código Tributário Nacional elege como base de cálculo do ITBI o **valor venal** do imóvel.

Para um melhor entendimento acerca da base de cálculo do ITBI é necessário que se defina precisamente o que vem a ser valor venal, e, conseqüentemente, qual é o quantum a ser utilizado para fins de cálculo deste imposto. Pois, como diria o saudoso tributarista Alfredo Augusto Becker: "a *lei tributária não é um falcão real que do punho do Executivo alça vôo para ir à caça do fato gerador*"[23].

Descobre-se que o alcance da expressão valor venal, prevista no art. 38 do Código Tributário, é resultante de um ato negocial, no qual deu ensejo a transmissão de um imóvel ou do direito sobre ele.

Por isso, entende-se como valor venal o preço real de venda, isto é, é o valor que o imóvel alcançaria em condições de compra e venda no mercado no momento de sua alienação, não se levando em conta as construções realizadas posteriormente:

> *STF – Súmula nº 110 –O imposto de transmissão "inter vivos" não incide sobre a construção, ou parte dela, realizada pelo adquirente, mas sobre o que tiver sido construído ao tempo da alienação do terreno.*

Esse também é o entendimento do doutrinador Kiyoshi Harada, defendendo o valor venal do imóvel como sendo o "*preço alcançado nas operações de compra e venda à vista, consideradas as condições normais do mercado imobiliário*"[24].

Aires F. Barreto define que o "*valor venal é o preço provável que o imóvel alcançará para compra e venda à vista, diante de mercado estável e quando comprador e vendedor têm plena consciência do potencial de uso e ocupação que o imóvel pode ser dado*"[25]. Com efeito, a Fazenda Pública deve buscar a verdade material da base de cálculo do ITBI, não sendo obrigada a aceitar o valor declarado pelo contribuinte, quando este for notoriamente inferior ao de mercado.

O entendimento jurisprudencial é de que a base de cálculo do IPTU, por mais que utilize a mesma nomenclatura, não precisa coincidir com o ITBI, pois teriam formas de apuração diferentes:

---

22. No concurso de **Procurador do Tribunal de Contas da Bahia, (CESPE – 2010)** considerou CORRETA, a seguinte assertiva: *"caso uma pessoa adquira bem imóvel em hasta pública pelo valor de R$ 370.000,00, mas a avaliação judicial tenha atribuído a esse bem o valor de R$ 335.000,00, o cálculo do ITBI incidente sobre essa transação deverá de ser feito com base no valor alcançado na arrematação".*
23. BECKER, Alfredo Augusto.*Teoria Geral do Direito Tributário*. São Paulo: Lejus, 1998, p. 115.
24. HARADA, Kiyoshi. *Direito Financeiro e Tributário.* 3. ed., Atlas, São Paulo: 1998, p. 244.
25. BARRETO, Aires F. *Curso de Direito Tributário Municipal*. São Paulo: Saraiva, 2009, p. 295.

EXECUÇÃO FISCAL. ITBI. BASE DE CÁLCULO. VALOR VENAL DO IMÓVEL. IPTU. PLANTAS GENÉRICAS. APURAÇÃO DA BASE DE CÁLCULO POR ARBITRAMENTO. ART. 148 DO CTN. POSSIBILIDADE. 1. A forma de apuração da base de cálculo e a modalidade de lançamento do IPTU e do ITBI são diversas, não sendo possível vincular os valores, que em regra serão diferentes. 2. É possível, mediante processo administrativo, arbitrar a base de cálculo desde que presentes os pressupostos autorizativos do artigo 148 do CTN, como ocorreu na espécie. 3. Agravo regimental não provido. (STJ. AgRg no REsp 1226872/SP, Rel. Ministro CASTRO MEIRA, SEGUNDA TURMA, julgado em 27/03/2012, DJe 23/04/2012)

Neste sentido, o Município não está obrigado a aceitar o mesmo valor venal do imóvel para o cálculo do IPTU, podendo arbitrar o seu valor nos termos do art. 148 do CTN. Em linhas gerais, embora o ITBI e o IPTU tenham a mesma base de cálculo (valor venal do imóvel) existe uma forma diferente de apuração desse valor, possibilitando a diferença numérica[26]. José Soares de Melo também identifica esta diferença entre valores do IPTU e ITBI quanto ao valor venal, lecionando da seguinte forma:

> *"Não se pode ignorar que, apesar de se encontrarem adstritas ao Bem imóvel, trata-se de situações distintas (propriedade e alienação), razão pela qual a base imponível deve refletir o valor' da transação imobiliária, sob pena de violarem os superiores princípios da capacidade contributiva e da vedação de confisco"*[27].

Caso a Fazenda Pública Municipal discorde do valor apresentado pelo contribuinte como base de cálculo do ITBI é possível a estipulação do valor venal através de arbitramento das autoridades fiscais, desde que inexista parâmetro ou preço de venda. Isso significa que, em regra, o valor venal para fins de ITBI é o preço de negociação, sobre o qual o tributo será lançado. Mas diante de situações em que o valor apontado é inferior ao valor de mercado ou até mesmo do valor venal apurado no IPTU, poderá o Município arbitrar a base de cálculo por meio de procedimento administrativo fiscal, com posterior lançamento de ofício[28]:

> *Por considerar a base de cálculo do ITBI o valor de mercado do imóvel objeto do negócio jurídico, este Tribunal pacificou orientação no sentido de que tal grandeza não se confunde, necessariamente, com a que serve de parâmetro para o cálculo do IPTU (EDcl no AREsp 424.555/SP, Rel. Ministro Og Fernandes, Segunda Turma, DJe 20/2/2014; AgRg nos EDcl no AREsp 346.220/RS, Rel. Ministro Sérgio Kukina, Primeira Turma, DJe 17/6/2014).*

Acompanhando este entendimento Aires F. Barreto leciona o limite do arbitramento do fisco seria a aplicação da verdade real na investigação da efetiva base de cálculo do ITBI:

---

26. STJ. AgRg no AREsp 36.740/RS, Rel. Ministro HUMBERTO MARTINS, SEGUNDA TURMA, julgado em 25/10/2011.
27. PAULSEN, Leandro; MELO, José Eduardo Soares de. *Impostos: federais, estaduais e municipais*. Porto Alegre: Livraria do Advogado, 2011, p. 303.
28. STJ. REsp 261.166/SP, Rel. Ministro JOSÉ DELGADO, PRIMEIRA TURMA, julgado em 12/09/2000.

> *Com efeito, sem sendo a base de cálculo o valor venal (valor de mercado) cabe ao Fisco a busca da verdade material, não aceitando a declaração do contribuinte de valor notoriamente inferior ao do mercado. Mas é preciso que se demonstre, cabalmente, que se tem valor flagrantemente inferior ao de mercado*[29].

Caso a aquisição de imóvel ocorra por meio de **hasta pública** o valor venal, corresponde ao preço de arrematação. Convém lembrar que a arrematação, segundo Moacyr Amaral Santos, corresponde como um ato de expropriação pelo qual o Poder Judiciário irá transferir de maneira coativa, os bens penhorados, mediante o recebimento do respectivo pagamento[30].

Consistindo em transferência onerosa, a arrematação fornece dados objetivos e certos, como o destinatário e o valor da alienação, suficientes para fixar a base de cálculo do ITBI, sendo totalmente desnecessário e inadmissível o arbitramento de valores, conforme entendimento do Superior Tribunal de Justiça:

> *PROCESSUAL CIVIL. RECURSO ORDINÁRIO EM MANDADO DE SEGURANÇA. TRIBUTÁRIO. ITBI. ARREMATAÇÃO DE IMÓVEL. BASE DE CÁLCULO. VALOR ALCANÇADO NA HASTA PÚBLICA. PRECEDENTES. 1. A orientação das Turmas que integram a Primeira Seção/STJ firmou-se no sentido de que a arrematação corresponde à aquisição do bem alienado judicialmente, razão pela qual se deve considerar, como base de cálculo do ITBI, o valor alcançado na hasta pública. 2. Recurso ordinário não provido. (RMS 36.293/RS, Rel. Ministro MAURO CAMPBELL MARQUES, SEGUNDA TURMA, julgado em 04/10/2012, DJe 11/10/2012)*

Convém esclarecer que o valor alcançado em hasta pública na arrematação não se confunde com o valor da avaliação judicial. A primeira situação nem sempre vai coincidir com a segunda, uma vez que é possível ter a venda de um imóvel abaixo do valor de avaliação desde que não configura preço vil.

A Súmula 470 do Supremo Tribunal Federal, aprovada em 1964, trata de uma situação bastante curiosa: *"O imposto de transmissão "inter vivos" não incide sobre a construção, ou parte dela, realizada, inequivocamente, pelo promitente comprador, mas sobre o valor do que tiver sido construído antes da promessa de venda"*. Isso é comum quando, por exemplo, empresas construtoras adquirem um terreno e nele constroem edifício antes de formalizar a respectiva transferência no registro de imóveis, mas após a formalização do contrato de promessa de compra em venda. Depois de construído o prédio, a construtora irá formalizar a transferência e buscam utilizar como base de cálculo do ITBI o valor somente do terreno. Contudo, o entendimento preconizado nesta Súmula 470 já se encontra superado, uma vez que o valor venal é aquele calculado com base no correto aspecto temporal

29. BARRETO, Aires F. *Curso de Direito Tributário Municipal*. São Paulo: Saraiva, 2009, p. 295.
30. *"o ato de transferência coacta dos bens penhorados, mediante o recebimento do respectivo preço em dinheiro, para satisfação do direito do credor"* (Santos, Moacyr Amaral. *Primeiras linhas de direito processual civil*. vol. 3. 4. ed. São Paulo: Saraiva, 1980-1981.

do imposto, qual seja: transferência imobiliária (registro de imóveis) e não o contrato de promessa de compra e venda. Então não se deve tomar o momento da realização do contrato de compra e venda para definir a base de cálculo do imposto, mas sim a transferência do imóvel para considerar ou não as benfeitorias existentes.

Desta forma, diante da apresentação de documentos que não relatem o verdadeiro valor real de mercado do imóvel é permitido à Fazenda Pública promover o arbitramento da base de cálculo do ITBI, nos termos do art. 148 do CTN.

REGRA	Valor venal do ITBI vai coincidir com o valor de negociação
EXCEÇÃO	O valor venal será arbitrado quando houve discrepância com o valor de mercado ou com o valor venal do IPTU

5.2. Alíquota

As alíquotas são definidas através de lei municipal, sendo que o art. 39 do Código Tributário Nacional disciplina que a alíquota do imposto não excederá os limites fixados em **resolução do Senado Federal**, que distinguirá, para efeito de aplicação de alíquota mais baixa, as transmissões que atendam à política nacional de habitação.

É comum alguns municípios instituírem **alíquotas progressivas**, sendo aquela que varia de acordo com o valor de mercado do imóvel. Em decorrência disso, milhões de ações foram ajuizadas a fim de questionar esta forma de tributação, uma vez que não se admite a aplicação de alíquotas progressivas para impostos reais. O Supremo Tribunal Federal tem considerado a alíquota progressiva para o ITBI inconstitucional, devendo a alíquota ser cobrada em valor fixo[31]. Tanto é assim que este entendimento foi matéria da Súmula 656 do Supremo Tribunal Federal:

> *Súmula 656 STF: É inconstitucional a lei que estabelece alíquotas progressivas para o imposto de transmissão inter vivos de bens imóveis – ITBI com base no valor venal do imóvel*

O entendimento que prevaleceu sobre longos anos era no sentido da inconstitucional das leis que criassem alíquotas progressivas para o imposto de transmissão inter vivos de bens imóveis – ITBI com base no valor venal do imóvel. Uma vez reconhecida a inconstitucionalidade do sistema de alíquotas progressivas do ITBI, deveria o imposto ser calculado, não pela menor das alíquotas progressivas, mas na forma da legislação anterior, devido o efeito repristinatório do controle de constitucionalidade[32].

Entretanto, no ano de 2013, o Plenário do Supremo Tribunal Federal, sob análise do Recurso Extraordinário nº 562045, a questão da progressividade na cobrança do Imposto sobre a Transmissão *Causa Mortis* e Doações (ITCMD) foi analisada à vista do princípio da capacidade contributiva. Nesta ocasião, prevaleceu o entendimento de que o sistema

31. STF. RE 700360 AgR, Relator(a): Min. CELSO DE MELLO, Segunda Turma, julgado em 16/10/2012.
32. STF. RE 220.240-1 – SP. 1ª T. Rel. Min. Sepúlveda Pertence. DJU 26.05.2000.

de **progressividade dos impostos reais não é inconstitucional**. Este entendimento demonstra a superação do posicionamento previsto na Súmula 656, repercutindo no entendimento acerca da progressividade do ITBI, sendo permitida a utilização de outras hipóteses de tributação progressiva de impostos reais, ainda que não previstas expressamente na Constituição Federal.

A situação atual é de que ainda tem-se o posicionamento clássico da impossibilidade de aplicação de alíquotas progressivas ao ITBI, em razão de não ser possível analisar a capacidade contribuinte do sujeito passivo[33], conforme exposto na Sumula 656 do STF. Mas deve-se conhecer a tendência de mudança do entendimento da Suprema Corte, sinalizada no Recurso Extraordinário nº 562045, o qual demonstra um primeiro passo de superação, aplicando o princípio da capacidade contributiva também para os impostos reais, como no caso do ITBI.

Também cabe salientar que o aumento do tributo deve obedecer ao princípio da legalidade, anterioridade e anterioridade nonagesimal.

6. INFORMAÇÕES COMPLEMENTARES

O lançamento do ITBI, em regra, é realizado mediante declaração do contribuinte, podendo também ser feito de ofício. E o prazo **decadencial** para lançar de ofício Imposto sobre Transmissão de Bens Imóveis, não declarados e não pagos, é de cinco anos contados do primeiro dia do exercício seguinte ao que o lançamento poderia ser efetuado, na forma do art. 173, I do CTN[34].

7. QUADRO SINÓPTICO

Princípio da Legalidade	Deve obedecer
Princípio da anterioridade	Deve obedecer
Princípio da anterioridade nonagesimal	Deve obedecer
Hipótese de incidência	• a transmissão, a qualquer título, da propriedade ou do domínio útil de bens imóveis por natureza ou por acessão física, como definidos na lei civil; • a transmissão, a qualquer título, de direitos reais sobre imóveis, exceto os direitos reais de garantia; • a cessão de direitos relativos às transmissões referidas nos incisos I e II.
Aspecto espacial	Território municipal
Aspecto temporal	Registro da transmissão

33. Cf. BARRETO, Aires F. Curso de Direito Tributário Municipal. São Paulo: Saraiva, 2009, p. 300.
34. STJ. AgRg no Ag 1152810/SP, Rel. Ministra ELIANA CALMON, SEGUNDA TURMA, julgado em 06/10/2009.

Aspecto quantitativo (Base de cálculo e alíquota)	• Base de Cálculo: valor venal • Alíquota: depende lei local
Aspecto pessoal (sujeito ativo e passivo)	• Município que se localiza imóvel, exceto territórios federais • Qualquer das partes envolvidas, conforme lei local

8. SÚMULAS DO STF E STJ

SÚMULAS STF

Súmula nº 656: É inconstitucional a lei que estabelece alíquotas progressivas para o imposto de transmissão inter vivos de bens imóveis – ITBI com base no valor venal do imóvel.

STF – Súmula nº 75: Sendo vendedora uma autarquia, a sua imunidade fiscal não compreende o imposto de transmissão "inter vivos", que é encargo do comprador

STF – Súmula nº 110: O imposto de transmissão "inter vivos" não incide sobre a construção, ou parte dela, realizada pelo adquirente, mas sobre o que tiver sido construído ao tempo da alienação do terreno.

STF – Súmula nº 470: O imposto de transmissão "inter vivos" não incide sobre a construção, ou parte dela, realizada, inequivocamente, pelo promitente comprador, mas sobre o valor do que tiver sido construído antes da promessa de venda.

9. SÍNTESE DOS PRINCIPAIS ENTENDIMENTOS DO STJ SOBRE ITBI

- O fato gerador do Imposto sobre a Transmissão de Bens Imóveis – ITBI é a transmissão do domínio do bem, não incidindo o tributo sobre a promessa de compra e venda na medida em que se trata de contrato preliminar que poderá ou não se concretizar em contrato definitivo, este sim ensejador da cobrança do aludido tributo.
- O valor venal do imóvel apurado para fins de IPTU não coincide, necessariamente, com aquele adotado para lançamento do ITBI.
- O valor venal do imóvel para efeito de definição da base de cálculo do ITBI, no caso de alienação judicial, é o montante alcançado em hasta pública.
- A Base de cálculo do ITBI é o valor real da transação imobiliária, cabendo arbitramento fiscal.
- O fato gerador do ITBI ocorre apenas no momento do registro da transferência imobiliária
- Cobrança de taxa de combate a incêndios por municípios é inconstitucional (RE 643247)

10. QUESTÕES DE CONCURSO PÚBLICO

1. **(CESPE – 2009 – SEAD-SE – Procurador)** Considere que Ana transfira a Beatriz, sua irmã, um de seus imóveis urbanos, por ato gratuito. Nessa hipótese, deve incidir o imposto sobre a transmissão de bens imóveis, de competência dos municípios.

2. **(FCC – 2012 – TJ-GO – Juiz)** Um Município alterou sua legislação para instituir o IPTU progressivo em razão do valor venal do imóvel, criando uma tabela com alíquotas variando de 0,5% a 2,5%. Do mesmo modo instituiu também o ITBI progressivo em razão do valor venal do imóvel, com alíquotas variando de 1% a 5%. Nesse caso, a partir dos fatos apresentados e do entendimento do Supremo Tribunal Federal,

a) é constitucional a instituição tanto do IPTU como do ITBI progressivo em razão do valor venal do imóvel como forma de graduação dos impostos segundo a capacidade contributiva.

b) é inconstitucional a instituição de alíquotas progressivas para o IPTU e para o ITBI, pois ambos são impostos reais e, portanto, não podem ter alíquotas progressivas.

c) é inconstitucional a instituição de dois impostos municipais com mesma base de cálculo, qual seja, valor venal do imóvel, pois caracteriza bis in idem.

d) é constitucional apenas a instituição do IPTU progressivo em razão do valor venal do imóvel, por expressa autorização na Constituição Federal.

e) é constitucional apenas a instituição do ITBI progressivo em razão do valor venal do imóvel, por expressa autorização na Constituição Federal.

---

3. **(CESPE – 2010 – TCE-BA – Procurador)** Caso uma pessoa adquira bem imóvel em hasta pública pelo valor de R$ 370.000,00, mas a avaliação judicial tenha atribuído a esse bem o valor de R$ 335.000,00, o cálculo do ITBI incidente sobre essa transação deverá de ser feito com base no valor alcançado na arrematação.

---

4. **(FCC – 2012 – Prefeitura de São Paulo – SP – Auditor Fiscal do Município)** Um município brasileiro, desconsiderando as regras de direito privado a respeito de transmissões onerosas e doações de bens e direitos, inseriu, na lei ordinária que instituiu o ITBI naquele município, uma regra jurídica que equiparava as doações de imóveis, feitas entre parentes em linha reta e entre parentes em linha colateral, até o terceiro grau, a transmissões onerosas e, com base nessa norma legal, passou a cobrar o ITBI sobre essas transmissões. Nesse caso, a norma municipal acima referida

a) não poderia ter sido criada pelo município, pois é competência dos Estados, e não dos municípios, legislar sobre o ITBI.

b) não poderia ter sido criada pelo município, pois ela fere norma geral de direito tributário que impede que a pessoa jurídica de direito público edite norma para alterar a definição, o conteúdo e o alcance de institutos, conceitos e formas de direito privado, utilizados, expressa ou implicitamente, pela Constituição Federal, para definir ou limitar competências tributárias.

c) poderia ter sido criada pelo município, pois é competência dos municípios legislar sobre o ITBI.

d) poderia ter sido criada pelo município, desde que o município firmasse convênio com o Estado no qual ele está localizado, transferindo a competência tributária do Estado para a competência tributária do município.

e) poderia ter sido criada pelo município, desde que o município firmasse convênio com o Estado no qual está localizado, transferindo a competência tributária do Estado para a do município e promovendo repartição de receita com o ente estadual, de modo que este recebesse em repasse a mesma importância que receberia se a operação tivesse sido tributada pelo ITCMD.

---

5. **(PGM Fortaleza)** Em relação aos tributos municipais e à competência para instituí-los, é correto afirmar que, nos termos da Constituição Federal:

A) o imposto sobre propriedade predial e territorial urbana poderá ter alíquotas diferentes em razão da localização e do uso do imóvel, vedada a progressividade em razão do valor do imóvel.

B) cabe aos Municípios instituir imposto sobre serviços de qualquer natureza, inclusive sobre serviços de transporte intermunicipal, desde que definidos em lei complementar.

c) é vedado aos Municípios instituir taxas que recaiam sobre templos de qualquer culto.

d) aos Municípios é conferida a competência para instituir imposto sobre imóveis urbanos de propriedade da União, dos Estados e do Distrito Federal, que se localizem em seus territórios.

e) compete aos Municípios instituir imposto sobre transmissão inter vivos, a qualquer título, por ato oneroso, de bens imóveis, por natureza ou acessão física, e de direitos reais sobre imóveis, exceto os de garantia, bem como cessão de direitos a sua aquisição.

---

6. **(FCC – 2012 – Procurador – Joao Pessoa-PB)** Sobre os tributos municipais é correto afirmar que

a) a base de cálculo da contribuição de melhoria por obra pública Municipal é o valor venal do imóvel adjacente à obra.

b) a taxa de coleta de lixo domiciliar admite que sua base de cálculo corresponda à quantidade de moradores do imóvel atendido pelo serviço.

c) o Imposto sobre a Propriedade Predial e Territorial Urbana – IPTU e o Imposto sobre a Transmissão de Bens Imóveis por ato inter vivos a título oneroso – ITBI têm como base de cálculo o valor venal do bem.

d) o Imposto sobre Serviços de Qualquer Natureza – ISS, apesar de ser da competência municipal, é instituído por lei complementar.

e) os serviços de limpeza de vias e logradouros públicos e de segurança pública podem ser remunerados por taxa.

---

7. **É correto afirmar:**

a) A União pode instituir tributos sobre o patrimônio, renda ou serviços, de outros entes, sendo vedado apenas a tributação das autarquias e das fundações instituídas e mantidas pelo Poder Público, no que se refere ao patrimônio, à renda e aos serviços, vinculados a suas finalidades essenciais ou às delas decorrentes.

b) O STF tem entendido que a imunidade recíproca, aplicável à União, aos Estados, ao Distrito Federal e aos Municípios, é extensível à Empresa Brasileira de Correios e Telégrafos, ainda que esta seja empresa pública.

c) No ICMS, a compensação do que for devido em cada operação relativa à circulação de mercadorias ou prestação de serviços de transporte interestadual e intermunicipal e de comunicação com o montante cobrado nas anteriores pelo mesmo ou por outro Estado, em relação à energia elétrica, quando consumida no processo de industrialização, somente poderá ser feita a partir do ano de 2010.

d) Segundo a Constituição da República, em nenhum caso as alíquotas internas, nas operações relativas à circulação de mercadorias e nas prestações de serviços, poderão ser inferiores às previstas para as operações interestaduais.

e) Compete aos municípios instituir impostos sobre transmissão "inter vivos", a qualquer título, por ato oneroso, de bens imóveis, por natureza ou acessão física, e de direitos reais sobre imóveis, exceto os de garantia, bem como cessão de direitos a sua aquisição. Este tributo também incide sobre a transmissão de bens ou direitos incorporados ao patrimônio de pessoa jurídica em realização de capital, bem como, em todos os casos em que haja a transmissão de bens ou direitos decorrente de fusão, incorporação, cisão ou extinção de pessoa jurídica.

---

8. **(UNIUV, 2011)** – Assinale a alternativa incorreta:

a) Os Municípios podem instituir contribuição, na forma da legislação respectiva, para o custeio do serviço de iluminação pública, observados os critérios constitucionais;

b) Os Municípios têm competência instituir impostos sobre transmissão "inter vivos", a qualquer título, por ato oneroso, de bens imóveis, por natureza ou acessão física, e de direitos reais sobre imóveis, exceto os de garantia, bem como cessão de direitos a sua aquisição;

c) O imposto instituído sobre a transmissão "inter vivos", incide sobre a transmissão de bens ou direitos incorporados ao patrimônio de pessoa jurídica em realização de capital, desde que cobrado pelo Município em que a empresa presta serviço;

d) O Imposto sobre a Propriedade Predial e Territorial Urbana poderá ter alíquotas diferentes de acordo com a localização e o uso do imóvel;

e) Definir as alíquotas mínimas e máximas do Imposto sobre serviços de qualquer natureza e matéria para lei complementar;

---

9. **(Exame OAB – FGV – 2005)** – Assinale a alternativa falsa:

a) A competência para instituir impostos sobre a propriedade territorial rural é da União;

b) É vedado aos Estados, ao Distrito Federal e aos Municípios estabelecer diferença tributária entre bens e serviços, de qualquer natureza, em razão de sua procedência ou destino;

c) Compete aos Municípios instituir impostos sobre transmissão inter vivos, a qualquer título, por ato oneroso, de bens móveis e imóveis, por natureza ou acessão física, e de direitos reais sobre imóveis, exceto os de garantia, bem como cessão de direitos à sua aquisição;

d) O IPTU é imposto da competência dos Municípios;

e) O imposto de transmissão causa mortis e doação de quaisquer bens ou direitos relativamente a bens imóveis e respectivos direitos, compete ao Estado da situação do bem, ou ao Distrito Federal

---

10. **(Defensoria/PA – 2009)** – Lei que fixa nova base de cálculo e majora as alíquotas do IPTU e do ITBI municipal, publicada em novembro de 2008 tem eficácia

a) noventa dias a contar da publicação da nova lei para base de cálculo e alíquota do IPTU e do primeiro dia do exercício de 2009 para base de cálculo e alíquota do ITBI;

b) a partir do primeiro dia do exercício de 2009;

c) noventa dias a contar da publicação da nova lei para base de cálculo e alíquota do ITBI e do primeiro dia do exercício de 2009 para base de cálculo e alíquota do IPTU;

d) noventa dias a contar da publicação da nova lei;

e) a partir do primeiro dia do exercício de 2009 apenas para a nova base de cálculo do IPTU;

---

11. **(SEFIN/SãoPaulo/Auditor/2012)** Município Deixa pra Lá, não conseguindo, hipoteticamente, exercer sua competência constitucional tributária para instituir o ITBI no seu território, celebrou acordo com o Estado federado em que se localiza, para que esse Estado passasse a exercer, em seu lugar, a competência constitucional para instituir o referido imposto em seu território municipal e, ainda, para que exercesse as funções de fiscalizar e arrecadar esse tributo, recebendo, em contrapartida, um pagamento fixo anual, a título de "retribuição compensatória". Relativamente a essa situação, o Município Deixa pra Lá

a) pode delegar sua competência tributária e suas funções de arrecadar e de fiscalizar tributos a outra pessoa jurídica de direito público.

b) não pode delegar sua competência tributária a qualquer outra pessoa jurídica de direito público, embora possa delegar as funções de arrecadar e de fiscalizar tributos de sua competência tributária.

c) não pode delegar sua competência tributária, nem suas funções de fiscalizar tributos a qualquer outra pessoa jurídica de direito público, embora possa delegar suas funções de arrecadar tributos de sua competência tributária.

d) não pode delegar sua competência tributária, nem suas funções de arrecadar e de fiscalizar tributos de sua competência tributária a qualquer outra pessoa jurídica de direito público.

e) não pode delegar sua competência tributária, nem suas funções de arrecadar e de fiscalizar tributos de sua competência tributária a qualquer outra pessoa jurídica de direito público, mas pode delegar as funções de arrecadação às instituições bancárias públicas e privadas.

12. **(SEFIN/SãoPaulo/Auditor/2012)** Um município brasileiro, desconsiderando as regras de direito privado a respeito de transmissões onerosas e doações de bens e direitos, inseriu, na lei ordinária que instituiu o ITBI naquele município, uma regra jurídica que equiparava as doações de imóveis, feitas entre parentes em linha reta e entre parentes em linha colateral, até o terceiro grau, a transmissões onerosas e, com base nessa norma legal, passou a cobrar o ITBI sobre essas transmissões. Nesse caso, a norma municipal acima referida

a) não poderia ter sido criada pelo município, pois é competência dos Estados, e não dos municípios, legislar sobre o ITBI.

b) não poderia ter sido criada pelo município, pois ela fere norma geral de direito tributário que impede que a pessoa jurídica de direito público edite norma para alterar a definição, o conteúdo e o alcance de institutos, conceitos e formas de direito privado, utilizados, expressa ou implicitamente, pela Constituição Federal, para definir ou limitar competências tributárias.

c) poderia ter sido criada pelo município, pois é competência dos municípios legislar sobre o ITBI.

d) poderia ter sido criada pelo município, desde que o município firmasse convênio com o Estado no qual ele está localizado, transferindo a competência tributária do Estado para a competência tributária do município.

e) poderia ter sido criada pelo município, desde que o município firmasse convênio com o Estado no qual está localizado, transferindo a competência tributária do Estado para a do município e promovendo repartição de receita com o ente estadual, de modo que este recebesse em repasse a mesma importância que receberia se a operação tivesse sido tributada pelo ITCMD.

13. **(TJ/GO/Juiz/2009)** Dispõe o verbete nº 656 das Súmulas do STF que "é inconstitucional a lei que estabelece alíquotas progressivas para o imposto de transmissão "inter vivos" de bens imóveis – ITBI com base no valor venal do imóvel". Por sua vez, o verbete nº 668 das Súmulas do STF disciplina que "é inconstitucional a lei municipal que tenha estabelecido, antes da Emenda Constitucional nº 29/2000, alíquotas progressivas para o IPTU, salvo se destinada a assegurar o cumprimento da função social da propriedade urbana". Considerando estes dois verbetes que expressam o entendimento do STF e a disciplina constitucional das limitações constitucionais ao poder de tributar, é correto afirmar que

a) a progressividade de alíquotas viola o princípio da vedação ao confisco, na medida em que a alíquota vai aumentando gradativamente, independente da base de cálculo, levando em conta apenas critérios pessoais.

b) o STF entende ser possível a aplicação de alíquotas progressivas nos casos expressamente autorizados na Constituição Federal.

c) o STF só admite para o IPTU a progressividade de alíquotas no tempo, como instrumento da política urbana.

d) a progressividade de alíquotas viola o princípio da capacidade contributiva, razão pela qual só pode ser aplicada excepcionalmente.

e) na tributação extrafiscal é permitida a aplicação de alíquotas progressivas em razão da base de cálculo, como forma de estímulo ou desestímulo a determinados comportamentos.

14. **(FCC/TJ/PE/Cartórios/Remoção/2013)** Quando da realização de transmissão de bens imóveis e direitos a ele referentes com a finalidade de integralização de capital social pelo sócio de empresa haverá:

a) incidência de Imposto sobre Transmissão Causa Mortis e Doação – ITCMD, tal como acontece no caso de incorporação de empresa, relativamente aos bens imóveis.

b) isenção em relação ao Imposto sobre Transmissão de Bem Imóvel por ato entre vivos a título oneroso – ITBI, tal como acontece no caso de incorporação imobiliária

c) imunidade em relação ao Imposto sobre Transmissão de Bem Imóvel por ato entre vivos a título oneroso – ITBI, tal como acontece quando na transmissão de bens imóveis na incorporação, fusão, extinção e cisão de pessoa jurídica.

d) imunidade em relação ao Imposto sobre Transmissão Causa Mortis e Doação – ITCMD, tal como acontece no caso de Imposto sobre Transmissão de Bem Imóvel por ato entre vivos a título oneroso – ITBI no caso de cessão de direitos reais.

e) incidência de Imposto sobre Transmissão de Bem Imóvel por ato entre vivos a título oneroso – ITBI, tal como acontece no caso de incorporação imobiliária.

---

15 (FCC/TJ/PE/Cartórios/Remoção/2013) Quando do registro da promessa de compra e venda como forma de assegurar o direito real à aquisição do imóvel, deve o Oficial do Registro de Imóveis observar:

a) o recolhimento de taxa de fiscalização judiciária.

b) a incidência de Imposto sobre Transmissão Causa Mortis e Doação – ITCMD.

c) a incidência de Imposto sobre Transmissão de Bem Imóvel por ato entre vivos a título oneroso – ITBI.

d) a imunidade em relação ao Imposto sobre Transmissão Causa Mortis e Doação – ITCMD por previsão expressa no Código Tributário Nacional.

e) a não incidência de Imposto sobre Transmissão de Bem Imóvel por ato entre vivos a título oneroso – ITBI por não restar caracterizado o seu fato gerador.

---

16. (TJ/PE/Cartórios/Ingresso/2013) Relativamente aos aspectos da hipótese de incidência do IPTU, é correto afirmar que:

a) a base de cálculo é o valor venal do imóvel, que, por sua vez, também é a base de cálculo do Imposto sobre a Transmissão de Bens Imóveis por ato "inter vivos" a título oneroso – ITBI.

b) o aspecto temporal é observado quando do registro do título aquisitivo no Registro Imobiliário, quando se prova a propriedade.

c) o aspecto material é a propriedade de imóvel localizado na zona urbana do Município, excluídos os imóveis rurais e aqueles inseridos em área de expansão urbana constantes de loteamento em zona rural.

d) o enfiteuta é responsável tributário pelo Imposto Sobre a Propriedade Territorial Urbana – IPTU incidente sobre o imóvel sobre o qual exerce a enfiteuse.

e) não pode ter alíquotas progressivas em razão do valor venal do imóvel, assim como acontece também com o Imposto sobre a Transmissão de Bens Imóveis por ato "inter vivos" a título oneroso – ITBI, conforme posicionamento já sumulado pelo STJ.

---

17. (TJ/PE/Juiz/2013) Prefeito Municipal que entrou em exercício no dia primeiro de janeiro de 2013 baixou um decreto corrigindo monetariamente, conforme índice de correção lá indicado, a Planta Genérica de Valores utilizada para apuração da base de cálculo do Imposto sobre a Propriedade Predial e Territorial Urbana – IPTU e sobre o Imposto sobre a Transmissão de Bens Imóveis por ato "inter vivos" a título oneroso – ITBI. Fez constar o Prefeito que a vigência do decreto é imediata, a partir da data da publicação, já valendo para o exercício de 2013. Inconformados com esta medida, que acabou por majorar a base de cálculo do IPTU e do ITBI, alguns proprietários ingressaram em juízo questionando a constitucionalidade do decreto. Considerando-se os fatos relatados, é correto afirmar que esse decreto é

a) inconstitucional porque não atendeu às regras da anterioridade anual e nonagesimal, embora seja exceção à regra da legalidade.

b) constitucional porque majoração de base de cálculo de IPTU e ITBI é exceção às regras da legalidade e da anterioridade.

c) constitucional porque a correção monetária da base de cálculo não equivale a majoração, razão pela qual não se submete às regras da anterioridade e da legalidade.

d) inconstitucional porque não atendeu à regra da legalidade pois, apesar de se tratar de exceção à regra da anterioridade, deveria ter sido feito por lei.

e) inconstitucional porque não atendeu à regra da anterioridade nonagesimal, embora seja exceção à regra da legalidade.

---

18. (SEFIN/SãoPaulo/Auditor/2012) Município localizado no Estado de São Paulo concedeu, por meio de lei ordinária, isenção do ITBI para as transmissões imobiliárias, quando, cumulativamente, o adquirente do imóvel fosse pessoa natural, o valor venal do imóvel, no ano da transmissão, não excedesse R$ 50.000,00 e o referido imóvel tivesse mais de 20 anos de construção. Para poder fruir dessa isenção, o interessado, isto é, o adquirente do imóvel, deveria formular, por meio de requerimento escrito, o pedido de isenção do ITBI, juntando a documentação comprobatória do direito de usufruir o benefício legal. Um munícipe, interessado em usufruir do referido benefício, apresentou o referido requerimento, juntando: (i) cópia do carnê do IPTU, comprovando que o referido imóvel, no exercício anterior ao da transmissão, tinha valor venal equivalente a R$ 49.000,00; (ii) documentação comprobatória de que o imóvel tinha 19 anos de construção. (iii) documentos comprovando que ele, pessoa natural, é o adquirente desse imóvel. Em seu requerimento, explicou que o fato de o imóvel não ter mais de 20 anos não deveria impedir o deferimento do pedido de isenção, pois o imóvel estava "tão arruinado", que parecia ter 50 anos de construção. A autoridade municipal competente para apreciar o referido requerimento e reconhecer ou não a presença dos requisitos necessários para o reconhecimento da isenção deverá

a) deferir o pedido formulado pelo munícipe, por considerar satisfeitos todos os requisitos legais, pois o adquirente é pessoa natural, o valor da transação é inferior a R$ 50.000,00, conforme demonstra o carnê do IPTU referente ao lançamento feito no exercício anterior ao da transmissão do imóvel, e o estado de conservação do imóvel lhe dá a aparência de ter sido construído há mais de 20 anos.

b) deferir parcialmente o pedido formulado pelo munícipe e considerar satisfeitos apenas dois dos três requisitos legais, reconhecendo ao adquirente o direito de usufruir apenas 2/3 (dois terços) do valor do benefício isencional.

c) deferir o pedido formulado, interpretando teleologicamente a legislação, para reconhecer que a finalidade social da isenção deve nortear seu despacho, não se devendo valorizar em demasia requisitos formais, tais como a perfeita idade do imóvel ou a comprovação do seu valor venal do exercício em que houve a transmissão do bem.

d) deferir o pedido formulado, aplicando a interpretação analógica ao caso e reconhecendo que, se o imóvel aparenta estar "arruinado", ele tem, por analogia com imóveis no mesmo estado, mais de vinte anos, sendo, ademais, irrelevante, que o documento comprobatório do valor venal do imóvel seja do ano anterior ao da transmissão do bem.

e) indeferir o pedido formulado pelo munícipe, pois matéria relacionada com a outorga de isenção deve ser interpretada literalmente e, se o referido imóvel, não tem mais de 20 anos de construção, nem a prova de seu valor venal foi feita com carnê do IPTU do exercício em que se deu a transmissão do imóvel, não há como reconhecer que o interessado tenha satisfeito os requisitos legais para fruição do benefício isencional.

---

19. (MPE/CE/Promotor/2011) Sobre a imunidade, analise os itens a seguir:

I. As imunidades tributárias vêm fixadas na Constituição Federal ou em lei complementar federal.

II. As imunidades alcançam apenas os impostos.

III. O patrimônio, a renda e os serviços relacionados às finalidades essenciais dos templos de qualquer culto são imunes de impostos.

IV. A previsão de que o cidadão ficará isento de custas judiciais na ação popular é hipótese de imunidade de taxa.

V. As imunidades somente terão eficácia após regulamentação por lei complementar.

Está correto o que se afirma somente em

a) I e II.

b) III e IV.

c) IV e V.

d) I, II e III.

e) III, IV e V.

---

20. (PGM-Maringá/PUC-PR/2015) Com base na Constituição Federal, nas normas gerais de Direito Tributário e na jurisprudência sumulada do Superior Tribunal de Justiça (STJ) e do Supremo Tribunal Federal (STF), assinale a alternativa CORRETA

A) A alíquota da contribuição de intervenção no domínio econômico relativa às atividades de importação ou comercialização de petróleo e seus derivados, gás natural e seus derivados e álcool combustível (CIDE-combustíveis) poderá ser reduzida e restabelecida por ato do Poder Executivo, não se lhe aplicando o princípio da anterioridade genérica.

B) O ITBI (imposto sobre transmissão inter vivos de bens imóveis e de direitos reais sobre imóveis) incide na transmissão entre pessoas vivas, a qualquer título, gravando inclusive a doação não onerosa de bens imóveis, a permuta de bens imóveis, bem como a celebração do contrato de promessa de compra e venda de bem imóvel.

C) José, residente em Curitiba, vende para Antônio, residente em Ponta Grossa, imóvel urbano localizado em Londrina. O ITBI, nesse caso, é devido à Ponta Grossa, pois o sujeito ativo do imposto é o município onde se localiza o adquirente do imóvel.

D) Compete ao Senado Federal fixar a alíquota mínima do Imposto sobre Transmissão Causa Mortis e Doação (ITCMD), de quaisquer bens ou direitos, mediante resolução de iniciativa de um terço e aprovada pela maioria absoluta de seus membros.

E) Caio criou uma empresa do ramo imobiliário com o fim de locação e compra e venda de bens imóveis. Ao integralizar o capital, transferiu para sua empresa um imóvel onde será sua sede e no qual irá funcionar a respectiva atividade. Nesse caso, há imunidade do ITBI, já que a transferência do imóvel se deu em razão de incorporação ao patrimônio da pessoa jurídica em realização de capital.

---

21. (PGM-Curitiba/UFPR/2015) Doutrina mais autorizada define o Sistema Constitucional Tributário como "o conjunto ordenado das normas constitucionais que tratam da matéria tributária, matéria esta tomada como princípio de relação que as unifica" (ATALIBA, Geraldo. Sistema Constitucional Tributário, p. 8). No Sistema Constitucional Tributário Brasileiro, as normas que lhe conferem unidade e harmonia são as limitações constitucionais ao poder de tributar, compostas, principalmente, pelas normas de competência tributária, pelos princípios constitucionais tributários e pelas imunidades tributárias. Sobre o assunto, assinale a alternativa correta.

a) Para fins de cobrança de ITBI, é da instituição religiosa o ônus da prova de que o imóvel de sua propriedade está desvinculado de sua destinação institucional.

b) Sendo vendedora uma autarquia, a imunidade tributária recíproca compreende o ITBI.

c) De acordo com jurisprudência dominante do Supremo Tribunal Federal, possuem iniciativa para os projetos de lei que instituem isenções tributárias tanto o Chefe do Poder Executivo como os membros do Poder Legislativo.

d) A União pode definir, por medida provisória, os serviços de qualquer natureza passíveis de tributação pelo Imposto sobre Serviços de Qualquer Natureza (ISSQN).

e) Medida provisória que implique instituição ou majoração de taxa só produzirá efeitos no exercício financeiro seguinte se houver sido convertida em lei até o último dia daquele em que foi editada

---

22. (PGM-Curitiba/UFPR/2015) Nos termos da Constituição de 1988, compete aos Municípios instituir imposto sobre transmissão "intervivos", a qualquer título, por ato oneroso, de bens imóveis, por natureza ou acessão física, e de direitos reais sobre imóveis, exceto os de garantia, bem como cessão de direitos a sua aquisição. No âmbito municipal, o ITBI é regido pela Lei Complementar nº 40/2001. Sobre o ITBI, considere as afirmativas a seguir:

1. Nos casos de renúncia translativa da herança de herdeiro em favor de outro herdeiro, será devido o ITBI quando referida transferência for onerosa e tiver por objeto bem imóvel.
2. No Município de Curitiba, o valor venal do imóvel, base de cálculo do ITBI, será determinado pela Administração, mediante avaliação procedida por profissional habilitado, o qual observará, para tanto, as normas da Associação Brasileira de Normas Técnicas (ABNT) relativas à avaliação de imóveis.
3. Em caso de arrematação judicial, deve-se considerar como base de cálculo do ITBI o valor alcançado na hasta pública.
4. O ITBI não incide sobre a construção, ou parte dela, realizada pelo adquirente, mas sobre o que tiver sido construído ao tempo da alienação do terreno.

Assinale a alternativa correta.

a) Somente as afirmativas 1 e 4 são verdadeiras.
b) Somente as afirmativas 1, 2 e 3 são verdadeiras.
c) Somente as afirmativas 1, 2 e 4 são verdadeiras.
d) Somente as afirmativas 2, 3 e 4 são verdadeiras.
e) As afirmativas 1, 2, 3 e 4 são verdadeiras.

---

23. (TJ-RS/FAURGS/2015) O imposto sobre a transmissão inter vivos (ITIV/ITBI) não incide sobre a transmissão de bens ou direitos

a) incorporados ao patrimônio de pessoa jurídica em realização de capital, nos termos da Constituição Federal.
b) decorrentes de fusão, incorporação, cisão ou extinção de pessoa jurídica, salvo se, nesses casos, a atividade preponderante do adquirente for apenas a compra e venda desses bens ou direitos e alocação de bens imóveis.
c) decorrentes de fusão, incorporação, cisão ou extinção de pessoa jurídica, salvo se, nesses casos, a atividade preponderante do adquirente for apenas a compra e venda desses bens.
d) decorrentes de fusão, incorporação, cisão ou extinção de pessoa jurídica, salvo se, nesses casos, a atividade preponderante do adquirente for apenas a locação de bens imóveis.

---

24. (ManausPrev/FCC/2015) De acordo com a Constituição Federal, os Municípios têm competência tributária para instituir

a) o ITBI sobre as transmissões de bens imóveis, por compra e venda ou por doação.
b) o ISSQN sobre a prestação de serviço de transporte intermunicipal de carga.
c) a contribuição para o custeio do serviço de iluminação pública e a contribuição de melhoria.
d) o ITR, observadas as cláusulas de convênio específico com a União para esse fim.
e) o IR sobre os rendimentos auferidos pelos funcionários estatutários dos órgãos que compõem sua administração direta.

---

25. (Juiz – TJ_GO/FCC/2015) Sobre o ITBI é correto afirmar que

a) não incide sobre a promessa de compra e venda de bem imóvel.

b) incide sobre a transmissão, a qualquer título, da propriedade de bens imóveis, por natureza ou acessão física.

c) não incide sobre a cessão de direitos relativos à transmissão de bens imóveis por ato inter vivos, a título oneroso.

d) é um imposto de competência municipal e do Distrito Federal, sendo devido ao Município do domicílio do comprador, titular da respectiva capacidade contributiva.

e) não incide sobre a cessão de direitos reais de garantia sobre o bem imóvel.

---

26. (SEFAZ-PE/FCC/2015) Suponha que a empresa X, que explora atividade de arrendamento mercantil, incorporou a empresa Y, sendo-lhe transmitida a propriedade dos bens móveis e imóveis da segunda empresa. Nesse caso,

a) não incide ITBI, posto que a transmissão de bens ou direitos decorrente de fusão, incorporação, cisão e extinção de pessoa jurídica é imune ao referido imposto

b) incide ITBI, pois o fato de a adquirente explorar atividade de arrendamento mercantil afasta a imunidade do mencionado tributo sobre a transmissão de bens de direitos decorrente de incorporação.

c) não incide ITBI, visto que a exação do referido imposto pressupõe a presença de pessoas físicas nos polos da relação jurídico-tributária, já recai sobre a transmissão inter vivos.

d) a responsabilidade tributária da empresa X abrange os tributos, não alcançando as multas, posto que a penalidade tem caráter pessoal e não pode ser transferida para quem não cometeu infração.

e) a responsabilidade tributária da empresa X abrange os tributos e a multa moratória, não incluindo as multas punitivas, por força do princípio de intransmissibilidade da sanção.

---

27. (TJ-MG/CONSULPLAN/2015) Sobre atos jurídicos contidos em uma escritura pública por meio da qual um pai doa ao filho recursos financeiros e ele, com esses recursos, compra um imóvel, no município de Belo Horizonte,

a) pode haver incidência de ITBI, mas não de ITCMD, já que os recursos financeiros são considerados bem móvel e, tal como ocorre com o ITBI, o ITCMD somente incide sobre transmissão de bens imóveis (esse, nos negócios gratuitos, a exemplo de doação; aquele, nos negócios onerosos, a exemplo de compra e venda).

b) incidirão ITBI e ITCMD, não sendo sequer possível que haja ato declaratório de isenção de algum desses impostos, vez que jamais se poderá vislumbrar ato de isenção quando o contribuinte for pessoa natural.

c) poderá incidir, tão-somente, ITCMD, vez que na compra e venda com recursos doados há uma sub-rogação do imóvel no lugar do dinheiro objeto de doação e, por conseguinte, a incidência de ITBI configuraria bis in idem, técnica de tributação vedada pela Constituição Federal.

d) incidirão ITBI (imposto de competência municipal ou do Distrito Federal) e ITCMD (imposto de competência estadual ou do Distrito Federal), salvo hipótese de isenção.

---

28. (TJ-MG/CONSULPLAN/2015) No negócio jurídico constituído por: 1. mútuo bancário para compra de imóvel, 2. compra e venda de imóvel com o produto do mútuo bancário e 3. alienação-fiduciária do imóvel em favor do banco mutuante (em garantia do mútuo), pode haver incidência de ITBI (art. 156, II da Constituição Federal), tendo como fato(s) gerador(es)

a) somente a compra e venda do imóvel e a alienação-fiduciária em garantia.

b) somente a compra e venda do imóvel.

c) o mútuo, a compra e venda do imóvel e a alienação-fiduciária em garantia.

d) somente a compra e venda do imóvel e o mútuo.

29. **(TJ-DF/CESPE/2014)** O senhor X celebrou, em 14/8/2013, com o senhor Y, contrato de compra e venda de propriedade rural devidamente registrado no cartório próprio, tendo sido estabelecida condição suspensiva de que, até 30/1/2014, o pomar em que haviam sido recentemente plantadas laranjeiras estivesse em fase inicial de formação de frutos. Em 14/9/2013, foi publicada lei por meio da qual a alíquota do ITBI, que era de 2% sobre o valor venal do imóvel, foi majorada para 4%. Tomando como base essa situação hipotética, assinale a opção correta.

a) Por se tratar de imposto, é aplicável ao caso apenas a anterioridade anual prevista no art. 150, III, "b", da CF, de modo que a majoração em questão já deveria incidir a partir de 1º/1/2014.

b) Por ter sido celebrado o negócio jurídico em 14/8/2013, a alíquota aplicável ao caso é a da lei anterior, ou seja, de 2%, visto que se trata de ato jurídico perfeito, não importando a lei eficaz no momento de implementação da condição.

c) Ainda que a condição tivesse sido realizada após 1.º/1/2014, a alíquota incidente seria de 2%, visto que a lei tributária se aplica imediatamente apenas aos fatos futuros.

d) Caso a condição ocorresse somente após 1.º/1/2014, a alíquota incidente seria de 4%, já que a lei tributária se aplica imediatamente tanto aos fatos pendentes quanto aos futuros.

e) Mesmo se tratando de imposto, aplica-se a anterioridade nonagesimal, o que faz que o aumento de alíquota, no caso descrito, possa surtir efeitos apenas depois de noventa dias da publicação da lei, de modo que a alíquota de 4% já poderia ter sido cobrada na segunda quinzena de dezembro de 2013.

30. **(Câmara Sertãozinho/VUNESP/2014)** O imposto sobre a transmissão inter vivos, a qualquer título, por ato oneroso, de bens imóveis e direitos a eles relativos (ITBI), não incide, dentre outras situações, sobre a transmissão de bens ou direitos incorporados ao patrimônio de pessoa jurídica em realização de capital. A referida não incidência se traduz em

a) modalidade de não exercício da competência tributária dos municípios, posto que seu exercício é facultativo.

b) modalidade de renúncia de receita tributária

c) hipótese de imunidade constitucionalmente prevista.

d) isenção a ser regulamentada por lei municipal.

e) remissão a ser regulamentada por lei municipal.

31. **(Procurador de fortaleza/CESPE/2017)** Considerando os dispositivos do CTN e a jurisprudência do STJ em relação ao ato administrativo do lançamento e à atividade desenvolvida para a constituição do crédito tributário, julgue o próximo item.

- Não havendo prévia instauração de processo administrativo fiscal, será nulo o lançamento do imposto sobre transmissão de bens imóveis e de direitos a eles relativos no caso de existir divergência entre a base de cálculo declarada pelo contribuinte e o valor arbitrado pela administração tributária.

32. **(Procurador/NUNESP/2016)** A empresa Alfa atua no ramo de locação de veículos e incorporou um imóvel no valor de R$ 1.000.000,00 ao seu patrimônio em realização de capitais. Por conta dessa operação viu-se forçada a recolher aos cofres públicos o Imposto de Transmissão de Bens Imóveis – ITBI, pela alíquota de 4% sobre o valor do bem. Inconformada, a empresa ingressou com ação de repetição de indébito pela qual objetiva a repetição do valor que entende indevido. Essa ação é de ser julgada

a) procedente, visto que a hipótese é de imunidade do imposto.

b) procedente, visto que a hipótese é de exclusão do crédito tributário.

c) procedente, visto que a alíquota aplicada não tem previsão em Resolução do Senado Federal.

d) improcedente, visto que a atividade da empresa é de locação de bens.

e) improcedente, visto que a ação intentada não se presta a essa discussão.

33. (Técnico/IFN-MG/2016) Considerando os preceitos da Constituição Federal de 1988, analise as afirmativas a seguir sobre os tributos de competência dos municípios.

I. Os municípios podem cobrar imposto sobre a liquidação de bens móveis ou imóveis, ou de direitos sobre esses bens, de pessoas jurídicas que forem extintas, independentemente das atividades comerciais ou industriais por elas desenvolvidas.

II. Os municípios têm competência para instituir impostos sobre a transmissão "intervivos", por ato oneroso, de bens imóveis, por natureza ou acessão física, e de direitos reais sobre imóveis, exceto os de garantia, bem como cessão de direitos a sua aquisição.

III. O imposto sobre propriedade predial e territorial urbana pode ser progressivo em razão do valor do imóvel, pode ter alíquotas diferentes de acordo com a localização e o uso do imóvel e pode, ainda, ser progressivo no tempo se o imóvel edificado ou não for subutilizado ou não utilizado.

IV. Os municípios não podem cobrar imposto sobre a transmissão de bens ou direitos decorrente de incorporação de pessoa jurídica, salvo se a atividade preponderante do adquirente for a compra e venda desses bens ou direitos, locação de bens imóveis ou arrendamento mercantil.

A partir dessa análise, conclui-se que estão corretas as afirmativas:

a) I e II, apenas.

b) IIII e IV, apenas.

c) II e IV, apenas.

d) I e III, apenas.

34. (Auditor/ FCC/2016) Relativamente aos impostos de competência municipal, a Constituição Federal

a) estabelece que o IPTU, imposto sujeito à progressividade, incide sobre a propriedade de bens imóveis localizados nas zonas urbana e rural do ente municipal tributante.

b) e a Lei Complementar no 116/03, interpretadas de modo conjunto, estabelecem que, na organização de festas e recepções do tipo buffet, o ISS incide tanto sobre a parte referente à prestação de serviços, como sobre o fornecimento de alimentação e bebidas, desde que, mediante a elaboração de um único contrato comercial, o mesmo contribuinte seja o prestador do serviço e o fornecedor da alimentação e das bebidas.

c) estabelece que o ITBI terá suas alíquotas máximas e mínimas fixadas em lei complementar.

d) e a Lei Complementar no 116/03, interpretadas de modo conjunto, estabelecem que o ISS incide somente sobre a prestação de serviços, na hipótese de o tomador do serviço (cliente) contratar a empresa A para organizar a festa, e contratar a empresa B para fornecer alimentação e bebidas, ainda que ambas sejam empresas interdependentes.

e) estabelece que o ITBI incide sobre a transmissão de bens e direitos, a título oneroso, inclusive sobre a transmissão de direitos reais, como os direitos pignoratícios.

35. (Advogado/BIO-RIO/2016) A competência tributária é a aptidão constitucionalmente atribuída ao ente político para que este, com base na lei, crie o referido tributo. De acordo com a competência tributária municipal, é CORRETO afirmar:

a) O ITBI é um imposto municipal, que não incidirá sobre a propriedade adquirida por usucapião, já que somente os modos derivados de aquisição de propriedade têm interesse para o Fisco, quanto à tributação.

b) Supondo que João, domiciliado na cidade X, realize a venda de um imóvel situado na cidade do Rio de Janeiro para José, que é domiciliado na cidade Y. Nesse caso, o ITBI será devido ao município onde o contrato de compra e venda tiver sido assinado.

c) O IPTU também é um imposto de competência municipal, que possui como sujeito passivo apenas o proprietário do imóvel urbano. De acordo com a Constituição Federal, o IPTU e o ITBI são os impostos municipais que podem ser progressivos no tempo.

d) O prefeito do Município W pode atualizar o IPTU, mediante decreto, em percentual superior ao índice oficial de correção monetária, desde que respeite o princípio da anterioridade tributária.

---

36. **(Auditor/UECE/2016)** O imposto sobre a transmissão inter vivos de bens imóveis a qualquer título, por ato oneroso, desde que não compreendido na competência do Estado – ITBI –, é um imposto de competência do Município, que tem como fatos geradores:

I. a transmissão de bens imóveis, por natureza ou acessão física;

II. a transmissão de direitos reais sobre imóveis, exceto os de garantia;

III. a transmissão de bens imóveis por doação;

IV. a cessão de direitos relativos à transmissão de bens imóveis ou a transmissão de direitos reais sobre imóveis.

Estão corretas as complementações contidas em

a) I, II e III apenas.

b) III e IV apenas.

c) I, II, III e IV.

d) I, II e IV apenas.

---

37. (Procurador Municipal/IOBV/2016) Com relação ao Imposto Municipal sobre a Transmissão de Bens Imóveis – ITBI é correto arguir que este poderá ser exigido:

a) no ato que transfere por sucessão hereditária um bem imóvel.

b) nos casos de permuta ou de doação.

c) para a transferência de imóvel do sócio para a empresa quando em integralização de capital.

d) nas transferências de titularidade advindas de imóveis arrematados ou adjudicados judicialmente.

---

38. **(Auditor/FGV/2016)** Sobre o Imposto sobre Transmissão de Bens Imóveis (ITBI), analise as afirmativas a seguir.

I. Caso a transmissão do bem imóvel ocorra sem o pagamento do ITBI devido, os tabeliães e escrivães ficam solidariamente obrigados ao pagamento, relativamente aos atos por eles ou perante ele praticados, em razão do seu ofício.

II. O pagamento do ITBI poderá ser progressivo em razão do valor do imóvel, conforme autorização constitucional.

III. O ITBI incide sobre a transmissão de bens ou direitos incorporados ao patrimônio de pessoa jurídica em realização ou integralização de capital.

Assinale:

a) se somente a afirmativa I estiver correta.

b) se somente a afirmativa II estiver correta.

c) se somente as afirmativas I e III estiverem corretas.

d) se somente as afirmativas II e III estiverem corretas.

e) se todas as afirmativas estiverem corretas.

---

39. (Juiz/VUNESP/2015) Na Arguição de Inconstitucionalidade 0056693-19.2014, o Órgão Especial do Tribunal de Justiça do Estado de São Paulo, ao analisar legislação do Município de São Paulo, fixando a base de cálculo do Imposto sobre Transmissão de Bens Imóveis (ITBI), concluiu que

a) a base de cálculo do ITBI a ser considerada pelo contribuinte é aquela periodicamente apurada pelo órgão municipal competente.

b) compete ao contribuinte impugnar, caso discorde da cobrança, o valor indicado como base de cálculo do ITBI pela Municipalidade, presumido como correto.

c) é válido instituir como base de cálculo do ITBI o valor pelo qual o bem ou direito é negociado à vista.

d) o contribuinte deve recolher o ITBI e o IPTU adotando como base de cálculo o valor venal de referência.

---

40. (Juiz-DF/CESPE/2014) O senhor X celebrou, em 14/8/2013, com o senhor Y, contrato de compra e venda de propriedade rural devidamente registrado no cartório próprio, tendo sido estabelecida condição suspensiva de que, até 30/1/2014, o pomar em que haviam sido recentemente plantadas laranjeiras estivesse em fase inicial de formação de frutos. Em 14/9/2013, foi publicada lei por meio da qual a alíquota do ITBI, que era de 2% sobre o valor venal do imóvel, foi majorada para 4%. Tomando como base essa situação hipotética, assinale a opção correta.

a) Por se tratar de imposto, é aplicável ao caso apenas a anterioridade anual prevista no art. 150, III, "b", da CF, de modo que a majoração em questão já deveria incidir a partir de 1.º/1/2014.

b) Por ter sido celebrado o negócio jurídico em 14/8/2013, a alíquota aplicável ao caso é a da lei anterior, ou seja, de 2%, visto que se trata de ato jurídico perfeito, não importando a lei eficaz no momento de implementação da condição.

c) Ainda que a condição tivesse sido realizada após 1.º/1/2014, a alíquota incidente seria de 2%, visto que a lei tributária se aplica imediatamente apenas aos fatos futuros.

d) Caso a condição ocorresse somente após 1.º/1/2014, a alíquota incidente seria de 4%, já que a lei tributária se aplica imediatamente tanto aos fatos pendentes quanto aos futuros.

e) Mesmo se tratando de imposto, aplica-se a anterioridade nonagesimal, o que faz que o aumento de alíquota, no caso descrito, possa surtir efeitos apenas depois de noventa dias da publicação da lei, de modo que a alíquota de 4% já poderia ter sido cobrada na segunda quinzena de dezembro de 2013.

Gabarito		
Questão	**Resposta**	**Referência**
1	Errado	Tópico 1 deste capítulo
2	D	Tópico 5 deste capítulo
3	Certo	Tópico 5 deste capítulo
4	A	Tópico 1 deste capítulo
5	E	Tópico 1 deste capítulo
6	C	Tópico 5 deste capítulo
7	B	Tópico 1 deste capítulo
8	C	Tópico 1 deste capítulo
9	C	Tópico 1 deste capítulo
10	E	Tópico 5 deste capítulo
11	B	Parte I
12	B	Tópico 1 deste capítulo
13	B	Tópico 5.2 deste capítulo
14	C	Tópico 1 deste capítulo
15	E	Tópico 1 deste capítulo

Gabarito		
Questão	**Resposta**	**Referência**
16	A	Tópico 5.1 deste capítulo
17	C	Tópico 5.2 deste capítulo
18	E	Tópico 5.2 deste capítulo
19	B	Parte I
20	D	Parte I
20	A	Parte I e tópico 1 e 5 deste capítulo
21	C	Parte I e tópico 1
22	E	Tópico 1 e 2 deste capítulo
23	A	Tópico 1 deste capítulo
24	C	Parte II e Tópico 1 deste capítulo
25	A	Tópico 1 deste capítulo
26	B	Tópico 1 deste capítulo
27	D	Tópico 1 deste capítulo
28	B	Tópico 1 deste capítulo
29	D	Parte I e tópico 1 deste capítulo
30	C	Tópico 1 deste capítulo
31	Certo	Tópico 5
32	A	Tópico 1.5
33	C	Tópico 1
34	D	Tópico 1
35	A	Tópico 1 e 3
36	D	Tópico 1
37	D	Tópico 1.5
38	A	Tópico 5
39	C	Tópico 5.1
40	D	Tópico 1

CAPÍTULO 17
CONTRIBUIÇÃO DE ILUMINAÇÃO PÚBLICA – COSIP

Sumário • 1. Aspecto material – 2. Aspecto temporal; 3. Aspecto espacial; 4. Aspecto subjetivo; 5. Aspecto quantitativo; 5.1. Base de cálculo; 5.2. Alíquota; 6. Informações complementares; 6.1. Taxas municipais – Diferenciação com a Cosip; 7. Quadro sinóptico; 8. Questões de concurso público.

1. ASPECTO MATERIAL

A Contribuição de Iluminação Pública foi inserida na Constituição Federal por meio da Emenda Constitucional n.39/2002, que acrescentou o art. 149-A, criando essa nova competência tributária dos Municípios e Distrito Federal.

Isso ocorreu após reiteradas decisões do Judiciário, em especial do Supremo Tribunal Federal, que declararam a inconstitucionalidade da cobrança de iluminação pública através de taxa. O entendimento que prevaleceu foi de que o serviço de iluminação pública não pode ser remunerado mediante taxa, por ser um serviço indivisível e inespecífico, sendo que este entendimento foi sedimentado na Súmula **670 do STJ que possui o seguinte teor:** *"o serviço de iluminação pública não pode ser remunerado mediante taxa"*.

Após os representantes dos Municípios começarem a pressionar o Congresso Nacional para conseguir um aumento orçamentário, foi aprovada a Emenda Constitucional nº 39, editando a seguinte redação do art. 149 A:

> **Art. 149-A Os Municípios e o Distrito Federal poderão instituir contribuição, na forma das respectivas leis, para o custeio do serviço de iluminação pública, observado o disposto no art. 150, I e III.**
>
> *Parágrafo único. É facultada a cobrança da contribuição a que se refere o caput, na fatura de consumo de energia elétrica.*

Este dispositivo constitucional não criou a contribuição, mas possibilitou a instituição da COSIP pelos Municípios e Distrito Federal. Cabe a estes entes federativos, através de lei ordinária local, instituir o tributo, refletindo a imagem desenhada na lei, em obediência aos princípios e regras constitucionais que identifiquem as limitações ao poder de tributar.

Apesar de não haver consenso na doutrina, o Supremo Tribunal Federal considerou a COSIP um novo tributo, atestando sua constitucionalidade e sua subordinação aos princípios constitucionais tributários:

> *Lei que restringe os contribuintes da COSIP aos consumidores de energia elétrica do município não ofende o princípio da isonomia,*

> *ante a impossibilidade de se identificar e tributar todos os beneficiários do serviço de iluminação pública. II – A progressividade da alíquota, que resulta do rateio do custo da iluminação pública entre os consumidores de energia elétrica, não afronta o princípio da capacidade contributiva. III – Tributo de caráter sui generis, que não se confunde com um imposto, porque sua receita se destina a finalidade específica, nem com uma taxa, por não exigir a contraprestação individualizada de um serviço ao contribuinte. IV – Exação que, ademais, se amolda aos princípios da razoabilidade e da proporcionalidade. V – Recurso extraordinário conhecido e improvido. (RE 573675, Relator(a): Min. RICARDO LEWANDOWSKI, Tribunal Pleno, julgado em 25/03/2009)*

Com base no art. 149-A da Constituição Federal é possível identificar como aspecto material da COSIP é a prestação do serviço de iluminação pública[1]. Por isso, para cobrança da COSIP é essencial que o consumo da iluminação pública esteja efetivamente disponibilizada aos usuários, assim leciona Roque Antonio Carraza:

> *A nosso ver, a exação em tela só será devida se for efetivamente prestado o serviço de iluminação pública no território da pessoa política competente, ou, quando pouco, se esta estiver em condições materiais de ali prestá-lo, assim que o produto da arrecadação vier a ter a seus cofres públicos[2].*

Nestes termos, com base no posicionamento do Supremo Tribunal Federal, poder-se-ia fixar as seguintes sínteses a respeito da COSIP:

- *A eleição somente dos consumidores de energia elétrica como contribuintes não ofende o princípio da isonomia;*
- *A utilização de alíquotas progressivas, por meio de rateio entre os consumidores, não ofende o princípio da capacidade contributiva;*
- *É um tributo sui generis – portanto, não é imposto nem taxa;*
- *Não ofende o princípio da razoabilidade e proporcionalidade;*
- *Por não ser imposto, dispensa lei nacional para padronizar a base de cálculo, alíquota e sujeito passivo.*

Portanto, a iluminação pública é um serviço que não pode ser custeado através de taxa, uma vez que apresenta sua natureza como geral e indivisível. E a contribuição de iluminação pública foi uma forma encontrada pelo Legislativo para, diferenciar dos padrões dos art. **149 e 195 da Constituição Federal, e criar um novo tributo.**

---

1. ALVES, Anna Emilia Cordelli. Da contribuição para o custeio da iluminação pública. *Revista Dialética de Direito Tributário.* São Paulo, nº 97, p. 20, out 2003.

2. CARRAZZA, Roque Antonio. *Curso de direito constitucional tributário.* 20. ed. São Paulo: Malheiros, 2004, p. 583.

2. ASPECTO TEMPORAL

O aspecto temporal se refere ao momento da ocorrência do fato descrito na lei, que irá depender da regulamentação definida em lei local. Em geral, os Municípios têm regulamentado o aspecto temporal da COSIP de forma mensal para ser pago juntamente com a fatura de energia elétrica.

3. ASPECTO ESPACIAL

O aspecto espacial da Constituição de Iluminação Pública será o local de ocorrência do fato jurídico tributário, respeitada a limitação territorial do Município ou Distrito Federal.

4. ASPECTO SUBJETIVO

Enquanto sujeito ativo consta o Município ou Distrito Federal, ou seja, é o titular legitimado para exigir o cumprimento da obrigação tributária.

Já o sujeito passivo, como contribuinte, será a pessoa que reside ou exerce alguma atividade profissional no local que ocorre a prestação de serviços de iluminação pública. No julgando do RE 573675, o Supremo Tribunal Federal definiu ser possível a lei local eleger como contribuintes da COSIP os consumidores residenciais e não residenciais de energia elétrica, podendo estar situados na área urbana ou rural[3].

5. ASPECTO QUANTITATIVO

5.1. Base de cálculo

Como não existem normas gerais acerca do aspecto quantitativo da COSIP, sua base de cálculo pode variar nas leis municipais. Em alguns casos haverá a instituição de base de cálculo fixa, em outras, uma porcentagem calculada sobre o consumo de energia elétrica.

5.2. Alíquota

As alíquotas são definidas através de lei municipal, sendo que o aumento do tributo deve obedecer ao princípio da legalidade, anterioridade e anterioridade nonagesimal.

6. INFORMAÇÕES COMPLEMENTARES

Tendo em vista que art. 149-A da Constituição Federal permite a cobrança da COSIP no carnê de consumo de energia elétrica, entende-se o lançamento será de ofício.

6.1. Taxas municipais – Diferenciação com a Cosip

Primeiramente, há um entendimento consolidado de que a COSIP é uma espécie tributária diferente da taxa.

3. RE 573675, Relator(a): Min. RICARDO LEWANDOWSKI, Tribunal Pleno, julgado em 25/03/2009.

Neste tópico apenas iremos apontar algumas decisões interessantes sobre as taxas municipais, em complemento as condições gerais trabalhadas na Parte I da obra.

Na definição do Código Tributário Nacional, as taxas cobradas pela União, pelos Estados, pelo Distrito Federal ou pelos Municípios, no âmbito de suas respectivas atribuições, têm como fato gerador o exercício regular do poder de polícia ou a utilização efetiva ou potencial, de serviço público específico e divisível, prestado ao contribuinte ou posto à sua disposição (CTN, art. 77, *caput*).

Os conceitos legais da taxa – entendidos como requisitos legais – estão descritas no art. 79 do Código Tributário Nacional:

> *Art. 79. Os serviços públicos a que se refere o artigo 77 consideram-se:*
>
> *I – utilizados pelo contribuinte:*
>
> *a) efetivamente, quando por ele usufruídos a qualquer título;*
>
> *b) potencialmente, quando, sendo de utilização compulsória, sejam postos à sua disposição mediante atividade administrativa em efetivo funcionamento;*
>
> *II – específicos, quando possam ser destacados em unidades autônomas de intervenção, de utilidade, ou de necessidades públicas;*
>
> *III – divisíveis, quando suscetíveis de utilização, separadamente, por parte de cada um dos seus usuários.*

Ao contrário do que acontece com os impostos, as taxas têm por fato gerador uma prestação estatal, seja uma atividade de polícia administrativa, seja um serviço específico e divisível. São, portanto, tributos vinculados, sendo que o pagamento da taxa possui natureza claramente remuneratória.

Nestes termos, pode-se dizer que o fato gerador do tributo em tela que exige do Fisco Municipal a demonstração de que efetivamente ocorreu o procedimento de fiscalização, e não simplesmente a imputação arbitraria do pagamento do tributo. Assim, o professor Geraldo Ataliba defendeu que o serviço fiscalizador exige dos agentes públicos a realização de *"exames, vistorias, perícias, verificações, avaliações cálculos, estimativas, confrontos e outros trabalhos como condição ou preparo do ato propriamente de polícia, consistente em autorizar, licenciar, homologar, permitir ou negar, denegar, proibir etc"*[4].

É consolidada a jurisprudência quanto ao pressuposto da atuação estatal devidamente comprovada:

> *"**TRIBUTÁRIO. TAXAS DE FISCALIZAÇÃO, DE LOCALIZAÇÃO, INSTALAÇÃO E FUNCIONAMENTO. ILEGITIMIDADE. PRECEDENTES DO STF E DO STJ**. Consolidada a jurisprudência do STJ e do excelso, no sentido de que, **sem a devida materialização do poder de polícia e a***

4. ATALIBA, Geraldo. In: CARRAZA, Roque Antonio. *Curso de Direito Constitucional Brasileiro*. São Paulo: Malheiros, 2005. p . 504.

> ***contraprestação de serviços****, é ilegítima a cobrança de taxas, pelo município, como as de renovação de localização, instalação e funcionamento. Precedentes e Súmula 157/STJ. Recurso provido, sem discrepância". (STJ, 1ª Turma, Resp 0135394/SP, rel. Min. Demócrito Reinaldo, j. 02.10.1997, DJU 10.11.1997, p. 57.717) (sem grifo no original)*

De acordo com premissas constitucionais e levando em conta a sua natureza jurídica, a taxa deve representar a contraprestação pelos serviços, específicos e divisíveis, prestados pela Administração Pública em favor de seus administrados, não podendo ter como elemento definidor critérios que não dizem respeito ao custo desta atividade estatal. Ou seja, o valor pecuniário da taxa deve ser capaz de mensurar a atuação estatal, já que a base imponível deve guardar estreita relação ao fato gerador do tributo. Vislumbra-se, portanto, que os tributos vinculados apresentam por característica precípua retribuir ao Estado os dispêndios ocorridos conforme sua atuação, logo possuem o atributo da retributividade.

Por força disto, e a fim de se manter vigente o princípio da retributividade, deve haver uma razoável equivalência entre o custo do serviço estatal e o valor da taxa exigida. Nesse sentido Célio Armando Janczeski, faz a seguinte ressalva:

> *"Fundamental, nesse contexto, quando da edição de taxa, esteja munida de informes técnico-econômicos, onde se* ***demonstre a previsível cobertura dos custos da atuação estatal, a fim de que não exceda de uma razoável equivalência entre o produto e o custo global do serviço vinculado****."[5] (sem grifo no original)*

Como síntese, aponta-se as principais decisões do Supremo Tribunal Federal e Superior Tribunal de Justiça sobre o tema:

TAXAS DECLARADAS CONSTITUCIONAIS	TAXAS DECLARADAS INCONSTITUCIONAIS
SÚMULA VINCULANTE 19: A taxa cobrada exclusivamente em razão dos serviços públicos de coleta, remoção e tratamento ou destinação de lixo ou resíduos provenientes de imóveis não viola o artigo 145, II, da Constituição Federal.	Esta Corte fixou entendimento no sentido da invalidade da remuneração do serviço universal e indivisível de limpeza de logradouros públicos por meio de taxa. (RE 540951 AgR, Relator(a): Min. JOAQUIM BARBOSA, Segunda Turma, julgado em 28/08/2012)
TAXA DE COMBATE A SINISTROS – CONSTITUCIONALIDADE. O Tribunal, no julgamento do Recurso Extraordinário nº 206.777/SP, da relatoria do ministro Ilmar Galvão, concluiu pela constitucionalidade da Taxa de Combate a Sinistros. (AI 510583 AgR, Relator(a): Min. MARCO AURÉLIO, Primeira Turma, julgado em 07/05/2013)	Taxa de Segurança Pública. É inconstitucional a taxa que tenha por fato gerador a prestação de serviço de segurança pública, ainda que requisitada por particular. Serviço Público indivisível e não específico. (RE 536639 AgR, Relator(a): Min. CEZAR PELUSO, Segunda Turma, julgado em 07/08/2012)

5. JANCZESKI, Célio Armando. *Das taxas: aspectos jurídicos e caracterização*. Curitiba: Juruá, 2000, p. 35.

TAXAS DECLARADAS CONSTITUCIONAIS	TAXAS DECLARADAS INCONSTITUCIONAIS
A Turma decidiu que é legítimo a Secretaria do Patrimônio da União (SPU) cobrar a taxa de ocupação de imóveis situados na faixa de marinha, independentemente da regularidade ou não da ocupação por particulares, conforme o art. 127 do DL n. 9.760/1946. (REsp 968.241-RS, Rel. Min. Eliana Calmon, julgado em 15/9/2009).	Pacífica é a jurisprudência do Supremo Tribunal Federal no sentido de ser inconstitucional a remuneração de serviço de iluminação pública por meio de taxa. 3. Agravo regimental não provido. (AI 588248 AgR, Relator(a): Min. DIAS TOFFOLI, Primeira Turma, julgado em 14/02/2012)

7. QUADRO SINÓPTICO

Princípio da Legalidade	Deve obedecer
Princípio da anterioridade	Deve obedecer
Princípio da anterioridade nonagesimal	Deve obedecer
Hipótese de incidência	a prestação do serviço de iluminação pública
Aspecto espacial	Território municipal
Aspecto temporal	A definir pela lei local
Aspecto quantitativo (Base de cálculo e alíquota)	• Base de Cálculo: fixa ou variável conforme consumo • Alíquota: depende lei local
Aspecto pessoal (sujeito ativo e passivo)	• Município e Distrito Federal • Consumidor da prestação de serviço de iluminação pública

8. QUESTÕES DE CONCURSO PÚBLICO

1. **(CESPE – 2009 – SEAD-SE – Procurador)** Além dos impostos, a Constituição Federal permite à União cobrar as chamadas contribuições sociais. Entretanto, não é permitido à União cobrar contribuição

a) sobre o lucro das empresas.

b) destinada à iluminação pública.

c) sobre o faturamento das empresas.

d) sobre a receita de concursos de prognósticos

2. **(FCC – 1998 – São Paulo – Inspetor Fiscal)** Assinale a alternativa que corresponde a serviços gerais ou "uti universi" prestados pela Administração Pública.

a) Fornecimento de água.

b) Telefonia.

c) Iluminação pública.

d) Fornecimento de energia elétrica.

e) Fornecimento de gás.

3. **(FCC – Procurador PI – 2005)** A contribuição para custeio da iluminação pública, recém introduzida em nosso sistema tributário

a) tem natureza extra-fiscal

b) equipara-se às taxas

c) é uma contribuição que somente pode ser instituída pelos Municípios

d) é uma contribuição que pode ser instituída por quaisquer dos entes políticos

e) é uma contribuição sui generis que pode ser instituída pelos Municípios ou Distrito Federal

---

4. (Técnico de Controle Externo – Tribunal de Contas Estadual – TCE) Constituição Federal atribui exclusivamente à União a competência para criar

a) contribuição social, contribuição de melhoria e impostos sobre serviços de qualquer natureza.

b) contribuição de melhoria, contribuição previdenciária e contribuição para o custeio do serviço de iluminação pública.

c) impostos, taxas e contribuição de melhoria.

d) contribuições de melhoria e parafiscais, empréstimo compulsório e taxas.

e) empréstimo compulsório, contribuição de intervenção no domínio econômico e contribuição de interesse das categorias profissionais ou econômicas.

---

5. (OAB 2009/3 – CESPE) A contribuição para o custeio do serviço de iluminação pública pode

a) ser instituída pelos estados e pelo DF.

b) ter alíquotas máximas e mínimas fixadas pelo Senado Federal.

c) ser cobrada no mesmo exercício financeiro em que seja publicada a lei que a instituir.

d) ser cobrada na fatura de consumo de energia elétrica.

---

6. Relativamente à Contribuição para Custeio do Serviço de Iluminação Pública, assinale a alternativa incorreta:

a) Incide sobre os imóveis, edificados ou não, localizados em logradouros alcançados pelos serviços de Iluminação Pública.

b) É cobrada na fatura de consumo de energia elétrica.

c) São isentas da CCIP as economias residenciais cujo consumo de energia elétrica seja igual ou inferior a 80 KWH.

d) O lançamento e a arrecadação na CCIP se dá juntamente com o IPTU

e) É devida pelo proprietário, o titular do domínio útil ou o possuidor de imóvel, edificado ou não, situado em logradouro alcançado pelos serviços de Iluminação Publica.

---

7. (TJ/AL – Juiz Estadual – Janeiro/2007 – FCC) Um Prefeito Municipal, diante de manifestações adversas da Câmara Municipal, deixou de instituir no Município a Contribuição para o Custeio da Iluminação Pública – CIP. A medida, em tese,

a) merece aplausos, pois contribui para redução da nossa carga tributária, uma das mais elevadas do mundo.

b) merece aplausos, pois a cobrança da referida contribuição é manifestamente inconstitucional.

c) implica em responsabilidade na gestão fiscal, nos termos da Lei de Responsabilidade Fiscal, e pode ser combatida via ação popular, por qualquer um do povo, por ser lesiva ao patrimônio público.

d) comporta a propositura de ação declaratória de constitucionalidade para tornar efetiva a instituição e cobrança do tributo.

e) implica em responsabilidade na gestão fiscal, nos termos da Lei de Responsabilidade Fiscal, mas não tem o condão de ensejar o impeachment do Prefeito.

---

8. (ESAF – 2010 – SMF-RJ – Agente de Fazenda) A Constituição Federal permite aos municípios a instituição e a cobrança, na forma das respectivas leis, de tributo destinado ao custeio do serviço de iluminação pública. Sobre este, é correto afirmar que:

a) os municípios somente poderão instituir tal tributo sob a forma de contribuição, que observará as garantias da anterioridade e da legalidade.

b) sua instituição deverá ser feita por meio de lei municipal, sem, contudo, a necessidade da observância do princípio da anterioridade.

c) em face de sua finalidade específica, que é o custeio do serviço de iluminação pública, sua natureza jurídica será de taxa.

d) a lei municipal que criar o referido tributo poderá delegar ao Prefeito, por meio de decreto, a competência para a fixação de critérios para o seu cálculo, tais como suas alíquotas e base de cálculo.

e) O referido tributo será, obrigatoriamente, cobrado na fatura de consumo de energia elétrica do contribuinte.

---

9. **(FCC – TCE/CE – Procurador de Contas – Dezembro/2006)** De acordo com previsão expressa da Constituição da República, os Municípios e o Distrito Federal poderão instituir, para o custeio do serviço de iluminação pública,

a) contribuição, observados os princípios da legalidade e anterioridade, quando de sua instituição ou aumento.

b) taxa, facultada sua cobrança na fatura de consumo de energia elétrica.

c) contribuição de melhoria, desde que preenchidos os requisitos previstos em lei complementar federal para tanto.

d) imposto, vinculada a aplicação dos recursos à manutenção do serviço em questão.

e) empréstimo compulsório, cuja cobrança ficará a cargo da concessionária do serviço de energia elétrica.

---

10. **(2006/FCC)** Em relação às taxas, o nosso ordenamento jurídico, expressamente, dispõe:

a) as taxas poderão ter base de cálculo própria de impostos

b) a União, os Municípios e o Distrito Federal poderão instituir taxa para o custeio do serviço de iluminação pública

c) os créditos tributários relativos a impostos incidentes sobre a propriedade e a taxas pela prestação de serviços referentes a tal propriedade sub-rogam-se na pessoa dos respectivos adquirentes

d) as taxas têm como fato gerador a utilização efetiva ou potencial do poder de polícia ou o exercício regular do serviço público específico e indivisível

e) ao se referir à imunidade recíproca, a Constituição Federal veda à União, aos Estados, ao Distrito Federal e aos Municípios instituir taxas e impostos uns dos outros

---

11. **(Procurador Autárquico/FCC/2015)** De acordo com a Constituição Federal, os Municípios têm competência tributária para instituir

a) o ITBI sobre as transmissões de bens imóveis, por compra e venda ou por doação.

b) o ISSQN sobre a prestação de serviço de transporte intermunicipal de carga.

c) a contribuição para o custeio do serviço de iluminação pública e a contribuição de melhoria.

d) o ITR, observadas as cláusulas de convênio específico com a União para esse fim.

e) o IR sobre os rendimentos auferidos pelos funcionários estatutários dos órgãos que compõem sua administração direta

---

12. **(Procurador da República/PGR/2015)** Assinale, dentre as opções abaixo, aquela considerada correta:

a) A imunidade do IPTU deferida as autarquias goza da presunção de que os imóveis se destinam aos seus fins institucionais;

b) A contribuição destinada ao custeio do serviço de iluminação pública consiste num tributo que, embora sui generis, confunde-se com um imposto pelo seu caráter impositivo;

c) A contribuição destinada ao custeio do serviço de iluminação pública caracteriza-se como taxa eis que presente a exigibilidade da contraprestação de um serviço ao contribuinte;

d) Em nenhuma hipótese incide o ICMS sobre operações de importação de mercadorias, sob o regime de arrendamento mercantil internacional.

---

13. (TJ-MG/Consulplan/2015) Sobre o Sistema Tributário Nacional, é INCORRETA a assertiva:

a) As limitações constitucionais ao poder de tributar devem ser reguladas por meio de lei complementar.

b) Ofende o princípio da legalidade a atualização monetária da base de cálculo do tributo por meio de decreto.

c) É defeso ao Estado e ao Distrito Federal a instituição de contribuição de intervenção no domínio econômico.

d) Os Municípios e o Distrito Federal não podem instituir taxa para remunerar o serviço de iluminação pública.

---

14. (MPE-RS/Consulplan/2014) Assinale a alternativa que apresenta uma afirmação INCORRETA:

a) Os Municípios e o Distrito Federal poderão instituir contribuição, na forma das respectivas leis, para o custeio do serviço de iluminação pública, observado o disposto no artigo 150, incisos I e III, da Constituição Federal, sendo facultada sua cobrança na fatura de consumo de energia elétrica.

b) A lei poderá exigir que a prova da quitação de determinado tributo, quando exigível, seja feita por certidão negativa, expedida à vista de requerimento do interessado, sendo que produzirá os mesmos efeitos que a negativa a certidão de que conste a existência de créditos não vencidos, em curso de cobrança executiva em que tenha sido efetivada a penhora ou cuja exigibilidade esteja suspensa.

c) Consoante entendimento já pacificado pelo Supremo Tribunal Federal, o Imposto sobre Operações Relativas à Circulação de Mercadorias e sobre Prestações de Serviços de Transporte Interestadual e Intermunicipal e de Comunicação incide sobre alienação de salvados de sinistro pelas seguradoras.

d) A Fazenda Pública da União e as dos Estados, do Distrito Federal e dos Municípios prestar-se-ão mutuamente assistência para a fiscalização dos tributos respectivos e permuta de informações, na forma estabelecida, em caráter geral ou específico, por lei ou convênio, podendo a Fazenda Pública da União, ainda, na forma estabelecida em tratados, acordos ou convênios, permutar informações com Estados estrangeiros no interesse da arrecadação e da fiscalização de tributos.

e) A taxa cobrada exclusivamente em razão dos serviços públicos de coleta, remoção e tratamento ou destinação de lixo ou resíduos provenientes de imóveis, não viola o artigo 145, inciso II, da Constituição Federal, na esteira do entendimento assentado pela Corte Suprema.

---

15. (Assessor Jurídico TCE-PI/FCC/2014) Um determinado município brasileiro, criado a partir do desmembramento territorial de outro município, depois de promover suas primeiras eleições municipais e eleger seus vereadores, reuniu-se em sessão na Câmara de Vereadores recém-criada, para deliberar a respeito dos principais assuntos de interesse do município. Como não poderia deixar de ser, as discussões preponderantes envolveram a instituição dos tributos de sua competência.

I. O vereador "A" elaborou quatro projetos de lei ordinária, instituindo, respectivamente, o ISSQN, o ITBI, o ITCMD e o IPTU.

II. O vereador "B" elaborou projeto de lei ordinária, instituindo a contribuição para custeio do serviço de iluminação pública.

III. O vereador "C" elaborou projeto de lei ordinária, instituindo contribuição de melhoria, decorrente de obra pública que, embora não tenha acarretado a valorização dos imóveis de uma determinada região do município, aumentou extraordinariamente a clientela dos comerciantes dessa região, chegando a triplicar o faturamento dessas empresas.

IV. O vereador "D" elaborou projeto de lei ordinária, instituindo empréstimo compulsório com a finalidade de realizar investimento público de caráter urgente e de relevante interesse municipal, sem observância do princípio da anterioridade.

V. O vereador "E" elaborou projeto de lei ordinária, instituindo contribuição a ser cobrada dos servidores do município recém- criado, com a finalidade de custear, em benefício desses servidores, o regime previdenciário para titulares de cargos efetivos, com alíquota igual à da contribuição dos servidores titulares de cargos efetivos da União.

Com base nas informações acima, e com fundamento na interpretação conjunta dos dispositivos da Constituição Federal e do Código Tributário Nacional, é correto afirmar que

a) os quatro projetos de lei apresentados pelo vereador "A" poderão ser convertidos em lei, pois todos aqueles impostos são de competência municipal, mas o projeto de lei do vereador "B" não poderá, porque o custeio de serviço de iluminação pública deve ser feito mediante a instituição de taxa de competência estadual.

b) o projeto de lei apresentado pelo vereador "C" poderá ser convertido em lei, porque a atividade comercial do seu estabelecimento foi valorizada em decorrência da obra pública, enquanto o projeto de lei do vereador "D" só poderá ser convertido em lei, se for observado o princípio da anterioridade.

c) o projeto de lei apresentado pelo vereador "E" poderá ser convertido em lei, porque essa contribuição pode efetivamente ser instituída pelos municípios, mas o projeto de lei do vereador "A", que institui o ITCMD, não poderá, porque esse imposto não é de competência municipal.

d) o projeto de lei apresentado pelo vereador "B" poderá ser convertido em lei, porque os municípios têm competência para instituir essa contribuição, mas o projeto de lei apresentado pelo vereador "C" não poderá ser convertido em lei, porque a contribuição de melhoria, diferentemente das demais contribuições previstas na Constituição Federal, deve ser instituída por decreto.

e) o projeto de lei apresentado pelo vereador "D" só poderia ser convertido em lei, se ele houvesse apresentado projeto de lei complementar e observado o princípio da anterioridade, enquanto que o projeto de lei apresentado pelo vereador "E" só poderia ser convertido em lei, se a alíquota da contribuição a ser criada fosse inferior à alíquota da contribuição dos ser- vidores federais.

Gabarito		
Questão	**Resposta**	**Referência**
1	B	Tópico 4 deste capítulo
2	C	Tópico 1 deste capítulo
3	E	Tópico 4 deste capítulo
4	E	Parte geral
5	D	Tópico 2 deste capítulo
6	B	Tópicos 1 a 6 deste capítulo
7	C	Tópicos 1 a 6 deste capítulo
8	A	Tópico 1 deste capítulo

Gabarito		
Questão	**Resposta**	**Referência**
9	A	Tópico 1 deste capítulo
10	C	Tópico 5 deste capítulo
11	C	Tópico 1 deste capítulo
12	A	Parte I e Tópico 1 deste capítulo
13	B	Parte I e tópico 1 deste capítulo
14	C	Parte I e tópico 1 deste capítulo
15	C	Teoria geral

REFERÊNCIAS BIBLIOGRÁFICAS

ALEXANDRE, Ricardo. *Direito Tributário Esquematizado.* 5. ed. Rio de Janeiro: Forense; São Paulo: Método, 2011.

AMARO, Luciano. *Direito tributário brasileiro.* 9. ed. São Paulo: Saraiva, 2003.

______. *Infrações Tributárias.* São Paulo: Revista de Direito Tributário, n. 67, 1996.

ATALIBA, Geraldo. *Hipótese de Incidência Tributária*, 6. ed. São Paulo: Malheiros, 2004.

______; BARRETO, Aires F. ISS – *Construção civil – Pseudo-serviço e prestação de serviço – Estabelecimento prestador – Local da prestação. In.* Revista de Direito Tributário, nº 40, abril/junho, 1987, p. 93/94.

BALEEIRO, Aliomar. *Direito Tributário Brasileiro.* Atualizada por Misabel Abreu Machado Derzi. 11. ed. Rio de janeiro: Forense, 2005.

BAPTISTA, Marcelo Caron. A norma tributária do Imposto sobre Serviços – ISS ênfase no consequente normativo. In. SANTI, Eurico Diniz de. *Curso de Direito Tributário e Finanças Públicas.* São Paulo: Saraiva, 2008.

BARRETO, Aires F. *Curso de Direito Tributário Municipal.* São Paulo: Saraiva, 2009.

BARRETO, Aires F. *ISS na Constituição e na Lei.* São Paulo: Dialética, 2003.

BARROSO, Luís Roberto. *Interpretação e Aplicação da Constituição.* São Paulo: Saraiva, 2004.

BECKER, Alfredo Augusto. *Teoria Geral do Direito Tributário.* São Paulo: Saraiva, 1963.

______. *Teoria Geral do Direito Tributário.* 3. ed. São Paulo: Lejus, 1998.

BINENBOJM, Gustavo. *A nova Jurisdição Constitucional brasileira:* legitimidade democrática e instrumentos de realização. 2. ed. Rio de Janeiro: Renovar, 2004.

BORGES, José Souto Maior. Sobre as isenções, incentivos e benefícios fiscais relativos ao ICMS. In: *Revista Dialética de Direito Tributário.* nº *06*, 1996.

BOTTALLO, Eduardo Domingos. *Fundamentos do IPI.* São Paulo: RT, 2002.

______. Notas sobre o ISS e a Lei Complementar n. 116/2003. *In. O ISS e a LC 116.* Coord. Valdir de Oliveira Rocha. São Paulo: Dialética, 2003.

CARLUCI, José Lence. *Uma introdução ao direito aduaneiro.* São Paulo: Aduaneiras, 1997.

CARNEIRO, Claudio. *Impostos federais, estaduais e municipais.* 4. ed. São Paulo: Saraiva, 2013.

CARRAZZA, Roque Antonio. *Curso de Direito Constitucional Tributário.* 28. ed. São Paulo: Malheiros, 2012.

______. *Curso de Direito Constitucional Tributário.* 27 ed. São Paulo: Malheiros. 2010.

______. *ICMS.* 10. ed. São Paulo: Malheiros, 2005.

______. Redução de capital: imunidade. Exegese do art. 156 § 2º, I, da Constituição Federal. In: *Revista Dialética de Direito Tributário, n. 24*, p. 119, set. 1997.

CARVALHO, Paulo de Barros. *Curso de Direito Tributário.* São Paulo: Saraiva, 2005.

______. *Curso de Direito Tributário.* 14. ed. São Paulo: Saraiva, 2002.

CARVALHO, Raquel Melo Urbano de. *Curso de Direito Administrativo.* 2. ed. Salvador: Jus Podivm, 2009.

CARVALHO FILHO, José dos Santos. *Manual de Direito Administrativo.* 24. ed. Rio de Janeiro: Lúmen Júris, 2011.

CASTRO, A.A. *Norma geral antielisiva: art. 116, parágrafo único do CTN -constitucionalidade e outros aspectos relevantes.* Brasília, 28 de dezembro de2002. Disponível em: http://www.aldemario.adv.br/nga.pdf. Acesso em maio de2009.

CASSONE, Vittorio. In: MACHADO, Hugo de Brito (Coord.). *Sanções administrativas tributárias.* São Paulo: Dialética, 2004.

CATÃO, Marcos André Vinhas. *Regime Jurídico dos Incentivos Fiscais.* Rio de Janeiro: Renovar, 2004.

COELHO, Sacha Calmon Navarro. *Comentários à Constituição de 1988.* Rio de Janeiro: Forense, 1990.

______. *Curso de Direito Tributário Brasileiro.* 9. Ed. Rio de Janeiro: Forense, 2009.

______. *Manual de Direito Tributário.* 2. ed. Rio de Janeiro: Forense, 2002.

COSTA, Antonio Jose da. *A Regra-Matriz de Incidência do ITBI*, Tese de Doutorado apresentada na PUC-SP, São Paulo, 1996.

COSTA, Regina Helena. *Imunidades tributárias: teoria e análise da jurisprudência do STF.* 2 ed. São Paulo: Malheiros, 2006.

CUNHA, Leonardo Carneiro da. *A Fazenda Pública em Juízo.* 9. ed. rev. e atual. São Paulo: Dialética, 2011.

DÁCOMO, Natália de Nardi. *Hipótese de Incidência do ISS.* São Paulo: Noeses, 2006.

DENARI, Z. *Curso de Direito Tributário.* 6. ed, Forense, 1996.

DERZI, Misabel Abreu Machado. O aspecto espacial do imposto municipal sobre serviços de qualquer natureza. In: TÔRRES, Heleno Taveira (Org.). *ISS na lei complementar n. 116/2003 e na constituição.* Barueri: Manole, 2004.

DI PIETRO, Maria Sylvia Zanella. *Direito Administrativo.* São Paulo: Atlas, 2000.

______. *Direito administrativo.* São Paulo: Atlas, 1993.

FISCHER, Octavio Campos. O princípio da eficiência e a tributação do Brasil. *In.* MARTINS, Ives Gandra. *Princípio da eficiência em matéria tributária.* São Paulo: Revista dos Tribunais, 2006,

FRANÇA, Phillip Gil. *O controle da Administração Pública:* tutela jurisdicional, regulação econômica e desenvolvimento. 2. ed. São Paulo: Revista dos Tribunais, 2010.

FREITAS, Juarez. *Controle dos atos administrativos e os princípios.* São Paulo: Malheiros, 1999.

GABARDO, Emerson. *Eficiência e legitimidade do Estado.* São Paulo: Manole, 2003.

______. *Interesse Público e subsidiariedade.* Belo Horizonte: Fórum, 2009.

______. *Princípio constitucional da eficiência administrativa.* São Paulo: Dialética, 2002.

GONÇALVES, Carlos Roberto. *Direito civil brasileiro, volume 5: direito das coisas.* 5. ed. São Paulo: Saraiva, 2010.

GONCALVES, Gilberto Rodrigues. *ISS na construção civil.* São Paulo: RBB, 1998.

GOUVÊA, Marcus de Freitas. *A extrafiscalidade no Direito Tributário.* Belo Horizonte: Del Rey, 2006.

GUTEIRREZ, C. *Fato gerador do imposto de transmissão de bens imóveis no sistema brasileiro.* Disponível em: http://cristinagutierrez.pro.br/publicacoes/artigos/ARTIGO5.HTM. Acesso em18/12/2008.

HARADA, Kiyoshi. *Aspecto temporal de seu fato gerador.* Jus Navigandi, Teresina, ano 11, n. 1220, 3 nov. 2006. Disponível em:<http://jus2.uol.com.br/doutrina/texto.asp?id=9111. Acesso em: 15/12/2008.

______. *Direito Financeiro e Tributário.* 15. ed. São Paulo: Atlas, 2006.

______. *Imposto sobre transmissão de bens imóveis (ITBI).*Jus Navigandi, Teresina, ano 4, n. 40, mar. 2000. Disponível em:<http://jus2.uol.com.br/doutrina/texto.asp?id=1400>. Acesso em: 15/12/2008.48

______. *IPTU: doutrina e prática.* São Paulo: Atlas, 2012

HOLANDA, Sérgio Buarque. *Raízes do Brasil.* 24 ed., Rio de Janeiro: José Olympio, 1992.

HORVATH, Estevão. *O princípio do não confisco no Direito Tributário.* São Paulo: Dialética, 2002.

HOUAISS, A; VILLAR, M.S; FRANCO, F. M. M. *Dicionário Houaiss da língua portuguesa.* Rio de Janeiro: Objetiva, 2001-2004.

JARACH, Dino. *Finanzas* públicas y *derecho tributario.* Buenos Aires: Abeledo-Perrot, 1996.

JUSTEN FILHO, Marçal. ISS – O Imposto sobre Serviços na Constituição. In: *Revista de Direito Tributário*, nº 46, São Paulo: RT, 1985.

_____. *Comentários à Lei de Licitações e Contratos Administrativos.* 12. ed. São Paulo: Dialética, 2010.

_____. *Curso de direito administrativo.* 2. ed. São Paulo: Saraiva, 2006.

KALUME, Célio Lopes. *ICMS Didático.* Belo Horizonte, Del Rey, 2012.

KOCH, Deonísio. *Manual do ICMS: teoria e prática.* Curitiba: Juruá, 2012.

LOBO, R.L. A antecipação do fato gerador do ITBI inter vivos e o § 7º do artigo 150 da Constituição Federal. In: *Revista Dialética, n. 85*, p. 106, out. 2002.

LOPES, Paulo Ancona e VECCHI, LOPES, Paulo Ancona e VECCHI, Ana. *A nova era do franchising.* São Paulo: Editora Infinito, 2000

LUSTOZA, Helton Kramer. Novos paradigmas da incidência do ISSQN sobre a prestação de serviço na construção civil. *In. Revista de Estudos Tributários.* Porto Alegre: v. 15, nº 87, p105-122, set/out, 2012.

MACHADO, Hugo de Brito. *Curso de Direito Constitucional Tributário.* 1. ed. São Paulo: Malheiros, 2012.

_____. *Curso de Direito Tributário*, 33ª ed. São Paulo: Malheiros. 2012.

_____. *Curso de Direito Tributário.* 27. ed. São Paulo: Malheiros, 2006.

_____. *Curso de Direito Tributário.* 24. ed. São Paulo: Malheiros, 2004.

MACHADO, Luiz Henrique Tavares. Curso de drawback. São Paulo: Aduaneiras, 2015.

MACHADO SEGUNDO, Hugo de Brito. *Código Tributário Nacional.* 2 ed. São Paulo: Atlas.

MARTINS, Sergio Pinto. *Manual de Imposto sobre Serviços.* São Paulo: Atlas, 2004.

MELLO, Celso Antônio Bandeira de. *Pareceres de Direito Administrativo.* São Paulo: Malheiros, 2011.

MELO, José Eduardo Soares de. *IPI: teoria e prática.* São Paulo: Malheiros, 2009.

MELO, José Eduardo Soares de. *ISS – Aspectos Teóricos e Práticos.* 5. ed. São Paulo: Dialética, 2008.

MEZZOMO, M.C. *Breves apontamentos sobre a incidência do ITBI e IPTU.* Site do Curso de Direito da UFSM. Santa Maria-RS. Disponível em:<http://www.ufsm.br/direito/artigos/tributario/ITBI-IPTU.htm>. Acesso em18/12/2008.

MONTEIRO, F.M. O compromisso de compra e venda e o aspecto temporal da hipótese de incidência do ITBI. In: *Revista Dialética e Direito Tributário, n. 83*, p. 36, ago. 2003.

MORAES, Bernardo Ribeiro de. *Doutrina e Prática do Imposto sobre Serviços.* São Paulo: Revista dos Tribunais, 1978.

MOSQUERA, Roberto Quiroga. *Tributação no mercado financeiro e de capitais*. São Paulo: Dialética, 1999.

NEGRÃO, Ricardo. *Manual de Direito Comercial e Empresarial*. São Paulo: Saraiva, 2010

NOGUEIRA, R.B. Tributo antecipado pelo contribuinte de direito, cuja base de cálculo é o preço. Não pago este, também a Fazenda não pode se aproximar do Tributo. Compensação ou restituição. *Revista Dialética de Direito Tributário*, n. 72, p. 171, set. 2001.

PAULSEN, Leandro. *Direito Tributário: Constituição e Código Tributário Nacional à luz da doutrina e da jurisprudência*. 14. ed. Porto Alegre: Livraria do Advogado, 2012.

______; MELO, José Eduardo Soares de. *Impostos federais, estaduais e municipais*. 5. ed. Porto Alegra: Livraria do Advogado, 2010.

PEIXOTO, Marcelo Magalhães; CARDOSO, Laís Vieira. Comentários à lista de serviços anexa a lei complementar 116/03. In: MARTINS, Ives Gandra da Silva; PEIXOTO, Marcelo Magalhães (orgs). *ISS lei complementar 116/2003*. Curitiba: Juruá, 2008, p. 369-426

PINTO JÚNIOR, M. *O fato gerador do ITBI*. Texto confeccionado em 31/07/2006. Disponível em:http://www.direitonet.com.br/artigos/exibir/3635/O-fato-gerador--do-ITBI. Acesso em 05/05/2009.

RAMOS, André Luiz Santa Cruz. *Curso de Direito Empresarial*. 10. ed. Salvador: JusPodivm, 2010.

RIBEIRO, Ricardo Lodi. *Tributos: teoria geral e espécies*. Rio de Janeiro: Editora Impetus, 2014.

______. *Tributos: teoria geral e espécies*. Niterói: Impetus, 2013.

SABBAG. Eduardo de Moraes. *Elementos do Direito Tributário*. 8ª ed. São Paulo: Editora Premier Máxima, 2007.

______. *Manual de Direito Tributário*. 4. ed. São Paulo: Saraiva, 2012.

SCHIER, Adriana da Costa Ricardo. Administração Pública: Apontamentos sobre os Modelos de Gestão e Tendências Atuais. In: GUIMARÃES, Edgar (Coord.). *Cenários do Direito Administrativo – Estudos em Homenagem ao Professor Romeu Felipe Bacellar Filho*. Belo Horizonte: Fórum. 2004.

SCHOUERI, Luís Eduardo. *Direito Tributário*. São Paulo; Saraiva, 2011.

______. *Preços de transferência no direito tributário brasileiro*. São Paulo: Dialética, 1999.

SANTI, Eurico Marcos Diniz de. *Curso de Direito tributário e finanças públicas*. São Paulo: Saraiva.

SILVA, Tom Pierre Fernandes da; SEGALIS, Gabriel; SANDERSON, Naila Meyre de Céia; DEL CARPIO, Romulo Francisco Vera. *Tributação no comércio exterior brasileiro*. Rio de Janeiro: Editora FGV, 2014.

SPAGNOL, Werther Botelho. *Curso de Direito Tributário – conforme a Emenda Constitucional n. 42/03* DOU 31.12.2003. Belo Horizonte: Del Rey, 2004.

TORRES, Ricardo Lobo. *Curso de Direito Financeiro e Tributário*. 9ª ed. Rio de Janeiro: Renovar, 2002.

______. *Tratado de direito constitucional financeiro e tributário. Vol. IV*. Rio de Janeiro: Renovar, 2007.

VELLOSO, Andrei Pitten. *Constituição Tributária Comentada*. São Paulo: Atlas, 2007.

VESPERO, Regina Celi Pedrotti. *Imposto sobre transmissão causa mortis e doação – ITCMD*. 3. ed. rev. e atual. São Paulo: Editora Revista dos Tribunais, 2013.

ANOTAÇÕES

ANOTAÇÕES

ANOTAÇÕES

ANOTAÇÕES

ANOTAÇÕES

EDITORA JusPODIVM
www.editorajuspodivm.com.br

Pré-impressão, impressão e acabamento
GRÁFICA SANTUÁRIO
grafica@editorasantuario.com.br
www.graficasantuario.com.br
Aparecida-SP